트로츠키

트로츠키

로버트 서비스 | 양현수 옮김

교양인
GYOYANGIN

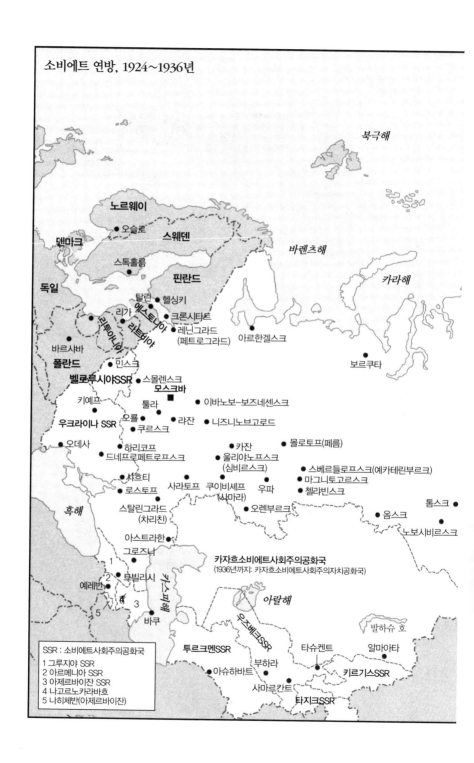

소비에트 연방, 1924~1936년

북극해

노르웨이
● 오슬로   스웨덴

덴마크

바렌츠해

카라해

핀란드

독일

탈린 ● 헬싱키
리가 ● 에스토니아
리투아니아 ● 크론시타트
● 레닌그라드
(페트로그라드)

아르한겔스크

보르쿠타

바르샤바
폴란드
벨로루시아SSR   ● 민스크
● 스몰렌스크
■ 모스크바
키예프   ● 툴라   ● 이바노보-보즈네센스크
우크라이나 SSR   ● 오룔   ● 랴잔   ● 니즈니노브고로드
● 쿠르스크

● 몰로토프(페름)

● 오데사
● 하리코프
드네프르페트로프스크
● 카잔
● 울리야노프스크
(심비르스크)

● 스베르들로프스크(예카테린부르크)
● 마그니토고르스크
● 톰스크

● 샤흐티
● 로스토프
● 사라토프 쿠이비셰프 ● 우파
(사마라)
● 첼랴빈스크

● 옴스크
● 노보시비르스크

흑해
● 스탈린그라드
(차리친)

● 오렌부르크

● 아스트라한
● 그로즈니

1
2 ● 트빌리시
예레반 ●
4   3
5
● 바쿠

카자흐소비에트사회주의공화국
(1936년까지: 카자흐소비에트사회주의자치공화국)

아랄해

발하슈 호

우즈베크SSR
● 알마아타

타슈켄트 ●
투르크멘SSR
부하라 ●
키르기스SSR

SSR : 소비에트사회주의공화국
1 그루지야 SSR
2 아르메니아 SSR
3 아제르바이잔 SSR
4 나고르노카라바흐
5 나히체반(아제르바이잔)

● 아슈하바트
● 사마르칸트
타지크SSR

북극해

동시베리아해

라프테프해

야쿠츠크

러시아소비에트연방사회주의공화국
(RSFSR)

오호츠크해

크라스노야르스크

바이칼 호

이르쿠츠크

블라디보스토크

동해

몽골인민공화국

한국

중국

동중국해

일러두기

1. 이 책의 날짜 표기는 트로츠키가 거주하던 당시 해당 국가에서 공식적으로 사용하는 역법(曆法)을 따랐다. 러시아는 율리우스력을 사용하다가 1918년 1월에 그레고리력으로 바꾸었다.
2. 본문에 일련 번호로 표시된 저자의 주석은 후주로 실었다. 본문 하단 각주는 모두 옮긴이의 주석이다.
3. 외국 고유명사는 '외래어표기법'(1986년 문교부 고시)을 기준으로 삼았다.

　이 책은 소비에트 국가 초창기의 지도자들을 다룬 3부작* 가운데 세 번째 책이다. 후버 연구소는 문서 조사를 위한 나의 기지가 되었다. 연구소 소장 존 레이지언, 선임 부소장 리처드 수자, 감사이사회의 태드 토브에게 감사드린다. 그리고 스탠퍼드에서 연구를 수행할 수 있는 기회를 친절하고도 효율적으로 마련해준 데 '세라 스카이프 재단'에 감사드린다. 데버러 벤투라와 셀레스트 세토 역시 큰 도움을 주었다. 문서보관소에서 나에게 필요불가결한 도움을 준 이들은 엘리나 대니얼슨, 린다 버나드, 캐럴 리든햄, 로라 소로카, 데이비드 제이콥스, 론 불라토프, 즈비그뉴 스탄치크, 랼랴 하리토노바, 데일 리드, 아나톨 시멜레프이다. 이들은 자신들이 책임 맡은 것보다 훨씬 더 많이 노력해주었으며, 내가 알지 못하던 자료에 대해 종종 알려주었다. 여러 컬렉션에 있는 수많은 상자의 문건에 관해 그들과 나눈 대화는 내게 헤아릴 수 없이 많은 도움을 주었다.

　이 책에 새롭게 활용된 자료들은 '트로츠키 컬렉션', '보리스 니콜라예프스키 컬렉션', '버트럼 울프 컬렉션', 1920년대 소련공산당 정치국과 중앙위원회에 관한 잡다한 기록물, 트로츠키의 측근과 추종

---

* 로버트 서비스는 《레닌》(2000), 《스탈린》(2004)에 이어 《트로츠키》(2009)를 출간함으로써 3부작을 완결했다.

자들이 기증한 문건들, 그리고 제4인터내셔널의 초창기 내부 기록물에 포함되어 있는 자료들이다. 트로츠키 자서전의 초고는 후버 연구소 문서보관소에서 찾아낸 보석 같은 자료인데, 여기에는 트로츠키가 자서전을 출판할 때 제외한 많은 정보가 담겨 있었다. 트로츠키가 주고받은 편지들, 그가 저술을 위해 작성했지만 최종 출판 단계에서 제외한 미발표 원고, 트로츠키의 아내 나탈리야와 몇 세대에 걸친 그의 가족 구성원들이 쓴 서신들과 회고 기록 역시 이 책에 중요한 자료로 쓰였다. 게다가 후버 연구소의 문서보관소는 러시아 제국 비밀경찰 '오흐라나'의 파리 지부 자료, 네스토르 라코바의 문건, 드미트리 볼코고노프의 문건 가운데 트로츠키에 관한 귀중한 자료들을 소장하고 있었다. 이 자료들의 대부분은 이 전기에서 최초로 활용되었다. 또 내게 당대의 희귀한 책과 글, 신문을 구해준 후버 연구소 도서관 직원들의 성실한 도움에도 감사드린다.

이 책을 집필하는 데 쓰인 그밖의 다른 트로츠키 관련 자료들은 암스테르담, 하버드, 모스크바에 있는 문서보관소에서 도움을 받았다. 암스테르담과 하버드의 문서는 이미 오래 전부터 활용되어 왔지만, 모스크바에 있던 광맥은 1991년이 되어서야 비로소 탐사자들에게 공개되었다. '러시아 국립 사회사·정치사 문서보관소'(한때 '중앙 당 문서보관소'라는 이름으로 불렸다)에 있는 트로츠키 관련 개인 파일과 중앙 당 기록물뿐만 아니라, '러시아 국립 군사(軍史) 문서보관소', '연방보안국 중앙문서보관소'의 소장 자료들에서도 중요한 정보를 찾을 수 있었다. 하버드 대학의 호튼 도서관도 재검토가 필요한 서신들을 소장하고 있었다. 호튼 도서관에서 내가 신청한 서신들을 찾아준 제니 래스번에게 감사드린다. '유니버시티 칼리지 런던'의 '슬라브—동유럽 연구 대학'은 트로츠키 저작의 초기 판본들을 다수 소장하고 있어서 참고할 수 있었다. 나의 아내 아델레 비아지는 트로츠키 관련 문건을 찾기 위해 런던의 큐(Kew)에 있는 '국립기록보관소'를 방문하였으며 그곳에서 흥미로운 경찰 기록물을 몇 건 발견했다.

조사 결과를 정리하는 동안 로버트 콩퀘스트와 의견을 교환하면서 많은 도움을 받았다. 트로츠키의 삶과 그 시대에 관해 콩퀘스트가 지닌 풍부한 지식 덕분에 나는 많은 생각의 실마리를 발견하고 그것을 발전시킬 수 있었다. 또 후버 연구소와 스탠퍼드 대학에 있는 폴 그레고리, 아널드 베이크먼, 마이클 베른시탐, 노먼 나이마크, 아미르 와이너, 그리고 버클리 대학에 있는 유리 슬레즈킨과 여러 아이디어를 나누며 그들의 생각을 들었던 것은 즐거운 일이었다. 폴 그레고리가 주관하는 소비에트 문서 작업 그룹의 연례 회의는 소련의 과거에 관련된 문제를 토론하는 특별한 연례 포럼 행사다. 옥스퍼드 대학에서 나는 카티야 안드레예프와 공동으로 맡은 강의 과목들에 관련해 함께 일하면서 수년간 도움을 받았다. '러시아-유라시아 연구 센터'와 센터의 도서관은 훌륭한 시설을 제공해주었으며, 관리자인 리처드 라마지가 도서관이 재건축되는 혼란스런 와중에도 책을 확보해준 데 감사한다. 반세기 이상 지속된 연구 센터의 월요 세미나는, 토론 주제가 트로츠키와 아무런 관련이 없는 경우에도, 이 책을 위해 풍부한 아이디어의 원천이 되어주었다.

엘리나 대니얼슨에게도 감사를 표한다. 그녀는 프리다 칼로의 절친한 친구였던 엘라 울프와 나누었던 대화를 내게 들려주었다. 장반 에이에노르트와 서로 알았으며 그 사람에 관해 글을 쓴 적 있는 아니타 버드먼 페퍼먼에게도 감사를 표한다. 정신의학적·심리학적 전문 지식을 통해 트로츠키의 성격을 이해하는 데 도움을 준 로빈 자코비에게도 감사한다. 투르크메니스탄 공산당 문서보관소에서 서신을 구해다 준 타냐 오쿤스카야에게도 감사한다. 트로츠키와 트로츠키주의에 관한 자신의 일생에 걸친 연구 결과를 오랜 세월 나와 공유해 준 고(故) 브라이언 피어스에게도 감사를 표한다. 올가 케르주크와 엘레나 카츠는 트로츠키가 러시아어로 행한 연설을 인터넷을 통해 청취한 다음에 트로츠키의 말투에 담긴 지역적 특징과 발음에 대해 전문적인 판단을 해주었다. 가브리엘 고로데츠키는 트로츠키가 언급된 이반 마이스키의 일기를 나와 공유해주었다. 밥 데이비스, 고(故) 존 클라이어, 키스 시드웰, 페이스 위그제일, 미하일 질리코프, 안드레이 조린은 다른 특정한 사안들에 관하여 조언해주었다. 로버트 해리스는 혁명 이전 시기에 작성된 오데사 지도를 빌려주었으며, 하룬 일마즈는 터키의 역사 기록물을 구해서 번역해주었다. 이 두 사람에게도 감사를 표한다.

해리 슈크먼과 이언 대처는 자신들의 연구에 필요한 귀한 시간을 줄여 나의 원고 전체를 읽어주었다. 슈크먼의 역사적 관심사는 이 전기의 중요한 주제와도 관련이 있는데, 그는 나의 초안에 있었던 많은 조악한 내용들을 요령 있고 재치 있게 지적해주어 없앨 수 있게 해주었다. 이 점에 대해 감사하게 생각한다. 이언 대처는 트로츠키에 관해 연구하고 글을 쓰는 데 시간을 쏟아 왔다. 나의 원고를 면밀하게 살피고 여러 가지 제안을 하면서 보여준 그의 너그러운 마음에 고마움을 느낀다. 또한 슈크먼과 대처 두 사람은 내가 의문이 생기면 다시 문의할 수 있도록 허락해주는 친절을 베풀었다. 사이먼 시백 몬티피오리와 폴 그레고리는 원고의 많은 부분을 읽어주었으며 논지를 더 분명히 하는 데 도움을 주었다. 사이먼과 폴은 자신의 학식에 대해 겸손한 태도를 지닌 사람들이다. 그들의 통찰력 있는 지적에 감사한다. 특히 나의 아내 아델레는 이 책 전체를 두 차례나 검토해주었으며 실수를 찾아내 없애는 것을 도와주었고 논지와 서술의 흐름에 대해 조언해주었다. 그녀가 보여준 통찰력과 인내심은 아무리 감사를 표해도 모자라다. 우리는 트로츠키 삶의 문제들을 놓고 끝없이 대화를 나누었다. 이제까지 항상 그랬듯이 이번에도 내가 가장 큰 빚을 진 사람은 바로 아내이다.

나의 출판 대리인 데이비드 고드윈과 맥밀런 출판사의 편집자 조지나 몰리는 항상 그랬듯이 활기차게 일했고 내게 힘을 북돋아주었다. 피터 제임스는 언제나 그랬듯이 특유의 공감 능력과 날카로움을 발휘하면서 이 책의 문장 교열을 훌륭하게 수행했다. 이 세 사람과 함께 작업하는 것은 즐거운 일이었다.

트로츠키의 생애를 상세하게 다룬 전기(傳記) 가운데, 이 책은 러시아 바깥에 사는 사람으로서 비(非)트로츠키주의자가 쓴 최초의 책이다. 애당초 트로츠키주의자가 아니었던 사람, 한때 트로츠키주의자였다가 트로츠키주의를 버린 사람, 또 그런 사람들 중에 트로츠키에게 적대적인 입장을 취하게 된 사람들이 쓴 전기도 물론 있다. 하지만 어떤 사람이 썼던 간에 이들이 쓴 전기는 모두 트로츠키 자신과 제2차 세계대전 이후 트로츠키를 옹호하던 주요 인물들이 제시한 자료와 분석에 지나치게 많이 영향을 받았다. 트로츠키는 죽기 10년 전인 1930년에 이미 2권으로 된 생생한 자서전을 냈다. 트로츠키의 추종자이며 폴란드 출신 역사가인 아이작 도이처는 1954년에서 1963년 사이에 뛰어난 수준의 트로츠키 전기 3부작을 냈으며, 프랑스의 트로츠키주의자 피에르 브루에는 1989년에 한 권짜리 연구서를 냈다. 트로츠키와 도이처는 대단한 문장가들이었으며, 나는 문장의 품격에서 내가 그들과 대등하다고 주장할 생각이 전혀 없다. 하지만 내가 분명히 주장하는 바는 있다. 즉 트로츠키는 서술을 하면서 선택적이었고 회피적이었으며 자화자찬 식이었다는 것과, 도이처와 브루에는 트로츠키에 관해 반드시 물어야 하는 질문들, 그러나 난처한 질문들을 누락했다는 것이다. 브루에는 맹목적인 트로츠키 숭배자였다. 도이처는 스탈린 사후 소비에트 정권이 스스로를 교정하여 인도주의적인 공산주의 체제를 세울 수 있을 것이라고 믿었지만, 트로츠키를 기리는 제단에서 그를 흠모하는 사람이었다. 트로츠키와 도이처가 쓴 책들은 정치적 극좌 진영의 범위를 벗어나 멀리 있는 사람들에게까지 끈질기게 영향력을 행사했으며, 그들이 내린 판단은 논란의 여지가 매우 많았는데도 불구하고 너무나 자주 이 주제에 관한 최종적인 평가로 여겨져 왔다. 바로 이것이 두 사람이 바랐던 바다. 러시아 혁명의 역사는 더 철저하게 연구되어야 마땅한 주제이며, 이 전기는 바로 그런 연구에 도움을 주려는 것이다.

트로츠키주의자들이 트로츠키에게 품고 있는 기본 '노선'과 내 의견의 차이점에 대해서 이 책의 장(章)마다 촘촘하게 기록했더라면 아마도 모든 사람에게 몹시 지겨운 책이 되었을 것이다. 나는 30년도 더 전에 혁명 초기 공산당에 관해 박사학위 논문 연구를 하던 중, 트로츠키가 자신이 스탈린에게 패배한 원인을 진단한 것이 자기 중심적이며 기만적이라는 점을 확신하게 되었다. 이미 여러 권의 저술에서 트로츠키는 비판적 검증을 받았다. 10월혁명의 권력 장악 과정에서 트로츠키가 쓴 전술에 대해서는 알렉산더 라비노비치와 제임스 화이트가 중요한 공헌을 하였다. 트로츠키의 적군(赤軍) 지휘에 대해서는 프란체스코 벤베누티와 에번 모즐리와 제프 스웨인이 신선한 통찰력을 제공해준 바 있다. 신경제 정책 기간 중 트로츠키가 내놓았던 경제적 구상들에 관해서는 이미 리처드 데이, 밥 데이비스, 존 채넌이 옛 해석에 도전장을 내놓았다. 1920년대 트로츠키의 중국 정책에 대해서는 알렉산더 판초프가 새로운 분석을 내놓았다. 10월혁명 이전 시기에 혁명 정치가로서, 저술가로서 트로츠키의 활동에 대해서는 이언 대처의 연구가 중요하다. 러시아에서는 니콜라이 바세츠키와 드미트리 볼코고노프가 각각 저술한 전기가 출판되었다. 두 책은 독창적인 해석을 내놓지는 않았지만 접근 가능한 문서 정보의 범위를 넓혀주었다.

한때 트로츠키는 공적 토론에서 자주 등장하는 주제였다. 최소한 소련 바깥에서는 그랬다. 그런 날은 이제 지나갔다. 하지만 트로츠키의 생각들과 활동은 다시 검토해보아야 마땅하다. 지난 100년의 러시아 역사와 세계사를 이해하는 방식에서 중요하기 때문이다.

이 책을 세상을 떠난 나의 어머니 재닛 서비스의 기억에 바친다. 스코틀랜드 보더스 출신인 어머니는 전쟁 기간 중에 에든버러에서 나의 아버지와 처음 만났으며 이후 두 사람은 잉글랜드 중부 지역에서 평생 살았다. 직장 생활의 대부분을 어머니는 신체 장애가 있는 어린아이들을 돌보는 헌신적인 간호사로 일했다. 어머니는 훌륭한 요리사였으며 뜨개질의 명수였고 집안에서 일어나는 거의 모든 일에서 솜씨를 발휘했다. 형 로드와 나에게 훌륭한 어머니였으며, 여섯 명의 손자 손녀들에게 멋진 할머니였다.

2009년 3월
로버트 서비스

차례

제2부   지도자 (1914~1919)

트로츠키는 정치라는 하늘을 가로지르는 반짝이는 혜성 같은 삶을 살았다. 그가 처음 세계적인 주목을 받은 것은 1917년이었다. 누가 보더라도 그는 러시아 혁명기의 가장 뛰어난 연설가였다. 트로츠키는 군사혁명위원회를 이끌었으며 이 위원회는 1917년 10월 당시의 임시정부 타도를 완수해냈다. 적군*을 창설하는 데 그보다 더 큰 역할을 한 사람은 없었다. 트로츠키는 당 정치국원이었으며 정치국의 정치·경제·군사 전략에 큰 영향을 끼쳤다. 또한 코민테른 초기에 매우 중요한 역할을 했다. 전 세계 사람들은 10월혁명이 그렇게 큰 영향력을 발휘한 것은 트로츠키가 레닌(Vladimir Il'ich Lenin, 1870~1924)과 동반자 관계를 이룬 덕분이라고 생각했다. 원래 트로츠키와 레닌은 서로를 꽤나 고생시킨 사이였다. 1917년 이전에 트로츠키는 볼셰비즘의 적수였으며 많은 볼셰비키들은 트로츠키가 이 과거를 망각하도록 놔두지 않았다. 1922년 레닌이 중병에 걸리자 당 정치국원들은 트로츠키가 혹시라도 레닌의 유일한 계승자가 되겠다고 도전장을 내지 않을까 우려했다. 이후 당내 분파 사이에서 일

적군(赤軍) 소비에트 군대를 가리키는 말. '적위군(赤衛軍)', '노농적군(勞農赤軍)', '붉은 군대'라고도 한다.

어난 분쟁이 트로츠키에게는 재난이 되었고 결국 그는 1929년 소련에서 추방당해 터키, 프랑스, 노르웨이, 멕시코에서 망명 생활을 했다. 소련에서 무엇이 잘못되었는가에 관한 트로츠키의 분석은 국제적으로 지속적인 영향력을 발휘했다. 정치 상황이 허락하는 곳에서는 트로츠키주의를 표방하는 조직들이 생겨났다. 스탈린(Iosif Stalin, 1878~1953)은 트로츠키를 10월혁명의 배신자라고 낙인찍었고, 1936년에서 1938년 사이에 진행된 '전시재판'에서 트로츠키는 여러 가지 죄를 저질렀다는 판결을 받았다. 스탈린은 소련 첩보기관에 트로츠키를 암살하라는 명령을 내렸고 1940년에 암살은 성공했다.

트로츠키는 극적인 인생을 살았으며 전 세계가 그의 활동 무대였다. 10월혁명은 역사의 흐름을 바꾸었으며 트로츠키는 그 과정에서 특출한 역할을 수행했다. 10월혁명으로 인해 좌파 진영 내의 정치는 어느 나라에서나 변화를 겪었다. 사회주의자들은 당시 러시아에서 볼셰비키가 추진하던 일을 지지할지 반대할지 결정해야 했다. 사회주의의 적대자들 역시 영향을 받았다. 각국 정부는 코민테른에 대응할 방법을 궁리해야 했다. 혁명적 마르크스주의의 확산 방지를 명분으로 삼아 극우파 진영에서 파시즘 정당이 출현하기 시작했다.

권좌에 있는 동안 트로츠키는 자신이 거둔 성취에 자부심을 느꼈으며 소비에트 정부의 혁명적 조치와 폭력적 수단을 정당화하려고 열심히 노력했다. 인민위원*으로 임명되자 그는 곧 볼셰비키의 활동을 매우 긍정적으로 평가하는 평론과 회고를 집필하기 시작했다. 그의 저술은 소련 전역에 배포되었으며 즉시 번역되어 외국의 대중들에게 판매되었다. 여러 해 동안 트로츠키는 베스트셀러 작가였다. 그

인민위원(people's commissar) 당시 소련 정부 장관직의 공식 명칭이다. 제정 러시아 시기에는 다른 유럽 국가와 마찬가지로 장관을 'minister'라고 불렀지만 이는 군주를 모시는 신하 혹은 종복이라는 뉘앙스가 있었기 때문에, 소비에트 정부에서는 인민을 위하여 전권을 위임받아 이를 행사하는 사람이 각 부처의 장관이라는 뜻으로 '인민위원'이란 용어를 사용했다. 1946년부터 다시 'minister'라는 명칭이 사용됐다.

의 문학적 재능과 분석 능력은 아무도 의심할 수 없었다. 소련에서 추방된 후 트로츠키가 가족을 어느 정도 편안하게 부양할 수 있었던 것은 오로지 그의 왕성한 저술 활동 덕분이었다. 트로츠키의 저술을 진지하게 받아들인 사람은 공산주의에 반대하는 사회주의자들만이 아니었다. 스탈린 정권을 증오하는 유력 정치 평론가 가운데 많은 사람들도 그러했다. 1917년 2월 로마노프 왕조가 무너진 후 러시아에서 일어난 일에 관한 트로츠키의 설명은 서구의 역사 연구에 뿌리 깊게 자리 잡았다. 트로츠키가 쓴 책은 판을 거듭하여 발행되었다. 그의 자서전은 10월혁명과 혁명이 초래한 결과에 대한 개괄적인 설명을 듣고 싶어 하는 독자들에게 매우 인기 있는 책이 되었다. 크렘린에 반대하는 공산주의 비판자들은 그가 쓴 정치 평론을 즐겨 읽었다.

트로츠키가 살아 있는 동안 트로츠키주의 그룹들이 실제 정치 상황에 끼친 영향은 미미했다. 그가 죽은 뒤 트로츠키주의 운동은 계속 쇠퇴했다. 1968년 유럽과 북아메리카 지역에서 학생 소요 사태가 일어났을 때 트로츠키주의 운동이 잠깐 살아났지만, 그해가 다 가기 전에 벌써 열기가 식어버렸다. 1988년 고르바초프가 정치적으로 트로츠키의 사후 복권을 지시할 때까지 소련에서 트로츠키는 계속 비난의 대상이었다. 그러는 동안 서구에서는 트로츠키주의자들이 한 집단으로 남아 시끄러운 소리를 자주 냈는데, 그들이 내세우는 주장은 트로츠키 본인조차 깜짝 놀랄 만한 것들이다.

한편, 자신의 삶과 시대에 관한 트로츠키의 설명은 여전히 서방 학계에 큰 영향을 끼치고 있다. 트로츠키에 따르면 스탈린은 재능이라고는 없는 사람이었으며 무식쟁이였고 단지 평범한 관료였을 뿐이다. 레닌을 승계하는 정치 투쟁에서 트로츠키가 패배한 까닭은 당시 소련의 사회 세력 균형이 관료 집단에 유리하게 기울어 있었기 때문이라고 많은 사람이 생각하게 되었다. 소련의 행정 관료 계층이 트로츠키를 거부하고 스탈린을 받아들였다는 논리다. 이런 관점으로 본다면 10월혁명은 처음부터 실패가 예정되어 있었으며, 유일한 활로는 소련이 고립에서 탈피하여 독일을 비롯한 그밖의 지역에 자리 잡을 공산 국가와 손을 잡는 방법뿐이었다. 하지만 레닌이 죽은 뒤 스탈린은 다른 공산 국가와의 연대 활동을 억제함으로써 세계 혁명의 대의(大義)를 저버렸다는 것이다. 트로츠키는 자신과 자신의 계파가 당권 경쟁에서 승리했더라면 소련의 상황이 근본적으로 달라졌을 것이라는 논지를 폈다. 자신의 계파는 최소한 소련 정치의 민주화를 위해 노력했을 것이고 반혁명적 경향, 자의적 통치, 정치적 폭력을 막았을 것이라는 주장이었다. 또 경찰의 폭압적 조치가 없었다면 노동자들은 분명히 자신의 편을 들었을 것이라고 그는 주장했다.

트로츠키의 글은 우아하고 명료했지만 그것만으로 그가 이후 역사 해석에 큰 영향력을 끼친 이유를 다 설명할 수는 없다. 그가 암살을 당함으로써 정치적 순교자가 되었기 때문에 많은 연구자들이—좀 더 비판적인 태도로 접근할 수 있었던 사람들도—되도록 트로츠키의 말을 신뢰하는 방향으로 마음이 움직였다. 지적(知的) 무임승차 역시 한몫했다. 트로츠키가 스탈린과 그의 심복들을 비난하는 논리를 제공하자, 많은 저술가들은 별로 깊이 생각해보지도 않고 너무 쉽게 그의 논리를 받아들였다.

하지만 트로츠키의 주장 가운데에는 틀린 것도 많았다. 스탈린은 결코 평범한 사람이 아니었다. 스탈린은 매우 다양한 분야에서 훌륭한 재능을 과시했으며 단호한 지도력을 발휘했다. 게다가 트로츠키 자신이 공산주의 대의의 진전을 위해 채택했던 전략을 보면 과연 폭압적 정권을 피하는 데 그가 도움이 될 수 있었을지 의심스럽다. 사실 트로츠키는 자신의 이론과 실천을 통해 정치, 경제, 사회, 심지어 문화 방면에서 스탈린주의 체제를 세우는 데 여러 개의 주춧돌을 놓았다. 스탈린과 트로츠키와 레닌은 서로 의견이 다른 부분보다 동의하는 부분이 더 많았다. 트로츠키는 스탈린이 전형적인 관료주의적

10월혁명의 주역, 레닌의 동지이자 스탈린의 적수, 뛰어난 전략가이자 대중 선동가
였던 신념의 혁명가 레프 트로츠키.

인간이라고 비난했지만, 트로츠키 자신도 권좌에 있을 때는 기꺼이
무제한의 권력을 휘둘렀다는 점을 생각하면 그가 스탈린에게 이런
비난을 퍼붓는 것은 참으로 아이러니하다. 외국에서 공산주의자들이
권력을 잡는 데 스탈린이 관심이 없었다는 트로츠키의 비난 역시 자
세히 살펴보면 사실이 아님을 알 수 있다. 게다가, 만약 제1차 세계
대전과 제2차 세계대전 사이에 독일이나 프랑스 혹은 에스파냐에서
공산당이 잠시 승리를 거두었다 해도 계속 권력을 유지해 나갈 수는
없었을 것이다. 그리고 만약 스탈린이 아니라 트로츠키가 최고 권력
자가 되었더라면 유럽에 엄청난 유혈 사태가 발생할 가능성은 오히

려 더 커졌을 것이다. 트로츠키는 스스로 소련의 상황과 국제 정세를 현실적 시각으로 보는 능력이 있다고 자부했다. 그는 자신을 기만하고 있었다. 그는 자신의 선입관 속에 스스로를 꽁꽁 가두어 두었기에 당시 세계 지정학의 역동적 양상을 전혀 이해하지 못했다.(그렇다고 해서 스탈린이 앞날을 예견하는 데 엄청난 실수를 저지르지 않았다는 이야기는 아니다.) 내가 말하고자 하는 요점은, 어느 누가 소련을 통치했더라도 공산당 권력을 유지하려면 극도로 권위주의적인 통치 방식을 사용할 수밖에 없었을 것이라는 점이다.

트로츠키가 비범한 능력을 지녔다는 것을 부정할 수는 없다. 그는 뛰어난 연설가였고 조직가였으며 지도자였다. 만일 그의 주된 관심사가 정치가 아니었다면 그는 아마도 언론인이나 평론가로서 탁월한 활동을 했을 것이다. 심지어 그는, 비록 간간이 보이긴 했지만 문학적으로도 뛰어난 감수성을 발휘했다. 당시 일반적으로 논하던 마르크스주의 관련 주제 외에 트로츠키는 일상생활과 문화 발전에 관해서도 글을 썼다. 그는 혁명의 목적에 무한한 열정을 품고 헌신했다. 주위 사람들에게 영감을 불어넣어 그들이 자신을 희생하고 위업을 달성하도록 만들었다. 그는 지도적 위치에 있던 어떤 볼셰비키보다 더 분명하게, 모든 남성과 여성이 자기 실현의 기회를 누리고 공동의 선(善)에 봉사할 수 있는 미래 세계에 대한 전망을 간직했다. 죽는 바로 그날까지 트로츠키는 이런 미래상을 열정적으로 그렸다.

하지만 자신의 삶과 시대에 대한 트로츠키의 묘사에는 왜곡이 많다. 이런 왜곡 때문에 우리가 소련공산당 역사를 이해하는 데 부분적으로 오류가 생겼다. 트로츠키는 자신의 개인적 중요성을 과대평가했다. 1917년 이전에 그가 지녔던 사상은 훗날 그가 평가하는 것만큼 독창적이지도 않고 폭넓은 것도 아니었다. 볼셰비키가 정권을 잡는 데 그의 공헌이 중요하긴 했지만 그가 주장한 것만큼은 아니었다. 1918~1919년에 적군 내부에서 트로츠키는 분명 사람들을 단결시키는 권위 있는 존재였다. 하지만 또한 그는 불필요한 문제를 일으켰고 피할 수도 있었을 실수를 저질렀다. 이후에도 그는 계속 종잡을 수 없는 행동을 했으며 스스로 신뢰성을 훼손했다. 그에게는 전술적 섬세함이 부족했다. 그는 오만한 사람이었다. 1920년대와 1930년대에 정치적 곤경에 빠져 있을 때 그는 매우 뛰어난 능력을 과시하며 자신의 추종자들을 감동시켰지만, 그 추종자들을 충분히 자기편으로 만들지도 못했고 그들에게 충분한 용기를 주지도 못했다. 트로츠키는 자신의 의견을 생생한 문장으로 표현하기만 하면 자신에게 승리가 찾아오리라고 자기 식대로 생각했다. 그는 정치가보다 행정가로서 더 우수했다. 트로츠키는 자신보다 기량이 월등한 스탈린에게 패배한 것이다. 트로츠키는 '관료 체제'라는 것에 패배한 것이 아니라 소련의 정치 현실을 더 잘 이해하고 있던 한 인간과 그 인간을 중심으로 한 계파에게 패했다. 멋지게 연설을 하고 훌륭한 문장력으로 정치 평론을 작성하는 것으로는 충분하지 않았다. 트로츠키는 러시아 혁명이 일어난 해에 자신에 대해 품게 된 이미지에 중독되어 거기에서 빠져나오지 못했다. 그러한 자기 이미지는 그의 후반 인생에도 전혀 도움이 되지 않았다.

트로츠키는 대체로 스탈린과는 전혀 다른 범주에 속하는 특성을 지닌 인간으로 여겨진다. 물론 스탈린이 저지른 끔찍한 짓은 20세기의 몇 안 되는 독재자들만이 따라잡을 수 있다. 하지만 그렇다고 해서 트로츠키가 천사 같은 인간이었다는 말은 아니다. 트로츠키가 독재와 테러에 대한 욕망을 품었다는 사실은 적군과 백군*이 내전을 벌였을 때 이미 드러났다. 그는 노동자를 포함한 수많은 인민들의 정치적 권리를 짓밟았다. 그는 극도로 자기 자신에게만 집중했다. 남편으로서 그는 첫 번째 아내를 소홀하게 대했다. 특히 자신의 정치적

백군(白軍) 러시아 내전 기간 동안 볼셰비키의 적군에 대항한 다양한 반대 세력 군대를 가리키는 말.

이익이 걸렸을 때는 자기 자식들에게 필요한 것에 무관심한 태도를 보였다. 소련 정치에서 특별한 활동을 하지 않은 자식들에게도 트로츠키의 이런 무관심은 커다란 재앙이 되었다. 그와 함께 망명길에 나선 아들 레프 역시 결국은 아버지를 돕다가 목숨을 잃었다고 볼 수 있다.

하지만 트로츠키는 대단히 매력적인 자질을 풍부하게 갖춘 사람이었다. 억지로 그를 평범한 수준으로 낮춰서 우리 대부분과 비슷한 사람이었다고 애써 주장해봐야 소용없다. 우리는 과연 어떻게 그를 정확하게 평가할 수 있을까? 그는 때로 듣는 사람이 놀랄 정도로 솔직한 태도를 보였지만, 자서전을 펴낼 때와 자신이 작성한 문건을 공개할 때는 많은 부분을 감췄다. 이 책의 목적은 그렇게 감추어져 있는 트로츠키의 삶을 캐내는 것이다.

트로츠키는 성격이 복잡했으며 경력 또한 복잡했다. 10월혁명의 다른 지도자들과 마찬가지로, 그의 삶을 탐구할 근거 역시 생전에 그가 발표한 책과 논문과 연설문 같은 저술에서 출발한다. 트로츠키는 자신의 정치적 이해관계가 변화함에 따라 자신의 저작 가운데 일부를 곤혹스럽게 여겼다. 하지만 그의 저술을 모두 다 검토한다 해도 우리는 조사를 끝낼 수 없다. 그의 저술은 그의 큰 목적이 무엇이었는지는 말해주지만, 특정한 시기에 그가 품었던 개인적이고 계파적인 목적은 설명해주지 않는다. 현장에서 활동하는 정치가였기 때문에 그는 자신이 뜻하는 바를 모두 다 솔직하게 말할 수는 없었다. 편지와 전보를 비롯해 그가 다른 사람에게 보낸 글을 보면 우리는 그의 생각의 내면으로 접근할 수 있다. 그러나 다른 사람에게 보낸 그의 글도 대체로 지나치게 다듬은 것이 많다. 그가 내심 무슨 생각을 품고 있었는지 알려면 그가 쓴 서신의 초안까지 살펴야 한다. 무엇을 삭제했고 무엇을 수정했는가를 보면 우리는 그가 다른 사람이 알지 못하기를 바란 것이 무엇이었는지 알 수 있다. 그가 쓴 자서전*

의 경우 특히 그러하다.

문자의 형태로 남긴 자료가 모든 것을 말해주지는 않는다. 거창한 공개 발표문보다 얼핏 사소해 보이는 사항들을 살펴볼 때, 트로츠키의 삶의 전체상을 훨씬 더 효과적으로 재구성할 수도 있다. 그의 생활 방식, 수입, 주거 환경, 가족 관계, 사소한 습관, 그리고 인간에 대해 지니고 있었던 일상적인 가치관 같은 것 말이다. 그의 자서전에는 이런 내용이 없기 때문에 그의 편지나 메모, 그리고 주변 사람들—그의 부인들과 자식뿐 아니라 그의 책의 번역자 그리고 약간이라도 안면이 있는 사람들까지—의 기억을 토대로 하여 짜맞추어야 한다. 레닌이나 스탈린과 마찬가지로 트로츠키 역시 그가 말이나 글로 표현한 부분만큼이나 침묵하는 부분도 중요하다. 말로 표현되지 않은 그의 기본적인 가치관이 복합적인 그의 삶을 이해하는 데 필수적이다.

트로츠키는 물건들을 버리고 싶어 하지 않았다. 예전에 탄 배 표라든가, 미발표 회고록의 일부라든가, 세를 내어 머물던 숙소 사진 같은 것을 그는 자료 상자 속에 차곡차곡 쌓아 두었다. 트로츠키의 러시아어 저술을 영어로 번역하는 일에 오래 종사하면서 그와 고락을 함께 한 맥스 이스트먼*은 어느 날 편지를 한 장 구겨 버리다가 책망을 들었다는 에피소드를 기록했다. 미국 오하이오 주에서 어느 여성이 보낸 편지였는데, 트로츠키는 그 편지에 답장할 생각이 전혀 없었지만 자신에게 온 편지를 그렇게 구겨 버리는 것이 싫었던 것이다.[1] 이런 그의 습성 덕분에 풍부한 자료가 남았다. 트로츠키는 《러시아 혁명사》 초안의 각 페이지를 순서대로 풀로 붙여 한 챕터를 하

---

* 트로츠키는 1930년 자서전을 저술하였으며 문체와 내용 면에서 대단히 높은 평가를 받았다.

맥스 이스트먼(Max Eastman, 1883~1969) 문학, 정치, 사회 문제를 다룬 진보적 성향의 저술가로서 트로츠키와 오랫동안 친밀한 관계를 유지했다.

나의 두루마리로 만들어놓았다. 나는 그 두루마리를 펼쳐 보면서 강렬한 희열을 느꼈다. 아마도 이집트 사막에서 파피루스를 발굴해낸 고고학자의 짜릿한 희열이 이런 것이리라. 하지만 트로츠키는 고대에 살았던 관리나 사제나 상인이 아니라, 전속 타자수와 공장에서 제조된 종이를 사용한 20세기의 혁명가였다. 그런데도 굳이 이렇게 두루마리를 만든 그의 기이한 습관을 알게 되면서 나는 삶과 자기 작업에 대한 그의 태도가 어떤 것이었는지 감을 잡을 수 있었다. 트로츠키가 연설하는 모습을 찍은 영상을 보면 그와 동시대를 산 사람들의 증언처럼 그는 정말 대단한 연설가였음을 알 수 있다. 트로츠키가 첫 번째 아내와 두 번째 아내에게 쓴 연애편지는 그가 열정적인 사람이었음을 보여준다. 마찬가지로 그의 저작의 초고들, 특히 아주 재기 넘치는 자서전의 초고를 살펴보면 그가 얼마나 유창하고 정확하게 글을 쓰는 작가였는지 알 수 있다. 그가 글을 수정하는 경우는 정치적이거나 사회적인 곤경을 피하고자 할 때뿐이었다. 문장만 본다면 그는 자신의 생각을 처음 쓸 때부터 말끔하게 정리할 수 있었다.

트로츠키는 또한 다행히도 글씨체가 단정했다. 1928년에 알마아타*로 추방되었을 때 그가 지니고 있던 아름다운 작은 주소록을 보면 그가 얼마나 꼼꼼하게 정리를 잘하는 사람인지를 알 수 있다. 그는 음모가의 자질이 별로 없었지만 음모가가 되려고 노력한 흔적은 있다. 러시아의 시인 알렉산드르 블로크(Aleksandr Blok, 1880~1921)가 쓴 일기를 묶어 출판한 책에 트로츠키는 투명 잉크로 글을 써서 자신의 추종자들에게 지시를 내리기도 하였다. 트로츠키의 장서 중 또 한 권 눈에 띄는 책은 한때 트로츠키의 추종자였던 시드니 훅*이

알마아타 카자흐스탄에 있는 도시. 트로츠키는 1928년부터 1929년까지 약 1년 동안 이곳에서 사실상 유형 생활을 했다.
시드니 훅(Sidney Hook, 1902~1989) 미국의 철학자. 초기에는 트로츠키를 추종하는 공산주의자였으나 점차 입장을 바꿔 후기에는 반공산주의 사상가로 변신했다.

마르크스주의와 철학에 대해 쓴 책이다. 이 책의 여백에 트로츠키가 적어놓은 느낌표들은 자신의 정당성에 대한 강한 울분과 지적인 자존심을 보여준다. 또 하나 주목할 만한 자료는 그가 전 세계 수십 개국에 있는 트로츠키주의자들에게 보낸 편지 수백 통이다. 그는 편지를 쓰면서 혼란스러울 정도로 많은 가짜 이름(올드맨Old Man, 크룩스Crux, 온켄Onken, 레온 아저씨Uncle Leon, 비달Vidal, 룬트Lund 따위)을 사용했다. 이처럼 여러 이름을 동시에 사용하는 데는 엄청난 기억력이 필요했다. 트로츠키는 사안이 크든 작든 그가 보통 사람과는 다른 출중한 인간이었다는 것을 보여주는 풍부한 증거를 남겼다.

모든 인간이 그러하듯이, 트로츠키 역시 다시 반복될 수 없는 현상이었다. 이 세상이 너무도 많이 변했기 때문에 트로츠키와 똑같은 인간이 어느 날 갑자기 우리 앞에 나타날 수는 없을 것이며, 설사 그처럼 탁월한 능력을 지닌 사람이 혜성처럼 나타난다고 해도 그가 오늘날 정치 세계의 하늘을 날며 그리는 궤적은 이전과는 다를 수밖에 없다. 트로츠키가 살았던 시대와 환경을 같이 생각해야 하는 것이다. 그는 러시아 제국에 혁명적 급진주의가 팽배하던 시대에 태어났다. 그가 소속해서 두각을 나타낸 정당은 10월혁명을 통해 권력을 잡은 후 전 세계를 뒤집어놓겠다고 공언한 정당이었다. 소련이라는 국가의 초기 5년 동안 트로츠키는 레닌을 제외하면 어느 누구보다도 이 국가를 건립하는 데 크게 공헌했다. 하지만 트로츠키가 초인적인 능력을 지녔던 것은 아니다. 사회 전체의 거대한 혼란 속에서 활동할 수 있었던 상황이 그와 그의 동료들을 도와주었다. 그런 배경이 없었다면 그들은 러시아에서 권력을 잡지도 못했을 것이며 설사 잡았다 하더라도 그 권력을 공고하게 굳히지 못했을 것이다. 러시아 내전에서 승리한 뒤에도 그들 앞에는 엄청난 난관이 있었다. 행정 조직과 경제는 혼란에 빠졌고 공산주의에 대한 적대감이 확산됐다. 공산당이라는 조직도 중앙의 지도자들이 손쉽게 다룰 수 있는 조직이 아

니었다. 세심한 주의를 기울이고 때로는 타협을 해 가면서 운영하고
또 달래야 하는 조직이었다. 1920년대 초까지 트로츠키는 충분한 의
지력과 단결을 유지하고 대규모 폭력을 기꺼이 수행할 태세를 갖추
기만 한다면 공산주의자들에게는 어떤 제약도 존재하지 않는 것처럼
행동했다. 점차 그는 이런 생각이 유토피아적이라는 것을 알게 되었
다. 하지만 맨 처음 자기 자신과 당에게 제시했던 이 비현실적인 목
표를 그는 결코 완전히 포기하지 않았다. 많은 사람이 악몽이라고
생각하는 것을 그는 필생의 꿈으로 품고 살았다.

　이 꿈은 그가 살아가는 과정에서 조금씩 그 형태가 잡혔다. 소년
혹은 청년 트로츠키를 만났던 사람들 가운데 그가 나중에 이렇게 엄
청난 일을 하리라고 짐작했던 사람은 한 명도 없었을 것이다. 하지만
돌이켜보면 그의 어린 시절에도 작은 빛이 미래를 향해 반짝이고 있
었음을 알 수 있다. 그러니 트로츠키의 삶의 출발 지점으로 돌아가
서 이야기를 시작해보자.

LEON TROTSKY

제1부

전위

–

1879-1913

1장

우크라이나의 유대인

성공한 농부 브론시테인 가족

레프 다비도비치 트로츠키(Lev Davidovich Trotsky)는 1879년 10월 26일 헤르손 주(州)에 있는 야노프카에서 태어났다. 지금의 우크라이나 남부에 있는 그곳은 당시에는 '노보로시야(Novorossiya)'(새로운 러시아)라고 불리던 지역이었다. 61년 후 그는 멕시코시티 외곽의 코요아칸에서 삶을 마쳤다. 트로츠키의 인생은 범상치 않았다. 40세까지는 대중에게 알려지지 않았지만 1917년 10월혁명 후 그는 전 세계에 영향을 끼치는 인물이 되었다. 이후 10년 동안 그는 소련 정치의 정점에 있었다. 그러다가 트로츠키의 운명은 돌이킬 수 없게 바뀌어 시베리아로 유형당했다가 결국 소련에서 추방당했다. 하지만 그는 계속 전 세계의 주목을 받았으며 결국 1940년 스탈린의 비밀 요원에게 암살당했다.

트로츠키의 원래 이름은 레이바 브론시테인(Leiba Bronstein)이었는데 23세 때부터 오늘날 널리 알려진 트로츠키라는 가명을 사용하기 시작했다. 일반적으로 알려진 것과 달리, 그는 자신의 정체를 확실하게 드러내지 않는 사람이었다. 그는 스탈린이 자신을 비난하면서 많은 허위 사실을 꾸며내자 그 사실을 폭로하면서 '날조를 일삼는 스탈린 일당'[1])이라는 표현을 만들어냈다. 하지만 트로츠키 역시 자신의 일생에 대해 명백한 거짓말을 하지는 않았지만 심각한 정도로 부정확하게 서술한 적이 많았다. 그는 왕성하게 활동한 혁명가였으며, 그가 공개적으로 언급한 내용 가운데 그 당시 자신이 지향하는 구체적 목표에 연결되지 않는 내용은 없었다. 그렇지 않은 경우도 있지 않느냐는 질문을 받으면 트로츠키는 조롱을 보냈다.[2] 자신의 인생 이야기를 서술하면서 트로츠키는 자신이 당면한 정치적 이해관계에 따라 이런저런 일화를 삭제하기도 하고 선택하기도 했다. 또한 자신의 정적에 대해서는 일관되게 불공정한 서술을 했다. 이런 취사선택 작업이 꼭 의식적으로 이루어진 것은 아니었다. 트로츠키는 이른 나이에 확고한 정치 이념을 품었다. 그의 분석과 예측 능력은 계속 발전했지만 정치 이념은 근본적으로 변하지 않았다. 자신이 지닌 특정한 기본 관념의 프리즘을 통해 세상을 바라보느라 그는 다른 세계관의 장점을 보지 못했다. 트로츠키는 한 개의 단일한 바윗돌로 만들어진 인간이었기 때문에 개인적 존재로서 자신과 공공의 지도자로서 자신을 구분하려 하지 않았다. 이런 사고방식은 그가 자서전을 쓰는 태도에 큰 영향을 끼칠 수밖에 없었다. 자신의 일생에 대한 트로츠키의 설명을 몇 세대의 독자들이 무비판적으로 수용해 왔지만, 진실을 말하자면, 트로츠키는 어떤 사실이 자신이 기대하는 이미지를 방해하는 불편한 사실이라고 판단할 때마다 그 사실을 누락하거나 왜곡했다.

마르크스주의자로서 트로츠키는 자기 부모가 부유하다는 사실이 곤혹스러웠다. 그래서 그는 부모의 비범한 자질과 성취를 제대로 인정하기를 거부했다. 그리고 자서전에서 그는 어린 시절 자신이 소심했던 측면이나 응석받이였던 측면은 누락하는 경향이 있었다. 또 자신의 유대인 혈통을 완전히 부인하지는 않았지만 유대인에 대한 언급은 되도록 잘라냈다. 트로츠키의 자서전 초고와 교정본들을 자세히 검토한 결과, 오랫동안 숨겨져 왔던 그의 성장 과정의 새로운 측면을 발견할 수 있었다. 트로츠키가 아버지에 대해 공개적으로 말한 것은 아버지가 부유하고 능력 있는 농부라는 정도였다. 하지만 이런 언급은 사실을 심하게 축소한 것이다. 그의 아버지 다비드 브론시테인(David Bronstein)은 헤르손 인근에서 아주 역동적으로 일한 농부였다. 끈질기게 성실하고 의지가 강했던 아버지는 경제적으로 몇 단계 올라서는 데 성공하였으며, 자신의 성취에 얼마든지 자부심을 가져도 좋을 사람이었다.

야노프카는 헤르손 주의 옐리자베트그라드 현에 있던 그로모클레야라는 이름의 유대인 농업 개척 지구 끝자락에 있었다. 야노프카에 있었던 트로츠키 집안의 농장은 가장 가까운 마을에서 3~4킬로미터 떨어져 있었다.[3] 노보로시야의 토양은 무척 비옥했다. 헤르손 주는 화물선들이 러시아와 우크라이나 수출품을 지중해로 실어 나르느라 호황을 누리던, 흑해 연안의 커다란 항구 도시 오데사에서 가까웠다. 예카테리나 여제(Ekaterina II, 1729~1796)는 1792년 이 지역에서 투르크 군대를 패퇴시킨 후 이 변경 지역을 확실하게 러시아 땅으로 만드는 작업에 착수했는데, 이 작업의 중심지로 지정한 도시가 오데사였다. 오데사는 19세기 초 아르망 에마뉘엘 뒤 플레시(리슐리외 공작)*의 통치 아래 크게 발전했다.(당시 프랑스인들은 훌륭한 전문 기술이 있으면 러시아 제국에서 환영받았다.) 오데사는 니콜라예프를 비롯한 노보로시야의 다른 거주 지역들을 압도했다. 내륙의 농촌 지역은 러시아 군대에게 정복당한 이후 오랜 기간 동안 인구 밀도가 낮은 지역으로 남아 있었다. 상트페테르부르크에 있던 제국 통치자들의 머릿속에는 오스만 제국이 다시 이 지역으로 진출할지 모른다는 염려가 여

───────────────

아르망 에마뉘엘 뒤 플레시(Armand Emmanuel du Plessis, Duc de Richelieu, 1766~1822) 프랑스 혁명기에 활동한 왕당파 귀족으로서 러시아에 망명했을 당시 러시아 군대에서 복무했고 1803년에는 노보로시야 총독으로 임명되었다. 훗날 프랑스에서 나폴레옹이 실각하고 왕정이 부활하자 프랑스로 귀국하여 두 차례 내각 총리직을 역임했다.

전히 남아 있었다. 결국 예카테리나 여제의 손자인 알렉산드르 1세(Aleksandr I, 1777~1825)는 이 지역의 땅을 새로운 농업 개척자들에게 개방함으로써 더 많은 사람이 거주하도록 하겠다는 결정을 내렸다. 우크라이나 초원 지대의 미개간 토지를 개척하여 소유할 것을 권유하는 통보가 퇴역 군인, 그리고 러시아 제국 내의 독일계나 유대계 주민들에게 보내졌다. 수천 가구의 주민이 남쪽으로 이주했다. 노보로시야는 새로운 기회를 잡으려는 사람들을 자석처럼 끌어당겼고 그 덕분에 노보로시야의 곡물 생산은 크게 증가했다.

러시아 제국 정부는 유대인에게 좋은 감정을 품고 있지 않았다. 1772년부터 1795년 사이 오스트리아와 독일과 러시아 제국이 폴란드를 세 차례에 걸쳐 분할하여 나누어 가진 결과 유대인 수백만 명이 러시아 제국에 편입되었다. 이 유대인들은 처음부터 정부의 의심을 샀다. 러시아의 역대 황제들은 유대인들이 혹시라도 그들의 특이한 종교와 상업 수완, 교육열로 러시아 본토를 '오염'시킬까 봐 두려워했다. 인구 통계로 보나 정신적으로 보나 제국의 중추는 러시아 민족이었고, 이들의 신경을 건드리지 않는 것이 좋았다. 그러나 추방할 것이 아니라면 유대인들이 어디에선가 터전을 잡고 살 수 있도록 조치해야 했다. 1492년 에스파냐가 유대인을 추방한 적이 있었지만, 러시아 정부는 그럴 생각이 없었다. 유대인들 역시 러시아 제국 내에 그대로 머물기를 바랐다. 19세기 말까지 유대인들이 미국으로 대규모 이주를 하는 일은 없었으며, 팔레스타인 땅으로 돌아가자는 시오니즘(Zionism) 운동은 아직 시작되지 않은 상태였다. 1791년 예카테리나 여제가 선택한 해결책은 '유대인 거주 지역'을 지정하는 것이었다. 북쪽의 발트해부터 남쪽의 흑해에 걸치는 넓은 지역이었다. 유대인이 러시아인의 도시나 마을에 들어와 살지 못하게 하려는 것이 이 정책의 목적이었다. 아주 부유한 유대인은 예외였지만 그 경우에도 이주 허가를 반드시 받는다는 보장은 없었다. 러시아 황제의 통치를 받는 유대인 대부분은 자신들이 이미 수백 년간 고향으로 삼아 왔던 북쪽의 '유대인 거주 지역'에서 계속 살게 되었다.

유대인 마을은 '시테틀(shtetl)'이라 불렸는데 이곳에 사는 사람들은 보통 가난했으며 선조의 신앙을 그대로 지켰고, 상호부조, 자선, 교육의 전통을 잘 유지했다. '책의 사람들'인 유대인들은 '토라'*를 공부했고 그들의 자녀들은 폴란드인이나 러시아인, 우크라이나인에 비하여 훨씬 더 높은 수준의 문자 해독률과 산술 능력을 보유하고 있었다. 역사 기록조차 없는 옛날부터 유대인들은 가장 궁핍한 자라도 자녀들이 성스러운 책을 공부할 수 있도록 돈을 따로 저축했다. 유대교 율법에 따라 음식을 만드는 '코셰르(kosher)' 역시 엄격하게 준수했다. 전통적인 종교 의례의 일정도 지켰다. 유대교 율법 교사인 랍비와 전례문 독송자인 '칸토르(cantor)'는 경외의 대상이었으며 학문이 높은 사람 역시 존경을 받았다. 대부분의 유대인 거주지에서는 종교적 열정이 강했는데, 가장 널리 퍼진 유대교 종파는 하시디즘(Hasidism)이었다. 하시디즘 종파는 다른 유대교도와 논쟁을 벌였지만, 하시디즘 내부의 세부 분파 사이에서도 논쟁이 치열했다. 하시디즘 신봉자들은 거의 모두가 매우 엄격한 의복 착용 규칙을 준수했다. 남자들은 검고 치렁치렁한 '카프탄(caftan)'을 입었으며 곱슬곱슬한 구레나룻 때문에 이웃 슬라브계 주민들과 확연하게 달라 보였다. 남자와 여자는 따로 예배를 드렸다. 하시디즘에 따르면, 성인 남성은 하루에도 여러 차례 예배당을 방문해야 했다. 소수의 성공한 사업가를 제외한 여느 유대인들은 비유대인과는 거리를 두었다. 범죄나 민사상 분쟁이 발생하면 유대교 종교 법정에서 다루었다. 러시아 제국 정부와 접촉하는 일은 고작 일년에 한 번 세금을 낼 때 정도였다.

러시아 당국을 곤혹스럽게 한 것은 이 하시디즘뿐이 아니었다. 북

토라(Torah) 구약 성서의 첫 다섯 편인 창세기, 출애굽기, 레위기, 민수기, 신명기를 말한다. 흔히 모세오경이나 모세율법이라고도 칭한다.

부 시테틀 주민은 신발 제작, 양복 제작, 기타 수공업 기술직에 종사하는 사람이 대부분이었다. 유대인들 사이에서는 경제적 경쟁이 매우 치열했다. 게다가 러시아인이나 우크라이나인과 마찬가지로 유대인들 역시 대가족을 유지했다. 유대인 부부는 아내가 아이를 낳을 수 있는 연령까지 계속해서 아이를 낳았다. 북부 시테틀에 거주하는 유대인들은 대부분 가난에 찌들어 있었다. 러시아 정부는 이러한 유대인들을 일반 사회에 통합하려면 이들의 정신적·물질적 조건을 개혁해야 한다고 결론 내렸다.[4]

알렉산드르 1세가 유대인 농업 개척 지구 계획을 도입한 것은 바로 이런 상황에서였다. 흑해 근처의 헤르손 주와 예카테리노슬라프 주의 빈 땅이 유대인들을 위한 지역으로 지정되었다. 이 계획이 공표된 후 폴타바* 지역에서 농업 개척 지구를 향해 출발한 사람들 가운데 한 명이 바로 트로츠키의 할아버지였다. 많은 유대인들이 농부로서 새로운 삶을 시작함으로써 가난에서 벗어나려고 남쪽으로 발길을 옮겼다.[5] 이것이 바로 러시아 정부가 장려한 새로운 사고방식이었다. 러시아 황제의 신하들은 가난에 찌들고 다루기 어렵고 이질적인 이 유대인들을 러시아 제국에 통합된 생산적인 주민으로 변모시키고자 했다. 특별 구역 내의 미개발 초원 지대가 농경지를 개간하겠다고 동의한 유대인들에게 배분되었다. 이런 과정을 거쳐 19세기 중반까지 우크라이나의 남부와 중부와 서부 지역에 6만 5천 명이 넘는 유대인이 정착했으며 헤르손 주만 해도 모두 22개의 유대인 농업 개척 지구가 설치되었다.[6] 이 가운데 가장 마지막으로 세워진 것이 바로 그로모클레야였다. 브론시테인 가족은 시테틀의 경제적 곤궁에서 탈출하여 농사를 시작하기로 결심한 용기 있는 유대인 가운데 하나였다.[7]

폴타바(Poltava) 현재 우크라이나 중북부에 위치한 지역.

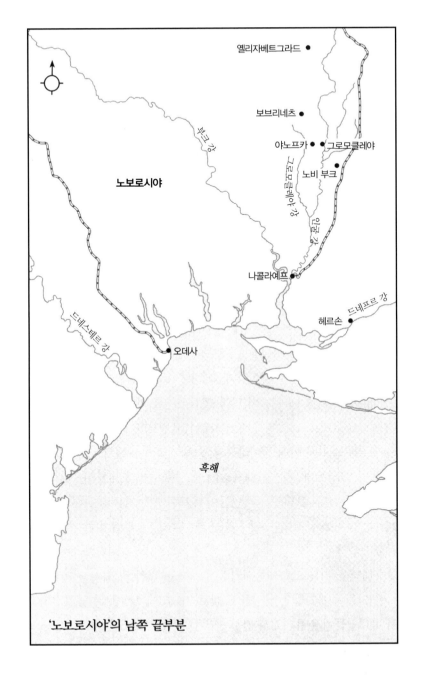

옐리자베트그라드 ●

보브리네츠 ●

야노프카 ● ● 그로모클레야

노비 부크 ●

노보로시야

부크 강

그로모클레야 강

잉굴 강

나콜라예프 ●

드네프르 강

헤르손 ●

드네스테르 강

오데사 ●

흑해

'노보로시야'의 남쪽 끝부분

1장 우크라이나의 유대인 · 41

이 농업 개척 지구 제도에는 법적 규제가 있었으며, 규제가 잘 지켜지는지 보려고 감독관들이 주기적으로 현장을 방문했다.(그로모클레야 농업 개척 지구를 검열하기 위해 이곳을 방문한 정부 관리가 트로츠키의 삼촌인 아브람의 집에 머물렀던 적이 있다.)[8] 처음부터 관리들은 도시의 수공업자였던 유대인들이 과연 농장의 육체 노동에 적응할 수 있을지 의문을 제기했다.[9] 많은 정착민들은 농업 개척 지구에 도착하자마자 땅을 팔아치우려고 함으로써 관리들의 의심을 입증하는 것처럼 보였다. 농지 매도를 금지하는 법령이 곧 발표되었다.(하지만 그 법령은 유대인이 농업 개척 지구 밖으로 나가는 것을 막지는 못했다.)[10] 관리들 가운데 조금 더 똑똑한 사람은 농업 개척 지구의 물리적 여건이 엄청나게 열악하다는 것을 곧 알게 되었다. 정착지가 모두 강에서 가까운 것은 아니었는데, 이것은 유대인 탓이 아니라 러시아 당국의 잘못이었다. 또 하나 문제는 상점을 차리거나 좌판을 벌이는 것을 금지했다는 것이다.[11] 관리들의 의도는 개척자들이 온전히 농업에만 신경을 쓰도록 하려는 것이었다. 유대인이 기독교인을 고용하는 것도 금지했다. 심지어 일손이 많이 필요한 추수기에도 유대인은 비유대인을 일꾼으로 고용할 수 없었다. 이는 우크라이나 농민들이 유대인의 경제적 지배 아래 들어가는 것을 방지하기 위한 조치였다. 무슨 일이 있어도 유대인 농업 개척 지구는 주변 지역으로부터 격리되어야 했던 것이다. 유대인 정착민들이 주택이나 농지를 비유대인과 거래하는 행위도 금지했다. 각종 법률과 규칙의 체계 전체에 불신이 가득했다.[12]

유대인을 기독교로 개종시키려는 시도는 전혀 없었다. 러시아 당국은 이들이 자기들의 신앙을 그대로 지키도록 할 생각이었다. 그래서 유대인들에게 유대교의 전통 회당인 시너고그를 건설하라고 독려했다.[13] 러시아 당국은 유대교가 좀 더 계몽되어 현대적 성격을 지니게 되기를 바랐으며, 생활 여건이 나아짐에 따라 유대인들이 스스로 하시디즘을 버리기를 바랐다. 러시아어를 사용하는 학교의 건설을 촉진하는 정부 지원책이 1840년에 나왔지만 큰 성공을 거두지는 못했다. 거의 모든 유대인 농업 개척자들은 자식들이 이디시어*를 사용하도록 길렀다.[14] 이런 현상에 당황한 러시아 당국은 유대인 학교에 개입할 방도를 강구하기 시작했다. 당국은 이디시어 학교에서 가르치는 외국어로 독일어 대신에 러시아어를 채택하도록 촉구했다. 유대인들은 처음에는 이런 외부 간섭에 저항했다. 이디시어는 상당 부분 독일어에서 유래했고 북부 시테틀의 학교에서는 외국어를 가르칠 여건이 되면 독일어를 선택하는 것이 관례였다.[15] 러시아 당국이 많은 회유책을 내놓은 끝에 결국 유대인 농업 정착지에서 러시아인 교사와 러시아어를 받아들이기 시작했다.[16]

농업 개척 지구에서는 유대인의 전통 풍속을 매우 존중했다. 이들은 자신의 생활 방식이나 종교 의례를 바꿀 생각이 없었다. 노보로시야의 러시아 관료들이 보고한 바에 따르면, 정착한 지 얼마 지나지 않아 이들은 북쪽 지역에 남아 있던 하시디즘 종파의 랍비들과 종교 의례에 따라 육류를 처리할 수 있는 도축업자들을 농업 개척 지구로 와서 함께 살자고 초대했다.[17] 유대인의 생활 방식 가운데 많은 것이 기독교인들에게는 이해하기 어려운 것이었다. 개척자들이 술집에서 술에 취하는 것은 드문 일이었다. 범죄율도 낮았다. 러시아 관리들은 "실제 처벌보다 수치심을 유발하는 것이 더 큰 효과가 있다."며 놀라운 어조로 보고했다.[18] (초막절* 같은 축제일이나 다른 유대교 축일에도 과연 유대인들이 각자의 집에서 술을 먹지 않는지는 의심의 여지가 있었지만, 러시아 관리들이 이런 사정까지 엿볼 수는 없었다.) 이전의 노보로

이디시어(Yiddish) 9세기경에 유럽 중부와 동부 지역에서 형성된 유대인 언어. 19세기 말에는 수백만 명의 유럽 거주 유대인이 모국어로 사용했다.
초막절 장막절이라고도 한다. 유대인의 가을 수확을 축하하고, 유대인 선조들이 이집트 탈출 후 광야를 떠돌며 초막에서 생활한 것을 기념하는 축제이다.

시야에는 하시디즘이 전혀 없었지만 유대인들이 도착하자 모든 것이 변했다.[19] 유대교의 랍비 학자가 어떤 사회 문제에 대해 발언하면 그의 말은 곧 명령의 효력을 발휘했다. 일상생활과 신앙은 그렇게 밀접하게 연결되어 있었다. 러시아 당국은 이것을 일종의 '광신적 행동'이라고 여겼다. 어째서 유대인들은 일해서 돈을 버는 것보다 자기네 종교 축일의 일정을 지키는 것을 더 중요하게 여기는지 러시아 당국은 의아해했다. 유대인들은 '코셰르'에 쓸데없이 돈을 낭비했다. 또한 금요일 해가 지는 시간부터 토요일 저녁에 별이 처음 보일 때까지 농사일을 전혀 하지 않았다. 그렇게 되면 일요일 아침이 돼서야 일을 시작하는 것이다.[20] 유대인은 절약해서 모은 돈을 딸을 시집보내면서 모조리 써버리곤 했다. 친척이 죽으면 이들은 방바닥에 앉아 일주일 동안 죽은 이를 추모했다. 이들이 정말 농부로서 성공하고 싶다면 이런 생활 습관을 유지해서야 되겠는가?

곧 이은 연례 조사 결과, 유대인 정착민들의 생산량은 기대에 훨씬 못 미쳤다. 대략적인 추정에 따르면, 19세기 중반쯤에 정착민의 5분의 1 정도만 농사에 성공했다. 또 다른 5분의 1 정도가 그럭저럭 꾸려 가고 있었으며 나머지 사람들은 완전히 실패했다. 어느 전문가는 다음과 같이 보고했다. "유대인을 농부로 만들겠다는 정부의 유익한 계획은 실현되지 않았다."[21] 유대인의 가난은 폴란드나 리투아니아 지역의 시테틀에서 헤르손 주와 그 주변 지역의 농업 개척 지구로 그대로 옮겨 갔을 뿐이었다.

정부의 정책이 조정되자 사정이 조금씩 나아졌다.[22] 러시아 중앙 관리들은 유대인 농업 개척 지구에 부과한 여러 규제를 완화해야 한다는 현실을 받아들였다. 1857년 드디어 유대인이 비유대인 즉 기독교인을 계절 노동자로 고용하는 것이 허용되었다.[23] 한편 그로모클레야 개척지를 건설하던 시기는 알렉산드르 2세가 제국 체제에 대대적인 개혁을 단행하는 시기와 맞물렸다. 1861년 황제는 '농노 해방령'을 선포하여 이제까지 지주 귀족에게 종속되어 있던 농민들에게 자유를 부여했다. 토지가 비옥한 지역에서는 이들에게 작은 농지가 분배되었다. 그렇지 않은 지역에서는 농민에게 좀 더 넓은 농지가 분배되었다. 두 경우 모두 농민들은 새로 보유하게 된 농지에 대한 차입금을 국가에 갚아야 했다. 이런 전반적인 농업 개혁이 진행되는 동안, 유대인 농업 개척 지구의 특수한 제약 조건 역시 개혁의 대상이 되었다. 개척자들이 비농업 부문에 종사하는 것을 금지하던 규정은 1863년에 철폐되었다.[24] 1860년대 말에는 기독교인 상시 고용 금지 규정이 철폐되었으며, 유대인이 비유대인으로부터 농지를 임차하는 것도 허용되었다. 유대인 농업 개척 지구가 주변의 농업 지역으로부터 격리되어 있던 상황이 이제 끝난 것이다. 더 성공적인 유대인 농부들이 '부유한 경제 수준'을 달성하고 있다는 보고가 올라오기 시작했다. 감독관들은 유대인 농업 정착지에 대한 규제가 완화됨에 따라 이 유대인들이 '진정한 농업인들의 건강한 핵심'이 될 것이라고 생각했다.[25]

처음에는 무척 느리게 바뀌어 갔지만 드디어 상황이 개선되기 시작했다는 희망이 생겨났다. 이러한 러시아 관리들의 낙관적 전망을 더욱 굳혀주던 유대인이 바로 브론시테인 가족이었다. 헤르손 주에 처음 농업 개척 지구가 설립되었을 때 한 가구당 평균 농지 보유 면적은 약 44만 제곱미터였다.[26] 농가의 가장이 자기 집 농지에 접한 땅의 소유권을 요청하는 일이 통상적으로 있었다. 당시 러시아의 중부 지역이나 남동부 지역에서는 여러 농부가 띠 모양의 좁은 농지를 서로 섞어서 보유해야 했지만 헤르손 주에는 그런 제한이 없었던 것이다.*[27] 토지 임대차 규정이 완화됨에 따라 다비드 브론시테인과 같은 사람들은 소유 농지와 임차 농지의 면적을 크게 넓힐 기회를 잡았다.

---

* 큰 농지를 이렇게 좁고 긴 띠 모양으로 나누어 경작했던 이유는 양질의 토지를 골고루 나누어 경작하도록 하기 위한 조치였다.

우크라이나에 정착한 유대인 농부 가족. 19세기에 러시아제국 정부는 유대인들을 남쪽 흑해 지역으로 이주시켜 토지를 개간해 농사를 짓도록 하는 정책을 펼쳤다. 트로츠키의 할아버지도 가난에서 벗어나기 위해 이주를 선택한 유대인이었다.

19세기 중반 무렵, 헤르손 주의 유대인 농업 개척 지구에서 곡물 정제용 풍차 방앗간을 건설할 수 있을 만큼 돈과 기술을 축적한 가족은 여덟 가구에 이르렀다. 나중에 브론시테인 집안 역시 그 부류에 합류했다.[28] 근대적 기술이 드디어 이 농촌 지역까지 도달한 것이다.

전반적인 경제 상황 역시 브론시테인 같은 부류의 사람들에게 유리하게 전개되었다. 세계 시장이 러시아와 우크라이나의 곡물을 원했다. 오데사와 헤르손 주 북쪽으로 철도가 건설되었다. 흑해 북부 연안으로 흘러드는 큰 하천 유역에 위치한 항구들이 확대되었다. 기차와 증기선이 밀과 호밀을 오데사로 실어 날랐다. 노보로시야의 곡물 경작이 번창하기 시작했다. 농업 기술은 거의 무(無)에서 출발하여 개발되어야 했다. 이 남부 초원 지대는 러시아의 다른 지역과 기후와 토양이 달랐기 때문이다. 토양은 분명 비옥했다. 그러나 예상하지 못했던 다른 문제들이 있었다. 강수량이 일정하지 않았다. 전통적인 밀 종자는 이곳에서 잘 자라지 못했다. 독일계 농업 개척자들과 달리, 헤르손 주와 예카테리노슬라프 주에 정착한 유대인들은 밭갈이라든가 파종, 추수를 해본 경험이 많지 많았다. 정부 당국에서 제공해주는 기술도 없었다. 정착민들은 농사를 지으면서 동시에 농사기술을 습득해야 했다. 새로 경작할 땅은 얼마든지 있었기 때문에 기후만 좋으면 이들은 농사를 잘 지었다. 그러나 토양 생태에 관한 교육이 전혀 없었기 때문에 이들은 토양이 다시 비옥해지도록 만드는조치를 취하지 않았다. 그 결과 20세기에 들어 초원 지대 곳곳이 황폐져 건조 지대로 변하는 일이 벌어졌다. 농사일은 등뼈가 휠 정도로 힘든 노동이었다. 그러나 의지가 굳센 소수의 사람들에게는 금방큰 보상이 돌아왔다.

노보로시야는 민족과 종교의 다양성으로 유명한 지역이었으며 헤르손 주의 경제는 이런 다양성을 잘 반영하고 있었다. 그로모클레야는 마침 부유한 어느 독일계 농업 개척 지구와 가까이 붙어 있었다. 유대인에 대한 초기 규제가 완화되자, 러시아인뿐 아니라 폴란드인, 독일인, 유대인이 서로 교류하기 시작했으며 대체로 평화롭게 공존했다. 1881년에서 1883년 사이 러시아 제국 내에서 반유대 성향을 띤집단 학살(포그롬Pogrom)과 폭동이 종종 발생했다. 노보로시야 전역의 유대인들은 당연히 불안해했다. 특히 오데사 같은 문제 지역은 더욱 그랬다. 하지만 농촌에 사는 유대인들은 그런 소요 사태를 별로보지 못했기 때문에 상황이 곧 개선될 것이라고 기대했다.

다비드 브론시테인과 아네타 브론시테인 부부는 대부분의 다른유대인들보다 이런 환경에 잘 적응했다. 이 부부는 종교 의례를 별로심각하게 생각하지 않았는데, 이는 그로모클레야의 다른 유대인들과비교할 때 특이한 성향이었다. 부부가 살던 야노프카는 마을의 시너고그에서 멀리 떨어져 있었기 때문에 매일 예배를 드리러 가기가 힘들었다. 트로츠키는 부모가 다소 가벼운 태도로 유대교 의례를 따랐으며 속으로는 모든 종교에 의심을 품고 있었다고 기억했다. 심지어 트로츠키는 청소년 시절 어느 날, 부모가 확고한 무신론자처럼 말하는 것을 우연히 듣기도 했다. 브론시테인 부부는 농촌에 거주했지만 아네타는 오데사 출신이었으며 그녀의 친척들은 오데사에서 성공적인 삶을 살았다. 이러한 가족 관계는 곧 브론시테인 부부가 자신들이 사는 농장과 마을보다 더 넓은 세계를 향해 열린 창을 갖고 있었음을 의미했다. 공장을 소유한 친척도 있었다. 아네타의 조카들은 19세기 말 경제 성장기에 크게 부유해졌다. 야노프카의 브론시테인 가족은 노보로시야의 경제가 성장하는 환경에서 성공적인 삶을 성취해 가는 광범위한 친족에 속해 있었던 것이다. 다비드 브론시테인의 부모는 폴타바의 시테틀에서 산 적도 있었지만, 다비드와 그 아내는 자신들이 유대인이라는 것을 전면에 내세우지 않고 새로운 종류의 삶을 개척한 선구자였다.

외진 농촌에서 살았던 브론시테인 부부는 당연히 근대 세계와 많이 접촉하지 않았다. 아네타는 교육을 많이 받지 못하고 성장했다. 그럭저럭 글을 읽을 수는 있었지만 잘 읽지는 못했다. 시골 마을에서 태어난 다비드는 글을 읽지도 쓰지도 못했다. 초보적인 교육조차 받지 못한 그는 유대인으로서는 특이한 존재였다. 이런 이유 때문에 브론시테인 부부는 러시아 제국의 변화무쌍한 도시 문화를 접하기 힘들었다. 부부는 농촌 생활에 만족했다. 브론시테인 부부가 거둔 성공은 그들이 사는 유대인 농업 개척 지구 전체에서 특출났다. 다비드는 거리가 먼 니콜라예프까지 가서 거래를 성사시켰다. 역시 거리가 먼 오데사에 사는 아네타의 친척들도 매년 여름이면 꼭 야노프카로 여행을 왔다.

눈에 잘 띄지 않을 정도로 천천히, 브론시테인 가족은 유대인의 특징을 잃어 가며 그로모클레야의 유대인 이웃들과 달라졌다. 트로츠키의 회고를 신뢰한다면, 집에 있을 때 다비드 브론시테인이 사용한 말은 "러시아어와 우크라이나어가 비문법적으로 섞인 것이었으며 우크라이나어 쪽에 가까웠다."[29] 이 지방의 사투리였던 이 언어는 '혼합어'라고 불렸다. 브론시테인 가족이 이디시어를 쓰지 않게 된 데에는 현실적인 이유가 있었다. 가족이 고용한 일꾼과 하인들은 우크라이나 사람들이었는데, 이들이 우크라이나 '혼합어'밖에 할 줄 몰랐던 것이다. 헤르손 주의 외딴 농장에 사는 그들로서는 그 지역 언어를 사용하는 것이 이치에 맞았다. 한편 이디시어와 독일어는 유사한 언어였기 때문에 다비드는 농업 개척 지구 내의 친구와 친척들뿐 아니라 독일계 지주들과 소통하기가 수월했다. 유대인 격리 거주 지역에 살던 사람들은 폴란드인, 러시아인, 우크라이나인, 그리스인들과 이 말 저 말을 섞어서 소통하곤 했다. 다비드와 아네타는 우크라이나 말에 큰 비중을 두었다는 점이 달랐을 뿐이다. 브론시테인 부부의 이런 습성은, 이들이 가까운 가족과 공동체를 넘어 더 넓은 세상에 개방된 태도를 지니고 있었다는 것을 보여준다.

그로모클레야에 사는 대부분의 가정은 세대를 이어 농지를 경작하며 농촌에서 계속 거주했던 반면, 다비드와 아네타의 자녀들은 모두 성인이 되기 전에 농촌을 떠난다. 부부는 자녀들이 최상의 교육을 받게 하고자 했다. 이후 제1차 세계대전과 혁명, 그리고 내전이라는 무시무시한 살육의 과정을 거쳐 새로운 러시아가 탄생하게 된다. 다비드와 아네타는 새로운 러시아의 탄생에는 기여하지 못했다. 그러나 그들은 전혀 다른 러시아의 탄생에는 공헌할 수 있었다. 이 부부의 행동을 판단해보면, 이들은 계몽과 물질적 진보와 노력을 통한 성공을 추구하는, 당시 점차 증가하던 러시아인 부류에 속해 있었다. 노보로시야는 단지 지리적 명칭이 아니었다. 그 이름에는 사회적 의미도 있었다. 옛 러시아는 점차 사라지고 있었으며 과거의 습성과 행동을 무너뜨리는 사회·경제·문화가 새로이 등장하고 있었다. 야노프카의 브론시테인 가족은 이런 변화에 매우 열정적으로 대응하며 살았던 것이다.

2장

농촌의 어린 시절

"나는 도제 아래서 일을 배우는 도제였다."

　브론시테인 부부는 자녀를 8명 두었다. 그 가운데 절반만이 살아남아 어른이 되었다. 나머지는 성홍열이나 디프테리아에 걸려 죽었다. 트로츠키는 이렇게 회고했다. "나는 다섯째로 태어났다. 나의 출생은 가족에게 그다지 기쁜 일이 아니었다. 생활은 고된 노동이 끊이지 않았다. 아이가 태어나는 것은 어쩔 수 없는 일이었지만 부유한 집안에서는 꼭 필요한 일도 아니었다."[1] 그가 대체로 그랬듯이 여기서 트로츠키는 야노프카의 환경이 나빴다고 과장하고 있다. 한편 그는 자신의 가족이 근대 문명이 제공하는 각종 편의 시설에 접근할 수 없었음을 강조하였는데 그 말은 정확했다. 트로츠키는 살아남은 네 자식 가운데 세 번째였다. 형이 한 명, 누나가 한 명, 여동생이 한 명 있었다. 트로츠키는 자서전에서 이 형제자매가 직접 연관된 일이 아니면 그들을 거의 언급하지 않았다. 형의 이름은 알렉산드르, 누나의 이름은 옐리셰바였다. 누나는 훗날 옐리자베타라는 이름으로 불렸다. 여동생의 이름은 골다였는데 나중에 올가라고 불렸다.[2] 알렉산드르는 1870년에 태어났고, 옐리셰바는 1875년에 태어났다. 그다음 1879년에 레이바가 태어났고 골다는 1883년에 태어났다. 나이가 위인 알렉산드르와 옐리자베타가 짝을 이루어 많은 것을 같이 했고,

레이바와 골다가 늘 함께 놀았다. 레이바가 골다보다 네 살이 많았기 때문에 항상 여동생을 이끌었다.

야노프카 농장은 전(前) 주인의 이름을 딴 것이었다. 그는 야노프스키 대령이었는데 알렉산드르 2세 재위 당시 공훈을 인정받아 헤르손 주에서 약 400만 제곱미터의 땅을 하사받았다. 야노프스키는 말단 사병부터 올라온 사람이었는데, 농장 일에 전혀 경험이 없어서 농장을 팔려고 내놓았다. 다비드 브론시테인은 이것이 그로모클레야 농업 개척 지구의 사회적·종교적 속박으로부터 벗어날 수 있는 기회일 뿐만 아니라 상업적으로도 좋은 기회라는 것을 감지했다. 브론시테인은 약 100만 제곱미터가 넘는 땅을 구입하겠다는 유혹적인 제안을 내놓았다. 야노프스키 대령 가족은 너무나 감사할 뿐이었다. 그들은 160만 제곱미터의 땅을 추가로 브론시테인 가족에게 빌려주고는 북부의 폴타바 주로 이주했다. 러시아인인 야노프스키 가족이 이사를 간 곳은 바로 브론시테인 가족이 예전에 살던 곳이었다. 일년에 한두 번 야노프스키 대령의 미망인이 돌아와서 임대료를 받고 토지를 둘러보았다. 그녀는 브론시테인 가족이 하는 농사일에 대해 불평할 것이 전혀 없었다. 브론시테인은 밀을 재배하여 당시 이 지역에서 번성하던 수출 시장에 공급했다. 그는 또 말을 키워 밭을 가는 데 부리기도 하고 엘리자베트그라드나 근처 도시에 갈 때 타고 다니기도 했다. 그는 소와 양도 많이 길렀고 돼지도 길렀다. 유대인이면서도 그는 아무 거리낌 없이 돼지를 길렀으며 돼지가 집 근처를 배회하며 나뭇잎에 코를 박고 킁킁거리고 때로는 정원까지 들어와도 그냥 놔두었다.*

레이바는 잘생긴 얼굴에 체격이 단단한 소년으로 자라났다. 눈동자는 아버지처럼 밝은 청색이었다.(미국의 공산주의자이며 기자인 존 리

---

* 유대인은 돼지고기를 먹지 않는 것이 관습이다.

드John Reed를 포함한 몇몇 사람들이 나중에 트로츠키의 눈동자가 짙은 갈색이었다고 묘사했는데, 그것은 유대인이 푸른 눈을 가질 리 없다는 선입견에서 비롯된 것이었다. 이런 오해에 대해 트로츠키는 불쾌감을 드러냈다.)[3] 부모는 레이바가 무척 총명하다는 것을 일찌감치 알아차렸다. 하지만 부모는 아이들을 응석받이로 키우지 않았다. 아버지는 무뚝뚝한 성격이었고 어머니는 요구 사항이 많은 성격이었다. 부모는 아이들에게 많은 것을 기대했고 그 기대가 충족되지 않으면 화를 냈다. 하지만 레이바는 이런 부모에게서 칭찬을 듣는 일이 많았다.

레이바는 꾸중을 들으면 그것을 오랫동안 기억했다. 그 기억 가운데 하나는 일시적 의식불명 증세와 관련되었다는 점에서 중요하다. 이 증세는 그를 평생 괴롭힌다. 두세 살 무렵이었을 때 그는 어머니와 근처 마을 보브리네츠에 갔다. 어머니의 친구를 방문하러 간 것이었는데 그 집에는 레이바와 나이가 같은 여자아이가 있었다. 어머니는 친구와 대화에 빠져들었고 아이들은 둘이서 놀도록 놔두고 신경을 쓰지 않았다. 두 여자는 두 아이가 신랑과 각시가 되면 좋겠다는 말을 종종 했다고 한다. 레이바와 같이 놀던 아이가 잠시 방에서 나갔다. 레이바는 서랍장 옆에 서 있었는데 갑자기 의식불명 상태가 되었다. 잠시 뒤 문득 정신을 차리고 보니 마룻바닥에 자신이 실례를 해놓은 것이 아닌가? 어머니가 쫓아왔다. "이게 무슨 짓이니? 창피하지도 않니?" 어머니의 친구는 좀 더 너그러웠다. "괜찮아, 괜찮아. 애들이 노는 데 정신이 팔려 그런 건데 뭘."[4] 사실은 아네타 역시 일시적 의식불명 증세가 있었다. 레이바는 이 증세를 어머니로부터 물려받은 것이다.

평상시 어린 레이바를 보호한 사람은 유모 마샤였다. 어느 날 마샤가 자두잼을 만들려고 자두 나무 위로 기어 올라갔다. 레이바는 마샤가 나무에서 떨어질까 봐 두려웠다. 마샤는 걱정 말라고 웃음으로 답했다. 그 광경을 지켜보던 어머니 역시 미소를 지었지만 결국은 마샤에게 명령했다. "마샤, 얼른 내려와!"[5] 농장에서 일하던 모든 사람들은 레이바의 부모가 아들이 신체적으로 위험한 일을 하는 것을 싫어한다는 것을 잘 알고 있었다. 하지만 레이바는 말타기를 좋아했다. 말을 타다가 간혹 떨어지기도 했지만 '말을 타지 못하게 될까봐' 다른 사람들에게는 한참 시간이 지나도록 그 사실을 숨겼다.[6]

　소년 레이바는 종종 다음과 같은 곤경에 빠졌다.

　　그리샤는 가족 모두가 그랬던 것처럼 살무사와 독거미를 대단히 무서워했다.(그리샤는 트로츠키가 자서전 초안에서 자신을 지칭하던 이름이다.) 그리샤는 완전히 시골에서만 자란 소년이었고 농부의 아이들과 뛰어놀았는데도 독 없는 풀뱀과 살무사를 구별하지 못해서 둘 다 무서워했다.[7]

　서너 살 무렵 레이바는 유모와 함께 정원을 걷다가 살무사를 만났다. 유모는 코담배 상자인 줄 알고 살무사를 작대기로 툭 건드렸다. 살무사인 것을 알고 그녀는 비명을 지르며 레이바를 안고 달아났다. 이후 레이바는 뱀에 대한 공포를 평생 떨쳐내지 못했다.[8] 그러나 독거미에 대한 공포는 극복할 수 있었다. 몇 년 뒤 레이바는 빅토르 게르토파노프라는 소년과 함께 농장을 돌아다니면서 독거미를 잡았다. 노끈에 왁스를 두텁게 칠한 다음, 그 노끈을 거미굴 속으로 집어넣는 방법으로 잡을 수 있었다.[9]

　레이바는 성장하면서 야노프카 주변의 지주 대부분을 알게 되었는데, 훗날 그는 이 지주들을 마치 니콜라이 고골(Nikolai Gogol, 1809~1852)의 소설 속 묘사처럼 아주 특이한 모습으로 기억했다.(고골 역시 우크라이나 출신이었다.) 브론시테인 집안은 옐리자베트그라드 근처의 농지도 임차하고 있었는데, 그 땅 주인은 트릴리츠카야라는 귀족 부인이었다. 한번은 그 부인이 일을 처리하러 남자 한 명과 동행하여 야노프카에 왔다. 레이바는 그 남자가 담배 연기로 동그라미 만드는 모습을 흥미롭게 쳐다보았다. 레이바는 이때 그 남자에게 트릴리츠카야 부인에 대한 이야기를 할 때에는 입조심을 해야 한다는 것을 배웠다. 부인이 레이바의 말을 전해 들으면 아주 못되게 반응했기 때문이었다.[10]

또 다른 지주로 페도샤 뎀보브스카라는 폴란드 과부가 있었다. 그녀는 오랫동안 과부로 있지는 않았고 곧 자신의 토지 관리인인 카시미르와 결혼했다. 카시미르는 몸이 뚱뚱하고 쾌활한 사람이었는데, 재미있는 이야기라고는 오직 한 가지밖에 모르는 듯 그 이야기를 레이바에게 몇 번이나 해주었다. 그는 야노프카를 방문할 때면 자신의 양봉장에서 벌집을 넉넉히 떼어내 선물로 가져오곤 했다.[11] 트로츠키가 기억하는 또 다른 지주는 독일계인 이반 도른이란 사람이었다. 그는 뚱뚱했고 밝은 색깔로 칠한 수레를 갖고 있었다.[12] 지주들 가운데 가장 부유한 사람은 펠처 형제였다. 그들은 수백만 제곱미터의 토지를 소유하고 있었으며 저택은 마치 궁전처럼 화려했다고 한다. 전 세계에서 록펠러 집안이 부자로 널리 알려졌듯이 이들 형제는 헤르손 주에서 부자로 유명했다.(사기꾼 같은 그들의 토지 관리인이 매년 수입에서 손해가 났다고 항상 거짓으로 보고했기 때문에 형제는 재산을 전부 지키지는 못했다.) 이반 펠처가 어느 날 여우 사냥을 하려고 친구두 명, 개 두 마리와 함께 야노프카에 소유한 자기 땅에 왔다. 농장의 일꾼들이 이 근처에는 여우가 없다고 분명하게 일러주는 사이에 한편에서 개들이 브론시테인 집 우물에 와서 마구 물을 핥아먹었다. 다비드 브론시테인은 농작물이 망가진 것을 보고 화가 났다. 그는 사냥꾼들을 유인하여 작은 배에 타게 했고 강 건너편까지 그들을 옮겨놓은 다음, 그들이 무엇을 어떻게 하든지 알 바 없다는 식으로 내팽개치고 강 이쪽편으로 그냥 돌아와버렸다고 한다.[13]

그리고 또 게르토파노프 가족이 있었다. 이들은 한때 광대한 땅을 소유했지만 얼마 지나지 않아 모든 토지를 저당 잡힌 신세가 되었다. 4백만 제곱미터가 넘는 농지가 남아 있었지만 이들은 농사를 지을 줄 몰라서 매달 은행에 빚을 갚으려면 소작인이 필요했다. 다비드 브론시테인은 기꺼이 그 땅을 빌려 경작했다. 티모페이 게르토파노 프와 그의 아내는 가끔 야노프카에 와서 담배와 설탕 따위를 선물했 다. 게르토파노프 부인은 사라진 젊음과 자신의 피아노에 대해 끝없 이 이야기했다. 게르토파노프 부부의 아들 빅토르는 브론시테인 농 장에 견습으로 들어와서 일했다.[14] 두 집안의 입장이 완전히 바뀐 것 이다. 주위 사람들의 이런 특이한 행동과 무능력한 생활 방식을 보면 서, 브론시테인 부부는 고개를 절레절레 흔들었을 것이다. 트로츠키 는 사회주의자였던 안톤 체호프(Anton Chekhov, 1860~1904)처럼 이 렇게 썼다. "헤르손 주의 이 지주 집안들에는 이제 종말의 낙인이 찍 혔다."[15]

이 근방에서 혼자 힘으로 성공한 유대인이 다비드 브론시테인만 은 아니었다. 야노프카에서 5킬로미터 떨어진 곳에는 모이세이 모르 구노프스키의 사유지가 있었다.(이 사람은 자신의 이름을 러시아 식으로 불렀다.)* 모르구노프스키 부부는 프랑스어를 배운 적이 있으며, 모 이세이의 아버지인 늙은 모르구노프스키씨는 피아노를 연주했는데 왼손보다 오른손 연주가 더 나았다. 노인의 손자인 다비드는 러시아 제국 군대에 징집되어 입대하였는데 스스로 머리에 총을 쏘아 목숨 을 끊으려 했다. 당시 군대에 들어간 유대인은 고난을 겪게 마련이 었다. 청년 다비드는 이후 평생 동안 머리에 붕대를 감은 채로 살아 야 했는데, 불행은 거기에서 그치지 않았다. 러시아 당국이 그를 항 명죄로 처벌하려 했고, 그의 아버지가 뇌물을 주어 겨우 처벌을 면 했다.[16] 레이바는 형 알렉산드르와 함께 모르구노프스키 집에 가서

* 자신의 성(姓)인 '모르군' 뒤에 '오프스키'를 붙여 마치 러시아인 같은 느낌을 주었다는 뜻이다.

며칠 동안 논 적이 있었다. 브론시테인 농장과 달리 모르구노프스키 농장에서는 정원에 가축이 들어오지 못하게 했다. 정원에서 공작을 길렀기 때문이다. 모르구노프스키 가족은 사치스럽게 살았다. 결국 이 가족은 경제적 곤란에 빠지게 되었고 농장은 점차 황폐해졌다. 마지막 남은 공작이 죽고 울타리는 무너지고 가축들이 꽃밭을 짓밟고 나무를 쓰러뜨렸다. 모이세이 모르구노프스키는 멋들어진 사륜 쌍두마차를 포기할 수밖에 없었고 이후에는 말이 끄는 농부용 수레를 타고 다녔다. 야노프카에 올 때 그는 이 수레를 타고 왔다. 이제 그 집안의 아들들은 농장 주인이 아니라 농부의 삶을 살게 되었다. 그리고 브론시테인 집안이 인근에서 가장 부유한 유대인 가족이 되었다.[17]

독일인 농업 개척 지구에는 다른 사회적 분위기가 존재했다. 남자아이들은 읍내에 나갔고, 여자아이들이 밭에 나와 농사를 지었다. 농가는 보통 벽돌로 짓고 붉은색과 녹색의 철제 지붕을 얹었다. 독일인들은 혈통 좋은 말에 관심이 있었다.[18] 팔츠파인스라는 어느 독일인 집안은 메리노종 양을 이 지방 특산 품종으로 개발한 것으로 유명했다. 트로츠키는 그 어마어마한 양떼가 내는 소리를 결코 잊지 못했다.[19] 헤르손 주에서 가장 부유한 사람은 보통 이들 독일인 농업 개척자들이었다.

트로츠키는 사람들이 브론시테인 가족을 농민이었다고 생각해주기를 바랐다. 브론시테인 집안 분위기에는 일부 그런 측면이 있기는 했다. 오랜 세월 동안 다비드와 아네타는 야노프스키 대령이 지은 진흙으로 된 오두막에 살았다. 문맹이었던 다비드는 장부를 기록할 능력이 없었다. 그는 자식들에게 도움을 요청했다. 어린 레이바에게 아버지는 이렇게 말한 적이 있다.

"애야, 이것 좀 적어놓아라! 위탁 상인한테서 1,300루블을 받았어.

그리고 대령 부인에게 660루블을 보냈고 템보브스키한테는 400루블을 주었어. 그리고 내가 지난 봄에 엘리자베트그라드에 갔을 때 페오도샤 안토노브나에게 100루블을 주었던 것도 기록해놓아라." 아버지는 출납을 이런 식으로 기록했다. 그래도 아버지는 조금씩 그러나 끈질기게 돈을 벌고 있었다.[20]

부유해진 다비드는 오두막 대신에 벽돌집에서 살게 되었고 정원을 유행하는 스타일로 꾸몄다. 정원에는 크로켓 잔디 구장이 딸려 있었다. 그는 자신의 방앗간도 따로 만들어 밀을 빻았다. 그러면 중간 상인에게 들어가는 돈을 절약할 수 있었다. 그는 엘리자베트그라드와 니콜라예프로 가서 수확물을 판매하고 농기구과 각종 자재를 사 왔다. 농장 일에만 수레를 사용했고, 그밖의 경우에는 종마 두 마리가 끄는 고급 사륜마차를 타고 다녔다. 당시 다비드는 다양한 부류의 지주들에게서 수백만 제곱미터에 달하는 농지를 빌려서 경작했는데, 지주들은 멀리서 올 때면 브론시테인의 집에서 편하게 하룻밤 자고 가곤 했다.

여섯 살에 학교에 가기 전까지 레이바의 세계는 야노프카에 한정되어 있었다. 공식적인 지원을 받으면서 러시아어를 가르치는 학교도 많았지만 그로모클레야에는 없었다.[21] 그 대신 이디시어로 가르치는 전통적인 유대인 초등학교 '헤데르'*가 있었다. 교사는 단 한 명이었는데 이름은 슐러였다. 어느 날 슐러 선생이 레이바의 입학에 관해 의논하려고 레이바의 어머니를 방문했다.

부모 앞에서 미래의 자기 학생에게 보이게 마련인 그런 태도로 슐러 선생은 나에게 다정하게 인사를 건넸다. 어머니는 바로 내 앞에서

헤데르(cheder) 유대인의 전통적인 초등 교육기관. 제2차 세계대전까지 중부 유럽에 많이 있었다.

입학에 관련한 사무를 마무리 지었다. 선생은 꽤 많은 돈과 상당한 양의 밀가루를 받기로 하고 농업 개척 지구에 있는 자신의 학교에서 내게 러시아어, 수학, 히브리어 구약 성경을 가르치겠다고 약속했다.[22]

입학을 앞둔 레이바는 걱정이 많았지만 브론시테인 가족의 환심을 사려고 노력하는 슐러 선생의 온순한 모습을 보고 나서 안심했다. 실제로 슐러 선생은 너무나도 소심해서 자기 아내가 밀가루 자루를 들고 와서 수업 중인 자기 앞에 내동댕이쳐도 아무 말을 못하는 사람이었다.

레이바의 부모는 집에서 마을까지 3킬로미터나 되는 거리가 레이바가 매일 걷기에는 너무 멀다고 판단했다. 그래서 레이바는 마을에 살고 있던 고모 라힐의 집에서 지내기로 했다. 부모와 고모는 현금을 주고받지 않고 합의를 이루었다. 다비드는 여동생 라힐에게 밀가루, 보릿가루, 메밀, 수수 따위를 몇 부대 주었다. 당시 농촌 지역에서 흔히 그랬듯이 브론시테인 집안 역시 대가를 지불할 때 현금과 곡물을 섞어 쓰곤 했다.

슐러 선생은 레이바에게 러시아어를 가르치기로 약속했다.[23] 하지만 2년이 지난 뒤에도 레이바가 러시아 단어를 어려워했던 것을 보면 어쩌면 슐러 선생 본인도 러시아어를 잘은 몰랐던 것일지도 모른다.[24] 하지만 히브리어의 경우는 달랐다. 슐러 선생은 히브리어에 능숙하지 않은 학생은 처음부터 받지 않았다. 수업을 잘 이해하고 친구들과 같이 어울리려면 이디시어를 빨리 익혀야 했다.[25]* 결국 레이바는 몇 달 만에 학교를 그만두었는데, 훗날 그는 자신이 어학 실력

---

* 히브리어는 고대부터 유대인이 사용한 언어이자 구약 성서가 기록된 언어이다. 중세 이후 유럽에 거주하던 유대인의 언어인 이디시어는 히브리어를 기반으로 했다. 그러므로 이디시어를 알면 히브리어를 배우기 쉬운데, 트로츠키는 이디시어를 잘 몰랐기에 어려움을 겪었다.

이 모자라서 친구를 사귀지 못했다고 말했다. 어쨌거나 트로츠키는 슐러 선생에게 오랫동안 감사한 마음을 품었다. 비록 짧은 시간이었지만 슐러 선생 덕분에 기본적인 읽기와 쓰기 능력을 습득할 수 있었기 때문이었다.

트로츠키는 분명히 어머니보다 아버지를 좋아했다. 특유의 솔직함을 드러내면서 그는 말했다. "지적으로도 인격적으로도 아버지가 어머니보다 확실히 나았다는 것은 의심의 여지가 없다. 아버지는 생각이 더 깊었고 더 침착했으며 더 눈치가 있었다. 아버지는 사태를 보는 눈뿐 아니라 사람을 보는 눈 역시 매우 정확했다."[26] 아버지는 또 대단히 검소했다. 트로츠키는 아버지가 소파에 구멍 난 것을 수선하지 않겠다고 말한 때를 기억하고 있었다.

이반 바실레비치(그레벤)가 앉아 있던 의자에 작은 구멍이 뚫려 있었고 아버지 곁에 내가 앉아 있던 의자에는 더 큰 구멍이 나 있었다. "이 의자는 천을 새로 씌워야겠네요."라고 이반 바실레비치가 말했다. 어머니가 대답했다. "한참 전부터 새로 씌워야겠다고 생각만 했어요. 황제가 살해당한 해(1881년) 뒤로 아직 한 번도 갈지 않았거든요." 아버지는 자신을 이렇게 변호했다. "당신도 알겠지만 망할 놈의 그 도시라는 곳에 가면 이곳저곳 돌아다닐 데는 많은데 마차꾼들은 돈을 엄청 받아먹지. 우리는 그저 빨리 농장으로 돌아갈 생각만 하고, 그러다 보면 무엇을 사려고 했는지 다 잊어버린단 말이오."[27]

브론시테인 부부는 돈을 아끼는 데에는 너무나도 철저했다.

부모님은 보통 최소한의 물건만 구입했다. 옛날에는 더 그랬다. 아버지와 어머니는 어떻게 하면 돈을 아낄 수 있는지 알고 있었다. 특히 아버지는 물건을 살 때 절대로 실수를 하지 않았다. 아버지는 어떤 물건이든지 품질을 금방 알아차렸다. 옷감이건 모자건 신발이건 말이건 기계건 다 그랬다. "나는 돈을 좋아하지 않아." 아버지는 자신의 인색함을 변호하기 위해 나중에 나에게 그렇게 말했다. "하지만 돈이 없는 것도 좋아하지 않아. 돈이 필요한데 없다면 곤란하니까."[28]

레이바는 아버지가 일꾼들을 심하게 대하는 것을 싫어했다. 하루는 레이바가 크로켓 게임을 하고 집으로 돌아왔을 때 키가 작은 농부 한 사람이 맨발인 채 아버지에게 사정하고 있었다. 농부의 암소가 길을 잃고 아버지의 밭으로 들어왔는데 그 암소를 돌려 달라는 것이었다. 아버지는 무척 화가 나 있었다. 아버지는 소를 가둬놓고 소리쳤다. "당신 소를 먹이는 데 10코페이카*가 들었는지 모르지만, 그 소는 우리한테 10루블만큼의 피해를 준 거야!" 레이바는 큰 충격을 받았다.

그 농부는 같은 말을 계속 반복했다. 농부는 아버지에게 사정을 하고 있었지만 그 말 속에 증오가 숨겨져 있음을 느낄 수 있었다. 그 광경을 본 나는 내 몸속의 신경 마디마디가 다 아파 오는 느낌이었다. 조금 전 크로켓 게임에서 누이들을 완전히 이겨서 기분이 아주 좋았지만 내 기분은 급격하게 절망감으로 바뀌었다. 나는 아버지 곁을 지나 내 방으로 달려가 침대에 엎드렸다. 그때 나는 2학년에 불과했지만 너무나 심하게 울어서 정신을 다 잃을 정도였다. 아버지는 복도를 지나 식당 쪽으로 걸어갔고 농부는 슬금슬금 아버지를 따라 식당 문 앞에까지 왔다. 두 사람의 목소리가 또 들렸다. 잠시 후 농부가 떠나갔다. 방앗간에 갔다 돌아온 어머니 목소리가 들렸다. 점심 식사 준비를 하는지 그릇이 달그락거리더니 어머니가 나를 불렀다. 하지만 나는 대답을 하지 않고 계속 흐느껴 울었다.[29]

코페이카 러시아의 화폐 단위. 1루블은 100코페이카다.

어머니는 레이바를 달래면서 도대체 무엇이 문제인지 물었다. 레이바는 아무 말도 하지 않았다. 부모는 나직하게 이야기를 나누었다. 어머니가 레이바에게 말했다. "너 그 농부 때문에 그러는 거니? 있잖아, 그 암소는 돌려주었어. 그리고 벌금을 내라는 말도 안 했어."[30] 레이바는 농부 때문에 울었던 것이 아닌 것처럼 시치미를 뚝 떼었지만, 모든 집안 사람이 진실을 알고 있었다.

레이바의 사촌형 모셰 시펜체르—어머니의 조카—는 레이바의 심정을 잘 이해해주었다. 오데사에서 이곳에 놀러 와 있던 시펜체르는 어느 날 양치기가 말을 늦게까지 들판에 내버려두었다는 이유로 일꾼들의 감독에게 채찍으로 맞는 것을 보고 항의했다. 시펜체르는 "저건 정말 말도 안 돼!"라고 소리쳤다.[31] 시펜체르는 레이바에게 주위에서 벌어지는 일을 비판적인 시각으로 보라고 말해주었다. 레이바는 아버지가 부리는 일꾼들이 궁핍하게 사는 것이 안타까웠다. 브론시테인 농장은 이그나트카라는 머리가 좀 우둔한 소년을 양치기 조수로 고용하고 있었다. 이그나트카의 어머니는 무척 가난했는데, 야노프카 농장에서 받아야 할 돈이 1루블 있었다. 얼마 안 되는 그 돈을 받으려고 그녀는 5킬로미터라는 먼 거리를 누더기 같은 옷을 입고 찾아왔다. 마침 돈을 내줄 만한 사람이 아무도 없었다. 그러자 그녀는 벽에 기대어 서서 기다렸다. 문간에 걸터앉을 정도의 용기도 없었다. 저녁이 되어서야 그녀는 1루블을 손에 받아 쥘 수 있었다.[32]

트로츠키는 야노프카에서 어떤 방식으로 범죄자를 처벌하는지에 대해서도 기록해놓았다. 마부 한 사람이 암말 한 마리를 훔쳐 달아났을 때, 아버지는 즉시 레이바의 형 알렉산드르에게 마부를 붙잡아서 혼을 내주라고 지시했다. 이틀 동안 찾았지만 아무런 소득이 없었다. 알렉산드르는 범인도 잡지 못했고 적절한 처벌도 내리지 못했다.[33] 그때 만일 알렉산드르가 범인을 잡아 경찰에 넘기는 것 이상의 뭔가를 했더라도 그 행동을 많은 사람들이 인정했을 것이다. 당시 많은 사람들은 굳이 경찰이나 법원을 찾아가지 않고, 각자 알아서 재산권을 침해한 범인을 처벌했다. 농촌 마을에서 처벌은 거칠었고 또 즉각적이었다. 그로모클레야 농업 개척 지구 한가운데 지역에 키가 큰 남자가 살고 있었는데 그는 말도둑으로 유명했다.(아마도 이 지역에는 말도둑이 많았던 모양이다.) 그의 딸 역시 평판이 좋지 않았다. 모자 제조공의 아내는 그녀가 자기 남편과 부정한 관계라고 의심하고는 동네 친구들에게 도와 달라고 요청했다. 트로츠키는 이렇게 기억했다. "어느 날 학교에서 돌아왔는데 한 무리의 사람들이 고함치고 악을 쓰고 침을 뱉으면서 한 여자를 거리로 질질 끌고 나오는 것을 보았다." 마침 정부 감독관이 농업 개척 지구에 와 있었지만 그는 이 사건에 개입하지 않겠다고 했다. 마을 사람들은 전통적인 방식으로 죄인을 처벌하는 것을 허용받았다.[34]

레이바가 더 자라 야노프카에서 좀 더 자유롭게 다닐 수 있게 되자, 그는 농장 안에 있는 작업장에 즐겨 드나들었다. 작업장은 이반 그레벤이라는 대단한 기술자의 영역이었다. 그레벤은 못 하는 게 없는 만능 기술자였다.

그레벤은 재능도 대단하고 외모도 잘생긴 사람이었다. 콧수염은 검붉었고 턱수염은 프랑스식으로 길렀다. 기술로 말하자면 그는 못 하는 게 없었다. 증기 엔진을 수리하고 보일러도 손볼 줄 알았으며, 선반으로 금속이나 목재로 공 모양의 부속품을 깎을 수 있었고, 황동 베어링을 주조할 줄도 알았다. 바퀴에 스프링 장치를 넣은 마차를 만들고 시계를 고치고 피아노 조율도 했으며 소파나 침대 같은 가구도 수선할 줄 알았고 타이어만 빼고 자전거 한 대를 통째로 만들 수도 있었다. 내가 예비반과 1학년의 중간 시기*에 자전거 타기를 배운 것

---

* 트로츠키는 오데사에서 중등학교를 다닐 때 1학년에 직접 들어가지 못하고 예비반에서 1년 동안 공부한다.

도 바로 그레벤이 만들어준 자전거 위에서였다. 근처에 사는 독일인 농업 개척자들 역시 파종기나 바인더 등이 망가지면 그에게 가져와서 고쳐 달라고 했다. 독일인들은 또 탈곡기라든가 증기 엔진을 구입하러 갈 때면 그에게 동행해 달라고 부탁하곤 하였다. 사람들은 농업 기술에 대해서는 아버지에게, 기계에 대해서는 이반 바실레비치 그레벤에게 물어보았다.[35]

그레벤은 농장에서 가장 소중한 일꾼이었기 때문에 그가 징집될 시기가 되었을 때 다비드 브론시테인은 뇌물을 써서 그가 군역을 면제받도록 했다.[36] 농장의 방앗간만 하더라도 그레벤이 항상 곁에서 손을 보아야 했던 것이다. 그레벤은 포마라는 이름의 조수를 두고 있었다. 방앗간을 전담하는 기술자가 한 명 더 있었는데 그는 과거 기병대원으로 군인 생활을 했던 필리프라는 사람이었다. 그밖에 견습생도 두 명 있었는데, 세냐 게르토파노프와 다비드 체르누호프스키였다.(그레벤은 게르토파노프와 사이가 나빠져 그를 쫓아냈다.)[37]

농업 개척 지구의 다른 소년들의 경우 주로 같은 유대인들과 교류하면서 사는 것이 보통이었지만, 레이바는 달랐다. 브론시테인 가족은 점차 기독교인의 달력에 삶을 맞춰 갔다. 일꾼들은 모두 기독교인이었고 성탄절이 되면 어머니 아네타는 호밀과 딸기로 만든 전통 요리인 '쿠트야(kut'ya)'를 일꾼들에게 만들어주었으며 부활절이면 색칠한 달걀과 '쿨리치(kulichi)'—아몬드와 사프란 향료로 만든 케이크—를 준비하여 일꾼들에게 주었다.[38] 레이바는 그레벤과 친해진 덕분에 러시아어와 우크라이나어가 섞인 혼합어를 더욱 잘하게 되었다. 레이바는 작업장에 놀러 가서 약간의 기술을 배우는 것을 좋아했다. 그레벤과 젊은 일꾼들은 레이바가 놀러 오면 잘 보살펴주었다. "여러 면에서 나는 이들 도제들 아래에서 일을 배우는 도제였다."고 훗날 트로츠키는 회고했다.[39]

그레벤은 레이바에게 엄격했다.[40] 트로츠키는 그를 노동하는 인간의 미덕을 구현한 화신(化身)으로 기억했다. 그레벤의 점잖은 품행과 강직한 태도는 트로츠키에게 깊은 인상을 남겼다. 트로츠키는 그레벤의 풍채를 다음과 같이 기억했다.

이따금 그는 담배를 피우면서 먼 곳을 바라보았다. 깊은 생각에 잠겨 있거나 무엇인가를 회상하는 듯했고 때로는 아무 생각 없이 휴식을 취하는 것 같았다. 그런 때면 나는 그 사람 곁으로 슬그머니 다가가서 손가락으로 그의 덥수룩한 암갈색 콧수염을 배배 꼬거나 그의 손을 찬찬히 구경했다. 그의 손은 진정한 장인에게 어울리는 아주 특별하고 훌륭한 손이었다. 손에는 까맣고 작은 점이 무수히 박혀 있었다. 맷돌을 깎을 때 미세한 돌 부스러기가 튀어 피부 속에 박힌 것이었는데 도저히 빼낼 수가 없었다. 그의 손가락은 나무뿌리처럼 강인했지만 딱딱하게 굳어 있지는 않았다. 손가락은 끝으로 갈수록 더 굵어졌으며 대단히 유연했다. 엄지손가락을 뒤로 당기면 아치 모양을 만들 수 있었다. 마치 손가락 하나하나가 생명과 의식을 갖고 각자 활동하고 있는 듯했으며 그러다가 힘을 합치면 특별한 능력을 가진 작업 집단으로 변모하는 듯했다. 그때 나는 무척 어렸지만, 그 손이 망치나 펜치를 들면 세상의 어떤 손과도 다른 손이 된다는 것을 알 수 있었고 느낄 수 있었다. 왼손 엄지손가락에는 깊은 흉터가 있었다. 내가 태어나던 바로 그날 이반 바실레비치는 도끼에 손을 다쳤다. 엄지손가락이 거의 잘려 손가락 피부에 간신히 달려 있을 정도였다. 그러자 이 젊은 기계공은 나무판 위에 손을 올려놓고 엄지손가락을 도끼로 완전히 잘라내려고 했다. 마침 그 광경을 내 아버지가 보았다. "하지 마!" 아버지가 소리쳤다. "손가락은 다시 붙을 거야!" 기계공이 물었다. "정말 다시 붙을 거라고 생각하세요?" 그러고는 도끼를 내려놓았다. 정말로 엄지손가락은 다시 붙었고 잘 움직일 수 있게 되었다.

다만 오른손 엄지손가락만큼 뒤로 충분히 젖혀지지는 않았다.[41)]

이것은 참 잘 쓴 글일 뿐 아니라, 트로츠키가 어린 시절에 사회적 태도를 형성할 때 어떻게 노동자에게 존경심을 품게 되었는지도 보여준다.

그레벤이 보여준 창조성은 오랫동안 트로츠키의 기억에 남았다. 아마도 이 기억 때문에 트로츠키가 평생에 걸쳐 기술적 전문성을 존중하게 되었는지도 모르겠다.

한번은 이반 바실레비치가 낡은 베르당 소총*을 변형해 산탄총을 만든 적이 있었다. 그 총을 가지고 그는 사격 솜씨를 시험해보았다. 몇 걸음 밖에 촛불을 세워놓고 그 심지를 맞히는 시합을 했다. 곁에 있던 모든 사람이 한 사람씩 돌아가면서 총을 쏘았지만 아무도 심지를 맞히지는 못했다. 마침 아버지가 지나가다가 그 광경을 보았다. 아버지가 총을 들고 조준을 하는데, 손이 미세하게 떨렸고 총을 든 모습에 어딘지 자신감이 없어 보였다. 하지만 첫 방에 명중시켰다. 역시 아버지는 모든 것을 정확하게 보는 눈을 가졌던 것이고 이반 바실레비치는 그것을 인정했다. 아버지는 다른 일꾼들에게는 고압적인 태도로 말을 하고 자주 혼내고 잘못을 지적했지만, 그레벤과 아버지 사이에는 단 한 번도 말다툼이 없었다.[42)]

트로츠키는 그레벤이 어느 날 기계 작업장의 처마 밑에 정교하게 만든 비둘기 집을 매달아놓았던 것도 기억했다. 템보브스키 농장에서 수십 마리의 비둘기를 데려와 이 비둘기 집에 옮겨놓는 것으로 작업은 훌륭하게 마무리되었다. 레이바는 비둘기 집을 보고 신이 나서

베르당 소총 19세기 말부터 20세기 초 사이에 러시아에서 널리 쓰이던 총.

하루에도 열 번이나 사다리를 타고 올라가 비둘기들에게 먹이와 물을 주었다. 그러나 얼마 지나지 않아 안타깝게도 비둘기들이 모두 날아가버리고 세 쌍만 남았다.[43] 그 일은 레이바가 어린 시절에 겪은 몇 안 되는 완전한 좌절의 경험 가운데 하나였다. 레이바의 유년기는 이렇게 평화로웠고 충분히 보호받았으며 성취감으로 가득했다.

3장

오데사의 실업학교

책을 사랑하는 명민한 소년

다비드 브론시테인은 자식들이 자기처럼 배우지 못하여 불리한 일을 당하지 않도록 키우겠다고 결심했다. 다비드는 원래 독실한 유대교도가 아니었기 때문에, 기독교 학교에 보내는 것이 자녀가 앞으로 직업을 찾는 데 도움이 된다면 그렇게 하는 데 아무런 거리낌이 없었다. 그리하여 레이바가 중등학교로 진학할 때가 되자 다비드는 오데사의 우스펜스키 거리에 있는 '성바울 실업학교(St. Paul Realschule)'를 선택했다. 사실은 오데사에서 제일 좋은 학교였던 김나지움*으로 아들을 보내고 싶었지만 1887년부터 유대인 신입생 수를 제한하는 제도가 실시되었기 때문에 레이바는 그 학교에 갈 수 없었다. 정부는 고등교육을 받은 유대인 젊은이가 늘어나는 것을 우려했다. 종교적 편견이 하나의 이유였지만 그것뿐만은 아니었다. 러시아인들과 다른 민족 출신들이 좋은 학교에 들어가지 못해 불만을 품을까 우려했던 것이다. 성바울 학교는 레이바가 입학할 수 있는 학교 중 두 번째로 좋은 학교였고 나름대로 상당히 좋은 곳이었다. 사촌인 모셰 시펜체르와 그의 아내 판니가 레이바에게 숙식을 제공하고 얼마간 대가를

김나지움(Gymnasium) 대학 진학을 목표로 하는 중등 교육기관으로서, 일반적으로 실업학교보다 다소 높은 수준이다.

받기로 했다.[1]

레이바의 출발은 야노프카에서 큰 사건이었다. 아홉 살 소년이 300킬로미터 이상 떨어진 오데사로 간다는 것은 미지의 대양(大洋)을 향해 출발하는 것과 같았다. 다비드 브론시테인은 일꾼들을 시켜 말과 마차를 준비했다. 작별하면서 어머니와 누이들은 레이바와 부둥켜안고 눈물을 흘렸다. 큼직한 가방들을 마차에 싣고 드디어 레이바는 아버지와 함께 길을 떠났다. 농업 개척 지구의 재단사가 학교에 입고 다닐 옷을 멋들어지게 만들어주었다. 시펜체르 부부에게 갖다 줄 유리병에 든 잼과 버터도 많이 챙겼다. 아버지와 함께 가면서 레이바는 여전히 울먹거렸다. 마차가 거친 초원 지대를 몇 킬로미터 간 다음에야 제대로 된 도로가 나왔고, 다시 그 도로를 따라 여행하여 가장 가까운 기차역이 있는 노비부크에 도착했다. 여기서 기차를 타고 니콜라예프까지 갔다. 니콜라예프에서 '포킨'이란 이름의 기선을 타고 부크 강을 따라 남쪽으로 내려갔다.[2] 레이바는 주위에 펼쳐지는 낯설고 새로운 광경과 소리를 온몸으로 빨아들였다. 기선은 날카롭게 기적을 울렸고 선원들은 갑판 위에서 시끄럽게 일했다. 기선은 광대하고 평온한 흑해에 도착했고 서쪽으로 뱃머리를 돌려 오데사에 다가갔다. 오데사에 도착한 그들은 삯마차를 타고 포크로프스키 거리에 있는 시펜체르 부부의 집으로 향했다. 이때부터 레이바가 성바울 학교에 다니는 5년 동안 모셰와 판니는 레이바의 비공식적인 보호자 역할을 맡는다.

성바울 학교는 오데사의 독일계 주민들이 세운 학교였으며 루터 교회에 소속되어 있었다. 레이바가 이 학교에 입학할 무렵, 전교생 가운데 오데사와 그 근방의 독일계 학생이 차지하는 비중은 3분의 1에서 2분의 1밖에 되지 않았다. 이 학교 교사진의 명성이 높았기 때문에 다양한 민족적·종교적 배경을 지닌 소년들이 입학을 지원했던 것이다.[3] 레이바는 학교에 들어간 것이 한편으로는 기뻤지만 한편으로 무척 걱정이 되었다. 큰 도시에 큰 학교, 게다가 부모의 기대도 컸기 때문이다. 모든 것이 낯설었다. 레이바는 사람들의 낯선 행동 방식과 엄격한 학교 규율뿐만 아니라 항상 친절하지만은 않은 교사와 학생들에게도 적응해야 했다. 레이바는 러시아어 실력을 키워야 했을 뿐 아니라 독일어라는 새로운 언어도 빨리 배워야 했다. 레이바는 이디시어를 능숙한 수준은 아니지만 약간은 할 수 있었고 이디시어와 독일어가 같은 계통의 언어였기 때문에 독일어를 수월하게 배울 수 있었다. 점차 그는 사투리 억양이 없는 러시아어로 말할 줄 알게 되었다. 트로츠키의 연설은 10월혁명 직후 것까지 녹음되어 남아 있는데 오데사식 발음이 약간 들린다. 아마도 초기에는 노보로시야의 흔적이 더 많이 남아 있었을 것이다. 모셰와 판니 시펜체르의 집에서 살았고 또 원래 유대인 집안에서 태어난 사람이니, 트로츠키에게 유대인 억양이 전혀 없다면 그것이 오히려 이상한 일일 것이다. 그렇지만 그가 구사한 러시아어 문법은 당시 교과서가 지정한 표준 문법이었다.[4)]

트로츠키는 자신을 도와줄 친구를 일찍 발견했다. 신입생 트로츠키는 우선 예비반에 배정되었는데 그 반에는 나중에 그가 카를손이라는 이름만 기억하는 독일 소년이 있었다. 일 년 유급생인 이 소년이 트로츠키를 보호해주고 이곳에서 살아남는 법을 가르쳐주었다.[5)] (레이바가 바로 1학년에 들어가지 못한 이유는 입학 시험을 치렀을 때 러시아어에서 5점 만점에 3점밖에 받지 못했고 산수에서 4점을 받았기 때문이다. 고향 마을에서 받은 교육이 많이 미흡했음을 보여준다.) 카를손이 공부는 잘 못했지만 명랑한 아이였던 데 반해 레이바는 학교에서 별로 행복하지 못한 아이였다. 학교에 가는 첫날, 레이바는 멋진 교복을 입고 다른 아이들과 함께 우스펜스키 거리를 걷고 있었다. 그런데 갑자기 어떤 말썽쟁이 아이 하나가 다가오더니 레이바의 교복 윗도리에 침을 뱉었다. 깜짝 놀란 레이바는 얼른 얼룩을 지웠으나 그가 학교 문

어린 시절의 트로츠키(1888년). 유대교와 유대 전통에서 비교적 자유로웠던 부모는 명민한 아들의 미래를 위해 큰 도시인 오데사에 있는 기독교 계열 명문 학교로 진학시켰다.

을 들어서자 이번에는 다른 학생들이 그에게 뭐라고 마구 소리를 쳤다. 첫날부터 레이바가 학교 규칙을 어겼기 때문이었다. 예비반 학생은 교복을 입어서는 안 된다는 규칙을 시펜체르 부부는 몰랐다. 학교의 감독관이 레이바에게 배지와 장식용 띠와 벨트의 버클을 떼라고 했다. 그리고 독수리 문양이 찍힌 교복 단추를 떼어내고 뼈로 만든 보통 단추를 달라는 지시를 내렸다.[6] 레이바는 학교 교육의 첫 관문을 상당히 힘들게 통과했다. 레이바는 굴욕감을 느꼈다. 이 어려운 상황을 견딜 수 있었던 것은 카를손의 배려 덕분이었다.

첫날 오전엔 수업이 없었고 레이바는 다른 학생들과 함께 입학 예배에 참석했다. 그는 설교를 한마디도 알아들을 수 없었지만 난생처음 들은 오르간 소리에 매혹되었다. 설교는 빈네만 목사가 하였는데 그의 턱수염은 러시아 정교회 성직자와 달리 짧았다. 카를손은 비네만 목사가 '엄청나게 똑똑하며, 오데사에서 제일 똑똑한 사람'이라고 말해주었다. 레이바는 카를손의 말을 신뢰했다. 하지만 카를손 자신은 게으를 뿐 아니라 공부도 잘 못했다. 반면 레이바는 바로 그 다음 날 수학 시간에 칠판의 필기 내용을 잘 적은 덕분에 칭찬을 듣고 5점(5점은 가장 높은 점수였다)을 두 개나 받았다. 레이바는 독일어 시간에 다시 한 번 좋은 성적을 거두어 또 5점을 받았다.[7] 무엇이든 한번 배우면 레이바는 좀처럼 잊어버리지 않았다. 그는 과학에 흥미가 있었고 수학을 아주 좋아했다. 사실 어떤 과목도 레이바에게는 어렵지 않았다. 포크로프스키 거리로 돌아오는 그의 손에는 거의 하루도 빠짐없이 최고 점수 성적표가 들려 있었다.

오데사에서 모셰의 집에 머무는 동안 레이바는 행복한 시간을 보냈다. 성격이 활달한 모셰는 지적 호기심이 풍부했으며 아이들에게 친절했다. 그는 청소년기에 러시아 당국과 충돌을 일으켜 대학에 들어갈 수 없었다. 모셰가 무슨 잘못을 했는지 알려지지는 않았지만 독립적인 사고방식을 가진 유대인을 고위 관리들이 좋아할 리 없었을 것이다. 모셰는 자신에게 닥친 고난에 충격을 받아 한동안 쉬면서 고대 그리스 비극을 번역했다. 그는 역사를 공부했는데, 가장 좋아하는 작가는 독일의 역사가 프리드리히 크리스토프 슐로서(Friedrich Christophe Schlosser, 1776~1861)였다.[8] 모셰는 인류의 발전 과정을 자기 나름대로 통계표와 도표로 만들었는데 그 기본 자료는 러시아어로 번역된 슐로서의 세계사 책에서 따온 것이 분명하다.[9] 당시 모셰는 결혼한 지 얼마 되지 않은 때였다. 아내 판니는 오데사에 있는 공립 유대인 여학교의 교장이었다. 결혼 초기 두 사람은 아내의 수입에 의존해 근근이 생활을 유지했다.[10] 모셰는 원래 표를 만들고 계획을 짜는 것을 좋아했기 때문에 아내가 각종 기록을 깔끔하게 정리하는 일을 거들었다. 그래도 모셰는 자기 직업을 찾아야 했는데, 일단은 신문과 잡지에 조금씩 글을 쓰면서 약간의 돈을 벌었다. 글 쓰는 일로는 제대로 된 수입을 확보할 수 없었기에 모셰는 곧 문구류 제조 사업을 시작했다.[11] 결국 모셰는 사업에서 성공하는데, 레이바가 오데사에 온 것은 모셰의 사업이 막 성장하기 시작할 때였다.

훗날 모셰 시펜체르는 러시아 제국 남부에서 중요한 출판업자가 된다. 하지만 그것은 미래의 일이다. 포크로프스키 거리의 시펜체르 집에 레이바가 머물고 있을 당시에 사촌형 모셰는 아직 앞으로 나아갈 길을 모색하는 단계에 있었다. 인쇄기가 집에 있어서 그는 집에 있는 시간이 많았다. 레이바가 학교에서 돌아와서 집에 홀로 머무는 시간은 거의 없었다.

집은 평범하고 수수했다. 모셰의 나이 많은 어머니가 함께 살았는데, 어머니가 사용할 개인적 공간을 확보하기 위해 식당 한 켠에 커튼을 치고 그 안쪽에 침대를 놓았다.[12] 레이바가 그녀를 할머니라고 부르는 것이 보통이겠으나 레이바는 촌수를 따질 줄 알았다. 모셰가 사촌이었기 때문에 레이바는 모셰의 늙은 어머니를 아주머니라고 부르기를 고집했다.[13] 이 호칭에는 레이바가 자신이 시펜체르 집안의 정식 구성원임을 확실하게 인식한다는 의미도 있었다. 레이바와 친부모의 관계는 그만큼 조금씩 멀어지고 있었다. 시펜체르 부부는 식당의 다른 한구석에 레이바를 위해 커튼을 치고 침대와 책장 두 개를 놓아주었다. 모셰는 레이바의 학교 공부를 도와주었다. 그리고 트로츠키가 훗날 회고하듯 "그는 …… 학교 선생님 역할을 하길 좋아했다."[14] 바로 이런 환경 덕분에 레이바는 잠재된 능력을 발휘할 수 있었다.

모셰와 판니는 레이바가 시골에서 익힌 생활 습관을 버리도록 하였다. 이제 레이바는 9시가 되면 잠옷으로 갈아입어야 했고 졸리다고 아무 때나 잠을 잘 수 없었다.(이 규칙은 레이바가 나이가 들자 완화되어 11시까지 깨어 있는 것이 허용되었다.) 시펜체르 부부는 예의 바른 행동거지에도 신경을 썼다.

나는 다음 사항을 항상 지적받았다. 꼭 아침 인사를 할 것, 손과 손톱은 깨끗하고 단정하게 유지할 것, 칼로 음식을 먹지 말 것, 무엇을 하든 정해진 시간에 늦지 않도록 할 것, 하녀가 일을 해주면 고마움을 표시할 것, 누군가 없는 자리에서 그 사람 험담을 하지 말 것.[15]

고향 집에서 자라면서 아버지에게 근면과 성실을 배운 레이바는 이제 시펜체르 가족에게 세련된 태도와 예절을 배웠다. 두 집안에서 습득한 생활 방식을 트로츠키는 어른이 되어서도 결코 잊지 않았고 1923년에는 러시아 대중의 생활 방식을 바꾸어야 할 긴급한 필요성에 대해 마치 선교사와 같은 열정을 담아 《일상생활의 문제들》이라는 소책자를 써낸다.[16]

사실 모셰와 판니는 사촌형 내외라기보다는 삼촌과 숙모 같은 존재였다. 레이바가 오데사에 도착했을 때 부부는 생후 3주밖에 되지 않는 딸 베라를 키우고 있었다.(이 여자아이는 훗날 유명한 시인 베라 인베르Vera Inber로 성장한다.) 레이바는 이 아기를 돌보는 것을 도왔다. 시펜체르 부부는 이렇게 함으로써 레이바가 공부에만 열중하는 것을 방지할 수 있다고 생각했다. 가끔 아기를 심하게 흔드는 것이 문제였지만 레이바는 베라를 무척 예뻐했다.[17] 레이바는 참으로 모범적인 동생이었다. 훗날 판니는 다음과 같이 회상한다.

나는 일생에 걸쳐 한 번도 레이바가 무례하게 행동하거나 화를 내는 것을 본 적이 없다. 가장 곤란했던 것은 그가 지나칠 정도로 깨끗했다는 점이다. 한번은 레이바가 새 옷을 입고 같이 산책을 나갔는데 있지도 않은 보푸라기가 옷에 붙어 있다고 느껴지는지 계속 옷에서

티끌을 떼어냈다. 내가 말했다. "자꾸 그런 행동을 하면 네가 새 옷을 입고 있다는 것을 모든 사람이 알게 될걸." 하지만 아무 소용이 없었다. 레이바는 모든 것을 완전한 상태로 만들어야 직성이 풀리는 성격이었다.[18]

딱 한 번 불미스런 일이 있었다. 레이바가 모셰의 귀중한 책 몇 권을 몰래 내다 팔아 그 돈으로 과자를 사 먹었던 것이다. 레이바는 들키기도 전에 벌써 자기가 저지른 행동에 마음 불편해하고 있었다. 그리고 왜 그랬는지 설명하지도 못했다. 시펜체르 부부는 레이바를 용서하고 이 일을 더는 문제 삼지 않기로 했다.[19]

모셰와 그의 인쇄기 덕분에 레이바는 출판에 대한 열정을 처음 느꼈으며, 이 열정을 평생 지니게 된다. "나는 활자, 조판, 레이아웃, 인쇄, 페이지 매기기, 제본에 매우 익숙해졌다. 교정지 검토는 최고의 취미가 되었다. 새로 인쇄된 종이에 대한 나의 사랑은 먼 옛날 학생 시절에 기원이 있다."[20] 레이바는 책을 무척 좋아했다. 종종 그는 교사들도 모르는 책을 열심히 읽었으며 판니와 모셰는 그런 레이바의 호기심을 인정해주었다. 훌륭한 교육자들이 그러하듯이 이 부부는 자기들보다 더 잠재성이 큰 사람을 교육하고 있다는 사실을 이미 알아차렸던 것이다.

레이바는 시펜체르 집안의 하녀인 다샤의 속 이야기를 잘 들어주었다. 두 사람은 저녁 식사 후 이야기를 나누곤 했는데, 그럴 때면 다샤는 자신의 옛 사랑 이야기를 들려주었다. 얼마 후 다샤가 떠나고 지토미르에서 온 소녀가 그 자리를 채웠다. 레이바는 시간이 날 때면 소녀에게 읽기와 쓰기를 가르쳐주었다. 아기 베라를 돌볼 유모도 한 사람 왔다. 유모 역시 지토미르 출신으로서 소녀의 소개로 오게 되었다. 소녀도 유모도 이혼한 상태였다. 레이바는 이들이 전 남편에게 금전적 도움을 요청하는 편지를 대신 써주었다. 유모는 자

기 아이를 다른 사람에게 보내야 할 정도로 궁핍한 처지였다. 이때쯤
이면 레이바는 문장을 쓸 때 예술적 기교를 부릴 수 있는 정도가 되
어서 유모가 잃은 아기를 위해 다음과 같은 글귀를 써주었다. "우리
의 어린 아들은 내 인생의 어두운 밤하늘에 유일하게 반짝이는 별입
니다." 레이바는 이 글귀를 자랑스럽게 큰 소리로 읽었다. 두 여자는
레이바의 성의는 고맙지만 그가 아직 자신들의 고통을 제대로 이해
하지는 못한다고 생각했다.

그리하여 나는 인간관계의 복잡함을 생각해볼 기회를 얻었다. 저녁
식사 때 판니 솔로모노브나(시펜체르)가 묘한 미소를 지으며 내게 말
했다. "수프를 좀 더 드실래요? 작가 나리?"
"뭐라고요?" 나는 화들짝 놀랐다.
"아, 아니, 별거 아냐. 너 유모를 위해서 편지를 써주었다면서? 그
러니까, 네가 작가잖니? 뭐라고 그랬다고? 어두운 밤하늘에 별이라
고? 맞아, 맞아, 너는 작가 맞아!" 그러고는 더 참지 못하고 그녀는
크게 웃음을 터뜨렸다.

레이바의 속상한 마음을 모세가 달래주면서 앞으로 하녀와 유모
의 편지는 판니가 써주는 게 좋을 거라고 충고했다.[21]
이런 경험을 하면서 레이바는 언어의 힘을 알게 되었고 결코 그것
을 잊지 않았다. 그는 자신의 표현이 과장되었다는 것을 분명히 알
면서도 그 표현을 사용한 것인데, 결국 그것이 사람들에게 깊은 인
상을 주고 호의적인 관심을 끌어냈던 것이다. 당시 그는 문학보다는
수학과 과학 쪽에 더 매력을 느꼈지만 매력을 느끼는 대상이 바뀌는
데는 그리 오랜 시간이 걸리지 않았다. 게다가 어린 시절에 출판업자
의 집에서 살았기 때문에 글에 대한 관심을 더 강화할 수 있었다.
어느날 모세는 학교에서 돌아온 레이바와 산보를 나갔다. 두 사람

은 구노(Charles-François Gounod, 1818~1893)의 오페라 〈파우스트〉의 구성에 대해 이야기를 나누었다. 모셰는 등장인물 그레첸이 결혼하지 않은 남자의 아기를 출산한 사실을 언급해야 해서 약간 당혹스러웠다. 모셰는 레이바에게 다른 작곡가들에 대해서도 이야기해주었다. 레이바는 무척 흥미를 느꼈다. 레이바는 멜로디라는 것이 원래 존재하는 것을 작곡가가 발견해내는 것인지 아니면 새롭게 만들어내는 것인지를 물었다. 판니와 모셰는 최신 러시아 문학 작품을 사서 읽었다. 판니와 모셰가 그 책들에 대해 이야기하는 것을 레이바는 곁에서 들을 수 있었다. 톨스토이(Lev Nikolaevich Tolstoi, 1828~1910)의 희곡 《어둠의 힘》*이 상연을 금지당했을 때 판니와 모셰는 그 희곡 한 권을 구입했다. 이들은 희곡의 내용 가운데 어린아이가 목 졸려 죽는 장면은 레이바가 읽기에 적절하지 않다고 판단했다. 하지만 레이바는 두 사람이 외출한 몇 번의 틈을 타서 그 책을 끄집어내 처음부터 끝까지 다 읽어버렸다. 두 사람이 찰스 디킨스(Charles Dickens, 1812~1870)를 읽어도 된다고 허락하자 레이바는 이 작가를 열렬히 좋아하게 되었다. 시펜체르 부부는 레이바에게 고급 문화를 향한 창을 열어주었다. 트로츠키는 그들이 자신을 이렇게 세심한 태도로 대해준 것을 두고두고 감사하게 생각했다. 그는 부모를 생각할 때보다 더 따뜻한 감정으로 판니를 회고했다.[22] "정말 지적인 가정이었습니다. 나는 그들에게 큰 은혜를 입었습니다."[23]

빈네만 목사는 성바울 학교에서 압도적인 영향력을 행사했다. 그가 죽었을 때 학생들은 그의 관 옆을 줄지어 지나면서 관 속에 누운 빈네만 목사에게 마지막 경의를 표했다. 이때 레이바는 크게 놀랐다. 아마 레이바에게 이런 경험은 처음이었을 것이다. 러시아 제국의 기독교인들과 달리, 유대인들은 장례식 전에 시신을 공개하는 관습이

---

*《어둠의 힘》 톨스토이가 1886년에 쓴 희곡. 미풍양속을 해치는 내용이라는 이유로 1902년까지 러시아 제국에서 상연이 금지되었다.

없었기 때문이다. 레이바는 민족마다 다른 관습과 풍습이 있다는 데 익숙해졌다. 러시아어는 이제 그가 자연스럽게 사용하는 언어가 되었다. 또 그는 기하학과 물리학의 보편적인 분석 원리를 배웠다. 야노프카에서 습득한 제한된 관점은 점차 과거 속으로 사라졌다. 방학 때 고향의 농장에 돌아가면, 레이바는 이방인의 눈으로 농장을 보기 시작했다.

그때까지 학교의 교장은 슈바네바흐라는 사람이었는데 빈네만 목사와 동서 사이였다. 빈네만 목사의 장례식이 끝나고 얼마 되지 않아 슈바네바흐가 해고되고 니콜라이 카민스키가 교장직에 앉았다. 카민스키는 레이바가 처음 등교하던 날 레이바의 잘못된 복장을 지적했던 바로 그 감독관이었다. 카민스키가 임명된 시기에 러시아 제국 정부는 각 학교에 러시아식 운영 방식을 도입했다. 전임 교장 슈바네바흐가 독일계였던 반면, 카민스키는 러시아계였다. 물리학자였던 카민스키는 높고 날카로운 목소리로 학생들을 두렵게 만들었다. 그의 차분한 모습이 레이바에게는 끊임없는 불안을 은폐하기 위한 것처럼 보였다. 훗날 트로츠키의 묘사에 따르면, 카민스키는 모든 사람들을 대할 때 '무장 중립'*의 태도를 유지했다. 하지만 카민스키가 열정이 없는 사람은 아니었다. 발명가적 소질이 약간 있었던 카민스키는 직접 개발한 기구를 가지고 '보일의 법칙'을 증명하면서 스스로 흡족해했다. 이런 광경이 연출될 때마다 학생들 사이에서는 아주 우습다는 반응과 함께 조용한 불복종의 분위기가 조성되었다.[24]

그밖에 수학 교사 유르첸코와 즐로찬스키가 있었다. 오데사 출신인 유르첸코는 괄괄한 성격이었는데 뇌물을 바치면 높은 점수를 주었다. 즐로찬스키도 그리 품위 있는 인물은 아니었다. 그는 매 사냥

무장 중립(armed neutrality) 국제 정치 용어로서, 전쟁 시기에 교전국 어느 편에도 협조하지 않으면서 동시에 자국은 강력하게 무장함으로써 타국의 침입을 격퇴하는 외교 정책을 말한다.

에 빠져 있었고 침을 뱉는 버릇이 있었으며 학교 수업이 끝나면 술을 퍼마셨다. 레이바는 이 두 교사와 좋은 관계를 유지했다. 역사 교사 는 류비모프였다. 그러나 류비모프의 강의는 레이바에게 별로 인상 적이지 못했기 때문에 레이바는 러시아 제국의 역사를 알고 싶을 때 면 모세 아저씨의 책장을 뒤지는 편을 더 좋아했다. 훗날 류비모프는 창문에 목을 매달아 자살하는데 역시 정신적으로 문제가 있었던 사 람으로 보인다. 류비모프의 성격이 불안정하고 별났다면, 지리 교사 인 주코프스키는 모든 학년의 학생들에게 공포심을 불어넣었다. 훗 날 트로츠키는 그를 '자동 육류 분쇄기'에 비유했다. 당시 독일어는 여전히 교과 과정에서 중요한 위치를 차지하고 있었는데 스트루베 선생이 담당했다. 그는 친절하고 착한 사람이었으며, 성적이 좋지 않 은 학생이 있을 때마다 마음이 괴로워서 어쩔 줄 몰라 했다. 훗날 회 고록을 쓸 때 트로츠키는 이 스트루베 선생에게 가장 큰 애정을 표 현한다.[25]

안톤 크르지자노프스키란 이름의 새 감독관은 러시아 문학을 가 르쳤다. 그는 레이바의 글쓰기 재능을 금방 알아보고 레이바가 쓴 글을 학급 전체에 읽어주곤 했다. 레이바는 〈레알리스트(Realist)〉라 는 제호의 학교 잡지를 만들었다.[26] (불합리한 권위를 인정하는 견해에 레이바가 벌써부터 반항했다고 한다면 지나친 상상일까?) 이런 종류의 잡 지는 다른 러시아 제국 학교에서는 금지되었지만 크르지자노프스키 는 잡지 발간에 호의적이었다. 레이바는 잡지 편집 일을 즐겼다. 그 는 창간호에 시를 썼다. 물 한 방울이 바다에 떨어지는 모습을 묘사 한 시였다. 이 잡지가 '계몽이라는 거대한 바다'의 극히 작은 부분이 라는 뜻을 은유적으로 표현한 내용이었다. 크르지자노프스키는 이 시를 좋아했지만 운율이 맞지 않다고 평했다. 트로츠키는 자서전에 서 자신이 시인으로서는 결코 많은 것을 성취하지 못했다고 썼다. 자신의 작품을 스스로 평하면서 트로츠키는 자신이 그다지 뛰어나지 않았음을 쉽게 인정했다.[27) 여하튼 성바울 학교가 권위주의적이거나 상상력을 억누르는 분위기가 아니었던 것은 분명하다.

하지만 트로츠키는 이 점을 인정하기를 거부했다. 졸업할 때쯤 학생들 가운데서 지도자 역할을 하던 그는 동료 학생들에 대해서 어떤 부정적인 언급도 하지 않았던 반면, 마치 학생 집단 전체가 교사들의 악의와 어리석음에 고통받는 집단적 희생자인 것처럼 묘사했다. 학생들이 프롤레타리아라면 교사들은 부르주아라는 식이었다. 그러나 동료 학생들이 트로츠키를 전혀 힘들게 하지 않았다고 믿기는 어렵다. 물론 오데사는 다양한 신앙을 지닌 여러 민족이 러시아 제국의 다른 주요 도시들에 비해 서로를 관용하는 분위기를 간직한 도시였다. 그렇지만 유대인들은 개인적으로는 상당한 정도의 불쾌감을 견뎌야 했다. 교육 시설에도 역시 반유대인 감정이 있었다. 트로츠키는 성바울 학교에서 자신이 유대인이기 때문에 겪은 일을 대수롭지 않게 여겼다. 하지만 그의 침묵이 모든 게 다 괜찮았다는 증거가 될 수는 없다.

트로츠키는 자신이 학교의 통상적인 모든 활동에서 아무런 차별도 받지 않았다는 인상을 주고 싶어 했다. 그것은 사실이 아니었다. 러시아 제국의 다른 학교와 마찬가지로 성바울 학교 역시 종교 과목을 가르쳤다. 레이바 브론시테인은 유대인으로 학교에 들어갔으며 기독교로 개종하지 않았다. 레이바는 유대인 학생을 가르치는 랍비의 지도 아래 기도를 드려야 했으며 그 대가로 아버지 브론시테인은 돈을 냈다. 그런데 이 랍비는 토라가 단지 탁월한 문학 작품인지 아니면 성스러운 글인지 분명하게 말해주지 않았다고 하며, 이를 근거로 삼아 레이바는 훗날 이 랍비가 일종의 불가지론자*였다고 결론 내린다.[28) 성바울 학교에서 유대인 학생들은 기독교인 학생들과 아주 분명하게 다른 대접을 받았다. 당시 오데사의 일반적인 학교 시스템을 거쳐 간 사람들의 기록에 따르면, 교사들은 수업 시간에 유대인 학생을 따로 지목해 힘들게 했다고 한다. 교사들의 행동은 보통 짓궂게 괴롭히는 형태를 띠었다. 예를 들어, 훗날 트로츠키와 함께 〈이스크라〉*에서 동료로 일하게 되는 율리 마르토프(Yuli Martov, 1873~1923)는 어린 시절 이름이 체데르바움이었는데, 어느 날 지리 수업 시간에 러시아 수도가 상트페테르부르크 이전에는 어디였느냐는 질문을 받았다. 소년 마르토프는 모스크바라고 대답했다. 그러자 교사는 모스크바 전에는 어디가 수도였느냐고 물었다고 한다. 마르토프는 다시 한 번 정확하게 키예프라고 답했다. 베르디체프*라고 대답할 줄 알았다고 교사가 말하자 동료 학생들의 야유가 마르토프에게 쏟아졌다. 그 교실에서 베르디체프가 유대인 격리 거주 지역에서도 유대인 다수가 거주하는 도시라는 사실을 모르는 사람은 한 명도 없었다. 이런 대접을 완전히 피할 수 있는 유대인은 유대인 종교 학교에 다니는 학생들뿐이었다.

　그렇다고 해서 트로츠키가 자신이 대접받은 방식에 분노의 감정을 품고 있었다는 말은 아니다. 성바울 학교에 다니던 어린 시절부터 트로츠키는 자신에 대한 확신을 품고 있었으며 이런 자신감은 평생 동안 그와 함께한다. 그는 합리주의와 진보라는 관념과 자신을 굳게 연결했다. 자신을 위협하거나 놀리는 사람들을 그는 무지에 빠진 사람들이라고 경멸했을 것이다. 게다가 트로츠키는 앙심을 품는 사람이 아니었다. 정치인으로서도 그는 원한을 드러내는 일이 극히 드물었다.[29] 하지만 경멸적 태도는 종종 드러냈다. 트로츠키는 훗날 그가 어떤 사람을 경멸하게 되면 가볍게든 아니면 정교하고 치밀하게든

불가지론자(不可知論者, agnostic) 신 혹은 절대자의 존재가 있는지 없는지 확실하게 알 수 없다는 입장을 지닌 사람을 가리킨다. 신의 존재를 완전히 부정하는 무신론자(無神論者, atheist)와는 다르다. 여기서 트로츠키는 이 랍비가 절대자의 존재를 확고하게 믿는 정통적 입장의 랍비가 아니었음을 암시하고 있다.
〈이스크라(Iskra)〉 1900년 12월 레닌 일파가 창간한 신문. '불꽃'이라는 뜻이다.
베르디체프(Berdichev) 우크라이나 북중부의 옛 도시. 유대인 문화의 중심지였다.

자신의 경멸감을 표시하는 특출한 능력을 개발한다.

　그러나 레이바가 학교에서 보이던 발전은 2학년 때 어느 교사와 얽힌 사건 때문에 갑자기 멈추었다. 사건은 이랬다. 프랑스어를 담당한 교사는 귀스타브 뷔르낭이라는 스위스 사람이었는데, 학생들은 이 교사가 자기들 모두를 증오하고 있다고 확신했다. 뷔르낭이 젊은 시절에 결투를 한 적이 있으며, 이마의 깊은 흉터는 결투 때 생긴 것이라고 사람들은 추측했다. 뷔르낭은 소화 기관에 문제가 있어서 위장을 달래기 위해 항상 소화제를 먹었다. 그는 독일계 학생들에게 악감정이 있었으며 특히 파커라는 학생에게는 반 학생 전체가 매우 불공정하다고 생각할 정도로 아주 낮은 점수를 주었다. 그래서 이 교사에게 '음악회를 열어주기로' 결정한 학생들은 수업이 끝나고 밖으로 나가는 그를 향해 일제히 야유의 함성을 내질렀다. 뷔르낭은 교장과 학급의 주임 교사와 함께 교실로 돌아와서는 사건의 주동자로 짐작되는 학생 몇 명을 교실 밖으로 데리고 나갔다. 마침 이날 트로츠키는 학교에 등교하지 않아도 된다는 허락을 받고 집에 있었다. 다음 날 트로츠키는 반 학생들이 부당하게도 자신을 이번 사건의 주동자로 학교 당국에 일러바쳤다는 것을 알게 되었다. 사실 트로츠키가 이 사건에 확연하게 말려들게 되는 것은 그때부터였다.

　학교 평의회가 소집되었다. 교장 카민스키는 결단력 있는 모습을 보이고 싶었다. 카민스키는 레이바를 교장실로 불러 부모를 모시고 오라고 지시했다. 레이바는 부모가 먼 곳에 살고 있다고 대답했다. 그렇다면 부모 대신에 두 명의 보호자가 와야겠다고 카민스키는 말했다. 시펜체르 부부에게 결정이 통보되었다. 레이바 브론시테인은 단기간 동안 정학 처분을 받게 되었다.

　야노프카로 돌아가면서 레이바는 최악의 일이 자신을 기다리고 있을까 봐 두려웠다. 그의 아버지는 레이바의 훌륭한 성적표를 벽에 붙여놓고 자랑하고 있었다. 레이바가 거의 천재 같은 모습을 보이는 것을 아버지는 무척 감사히 여겼다. 레이바의 형인 알렉산드르 역시 학교에서 공부를 잘했고 훗날 의사가 되었다. 하지만 알렉산드르는 결코 학교에서 특출한 학생이 아니었다. 레이바는 달랐다. 그는 재능 있는 소년이었을 뿐 아니라 자신의 재능을 최대한 활용하겠다는 야망을 품은 소년이었다. 시펜체르 부부는 레이바를 열심히 위로했다. 모셰는 약간 엄숙한 어조로 이렇게 말했다. "음, 친구, 앞으로 인생을 어쩔 셈이야?" 레이바는 이것이 모셰가 평소에 하던 익살스러운 농담이라는 것을 알고 있었으며 점차 마음의 안정을 찾기 시작했다.[30] 판니는 좀 더 실제적인 대처 방안을 생각해냈다. 레이바의 누나에게 미리 편지를 보냄으로써, 레이바의 아버지 다비드가 마음의 준비를 할 수 있도록 하자는 것이었다.[31] 실제로 다비드는 아들의 정학 소식을 담담하게 받아들였다. 어쩌면 아버지는 아들이 교사들의 귀염둥이가 되기를 거부한 것을 자랑스럽게 여기기까지 했는지도 모르겠다. 다비드 자신이 부자가 된 것 역시 자신의 고집과 주관을 밀고 나갔기 때문이 아닌가? 레이바는 아버지가 아들이 일종의 '기병대장'* 역할을 했다고 생각해서 자신을 자랑스럽게 여긴 것이 아닐까 생각했다.[32] 여하튼 레이바는 정학 기간이 끝난 다음 3학년에 복학했고 6학년까지 이 학교를 다녔다. 성바울 학교에서는 6년까지 배우고 나면 졸업을 했다. 브론시테인 집안은 틀림없이 레이바가 더 문제를 일으키지 않고 졸업할 수 있게 되었다는 것에 크게 안도했을 것이다. 레이바의 부모는 레이바가 중등교육을 완전하게 마치도록 하기 위해서* 니콜라예프에 있는 다른 실업학교에 입학시켰다.

기병대장 러시아어로 'konovod'라고 하는데, 이는 기병대의 안내자 혹은 지도자란 뜻이므로 학생 집단을 용감한 행동으로 이끈 사람으로 인정했다는 말이다.
* 당시에는 중등학교를 7년 동안 다녀야 고등교육, 즉 대학 입학이 가능했다. 그런데 오데사의 성바울 실업학교는 6년 교육 과정이었으므로 1년 더 중등교육을 받아야 대학에 갈 수 있었다.

4장

청년 혁명가

나로드니키에서 마르크스주의자로

이제까지는 레이바 브론시테인의 자기 주장에 정치적 요소가 없었지만, 1895년 가을 열여섯 번째 생일 몇 주 전에 니콜라예프로 이주하면서 레이바는 정치적 주장을 드러내기 시작한다. 부크 강과 인굴 강이 합류하는 지점에 자리 잡은 이 도시는 오데사와 마찬가지로 건설된 지 얼마 안 된 도시였다. 예카테리나 여제가 총애하던 포툠킨 공*이 이곳에 처음으로 행정 기관을 설치했으며 최초로 세워진 건물들의 설계도를 그렸다. 니콜라예프는 크고 유명한 도시는 아니었지만, 투르크에 대한 방어에서 전략적인 위치를 점하고 있었기 때문에 러시아 정부는 니콜라예프와 여기에 주둔한 대규모 군대를 항상 염두에 두고 있었다. 니콜라예프에서 남쪽으로 80킬로미터를 더 가면 흑해가 있었다. 19세기 후반에는 곡물 수출이 호황이었다. 곡물 가격이 계속 상승했기 때문에 사방에서 농부들이 곡물을 싣고 왔다. 상인들은 이 곡물을 배에 실어 흑해 건너 유럽의 소비자에게 팔았다. 니콜라예프의 주민은 대부분 러시아인이나 우크라이나인이었지만,

---

그리고리 포툠킨(Grigori Aleksandrovich Potyomkin, 1739~1791) 예카테리나 여제의 총신으로서 우크라이나 남부 지역 개척에 큰 공을 세웠다. 1905년 러시아 혁명 시기 선상 반란으로 유명한 '전함 포툠킨'이 바로 이 인물의 이름을 따서 명명한 군함이다.

시너고그나 루터 교회가 있었던 것으로 알 수 있듯이 다른 민족도 무리 지어 살고 있었다. 니콜라예프에는 큰 조선소가 두 곳이나 있었고 기차역과 열차 수리 공장도 있었다. 서부 근교에는 부자들의 '다차(dacha)', 즉 여름 별장이 밀집한 지역까지 있을 정도로 돈 많은 주민도 상당수 있었다. 또한 기상 관측소와 도서관, 널찍한 중앙 대로가 있었다. 그렇지만 니콜라예프가 오데사의 화려함과 활기까지 보유하고 있었던 것은 아니다. 러시아 정부는 정치적으로 문제를 일으키는 사람들을 시베리아 유형 이후에 정착시킬 수 있을 정도로 니콜라예프가 조용하고 외진 곳이라고 판단했다. 니콜라예프의 이러한 특성이 젊은 레이바의 개인적 성장에 결정적인 영향을 끼친다.

레이바는 니콜라예프 실업학교에 7학년으로 편입했고 근처에 숙소를 마련했다. 그는 다른 사람 눈에 띄지 않도록 행동했으며, 중등교육 과정을 무사히 마치고 자신의 학문적 가능성을 실현하겠다고 결심했다. 그러나 그는 새롭게 지식을 획득하기보다는 이미 획득한 지식에 주로 의존했다.

나는 점점 더 자주 수업을 빼먹었다. 한번은 학교 감독관이 내가 결석하는 이유를 확인하려고 숙소로 찾아왔다. 나는 몹시 불쾌했다. 하지만 감독관은 예의 있게 행동했으며, 나의 방뿐 아니라 내가 함께 살고 있는 가족에도 정상적인 질서가 유지되고 있음을 확인했다. 감독관은 조용히 돌아갔다. 나의 침대 매트리스 아래에는 불법적인 정치 팸플릿이 몇 권 감추어져 있었다.[1]

그래도 레이바는 학교에서 1등 자리를 지켰다.

레이바가 정치 팸플릿을 손에 넣은 곳은 학교 바깥이었다. 레이바는 이제 시펜체르 부부의 애정이 넘치면서도 견실했던 보호 밖으로 벗어났다. 그는 자신의 길을 알아서 찾게 되었다. 얼마 지나지 않아

코안경을 쓴 청년 트로츠키. 1895년 니콜라예프 실업학교로 진학한 트로츠키는 급진 사상을 지닌 또래 젊은이들과 만나면서 러시아의 정치적, 경제적 변혁 운동에 뛰어들었다.

그는 20대 후반의 체코 출신 지식인 프란츠 슈비고프스키란 사람을 알게 되었다. 프란츠의 동생인 뱌체슬라프를 니콜라예프 실업학교에서 알고 지낸 것이 계기가 되었다. 이 형제는 혁명 사상을 품고 있었다. 그들은 마르크스주의가 너무 편협한 학설이라고 비판하면서도 그것을 용인했다. 프란츠가 살던 작은 집의 정원 겸 농장이 이들의 토론 장소였다. 이들의 친구들 가운데에는 유형 경험이 있는 오시포비치라는 사람과 샤르고로트스키라는 사람도 있었다. 당시 정치 토론에서 거론되던 큼직한 주제들은 이들을 몹시 흥분시켰다. 모임에서는 책과 잡지를 서로 돌려 읽었다.[2] 레이바가 이들과 함께하기 시작한 것은 18세 때였는데, 무리 가운데 가장 어린 나이였다. 학교 공부는 부담 없이 따라갈 수 있었기 때문에 레이바는 이제 사회 문제를 학습하는 데 시간을 충분히 쓰기로 했다. 그는 원래 지니고 있었던 강렬한 집중력을 발휘해 모임에서 돌려 보던 문헌들을 엄청난 속도로 읽어 치웠다. 시펜체르 집에 살 때는 문화 방면에 광범위한 관심을 보였던 것에 비해, 이제 레이바는 러시아와 러시아 제국의 정치·경제적 미래에 관심을 집중하기 시작했다.

브론시테인 집안에서 그가 경험했던 답답한 분위기와 비교하면 이러한 지적 탐구는 긍정적 의미에서 대조적이었다. 그의 아버지는 아들이 기술자로 훈련받기를 희망했고 레이바를 만나러 올 때마다 자신의 희망을 아들에게 강력하게 표명했다. 아버지 다비드는 상대방이 듣기 좋은 방식으로 말할 줄 몰랐고 레이바 역시 남의 말을 고분고분 듣는 소년이 아니었다. 그 아버지에 그 아들이었다. 레이바는 오데사를 떠나기 전에 오데사에 있는 노보로시야 대학 수학과에 입학할까 생각하기도 했다. 다비드는 수학 같은 과목에는 아무런 전망이 없다고 생각했고 아들에게 좀 더 실용적인 방면의 교육을 받으라고 요구했다. 아버지와 아들 사이의 논쟁은 요란스러웠고 격렬했다. 큰딸 엘리셰바는 그런 논쟁을 들을 때마다 마음이 몹시 상했다.[3]

더 나쁜 것은 레이바가 기술 훈련이건 수학 공부건 다 그만두고 혁명가의 길로 나설 가능성이었다. 다비드는 니콜라예프에 몇 번 다녀가면서 이런 낌새를 맡았다. 레이바가 슈비고프스키 그룹에 속해 있는 한 그런 유혹은 언제나 존재했다. 제1차 세계대전이 일어나기 전 30년 동안 러시아 젊은이들에게 급진 사상은 매우 매력적으로 다가왔다. 젊은이들은 러시아 제국의 경제적·사회적 변혁에 황제나 정부가 긍정적인 역할을 하고 있다는 믿음이 거의 없었다. 젊은이들은 러시아 제국의 정치 체제가 바람직한 진보를 가로막는 걸림돌이라고 생각했다. 수천 명의 러시아 젊은이들이 슈비고프스키의 정원에 자리 잡은 것 같은 그룹에 가담하고 있었으며 급진 성향의 정치를 실험하고 있었다. 레이바는 유대인이었기 때문에 현 체제를 증오할 또 하나의 이유가 있었다. 여하튼 그는 자기 자신의 의지에 따라 스스로 결정하는 성격이었으며 부모는 자신의 목표를 달성하는 데 필요한 자금을 대주는 사람으로 여겼다. 정규 교육을 계속 받아야겠다는 생각은 점차 시들해지기 시작했다. 다비드는 아들을 자주 찾아와서 아버지가 보기에 위험한 길로부터 자식의 마음을 돌려보려고 애썼다. 이제 레이바는 자신의 미래를 놓고 위험한 실험을 하기 시작했다. 그는 자신이 원하는 바를 확실하게 알았다. 그의 아버지는 중간 계급이며 유산 계층이었다. 슈비고프스키와 그의 젊은 친구들은 돈은 많지 않았지만 교육을 받았으며 열정에 가득 찬 사람들이었다. 레이바는 그들에게 친밀감을 느꼈다. 레이바는 아버지의 희망과 가치관을 경멸하였지만 아버지가 준 돈으로 살아가는 데 양심의 가책을 느끼지는 않았다. 게다가 이 아들은 아버지만큼이나 고집이 셌다. 레이바는 더는 명령을 들으면서 살고 싶지 않았다. 그는 아버지의 뜻에 굴복하기보다는 편안한 숙소를 떠나 슈비고프스키의 집으로 들어가 사는 쪽을 택했다.

레이바는 생애 처음으로 아버지 다비드 브론시테인의 처량한 모습을 보았다. 레이바의 뒤를 따라 여동생 골다 역시 혁명에 공감하는 무리 속으로 들어왔다. 레이바는 여동생을 '장래가 유망한' 사람으로 소개했다.[4] 큰형 알렉산드르는 비록 학업에서는 실망스런 모습을 보였지만 그래도 계속 교육을 받아 결국 의사가 되었다. 옐리셰바는 의사와 결혼했다. 밑의 두 남매는 두고두고 문제를 일으켰다. 아버지 다비드는 자식들이 자신이 견뎌야 했던 힘든 노동을 하지 않고 살도록 하려고 그들을 교육시켰다. 그러나 도시의 교육이라는 것이 결국 사람들을 위태로운 사상에 노출시킨다는 사실을 아버지 다비드는 깨닫기 시작했다. 다비드는 지금껏 이런 사상들이 존재한다는 사실조차 몰랐으며 이런 사상들이 어떤 것인지 설명을 들자마자 바로 싫은 마음이 들었다.

레이바가 접하게 된 새로운 삶의 양식은 그에게 정체성을 선택할 기회를 주었다. 부모는 그를 실업학교에 보냄으로써 정식 러시아어를 배우도록 했다. 그렇다고 해서 아들이 스스로 유대인이라고 생각하지 않기를 바랐던 것은 아니다. 부모는 아마 그런 생각을 한 번도 하지 않았을 것이다. 다비드 브론시테인은 독실한 유대교도는 아니었지만 스스로 유대인이라고 생각하며 살아왔다. 하지만 레이바가 접한 문화는 유대인 선조들의 신앙과 관습에 대해 입에 발린 칭송조차 하고 싶지 않게 만드는 문화였다. 그의 교과서는 모두 러시아어로 씌어 있었으며 그가 받은 문학적·정치적 영향도 모두 러시아의 것이었다. 레이바가 니콜라예프에서 알게 된 친구 몇몇이 유대인이었던 것은 사실이다. 일리야 소콜로프스키(Ilya Sokolovski), 알렉산드라 소콜로프스카야*, 그리고리 지프*는 유대인이었다. 하지만 그들은 이디시어를 말하거나 읽거나 쓸 줄 몰랐다. 게다가 그들은 모두 러시아식 이름을 갖고 있었으며 그 이름을 진짜 러시아인 느낌이 나는 약칭으로 줄여 다른 사람이 애칭처럼 불러주는 것을 좋아했다. 일리야는 일류샤로, 알렉산드라는 사샤, 슈라 혹은 슈로츠카라고 불리기를 좋아했으며 그리고리는 그리샤라고 불리기를 좋아했다. 이들처럼 되고 싶었던 레이바는 남들이 자신을 료바(Lyova)라고 불러주길 바랐다.[5] 이는 레프(Lev)의 러시아식 애칭이었다. 료바라는 애칭은, 이디시어인 원래 이름 레이바와 의미상으로는 아무런 관련이 없었다. 하지만 러시아인들이 흔히 쓰는 이름이었고, 원래 이름인 레이바와 비

알렉산드라 소콜로프스카야(Aleksandra Sokolovskaya, 1872~1938) 이후 트로츠키의 첫 번째 아내가 된다.
그리고리 지프(Grigori Ziv) 트로츠키는 청년 시절 그와 계속 친구로 지낸다. 1921년에 트로츠키의 생애에 대한 책을 썼다.

숫하게 들린다는 점에서 편리했다. 이제 그의 정신적 지평은 러시아 제국 전체로 확대되었다.

료바가 가담한 이 공동체 사람들은 근근이 생계를 유지했다. 프란츠 슈비고프스키는 원예 농장을 경영하며 직원 한 명과 견습생 한 명을 고용하고 있었지만 자신도 농장에서 육체 노동을 해야 했다. 일리야 소콜로프스키와 알렉산드라 소콜로프스카야는 중간계급에 속하고 적당한 수입이 있는 집안 출신이었다. 그리고리 지프는 키예프에서 의과대학을 다니다 그만두고 니콜라예프로 이주해 온 사람이었다. 이 공동체의 생활은 결코 안락하지는 않았지만 이들 모두는 바로 이런 방식으로 살고 싶어 했다.

료바는 학교에 다닐 때 읽지 못했던 책들을 읽으며 열정적으로 공부했다. 그 책들 가운데에는 존 스튜어트 밀(John Stuart Mill, 1806~1873)이 쓴《논리학 체계》가 있었다. 또 료바는 테플링(Tefling)의《심리학》, 리페르트(Julius Lippert, 1839~1909)의《문화의 역사》, 카레예프(Nikolai Kareev, 1850~1931)의《철학의 역사》같은 교과서들도 읽었다. 이 책들은 당시 러시아 지식인층이 널리 읽던 책들이었다.[6] 당시 러시아 지식인들이 그랬듯이, 슈비고프스키의 소그룹 멤버들은 넓은 범위의 일반적인 주제에 관한 사상들을 두루 학습하려고 노력했다. 이들의 목표는 정치학, 경제학, 철학, 사회학을 통합하는 것이었다. 이들은 해당 분야의 교과서적인 서적들을 소화한 후에야 러시아 제국의 특수한 현실에 대해 발언할 수 있다고 생각했다. 그들은 학술 서적만 읽지 않았다. 동시대인들과 마찬가지로 그들은 문학 작품에서도 지적인 양분을 흡수했다. 료바는 공적인 의제를 지닌 작가들에게 확실히 끌렸다. 그가 가장 좋아한 작가는 니콜라이 네크라소프(Nikolai Nekrasov, 1821~1878)와 미하일 살티코프-셰드린(Mikhail Saltykov-Shchedrin, 1826~1889)이었다.[7] 네크라소프가 쓴 시는, 당시 러시아의 불의를 격렬하게 비난하며 압제자에게 용감하게 저항하는 사람들을 기리는 내용이었다. 살티코프-셰드린은 비록 로마노프 왕조의 충성스런 신하였지만 러시아 지방 도시의 부정부패와 무지를 고발했다. 이 두 작가는 사회에서 힘 있고 돈 많은 자들에게는 별다른 관심이 없었다. 료바의 이러한 독서 성향을 보면 부모가 그에게 품었던 희망으로부터 그가 얼마나 멀리 떠나버렸는지 알 수 있다.

이 그룹에서 마르크스(Karl Marx, 1818~1883)의 《자본》을 읽은 사람은 단 한 사람, 알렉산드라 소콜로프스카야밖에 없었다. 그녀는 오데사에서 간호학교를 다니다 1896년 여름에 니콜라예프로 돌아왔다. 료바가 실업학교에 다닌 지 거의 1년이 되어 가던 때였다. 마르크스와 엥겔스(Friedrich Engels, 1820~1895)의 《공산당 선언》은 이 그룹을 통틀어 단 한 권밖에 없었는데 그나마 필사본이었으며 글씨도 흐릿해서 겨우 읽을 수 있었다.[8] 그리고리 지프는 자신을 마르크스주의자라고 생각하기 시작했다.[9] 하지만 료바는 세계관으로서 마르크스주의를 거부했다. 당시 많은 급진주의자들이 그랬듯이 료바도 마르크스와 엥겔스의 이론 가운데 자기 마음에 들지 않는 부분만을 골라내어 비판하고 나머지는 폐기했다. 료바는 아직 자유로운 영혼이었다. 나중에 트로츠키는 자신이 이때 보였던 반(反)마르크스주의 경향은 '논리적 근거보다는 심리적 근거'에 뿌리를 두고 있었으며, 자신은 '일정한 정도까지는 자신의 인격을 보호하고 싶은 성향'을 띠고 있었다고 설명했다.[10] 그는 굳이 마르크스주의 문헌을 직접 읽을 필요성을 느끼지 않았으며 월간 잡지에 실린 각종 논문만 읽고 마르크스주의에 관한 지식을 습득했다. 그는 당시 러시아 마르크스주의가 주장하던 극단적 경제 결정론에 반감을 느꼈던 것 같다. 대신 료바는 〈러시아의 부(富)〉라는 잡지에 반마르크스주의 성향의 글을 쓴 니콜라이 미하일로프스키(Nikolai Mikhailovsky, 1842~1904)를 더 좋아했다.[11]

마르크스주의는 1890년대 말 러시아 제국의 혁명적 지식인들 사이에서 압도적 영향력을 떨쳤다. 니콜라예프는 시대에 뒤떨어진 도시였다. 마르크스와 엥겔스가 쓴 서적은 이미 오래전에 러시아에 들어와 있었다. 마르크스의 《자본》 1권은 1872년에 러시아어로 번역되었다. 검열관들이 산업 발전에 관한 경제학 책이라고 생각했기 때문에 《자본》은 검열을 통과할 수 있었다. 러시아 같은 산업화 이전 단계의 사회에서는 《자본》 같은 책이 해롭지 않다고 판단했던 것이다. 러시아의 많은 사회주의자들이 《자본》을 좋아했는데, 자본주의의 확산을 방지할 조치를 취하지 않으면 반드시 사회가 타락할 것이라고 경고하기 때문이었다. 이들은 '나로드니키(narodniki, 인민주의자)'라고 불렸다. '인민'을 뜻하는 러시아 단어 '나로드(narod)'에서 나온 말이다. 나로드니키는, 미래의 사회주의 사회가 러시아 농민의 평등주의와 자치의 전통에 기반하여 건설될 것이라는 생각으로 통합된 다양한 운동을 벌이고자 했다. 그들은 앞으로 러시아 전체에 걸쳐 사회를 조직하는 데 마을 토지 공동체가 모델 역할을 할 것이라고 여겼다. 농민의 여러 전통은 공정성과 복지와 협동의 정신을 구현한 것처럼 보였다. 러시아의 농촌 지역에는 각 농가의 물질적 필요에 따라 토지를 재분배하는 관행이 널리 시행되고 있었는데, 나로드니키는 이런 관행을 맹아(萌芽) 단계의 사회주의라고 보았다.

이들의 주장에 따르면 자본주의적 발전 단계는 반드시 거치지 않아도 된다. 러시아는 봉건주의에서 사회주의로 곧장 '뛰어넘을' 수 있다. 런던, 파리, 베를린, 밀라노의 무자비한 저임금 공장에서 벌어지는 끔찍한 인간 착취가 러시아에서 반복되지 않아도 된다는 이야기다. 하지만 혁명을 촉발하는 방법을 두고는 나로드니키 내부에 이견이 있었다. 이들 가운데 일부는 농촌으로 가서 농민들에게 배우는 동시에 정치·사회 질서에 저항하여 봉기하도록 농민들을 설득했다. 또 다른 일부는 비밀 단체를 결성했으며 그 가운데 몇몇은 테러를 통해 러시아 왕정을 타도하려 했다. 정치경찰 '오흐라나'*는 이 운동가들이 어떤 전략을 우선순위로 지지하든 상관없이 이들을 색출하여 분쇄했다. 그러나 한 단체가 분쇄되면 또 다른 단체가 곧 나타나 그 역할을 이어 갔다. 테러리즘이 점차 맹위를 떨쳤다. 1881년 한 그룹이 드디어 알렉산드르 2세를 암살하는 데 성공했다. 그러나 이 암살 사건은 대중 봉기를 촉발하기는커녕 오히려 사람들의 분노를 불러왔다. 그다음 즉위한 알렉산드르 3세는 모든 혁명적 활동에 강력하게 대응했다. 나로드니키 역시 전략을 다시 생각하게 되었다. 그렇다고 하여 테러 활동이 완전히 중지된 것은 아니었다. 1887년 레닌의 형인 알렉산드르가 참여했던 음모가 무산돼 이들에 대한 재판이 열리기도 했다. 나로드니키 사상을 옹호하던 사람들 가운데 일부는 러시아의 경제 상황과 그에 따른 사회적 파급 효과를 조사하고 글을 쓰는 데 전념하기 시작했다. 대부분의 운동가들이 농민보다 노동자에게 선전 활동을 하는 편이 더 현실적이 아닐까 생각하기 시작했다.[12]

러시아 제국의 초기 마르크스주의자들은 원래 나로드니키였던 사람들이었다. 그들 가운데 제일 중요한 사람은 게오르기 플레하노프(Georgi Plekhanov, 1856~1918)였다. 1880년대 초부터 플레하노프와 그가 이끄는 '노동해방단'은 스위스에서 정치적 망명자로 지내고 있었다. 이들의 생각은 다음과 같은 간단한 논거에 근거를 두고 있었다. 자본주의는 지난 수년간 러시아 경제에 이미 결정적인 수준으로 침투했으며, 러시아는 이제 영국, 프랑스, 독일이 걸어간 변혁의 길로 들어섰다. 철도가 건설됨으로써 제국 전체가 하나로 연결되었고 효율적인 전보 시스템이 구축되었다. 상트페테르부르크와 모스크바에는 선진 기술을 갖춘 거대한 공장이 들어섰고 우크라이나 광산에서는 엄청난 광물이 채굴되고 있었다. 남부 러시아와 우크라이나에

오흐라나(Okhrana) 러시아 제국의 비밀 정치경찰. 이 단어는 러시아어로 '보호, 경호, 방위'라는 뜻이다.

서 생산된 밀은 배에 실려 세계 시장으로 수출되고 있었다. 서부 시베리아 지역의 낙농업은 버터와 요구르트를 생산해 중부 유럽으로 수출했다. 플레하노프에 따르면, 러시아 경제 구조에 근본적인 변혁이 시작된 것이었다. 플레하노프와 '노동해방단'은 나로드니키의 모든 전략이 시간 낭비일 뿐이라고 주장했다. 자본주의는 이제 도저히 건너뛸 수 없으며 이미 러시아 제국 경제의 지배적인 양상이 되어버렸다는 것이었다. 플레하노프의 지지자 가운데 한 사람인 블라디미르 울리야노프(훗날 레닌으로 알려지게 된다)는 한 걸음 더 나간다. 그는 논문 몇 편에서—이 논문들의 최고 정점은 1899년에 발표한 〈러시아 자본주의의 발전〉이라는 논문이다.—러시아의 경제 조건은 이미 영국이나 독일과 거의 다르지 않다고 주장했다.

　니콜라예프의 슈비고프스키 그룹에서도 위와 같은 문제들을 놓고 토론을 벌였다. 료바와 알렉산드라 사이에는 논쟁이 끊임없이 계속됐다. 료바는 알렉산드라를 '고집불통' 마르크스주의자라고 했다. 한 번은 알렉산드라가 평소처럼 시끄럽게 료바와 논쟁을 하고 있었는데, 짙은 청색 드레스를 입고 있던 그녀는 말하면서도 계속 허리 옷매무새를 손으로 고치고 있었다. 이 작은 몸짓을 료바는 오랜 세월이 지나도록 기억했다. 그때 료바가 말했다. "마르크스주의는 편협한 가르침이야. 사람의 인격을 분열시키는 편협한 교리야." 이것은 나로드니키가 늘 하는 주장이었다. 나로드니키 저술가 가운데 가장 영향력 있던 사람 가운데 하나인 미하일로프스키는 마르크스가 사회 전체에서 경제적 측면만 강조함으로써 사회의 다양한 측면을 분리해버렸다고 비판했다. 나로드니키의 주장에 따르면, 혁명가들은 개인이 역사의 수레바퀴 아래 깔려 부서지는 것을 반대하는, 균형 잡힌 인물이 되어야 한다. 알렉산드라는 료바의 논리를 정면으로 반박했다. "아니, 그것은 핵심이 아니야."[13] 두 사람 사이의 의견 충돌은 이제 통제 불능이 되었고 두 사람 다 화가 나서 어쩔 줄 몰랐다. 다른 사람들은 료바가 어떤 식으로든 알렉산드라를 화나게 하려 한다고 생각했다. 만일 이것이 진정으로 료바의 의도였다면 료바는 성공했다. 알렉산드라는 그리고리 지프에게 이렇게 말했다. "나는 절대로, 절대로 저 녀석에게 화해의 손을 내밀지 않을 거야!" 하지만 료바와 알렉산드라 사이의 성적인 화학 반응은 폭발적이었다. 그들은 서로에게 끌렸고 그 감정은 경쟁심으로 드러났다. 료바가 너무나 제멋대로 행동하자 누군가 이렇게 말했다. "장차 그는 큰 영웅 아니면 큰 악당이 될 거야. 둘 중에 하나가 되겠지만, 여하튼 그는 틀림없이 굉장한 인물이 될 거야."[14]

료바가 지닌 또 한 가지 특성은 상대방을 지배하려는 의지였다. 그 나이 또래의 젊은 남성들이 다 그렇듯이 료바 역시 여자에게 지기 싫어했다. 거침없이 말하는 여성 혁명가들이 없었던 것은 아니며, 료바는 나중에 그러한 여성 혁명가들 몇몇을 높이 평가한다. 베라 자술리치(Vera Zasulich, 1849~1919), 로자 룩셈부르크(Rosa Luxemburg, 1871~1919), 안겔리카 발라바노바(Angelica Balabanova, 1878~1965), 라리사 레이스네르(Larisa Reissner, 1895~1926)가 그들이다. 알렉산드라는 남자들이 지혜로운 말을 늘어놓으면 여자들은 얌전하게 듣는 그런 관습에 굴복할 생각이 전혀 없었다. 료바가 공격하면 알렉산드라는 되갚아주었다.

료바는 마치 군사 작전을 앞둔 것처럼 논쟁에 대비했다. 그는 논쟁 기술을 키우려고 쇼펜하우어(Arthur Schopenhauer, 1788~1860)가 쓴 《논쟁의 기술》을 꼼꼼히 읽었다.[15] 이 책에서 쇼펜하우어는 공정한 수단을 사용하든, 비열한 수단을 사용하든 논쟁에서 기필코 승리하고자 한다고 솔직하게 말했다. 쇼펜하우어는 논거로 마키아벨리를 들었다. 쇼펜하우어에게 모든 논쟁은 '정치적 칼 싸움'이었다. 쇼펜하우어는 상대방의 논지를 계속 공격하여 그 논지의 정상적인 한계까지 혹은 그 이상까지 밀어붙인 다음 산산조각 내버리라고 권유했다. 인신공격적인 조롱은 매우 효과적이다. 왜냐하면 사람들은 자극을 받아 화가 나면 자기 주장의 논리적 실마리를 잃어버릴 수도 있기 때문이다. 용어를 일부러 혼동해서 사용하는 것도 효과적인 계책이다. 만약 청중이 있다면 그들을 웃게 해서 반드시 내 편으로 만들어야 한다. 갑작스런 화제 전환과 겸손한 척하는 것 역시 도움이 된다. 논쟁 당사자 상호 간의 감정이 심하게 상하는 것은 불가피하며 훌륭한 논쟁가는 그런 경우에도 냉정함을 유지하는 방법을 습득해야 한다. 승리, 그것도 상대방을 완전히 박살 내는 승리만이 가치 있는 목표다. 제멋대로 일방적으로 떠들어대는 '폭군'의 기질은 조금도 부끄러운 것이 아니다. 쇼펜하우어는 이렇게 충고했다. "뛰어난 재능을 가진 사람은 다른 사람과 소통할 때 자신의 가장 훌륭한 부분이 구름에 가려 다른 사람이 그 부분을 볼 수 없다는 사실을 항상 인식하고 있어야 한다." 쇼펜하우어는 또 '보통 사람들'의 생각 따위에는 아무런 중요성도 없다고 분명히 말했다. 그는 천재는 인정받아야 한다고 주장했다. 그는 보통 사람들을 경멸하는 것은 조금도 잘못이 아니라고 생각했다.[16]

쇼펜하우어의 저서는 당시 러시아 혁명가들이 중요하게 여긴 책이 아니었으며, 료바 브론시테인 또한 토론 기술을 향상시키는 데 쇼펜하우어의 도움을 받았다고 솔직하게 인정한 적이 없다. 하지만 료바는 아마도 《논쟁의 기술》에서 앞으로 자신의 정치와 인격을 쌓아 나가는 데 필요한 많은 것을 얻었을 것이다. 료바가 자신의 반대자들에게 상처 입히는 것을 얼마나 즐겼는지 그의 친구 지프는 알고 있었다.

그가 입을 열기만 하면 알렉산드라뿐 아니라 그 자리에 있던 다른 모든 사람이 마치 돌처럼 굳어버렸다. …… 전체 상황과 그의 말의 성격을 보면, 그가 이렇게 폭발하는 단 하나의 이유는 알렉산드라에게 심한 말을 내뱉고 그녀의 신경을 가능한 한 아프게 긁으려는 것임을

누구나 알 수 있었다. 그녀의 유일한 잘못은 그녀가 마르크스주의자라는 사실뿐이었다.[17]

료바는 지적인 황소였다. 그는 총명했으나 자신의 총명함을 너무 의식했다. 이런 자기 인식은 그가 자기 과시를 삼갈 줄 알게 된 이후에도 그에게 계속 남아 있었다.

료바의 또 다른 특성은 감상적인 것을 아주 혐오하는 성격인데, 그의 이런 성격은 다음과 같은 사건으로 그룹 내 사람들에게 깊은 인상을 남겼다. 알렉산드라의 가까운 친구 한 사람이 상트페테르부르크에서 체포당하는 사건이 벌어졌다. 알렉산드라는 몹시 우울해졌고 오랫동안 회복하지 못했다. 료바는 알렉산드라의 예민한 감성을 도저히 이해할 수 없었다. 료바는 지프에게 만일 지프가 당국에 체포되는 일이 있더라도 자신은 절대로 '슬픔의 감정을 느끼지는' 않을 것이라고 말했다. 나중에 두 사람은 사이가 벌어지지만 그때까지는 아직 친구 사이였다.[18] 지프는 다음과 같이 결론을 지었다.

그가 친구들을 사랑했다는 것, 진정으로 사랑했다는 것은 의심의 여지가 없다. 하지만 그의 사랑은 농부가 자신의 말을 사랑하는 것과 같은 것이었다. 말을 사랑함으로써 농부는 농부로서 자신의 정체성을 스스로 확인한다. 농부는 진심을 다해 말을 쓰다듬어주고 잘 돌보며 말을 위해 궁핍과 위험을 감수할 것이다. 심지어 농부는 애정을 기울여 그 말의 개성까지 간파할 수도 있다. 그러나 만약 그 말이 일할 수 없는 상태가 되면 그 농부는 전혀 망설이지 않고 일말의 양심의 가책도 없이 곧바로 도살장으로 끌고 갈 것이다.[19]

료바가 그의 혁명 동지들을 바라보는 눈길은 농부가 말을 바라보는 눈길과 같았으며, 슈비고프스키 그룹이 실제적인 영향력을 발휘하도록 하기 위해 그룹 내의 누구도 료바보다 더 열심히 노력한 사람은 없었다.

슈비고프스키 그룹은 논의 끝에 잠재적인 추종자들을 더 많이 모으기로 결정을 내렸다. 단체를 조직하기로 했고 단체 이름은 '라사드니크(Rassadnik)'라고 지었다.[20] 뜻을 굳이 따지자면 '모종밭'이라는 뜻이었는데, 이 이름은 그룹 사람들이 처음 모인 장소가 실업학교의 교정과 프란츠 슈비고프스키의 작은 집 정원이었다는 사실을 떠오르게 한다. 그룹 구성원들은 각자 이 일에 필요한 자금을 냈다. 료바는 돈이 아주 없는 편은 아니었다. 이들은 또한 동조자들에게도 기부금을 모았다. 당시 이런 일은 흔했다. 부유한 시민들 가운데 상당수는 러시아 제국의 정치 체제를 혐오했고, 또 장차 혁명적 상황이 발생했을 경우 자신들이 구체제에 연관된 사람으로 인식되는 것을 미연에 방지하고자 했기 때문이다.[21] 료바는 오데사에서 발행되는 어느 나로드니키 잡지에 글을 써 보내고는 그 잡지의 편집자를 만나러 갔다. 글의 내용은 출판할 만한 수준이 되지 못했다.[22] 하지만 료바는 계속해서 글을 써서 출판하려고 노력했다. 료바는 또한 니콜라예프의 공공 도서관이 연회비를 5루블에서 6루블로 인상하겠다고 결정한 것에 반대하는 운동에 참여했다. 결국 돈 많고 힘 있는 사람들이 도서관 위원회에서 물러나고 '민주적 인물들'이 그 자리를 차지하는 승리를 거두었다.[23] 슈비고프스키 그룹은 이미 당국의 감시를 받고 있었지만 그들은 그 사실을 몰랐다. 오흐라나는 슈비고프스키의 농장에서 일하는 직원 가운데 트로르제프스키라는 사람을 경찰의 끄나풀로 만들었다. 료바와 동지들은 니콜라예프에서 이름을 알리자마자 종말의 위기에 다가가고 있었다.[24]

조선소에서 노동자들이 급료와 노동 환경에 불만을 표시하고 항의하는 사건이 벌어졌다는 소식을 듣고 료바와 동지들은 흥분했다. 료바는 그동안 논쟁에서 멋지게 승리를 거두었지만 사실 자신의 생각에 의문을 품기 시작하고 있었다. 알렉산드라의 관점이 점차 료바와 다른 동료들에게 인정받기 시작했다. 료바는 적극적인 노동운동을 도저히 억누를 수 없다는 것을 점차 인정하기 시작했다. 마르크스주의자들은 러시아에서 자유주의가 절대로 승리할 수 없을 것이라고 주장하고 있었다. 료바도 동의했다. 1898년에 그는 과거를 돌아보며 자신의 생각을 이렇게 요약했다. "우리는 자유주의 혁명을 거치지 않아도 잘해 나갈 것이다. 우리는 그런 것이 필요 없다. 우리는 우리의 길을 갈 것이다."[25]

료바는 오데사와 예카테리노슬라프*에서 활동하던 그룹들과 이미 접촉하고 있었다. 그는 '리보프(Lvov)'라는 가명을 쓰기 시작했으며 동료들에게 '남러시아노동자연맹'이라는 노동운동 조직으로 들어오라고 촉구했다.[26] 조선소의 노동자 가운데에는 숙련공이 상당수 있었으며 많은 노동자들이 높은 급료를 받았고 글도 읽을 줄 알았다. 이들의 노동 환경이 유럽에서 최악의 상태는 아니었다. 이들은 이미 하루 8시간 노동 규정을 획득한 상태였다. 그러나 이들에게는 억압과 불의라는 전반적인 상황에 대한 불만이 존재했다. 료바는 이런 불만이 노동자들의 종교적 신념에서 확장된 것임을 알게 되었다. 많은 노동자들이 침례교도나 여러 종파에 소속된 복음주의 기독교도였다. 러시아 정교는 이들에게 별로 매력적이지 않았다. 슈비고프스키 그룹은 노동자들의 이런 성향을 혁명적 헌신으로 바꾸는 것을 목표로 삼았다. 노동자 20명을 모아 공부 모임을 만들고 '대학'이라고 이름 붙였다. 여기에서 료바는 잠시 사회학을 강의하기도 했다.[27] 슈비고프스키 그룹은 당국의 단속을 피할 생각이 없었다. 이들은 자신들의 활동을 자랑스러워하는 뜻에서 단체 사진을 찍기도 했다. 나중에 경

예카테리노슬라프(Yekaterinoslav) 우크라이나에서 키예프, 오데사 다음으로 큰 대도시로서 산업과 교통의 중심지이다. 이 지역을 획득한 예카테리나 여제의 이름을 기려 만든 도시인데, 1926년 드네프로페트로프스크(Dnepropetrovsk)로 이름이 바뀌었다.

찰은 이들을 체포할 때 이 사진을 이용했다. 여하튼 당분간 료바와 그 친구들은 자신들의 선전 활동이 거둔 성과에 기뻐했다.[28]

이렇게 열성을 보이던 료바는 그리고리 지프가 대학에 잠시 돌아가 의학 학위를 마치겠다고 하자 지프를 질책했다.[29] 슈비고프스키 그룹의 목표는 계속 확대되었다. 5월 노동절에는 료바가 처음으로 공개 연설을 했다. 교외의 어느 숲 속에서였다. 훗날 그는 이때 무척 허둥거렸다고 말했지만 지프는 다르게 기억했다. 노동자들이 료바를 독일의 저명한 사회주의 연설가인 페르디난트 라살레(Ferdinand Lassalle, 1825~1864)로 착각할 정도여서 료바의 동료들이 자랑스러워했다는 것이다.[30] 누구의 말이 진실에 가까운지 알 길은 없다. 하지만 분명한 것은 당시 이 그룹이 문건 생산 활동에 역점을 두었다는 사실이다.

우리는 곧 자체적으로 문건을 생산하기 시작했다. 이것이 나의 저술 작업의 시작이었다. 나의 혁명 활동이 시작된 것과 거의 같은 시기의 일이다. 나는 선언문과 논문을 작성한 다음, 글자를 하나씩 하나씩 손으로 써서 복사 원판을 만든 다음 젤라틴 등사기를 사용하여 등사했다. 당시 우리는 타자기는 생각도 못했다. 나는 그때 못 배운 노동자들이 별 어려움 없이 우리 글을 읽을 수 있게 한다는 것을 영광으로 생각하며 한 글자 한 글자를 매우 정성들여 써 나갔다. 한 페이지의 복사 원판을 만드는 데 약 두 시간이 걸렸다.[31]

러시아 제국 전체에 이와 유사한 마르크스주의 운동이 확대되고 있었다. 료바가 속한 니콜라예프의 그룹은 한편으로는 스스로 학습하며, 또 한편으로는 정치적 선전 활동을 했다.

외부의 도움도 받았다. 오데사의 마르크스주의자들과 유대가 강화되었다. 경험을 공유하며 배우는 동시에 서로의 문건도 교환하여 읽었다. 오데사는 혁명 문헌이 밀반입되는 거점이었다. 니콜라예프의 활동가들은 이 일에 적극 가담했다. 플레하노프와 그가 이끄는 제네바 그룹이 러시아 마르크스주의 운동의 창설자로 인정받았는데, 그들의 최신 사상을 알고 싶어 하는 사람들이 많았다. 이따금 료바는 오데사로 가서 외국에서 출판된 팸플릿과 신문을 가방 가득 넣어 왔다. 니콜라예프 그룹의 이런 비밀 작업은 누구도 저지할 수 없는 것처럼 보였다.

1898년 1월 갑자기 종말이 닥쳤다. 슈비고프스키가 교외에 새로운 집을 마련했는데, 료바는 이 집에 도착해서 이제 안전한 장소에 들어왔다고 생각했다. 료바는 서류 꾸러미를 풀고 문건을 배포할 준비를 했다. 이 작업을 한참 하고 있는데 알렉산드라의 여동생 마리야가 찾아왔다. 그녀는 니콜라예프에서 자신의 오빠가 체포되었다는 소식을 전했다. 마리야는 오흐라나가 틀림없이 이 조직 전체에 대한 정보를 입수한 상태이며, 이곳 슈비고프스키의 집까지 오흐라나의 정보원이 자기를 미행한 것이 틀림없다고 생각했다. 료바와 슈비고프스키는 마리야의 말을 심각하게 여기지 않았다. 마리야는 자신의 주장을 계속 고집했다. 결국 세 사람은 문건을 들고 나가 양배추 저장소에 구덩이를 깊게 파고 그 속에 묻었다. 얼마 뒤 슈비고프스키는 정보원이니 뭐니 하는 것은 마리야의 상상의 산물이라고 결론 내렸다. 그는 구덩이에서 문건을 꺼내 대문 근처에 있는 빗물받이 통 속에 넣어 두었다.[32] 다음 날 세 사람이 얼마나 바보 같은 짓을 했는지 드러났다. 사실 정보원은 계속 그 집 근처에 잠복하고 있었으며 집에 들이닥치기 위해 필요한 추가 인력이 도착하기만을 기다리고 있었던 것이다. 슈비고프스키는 체포되면서 집에서 일하는 하녀에게 사람들이 모두 떠나고 나면 문건을 없애버리라고 낮은 목소리로 지시했다.(경찰은 문건을 발견하지 못했다.) 슈비고프스키 그룹은 전원 체포되어 니콜라예프 형무소로 호송되었다.

5장

첫 번째 투옥
감옥 안의 결혼식

니콜라예프 감옥의 철문을 지나 감방에 도착한 브론시테인은 방이 꽤 넓은 것을 보고 기분이 좋았다. 그는 러시아 제국의 경찰 조직이 훨씬 더 열악한 상태일 것이라고 예상하고 있었다. 하지만 곧 애초의 비관적 느낌이 되돌아왔다. 감방 안에는 가구가 거의 없었고 심지어 침대도 없었다. 게다가 그는 혼자가 아니었다. 외투와 모자를 뒤집어쓴 사람이 구석에 앉아 있었다. 브론시테인은 그자의 옷차림이 너무 엉망이어서 혁명가는 아닐 거라고 생각했다. 마르크스주의자라면 자신의 외모에 신경을 쓸 것이라고 그는 여전히 믿고 있었다. 하지만 이 사람 즉 미샤 야비치는 노동자이면서 동시에 '정치범'이었다. 두 사람은 3주 동안 함께 지냈다. 난로가 있긴 했지만 제대로 불을 때주지 않았으며 문에 뚫어놓은 감시용 구멍으로 바깥의 차가운 공기가 계속 들어왔다. 너무나 추워서 그들은 옷을 벗고 씻을 엄두를 내지 못했다. 매트리스는 밤에만 사용할 수 있었는데 난롯불 곁에 매트리스를 놓고 겨우 잠을 청했다. 미샤처럼 브론시테인도 정치범이 아닌 죄수들과 접촉하여 돈을 주고 물주전자와 여분의 음식을 얻었다. 그가 손에 넣을 수 없었던 것은 연필이었다. 살인범이나 도둑들은 필기도구를 원하지도 않고 필요로 하지도 않았기 때문에 갖

고 있지 않았다. 의사소통이 불가능한 삶은 브론시테인에게는 삶이 아니었다.[1]

그는 약 1백 킬로미터 떨어진 헤르손으로 이송되면서 약간 안도했다. 브론시테인은 우편 마차에 실려 갔는데, 두 명의 헌병이 호송했다. 브론시테인은 새로운 장소에 대한 희망을 품고 갔지만 곧 몹시 실망했다. 도착하자마자 그는 독방에 갇혀 그 상태로 두 달 반을 보내야 했기 때문이다. 새로운 감옥은 더 따뜻했지만 악취가 났다. 비누도 없었고 갈아입을 속옷도 지급되지 않았다. 사방에 이가 득실댔다. 그의 수중에는 책 한 권도 없었으며 필기도구도 여전히 없었다. 제정신을 유지하기 위해 그는 머릿속으로 혁명시를 짓곤 했다. 그때 지은 시들은 형편없는 작품이었다고 훗날 트로츠키는 인정한다.[2] 이런 고립 상태에서 그의 사기는 급속도로 저하되었다.[3]

1898년 5월이 되자 니콜라예프의 혁명가들을 헤르손에서 오데사로 이송하라는 명령이 내려졌다. 그때쯤에는 알렉산드라를 포함하여 그룹의 모든 사람들이 체포된 상태였다. 브론시테인과 구레비치라는 사람이 함께 이송길에 올랐고 다음 날 일리야 소콜로프스키가 출발했다.[4] 니콜라예프 그룹 사람들에 대한 판결이 내려지기 전에 이들은 모두 오데사에 집결했다. 오데사의 감옥은 새로운 종류의 감옥이었는데, 트로츠키는 훗날 거의 감탄하는 듯한 어조로 이 감옥이 미국의 최신 기술 수준에 맞추어 설계되었다고 회고한다. 건물은 4층이었으며 통로와 계단은 금속으로 만들어져 있었다. 4구역으로 나누어져 있었고 구역마다 감방이 백 개씩 있었다. 다음은 트로츠키의 회고다.[5]

벽돌과 금속, 그리고 또 금속과 벽돌뿐이었다. 걷는 소리, 바닥을 치는 소리, 움직이는 소리를 건물 전체에서 또렷하게 감지할 수 있었다. 벽 안쪽에 설치된 간이 침대는 낮에는 벽 안으로 밀어 넣었다가 밤이 되면 꺼내 썼다. 이웃 감방에서 이 간이 침대가 올라가고 내려오는 소리를 또렷하게 들을 수 있었다. 간수들은 통로에 있는 금속제 난간에 열쇠를 짤랑짤랑 부딪혀서 서로 신호를 주고받았다. 이 소리는 하루 종일 들렸다. 철제 계단에 울리는 발자국 소리가 바로 옆, 그리고 위와 아래에서 나는 것처럼 똑똑하게 들렸다. 벽돌과 시멘트와 금속이 내는 소리에 완전히 둘러싸여 있는 것이다.

"그리고 나는 완전히 고립되어 있었다."라고 트로츠키는 덧붙였다. 오데사 감옥은 결코 만만한 곳이 아니었다. 니콜라예프에서 잡혀온 혁명가들은 정치범 구역의 독방에 각각 수용되었다. 이들은 보통 간수들이 아니라 헌병들에게 감시받았다.[6]

글을 아는 수감자들은 끈질기게 벽을 조용히 두드려, 자기들끼리 만든 죄수용 알파벳 신호로 의사소통을 했다.[7] 날씨가 좋은 날에는 맑은 공기를 쐬려고 창문을 열었다. 그런 날 수감자들은 각자의 걸상에 올라서서 철창을 사이에 두고 대화를 할 수 있었다. 대화를 하는 것은 사실 엄격하게 금지된 행동이었다. 하지만 형무소 관리자들은 규칙을 그렇게 엄격하게 적용하지 않았다. 죄수들은 보안상 가명을 사용했다. 브론시테인은 '마이(Mai)'라는 가명을 사용했는데, 5월에 감옥에 왔다는 뜻이었다. 그는 운 좋게도 179번 감방에 수용되었다. 이 방은 다른 방에 비해 1.5배나 컸다. 곧 그는 벽을 두드리는 일을 그만두었다. 그래봤자 별로 위안이 되지도 않았고 신경만 날카로워졌기 때문이었다.[8] 한편 그는 헌병들 때문에 골치를 앓았다. 헌병들이 일부러 거칠게 굴지는 않았지만, 마치 클럽에 모여 앉아 있는 것처럼 밤새도록 떠들었기 때문이다. 브론시테인은 1898년 11월 알렉산드라에게 편지를 쓰면서 자신의 불면증에 대해 이야기하다가 갑자기 멈췄다.[9] "이런 일에 대해 당신에게 불평을 늘어놓다니, 정말 바보 같군요. 당신이 처한 상황이 나보다 조금도 나을 것이 없을 텐

데 말입니다. 하지만 난 지금 너무 우울합니다. 그래서 당신에게 불평을 늘어놓아 당신이 나를 조금이라도 가여워하기를 바라는 것 같아요."

그는 매력적인 여성 혁명가에게 자신의 마음을 고백하고 있었다. 레프 브론시테인은 잘생긴 청년이었으며 많은 여자들이 좋아할 만한 놀라운 총명함의 소유자였다. 알렉산드라를 조롱하고 공격하는 사이 어느새 브론시테인은 그녀에게 사랑을 느끼기 시작했던 것이다. 알렉산드라는 전형적인 러시아 혁명가였다. 헌신적이고 의지가 강하고, 이타적이었다. 브론시테인은 그녀가 자신의 재능을 인정한다는 것을 알고 있었다. 그는 속마음을 터놓은 편지를 그녀에게 썼다. 그는 알렉산드라를 '슈라' 혹은 '사샤'라는 애칭으로 부르면서 자신의 혼란스런 감정을 그대로 드러냈다. 그녀에게 쓴 장문의 편지에는 그의 의식의 흐름이 드러나 있다. 편지의 한 구절이다. "슈라, 나는 기분이 좋지 않습니다. …… 오늘처럼 불쾌한 상태에 빠진 것은 정말 오랜만입니다."[10] 그는 또한 그린시테인이란 이름의 혁명가에게 자신의 슬픔을 고백했다. 하지만 알렉산드라에게 편지를 쓸 때는 한 걸음 더 나아갔다. "사샤, 당신도 알다시피, 나는 생명에 특별한 애착을 품고 있어요. 나는 몇 분에 걸쳐—아니 어떤 때는 한 시간 내내, 혹은 며칠, 몇 달에 걸쳐—역시 가장 훌륭한 결론은 자살이 아닌가 생각하고 있습니다. 하지만 무슨 이유에서인지 그럴 용기가 나지 않는군요. 어쩌면, 내가 겁쟁이라서 그런 걸까요? 여하튼 그런 결정을 내리는 데 필요한 무엇인가가 내게는 없습니다."[11] 그러다가 그는 자신이 너무 상투적인 표현으로 빠져버렸음을 알아차린 것 같다. 그는 어조를 고상하게 바꾸려는 듯 이렇게 쓴다. "생명에 대한 사랑과 죽음에 대한 공포, 이것들은 의심의 여지 없이 …… 바로 자연 선택의 결과입니다."[12]

이런 감정에는 자기 과시와 미성숙이 담겨 있었다. 브론시테인은 자기 중심적인 젊은이였다. 무의식적으로 그는 알렉산드라가 자신에게 사랑 이상의 것을 주도록 유도했다. 자기를 깊이 이해해주고 돌보아주기를 바란 것이다. 그는 그녀에게 자기의 약한 면을 드러내 이런 목적을 달성하려 했던 것 같다. 그에게 진짜 자살 충동은 없었다. 자살을 언급한 것은 그녀가 자기를 보호하려는 마음이 들도록 하기 위한 수단이었다. 그는 자신이 이제까지 그녀에게 오만하고 냉정한 태도를 보였다는 것을 깨달았다. 그렇다면 자신이 겉으로는 냉정해도 "속으로는 눈물을 흘리고 있다"[13]고 말하는 것보다 더 좋은 방법이 어디 있겠는가?

브론시테인이 알렉산드라를 일부러 기만하려 한 것은 아니다. 자신을 표현하는 다른 방법을 알지 못했을 뿐이다. 그는 너무나도 자기 중심적이었기 때문에 알렉산드라에게 그녀의 감정이 어떠한가를 물어보지 않았다. 그녀는 그의 생각을 들어주고 반응해주는 공명판이었다. 만약 두 사람이 직접 얼굴을 보고 말을 나눌 수 있었다면 좋았을 것이다. 그는 이렇게 편지에 썼다.

어떤 생각 하나가 지금 내 머릿속에 떠올랐는데 지금 그 이야기를 하지는 않을 겁니다. 라살레에 관해 미하일로프스키가 쓴 글에 이런 구절이 있더군요. 남자는 자기 자신보다 사랑하는 여성에게 더 솔직해질 수 있다고. 이 말이 어느 정도 사실이긴 하지만 그런 솔직함은 직접 대화를 나눌 때만, 또 특별하고 예외적인 순간에만 가능할 것 같습니다.[14]

미하일로프스키는 러시아의 혁명적 나로드니키였고 라살레는 독일의 혁명가이자 마르크스주의자였다. 브론시테인은 여기서 개인적인 자아 성장에 관련하여 이들의 말을 인용하고 있다. 그는 자신의 논의에서 정치 문제는 잠시 옆으로 치워 두었다. 그의 마음속에는 항상 혁명이라는 것이 자리 잡고 있었지만, 지금 자신이 솔직하게 말을 털어놓을 수 있는 친구이자 연인에게 이야기하는 동안에는 혁명가이면서 동시에 스스로에게 진실한 인간이 되고 싶었던 것이다.

자살하겠다는 생각을 브론시테인이 이때 처음 한 것은 아니었지만, 1897년 여름에 그랬던 것처럼 이번에도 그는 자살을 말로 꺼내자마자 곧바로 머리에서 떨쳐버렸다.[15] 그는 푸시킨(Aleksandr Pushkin, 1799~1837)이나 레르몬토프(Mikhail Lermontov, 1814~1841) 같은 19세기 초 러시아의 위대한 시인들의 작품을 읽었으며 그들의 낭만적인 우울을 사랑했다. 이 시인들이 바이런이나 괴테의 작품을 읽으면서 그들의 우울을 사랑했던 것과 마찬가지다.[16] 하지만 푸시킨도 레르몬토프도 물리적으로 자해한 적은 없다. 브론시테인은 겉으로는 자신감이 넘쳤지만 아직 젊었고 심리적으로 불안했다. 감옥에 갇히기 전까지 그는 항상 사람들이 자신을 지지해주는 환경에서 살았다. 오데사에서 시펜체르 부부의 보살핌을 받았고, 니콜라예프에서 혁명적 투지를 불태웠을 때는 우호적으로 기꺼이 도와주는 동료들과 함께 공동체적인 삶을 살았다. 감옥 생활은 전혀 달랐다. 하루하루 감옥의 일상을 보내면서 그는 자신에게 필요한 심리적 버팀목을 상실하기 시작했다. 그리고 그는 그 영향에 놀랐다. 그가 언급한 고통스런 상태는 그가 꾸며낸 이야기가 아니라 다만 과장했던 것뿐이다. 그때나 나중에나 그는 극적인 이미지와 인상적인 수사를 좋아했다. 그가 사용한 표현은 거짓으로 만들어낸 것이 아니었다. 다른 사람과 소통하지 않으면 살아 있음을 느끼지 못하는 사람의 인격에서 나온 것이다. 독방 수감은 그에게 최악의 형벌이었다.

알렉산드라에게 편지를 쓰는 것은 이런 난관에 대처하는 방법이었다. 브론시테인은 점차 그녀에게 의존했다.[17] 자신의 감정을 숨길 줄도 모르고 제대로 살필 줄도 모르는 사람들이 흔히 다른 사람과 심리적으로 밀고 당기는데, 그가 바로 그런 사람이었다. 그는 자기 내면의 생각, 공포, 희망 등이 특별하다고 믿는 젊은이였다. 그리고 자신이 아주 특별한 존재라고 믿었기에 그는 신뢰하는 여자에게 자신의 정신 세계를 드러내는 데 거리낌이 없었다.

어려움이 있었지만 그는 생애 처음으로 확실한 내용이 있는 글을 쓰기 시작했다. 그것만으로도 사기가 올라갔다. 프리메이슨*에 관한 글이었다. 그는 알렉산드라에게 다음과 같이 편지를 썼다. "당신이 나의 첫 번째 독자이자 첫 번째 비평가가 될 겁니다." 플레하노프의 《일원론적 역사관의 발전》과 같이 철학적 관점이 담겨 있거나 레닌의 《러시아 자본주의의 발전》과 같이 이 나라 경제의 현재와 미래를 논하는 저술을 쓸 생각은 없었다. 플레하노프와 레닌은 모두 치열한 논쟁가들이었다. 하지만 그들의 저술에는 거의 전문 학술서 같은 무게가 있었다. 브론시테인은 '과학적' 연구를 하겠다는 목표를 내걸지 않았다.[18] 그는 정치적 효과가 즉각 나타나는 글을 썼으며, 멋지게 쓰고 싶은 욕심이 있었다. 트로츠키는 문학적 완성도를 추구했다는 점에서 러시아의 다른 마르크스주의자들과 차이를 보인다. 그는 문장가였다. 추한 문장은 도저히 쓸 수 없었다. 이것은 그의 재능이었고 자산이었다. 하지만 다른 사람을 지나치게 조롱한 나머지 불필요하게 적을 만드는 경우에 이 재능은 오히려 큰 단점으로 작용했다.

말년에 트로츠키는 이 최초의 저술을 소중하게 돌아봤다. 이 저술은 프리메이슨의 역사와 당대의 나로드니키를 비교한 내용으로 짐작된다.[19] 아마도 브론시테인은 기존 정치 체제를 타도하려 한 지식인 그룹이었던 프리메이슨의 신비주의적이고 의례주의적인 측면을 지적함으로써, 나로드니키 역시 그들의 최종 목적에서 프리메이슨만큼이나 착각에 빠져 있다고 주장하려 했던 것 같다. 그는 이 글을 스스

프리메이슨(Freemason) 18세기 초 영국에서 시작된 세계시민주의적·인도주의적 우애(友愛)를 목적으로 하는 단체. 세계 각지의 정치·사회 운동의 배후에 있었던 것으로 알려져 있다.

로의 만족을 위해 썼으며 출판하려고 시도한 적은 없었다. 결국 그는 원고를 스위스에서 잃어버리고 말았다. 하숙집 아주머니가 난롯불을 피우기 위해 원고를 불쏘시개로 사용했던 것으로 짐작된다.[20]

오데사 감옥에 있던 시기에 젊은 트로츠키는 마르크스주의에 대한 확신을 굳혔다. 그는 훗날 자서전적인 글에서 이렇게 회고한다. "나에게 결정적 영향을 끼쳤던 글이 둘 있다. 하나는 안토니오 라브리올라(Antonio Labriola, 1843~1904)가 쓴 것으로 유물론적 역사 인식에 관한 책이다. 그 책을 읽은 다음에 비로소 나는 벨토프(Beltov)의 책과 《자본》을 읽기 시작했다."[21] 라브리올라는 이탈리아의 초기 마르크스주의자로서 산업화 과정에 있는 사회를 이해하기 위한 철학적 분석 틀을 개발하려 애쓴 사람이었다. 벨토프는 러시아 마르크스주의의 창시자 플레하노프의 필명이다. 그는 철학과 경제학에 관한 글을 썼다. 라브리올라와 플레하노프는 한 나라의 정치는 반드시 그 나라의 경제 조건에 기반을 두고 분석해야 한다고 주장함으로써 마르크스의 뒤를 이었다. 굳이 강조할 필요도 없지만, 자본주의적 경제 발전에 관한 마르크스주의의 핵심에 바로 《자본》이 있었다. 오데사 감옥에 있던 니콜라예프 그룹 사람들 모두는 감옥에 있는 시간을 활용하여 자본주의적 경제 발전에 관한 사상을 좀 더 확실하게 이해하는 마르크스주의자로 변모했다. 러시아에서 마르크스와 엥겔스의 진지한 추종자로 인정받으려면 이러한 지적인 준비 작업은 필수적이었다.

야노프카에 있던 트로츠키의 어머니가 그를 찾아온 것은 1898년 11월이었다. 아들의 투옥에 어머니가 얼마나 놀라고 공포스러웠을지 쉽게 짐작이 간다. 그는 어머니가 너무나 사랑하던 아들이었으며 뛰어난 학생이었다. 어머니는 자신이 원하는 바를 분명하게 알고 있었다. 너무 늦기 전에 아들이 혁명을 포기해야 했다. 아들은 도대체 앞으로 뭘 해서 먹고 살려는 것일까? 아들의 대답은 전혀 위안이 되지 않았다. 좋은 사람들이 자신을 도와줄 것이라는 게 아들의 대답이었다. 어머니는 되물었다. "그럼 너는 결국 사람들한테 얻어먹으며 살 생각이니?" 어머니와 아들 사이에 뜨거운 말다툼이 벌어졌다. 사실 말다툼은 두 차례 있었다. 어머니는 한 번 말다툼이 있은 뒤 잠시 물러났다가 다시 한 차례 아들의 미치광이 짓을 막기 위한 시도를 했다.[22] 어머니가 왔다는 사실 자체가 특이한 일이었다. 이전까지 레프에게 이런저런 명령을 내린 사람은 아버지였기 때문이다. 아마도 아버지는 아들을 설득하는 데에는 어머니가 더 낫다고 판단했는지도 모르겠다. 여하튼 뒷날 트로츠키가 묘사하듯이 '상당히 보기 흉한 장면'이 연출되었다. 결국 레프는 어머니한테든 아버지한테든 앞으로 아무런 도움도 받지 않을 거라고 선언했다.[23]

다비드 브론시테인과 그의 아내는 결국 레프, 즉 아들 레이바가 완전히 마음을 굳혔으며 더 밀어붙였다가는 아들을 영영 잃어버리리라는 것을 알았다. 한 가지 문제만은 부모가 양보하지 않았다. 아들은 부모에게 알렉산드라와 결혼하고 싶다고 말했지만, 그는 아직 부모의 동의 없이는 결혼할 수 없는 나이였다. 부모가 결혼을 허락하지 않은 이유 가운데 하나는 두 집안의 형편이 너무 차이가 난다는 것이었다. 부모는 자신들이 모아 온 재산이 가난한 집안 사람 손에 들어가는 것을 원치 않았다. 부모는 알렉산드라가 아들이 넉넉한 집안 출신이란 것을 노리고 일을 꾸미지 않았을까 의심했을 것이다. 부모는 완강하게 반대했다. 아들이 온갖 종류의 바람직하지 않은 일을 하고 있었지만, 그들은 최소한 이런 성급한 결혼만은 막고 싶었다.

레프는 행복을 기원해준 알렉산드라 아버지의 편지를 자기 부모의 태도와 비교했다. 편지에서 알렉산드라의 아버지가 한 말은 레프를 감동시켰다. 레프는 알렉산드라에게 그녀의 아버지가 '대단히 훌륭한 분'이고, 브론시테인 부부의 반응에 전혀 상처받지 않았다며 자신을 안심시켰다고 말했다. 알렉산드라의 아버지는 레프가 부모와 이런 식으로 충돌하게 된 상황에 긍정적인 측면도 있음을 지적했다. 두 사람이 스스로 결정하여 약속한 결혼이 이제 '물질적 차이'라는 미묘한 문제로 방해받지 않을 것이기 때문이었다.[24] 야노프카에서 성장하는 동안 형성된 사회적 태도에 대한 총체적인 경멸이 레프의 내면에서 솟아올라 나머지 인생 동안 그에게 남아 있었다. 1935년 파리에서 쓴 일기를 보면 다음과 같은 구절을 찾아볼 수 있다. "원초적인 축재에 바쁜 프티부르주아처럼 역겨운 존재는 없다."[25] 아버지 다비드 브론시테인만큼 이런 묘사에 딱 들어맞는 사람은 없을 것이다. 아버지는 땀을 흘리며 열심히 일하고 거래에서 머리를 잘 썼기 때문에 훌륭한 농장을 소유할 수 있었다. 레프는 부모가 힘들여 획득한 재산 넉분에 가능해진 안락함을 포기했으며 그런 자신의 행동을 잘한 일이라고 생각했다. 여하튼 그는 원하는 대로 결혼을 하지는 못했다. 이 점에 있어서만은 레프의 부모가 작은 만족을 느낄 수 있었다.

그동안 레프와 알렉산드라는 같은 형무소에 갇혀 있었다. 결혼할 수 없다면 그다음 대안은 알렉산드라 바로 옆 감방으로 옮기는 것이었다. 레프의 요청은 거절당했다. 그가 내세울 수 있는 이유라고는 그녀와 이야기를 하고 싶다는 것뿐이었는데, 형무소 당국은 남녀 죄수의 교류를 금지했다. 감옥에서 남성과 여성은 철저히 분리해서 수용되었다. 결국 레프는 그녀가 어떻게든 자신의 감방 근처를 지나가기만을 바랄 수밖에 없었다. "만일 그대가 잠시 계단을 내려와서 무엇인가 말한다면 나는 분명히 들을 수 있을 거예요."라고 그는 썼다.[26] 이런 작은 희망을 제외한다면 두 사람은 상황을 감내할 다른 방도가 없었다. 그들은 아직 어떤 종류의 형벌을 받게 될지 몰랐다. 시베리아로 추방될 것이 거의 확실하다는 사실은 알고 있었다. 하지만 시베리아에 얼마나 있어야 할까? 두 사람은 '행복의 시간'을 이미 확보해놓았노라고 레프는 주장했다. 결국 두 사람은 '올림피아의 신들' 같은 삶을 살게 될 터였다. 레프는 두 사람이 이미 많은 고통을

트로츠키와 알렉산드라 소콜로프스카야. 트로츠키와 감옥에서 결혼한 알렉산드라는 헌신적이고 이타적이며 의지가 강한, 전형적인 러시아 혁명가였다.

겪었다고 생각했다. 그는 용기를 내려고 노력했다. "우리가 유형에서 돌아올 때면 우리의 활동이 합법적으로 인정받게 될지도 모른다는 생각은 안 해봤나요?"[27]

두 사람이 자신들의 운명을 확실히 알게 되기까지는 1년이 더 지나야 했다. 1899년 11월 니콜라예프 그룹은 자신들이 '행정 추방'* 을 당하게 됐다는 사실을 알게 되었다. 트로츠키는 4년 추방형을 받았다.[28] 이들 모두는 기차에 실려 오데사로부터 '모스크바 임시 수용 형무소'로 신속하게 이송되어 '푸가초프 탑'에 수용되었다. 이곳의 역사적 의미를 니콜라예프 그룹 사람들은 놓치지 않았다. 푸가초

행정 추방 사법 기관의 정식 재판 없이 행정 조치로 추방 결정이 내려진 것을 말한다.

프(Yemelyan Ivanovich Pugachov)는 1773~1774년에 예카테리나 여제에 맞서 거대한 민중 봉기를 주도한 사람이었다. 러시아 제국의 남부에서 시작된 이 봉기는, 비록 훈련은 받지 못했지만 강력한 부대를 형성하여 빠른 속도로 진행됐다. 모스크바 외곽에서 패배한 푸가초프는 이 탑에 수감되었고 얼마 뒤 '붉은 광장'에서 처형되었다. 이후 이 탑은 푸가초프라는 이름으로 불리게 되었다. 니콜라예프 그룹에게 닥칠 운명이 그렇게까지 참혹한 것은 아니었다. 이 형무소의 소장은 메츠거란 이름의 독일계 러시아인이었다. 메츠거는 죄수들이 자기에게 무조건 존경심을 표해야 한다고 생각했기 때문에 죄수들에게 자기 앞에서 모자를 벗으라고 지시했다. 트로츠키가 이 지시에 따르지 않자 메츠거는 화가 나서 고래고래 소리를 질렀다. 트로츠키는 계속 고집을 부렸다. "나는 당신 병사가 아닙니다. 소리치는 것은 좀 그만두시지요." 동료 죄수들 역시 트로츠키와 같이 행동했다. 간수들이 호루라기를 불기 시작했고 죄수들은 침대에 매트리스도 없는 형벌용 감방으로 끌려갔다. 하지만 다음 날 이들은 다시 푸가초프 탑으로 옮겨졌다.[29]

그의 인생에서 여러 번 있었던 이런 대담한 행동들을 트로츠키는 출판된 회고록에서는 언급하지 않았다. 이런 일화는 트로츠키를 존경하는 작가들이 트로츠키와 대화하면서 그에게서 끌어낸 이야기였다. 트로츠키는 대중 앞에서 멋지게 보이기를 좋아했지만, 그런 일을 자랑 삼아 떠벌리는 것은 싫어했다. 그런 일은 다른 사람이 대신 해주기를 바랐다. 그는 말이 많았고 또 자기에게만 골몰한 사람이었다. 그의 주위 사람들은 그가 얼마나 자만심이 강하고 자기 중심적인지 금방 알게 되었다.

메츠거와 일종의 평화로운 공존 상태가 회복되었고, 니콜라예프 그룹 사람들은 시베리아로 이송되기를 몇 달 동안 기다렸다. 그들은 책을 읽고 글을 쓰면서 시간을 보냈으며 매일 운동 시간에 대화를 나누었다. 브론시테인은 다시 알렉산드라와의 결혼을 시도했다. 두 사람은 서로 사랑하고 있었다. 이들은 이미 알렉산드라의 아버지로부터 축복을 받았으며, 다비드 브론시테인은 반대를 하기에는 너무나 먼 곳에 있었다. 결혼을 서두른 또 하나의 이유는 시베리아 유형에서 결혼한 커플은 갈라놓지 않는다는 당국의 방침 때문이었다.[30] 형무소에서 결혼식을 올려도 좋다는 허가가 떨어졌다. 레프와 알렉산드라는 둘 다 유대인 집안 출신이었고 이때만 해도 종교 의식이 없는 민간 결혼이라는 것이 없었으므로, 유대교 랍비에게 연락을 취해 결혼식을 주재해 달라고 부탁했다.[31] 결혼식이 종교적이고 법적인 효력을 지니기 위해 증인이 될 10명의 유대인을 모으는 것은 어려운 일이 아니었을 것이다.[32] 유대교 전통에 맞게 신랑, 신부의 머리 위에 '추파'*를 마련했다. 유대교 전례에 따라 기도가 낭송되었다. 반지가 교환되었다. 두 사람은 선조들의 신앙에 복종한다는 의례적인 기도도 올렸다. 두 사람이 남편과 아내가 되기 위해 치러야 하는 작은 대가였다. 앞으로 두 사람의 인생에서 이런 식의 타협은 다시 없을 것이었다.

두 사람은 혁명가였으며 앞으로 할 일을 아직 정하지 못한 상태였다. 그들은 앞으로 자신들이 어떤 상황에 놓이게 될지 알 수 없었으며, 니콜라예프 그룹 사람들은 러시아 제국의 다른 마르크스주의 조직과 연결돼 있지도 않았다. 외국에 있는 '망명자'들이 러시아 제국으로 몰래 들여보낸 문헌을 읽어보기는 했지만, 이들은 아직 자신들의 존재를 외국에 있는 마르크스주의 지도자들에게 알리지 못했다. 하지만 모스크바에 도착한 이후 니콜라예프 그룹은 만나는 모든 혁명 동지들과 계속 대화를 나누었다. 마르크스주의를 더 잘 알고 니콜라예프보다 더 큰 도시에서 벌어지는 활동들에 관해 잘 아는 다른

추파(chupa) 유대인 결혼식에서 신랑 신부의 머리 위에 설치하는 덮개 혹은 장막.

혁명가들과 가까이 어울렸다. 그들은 이제 더는 지방 촌구석의 인물
이 아니었다. 그들은 '러시아사회민주노동당'에 참여하기 위한 준비
를 시작했다.

6장

시베리아 유형

'시베리아 최고 칼럼니스트'

니콜라예프 그룹에게 그들의 유형지가 정확하게 어디인지 말해주는 사람은 없었다. 1900년 여름 니콜라예프 그룹 사람들 가운데 유대인들이 먼저 동부 시베리아로 출발했다. 당시 러시아 민족 출신 유형자들은 북부 시베리아로 갔는데, '해로운 영향'을 끼친다고 여겨지는 다른 민족 출신 죄수들에게서 떼어놓으려는 당국의 정책 때문이었다.[1] 브론시테인 일행은 모스크바를 출발하여 거의 2,300킬로미터를 기차로 여행한 뒤에 드디어 시베리아 횡단철도의 연결점인 첼랴빈스크에 도착했다. 여기서 다시 약 3천 킬로미터를 닷새 반나절 동안 기차를 타고 가서 시베리아의 대도시인 이르쿠츠크에 도달하기 전 55킬로미터 지점에 있는 텔마에 이르렀다. 기차에서 내린 일행은 다시 이 지역의 주요 하천인 안가라 강을 따라 북쪽으로 8킬로미터를 가서 알렉산드로프스코예라는 마을에 도착했다.[2]

이 지역에서 가장 큰 형무소가 이 마을에 있었다. 제국 정부의 내무부가 형무소를 이런 시골 마을에 세운 이유는 이르쿠츠크로부터 멀리 떨어져 있어서 죄수가 탈출해 기차를 타고 러시아 중부 지역으로 가는 것을 방지할 수 있기 때문이었다.[3] (텔마 역은 작은 역이었으며 헌병들이 철저히 감시하고 있었다.) '알렉산드로프스코예 중앙 노동 형무소'는 1,300명의 죄수를 수용하고 있었으며 인원이 넘쳐 비좁은 상태였다. 하지만 형무소장은 환경을 개선하려고 노력하고 있었다. 한 영국인 방문객은 형무소장이 형무소장이라기보다는 마치 독일의 교향악단 지휘자 같아 보였다는 말을 남겼다. 식단에는 고기와 수프도 들어 있었으며 위생 설비 역시 괜찮은 편이라고 알려졌다. 이곳에서 자신의 형기(刑期) 전부를 보내야 하는 죄수들은 의무적으로 목공이나 재봉, 또는 시계 수리 기술 훈련을 받아야 했다. 형기를 마친 뒤 사회에 복귀했을 때 범죄의 유혹을 이길 수 있도록 하려는 것이었다. 수인들은 적은 액수의 급료를 받았는데 그들은 이 돈을 형무소 내 상점에서 쓰거나 고향 집으로 송금했다. 그러나 알렉산드로프스코에 중앙 노동 형무소는 여전히 치욕스럽고 가혹한 곳이었다. 의복은 모두 같은 치수여서 키가 작은 수인들은 바지 자락을 땅바닥에 질질 끌고 다녔다. 살인범들은 대개 쇠사슬에 묶인 채로 사할린 섬까지 가서 중노동형에 처해졌다. 이들은 호송대의 감시 아래 수백 킬로미터를 터덜터덜 걸어 사할린 섬이 있는 태평양 해안까지 가야 했다.[4]

브론시테인과 동료들은 정치범이었기 때문에 다른 일반 범죄자와 분리되어 수용되었다. 브론시테인 일행은 겨울철 눈보라가 치기 훨씬 전에 도착했다. 그들은 또 다른 곳으로 이동할 때까지 지시를 기다리면서 모스크바 임시 수용 형무소에서와 마찬가지로 책과 신문을 볼 수 있었다.[5] 레프와 알렉산드라는 부부였기 때문에 함께 지낼 권리가 있었으며 알렉산드라는 곧 첫아이를 임신했다. 그리고 나서 니콜라예프 그룹 전체가 더 북쪽으로 이송될 것이라는 소식이 전해졌다. 외딴 지역에 각각 떨어져 있는 몇 개의 마을이 지정되었으며 브론시테인 부부는 우스티쿠트로 이송된다는 소식을 들었다. 부부는 마을 이름만 들어서는 어떤 곳인지 전혀 감이 잡히지 않았다. 당시 시베리아 북동부 지역은 전체가 미지의 땅이었으며, 기후가 어떤지, 유형 생활이 어떤 식으로 진행되는지 알아낼 방법은 동료 죄수들과 나누는 대화밖에 없었다.

우스티쿠트는 이르쿠츠크 주의 키렌스크 현에 있는 아주 작은 마을이었으며 북위 57도 선에 위치하고 있었다. 알렉산드로프스코예 형무소의 어떤 죄수들은 더 불운해서 북극권*에 속하는 곳으로 이송되었다. 이 광대한 북방 영토는 겨울에는 엄청나게 추웠으며 여름에는 견딜 수 없이 더웠다. 브론시테인 부부는 그런 날씨에 대해 이미 출발하기 전에 알게 되었다. 이윽고 그들 소규모 일행은 호송병들과 함께 이르쿠츠크 북부 쪽으로 6백 킬로미터 떨어진 목적지를 향해 출발했다. 이 여정을 훗날 트로츠키는 다음과 같이 회상한다.

우리는 레나 강 하류로 내려갔다. 죄수들은 호송병들과 함께 몇 척의 거룻배를 타고 천천히 이동했다. 밤에는 추웠다. 우리는 두꺼운 코트로 몸을 감쌌지만 아침이면 코트 겉에 성에가 두텁게 얼어붙어 있었다. 도중에 미리 지정된 마을에 도착하면 한두 명의 죄수가 내렸다. 내 기억이 정확하다면 우리가 우스티쿠트 마을에 도착한 것은 3주 뒤였다. 나는 그곳에 여성 유형자 한 명과 함께 내렸는데, 그녀는 니콜라예프 시절부터 나와 가까웠던 동료였다.[6]

마지막 문장에 언급된 여성은 임신한 아내 알렉산드라였다. 이 문장을 쓸 당시 트로츠키는 어쩌면 알렉산드라의 감정이 상하지 않도록 배려했던 것인지도 모른다.* 설사 그렇다 하더라도 지나치게 점잖은 표현이 오히려 사실을 왜곡한 것은 아닐까?

이 마을에서 이미 유형 생활을 하던 혁명가 '정착민'의 작은 집단

북극권 북위 66도 33분 이북의 북반구 고위도 지대.
* 이 문장을 쓴 때는 트로츠키가 두 번째 아내와 함께 1929년 소련에서 추방되어 터키에 머물던 시기였다. 굳이 전처였음을 밝혀 알렉산드라를 불편하게 하지 않겠다는 의도였을 것이라는 뜻이다.

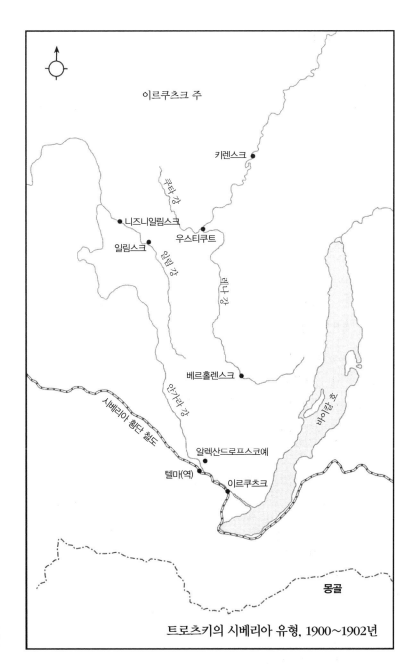

이르쿠츠크 주

키렌스크

쿠타 강

니즈니일림스크

우스티쿠트

일림스크

일림 강

레나 강

베르홀렌스크

안가라 강

바이칼 호

시베리아 횡단 철도

알렉산드로프스코예

텔마(역)

이르쿠츠크

몽골

트로츠키의 시베리아 유형, 1900~1902년

은 우스티쿠트에 도착한 신혼부부를 따뜻하게 맞아주었다. 브론시테인 부부는 그들 가운데 '믹샤'라는 이름의 폴란드 출신 신발 제조공 집에 거처를 마련했다. 믹샤는 요리를 잘했지만 술을 지나치게 좋아했다. 그래도 레프와 알렉산드라는 믹샤와 사이좋게 지냈다.(부부는 서로 의지할 상대가 있었지만 믹샤는 그럴 사람이 없었다.) 레프는 자신의 평등주의 원칙에 충실하게, 집안일을 일부 맡았다. 땔감용 나무를 패고 바닥을 청소하고 설거지를 했다. 그러고 나서야 책을 꺼내 읽었다. 그는 마르크스의 책을 비롯해 다른 사회주의 관련 서적 한 무더기와 외국 고전 문학 여러 권을 갖고 왔다.

　유형 규칙에 따르면 사전에 승인을 받을 경우 근처의 다른 장소를 방문하는 것이 허용되었다. 레프는 150킬로미터 떨어진 일림스크에 자주 갔다. 일림스크에는 물자도 풍부했고 각종 시설도 더 많았다. 일림스크에서 그는 바실리 울리흐(Vasili Ulrikh)라는 사람을 알게 되었다. 바실리 울리흐는 독일어 문헌을 러시아어로 번역하면서 시간을 보냈는데, 마르크스를 혁명적 사회주의를 옹호한 사람이라기보다는 자본주의가 작동하는 양상을 훌륭하게 묘사한 사람으로 평가했다. 하지만 레프는 여전히 자신의 인생과 사상을 모색하는 단계였기 때문에 이 사람과의 만남을 즐겼다. 레프는 자유분방한 지적 대화에 목말라 있었다. 이 지역에서 흥미로운 인물은 울리흐만이 아니었다. 일림스크에서 강 하류 쪽에 위치한 니즈니일림스크에 살던 알렉산드르 비노쿠로프라는 사람과도 레프는 교류를 했다. 비노쿠로프는 의료 보조원이었으며 러시아 제국 민중의 삶을 몸으로 겪은 사람이었다. 또 한 사람의 대화 상대는 드미트리 칼린니코프라는 의사였다. 그는 유형 생활을 하는 혁명가들과—유형 온 지 오래되었건 이제 막 왔건 간에—폭넓게 교류하고자 하는 사람이었다.[7] 브론시테인은 여전히 자신의 세계관을 좀 더 세련되게 다듬는 중이었으며 마르크스와 엥겔스에 대한 지식 역시 공부할 것이 아직 많은 상태였다.[8] 지식이 풍부한 그곳의 지식인들에게 자신의 생각을 드러내는 것은 대단히 유익한 일이었으며, 브론시테인은 울리흐를 비롯해 이때 시베리아에서 만난 사람들을 평생 결코 잊지 않았다.(그렇지만 출판된 자서전에는 이들에 대해 아무것도 기록하지 않았다.)

당시 혁명가들의 유형 생활은 1930년대 소련 치하와 비교하면 전혀 혹독한 것이 아니었다. 당시 트로츠키와 유형 생활을 함께했던 그리고리 지프는 다음과 같이 기록했다.

> (브론시테인에게는) 시간이 아주 많았고 에너지도 넘쳤지만 분출할 데가 전혀 없었다. 그래서 브론시테인은 당시 유형자들이 시간이 빨리 가게 하려고 찾아낸 각종 게임과 오락에 적극적으로 참여했다. 그는 크로켓 게임에 상당히 열중했다. 아마도 이 게임이 다른 어떤 게임보다도 브론시테인의 타고난 재치와 상상력, 기발함이라는 특성을 맘껏 발휘할 수 있는 게임이었기 때문일 것이다. 그의 개성을 잘 보여주는 다른 상황이나 사안에서와 마찬가지로, 이 크로켓 게임에서도 그의 성격이 확연하게 드러났다. 그는 자신과 대등하게 경쟁하는 상대방을 도저히 참지 못하는 성격이었다. 크로켓 게임에서 브론시테인을 이기는 것은, 그를 최악의 적수로 만드는 가장 확실한 방법이었다.[9]

도대체 누가 시베리아에서 크로켓 게임을 하기 위해 땅을 고르고 잔디를 정돈하였는지, 그리하여 브론시테인이 경쟁심을 맘껏 발휘하여 다른 사람들을 당혹스럽게 만들 수 있는 여건을 마련했는지에 대해서는 유감스럽게도 현재 아무런 기록도 남아 있지 않다.

어쨌든 이들 유형수들은 궁핍하게 살지는 않았다. 보통 이들은 인근에서 유일하게 교육받은 사람들이었고 또 현지에서 필요로 하는 기능을 지니고 있었다. 정부는 유형수에게 한 달에 35루블의 급료를 지급했다. 생계에 충분한 액수였다. 게다가 그들은 돈벌이를 해도 좋다는 허가를 받았다. 어떤 유형수들은 현지인에게 개인 교습을 하며 돈을 벌었다. 또 다른 유형수들은 도서관이나 병원에서 일하며 돈을 벌었고 심지어 현지의 정부 기관에서 일하기도 했다. 시베리아의 사업가들이 이들 유형수들을 고용하고 싶어 하는 경우도 많았다. 유형수들 가운데 중간계급 출신은 점점 줄어들었고, 폴란드 사람 믹샤처럼 노동자 출신이면서 혁명 운동에 뛰어든 사람들이 시베리아에 와서 원래 자신의 직업으로 다시 일거리를 찾는 식으로 자신의 전문 기술을 현지 경제 상황에 맞추어 활용하게 되었다. 우스티쿠트에 방문객이 전혀 없는 것은 아니었다. 레나 강을 통해 이동하는 유형수들은 긴 여정 중 잠시 쉬기 위해 우스티쿠트에 들르곤 했다.[10] 브론시테인과 알렉산드라는 그들과 대화를 나눌 기회를 잡았다. 새로운 소식이라든가 서로에 대한 충고를 주고받으며 힘을 얻었다. 정치는 항상 대화의 주제였고, 이들 혁명가들은 바깥 세상에서 진행되던 토론과 논쟁을 유형지까지 끌고 들어왔다.

그렇지만 일상생활에서는 공동체의 분위기가 물씬 풍겼다. 유형수들은 몸이 아플 때나 근심거리가 생겼을 때, 물질적 난관에 봉착했을 때 서로 의지했다. 이들에게 가장 큰 죄악은 경찰에게 작은 도움이라도 주는 행위였다. 경찰에 정보를 제공한 밀고자들은 심판대에 끌려나와 동지들의 손에 맞아 죽는 일도 있었다. 브론시테인은 이런 환경에 잘 적응했다. 그의 오만한 성격도 일시적이지만 조금 부드러워졌다. 나중에 브론시테인의 정적이 되는 에바 브로이도(Eva Broido)는 브론시테인이 '그때는 아직 겸손한 사람'이었다고 회고했다.[11]

다른 유형수와 마찬가지로 브론시테인 역시 돈을 벌고자 일거리를 찾아 나섰다. 수학을 잘 했던 덕에 그는 어느 상인에게 고용되어 회계 일을 맡았다. 브론시테인은 회계 일로 한 달에 30루블을 벌어서 정규 수입의 두 배를 확보했다.[12] 하지만 그는 새로 얻은 일자리를 불미스럽게 잃었다. 브론시테인의 실수를 문제 삼아 상인이 그를 해고했던 것이다. 브론시테인은 굳이 자신을 변호하지 않았다.

　　이르쿠츠크 주지사에게 청원하여 유형지를 다른 곳으로 옮기는 일은 비교적 용이했다. 알렉산드라와 나는 (265킬로미터) 동쪽으로 이동하여 우리의 친구들이 있는 일림 강변으로 옮겼다. 나는 그곳에서 잠시 동안 어느 백만장자 상인의 사무원으로 일했다. 그가 소유한 모피창고, 상점, 술집 등은 벨기에와 네덜란드를 합친 정도로 넓은 땅 여기저기에 흩어져 있었다. 그는 상업계의 막강한 실력자였다. 그의 세력권 아래 수천 명의 퉁구스인이 살고 있었는데 그는 이들을 '나의 귀여운 퉁구스인들'이라고 불렀다. 그는 자기 이름조차 쓸 줄 몰라서 십자가 표시로 서명을 대신했다. 그는 일 년 내내 마치 구두쇠같이 초라한 생활을 했지만 일 년에 한 번 니즈니노브고로드에서 열리는 축제에 가서는 수만 루블을 탕진해버렸다. 나는 한 달 반 동안 그를 위해 일했다. 그러던 어느 날 나는 연단(鉛丹) 1파운드를 장부에 기록하면서 실수로 '1푸드'*라고 기록한 후 이 막대한 금액의 청구서를 먼 곳에 있는 상점으로 발송했다. 이로써 나는 신용을 완전히 잃고 해고되었다.[13]

　　브론시테인은 일찍이 자신의 아버지를 거들어 장부를 기록한 적이 있는데, 이렇게 집중력이 부족한 태도를 보였다는 것은 어쩐지 그답지 않다.

　　어쩌면 브론시테인은 필요한 만큼 열성을 다하지 않았는지도 모르겠다. 그 상인은 부르주아 계급에 속한 사람이었다. 사회주의의 적이었다. 브론시테인이 어째서 백만장자의 회계 장부를 말끔하게 정리하는 데 신경을 써야 한단 말인가? 또한 회계 업무 때문에 글 쓸

푸드(pud) 러시아의 옛 무게 단위로 약 36.11파운드다. 트로츠키는 'pound' 단위로 기록해야 할 것을 실수로 'pud'로 기록함으로써 실제 무게의 약 36배 많은 양을 기록한 것이다.

시간이 부족했을 수도 있다. 그는 회계 일이 자신을 '우울하게' 했으며, 이르쿠츠크에서 발행되던 〈동방 평론(Vostochnoe obozrenie)〉에 글을 발표하는 것이 더 좋은 수입원이었다고 기록했다.(그는 최종 출판 때 이 구절을 삭제했다.)[14] 시베리아에 온 이후 이르쿠츠크에 지인이 점점 더 많이 생겼으며 브론시테인의 글은 곧 사람들의 인정을 받기 시작했다. 그는 안티드 오토(Antid Oto)라는 가명으로 자주 글을 썼다. 1901년 3월 14일 첫딸 지나이다(지나)가 태어나자 그는 반드시 일정한 집안일을 해야 했고, 집안일을 마친 뒤 저녁 시간에 글을 쓰는 것이 규칙적 일상이 되었다.

〈동방 평론〉은 이르쿠츠크에 사는 자유주의적 성향의 포포프(M. Popov)라는 사람이 발행하는 잡지였다. 그는 유망한 신참자를 찾고 있었다. 포포프는 현지의 검열 기준을 잘 알았기 때문에 잡지가 폐간되는 일은 피할 수 있었다. 어쨌든 모스크바나 상트페테르부르크의 검열관들은 이르쿠츠크 같은 변경 지역에 있는 검열관들보다 더 철저했다. 예를 들어 그루지야는 혁명적인 글에 관대한 것으로 잘 알려져 있었고, 동부 시베리아 지역은 러시아 제국의 정치 체제에 반대하는 수천 명의 유형수가 거주하는 곳이긴 했지만 이르쿠츠크는 처벌받지 않고도 비판적인 생각을 비교적 자유롭게 표현할 수 있는 지역으로 유명했다. 게다가 내무부는 유형수가 합법적 언론에 글을 쓰는 것을 금지하지 않았다. 유형수들 가운데 일반인 대상의 글을 써서 생계를 꾸릴 재능이 있는 사람은 거의 없었다. 유형수들은 자기들끼리만 이해할 수 있는 난해한 용어를 사용해서 쓴 글을 은밀한 정치적 경로를 통해 발표하기를 좋아했다. 트로츠키는 달랐다. 그는 혁명 운동 세력 외부에 있는 독자들에게 자신의 주장을 펼치는 것을 좋아했다. 그는 글을 정성스럽게 다듬는 것을 즐겼다. 아직 젊은 나이였지만 그는 조롱과 풍자의 대가였다. 그가 쓴 글은 사람들이 평범한 일상을 완전히 새로운 눈으로 볼 수 있게 만들었다. 포포프는 잽싸게 트로츠키를 낚아챘고 '안티드 오토'는 〈동방 평론〉의 지면에 등장하자마자 곧 성공을 거두었다.

공학 기술자인 모셰 노보메이스키(Moshe Novomeisky, 1873~1961)는 트로츠키를 인간으로서나 정치인으로서는 결코 칭찬하지 않았지만 트로츠키의 대중적인 글솜씨는 뛰어났다고 증언했다. "그의 글은 즉시 사람들의 주목을 끌었다. 실제로 트로츠키가 쓴 글 덕에 〈동방 평론〉의 면모가 달라졌다. 당시 〈동방 평론〉의 최신호가 나오기를 고대하다가 최신호가 나오면 즉시 페이지를 넘겨 '안티드 오토' 즉 브론시테인의 글이 실려 있는지를 찾아보았던 기억이 있다."[15] 트로츠키는 종종 '농촌의 일상생활'이라는 제목으로 시골 마을에 관한 글을 썼는데, 이 글은 갈수록 호평을 받았다. 그는 사람들의 과음하는 습관과 이 지역의 비효율적 행정을 비판하고 농민들에게 문화적·물질적 개선이 필요하다고 지적했다. 그는 보통교육의 확대를 주장했다. 또한 적절한 법률 체계가 마련돼야 한다고 주장했다. 러시아 제국의 우편 제도가 혼란에 빠져 있는 것도 날카롭게 비판했다.(가족과 동료들로부터 수천 킬로미터 떨어져 있는 혁명가에게 이는 매우 중요한 문제였다.) 그가 제안한 하나의 개선책은 우편배달부의 임금 인상이었다.[16] 칼럼니스트로서 성장함에 따라 브론시테인은 시베리아의 형무소 제도에 관해서도 글을 쓰게 되었다. 당연히 그는 제도 개혁을 촉구했다.[17]

포포프는 브론시테인에게 온갖 종류의 책을 보내 논평을 요청했으며, 점차 자신감이 쌓임에 따라 브론시테인은 경쾌하면서도 역설로 가득 찬 자신만의 글쓰기 스타일을 발전시켰다. 브론시테인은 존 러스킨(John Ruskin, 1819~1900)이 '반동적이면서 낭만주의적인 혼돈'에 빠져 있다고 비판하면서도 산업 사회의 기계에 어두운 면이 있다고 인정했다. 마르크스주의자들은 이런 종류의 감정을 쉽게 인정하지 않지만, 브론시테인은 자신이 '제대로 된 말'을 타기를 즐긴다는 말도 덧붙였다.[18] 부유한 지주의 아들이었던 브론시테인은 이때만 해도 자신의 감정과 기억을 숨기지 않았다.

사고의 독립성과 마찬가지로 '개인주의'에 대한 반감 역시 트로츠키에게는 자존심의 문제였다. 포포프에게 헨리크 입센(Henrik Ibsen, 1828~1906)의 희곡 모음집을 논평해 달라는 요청을 받았을 때, 브론시테인은 혹독한 비평을 보내 포포프를 놀라게 했다. 브론시테인의 말에 따르면 입센의 단점은 개인의 운명에 완전히 몰입한다는 점이었다.[19] 여기서 브론시테인은 사회 문제를 집단적 차원에서 풀어야 하는 마르크스주의자의 책무를 은근히 암시하고 있다. 한편 브론시테인은 입센이 문화계의 거인임은 인정했다. 그는 당대의 러시아 작가들은 입센만큼 인정하지 않았다. 브론시테인은 한때 마르크스주의 철학자였고 진리의 절대적 기준이 있음을 주장했던 니콜라이 베르댜예프(Nikolai Berdyaev, 1874~1948)를 싫어했다. 또 러시아의 상징주의 시인인 콘스탄틴 발몬트(Konstantin Balmont, 1867~ 1942)와 그의 동료들이 이끄는 '데카당(Decadent)' 문학파도 못 견뎌 했다.[20] 글레프 우스펜스키(Gleb Uspensky, 1843~1902)는 어느 정도 인정했다. 그가 농촌 생활의 어두운 면을 폭로했기 때문이다.(하지만 트로츠키는 출판사에서 삽화가 들어간 일력에 있는 시시한 내용을 우스펜스키에 관한 글과 나란히 배치한 것을 비판했다.)[21] 시베리아 농촌의 삶을 다룬 글에서 브론시테인은 농민들의 거친 습관을 조목조목 묘사했다. 그는 문화 환경을 시급히 개선해야 하며 그러려면 물질적 조건을 변화시키고 적절한 법률 체계를 도입해야 한다고 주장했다.[22]

그는 정파적 견해를 자신의 글에 눈에 잘 띄지 않게 끼워 넣었다. 과거에 마르크스주의자였다가 노선을 바꾼 표트르 스트루베(Pyotr Struve, 1870~1944)는 노동계급의 임금 인상이 공공 정책의 최우선 과제라고 주장했는데 브론시테인은 그 의견에 경멸적인 평가를 내렸다. 당시 마르크스주의자들 사이의 논쟁을 잘 아는 사람이라면 그런 주장이 뜻하는 바가 무엇인지 쉽게 깨달을 수 있었다. 브론시테인은 비록 우편배달부의 임금 인상을 주장한 적은 있었지만 임금 인상이 진정으로 근본적인 사회 문제를 해결해주리라고는 전혀 생각하지 않았다. 정치적 변혁, 즉 사회주의 혁명이야말로 근본적인 핵심이었다.[23] 한편 그는 혁명 운동의 다른 쪽에서 활약하던 지도적 인물들에게 찬사를 보내기도 했다. 브론시테인은 '지배계급'은 언제나 '프롤레타리아 계급'과 의견이 다르게 마련이라고 주장할 때 나로드니키 운동의 사상적 거물 니콜라이 미하일로프스키를 열심히 인용했다.[24] 브론시테인은 또 알렉산드르 게르첸(Aleksandr Gertsen, 1812~1870)에게도 경의를 표했다. 게르첸은 처음으로 농민의 집단 전통을 중시하는 입장을 취한 인물인데, 훗날 미하일로프스키가 그 입장을 계승했다. 하지만 브론시테인은 맹목적으로 숭배하지는 않았다. '개인 숭배'는 있을 수 없었다. 모든 인간과 모든 사물은 지속적인 재평가의 대상이 되어야 한다고 브론시테인은 역설했다.[25] 브론시테인의 글을 읽은 독자들은 러시아 사회의 기존 체제가 오래가지 않을 것이라는 그의 신념을 확실하게 느낄 수 있었다. 브론시테인에 따르면 독자들은 모두가 현재 '지극히 과도기적인 시기'를 살고 있었다.[26]

브론시테인의 글은 제국 체제에 맞서 혁명적 행동에 나서자는 호소로 해석할 수도 있었다. 한편 유형수들 사이에 더 자유로운 토론의 기회가 존재했다는 것은 두말할 나위도 없다. 농민을 중시하는 노장 사회주의자와 신참 마르크스주의자들 간에 논쟁이 흔했다. 양측 내부에서도 의견이 갈렸다. 일부 마르크스주의자들은 당시 독일의 에두아르트 베른슈타인*과 표트르 스트루베―나중에 자유주의를 위해 사회주의를 포기한다.―가 주장하던 온건하고 비폭력적인 주

에두아르트 베른슈타인(Eduard Bernstein, 1850~1932) 독일의 사회주의자. 마르크스의 이론과 눈앞의 현실 사이에서 차이를 발견한 그는 마르크스주의의 이론적 수정이 필요하다고 주장하여 독일사회민주당에 격렬한 논쟁을 불러일으켰다.

장 쪽으로 기울고 있었다. 다른 마르크스주의자들은 여전히 혁명을 지지했다. 당시 시베리아의 유형수 가운데 시베리아 외부에까지 이름이 알려진 사람은 한 사람뿐이었다. 얀 마하이스키(Jan Machajski, 1866~1926)라는 폴란드 출신의 작가였는데, 그는 급진적 인텔리겐차가 명목상으로는 노동자를 위해서 혁명을 추진한다고 하지만 이들은 조금이라도 기회가 주어진다면 곧 노동자를 지배하려 들 것이라고 경고했다. 테러리스트이면서 나로드니키적 입장을 취한 집단은 마하이스키의 주장을 호의적으로 보았으며, 이런 주장이 오로지 마르크스주의자들에게만 해당되며 자신들에게는 해당되지 않는다고 해석하고 싶어 했다. 반면 마르크스주의자들은 마하이스키의 주장에 분노했다.[27]

브론시테인은 마하이스키를 직접 만나보기를 원할 정도로 개방적이었다. 마하이스키는 브론시테인의 유형지에서 동북 방향으로 1,600킬로미터 이상 떨어진 빌류이스크라는 곳에 살고 있었다. 두 사람은 우연히 같은 시기에 이르쿠츠크를 방문했다. 브론시테인이 참석한 어느 집회에서 마하이스키는 스트루베 지지자들 중 한 명을 질타하고 있었다. 마하이스키는 마치 '벽에 던진 콩이 튀기듯' 유창하게 자기 주장을 설파했다. 이때 브론시테인이 끼어들었다. 하지만 미미한 반론이었다. 후일 트로츠키는 그때 자신이 제기한 반론이 구체적으로 어떤 것이었는지는 밝히지 않고 다만 논객 두 사람이 잠시 연합하여 자신을 공격했다고만 기록했다.[28] 당시 브론시테인이 만났던 몇몇 인물들은 세월이 흐른 뒤 유명해졌다. 그들 가운데 한 사람이 어느 날 저녁 동료들과 난롯가에 둘러앉아 자작시를 낭송했던 폴란드인 펠릭스 제르진스키(Felix Edmundovich Dzerzhinsky, 1877~1926)다. 그는 놀린스크와 카이고로드스크에서 중노동형을 선고받고 유형 생활을 했다. 1917년 10월혁명 직후, 그는 레닌의 비밀경찰을 창설했다. 또 다른 걸출한 인물로 니콜라이 수하노프(Nikolai Sukhanov,

1881~1940)가 있었다. 제르진스키와 트로츠키는 1917년 볼셰비키 당원이 되지만 수하노프는 볼셰비키에 반대하는 일에서 정치적 재능을 발휘한다. 그는 훗날 러시아 혁명사의 기록자로서 트로츠키의 가장 강력한 경쟁자가 된다.[29]

유형자 집단에는 대단히 다양한 민족과 사회 계층이 있었다. 민족 비율을 고려할 때 폴란드인과 유대인 중에서 훨씬 더 많은 혁명가가 배출되었다. 게다가 노동운동이 격렬해지면서 동부 시베리아로 유형 오게 된 노동계급 사람들은 대부분 폴란드인이나 유대인이었다. 당국이 러시아인 노동자들을 덜 가혹한 북부 러시아로 보내는 일이 많았기 때문이다.[30]

브론시테인과 그가 속한 그룹은 공장 근처에 갈 수가 없었다. 어차피 시베리아에는 공장이 별로 없었다. 그들은 인쇄 시설에도 접근할 수 없었다. 러시아 중심 지역과의 의사소통은 신중을 기해 은밀하게 해야 했다. 우편 배달은 몇 주일이 걸렸다. 하지만 브론시테인은 자신이 허송세월을 한다고 생각하지 않았다. 마르크스주의의 고전적인 저술을 독학하였기 때문이다. 1902년 트로츠키는 레닌에게 이때 자신이 한 경험을 다음과 같이 묘사한다.

모스크바의 임시 수용 형무소에서 우리가 레닌의 책《러시아 자본주의의 발전》을 단체로 공부했던 일, 그리고 유형지에서 마르크스의 《자본》을 공부하다가 2권에서 그만두었던 일을 나는 레닌에게 이야기했다. 우리는 베른슈타인과 카우츠키(Karl Kautsky, 1854~1938)의 논쟁을 원전을 보며 열심히 공부했다. 우리들 가운데 베른슈타인을 따르는 사람은 없었다. 철학 분야에서 우리는 보그다노프(Aleksandr Bogdanov, 1873~1928)의 책에 깊이 감명을 받았다. 그 책은 마르크스주의를 마흐(Ernst Mach, 1838~1916)와 아베나리우스(Richard Avenarius, 1843~1896)가 전개한 인지 이론에 결합했다. 당시에는 레닌 역시 보그다노프의 이론이 옳다고 생각했다. 레닌은 조심스럽게 다음과 같이 말했다. "나는 철학자는 아닙니다. 그러나 보그다노프의 철학이 사실은 관념론의 은폐된 변종에 불과하다고 플레하노프는 강하게 비판했습니다."[31]

트로츠키의 이 말을 의심할 이유는 없다. 그가 자신이 계속 더 공부해야 함을 인정했기 때문이다. 그는 자신이 러시아어 서적뿐 아니라 독일어 서적까지 읽으면서 얼마나 진지하게 마르크스주의를 공부했는지 말했다. 그는 또 자신이 속한 그룹 사람들이 마르크스주의 관련 서적을 전 분야에 걸쳐서, 즉 경제적·정치적·철학적 측면에서 모두 공부했다고 주장했다. 트로츠키에게 시베리아는 러시아 제국의 가장 먼 변방을 에워싸고 있는 침엽수림의 바다인 타이가 지대에 세워진, 자유로운 혁명 대학처럼 느껴졌을 것이다.

얼마 지나지 않아 브론시테인은 시베리아 횡단 철도 부근의 여러 도시에서 생겨난 '민주적 조직'들을 위해 선언문과 팸플릿을 쓰기 시작했다. 그는 이렇게 회고했다. "3년의 휴지기 끝에 드디어 적극적인 투쟁 대열에 다시 가담했다."[32] 이 시기는 브론시테인 부부에게 모든 면에서 정신없는 변화의 시기였다. 1902년 알렉산드라는 두 번째 아기를 낳았다. 또 딸아이였으며 부부는 이 아이에게 니나(Nina)라는 이름을 지어주었다. 〈동방 평론〉에서 나오는 원고료는 풍족한 금액이었다. 마르크스주의 그룹들과의 접촉 또한 점점 더 긴밀해졌다. 이대로 간다면 브론시테인 부부는 선고받은 유형 기간을 다 복역할 것 같았다.

그러던 중 브론시테인의 인생 행로를 완전히 바꾸어놓을 일이 일어났다.

1902년 여름이었다. 이르쿠츠크를 통해 받은 책 여러 권의 표지 속에 최근 외국에서 발표된 문건들이 아주 얇은 종이에 인쇄되어 숨겨져 있었다. 우리는 마르크스주의 신문이 새롭게 창간되었음을 알게 되었다. 신문의 제호는 〈이스크라〉, 즉 불꽃이었다. 이 신문의 발행 목적은, 강철 같은 규율로 묶인 직업 혁명가들의 중앙집권적인 조직을 창출하는 것이었다. 레닌의 《무엇을 할 것인가?》도 도착했다. 이 책은 스위스 제네바에서 출판되었으며 〈이스크라〉와 동일한 과제에 주목하고 있었다. 내가 '시베리아 연맹'*을 위해 쓴 에세이, 신문 기사, 선언문은 지금 우리에게 닥쳐 온 새롭고도 거대한 과업에 비하면 사소하고 시시해 보였다. 나는 새로운 활동 무대를 찾아야 했다. 유형지를 탈출해야 했다.[33]

마르크스주의 조직의 지도자 그룹에 가담할 기회가 이때라는 생각이 브론시테인의 마음에 갑작스레 일어났다. 가장 넓은 무대에서 활약하기를 원한다면 당분간 외국에 나가서 살아야 한다는 것을 그는 깨달았다. 그는 자신이 작가로서 재능이 있다는 것을 알고 있었다. 모든 주위 사람이 그에게 그렇게 말했다. 자신감이나 동기도 부족하지 않았다. 이제까지 그에게 부족한 것이 있었다면 바로 전략적 초점이었다. 바로 그 공백을 채워준 것이 레닌의 이 작은 책자였다.

러시아사회민주노동당은 이때 드디어 실질적인 기반 위에 서게 되었다. 1898년 3월 민스크에서 첫 번째 당대회가 개최되었다. 이 당대회는 별다른 결과를 내지 못했고 참석자 거의 전원이 체포되었다. 이후 러시아 마르크스주의의 전략 문제와 더불어 마르크스와 엥겔스의 교의가 그 추종자들에 의해 계속 논의되었다. 각양각색의 의견이 쏟아져나왔다. 대부분의 운동가들은 즉각적인 혁명을 원했고 정치 활동이 최우선 과제라고 생각했다. 이런 대세에 대항하여 소규모 그

시베리아 연맹 시베리아 지역에 산재한 사회민주주의 그룹들이 연합하여 1901년에 만든 조직. 정식 명칭은 '시베리아 사회민주주의 연맹'이었다.

룹의 지식인 출신 '수정주의자'들이 나타나 혁명가들의 분노를 불러 일으켰다. 레닌과 〈이스크라〉는 이런 수정주의를 뿌리 뽑으려 했던 것이며 브론시테인은 여기에 합류하고 싶었다.

훗날 트로츠키는 당시 알렉산드라가 자신의 탈출을 전폭적으로 지지해주었다고 주장한다. 이 말을 액면 그대로 믿기는 힘들다. 브론시테인은 그녀를 시베리아의 거친 들판에 버리고 떠나려고 계획하고 있었다. 그녀를 돌보아줄 사람은 달리 없었으며 겨울은 다가오는데 혼자 돌봐야 할 아기가 둘이나 있었다. 브론시테인은 두 아이의 아버지가 되자마자 달아날 결심을 했다. 이렇게 어려운 상황을 놔두고 떠나는 혁명가는 거의 없었다. 그렇긴 해도 그는 혁명가의 행동 수칙을 따르고 있었다. 혁명가에게는 '대의(大義)'가 전부였다. 남편으로서, 아버지로서 책임도 중요하긴 하지만 젊은 투사들이 자신의 정치적 양심에 따라 행동하는 것에 방해가 된다면 그런 책임은 얼마든지 저버릴 수 있었다. 모든 사람들이 이론적으로는 남녀 사이의 평등을 지지했다. 하지만 여성이 혁명 투사로서 자유를 지키고 싶다면 아기를 가지는 것을 피해야 했다. 만일 남성이 당국과 곤란한 문제를 일으키면 이때 발생하는 모든 감정적 잔해는 고스란히 여성의 몫이었다. 이전에도 그랬을지 모르지만, 이때 알렉산드라는 자신의 남편이 매우 예외적인 가능성을 지닌 인물이라는 점을 분명히 인식했다. 〈동방 평론〉은 브론시테인에게 칼럼니스트 자리를 주어 그의 가능성을 인정해주었다. 그를 만난 모든 사람이 그를 높이 평가했다.

실제로 알렉산드라가 남편과 헤어지는 데 동의했는지도 모른다. 여하튼 레프는 아내의 희생에 대해 감사의 마음을 거의 표현하지 않았다. 마치 단순한 사실을 회고하듯 "삶이 우리를 갈라놓았다."라고 나중에 트로츠키는 말했다.[34] 사실 남편이나 아버지의 책임에서 스스로 물러나는 쪽을 선택한 사람은 트로츠키 자신이었다. 당시 트로츠키와 같이 살았던 여자라면 그 누구라도 트로츠키가 원하는 삶을 받아들일 수밖에 없었을 것이다. 이때 알렉산드라가 가족이 영영 헤어지게 되리라고 짐작했을 리는 없다. 그럴 이유가 없었다. 그렇지만 알렉산드라는 남편이 탈출하기로 결정했을 때 가슴이 찢어졌을 것이다. 이후 그녀는 남편에게 편지를 쓸 때마다 편지 말미에 "당신에게 뜨겁게, 뜨겁게 키스합니다."라는 따뜻한 말로 끝맺었다.[35] 두 사람의 사랑은 적어도 알렉산드라의 입장에서는 아직 끝나지 않았다. 하지만 브론시테인의 태도는 곧 변하기 시작했다.

7장

1902년, 레닌을 만나다

"아, 드디어 펜이 도착했군."

19세기에서 20세기로 넘어가던 시기에 시베리아에는 '탈출 유행병'이 널리 퍼졌다. 너무나 지원자가 많아서 혁명가들은 탈출 순서를 정하는 시스템까지 고안해야 했다.[1] 트로츠키는 당시 상황을 다음과 같이 회고했다. 탈출에 성공하려면 이미 검증된 다음 요소들을 확보해야 했다. 우선 농민들에게 돈을 주어야 했다. 그렇게 해야 농민들의 도움을 받거나, 최소한 입막음이라도 할 수 있었다. 그다음 긴 여행이 시작된다. 단계마다 배를 타기도 하고 수레를 타기도 하고 눈이 녹지 않았다면 썰매를 타기도 했다. 뱃사공과 수레꾼은 이 탈출자들을 '인수인계'했고 그때마다 탈출자는 비용을 지불해야 했다. 경찰관들에게는 뇌물을 주어야 했다. 뇌물은 위험할 수도 있었지만 경찰들은 월급이 워낙 적었기 때문에 보통 순순히 뇌물을 받았다. 가짜 신분을 얻는 것은 필수 사항이었기 때문에 혁명 정당들은 러시아 제국 내 여행이 가능한 위조 여권을 입수하거나 만드는 전문적인 기술을 개발했다. 브론시테인은 곧 여권을 손에 넣었고 자신의 성(姓)을 '트로츠키(Trotsky)'라고 적어 넣었다.[2] 이 새로운 이름을 둘러싸고 이제까지 많은 추측이 있었다. 어떤 사람들은 이것이 오래전 브론시테인의 선조들이 우크라이나로 떠나기 전에 살던 폴란드 마을의 이름이라고 주장했다. 또 브론시테인이 니콜라예프 감옥의 간수를 떠올리고는 그 이름을 딴 것이라는 주장도 있었다. 이 설명은 그리고리 지프의 추측이었다. 하지만 지프가 당시 감옥에서 브론시테인과 함께 있었던 일리야 소콜로프스키에게 이 추측을 이야기하자, 일리야는 코웃음을 치더니 브론시테인이 트로츠키라는 이름을 가진 이르쿠츠크 주민의 여권을 얻은 것뿐이라고 말했다.[3]

이 무렵 트로츠키와 그의 가족은 당국의 허가를 받아 베르홀렌스크라는 곳에 살고 있었다. 이곳에는 우스티쿠트보다 많은 유형자들이 살고 있었다. 경찰은 트로츠키가 베르홀렌스크에서 사라진 날짜를 1902년 8월 21일로 기록했다.[4] 트로츠키는 그가 훗날 이름을 단지 'E. G.'라고만 기억하는 여성 마르크스주의자 한 명과 함께, 친절한 농부가 끄는 건초 수레를 타고 베르홀렌스크를 떠났다. 두 사람은 당시 통용되던 액수의 비용을 분명히 지불했을 것이다. 길이 울퉁불퉁했기 때문에 수레는 천천히 갈 수밖에 없었고, 시속 15킬로미터를 넘지 못했다. 트로츠키와 동행한 여성은 여정이 너무 힘들었지만 들킬까 봐 두려워서 끙끙거리는 신음을 애써 참아야 했다. 이르쿠츠크에 도착하자마자 두 사람은 헤어졌다. 이르쿠츠크의 친구들은 그다음 여정을 준비해주며 트로츠키에게 시베리아 횡단 열차의 표를 구해주었다. 트로츠키는 또한 '풀 먹인 셔츠와 넥타이, 그리고 문명인처럼 보이는 몇 가지 다른 물품'이 든 큰 트렁크를 받았으며, 헌병들에게 아무런 제지를 받지 않고 기차에 올랐다. 그는 니콜라이 그네디치(Nikolay Gnedich, 1784~1833)가 러시아어로 번역한 호메로스의 《일리아드》를 지니고 있었다. 시베리아를 출발하여 러시아 본토로 귀환하는 긴 여행은 특별한 사건 없이 무사히 진행되었다. 역마다 여자들이 나와 구운 닭고기와 돼지고기, 우유와 빵을 팔았다. 우스티쿠트의 비참한 상황과는 큰 차이가 있었다. 새로 철도가 놓인 도시들은 경제적으로 번영했고, 그 도시 부근의 농촌 지역도 농업이 빠른 속도로 성장했다. 이런 광경을 직접 목격한 트로츠키는 깊은 인상을 받았다. 러시아 제국은 엄청난 변화의 소용돌이 속에 있었다.

아내와 딸들과 헤어짐을 아파했는지 여부에 관해, 트로츠키는 회고록에 아무것도 기록해놓지 않았다. 그는 모험의 길에 나선 것이었다. 가족과 함께 생활하는 동안 즐거운 시간을 보냈지만 트로츠키에게는 혁명의 대의와 그것이 주는 흥분이 더 큰 의미가 있었다. 시베리아로부터 탈출하는 이 여행 기간 동안 트로츠키는 니콜라예프에서 살던 시기 이후 그 어느 때보다 감정적으로 자유로웠다.

휴식 같은 여행길은 그가 사마라에서 하차하면서 끝났다. 〈이스크라〉 그룹은 이 도시를 러시아에서 활동을 조직하고 문건을 배포하는 중심지로 삼고 있었다. 트로츠키는 현지 〈이스크라〉 그룹의 지도자인 글레프 크르지자노프스키(Gleb Krzhizhanovski)와 접촉했다. 크르지자노프스키는 트로츠키에게 '페로'(Pero, 러시아어로 '펜'이란 뜻)라는 이름을 새로 붙여주었다. 이는 트로츠키가 시베리아 지역에서 글솜씨로 이름을 날렸음을 인정한다는 뜻이었다. 크르지자노프스키는 트로츠키에게 외국에 있는 편집진을 만나러 가기 전에 폴타바, 하리코프, 키예프에 있는 조직 책임자들을 만나보라고 요청했다. 트로츠키는 러시아 각 지역에서 활동하는 〈이스크라〉 활동가들의 노력은 높이 평가하지 않았다. 외국으로 떠날 때가 되었을 때, 그제서야 트로츠키는 자신의 러시아 국경 통과를 도울 사람이 어린 남학생이라는 사실을 알게 되었다. 나이만 문제가 아니었다. 소년의 충성심은 러시아의 마르크스주의자들이 아니라 사회혁명당*을 향해 있었다. 빅토르 체르노프*가 이끌던 사회혁명당은 러시아 변혁의 가장 큰

사회혁명당 이 당의 정식 명칭은 'Партия социалистов-революционеров'로서 영어로 번역하면 'Party of Socialists-Revolutionaries'다. 이를 한국말로 번역하면 '사회주의자혁명가당'이 되나 이 책에서는 '사회혁명당'으로 간략하게 칭한다.
빅토르 체르노프(Viktor Chernov, 1873~1952) 사회혁명당 지도자. 임시정부의 농업부 장관을 지냈고 10월혁명 후의 헌법 제정 회의에서 의장으로 선출된다.

1895년 상트페테르부르크의 마르크스주의자들. 앞줄 오른쪽 끝이 마르토프이고 그 옆이 레닌이다. 레닌은 시베리아 유형에서 풀려난 뒤 1900년 12월 독일 뮌헨에서 마르토프 일파와 함께 러시아 최초의 마르크스주의 신문 〈이스크라〉를 창간했다. 1902년 여름에 처음으로 〈이스크라〉를 본 트로츠키는 유형지를 탈출해 런던에 있던 레닌을 찾아간다.

희망은 농민들 속으로 들어가 활동하는 데 있다는 나로드니키 사상을 되살리려 하고 있었다. 트로츠키의 기분은 오스트리아로 넘어가는 국경선에서도 그리 좋아지지 않았다. 직업적 밀수꾼들의 도움을 받았는데, 이들이 원래 예정에 없던 '통행료와 비용'을 청구했기 때문이다.[5] 가진 돈이 바닥을 드러내기 시작했지만 트로츠키의 자신감은 조금도 위축되지 않았다. 일요일에 빈에 도착한 트로츠키는 여기서 만난 사회주의자 동료들에게 아무렇지도 않게 오스트리아사회민주당 지도자인 빅토어 아들러(Victor Adler, 1852~1918)를 당장 만나게 해 달라고 요구했다. 그들은 아들러가 원래 휴일에는 방해받기 싫어한다고 설명했다. 하지만 트로츠키가 워낙 강력하게 요구하는 바람에, 어쩔 수 없이 그들은 트로츠키를 아들러의 집으로 안내했다. 아들러는 트로츠키에게 강한 인상을 받고 오랫동안 대화를 나누었다.

빈은 경유지에 불과했다. 얼마 지나지 않아 트로츠키는 빈 서부역에서 스위스 행 기차를 탔다. 제네바에 도착한 그는 삯마차를 불러 타고 〈이스크라〉 편집진 가운데 한 사람인 파벨 악셀로트(Pavel Axelrod, 1850~1928)의 집으로 향했다. 트로츠키는 돈이 한푼도 없었다. 삯마차가 제네바 시내의 러시아인 거주 지역에 도착한 것은 밤늦은 시각이었고 악셀로트의 거처에는 불이 꺼져 있었다. 트로츠키는 문을 쾅쾅 두드려 악셀로트를 깨웠다. "당신이 파벨 보리소비치 악셀로트라는 분이오?" 그렇다는 대답을 들은 트로츠키는 다음과 같이 당당하게 말했다. "나는 지금 기차역에서 곧바로 왔습니다. 삯마차꾼에게 돈을 지불해주시기 바랍니다. 나는 돈이 없습니다. 오늘 밤 귀댁에 좀 머물러야겠습니다." 악셀로트는 차분한 어조로 도대체 누구인가 물었고 트로츠키의 신분을 확인한 후에 돈을 내주고 트로츠키를 집 안으로 들어오게 했다.[6]

〈이스크라〉의 활력이 존재하는 곳은 플레하노프와 악셀로트가 있는 제네바가 아니라, 이 두 사람보다 나이가 어린 블라디미르 레닌과 율리 마르토프가 있는 런던이라는 것을 트로츠키가 알게 되기까지는 얼마 걸리지 않았다. 러시아 마르크스주의의 아버지인 플레하노프가 자신을 별로 좋아하지 않는다는 사실도 트로츠키는 곧 알게 되었다. 심비르스크 출신인 레닌은 확신으로 가득 찬 투사였고, 경제와 정치 방면의 글을 써서 이제 막 유명해지기 시작한 인물이었다. 오데사에서 성장한 유대인 투사 마르토프는 레닌과 함께 일하는 총명하고 활력이 넘치는 젊은이였다. 트로츠키로서는 영국으로 가는 것이 논리에 맞는 행보였다.

1902년 10월 어느 이른 아침 트로츠키는 런던의 빅토리아 역에 도착했다. 손에 블룸즈버리에 살고 있는 레닌의 집 주소를 쥐고 있었다. 트로츠키가 레닌의 집 앞에 도착했을 때 레닌 부부는 여전히 자고 있었다.(이번에는 트로츠키의 지갑 안에 삯마차꾼에게 지불할 돈이 있었다.) 스위스의 〈이스크라〉 활동가들은 트로츠키에게 레닌의 집에 도착하면 문에 세 번 노크하라고 알려주었다. 원치 않는 방문객을 피하기 위한 방법이었다. 아침 일찍 잠을 방해받은 레닌은 그다지 즐거운 기분이 아니었다. 레닌의 아내가 도대체 이 이른 아침부터 문을 두드린 주인공이 누구인지 보러 나왔다. 다음은 트로츠키의 회고다.

> 문을 연 사람은 나데즈다 크루프스카야(Nadezhda Krupskaya)였다. 내가 문을 두드린 소리에 깬 듯했다. 아직 이른 시각이었으므로 문명화된 생활 방식에 좀 더 익숙한 사람이었다면 그렇게 이른 시각에 처음 방문하는 집의 문을 두드리기보다는 차라리 기차역에서 한두 시간 시간을 보냈을 것이다. 하지만 나는 베르홀렌스크에서 막 탈출했기 때문에 여전히 흥분한 상태였다.[7]

이 글은 거의 30년 후에 쓴 것인데, 이때도 여전히 트로츠키는 그날 아침 자신이 성미 급하게 행동한 것을 자랑스럽게 여기는 듯하다. 레닌은 이미 글레프 크르지자노프스키의 편지를 받았기 때문에 트로츠키를 알고 있었으며 "아, 드디어 '펜'이 도착했구먼!"이라는 말로 그를 반겼다.[8] 트로츠키는 자신이 이제까지 겪은 일을 설명했고, 러시아 내의 〈이스크라〉 활동가들에 대해서는 칭찬할 것이 없다고 레닌에게 말했다.[9] 트로츠키는 레닌에게 그 사람들의 주소와 접촉 장소 목록을 내주면서 이들 중 실제로는 활동을 중지한 사람들이 누구인지 말해주었다. 트로츠키는 또한 〈이스크라〉 활동가 내부의 의사소통 시스템이 '지극히 취약한 상태'라고 평가했다.[10] 자신이 당에 가치가 있는 사람이라는 것을 알고 있으며 윗사람이 받아들이기 쉽지 않은 진실을 거리낌없이 말할 수 있는 사람의 보고였다. 레닌은 이런 솔직함을 좋아했다. 이로써 〈이스크라〉는 생생하고 유려한 문장을 쓸 줄 아는 저술가이자 동시에 실제적인 능력을 지닌 조직가를 구한 셈이었다.

트로츠키는 우호적인 동료들로 이루어진 집단 거주지에 자리를 잡았다. 가장 가까이 지낸 사람은 율리 마르토프와 베라 자술리치였다.[11] 레닌은 트로츠키를 데리고 런던 중심부를 안내하며 가이드 역할을 했다. 영국 의회 건물에서 레닌은 "여기가 바로 그 유명한 그들의 웨스트민스터야."라고 말했다. 또한 레닌은 트로츠키가 대영박물관에 들어갈 수 있도록 해주었다. 그곳 도서관에서 마르크스주의 학습을 완수하라는 의미였다.[12] 아마도 불법적인 방법을 통해서였을 것이다. 왜냐하면 레닌 자신도 그 도서관 출입증을 만들 때 가짜 이름을 사용했기 때문이다.

트로츠키에게 가장 의미 있었던 일은 화이트채플*에서 했던 연설이었다. 이때 트로츠키의 토론 상대는 아나키스트인 니콜라이 차이코프스키(Nikolai Chaikovsky, 1851~1926)와 바를람 체르케조프(Varlaam Cherkezov, 1846~1925)였다. 트로츠키는 매력적인 이 연장자들을 상대로 하여 자신의 논쟁 능력을 선보였다. 토론의 청중은 러시아 제국 각지에서 온 망명자들이었다. 그들 대부분은 유대인이었으며 러시아어를 사용했다.[13] 이 토론회는 트로츠키로서는 하나의 승리였으며 집으로 돌아오는 길에 그는 마치 하늘 위를 걷는 듯한 기분이었다.

이 토론회에서 보여준 트로츠키의 능력 덕분에, 런던의 〈이스크라〉 그룹은 그를 파리로 보내 사회혁명당을 비판하는 연설을 하도록 했다. 트로츠키가 파리에 도착한 것은 1902년 11월이었다. 그는 예카테리나 알렉산드로바(Yekaterina Aleksandrova)라는 〈이스크라〉 노장 멤버의 집에 도착했다. 알렉산드로바는 나탈리야 세도바(Natalya Sedova,

---

화이트채플(Whitechapel) 런던 중심부의 한 구역으로서 19세기 중반과 말에 빈민들이 많이 살던 가난한 지역이면서 동시에 유대인, 아일랜드 이주민이 많이 살았고 사회주의 운동도 활발했던 지역.

1882~1962)라는 젊은 여성 혁명가에게 트로츠키가 머물 만한 숙소를 구해보라고 지시했다. 나탈리야 세도바는 감방보다 나을 것이 없긴 하지만 자기 집에 방이 하나 비어 있다고 대답했다. 그런 사정은 알렉산드로바에게 문제가 되지 않았다. 그녀가 기대하는 바는 오직 트로츠키가 곧 하게 될 연설에 집중하는 것뿐이었다.[14] 알렉산드로바는 트로츠키가 연설 준비를 확실하게 하고 있는지 몹시 염려하였다. 한번은 세도바가 알렉산드로바에게 트로츠키가 방에서 휘파람을 불더라고 이야기했다. 그러자 알렉산드로바는 트로츠키에게 좀 더 열심히 준비하라고, 그리고 소음을 내지 말라고 말하라고 세도바에게 지시했다. 알렉산드로바의 걱정은 쓸데없는 것이었다. 왜냐하면 트로츠키는 어떤 과제도 쉽게 끝낼 수 있었으며 어떤 글도 모두가 부러워할 정도로 빠른 속도로 써낼 능력이 있었기 때문이다. 게다가 연설은 눈부신 성공을 거두었다. 트로츠키는 다시 한 번 청중을 열광시키는 그의 재주를 과시했다.[15] 연단에서 내려온 트로츠키는 세도바 곁에 가서 앉았다. 세도바는 트로츠키에게 본명이 무엇이냐고 물었지만 트로츠키는 보안상 밝힐 수 없다고 말했다.[16] 하지만 그것만 제외한다면 두 사람은 서로 말이 정말 잘 통했다. 다음 날부터 두 사람은 같이 밖으로 나가 돌아다니기 시작했고 세도바는 파리의 명소를 트로츠키에게 소개했다.[17] 두 사람은 같이 장 조레스(Jean Jaurès, 1859~1914)나 쥘 게드(Jules Guesde, 1845~1922) 같은 프랑스 사회주의 지도자들의 연설을 들으러 다녔다. 예술 방면에서 그녀는 트로츠키의 취향이 세련되었음을 알아봤다. 트로츠키는 에스파냐 화가 무리요(Bartolome Murillo, 1617~1682)의 작품을 대단히 좋아했는데, 마침 세도바는 뮌헨에서 파리로 올 때 무리요의 그림을 찍은 사진 앨범을 갖고 왔기에 그 앨범을 트로츠키에게 보여주었다. 두 사람 모두 옥타브 미르보(Octave Mirbeau, 1848~1917)의 소설을 즐겨 읽었다. 또 러시아 작가인 레오니트 안드레예프(Leonid Andreyev, 1871~1919)

의 작품을 놓고 토론을 하기도 했다.[18]

트로츠키는 평생을 같이할 여성을 만난 것이었다. 트로츠키가 어떤 사람의 이름을 듣게 되면 항상 처음 던지는 질문이 있었다. "그 사람은 혁명에 어떤 태도를 지니고 있는가?" 나탈리야 세도바는 이런 트로츠키의 태도가 맘에 들지 않았다. 그녀는 아직 그런 정치적 열정을 정상이라고 받아들일 수 없었다. 그러나 이미 그녀는 트로츠키에게 마음을 빼앗긴 상태였다. 세도바는 '트로츠키의 집중력, 우아함, 그리고 다른 사람과 확연하게 다르다는 점'에 감탄을 금치 못했다.[19] 트로츠키는 세도바 역시 자기처럼 강력한 정치적 열정이 있다고 지레 짐작하고는 막심 고리키(Maxim Gorki, 1868~1936)의 희곡 〈밑바닥 인생〉의 공연의 한 배역에 세도바의 이름을 올려버렸다. 공연의 수익금은 〈이스크라〉에 보내질 예정이었지만, 세도바는 트로츠키의 결정을 따르지 않겠다고 딱 잘라 말했다. 그녀는 트로츠키만큼의 자기 확신은 없었지만 그저 '하나의 역할을 수행'하는 것은 싫어했다.[20] 트로츠키는 곧 세도바의 이런 특질을 높이 평가했고, 자신과 너무나 다른 성격이면서 동시에 교양과 신념이 대단한 그녀에게 점차 매혹되었다. 세도바는 작은 체구에 키가 겨우 150센티미터밖에 되지 않았다. 얼굴은 창백했고 옷도 수수하게 입었다. 하지만 그녀에게 호감이 적은 사람도 인정했듯이 그녀는 '자신의 취향을 잘 살려서' 옷을 입었다. 그리고 그녀의 한 여자 친구는 세도바의 몸매가 '대단히 아름답게 균형 잡혀 있다'고 감탄했다.[21] 세도바의 동작은 우아했다. 어느 날 그녀가 어느 다리에 설치되어 있는, 배를 대는 잔교(棧橋) 위를 걸어갔다고 한다. 굽 높은 구두를 신고 있어 불편했지만 그 잔교 끝에 앉아 있는 두 명의 소년에게 말을 걸기 위해 거기까지 걸어갔던 것이다. 그때 그녀가 걷는 모습이 얼마나 아름다웠는지 트로츠키는 평생 잊지 못했다.[22]

시베리아에 두고 온 아내와 딸들은 트로츠키에게 점차 덜 중요한 존재가 되어 갔다. 하지만 나탈리야 세도바 역시 트로츠키에게는 정치가 우선이라는 것을 받아들여야만 했다. 곧 트로츠키는 레닌을 만나러 런던으로 떠났다. 레닌과 의논한 끝에 두 사람은 트로츠키가 러시아로 돌아가서 〈이스크라〉에 대한 지지를 넓히고 그 지지를 기반으로 하여 다음번 당대회에서 주도권을 잡아보자는 데 뜻을 같이했다. 마르토프는 파리에서 런던으로 레닌에게 편지를 보내 자신의 속마음을 이렇게 털어놓았다. 1902년 11월 29일자 편지다.

그를 곧 출발시켜야 한다고 강하게 주장하기가 어렵군요. 한편으로 생각하면 그는 이곳에서 우리들에게 무척 유용한 존재입니다. 또 다른 한편으로 생각하면 그는 여기에 최소한 3, 4개월 정도 머물러 있어야 자신의 지적 훈련을 완성할 수 있을 것입니다. 특히 이론을 이해하는 데서 그는 빈 곳이 많습니다. 하지만 다시 생각해보면 여기에 더 오래 머물수록 그는 글 쓰는 작업에 더 매력을 느끼게 될 테고, 그럴수록 러시아로 돌아갈 생각이 점차 사라질 것입니다.[23]

트로츠키가 대단한 재능이 있다는 것은 모든 사람의 공통된 견해였지만, 그는 아직 혁명가로서 완성된 존재가 아니었으며 〈이스크라〉 그룹의 기존 멤버들이 원하는 종류의 지도자로 성장하지 못할 위험성이 얼마든지 있었다. 트로츠키는 여전히 독립적인 존재였다. 〈이스크라〉 편집진은 트로츠키에 관한 판단을 내리는 데 상당히 신중했다.

결국 러시아로 보내기에는 트로츠키가 너무나도 가치가 큰 인물이라는 판단이 내려졌다. 러시아로 돌아가는 대신 트로츠키는 유럽 각지에 있는 러시아 마르크스주의자 집단을 방문하여 〈이스크라〉의 주장을 선전하라는 요청을 받았다. 제2차 당대회를 앞둔 준비 작업이었다. 트로츠키는 브뤼셀, 리에주, 하이델베르크와 독일과 스위스의 몇몇 도시들을 방문했다.[24] 그는 편집진으로부터 보수를 받고 여행 비용도 지원받았으며 또 아버지가 이따금 보내주는 돈도 받았다. 아버지는 이제 아들의 마음이 정치에 있다는 것을 받아들였다.[25]

트로츠키는 어디에 가든 성공을 거두었다. 여행 중 그는 많은 글을 썼으며 그가 매력을 느끼던 문학 평론이나 철학적 토론은 그만두고 오로지 정치적 주제에만 집중했다. 트로츠키는 표트르 스트루베, 니콜라이 베르댜예프, 그리고 마르크스주의를 떠난 다른 인물들을 조롱하는 글을 〈이스크라〉에 여러 차례 실었다. 그는 러시아의 공장감독청과 합법적 지위를 획득한 노동조합을 비난했다. 그는 또 대학생과 핀란드인, 여러 사회 집단이 러시아 정부에게 어떤 식으로 고초를 겪는지도 정확히 짚어냈다. 연설과 글을 통해 그는 러시아 혁명 진영에서 러시아사회민주노동당의 가장 큰 경쟁자로 부상한 사회혁명당을 격렬하게 비판했다. 트로츠키는 당내 논쟁에 대해서는 별다른 언급을 하지 않았지만 당이 노동계급의 의견을 맹종하는 데 반대한다는 〈이스크라〉의 주장을 지지했다. 마르크스주의자의 의무는, 무엇을 해야 하는지를 밝혀낸 다음 '프롤레타리아'를 우리 편이 되도록 설득하는 것이라고 트로츠키는 강조했다.[26]

정치적 동맹 관계가 형성되고 있었다. 레닌이 파리를 방문했을 때 구두를 한 켤레 샀는데 신다 보니 발이 죄었다. 그래서 레닌은 그 구두를 트로츠키에게 주었다. 트로츠키에게는 맞는 것 같았다. 그러나 트로츠키와 나탈리야 세도바가 레닌과 함께 '오페라 코미크'*에 갔을 때 트로츠키는 그 신발이 자기 발에도 작다는 것을 깨달았다. 남을 짓궂게 놀리는 버릇이 있었던 레닌은 크게 웃었고 트로츠키는 발이 아파 쩔쩔매면서 집으로 돌아왔다.[27] 하지만 이런 일 때문에 두 사람 사이의 정치적 협조 관계가 약해지지는 않았다. 트로츠키는 레닌의 《무엇을 할 것인가?》를 그대로 자기 주장의 근거로 삼았다. 러

오페라 코미크(Opera Comique) 파리에 있는 프랑스 국립 오페라 극장. 18세기 초에 창립된 유명한 오페라 극장이다.

시아를 위해서는 중앙집권적이고 규율이 엄하며 비밀 활동을 하는 정당이 필요하다는 주장이었다. 트로츠키는 또한 혁명의 기운이 고조되는 시기에는 테러를 활용할 필요가 있다고 주장했다. 레닌은 이 점에 관해 트로츠키가 과연 어떤 생각을 하는지 이렇게 저렇게 질문을 던져본 후, 두 사람이 기본적으로 같은 생각을 하고 있음을 발견했다. 두 사람 가운데 지도자는 레닌이었지만 트로츠키는 일정한 영역에서 뛰어난 재능이 있었고 레닌은 그런 재능을 활용하고 싶어 했다.

트로츠키는 다른 사람들이 자신의 노력을 인정해주기를 원했다. 1903년 2월 13일 그는 베르홀렌스크에 남아 있는 아내 알렉산드라에게 자신의 분주한 생활에 관해 편지를 써 보냈다.

> 당신도 그렇고 당신 오빠 일류샤도 왜 편지를 쓰지 않는 거요? 〈이스크라〉는 몇 호를 받았소? 당신이 모든 호를 다 읽기를 바라오. 일주일 전에 (최근 호인) 32호를 보냈소. 혹시 〈새벽(Zarya)〉도 받았소? (〈새벽〉은 〈이스크라〉의 자매지였다.) 주요한 글은 따로 묶어 보내리다. 32호에는 내가 쓴 글이 없소. 그때는 연설 때문에 다른 곳에 출장 중이었다오.[28]

가족의 안위가 아니라 〈이스크라〉와 혁명의 대의가 트로츠키의 머릿속에 가득했다. 그는 편지를 쓰면서 투명 잉크를 사용했지만, 벌써 오흐라나가 그를 주요 관찰 대상자로 지목하고 있었고 트로츠키가 이용한 보안 수단이라는 것이 아마추어 수준이었기 때문에 오흐라나는 쉽게 그의 동태를 추적할 수 있었다. 트로츠키는 당시의 다른 지도적인 정치 망명자들과 마찬가지로 경찰이 조직에 깊숙이 침투해서 자신들의 활동을 마음대로 조종할 수도 있다는 것을 별로 심각하게 여기지 않았다. 트로츠키는 유대인 조직인 '분트(Bund)'에 대해서도 알렉산드라에게 주의를 주었다. 분트는 트로츠키의 선조가 우크라이나 지역으로 이주하기 전에 살던 동유럽의 유대인 격리 거주 지역을 근거로 한 대규모 마르크스주의 조직이었다. 분트는 러시아사회민주노동당에 가입은 하되 특별한 조건을 요구했다. 즉 당의 다른 조직과 논의하지 않고도 따로 유대인 당원을 가입시킬 수 있다는 조건과, 이디시어로 자유롭게 말하고 문건을 쓴다는 조건이었다. 트로츠키가 보기에, 이런 요구 조건은 시온주의자들의 마음에나 들 참으로 한심한 민족주의의 발로일 뿐이었다. 트로츠키는 아내에게 시베리아 유형지에서 '역동적인 선전 작업'을 수행하여 그들이 이런 요구 조건을 포기하게 만들라고 촉구했다.[29]

트로츠키가 아내에게 자기의 주장을 강력하게 피력한 것은 이 문제에 관해서뿐이 아니었다. 알렉산드라는 트로츠키가 러시아 정치 상황에서 연설 능력이 중요하다고 강조하는 데 의문을 표했다. 트로츠키는 다음과 같이 대답했다.

연설가의 기술에 대한 당신의 생각에 나는 완전히 동의하지는 못하겠소. 당신은 연설이라는 것이 그렇게 큰 쓸모가 없다고 생각하고 있군. 분명 당신은 의회에서 연설하는 것을 염두에 둔 모양이오. 하지만 브라긴이 2만 명 내지 3만 명에 달하는 군중 앞에서 연설을 행한 로스토프 사건이 있으며, 그와 유사한 사건이 점점 더 자주 일어나고 있소. 우리에게 거리의 연설가, 즉 '데마고그(demagogue)'가 필요한 시기가 바로 이런 혁명적인 시기요.[30]

트로츠키는 자신이 지닌 연설가의 재능을 새로 발견하였으며, 앞으로 러시아에서 펼칠 직접적인 정치 활동에서 그 재능을 발휘하게 되리라고 기대하고 있었다. 글쓰기를 포기한 것은 아니었다. 그는 단지 마르크스주의 선동가로서 자신의 능력을 시험해볼 기회가 가능한 한 빨리 오기를 즐거운 마음으로 기다렸다.

1883년 러시아 최초의 마르크스주의 조직 '노동해방단'을 창설했던 게오르기 플레하노프. 플레하노프는 트로츠키의 재능을 결코 인정하지 않았다.

트로츠키가 혁명 지도자가 되는 자기 나름의 길을 찾는 모습을 본 플레하노프는 트로츠키를 더욱 의심했다. 레닌이 트로츠키의 후견인을 자처하고 나서자 다툼이 시작되었다. 플레하노프는 트로츠키의 글이 시끄럽게 목소리만 높을 뿐 실제적인 내용은 부족하다고 비판했다.[31] 하지만 레닌은 트로츠키를 〈이스크라〉 편집진의 일곱 번째 서열로 들여놓고 싶어 했다. 레닌은 트로츠키가 단점이 있는 인물이고 특히 지나치게 화려하게 글을 쓰는 것이 문제임을 인정했다. 하지만 그런 단점을 없애려고 노력하고 있다고 주장했다.[32] 플레하노프는 반대 입장을 고수했다. 그는 정말로 트로츠키를 싫어했다. 트로츠키도 그걸 잘 알고 있었다. 늙은 프리마돈나는 이제 막 성장하기 시작한 새로운 프리마돈나를 미워했다.(다음과 같은 이야기가 사람들 사이에 돌았다. "저 젊은이는 천재입니다."라고 자술리치가 말하자 플레하노프가 답했다. "트로츠키의 바로 그런 점을 나는 도저히 용서할 수가 없습니다.")[33] 더 심각한 문제는 플레하노프가 트로츠키를 레닌의 꼭두각시로 여겼다는 점이다. 만일 트로츠키를 〈이스크라〉 편집진에 투표권을 보유한 구성원으로 가입시키면, 그것은 레닌에게 투표권을 두개 주는 것과 마찬가지일 터였다. 그렇게 되면 앞으로 전개될 논쟁에서 레닌은 영구적으로 확실한 다수를 확보하게 되는 것이었다. 자술리치는 트로츠키와 개인적으로 친했지만 플레하노프 편을 들었다. 악셀로트는 플레하노프에게 도전하기를 삼갔다. 레닌뿐 아니라 마르토프 역시 이렇게 사소한 이유 때문에 트로츠키가 거부당하고 있다는 사실을 도저히 받아들일 수가 없었다.[34]

레닌은 이제 플레하노프 때문에 몹시 화가 났다. 플레하노프가 당대회를 앞두고 당 강령의 초안을 잡아 편집진이 검토하도록 보내오자 레닌은 나름대로 플레하노프에게 앙갚음을 했다. 일단 자본주의가 타도된 후 '프롤레타리아 독재'가 필요하다고 언급하는 것을 플레하노프가 초안에서 빼먹었다고 조롱했다. 레닌은 또한 초안에서 논리와 문체에서 결함을 발견하고는 수정을 요구했다.[35]

1903년 7월 17일에 브뤼셀에서 열린 제2차 당대회는 사실상 러시아사회민주노동당의 창당 대회였다. 마르크스주의 그룹들은 모두 하나로 통합된 정치 조직이 필요하다는 데 공감하였고, 이에 따라 〈이스크라〉 편집진과 그 행동원들은 각 지역에서 대표단을 모아 적절한 중앙 기관을 만들고 합의된 당 강령도 만들려고 노력했다. 막후에서 총지휘한 레닌은 당대회를 준비하는 과정을 공정하게 진행할 생각이 애당초 없었다. 언제 어디서나 가능성이 조금이라도 있으면 그는 〈이스크라〉를 지지하는 사람에게 권한을 주었다. 레닌은 당대회를 그와 그의 친구들을 지지하는 사람들로 채우고 있었다. 그의 친구 가운데 하나가 바로 트로츠키였다. 트로츠키는 이미 러시아의 마르크스주의자 집단을 순회 방문하면서 〈이스크라〉 진영을 지지해 달라고 호소한 바 있었다. 그는 사모코블리예프라는 불가리아 사람 이름으로 된 여권을 가지고 여행했다. 당대회가 열리는 브뤼셀로 오기 전 트로츠키의 마지막 기착지는 제네바였다. 트로츠키는 레닌의 동생인 드미트리와 같이 움직였는데 브뤼셀로 오는 길에 모험을 한 번 겪었다. 두 사람은 혹시라도 경찰이 미행할까 싶어 제네바에서 조금 떨어진 작은 마을 니온이라는 곳에서 브뤼셀 행 기차를 타기로 했다. 조금 더 조심하느라 이 두 사람은 엉뚱한 플랫폼에 서 있다가 브뤼셀 행 기차가 출발할 때 서둘러 그 기차를 잡아타기로 했다. 그러나 두 사람은 기차 문까지 도달하지 못했다. 그들을 위해 기차를 세운 역무원은 "이렇게 바보 같은 사람들은 처음 보았다."고 말하면서 기차를 멈추도록 한 데 대한 벌금으로 50프랑을 내라고 요구했다. 돈이 없었던 두 사람은 프랑스 말을 못 알아듣는 시늉을 해서 결국 벌금을 안 내고 그대로 기차를 탈 수 있었다고 한다.

러시아 내무부는 벨기에 정부에 러시아사회민주노동당 당대회가 개최될 것이라고 미리 통보했다. 브뤼셀은 신분을 감추고 비밀리에 모여든 당대회 대의원들과 경찰 비밀 요원들로 가득했다. 당대회는 처음부터 볼썽사나웠다. 몇몇 대의원들이 과연 정당한 대표권이 있는 사람이냐를 놓고 며칠 동안 공방이 벌어졌다. 급기야 벨기에 경찰이 개입했다. 결국 당대회 장소를 런던으로 옮기자는 결정이 내려졌고 런던 블룸즈버리의 샬럿 거리에 있는 '잉글리시 클럽'이 당대회 장소로 정해졌다.

중요한 안건은 당 강령이었다. 플레하노프와 레닌은 〈이스크라〉가 제시한 초안을 채택해 달라고 호소하는 데 앞장섰다. 트로츠키도 이들을 지원했고 결국 당 강령 문제에서는 〈이스크라〉 측이 성공을 거두었다. 토론이 조직 문제로 넘어가면서 갈등이 터져 나왔다. 당대회에 대규모 대표단을 파견한 조직 가운데 5명의 대의원을 파견한 유대인 조직 분트가 있었다. 이들은 입당하면 자신들에게 특별한 조건을 보장해 달라고 강력히 요구했다. 동유럽의 유대인 집단 거주 지역이 근거지인 분트는 러시아 제국 내의 다른 어떤 마르크스주의 조직보다 많은 회원을 확보하고 있었다. 이들은 자기들 영역에서 예외적인 자율권을 행사할 수 있도록 해 달라고 요구했다. 〈이스크라〉 그룹이 볼 때 이런 요구는 편협한 민족주의에 불과했다. 투표 결과 분트의 요구는 근소한 표 차이로 거부되었고 분트 대의원은 당대회에서 퇴장했다. 결국 이후 당대회 과정에서 〈이스크라〉 그룹이 압도적인 영향력을 행사하게 되었다. 플레하노프, 레닌, 마르토프는 대단히 흡족해했다. 이들이 제안한 당 강령 초안이 공식적으로 채택되었고 당 조직 구성안이 승인되었다. 당대회를 치르고 러시아사회민주노동당은 단결되고 강화된 모습으로 새롭게 등장한 것처럼 보였다.

갑작스럽게 〈이스크라〉 그룹에서 내분이 일어났다. 레닌과 마르토프가 당 규약 초안에 규정될 당원의 개념 정의를 놓고 논쟁을 벌이기 시작한 것이다. 두 사람 모두 중앙 집권, 엄격한 규율, 비밀주의 원칙에는 동의했다. 하지만 레닌은 당을 위해 적극적으로 활동하겠다는 약속을 하지 않고는 누구도 당에 가입할 수 없도록 해야 한다고 주장했다. 마르토프는 레닌의 주장에서 위험 요소를 감지했다. 레닌 식으로 당원 개념을 규정하면 당은 직업 혁명가들의 정당이 되고 말 것이라고 마르토프는 주장했다. 지금 필요한 것은 수천 명의 노동계급 당원을 끌어들일 수 있는 조직이라는 것이었다. 마르토프는 레닌이 마르크스주의 정당에 부적당한 권위주의적 접근 방법을 제안했다고 생각했다. 레닌을 지지하는 사람들은 자신들을 '강경파'라고 불렀고 마르토프 쪽은 '유약파'라고 불렀다.

플레하노프는 개인적으로는 레닌이 프랑스혁명의 로베스피에르 (Maximilien Robespierre, 1758~1794) 같은 면이 있다고 말하면서도 레닌을 지지하기로 마음먹었다.[36] 표 대결은 접전이 될 것으로 예상되었다. 트로츠키는 마르토프 쪽으로 마음이 끌렸다. 레닌은 표트르 크라시코프(Pyotr Krasikov, 1870~1939)와 함께 트로츠키를 찾아가 그의 마음을 돌리려고 했다. 크라시코프는 〈이스크라〉의 다른 편집자들을 심한 말로 비판했다. 레닌조차 크라시코프의 말에 놀랄 정도였다. 하지만 트로츠키는 자신의 입장을 굳게 지켰다. 〈이스크라〉 그룹 내부의 긴장은 매우 높아져 대회장 밖에서 양측이 따로 모임을 여는 지경에 이르렀다. 트로츠키와 친하게 지내던 레프 데이치(Lev Deich, 1855~1941)는 트로츠키에게 의장직을 제안했다. "우리의 베냐민*을 의장으로 선출하기를 제안합니다." 데이치는 양측 모두 트로츠키를 신뢰한다고 생각했던 것이다. 분위기가 극도로 험악해지자 결국 레닌은 논의를 하다 말고 문을 쾅 닫고 나가버렸다. 그렇지만 레닌은 아직도 트로츠키를 '강경파' 쪽으로 끌어들일 생각을 버리지 않고 있었다. 이번에 레닌은 자신의 동생인 드미트리와 로잘리아 제믈랴치카(Rozalia Zemlyachka)를 트로츠키에게 보냈지만 아무 소용이 없었다. 이미 트로츠키는 레닌이 틀렸기 때문에 그에게 반대해야 한다고 마음을 단단히 정한 상태였다.[37] 표결 결과, 트로츠키가 승자 쪽에 섰음이 밝혀졌다. 28대 23으로 마르토프 측이 승리했다. 하지만 당의 중앙 기관, 즉 중앙위원회와 〈이스크라〉 편집위원회 구성에 관한 표결에서는 마르토프 측이 패배했다. 그 두 개의 당 기관에 대한 안건에서는 레닌과 플레하노프가 우세한 위치를 차지했다.

　더 나빴던 것은, 레닌과 마르토프가 당대회 표결로 그들의 논쟁이 끝났다고 생각하지 않았다는 사실이다. 레닌은 공공연하게 자신의 그룹을 '볼셰비키' 즉 '다수파'라고 불렀고 마르토프 그룹을 '멘셰비키' 즉 '소수파'라고 불렀다. 레닌은 마치 자기 혼자만 러시아사회민주노동당을 대표하여 발언할 수 있는 것처럼 행동했다. 이런 행동은 즉각적인 분열을 불러일으킬 수 있었기에 트로츠키는 아주 낙담했다.[38] 그는 당대회에 참석하지 않은 나탈리야 세도바에게 편지를 써

베냐민 성경에 나오는 야곱의 막내아들 이름이 베냐민인데, 다른 형제들에 비해 현저하게 어린 아들을 부모가 총애할 때 베냐민이라고 부르곤 했다. 조직이나 그룹에서 어린 소장파 인물을 이렇게 부르기도 했다.

당대회 이야기를 했다. 그녀의 경험이 일천했는데도 불구하고 상트 페테르부르크로 가서 산업 노동자들에게 〈이스크라〉의 주장을 전파하라는 임무를 받았기 때문이었다. 세도바는 임무를 수행하는 데 필요한 변장 기술을 익히는 과정을 즐거운 마음으로 받아들였다.[39] 세도바는 친구 트로츠키가 런던에서 벌어진 일 때문에 얼마나 속상할지 이해할 수 있었다. 모든 러시아 마르크스주의자들처럼 트로츠키도, 오직 하나의 노동계급이 존재하며 따라서 단합된 단 하나의 노동자 정당이 존재해야 한다고 생각했다. 트로츠키는 이제까지 자신의 후견인 역할을 해주던 레닌이 이러한 모두의 꿈을 깨뜨리려 한다고 그에게 책임을 돌렸다.

8장

가시 돋친 논쟁가

볼셰비키와 멘셰비키 사이의 불편한 존재

제2차 당대회가 끝난 뒤 몇 개월 동안 당대회에서 주역을 맡았던 사람들은 마음이 무척 불편했다. 플레하노프가 당대회에서 레닌을 지지했던 것을 곧 후회하고 마르토프 쪽으로 옮겨 가서 당 지도부 내의 균형이 멘셰비키 쪽으로 기울었다. 한편 트로츠키는 〈시베리아 대표단 보고서〉*를 작성하는 데 전력을 다했다.[1] 이 보고서는 트로츠키가 나중에 드러내놓고 자랑할 만한 작품은 아니었다. 이 글에 볼셰비키에 대한 비난이 들어 있기 때문이었다. 당시 레닌과 그의 추종자들은 이 글이 공정하지 못하다고 강력하게 반발했다. 그러나 트로츠키는 이 글이 볼셰비키가 내세운 교의와 정책을 기반으로 삼았다면서 자신을 향한 비난을 받아들이지 않았다.[2] 마르토프는 트로츠키를 〈이스크라〉 편집진에 포함시키는 안을 고려했다.[3] 트로츠키는 레닌과 사이가 벌어진 후 악셀로트와 가깝게 지냈다. 하지만 플레하노프는 자신이 멘셰비키 쪽에 남는 조건으로 트로츠키가 〈이스크라〉 편집진에 들어가지 않도록 해 달라고 요청해 멘셰비키를 곤란하게 만들었다. 마르토프는 이러한 플레하노프의 요청에 응하긴 했

---

* 트로츠키는 제2차 당대회에 자신이 최근까지 유형 생활을 한 시베리아 지역의 대표 자격으로 참석했기에 대회가 끝난 뒤 이 보고서를 작성해야 했을 것이다.

지만 트로츠키가 〈이스크라〉에 글을 기고하는 것은 여전히 환영했다.[4] 마르토프는 트로츠키가 이 타협안에 만족하기를 희망했다. 멘셰비키는 볼셰비키를 매우 훌륭한 솜씨로 공격하는 트로츠키의 장점을 계속 취하고 싶었다. 멘셰비키였던 마카드주브(Mark Saulovich Makadzyub, 1876~?)는 누구도 트로츠키만큼 '날카롭게 레닌을 논박할' 사람이 없다고 흐뭇한 어조로 말했다.[5]

후일 마카드주브는 '트로츠키의 얼굴에서 자부심과 행복감'을 발견할 수 있었다며 트로츠키는 그런 만족감을 누릴 자격이 충분하다고 기록했다.[6] 플레하노프의 요구에 반기를 들어 트로츠키를 편집진에 받아들이도록 마르토프에게 요청하는 청원서 작성 운동이 파리에서 조직되기도 했지만,[7] 트로츠키는 멘셰비키의 이러한 상황을 얼마 동안은 받아들이는 듯했다. 트로츠키는 플레하노프가 자신을 냉대한다고 불평해서 다른 사람의 동정심을 얻어내려고 하지 않았다. 표트르 가르비(Pyotr Garvi, 1861~1944)는 이렇게 회고했다.

트로츠키는 항상 '거리'를 두는 방법을 알고 있었다. 트로츠키보다 경력이 많은 악셀로트, 자술리치 혹은 마르토프 같은 지도자들도 다른 동지들과의 관계에서 거리를 두는 확실한 방법은 터득하지 못하고 있었다. 코안경 너머로 트로츠키의 눈은 차갑게 빛났으며, 그의 목소리는 차가운 음색을 띠었다. '마치 글을 써 내려가는 것처럼 말을 하는' 그의 연설은 냉정할 정도로 정확했고 날카로웠다. 그는 평범한 대화체 문장은 쓰지 않고 정형화된 구절과 선언적 문장을 써서 연설했다. 게다가 그는 자신의 외모와 복장과 몸짓에 지나치게 신경을 썼다. 이런 모든 요소 때문에 사람들은 트로츠키에게 가까이 다가가기 어려웠을 뿐 아니라 도리어 트로츠키에게서 점점 더 멀어져 갔다.[8]

트로츠키는 이제 자신이 당 지도자의 한 사람으로 인정받는다는

것을 알았다.[9]

1904년 2월 러시아와 일본의 전쟁이 시작됐다. 트로츠키는 마르크스주의자들 사이에 러일전쟁에 대한 논쟁을 촉발시켰으며 그 이후 마르토프와 급속히 사이가 불편해졌다. 러시아 황제 니콜라이 2세는 자신의 군대가 육상에서나 해상에서나 무적이라고 믿고 있었다. 러시아의 흑해 함대가 '동양인'의 국가에 패배를 안겨주러 지구 반대쪽으로 급파되었으며, 육군은 시베리아 횡단 철도로 극동 지방으로 이동했다. 트로츠키는 일본과 전쟁을 벌여서 러시아 전체의 국익이 손실을 입고 있다고 선언했다. 다른 마르크스주의자들은 트로츠키에게 노동계급의 특정한 손실에 집중해야 한다고 충고했지만 트로츠키는 개의치 않았다. 트로츠키는 "'정통파'라는 자기 만족에 빠질 것이 아니라 마르크스주의적 자기 비판을 해야 한다."고 촉구하여 많은 멘셰비키를 분노하게 했다.[10] 그는 러시아사회민주노동당에 무조건적인 충성심을 품지는 않았다. 트로츠키는 '봉기 호소문'을 발표하고 '혁명적 독재'를 지향한 사람들도 맹렬하게 비난했는데, 이는 볼셰비키를 겨냥한 비난이었다. 그는 당의 통합을 촉구하는 입장을 취하면서도, 당 내부의 두 분파에게 조롱의 언사를 퍼부었다.[11]

트로츠키는 일본과 전쟁을 벌인 것이 계기가 되어 러시아에서 혁명이 일어날 가능성이 커졌다고 판단했다. 그래서 일단 러시아로 귀국하여 지하 선전 활동을 시작하기로 마음먹었다. 스위스를 출발한 트로츠키는 카를스루에(프랑스 국경에 맞닿은 독일 남서부 도시)로 갔다. 그곳에서 그는 리보프라는 가명으로 활동하기 시작했다. 제네바에 있던 표도르 단(Fëdor Dan, 1872~1947)이 악셀로트에게 편지를 보냈다. 트로츠키에게 편지를 보내 "트로츠키가 품고 있는 환상의 열기를 식혀 달라."는 내용이었다. 멘셰비키가 트로츠키에게 원한 것은 자신들을 지원하는 글을 써주는 것이었다.[12] 하지만 이미 트로츠키는 러시아로 급히 귀국하려던 생각을 접은 상태였다. 트로츠키는 다른 사람의 말을 듣고 마음을 바꾸는 사람이 아니었다. 그는 러시아로 귀국하는 대신 중부 유럽에 남아 당 지도부 안에서 논쟁을 계속 불러일으켰다. 어떤 글을 쓸지는 언제나 트로츠키 스스로 결정했다. 플레하노프는 트로츠키에 대한 혐오감을 극복하려고 노력하지 않았다. 계속 트로츠키를 〈이스크라〉 편집진에 들여서는 안 된다고 요구하면서 만일 다른 편집자들이 자신의 요구를 들어주지 않는다면 사임하겠다고 위협했다.[13] 마르토프와 악셀로트는 트로츠키가 자신들이 처한 이런 곤란한 상황을 이해하고 더는 분란을 일으키지 않기를 희망했다. 트로츠키는 자신이 당내에서 중요한 인물이 되었다는 것을 확인하자마자 곧 그 지위를 위협당하는 상황에 놓이고 말았다. 이런 저런 이유로 트로츠키는 이제 멘셰비키에 넌덜머리가 났으며 그들이 옹호하는 혁명 전략보다 더 적극적인 전략을 주장했다. 트로츠키는 자신의 이러한 생각을 공개 서한으로 작성하여 발표했다.[14] 하지만 멘셰비키는 트로츠키의 재능을 계속 활용하고 싶었으므로 이 논란을 더 진전시키지 않고 즉각 중단해버렸다.[15]

트로츠키는 1904년 여름에 뮌헨으로 거처를 옮겼다.[16] 그는 모든 분파 갈등을 증오했으며, 뮌헨에 머물던 활발한 성격의 마르크스주의자 망명자와 친교를 쌓기 시작했다. 그는 보통 가명인 파르부스(Parvus)로 알려진 인물 알렉산드르 겔판트(Aleksandr Gelfand, 1867~1924)였다. 트로츠키보다 열두 살이 더 많았던 파르부스는 아르한겔스크 주에서 수년간 유형 생활을 한 후 독일로 망명해서 철학 박사 학위를 받았다. 그는 곧 독일사회민주당에 가입했으며 마르크스주의를 혁명적 교의에서 평화적 변화의 교의로 바꾸려는 에두아르트 베른슈타인의 시도를 공격하는 데 참여하기 시작했다. 파르부스는 저명한 '반수정주의자'가 되었다. 그는 러시아에 대한 관심은 잃지 않았지만 볼셰비키든 멘셰비키든 이들 정파는 가담할 가치가 없다고 생각했다. 러시아 마르크스주의에서 파르부스의 혁명 전략은

러시아 마르크스주의자로서 독일에서 활동하던 알렉산드르 겔판트. '파르부스'라는 가명으로 알려졌다.

특이했다. 그는 중간계급에는 관심을 두지 않았다. 오직 노동자만이 로마노프 왕조에 대항하여 혁명 투쟁을 확고하게 이끌어 나갈 수 있다는 것이 그의 생각이었다.[17] 실제로 파르부스는 니콜라이 2세가 타도되자마자 '노동자 정부'의 수립을 촉구했다. 트로츠키는 이런 파르부스의 생각에 매력을 느꼈으며 그를 지적 스승으로 삼았다. 이런 트로츠키의 변화를 러시아 비밀경찰 오흐라나는 약간의 경계심을 품고 주목했다.[18] 트로츠키가 멘셰비키와 내부 논쟁에 몰두하는 한 그는 당을 분열시키는 데 일조하고 있었으며, 이는 곧 트로츠키 자신도 모르는 사이에 경찰의 일을 대신 해주는 것이었다. 오흐라나는 분파 간 다툼이 크게 일어나길 원하고 있었다. 트로츠키가 파르부스와 한편이 되었다는 것은 이제 그가 러시아 제국의 정치 체제를 타도하는 폭력 혁명을 수행하는 쪽에 관심을 집중하기로 했다는 의미였다.

〈이스크라〉로부터 정치적으로 독립하기를 원한 트로츠키는 직접 출판 활동을 시작하려 했다. 그는 아버지에게 자금 지원을 부탁하기로 결심했다. 이 일은 무척 조심스럽게 진행해야 하는 작업이었다. 트로츠키는 우선 아버지에게 '사업 계획을 소개하기 위해' 외국으로 아버지를 초청하겠다고 말했다. 이들 부자는 우선 상호 신뢰부터 구축해야 했다. 트로츠키는 자신이 유산으로 물려받을 토지를 기반으로 하여 아버지에게 4천~5천 달러를 요청할 생각이었다. 아버지와 관계를 끊으면서 부모의 지원을 영원토록 받지 않겠다고 생각했던 6년 전과 비교하면 매우 큰 변화였다. 트로츠키는 야노프카의 분위기가 어떤지 알아보려고 조심스럽게 편지를 한 통 썼다. 그러나 아버지가 어떻게 반응했는지 알 수 있는 증거물은 현재 안타깝게도 남아 있지 않다. 여하튼 시베리아에서 탈출한 뒤 트로츠키가 아버지로부터 이따금 돈을 송금받았던 것은 확실하다.[19]

　트로츠키는 당 조직 문제를 다룬 〈우리의 정치적 과제〉라는 정치 논평을 썼는데, 이 글은 당의 출판 기관에 의해 제네바에서 러시아 어로 출판되었다. 트로츠키는 자신의 이름을 'N. 트로츠키'라고 밝혔으며, 이 글을 '나의 소중한 스승인 파벨 보리소비치 악셀로트'에게 바친다고 썼다. 이 문장은 이 글에서 찾을 수 있는 유일한 겸손의 표시였다. 악셀로트가 이 글에 끼친 영향은 거의 없었다. 트로츠키는 자신과 자신의 친구들을 "'소수파'의 대표자들"이라고 지칭했다. 이런 표현을 통해 그는 자신이 멘셰비키에 속한다는 것을 밝힌 것이다.(이 표현은 곧 그에게 곤혹스런 상황을 몰고 온다.)[20] 트로츠키는 동료 멘셰비키들을 언급하지 않고 마르토프 역시 특별한 언급 없이 지나친다. 볼셰비키도 거의 언급하지 않는다. 레닌만이 특별한 예외였다. 트로츠키는 이 글에서 이 볼셰비키 지도자의 영향력이 쇠퇴기에 접어들었으며 이제 '희망이 없는' 지경에 이르렀다는 것을 증명하려고 했다. 트로츠키는 서문 작성 날짜를 1904년 8월 24일로 기록했다.[21] 날짜 기록은 중요한 의미가 있었다. 트로츠키는 날짜를 기록함으로써 지난 일 년 동안* 당을 둘러싸고 있던 '악몽 같은 분위기'가

---

* 러시아사회민주노동당의 제2차 당대회는 1903년 7월 30일(구력 7월 17일)에 시작되어 8월 23일(구력 8월 10일)에 끝났다. 그로부터 꼭 일 년이 지났음을 상기시킨 것이다.

드디어 끝났음을 암시하고자 했던 것이다. 트로츠키는 당의 동지들이 이제 논쟁을 중지했고 러시아의 사회민주주의가 되살아나고 있다고 주장했지만, 그러면서도 레닌의 사상과 활동이 여전히 당의 발전을 가로막는 위험 요소라고 지적함으로써 자신의 주장을 오히려 약화시켰다. 로마노프 전제 정부는 일본과 전쟁을 벌임으로써 탈출구를 찾고 있었다. 러시아의 정치 상황은 불안정한 상태였다. 당은 내부 조직 문제를 토론하는 대신, '봉기의 과학'을 연구해야 한다고 그는 주장했다.[22]

트로츠키에 따르면, 레닌은 마르크스주의자들이 '프롤레타리아의 독립적인 활동'을 촉진할 필요가 있다는 것을 망각하고 있었다. 중앙집권주의와 규율에 지나치게 집중하는 것은 해롭다는 주장이었다. 트로츠키는 과거에 자신이 《무엇을 할 것인가?》에 보낸 칭송을 이제 철회하는 듯, 레닌이 신문의 역할에 신경을 너무 많이 쓴다고 주장했다. 완벽한 위계 구조를 만들어낼 수 있다고 믿는 것은 어리석은 생각이었다. 파르부스는, 만일 마르크스주의자들이 체제 전복적인 요소를 완전히 배제하려 한다면 사회주의적 목표는 절대로 달성할 수 없다는 매우 적절한 주장을 펼쳤다. 레닌주의는 한마디로 말해 비현실적이었다. 진정으로 강조해야 할 것은 광범위하게 나타나는, 자발적 결정에 의한 혁명적 행동이었다. 파업과 시위를 권장해야 하지만, 단 이때 파업과 시위의 방식을 미리 정해주는 일은 있을 수 없다는 주장이었다.[23]

트로츠키는 자신의 주장을 이렇게 명쾌하게 표현했다. "우리 당이 공장을 모델로 삼을 수 없는 것과 마찬가지로, 우리 당이 추구하는 정치 체제는 병영 체제일 수 없다."[24] 레닌은 마치 당 전체가 '신문사에 부속된 기술 부서'인 것처럼 행동하고 있다.[25] 그래서는 안 된다. 레닌이 그렇게 터무니없는 태도를 보이는 것은 그가 혁명적 지식인 그룹에 너무 많이 신경을 쓰기 때문이라고 트로츠키는 지적했다. 자신이 일종의 새로운 자코뱅 역할을 하고 있다는 레닌의 주장은 레닌이 프랑스혁명의 역사를 잘못 이해했음을 보여주는 것이다. 막시밀리앙 로베스피에르는 건전한 정치적 목표에 관해 온갖 종류의 잘못된 태도를 지니고 있었는데, 다음과 같은 그의 선언에서 그 사실을 알 수 있다. "나는 오로지 두 당파밖에 알지 못합니다. 하나는 훌륭한 시민들의 당파이며, 다른 하나는 나쁜 시민들의 당파입니다." 트로츠키는 이러한 태도를 분별 없는 편협함이라고 보았으며 이와 똑같은 태도를 바로 '막시밀리앙 레닌'에게서 발견했다. 만일 마르크스가 로베스피에르가 통치하던 프랑스에서 살았다면 마르크스의 목은 단두대에서 잘리고 말았을 것이라고 트로츠키는 암시했다.[26] 러시아 사회민주노동당은 자코뱅이 보인 의심 많은 태도에서 탈피해야 한다고 그는 촉구했다. 또한 지식인 계층을 '이론적으로 공포 속으로 밀어넣어서도' 안 된다.[27] 본질적으로 러시아사회민주노동당은 노동자들이 자신들의 독재 정부를 수립할 수 있도록 그들의 준비를 헌신적으로 도와야 한다. 사실 이 일은 전 세계 마르크스주의자들의 과제였다.

레닌이 제안한 것은 '정치 대체론(political substitutionism)'이라고 트로츠키는 지적했다. 볼셰비키의 통치 아래에서 프롤레타리아 독재는 존재할 수 없으며 다만 '프롤레타리아 위의 독재'가 존재할 것이다. 당은 노동자를 대체할 것이고, 당 중앙 지도부는 당을 대체할 것이며, 지도자는 당 중앙 지도부를 대체할 것이다. 레닌의 추종자들은 '프롤레타리아 사회주의' 대신에 자코뱅주의를 세우려 했다. 트로츠키는 러시아의 도시인 우파, 페름 그리고 우랄 산맥 지역에서 볼셰비키 그룹이 발행한 팸플릿을 자신의 주장을 뒷받침하는 증거로 내세웠다. 그는 또 레닌이 어떻게 반응하고 있는지도 다음과 같이 언급했다. "그는 침묵을 지키고 있습니다."[28] 레닌은 '조직을 맹목적으로 숭배'하며, 따라서 노동계급에 대해 신뢰가 부족할 것이라는 이야기였다. 이런 상황이 되면 결국 마르크스주의자들은 자신들의 염원을 성취하기 위해 다른 방향으로 눈을 돌릴 것이며, 어떤 이들은 단순한 개혁주의자로 변신할 것이고 어떤 이들은 아나키즘으로 향할 것이라고 트로츠키는 주장했다.[29]

이 훌륭한 설명은 여러 가지 근본적 측면에서 예언적이었다. 10월 혁명으로 정권을 잡은 볼셰비키는 정부를 구성한 이후 곧 수많은 노동자들이 자기들에게 등을 돌리자 인민의 의견에 귀를 기울이는 것을 포기하게 된다. '프롤레타리아'에게는 통치자를 선택할 기회는 말할 것도 없고 자신들이 받을 식량 배급량을 결정할 기회조차 주어지지 않았다. 하지만 트로츠키가 1904년에 한 '예언'은 그가 의도한 것이 아니었다. 그때 트로츠키는 먼 미래가 아니라 바로 그때 진행 중인 상황을 논한 것이었다. 그는 당이 분파주의를 뿌리 뽑을 수 있을 것이라고 과신했다. 레닌을 '잠재적인 독재자'라고 조롱할 때 트로츠키는 이 단어를 따옴표 속에 집어넣어서 이런 상황이 실제로 발생할 가능성이 없다는 것을 보여주려고 했다. 하지만 이때부터 십여 년간 볼셰비키는 자신들의 당파적 목적에 일시적으로 맞는 경우를 제외하고는 당의 단합을 도모하려는 노력을 번번이 좌절시켰다. 트로츠키는 점차 볼셰비키의 교의와 행동방식에 그 나름대로의 추진력이 있음을 깨달았다. 레닌이 군이 지도력을 발휘하지 않더라도 볼셰비키 내에는 분열을 일으킬 수 있는, 타협을 모르는 자들이 많이 존재했다. 때로는 레닌이 나서서 멘셰비키와 협조하는 것이 단기적 전술 차원에서 이롭다고 강하게 주장한 덕분에, 당내에 더 큰 문제가 일어나는 것을 겨우 막은 적도 있었다. 그러나 트로츠키는 낙관적 생각을 유지했다. 혁명적 상황이 압박하면 당내의 분열 상태가 단번에 해소될 것이라고 그는 계속 믿었다.

레닌을 공격한 덕분에 트로츠키는 볼셰비키의 반대자들에게 칭송을 받았다. 마르토프는 트로츠키에게 〈이스크라〉의 기사 작성자이자 편집자로서 좀 더 큰 역할을 주었으며 당이 발행하는 팸플릿 책임자

자리를 약속했다. 또한 트로츠키가 편집 책임을 맡는 '일반인을 대상으로 하는 신문'의 발행을 제안했다.[30] 트로츠키는 멘셰비키 지도부와 약간의 협조 관계를 유지하는 데 동의하는 선에서 조심스럽게 대응했다. 그는 자신이 그렇게 많은 일을 감당할 수 없다는 것을 잘 알고 있었다. 트로츠키는 해야 할 일을 제시간에 마치지 못하는 것을 무척 싫어했으며 마르토프와 달리 혼란스런 상태를 도저히 참지 못했다.

트로츠키는 볼셰비즘에 이렇게 날카로운 비판을 퍼부었을 뿐만 아니라, 멘셰비즘도 가만히 놔두지 않았다. '프롤레타리아'가 앞장서야 한다는 것, 그리고 '부르주아'가 절대로 동맹자로서 신뢰할 수 없는 존재라는 것은 트로츠키에게 확고한 신조였다. 그러나 멘셰비키는 중간계급의 감정을 상하게 하고 싶지 않았다. 러시아 전제정을 향한 투쟁에 자유주의자들이 적극적으로 참여하기를 기대했기 때문이다. 트로츠키는 공장 경영자나 은행가, 그리고 부를 축적한 농민들을 기존 정치 체제의 지지자들이라고 경멸했다. 인민 혁명과 재산의 이익 중 하나를 선택해야 하는 상황이 닥치면, 이들은 결국에는 로마노프 왕조 쪽에 서게 될 터였다. 자유주의자들은 로마노프 왕조에 반대하는 주장을 펴고 있었는데, 이듬해에는 '입헌민주당(카데트)'*을 설립했다. 이들은 정부의 압력에 언제든지 굴복할 수 있다고 트로츠키는 예언했다. 프롤레타리아는 오직 스스로의 힘으로 전진해야 한다. 프롤레타리아는 사회를 변혁하려는 진정한 목적 의식을 지니고 모든 사회 그룹을 이끌어야 한다. 다른 계급은 그렇게 하지 못한다. 노동자들은 러시아의 구원자가 될 것이며 다음에는 세계의 나머지 지역도 구원할 것이다. 트로츠키는 이렇게 러시아 자유주의자들을 깎아내리는 사람으로 유명해졌다. 자유주의자들을 자기들 편으로 끌어들이려고 노력하던 멘셰비키는 트로츠키에게 분노했다. 트

입헌민주당(카데트Kadet) 입헌민주당의 러시아어 명칭의 머리글자인 K(카)와 D(데)를 따서 '카데트'라고 부른다.

로츠키는 입헌민주당과는 어떠한 전술적 연합도 거부했다. 트로츠키가 보기에 그들은 정치 영역에서 쓰레기 같은 존재였다. 러시아사회민주노동당은 당 자신을 위해 입헌민주당과 타협을 거부해야 한다고 그는 생각했다.

트로츠키는 제2차 당대회에서 두 분파 어느 편에도 속하지 않았던 일군의 마르크스주의자들의 대변자 역할을 했다.[31] 그러나 사람들은 트로츠키가 자신의 신념을 거침없이 주장할 권리가 있음을 인정하면서도 그의 개인적 처신에는 불만을 드러냈다. 사람들은 트로츠키가 건방지며 다른 사람의 감정 따위는 개의치 않는 인물이라고 느꼈다. 볼셰비키 망명자 그룹의 공동 지도자인 알렉산드르 보그다노프는 레닌의 부인 나데즈다 크루프스카야에게 보낸 편지에 트로츠키와 만났던 일을 이렇게 썼다. "트로츠키가 나를 만나러 왔습니다. 나는 그가 무척 싫습니다. 그는 너무나도 불편한 존재입니다."[32] 보그다노프의 이런 평가에 신뢰가 가는 이유는 그가 특히 동료들에 대한 비판을 삼가는 사람이었기 때문이다. 한번은 마르토프가 트로츠키를 딜레탕트*라고 부르며 신경을 긁었다. 비난에 직면한 트로츠키는 마르토프가 항상 입장을 바꾸는 사람이며 그것은 종종 마르토프의 동서이자, 멘셰비키 사이에서 '작은 레닌'이라는 별명으로 불리는 표도르 단의 압력을 받기 때문이라고 말했다. 마르토프가 트로츠키의 원고들을 받아 놓고 신문 게재를 보류하자 두 사람의 갈등은 더욱 심각해졌다. 마르토프의 행동은 플레하노프가 〈이스크라〉에 협조하는 대가로 요구했던 바로 그것(혹은 트로츠키의 표현에 따르면 '공물')임이 명백했다. 트로츠키는 마르토프가 편집인으로서 비겁하며 솔직하지 못하다고 비난했다.[33] 트로츠키의 장래는 불안해졌다. 그는 이

딜레탕트(dilettante) 원래 예술 후원가 혹은 예술 애호가를 뜻하는 단어였는데, 전문적인 일을 피상적인 지식만으로 논평하는 데 치중하고 정작 실제적인 참여는 하지 않는 사람을 부정적으로 가리키는 의미로 쓰이게 되었다.

미 레닌과 완전히 사이가 벌어졌고 마르토프나 단과도 마찬가지였다. 파르부스와 우정을 나누면서 트로츠키는 사기가 조금 올라갔으나 이 새로운 스승 역시 평온한 삶에 도움이 되는 사람이 아니었다.

1904년 10월에 러시아에서 유럽으로 돌아온 나탈리야 세도바가 트로츠키의 삶이 다시 안정되도록 도왔다. 기차를 타고 오는 그녀를 마중하러 트로츠키는 베를린까지 갔다. 그녀를 만나자마자 트로츠키는 "다시는 서로 떨어져 있지 말자."고 했다. 두 사람은 서로 사랑하고 있었다. 두 사람은 한 달 동안 베를린에 머물렀고 트로츠키는 그 사이 안면을 익힌 카를 카우츠키, 클라라 체트킨(Clara Zetkin, 1857~1933), 로자 룩셈부르크, 아우구스트 베벨(August Bebel, 1840~1913) 등 독일의 사회민주주의자들에게 나탈리야를 소개했다. 그런 다음 두 사람은 제네바로 이동했다. 이제 두 사람은 평생의 반려자가 되었다.[34]

알렉산드라 브론시테인과의 결혼 생활은 이제 끝났다. 트로츠키는 회고록에 자신이 "외국에 있을 때 그녀와 편지 왕래를 거의 하지 못했다."라고 기록했다.[35] 그는 핑계를 대고 있었다. 분명히 그는 알렉산드라와 편지를 주고받으면서도 다른 여성을 만났고 결국 알렉산드라를 버린 것이다. 이때부터 나탈리야는 법적으로는 아니었지만 그밖의 모든 면에서 트로츠키의 두 번째 아내로 평생을 살았다. 알렉산드라는 최선을 다해 이 상황에 대처했다. 그녀는 트로츠키가 이제 평생을 같이할 반려자를 발견했다는 사실을 받아들였다. 트로츠키가 시베리아에서 탈출한 이후 두 딸은 고스란히 알렉산드라가 책임져 왔다. 유형 생활이 끝나자 그녀는 혼자 힘으로 두 딸을 키우는 일을 주저했다. 트로츠키와 알렉산드라는 두 딸의 양육 문제를 합의했다. 작은 딸 니나는 알렉산드라와 계속 함께 살기로 했고, 큰딸 지나는 헤르손 주에 사는 트로츠키의 누나 엘리자베타 집에 보내기로 했다. 나탈리야의 다소 비판적인 묘사에 따르면, 지나는 이제 '지적이긴 하지만 부르주아적이며 지방적인' 환경에서 성장하게 됐다. 엘리자베타는 나움 메일만이라는 의사이자 아마추어 음악가와 결혼했다. 이 부부는 차르 체제에 적의가 없는 것은 아니었지만 그런 쪽으로 적극적인 사람들은 전혀 아니었다.[36] (그런데도 1906년 헤르손 주에 있는 그들의 집을 경찰이 수색하는 일이 벌어진다.)[37]

나탈리야 세도바 역시 우크라이나 출신이었다. 그녀의 말투에는 러시아 수도에 사는 사람들이 '남부 사투리'라고 부르는 억양이 트로츠키보다 더 많이 남아 있었다.[38] 나탈리야 집안은 폴타바 지방에 있는 야시노프카에서 농장을 운영했으며 코사크 혈통인 그녀의 아버지는 가족이 소유한 공장도 운영했다. 3명의 남자 형제와 2명의 여자 형제가 있었다.[39] 그녀가 농장에서 살았던 것은 어린 시절뿐이었지만 야시노프카의 시골 풍경은 그녀에게 평생 매혹의 대상이었다. 고향에 있던 피라미드 모양의 키가 큰 포플러나무를 그녀는 바쿠 유전에서 채유탑을 보면서 떠올렸다. 강가에는 버드나무가 줄지어 서 있었고 가지마다 연초록색 꽃가루가 가득 묻어 있었으며 수많은 벌이 붕붕거리며 날아다녔다. 사랑스런 장미와 새빨간 라일락도 있었다.[40] 나탈리야의 집안은 대대로 이어져 내려온 지방 토호 계층이었다. 또한 우크라이나의 유명한 반(反)차르 성향의 시인 타라스 셰프첸코(Taras Shevchenko, 1814~1861) 집안과 교분이 있었다.[41] 그러다가 세도프 집안은 토지를 팔았다. 1861년 농노 해방령이 공포되어 신분상 토지 소유자들에게 묶여 있던 농노들이 해방되자 많은 지주들이 마찬가지로 토지를 팔았다. 세도프 집안은 가까운 도시 롬니로 이주했다. 그곳에서 1882년 4월 5일 나탈리야가 태어났다. 세도프 집안은 유복한 삶을 누렸다. 하지만 나탈리야가 일곱 살 때 아버지가 심장마비로 죽었고 이 충격으로 어머니 역시 몇 개월 뒤 세상을 떠났다. 나탈리야는 할머니와 숙모 손에 자랐다.

나탈리야의 친척 어른들은 그녀를 하리코프로 보내 그곳에 있는

트로츠키의 두 번째 아내이자 평생을 함께
한 혁명 동지 나탈리야 세도바. 이 사진은
1930년대 파리에서 찍은 것이다.

사립학교에서 기숙사에 거주하며 공부하게 했다. 이 학교의 교사들
은 당시 기준으로 보면 진보적인 사람들이었으며 교사 한 명은 나탈
리야와 혁명 운동에 대해 이야기하기도 했다.[42] 나탈리야의 숙모 가
운데 한 명은 혁명 운동에 직접 참여했으며 그 때문에 시베리아 유형
을 가기도 했다. 나탈리야는 이 숙모를 통해 레프 데이치를 알게 됐
다. 데이치는 탈옥에 성공한 것으로 유명한 혁명가였다. 그는 훗날
트로츠키와 나탈리야의 절친한 친구가 된다.[43] 학교 당국은 나탈리
야가 다소 덜렁거리는 학생이라고 생각했지만 그래도 그녀의 성적은
매우 좋았다. 16세가 되자 그녀는 즐거운 마음으로 교복을 벗어 던지
고 모스크바로 가서 '여성 고등교육 강좌'에 등록했다. 그녀는 극장
과 박물관과 음악회를 다니면서 즐겁고 보람찬 시간을 보냈다.[44] 그
다음 그녀는 스위스로 여행을 갔는데, 그곳에서 제네바의 마르크스
주의 그룹에 가담했으며 그들에게서 문건을 받아 폴타바로 몰래 운
반했다. 나탈리야는 스위스 생활을 그리 좋아하지 않았다. 기숙학교

에 다니던 시절이 떠올랐기 때문이다. 그녀는 파리가 더 마음에 들었다. 파리에서는 〈이스크라〉 그룹 사람들과 어울렸다. 그녀는 여전히 할머니가 보내주는 돈으로 생활을 꾸려 나갔고 소르본 대학과 '고등 러시아학교'를 다녔다. 트로츠키를 처음 만난 곳도 파리였고, 트로츠키의 폭풍 같은 삶에 같이 휩쓸리게 된 것도 파리에서였다.[45]

1904년 말 겨울이 다가올 무렵 나탈리야가 러시아에서 가져온 소식은 그녀와 트로츠키에게 정치적으로 고무적인 소식이었다. 공장 지대에서 전투적 분위기가 고양되고 있었다. 몇몇 지방에서는 농민들의 움직임이 심상치 않았다. 자유주의자들 역시 스스로 정부에 대항하는 운동을 벌이기 시작했다. 폴란드에서는 러시아에 반대하는 움직임이 나타났다. 일본과의 전쟁이 러시아 쪽에 불리하게 전개되고 있었기 때문에 러시아 정부의 정치적·군사적 능력에 의문이 제기됐다. 포트아서*에 주둔해 있던 러시아 수비대는 적군에게 포위된 상태였다. 니콜라이 2세의 통치권과 로마노프 왕조가 심각하게 위협받기 시작한 것이다.

1904년 12월 트로츠키가 쓴 글이 제네바에서 발행되던 〈사회민주주의자〉라는 잡지에 실렸다. 그는 폴란드 바르샤바와 라돔에서 벌어진 가두 시위, 그리고 바쿠에서 발생한 총파업에 대해 썼다. 그는 러시아 제국 정부가 '짐승 같은 포악한 보복' 조치를 취할 것이라고 예상했으며 이런 상황에서 유대인이 희생양으로 선택될지 모른다고 전망했다. '키시네프* 처방'을 다시 시도할 것이라는 예상이었다. 시에서 유대인을 상대로 한 매우 심각한 잔혹 행위가 벌어졌다. 극동 지역에서 날아드는 군사 정황에 대한 소식은 변함없이 암울했고 트로츠키

포트아서(Port Arthur) 현재 랴오닝 성 다롄 시의 뤼순커우 구. 뤼순이라는 이름으로도 알려져 있다. 항구 도시로서 청일전쟁 이후 러시아가 조차하여 요새를 건설하고 전략적 요충지로 이용하고 있었다. 1904년 러일전쟁의 격전지였다.

키시네프(Kishinev) 당시 러시아 제국 영토였으며 현재는 몰도바의 영토 내에 있는 도시인데, 1903년 4월에 벌어진 유대인 대량 학살 사건으로 유명하다.

는 러시아 정부가 이 모든 상황을 통제할 수 없게 되리라는 것을 감지했다. 그는 혁명가들이 혹시 정부와 타협하고 싶은 유혹을 느낄지도 모른다고 우려했다. 만일 그렇게 된다면 그것은 "자유를 위한 투쟁의 길에서 이미 수많은 희생을 치른 러시아 민중의 목에 올가미를 씌우는 행위"가 될 것이다.[46) 또한 트로츠키는 "봉기를 촉구한다"는 추상적인 구호에 대해서도 주의를 요구했다. '혁명적 독재'에 모든 관심을 집중하고 있던 레닌을 암묵적으로 비판한 것이다. 트로츠키의 글은 신문에 보도된 것을 요약 정리한 것이었다. 하지만 그는 당시 러시아의 현 정세에서 가장 위험한 현상으로 대두하고 있던 것을 놓쳤다. 그것은 바로 러시아 정교회의 게오르기 가폰(Georgy Gapon, 1870~1906) 신부가 이끌던 상트페테르부르크의 산업 노동조합이었다. 노동조합원들은 평화적인 태도를 유지하였으며 합법적인 지위를 누리고 있었다. 그러나 그들은 전례가 없는 행동을 준비하고 있었다. 1905년 1월 9일 겨울궁전으로 행진하여, 보편적 시민권 보장을 선포해 달라는 청원서를 니콜라이 2세에게 제출할 예정이었다. 가폰 신부는 혁명의 폭발에 막 불을 댕길 참이었다.

트로츠키는 비록 가폰 신부의 중요성은 간과했지만 당의 다른 지도자급 동료들에 비해 이후 벌어지는 사건을 더 신속하게 활용할 준비가 되어 있었다. 트로츠키가 뛰어난 직관에 따라 맡은 역할들은 점점 더 중요해졌다. 트로츠키는 놀라울 만큼 유창하게 연설을 하고 글을 쓸 수 있었다. 그는 비할 데 없이 대담하고 확신에 찬 사람이었으며, 혁명을 위한 연설가가 될 것을 계획해 왔다. 하지만 그는 동료로서는 피곤한 사람이었다. 그는 당의 규율을 무시하고 파괴하기를 좋아했다. 그는 자신의 지적 탁월함을 칭찬해주는 사람들과 함께하기를 좋아했다. 그는 자신의 독립성을 소중하게 여겼다. 그가 언제 어떤 행동을 취할지는 아무도 예측할 수 없었다. 트로츠키는 이미 진정한 트로츠키가 되어 있었다.

9장

페테르부르크 소비에트 의장

1905년 혁명의 대중 연설가

사건은 1905년 1월 9일 상트페테르부르크의 겨울궁전 바깥쪽에서 시작되었다. 일요일 교회에 갈 때 입는 가장 좋은 나들이옷을 입은 노동자와 그 가족으로 이루어진 비무장 시위 행렬을 향해 군인들이 총을 쐈다. 수백 명의 무고한 사람들에게 자행된 대량 학살은 사람들의 분노를 일으켰다. 수도에서는 파업이 여러 건 일어났으며 이어서 전국의 공장과 광산에서도 파업이 줄지어 일어났다. 공공질서를 유지할 책임이 있는 군인들조차 순순히 상관의 명령에 복종할지 우려되는 상황이었다. 그 전 해부터 계속된 일본과의 전쟁에서 겪은 좌절은 제국의 정치 체제가 취약하다는 사실을 확실하게 드러냈다. 이제까지 자유주의자들과 보수주의자들은 전통적으로 소요를 일으키는 노동자들에게 의심의 눈길을 보냈다. 하지만 '피의 일요일'은 이 모든 상황을 변화시켰으며 이제 니콜라이 2세에게 근본적인 개혁을 요구하는 움직임이 일어났다.

트로츠키는 1월 9일 밤에 기차를 타고 제네바로 돌아왔다. 스위스의 몇몇 도시를 돌면서 연설한 터라 몹시 피곤했다. 기차역에 도착했을 때는 이른 아침이어서 신문 파는 소년은 그 전날 신문밖에 가지고 있지 않았는데, 그 신문은 상트페테르부르크의 시위를 미래 시제로 보도하고 있었다. 트로츠키는 그 시위가 실제로는 벌어지지 못했을 것이라고 짐작했다. 하지만 시내에 있는 〈이스크라〉 사무실에 도착했을 때 알게 된 사실은 달랐다. 제네바 시에 사는 러시아 망명자 집단은 피의 일요일 사건과 러시아 국민들의 반응에 대한 소식을 들은 상태였다. 그렇게 오랫동안 열망하고 예상해 왔던 일이 마침내 벌어지려 한다는 것을 망명자들은 도저히 믿을 수 없었다. 스위스에 그 소식이 전해지던 순간에 자신이 무엇을 하고 있었는지를 이들은 평생 잊지 못했다. 트로츠키가 보인 반응이 가장 극적이었다. 〈이스크라〉 편집진이 회의를 하는 도중에 러시아의 소식이 전해졌는데, 그 소리를 듣고 트로츠키는 즉각적인 반응을 보였다. 그는 순간적으로 정신을 잃었다.[1] 정신을 잃는 것은 그가 선천적으로 앓았던 질환이었는데, 몸이 안 좋거나 피곤한 상태일 때 발생할 가능성이 크다고 그는 믿고 있었다. 그는 차르 전제 정치와 볼셰비즘, 세계 자본주의를 격렬하게 비판하는 동안 자신의 신경을 너무나 혹사하면서 살았다. 아마도 그는 자기 자신을 몹시 몰아붙였던 것 같다.

러시아에는 새로운 시대가 도래하고 있었다. 제네바에 사는 모든 부류의 러시아 혁명가들이—사회혁명당원, 멘셰비키, 볼셰비키—시내의 '카루즈 거리'*에 집결했다. '바로 고국으로 돌아가야 하지 않을까?' 하고 그들은 생각했다. 하지만 실제로 귀국한 사람은 거의 없었다. 그들의 이름은 경찰의 명단에 올라 있었다. 러시아 당국은 상트페테르부르크에서 발생한 소요에 어느 정도 대처하고 있었지만 소요가 곧 재발할 수 있다는 것을 알고 있었다. '피의 일요일'이 남긴 불씨는 아직 완전히 꺼지지 않은 상태였다.

니콜라이 2세는 국민의 분노에 얼마나 큰 힘이 있는지 알게 되었다. 제국 정부는 위협당하고 있었다. 일본과의 전쟁은 처참한 상태로

카루즈 거리(rue Carouge disctrict) 제네바의 한 구역인데, 이곳에 러시아 혁명 망명자들이 모이던 식당이 있었다.

1905년 1월 9일에 상트페테르부르크에서 벌어진 '피의 일요일 사건'을 그린 그림. 황제에게 개혁 조치를 요구하는 청원서를 제출하기 위해 겨울궁전으로 행진하던 노동자와 그 가족들을 향해 군인과 경찰이 총을 발사해 수백 명의 사상자가 났다.

진행되고 있었다. 러시아 군대는 최근 무크덴*으로 후퇴하였으며 피의 일요일 사건 일 주일 전에 이미 포트아서가 일본의 육군과 해군에게 점령당한 상태였다. 군사적 승리는 로마노프 왕조의 체면에 매우 중요했다. 러시아 사회의 모든 계층이 1월 9일 시위를 정부가 야만적으로 진압한 데 격분하고 있었다. 정부가 수도의 노동자 집단과 공식적으로 접촉하여 그들의 불만 사항을 조사했지만 피의 일요일에 벌어진 학살은 이미 모든 사람의 의식에 뚜렷한 상처로 자리 잡았다. 도시는 혼란에 빠졌고 파업이 급증했다. 합법적인 노동조합뿐 아니라 비합법적인 노동조합 역시 대담한 행동을 개시했다. 1905년 5월에는 직물 공업의 중심지로 유명한 이바노보-보즈네센스크에서 '노동자 소비에트'가 결성되었다. 이 소비에트는 결성되자마자 그 지역의 직물 공장 소유자들에게 일련의 요구 사항을 제시했으며 주변 지역

무크덴(Mukden) 지금의 랴오닝 성 선양(瀋陽)이다. 무크덴은 만주족이 붙인 이름인데 서양에서는 이 이름을 아직까지 종종 사용하고 있다.

에서 소비에트의 영향력을 확고히 했다. 농민들은 아직 평온을 유지하고 있었지만 지주들은 소요 사태가 언제 농촌 지역까지 확산될지 몰라 불안해했다. 러시아 제국이 지배하고 있던 핀란드, 폴란드, 그루지야에서 반정부 활동이 점점 더 격렬해지고 있었다. 모든 종류의 비밀 정치 조직은 더 많은 신입 회원을 모집하였고 신문과 정치 팸플릿을 발행하여 장차 정치 변혁을 위한 자신들의 계획을 널리 설명했다. 심지어 온건한 입장을 유지하던 자유주의자들조차 이제는 행동을 취할 때라고 촉구했다.[2)]

트로츠키는 자신이 공개적인 '대중' 정치에 개인적인 특유의 잠재력이 있다고 오래전부터 느끼고 있었다.(이미 2년 전에 자신의 아내인 알렉산드라에게 그렇게 말한 적이 있었다.) 러시아로 몰래 숨어 들어가는 것이 몹시 위험하다는 것도 그는 개의치 않았다. 그는 즉각 체포해야 하는 인물로 경찰의 명단에 올라 있었다. 외국에서 펼친 활발한 정치 활동 때문에 위험이 더욱 컸지만 트로츠키는 개의치 않았다. 러시아사회민주노동당의 다른 지도자들 거의 모두가 우물쭈물하고 있는 사이, 트로츠키는 러시아로 돌아갈 준비를 서둘렀다. 트로츠키는 다른 사람들과 자신의 태도를 비교하여 평가하지 않았다. 그렇게 하는 것은 결코 트로츠키다운 방식이 아니다. 하지만 분명 그는 왜 다른 유명한 인물들이 자기처럼 행동하지 않는지 의아하게 생각했을 것이다. 자기 희생은 러시아 혁명의 전통이었다. 개인의 안전은 혁명의 대의에 비하면 부차적인 고려 사항이었다. 러시아 제국은 조금씩 금이 가는 중이었다. 로마노프 황실과 장군들, 경찰과 고용주에 맞서 싸우고 있는 파업 노동자들의 노력에 꼭 힘을 보태야 한다고 트로츠키는 믿고 있었다. 그가 당의 지도자라는 사실은 문제가 아니었다. 혁명에 헌신하는 사람은 불가피하게 위험한 상황에 처할 수도 있다고 그는 생각했다. 스위스나 프랑스 혹은 영국에 몸을 숨기고 있는 것은 그로서는 도저히 선택할 수 없는 행동방식이었다. 혁명에 대한 의무감이 그에게 행동하라고 촉구하고 있었다.

트로츠키와 나탈리야는 우선 빈으로 갔다. 오스트리아의 마르크스주의자들을 이끌고 있는 빅토어 아들러가 그곳에서 망명자들이 자금과 여권을 구하는 것을 돕고 있었다. 트로츠키의 특이한 생김새가 문제가 될 수 있었기에 아들러는 이발사를 불러 트로츠키의 외모를 바꾸도록 하였다. 나탈리야가 먼저 우크라이나로 가서 두 사람이 머물 만한 곳을 찾아보았다. 그것이 체포의 위험을 줄일 수 있는 가장 쉬운 방법이었다. 나탈리야가 키예프에 적당한 숙소를 마련하자마자 트로츠키는 곧 그곳으로 이동했다. 트로츠키는 아르부조프라는 퇴역 하사관으로 신분을 위장했다. 아직 2월이었다. 트로츠키와 그의 반려자는 할 수 있는 한 혁명적 정치 상황에 맞는 역할을 다하겠다고 마음먹었다.[3]

1개월쯤 뒤 두 사람은 상트페테르부르크로 이주했다. 나탈리야는 바실레프스키 섬*에 위치한 대규모 파이프 공장 노동자들 사이에서 선전원으로 활동하기 시작했다.[4] 혼자 활동할 때보다 더 조심스럽게 행동해야 했다. 두 사람은 트로츠키의 안전이 가장 중요하다는 점에 의견을 같이했다. 트로츠키는 당의 지도자였던 반면, 나탈리야는 단지 평범한 투사에 불과했기 때문이다. 트로츠키는 표트르 페트로비치라는 새로운 가명을 사용했다. 나탈리야가 조금이라도 실수를 범해 경찰이 트로츠키를 발견하면 쉽사리 그의 정체가 발각될 수 있었다. 그녀는 '음모자'의 행동 기술을 철저하게 지켰으며 5월까지는 아무런 문제가 없었다. 5월의 어느 날 나탈리야는 도시 외곽의 어느 숲에서 혁명 지지자들과 모임을 갖다가 밀고자의 제보를 받은 경찰에게 급습당했다. 그녀는 다른 참가자들과 함께 경찰에 체포되었다. 다행스럽게도 나탈리야와 트로츠키의 관계는 드러나지 않고 넘어갔

바실레프스키(Vasilevsky) **섬** 상트페테르부르크 시내에 있는 섬인데, 19세기 후반에 각종 공장과 산업 시설이 들어섰다.

다. 그녀는 6개월 징역형을 언도받았으며 '예비 형무소'에 수감되었다.[5] 나탈리야의 설명에 따르면, 그녀는 상당히 좋은 처우를 받았으며 심지어 하루에 한 번 목욕도 할 수 있었다. 그녀는 일반 범죄자와 함께 자신의 감방을 깔끔하게 청소했다. 그녀는 항상 주변을 깨끗하게 정리하는 사람이었다.[6] 나탈리야는 형기를 다 채우기 전에 석방되었다. 조기 석방에는 조건이 하나 있었는데, 수도에서 북동쪽으로 160킬로미터 떨어져 있는 트베리라는 도시에 머물러야 하며 정기적으로 경찰의 감시를 받아야 한다는 것이었다.

트로츠키는 자신의 안전 때문에 나탈리야를 만날 수가 없었다. 오흐라나가 더 적극적으로 활동을 벌여 트로츠키의 동료 가운데 많은 사람들이 체포되고 말았다. 자신을 추격하는 손길이 다가오고 있음을 감지한 트로츠키는 한여름 무렵 핀란드로 피신하여 라우하라는 마을에서 신분을 숨기고 머물렀다. 핀란드는 러시아 정부로부터 어느 정도 자치권을 보장받고 있었는데, 핀란드 현지 경찰은 자국 땅에 숨어 들어오는 혁명가들을 적극적으로 적발하고 싶어 하지 않는 것으로 유명했다.[7]

트로츠키는 분명한 전략을 제시한 최초의 몇몇 인물 가운데 한 명이었다. 그는 1905년 3월 3일자 〈이스크라〉에 '정치 서신'을 발표하였다. 이 글에서 트로츠키는 '전체 인민의 봉기'를 촉구했으며 그 봉기를 통해 '임시정부'를 구성하고 그다음 '제헌의회'를 구성하자고 제안했다.[8] 2주일 뒤 그는 자신의 뜻을 좀 더 명확하게 설명했다. 혁명은 그냥 저절로 일어날 수 있는 것이 아니라 조직과 계획을 반드시 필요로 한다는 점과, 파르부스가 제안한 '노동자 정부'의 개념을 멘셰비키가 거부하는 것은 잘못이라고 지적했다. 파르부스는 중간계급은 언제나 선거 제도를 조작할 방법을 찾으려 들 것이기 때문에 보통선거 제도 도입은 최종 목표가 될 수 없다고 주장했다. 자유는 구걸해서 얻어지는 것이 아니라 쟁취해야만 하는 것이고, 관료제와 장교단은 반드시 폐지해야 했다.[9] 실제로 반드시 필요한 것은, 볼셰비키가 주장하는 것과 같은 단순한 봉기가 아니라 '혁명을 영구적인 것으로 만들기 위해' 투쟁을 하려는 확고한 노력이라고 파르부스는 주장했다.[10] 트로츠키는 파르부스가 최근 제안한 전략을 강조했다. 즉, 중앙위원회는 각 지역의 당위원회에 '군사 조직' 설립을 지시해야 한다는 것이다. 폭풍처럼 전개되는 최근의 상황은 프롤레타리아를 '헤게모니'의 위치로 몰아가고 있으며 당은 반드시 이러한 상황을 최대한 활용해야 했다.

이렇게 계획된 '노동자 정부'에 '독자적인 자코뱅 민주주의를 위한 사회적 기반'이 결여되어 있을 것이라는 점을 트로츠키는 인정했다. 여기서 트로츠키는 프랑스혁명 당시 자코뱅파가 프랑스 전역에서 하층민들의 광범위한 지지를 불러일으킬 수 있었다는 점을 말하려 했던 듯하다. 러시아의 노동계급은 아직 그런 목적에 활용할 수 있을 정도로 수가 많지 않았다. 하지만 트로츠키는 상관없다고 보았다. 러시아 마르크스주의자들은 혁명 엘리트의 독재 정부를 수립하기 위해 투쟁해야 하며 이 독재 정부는 러시아사회민주노동당이 이끌 것이라고 트로츠키는 주장했다.[11]

트로츠키는 테러는 거의 언급하지 않았다. 그가 주장하는 '노동자 정부'가 실제로 수립되었다면 어떤 일이 벌어졌을까? 수십 년이 지난 뒤, 트로츠키는 당시 자신의 기본 입장을 이렇게 회고했다. "우리도 테러를 옹호했지만 그것은 혁명 계급이 실천에 옮기는 군중 테러였다."[12] 트로츠키는 자신의 논리를 펼쳐 나갈 때 구태여 마르크스와 엥겔스의 저술을 인용할 필요성을 느끼지 않았다. 레닌은 자신의 논리가 마르크스주의 창시자들의 이론에 근거를 두고 있음을 아주 분명하게 밝히곤 했다. 반면, 트로츠키는 자신의 독자적인 논리 전개에 집중했다. 마르크스주의자들은 과거로부터, 특히 프랑스혁명으로부터 교훈을 끌어낼 수 있어야 한다고 트로츠키는 주장했다. 트로츠키와 파르부스의 주장이 유럽의 사회민주주의와 아무런 공통점이 없다는 비난에 트로츠키는 불쾌감을 표시했다. 그는 독일사회민주당이 '프롤레타리아에 의한 국가 권력의 전복'과 '계급 독재'를 목표로 삼고 있다고 지적했다. 트로츠키의 관점에 따르면, 합법적인 수단을 사용해야 한다는 '맹목적 믿음'은 전혀 필요치 않았다. 또한 혁명적 변혁이 단기간에 이루어질 것이라는 사람들의 기대도 전혀 타당하지 않았다. 당 앞에는 사회주의 건설이라는 장구한 한 시대가 기다리고 있었다. 러시아 마르크스주의자들은 '혁명이 중단 없이 진행될 수 있도록' 하는 데 전념해야 한다고 트로츠키는 주장했다.[13]

볼셰비키는 4월과 5월에 런던에서 자신들만의 개별적인 당대회를 개최하여 앞으로의 전술을 결정하였다. 멘셰비키 지도부는 어떤 정책을 택할지를 두고 끝도 없이 토론하고 있었다. 사실 볼셰비키는 레닌이 주도하여 파르부스와 트로츠키의 견해에 가까운 전략적 선택을 택하려 하고 있었다. 레닌은 혁명 과정을 두 단계로 규정했다. 첫 번째 단계에서는 선거 민주주의와 자본주의적 경제 발전을 추진하기로 했다. 이는 플레하노프가 오래전부터 주장해 오던 것이다. 하지만 레닌은 '프롤레타리아와 농민의 임시적 혁명 민주 독재'가 수립되어야만 이런 선거 민주주의와 자본주의적 경제 발전이 가능하다고 보았다. 레닌은 중간계급을 신뢰하지 않았기 때문에 러시아의 정치를 이끌어 가는 데서 중간계급에게는 아무런 역할도 부여하지 않았다. 당시 많은 사람들이 이런 레닌의 입장이 트로츠키와 매우 유사하다고 지적했다. 사실 두 입장의 차이는 이념적으로 매우 세밀하게 따져 봐야 비로소 알아차릴 수 있었다. 트로츠키는 혁명적 변혁에 오로지 한 단계만 필요하다고 주장했던 반면, 레닌은 두 단계가 필요하다고 주장했다. 이 점에서 레닌은 러시아 마르크스주의의 정통 이론을 따른 것이라고 할 수 있었다. 또 한 가지 차이점은 농민의 역할에 대한 입장이었다. 트로츠키는 자신이 주장하는 '노동자 정부'의 효율적 운영을 위해서는 토지 개혁이 반드시 필요하다고 주장했다. 그러나 농민에게 더 큰 영향력을 행사하기를 원했던 레닌은 새로운 정부가 농민의 표를 확보한 정당들을 포함하는 연립정부여야 한다고 주장했다.

1905년의 긴 여름 내내 로마노프 황실은 점점 증대하는 어려움에 봉착했다. 산업 분규가 빈번하게 발생했고 군대 안에서도 소요가 심심찮게 발생했다. 폴란드, 그루지야, 북카프카스 지역은 점차 통제 불능 상태로 빠져들었다. 10월 초에는 총파업이 시작되었다. 상트페테르부르크의 공장 노동자와 급진 지식인들은 '노동자대표소비에트'를 창설했다. 이 기관의 기능은 임금 협상부터 민중의 자치권 확보라는 근본적 차원의 목표까지 급속하게 확대되었다. 1890년대 재무장관을 지내면서 러시아 제국의 급속한 산업 발전을 이끌었던 세르게이 비테(Sergei Vitte, 1849~1915)의 조언을 받아들여 10월 17일 니콜라이 2세는 광범위한 시민적 자유권을 보장하며 장차 국가 두마*를 구성할 선거 실시를 약속하는 포고문('10월 선언')을 발표하였다.

니콜라이 2세의 이런 양보는 혁명가들에게 흥분과 두려움을 동시에 불러일으켰다. 일단 황제를 믿어보자는 광범위한 여론의 흐름이 생겨났기 때문이다. 트로츠키는 로마노프 황실 타도와 혁명이 여전히 목표가 돼야 한다고 믿는 사람들 가운데 하나였다.

황제의 포고문이 나온 그 다음 날인 10월 18일 수만 명의 인파가 상트페테르부르크 대학 앞에 서 있었다. 이들은 이제까지 펼친 투쟁으로 흥분된 상태였으며 또한 자신들이 쟁취한 첫 번째 승리의 기쁨에 한껏 취해 있었다. 나는 어느 건물의 발코니에 올라가 그들에게 소리쳤다. 절반의 승리는 불확실한 것이며 적은 여전히 타협할 수 없는

두마(Duma) 제정 말기에 러시아를 전제정에서 입헌군주정으로 바꾸기 위해 창설된 의회를 말한다.

상대라고, 그리고 우리 앞에는 여러 개의 덫이 놓여 있다고. 나는 황제가 발표한 포고문을 갈갈이 찢어 공중에 던졌다.[14]

트로츠키가 볼 때, 발생할 수 있는 최악의 상황은 노동자들이 황실 타도라는 정치적 요구를 포기하는 것이었다. 잠시 동안 그는 핀란드를 활동의 근거지로 삼았다. 한편 나탈리야가 이제 합법적으로 상트페테르부르크에 돌아올 수 있게 되어 트로츠키를 찾아왔다. 그녀는 북쪽으로 여행하여 비보르크에서 이틀 동안 그를 만났다.[15] 수도에서 겨우 120킬로미터밖에 떨어지지 않은 곳이었다. 그러는 사이 혁명적 분위기가 고조되었다. 트로츠키는 위험을 무릅쓰고 상트페테르부르크로 돌아가 공개적인 정치 활동에 돌입하기로 마음을 굳혔다. 나탈리야도 같이 행동하고 싶었지만 몸이 아파 함께할 수 없었다.[16] 트로츠키는 활동의 초점을 페테르부르크 소비에트에 두고 야노프스키라는 가명으로 활동했다.

소비에트 의장으로 선출된 사람은 변호사인 게오르기 노사르-흐루스탈료프(Georgi Nosar-Khrustalëv, 1879~1919)였다. 어떤 정당에도 소속해 있지 않았던 그는 이 직책에 만족했다. 단정하게 정리한 머리, 빳빳하게 풀을 먹여 위로 치켜올린 옷깃 등, 그의 외모는 위험한 반정부 인물로 보이지 않았다.[17] 그는 10월 26일 체포될 때까지 소비에트 의장직에 있었다. 트로츠키에게 비판적이었던 사람들은 트로츠키의 행동을 주의 깊게 지켜보고는 트로츠키가 흐루스탈료프의 체포로 공석이 된 의장 자리를 차지하려고 너무 욕심을 부린다고 생각했다.[18] 훗날 트로츠키는 자신의 영향력을 지나치게 과장하였다. 소비에트 안에서 멘셰비키와 볼셰비키의 협조 관계도 트로츠키가 평가했던 것보다 더 양호했다. 소비에트가 내린 결정 가운데 트로츠키의 개인적 공로라고 인정할 수 있는 것은 그리 많지 않았다.[19] 그래도 그의 활동을 지켜본 사람들은—이들은 대부분 러시아사회민주노동당의 여러 분파 소속이었다.—대체로 트로츠키가 당시 상황이 요구하는 바에 적절하게 잘 대처했다고 평가했다. 그들이 '대중 정치'에 관해서 끝없이 논의만 하는 사이에 트로츠키는 혼자 직접 행동에 나섰던 것이다. 그는 자신에게서 연설가의 자질을 발견했다. 별로 애쓰지 않고도 그는 청중을 감동시킬 수 있었다. 사람들에게 영감을 불어넣는 것도 그에게는 쉬운 일이었다. 그는 용감했다. 몸을 숨겨 피하는 대신 그는 러시아 정부를 향해 소비에트를 폐쇄하려면 해보라고 도전적인 태도를 보였다. 당의 지도적 인물 가운데 트로츠키처럼 스스로 자신을 위험 속에 던져 넣는 사람은 아무도 없었다. 단지 인기를 좇을 뿐이라는 사람들의 비난에 트로츠키는 당연히 화가 났다. 저들은 대체 어떤 방법으로 혁명을 진전시킬 수 있다고 생각하는 건가?

10월 포고문에 자극받은 다른 망명 혁명가들도 러시아로 돌아오기 시작했다. 10월 포고문의 내용을 본 그들은 마침내 신변 안전을 보장받았다고 생각했다. 레닌, 마르토프, 체르노프가 러시아로 돌아왔다. 과거의 위험 예방 조치 가운데 몇 가지는 아직도 필요했다. 이들은 가짜 여권을 사용해 입국했으며 숙소를 정할 때도 무척 신중했고 만나는 사람 역시 조심스럽게 선택했다. 이들의 목적지는 대개 상트페테르부르크였다. 레닌은 그다지 흡족한 기분은 아니었지만 트로츠키가 소비에트를 지도할 자격이 충분하다고 인정했다. "글쎄요, 트로츠키는 끊임없이 그리고 훌륭하게 일했으므로 자격이 충분하겠지요."[20] 수도에서 개최된 대규모 집회에 참석한 사람들은 모두 트로츠키를 똑같이 평가했다. 러시아 제국 정치의 운명이 이 수도에 달려 있다는 것은 누구에게나 명백해 보였다. 이곳에서 많은 신문이 창간되고 있었다. 혁명 그룹들은 모두 공공연하게 출판 사업을 진행했다. 각 정당들은 거리 곳곳에 선전 작업을 하는 거점을 마련했다. 책방에는 현 체제를 타도하자는 서적들이 널려 있었다. 공개 집회가 열렸고 집회에서는 로마노프 황실과 그 지지자들을 격렬하게 비난하는 발언이 넘쳐 났다. 마르크스주의자들을 비롯한 저항 세력 사이에서는 로마노프 황실과 최후의 결전을 벌일 순간이 눈앞에 다가왔다는 분위기가 팽배했다.

하지만 그렇게 생각하지 않은 사람도 예외적으로 있었으니 로만 굴(Roman Gul)이 그런 사람이었다.

연설하는 방식을 볼 때 트로츠키는 레닌과 정반대였다. 레닌은 연단 위에서 이리저리 움직였다. 트로츠키는 제자리에 가만히 서서 연설했다. 레닌은 멋진 표현을 전혀 쓰지 않았다. 트로츠키는 멋진 표현을 청중에게 연이어 쏟아냈다. 레닌은 자신의 연설을 듣지 않았다. 트로츠키는 연설을 하면서 동시에 자신의 연설을 들었을 뿐 아니라 자신에게 감탄했다.[21]

로만 굴은 또한 트로츠키가 자신의 외모를 넥타이에 이르기까지 아주 세심하게 신경 썼던 점도 지적했다. 로만 굴이 보기에 트로츠키는 자만심의 화신이었다. 그러나 로만 굴도 대중 정치인으로서 트로츠키가 레닌을 압도한다는 사실은 부인하지 못했다.

이제 트로츠키와 나탈리야는 모두 페테르부르크에 돌아와 있었다. 나탈리야가 곁에 있으면서 트로츠키의 삶은 좀 더 안정되었다. 두 사람은 비켄테프 부부라는 이름으로 방을 하나 얻었다. 집주인은 주식과 채권에 투자하는 사람이었는데, 그해 초 페테르부르크 주식 시장에서 벌어진 혼란 때문에 경제 상황이 악화되고 있었다. 집주인은 혁명가들이 이제 공장 노동자들뿐 아니라 건물의 수위들에게까지 영향력을 확대하려 한다는 점에 경악하고 분노했다. 그가 볼 때는 이제 문명의 종말이 다가온 것이었다. 우연히 트로츠키의 글을 읽은 집주인은 자기 앞의 대화 상대가 바로 그 글을 쓴 당사자라는 것을 모르고 이렇게 큰 소리로 외쳤다. "내가 만약 이런 범죄자를 만나게 된다면 이걸로 바로 쏴 죽이겠습니다!" 그러면서 그는 주머니에서 권총을 꺼내 허공에 휘둘렀다.[22) 당연한 이야기지만 비켄테프 부부는 정치적 견해에 관해서는 입을 다물었다. 왜냐하면 새로운 숙소를 구할 시간이 없었기 때문이었다. 두 사람은 집 밖에서도 사교적인 만남을 전혀 갖지 않았다. 페테르부르크 소비에트가 존재하는 한, 정치 활동에 모든 신경을 쏟아야 했다. 일간 신문에 글을 써주어야 했고 노동자들의 집회에 가서 연설도 해야 했다. 빌려 쓰던 방은 두 사람이 단지 밥을 먹고 잠을 자는 장소일 뿐이었다.

트로츠키는 자신이 글을 기고하고 있는 여러 신문사에 매일 나가 보았다.

소비에트에서 나는 야노프스키란 이름으로 활동했다. 내가 태어난 마을의 이름을 따서 이 가명을 지은 것이다. 글을 발표할 때는 트로츠키라는 이름을 썼다. 나는 3개의 신문* 관련 일을 하게 되었다. 파르부스와 함께 나는 〈루스카야 가제타(Russkaya gazeta)〉라는 작은 신문을 인수했고, 우리는 이 신문을 대중의 편에 서서 투쟁하는 기관지로 변화시켰다. 단 며칠 사이에 신문의 발행 부수는 3만 부에서 10만 부로 늘었고, 한 달 후엔 50만 부로 증가했다. 그러나 우리가 가진 기술 자원은 이렇게 증가하는 발행 부수를 따라잡지 못하고 있었다. 어느 날 정부 당국이 신문사를 급습하면서 우리는 마침내 이런 모순된 상황에서 빠져나올 수 있었다. 11월 13일에 우리는 멘셰비키와 함께 대규모 정치 신문을 창간했다. 그 제호는 〈나찰로(Nachalo)〉, 즉 '시작'이라는 뜻이었다. 이 신문의 발행 부수는 나날이 증가하는 것을 넘어 시시각각 증가했다. 볼셰비키가 발행하던 신문 〈새로운 삶

_____

* 여기에 언급된 2개의 신문, 그리고 페테르부르크 소비에트의 기관지인 〈이즈베스티야(Izvestiya)〉까지 3개의 신문을 지칭한다. 이 신문은 트로츠키의 자서전에서 현재의 인용문 바로 뒤에 언급되어 있다.

〈Novaya zhizn〉〉은 레닌이 빠지면 그다지 흥미롭지 않은 신문이었다. 그러나 〈나찰로〉는 엄청난 성공을 거두었다.[23]

〈나찰로〉 창간호에 논설을 쓴 사람이 바로 트로츠키였다.[24] 그가 〈루스카야 가제타〉의 인쇄 부수를 과장했는지는 몰라도, 여하튼 자신의 생각이 수도에 거주하는 점점 더 많은 독자들에게 전달되고 있다는 주장은 분명 타당했다.

볼셰비키와 멘셰비키의 분파 내부에는 분열이 존재했다. 멘셰비키 가운데 어떤 사람들은 파르부스와 트로츠키가 제시한 전략적 방안에 매력을 느꼈다.[25] 이런 상황에 마르토프는 경악했다. 마르토프는 입헌민주당을 비롯한 다른 자유주의자들과 일정한 협조 관계를 설정하는 것이 앞으로 나아갈 가장 좋은 방법이라고 믿고 있었기 때문이다. 볼셰비키 역시 혼란 상태였다. 그들 대부분은 기존의 노동운동과 전혀 관계를 맺으려 하지 않았으며 심지어 페테르부르크 소비에트도 외면했다. 그들은 자신들이야말로 진정한 레닌주의자들이라고 생각했고 노동자들이 자신들의 이익을 대변하기 위해 스스로 결성한 그 어떤 조직보다도 당에 우선권을 주었다. 정작 레닌 본인은 약간 다른 견해를 보였다. 레닌은 볼셰비키가 이용 가능한 모든 기회를 최대한 활용해야 한다고 생각했다. 따라서 각종 소비에트와 노동조합에 적극 참여하는 것이 당연하다고 생각한 레닌은 몇 주일간 동료들을 설득하여 입장을 바꾸도록 했다.[26] 하지만 그런 레닌조차도 그저 전략을 생각해내거나 혹은 글을 쓰는 일밖에 다른 활동은 하지 않았다. 소비에트 활동에 참가해보았지만 사람들에게 큰 인상을 주지는 못했다. 그는 한두 건의 회의에 출석해서 잠자코 지켜보다가 그대로 자리를 떴다. 이런 상황이었으니 트로츠키가 맘껏 활동할 수 있는 무대가 열렸다. 러시아사회민주노동당의 지도자 가운데, 소비에트의 핵심을 형성하는 데 조력한 사람은 오직 트로츠키 한 사람뿐이었다.

이렇게 혁명적 상황이 벌어지자 트로츠키는 '조직 문제'를 둘러싼 예전의 논란에서 비롯된 긴장의 잔재를 모두 떨쳐버릴 수 있었다. 러시아 내의 정치 활동이 활발해지자 트로츠키와 그의 동료들도 활동에 참여해야 할 필요가 생겼다. 트로츠키는 다른 어떤 동료보다 더 신속하게 대응했다. 갑자기 그는 이론을 실천에 옮겨볼 기회를 얻었으며 그 경험은 그를 자유롭게 했다. 여러 사건이 벌어짐에 따라 수천 명이나 되는 노동자와 지식인들이 각종 소비에트와 여러 종류의 정치 조직에 참여했다. 이것은 실로 대중적인 현상이었다. 러시아사회민주노동당의 다른 지도자들과 달리 트로츠키는 자신이 취할 행동에 대해 상급 기관에 자문을 구할 의무가 없었다. 그는 멘셰비키도 볼셰비키도 아니었다. 소속이 없는 자유로운 활동가로서 그는 자신이 원하는 대로 행동하고 발언할 수 있었다.

트로츠키는 소비에트 활동에 돌입하는 데 아무런 이념적 부담감이 없었다. 만일 노동자들을 제멋대로 행동하게 방치하면 결국 그들은 '노동조합 의식'만을 발전시킬 것이라는 볼셰비키의 논리는 볼셰비키 스스로에게 걸림돌이 되었다. 만일 어떤 소비에트의 구성원들이 볼셰비키의 프로그램을 정식으로 받아들이지 않으면, 볼셰비키는 그 소비에트 사업에 참여하지 않았다. 멘셰비키는 볼셰비키에 비해 조금 더 적응력이 있었다. 그러나 멘셰비키는 소비에트 활동에 참여하면서도 노동계급이 바람직하지 않은 위험에 스스로를 노출하는 것은 아닌가 하고 염려하였다. 멘셰비키가 택한 정책은 부르주아를 러시아 로마노프 황실에 대항하는 전위로 내세우는 것이었다. 트로츠키는 양쪽 당파 사람들이 페테르부르크 소비에트 내에서 자신과 협조하게 된 것을 크게 기뻐하였다. 하지만 볼셰비키와 멘셰비키 사이의 불신은 계속됐으며 이들은 각각 정기적으로 독자적인 집회를 열곤 했다. 마르크스주의자들 가운데 가장 개방적이고 폭넓은 전략을 채택하고 있던 트로츠키는 페테르부르크의 프롤레타리아가 헌정(憲政)상의 개혁 약속에 속아 넘어가지 않은 것에 기뻐했다. 노동자들은 아무런 이념 교육을 받지 않았지만 니콜라이 2세에 반대하여 거리로 뛰어나왔다. 이런 상황은 볼셰비키의 분석이 틀렸음을 입증했다. 동시에 노동자들은 조심해서 행동하라는 경고에 귀를 기울이지 않았으며, 노동자들이 고립되고 말 것이라는 멘셰비키의 경고 역시 판단 착오로 판명되었다. 트로츠키는 이제 '연속 혁명(permanent revolution)'이 곧 시작될 것이라고 확신했다.

트로츠키는 러시아 정부가 여전히 보유하고 있는 강제력을 과소평가했다. 양측의 최종 대결이 머지않아 시작될 것이었다. 결국 그해의 마지막 달에 결판이 났다. 트로츠키의 회고다.

12월 3일 저녁 페테르부르크 소비에트를 군대가 포위했다. 출구와 입구가 모두 봉쇄되었다. 집행위원회가 열리고 있던 발코니에서 나는 아래쪽에 모여 있는 수백 명의 대의원들에게 소리쳤다. "저항하지 마시오. 무기가 적의 손에 들어가지 않도록 하시오." 무기라고 해봐야 손에 들 수 있는 무기, 즉 권총뿐이었다. 이미 보병과 기병, 그리고 포병의 호위 분견대 병사들에게 포위된 집회장에서 노동자들은 각자의 무기를 못 쓰게 만들기 시작했다. 익숙한 손놀림으로 그들은 모제르 총으로 브라우닝 총을 쳤고, 브라우닝 총으로 모제르 총을 때려 망가뜨렸다.[27]

소비에트의 지도자들은 체포되었다. 트로츠키에게 혁명은 그렇게 끝났다. 하지만 사실은 잠시 멈춘 것뿐이었다.

10장

462번 감방의 수인
재판정의 정치 선동가

트로츠키와 그의 동료들이 체포됨에 따라 러시아의 수도에서는 혁명적 저항이 점차 사라져 갔다. 파르부스는 초기에 체포되는 것을 면해서 1905년 12월 구금될 때까지 페테르부르크 소비에트를 잠시 이끌었다는 주장도 있다.[1] 그러나 사실 페테르부르크 소비에트는 더는 존재하지 않았으며 당국도 다른 데로 신경을 돌린 상태였다. 모스크바 소비에트가 그해 말에 봉기를 시도했으나 곧 진압되었다. 농민 소요가 일어난 곳에는 군대가 투입되었다. 이런 진압 작전은 다음 해까지 이어지는 장기간의 작전이었다. 일본과의 참담한 전쟁을 치르고 시베리아 횡단 열차를 타고 귀환하던 군 부대에서 반란이 여러 건 일어났다. 농민들은 지주들에 대항하여 단결하였고 농촌 지역에서도 폭력 사태가 발생했다. 1906년 4월 국가 두마가 페테르부르크에서 소집되었을 때, 두마 구성원 가운데 가장 큰 집단이었던 '트루도비키'*는 토지 개혁을 요구했다. 입헌민주당은 핀란드로 근거지를 옮겼으며 징병을 거부하고 세금을 내지 말라고 선동했다. 니콜라이 2세는 이들에 대해 강경한 자세를 유지했다. 일본과 벌이던 전쟁은 1905년

트루도비키(Trudoviki) 의회 선거 후 형성된 온건 성향의 그룹. 어느 진영에도 속하지 않은 채 인민주의 성향을 띠고 국가 두마에서 활동하는 사회주의자들의 원내 교섭 단체였다.

포츠머스 조약으로 끝이 났다. 프랑스에서 재정 차관을 들여와 위기 국면에서 경제가 일단 살아났다. 구체제가 조금씩 회복되고 있었다.

페테르부르크 소비에트의 지도자들과 활동가들은 크레스티 형무소*에 수감되었다가 페트로파블로프스크 요새*로 옮겨졌다. 이 요새는 표트르 대제가 자신의 아들 알렉세이를 수감하고 고문했던 장소이며 이후 러시아 제국의 유명한 정치범들이 수감된 장소였다. 결국 트로츠키와 그의 그룹은 예비 형무소로 옮겨졌고 트로츠키는 462번 감방에 수감됐다.[2] 그는 모두 합해 15개월 동안 옥살이를 했다. 죄수들은 죄수복을 받았으며, 공개 재판에 회부될 것이라는 이야기를 들었다.[3] 아무도 이들을 발가벗겨 수색하지 않았다. 트로츠키는 1917년 3월, 캐나다에서 수감될 때*까지는 그런 일을 겪지 않았다.[4] 수감자들은 매일 마당에서 운동을 했는데, 이때 서로 이야기를 나눌 수도 있었다. 이들은 또 많은 면회객을 만날 수 있었다. 또한 이들은 원하는 책을 대부분 읽을 수 있었으며 심지어 자신들이 쓴 글을 혁명적인 지하 신문에 몰래 보낼 수 있었다. 트로츠키가 이런 목적에 편리하게 사용했던 수단은 변호사의 가방이었다.[5]

감옥에 있으면서 그는 도서관에 가서 셰익스피어의 희곡을 대출하여 읽었다. 혁명적 정치 팸플릿은 다른 곳에서 구해야 했다. 하지만 이것 역시 문제가 아니었다. 그는 살티코프(S. N. Saltykov)에게 편지를 써서 마르크스의 《프랑스 내전》과 1871년 파리 코뮌에 관해 마르크스가 쓴 책을 구했다. 또한 러시아와 다른 유럽 지역의 '농업 문

크레스티 형무소 상트페테르부르크에 있는 감옥. 건물 모양이 두 개의 십자가 형태로 되어 있어서 러시아어로 십자가의 복수형인 크레스티(Kresty)라는 이름이 붙었다.
페트로파블로프스크 요새 네바 강 하구에 있는 섬에 지어진 요새. 정치범 수감에 사용되었다. 요새 중앙에 위치한 성당의 이름이 예수의 사도인 베드로와 바울의 이름을 딴 데서 유래한 이름이다.
* 1917년 2월에 러시아에서 혁명이 발발하자, 당시 미국 뉴욕에 와 있던 트로츠키는 배를 타고 러시아로 급히 귀국했다. 이때 도중에 캐나다에 기항하였다가 영국의 요청을 받은 캐나다 당국에 체포되어 잠시 구금되었던 사건을 말한다.

제'에 관한 자료도 요청했다. 이 가운데에는 카를 카우츠키, 표트르 마슬로프(Pyotr Maslov), 블라디미르 레닌이 쓴 논쟁적인 저술도 포함되어 있었다.[6] 러시아의 마르크스주의자들은 마르크스와 엥겔스의 교의를 러시아의 특수한 조건에 맞춰 조정할 필요가 있다고 보았다. 트로츠키는 다른 주요 사상가들보다 더 늦게 이 과제에 착수했다. 이 문제는 그의 평소 지적 범위를 벗어난 것이었고 그는 지대(地代)에 대한 조사 연구를 끝내 완결하지 못했다.[7] 그가 작성했던 초안은 10월혁명 직후 분실되었으며 트로츠키는 그것을 영영 되찾지 못했다. 여하튼 그는 감옥에 있는 동안 시간을 생산적으로 보내기로 결심했으며 당을 위한 자신의 혁명 프로그램을 더욱 세련된 것으로 만들기 위해 무엇이든 열심히 공부했다. 그 결과 그는 자신의 가장 영향력 있는 저술 가운데 하나인 《결과와 전망》을 썼다. 1917년 이후 그가 연속 혁명이라는 주제로 다시 돌아올 때까지, 그는 이 저술을 연속 혁명 이론에 관한 자신의 가장 완성도 높은 작품으로 여겼다.

트로츠키는 언론인의 역할을 계속 활발하게 수행했으며 자신이 쓴 〈표트르 스트루베의 정치〉라는 글을 자랑스럽게 여겼다. 이 글에서 트로츠키는 저명한 자유주의자들이 정부와 기꺼이 타협하는 것을 격렬하게 비판했다.[8] 그는 여전히 사회적으로 중요한 인물이었으며 그의 글 몇 편이 페테르부르크의 신문에까지 게재되었다. 트로츠키는 다른 부문에서도 생산성을 발휘했다. 나탈리야는 트로츠키를 정기적으로 방문하였으며 두 사람은 법적으로 정식 부부가 아니었지만 둘만의 다정한 시간을 갖는 것을 허락받았다. 결국 나탈리야는 임신을 했다. 두 사람 사이의 첫 번째 아이였다. 트로츠키는 이제 두 번째 가정을 꾸리게 됐다.

러시아사회민주노동당은 페테르부르크 소비에트의 재판에 어떻게 대처할 것인가를 두고 몇 달 동안 논의를 진행했다. 마르토프의 영향을 받은 당 중앙위원회는 피고들에게 페테르부르크 소비에트의 설립 목적은 이 소비에트 설립 직후 나온 '10월 선언'의 내용과 동일하며, 그외의 목적은 없었다고 증언하라고 지시했다. 이런 논리 구조를 마련하면, 국가가 그들에게 벌을 줄 경우 그 징벌은 단순한 앙갚음으로 간주될 수 있었다. 마르토프는 소비에트 지도자들이 이미 충분한 고통을 받았으므로 이제는 가능한 한 가벼운 처벌에 그칠 수 있도록 노력해야 할 것이라고 생각했다. 사실 러시아 제국의 정치 체제는 1905년에 심각한 도전을 받았다. 그렇기 때문에 매우 가혹한 사법적 처벌이 내려질 수도 있었다. 마르토프는 피고들이 생명과 건강을 잘 보존해서 나중에 형기를 마치고 다시 유용한 투사로 세상에 나오기를 희망했다. 그는 이 목표에 방해가 되는 행동은 어떤 것이든 삼가기를 바랐다. 그러나 트로츠키는 어떻게 처신할 것인가에 대해 자기만의 생각이 있었다. 연설가로서 자신의 힘을 발견한 그는 당 중앙위원회의 지침이 부여한 굴레를 거부했다. 그는 공개재판을 선전 선동의 기회로 활용했던 러시아 혁명가들의 전통을 따르기로 했다. 마르토프도 중앙위원회도 트로츠키의 뜻을 꺾을 수 없었다. 그는 로마노프 황실과 정부, 그리고 제국 전체의 질서에 반대한다는 뜻을 분명히 밝히고 그것들이 초래한 상황도 역시 비난할 생각이었다.

트로츠키는 마르토프에게 멘셰비즘에 대한 자신의 우려를 거듭 전했다. 멘셰비키가 경찰에 대해서 아무런 말도 하지 않고 '혁명적 자치 행정 조직'에 대해서도 아무런 계획이 없다는 것이었다. 그리고 멘셰비키는 입헌민주당과 동일한 전술과 전략으로 후퇴하고 있으며 마르토프의 글조차 '예의 바른 잡담' 수준이었다. 또한 플레하노프는 어째서 에두아르트 베른슈타인같이 무능한 독일의 마르크스주의 저술가들을 비판하는 글을 쓰는 것으로 만족하는가? 볼셰비키가 사용하는 논쟁적인 전략이 조악해서 싫기는 하지만, 트로츠키는 그래도 레닌이 계속해서 혁명적 낙관주의 원칙을 고수하고 있는 것은 올바르다고 생각했다. "사회민주주의적 정치인으로서 나는 (볼셰비키) 쪽에 가까운 것 같다."고 트로츠키는 마르토프 앞에서 인정했다. 트로츠키는 멘셰비키의 지도적 인물인 마르토프가 화를 내지 않고 자신의 진심을 존중해주었으면 한다고 호소했다.[9] 명확하게 표현되지는 않았지만 이러한 언급들은 혁명의 대의를 추구해 나가는 데 있어서 트로츠키가 계속 자신만의 길을 선택하겠다는 결심을 보여주었다. 마르토프가 트로츠키를 막을 방법은 없었다.

예비 형무소에서 재판을 준비하던 트로츠키는 예기치 못한 방해를 받았다. 곧 있을 재판이 언론을 통해 트로츠키의 부모에게까지 알려져 그들이 이 재판을 지켜보러 왔던 것이다. 니콜라예프 형무소에서 만난 이후 처음이었다. 당연히 부모는 몹시 걱정했고 트로츠키는 중노동형을 선고받을 수도 있다고 말했다. 어머니는 어쩌면 재판관이 너그러워서 아들의 소비에트 활동을 공개적으로 칭찬할지도 모른다고 생각하며 스스로를 달랬다.[10] 아버지는 좀 더 현실적이고 의연했으며, 한편으로는 역설적이긴 하지만 아들의 일이 잘 풀리고 있다는 생각까지 들었다. 이런 부모의 반응은 트로츠키의 마음을 불편하게 했다. 그는 또 파르부스 때문에 당혹스러웠다. 운동 시간에 종종 트로츠키와 짝을 짓던 파르부스는 재판이 시작되기 전에 탈옥하겠다는 결심을 하고 있었다. 트로츠키는 파르부스에게 행동을 같이하지 않겠다고 말했다. 트로츠키는 법정에서 공개적으로 발언함으로써 러시아사회민주노동당에 대한―그리고 트로츠키 자신에 대한―긍정적인 여론의 관심을 이끌어내겠다는 목표를 고수했다. 간수들이 도서관에서 도구를 몇 개 발견하는 바람에 파르부스의 계획은 들통 나고 말았다. 하지만 형무소 소장이 오흐라나가 감금 체제의 엄격함을 확인하려고 일부러 증거를 심어 두었다고 오해했고, 그 덕분에 파르부스는 무사할 수 있었다.[11]

1906년 9월 19일 재판이 시작되었고 수도 전역에 경찰이 모두 동원되어 배치되었다. 54명의 피고는 의연하게 행동했다. 트로츠키의 변호사는 A. S. 자루드니(A. S. Zarudny)와 P. N. 말랸토비치(P. N. Malyantovich)였다. 트로츠키가 직접 선택하지는 않았지만 이들은 능력 있는 전문가였고, 로마노프 왕조에 대한 적개심을 공유하고 있었다. 이 두 사람은 훗날 1917년 임시정부에 합류한다.[12]

미리 합의한 바에 따라 트로츠키를 비롯한 피고들은 공식적인 유무죄 주장을 하지 않았다. 트로츠키는 엄포를 놓았던 것만큼 거친 발언을 하지는 않았다. 그는 또 한 차례 잠시 의식을 잃었다.[13] 법정 발언의 기술을 완벽하게 구사하며 트로츠키는 노동자들이 행동에 돌입할 수밖에 없었던 것은 바로 피의 일요일 사건 때문이었다고 선언했다. "그 공격은 정부가 행한 것이었고, 우리 스스로 자신을 지켜야 한다는 것을 사람들에게 알리기 위해 우리는 행동에 나섰던 것입니다." 황제와 그 신하들은 이 재판을 통해 마치 "베드로가 예수를 부정하듯이" 노동자들과 혁명가들 사이를 갈라놓으려고 의도했다.[14] 하지만 그 시도는 실패했다. 진실은 더는 비밀이 아니며, 오직 사회주의 혁명만이 노동자의 이익을 보호해줄 것이다.

> 한쪽 편에는 투쟁, 용기, 진실, 자유……
> 다른 한쪽 편에는 기만, 비열함, 중상모략, 노예 상태……
> 시민들이여, 선택하시오.[15]

트로츠키의 이런 발언은 혁명 그룹 마음에 들었다. 어떤 충돌에서도 사람들은 자신이 공격자의 위치에 있지 않다고 믿고 싶어 한다는 것을 트로츠키는 잘 알고 있었던 것이다. 적에 대한 도덕적 비난에 사람들은 긍정적으로 반응한다. 쇼펜하우어의 《논쟁의 기술》을 읽은 트로츠키는 회피라는 논쟁 기술을 잘 닦아놓은 상태였다. 어쨌든 트로츠키는 재판관을 자극해 발언권을 박탈당하거나 가장 무거운 형벌을 선고받고 싶지는 않았다. 이 점에 있어서는 마르토프와 같은 입장이었다. 당당한 발언이 자살 행위가 돼서는 안 되었다.

재판정은 트로츠키가 제국 정부에 대한 반론을 진술할 수 있도록 허락했다. 트로츠키는 최근 유대인 격리 거주 지역에서 벌어진 유대인 학살 사건에 정부가 은밀하게 협조했다고 주장했다. 소비에트가 '그런 식의 통치'에 대항하여 스스로 무장했다는 것까지 인정했다. 트로츠키는 또한 기소자 측 증인들에 대한 반대 심문을 진행하면서 조롱이라는 자신의 무기를 맘껏 휘둘렀다. 특히 헌병대 대장이 조롱의 대상이 되었다.[16] 언론 매체는 트로츠키의 이런 발언들을 보도하였고 그는 정치계의 유명인으로 세인의 주목을 받았다.

11월 2일에 판결이 나왔다. 모든 증거에 비추어 피고인들은 국가 반란죄에는 해당되지 않았으며 그보다 가벼운 죄인 정부 전복이라는 죄목으로 유죄 판결을 받았다. 피고인들은 종신 유형과 시민권 전면 박탈이라는 형벌에 처해졌다. 중노동형에 처해지지 않은 것이 피고인들에게는 큰 위안이었다. 법정에서 나온 이들은 모스크바 임시 형무소의 큰 방 하나에 다 같이 수용되어 장차 가야 할 행선지가 정해지기를 기다렸다. 트로츠키는 기분이 좋지 않았다. 동료들이 내는 끊임없는 소음 때문에 글을 쓸 수가 없었다. 그는 하루라도 글을 쓰지 않으면 마음이 편치 않은 사람이었다.[17] 그는 좀 더 조용한 일상을 고대했다. 그 즈음 그에게는 또 하나의 큰 사건이 있었지만 기분 전환이 되지 않았다. 해산일이 가까웠던 나탈리야는 1906년 11월 24일 아들을 낳았다. 아이의 이름은 레프(Lev)라고 지었다. 아이는 가족에게 곧 아버지와 같은 애칭인 '료바'로 불렸다.[18] 그래도 트로츠키는 글쓰기에 집중했다. 회고록에서도 그는 나탈리야에게서 얻은 이 첫 번째 아이의 탄생에 대해 아주 간략하게 한마디 했을 뿐이다.

얼마 시간이 지나지 않아 《노동자 대표 소비에트의 역사》라는 책이 출간되었다. 이 책에 글을 실은 사람은 주로 소비에트에 참여했던 사람들로서, 판결을 기다리는 시간을 활용하여 저술한 책이었다. 다른 기고자들과 마찬가지로 트로츠키 역시 자기의 글이 혹시라도 기소자 측에 도움이 될까 봐 조심스럽게 썼다. 그는 국가 반란을 조직하려 했다는 기소 내용을 강하게 부인했다. 소비에트 지도부가 수도의 노동자들에게 무기를 공급했다는 증거는 전혀 제시되지 않았으며, 이 재판은 사법부의 장난질에 불과하다고 그는 비난했다.[19] 하지만 트로츠키의 이런 주장은 거짓말이었다. 법정에 있던 사람은 모두 트로츠키가 1905년 내내 동료들에게 봉기를 준비해야 한다고 촉구해 왔던 것을 알고 있었다.

페테르부르크 소비에트가 실패로 끝난 이유가 오로지 노동자들에게만 관심을 집중했기 때문이라는 주장에 트로츠키는 동의하지 않았다. 트로츠키의 견해에 따르면 소비에트의 강점은 바로 그 전략적 방향 설정에 있었다. '부르주아 자유주의자들'은 왕조를 타도하는 데 결코 도움이 되지 않을 터였다. 소비에트가 실패로 끝난 진정한 원인은 정부가 소비에트 구성원을 대대적으로 체포하기 전에 전러시아 노동자 대회를 소집하지 않은 데 있었다. 대회를 소집했더라면 '전러시아 노동자 소비에트'를 설립할 수 있었을 것이다. "두말할 나위도 없이 사건의 핵심은 어떤 명칭이나 조직 관계의 세부 사항에 있지 않다. 당면한 과제는, 인민의 손에 권력을 이양하기 위한 프롤레타리아의 투쟁을 이끌, 민주적으로 중앙집권화된 지도부의 구성이다."[20] 이런 표현은 트로츠키가 평소 쓰던 우아한 말투와는 사뭇 달랐다. 아마도 그는 그런 구상에 너무 흥분했던 것 같다. 트로츠키에 따르면, 혁명가들은 또 한 번 러시아 제국 정부와 충돌할 준비를 해야 한다. 트로츠키는 명확한 목표들을 제시했다. 옛 군대를 해체하고, '경찰-관료 제도' 역시 폐지하고, 하루 8시간 노동제를 공포해야 한다. 또한 소비에트는 '혁명적인 도시 자치기관'으로 전환하고, 이 소비에트 모델을 러시아 전국에 확산해서 농촌 지역에 농민 대표자의 소비에트를 설립해야 한다.[21]

이때 트로츠키가 몇 개의 문단에 걸쳐 서술한 전략은 그가 1917년에 실제로 추진하게 되는 전략이다. 그는 자신의 제안이 도식적임을 인정했다.

　　이런 계획은 고안해내기는 쉽지만 실행에 옮기기는 어렵다. 하지만 만일 혁명을 승리로 이끌려면 프롤레타리아는 이 프로그램이 제시하는 길을 택하지 않으면 안 될 것이다. 이 프로그램을 채택하면 이제까지 전 세계가 본 적이 없던 혁명 사업이 전개될 것이다. 프롤레타리아가 앞으로 경험할 투쟁과 승리가 기록될 위대한 책에서 (소비에트의) 50일간*의 역사는 아주 미미한 사건에 불과할 것이다.[22]

트로츠키가 볼 때 이 운동을 노동자가 이끌어야 한다는 것은 자명했다. 군인과 농민과 도시 하층민 역시 이 투쟁에 참여하도록 만들어야 한다. 이들의 참여 없이는 성공이 불가능하다. 만일 트로츠키가 미래를 예측한 적이 있다면, 바로 여럿이 함께 쓴 이 페테르부르크 소비에트의 역사에 관한 책에 머리말을 작성했을 때였을 것이다.

　해가 바뀔 무렵 수감자를 이송하라는 명령이 떨어졌다. 그러나 여전히 수감자들은 자기들이 어디로 가는지 모르는 상태였다. 수감자 행렬을 지휘하는 장교조차 아무것도 들은 바가 없다고 했다.[23] 1907년 1월 5일 트로츠키를 포함한 14명의 유형자들은 임시 형무소에서 나와 3등칸 객실 열차에 실렸다. 죄수들은 각각 침대를 배정받았으며 창문에 설치된 철창 너머로 바깥 세상을 볼 수 있었다.[24] 튜멘에 도착한 그들은 그곳 형무소에서 24시간 동안 머물면서 필요한 물품을 구입한 후 말이 끄는 썰매를 타고 토볼스크를 향해 출발했다. 이들을 호송하는 군인은 모두 52명이었다. 한겨울의 시베리아였기 때

* 페테르부르크 소비에트가 1905년 10월 중순부터 12월 초까지 존속했던 기간을 가리키는 것으로 보인다.

문에 하루에 16킬로미터밖에 이동하지 못했다.[25] 토볼스크에 도착하기 직전에 이들은 각각 앞으로 어느 마을에 배치되어 유형 기간을 보낼지 통보받았다. 트로츠키 그룹은 오브도르스크 구역으로 간다고 했다. 이곳은 북극권에 걸쳐 있는 지역이었다.[26] 이 소식을 접한 이들은 마음이 무거워졌다. 게다가 이들이 실제로 배치될 곳은 오브도르스크 시내가 아니라 시내에서부터 북쪽으로 480킬로미터나 더 떨어진 헤(Khe) 마을이었다. 이곳 주민은 짐승을 사냥하여 털가죽을 팔아 생활을 꾸려 나가는 '원주민'들이 전부였다. 이 마을 전체의 주거 시설은 대여섯 채의 유르트(yurt), 즉 현지인들이 전통적으로 사용하는 천막으로 된 집뿐이었다. 고생스러운 생활이 될 터였다. 오두막도 없고, 정기적인 우편 배달도 없으며 겨울에는 엄청나게 춥고 여름에는 엄청나게 더운 지역이었다.

유일한 위안은 북쪽으로 갈수록 호송 병사들의 태도가 조금씩 부드러워졌다는 사실뿐이었다.[27] 하지만 여행은 여전히 대단히 힘들었다. 토볼스크를 출발하여 1,100킬로미터를 이동하여 베료조프란 마을에 도착한 것은 2월 11일이었다. 상트페테르부르크를 출발한 지 33일째 되는 날이었다. 이르티시 강과 오비 강을 따라 하루에 80킬로미터 이상 강행군을 하였기에 호송관은 잠시 이곳에서 휴식을 취하도록 했다. 이제 오비 강을 따라 오브도르스크까지 가는 마지막 여정이 남아 있었다.[28] 유형자들은 그들의 도착에 맞추어 청소가 된 베료조프 형무소에 머물렀다. 형무소 측에서는 이들을 위해 식탁보를 깔고 초와 촛대까지 식탁에 놓아주었다. 트로츠키는 이런 대우에 "거의 감동에 가까운 느낌이 들었다."[29]

트로츠키는 탈출하려면 지금이 마지막 기회라고 판단했다. 그는 오브도르스크에 가는 것만큼은 무슨 수를 써서라도 피하고 싶었다. 그는 아픈 척하여 출발을 지연시켰다. 자신에게 호감을 보인 어느 의사의 충고에 따라, 트로츠키는 좌골 신경통이 생겼다고 거짓말을 했다. 의사 중에는 러시아 제국 정부를 증오하는 사람이 많았고 이들은 기꺼이 정부의 적에게 도움을 주었다. 언제나 훌륭한 연기 솜씨를 자랑하는 트로츠키는 아픈 흉내를 잘 냈고 경찰은 트로츠키가 탈출을 감행할 몸 상태가 아니라고 판단했다. 의료 검사 이후 그는 병원으로 옮겨졌으며 의사는 그에게 정기적으로 산책하라고 처방했다. 트로츠키는 드미트리 스베르치코프(Dmitri Sverchkov)와 탈출 계획을 짰다. 스베르치코프는 트로츠키의 친구이자 페테르부르크 소비에트 시절에 그를 잘 따르던 사람이었다.[30] 가장 쉬운 탈출 경로는 토볼스크를 향해 남쪽으로 가는 길이었다. 하지만 경찰도 같은 생각을 할 것이 분명했으므로 트로츠키는 서쪽으로 방향을 잡았다. 그쪽은 숲과 눈 때문에 훨씬 더 힘든 길이었다. 경찰은 이렇게 험한 길로 탈출을 시도할 만큼 어리석은 사람이 있으리라고는 생각하지 못할 것이라고 트로츠키는 추정했다.[31]

　의복과 식량과 가짜 여권, 그리고 신뢰할 만한 안내자가 탈출에 반드시 필요한 요소였다. 스베르치코프는 파데이 로시코프스키(Faddei Roshkovsky)라는 사람에게 도움을 요청했다. 로시코프스키는 군 장교 출신으로서 베료조프에서 벌써 수년간 유형 생활을 하고 있던 사람이었는데, 혁명의 대의에 도움이 되고 싶어 했다. 로시코프스키는 '염소의 발'이란 이름으로 알려진 협조자를 찾아냈고 이 '염소의 발'이 지랸족* 사람 한 명을 안내자로 구했다. 혹시 있을지 모르는 위험에 대비하여, 이 지랸족 안내인에게는 트로츠키가 정치범이라는 사실을 숨겼다. 스베르치코프의 아내는 여행에 필요한 상당한 양의 식품을 준비하였다. 가죽 코트, 가죽 장갑, 가죽 덧바지는 추위를 견디기 위해서뿐 아니라 트로츠키의 외모를 감추기 위해서도 필요했다. 순록이 끄는 썰매를 이용할 계획이었다. 트로츠키는 지랸

지랸족 북부 시베리아 지역의 원주민 부족.

족 안내인에게 이 긴 여행이 끝나면 가죽 코트와 순록을 넘겨주겠다고 약속했다.[32]

자유를 위한 탈출은 1907년 2월 20일 이곳의 수비대 극장에서 아마추어 연극이 상연되는 중에 감행될 예정이었다.[33] 트로츠키는 우선 극장에 갔다. 경찰 지휘관이 와 있는 것을 보고 트로츠키는 그에게 이제 몸이 회복되었으며 곧 오브도르스크로 갈 수 있을 것 같다고 말했다. 트로츠키는 자정 무렵 빠져나와 스베르치코프의 집에서 기르고 있던 턱수염을 깎아버린 다음 썰매에 올라탔다. 트로츠키가 1905년에 자랑스럽게 기른 턱수염을 보고 경찰은 그의 정체를 알아차렸다. 트로츠키의 변장과 행동 계획은 거의 완벽에 가깝게 진행되고 있었다. 한 가지 작은 문제는 지랸족 안내자였는데, 이때 그는 너무 술을 많이 마신 상태여서 길을 안내할 수 있을지 의심스러울 정도였다. 이런 사정 때문에 여행을 지체할 수는 없었다. 술에 취했건 말건 이 지랸족 남자는 자신의 임무를 수행해야 했다. 행운은 트로츠키에게 미소를 지었다. 꼬박 이틀이 지날 때까지 아무도 트로츠키가 사라졌다는 사실을 눈치채지 못했던 것이다. 경찰은 트로츠키가 스베르치코프의 숙소에서 휴식을 취하고 있다고만 생각했으며 스베르치코프 가족을 위해 요리하던 나이 든 여자는 트로츠키가 자신이 요리해주는 음식이라면 뭐든지 잘 먹고 있다고 말해주기로 약속했다.[34] 트로츠키가 사라진 뒤, 남은 사람들은 혹독한 고초를 겪었다. 스베르치코프와 그의 친구들은 체포되었고 즉시 오브도르스크의 엄혹한 고장으로 추방당했다. 경찰 지휘관 역시 구속되었으며 공모한 것이 아니냐는 추궁을 받았다.[35] 트로츠키의 동료들은 그를 당의 매우 중요한 자산으로 생각했기 때문에 그가 외국에 있는 당 지도부에 합류할 수 있도록 사심 없이 도왔다. 엄중한 처벌이 뒤따른다 하더라도 혁명 대의가 중요했던 것이다.

순록은 경쾌한 속도로 달렸다.[36] 트로츠키의 여행에는 여러 명의 안내자가 번갈아 동행하였는데 모두 엄청나게 술을 마셨다. 술을 잘 안 마시는 트로츠키는 그들이 눈 하나 깜짝하지 않고 독주를 단숨에 들이켜는 것을 보고 깜짝 놀랐다. 간혹 이들은 보드카에 차를 조금 섞어 순하게 마시기도 했다.[37] 달리고 달려도 유르트가 계속 나타났고, 숲이 끝없이 펼쳐졌다. 여행이 끝나 갈 무렵 트로츠키는 지랸족 안내인에게 정체를 숨긴 것이 미안한 생각이 들었지만 양심의 가책은 곧 사라졌고 그는 끝까지 입을 다물었다.[38]

트로츠키는 우랄 산맥을 넘어 아르한겔스크 주로 넘어갔고 거기에서 나탈리야에게 자신이 가고 있다고 전보를 쳤다. 나탈리야는 테리요키에 살고 있었다. 핀란드 국경 바로 안쪽에 위치한 테리요키는 러시아 수도에서 불과 50킬로미터 떨어진 곳이었다. 트로츠키는 나탈리야에게 뱌트카-코틀라스 철도가 지나는 사미노로 마중 나오라고 요청했다. 사미노는 페테르부르크에서 동쪽으로 1,100킬로미터나 떨어진 곳이었는데, 테리요키에서 가려면 우선 뱌트카를 거쳐야 했다. 트로츠키는 코틀라스 쪽에서 남쪽으로 기차를 타고 사미노로 오기로 되어 있었다. 나탈리야는 아들 료바를 친구에게 맡기고 황급히 출발했다. 트로츠키의 기억에 따르면, 나탈리야는 무척 흥분해서 트로츠키를 만나기로 한 기차역 이름을 잊어버렸다. 하지만 나탈리야의 기억은 달랐다. 그녀는 트로츠키가 두 사람이 만날 장소를 명확하게 지정하지 않았다고 주장했다. 나탈리야는 우연히 듣게 된 어떤 상인 두 사람의 대화 가운데 철도의 양쪽에서 오는 열차가 항상 사미노 역에서 교차한다는 말을 참고로 하여, 사미노에서 하차하면 되겠다고 눈치 빠르게 짐작했다.[39] 트로츠키는 열차가 역에 들어설 때 플랫폼에서 나탈리야를 찾아보았지만 발견하지 못했다. 한편 나탈리야는 객차 옆을 뛰어다니면서 트로츠키를 찾다가 그의 짐을 발견했고 결국 두 사람은 만나는 데 성공했다. 다시 만난 두 사람은 부둥켜안으며 엄청나게 행복해했고 승리의 기쁨에 넘쳤다. 두 사람은 다시

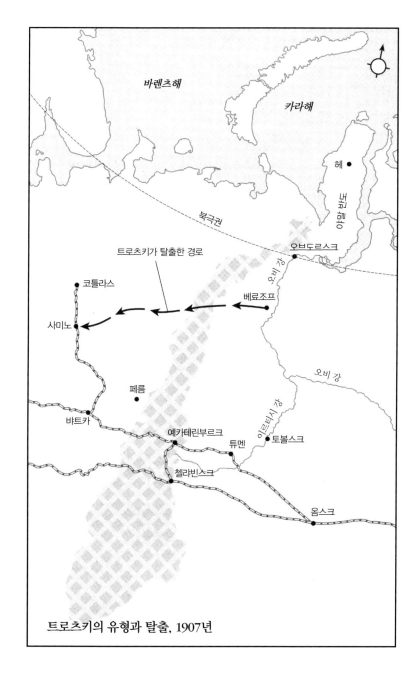

바렌츠해

카라해

헤 •

북극권

오브도르스크

트로츠키가 탈출한 경로

코틀라스 •

베료즈프 •

사미노 •

오비 강

페름 •

이르티시 강

오비 강

뱌트카 •

예카테린부르크 •

튜멘 •

토볼스크 •

첼랴빈스크 •

옴스크 •

트로츠키의 유형과 탈출, 1907년

기차를 타고 남쪽으로 이동하여 뱌트카를 거쳐 페테르부르크로 향했다. 거기서 친구들과 하룻밤을 보낸 다음, 나탈리야는 트로츠키를 테리요키에 있는 그녀의 집으로 데리고 갔으며 이때 트로츠키는 처음으로 아들과 제대로 만났다.

1906년에 혁명가들은 테리요키를 은신하면서 기운을 되찾는 데 자주 활용했다. 하지만 정부가 점차 압박을 강화하면서 트로츠키처럼 유명한 도망자가 테리요키에 머무는 것은 점점 더 위험해졌다. 트로츠키 부부는 며칠 뒤 헬싱키 부근의 오길뷰라는 곳으로 옮겨 갔다. 긴장도 풀 겸 해서 트로츠키는 자신의 최근 모험에 관한 글을 썼다. 제목은 '그곳으로, 다시 이곳으로'였다. 이 작은 책자에는 그가 쓴 글 중 가장 훌륭한 자연 묘사가 실려 있다. 이만큼 훌륭한 자연 묘사가 들어 있는 그의 저술은 자서전 《나의 생애》뿐이다. 트로츠키는 당국을 속이는 것이 얼마나 쉬웠는지 이야기하며 즐거워했다. 이 글을 쓴 데에는 현실적인 목적도 있었다. 원고의 인세를 미리 받아 두 사람이 외국으로 탈출하는 비용으로 썼던 것이다.[40] 다시 함께하게 된 두 사람은 포플러와 전나무가 우거진 숲을 거닐었다. 눈을 뭉쳐 눈싸움도 했다. 두 사람은 상큼한 나무 향내가 밴 맑은 공기를 맘껏 들이마셨다. 두 사람은 '러시아 내에서는' 제대로 된 휴가를 가지 못했으며, 러시아 내전이 끝나기 전까지는 핀란드 체류 기간이 휴가에 제일 가까운 시간이었다. 나탈리야는 집안일 때문에 헬싱키에 나갔다가 신문과 책을 가지고 돌아왔다. 트로츠키는 독일의 풍자 잡지인 〈단순성(Simplicissimus)〉을 매우 좋아했는데, 나탈리야는 트로츠키를 위해 이 잡지의 지난 호를 구해 왔다.[41]

이렇게 몇 주일의 시간을 보낸 뒤 그들은 다시 망명을 떠났다. 먼저 트로츠키가 출발했고 몇 주일 뒤 나탈리야가 출발했다. 두 사람은 경찰의 눈을 피하기 위해 따로 여행했다. 아들 료바는 핀란드에 사는 친구 리트켄스(Litkens) 박사에게 맡긴 채였다.[42]

11장

오스트리아 빈의 망명자

"중단 없는 혁명, 연속 혁명이 필요하다."

트로츠키는 빈에 정착하기로 결정했다. 오스트리아의 수도를 선택한 것은 당의 망명자 그룹들이 근거지로 삼고 있는 도시에 머물려는 의도였다. 그는 독자적인 길을 가기로 마음먹었다. 자신이 잘하는 일에 노력을 집중하면 정치 활동을 잘해 나갈 수 있을 것이라고 생각했다. 그는 글을 쓰고 발표하는 일을 집중적으로 추진할 작정이었다. 당내 분규가 벌어지던 스위스에서 떨어져 있었기에 트로츠키는 자기 방식대로 일할 수 있었다. 당시는 조직 간의 갈등이 심각한 시기였다. 볼셰비키와 멘셰비키는 1906년~1907년에 스톡홀름과 런던에서 통합을 위한 일련의 조치를 취했던 것과 상관없이 서로 싸우고 있었다. 각 당파 내부에서도 분열이 있었다. 트로츠키는 이런 상황이 끔찍했고 혐오스러웠으며 결국 모든 당파로부터 마음이 멀어졌다. 여러 당파가 그에게 협조를 요청했지만 모두 거절했다.

러시아 제국에서 빠져나온 정치 망명자들은 합스부르크가 지배하는 지역에서는 아무런 방해를 받지 않고 활동할 수 있었다. 페테르부르크와 빈 사이에서 벌어지던 제국 간 경쟁 때문에 오스트리아 정부는 로마노프의 적이라면 누구든지 자신의 친구로 여겼다. 오스트리아-헝가리 제국은 경제적 근대화를 달성하려면 아직 갈 길이 멀었지만, 그래도 빈은 유럽의 영광이 빛나는 중심 도시였다. 군사력 측면에서는 독일과 러시아가 오스트리아를 압도했다. 프란츠 카프카(Franz Kafka, 1883~1924)의 소설과 카를 크라우스(Karl Kraus, 1874~1936)의 글에 생생하게 묘사되어 있듯이, 오스트리아 정부는 독단적이고 부패한 것으로 유명했다. 프란츠 요제프 1세(Franz Joseph I, 1830~1916, 재위 기간 1848~1916)는 제국의 취약함을 지적하는 목소리를 무시했다. 1848년에 즉위한 이 늙은 황제는 당대의 어떤 어려움도 곧 극복할 수 있다고 생각했다. 황제와 대신들은 오스만 제국에 속한 몇몇 지역을 오스트리아 제국에 통합하고 싶어 했고, 러시아 제국이 서쪽으로 세력을 확대하는 것을 저지하고 싶었다. 프란츠 요제프 황제는 조상으로부터 물려받은 황제 자리에서 제국이 무너지는 것을 잠자코 보고 있을 생각은 전혀 없었다. 한편 유럽의 마르크스주의자들에게 빈은 노동운동의 요새였다. 빈 교외에 빼곡하게 들어선 공장에서는 연기가 뭉게뭉게 피어올랐고 각종 산업 제품이 생산되고 있었다. 이 도시에는 7개나 되는 기차역이 있어서 제국 안팎의 다른 도시와 연결이 원활했다. 트로츠키는 지금 자신이 혁명 투쟁의 가장 큰 중심지로 가고 있다고 생각했다. 만일 오스트리아에 심각한 정치 투쟁이 발생한다면 자신은 바로 그 현장에 있게 되는 것이었다.

나탈리야가 도착하기를 기다리는 동안 트로츠키는 머물 만한 곳을 찾는 한편 탈출 기록 집필을 마무리했다.[1] 이런 글쓰기는 그에게 강박적인 행위였다. 10년 후인 1916년 프랑스와 에스파냐에서 추방되었을 때도 트로츠키는 그 과정을 상세하게 기록했다.[2] 돈이 필요하기도 했지만 숨겨진 목적도 있었다. 시베리아에서 탈출한 흥미로운 이야기는 당내 지도부에서 입지를 강화하는 데 도움이 될 것이라고 트로츠키는 계산했다. 또한 글 중간에 정치적 메시지를 끼워 넣음으로써 자신의 정치적 견해에 대한 지지도 획득할 수 있었다.

나탈리야는 핀란드를 출발하여 베를린까지 왔고, 기차에서 내리는 그녀를 빈에서 온 트로츠키가 맞이했다. 두 사람은 곧장 드레스덴으로 가서 파르부스 부부의 집에 머물렀다. 육중한 몸집에도 불구하고 등산을 무척 좋아했던 파르부스의 제안에 따라 트로츠키 부부는 오스트리아-헝가리 제국 국경 부근의 히르슈베르크 근처 보헤미아 산악 지대로 여행했다. 매일 그들은 정치에 관해 긴 이야기를 나누었다. 파르부스는 장황하게 이야기를 늘어놓는 것을 좋아했다. 독일사회민주당 소속인 그는 당의 지도자들에게 받은 인상을 자세하게 이야기하며 그들이 혁명 열정을 상실했노라고 비판했다.[3] 트로츠키와 나탈리야 역시 독일사회민주당 지도자들을 잘 알고 있었지만 파르부스가 그들에게 내린 낮은 평가에는 동의하지 않았다. 하지만 트로츠키 부부는 파르부스를 존중하는 의미에서 그의 말을 들어주었다. 여하튼 산중의 맑은 공기와 아름다운 풍경은 세 사람에게 큰 도움이 되었다. 트로츠키는 자신의 멘토와 다시 만나 대화를 나누면서, 역시 러시아에 가장 적합한 선택은 '노동자 정부'라는 자신의 평소 신념을 더욱 단단하게 굳힐 수 있었다. 휴가 여행을 통해 몸과 마음을 새롭게 재충전한 트로츠키는 독일 남부 지역에 산재한 러시아 마르크스주의자 그룹들을 순회 방문하였다. 트로츠키가 빈으로 돌아간 후 나탈리야는 다시 페테르부르크로 가서 아들 료바를 데리고 오스트리아로 돌아왔다.[4]

빈으로 이주한 트로츠키 부부는 옛날 친구들과 다시 만났다. 그 가운데 한 사람은 세묜 클랴치코(Semyon Klyachko, 1850~1914)였다. 빌뉴스 출신의 유대인인 클랴치코는 오스트리아사회민주당 내에서 존경받는 인물이 되어 있었다.[5] 또 다른 한 사람은 아돌프 이오페(Adolf Ioffe, 1883~1927)였는데, 그는 빈에 1908년에 도착하여 의학 학위를 취득하기 위해 학교를 다니면서 세계적으로 유명한 알프레트 아들러(Alfred Adler, 1870~1937)의 지도 아래 정신의학을 전공했다.[6] 아돌프 이오페는 러시아사회민주노동당의 유명한 투사였으며, 알프레트 아들러와 그의 부인은 트로츠키 부부의 친구이기도 했다. 또한 트로츠키는 빅토어 아들러와 그의 아들 프리드리히 아들러 같은 저명한 오스트리아 마르크스주의 지도자들과 다시 친분을 나누기 시작했다. 트로츠키는 이 도시에서 일종의 사교계 인물이 되었다. 그는 규칙적으로 '카페 첸트랄'에 가서 커피를 마셨다. 트로츠키가 그 카페의 유명한 초콜릿 케이크를 먹었는지는 기록이 없다. 커피를 마시고 아침 신문을 보면서 트로츠키는 페터 알텐베르크(Peter Altenberg, 1859~1919), 후고 폰 호프만슈탈(Hugo von Hoffmannsthal, 1874~1929), 레오 페루츠(Leo Perutz, 1882~1957) 같은 빈의 유명 인사들과 친분을 쌓았다. 지명한 풍자 작가이면서 문학 이론가였던 카를 크라우스 역시 카페 첸트랄에서 그가 발간하던 잡지 〈횃불(Die Fackel)〉(1899년 창간)을 편집했다고 한다. 트로츠키는 유럽 지역에서 중부 유럽을 가장 좋아했다. 그가 보기에는 베를린이 런던보다 훨씬 매력적인 도시였다.[7] 파리에는 별다른 관심이 없었다. 하지만 그가 진정으로 사랑했던 도시는 빈이었다. 오직 오데사만이 트로츠키에게 빈과 비슷한 정도의 열정을 불러일으켰다.

트로츠키는 1907년 4월 말 제5차 당대회에 참석하기 위해 런던으로 갔으며, 제네바와 파리에서는 연설도 했다. 그는 하고 싶은 말도 많았고 쓰고 싶은 글도 많았다. 처음에 트로츠키는 제1차 두마 선거에 당이 참여하는 것을 반대했지만 이후 입장을 바꾸어 다가오는 각종 선거에 당이 적극적으로 참여해야 한다고 주장했다. 그는 두마에서 얻을 것이 많으리라 기대하지 않았지만 두마 참여를 완전히 거부하는 것 역시 분별 없는 짓이라고 생각했다.[8] 그해 초 트로츠키는 책 《당을 옹호하기 위하여》를 완성하여 페테르부르크의 한 곳 이상의 출판사에서 출판했다. 이 책에서 그는 실질적인 권고 사항을 자세히 설명했다. 정치적 후퇴기에 마르크스주의자들은 가능한 모든 기회를 활용해야 한다고 트로츠키는 주장했다. 또한 그는 러시아 혁명의 승리에서 농민의 중요성을 점점 더 강조했다. 당은 농민과 접촉해서 그들이 노동계급과 연합해야만 구제받을 수 있다고 설득해야 한다.[9] 이전과 마찬가지로 트로츠키는 볼셰비키의 도식적이고 편협한 계책을 비난했고, 또한 멘셰비키가 자유주의자들에게 지나치게 관대한 태도를 보인다고 비난했다.[10] 트로츠키는 러시아사회민주노동당이 완전히 지식인들로 채워져 있다는 것은 부인했다. 하지만 그는 당이 과거의 활기를 되찾으려면 더 많은 일을 해야 한다고 강조했다.[11]

런던의 당대회에서 트로츠키는 오직 자문 자격만 부여받았다. 트로츠키가 스스로 아무런 당파에도 소속되어 있지 않다고 밝혔고 따라서 어떤 인증된 당 조직도 대표할 권한이 없었기 때문이다. 이미 그는 《당을 옹호하기 위하여》의 출판 때문에 친구를 만들 기회를 스스로 없애버린 상황이었다. 그는 고립 상태를 즐겼다. 당대회의 시작부터 트로츠키는 상대방을 서로 제압하려는 멘셰비키와 볼셰비키의 시도를 무산시키려고 애썼다.[12] 멘셰비키가, 1905년 말 페테르부르크에서 트로츠키가 '멘셰비키 당파의 지도자'였다고 언급하자 그는 몹시 불쾌해했다.[13] 당대회에서 발언권이 주어지자 트로츠키는 멘셰비즘과 볼셰비즘의 전략을 모두 비난하고 진정한 당의 단합이 필요하다고 호소하면서 발언을 마쳤다.[14] 양 당파가 모두 자신을 공격하고 있음을 알게 된 트로츠키는 러시아 내부의 당 활동에 관한 타협적 결의안을 제시하는 것이 아무런 의미가 없다고 판단했다. 하지만 그런 판단 때문에 그는 다시 한 번 비판받았다.[15] 그러나 트로츠키는 이에 굴복하지 않고 한발 더 나아가 로자 룩셈부르크와 같은 의견이라고 선언했다. 폴란드 출신 유대인으로서 독일사회민주당 당원 자격도 동시에 갖고 있던 로자 룩셈부르크는 당이 자유주의자들이나 다른 '부르주아 당'에 관용적 태도를 보여서는 안 된다고 주장했다.[16] 트로츠키가 이런 발언을 하자, 멘셰비키와 분트 조직은 다시

한 번 그를 맹공격하였다. 한편 레닌은 트로츠키의 '연속 혁명'이라는 이단론을 묵인할 용의가 있다고 밝혔다. 이는 일시적이나마 트로츠키에게 호의적인 태도를 보인 것이었다.[17]

트로츠키는 볼셰비키 지도부가 내민 손을 거절했다. 그는 두마나 농민 문제를 둘러싸고 볼셰비키 내부에 논란이 있음을 지적하면서 레닌이 자기 당파의 의견에 반대표를 던진 것을 조롱했으며 '위선적'이라고 비난했다. 이런 격한 발언 때문에 트로츠키는 자제하라는 요구를 받았다.[18] 1905년 페테르부르크 소비에트에 관한 논쟁에서도 트로츠키는 자신의 기량에 대한 칭송을 받지 못했다.[19] 그는 이 당대회에서 다른 사람들에게 강렬한 영향을 줄 수는 있었지만 친구는 얻지 못했다. 많은 사람들이 트로츠키가 말을 유창하고 설득력 있게 한다는 것은 인정했지만, 그가 겉으로는 조직 단결을 외치면서도 실제로 가장 기뻐하는 순간은 당내에 분열과 논란을 조장하는 때일 것이라고 생각했다.

트로츠키가 당대회에서 중앙위원회에 선출되지 못한 것은 놀라운 일이 아니었다. 당대회가 끝난 뒤 빈으로 돌아오면서 트로츠키는 이제부터 러시아사회민주노동당 내에 하나의 독립된 세력으로 자리 잡아야겠다고 결론 내렸다. 한동안 트로츠키 부부는 숙소를 자주 옮겨 다녔다. 처음에는 휘텔도르프에서 살았다. 방세가 인상되자 그들은 세베링으로 이사를 했고 다시 로들러가세 25번지 건물의 제2번 아파트로 옮겼다. 되블링에서 가까운 노동자 거주 지역이었다. 이 마지막 거처에는 부엌과 화장실, 그리고 침실 두 칸이 있었다.[20] 나탈리야는 1907년 6월 말 임신해 1908년 3월 20일에 두 번째 아들을 출산했다. 이름은 세르게이라고 지었다. 이 아기가 형 료바의 호감을 얻는 데는 상당히 오랜 시간이 걸렸다. 아기 울음소리 때문에 밤에 잠을 잘 수 없다고 료바는 불평했다. 트로츠키 역시 다소 당혹스러웠다. 그는 나탈리야가 정치적 동반자 역할을 계속해주기를 바랐으나 이제 그녀는 어린 아들 둘을 돌보는 데 하루 낮 시간을 전부 바쳐야 했다. 그 대신 그녀는 굳게 결심을 하고 밤에 아이들을 재우고 난 다음에는 진지하게 독서를 했다. 아이들은 자라면서 엄마는 전혀 잠을 자지 않는 사람이라고 생각했다. 돈이 그렇게 부족한 것은 아니었지만 트로츠키 부부는 절약해야 했다. 최소한 과거보다는 좀 더 조심스럽게 돈을 써야 했다.[21]

　오스트리아 바깥으로부터 트로츠키 부부를 찾아온 최초의 사람들 가운데 트로츠키의 부모가 있었다. 1907년 트로츠키의 부모는 트로츠키와 알렉산드라 사이에서 태어난 여섯 살 난 딸 지나를 데리고 왔다. 이 가족은 복잡한 삶을 살아왔다. 당시 지나는 트로츠키의 누나인 옐리자베타 가족과 함께 헤르손 시의 그랴즈나야 거리에 살고 있었다. 어머니 알렉산드라는 옐리자베타 가족에게 자주 편지를 썼다.[22] 트로츠키가 지나를 마지막으로 본 것은 그가 시베리아를 탈출하던 때였는데, 그때 지나는 아직 어린 아기였다. 딸은 아버지의 눈동자 색과 머리색을 물려받았고 얼굴도 많이 닮았다. 아버지를 만난 딸의 가슴에는 즉각 아버지를 '뜨겁게 사랑'하려는 마음이 일었다.[23]

　트로츠키는 1905년과 1906년 사이에 쓴 글을 모아 책으로 출판했다. 그 가운데에는 《결과와 전망》으로 출간했던 글도 포함되어 있었다.[24] 독일인 독자를 위해 그는 《결과와 전망》의 증보판을 '혁명 가운데 있는 러시아'라는 제목으로 썼다. 이 글은 1922년이 되어서야 러시아어판이 나왔고 영어로는 '1905년'이라는 제목으로 소개되었다.[25] 트로츠키는 프랑스혁명에서 희망의 요소를 계속 끌어냈다. 자코뱅과 그들의 '유토피아주의'를 본뜨려 하지는 않으면서도 그들의 열정은 칭송하였다.[26] 트로츠키는 정확하게 어떤 의미에서 그랬던 것일까? 진정으로 필요한 것은 러시아사회민주노동당이 이끄는 프롤레타리아 독재였다. 이것이 실현되려면 '중단 없는 혁명'이라는 전

략이 필요했다.(이것을 트로츠키는 후일 '연속 혁명'이라고 표현한다.)[27]
트로츠키의 글은 꽤 폭넓은 범위를 다뤘다. 이것이 그의 강점이었다.
트로츠키는 당시 당의 엘리트 지식인들이 신경을 많이 쓰던 문제들
은 연구할 필요성을 느끼지 못했다. 당시 논란이 되던 문제는, 인식
론이라든가 러시아 농업 발전의 변천 과정, 국가 두마의 바람직한 활
용 방안 같은 문제들이었다. 제국 정부가 자신감을 되찾고 통치를
안정시키는 데 성공함에 따라 러시아가 다시 혁명적 혼란에 빠질 일
이 가까운 미래에는 없을 것이라는 인식이 굳어질수록 논쟁은 더 격
렬해져 갔다. 트로츠키는 당장 유행하는 토론 주제에는 무관심했다.
그의 관심사는 주로 그 자신이 1905년 러시아에서 활동할 당시 이미
개괄적인 그림을 그려 두었던 전략적인 문제를 다시 한 번 서술하고
보완하는 데 있었다.

트로츠키는 러시아 역사 발전의 부정적 측면을 강조했다. 서유럽
과 대조적으로 "러시아 민족은 로마 제국의 문화적 유산을 이어받지
못했다." 르네상스도 경험하지 못했다. 13세기 몽골의 침입으로 국
가의 힘이 비정상적으로 커졌다. 러시아가 몽골로부터 주권을 회복
한 이후에도 국가의 힘은 오랫동안 계속 확대되었다. 표트르 대제가
산업화 정책을 강력하게 추진함에 따라 국가의 재정 부담이 대폭 증
가하였고 러시아 중간계급의 성장이 제한되었다. 서구가 자본주의적
발전과 활력 있는 시민사회를 이루는 데는 자립적인 사회 활동이 필
수적인 요소였는데, 러시아에는 이 요소가 뿌리를 내리지 못했다.[28]

다음 세대 사람들은 트로츠키가 러시아 역사를 독창적으로 분석
했다고 칭송했지만, 사실 트로츠키가 쓴 글은 19세기 중엽 이후 서구
화 경향을 연구한 러시아 자유주의적 역사가들의 분석을 그대로 옮
겨놓은 데 불과했다. 트로츠키가 자신에게 지적인 독창성이 있다고
주장한 적은 없었다. 만일 그랬다면 그는 조롱받았을 것이다. 트로
츠키가 그의 글에서 진정으로 과시한 것은, 일관성과 명료성과 열정

이었다. 러시아의 지배 계층은 후진적이고, 농민은 취약하며, 비러시아인은 모욕적인 무지에 갇혀 있다고 트로츠키는 지적했다. 희망이라는 것이 있다면 그것은 투쟁을 계승할 운명인 노동계급에게서 찾아야 했다.[29] 낙관주의는 정당하며 러시아의 '후진성' 그 자체를 오히려 활용할 수 있다고 그는 주장했다. 파리 코뮌이 '프티부르주아적'인 파리에서 쉽게 권력을 잡을 수 있었으며 사회주의적인 여러 개혁을 시작했음을 트로츠키는 독자들에게 상기시켰다. 파리 코뮌은 불과 몇 주일 만에 분쇄당했다. 하지만 러시아의 마르크스주의자들은 더 멀리 전진해서 완전한 사회주의적 사회를 건설할 수 있을 것이다. 그리고 러시아는 부르주아 계급이 아직 확실하게 권력을 굳히지 못했으므로 영국이나 미국보다 사회주의 건설이 더 쉬울 것이다. 트로츠키는 그런 확신의 근거로 카우츠키를 내세웠다.[30]

트로츠키는 자신의 마르크스주의 이론이 정치학과 경제학과 사회학과 문화와 철학까지 일관성 있게 통합했다고 주장하면서 레닌과 보그다노프와 플레하노프와 입장을 달리했다. 트로츠키는 지적으로 이 주제에서 저 주제로 쉴새없이 옮겨 다녔으며 자신의 사상을 체계화할 필요성을 느끼지 못했다. 훗날 트로츠키주의자들은 제1차 세계대전 이전의 트로츠키가 레닌과 같은 수준의 마르크스주의 이론가였다고 칭송하지만 1914년 이전에 트로츠키를 그렇게 평가하는 사람은 아무도 없었다. 트로츠키는 뛰어난 평론가로서 존경받았을 뿐이다. 당에서 그의 문화적 소양과 우아하면서도 조롱 섞인 문체를 따라 잡을 경쟁자는 아무도 없었다. 더 중요한 점을 지적하자면, 1910년대 초반에 당을 다시 하나로 단결시키기 위하여 트로츠키보다 더 열심히 노력한 사람은 없었다. 파르부스와 트로츠키가 제안한 전략은 분명히 특이한 것이었다. 파르부스가 시베리아 유형지를 탈출한 후 이스탄불과 그밖의 지역에서 자신의 영리 사업에 관심을 쏟게 된 후, 동료 러시아 마르크스주의자들에게 그 전략을 주창한 것은 트로츠키 하나였다. 트로츠키를 뭐라고 규정해야 할지 아무도 알지 못했다. 당 지도자로서 트로츠키는 결코 포기하지 않고 끝까지 당의 통합을 주창한 사람이었다. 제1차 세계대전이 끝나 갈 무렵에야 트로츠키는 어떤 사람이라야 러시아사회민주노동당에 들어올 수 있는지 그 조건을 까다롭게 따지기 시작했다.

당 지도부의 냉담한 태도에 트로츠키는 조금도 기가 죽지 않았다. 동료들에 대한 자신의 비판적 논조가 그들을 불쾌하게 한다는 것은 트로츠키 자신도 인정했다.[31] 하지만 자신은 당을 최우선으로 생각해서 행동하는 것이라고 트로츠키는 주장했다. "멘셰비키? 볼셰비키? 나는 개인적으로 둘 다와 똑같은 정도로 가깝다. 두 당파 모두와 밀접한 관계를 유지하며 일하고 있으며, 어느 당파가 지도적인 역할을 수행하는가에 상관없이 당의 모든 혁명적 성취를 똑같이 자랑스럽게 여기고 있다."[32] 당의 단합이 언제나 트로츠키의 가장 주된 관심사였으며, 그의 태도는 당당했고 낙관적이었다.

당을 다시 단결시키기 위해 그가 선택한 수단은 신문 〈프라우다(Pravda, 진실)〉*였다. 이 사업을 처음 생각해낸 사람은 트로츠키가 아니었다. 우크라이나 사회민주주의자들 가운데 지도적 위치에 있던 마리안 멜레네프스키(Marian Melenevsky)는 신문 창간 기금을 마련하려고 우크라이나에 있는 도시들을 순회하였다. 우크라이나의 마르크스주의 조직인 '스필카(Spilka)'라는 그룹에 속해 있었던 그는 유능한 자금 모집책이었다. 일단 필요한 자금을 확보한 다음 필요한 것은 능력 있는 편집자였다. 편집자 후보는 당연히 트로츠키였다. 멜레네프스키는 빈으로 가서 그를 만났다. 멜레네프스키는 우크라이나 민족의 권익 향상을 위해 노력하고 있었으며 마르크스주의자라기보다는 민족주의자라는 느낌을 주었다. 그는 트로츠키를 러시아 제국

* 후일 볼셰비키가 발행하는 동일한 이름의 소련공산당 기관지와 다른 신문이다. 트로츠키가 발행한 이 신문은 통상적으로 '빈 프라우다(Vienna Pravda)'라고 표기한다.

1908년부터 트로츠키가 아돌프 이오페, 마트베이 스코벨레프와 함께 편집진으로 참여한 〈프라우다〉. 오스트리아 빈에서 한 달에 두 번 발행된 이 러시아어 신문은 러시아 국내로 밀반입되어 큰 반향을 일으켰다.

의 기반을 흔들 수 있는 사람으로 보았으며, 트로츠키는 자신의 정치적 독립을 지킬 수 있다면 누구에게서 돈을 받든 상관하지 않았다. 트로츠키과 멜레네프스키는 합의에 이르렀다. 제네바에 살고 있던 멜레네프스키의 동료들은 이런 상황을 못마땅해했으며 멜레네프스키는 이들의 반대를 극복해야만 했다.[33] 트로츠키는 아주 기뻐했다. 자금 지원을 받으려고 애원할 필요 없이, 나탈리야와 가족의 생활을 불안하게 하지도 않으면서 새로운 당 신문의 운영에 결정적인 영향력을 행사할 수 있게 된 것이다. 게다가 당내의 강력한 당파들의 요구에 타협할 필요도 없었다.

신문 발행 작업에서 트로츠키와 일을 함께하게 된 주요한 인물로는 아돌프 이오페, 세몬 셈코프스키(Semyon Semkovsky, 1882~1937), 마트베이 스코벨레프(Matvei Skobelev, 1885~1938)가 있었다. 멜레네프스키도 한동안 활발하게 역할을 했고 파르부스 역시 상업적인 측면에서 도움을 주었다.[34] 예민한 성격인 이오페는 의사였으며 오데사에서 가까운 심페로폴 출신이었다. 그는 알프레트 아들러 아래서 정신의학을 공부하는 동시에 그에게서 정신분석을 받고 있었다.[35)] 이오페는 헌신적이고 체계적인 사람이었지만 이따금 현학적인 태도를 보이는 것이 흠이었다.[36)] 이오페의 아내는 신문의 회계 장부 관리를 도왔다.[37)] 신문은 한 달에 두 번 발행되었는데 충분한 기삿거리를 공급하느라 작업량이 매우 많았다. 발행된 신문은 우크라이나의 갈리치아 지방이나 흑해를 거쳐 러시아 제국으로 들어갔다. 자료와 사람의 이동은 멜레네프스키의 전문 분야였다.[38)] 트로츠키는 기사 작성과 편집에 집중하였으며 업무가 상당히 과중했지만 일을 무난하게 잘 처리해 나갔다. 그는 즐거운 마음으로 일했으며 시간을 짜내서 흑해 지역 선원들의 비밀 노동조합이 소식지를 내는 일을 돕기도 했다.[39)]

트로츠키는 편지 왕래를 하면서 위험에 노출되었지만 그다지 신경쓰지 않았다. 오흐라나의 정보원들은 종종 그의 이름을 '트로이츠키(Troitsky)'라고 틀리게 쓰긴 했지만 트로츠키에 대한 감시를 늦추지 않았다. 한편 이렇게 기본적인 보안 조치에 소홀했던 사람은 트로츠키와 동료들뿐이 아니었다. 나탈리야 세도바 역시 얼마 후 페테르부르크에 갔을 때 빈의 집 주소로 남편에게 직접 편지를 보냈다. 그녀가 남편의 신분을 위장하는 데 사용했던 유일한 속임수는 그의 이름을 '시몬 브론시테인'이라고 쓴 것뿐이었다. 이 사람이 실상은 혁명 그룹의 지도자인 '트로츠키 혹은 브론시테인'이라는 것을 짐작하는 데는 특별히 재능 있는 경찰이 필요하지 않았다.[40)] 하지만 레닌이나 마르토프와 달리 트로츠키는 러시아 제국 내에 비밀 조직망을 운영하고 있지 않았기 때문에 특별히 위험한 상황은 아니었다. 트로츠키는 당의 중앙위원회에도 들어가지 못한 인물이었다. 그가 주로 맡은 일은 생각하는 일, 글 쓰는 일, 그리고 시간에 맞추어 원고를 마감하는 일이었다. 그는 오흐라나가 자신의 주소를 파악하고 있음을 알고 있었다. 하지만 자신과 자신의 가족은 러시아 제국의 경찰에 지나치게 신경을 쓰지 않으면서 평상시의 일과 삶을 꾸려 나가야 한다는 것을 전제로 하고 활동했다. 훗날 러시아 제국 경찰 오흐라나가 아니라 살인을 일삼는 엔카베데*가 자신의 적이 되었을 때에도 그는 이런 태도를 버리지 않았다.

〈프라우다〉가 확보한 최초의 자금으로는 신문을 계속 발행하기 어려웠기에 트로츠키는 막심 고리키에게 자금을 후원해줄 것을 요청하는 편지를 썼다. 당시 고리키는 러시아의 가장 유명한 작가들 가운데 한 사람이었으며 상당한 액수의 인세 수입으로 마르크스주의 출판업을 도와줄 용의를 갖고 있었다. 트로츠키는 자신의 신문에 대한 자부심을 표명했다. 고리키에게 트로츠키는 당 지도부가 겉으로는 이 신문을 용인하고 있지만 실상은 신문 발행을 방해하고 있다고 썼다. 또한 러시아 제국 내의 독자들이 이 신문이 한 호씩 나올 때마다 '엄청난' 반응을 보이고 있다고도 썼다.[41] 트로츠키는 돈이 나올 만한 대상이면 누구에게든 자금 지원을 요청했다. 그는 당의 뉴욕 지역 그룹에도 편지를 보내 〈프라우다〉가 현재 채무가 많아서 8천 부도 발행하기 힘들게 되었다는 사정을 알렸다.[42] 그는 사설에서 여러 차례 재정 지원을 요청했다.[43] 또한 〈프라우다〉의 채무자들에게 채무 변제를 요청하기도 했고 오스트리아사회민주당원들에게 300크라운을 빌리기도 하였다.[44]

트로츠키가 우크라이나와 관계를 재개한 것은 〈프라우다〉를 통해서만이 아니었다. 1908년부터 그는 〈오데사 소식〉이라는 정기간행물에 많은 분량의 글을 게재했다.[45] 〈키예프 사상〉에서도 같은 활동을 했다.[46] 그가 우크라이나 신문들에 의존한 것은 고향을 그리는 향수 때문이 아니라 순수하게 현실적인 이유 때문이었다. 그가 항상 오데사를 사랑했던 것은 사실이지만, 트로츠키는 결코 감상주의자가 아

엔카베데(NKVD) 1934~1946년에 존재했던 소련의 비밀경찰.

니었다. 감옥과 유형지를 전전하느라 일찍이 남부 우크라이나를 떠난 후 그는 고향에 돌아가고 싶다는 말은 한 적이 없었다. 고향에 있던 자신의 가족과 물질적 안락함을 그는 아무런 후회 없이 포기했다. 그는 또한 우크라이나의 니콜라예프에서 사랑에 빠졌던 첫 번째 부인을 저버렸다. 그가 러시아가 아니라 우크라이나의 주요 신문들에 글을 쓴 것은 그들이 트로츠키에게 기고를 부탁했다는 지극히 실제적인 이유 때문이었다. 게다가 이들 신문이 근거지로 삼고 있던 두 도시는 러시아 제국 안에서 규모와 영향력이 가장 큰 도시에 속했고, 두 도시의 언론 독자층은 점점 더 그 중요성이 커지고 있었다. 또한 오데사와 키예프는 효율적인 통신 수단 덕분에 빈과 밀접하게 연결되어 있었다. 그는 이들 신문사에 신속하게 기사를 보낼 수 있었고 원고료도 신속하게 받을 수 있었다. 원고료는 트로츠키 개인의 자금 운용에 큰 의미가 있었다. 그는 글에서 자제력을 발휘해야 했지만 그가 흘린 힌트를 독자들은 잘 이해했다. 〈오데사 소식〉에 트로츠키는 이렇게 썼다. "나는 지금의 내 조국을 사랑합니다. 지금은 폭풍 속에서 탄생한 20세기입니다. 내 조국은 무한한 가능성을 그 안에 숨기고 있습니다. 내 조국의 영토는 전 세계입니다."[47] 이런 구절은 자신이 사회주의자면서 국제주의자임을 알리는 조심스러운 표현 방법이었다.

법적인 승인을 받지 않은 상태에서 출판되던 〈프라우다〉는 러시아와 우크라이나 그리고 유럽의 러시아 망명자 집단 거주 지역에 살고 있는 당의 투쟁적 활동가들로부터 찬사를 받았다. 이들 가운데 한 독자가 '당신의 사샤'라는 이름으로 편지를 보내 왔다. 그녀의 친근한 문체로 보아 그 독자는 바로 트로츠키의 첫 번째 부인 알렉산드라가 아니었을까 하는 짐작도 하게 된다. 어쨌거나 그 독자는 〈프라우다〉가 오데사에서 평판이 좋다는 소식을 전했다. 또 어떤 독자들은 페테르부르크에서 〈프라우다〉에 대한 수요가 매우 크다는 소식을 전했다.[48] 트로츠키는 신문이 제대로 배포되도록 하는 데도 성공했다. 많은 사람들이 자원하여 〈프라우다〉를 러시아 제국 영토 안으로 밀반입하는 일에 협조했다. 트로츠키는 러시아사회민주노동당 내부의 분파 다툼 때문에 늘 괴로웠던 것 말고는 거의 완벽하게 만족스런 나날을 보내고 있었다.

망명 혁명가들의 집단 거주 지역으로부터 멀리 떨어져 살았던 트로츠키는 자신이 주창하는 '노동자 정부' 전략에 관한 질문들에 답하라는 압력을 받지 않았다. 많은 사람들은 그런 형태의 정부라면 대대적인 폭력을 사용해야 할 것이라고 생각하였다. 그렇다면 트로츠키는 테러를 옹호하는 것인가? 트로츠키는 대답하지 않았다. 그가 '개인적 테러'에 반대한다는 것을 자신의 글에서 언급한 적이 있기는 하다. 1909년 언론에 지난 몇 년간 사회혁명당이 여러 번의 암살을 감행했다는 사실이 폭로되자, 트로츠키는 '개인적 테러'에 반대한다는 언급을 했다. 하지만 그 글에서 트로츠키는 곧 화제를 바꾸어 사회혁명당이 노동자들을 당원으로 모집하는 데 성공을 거두었다는 점을 길게 논했으며, 러시아사회민주노동당 역시 노동자들을 당의 대의에 끌어들이도록 노력해야 한다고 촉구했다.[49] 가치 있는 혁명에는 반드시 노동계급의 동감과 협조가 필요하다고 그는 반복하여 강조했다. 이런 식으로 글에서는 어떤 방식으로 프롤레타리아 독재 체제를 공고하게 만들겠다는 건지 아무런 단서를 찾아볼 수가 없다. 10월혁명 이후 트로츠키는 권력을 잡자마자 '인민의 적'에게 대대적인 테러를 가해야 한다고 공공연하게 주장했다. 하지만 제1차 세계대전이 일어나기 전 트로츠키에게는 자신의 의도를 미리 구체적으로 설명할 의무가 전혀 없었다. 그가 '독재'라는 단어를 사용할 때 사실 그는 그 단어를 문자 그대로의 의미로, 가장 냉혹한 의미로 사용하고 있었다. 그러나 당시 트로츠키는 그것을 확실하게 밝히지 않는 쪽을 택했다.

트로츠키는 자신의 전략 방향을 고수하였기 때문에 멘셰비키와 돌이킬 수 없을 정도로 멀어졌다. 또한 그는 '노동자 정부'에 집착했기 때문에 볼셰비키와도 더는 가까워질 수 없었다. 그러나 당 전체의 관점에서 볼 때 트로츠키가 당과 완전히 분리된 것은 아니었다. 그는 계속해서 당 조직의 통합을 강력하게 촉구하였다. 그렇지만 당내의 많은 사람들이 보기에 트로츠키는 원칙이 없는 사람 같았다.[50] 볼셰비키는 트로츠키가 '노동자 정부'를 주창하면서 어떻게 부르주아 계급의 당파들과 연합하자는 당내 분파를 비난하지 않을 수 있는지 도저히 이해할 수 없었다. 이 의문을 두고 볼셰비키가 추론할 수 있는 유일한 답은, 트로츠키가 혁명이 아니라 통합된 러시아사회민주노동당의 우두머리가 되는 데 관심이 있다는 것이었다. 멘셰비키 역시 그렇게 생각했다. 멘셰비키는 당내 조직의 내분에 말려들고 싶지 않다는 트로츠키의 주장에 특별한 의미를 두지 않았다. 이미 이 두 당파는 트로츠키의 자만심 때문에 그를 싫어하고 있었다. 트로츠키의 말쑥한 옷차림에도 사람들은 눈살을 찌푸렸다. 트로츠키는 이념적 헌신이 뚜렷하지 않은 그저 한 사람의 모험가일 뿐이라는 평판을 얻었다. 분파 다툼에 휩싸여 있던 마르크스주의 진영에서, 트로츠키는 모든 논쟁에서 각 분파들에게 솔직하게 자신의 의견을 표명함으로써 많은 적을 만들었다. 그는 신뢰할 수 없는 인간이 되고 말았다. 이 점에서는 볼셰비키와 멘셰비키가 의견을 같이했다.

12장

당 통합을 외치는 단독자

"당도 하나요, 노동계급도 하나요, 혁명도 하나다."

볼셰비키와 멘셰비키가 트로츠키에게 불만을 가졌다는 사실 때문에 러시아사회민주노동당의 지도자로서 트로츠키의 위상이 낮아진 것은 사실이지만, 그의 위상이 완전히 사라진 것은 아니었다. 볼셰비키였던 아나톨리 루나차르스키(Anatoly Lunacharsky, 1875~1933)는 나폴리 만에 위치한 카프리 섬에 당 학교를 설립할 준비를 하고 있었는데 트로츠키에게 편지를 보내 이 계획에 참여하지 않겠느냐고 물었다.[1] 좋은 강사가 몹시 귀하던 당시 트로츠키는 뛰어난 강사였다. 하지만 트로츠키는 카프리 섬에 가지 않았다. 막심 고리키에게 말했듯이 교육 프로그램이 아직 제대로 준비되지 않았기 때문이었다.[2] 그는 또 다른 당내 그룹이 니스에서 조직한 교육 프로그램이 더 낫다고 보고 거기에 가서 오스트리아-헝가리 제국의 상황에 대해 강의했다.[3] 이후 볼셰비키의 '브페료트파'*가 트로츠키에게 독일과 오스트리아의 사회민주주의에 대해 강의해 달라고 요청했다. 이 그룹은 젊은 러시아 신입 당원들을 위한 학교를 볼로냐에 세울 준비를 하고 있었다. 트로츠키는 이 그룹과 한 달 동안 같이 시간을 보냈다. 볼셰

브페료트파(Vperëd派) 보그다노프, 루나차르스키 등이 만든 분파로서 1909년에서 1912년 사이 존재했다.

비키 내의 극좌 그룹이었던 이들은, 두마 선거와 노동조합 지도부 선거에 입후보하여 당선되도록 노력하라고 촉구하는 레닌에 반대했다. 트로츠키는 강의 중에 만일 학생들이 진정으로 좌파 정치를 원한다면 자신이 제시한 혁명 전략을 받아들여야 할 것이라고 주장했다. 당 학교의 운영자들은 재빨리 이 사건에 개입했고 학생들에게 트로츠키의 주장은 이단론이라고 경고했다. 당 학교 운영자들은 트로츠키에게는 별다른 조치를 취하지 않았는데 이는 그가 매우 훌륭한 교사였기 때문이었다.[4]

유럽의 사회주의자들 사이에서 상당히 명성이 높던 트로츠키는 독일사회민주당이 1911년 9월 예나에서 개최하는 당대회에 출석하여 러시아 문제에 관한 연설을 해 달라는 요청을 받았다. 카를 리프크네히트(Karl Liebknecht, 1871~1919)는 러시아의 니콜라이 2세가 핀란드에서 행한 폭력적 조치에 항의하는 당대회 결의문을 준비하고 있었다. 결의문에 필요한 준비 자료를 수집하던 차였고, 트로츠키는 폭력적 조치가 시행된 현지의 반응을 묘사하기로 예정되어 있었다. 이런 상황에서 갑자기 니콜라이 2세 치하에서 중요한 농촌 개혁을 관장하던 표트르 스톨리핀(Pyotr Stolypin, 1862~1911) 총리가 키예프에서 암살당했다는 소식이 전해졌다. 이 소식은 러시아에 관한 토론을 계속 진행하려던 당 지도부의 의지를 흔들었다. 러시아 혁명가가 스톨리핀을 암살한 상황에서, 만일 또 다른 러시아 혁명가가 예나의 독일사회민주당 당대회 연단에 서서 러시아 제국 정부를 비난하는 연설을 한다면 어떻게 보이겠는가? 니콜라이 2세와 친밀한 관계였던 독일 황제 빌헬름 2세가 트로츠키의 연설을 독일사회민주당 지도부가 이번 암살 사건을 용인한다는 증거로 여길 가능성이 있었다. 아우구스트 베벨을 비롯한 당 지도부는 1878년부터 1890년 사이에 당이 불법 조직이었던 시절을 아직 기억하고 있었다. 그들은 정부에게 또다시 당을 불법화할 구실을 주고 싶지 않았다. 베벨은 트로츠키와 접촉해서 과연 누가 암살을 저질렀는지 트로츠키의 의견을 물었다. 암살자가 어쩌면 사회민주당원일지도 모른다는 우려가 당시 존재했다. 또한 베벨은 독일 경찰이 트로츠키를 곤란하게 할지도 모른다는 자신의 우려를 전달했다.

트로츠키는 결국 당대회 식순에 들어 있었던 연설을 하지 않았다.[5] 트로츠키가 차르 체제를 비판하는 연설을 예정대로 하기를 바랐던 리프크네히트는 화가 났다. 트로츠키는 진퇴양난에 빠졌다. 리프크네히트는 러시아 제국에서 온 정치 망명자들이 독일 땅에서 어려운 일에 부딪힐 때마다 열성적으로 돕던 사람이었다. 트로츠키가 자신의 당에서 그랬듯이 리프크네히트 역시 독일사회민주당 내에서 좌익에 속했다. 그렇지만 트로츠키는 외국에서 활동하면서 정계의 예의를 지켜야 한다고 생각했다. 트로츠키는 독일사회민주당 지도부에 존경심과 애정을 품고 있었다. 한편 독일사회민주당 지도부에게 리프크네히트는 골치 아픈 존재였다. 트로츠키는 카를 카우츠키하고도 서신을 주고받는 사이였다. 독일사회민주당이 혁명 정치에 대한 진정한 목적 의식을 저버리고 말았다고 비판하는 사람들이 있었지만, 트로츠키는 그들과는 관계가 가깝지 않았다. 카우츠키를 가장 맹렬하게 비난하는 사람들 중 한 부류가 러시아 망명자들이었다. 로자 룩셈부르크, 카를 라데크(Karl Radek, 1885~1939), 알렉산드르 파르부스 역시 카우츠키 비판자였다. 이들의 주장에 따르면 독일사회민주당 지도부는 마르크스주의와 혁명을 오직 형식적으로만 추구하며 제국주의 체제를 타파하려는 노력은 거의 하지 않고 있었다. 트로츠키는 자신의 친구들이 무슨 이야기를 하는지 알았다. 그러나 러시아 사회민주노동당 지도부의 생각과 마찬가지로, 트로츠키 역시 이런 비판이 과장되었으며 정당하지 못하다고 생각했다.

로자 룩셈부르크는 얼마 동안은 트로츠키와 사이가 좋았으며 러시아사회민주노동당 통합에 필요한 조치에 관한 그의 생각에 동의했다. 하지만 그녀는 트로츠키가 화해를 추진하는 역할을 하기에는 다소 부정직하다고 생각했다. 루이제 카우츠키*에게 보낸 편지에서 룩셈부르크는 트로츠키가 러시아어로 된 당 언론 매체에서 행하는 논쟁이 도가 지나치다는 것을 독일사회민주당에 알리려고 다음과 같이 썼다.

　　선한 인물인 줄 알았던 트로츠키가 실상은 형편없는 사람이라는 것이 점차 드러나고 있습니다. (러시아사회민주노동당 지도부의) 기술위원회가 레닌으로부터 재정적 독립성을 획득하여 〈프라우다〉에 돈을 지원하기 전부터, 트로츠키는 〈프라우다〉 지면에서 기술위원회와 파리 회의 전체를 전례 없는 방식으로 비판했습니다. 트로츠키는 볼셰비키와 폴란드인들을 '당 분열 분자들'이라고 직접적으로 비난하면서도, 그 비열함이 다른 어떤 것보다 지독하며 명백하게 당의 분열을 목표로 했던 마르토프의 정치 팸플릿에 대해서는 단 한마디도 언급하지 않았습니다. 한마디로 말해, 심하군요.[6)]

트로츠키는 오스트리아사회민주당에도 역시 전혀 간섭을 하지 않은 것은 아니었다. 사회민주당 지도부가 빈에 빵집을 내겠다는 결정을 내리자 트로츠키는 매우 분노했다. "이는 제대로 준비되지 않은 막돼먹은 모험일 뿐이다. 원칙적으로도 위험하며 실제적으로도 아무 희망이 없는 사업이다." 빅토어 아들러를 비롯한 오스트리아사회민주당 사람들은 트로츠키의 이런 반응에 '우월감에서 나온 건방진 미소'로 답했다. 이런 시도는 '자본주의 사회에서 프롤레타리아 정당의 지위'를 훼손하는 것이라는 트로츠키의 주장을 오스트리아사회민주당 지도부는 받아들이지 않았다.[7)] 오스트리아 마르크스주의자들

루이제 카우츠키(Louise Kautsky, 1864~1944) 독일사회민주당 당원. 카를 카우츠키의 아내.

이 오스트리아와 세르비아의 경쟁 관계를 논하면서 은근히 민족주의적 감정을 드러낸 것을 트로츠키가 비난한 적도 있었다. 그는 발칸 반도의 사회주의자들, 특히 세르비아의 사회주의자들에게 직접 다음과 같은 이야기를 들었다. 베오그라드의 보수적 언론 매체와 자유주의적 언론 매체가 유럽 노동운동의 국제주의가 허구에 불과하다는 증거로 빈의 〈노동자 신문〉*을 인용했다는 것이다. 분노한 트로츠키는 비난의 글을 하나 작성하여 카우츠키에게 보내 베를린에서 발행되는 〈새로운 시대〉*에 게재해 달라고 요청했다. 약간 망설인 끝에 카우츠키는 트로츠키의 요청에 응했고, 오스트리아사회민주당 지도부는 자신들의 나라에 손님으로 와 있는 사람의 독설에 분노를 금치 못했다. 이들은 트로츠키가 쓴 글의 사실 관계는 정확하다고 인정했지만 〈노동자 신문〉에 게재된 외교 정책 사설을 심각하게 받아들이는 사람은 아무도 없다고 주장했다. 양측은 도저히 서로를 이해할 수 없었다. 트로츠키는 빈에서 나온 출판물이 베오그라드에 어느 정도 영향을 끼친다는 사실을 지적하면서, 공적인 토론에서 오스트리아사회민주당 지도부가 더 높은 지적 엄격성을 보여주길 바란다고 촉구했다.[8]

그러나 트로츠키는 대체로 오스트리아 마르크스주의 활동에 관여하지 않았다. 그는 결연한 자세로 자신의 지적 관심사에만 집중하였으며 오토 바우어(Otto Bauer, 1881~1938)나 카를 레너(Karl Renner, 1870~1950) 그리고 빅토어 아들러 등이 당의 교의와 정책에 대해 창의적으로 이런저런 탐색을 하는 데에는 관심을 쏟지 않았다. 이들 오스트리아 마르크스주의자들은 오스트리아-헝가리 제국같이 광대한 다민족 국가에 살고 있는 한, '민족 문제'를 신중하게 고려하지 않으

〈**노동자 신문**(Arbeiter-Zeitung)〉 빅토어 아들러가 1889년에 창간한 사회주의 계열의 신문.
〈**새로운 시대**(Neue Zeit)〉 독일사회민주당의 이론 방면 기관지. 카를 카우츠키가 편집 책임을 맡았다.

면 사회주의적 미래를 적절하게 계획할 수 없다고 생각했다. 이들이 생각해낸 해결책은 독창성이 있었다. 일단 혁명이 일어나면 각 민족은 저마다 의회를 선출할 권한을 부여받을 것이다. 슬로건은 '민족-문화 자율권'이었다. 바우어 등 지도자들은 이러한 개별 민족 의회들이 중앙의 통합 의회와 힘의 균형을 이루리라고 기대하였다. 헌정 질서 내의 두 세력 간에 긴장이 조성되겠지만, 사회주의 정부가 진정으로 공정하게 그리고 존중심을 품고 모든 민족을 대우한다고 전 국민이 인식하게 되면 긴장이 줄어들 것이라는 논리였다.

트로츠키는 카페 첸트랄에서 빈의 정치·문화계 유명인들과 만남을 즐기는 한편, 두 아들을 데리고 근처 공원에 가서 축구와 핸드볼을 하기도 했다. 트로츠키 가족은 스코벨레프 가족이나 이오페 가족을 방문하여 놀기를 좋아했다. 세 살인 첫째 아들 료바는 이오페의 어린 딸인 나디야를 특히 좋아했다.[9] 크리스마스 때면 트로츠키는 전나무를 장식했다. 하지만 트로츠키와 나탈리야는 '선물을 주고 받으면서 야단법석을 떠는 것'은 싫어했다.[10] 가족의 대화 주제는 종종 무신론이었다. 트로츠키의 두 아들이 성모 마리아가 누구인지 처음으로 알게 된 것은 그 지역의 기독교 학교에 다니면서부터였다.[11] 이러한 가정 교육은 집 밖에서는 곤란한 상황을 불러올 수도 있었다. 둘째 세르게이는 언젠가 이렇게 소리쳤다. "신도 없고 산타 클로스도 없어!"[12] 료바와 세르게이는 나름대로 자기 주장이 강한 아이로 성장했지만, 부모는 아이들에게 다른 사람의 기분을 상하지 않게 하는 방법은 가르쳐주지 못했다. 이런 점만 제외하면 두 아들은 마치 오리 새끼가 물을 만난 듯 빈 생활에 적응했다. 너무나 잘 적응했기에 아버지 트로츠키가 조금 불편하게 느낄 정도였다. 아버지는 아이들이 계속 러시아어를 쓰기를 바랐다. 또한 아이들이 표준 독일어를 말할 수 있기를 희망했지만 아이들이 학교에 다니면서 자연스럽게 습득한 것은 빈의 방언이었다. 트로츠키는 이런 상황이 언짢았지만 그의 친구 알프레트 아들러는 두 아이의 언어 능력을 칭찬하면서 료바와 세르게이가 마치 '늙은 두 사람의 삯마차꾼'처럼 말한다고 농담을 던지기도 했다.[13]

나탈리야는 남편과 함께 정치 활동을 하고 싶어 몸이 근질거렸다. 그래서 아이들이 잠자리에 들면 그녀는 곧바로 남편과 함께 외출했다. 세르게이가 불평을 늘어놓았다. "엄마는 왜 커피 하우스에 가는 거야?" 엄마는 확실하게 대답했다. "세료젠카(세르게이의 애칭)야, 잘 들어. 너한테 필요한 것을 엄마는 이미 다 해주었어. 이제 네가 할 일은 얌전하게 들어가서 잠자는 일뿐이야." 아들은 즉시 반문했다. "그렇지만 집에 있어야 엄마가 나를 생각할 거 아냐?" 엄마는 솔직하게 답했다. "엄마는 밖에 나가서 좀 긴장을 풀고 와야겠어. …… 친구들과 이런저런 이야기도 나누고 바깥 세상에서 무슨 일이 벌어지고 있는지도 알고 싶어.…… 너한테도 내일 다 말해줄게." 료바 역시 동생 세르게이의 심정에 동감했다. 그러나 료바는 부모가 집안일 외에도 할 일이 있다는 것을 이미 이해하고 있었다.[14] 두 아들은 품행 바른 소년으로 성장했으며 두 아들의 친구들은 트로츠키가 두 아들에게 목소리를 높여 야단치는 것을 한 번도 보지 못했다고 회고했다.[15]

트로츠키는 러시아 제국 내에서 간행되는 합법적 출판물에 계속 글을 실었다. 정치적 논쟁에서 낙담할 때마다 그는 일반 대중을 상대로 한 글쓰기에 관심을 돌렸다. 그는 재미있는 이야기에 대한 예리한 직관이 있었다. 독일 부르주아의 '몰개성'에 대한 로베르트 미헬스*의 강연을 들은 트로츠키는 독일과 러시아를 비교하는 글을 써서 발표했다. 또한 표트르 스트루베가 러시아의 부르주아는 '아무 실체가 없는 존재'라고 말한 것을 만족스러운 듯이 인용했다.(레닌은 스트루베의 말을 긍정적인 태도로 널리 알린 적이 한 번도 없었다. 트로츠키

로베르트 미헬스(Robert Michels, 1876~1936) 독일 출신의 사회학자. '과두제의 철칙'으로 유명하다.

는 스트루베에게 우호적이었던 것을 만회라도 하려는 듯 후일 글에서 이렇게 썼다. "스트루베의 주된 재능은—혹은 그의 성격의 저주라고 말할 수도 있겠지만—그가 언제나 '명령받았을 때에만' 행동한다는 것이다.")[16] 독일에 도시를 만들었고 마르틴 루터(Martin Luther, 1483~1546)와 토마스 뮌처(Thomas Münzer, 1488~1525)가 존재하게 했으며 종교개혁과 1848년 혁명이 일어나게 한 존재가 독일의 부르주아라는 것을 트로츠키는 인정했다. 트로츠키가 보기에 러시아 역사에는 이들과 비교할 만한 존재가 전혀 없었다. 글을 쓸 당시에 그는 러시아 도시 중간계급을 대표하는 인물은 '10월당'*의 지도자인 알렉산드르 구치코프(Aleksandr Guchkov, 1862~1936)라고 주장했다. 10월당은 국가 두마 체제가 가능한 한 잘 작동하도록 하는 데 전념하던 보수주의 정당이었으며 로마노프 황실에 충성을 바치고 있었다. 트로츠키는 러시아의 정치·상업 엘리트를 공격할 기회를 놓치지 않았고, 구치코프에게 특이한 점이 꼭 하나 있다면 그것은 그의 '대대로 이어져 온 상인에게 걸맞는 턱수염'이라고 조롱하였다.[17]

러시아 역사 발전의 특수성이라는 주제를 다루는 동안 트로츠키는 당이 직면한 긴급한 문제를 잠시 잊을 수 있었다. 그렇지만 그가 당의 문제를 망각하거나 문제에 대한 관심을 거둔 것은 아니었다. 빈에 있던 그는 스위스와 프랑스에 거주하는 서신 왕래 상대자들에게 조직의 완전한 통일을 이루어야 한다고 끈질기게 촉구했다. 한 덩어리로 뭉친 프롤레타리아는 시끄럽게 다투기만 하는 당파들의 싸움터 대신 단일한 정당을 필요로 한다는 것이었다. 1909년 페테르부르크에서 '청산파'*라는 그룹이 두각을 나타내기 시작하자 트로츠키

10월당(Oktyabristy) 1905년 니콜라이 2세가 발표한 '10월 선언'의 정신에 따라 러시아에 입헌군주정을 세우는 것을 목표로 삼았던 러시아의 중도파 정당. 1905년 11월 창설된 이후 자유주의적인 귀족, 사업가, 관료들로부터 지지를 받았다.
청산파(淸算派, Liquidators) 비밀 당 조직을 청산, 즉 해산하고 합법적 활동을 하자고 주장했던 분파.

의 입장은 힘을 얻었다. 청산파의 가장 주요한 주장은 비밀 당 조직이 아무런 진전을 이루지 못하고 있다는 것이었다. 따라서 동지들은 합법적인 정치 활동과 사회 활동을 우선시해야 한다. 국가 두마 선거에 후보자를 내고 공개된 대중 집회에서 연설을 하고 페테르부르크의 합법적 언론 매체에 글을 써야 한다는 것이었다. 당을 완전히 버리자는 것이 아니라 일단은 다른 곳에 역량을 집중하자는 뜻이었다. 〈이스크라〉 창립 멤버인 알렉산드르 포트레소프(Aleksandr Potresov, 1869~1934)의 지도를 받아 청산파는 1912년 9월 상트페테르부르크에서 새로운 신문을 창간했다. 신문의 제호는 〈빛(Luch)〉이었다. 비밀 당 조직을 신성한 개념으로까지 여기던 당 지도자들은 경악했다. 포트레소프와 그의 동료들이 당장 비밀 당 조직을 완전히 철폐하겠다는 것은 아니었지만, 그들이 택한 정책은 바로 그런 결과를 초래할 수도 있었다. 당내 모든 분파들은 각각 정도는 달랐지만 모두 격렬하게 청산파에 반대했다.

　레닌을 중심으로 하는 볼셰비키와, 마르토프를 중심으로 하는 멘셰비키는 1910년 1월에 개최된 중앙위원회 전원회의에서 서로에게 협조적인 태도를 취했다. 이때 트로츠키는 〈프라우다〉 편집과 발행에 쓸 보조금을 얻어냈다. 하지만 대가가 있었다. 레프 카메네프(Lev Kamenev, 1883~1936)를 〈프라우다〉 편집진으로 받아들여야 했다.[18] 가족 관계도 얽혀 있었다. 트로츠키의 누이동생 올가가 바로 카메네프의 부인이었다. 카메네프가 레닌이 파견한 감시인 역할로 빈에 왔을 때 당연히 올가도 같이 왔다. 볼셰비키의 일원이었던 아나톨리 루나차르스키는 당시 레닌에게도 카메네프에게도 적대적인 입장이었는데, 그는 다음과 같이 회상했다.

　　카메네프와 트로츠키의 다툼이 너무도 격렬해서 카메네프는 곧 파리로 되돌아갔다. 여기서 분명하게 말해 두어야겠다. 트로츠키는 당을 조직하는 솜씨뿐 아니라 당내의 작은 그룹을 조직하는 솜씨도 서툴렀다. 그에게 진정으로 지지를 보내는 사람은 사실 아무도 없었다. 만일 그가 당이 자신을 받아들이도록 만드는 데 성공한다면 그것은 오로지 그 혼자만의 힘으로 이룬 것이다.[19]

트로츠키는 당시 상황을 다르게 설명했다. 그는 자신이 쓰는 글의 내용에 카메네프가 간섭하는 것을 무척 싫어했으며 결국 카메네프는 자신이 시간을 낭비하고 있음을 깨달았다는 것이다.[20] 하지만 루나차르스키의 평가는 기본적으로 공정한 것이었다. 30세가 된 트로츠키는 여러 사람을 모아 하나의 팀을 만드는 데 필요한 자질이 없었다. 탁월한 이 당 통합론자는 자신의 지지자가 될 수도 있었던 사람들을 다 쫓아버리는 재주가 있었다. 게다가 그는 이런 상황이 문제라는 인식조차 없었다. 루나차르스키는 이런 문제가 트로츠키의 '거대한 오만' 때문이라고 했다.

트로츠키는 볼셰비키에게도 멘셰비키에게도 환영받지 못하는 인물이었다. 그는 1910년도에도 지속적으로 당 통합을 호소했으며 당내에 협조 체제를 마련하기 위해 전체 당 회의를 개최하자고 촉구했다. 이렇게 노력하면 할수록 그는 의심을 받았다. 멘셰비키가 주도권을 잡고 있던 중앙위원회는 트로츠키의 이러한 호소가 사실은 중앙위원회를 측면 공격하려는 시도라고 보았다. 그의 의도는 개인적인 야심으로 의심받았다. 〈프라우다〉에 주는 공식 보조금을 끊어야 한다는 주장이 다시 제기되었다.[21]

하지만 트로츠키는 맞서 싸웠다. 여러 당파가 서로를 해치려고 음모를 꾸미는 것은 미친 짓이라고 선언했다. 당도 하나요, 노동계급도 하나요, 혁명도 하나라고 그는 외쳤다. 러시아 제국 내의 공장과 광산으로 확산되고 있는 파업 운동에 반드시 필요한 지도력을 제공하기 위해, 공통된 대의는 당의 통합을 요구하고 있었다. 당은 이러한 과업에 적절한 관심을 기울여야 했다. 노동자의 생각과 행동을 압도해버리는 종류의 당에 대해 트로츠키는 경고했다. 그는 프롤레타리아가 주도권과 '자율적 활동'을 맘껏 행동에 옮기는 것을 목표로 삼았다. 당은 노동계급 가운데 "가장 선진적인 계층의 조직체로만 상정할 수 있다."고 그는 주장했다.[22] 트로츠키는 제1차 세계대전 기간 내내 이 주장을 견지했다. 노동자-투사들이 외부의 지휘로부터 '독립'할 수 있도록 유도하는 것을 목표로 삼아야 했다. 그것만이 혁명을 일으킬 방법이었다.[23] 트로츠키가 생각하기에 대단히 고무적인 것은 러시아 제국 내의 당원을 조사한 결과 대부분의 당원이 어느 당파에도 충성심을 느끼지 못한다는 사실이었다.[24] 분파주의는 영속적으로 존재할 현상이 아니었다. 심지어 볼셰비키를 포함한 어떤 당파도 내부적으로 안정적이지 못하다고 그는 지적했다. 각 당파는 당 전체 못지않게 내부적으로도 다툼이 심하므로, 바로 이런 상황을 잘 활용하여 당의 재통합을 위한 조건을 만들어 가기를 그는 희망했다.[25]

볼셰비키 내의 다른 사람들은 몰라도, 볼셰비키 레닌주의자들과 트로츠키가 다른 점은 노동계급의 역할에 관한 의견이었다. 트로츠키에 따르면 당의 신문들은 노동운동을 지도하려고 해서는 안 되며 노동운동에 봉사해야 한다. 이런 주장을 그는 〈프라우다〉 사설에서 되풀이했다. 그는 러시아사회민주노동당이 가진 프롤레타리아 지지 기반을 사회혁명당은 가지지 못했음을 조롱했다. 그는 사회혁명당에 있던 사람이 그의 당으로 오기를 간절하게 바랐다. 또 자신의 당이 노동계급 혁명가들에게 필연적인 보호처라고 생각했다.[26] 노동자는 동일한 이해관계를 가진 단일한 사회 계급이라는 마르크스주의의 고전적 가정에 트로츠키는 동의했다. 따라서 노동자들이 자신들을 대표하는 각양각색의 조직체들을 갖는다는 것은 어불성설이었다. 더 중요한 사실은 그가 이미 1905년과 1906년 사이에 정치 상황이 얼마나 급하게 요동치는지를 직접 경험했다는 사실이었다.

하지만 1905~1906년의 혁명이 탄압을 받은 후 당은 무척 약해진 상태였다. 당이 약해졌음을 트로츠키는 인정했다. 대부분의 지역에서 당위원회가 종적을 감추었으며 지식인들은 사회민주주의를 포기했다. 러시아의 어디에서든 혁명의 전망이 밝다고 말하는 것은 정신 나간 소리였다. 하지만 트로츠키는 낙담하지 않았다. 당은 우선 노동자들을 신입 당원으로 모집해야 했다.[27] 결국엔 노동계급의 분위기가 달라질 것이며 로마노프 왕조는 타도될 것이다. 그가 용기를 잃지 않을 수 있었던 것은 바로 이런 믿음 때문이었다. 그는 볼셰비즘과 멘셰비즘이 '순전히 지식인 계층에 기반을 둔 작품'이라고 규정했다. 이런 상황은 노동계급에게는 커다란 저주였다. 러시아사회민주노동당은 이 문제를 진지하게 숙고해보고 당내의 논쟁을 중지해야 한다. 마르크스주의자들이 자기들끼리 다투는 일을 그만두기 전까지 노동자들은 마르크스주의자들을 결코 신뢰하지 않을 것이다. 서로 양보하기로 동의한다고 해서 완전히 길이 열리는 것은 아니다. 혁명은 계급 투쟁의 결과로 발발하는 것이다. 노동자들은 누군가의 지도가 필요하지 않다. 그들 자신의 방식으로 전진하도록 그들을 격려해야 한다. 노동자들은 당의 세세한 안내가 없어도 스스로 길을 찾아갈 것이며, 행동의 자율성을 확보하는 것이 노동계급에게는 결정적인 과제다.[28] 이 기간 동안 트로츠키는 이런 발언을 하면서 볼셰비키와 더욱 멀어졌다.

트로츠키는 한동안 레닌 측이 발행하는 신문에 실린 논쟁적인 글에 대응하지 않았다. 평화가 이루어져야 했기 때문에 트로츠키는 모범을 보이려고 노력했다.[29] 트로츠키의 노력을 모든 사람이 칭찬하지는 않았다. 드미트리 스베르치코프같이 트로츠키에게 동정적인 사람들조차 당내의 많은 사람들이 그를 웃음거리로 생각한다는 것을 알고 있었다. 전혀 화해할 수 없는 두 분파를 도대체 어떻게 화해시킬 수 있느냐고 사람들은 물었다.[30] 하지만 트로츠키는 목표를 포기하지 않았다. 당내의 많은 사람들이 트로츠키를 도저히 이해하지 못했다. 이미 희망이 없는 목표에 트로츠키는 왜 그렇게 많은 시간과 정력을 쏟는 것일까? 어떤 사람은 트로츠키의 진짜 목표는 중앙 당 기구를 장악하고 최고 지도자가 되려는 것이라고 했다. 볼셰비키는 트로츠키를 싫어했다. 그나마 우호적이던 멘셰비키는 그를 의심하면서 〈프라우다〉에 지급하던 공식 보조금을 끊으려는 움직임을 보였다. 트로츠키는 적극적으로 자신을 변호했다. 그에 대한 비난은 확실히 과도한 것이었다. 트로츠키에 대한 적대감은, 망명 혁명가 가운데 '높은 분들'이 러시아에 있는 실제 당과의 공감대를 상실했다는 트로츠키의 주장이 근거가 있음을 보여주었다. 이 모든 것이 트로츠키가 더욱 신속하게 당 회의를 개최해야 한다고 계속 촉구하는 이유였다.[31]

러시아사회민주노동당의 통합은 거의 불가능한 일처럼 보였다. 당원들 사이의 연합 관계와 적대 관계는 쉬지 않고 변했다. 1911년 1월, 당내에 기묘한 조합으로 형성된 두 개의 경쟁 세력이 등장했다. '트로츠키-마르토프-보그다노프 블록'과 '레닌-플레하노프 블록'이었다. 볼셰비키의 떠오르는 인물이자 나중에 트로츠키의 가장 무서운 적수가 되는 스탈린을 비롯하여 러시아에 근거지를 둔 고참들은, '트로츠키-마르토프-보그다노프 블록'을 공격하며 '레닌-플레하노프 블록'이 쏟는 에너지를 곤혹스럽게 지켜보았다. 스탈린은 인식론을 둘러싸고 격한 논쟁이 계속되는 것을 가리켜 '찻잔 속의 태풍'이라고 표현했다.[32] 한편 멘셰비키는 당분간 트로츠키를 용인하기로 했다. 보그다노프를 비롯한 반(反)레닌 성향의 볼셰비키 역시 트로츠키에게 관대해졌다. 레닌은 자신의 종래 입장을 고수했다. 트로츠키의 〈프라우다〉가 성공을 거둔 데 화가 난 레닌과 그의 추종자들은 〈노동자 신문(Rabochaya gazeta)〉이라는 별개의 대중 신문을 창간했다.[33]

트로츠키는 자신을 지지하는 소수의 사람을 넘어 더 많은 사람들에게 자신의 생각을 전달하기 위해, 1911년에 멘셰비키 신문인 〈우리의 새벽(Nasha zarya)〉에 자신이 느끼는 울분을 글로 써 게재한다.(만일 레닌이 기회를 주었다면 트로츠키는 볼셰비키 신문에도 같은 식의 글을 써 보냈을 것이다.) 이 글에서 트로츠키는 러시아사회민주노동당이 분파주의로 내부가 곪아 가고 있다고 개탄했다. 분파 간에 충돌이 빚어지고 무수히 많은 논쟁이 벌어지며 오랜 우정과 연대가 무너지고 협력은 희미해져버렸다. 한동안 무기력했던 러시아의 노동운동이 서서히 활발해지기 시작했는데도 여전히 그런 일이 벌어지고 있었다. 산업 부문의 침체는 역전되었다. 외국 자본이 러시아로 쏟아져 들어왔다. 상트페테르부르크 주변에는 거대한 야금 공장들이 새롭게 들어섰고 모스크바 지역에는 섬유 산업이 다시 유행하고 있었다. 임금이 다시 상승하기 시작했다. 실업의 공포가 줄어들자 노동자들은 좀 더 전투적인 태도를 갖게 되었다. 노동조합은 고용주와 충돌하는 노동자들을 도왔다. 당의 다른 지도자들과 마찬가지로, 트로츠키도 정치적 침체기가 끝나 가고 있음을 감지했다. 이제 동지들은 서로의 차이를 묻어 두어야 한다. 혁명적 상황이 도래함에 따라 볼셰비키와 멘셰비키 사이에 일종의 관계 회복이 이루어질 수 있을 터였다. 항상 낙관적이었던 트로츠키는 러시아 제국 전역에 걸쳐 높아진 공장과 광산 노동자들의 투쟁 의지가 당의 통합에 강력한 자극제 역할을 할 것이라고 확신했다.

그러나 러시아 마르크스주의 운동의 지도자들은 격동하는 러시아의 사회 상황을 활용하기는커녕, 내부적 분파주의 성향으로 더욱 빠져들었다. 마르토프 중심의 멘셰비키, 레닌 중심의 볼셰비키, 플레하노프 분파, 소환파, 청산파 사이의 논쟁이 갈수록 격심해졌고 그에 따라 당내에 새로운 그룹의 결성이 증가했다. 망명 혁명가들 사이에 기기묘묘한 오해와 대립이 발생했으며, 들불같이 번져 가는 어지러운 논쟁의 소용돌이에 러시아 제국 내의 비밀 당 조직들은 극도의 실망감을 느꼈다. 멘셰비키가 '중립적' 노동조합을 지지하기로 공식 입장을 정하자 볼셰비키는 멘셰비키가 정치를 가장 우선시한다는 당의 원칙을 저버렸다고 비난했다. 하지만 현실은 달랐다. 외국에서 정책의 틀을 짜는 멘셰비키가 아닌 러시아 노동운동 내에서 실제로 활동하는 멘셰비키는, 이들 노동조합을 '정치 조직의 대리 조직'으로 바꾸어버렸다. 결국 이들은 자기 분파의 공식 정책 노선을 무시한 셈이 되었다. 한편 러시아 내의 볼셰비키는 노동조합을 정치화하기로 결정을 내렸다. 하지만 볼셰비키는 그들의 정치 노선을 세부 사항까지 정확하고 순수하게 만들려다가 오히려 당과 노동조합 사이에 확실한 쐐기를 박고 말았다. 게다가 이른바 '청산파' 역시 자신들이 공식적으로 내세운 주장을 실행에 옮기지는 않았다. 그들은 각지의 당 위원회와 밀접한 협조 관계를 맺고 활동하였으며 당의 목표를 위해 꾸준하고 생산적으로 일했다. 그러나 볼셰비키는 청산파의 이런 실제 모습을 인정하지 않았으며 트로츠키의 표현대로 '조직상의 테러 행위'를 통해 그들을 탄압했다.[34]

그렇다고 하여 알렉산드르 포트레소프와 청산파, 혹은 이들과 결별하기를 거부한 자들에게 트로츠키가 관대했던 것은 아니다. 트로츠키는 포트레소프에게 맞서지 못한 마르토프를 비난했다. 볼셰비키는 트로츠키의 이 비난을 근거로 대면서 자신들이 원래부터 올바른 입장을 취했다는 증거가 이것이라고 주장했다.[35] 그와 동시에 볼셰비키는 중앙위원회가 지명한 대표자인 카메네프로 하여금 〈프라우다〉에 대한 어떠한 통제권도 행사하지 못하도록 한 트로츠키를 격하게 비난했다. 또한 트로츠키가 실제로 포트레소프에게 일관된 태도를 보였는지 의문을 제기했다. 볼셰비키의 표현에 따르면 트로츠키는 포트레소프에게 "아양을 떨었다."[36] 하지만 트로츠키는 자기가 아는 방식대로 행동했던 것뿐이다. 그는 논리로 설득하여 청산파의 존재가 사라지게 만드는 것 이외에 어떤 방법을 쓰면 그들을 없애버릴 수 있는지 몰랐다. 트로츠키는 볼셰비키가 지나치게 호전적이라는 점은 확신했지만 실제적인 대안을 제시하지는 못했다.

13장

발칸 전쟁 특파원
"레닌주의는 틀렸다."

트로츠키는 삶을 자기 방식대로 살았다. 감옥에 있거나 유형지에 있을 때는 예외였지만, 그런 시기조차 그는 혁명 활동의 기회를 놓치지 않았다. 1912년 1월 갑자기 그는 개인적인 시련에 빠졌다. 입이 퉁퉁 붓고 아파서 침대에 꼼짝 못하고 누워 지냈다. 그의 어머니가 사망한 것도 이 시기였다.[1] 학교에 들어간 이후 어머니와 가깝게 지내지는 않았지만 그래도 어머니의 사망 소식에 트로츠키는 충격을 받았다. 또 이가 너무나 아파서 제대로 말도 할 수 없었다. 몇 주일 동안 의사의 치료를 받았지만 별다른 차도가 없었다. 치료비가 너무 많이 들어 파벨 악셀로트에게 신세를 져야 했다.[2] 한번은 빈에서 가장 훌륭하다고 평판이 자자한 치과 의사에게 사랑니를 뽑으러 갔다가 치료용 드릴 끝부분이 부러져 잇몸 속에 박히는 사고를 당했다. 그리 걱정할 필요가 없다는 의사의 말을 믿을 수 없어서 트로츠키는 다른 외과 의사를 찾아갔다.[3]

입 치료가 끝나자마자 누나 엘리자베타가 아들 알렉산드르를 데리고 트로츠키 집을 방문해서 2주간 머물렀다. 그다음엔 트로츠키의 아버지가 왔다. 5년 만의 방문이었다. 아버지는 이제 열한 살이 된 지나 브론시테인을 데리고 왔다. 두 사람은 여름 내내 트로츠키의 집에 머물렀다. 트로츠키는 "친척들이 마치 폭포수처럼 쏟아져 들어온다."고 다른 이들에게 불만을 토로했다.[4] 트로츠키의 일상적인 업무가 흐트러졌다. 그는 위장도 아팠으며 스트레스에 시달렸다. 아버지 다비드 브론시테인은 이제 어른이 된 혁명가 아들을 돌보는 임무를 맡았다.

나는 아버지와 함께 (의학부) 교수를 찾아갔다. 교수는 내 몸의 탈장된 부분을 열어보더니 수술을 제안했다. 또 온천 요양소가 있는 산지에 가라고 권유했다.(내 신경을 안정시키기 위한 것이었다.) 나는 수술은 겨울로, 산지에 올라가는 것은 당 회의 이후로 미루었다. 아버지는 처음에는 당장 산지로 가자고 말씀하셨지만 우리 집에 일 주일 동안 머물면서 나의 상태를 보더니 지금 당장은 여행을 하지 않는 것이 좋겠다고 판단했다.[5]

의사에게 아버지와 함께 간 것은 아마도 아버지가 진찰료를 내도록 하기 위해서였을 것이다. 그의 편지에는 또 다른 이유도 보인다. 그는 자신을 확실하게 위해주는 사람과 동행하는 것을 기분 좋게 생각했던 것 같다. 이렇게 하여 그는 다시 주위 사람들의 관심의 초점이 되었으며, 아버지와 함께 의사를 만난 뒤 활력을 되찾았다.

그러는 사이 정치적으로 벌어진 많은 일을 트로츠키는 따라잡아야 했다. 러시아사회민주노동당의 여러 분파가 드디어 당 회의를 개최하기로 합의했다. 볼셰비키는, 좀 더 정확히 말하면 레닌을 추종하는 일부 볼셰비키는 이 합의에 참여하지 않았다. 그들은 1912년 1월 프라하에서 자신들만의 집회를 개최해 자신들만의 중앙위원회를 선출하며 선수를 쳤다. 이것은 독립 선언에 준하는 행동이었으며, 볼셰비키당파가 러시아에서 유일하게 정당한 마르크스주의 정당이라고 널리 선언하는 레닌의 방식이었다.

레닌파는 러시아사회민주노동당의 다른 당원들은 전혀 개의치 않

트로츠키와 큰딸 지나. 제1차 세계대전 이전에 찍은 사진이다. 트로츠키는 1902년 시베리아 유형지를 탈출할 때 아내 알렉산드라와 두 딸과 이별했고, 이후 큰딸 지나를 다시 만난 것은 1907년 오스트리아에서였다.

앞다. 페테르부르크의 볼셰비키 지도부는 수도에 합법적인 당 신문을 새로 창립하고 제호를 〈프라우다〉라고 붙였다. 이 일은 레닌도 미리 알지 못했던 급작스런 행동이었다. 1908년부터 〈프라우다〉라는 이름으로 신문을 내고 있던 트로츠키를 의도적으로 모욕하는 행동이었다. 트로츠키는 이 새로운 신문에 비난을 퍼부으면서 '레닌 중심의 분파–분열 책동적 그룹'이 일부러 당내에 혼란을 일으키려 하고 있다고 주장했다. 트로츠키는 이 사건을 법정으로 끌고 갈 수 없는 것이 유감이라고 말했다. 부르주아의 법과 질서를 조롱하던 사람이 내비치기에는 조금 묘한 감정이었다. 법정에 가는 대신 트로츠키는 만일 볼셰비키가 신문의 이름을 바꾸지 않는다면 이 사건을 제2인터내셔널(사회주의 인터내셔널)로 가지고 가겠다고 경고했다.[6] 1889년에 브뤼셀에서 창설된 이 단체는 유럽의 사회주의, 사회민주주의, 그리고 노동 정당 사이의 갈등을 조정하는 역할도 맡고 있었다. 트로츠키는 레닌파에게 창피를 주어 그들의 이러한 분열적인 시도를 중지하려 했던 것이다. 이와 동일한 목적으로 트로츠키는 국가 두마에 선출되어 일하던 마르크스주의 성향 대의원들에게 편지를 썼다. 편지에서 그는 볼셰비키가 당 기관지 독자들에게 혼란을 야기하고 있다고 주장했다.[7] 레닌은 이런 혼란을 즐겼다. 1912년 여름부터 폴란드에서 두 번째로 큰 도시인 크라쿠프에 근거지를 두고 있던 레닌은 국가 두마 내에 포진하고 있는 볼셰비키가 멘셰비키와 분리된 상태에서 활동하게 하는 것을 목표로 삼았다. 그는 이러한 조직상의 분리 조치를 볼셰비키가 곧 다가올 혁명적 상황을 대비할 수 있는 전제 조건이라고 생각했다. 트로츠키는 당의 재정 후원자들과도 접촉하여 '레닌파의 당 회의'를 당 의견을 적법하게 표출한 것으로 보지 말아 달라고 호소했다.[8] 트로츠키의 유일한 대안은 빈에서 더 큰 규모의 당 회의를 개최한다는 자신의 계획을 실현하는 방법뿐이었다.[9]

볼셰비키의 이런 대담한 행동은 당의 나머지 사람들을 매우 불쾌하게 만들었다. 레닌이 분리주의 노선을 영원히 견지할 수 있으리라고 생각한 사람은 아무도 없었으며, 많은 사람들이 당에 이러한 손상을 입힌 레닌을 증오하였다. 이런 적개심은 재정 문제에서 나온 것이기도 했다. 레닌파 볼셰비키 하위 조직은 은행을 털어서 자금을 모으고 있었는데 이는 당의 공식 정책 노선에 반하는 행동이었다. 레닌파 볼셰비키는 또한 당 전체에 주어지는 기부금을 독점하여 사용하고 있었다. 이와 유사한 종류의 사건이 또 있었다. 볼셰비키 두 사람이 순진한 젊은 여성을 유혹하여 결혼해서 받아낸 유산 전체를 레닌파 볼셰비키가 독차지해버린 것이다. 당시 러시아사회민주노동당은 형식상 단일한 조직체였다. 그렇기 때문에 멘셰비키는 레닌에게 그 돈을 독점할 권한이 없다고 주장했다. 이 논란은 몇 년 동안 이어졌지만 쉽사리 해결될 전망이 보이지 않았다. 저명한 독일사회민주당원인 카를 카우츠키, 클라라 체트킨, 프란츠 메링(Franz Mehring, 1846~1919)으로 중재위원회가 구성되었다. 멘셰비키의 주장이 진지하게 받아들여지려면 레닌파에 반대하는 분파들이 의견을 모아 당 회의를—레닌파가 이런 당 회의에 출석할 가능성은 적었지만—개최하는 것이 유리했다. 조직 통합을 주장해 왔던 트로츠키 역시 오랫동안 이런 회의를 요구해 왔다. 결국 마르토프가 1912년 8월 빈에서 각 분파들이 모이는 집회에 자금을 지원하기로 결정하자 트로츠키는 기뻐했다.

멘셰비키가 자신들의 목표를 달성하는 데 트로츠키를 활용하고자 했기 때문에 그의 정치적 영향력은 강화되었다. 멘셰비키는 트로츠키가 체트킨을 비롯한 인물로 구성된 중재위원회에 출석하여 당시 문제가 되고 있던 자금에 대해 발언하는 것을 매우 흡족하게 생각했다.[10] 그렇다고 멘셰비키가 트로츠키를 좋아했던 것은 전혀 아니었다. 외국의 많은 마르크스주의자들이 트로츠키를 분파주의에 맞선 투쟁에서 이성과 타협을 대변하는 인물로 여기고 있음을 멘셰비키는 잘 알고 있었다.[11] 트로츠키는 하려고만 들면 매우 침착하고 예의 바른 인상을 줄 수 있었다. 제2인터내셔널 사람들과 자리를 함께할 때면 트로츠키는 그들 중 한 사람인 것처럼 보였다. 게다가 러시아사회민주노동당의 다른 지도자들과 달리, 제2인터내셔널 사람들에게 비난조의 편지를 보내지 않았다는 점 역시 그의 강점이었다.

트로츠키는 빈에서 열릴 당 회의에 필요한 실무 준비를 맡겠다고 자원해서 허락을 받았다. 한 달 이상 그는 대의원들이 머물 장소를 구하느라 바쁜 시간을 보냈다.[12] 8월 오스트리아의 수도에 모인 사람들은 면모가 다양했다. 멘셰비키 외에도 분트, 소환파, 남카프카스, 라트비아, 폴란드, 그리고 청산파까지 대표자를 파견했다. 당내 주요 분파 가운데 참석하지 않은 분파는 레닌파 볼셰비키뿐이었다.

그들은 자신들이 선출한 중앙위원회를 공격적으로 옹호했는데, 그 행동은 이번 당 회의 참석자들에게 경멸의 대상이었다. 그렇지만 당 회의는 볼셰비키처럼 자기들만의 중앙위원회를 선출하는 식으로 똑같이 되갚지는 않았다. 대신 조촐하게 '조직위원회'를 선출하여 구성했을 뿐이다. 대의원들은 당 회의가 다 끝나기도 전에 빈을 떠나기 시작했다. 당 회의 참석을 통해 이들 대의원들은 레닌이 출석하지 않은 상황에서 러시아사회민주노동당 내의 갈등을 해소하는 일이 얼마나 어려운지 직접 체험하였다. 민족적 차이는 협력을 어렵게 만들었으며, 좌측의 소환파부터 우측의 청산파까지 폭넓게 펼쳐진 정치적 입장 차이도 여러 가지 어려움을 초래했다.

만일 트로츠키가 이번 당 회의에서 자신이 큰 역할을 할 수 있으리라고 예상했다면 그는 제5차 당대회 때 자신이 어떤 대우를 받았는지 망각하였던 것이리라. 멘셰비키 가운데 트로츠키의 말에 따라 생각이나 행동을 바꿀 사람은 아무도 없었다. 분트 구성원 역시 트로츠키에게 호감을 느낄 이유가 전혀 없었다. 빈의 〈프라우다〉를 트로츠키에게 맡겨 발행했던 마리안 멜레네프스키조차 트로츠키가 우크라이나 민족주의에 반대하자 분개했다.[13] 트로츠키는 도전적인 태도를 취했다. 당 회의에 독일의 마르크스주의자가 아무도 참석하지 않은 것을 알고 있던 트로츠키는, 자신의 관점이 '유럽의 기회주의'에 결정적인 해독제 역할을 할 수 있을 것이라고 주장했다.[14] 카를 카우츠키가 그 자리에 있었다면 아마 그런 발언은 하기 어려웠을 것이다. 이제는 더 잃을 것도 없게 된 트로츠키는 당내의 모든 분파를 비판했다. "오래된 우리의 당은 마르크스주의의 관점을 견지하며 노동운동 위에 군림하는 민주적 지식인들의 독재 체제가 되어버렸습니다."[15] 트로츠키는 자신과 힘을 합칠 가능성이 있는 사람들을 화나게 하는 것도 개의치 않았다. 그는 솔직하게 자신의 의견을 개진했다. 그처럼 솔직한 태도야말로 당내 토론의 가장 중요한 본질이라고 그는 믿었다. 당 회의는 몇 가지 광범위한 정책에 관련한 결의문을 채택했다. 또한 광대한 다민족 국가를 통치하는 문제의 해결책으로 '민족-문화 자율권'을 중시한다는 오스트리아 마르크스주의자들의 견해를 받아들이기로 결정했다. 한 국가 내의 각 민족은 자신들의 이익을 추구하기 위해 각각의 중앙 기관을 설립할 수 있게 된 것이다. 이것은 볼셰비키의 주장에 정면으로 반하는 입장이었다. 볼셰비키는 로마노프 왕조를 타도한 이후 단일한 다민족 국가를 그대로 유지하고 싶어 했다. 다만 러시아 민족이 아닌 다른 민족이 주민의 대다수를 차지하는 지역에는 광범위한 자율권을 부여한다는 입장이었다.

당 회의가 끝나자 회의 결과 단결성이 강화되었다는 자화자찬의 말들이 나왔다. 이른바 '8월블록'의 정신에 충실하겠다고 공언하는 사람들도 있었다. 트로츠키는 당 회의 결과로 러시아사회민주노동당의 재통합이 이룩되기를 바란다는 희망을 표명했다. 하지만 회의에서 실제로 성취된 것이 많다고 생각하는 사람은 별로 없었다. '8월블록' 내부의 분파적 긴장도 지속됐다. 게다가 트로츠키는 회의에서 진행된 토론에서 별다른 말을 하지 않았다. 그는 대의원들이 빈을 떠난 뒤에도 계속 반 걸음쯤 물러선 태도를 고수했다. 그는 이미 오랜 기간 동안 오스트리아의 마르크스주의자들이 민족 문제에 기울인 관심을 무시하고 있었으며 당 회의가 끝난 뒤에도 그러한 자신의 태도를 수정해야 한다고 생각하지 않았다. 트로츠키는 러시아사회민주노동당 전체가 열정적으로 펼친 광범위한 성격의 토론 대부분에 말려들지 않으려 노력했다. 볼셰비키와 멘셰비키는 농업 문제와 민족 문제에 관하여 열띤 토론을 벌였다. 또한 그들은 당대의 제국주의, 군국주의, 자본주의적 발달 등의 본질을 놓고 역시 격론을 벌였다. 대부분의 경우 트로츠키는 논쟁 바깥에 서 있었다. 당의 조직 문제에 대해서조차, 그의 글은 그가 오랫동안 써 온 내용을 반복한 데 불과했다.

당 회의가 끝나면 트로츠키는 곧 〈프라우다〉의 편집 업무로 복귀할 것이라는 것이 사람들의 짐작이었다. 실제로 트로츠키 역시 그때는 그렇게 마음먹고 있었다. 빈은 그가 다른 사람들과 분리된 상태에서 편안하게 지낼 수 있는 장소였다. 당 회의에서 그는 자신이 원하는 바를 얘기했지만 아무것도 얻지 못했다. 그런 상황은 이제 그에게 늘 있는 일이 되고 말았다. 따라서 트로츠키는 마르크스주의 신문의 논평가로 활동하는 데서 위안을 찾을 것이 확실했다. 그러나 9월에 그는 모든 사람을 놀라게 하였다. 〈키예프 사상〉의 특파원 자격으로 발칸 지역으로 가겠다고 발표한 것이다. 발칸 지역에는 10월 들어 전쟁이 터졌다. 한편은 오스만 제국의 중앙 정부였고 다른 한편은 그리스, 세르비아, 몬테네그로, 불가리아로 구성된 '발칸 연맹'이었다. 오스만이 전술적으로 크게 불리한 상황이었다. 1913년 5월 오스만 제국은 완전히 패배했고 런던 조약을 체결하여 유럽 지역 내에 보유하던 영토의 대부분을 내놓았다. 알바니아의 독립도 승인할 수밖에 없었다. 오스만 제국이 물러나자마자 곧 발칸 연맹 내부에서 군사 충돌이 시작되었다. 6월에 불가리아가 그리스와 세르비아의 진지를 공격함으로써 제2차 발칸전쟁이 시작되었다. 루마니아 역시 전쟁에 휘말렸다. 성한 나라가 없었지만 불가리아가 가장 큰 피해를 입었다. 전쟁은 1913년 7월에 끝났다.

세르비아, 크로아티아, 몬테네그로 등을 열정적으로 지지하는 국외자들이 많았지만, 전장으로 출발하는 트로츠키는 그렇지 않았다. 그는 불길한 예감이 들었다. 트로츠키는 다음과 같이 썼다.

나는 베오그라드의 어느 다리에서, 동원 소집된 예비역 군인들과 팔에 적십자 완장을 찬 민간인들이 길게 늘어서 있는 것을 보았다. 의회 의원들, 신문기자들, 농민들, 노동자들은 모두 한결같이 이제 후퇴는 없으며 며칠 안에 전쟁이 일어날 것이라고 말했다. 바로 그때 내가 인식하게 된 사실은, 내가 잘 알던 몇몇 사람이—정치인, 편집자, 강사들—이미 무기를 들고 전선에 배치되어 있으며 누군가를 죽이거나 아니면 내가 죽어야 하는 상황에 놓여 있다는 사실이었다. 전쟁은 내가 나의 생각과 글 속에서 그토록 자유롭게 고찰했던 추상 개념이었다. 하지만 이때 나에게 전쟁은 개연성도 없고 가능성도 없는 것으로 느껴졌다.[16)]

훗날 트로츠키는 그의 인생에서 이 시기가 자신에게 전쟁에 관해 연구할 기회를 제공하였다고 언급했다. 그가 1918년 3월 군사인민위원으로 임명되었을 때 그는 발칸 전쟁을 경험했기에 자신이 이 직책에 적합한 인물이라고 추종자들에게 주장한다. 이것은 사실에 기반을 두지 않은 과장된 주장이다. 특파원으로서 트로츠키는 양측 교전 세력의 전술과 전략에는 거의 관심을 보이지 않았다.

〈키예프 사상〉은 트로츠키에게 전투 현장 부근으로 가서 취재하라는 요청을 하지 않았으며 트로츠키 역시 전투 현장으로 가는 무모한 행동은 하지 않았다.(러시아 내전 때 그가 취한 용감한 행동과는 크게 대조된다.) 그는 발칸 지역에 관한 책을 읽지도 않았고 발칸 지역의 언어를 배우지도 않았다. 그저 두 눈과 확고한 사상만 지니고 가면 충분하다고 트로츠키는 생각했다. 전선은 불안정했고 예상치 못한 전투가 벌어지곤 했다. 전투원들은 어떤 상대에게든 무차별적으로 잔인한 행동을 저질렀다. 트로츠키는 현지 분위기를 보도하고 오스만 제국에 대항하는 세력의 동기를 설명했다. 당시 다른 기자들에 비해 트로츠키는 기사를 잘 쓰는 편이었다. 그는 발칸 지역의 몇몇 주요 도시를 방문하였으며 소피아와 베오그라드에서 몇 편의 보도 기사를 보냈다. 그는 가능한 한 많은 현지 고위 공직자들과 대화를 나누었다. 인터뷰에서 트로츠키는 그들이 전쟁을 통해 정치적 혹은 영토적인 측면에서 무엇을 얻어내려 하는지 물었다. 그는 현지의 언론인들로부터 취재 힌트를 얻어내기도 했고 병사들과 직접 대화를 나누는 수고도 마다하지 않았다. 그는 항상 전장 후방에 있었지만 전투의 결과는 많이 목격하였다. 대부분의 기자들과 달리, 트로츠키는 병원에까지 찾아가서 부상병과 대화를 나누었다. 이때 그가 쓴 기사는 시간이 흘렀어도 여전히 가치 있는 글이다. 그가 1912년~1913년에 쓴 글을 읽은 사람이라면 그 후 수십 년간 발칸 지역에서 민족 간에 벌어진 폭력의 끔찍함에 별로 놀라지 않았을 것이다.

다음은 트로츠키가 쓴 기사의 일부분이다.

> 그들은 우선 죽은 사람과 부상당한 사람을 분리한 다음 중상자와 경상자를 구분했다. 중상자들은 키르킬리오스, 얌볼, 필리포폴 근처의 전투 현장에 그대로 남겨졌으며 경상자들은 우리가 있는 이곳 소피아로 이송되었다. 이곳에 수용된 사람은 거의 모두 다리, 팔, 어깨 등에 '가벼운' 부상을 입은 사람들이다.
>
> 하지만 이들(병사들)은 자신이 가벼운 부상을 입었다고 느끼지 않았다. 그들은 자신들을 불구로 만들어버린 전투의 천둥 같은 소리와 포탄의 연기에서 여전히 벗어나지 못하고 있다. 그들은 마치 불가사의하고도 무시무시한 다른 세상으로부터 막 도착한 사람들 같다. 자신들이 막 경험한 전투의 경계를 벗어나는 다른 생각이나 느낌은 모두 망각한 듯하다. 그들은 깨어서는 전투에 대해 이야기하고, 잠자면서는 전장의 꿈을 꾼다.[17]

인상적인 글을 쓰고자 트로츠키는 일부러 절제된 표현을 썼다.

〈프라우다〉에서 받은 3개월간의 휴가가 끝난 후 1913년 1월 빈으로 돌아올 때, 그는 고난을 경험한 좀 더 현명한 사람이 되어 있었다. 그의 거의 모든 기사를 관통하는 하나의 주제가 있다면, 그것은 동남부 유럽에서 민족주의가 제기하는 위험이었다. 그 지역 전체는 트로츠키에게 마치 정신병원처럼 보였으며, 이러한 민족주의적 열망이 유럽 전역의 평화를 위협하고 있다고 그는 강조했다. 발칸 반도에 가기 전 트로츠키는 민족주의에 관한 글을 거의 쓰지 않았다. 이번 경험을 통해 그는 오스트리아와 세르비아 간에 전쟁이 터지는 것은 시간 문제라고 확신했다. 그는 우선 자신의 생각을 유럽 사람들에게 알리기 위해 곧 개최될 예정이었던 독일사회민주당 당대회에서 연설할 기회를 얻으려고 노력했다.[18] 동남부 유럽에 존재하는 위험에 대해 트로츠키는 현지 출신 사람들을 제외하면 유럽의 어느 사회주의자보다 더 많이 알고 있었다. 그는 사회주의 인터내셔널이 군국주의와 제국주의에 원칙적으로 반대하는 데 찬성했다. 또한 앞으로 어떠한 사회주의 정당도 전쟁에 나선 자국 정부를 지지하지 말아야 한다는 방침에도 찬동했다. 하지만 많은 당들의 합의를 도출해 이 방침을 확실하게 해야 한다는 것을 그는 본능적으로 알고 있었다. 독일사회민주당은 사회주의 인터내셔널에서 핵심 역할을 하는 정당이었다. 트로츠키는 러시아사회민주당의 내부 다툼은 일단 제쳐 두고 우선은 독일의 동료들을 향해, 일정한 예방 조치를 긴급히 취해야 함을 설득하는 것이 자신이 해야 할 최우선 과제라고 생각했다.

발칸 지역을 다녀오는 동안 트로츠키는 〈프라우다〉 일을 세묜 셈코프스키에게 맡겼다. 돌아온 그는 다시 당내 언론에 온 힘을 쏟았다. 그의 첫 번째 관심은 조직의 통일이었다. 군사 문제를 보도하며 그는 그동안 쌓인 피로를 씻고 새로운 활기를 얻었다. 훗날에도 그랬듯이 트로츠키는 일정 기간 동안 당내의 복잡한 투쟁에서 잠시 떨어져서 힘을 비축한 다음 다시 정치 활동을 개시하곤 했다. 이것은 그의 이력에서 장점이기도 했지만 약점이기도 했다. 그는 완전히 정치에만 몰입할 수 있는 인간이 아니었다.

트로츠키는 레닌주의자들이 당을 분열시키는 활동을 한다고 비난했고, 그들이 끼치는 해악에 격분하면서도 여전히 낙관적인 태도를 유지했다. 이런 태도는 그가 니콜라이 치헤이제(Nikolai Chkheidze, 1864~1926)에게 쓴 편지에 명백하게 드러난다. 치헤이제는 국가 두마의 멘셰비키 의원이었는데, 그의 연설 능력에 경탄한 트로츠키는 이 사람을 자신의 의견에 찬동하도록 끌어들이려 하고 있었다.

> 저는 레닌이 거둔 이른바 '성공'에 대해 더는 걱정하지 않습니다. 지금은 1903년도 아니며 1908년도 아닙니다. …… 한마디로 말해서, **현재 레닌주의의 전체 구조는 거짓말과 날조를 바탕으로 건설되었으며 바로 그 구조 속에 해체의 원인이 들어 있습니다.** 만일 레닌을 상대하는 쪽이 현명하게 행동하기만 한다면, 정확하게 당의 통합이냐 분열이냐의 노선에 따라 **매우 가까운 시일 안에 레닌주의자들을 잔인하게 해체하는 과정이 시작될 것입니다.**[19]

여기서 트로츠키는 레닌과 볼셰비키의 장기적인 성공 가능성을 부정했던 1904년에 자신이 말했던 것을 다시 반복하고 있다.[20] 그는 1905년 상트페테르부르크의 산업 노동자들이 소비에트의 지도 아래 매우 빠르게 단결하는 모습을 보았다. 로마노프 전제정에 다시금 정치 위기가 닥쳤을 때, 마르크스주의자들은 단결할 수밖에 없을 것이라고 트로츠키는 여전히 기대했다.

트로츠키는 이러한 방향의 상황 변화를 촉진하고자 했다. 자신이 예상한 대로 레닌파는 해체될 것이며, 그러는 사이 '8월블록' 사람들은 자신들의 활동을 내부적으로 조정하는 데 좀 더 단호한 입장을 취해야 한다고 그는 촉구하였다. 노동계급이 이런 상황 변화에 적극적으로 반응하리라고 트로츠키는 기대했다.[21] 그러나 트로츠키는 '8월블록'의 힘뿐만 아니라 노동계급이 정치에 지닌 관심도 과대평가했다.[22] 게다가 볼셰비키가 해체되는 일도 벌어지지 않았다. 해체될 기미조차 전혀 보이지 않았다. 오히려 레닌은 그 특유의 방식대로 청산파의 존재를 빌미로 하여 멘셰비키 전체를 매도했다. 마르토프는 청산파와 결별하기를 거절함으로써 레닌의 손에 놀아났다. 마르토프는 8월 당 회의 정신을 계속 지켜 나가고자 했으며 어떤 당파든 의향만 있다면 그들과 협력하려 했던 것이다. 트로츠키는 비판적인 입장을 취했다. 그는 상트페테부르크에서 발행되는 청산파의 신문인 〈빛〉의 편집진에게 서신을 보냈다. 이 서신에서 그는 어떤 조건이 충족되어야 청산파에 대한 비판을 중단할 것인지를 설명했다. 청산파는 "지하 활동을 비난하지 말고 (당) 강령을 폐기해서는 안 되며 과거의 기치에 충실하게 활동해야 한다."고 트로츠키는 썼다. 8월 당 회의는 이와 같은 입장을 거부하는 사람은 누구에게나 이미 "타협 없는 투쟁을 선포했다."고 트로츠키는 주장했다.[23] 멘셰비키는 트로츠키가 그저 '권력과 명성의 정상'에 올라가고 싶어 할 뿐이라고 생각했다.[24] 마르토프는 트로츠키가 〈빛〉을 비난하는 과정에서 적절한 균형 감각을 상실했다고 생각했으며 심지어 악셀로트조차 이제는 트로츠키에 대한 인내심을 잃었다.[25] 러시아 내에 있던 마르크스주의자들은 트로츠키에게 당신은 어째서 당의 단합을 호소하면서도 한편으로는 여전히 극단적인 논쟁을 불러일으키느냐고 묻는 편지를 보냈다. 러시아로부터 나오는 불평 가운데 트로츠키의 이런 행동에 대한 지적이 종종 있었다.[26]

제4차 국가 두마에 속한 멘셰비키 대의원의 입장을 대변하는, 페테르부르크에서 발행되던 신문 〈우리의 새벽〉 편집진은 트로츠키에게 이렇게 말했다. "당신이 최근에 쓴 글 모두가 효과를 발휘했던 것은 아니다. 그 글들은 성공을 거두지 못했다. '밀고자 그리고 그 밀고자를 분쇄하는 자'라는 제목의 글은 아무 효과가 없었다. (입헌민주당 측의 저술가) 이즈고예프(Izgoev)에게 쓴 답변 역시 마찬가지였다. 자유주의자들과 논쟁할 때 항상 필요한 것은, 〈빛〉의 독자가 누구이며 또 누구를 위해 〈빛〉의 기사가 쓰이는가를 기억하는 일이다."

하지만 〈우리의 새벽〉은 트로츠키를 완전히 비판하지는 않았다. 그들은 트로츠키가 두마에 관하여 생동감 있고 견실한 글을 쓴다는 것은 인정했다. 하지만 트로츠키가 습관적으로 너무 날카로운 어조로 글을 쓰는 것은 삼가기를 바랐다.[27)]

평소와 달리, 나탈리야는 트로츠키가 당의 단결을 위해 활동하는 데 의문을 제기하며 희망 없는 목표에 더는 힘을 낭비하지 말라고 말했다. 1913년 12월 페테르부르크를 여행한 나탈리야는 트로츠키가 직접 보지 못한 상황을 목격한 후 트로츠키의 계획이 모두 '비누 거품처럼' 터져버리고 말았다는 사실을 그에게 편지로 알렸다.[28)] 멘셰비키와 볼셰비키의 분열이 국가 두마에도, 상트페테르부르크의 마르크스주의 언론과 비밀 당 조직 네트워크에도 만연해 있었다. 나탈리야는 상황을 세세하게 묘사하지는 않았으며 트로츠키를 설득하는 데 별다른 성과를 얻지 못했다. 트로츠키가 한번 마음을 먹으면 누구도 그의 마음을 돌릴 수 없었다. 그것을 나탈리야는 누구보다도 잘 알고 있었다. 트로츠키는 계속해서 당의 통합 필요성을 주장하는 글과 볼셰비키와 청산파를 모두 배척해야 한다는 논지의 글을 썼다. 그는 멘셰비키도 계속 비난했다. 러시아 내에 트로츠키의 독자들이 있었던 것은 사실이었으나, 트로츠키가 분파를 형성해서 그 지도자가 된 것도 아니었으며 그는 그러고자 하는 마음도 없었다. 당내에서 그의 영향력은 어느 때보다도 작았다. 그리고 왜 이런 상황이 되고 말았는지는 트로츠키보다 아내 나탈리야가 더 잘 이해하고 있었다.

트로츠키가 의기소침해지지 않았던 것은 세 가지 이유 때문이었다. 두 가지 이유는 누구나 쉽게 알 수 있다. 첫째로 트로츠키가 자존심이 무척 강했기 때문이고, 둘째로 마르토프에게 트로츠키라는 존재가 필요했기 때문이었다. 마르토프는 레닌 분파가 장악하고 있던 자금을 멘셰비키가 넘겨받을 수 있도록 제2인터내셔널이 압력을 행사해주길 바랐고, 그 목적을 위해 트로츠키를 움직이고 싶었다. 그렇게 안 될 경우 레닌주의자들이 바람직하지 않은 분열 책동파라고 비난받게 하고 싶었다.[29] 트로츠키가 용기를 잃지 않았던 세 번째 이유는 러시아 제국 내의 상황이었다. 1912년 4월 시베리아의 레나 금광에서 파업을 벌이던 노동자들에게 군대가 발포하는 사건이 벌어진 후, 러시아 산업 노동자들은 정부와 고용주들에게 압박을 가하고 있었다. 경제 침체기가 지나가자 실직의 위험이 줄어든 러시아 노동계급은 이제 공장주에게 대담하게 맞서기 시작했다. 1913년 한 해 동안 파업이 2,404건 일어났는데, 1914년 전반기 6개월 동안에는 무려 3,534건으로 증가하였다.[30] 페테르부르크의 거리가 시위 행렬로 가득 차고 로마노프 왕조를 타도하자는 구호가 눈에 띄게 되었다. 급진주의가 다시 시대의 흐름이 되었다. 멀리 있던 트로츠키는 자신의 생각을 지지하는 세력을 규합하려는 목적으로 러시아 제국 수도에서 〈투쟁(Bor'Ba)〉이라는 합법적인 신문을 창간하였다. 이 신문은 경찰에게 간섭당했을 뿐 아니라 기존 분파에게 신뢰받지 못했다.(트로츠키의 지지자인 셈코프스키조차 이 신문을 불신했다.) 그러나 그럼에도 불구하고 이 신문은 마르크스주의 운동의 주요 지도자 몇몇으로부터 인상적인 글을 받아 게재할 수 있었다. 물론 트로츠키 역시 국가 두마, 보드카 판매에 의존하는 국가 예산, 러시아 역사 발전의 특수성 등에 대한 긴 글을 이 신문에 발표했다.[31]

레닌뿐만 아니라 트로츠키 역시 자신의 혁명 전략에 유리하게 상황이 변화하고 있다고 확신했다. 1905년에 그러했던 것처럼 이번에도 역사는 그들에게 유리하게 전개되고 있었다. 〈투쟁〉에 실은 첫 번째 논설에서 트로츠키는 지식인들뿐 아니라 노동자들에게도 주목받고 싶다는 바람을 내비쳤다. 노동계급이 스스로 독자적인 의견을 형성하여 '보편적인 인간의 행복'을 위해 투쟁하기 시작할 때 비로소 당도 발전할 수 있다고 그는 주장했다.[32] 다시 한 번 그는 분파주의의 종식을 촉구했다. 모든 당파가 내적으로도 극심하게 분열되어 있

기 때문에 조직 통합이란 목표는 현실성이 있다고 그는 주장했다.[33]
따라서 그는 볼셰비키와 멘셰비키의 분쟁에 대한 제2인터내셔널의
조사에 자신이 신경 쓰는 것은 의미 없는 일이라고 생각했다. 주장과
반박이 계속됐다. 카우츠키, 체트킨, 메링으로 구성된 중재위원회는
이제 결론을 내리고 싶어 했다. 러시아의 복잡한 시국에서 분쟁의 양
측 당사자는 1914년 7월 브뤼셀에서 독일 측의 감독 아래 회담을 열
기로 결정했다. 회담의 결론은 레닌에게 크게 불리하게 나올 것으로
예측됐다. 멘셰비키 편에서 묵직한 실탄을 사용하려면, 트로츠키는
여름 동안의 다른 계획을 포기하고 빈에서 출발해야 했다. 그러나 회
담은 성사되지 않았으며 트로츠키가 브뤼셀로 떠나는 일도 없었다.
대신 전쟁이 일어났다. 이번에는 발칸 반도에 국한된 것이 아니라 유
럽 전역이 전쟁에 휩싸였다.

LEON TROTSKY

제 2부

지도자

–

1914-1919

14장

1차 대전의 반전 운동가

플레하노프와 논쟁을 벌이다

트로츠키 가족이 빈에서 조용하게 살고 있던 1914년 여름, 유럽 전역에 정치적 폭풍이 불기 시작하더니 급기야 제1차 세계대전이 발발하였다. 합스부르크가의 제위 계승자였던 페르디난트 황태자가 6월 28일 사라예보에서 암살당했다. 오스트리아 정부는 세르비아 정부에게 책임을 묻고 최후통첩을 보냈는데, 그 가운데에는 당연히 거절당할 만한 요구 사항들이 들어 있었다. 그러나 아직 크게 경계심을 불러일으킬 상황은 아니었다. 이 사건은 이제까지 발칸 반도에서 발생했던 여러 분쟁처럼 보였고 그런 분쟁들은 모두 타협으로 해결된 바 있었다.

하지만 이번에는 상황이 다르게 진행되었다. 7월 한 달 내내 유럽 열강들 사이에서 긴장이 점점 높아졌다. 러시아 정부는 오스트리아 정부에게 군사 행동을 벌이지 말라고 경고했다. 독일이 오스트리아에게 세르비아를 더 강하게 위협하라고 촉구하면서 분위기가 더욱 나빠졌다. 오스트리아 황제 프란츠 요제프가 이미 국가의 이익과 황제 개인의 명예가 도전에 직면했다고 여겼으므로, 행동을 개시하기에 앞서 다른 나라가 굳이 재촉할 필요도 없었다. 유럽 대륙에 전쟁이 임박했다고 판단한 러시아의 니콜라이 2세는 군대에 예비 동원 명령을 하달했다. 러시아의 이런 움직임은 오스트리아와 독일을 몹시 자극하였다. 두 나라는 러시아에게 동원 명령을 철회하라고 요구하면서 그러지 않으면 전쟁이 일어날 것이라고 경고했다. 니콜라이 2세가 이 경고를 묵살하자 독일은 러시아에 선전포고를 했다. 이미 세르비아와 전쟁을 시작한 오스트리아 역시 독일의 뒤를 따랐다. 영국과 프랑스는 러시아가 전쟁에서 패배하는 것을 원하지 않았다. 그렇게 되면 독일이 중부 유럽과 동부 유럽에서 군림할 수도 있기 때문이었다. 이리하여 두 연합체가 만들어졌다. 독일과 오스트리아-헝가리 제국이 주축이 되어 동맹국을 형성하고, 프랑스, 러시아, 영국이 주축이 되어 연합국을 형성했다. 유럽 전역에서 군대 행진 소리가 들렸으며, 군대와 군수물자를 운송하는 열차도 여기저기로 이동하기 시작했다. 하지만 이 전쟁이 유럽 전역에 정치·사회적 대격변을 몰고 오리라고 예상한 정치인이나 외교관은 거의 없었다. 그들 대부분은 전쟁이 빨리 진행되어 짧은 기간 내에 끝나리라 예상했다.

　트로츠키가 평소 하던 활동에는 아무런 지장이 없었지만, 8월 2일 독일이 러시아에 선전포고를 하면서 상황이 바뀌었다. 독일 제국의 동맹인 오스트리아에 거주하는 러시아 국민이었던 트로츠키는 갑자기 위험한 처지에 놓였다. 다음 날인 8월 3일 트로츠키는 사회민주주의 계열 신문인 〈노동자 신문(Arbeiter-Zeitung)〉 사무실로 찾아갔다. 빈차일레 거리에 위치한 사무실에서 트로츠키는 친구 프리드리히 아들러를 만났다. 프리드리히의 아버지인 빅토어 아들러도 대화에 끼어들어 빈 정부가 트로츠키와 같은 망명 러시아 정치인들에게 어떤 조치를 취할지 정확한 정보를 알아내야 할 것이라고 충고했다. 오스트리아의 주요 사회주의자일 뿐 아니라 정신의학자이기도 했던 빅토어 아들러는 이번 전쟁으로 인해 오스트리아 사회에 민족주의 감정이 분출해 '광기'가 발생하리라고 예측했다. 트로츠키가 니콜라이 2세를 비판해 왔다고 해서 집단 구금을 피할 수는 없을 터였다. 분노한 폭도에게 트로츠키와 그의 가족이 변을 당할 위험 역시 간과할 수 없었다. 언제 어떤 일이 벌어질지 몰랐다. 빅토어 아들러는 트로츠키의 신상에 곧 위험이 닥칠 것이라고 확신했다. 오스트리아의 고위 관리들과 접촉이 가능했던 그는 오후에 트로츠키와 함께 삯마차를 타고 가이어(Geier)라는 정치경찰 수장을 만나러 갔다. 가이어는 빅토어 아들러의 비관적 전망이 정확하다고 확인해주었다. 러시아 시민권을 가진 주민에 대해 집단 구금령이 떨어질 것이라고 그는 말해주었다.

이 이야기를 듣고서도 트로츠키는 여전히 침착성을 잃지 않았다.

"그렇다면 이 나라를 떠나기를 권하시는 것입니까?"
"물론입니다. 빠르면 빠를수록 좋습니다."
"좋습니다. 가족과 함께 내일 스위스로 출발하겠습니다."
"음, …… 내일보다는 오늘 출발하시는 편이 좋겠군요."[1]

점잖은 성격의 가이어는 빈의 감옥을 외국인들로 가득 채우는 것을 달갑게 생각하지 않았다. 니콜라이 2세의 적으로 널리 알려진 트로츠키는 사실 오스트리아 당국이 주시하는 위험한 외국인 명부에 오른 적이 없었다. 하지만 무슨 일을 당하기 전에 그가 미리 빠져나가는 것이 모든 사람이 편해지는 방안이었다. 트로츠키는 급히 집으로 돌아와 식구들에게 전부 이야기를 했다. 창고에서 큰 트렁크를 꺼내 옷가지와 정치 관련 서류를 챙겨 넣었다. 허둥대지는 않았다. 트로츠키와 나탈리야는 현실적이었으며 주변 정리를 잘 해 두는 사람이었다. 그들은 언제 갑작스런 위기 상황이 닥칠지 모른다는 것을 항상 염두에 두고 살았다. 오후 6시 40분에 트로츠키 가족은 중립국인 스위스행 기차를 탔다.[2]

이들의 첫 번째 목적지는 취리히였다. 취리히에는 러시아 마르크스주의자들이 많이 모여 살고 있었기 때문에 트로츠키는 옛 동료들과 함께 지낼 수 있었다. 그는 이제 실제적인 혁명 활동의 확고한 근거지를 상실하고 말았다. 〈프라우다〉도 없어졌고 그를 돕던 조직도 흩어져버렸으며 재정 상태 역시 불안해졌다. 그에게 가장 나빴던 것은 제2인터내셔널 소속 정당들이 전쟁에 대해 보인 반응이었다. 이 정당들은 적대 행위가 발생하지 않도록 최선을 다하고, 만일 자국 정부가 전쟁에 참가하면 정부의 결정을 지지하지 않겠다고 맹세했다. 하지만 이 약속은 곧 깨져버렸고 트로츠키는 몹시 실망하였다. 독일과 프랑스와 영국의 주요 사회주의 정당 지도부는 자국 정부의 군사 조치에 찬성표를 던졌다. 러시아와 불가리아는 그러지 않았다. 하지만 두 나라에서조차 많은 사회주의자들이 애국적인 대의명분을 받아들였다. 이들 가운데 가장 널리 알려진 사람이 바로 플레하노프였다. 그리고리 알렉신스키(Grigori Alexinsky, 1879~1967) 같은 볼셰비키조차 독일은 러시아 인민의 적이므로 패전해야 한다고 공언했다. 러시아 제국에서 망명 온 사회주의자들은 니콜라이 2세를 증오한 나머지 프랑스 군대에 자원 입대하겠다고 줄을 섰다. 제2인터내셔널은 사실상 끝장났다. 독일사회민주당은 자국이 프랑스, 영국, 러시아의 공격에 대해 안전을 확보할 때까지 혁명적 행동을 유예하기로 결정하였다. 프랑스의 사회주의 정당은 독일의 침공을 방어하느라 노력하는 현 정부를 지지하기로 입장을 정했다.

트로츠키와 같이 전쟁에 반대하는 사회주의자들은 제2인터내셔널에서 합의된 방침을 저버리는 정당들에 분노했다. 그러나 트로츠키는 유럽에서 전쟁이 터졌다는 사실에 약간 안도감을 느꼈다. 그는 군사 전략에 관해 별다른 의견이 없었으며 특정한 통치자나 정치인 또는 군사 지휘관에게도 관심이 별로 없었다. 하지만 전쟁으로 인해 혁명이 발발할 가능성이 더 높아졌으며, 이 '제국주의적 전쟁'은 세계 자본주의가 내쉬는 마지막 숨이라고 그는 확신했다. 유럽에서 벌어지는 엄청난 규모의 군사적 충돌이 모든 참전국 내부의 기존 정치 질서를 교란할 것이며, 전쟁의 잿더미에서 사회주의가 인류의 구원자로 떠오를 것이라고 그는 확신했다.

트로츠키가 취리히 거리에서 우연히 헤르만 몰켄부어(Hermann Molkenbuhr, 1851~1927)와 마주친 것은 이런 분위기에서였다. 독일 사회민주당의 사절로서 취리히에 온 몰켄부어는 전쟁에 관한 독일사회민주당의 정책을 지지해 달라고 사람들에게 호소하고 있었다. 트로츠키는 그에게 앞으로 사태가 어떤 식으로 전개될 것인지에 대해 물었다. 대답은 이랬다. "우리는 앞으로 2개월 내에 프랑스를 끝장낼 것입니다. 그러고는 동쪽으로 가서 러시아 군대를 끝장낼 것입니다. 그렇게 되면 3개월 내에, 아니면 길게 잡아봐야 4개월 내에 우리는 유럽에 굳건한 평화를 구축할 것입니다." 몰켄부어는 트로츠키의 비관적 관측을 '유토피아적 관점을 지닌 사람'의 헛소리라고 생각했다.[3] 트로츠키는 전혀 기가 죽지 않았다. 1905년 어느 날 그는 핀란드 라우하에서 하숙집에 숨어 있었지만, 갑자기 상황이 바뀌자 상트페테르부르크에 와서 '기술대학'에 자리를 잡고 소비에트의 업무를 주도하지 않았던가. 이런 급격한 상황 변화가 곧 다시 한 번 일어나리라고 그는 생각했다. 스위스는 물론 여전히 중립국이었다. 스위스 군대는 국경 수비만 하면서 정기적으로 대포 사격 훈련을 실시했다. 하지만 스위스 정부는 군사적 충돌에 휘말리지 않기를 희망했다. 당시 공공 부문의 주요 토론 주제는 감자의 공급 과잉과 점점 심각해지는 치즈 부족 현상이었다.[4]

정치적으로 극좌파에 속하는 다른 사람들도 그랬듯이 트로츠키는 스위스에서 사회주의 혁명이 일어날 가능성을 과소평가하지 않았다. 그러나 반전운동을 주의 깊게 평가한 후 그는 프랑스로 가는 편이 좋겠다는 결론을 내렸다. 게다가 〈키예프 사상〉이 트로츠키에게 프랑스에서 전쟁 특파원으로 일해 달라고 요청해 왔다. 트로츠키는

1914년 11월 19일 파리로 갔다. 파리에는 한 무리의 러시아 마르크스주의자들이 활발하게 활동하고 있었는데, 그 가운데에는 아나톨리 루나차르스키와 율리 마르토프가 있었다.[5] 트로츠키는 이들의 신문 〈목소리(Golos)〉에 협력하기로 했고, 반전(反戰) 입장을 지닌 다른 마르크스주의자들, 예를 들어 율리 마르토프, 알렉산드라 콜론타이(Aleksandra Kollontai, 1872~1952), 안겔리카 발라바노바 등과 함께 〈목소리〉의 기고자 명단에 이름을 올렸다. 스위스에 살던 트로츠키의 오랜 친구 악셀로트도 최고 편집진으로 참여하며 기사 원고를 보냈다.[6] 트로츠키는 아내 나탈리야에게 집안일을 맡겼다. 나탈리야에게 돈이 떨어졌다는 편지를 받으면 트로츠키는 악셀로트에게 연락하여 나탈리야가 단기로 돈을 꿀 수 있도록 주선해 달라고 청했다. 또한 〈키예프 사상〉에 전보를 보내 수표를 끊어 아내에게 보내 달라고 부탁했다.[7] 트로츠키의 은행 구좌에 돈이 없었기 때문이 아니라, 파리에서 아내에게 송금하는 것이 어려웠기 때문이었다.[8]

〈목소리〉는 곧 제호를 〈우리의 말(Nashe slovo)〉이라고 바꾸었고, 트로츠키는 편집진에 가담하고 싶다는 의사를 전했다. 그의 요청이 순조롭게 받아들여지지는 않았다. 편집자들은 트로츠키의 고압적인 성격을 잘 알고 있었으며 그가 작업 분위기를 망치지나 않을까 우려했다. 하지만 누구에게도 뒤지지 않는 그의 뛰어난 문장력과 마르토프부터 레닌에 이르는, 전쟁에 반대하는 모든 마르크스주의자들과 협조하겠다고 분명하게 밝히고 있다는 점이 인정되었다. 트로츠키의 청을 거절하는 것은 거의 불가능했다.[9] 결국 〈우리의 말〉은 트로츠키를 편집진에 받아들였지만, 이후 벌어진 상황이 마르토프는 불만족스러웠다. 트로츠키는 편집진에 합류하자마자, 왜 마르토프가 러시아 정부의 전쟁 수행을 지지하는 플레하노프나 그밖의 사람들과 관계를 끊기를 주저하는지 토론해보자고 제안했다. 〈우리의 말〉의 편집 회의는 종종 격론이 오가는 토론장이 되었다.[10] 마르토프는 원래 성격상 편 가르기를 혐오했고 조직 문제에서는 관용적인 태도를 취한다는 원칙을 지키고 있었다. 이 원칙은 사실 1914년 이전에 트로츠키가 권했던 태도였다. 하지만 트로츠키는 이제 그처럼 폭넓은 관용적 태도를 인정하지 않았다. 유럽 전역에 걸친 이 대전쟁은 당 전체에 완전히 새롭고 근본적인 문제를 제기하고 있었다. 마르토프는 여전히 마르크스주의 정치 활동의 옛 관행에 충실했지만 트로츠키는 새로운 접근 방법을 주창했다. 트로츠키가 보기에, 러시아 제국의 애국적 방위를 옹호하는 자는 프롤레타리아 대의에 반하는 명백한 적대 세력으로 간주해야 했다.

트로츠키는 처음으로 플레하노프와 논쟁을 시작했다. 이제 그는 플레하노프를 지극히 경멸했다.[11] 그전까지 트로츠키는 당의 통합이라는 명분을 위해 당의 창설자인 플레하노프를 혹평하는 것을 삼갔다. 트로츠키는 당파 투쟁을 증오했으며 1903년 이후 레닌과 되풀이해 논쟁한 것은 예외적인 일이었다. 전쟁 전에 청산파를 비난한 것 역시 트로츠키가 당내 갈등에 통상적으로 취하는 태도가 아니었다. 하지만 트로츠키는 1914년 말 전쟁 정책에 관련하여 플레하노프를 공격했다. 당시 플레하노프는 러시아 제국 황실을 지지하지는 않았지만 러시아가 독일에 승리하기를 원했다. 동맹국이 이 전쟁에서 승리하면 유럽 전체가 독일의 군홧발 아래 놓이게 될 것이라고 그는 예언했다. 따라서 그는 러시아 정부가 발행하려 하는 군비 조달 국채에 찬성해야 한다는 입장이었다. 트로츠키는 플레하노프를 배신자라고 비난했다. 트로츠키가 볼 때 플레하노프는 맹목적 애국주의에 빠져버렸으며 이제 더는 동지라고 할 수 없었다. 트로츠키는 오래전부터 알렉산드르 포트레소프와 청산파를 증오해 왔다. 그들 전부가 '사회주의적 애국자'로 변신한 것에 트로츠키는 조금도 놀라지 않았고, 그들을 지속적으로 비난했다. 트로츠키는 또 과거에 빈에서 〈프라우다〉 편집인이 되는 데 도움을 주었던 마리안 멜레네프스키와 완전히 결별했다. 1915년 멜레네프스키는 '우크라이나해방연맹'의 지도자가 되면서 마르크스주의자에서 민족주의자로 변신했다. 트로츠키는 그를 맹비난했으며, 멜레네프스키 역시 같은 방식으로 화답했다.[12]

러시아사회민주노동당을 단결시켜야 한다는 트로츠키의 신념은 전쟁 중의 정치 상황 때문에 산산이 부서졌다. 니콜라이 2세 정부의 재정 차관을 승인하는 어떤 정당의 지도자든 트로츠키는 맹렬하게 비난했다. 이 문제가 그에게는 전략적 판단의 첫 번째 기준이었다. 애국주의자가 된 볼셰비키들은 보통 자기 당파에 대한 충성을 포기했다. 한편, 당내의 다른 당파들 역시 정책 지향에 따라 분열되었다. 트로츠키가 볼 때, 플레하노프가 쓰는 글보다 더 심각한 문제를 일으키는 것은 〈우리의 새벽〉이 택한 편집 노선이었다. 중립성을 완전히 포기한 이 멘셰비키 신문은 민주주의 국가로 이루어진 연합국이 전제주의적인 동맹국에 승리를 거두어야 한다고 주장하는 노선을 택했다. 트로츠키는 분노했다. 이 전쟁이 '정권 형태의 충돌'이 아니라는 것을 편집자들이 정말 모른단 말인가? 이 전쟁은 민주주의와 아무런 상관도 없다. 양 진영은 그저 시장과 영토와 전 세계적 지배권을 두고 다투는 것이다. 트로츠키에 따르면 바로 그렇기 때문에 〈우리의 새벽〉이 독일의 융커*에게 모든 문제의 책임을 돌리는 것은 어불성설이었다.[13] 또한 러시아 패배 운동을 벌이자는 레닌의 제안에도 트로츠키는 질색했다. 전쟁에 반대하는 많은 볼셰비키조차 레닌의 이런 제안이 무분별하다고 보았다. 트로츠키와 마찬가지로 이들도 모든 전쟁 참여국에 동일하게 비판적이었다. 트로츠키는 자신이 국제주의자임을 자랑스럽게 생각했다. 그에게 레닌의 전략은 전도된 민족주의였다. 이 주제에 관해 트로츠키는 공개 서한을 작성했지만 〈우리의 말〉에는 실리지 못했다. 또는 어떤 밝혀지지 않은 이유로 트

융커(Junker) 중세 이후 독일의 지배계급.

로츠키 자신이 이 서한을 공개하지 않기로 마음을 바꾸었는지도 모른다.[14]

한편 나탈리야는 두 아들을 데리고 1915년 5월 파리에 도착했다. 전쟁 중이었지만 트로츠키 가족은 정상적인 휴가를 보내고자 했다. 마침 이탈리아 화가인 르네 파레스(René Paress)와 그의 러시아인 아내 엘라 클랴치코(Ela Klyachko)가 파리 남서부 세브르에 있는 자신들 소유의 별장을 빌려주겠다고 제안했고, 트로츠키 가족은 기쁜 마음으로 제안을 받아들였다. 파레스와 클랴치코 부부는 전쟁을 피해서 스위스에 가 있었다.[15] 트로츠키는 언제라도 혁명이 일어날 수 있다고 예상했기 때문에 전쟁 현장에서 되도록 가까운 곳에 있으려고 했다. 연합국이 난관에 부딪치면 정치적 격변이 앞당겨질 것이 뻔했기 때문이다. 두 아들은 여름방학 전까지 별장 근처에 있는 학교에 다녔다. 자라면서 러시아어와 빈 억양의 독일어로 말했던 두 아들은 이제 전혀 모르던 프랑스어를 배워야 했다.[16] 트로츠키에게 정치적으로 동조하는 프랑스인들은 트로츠키 가족이 편하게 프랑스에서 생활할 수 있도록 도움을 주었다. 트로츠키 가족과 알고 지내던 프랑스 노동자 한 명은 '키키'라는 이름의 알자스 개 한 마리를 가족에게 주었다. 여덟 살 된 세르게이는 키키에게 푹 빠져서 마치 사람처럼 대했다. 세르게이는 어머니에게 개가 쓸 칫솔과 수건을 따로 마련해 달라고 하였다. 그렇게 해야 키키가 자신의 몸을 깨끗하게 유지할 수 있지 않겠냐는 것이었다. 세르게이는 어째서 키키가 말을 하지 못하는지 이해하지 못했다.[17] 오스트리아와 스위스에 살 때 트로츠키 가족은 동물을 키워본 적이 없었기에 세르게이가 동물에 대해 그렇게 순진무구한 생각을 했던 것 같다. 어쩌면 세르게이는 정치 활동에 골몰했던 부모에게서 관심을 받지 못한 나머지 그렇게 같이 지낼 수 있는 '사람'을 스스로 만들어냈는지도 모른다.

여름이 끝나자 트로츠키 가족은 파리로 이사했고 몽수리 공원 근처 무세 제독 거리에 거처를 마련했다.[18] 료바와 세르게이가 러시아 어를 계속 사용하는 것은 트로츠키 가족의 명예에 무척 중요한 일이 었으므로, 아이들은 블랑키 거리에 있는 러시아인 학교에 다녔다. 예 전처럼 나탈리야는 집안일을 했고 트로츠키는 열심히 일을 했다. 그 는 끊임없이 글을 썼다. 편집 일도 많이 했고 연설도 했고 지지자들 도 모았다. 논평 활동도 계속했다. 이렇게 항상 열심히 일하던 트로 츠키가 어느 날 고열이 나서 자리에 누웠는데 의사들은 그 원인을 도무지 찾아내지 못했다. 아내 나탈리야가 꾸준히 남편을 보살피며 조금씩 기운을 차리게 해주는 수밖에 없었다.[19] 몸이 아프건 안 아프 건 트로츠키는 평소처럼 엄격하게 정해진 일정대로 생활했다. 마르 토프가 라 로통드 카페*에 앉아서 하루에 몇 시간씩 다른 사람과 한 가롭게 이야기를 나누는 것과 대조적인 모습이었다. 트로츠키는 매 일 아침 오전 11시면 신문사에 나가 그다음 발행될 신문에 관해 이야 기를 나누었다.[20] 그는 인쇄실에서 나는 잉크 냄새를 좋아했다. 인쇄 기에서 방금 나와 아직 습기와 따뜻한 온기가 남아 있는 신문의 첫 판을 손가락으로 조심스럽게 넘기면서 그는 큰 기쁨을 느꼈다.[21] 드 디어 아버지를 위해 심부름을 할 수 있는 나이가 된 두 아들은 아버 지의 원고를 〈우리의 말〉 편집실에 전달하는 심부름을 좋아했다. 한 번은 세르게이가 거리에서 주운 20프랑을 신문사에 기부했다.[22] 이 런 어린 시절을 보낸 소년들에게는 정치가 점차 생활의 일부분이 되 었다.(그 영향은, 세르게이에게는 아니었지만 료바에게는 오랫동안 지속된 다.)[23]

인쇄소에서 일하던 잉베르(Imber)라는 노동자가 세르게이와 친해 지려고 시도했다가 깜짝 놀랐다. 세르게이는 상대방이 어리석은 말 을 한다고 여기면 무척 퉁명스럽게 굴었기 때문이다. 나탈리야는 아

라 로통드 카페(Cafe La Rotonde) 유명한 예술가와 작가들이 많이 드나들던 카페. 파리의 몽 파르나스 구역에 있다.

들에게 앞으로는 사람들과 대화할 때 좀 더 조심스럽게 처신해야 할 것이라고 충고했다.[24] 어리석음을 도저히 참지 못하는 사람을 세르게이는 이미 집에서 항상 보면서 자라 왔던 것이다.

나중에 트로츠키와 그의 아내는 파리에서 검소하게 살았다고 주장하지만 그런 증거는 없다. 1914년 한 해 동안 트로츠키는 〈키예프 사상〉에 6편의 글을 보냈다. 이 글들에 대한 반응이 상당히 좋았기 때문에 〈키예프 사상〉은 1915년과 1916년에도 계속 트로츠키에게 글을 청탁했다. 게다가 프랑스와 러시아가 전쟁에서 동맹국이었기 때문에 트로츠키는 원고료가 신속하게 파리로 송금될 것이라고 확신할 수 있었다. 전쟁 기간 중 트로츠키 가족은 궁핍하지 않았다. 자유주의적인 〈키예프 사상〉이 트로츠키에게 귀중한 수입원이었지만, 트로츠키는 사실 사회주의 신문에 글 쓰는 것을 더 좋아했다. 그는 특히 반전 입장을 취하는 사회주의 신문에 글을 싣고 싶어 했다. 하지만 전쟁에 대해 특정한 입장을 표명하지 않는 좌파 계열 신문에도 기꺼이 자신의 글을 송고했다. 그 가운데 하나가 〈새로운 세계(Novyi mir)〉였다. 〈새로운 세계〉는 뉴욕에서 발행되어 러시아계 이민자들 사이에 널리 읽혔다. 전쟁 기간 중 트로츠키는 이 신문에 글을 지속적으로 송고하였으며 글에서 러시아와 프랑스와 영국의 제국주의를 가차 없이 비판했다.[25] 니콜라예프 시절 트로츠키와 가까웠던 옛 친구 지프는 미국으로 이민을 와서 의사로 개업해 일하고 있었다. 그는 반전 운동을 지지했으며 미국의 참전도 반대했다. 지프는 트로츠키의 성공을 기원하는 말을 전해 왔다.[26]

연합국 정부와 군부는 전투에 관한 소식을 검열했으며, 트로츠키는 전쟁 동안 전선에 전혀 접근할 수 없었다. 이런 상황에서도 트로츠키는 파리의 거리에서 본 부상병이나 전쟁 과부들을 자세하게 묘사했다. 그는 비극의 작은 조각 하나만 발견하면 그 주위에 멋진 수(繡)를 놓아 결국 경제적 이익을 위해 군사적 충돌을 시작한 '제국주의자들'과 '자본가들'을 격렬하게 비난하는 한 편의 멋진 그림을 그려낼 수 있었다. 트로츠키는 자신이 묘사하고 분석하려는 현실을 독자들이 생생하게 볼 수 있게 시각화할 필요가 있음을 강하게 느꼈다. 전쟁의 참상을 생생하게 독자들에게 전달할 때 자신의 정치적 견해가 공감을 얻을 수 있다는 것을 그는 잘 이해하고 있었다. 한편 파리와 키예프에서 발행되는 신문에 글을 쓸 때는 문구를 극히 조심해서 써야 했다. 당시 프랑스와 러시아의 전시(戰時) 언론 검열 제도가 발표를 허락하지 않으리라고 짐작되는 글을 쓸 이유는 전혀 없었다. 합법적인 출판물에 쓴 그의 글들은 검열을 통과할 수 있는 한계를 의식하고 쓰인 글들이었다.

플레하노프는 트로츠키가 〈우리의 말〉과 〈키예프 사상〉에 서로 모순되는 메시지를 전하고 있다고 비난했다. 트로츠키는 자신의 기본 생각을 훼손하지는 않는다고 설득력 있게 반박했다.[27] 이따금 트로츠키의 글이 지나치게 과격하게 쓰였을 때, 검열관의 삭제 요청 때문에 〈우리의 말〉 지면에 공백이 생기곤 했다. 하지만 대체로 트로츠키는 글을 부드럽게 표현하고 좀 더 우회적으로 만들어서 검열을 통과하는 방법을 알고 있었다.[28] 검열관과 트로츠키 사이에서는 마치 고양이와 쥐의 숨바꼭질 같은 추격전이 계속 벌어졌다. 파리 주재 러시아 대사가 트로츠키를 비롯한 러시아 반전 혁명가들이 연합국의 애국심을 훼손하고 있다고 불평한 적이 있는데, 이것은 조금도 놀라운 일이 아니었다.

프랑스와 러시아 출신 사회주의자로서 전쟁 반대와 국제주의 입장을 취한 사람들은 파리의 제마프 부두 지역에서 모임을 열고 토론을 했다. 트로츠키는 이 모임에 꼭 참석했다. 〈우리의 말〉에서 트로츠키의 업무를 돕는 팀의 일원인 블라디미르 안토노프-오프세옌코 (Vladimir Antonov-Ovseyenko, 1883~1939)도 이 모임에 자주 참석했지만 편집 일에 묶여 있었기 때문에 트로츠키만큼 자주 참석하지는

못했다. 나탈리야는 아이들을 돌보아야 했기에 참석하지 못했다.[29]
트로츠키가 오기 전까지 이 모임의 핵심은 마르토프였다. 마르토프가 대단히 똑똑하고 열정적이며 논쟁에서 뛰어난 솜씨를 발휘한다는 데 모든 사람이 동의했다. 그러나 트로츠키가 나타나자 마르토프는 그늘로 밀려났다. 단호하면서도 위트가 넘쳤던 트로츠키는 마르토프와는 달리 스스로 느끼는 지적 회의나 동료들에 대한 배려 때문에 무력해지는 일이 결코 없었다. 트로츠키는 마르토프를 좋아했지만, 혁명 정당을 건설하고 나아가 혁명이라는 과업을 수행하는 데 반드시 필요한 지적 민첩성이 마르토프에게는 없다고 오래전에 결론을 내렸다. 하지만 두 사람이 의견을 같이하던 부분도 많았다. 전쟁은 자본주의적 경쟁과 제국주의적 경쟁 때문에 발발했으며 오로지 유럽의 각 나라에 사회주의 정부가 들어서야만 종식될 수 있다고 두 사람은 주장했다. 제2인터내셔널의 인물 대부분은 이미 돌이킬 수 없을 정도로 신뢰를 잃었다. 제마프 부두에서 모임을 열던 러시아와 프랑스 투사들의 과제는, 전쟁에 반대하는 사회주의 그룹들의 국제적인 연합체를 건설하는 것이었다. 국적과 상관없이 사회주의 그룹과 조직은 한데 뭉쳐야 했다. 세계대전이 끝나고 유럽에 사회주의 시대가 시작되어야만 했다.

15장

유럽 혁명 구상

"전쟁의 고통이 혁명을 부를 것이다."

제1차 세계대전 중에는 트로츠키주의자 그룹이 결성되지 않았으며 트로츠키 자신도 그런 그룹을 만들지 않았다. 트로츠키가 러시아 사회민주노동당의 다른 지도급 인물들과 크게 달랐다고 과대평가해서는 안 된다. 레닌주의자들의 수는 줄어들었다. 특히 레닌이 러시아의 군사적 패배가 필요하다는 의견을 밝힌 뒤 그런 현상이 두드러졌다. 마르토프를 따른다고 공공연하게 말하는 사람도 없어졌다. 플레하노프 추종자들은 여전히 존재했지만 얼마 되지 않았고 조직도 취약했다. 하지만 당의 지도급 인물 가운데 트로츠키처럼 혼자서 활동하는 사람은 없었다.

트로츠키의 활동 목표는 전쟁에 반대하는 유럽 사회주의자들의 힘을 합치는 데 있었다. 유럽 대부분의 나라들이 전쟁에 참여하고 있었기 때문에 반전 활동을 위한 예비 회의 장소를 물색하기는 쉽지 않았다. 가능성이 있는 곳은 중립국인 스위스, 네덜란드, 스칸디나비아 국가들이었다. 스위스사회민주당 지도자이며 평화주의자였던 로베르트 그림(Robert Grimm, 1881~1958)은 평화 회의를 조직하는 것이 자신의 정치적, 도덕적 의무라고 생각하였다. 트로츠키는 1914년 12월에 그림이 개최할 회의에 관한 소문을 들었고 악셀로트에게 편지를 보내 소문이 사실인지 물었다.[1] 긍정적인 답을 들은 트로츠키는 그림의 회의에 참석할 기회를 적극적으로 모색하기 시작했다. 로베르트 그림은 회의 참석자들에게 한 가지 조건을 요구하였다. 스위스 정부가 전쟁의 양쪽 편과 관계를 유지하는 데 곤란을 겪게 해서는 안 된다는 조건이었다. 그림은 영국, 프랑스, 러시아, 오스트리아, 독일에 있는 여러 사람들에게 동시에 초대장을 발송했다. 하지만 이들 나라의 정부는 회의에 대한 소식을 듣고 자국민의 회의 참가를 금지했다. 만약 이 회의에 참가할 경우 귀국을 허용받지 못할 수도 있었다. 초대장을 받은 사람들 중 몇몇은 아예 정부 당국에 붙잡혀 감옥에 수감되기도 했다. 독일의 로자 룩셈부르크와 카를 리프크네히트가 그런 경우였다. 결국 스위스에 도착한 10명의 독일인 가운데 빌헬름 2세의 전쟁 예산 요청에—이 예산은 독일의 전쟁 수행에 꼭 필요했다.—반대표를 던졌던 사람은 율리안 보르하르트(Julian Borchardt, 1868~1932) 한 사람뿐이었다.

로베르트 그림은 초대받은 사람들이 베른 근처 산지의 작은 마을 치머발트에 모였을 때 충격을 받았다. 동지애가 넘치는 화기애애한 분위기를 기대했던 그가 실제로 본 것은 유럽의 사회주의 급진파들이 참을성 없이 짜증 내며 서로 싸우는 광경이었다. 러시아인들이 가장 심했다. 레닌은 자신의 주특기, 즉 반대 분파의 참석 권한을 문제 삼는 수법을 또다시 활용했다. 로베르트 그림은 곧 무엇을 어떻게 해야 할지 모르는 난처한 상황에 빠져버렸다.[2] 레닌주의자들에게 제동을 걸 수 있는 사람이 있다면 그것은 바로 트로츠키였다. 〈우리의 말〉의 공동 편집인으로서 당시 트로츠키는 상당히 명망이 높았다. 레닌 역시 트로츠키의 가능성을 알아차리고 있었기 때문에 그를 볼셰비키 반대 세력을 규합할 수 있는 적이라고 규정했다. 레닌은 당시 자신과 가장 가까운 볼셰비키 동지였던 그리고리 지노비예프(Grigori Zinoviev, 1883~1936)에게, 교섭에서 트로츠키 측에게 하는 양보는 최소한으로 제한하라고 지시해놓았다.[3)] 레닌과 지노비예프가 의도한 것은, 이 회의의 참가 자격을 가능한 한 제한하는 것이었다. 혁명을 통한 권력 장악 의지를 분명하게 표명한 반전 운동가들하고만 대화하려는 의도였다. 트로츠키는 볼셰비키의 폭력 혁명 전략에 동의했지만 회의가 시작되기도 전에 이런 식으로 만신창이가 되기를 바라지는 않았다. 반전 입장을 지닌 유럽 사회주의자들의 협력 관계는 어떤 방식으로든 반드시 성취해야 하며 따라서 레닌의 분파적 행동을 통제해야 한다는 것이 트로츠키의 생각이었다.

1915년 9월 5일 시작된 치머발트 회의 첫날 광경을 트로츠키는 다음과 같이 멋지게 묘사했다.

> 회의 참석자들은 4대의 마차에 나누어 타고 산을 향해 출발했다. 지나던 사람들은 우리의 행렬을 신기한 듯 쳐다보았다. 제1인터내셔널이 발족한 지 반세기가 지났지만 국제주의자 전부가 이동하는 데 여전히 4대의 마차면 충분하다고 참석자들은 농담을 했다. 하지만 이런 농담 속에 회의적인 태도는 없었다. 역사의 줄기는 종종 끊어진다. 그리고 결국엔 새로운 매듭이 묶인다. 바로 그런 일을 우리가 치머발트에서 하고 있었다.[4)]

트로츠키는 스위스에서 개최된 이 작은 모임이 마르크스와 엥겔스가 창설한 신념과 실천을 다시 부활시키고 있었다고 주장하고 있다.

훗날 로베르트 그림은 10월혁명에 적대적인 태도를 보이는데, 그 때문에 트로츠키는 그림을 경멸하게 된다. 하지만 치머발트 회의가 열렸을 때 트로츠키는 그림을 존경했고 감사하게 느꼈다. 로베르트 그림의 노력이 없었다면 회의는 개최될 수 없었을 것이며, 더군다나 전쟁 양 진영의 사회주의자들이 회의에 참석하기란 더더욱 불가능했을 것이다. 러시아사회민주노동당은 이런 회의를 절대 조직하지 못

스위스사회민주당 지도자였던 로베르트 그림. 그림은 1915년 9월 5일에 스위스 치머발트에서 제차 세계대전에 반대하는 국제 사회주의자들의 회의를 개최했다.

했을 것이다. 아주 단순한 이유 때문이다. 당의 반전 운동 지도자들은 서로 반목이 심해서 한방에 같이 있는 것조차 못 견뎌 했다. 이런 사람들이 유럽의 급진적 사회주의 지도자들을 협상 테이블로 불러 모은다는 것은 상상조차 하기 힘들었다. 치머발트 회의 참석자들은 다양했다. 참석자 대부분은 제2인터내셔널의 전통에 충실했으므로 군국주의에 반대하는 제2인터내셔널의 입장에도 역시 충실하였다. 이들 중 어떤 사람들은 어떤 경우에도 전쟁에 반대하는 극단적인 평화주의자들이었다. 또 어떤 이들은 원칙적으로 전쟁에 반대하지는 않지만 다만 자신들이 상정하는 구체적인 어떤 전쟁은 지지하지 않겠다는 입장이었다. 하지만 전쟁에 대한 가치관에 있어서 트로츠키를 포함한 러시아 마르크스주의자들의 입장은 전혀 달랐다. 이들은 무력으로 사회주의를 확산할 수 있다는 생각을 배제하지 않았다. 이들은 1915년에는 이런 생각을 공공연하게 드러내지 않았다. 이들의 당면 목표는 참전국들의 전쟁 수행 능력을 분쇄하는 것이었기 때문이다.

회의가 시작된 이후 레닌은 카를 라데크와 긴밀한 협조 관계를 구축하였다. 이 두 사람과 그의 추종자들은 훗날 '치머발트 좌파'라고 알려지는 그룹의 핵심을 이루었다. 이들은 이 회의가 계급 투쟁, 폭력을 통한 권력 장악, 사회주의 혁명이라는 입장을 강화하도록 압력을 행사했다. 투옥 중이던 카를 리프크네히트가 회의 참석자들에게 편지를 보내 각 전쟁 참가국 내에서 내전이 일어나야 한다고 역설했다. 리프크네히트의 편지는 레닌과 라데크의 사기를 북돋웠다. 두 사람은 자신들이 치머발트 회의에서 압도적인 영향력을 행사하지는 못할지라도 회의를 급진적 방향으로 밀고 가는 것은 현실적으로 가능하다고 생각했다. 로베르트 그림은 회의에 참가한 모든 그룹을 한데 모으려고 시도했지만 좌파는 그 방안에 반대하는 선언문을 발표했다.[5] 트로츠키는 선언문 내용의 대부분에 찬성을 표했으며 라데크와 자주 대화를 나누었다. 라데크는 트로츠키가 제1차 세계대전 기간에 자주 서신을 교환했던 사람이었다.[6] (두 사람 모두 친구가 별로 없는 타입이라 그 정도면 친구라고 할 수 있었다.) 트로츠키가 전쟁을 격렬하게 비판하는 것을 보고 많은 사람들은 그를 평화주의자라고 생각했지만 사실 트로츠키가 스스로 평화주의자라고 주장한 적은 없었다. 레닌이나 라데크와 마찬가지로 트로츠키는 사회주의 혁명이야말로 지속 가능한 평화로 가는 유일한 경로라고 주장했지만, 사람들이 주목한 것은 그의 평화에 대한 논의였다.

라데크는 트로츠키에게 좌파 선언문을 비롯한 여러 문건에 공동 서명자가 돼 달라고 요청했지만 결국 설득에 실패했다. 트로츠키는 레닌과 가까이하고 싶지 않았고, 다른 회의 참석자들에게 따로 좌파적 내용의 선언문을 발표하자고 권유하기도 싫었다. 이 시점에 지노비예프가 평소의 그답지 않게 레닌의 감정을 건드릴 수도 있는 행동을 했다. 트로츠키에게 개인적으로 접근하여 트로츠키가 좌파 쪽으로 '작은 걸음'을 내딛은 데 기쁨을 표한 것이다.[7] 하지만 트로츠키는 입장을 전혀 바꾸지 않았고 그 덕분에 레닌은 이 과거의 적수와 사이좋은 모습을 억지로 과시하며 나란히 앉아 있어야 하는 수고를 면할 수 있었다. 레닌과 트로츠키는 다시 입씨름을 시작했다. 레닌은 트로츠키가 유럽의 평화운동에서 헛수고를 하고 있다고 비난했다. 트로츠키는 치머발트 좌파가 어리석게도 전쟁에 반대하는 비(非)마르크스주의자들의 관심을 끌어낼 수 있는 기회를 놓쳤다고 주장했다. 트로츠키는 또한 볼세비키가 회의에 참석하지도 않은 카우츠키를 계속 물고 늘어진다고 비난했다. 트로츠키는 레닌이 이 사안에 지나치게 집착한다고 생각했다. 카우츠키가 자신의 당이 독일 정부의 전쟁 예산에 찬성표를 던진 것을 비난하지 않은 잘못을 저지르긴 했지만 이제 그런 것은 잊어야 할 때였다. 상황이 바뀌었기 때문이다. 카우츠키는 이제 전쟁을 강경하게 비판할 뿐만 아니라 당 지도부도 비판하고 있었다.(결국 1917년 카우츠키는 따로 독일독립사회민주당을 창설했다.) 트로츠키는 결국 네덜란드의 급진 사회주의자인 헨리에테 롤란트-홀스트(Henriette Roland-Holst, 1869~1952)와 함께 성명서를 작성했다.[8]

로베르트 그림과 그의 협조자들은 어렵지 않게 자신들의 성명서를 지지하는 과반수 이상의 찬성표를 확보했다. 그러나 레닌과 라데크와 트로츠키는 그림 측에게 참가자 모두가 수용할 수 있도록 성명서의 표현을 강력하게 수정해야 한다고 압력을 행사했다. 결국 이 회의에서 공식적으로 채택된 성명서에는 '타협 없는 프롤레타리아 계급투쟁'을 직접적으로 촉구하는 문구가 들어갔다.[9]

치머발트 회의는 9월 8일에 끝났다. 트로츠키는 극좌파 사람들 사이에서 더 높은 명성을 얻고 파리로 돌아왔다. 비록 개인적인 차원에서 그를 좋아하게 된 사람은 거의 없었지만. 이 회의에서 트로츠키는 특정한 성향의 그룹과 패거리를 만드는 데 온 시간을 쓰지 않았다. 그는 기본적인 목표를 위해 동조자들을 가능한 한 많이 규합하려고 노력했으며 다른 참석자들이 원망을 불러일으킬 만한 행동은 하지 않았다. 당시 레닌에 비해 트로츠키는 모든 점에서 우월해 보였다. 만일 유럽에서 혁명이 발발한다면 전쟁에 반대하는 급진적 사회주의 자들이 한데 뭉칠 필요성이 제기되었을 텐데, 레닌의 강제력은 해만 끼칠 뿐이었다. 트로츠키는 이미 1905년에 실제로 지도자 역할을 할 수 있는 능력이 있음을 보여준 적이 있다. 러시아에서 혁명이 발생하면 트로츠키가 다시 한 번 지도자 역할을 할 수 있을 것이며, 심지어 프랑스에서 혁명이 일어난다 하더라도 어느 정도 그럴 수 있을 것으로 여겨졌다. 트로츠키는 그런 기회가 오기를 끈질기게 기다렸다. 그는 특정한 분파에 속해 있지 않았기 때문에 다른 사람에게서는 찾아보기 힘든 침착함과 확신을 지니고 기회를 기다릴 수 있었다. 치머발트 회의에서 선출한 지도 기관인 '인터내셔널 사회주의 위원회'에 들지 못했어도 그는 조금도 개의치 않았다. 사실 러시아사회민주노동당의 지도자 가운데 이 위원회 구성원으로 선출된 사람은 단 한 사람도 없었다. 만일 구성원으로 러시아인을 선출하여 러시아인들의 분파 가운데 어느 한쪽에 우선권을 주게 된다면 끊임없는 말다툼이 일어날 것이기 때문에, 러시아인은 아예 한 명도 뽑지 않는 것이 현명한 방법이었다. 어쨌든 '인터내셔널 사회주의 위원회'는 지시를 내릴 권한이 없는 기관이었기 때문에 별다른 문제는 없었다.

프랑스에서 치머발트 회의 보도를 금지하는 조치가 내려졌다. 하지만 당국의 이러한 검열 조치는 프랑스어로 발행되는 출판물에 한정되었다. 이 회의에 관해 트로츠키가 러시아어로 써서 〈우리의 말〉에 실은 글은 검열을 통과하였다. 오흐라나는 이 사실에 경악했다. 그리고 트로츠키가 '친(親)독일 운동'을 벌이고 있다고 페트로그라드에 보고했다. 러시아 경찰의 눈에는 니콜라이 2세와 그의 군대를 비판하는 자는 그 누구라도 동맹국을 돕는 것으로 보였던 것이다.[10] (페트로그라드는 러시아 수도의 새로운 이름이었다. 독일과 전쟁 중이었던 당시 상트페테르부르크란 이름은 너무 독일어처럼 들렸기 때문이다.) 스위스의 치머발트에서 있었던 일이 러시아 혁명 망명가들 사이에 퍼져 나갔다. '치머발디스트(Zimmerwaldist)'라고 자칭하던 회의 참가자들은 이제 참전국들 내에서 전쟁 지지가 점차 약화될 것이라는 새로운 희망을 품고 각자의 나라로 돌아갔다.

대다수 사회주의자들이 볼 때 세계대전 이후 옛 유럽이 변하지 않은 모습으로 재등장한다는 것은 상상할 수 없는 일이었다. 전쟁 이후 재난과 비극이 발생하리라는 것은 쉽게 예상할 수 있었다. 특별히 주목할 만한 현상은 참전국들의 야심이 매우 크다는 사실이었다. 연합국은 동맹국이 점령 지역에서 식민 정책을 시행한다고 비난했다. 벨기에에서 잔혹 행위가 자행되었다. 독일과 오스트리아는 연합국을 맹비난했다. 영국과 프랑스는 독일과 오스트리아를 너무나 증오하게 된 나머지, 이제까지 정치적 반동의 요새라고 여겼던 러시아 제국이 향후 유럽 동부 지역에서 과거보다 큰 영향력을 행사할 수 있도록 하겠다는 입장을 표명했다. 전쟁이 진행됨에 따라 전쟁의 목표 역시 계속 변화했다. 전쟁의 결과에 따라 전 세계의 모습은 크게 바뀔 전망이었다. 독일은 패배할 경우 무척 큰 대가를 치를 것이었다. 독일 황제인 빌헬름 2세와 그의 휘하에 있던 '훈족'* 대신들은 연합국 언론에게 악마로 매도당했다. 독일은 패전하게 되면 자국 영토뿐 아니라 국외에 있는 영토도 잃게 될 것이 확실하였다. 오스트리아-헝가리 제국에 대한 감정도 역시 증오만 남았으며 합스부르크 영토를 여러 민족 국가로 분할한다는 계획이 수립되고 있었다. 그런데 만약 연합국이 동맹국에게 패배한다면? 영국, 프랑스, 네덜란드의 식민지에 아무 일도 없으리라고는 상상할 수 없었다. 반전을 주장하는 사회주의자들이 볼 때, 전쟁의 승자 측은 당연히 거대한 정치적 변화를 상대방에게 강요할 것이었다. 영토 병합을 시행하고 전쟁 배상금을

훈족(the Huns) 4세기경 볼가 강 서편에서 출현하여 유럽 중부 지역까지 진출한 종족. 20세기 들어 독일인을 경멸적으로 부를 때 종종 이 종족의 이름이 사용되었다.

추징할 것이었다.

전쟁 이후 그런 결과가 나온다 해도 그런 상황이 영속적으로 유지될 것 같지는 않았다. 레닌은 또다시 세계적 규모의 전쟁이 발발하는 것이 불가피하다고 주장했다. 하지만 레닌은 평화를 열망하는 급진 사회주의자들에게 전혀 인기가 없었다. 레닌은 이 '제국주의 전쟁'이 끝나면 '유럽 내전'이 이어져야 한다고 주장했다.[11] 트로츠키나 마르토프, 심지어 레닌주의자들조차 레닌을 정치적 현실감을 상실한 자로 인식했다. 그들은 교전국의 노동계급에게 긍정적인 미래에 대한 전망을 제시하지 못하면 '치머발트 사상'에는 희망이 없다고 여겼다. 1년 혹은 2년이 아니라 더 장기간 존속하리라고 상식적으로 기대할 수 있는 평화 체제를 진지하게 계획할 때가 되었다고 그들은 믿었다.

트로츠키는 자신의 구상을 신속하게 정리했으며, 그가 항상 그러하듯이, 일단 발표한 다음에 그 구상에 변경 사항을 추가하는 일은 거의 없었다. 트로츠키는 자기 구상을 재검토하느라 시간 낭비하는 것을 싫어했으며, 상황이 매우 크게 변화할 때에만 기존 입장을 재검토했다. 1905년 초 그는 노동자 정부에 관련한 구상을 제시했다. 그는 이렇게 자신의 구상을 정식화해서 주장하고 나면, 이미 자신이 할 수 있는 일은 다 한 것이라고 생각했다. 이런 트로츠키의 태도는 다른 러시아 마르크스주의 지도자들과 대조적이다. 다른 지도자들은 자신들의 정책 대안을 끊임없이 정교하게 다듬고 조정하는 모습을 보였다. 제1차 세계대전 중에도 마찬가지였다. 트로츠키는 자신의 정책 목표를 신속하게 발표했다. 그가 새로이 내건 슬로건은 '유럽합중국(the United States of Europe)'이었다. 그는 당시 세계적으로 새롭게 형성되던 상황에 관심을 집중했다. 그는 미국과 스위스의 연방 제도에 큰 관심을 가졌다. 사회주의자들은 자본주의자들이 달성한 성과에서도 배울 필요가 있다고 트로츠키는 주장했다. 사람들이 간과하고 있지만 헝가리 역시 장차 큰 문제를 야기할 위험성이 있었다.

세르비아와 헝가리뿐 아니라 이탈리아와 불가리아 역시 영토를 확장하려는 야심을 품고 있었다. 이런 상황에 대한 해결책은 사회주의와 평화 체제와 연방제를 혼합하는 것이었다. '유럽합중국'에 소속된 각 민족 국가들은 '민주적 원칙에 기반한 연방제적 자율성'을 향유하게 될 것이다.[12]

트로츠키는 특히 발칸 지역 전체에 연방 체제를 구축해야 한다고 제안했다. 만일 세르비아가 독립성을 유지한다면 유럽 전체의 안정을 해칠 것이고, 반면에 연방 체제가 구축된다면 발칸 지역 전체에서 신속한 산업화 과정이 시작될 것이다.[13] 그러나 그 어떠한 해결 방안도 사회주의 봉기가 발생하지 않는다면 성공할 가능성이 없다고 그는 주장했다. '유럽합중국'은 반드시 프롤레타리아 독재를 전제로 한다는 것이었다. 레닌은 처음에는 트로츠키와 동일한 생각을 했지만 얼마 지나지 않아 이런 구상을 철회했다. 아마도 트로츠키나 룩셈부르크 같은 인물과 일정한 거리를 두고자 했기 때문일 것이다. 트로츠키의 관점에서 볼 때 레닌의 이런 태도는, 레닌이 성공적인 혁명 지도자에게 필수적인 관점을 결여한 기회주의자이며 분파주의자이고 자아 도취형의 인간임을 다시 한 번 보여주는 것이었다.

트로츠키의 펜에서는 마치 샘물이 흘러나오듯 글이 줄줄 흘러나왔다. 그는 자본주의가 뿌리까지 썩었으며 태생적으로 군국주의 성향이 있다는 것을 증명하고자 글을 썼다. 유럽 지도를 민족 국가들이 뒤덮고 있는 한 평화는 있을 수 없었다. 유럽 대륙의 한쪽 끝에서 다른 한쪽 끝에 걸쳐 전쟁이 끊임없이 재발할 것이다.[14] 각국 군대는 자기 나라를 위해 제국의 자본주의적 통제를 획득하려는 전쟁을 하고 있다. 명예니 자유니 하고 떠들겠지만 그런 것들은 모두 레토릭일 뿐이다. 자본주의는 이제 전 세계의 어떤 대규모 영토도 제국주의적 지배로부터 자유로울 수 없는 단계에 도달했으며, 전쟁의 주된 목적은 식민 영토를 획득하고 시장을 확대하는 것이었다. 경험적인 자료를 수집하여 세밀한 경제학 논리를 펴는 작업에 트로츠키는 관심이 없었다. 그런 작업은 레닌, 라데크, 룩셈부르크, 표트르 마슬로프가 하면 될 일이었다. 자신의 분석틀을 확실하게 세운 후, 트로츠키는 일상적인 논평을 쓰는 일에 몰두하기 시작했다. 그는 〈키예프 사상〉에 계속 글을 썼다. 전쟁이 서방 연합국에 어떤 부정적인 결과를 초래하였는지에 대해 글을 쓸 때는 아주 조심스러운 표현을 써야 했다. 1914년 이후 프랑스에서 남편을 잃은 과부의 숫자를 다룬 어느 글에서 트로츠키는 예전에 파리의 고급 여성복은 화려한 색깔이 유행했지만 지금은 슬픔을 상징하는 검은 색깔이 유행하고 있다고 썼다.[15] 트로츠키는 또 모나코에 있는 도박장도 묘사했다. 그는 프랑스의 여러 곳을 여행할 만한 돈이 있었다. 여행에서 본 것을 바탕으로 하여 그는 프랑스의 중간계급 혹은 상류계급 사람들 사이에서 퇴폐 풍조가 만연하고 불법적인 돈벌이 역시 횡행하고 있다는 사실을 조소 섞인 어투로 신랄하게 비난하는 글을 썼다.[16]

트로츠키는 이런 보고문을 쓸 때 명백하게 정치적인 성격의 문장을 끼워 넣곤 했다. 예를 들어, 그는 어느 글에서 프랑스사회당과 독일사회민주당을 비교했다. 두 정당 모두 전쟁 초기부터 자국 정부를 지지했지만 한 가지 점에서는 차이가 있다고 지적했다. 독일사회민주당 지도자 중에는 전쟁 내각에 직접 참여한 사람이 없는 반면, 프랑스사회당에서는 쥘 게드(Jules Guesde, 1845~ 1922), 마르셀 상바(Marcel Sembat, 1862~1922), 알베르 토마(Albert Thomas, 1878~1932) 같은 지도자들이 정부 각료로 참여했다. 그러나 트로츠키는 독일사회민주당이 독일 지배 계층의 영향력에서 완전히 자유로운 독립적인 위치에 있는 것은 아니며 여전히 '제국주의적' 기득권 세력에 속해 있다고 강조했다. 하지만 트로츠키는 비관적인 태도를 거부했다. 당시 투옥되어 있던 카를 리프크네히트의 영향력을 과대평가하지는 않으면서도, 트로츠키는 이 인물을 동정하는 여론이 계속해서 커지고 있다는 점에 주목했다.[17] 이런 내용을 끼워 넣음으로써 트로츠키는 독자들에게 서부 유럽과 중부 유럽의 사회주의자들이 여전히 건재하며, 각국 정부와 국민들 사이에 이루어진 전쟁을 지지한다는 합의에 도전할 능력이 있음을 알렸다. 트로츠키는 또한 군국주의에 반대했던 제2인터내셔널 지도자들을 찬양하는 글을 썼다. 빌헬름 리프크네히트(Wilhelm Liebknecht, 1826~1900, 카를 리프크네히트의 아버지), 아우구스트 베벨, 장 조레스, 에두아르 바양(Édouard Vaillant, 1840~1915)이 그들이었다. 이 글에 담긴 반전 메시지는 누가 보아도 명백했다.[18]

유럽의 반전 사회주의자들은 1916년 4월 말에 다시 한 번 국제 회의를 개최했으나, 트로츠키는 이 회의에 참석하는 것이 너무 위험하다고 판단했다. 첫 번째 회의, 즉 치머발트 회의와 마찬가지로 두 번째 회의도 스위스에서 열렸으며 베른 근처의 산지 마을인 키엔탈이 개최지로 결정되었다. 파리에서 〈우리의 말〉과 같은 간행물에 대한 여론이 점차 비판적으로 변해 가고 있었기 때문에, 트로츠키가 만약 이 회의에 참석하면 이후 프랑스 재입국이 금지될 가능성이 있었다.

당시 트로츠키는 몹시 좌절했지만 이때 그가 프랑스에 남기로 결정한 것은 훗날 그의 정치적 입장에는 도움이 된다. 키엔탈에서 벌어진 논쟁은 치머발트 때보다 더 격렬했다. 레닌은 또 다시 분열 책동자로 나섰다. 만일 트로츠키가 회의에 참석했더라면 두 사람의 격돌은 불가피했을 것이고, 둘이 격돌했다면 아마도 트로츠키는 훗날 회고록을 쓰면서 그런 사실을 감출 수 없었을 것이다. 하지만 이 두 번째 회의에 참석하지 않은 덕분에 트로츠키는 회고록에 다음과 같이 쓸 수 있었다. "치머발트 회의에서 레닌과 나를 갈라놓았던 문제는 본질적으로 부차적인 중요성밖에 없는 문제였으며 몇 달이 지나자 둘의 의견 불일치는 점차 사라져 아무 일도 아닌 것으로 귀결되었다."[19]

이때 독일사회민주당에서는 공공연한 분열 사태가 벌어졌다. 카를 카우츠키와 후고 하제(Hugo Haase, 1863~1919)는 당이 공식적으로 독일 정부의 전쟁 정책을 지지하는 것을 비판하는 운동을 벌이고 있었다. 그런데도 레닌은 여전히 카우츠키가 전쟁 초기에 전쟁을 반대하지 않았다고 비난했다. 레닌은 혁명 목표를 분명하게 고수하라고 요구했지만, 카우츠키와 하제는 이러한 레닌의 요구를 충족하지 못했다. 레닌과 볼셰비키 분파는 공공연하게 싸움을 걸고 있었다. 당시 페트로그라드의 멘셰비키는 러시아 정부의 전쟁 수행을 지지했는데, 마르토프와 악셀로트가 키엔탈 회의에서 페트로그라드 멘셰비키 대표로서 권한을 행사하는 것을 두고 지노비예프가 공격의 포문을 열었다. 양측의 성난 말다툼이 시작되었다. 레닌은 전쟁을 적당히 끝내려고 하는 '부르주아–평화주의자들'이 음모를 꾸미고 있다고 맹비난했는데, 비난 대상에 마르토프가 포함되어 있음은 누구나 다 아는 사실이었다. 키엔탈 회의는 처음부터 끝까지 로베르트 그림에게 일종의 고문을 가했다. 하지만 다행히 레닌과 그의 동맹자 카를 라데크가 소수파였기에 이들 공격적인 좌파 때문에 회의가 완전히 붕괴하는 일은 막을 수 있었다.[20]

트로츠키는 회의에 참가하지는 않았지만 마르토프의 행동을 비난하는 데서는 레닌 못지않았다. 페트로그라드 멘셰비키는 분명히 키엔탈 회의에 대표자를 보낼 권한이 없다는 것이 그의 의견이었고, 이에 따라 트로츠키와 마르토프가 〈우리의 말〉을 통해 쌓은 협조 관계가 악화되었다. 마르토프가 1914년에 우려했던 최악의 사태가 현실로 나타나기 시작했다. 트로츠키는 레닌만큼 극단적인 분파론자는 아니었지만, 그의 존재 덕분에 모든 편집 회의가 격렬한 상호 비방으로 가득하게 되었다.

러시아의 당 조직과 트로츠키는 아무런 연결 고리가 없었으며 그가 러시아 상황에 대해 알고 있는 것은 모두 유럽 신문에서 읽은 내용이었다. 그는 계속 〈키예프 사상〉에 글을 실었고 우크라이나에서 원고료를 수표로 보내왔다. 트로츠키는 제1차 세계대전의 군사적 양상에는 큰 관심을 기울이지 않았다. 〈우리의 말〉에 발표하는 글에서 그는 항상 혁명의 전망에 집중했다. 또한 프랑스의 생활 환경과 노동 조건이 점차 악화되고 있음을 지적했다. 부상자들의 상황도 언급했다. 연합국 정부가 주장하는 논리의 허점을 날카롭게 지적하였으며 니콜라이 2세 정부의 각료들을 조롱했다. 공개적으로 말하지는 않았지만 트로츠키는 상황이 점점 악화되면 반드시 혁명이 일어날 것이라고 상정하고 있었다. 공장 노동자와 군대에 징집된 병사들의 고통은 결국 도저히 견딜 수 없는 지경에 이르게 될 것이다. 프롤레타리아는 부르주아에 반대하여 일어설 것이다. 트로츠키는 상황이 반드시 유럽 사회주의의 진전에 긍정적인 방향으로 움직일 것이라는 자신의 직관을 역설하며 신념을 지켰다. 급진 좌파에 속한 다른 사람들은 사기가 떨어지거나 딴 데 주의를 빼앗겼다. 전쟁이 끝날 기미 없이 계속되자, 심지어 레닌조차 확신을 조금 잃은 듯한 모습을 보였다.[21] 트로츠키는 바위처럼 단단했다. 그는 혁명적 변화가 임박했다고 예언했다. 이제 곧 그 예언은 현실이 될 것이며, 그는 대변혁의 과정에서 중요한 역할을 하겠다고 마음먹고 있었다.

하지만 당시 트로츠키를 어떤 식으로 파악해야 좋을지 분명히 아는 사람은 아무도 없었다. 당 지도자로서 그는 철저한 당 통합론자였으며, 그가 러시아사회민주노동당 가입 조건을 까다롭게 하자는 논지를 펴기 시작한 것은 제1차 세계대전이 일어나기 직전의 일이었다. 그가 전쟁 중에 이룬 업적은 결코 대단하다고 평가할 수 없으며 그것도 논평가로서 한 활동에 한정되었다. 이 외로운 혁명가가 이후 20세기 세계사에 가장 큰 영향력을 끼친 인물들 가운데 하나가 되리라는 것은 아무도 예상하지 못했다.

16장

미국에서 보낸 3개월

환영 인파 속의 혁명 예언자

트로츠키는 부르주아의 관용을 놀랄 만큼 확신했다. 법률의 테두리 안에만 있으면 프랑스에서 안전하리라고 믿었던 것이다. 러시아 정부가 프랑스 정부에 트로츠키와 〈우리의 말〉에 있는 그의 동료들에 관한 문제를 얼마나 자주 제기했는지 알았더라면 좀 더 걱정했을 지도 모른다. 파리 주재 러시아 대사관은 〈우리의 말〉을 폐간하고 트로츠키를 국외로 추방해 달라고 프랑스 정부에 요청했다. 러시아는 동맹국을 상대로 전쟁 중인 연합국의 일원이었다. 군사 동맹을 유지해야 했던 프랑스로서는 러시아의 요구를 쉽사리 무시할 수 없었다. 이제까지 프랑스 정부는 러시아의 전쟁 수행을 비난하는 러시아 망명 혁명가들에게 피난처를 제공해 왔지만, 전쟁이 계속됨에 따라 그러려는 의지가 점차 약해졌다.

1916년 9월 15일 프랑스 내무장관 루이 말비(Louis Malvy, 1875~1949)가 갑작스럽게 〈우리의 말〉에 정간 명령을 내렸다. 다음 날 트로츠키에게 그가 추방당할 예정이라는 사실이 전달되었다.[1] 프랑스 급진당 당원이었던 말비는 그때까지 반전 운동가를 체포 하라는 요구를 거부해 왔다. 급작스러운 프랑스 정부의 정책 변화는 트로츠키의 기억에 또렷이 남았다. 자신을 탄압한 인물들이 어떤 운명에 처하는지 이후 관심을 두고 지켜본 트로츠키는 프랑스의 총리 조르주 클레망소가 곧 말비를 해임했다고 훗날 만족스러운 어조로 기록했다. 독일 정부의 비밀 자금을 지원받는 신문에 말비가 보조금을 주고 있었다는 사실이 1917년에 밝혀졌던 것이다. 말비는 재판을 받고 1918년 5년간 국외 추방을 당했다. 트로츠키를 추방했던 사람이 결국 자신도 추방당한 것이다. 또 한 사람은 파리에 거주하던 러시아 혁명가들에 대한 보고서를 말비에게 제출한 경찰국장이었다. 이 사람의 이름은 놀랍게도 샤를 아돌프 포파 비데*였다. 1918년에 포파 비데는 트로츠키와 역할이 정반대로 바뀐 상태로 만나게 된다. 트로츠키가 소비에트 정부의 군사인민위원일 때 포파 비데는 비밀 임무를 띠고 러시아에 와 있었다. 소비에트의 보안 기관 요원에게 체포당해 트로츠키 앞에 끌려온 그는 혐의를 해명해보라는 지시를 받았다. 포파 비데는 대답했다. "그저 세상사를 따라가다 보니 이렇게 된 것이죠!"[2]

영향력 있는 프랑스 사회주의자들이 힘을 써준 덕분에 트로츠키 추방이 연기되었다. 트로츠키는 말비에게 항의했지만 소용이 없었다. 반전 운동가였던 알퐁스 메렘(Alphonse Merrheim, 1871~1925)은 트로츠키에게 '국제관계회복위원회'*에서 발언할 기회를 주어 트로츠키를 도왔다. 트로츠키는 열정적인 연설을 했다. 제2인터내셔널 '국제사회주의사무국' 사무국장인 벨기에 출신의 카미유 위스망스(Camille Huysmans, 1871~1968)가 중립국 사회주의자들의 회의를 조직하려 한 일을 트로츠키는 격렬하게 비난하였다. 그는 전쟁에 반대하는 모든 사회주의 정당과 그룹을 한데 모아야 한다고 주장했다.

샤를 아돌프 포파 비데(Charles Adolphe Faux-Pas Bidet) '아돌프'는 아돌프 히틀러의 이름을 연상시키며, '포파'는 영어로 'wrong-foot' 즉 '실수, 잘못'이라는 뜻이다. 게다가 비데란 그의 성은 현재 화장실에서 사용하는 비데라는 물건과 스펠링이 같으니 그의 이름이 재미있다는 것이다.

국제관계회복위원회(Committee for the Resumption of International Relations) 제1차 세계대전에 반대하는 사회주의 계열 그룹이 만든 조직. 훗날 코민테른 창설에 큰 역할을 했다.

'부르주아 평화주의자'들과 섣부르게 협력하는 것은 피해야 했다. 계급 투쟁이 핵심이었다. 치머발트 회의와 키엔탈 회의에서 채택된 결의문을 반드시 실천에 옮겨야 하며, 제3인터내셔널을 창설해야 했다.[3]

무슨 이유 때문에 자신이 추방되는지 트로츠키는 직접 설명을 듣지 못했지만 몇 가지 이유가 소문으로 떠돌았다. 트로츠키는 친독일파라는 혐의를 받고 있었다. 또 마르세유에서 러시아인 폭도들이 체포되었을 때 〈우리의 말〉을 갖고 있었다.[4] 트로츠키는 이제 필사적이 되었다. 마지막 희망을 걸고 그는 스위스로 돌아가서 살 수 있게 허락해 달라고 청원했다. 스위스에 가면 전쟁이 끝날 때까지 그곳에서 살 계획인 러시아 마르크스주의자들과 함께 지낼 수 있었다. 스위스 정부는 러시아 정부와 문제가 생길까 염려하여 트로츠키의 청원을 기각했다. 말비는 인내심을 잃고 트로츠키를 에스파냐로 추방하기로 결정했다. 갑자기 형사 두 명이 우드리 거리에 있는 트로츠키의 집에 나타났다. 형사들의 손에는 그들과 동행하여 프랑스 국경까지 이동하라고 트로츠키에게 명령하는 문서가 들려 있었다. 트로츠키는 부인과 아이들과 동행하지 않고 기차로 출발하게 되어 있었다. 두 형사는 불쾌한 행동은 하지 않았으며 트로츠키와 같이 기차 여행을 하면서 친밀하게 대화를 나누기도 하였다. 형사들은 비밀리에 움직였고 에스파냐 경찰에게 아무런 통보도 하지 않았다. 형사들의 임무는 그저 트로츠키를 에스파냐 영토까지 데려다주고 파리로 돌아오는 것이었다.

잠시 길동무가 되었던 형사들은 임무를 성공적으로 완수했다. 트로츠키 일행은 이룬과 산세바스티안 사이에서 프랑스-에스파냐 국경을 넘었다. 형사들은 트로츠키를 혼자 두고 파리로 돌아갔다. 트로츠키는 에스파냐 경찰의 감시를 피해 마드리드로 이동하려 했지만 곧 경찰에 발각되어 에스파냐 영토를 떠나라는 명령을 받았다. 훗날 트로츠키는 이때 상황을 화려한 표현으로 묘사했다. "시민 로마노네스*가 지배하는 자유주의 에스파냐 정부는 나에게 대문호 세르반테스*의 언어를 배울 시간을 주지 않았다."[5]

　트로츠키는 파리에 있는 친구들에게 다급하게 편지를 보냈고 에스파냐 당국에도 호소했다. 그는 스위스에 있는 친구들에게도 도움을 요청했다. 모든 시도가 효과가 없었다. 에스파냐 정부는 프랑스 정부만큼이나 트로츠키를 원하지 않았다. 당국은 그를 배에 태워 쿠바로 보내는 방안을 검토했다. 트로츠키에게는 마음에 들지 않는 행선지였다. 카리브해의 섬에서는 외부와 연락하기가 매우 힘들기 때문이었다. 만일 유럽에서 거주지를 찾지 못한다면 그의 다음 행선지 후보는 미국이었다. 미국은 트로츠키가 뉴욕에 체류하는 것을 반대하지 않았다. 트로츠키의 운이 비로소 긍정적인 방향으로 변화하기 시작했다. 하지만 나탈리야와 두 아들은 여전히 파리에 있었다. 트로츠키의 돈 역시 파리에 있었다. 에스파냐 경찰은 수도 마드리드에서 멀리 떨어진 남부 도시 카디스로 그를 이동시키려고 했다. 트로츠키는 파리의 친구들에게 상황을 알렸으며, 곧 트로츠키와 가족이 각각 바르셀로나로 이동하여 합류해 그곳에서 미국을 향해 떠나는 여객선을 탄다는 계획이 세워졌다.

　에스파냐의 기선 '몬트세라트'는 (서방 교회의 달력에 따르면) 1916년 크리스마스에 바르셀로나를 출발했다.[6] 트로츠키는 자신의 가족이 2등 객실에 탔다고 주장했다.[7] 이는 그가 쓸데없이 종종 꾸며대

로마노네스(Romanones) 당시 에스파냐 정부는 자유주의 정당이 지배하고 있었으며 내각 총리는 알바로 데 피게로아(Alvaro de Figueroa)였다. 로마노네스는 에스파냐 중앙부의 도시 이름인데, 로마노네스 백작 작위를 수여받았던 피게로아 총리는 종종 이 이름으로 불렸다. 트로츠키는 이 이름을 가지고 말장난 삼아 '시민 로마노네스'라고 부른 것 같다.
세르반테스(Miguel de Cervantes, 1547~1616) 에스파냐의 소설가. 그의 최대 걸작은 《돈키호테》이다. 그가 에스파냐어에 끼친 영향이 대단히 커서, 에스파냐어를 종종 '세르반테스의 언어'라고 부른다.

는 작은 거짓말 가운데 하나다. 그가 1등 객실로 여행한 기록이 분명히 남아 있다. 트로츠키 가족은 원래 2등 객실 요금인 1,700페세타*를 지불했으나 승선해보니 2등 객실에 자리가 남아 있지 않았다. 그래서 그들은 추가 요금 없이 1등 객실을 배정받았다.[8]

트로츠키는 그 배가 무척 낡았다고 생각했지만,[9] 여하튼 그의 가족은 상당히 좋은 객실을 차지하고 낮은 등급 객실 사람들과 부딪히는 일 없이 여행할 수 있었다. 혁명을 지향하는 사회주의자였으며 프롤레타리아 독재 옹호자였지만 트로츠키는 노동자들과 대화하며 시간을 보낼 생각은 전혀 하지 않았다. 트로츠키가 1등 객실 갑판에서 함께 어울린 사람들은 다양했다. 이들 가운데 상당수는 그저 전쟁으로 엉망이 된 유럽을 떠나고 싶어 했고 또한 흥미로운 이야깃거리를 갖고 있었다. 자기가 프랑스에서 제일 당구를 잘 친다고 주장하는 '대단치 않은 체스 실력을 가진 사람'을 포함한 몇몇은 치머발트 회의에 관심을 보였다. 트로츠키는 그 이유를 추측했다. 이 배가 '도망자들의 기선'이기 때문이었다. 트로츠키는 이들에게 별로 호감을 느끼지 않았다. 그는 "이 사람들은 조국의 덕을 보며 살고 싶어 하면서도 조국을 위해 죽을 생각은 전혀 없는 사람들"이라고 냉소적으로 표현했다. 트로츠키는 벨기에 사람도 한 명 만났다. 그 사람은 설탕 생산에 관한 책을 쓰고 있었으며, 전쟁은 오직 벨기에 분할에 관한 합의가 도출된 이후에나 끝날 것이라고 주장했다. 트로츠키 마음에 든 사람은 딱 한 사람이었다. 룩셈부르크에서 온 어느 가정부였다. 하지만 트로츠키는 그 여자에 대해서는 다른 묘사를 하지 않았다. 아마도 그녀로 인해 발생한 우스꽝스런 일화가 하나도 없었기 때문일 것이다.[10] 동료 여행객들이 유럽의 반전 사회주의 운동에 관심을 보였음을 기록하면서도 트로츠키는 굳이 그들에게 자신의 정치적 견

페세타(peseta) 에스파냐의 옛 화폐 단위.

해를 설득하려고 노력하지는 않았다. 트로츠키는 올림포스 산의 신처럼 이들의 모습을 관찰할 뿐이었다.

매일 전달되는 새 소식이 없는 상황이 되자, 트로츠키는 일기를 쓰면서 시간을 보냈다. 기선은 에스파냐 남부 해안을 따라 대서양으로 들어갈 예정이었으며 발렌시아와 말라가에 기항했다가 지브롤터 해협의 거대한 바위산을 지나 카디스에 도착했다. 트로츠키는 하선을 허락받고 최근에 강제로 떠나야 했던 이 도시를 다시 방문할 수 있었다. 이제 대서양을 건너는 여행이 시작되었다. 첫 번째 한 주일 동안의 날씨는 계절에 걸맞지 않게 양호했다. 태양이 밝게 빛나는 날씨였다. 트로츠키는 계속해서 일기를 썼고 그사이 아들 세르게이와 료바는 에스파냐 선원들과 친구가 되어 같이 놀았다. 이 선원들은 아이들에게 마드리드의 에스파냐 왕실을 자기들이 곧 타도해버릴 것이라고 이야기했다. 나탈리야의 회고에 따르면, 아이들이 에스파냐어를 잘 알아듣지 못하자 언어의 장벽을 넘기 위해 선원들은 손가락으로 목을 긋는 시늉을 했다.[11]

뉴욕에 도착한 트로츠키는 러시아 제국에서 이민 온 사회주의 동조자들에게 영웅 같은 열렬한 환영을 받았다. 트로츠키는 전쟁 기간 내내 레프 데이치와 계속 서신을 주고받았으며, 몇 년 동안 뉴욕에서 발행되는 〈새로운 세계〉에 글을 발표하고 있었기 때문에 정치적 극좌 진영에서 잘 알려진 인물이었다.[12] 트로츠키 가족은 우선 배에서 내렸다. 여객선의 승객들은 배에서 진행되는 위생 검사를 통과해야 했다. 나탈리야는 얼굴에 베일을 쓰고 있었는데 위생 검사관은 그녀에게 베일을 걷으라고 지시한 다음, 눈꺼풀을 손가락으로 뒤집어보라는 몸짓을 했다. 트라코마라는 눈병에 걸렸는지 확인하려는 것이었다. 나탈리야는 침착하고 위엄 있는 태도로 이 지시에 응하지 않았고 검사관은 결국 단념했다. 트로츠키 가족은 아무 문제 없이 하선할 수 있었다.[13] 트로츠키는 질문을 하고자 하는 기자들에게 포위되었다. "예전에 헌병이 심문했을 때에도 나는 이 전문가들의 질문 공세에 휩싸인 지금만큼 많은 땀을 흘리지 않았다."[14] 뉴욕의 좌파 그룹들은 여기저기에서 행사를 열어 트로츠키를 열렬하게 환영하였다. 단 한 번의 예외는 맨해튼에 있는 쿠퍼 유니온 대학에서 열린 집회였다. 강연장이 절반밖에 차지 않았다. 집회에서는 여러 연사들이 다양한 언어로 발언하였으며, 이 집회를 연 주최 측은 트로츠키가 전쟁에 대해 어떤 입장을 취하고 있는지 자세히 알지 못했다. 하지만 트로츠키가 일단 연설을 시작하자 무대 위에 지금 천재적인 연사가 서 있다는 사실을 모든 사람들이 곧 알게 되었다. 트로츠키의 견해에 동의하지 않는 사람들조차 그의 연설 솜씨에 경탄하였다.[15]

1905년 상트페테르부르크에서 한 경험 이후, 트로츠키가 이렇게 큰 찬사를 받은 것은 처음이었다. 이디시어로 발행되는 사회주의 계열 신문 〈전진(Forverts)〉은 트로츠키와 인터뷰를 한 후, 최소한 전쟁이 끝날 때까지는 "트로츠키 동지가 여기에서 우리와 함께 지낼 것"이라고 보도했다.[16] 이 신문의 하루 판매 부수는 20만 부에 달했다. 최소한 미국의 러시아 이민자들 사이에서 트로츠키는 조국인 러시아를 제외한다면 어느 나라에서보다도 가장 큰 명성을 떨치게 되었다. 〈전진〉 편집인의 요청에 따라 트로츠키는 모두 네 편의 글을 써주었다. 독일 정부의 첩자라는 비난에 대해 자신을 변호하면서 그는 자신이 친독일 입장이 아니라고 주장했다. 트로츠키는 미국의 노동자들을 향해—물론 〈전진〉을 읽는 유대인 노동자들이 대상이었다.—국제주의 목표를 위해 일어설 것을 촉구했다.

독일이 멕시코를 구슬려 미국과 싸우도록 음모를 꾸몄다는 미국 국무부의 발표가 있기 전까지는 모든 게 잘돼 갔다. 독일이 협조해 주는 대가로 멕시코에게 전쟁에서 연합국 측이 패할 경우 현재 미국 영토인 뉴멕시코 주와 캘리포니아 주의 큰 부분을 떼어주겠다고 약속했다는 것이었다. 〈전진〉과 이 신문의 편집인인 에이브러햄 캐헌

(Abraham Cahan, 1860~1951)은 미국에 대해 애국적 입장을 취했으며, 독일 정부가 공식적으로 이런 음모를 모른 척하고 있다고 맹비난하였다. 트로츠키는 캐헌이 '제국주의 전쟁'에서 한쪽을 편들고 있다고 비난했다. 러시아 출신 유대인으로서 현재 미국 시민인 사회주의자들이 우드로 윌슨(Woodrow Wilson, 1856~1924)의 미국 행정부 편을 드는 것은, 1914년 독일사회민주당이 독일 정부의 전쟁 예산에 찬성표를 던진 것과 마찬가지로 도저히 용인할 수 없는 행동이라고 트로츠키는 주장했다. 국제주의라는 요소가 빠진 사회주의는 진정한 사회주의가 아니라는 논지였다. 조국애는 혐오스런 감정일 뿐이었다. 사회주의자들은, 모든 전쟁을 잊어버리게 만드는 혁명을 위해 투쟁하는 것을 목표로 삼아야 한다. 트로츠키보다 서른 살이나 나이가 많고 러시아에서 혁명 운동에 참여했던 캐헌은 트로츠키에게 훈계를 들을 생각이 전혀 없었다. 뜨거운 설전이 벌어졌으며, 이후 트로츠키는 〈전진〉에 다시는 글을 싣지 않았다.[17] 트로츠키는 사적으로도 친구와 곤란을 겪었다. 니콜라예프 시절의 친구인 그리고리 지프는 뉴욕에서 의사로 일하고 있었는데 어느 날 트로츠키가 그에게 체스를 두자고 했다. 트로츠키가 졌다. 패배를 싫어했던 트로츠키는 다시는 지프와 체스를 두지 않았다. 트로츠키는 어떤 종류의 경쟁이든 반드시 승리해야만 직성이 풀리는 성격이었다.[18]

〈새로운 세계〉와의 관계는 다른 문제였다. 트로츠키는 이 신문이 창립된 1911년부터 관계를 잘 유지하고 있었다.[19] 그의 친구인 레프 데이치는 한때 이 신문의 최고 편집인이었던 적도 있었다.[20] 트로츠키의 파리 시절 동료였던 그리고리 추드노프스키(Grigori Chudnovski, 1890~1918)가 이 신문사에서 일하고 있었다. 볼셰비키인 니콜라이 부하린(Nikolai Bukharin, 1888~1938) 역시 이 신문에 자주 글을 썼다. 스위스나 프랑스에서 러시아어로 출판되는 반전 간행물과 비교해볼 때, 〈새로운 세계〉는 그다지 분파적이지 않았다. 뉴욕 세인트 마크

광장 77번지에 자리 잡고 있던 〈새로운 세계〉는 '러시아사회주의출판협회'의 원조로 운영되며 매일 발행되었다. 신문 지면의 대부분을 차지했던 것은 러시아 소식이었다. 신문 광고는 뉴욕의 러시아 관련 상품이나 행사를 다루었다. 은행 저축 상품 광고부터 로마노프 황실의 탄압을 피해 망명해 온 아나키스트들이 조직하는 '죄수들의 가장무도회' 광고까지 실렸다. 사회주의 성향을 띠었던 것은 사실이지만, 〈새로운 세계〉는 〈키예프 사상〉을 제외한다면 이제까지 트로츠키가 글을 썼던 어떤 신문보다도 대중적인 신문이었다. 〈새로운 세계〉 사무실에는 트로츠키가 언제나 자유롭게 방문할 수 있었던 반면, 키예프 거리에 나타나면 그는 곧 체포되었을 것이다. 다시 한 번 트로츠키는 마음껏 활동할 수 있는 무대를 얻었다. 트로츠키는 미국의 더 광범위한 사회주의 그룹에 자신이 거의 알려지지 않은 데에는 조금도 신경을 쓰지 않았다. 어차피 그는 영어가 무척 서툴렀다. 〈새로운 세계〉를 통해 그는 당국의 검열을 받지 않으면서 러시아인, 유대인, 독일 이민자들을 대상으로 하여 제1차 세계대전에 열렬히 반대하는 주장을 펼칠 연단을 획득했다. 마침내 그는 원하는 만큼 마음껏 논쟁적인 태도를 취할 수 있었다.

뉴욕에 도착한 후 제일 처음 쓴 글에서 트로츠키의 투지를 볼 수 있다. "투쟁이여, 영원하라!"[21] 얼마 지나지 않아 논쟁이 시작된 것은 당연한 일이었다. 안나 잉거만(Anna Ingerman)이라는 뉴욕 시민이 사회주의자라면 전쟁에 참여하지 말아야 한다는 의무 사항을 적십자 의사들에게는 면제해주어야 한다고 주장했다. 격분한 트로츠키는 적십자는 '정부의 군국주의 조직'이라고 분명히 말했다.[22] 그는 균형 감각을 완전히 잃었다. 적십자는 헤아릴 수 없이 많은 부상 군인과 전쟁 포로를 비참한 상황에서 구해냈다. 이 부상자와 포로들은 트로츠키가 자기 편으로 만들고자 하는 바로 그 징집 병사들이었다. 1917년 혁명 때 러시아 수비대 병사들이 트로츠키가 이렇게 인도주

트로츠키
·
284

의적 정서를 결여한 인물이라는 것을 알았다면, 그에게 그렇게 큰 매력을 느끼지 않았을 것이다.

트로츠키 가족은 미국 생활을 즐겼다. 추드노프스키는 뉴욕 브롱크스에 그들이 살 아파트를 구해주었다.[23] 트로츠키가 〈새로운 세계〉 사무실에 가서 일하는 동안, 나탈리야와 두 아들은 여유로운 시간을 충분히 누릴 수 있었다. 최근 여러 가지 어려움을 겪은 가족들은 이제 뉴욕에서 즐거운 시간을 보냈다. 아이들은 맨해튼의 빌딩 숲이 펼쳐진 광경에 완전히 마음을 빼앗겼으며 마천루가 과연 몇 층인지 세어보는 데 재미를 들였다. 가끔 나탈리야는 소년들에게 그런 '확인' 작업을 그만두고 이제 집으로 돌아가야 한다고 강하게 말해야 했다. 그들 세 사람은 자동차 드라이브를 즐기기도 했다. 트로츠키를 존경하는 사람이었는지 아니면 친척이었는지 알려지지 않은 미하일로프스키라는 의사가 자동차와 운전사를 제공했다. 모든 사람을 평등하게 대우해야 한다고 교육받은 료바와 세르게이는 어째서 자신들이 식당에서 밥을 먹을 때 운전수가 절대로 자리를 함께하지 않는지 이해하지 못했다.[24] 세르게이가 자신의 부모가 중간계급에게나 걸맞은 생활 습관을 가진 것을 의아하게 생각한 순간은 이때가 마지막이 아니었다.[25] 월세 18달러짜리 아파트는 편안했다. 미국의 최신식 가구와 설비가 구비되어 있었으며 냉장고, 가스레인지, 전화기까지 있었다. 친구들에게 전화도 할 수 없었던 파리와 빈 시절보다 훨씬 나은 삶이었다.[26]

트로츠키는 대중 연설을 많이 했으며 연설로 번 수입으로 생활비를 충당했다. 아나키스트 엠마 골드만(Emma Goldman, 1869~1940)은 어느 집회에서 트로츠키를 보고 깊은 인상을 받았다. "다소 지루한 연사 몇 명의 순서가 지나간 다음 트로츠키가 소개되었다. 중키에 쑥 들어간 뺨, 약간 붉은 빛 머리카락에 헝클어진 붉은 턱수염을 기른 남자가 가벼운 발걸음으로 연단에 나왔다. 그는 처음에는 러시아어로. 그다음엔 독일어로 연설했다. 그의 연설은 강렬하고 짜릿했다."[27] 트로츠키는 뉴욕뿐만 아니라 미국 북동부 지역의 필라델피아 등 여러 도시에서도 연설을 했다.

그가 미국의 사회주의자들에게 전한 메시지는 그가 이미 유럽에서 연설했거나 글로 쓴 내용의 반복이었다. 미국의 극좌파들은 최신 정보에 목말라 하고 있었다. 트로츠키는 유럽의 여러 정당 내에서 '국제주의자'는 소수라고 솔직하게 인정했다. 그러나 그는 카를 리프크네히트는 혼자가 아니며 유럽의 반전운동이 점차 힘을 얻고 있다고 주장했다. 카를 카우츠키, 후고 하제, 그리고 가장 중요한 수정주의자인 에두아르트 베른슈타인조차 이제 그들의 당에서 다수파에 반대의견을 내고 있음을 트로츠키는 반겼다. 그런 경향이 점차 더 강화될 것이라고 트로츠키는 예언했다. 그는 청중에게 자신이 이미 1912년과 1913년에 걸친 발칸전쟁에서 군대를 이끌었던 '강도 집단'을 직접 목격했다고 말했다. 그는 그때 자신의 견해를 토대로 하여 현재의 전쟁을 보고 있으며 "자신의 생각을 바꿀 아무 이유도 찾지 못했다." 하지만 지금의 비극으로부터 결국 좋은 결과가 나올 것이라고 그는 주장했다. "미래는 사회주의 혁명의 시대가 될 것입니다." 이번 전쟁에서 어느 한쪽이 승리하게 되면 진지한 개혁이 시작될 것이라고 믿는 것은 어리석은 일이라고 그는 주장했다. 진정한 해결 방안은 오직 하나, 즉 혁명적 변혁뿐이었다. 트로츠키는 바로 그런 상황이 곧 오리라는 확신을 밝혔다.[28]

트로츠키는 러시아에 관한 이야기보다 전쟁에 관한 이야기를 더 많이 했으며, 다른 사람들과 마찬가지로 1917년 2월 마지막 주에 페트로그라드에서 파업과 시위가 일어났다는 소식에 깜짝 놀랐다. 수비대 병사들이 폭동을 일으킨 노동자 무리에 합류하자 니콜라이 2세는 자신의 권위가 사라졌음을 알게 되었고 3월 2일 권좌에서 물러났다. 혈우병을 앓고 있던 아들 알렉세이에게 권력을 이양하려는 것

1917년 2월혁명 뒤 성립된 임시정부 지도자들. 뒷줄 오른쪽에서 두 번째가 사회혁명당의 알렉산드르 케렌스키이고, 앞줄 왼쪽에서 두 번째가 총리인 게오르기 리보프 공이다.

이었다. 하지만 아들에게 왕위를 물려주는 데 아무도 찬성하지 않자 이번에는 동생인 미하일에게 왕위를 넘기려 하였다. 트로츠키와 나탈리야는 1905년 1월에 그랬던 것처럼 기쁨에 찼다. 아이들 역시 기뻐했다.[29] 다시 한 번 러시아는 혁명 국면으로 접어들었고 트로츠키는 자신의 예언이 맞았다고 느꼈다.

이제 사회주의 정당들은 자신감을 되찾았다. 일반 대중의 압력에 호응하여 이들 정당은 '페트로그라드 노동자·병사 소비에트' 구성을 위한 선거를 실시했다. 자유주의자 그룹도 활발하게 움직였다. 국가 두마와 여러 공공 기관에 배치되어 있던 자유주의 성향의 지도자들은 힘을 합쳐 임시정부를 구성했다. 이들은 당시 젬스트보*를 이끌던 게오르기 리보프 공(Georgi L'vov, 1861~1925)을 총리로 임명했다. 하지만 실제로 압도적인 영향력을 행사한 것은 파벨 밀류코프(Pavel Milyukov, 1859~1943)가 이끄는 입헌민주당이었다.(밀류코프는 외무장관직을 맡았다.) 내각은 모든 국민에게 시민적 자유를 부여한다

젬스트보(Zemstvo) 1864년에 만들어진 제한적인 지방 자치 기관.

고 선언했다. 러시아 국민은 이제 사상과 언론과 단체 조직에서 완전한 자유를 누릴 권리를 손에 넣었다. 리보프와 장관들은 특히 토지문제를 비롯한 다른 분야의 근본적 개혁은 제헌의회가 선출될 때까지 기다려야 한다고 선언했다. 또한 새로운 내각은 영토 확장의 야심을 배제한 국가 방위 정책을 추진할 것이라고 공언했다. 영국, 프랑스, 미국 정부를 안심시키려는 메시지가 전달되었다. 드디어 러시아 국민 전체의 지지를 기반으로 하는 전쟁 수행 방침이 세워졌다는 내용이었다. 하지만 리보프의 내각은 일정한 제한을 받으며 작동하고 있었다. 임시정부가 출현할 수 있었던 것은 페트로그라드 소비에트가 용인해준 덕분이었다.

트로츠키는 매일 〈새로운 세계〉 사무실에 나가서 러시아에서 날아오는 소식을 꼼꼼하게 읽었다. 멘셰비키와 사회혁명당이 임시정부를 '조건부로 지지'한다는 소식에 트로츠키는 점차 초조해졌다. 그는 이런 움직임은 결단코 반대하는 입장이었다. 사회주의자의 책무는 전쟁에 반대하고 사회주의 혁명을 위해 노력하는 것이었다. 한편, 독일이 1월에 중립국인 미국의 해운 수송 선단을 잠수함으로 공격하기로 결정했다. 프랑스와 영국으로 가는 물자 수송을 막기 위한 것이었다. 그 이후 미국에서는 동맹국에 대항하여 연합국 대열에 가담해야 한다는 여론이 점차 거세졌다. 트로츠키는 이런 여론의 움직임에 반대하는 운동을 벌였다. 4월 초 우드로 윌슨 대통령이 의회로부터 참전 승인을 얻어냈다. 트로츠키는 격렬한 분노에 휩싸였다. 러시아에 세워진 임시정부가 동맹국을 상대로 전쟁을 계속하기로 결정했다는 것만 해도 충분히 나쁜 소식이었다. 그런데다 이제 미국이 연합국에 가담하여 참전하게 되었다. 어두운 하늘에 오직 한 줄기 밝은 빛이 있었다면—특히 트로츠키의 입장에서—그것은 1917년 이전 러시아 정부에게 탄압받던 사람들이 모두 귀국할 수 있도록 하겠다는 임시정부의 발표였다. 이 조치에는 아무런 조건도 붙지 않았으며, 따라서 트로

츠키는 이번 기회를 이용하여 러시아로 돌아가기로 마음먹었다.[30]

3월 20일에 발표한 격정적인 글에서 트로츠키는 임시정부가 대재앙으로부터 러시아를 구해낼 수 있으리라는 생각을 거부했다. 그는 새로이 임명된 장관들의 과거 행적을 지적했다. 예를 들어 10월당의 지도자 알렉산드르 구치코프는 항상 러시아의 제국주의적 팽창 정책에 찬성해 왔고 장관이 된 지금도 생각을 바꾸지 않았다. 멘셰비키와 사회혁명당이 장악한 페트로그라드 소비에트가 임시정부를 지지하는 것도 잘못이었다. 과거에 트로츠키가 호감을 사려고 노력했던 국가 두마 의원 니콜라이 치헤이제 같은 소비에트 지도자들은 '사회민주주의 진영의 기회주의적인 인물들'을 대표할 뿐이었다. 사회주의 혁명이 일어나야만 전쟁이라는 것을 절멸할 수 있다. 러시아에서 임시정부가 타도되고 나면 그다음에는 독일의 프롤레타리아가 뒤따라 봉기할 것이기 때문에, 독일 제국의 호엔촐레른 왕가가 페트로그라드에서 일어난 혁명 사태가 독일로 전파되지 않을까 걱정하는 것은 당연했다. 러시아의 노동자가 길을 보여줄 것이다. '농민 대중'의 적극적인 공감을 얻지 못하면 이들은 성공을 거둘 수 없을 것이다. 트로츠키는 새로운 구호를 제시했다. "콘스탄티노플이 아니라, 지주의 땅이다." 트로츠키는 러시아 제국 정부가 팽창주의적 전쟁을 지향하며 오스만 제국을 격파한 다음 영토를 탈취하려 한다는 것을 폭로하려 했다. 하지만 이 구호는 그다지 생생한 선전 역할을 하지 못했고 트로츠키는 곧 이 구호를 포기했다. 그래도 구호에 들어 있는 근본적인 생각, 즉 만일 농민들에게 동부 전선(동부 전선은 동맹국과 서방 연합국이 러시아 전선을 부르는 이름이었다)의 전투 중지와 지주의 땅을 몰수할 것을 약속한다면 농민들은 정치적 극좌 방향을 지지하게 될 것이라는 생각은 지켰다.[31]

트로츠키가 자신이 지향하는 정책 방향을 구체적으로 제시하는 데는 시간이 전혀 걸리지 않았다. 1905년 이래로 그의 생각은 전혀 바뀌지 않았기 때문이다. '혁명적 노동자 공화국'이 반드시 필요하다는 것이 그의 의견이었다. 트로츠키의 희망은 드높았다. "러시아의 프롤레타리아는 지금 (사회 혁명이라는) 화약 창고에 불쏘시개를 던지고 있다. 이 불쏘시개가 폭발을 일으키지 않으리라고 생각하는 것은 역사의 논리와 심리학의 법칙을 무시하는 것이다."[32]

트로츠키는 페트로그라드에 돌아가려고 몹시 서둘렀으며 결국 러시아 영사관으로부터 귀국에 필요한 서류를 받아냈다. 환송 모임이 잇따랐다. 그때까지 트로츠키는 공개된 장소에서 이야기를 할 때 약간 조심했다. 하지만 미국을 출발하기 전날 저녁에 '할렘 리버 파크 카지노'에서 열린 집회에서 트로츠키는 다음과 같이 발언했다고 한다. "이 나라의 저주스럽고 썩어 문드러진 자본주의 정부를 타도할 때까지 당신들이 조직하고 또 조직하여 가기를 나는 원합니다."[33] (이 문장은 트로츠키의 원래 발언을 직역한 것 같지는 않고, 영어가 모국어인 기자가 적당히 의역한 것 같다.) 트로츠키 가족이 미국에 체류한 기간은 3개월이 채 되지 않았다. 트로츠키 일행은 3월 27일 미국과 노르웨이 구간을 정기적으로 운항하는 'SS 크리스티아니아피요르드'라는 기선에 올랐다. 일생을 통해 가장 의미 있는 여행이라고 그들은 가슴 벅차했다. 이때 미국의 칼럼니스트 프랭크 해리스(Frank Harris, 1856~1931)는 배가 승객을 더 태우기 위해 노바스코샤 주의 핼리팩스*에 기항하면 영국 경찰이 트로츠키를 체포할지도 모른다고 경고했지만, 전해진 바에 따르면 트로츠키는 이런 경고를 대수롭지 않게 여겼다.[34] 출발하는 날엔 비가 몹시 쏟아졌는데도 300명의 환송객이 트로츠키 일행을 배웅했다. 각종 깃발과 많은 꽃다발이 넘실거렸고 친구들은 트로츠키를 자신들의 어깨에 태워 배에 올랐다.[35] 페트로그라드는

---

* 노바스코샤(Nova Scotia)는 캐나다의 동쪽 끝에 있는 주(州)의 이름이며 핼리팩스(Halifax)는 그 주도(州都)로서 항구 도시이다. 뉴욕과 유럽 사이를 운항하는 배의 대부분은 캐나다의 동쪽 해안을 거쳤다.

틀림없이 이제까지 그들이 인생의 목표로 삼아 온 모든 것의 정점이 될 것이었다. 트로츠키와 같은 배를 타고 가는 러시아 혁명가들이 몇 명 있었다. 이들 가운데는 트로츠키의 오랜 동료인 그리고리 추드노프스키도 있었다. 안드레이 칼파시니코프(Andrei Kalpashnikov)라는 사람도 있었는데, 그는 연합국의 정보 기관이 트로츠키를 감시하려고 파견한 사람이라는 설도 있다.[36]

승객을 더 태우려고 핼리팩스에 들르기 전까지는 모든 것이 순조롭게 진행되었다. 하지만 이미 트로츠키가 경고받은 대로 캐나다 당국은 미국과 달리 반전 사회주의자들이 초래할 수 있는 위험성에 오래전부터 신경을 곤두세우고 있었다. 캐나다 정부와 영국 정부 사이에 전보가 여러 차례 오갔다. 악명 높은 트로츠키가 항구에 들어와 있다는 사실이 확인되자 곧 그를 체포하라는 명령이 떨어졌다. 트로츠키는 거세게 항의했으며 신분을 증명하는 것 말고는 어떤 협조도 거부했다. 하지만 그가 실제로 연합국 측이 주장하는 전쟁의 대의명분에 극심한 저주의 말을 퍼부었다는 사실은 부정할 수 없었다. 배에서 끌려 내려온 사람은 트로츠키만이 아니었다. 7명의 다른 승객도 역시 열성적인 반전운동 혐의로 배에서 체포되었다. 모두가 강력하게 저항했지만 '거대한 몸집의 건장한 선원들'에 의해 강제로 하선당했다. 트로츠키는 고함을 지르며 선원들에게 발길질을 했지만 소용없었다.[37] 그는 이미 여러 번 체포당한 경험이 있었지만 이때 처음으로 알몸 수색을 당했다. 그는 이런 식으로 다른 사람이 자신의 몸을 건드리는 것을 몹시 싫어했으며 이때 당한 수모를 평생 잊지 못했다. 트로츠키 일행은 약 150킬로미터나 떨어진 암허스트의 전쟁 포로 수용소로 이송되었다. 나탈리야와 아이들은 '프린스 조지 호텔'에 수용되었다.[38] 트로츠키는 수용소에 이미 수감되어 있던 동맹국 군대의 병사들을 상대로 반전 선전 활동을 했고, 수용소 관리자들과 그곳에 함께 수용되어 있던 독일군 장교들의 골칫거리가 되었다.

페트로그라드 소비에트의 압력을 받고 있던 러시아 임시정부가 트로츠키의 체포에 항의했고, 트로츠키는 4월 29일(러시아 구력으로는 4월 16일)에 석방되어 '헬리그 올라프'라는 이름의 기선에 가족과 함께 탈 수 있었다. 영국인들과 트로츠키 사이에서 통역을 했던 칼파시니코프는 이때 광경을 다음과 같이 묘사했다. "기선이 천천히 움직이기 시작하자 트로츠키는 영국인 관리들을 향해 주먹을 흔들었고 영국에 욕설을 퍼부었다."[39] 트로츠키는 이 사건으로 잃어버린 시간과 놓친 배를 아쉬워했지만, 강제로 하선했던 배 '크리스티아니아피요르드' 호가 대서양에서 불운을 맞게 되리란 것은 알 도리가 없었다. 이 배는 1917년 6월 뉴욕을 출발해 항해하던 중에 뉴펀들랜드 섬의 레이스 곶에서 운항 실수로 좌초하고 말았다.[40]

캐나다에서 지체된 탓에 결국 트로츠키가 러시아에 귀국하였을 때는 정치 상황이 크게 변화한 뒤였다. 임시정부의 권한은 허약했다. 경찰은 도망가고 없었다. 수비대 병사들은 설사 정부 내각의 명령이라 하더라도 페트로그라드와 전국 각지의 소비에트의 동의가 없는 한 복종하지 않았다. 멘셰비키와 사회혁명당은 독자적인 내각을 구성하려는 의지가 없었다. 그들의 정치적 견해에 따르면, 러시아는 산업과 문화 발전에서 너무나 초보적 단계에 머무르고 있었기 때문에 사회주의를 도입하기에는 시기상조였기 때문이다. 이들은 또한 전쟁으로 인한 여러 가지 문제를 책임지려고 하지도 않았다. 약간 주저한 끝에 이들은 사회혁명당 소속의 법률가 알렉산드르 케렌스키(Aleksandr Kerenskii, 1881~1970)가 임시정부의 장관직을 맡도록 허락했다. 그러나 이들이 선호한 전략은 권력을 쟁취하는 것이 아니라 그저 압력을 행사하는 것이었다. 그리고 이들은 임시정부를 지지하는 대가로 시민적 자유와 국가 방위의 책임을 정부에 요구했다. 볼셰비키조차 혼란의 와중에 있었다. 이들 중 일부는 사회주의 봉기를 선동하고 있었지만 중앙위원회의 주요 구성원들, 특히 레프 카메네프와 이오시프 스탈린 같은 사람은 임시정부를 '조건부로 지지'해야 한다는 의견에 대체로 동의했다.

　트로츠키가 뉴욕을 떠난 뒤, 국제 정세 역시 급변했다. 독일 잠수함들은 영국을 봉쇄하여 군사력을 약화시키려고 필사적으로 미국의 수송선을 공격했다. 서부 전선을 지휘하고 있던 독일의 루덴도르프(Erich Ludendorff, 1865~1937) 장군과 힌덴부르크(Paul von Hindenburg, 1847~1934) 장군은 대서양의 반대편에서 영국과 프랑스를 향해 수송되는 군수 물자의 공급선을 차단하려 했다. 4월 6일 미국이 독일에 전쟁을 선포했다. 미국은 '협조국'으로서 연합국 편에 가담했다. 새로운 러시아에서 진행되는 정치에 트로츠키는 그때까지 아무런 역할도 하지 못했다. 하지만 그는 절대로 꺼지지 않는 자기 확신을 가슴속에 간직하고 있었다.

17장

혁명을 이끄는 선동가
레닌과 손잡다

뉴욕을 출발해 우여곡절 끝에 유럽에 도착한 트로츠키는 중부 유럽에서 귀국하는 망명 정치가들이 이용한 것과 동일한 철도 노선을 택했다. 스웨덴과 핀란드 사이의 국경을 지키는 영국 관리들은 아무런 문제도 제기하지 않았다. 핀란드의 토르니오 시에서 러시아로 들어가는 기차를 탄 트로츠키는 유쾌한 기분으로 남쪽으로 여행했다. 러시아로 들어가는 그의 앞길을 막을 장애물은 아무것도 없었다. 벨로오스트로프에서 핀란드와 러시아 사이의 국경을 넘은 트로츠키는 동료 마르크스주의자인 모이세이 우리츠키(Moisei Uritsky, 1873~1918)와 G. F. 표도로프(G. F. Fëdorov)의 환영을 받았다.[1] 우리츠키는 이때 '지구연합파'*에 속해 있었다. 이들은 멘셰비키와 볼셰비키의 분파주의를 싫어했으며, 러시아사회민주노동당을 통합하여 전쟁을 끝내고 사회주의 연합 정부를 구성하는 것을 목표로 삼은 그룹이었다. 표도로프는 볼셰비키 중앙위원회의 일원이었다. 멘셰비키에서 트로츠키를 환영하러 온 사람은 없었는데, 이는 러시아 수도의 정계

지구연합파 1913년에 생겨나 주로 페트로그라드에 기반을 두고 활동한 러시아사회민주노동당 내 소규모 중도 분파와 그 구성원들을 가리킨다. 러시아어로는 메즈라이온치(Mezhraiontsy)라고 한다.

1917년 5월 4일 페트로그라드 핀란드
역에 도착한 트로츠키.

에서 일어나고 있는 변화를 상징적으로 보여주는 일이었다. 트로츠
키가 페트로그라드의 핀란드 역*에 도착한 것은 5월 4일이었다. 니
콜라이 2세가 퇴위한 지 2개월이 지나고 레닌이 러시아로 귀환한 지
1개월이 지난 때였다. 페트로그라드 소비에트의 멘셰비키와 사회혁
명당 지도자들은 당시 귀환하는 혁명가들에게 베풀던 일반적인 환영
식을 트로츠키에게도 베풀어주었다. 박수갈채 속에 트로츠키는 사람
들의 어깨 위에 실려 단상에 등장했다. 그는 혁명 영웅이었다. 십여
년 전 그는 러시아 수도에 설립된 최초의 소비에트를 이끈 사람이었
다. 그는 투옥도, 시베리아 유형도 겪은 사람이었다. 그가 쓴 정치 평
론들은 그에게 큰 명성을 가져다주었다. 어느 정당을 막론하고 트로
츠키만큼 훌륭한 연설 솜씨를 자랑하는 사람은 없었다.

핀란드 역 페트로그라드에는 러시아 각 지역에서 오는 기차의 종착역이 여러 개 있었다. 북
쪽의 핀란드 방향에서 오는 기차의 종착역이 핀란드 역이다.

트로츠키가 도착하기 전 2주일 동안 볼셰비키는 레닌의 압력으로 당의 정책을 바꾸었다. 레닌의 '4월 테제'는 볼셰비키 분파의 총회에서 정식으로 채택되었으며, 임시정부가 물러나고 대신 혁명적 사회주의 정부가 들어서야 한다고 촉구했다. 핵심을 말하자면, 이 문건을 통해 레닌은 로마노프 황실이 타도된 다음에 자본주의적 발전 단계가 오리라고 예상했던 '옛 볼셰비즘'을 폐기한 것이었다. 이제 볼셰비키는 트로츠키와 마찬가지로 즉각적인 사회주의 혁명을 옹호했다. 표도로프가 벨로오스트로프까지 와서 트로츠키의 귀국을 환영한 것은 일정한 형태의 정치적 협력 관계를 제시하면 과연 트로츠키가 이를 받아들일 가능성이 있는지를 탐색하기 위해서였다.

핀란드 역에서 벌어진 환영식은 화기애애한 분위기 속에 진행되었지만 그 속에는 트로츠키에 대한 각 당파의 우려가 숨어 있었다. 멘셰비키와 사회혁명당은 트로츠키의 혁명적 관점을 싫어했으며 볼셰비키는 트로츠키가 믿을 만한 동맹자가 될 수 있을지 아직 확신하지 못했다.[2] 보통 트로츠키는 다른 사람들이 자신을 어떻게 생각하는지에 무관심했지만 이제는 조금 신경이 쓰였다. 페트로그라드에서 기댈 곳 없이 홀로 서 있었기 때문이다. 그가 1905년에 소비에트의 지도자 역할을 했다는 것은 아무런 의미가 없었다. 이제 그는 전혀 다른 상황에서 새롭게 명성을 구축해야 했다. 멘셰비키와 볼셰비키는 매우 활발하게 움직이고 있었으며 12년 전 그들이 보였던 소극적 태도는 찾아볼 수 없었다. 정치는 지극히 복잡다단한 국면으로 접어들었고, 트로츠키는 자신이 현재 상황을 제대로 이해하고 있다는 것을 증명해 보여야 하는 입장이었다. 그렇다고 트로츠키가 기가 죽을 사람은 아니었다. 멘셰비키와 볼셰비키 때문에 신경이 쓰이기는 했지만 그래도 트로츠키는 현 상황을 긍정적으로 보았다. 핼리팩스에서 그의 감정이 폭발했던 것은 페트로그라드의 정치적 폭풍 속으로 들어가는 것이 지연되었기 때문이었다. 그는 38세였으며 에너지와 자신감이 넘쳤다. 그는 자신의 운명을 실현하기 위해 러시아로 돌아온 것이라고 느꼈다.

페트로그라드에 도착한 후 처음 며칠간 트로츠키가 한 일은 여동생 올가와 그녀의 남편인 레프 카메네프와 만난 것이었다. 볼셰비키가 과연 무엇을 하고 있는지 알아내려는 것이었다. 카메네프를 통해 트로츠키는 〈프라우다〉 사무실을 방문할 기회도 얻어냈다.[3] 사실 트로츠키가 볼셰비키만 만난 것은 아니었다. 상대방이 전쟁에 무조건 반대하는 입장을 취한다면, 트로츠키는 러시아사회민주노동당 내의 어떤 그룹과도 대화를 나누었다. 더 중요한 사실은, 트로츠키와 볼셰비키 사이에 여전히 극도로 나쁜 감정이 남아 있었다는 사실이며 따라서 트로츠키가 그들과 동맹 관계를 맺으리라는 것은 누구도 예상하기 힘든 일이었다.[4]

외무장관 파벨 밀류코프가 연합국에 러시아 정부가 여전히 니콜라이 2세의 영토 확장 목표를 고수하고 있다는 언질을 준 사실이 4월 말 폭로되어 정치적 폭풍이 몰아친 후, 임시정부가 재구성되고 있었다. 페트로그라드 소비에트가 조직한 가두시위로 밀류코프와 구치코프가 사임했다. 리보프 공은 멘셰비키와 사회혁명당이 자신의 임시정부 내각에 참여하지 않는 한 끊임없이 난관이 밀어닥칠 것이라고 보았다. 많은 우려를 표명하면서도 결국 소비에트 지도부는 리보프의 임시정부 내각에 참여하기로 결정했다. 트로츠키는 원래 자유주의자들과는 어떤 거래를 하는 것도 반대해 왔기 때문에 계속 '노동자 정부'의 수립을 주장했다. 하지만 로마노프 왕조에 대항하여 일어난 봉기가 노동자 정부 수립에 실패하고 만 현실에서 과연 어떤 방법으로 그런 정부를 수립할 수 있는가? 어떤 분파나 그룹이 그 일을 같이 할 만한가? 리보프 내각 반대 운동에는 어떤 구호를 내세우는 것이 가장 좋은가?[5] 이러한 질문에 직면한 볼셰비키는 일 주일 전에 끝난 자신들의 회의에서 답을 찾았다. 레닌이 제기한 '4월 테제'

가 회의에서 압도적인 승리를 거둔 것이다. 볼셰비키는 비록 각지의 소비에트 내에서 소수에 불과했지만, 임시정부가 점점 더 어려움을 겪는 상황에서 노동자와 농민과 병사들에게 영향력을 확대하기로 결의했다. 자본주의로 인해 러시아는 경제적·사회적 대재앙을 맞이하게 되었으며 또 자본주의 때문에 수많은 사람들이 피를 흘리는 전쟁이 계속되고 있다고 볼셰비키는 주장했다. 이 나라에는 이제 노동자 정부가 필요했다.

레닌이 자신의 관점을 이리저리 바꾼 끝에 이제야 결국 사회주의 혁명을 촉구하는 입장을 취하게 된 데 비해, 트로츠키는 훨씬 전부터 노동자 정부 수립을 주장해 왔다. 레닌은 이미 3월에 완전한 형태의 부르주아–민주주의 혁명이 일어났다고 상정했다. 이 주장은 그가 자신은 여전히 2단계 혁명 전략에 충실하다고 변호하기 위해 만든 논리적 허구에 불과했다.[6] 과거 레닌은, 당이 모든 것을 장악하는 사회주의 독재 체제가 권력을 잡고 근본적인 토지 개혁이 시행되어야만 비로소 부르주아–민주주의 혁명이 가능하다고 주장했다. 레닌은 그런 자신의 과거 주장에 대해 언급을 회피했다. 레닌이 한 말 중 그나마 자신의 입장이 바뀌었음을 인정한 것에 가까운 발언은, '옛 볼셰비즘'을 폐기해야 한다고 촉구한 것 정도였다. 자신이 틀렸다고 인정하면 되지만 그것은 레닌이 늘 하기 싫어하는 일이었다. 트로츠키는 '노동자 정부'를 주장한다는 이유로 조롱받아 왔으며, 그가 마르크스주의를 이해하지 못하는 이상한 사람이라고 비난했던 사람들 가운데 볼셰비키도 들어 있었다. 하지만 트로츠키는 자신이 옳지 않느냐며 떠들어대지 않았다. 볼셰비즘의 내용을 수정하는 작업을 완수한 레닌과 그의 동료들은 '프롤레타리아 독재'를 지체 없이 수립해야 한다고 주장하기 시작했다. 볼셰비키가 자신의 입장 변화를 설명하느라 상당한 시간을 들여야 했던 반면, 트로츠키는 핀란드 역에 내려 그가 지난 10여 년간 주장해 왔던 것을 반복해서 말하기만 하면

되었다.

트로츠키가 도착한 시기는 페트로그라드 소비에트에서 자유주의자와 사회주의자가 협력하여 정부를 구성하는 협약에 관해 토론하고 있을 때였다. 기괴한 광경이었다. 소비에트는 스몰니 학교를 일방적으로 점거하고 있었다. 이 건물은 2월혁명 이전까지는 여학생을 위한 중등학교였다. 트로츠키는 과거 자신의 피후견인이었던 마트베이 스코벨레프가 자유주의자들과 연립 정부를 수립하는 것을 공식적으로 지지하는 것을 목격하였다.[7] 소비에트 지도부는 트로츠키의 존재를 모르는 척했다. 핀란드 역에서 그에게 경의를 표한 것은 별다른 일이 아니었다. 하지만 소비에트 회의 석상에서 그에게 발언권을 주어 논쟁적 견해를 발표하도록 하는 것은 문제가 달랐다. 그러나 곧 트로츠키가 이 자리에 있다는 말이 좌중에 돌았고 그에게 발언할 기회를 주라는 고함이 여기저기서 터져 나왔다. 트로츠키가 연단에 서자 커다란 박수와 환호가 뒤따랐다. 예상대로 그는 자유주의자들과의 연정 계획을 반대했다. 하지만 평소처럼 날카로운 어조는 아니었다. 그는 여전히 페트로그라드의 정치 상황을 조심스럽게 탐색하는 중이었다. 평소 대중 연설을 할 때와는 달리 트로츠키는 신경이 날카로웠다. 연설 중에 손을 흔들다가 와이셔츠 소매가 양복 윗도리 소매 밖으로 쑥 튀어나왔다. 외모에 까다로운 그는 이날 자신의 상태와 외모에 신경 쓰느라 불편해 보였다.[8]

몇 주일 동안 트로츠키는 아무 결정도 하지 않은 채, 자신의 견해를 굽히지 않으면서도 앞으로 정치 활동을 하는 데 기반을 제공해 줄 수 있는 사람이라면 누구라도 대화를 나누었다. 그는 지구연합파에 가담했다. 이들은 트로츠키와 마찬가지로 신속한 사회주의 혁명을 추구했다. 지구연합파는 볼셰비키에 합류할 경우 생각과 행동의 독자성을 상실할까 봐 우려하던 마르크스주의자들을 기꺼이 받아들였다. 이들은 견고하게 조직된 분파도 아니었고 페트로그라드 외부까지 네트워크를 확산할 생각도 없었다. 세월이 많이 지난 뒤, 트로츠키는 지구연합파의 지도자였다고 묘사되었다.[9] 하지만 그는 지구연합파 몇몇 영향력 있는 인물 가운데 한 사람이었을 뿐이며 지구연합파는 집단 지도 체제로 운영되었다. 트로츠키에게 지구연합파에서 최고의 지도권을 부여하겠다고 생각한 사람은 아무도 없었다.

외국 망명에서 돌아온 반전 마르크스주의자 지도자 가운데 상당수가 지구연합파에 가담하거나 어떤 분파에도 가담하지 않고 독자적으로 활동했다. 그들 가운데는 파리에서 발행되던 〈우리의 말〉에 기고하던 사람도 몇몇 있었다. 모이세이 우리츠키, 솔로몬 로조프스키(Solomon Lozovski, 1878~1952), 블라디미르 안토노프-오프세옌코, 드미트리 마누일스키(Dmitri Manuilski, 1883~1959), 미론 블라디미로프(Miron Vladimirov, 1879~1925), 흐리스티안 라코프스키(Khristian Rakovsky, 1873~1941), 안겔리카 발라바노바, 그리고리 추드노프스키, 아나톨리 루나차르스키, 다비드 랴자노프스키(David Ryazanovski, 1870~1938), 미하일 포크로프스키(Mikhail Pokrovski, 1868~1932)가 대표적인 인물이었다. 그밖에 트로츠키의 옛 친구인 아돌프 이오페도 있었다. 이오페는 시베리아에 있다가 2월혁명 직후 풀려났다.[10] 이 정력적인 고참 혁명가들은 곧 모두 볼셰비키 고위층이 된다.[11] 트로츠키는 지구연합파에 가담함으로써 말과 행동의 자유를 지키려 했다. 동시에 그는 볼셰비키와도 어느 정도 협력 관계를 맺고 싶어 했고 레닌 역시 지구연합파에 같은 것을 원했다. 이런 레닌의 희망에 볼셰비키 중앙위원회가 모두 동의한 것은 아니었으나 레닌이 계속 끈질기게 주장하여 결국 '레닌과 몇몇 중앙위원회 멤버의 이름으로' 호소문이 작성되었다.[12] 트로츠키는 다루기 힘들게 굴었다. 5월에 트로츠키는 볼셰비키 회의에서 조직 통합을 위해서 레닌이 일정한 대가를 치러야 한다고 강조했다. "볼셰비키는 이제 과거의 볼셰비키가 아닙니다. 나는 나 자신을 볼셰비키의 구성원이라고 부를 수 없습니다. …… 우리에게 볼셰비즘을 받아들이라고 강요할 수 없습니다. …… 과거의 당파적 명칭은 바람직하지 않습니다."[13]

트로츠키가 원하는 바는, 임시정부를 타도하고 전쟁을 즉각 중단하기를 원하는 모든 그룹들을 한데 모아 단일 정당을 구성하는 것이었다. 그는 볼셰비키에 가담할 생각이 없었다. 그의 구상은, 볼셰비키와 지구연합파와 각양각색의 '민족주의' 조직들이 한데 힘을 합쳐 평등한 원칙 위에 새로운 정당을 만드는 것이었다. '조직국'을 창설하자는 제안이 나왔을 때, 트로츠키는 조직국에 멘셰비키의 국제주의자들이 참여하는 것에도 반대하지 않았다.[14] 레닌은 트로츠키가 주장하는 조건을 받아들일 생각이 전혀 없었다. 왜냐하면 볼셰비키 중앙위원회는 임시정부를 타도하는 운동에서 최고 지위를 다른 그룹에게 양보할 생각이 전혀 없었기 때문이다. 레닌과 트로츠키는 일단 현실적인 차원에서는 협조 관계를 유지하되 당장은 서로 의견이 다름을 인정하기로 했다. 그동안 트로츠키는 영향력 있는 매체 편집인 자리를 계속 찾고 있었다. 일간지 〈새로운 삶〉은 멘셰비키와 사회혁명당이 타협한 것을 비판하면서도 볼셰비즘을 용인하지는 않는 입장을 취하고 있었다. 트로츠키가 〈새로운 삶〉을 선택한 것은 당연했다. 하지만 트로츠키가 〈새로운 삶〉에 참여하기에 앞서 그가 특이한 혁명 전략을 주장하고 있다는 사실이 〈새로운 삶〉에 알려졌다. 트로츠키가 오만한 사람이라는 소식 역시 전달되었다. 〈새로운 삶〉은 그를 편집진으로 들이지 않기로 결정했다.[15]

귀국한 정치인 가운데 〈새로운 삶〉 편집진 자리를 얻고 싶어 한 사람이 트로츠키만은 아니었다. 한때 볼셰비키였으며 당시 지구연합파의 일원이던 루나차르스키 역시 같은 생각을 품고 5월 말 이 문제를 논의할 만남을 주선했다. 트로츠키는 미리 〈새로운 삶〉의 편집인 가운데 한 사람이라도 만나 좋은 인상을 주려고 시도했다.[16] 하지만 사실상 문제는 정치적인 것이었다. 트로츠키와 루나차르스키는 오직 사회주의자들로만 구성된 정부를 수립하고자 했던 반면, 〈새로운 삶〉의 편집인들은 두 사람의 의견에 반대했으며 이 두 사람에게 자신들의 신문을 넘겨줄 생각이 전혀 없었다. 양측의 만남에서 의견 교환이 솔직하게 이루어졌다. 트로츠키는 마르토프가 멘셰비키 내 다수파와 결별하기를 거부하는 데 분노했다. 수하노프의 기억에 따르면 트로츠키는 이렇게 결론 내렸다. "이제 나는 레닌과 함께 신문을 창립하는 것 외에는 다른 방법이 전혀 없다는 것을 알게 되었습니다."[17] 트로츠키는 잠시 이오페와 함께 지구연합파 신문인 〈전진(Vperëd)〉 편집을 도왔다.[18] 하지만 이 신문은 재정이 너무 취약해서 발행 부수가 볼셰비키의 〈프라우다〉와 비교가 되지 않을 정도로 적었을 뿐 아니라 심지어 제때에 발행되기도 힘들었다. 트로츠키는 자신의 글을 발행 부수가 많은 믿을 만한 매체에 발표해야 한다고 생각했다. 볼셰비키와 화해 작업이 계속 진행되었다. 6월 초 트로츠키는 수하노프에게 이렇게 말했다. "자신에게 걸맞은 정당에 들어가야 하며 또한 걸맞은 매체에 글을 써야 합니다."[19]

이런 상황에서 트로츠키의 중요한 과제는 가족을 안정된 장소에 자리 잡게 하는 것이었다. 트로츠키 가족은 유리 라린(Yuri Larin, 1882~1932)의 집에 머물고 있었다.[20] 라린은 항상 러시아사회민주노동당에서 좌파 입장을 지키며 제1차 세계대전 이전에 진행된 당내 논의에 적극적으로 참여하던 사람이었다. 트로츠키와 마찬가지로 라린 역시 볼셰비키 쪽으로 기울고 있었다. 한쪽 다리를 절며 지독한 근시였던 라린은 볼셰비키의 뛰어난 필자로 빠르게 자리 잡았다. 그는 사상가라기보다는 선전 활동가였으며 비현실적인 몽상가였기 때문에 실제적 임무를 수행할 책임 있는 직책에 임명하기에는 극히 부적당한 인물이었다. 나중에 트로츠키 역시 이런 종류의 인물이라고 낙인찍히게 된다. 그러나 1917년 중반에 트로츠키는 이제 막 대서양을 건너 조국에 돌아온 사람이었고 라린은 그에게 자기 집 방한 칸을 기꺼이 내주었다. 결코 이상적인 상황은 아니었지만 트로츠키 가족은 잘 헤쳐 나갔다.

페트로그라드에 살게 돼서 좋은 점은 전 부인인 알렉산드라 브론시테인이 낳은 두 딸을 다시 만날 수 있게 된 것이었다. 지나는 16세, 니나는 15세였다. 나탈리야는 빈에서 지나를 만난 적이 있었고 니나는 이때 처음 만났다. 세르게이와 료바는 각각 12세와 11세였는데 아버지와 어머니가 정치 활동에 투신하는 바람에 종종 어른들의 보호 없이 집에 남곤 했다. 소년들은 알렉산드라 브론시테인의 집에 놀러가서 소녀들과 같이 시간을 보냈다. 예전에 처음 만났을 때처럼 료바와 세르게이는 지나를 잘 따르며 좋아했다.[21] 여름이 되자 트로츠키의 두 아들은 핀란드 만에 위치한 도시 테리오키에 가서 지냈다. 테리오키는 트로츠키와 나탈리야가 해변의 공기를 즐기러 자주 들르던 곳이었다.[22] 이곳에서 트로츠키 가족은 여름 휴가를 보내러 온 러시아의 중간계급 가족들과 어울렸다. 이 중간계급 가족들은 마치 혁명에 휩싸인 페트로그라드에서 수천 킬로미터 떨어진 이탈리아의 해변 도시나 프랑스의 리비에라 해변에 놀러 와 있는 듯 느긋했다. 트로츠키 가족은 이런 방식의 삶을 자연스럽게 받아들였다. 테리오키에 머무는 일에서 또 하나의 장점은 이곳이 핀란드 땅인 덕분에 러시아 임시정부와는 전혀 상관없는 곳이라는 점이었다. 트로츠키 부부는 테리오키에서라면 아이들이 전혀 해를 입을 일이 없다고 확신할 수 있었으며 트로츠키는 아무 염려 없이 정치 활동에 전념할 수 있었다.

트로츠키가 군중 집회에서 연설을 많이 할수록 정치적 극좌 진영에서 떨치는 영향력도 커졌다. 트로츠키의 명성은 그 자신을 앞질러 갔다. 사람들은 그의 연설을 들으려고 집회에 몰려왔다. 때때로 군중의 열광이 너무 뜨거운 경우도 있었다. 당시 공공 집회가 자주 열리던 장소로 '시르크 모데른'*이라는 큰 극장이 있었다. 트로츠키가 이곳에서 연설을 마치고 떠나려고 하는데 사람들이 너무 몰려들어 나갈 수가 없었다. 결국은 사람들이 그의 몸을 번쩍 들어 올려서 군중의 머리 위로 옮겨서 나가게 해줄 수밖에 없었다고 한다.[23] 트로츠키는 연설을 미리 세세하게 준비하지 않았다. 그럴 시간이 없었을 뿐 아니라, 고정된 원고에 갇히지 않을 때 자신의 연설 솜씨가 더욱 빛을 발한다는 것을 그는 알고 있었다. 1903년에 첫 번째 아내 알렉산드라에게 보낸 편지에도 썼듯이, 그는 항상 연설이라는 것에 큰 매력을 느꼈다.[24] 트로츠키는 프랑스 좌익 진영에서 가장 유명한 연설가였던 장 조레스를 '거인'이라고 칭송했다. 그는 조레스가 비록 그리 호감을 주는 외모는 아니지만 연설을 할 때면 엄청난 열정을 뿜어내며 청중을 사로잡는 능력이 있다는 점에 깊은 인상을 받았다. 트로츠키는 조레스를 가리켜 '신의 은총을 받은 연설가'라고 말했다.[25] 진정으로 위대한 연설가는 연설 방법을 의식하지 않고서도 연설의 목적을 달성한다는 것을 암시하는 표현이었다. 어쩌면 조레스나 트로츠키가 바로 그런 연설가일 것이다. 사람들이 그들의 연설이 마술 같다고 경탄해도 정작 그들은 자신이 한 연설이 별일 아니라고 생각했던 것 같다. 그러나 이들도 역시 경험을 통해서 많은 것을 배웠다. 최고의 교사들이 그러하듯이, 이들은 청중에게 말할 때 어떤 것이 효과가 있고 어떤 것이 효과가 없는지를 잘 알고 있었다.

트로츠키는 연설하기 전에 중요한 포인트를 미리 순서대로 적어 놓고 강조할 필요가 있는 부분에는 표시를 해 두는 습관이 있었다.[26] 그는 문법적으로 완벽한 문장을 구사했으며, 예외적이라 할 수 있을 정도로 말이 막히는 일 없이 유창하게 연설하는 능력을 지니고 있었다. 그의 연설은 냉소적이면서도 설득력이 있었고 열정이 넘쳤다. 트로츠키가 연설을 할 때면 그의 적갈색 머리칼이 바람에 날리곤 했다.

시르크 모데른(Cirque Moderne) 이 건물 명칭을 번역하면 '현대 서커스'가 된다. 당시 이 건물에서는 각종 공공 행사가 열렸다. 페트로그라드는 오랫동안 프랑스의 문화적 영향을 받았기에 이 건물처럼 프랑스어 이름이 붙은 건물이 많았다.

공원 벤치를 쌓아 만든 임시 연단에서 연설하는 트로츠키(모스크바, 1918년). 트로츠키는 대중 연설을 통해 명성을 얻었다. 그의 연설은 냉소적이면서도 설득력이 있었고 열정이 넘쳤다. 트로츠키는 자신이 뜻하는 바를 아주 쉽게 청중에게 전달하는 능력이 있었다.

그는 항상 조끼까지 단정하게 차려입은 말쑥한 양복 차림이었다.[27] 코안경은 단박에 그를 알아보게 했다. 그는 청중들보다 키가 컸으며, 청중을 감동시키는 적당한 단어와 주제를 선택하면서 몸을 유연하게 움직여 연설의 효과를 극대화했다. 트로츠키는 손동작을 다양하게 썼다. 손동작은 당시 야외 연설 장소에서 확성기의 효과가 지금처럼 완전하지 못했다는 것을 고려하면 매우 유용한 도구였다. 어떤 논점을 특별히 강조하고 싶으면 트로츠키는 오른팔을 앞으로 번쩍 들어 검지를 곧게 펴서 청중을 가리켰다.[28] 그는 마르크스와 당대의 서구 정치인들에 대한 농담, 또는 러시아 혁명가들 사이에서 통하는 농담을 별것 아니라는 자연스런 태도로 마구 쏟아냈다. 그는 자신이 뜻하는 바를 아주 쉽게 청중에게 전달할 수 있었다. 마치 자신의 목숨이 연설에 달려 있기라도 하듯, 그는 이 집회에서 저 집회로 뛰어다녔다. 불과 몇 분 전에 다른 집회에서 했던 연설을 다시 반복하는 경우에도 그는 마치 즉흥 연설처럼 자연스럽고 생생하게 말을 풀어나갔다. 그가 지닌 단단한 신념과 헌신적 태도는 누구의 눈에도 명백하게 보였다. 러시아의 새로운 '대중' 정치를 트로츠키는 맘껏 즐기고 있었다.

그가 청중과 독자에게 전달하고 싶었던 가장 중요한 것은 러시아 정치 전략에 대한 자신의 생각이었다. 그는 이제 러시아사회민주노동당의 모든 분파가 하나로 뭉쳐야 한다고 주장하지 않았다. 레닌과 마찬가지로 트로츠키 역시 마르토프를 비롯한 멘셰비키 좌파와 힘을 합치는 것은 이제 완전히 포기하였다. 하지만 그러면서도 트로츠키는 자신의 '연속 혁명론'을 자신감 있게 주장했다. 레닌이 1905년에 이 이론에 대해 적은 개인적인 메모 몇 마디를 제외한다면, 이 이론을 레닌이 마음에 들어 한 적은 한 번도 없었다.[29] 2월혁명 이후에도 레닌은 당시 정치 현실의 요구에 트로츠키의 구상이 자신의 구상보다 더 근접했다고 인정하지 않았다. 트로츠키는 이런 문제를 가지고 이러쿵저러쿵하는 사람이 아니었다. 다만 '프롤레타리아 국가'를 드디어 이룰 수 있게 된 것을 동료들과 함께 기뻐할 뿐이었다. 마르크스주의의 대의를 추구할 수 있는 기회가 존재한다면 어떤 위험도 감수하겠다는 트로츠키 같은 사람들에게 현재의 혁명적 분위기는 너무나 반가웠다. 모이세이 우리츠키는 경탄하였다. "여기에 위대한 혁명가가 와 있다. 레닌이 아무리 영리한 사람이라도 트로츠키라는 천재 곁에 서게 되면 그 빛이 희미해져버린다고 사람들은 생각한다."[30]

레닌은 정치적 극좌 진영에 개인적인 경쟁자들이 있다는 것은 전혀 걱정하지 않았다. 그는 트로츠키와 같이 역동적이면서도 재능 있는 동료를 필요로 했고 또 원했다. 레닌과 트로츠키는 러시아 혁명에 관한 개괄적인 의제에는 동의했다. 임시정부를 타도하고 '노동자 정부'를 수립해야 한다는 점, 유럽에 사회주의 혁명의 시대가 도래하였다는 점, 극좌파가 권력을 잡아 자본주의, 제국주의, 민족주의, 군국주의를 배격할 때에야 비로소 세계대전이 끝날 수 있다는 점, 러시아 내에서 근본적인 개혁을 즉각 시행해야 한다는 점, 러시아 제국의 황실과 국가와 정교회가 소유한 토지를 농민이 접수해야 한다는 점, 공장은 노동자들이 통제해야 한다는 점 등이었다. 만일 마르토프가 전쟁을 지지하는 멘셰비키와 결별하기만 한다면, 트로츠키는 그와 같은 당에 소속되어도 상관없었다. 트로츠키는 이 노선을 내세워 끈질기게 협상했다. 하지만 마르토프는 자신의 입장을 조금도 바꾸려 하지 않았으며, 멘셰비키 내부에 균열이 발생하는 일은 러시아 사회주의 운동에 대재앙이 될 것이라는 믿음을 고수했다.[31] 트로츠키는 달랐다. 그는 점차 볼셰비키와 더 많이 대화를 나누었고 볼셰비키와 함께 집회의 연단에 나타나는 것을 좋아하게 되었다. 과거의 의견 차이는 남아 있었지만 그런 것들은 일단 옆으로 치워졌다. 레닌과 지노비예프는 5월 말 지구연합파 총회에 참석하여 성의를 표시했다. 트로츠키는 그렇게 형식적으로 호의를 표시할 필요성을 느끼지 않았다. 그는 볼셰비키가 이제 옛날처럼 타협을 모르는 철저한 분파주의자가 아니며, 또 오래 고대해 온 '사회주의로의 전환'을 실현하는 데 볼셰비키가 결정적인 역할을 수행할 수 있겠다는 생각이 들기 시작했다. 트로츠키는 볼셰비키의 당에 가입하고 당 지도부에 합류하겠다는 희망을 표명했다.

반전 극좌 진영의 전반적 상황은 급격하게 변화하고 있었다. 볼셰비키와 멘셰비키는 마침내 개별적인 정당으로 완전히 갈라서는 중이었다. 수도 페트로그라드를 제외한 지역에서는 여전히 러시아사회민주노동당의 단결을 지향하는 운동이 계속되고 있었지만 늦여름 무렵에는 각 지방의 당위원회 대부분이 두 편으로 갈라섰다. 1917년 볼셰비키당 내부에는 여러 종류의 볼셰비즘이 공존하고 있었다. 어떤 볼셰비키들은 레닌의 주장을 딱 잘라 거부했다. 알렉산드르 보그다노프가 가장 뚜렷한 사례다. 보그다노프와 작가 막심 고리키는 레닌을 선동 정치가이자 인간 혐오자라고 보았다. 하지만 어떤 고참 혁명가들은 과거 레닌과 겪었던 의견 차이를 극복했다. 그런 사람들 가운데 하나가 루나차르스키였다. 2월혁명 후에 볼셰비키는 분석과 전망을 예전보다 좀 더 치밀하게 재구성하였다. 당의 전투적 활동가들은 임시정부 타도와 전쟁 종결을 위해 노력했다. 모든 사람들이 대중의 힘을 긍정적으로 보았다. 노동자와 농민이 원하는 대로 자신들의 삶을 재구성하도록 장려해야 한다는 데 의견이 모아졌다. 공장과 관공서와 농장 구조도 변혁해야 했다. 물론 볼셰비키들 사이에 의견 차이는 여전히 존재했고 볼셰비키당이 권력을 쟁취한 순간부터 그 차이가 표면에 드러나기 시작했다. 하지만 2월부터 10월 사이에 볼셰비키 내부의 분쟁은 통제 가능한 상태였다.

레닌과 트로츠키 사이에 의견 차이가 없던 것은 물론 아니었다. 레닌은 볼셰비키가 단독으로 권력을 잡는 데 찬성했던 반면, 트로츠키는 극좌 진영의 그룹들이 힘을 합쳐 새로운 혁명을 추진해야 한다고 강력하게 희망했다.[32] 또 다른 의견 차이도 있었다. 레닌은 여전히 멘셰비키와 사회혁명당이 통제하는 소비에트에게 권력을 이양하는 데 반대했다. 반면 트로츠키는 누가 소비에트들을 통제하든 간에 임시정부로부터 권력을 탈취하여 소비에트로 넘겨야 한다고 주장했다.[33]

레닌은 여러 종류의 구호를 사용했다. 넓은 범위의 구상을 할 때면 그는 '프롤레타리아 독재'를 주장했으며 이는 트로츠키의 용어와 동일했다. 하지만 레닌은 가끔 프롤레타리아와 빈농의 독재에 대해 썼다. 트로츠키는 전혀 사용하지 않는 표현이었다. 두 사람은 이런 차이를 놓고 굳이 논쟁하려 하지 않았다. 임시정부를 축출하고 혁명

정부를 수립하겠다는 그들의 공동 목표를 생각한다면, 두 사람 사이에서 이런 차이는 그리 중요하지 않았다. 훗날 트로츠키의 추종자들은 1917년에 전략을 재고해야 했던 사람은 레닌뿐이었다고 주장한다.[34] 이는 사실이 아니다. 트로츠키는 원래 산업 노동자가 혁명을 주도할 것이라고 전망했다. 하지만 러시아에 귀국하여 현실을 보고 그는 자신의 분석을 수정했다. 1917년 페트로그라드에서는 어떤 정부든 그 정부의 운명은 병사들의 지지를 얼마나 받는가에 달려 있었다. 그리고 권력 쟁취 역시 수도 수비대의 강력한 지지 없이는 불가능한 상황이었다. 무기를 든 병사들의 압도적인 다수는 농민이었다. 이 사실을 새로이 발견한 트로츠키는 전략을 조정하여 자신의 계획에 농민을 좀 더 결정적인 요소로 집어넣었다. 이 과정을 통해 트로츠키는 레닌에 가까워질 수 있었다. 레닌처럼 트로츠키 역시 자신의 생각이 바뀐 것에 대해 아무런 설명도 제시하지 않았다.[35]

몇 개월 뒤 트로츠키는 〈10월부터 브레스트-리토프스크까지〉라는 글에서 자신의 과거 구상이 평화를 전제로 한 것이었기 때문에 전쟁에 직면해 자신이 생각하는 전략이 변화하게 되었다고 설명했다.[36] 아마도 그가 조금 덜 바빴더라면 이 주제에 관해 좀 더 많이 썼을 것이다. 하지만 당시의 트로츠키는 이미 권력 쟁취를 가능하게 하는 광범위한 사회적 지지를 획득한다는 자신의 최대 목표를 달성한 뒤였다.[37] 트로츠키가 이때처럼 바빴던 적은 없었다. 트로츠키와 아내 나탈리야의 하루는 끊임없이 이어지는 대중 연설과 위원회 회의, 정치적 협상으로 가득 찼다. 트로츠키의 마음을 지배하던 것은 임시정부를 타도하고 혁명 정권을 세우는 일이었다. 근본적인 사회 개혁과 경제 개혁은 그 다음에 시행될 것이다. 유럽의 전쟁도 종식될 것이다. 또 러시아에서 혁명이 일어난 후에 유럽 전역에서 지배계급의 전복이 뒤따를 것이다. 행동하지 않는 것은 곧 대재앙을 의미했다. 러시아 제국 안에 있는 반혁명 세력은 반격의 기회를 노리고 있었다.

18장

러시아의 자코뱅
"모든 권력을 소비에트로"

1917년 5월 멘셰비키와 사회혁명당이 임시정부 내각에 참여했지만 임시정부의 어려움이 끝난 것은 아니었다. 이 두 당의 내부에는 여전히 입헌민주당에게 지나친 양보를 한다고 당 지도부를 비판하는 좌파 그룹이 존재하였다. 이들은 현 정부가 국내 정책과 대외 정책에서 더 급진적인 방향을 취하도록 각 소비에트 내에서 선전 활동을 펼쳤다. 새로이 내각에 참여한 사회주의 당파 출신의 장관들을 분노하게 만든 비판적 움직임에는 다음과 같은 것들이 있었다. 멘셰비키인 이라클리 체레텔리(Irakli Tsereteli, 1882~1959)는 모든 교전국에서 활동하는 사회주의자를 모아 중립국 스웨덴에서 회의를 개최하려고 했다. 사회주의자들로 하여금 자국 정부에 압력을 가하게 해서 전쟁을 종식시키겠다는 의도였다. 역시 멘셰비키인 마트베이 스코벨레프는 산업 노동자의 복지를 향상시키고 국가의 산업 규제를 확대하는 방안을 발표하였다.[1] 사회혁명당 지도자이며 농업장관인 빅토르 체르노프는 각 지방의 미경작 토지를 농민에게 줄 수 있는 권한을 각 지역에서 선출된 위원회에 부여했다.[2] 이런 조치에 입헌민주당 당원들은 불만을 표출했다. 그들의 관점에서 볼 때 멘셰비키와 사회혁명당은 진정한 연립정부의 전제인 타협 정신을 완전히 저버린 것으로 보였다. 내각은 급속하게 해체되기 시작했다.

트로츠키는 어째서 자신이 여전히 낙관적 견해를 품고 있는지 체레텔리에게 설명했다. "반혁명적인 장군이 혁명의 목덜미에 밧줄을 휘감으려고 한다면 입헌민주당은 그 장군을 위해서 밧줄에 비누칠을 해줄 것입니다. 하지만 크론시타트 수병들이 나타나서 죽기를 각오하고 싸울 것입니다."[3] 크론시타트는 페트로그라드 근처 해변에서 약간 떨어진 곳에 있는 섬인데, 그곳에 대규모 해군 수비대가 있었다. 크론시타트 수병들은 임시정부를 극도로 불신하는 것으로 유명했다. 트로츠키는 크론시타트 수병들에게 찬사를 보내는 한편 멘셰비키와 사회혁명당 지도부가 잘못을 저지르고 있다고 계속 비난했다. 그의 연설은 극좌 진영만이 진실하다고 주장했으며, 수십 년 동안 지속되어 온 그의 개인적 이미지는 정말로 진실한 정치인을 암시했다. 그것은 과장이다. 트로츠키는 일부러 벌컥 화를 내면서 대중 선동가 역할을 할 줄 알았다. 페트로그라드의 노동자와 병사를 자신의 당으로 끌어들일 수만 있다면 그는 어떤 말이라도 할 용의가 있었다. 페트로그라드 시 당국이 예산 확보를 위해 그동안 교통 요금을 면제받던 병사들에게 앞으로 전차를 탈 때 5코페이카를 지불하도록 하는 계획안을 내놓았을 때, 트로츠키는 일부러 몹시 분노하는 모습을 연출했다. 심지어 그의 동료인 아돌프 이오페조차 교통 요금 부과에 찬성했다. 당시 노동자들은 20코페이카를 내야 했다. 전투를 하는 것도 아니고 동부 전선으로 배치되는 것도 거부하는 수비대 병사들에게 페트로그라드의 다른 주민에게는 없는 특권을 부여하는 것은 설득력 없는 관행이었다.[4]

트로츠키는 대중 선동 전술에 전혀 거리낌이 없었다.[5] 트로츠키와 극좌 진영에 있는 그의 동지들은, 혁명이란 목표를 눈앞에 둔 현 시점에서는 혁명을 위해서라면 어떤 수단도 정당화될 수 있다고 믿었다. 트로츠키가 보기에 임시정부는 그들이 모시는 자본가 주인들의 이익을 위해 '대중'을 기만하는 죄를 저지르고 있었다. 트로츠키 자신이 쓰는 속임수는 그에 비하면 사소한 것이었다. 마침내 리보프 내각이 권좌에서 물러나고 '프롤레타리아 자치'가 실현되는 순간이 온다면, 그런 속임수는 노동계급을 위한 정의롭고 정직한 세계를 창조하는 데 기여했다고 말할 수 있을 것이다.

하지만 임시정부 내각의 상황 변화를 트로츠키는 당시 연설과 글에서 거의 언급하지 않았다. 이는 그가 연설을 자주 안 했거나 글을 많이 쓰지 않았기 때문이 아니었다. 그는 연설과 글쓰기를 하느라 일생 어느 때보다 바빴다.[6] 또한 사회주의 정당 출신 장관들이 러시아의 문제를 해결하기 위해 전반적인 조치를 취하는 대신 일시적 처방만 하고 있다고 그가 믿었기 때문도 아니었다. 트로츠키가 그 문제를 등한시한 이유는 그가 임시정부 활동의 다른 측면에 온 신경을 집중하고 있었기 때문이다. 사회혁명당을 이끄는 인물이자 국방장관이었던 알렉산드르 케렌스키는 1917년 6월 동부 전선에 공격 재개를 명령했다. 케렌스키의 적수인 레닌이나 트로츠키가 볼 때 이 공격은 영토 합병이라는 공식적인 욕망이 밀류코프와 구치코프의 사임으로 완전히 사라지지 않았다는 증거였다. 트로츠키는 케렌스키의 이러한 조치를 비난하는 선언문을 작성해서 제1차 소비에트 회의 때 열린 볼셰비키 간부 회의에서 낭독하였다.[7] 트로츠키와 레닌의 관계는 하루가 다르게 회복되어 갔다.

노동자와 병사와 수병들 사이에서 반정부 감정이 점차 강해졌다. 6월 중순에 볼셰비키는 '자본가 장관들'에게 항의하는 정치 시위를 벌이자고 촉구하였다. 하지만 전러시아 소비에트 대회 중앙집행위원회의 구성원으로 있던 멘셰비키와 사회혁명당이 선수를 쳐서 볼셰비키의 시위를 금지하고 자기들끼리 따로 시위를 조직했다. 볼셰비키 중앙위원회는 일단 뒤로 물러섰다. 하지만 레닌이 임시정부를 흔들어야 한다는 생각을 포기한 것은 아니었다. 수도 페트로그라드의 거리에서 또 다른 시위를 조직해야 한다는 논의가 볼셰비키들 사이에서 일어났다. 트로츠키와 지구연합파도 이런 논의를 시작했다. 두 조직 사이에 긴밀하게 연락이 오고 갔으며 결국 무장 시위를 강행한다는 결정이 내려졌다. 시위의 목적은 구체적으로 정해지지 않았다. 하지만 만일 시위대가 페트로그라드 시내 중심가의 네프스키 대로를 행진하는 것을 넘어선 행동을 한다면, 트로츠키나 레닌에게 그것이 반드시 불쾌한 놀라움으로 다가오지는 않을 것이었다. 모든 이들이 2월혁명 때 상황을 기억하고 있었다. 만일 충분히 많은 노동자와 병사가 시위에 동조한다면 임시정부가 무너질 수도 있었다. 크론시타트 섬의 수병들 역시 육지로 건너와서 시위에 참여할 의사를 밝혔다. 만일 소요 사태가 발생한다면 그때 가서 볼셰비키당과 동맹자들이 내각 장관들에 대한 적절한 도전 행동을 즉석에서 강구하면 될 것이었다. 구호는 '모든 권력을 소비에트로!'였다.[8]

트로츠키는 직접적인 행동에 대한 열정을 사람들에게 불어넣기 위해 이곳저곳 돌아다녔다. 인쇄 매체에 발표한 글에는 자신의 생각을 구체적으로 밝히지 않았다. 임시정부에게 자신을 체포할 빌미를 주고 싶지 않았기 때문이었다. 하지만 연설할 때는 달랐다. '닻 광장'에서 크론시타트 수비대 수병들을 상대로 연설할 때 트로츠키는 리보프 내각은 물론 그 내각을 지지하는 멘셰비키와 사회혁명당원들 역시 제거해야 한다고 역설했다. 그가 수립하고자 하는 새로운 체제는 독재적이며 폭력적인 성격의 정권이었다. "여러분에게 말하겠습니다. 사람들의 목이 잘려 나가고 피가 흐르게 될 것입니다. …… 프랑스 혁명의 힘은 바로 인민의 적들의 키를 그 머리 하나만큼 작아지게 했던 장치에 있었습니다. 그것은 참으로 훌륭한 장치입니다. 우리도 모든 도시에 그 장치를 하나씩 마련해야 합니다."[9] 트로츠키는 자기 시대의 자코뱅을 자칭하고 나섰다. 임시정부는 사태가 어떤 식으로 전개될지 짐작하고서 시위를 금지한다는 명령을 발표했다. 볼셰비키 중앙위원회는 공황 상태에 빠졌다. 어쩌면 정부 전복을 꾀했다는 혐의로 당 활동이 금지될지 모른다는 우려에 사로잡힌 것이었다. 최근 활동으로 지친 레닌은 건강을 회복하기 위해 아내 크루프스카야와 누이 마리야를 데리고 시골로 갔다. 레닌은 페트로그라드에 모여드는 시위 참가자들이 얼마나 변화를 갈망하며 안달하고 있는지 예상하지 못했다. 노동자와 수병들 사이에 섞인 전투적 활동가들은 시위 행진을 강행했다. 이들은 스몰니 학교에 몰려와서 볼셰비키 중앙위원회에 무장 시위를 어떤 식으로든 인정해 달라고 요구했다.

이런 사태가 벌어지자 다른 사람들은 모두 당황하였지만 트로츠키는 냉정을 유지했다. 병사와 수병들이 페트로그라드 거리로 쏟아져 들어와서 볼셰비키에게 임시정부에 저항하는 시위 행렬을 이끌어 달라고 요청했다. 페트로그라드 수비대 시위 행렬의 최전방에는 제1기관총 연대가 섰다. 크론시타트 수병들도 도시로 몰려와서 대열에 합류했다. 무질서를 조장하고 그럼으로써 권력을 탈취하자는 이러한 시도에 볼셰비키당 내의 군사 조직 지도부는 열광했다. 정치적 폭발이 임박한 것 같았다. 갈리치아 지역에서 러시아 군대가 퇴각하고 있다는 소식이 전해지자 리보프 내각에 대한 사람들의 혐오감은 더 커졌다. 볼셰비키와 지구연합파를 포함한 모든 사회주의 정당이 참여하는 새로운 연립정부가 수립되어야 한다는 주장이 점점 더 자주 들리기 시작했다. 임시정부 내부에서도 논란이 일었다. 내각의 사회주의자 장관들은 우크라이나에 광범위한 자치권을 주어야 한다고 주장했다. 자유주의자 장관들은 이러한 시도가 곧 러시아 제국의 해체로 이어지는 첫걸음이 될 것이라고 우려했다. 7월 2일 자유주의자 장관들은 임시정부에서 일괄적으로 사임하였으며 리보프 공 역시 총리직에서 물러났다. 러시아의 통치 체제는 끝 모르는 깊은 나락으로 떨어지고 있었다.[10] 타우리드 궁전* 바깥에 위치한 장관들의 사무실로 노동자와 병사들이 엄청나게 몰려갔다. 소비에트 대회 중앙집행위원회도 장관들의 사무실 근처에 자리 잡고 있었다. 하지만 소비에트 지도부는 몰려드는 시위대의 분위기를 장악할 능력이 없었다.

사람들의 불만이 점차 커져 갔다. 도시로 들어오는 식품 공급이 줄어들고 있었다. 노동자들은 산업체가 문을 닫고 자신들이 실직자가 되어 궁핍한 생활을 하게 될까 봐 걱정했다. 물가는 계속 뛰었고 농민들이 곡식을 팔러 시장으로 갈 유인 요소 역시 사라지고 있었다. 정부의 기대와 달리 전쟁은 점점 불리하게 진행되고 있었다. 수비대 병사들은 동부 전선에 배치되어 대살육의 현장에 가게 될까 봐 두려워했다. 수많은 노동자와 병사와 농민이 점차 사회주의 그룹들, 특히 볼셰비키 쪽을 선호하게 되었다. 사회주의 진영이 '근본적인 조치'를 요구했기 때문이었다. 볼셰비키당은 또한 공장을 '노동자의 통제' 아래 두어야 한다고 주장했고, 로마노프 황실과 정교회와 지주소유의 토지를 농민에게 이양한다는 계획을 제시했다. 또한 전쟁을 신속하게 끝낸 뒤 러시아 군대를 해산하고 '유럽의 사회주의 혁명'을 시작할 방법을 자신들이 알고 있다고 주장했다. 그리고 자신들이 권력을 잡으면 러시아 제국 내의 모든 민족들에게 분리 독립할 권한을 부여하겠다고 약속했다. 독일의 노동자와 병사들이 곧 그들의 혁명을 실천에 옮길 것이라고도 주장했다. 볼셰비키는 이렇게 매우 강력한 확신을 내보였다. 이들은 인류 역사에서 완전히 새로운 시대가 곧 열릴 것이라고 믿고 있었다.

수도 페트로그라드의 거리에서 혼란이 점차 커지고 있던 7월 2일, 지구연합파 그룹이 회의를 개최하였다. 이 자리에서 트로츠키는 한 가지 계획을 제시하였는데 이는 레닌이 내놓았던 계획과 비슷했다. 트로츠키는 어떻게 하면 프롤레타리아 독재를 수립하여 러시아 사회에서 광범위한 지지를 획득할 수 있는가 하는 문제에 집중했다. 그는

타우리드 궁전 러시아 제국 황실 궁전의 하나. 국가 두마, 임시정부, 페테르부르크 소비에트 등 주요 기관이 있었다.

경제 방면의 계획에는 레닌보다 더 관심이 없었다.[11] 트로츠키는 자신이 '과학적' 혁명가라고 주장했지만 사실 그는 모험가였다. 그가 사상을 중시하지 않았다는 이야기는 아니다. 그의 머릿속은 혁명 사상으로 가득했다. 트로츠키의 특이한 점은 혁명에 대한 자신의 생각이 올바른지 아닌지 반드시 실제로 시도해보아야 한다고 열렬하게 믿고 있었다는 점이다. 그는 드디어 그 실험의 순간이 왔다고 판단했다.

트로츠키는 엄청난 열정을 보이며 활발하게 활동했다. 그러면서도 그는 매우 조심스럽게 행동해야 했다. 한편으로는 군중에게 혁명적 행동을 하라고 촉구하면서도, 또 한편으로는 그런 혁명적 행동이 부적절하다고 판단될 때는 군중에게 자제를 요청해야 했던 것이다. 크론시타트 수병들이 농업장관이자 사회혁명당 지도자인 빅토르 체르노프를 거칠게 밀친 일이 있었다. 7월 3일 페트로그라드의 타우리드 광장에서 벌어진 사건이었다. 수병들은 체르노프가 사회주의의 이름으로 권력을 장악하는 것을 거부했다고 욕설을 퍼부었다. 분위기는 통제 불능 상태에 빠지기 직전이었고 체르노프는 수병들에게 린치를 당할 위험에 처했다. 마침 트로츠키가 근처를 지나다가 개입하여 체르노프의 목숨을 구했다. 동지적 연대감 때문에 트로츠키가 사건에 개입한 것은 아니었다. 만일 체르노프가 살해당하면 임시정부에 적대적인 정치 세력들에게 탄압의 물결이 밀려올 것이라 생각했기 때문이었다. 여하튼 트로츠키는 이때 영웅이 되었다. 그는 수병들의 호감을 확보하는 것도 잊지 않았다. "크론시타트의 붉은 수병들이여, 그대들은 이곳으로 달려왔다. 혁명이 위협당하고 있다는 소식을 듣자마자 한걸음에 달려온 것이다! 혁명의 자랑이며 영광인 붉은 크론시타트여, 영원하라!"[12] 트로츠키는 곧 이 크론시타트 수병들의 도움이 필요해질 터였다. 하지만 트로츠키와 그의 동료들이 바로 그 시간이 왔다고 지목하기 전까지 크론시타트 수병들은 기다려야 했다.

볼셰비키와 지구연합파는 지지자들의 기대감을 의도적으로 높여

놓았다. 바로 그랬기 때문에 항의 시위 참가자들이 페트로그라드로 몰려온 것이었다. 트로츠키와 루나차르스키와 지노비예프를 비롯한 사람들은 이러한 소요 사태를 보고 처음에는 기뻐했다. 하지만 그들은 임시정부가 비록 어려움을 겪고 있어도 여전히 무력 시위를 진압할 능력이 있으며 정부의 진압 요구를 충실하게 실현할 병력이 충분하다는 사실을 잘 알고 있었다. 만약 볼셰비키와 지구연합파 그룹이 거리에서 벌어지는 이런 행동을 계속 용인한다면 그것은 자살 행위였다. 따라서 이 두 집단의 지도자들은 거리의 군중들에게 해산하라고 촉구했다. 군중들은 현 정부를 타도하지 못한 데 실망감을 표시한 후에야 해산했다. 임시정부 장관들은 레닌과 트로츠키가 타우리드 광장으로 향하는 혼란스런 시위 행렬 뒤에 숨어 권력을 탈취하려는 음모를 꾸몄다고 비난했다. 당시 볼셰비키와 지구연합파는 지극히 선동적인 표현으로 임시정부를 한껏 비난하고 있었다. 그들은 리보프와 그의 동료들이 인민과 혁명의 대의를 배신하고 있다고 선언했다. 게다가 시위 조직자들이 수천 명의 시위 참가자들에게 무기를 가져오라고 요청했으니, 이 시위를 어떻게 평화적 시위라고 말할 수 있겠는가?

레닌과 트로츠키는 자신들이 폭력 수단을 사용하여 내각을 전복하려 했다는 것을 결코 인정하지 않았다.[13] 레닌은 소요 사태가 수도에서 들끓는 사이 자신이 페트로그라드에 있지 않았음을 강조할 수도 있었다. 트로츠키, 루나차르스키, 지노비예프는 무장 행진을 막기 위해 자신들이 그 어떤 멘셰비키나 사회혁명당원들보다 노력했다고 주장했다. 비난과 반박이 오고 갔다. 내각은 쿠데타 시도라고 비난했다. 내무부는 볼셰비키당의 재정 상황을 조사한 뒤, 레닌과 그의 동료들이 독일 정부로부터 돈을 받았다는 혐의의 증거를 공개했다. 이 돈에는 '독일의 금'이라는 별명이 붙었다. 알렉산드르 파르부스가 중개인으로 지목되었다. 이때 나온 증거는 정황 증거에 불과했지만 설득력이 있었다. 따라서 내각은 레닌이 단순히 정부 전복을 시도한 것이 아니라 국가 반역죄를 저질렀다고 주장할 수 있었다. 레닌은 휴양을 중단하고 페트로그라드로 귀환하였다. 그러나 7월 6일 지노비예프와 레닌에 대한 체포 영장이 발부되었다. 두 사람은 며칠간 수도에 숨어 있다가 북쪽으로 약 32킬로미터 떨어진 라즐리프라는 마을로 피신했다. 지노비예프는 자수하기로 했지만 레닌은 계속 도피하기로 결정했고, 헬싱키 경찰국장 집에 은신처를 확보했다.

하지만 실제로 봉기 계획이 존재했다는 증거는 없다. 이런 계획이 실제로 존재했다고 1917년 이후에 루나차르스키가 불쑥 내뱉은 적이 있었다. 그러나 이때 트로츠키가 몹시 분노하면서 그 발언을 취소하라고 요구하자 루나차르스키는 그의 요구에 따랐다.[14] 그렇지만 트로츠키는 1920년 당내 비공개 회의에서 볼셰비키와 지구연합파가 페트로그라드의 소요 사태를 활용하여 권력 탈취의 가능성을 '탐색'한 적이 있다고 인정하는 발언을 했다. 트로츠키가 사망할 때까지 수십 년 동안 그의 이 발언은 인쇄된 형태로 발표하는 것이 금지되었다.[15] 극좌 진영이 어떤 기회든지 적극적으로 활용할 준비를 하고 있었으리라는 것은 쉽게 짐작할 수 있는 일이다. 레닌과 트로츠키는 봉기를 조직하는 데 필요한 전문적인 기술이 없었다. 하지만 20세기에 들어서면서부터 이들은 봉기의 필요성을 매우 많이 언급했다. 레닌과 트로츠키는 임시정부의 딜레마가 커짐에 따라 '대중'의 에너지를 모을 적당한 방법을 급조해낼 수 있다고 확신했다. 단 한 차례 시위가 계기가 되어 로마노프 황실이 붕괴하였다. 그렇다면 또 한 번의 시위가 리보프 내각을 쉽게 흔들어서 무너뜨리고 멘셰비키와 사회혁명당을 쓸어버릴 수도 있었다. 볼셰비키 지도부와 동맹자들은―지구연합파를 포함해서―내각 타도를 시도할 때가 과연 도래한 것인지 시험해보기로 마음먹었다.

이 정치적 비상 시기는 훗날 '7월의 날들(7월봉기)'로 알려졌다. 이 시기를 거치면서 트로츠키는 멘셰비키와 사회혁명당이 소비에트 정부를 구성할 수 있다는 일말의 희망을 완전히 포기했다. 그는 또한 마르토프가 멘셰비키와 결별하기를 거부하는 것을 보고 경악했다. 트로츠키는 극좌 진영이 독립적인 세력으로 행동해야 한다고 결론을 내렸다. 그는 아직 볼셰비키당에 가입하지 않았지만 7월 10일 레닌과의 연대를 표명하는 공개 서한을 발표했다. 레닌의 체포 영장이 발부된 이상 자신도 체포되어야 마땅하다면서, 정부는 일관성을 지키라고 트로츠키는 주장했다.[16] '독일의 금' 의혹에 집중된 대중의 관심을, 페트로그라드 볼셰비키와 그 동료들이 과연 쿠데타를 계획했는지 여부로 돌려보고자 했던 것이다. 트로츠키는 1906년에 진행되었던 대로 공개 재판이 다시 한 번 열리기를 원했다. 그는 자신이 다시 강력한 영향을 끼칠 수 있다고 믿었으며, 자신의 신변 안전에 대해서는 어느 정도 위험을 감수할 수 있다고 계산했다. 임시정부와 소비에트 지도부 내의 임시정부 지지자들은 좌파 진영의 적수에게 잔혹한 조치를 취할 생각은 하지 못할 것이었다. 그는 2주 동안 계속하여 내각을 조롱하였다. 알렉산드르 케렌스키는 내각을 구성하려고 다급하게 노력하고 있었다. 하지만 멘셰비키와 사회혁명당은 협조할 의사가 없다고 분명하게 답했다. 입헌민주당은 연립 내각에서 발을 빼기로 한 기존 결정을 고수했다. 탄압을 우려한 페트로그라드 볼셰비키는 러시아의 다른 지역에서와 달리 과거의 비밀 활동으로 후퇴했다. 케렌스키는 러시아 군대의 최고 지휘관들과 대화를 나눈 후 각 소비에트를 상대로 군대를 동원할 의사가 있음을 밝혔다. 그는 7월 8일 총리직에 오르자마자 행동을 개시했다.

'회색 외투' 병사들이—임시정부의 명령을 따르는 병사들을 이렇게 불렀다.—7월 23일 라린의 아파트에 도착했다. 그때 북부 러시아 지역은 밤에도 잠깐 동안만 어두워지는 '백야(白夜)' 시기였다. 11년 전 재판에서 트로츠키의 변호인이었던 자루드니(Zarudny)가 이번에

는 법무장관 자격으로 트로츠키의 체포 영장을 발부했다. 나탈리야
는 문밖에 사람들이 왔음을 눈치채고 남편의 어깨를 살짝 만지면서
낮은 목소리로 말했다. "그들이 왔어요!" 라린이 문밖에 나가 병사
들을 상대했다. 병사들은 우선 루나차르스키가 있는지 물었고 그다
음에 트로츠키를 찾았다. 라린은 병사들을 안으로 들이지 않으려 했
다. 그는 전화기를 들어 소비에트 지도부 소속의 멘셰비키와 사회혁
명당원 가운데 연줄이 닿는 사람들에게 전화를 걸었으나 아무도 전
화를 받지 않았다. 트로츠키는 체포되어 크레스티 감옥에 갇혔다.(그
가 1905년에 수감되었던 곳이다.)[17] 7월 초에 일어난 임시정부에 대한
폭력적 도전 행위를 사주했다는 혐의였다.[18]

레닌이 숨어버린 것에 비하면 트로츠키는 용기 있게 행동했다고
사람들은 종종 언급해 왔다. 당국이 독일이 자금을 지원했다는 증거
를 찾기 위한 조사를 계속함에 따라 레닌과 트로츠키에게 닥친 위험
이 지속되었다. 트로츠키의 경우 과거에 파르부스와 유대 관계가 있
었던 것이 잘 알려져 있었기 때문에 두 사람 사이에 돈이 오갔다는
증거를 잡으려고 당국은 계속 추적했다. 아버지의 이런 고난은 트로
츠키의 아이들에게 대단히 불쾌한 경험이었다. "아이들은 어머니에
게 따져 물었다. '아버지가 수용소에 갇히고 감옥에도 간다니 이게
무슨 혁명이에요?' 어머니는 아직 진정한 혁명은 일어나지 않았다며
아이들의 말에 동의했다. 그렇지만 아이들의 가슴속에는 의심의 물
방울이 스며들었다."[19] 트로츠키는 임시정부가 자신의 투옥을 주도
적으로 추진하였던 것처럼 기록했다. 하지만 사실 그는 문학적 솜씨
를 발휘해 독자들의 동정심을 불러일으키려 했던 것이며, 그의 의도
는 그의 자서전을 읽은 대부분의 독자들에게 잘 먹혀들었다. 트로츠
키는 바로 그 자신이 스스로 당국에게 자신을 체포하라고 촉구했던
사실을 일부러 쓰지 않았다. 그의 과감성에는 의심의 여지가 없었지
만 그의 판단력은 그렇지 않았다. 물론 케렌스키는 트로츠키에게 물

리적 고통을 가하지 않도록 조치했다. 재판이 열렸다면 트로츠키는 법정에서 법률가들을 마음대로 놀리면서 조롱하는 데 성공하였을 것이다. 하지만 감옥에 들어간 그는 한 무리에게 물리적 공격을 당했다. 이들에게는 임시정부 장관들 같은 망설임 따위는 없었다. 트로츠키는 큰 위험에 노출되었다.

트로츠키가 체포되고 사흘 뒤인 7월 26일 페트로그라드에서 제6차 당대회가 비밀리에 개최되었다. 엄밀하게 표현하자면 이 당대회는 '국제주의' 마르크스주의자들의 회의였다. 하지만 마르토프와 멘셰비키 좌파가 멘셰비키 분파와 결별하고 이 회의에 참석할 것이라고 진심으로 기대한 사람은 아무도 없었다. 그 덕분에 볼셰비키는 당대회에서 수적으로 압도적인 위치를 차지하게 되었다. 지구연합파는 흡수 통합되기로 합의가 되어 있었는데 그때는 이미 볼셰비키와 멘셰비키가 공동으로 참여하는 조직이 거의 없어진 상황이었기 때문에 지구연합파는 사실상 볼셰비키당에 통합되는 셈이었다. 통합 조건은 지구연합파 측에 관대하였다. 모이세이 우리츠키, 그리고리 소콜니코프(Grigori Sokolnikov, 1888~1939), 그리고 회의에 출석하지 않은 트로츠키가 새로운 중앙위원회 멤버로 선출되었으며 아돌프 이오페는 자문위원이 되었다. 드디어 좌익 진영이 단합하는 모습에 트로츠키는 기뻐했다. 그가 옥중에서 쓰는 글은 자동적으로 〈프라우다〉에 실렸다. 감옥 안의 통제 상황은 우스울 정도로 느슨해서, 트로츠키를 비롯한 동료 수감자들은 임시정부에 대항하여 신랄한 언론 활동을 벌일 수 있었다. 가족에게 연이어 닥친 사건들에 당혹스러워하던 료바와 세르게이는 어머니와 함께 아버지를 정기적으로 면회하였다. (트로츠키의 회고록은 자신만 옳다는 독선으로 가득 차 있다. 케렌스키 정부의 입장에서 볼 때 정부를 무력으로 전복하려는 음모를 꾸미는 자들에게 일정한 조치를 취할 합당한 이유가 있음을 트로츠키는 인정하지 않았다.)

나탈리야에게는 힘든 시기였다. 나탈리야는 얼마 전 아이들의 아버지가 캐나다 핼리팩스의 전쟁 포로 수용소에 갇혔을 때도 아이들의 마음을 안심시켜야 했다. 하지만 너무 심하게 겁을 먹을 필요는 없었다. 나탈리야는 트로츠키 없이 아이들만 데리고 이오페 가족과 함께 테리오키로 갔다. 두 집안 아이들은 함께 산책하러 나갔다가 두 명의 크론시타트 수병을 우연히 만났다. 아이들이 누구의 자식인지 알아본 수병들은 트로츠키 아이들의 어깨를 두드려주면서 이렇게 말했다. "얘들아, 걱정할 것 없어. 우리가 곧 너희 아버지를 감옥에서 나오게 할 거야. 총검도 가지고 갈 거고 가서 음악도 연주할 거야." 아버지가 수병들의 관악대 연주로 환영받으며 감옥에서 나오게 될 것이라는 말을 듣고 아이들은 무척 기분이 좋았다.[20]

임시정부는 볼셰비키 지도자들을 재판에 회부하는 일을 전혀 서두르지 않았다. 내무부 당국 역시 레닌의 은신처를 지나치게 열심히 찾아내려고 하지 않았다. 그럴 의욕만 있었다면 레닌을 찾는 것은 불가능한 일이 아니었다. 나데즈다 크루프스카야를 비롯한 여러 사람들이 페트로그라드와 헬싱키를 자주 왕래하면서 서신과 글과 소식을 전달하고 있었기 때문이다. 케렌스키는 총리직에 오른 지 얼마 되지 않아 극우 진영의 군사적 위협에 직면했다. 그가 원래 의도했던 것은, 독일 전선에 배치된 군 부대를 빼내 와서 페트로그라드 소비에트가 일으키는 문제를 진압할 분견대로 보내 정권의 기반을 좀 더 안정적으로 다지는 것이었다. 라브르 코르닐로프(Lavr Kornilov, 1870~1918) 장군은 케렌스키의 요청에 즉각 응했고 휘하의 몇 개 부대에게 8월 27일 기차를 타고 페트로그라드로 이동하라고 명령했다. 하지만 이 계획이 실행되기 전에 케렌스키와 코르닐로프의 협약이 깨졌다. 군 부대 이동에 앞서 코르닐로프가 동부 전선에서 돌아왔을 때, 임시정부의 우익 정치인들은 코르닐로프 장군을 크게 환영했다. 그를 나라 전체의 질서를 회복할 수 있는 '강력한 인물'로 여겼기 때문이었다. 케렌스키는 코르닐로프가 쿠데타를 일으킬지도 모른다고 우려하여 군대를 페트로그라드로 이동시키라는 명령을 취소했다. 이렇게 되자 코르닐로프는 케렌스키가 나라를 통치할 만한 인물이 못 된다고 판단하고 공개적으로 케렌스키에게 반발했다. 위태로운 상황에 빠진 케렌스키는 볼셰비키를 포함한 사회주의 진영의 선동가들에게 도움을 청했다. 페트로그라드를 향해 오고 있는 분견대 병사들을 설득하여 코르닐로프의 명령을 듣지 않도록 해 달라는 요청이었다. 사회주의 진영의 선동가들은 병사들을 설득하는 데 성공했다. 코르닐로프의 반란은 굴욕적인 실패로 끝났고 코르닐로프는 체포되었다. 볼셰비키당은 아무 방해도 받지 않고 공공 정치의 장에 복귀했다.

9월 2일 트로츠키가 갑작스럽게 석방되어 크레스티 감옥에서 나왔다. 그날부터 그는 볼셰비키의 대표적인 인물로 활동했다. 볼셰비키 대표로서 한 활동은 레닌이 은신처에서 나올 때까지 계속됐다. 볼셰비키당 지도부가 당을 대표해 대중 앞에 등장할 때마다 모든 사람들이 트로츠키를 보고 싶어 했으며 그의 연설을 듣고 싶어 했다.[21] 카메네프나 지노비예프를 비롯해 볼셰비키당의 그 누구도 트로츠키의 인기를 따라오지 못했다. 레닌은 여전히 헬싱키에 은신하고 있었으며, 그가 영향력을 행사하는 유일한 통로였던 신문에 싣는 글은 일반 대중이 접할 일이 없었다.(7월봉기 이전에 〈프라우다〉의 발행 부수는 9만 부를 넘지 못했다.)[22]

9월 1일에 새로 실시된 페트로그라드 소비에트의 선거에서 볼셰비키가 처음으로 다수를 차지했다. 선거 결과로 우선 이득을 본 사람은 바로 트로츠키였다.

혁명적 민주주의의 감옥에서 석방되어 내가 자리 잡은 곳은 작은 아파트였다. 그 거처는 자유주의자 언론인의 미망인에게 세낸 곳으로 거대한 저택의 일부분이었다. 10월의 권력 장악을 위한 준비는 매우 활발하게 진행되고 있었다. 나는 페트로그라드 소비에트 의장이 되었다. 내 이름은 상상할 수 있는 모든 방식으로 욕설의 대상이 되었다. 집에서조차 적개심과 증오의 거대한 벽이 우리를 둘러쌌다. 우리 집 가정부인 안나 오시포브나는 빵을 구하러 (우리 구역의) 주거위원회에 갔다가 다른 집 가정주부들에게 심하게 욕을 먹었다. 나의 아들은 학교에서 욕설을 들었으며 제 아버지와 마찬가지로 '의장'이라고 불렸다. '목공 노동자 조합'에서 일하고 돌아오던 아내는 우리 건물 수위들 가운데 제일 높은 수위장으로부터 증오에 가득 찬 눈총을 받아야 했다. 계단을 올라오는 것은 고문과도 같이 고통스러운 일이었다. 나에게 아파트를 빌려준 부인은 계속 전화를 걸어 자신의 가구가 무사한지를 물었다.[23]

그러나 트로츠키는 이런 주위의 압력을 무시했다. 1905년도에 그를 유명하게 만들어주고 그가 큰 영향력을 떨치도록 해준 바로 그 조직을 트로츠키는 그 자신의 손으로 이끌고 있었다. 1917년에는 일이 더욱 순조롭게 진행되었다. 혁명을 시도하기 전에 벌써 크레스티 감옥에 다녀왔으니 말이다. 그는 이 페트로그라드 소비에트를 권력 장악이라는 과업과 사회주의 질서의 시작이라는 과업으로 이끌고 가고자 했다.

19장

10월혁명과 권력 장악

"지금이 아니라면 언제인가?"

트로츠키는 매우 바쁘게 정치 활동을 하고 있었기에, 크레스티 감옥에서 보낸 시간은 그에게 귀한 휴식이라는 측면도 있었다. 그러나 트로츠키는 감옥에서 축적한 에너지를 곧 소진했다. 그는 다시 미친 듯한 속도로 활동했다. 이때까지만 해도 그는 중요한 연설 전에 담배 한 개비를 피우는 것을 자신에게 허락했다.[1] 신경을 안정시킬 필요가 있었기 때문이었다. 9월과 10월에 트로츠키는 스몰니 학교에서 볼셰비키당이 차지하고 있던 방들을 활동 근거지로 삼았다. 예전에 여학생 기숙학교였던 스몰니 학교의 정문 밖에는 이제 장갑차가 배치되어 있었다.[2] 상황을 상징적으로 보여주는 풍경이었다. 임시정부가 쳐들어올지 모른다고 예상한 볼셰비키가 방어 태세를 갖추고 있었던 것이다. 건물 전체를 병사들이 순찰하였다.

볼셰비키당은 이른바 '대중 조직'이 국가 권력의 핵심을 구성하도록 할 생각이었다. 대중 조직이란 소비에트, 공장위원회, 노동자, 농민, 병사가 선출한 조직체를 말한다. 그리고 그 위에 혁명정부가 들어서서 통치권을 행사하도록 할 계획이었다. 그러나 '7월봉기' 이후 레닌은 다른 조직들에 눈을 돌렸다. 멘셰비키와 사회혁명당 지도부가 장악하고 있던 소비에트들이 임시정부의 볼셰비키 탄압에 동조했기 때문이었다. 레닌은 규모가 큰 소비에트에서 볼셰비키가 다수를 차지할 때까지 기다릴 수 없다고 주장했다. '소비에트 권력'에 대한 호소를 당의 구호로 인식하고 있던 볼셰비키 지도자들은 레닌의 주장에 반발했다. 이들이 내세운 논리는, 대중의 여론은 소비에트를 거스르지 않으리라는 것이었다. 레닌은 핀란드에 머물며 자신의 주장을 강력하게 밀어붙였고,[3] 결국 볼셰비키 중앙위원회는 임시정부를 언제, 어떤 방식으로 전복할지 결정을 내리지 않은 채 회의를 마쳤다. 레닌은 계속해서 무리한 주장을 고집했다. 처음엔 8월에 혁명을 일으켜야 한다고 주장했다가 그다음엔 9월을 주장했다. 8월이나 9월 시점에는 케렌스키가 봉기를 분쇄할 충분한 능력을 보유하고 있었지만, 레닌은 아랑곳하지 않았다.

트로츠키는 레닌보다 더 유연하고 영리하게 계산할 줄 알았다. 우선 그는 멘셰비키와 사회혁명당을 불필요하게 자극하지 않았다. 페트로그라드 소비에트 의장으로서 그는 선언했다. "우리는 모두 같은 당 사람입니다. 때로는 교전을 벌이듯 싸우기도 했습니다. 하지만 우리는 당내 모든 집단에게 완전한 자유를 부여한다는 원칙에 따라 페트로그라드 소비에트의 업무를 진행할 것입니다. 그리고 (소비에트의) 간부회의가 소수를 탄압하는 일은 절대로 없을 것입니다."[4] 레닌이라면 볼셰비키의 적들에게 이런 식의 감언이설을 던지지 못했을 것이다. 하지만 트로츠키는 이제 마르토프의 추종자들과 타협을 추진하지 않았다. 마르토프 지지자 중 하나인 니콜라이 수하노프는 스몰니 학교에서 트로츠키를 만나 그의 입장을 살펴보았다. 트로츠키는 예의 바르면서도 분명치 않은 태도를 보였다. 볼셰비키 지도부가 극좌 진영의 다른 정당들을 자기들 편으로 유인하려는 노력을 하지 않기로 한 것이 명백하다고 수하노프는 결론 내렸다.[5]

트로츠키는 자신이 근거지로 삼고 있는 스몰니 학교 건물에 함께 있던 볼셰비키 중앙위원회 활동에도 적극적으로 참여했다. 트로츠키는 지구연합파 동료인 루나차르스키, 우리츠키와 함께 〈프라우다〉 편집진에 합류하였다.[6] 대부분의 다른 고참 볼셰비키들과 달리, 트로츠키는 몇 년 동안 레닌이 가한 심리적 압박에서 자유로웠다. 트로츠키는 자신의 희망에 따라 볼셰비키당에 가입했고 마치 원래부터 볼셰비키 소속이었던 것처럼 익숙한 태도로 중앙위원회 활동을 했다. 트로츠키는 유리 라린을 볼셰비키로 끌어들여 그에게 편집인 겸 선거운동가 직책을 확보해주었다.[7] 볼셰비키 지도자들이 자신에게 여전히 의심을 품고 있다는 것을 트로츠키는 분명 눈치챘을 것이다. 하지만 그는 그런 것에 대해서는 입을 다물었다. 트로츠키가 1905년 이후 주장해 오던 혁명 전략의 핵심 요소들을 볼셰비키당이 아무 말 없이 당론으로 채택하였지만, 트로츠키는 그것을 가지고 볼셰비키당 중앙위원회를 곤란하게 만들지 않았다. 트로츠키는 자제심의 원칙을 지켰다. 볼셰비키는 트로츠키가 다양한 분야에서 탁월한 능력이 있다는 점을 인정하였기 때문에 어쨌든 당장은 그를 신뢰하기로 했다. 트로츠키는 극도로 자신감이 넘쳤고 두려울 것이 없었다. 그는 드디어 혁명을 위해 세웠던 목표들을 실현할 수 있는 정당에 몸담았다. 자신의 정치적 야심을 달성하는 데 사용할 도구를 손에 넣었고 전략가로서 진가를 마음껏 발휘할 수 있게 된 것이다.

중앙위원회에 참석한 사람들의 명단이 발표될 때면 트로츠키의 이름이 맨 앞에 있는 경우가 많았다.[8] 케렌스키가 9월 중순에 개최를 준비하던 '민주 회의'에서 당 선언문을 발표하게 되었을 때, 선언문을 작성하는 데 카메네프와 스탈린과 더불어 트로츠키가 투입되기도 했다.[9] 임시정부는 선거를 전혀 거치지 않고 구성된 정부였기 때문에 정치적 정당성을 결여하고 있었다. 케렌스키의 계획은, 왼쪽의 볼셰비키부터 오른쪽의 멘셰비키와 사회혁명당까지 모든 정당과 조직을 망라해서 '공화국 임시평의회'(혹은 '예비 의회')를 구성하는 것이었다. 이 '예비 의회'는 임시정부 내각의 장관들과 정책을 논의하고 자문을 받는 권한을 가질 예정이었다. 어떻게든 '7월봉기'와 코르닐 로프 반란으로 일어난 혼란이 가라앉고 정치권 내에 건설적인 분위 기가 형성되기를 케렌스키는 희망했다.

트로츠키는 '민주 회의'에 참가하는 유일한 목적은 케렌스키를 규 탄하고 당이 '예비 의회'를 거부할 것임을 선언하는 것뿐이어야 한다 고 주장했다. 하지만 카메네프는 볼셰비키가 '민주 회의'와 '예비 의 회'에 참여하여 급진적이고 비판적인 반대 당의 역할을 하는 게 낫다 고 보았다. 카메네프가 볼셰비키 지도부를 설득하는 데 성공했다. 볼 셰비키 지도부는 한 걸음 더 나아가 임시정부가 레닌의 신변 보장을 약속해주어 그가 볼셰비키 대표단을 이끌 수 있도록 해 달라고 요구 할 것을 고려하기까지 했다.[10] (아무도 레닌의 의견을 묻지 않았으며 그 가 동의할 가능성은 거의 없었다.) 9월 13일 중앙위원회는 트로츠키, 카 메네프, 스탈린, 블라디미르 밀류틴(Vladimir Milyutin, 1884~1937), 알렉세이 리코프(Alexei Rykov, 1881~1938)에게 당이 '민주 회의'에 서 발표할 선언문을 마무리 지으라고 지시했다. 레닌은 여전히 헬싱 키에 머물면서 어떤 타협도 하지 말아야 한다는 경고의 뜻을 전달해 왔다. "만약 우리가 지금 권력을 장악하지 않는다면 역사는 우리를 용서하지 않을 것입니다." 9월 15일 중앙위원회는 회의를 열어 레닌 의 주장을 검토했다. 독일과 영국이 개별적으로 평화협정을 체결하 기 직전이라는 납득하기 어려운 주장 말고는 레닌의 주장은 8월 이 후 아무런 변화를 보이지 않았다. 레닌은 즉각적인 봉기를 촉구했다. 중앙위원회는 레닌의 주장을 받아들이지 않았고 카메네프는 레닌의 제안을 무조건 폐기해야 한다고 주장했다. 하지만 이 주장은 중앙위 원회의 다수가 받아들이기에는 너무 앞서 나간 제안이었다. 그 대신 중앙위원회는 수비대와 공장에서 갑작스런 혼란 사태가 일어나는 것 을 막는다는 내용의 결의만을 채택했다.[11]

트로츠키는 레닌이 행사한 압력의 도움을 받았다. 트로츠키가 낭독한 '민주 회의'에서 발표할 선언문 내용에 권력이 임시정부로부터 소비에트로 이양되어야 한다는 주장이 포함되었던 것이다.[12] 하지만 중앙위원회는 볼셰비키가 '예비 의회'에 참가해야 한다는 카메네프의 의견을 채택하였으며 이 입장은 9월 21일 '민주 회의'에 참여한 볼셰비키 그룹 내의 표결로 다시 한 번 확인되었다. 하지만 찬성표가 77표밖에 나오지 않았고 반대표가 50표나 나왔다. 당내 의견이 점차 봉기 쪽으로 기울고 있다는 것을 보여주는 결과였다.[13] 트로츠키는 중앙위원회 다수 의견에 계속 협조하였으며 '예비 의회'에서 중앙위원회 대표 역할을 수행하기로 동의하였다.[14] 하지만 그는 그러면서도 계속 중앙위원회에서 자신의 의견을 주장하였다. 10월 5일이 되자 중앙위원회가 드디어 '예비 의회'에서 발을 빼는 쪽으로 움직였다. 이에 충격을 받은 카메네프는 맡고 있던 당 대표 직책에서 사임하겠다는 의사를 소비에트 대회의 중앙집행위원회에서 밝혔다.[15] 카메네프는 다른 사회주의 정당들과 충돌하는 것을 피하려 했지만, 트로츠키는 이들 사회주의 정당들이 임시정부와 야합함으로써 이미 사회주의를 배신했다고 생각했다. 트로츠키는 여동생 남편과 벌인 싸움에서 승리를 거두었다.

트로츠키는 페트로그라드 소비에트에서도 맡은 책무가 있었다. 10월 9일 그는 수도에 있는 병사들에 관련된 문제를 처리했다. 멘셰비키와 사회혁명당은 독일 침공에 대비하여 수도 방어를 도울 조직을 구성하자고 요구했다. 트로츠키는 동부 전선에서 평화가 확보되어야만 그런 조직을 구성할 수 있을 것이라고 대답했다. 트로츠키는 소비에트로 권력을 이양해야 한다는 요구 사항을 반복해 주장했다. 결국 논쟁의 양측은 페트로그라드 소비에트에게 수비대 병사들의 활동을 조직할 새로운 수단이 필요하다는 것에 동의하였다.[16]

레닌은 여전히 은신 중이었지만 며칠 전 헬싱키를 떠나 페트로그라드에 돌아왔다. 그는 중앙위원회에 출석하여 직접 자신의 주장을 펼치기로 결심했다. 이미 '예비 의회'와 협조한다는 기존의 정책은 트로츠키가 뒤집었다. 레닌은 트로츠키의 성과를 마무리 지을 생각이었다. 전반적인 상황은 이미 각 지방의 소비에트에서 볼셰비키가 과반수를 차지할 것으로 보였다. 레닌은 당 지도부에 질문을 던졌다. "지금이 아니라면 언제인가?" 중앙위원회가 10월 10일 카르포프카 거리 32번지에서 개최되었고 회의는 초저녁에 시작되었다. 회의가 열린 아파트의 주인이자 멘셰비키 좌파인 수하노프는 회의가 자기 아파트에서 개최될 것이라는 이야기를 듣지 못했다. 볼셰비키인 그의 아내 갈리나 플락세르만(Galina Flaxerman, 1888~1958)이 회의 장소 제공을 혼자 결정했던 것이다.[17] 레닌은 가발을 쓰고 나타났다. 멋을 부리려는 것이 아니라 경찰의 눈을 피하기 위한 것이었다. 회의 안건은 모두 6개였지만 그것들은 전부 공식적으로 제기되지 않은 한 개의 안건, 즉 임시정부 타도라는 안건에 종속된 안건들이었다. 레닌은 그동안 '권력 장악'이라는 문제에 무관심'했던 사람들에게 맹비난을 퍼부었다. 레닌은 당이 원칙적인 차원에서는 이미 이 문제에 대해 결정을 내린 바 있다고 지적하면서 이제는 단지 이 문제의 '기술적인 측면'에 대해 적절한 토론만 하면 된다고 주장했다. 신속하게 행동하지 않으면 기회는 사라질 터였다. 레닌은 국제적 여건 역시 볼셰비키에게 유리하게 돌아가고 있다고 단언했다. 임시정부가 독일에게 페트로그라드를 넘겨줄 것이라는 의혹이 있으며, 만일 그런 상황이 벌어진다면 모든 것이 파멸할 것이라고 레닌은 경고했다.[18]

표결은 10월 11일 새벽에 이루어졌다. 10대 2로 레닌의 승리였다.[19] 봉기를 언제 그리고 어떤 방식으로 실행할 것인가에 대해서는 아무런 결정도 내려지지 않았다. 트로츠키가 발언한 기록은 회의록에도 없고, 그의 회고록에도 없다. 그의 평소 태도와는 다른 모습이다. 어쩌면 트로츠키는 전략적 세부 사항을 논의하는 일은 시간 낭비에 불과하다는 듯이 말하는 레닌이 못마땅했을지도 모른다. 하지만 분명한 것은 트로츠키가 전반적인 결정에는 동의했으리라는 사실이다. 만약 이때 트로츠키가 회의의 결정에 반대했다면 1920년대에 그의 적들이 그 사실을 언급하지 않았을 리가 없다. 레닌의 주장에 명백하게 반대했던 두 사람은 카메네프와 지노비예프였다. 두 사람은 볼셰비키가 당장 권력을 장악하지 않으면 자본주의 체제를 무너뜨릴 희망을 완전히 상실하게 된다는 주장에 강력하게 반대하는 내용의 서신을 주요 당 기관들에 보냈다. 대부분의 노동자와 상당수의 병사가 볼셰비키를 지지하는 것은 사실이지만, 볼셰비키가 전체 인민 다수의 동의를 얻은 것은 아니라고 두 사람은 지적했다. 두 사람은 또 유럽에 사회주의 혁명이 임박했다는 주장에도 반대했다. 두 사람은 임시정부를 상대로 무력 수단을 사용하는 것을 완전히 배제하지는 않았지만, 케렌스키의 공격에 대한 보복으로만 사용할 수 있다고 주장했다. 그들은 당분간은 '수비 태세'를 취할 것을 제안했다. 핵심을 말하자면, 카메네프와 지노비예프는 레닌과 트로츠키가 현재의 전략 판도를 불필요할 만큼 비관적으로 읽고 있다고 비난한 것이다.[20]

하지만 트로츠키는 레닌처럼 융통성 없는 입장을 취하지는 않았으며, 10월 20일에 열릴 예정인 제2차 소비에트 대회에서 권력 이양에 대한 지지를 받을 수 있도록 각 지방의 소비에트들을 묶는 네트워크를 구축하려고 노력했다. 레닌의 즉각적인 봉기 요구를 무시했던 것이다.[21] 10월 16일 페트로그라드 소비에트는 수비대 관련 사업을 조직하려는 목적으로 '군사혁명위원회'라는 조직을 만들었다.[22] 이 위원회는 표면상으로는 혁명 추진에 관련된 조직이 아니었으며 나흘 동안 아예 소집되지도 않았다. 나흘이 지나서야 볼셰비키는 군사혁명위원회를 어떤 방식으로 활용하면 좋을지 알게 되었으며 이 위원회를 지휘하는 '지도사무국'의 구성원 5명 가운데 3명을 볼셰비키로 채워 넣었다. 나머지 2명은 사회혁명당의 좌파 인물들이었고 그 가운데 한 명인 파벨 라지미르(Pavel Lazimir, 1891~1920)가 국장직을 맡았다. 트로츠키는 이런 구성에 만족했으며 스몰니 학원 2층에 자리 잡은 군사혁명위원회와 밀접한 연락 관계를 유지했다.[23] 볼셰비키와 이들의 동맹자들은 독일군의 공격으로부터 수도를 방어하려는 페트로그라드 소비에트의 계획을 논의한다는 명목으로 수도 수비대를 방문했다. 볼셰비키와 이들의 동맹자들은 병사들 대다수의 지지를 확보했다. 트로츠키는 이 부대에서 저 부대로 맹렬하게 뛰어다녔다. 그는 병사들이 동부 전선으로 이동 배치되는 것을 막을 수 있는 것은 오직 볼셰비키와 그 동맹자들뿐이라고 역설했다. 그는 청중들에게 2월혁명 초기에 그랬던 것처럼 페트로그라드 소비에트에 지지를 보내 달라고 호소했다. 그는 페트로그라드 소비에트 의장 자격으로서 연설했다. 그는 또한 만약 러시아 전국에 걸쳐서 각 지역의 소비에트가 권력을 장악하게 된다면 이 나라 정치와 사회의 고질적인 모든 병폐가 치유될 것이라고 주장했다.

논란이 되고 있는 문제들을 해결하기 위한 중앙위원회가 10월 16일에 다시 열렸다. 여기에 출석한 사람들은 페테르부르크 위원회*, '군사조직'*, 페트로그라드 소비에트, 그리고 각종 군중 조직을 이끄는 당 지도자들이었다.[24] 레닌은 이전에 개최된 당 중앙위원회에 대해 보고하였으며 멘셰비키와 사회혁명당과 타협하는 것은 이제 가능하지 않다고 주장했다. 또한 독일에서 혁명이 임박했다고 말했다.[25] 다른 회의 참가자들의 보고에 따르면 페트로그라드에서 권력 장악이 성공적으로 이루어질 가능성은 결코 높지 않았다. 중앙위원회 멤버인 밀류틴, 지노비예프, 카메네프가 레닌에게 반대 의견을 제시했다.[26] 이 회의에서 트로츠키가 무슨 제안을 했는지는 알려져 있지 않

페테르부르크 위원회 수도의 당 업무를 지도하는 조직. 상트페테르부르크라는 시 명칭은 이미 공식적으로 페트로그라드로 변경된 후였으나, 전쟁에 반대한다는 의사 표시로 이름을 바꾸지 않았다.
군사조직 볼셰비키 당내 하부 조직. 페트로그라드 수비대와 크론시타트 해군 기지의 혁명 활동을 지휘할 목적으로 페트로그라드 당 조직이 1917년 3월에 창설됐다.

다. 회의록에 아무런 기록이 남아 있지 않으며 트로츠키도 역시 회고
록에서 이 회의에 대해 아무런 언급을 하지 않은 것으로 보아 그는
아마도 다른 업무를 보느라 이 회의에 참석하지 않았을 가능성이 크
다. 당시 트로츠키는 페트로그라드 소비에트와 군사혁명위원회에 관
련된 일로 신경을 쓸 게 무척 많았다. 레닌은 볼셰비키 중앙위원회
를 다루는 데 전문가였다. 지노비예프와 카메네프를 선두로 한 반대
파의 의견을 격파하는 데는 레닌의 강한 설득력이 결정적 역할을 했
다. 그동안 트로츠키는 수도에 주둔한 병사들의 지지를 끌어내기 위
해 당 바깥에서 노력하고 있었다. 중앙위원회 표결은 압도적으로 레
닌 쪽으로 몰려서 찬성 19표에 반대 2표, 그리고 4표가 기권이었다.[27]

레닌은 페트로그라드 외곽에 있는 볼셰비키 활동가 마르가리타
포파노바(Margarita Fofanova, 1883~1976)의 집에 은신하고 있어야 했
으므로 구체적인 봉기 계획은 다른 사람들이 짤 수밖에 없었다. 지
방 출신으로서 최근 승진한 볼셰비키 야코프 스베르들로프(Yakov
Sverdlov, 1885~1919)가 당 서기국을 맡았다. 스탈린은 〈프라우다〉 편
집을 맡았다. 이런 상황에서 트로츠키는 자신이 페트로그라드 소비
에트에 유용하다고 판단하면 어떤 일이든 할 수 있는 일종의 무한
권한을 부여받은 것처럼 생각했다. 중앙위원회의 내부 업무 조직은
느슨한 성격을 띠고 있었으므로 중앙위원회의 지도적 인물들은 개인
적 판단에 따라 활동 방침을 정했다. 카메네프는 당의 정책과 자신
의 입장이 동떨어져 있다고 느끼고 중앙위원회에서 물러나겠다고 발
표했다.[28] 카메네프와 지노비예프는 볼셰비키가 무장봉기를 일으키
려 하고 있다고 〈새로운 삶〉에 폭로했다. 레닌은 중앙위원회에 서신
을 보내 이들을 '파업 파괴자'라고 비난했다.[29]

트로츠키는 10월 18일 페트로그라드 소비에트에서 연설을 하면서
카메네프와 지노비예프의 주장을 반박했다. 하지만 이 연설은 정직
하지 못했다.

페트로그라드 소비에트가 내린 결정은 공개됩니다. 소비에트는 선거를 통해 구성된 조직이며 모든 대의원은 자신을 선출한 노동자들과 병사들에게 책임을 집니다. 이 혁명적 의회는 …… 노동자들에게 알리지 않을 결정을 내릴 수 없습니다. 우리는 아무것도 숨기지 않습니다. 소비에트를 대신하여 분명히 말씀드리겠습니다. 우리는 어떠한 무장봉기도 결정하지 않았습니다.[30]

이런 식으로 트로츠키는 볼셰비키 중앙위원회에서 진행된 일에 대한 질문에 대답하는 것을 피해 가는 데 성공했다. 카메네프는 자신이 볼셰비키당에서 완전히 배제될지도 모른다는 두려움에 트로츠키의 언급이 정확하다고 확증하는 언급을 했고, 지노비예프 역시 같은 논지의 공개 서한을 발표했다.[31] 세 사람이 이렇게 결속하자 레닌은 당혹스러웠다. 그렇다면 권력을 장악하지 않겠다는 말인가? 트로츠키는 비밀리에 레닌을 찾아가 봉기라는 목적은 변함이 없다고 말해 그를 안심시켰다. 트로츠키는 페트로그라드에서 곧 열리는 2차 소비에트 대회가 막을 올리기 바로 몇 시간 전에 행동을 개시할 계획을 이미 세워놓았다. 그러면 봉기가 단일 정당에 의해 추진된다는 것을 표면상으로는 감출 수 있을 것이었다. 레닌의 불안은 누그러졌다. 그러나 레닌은 지노비예프와 카메네프를 당에서 축출할 것을 요구했다.

10월 20일 중앙위원회 참석자들은 신경이 곤두선 상태였다. 지노비예프는 출석하지 않았다. 트로츠키는 회의에 참석하여 카메네프의 사임서가 접수되는 광경을 지켜보았다. 스탈린은 카메네프와 지노비예프가 가혹한 취급을 받고 있다고 생각했다. 당 기관지에 스탈린이 이런 생각을 표명한 데 대해 비판이 제기되자 스탈린 역시 사임하겠다는 의사를 밝혔다. 스탈린의 가장 주요한 반대자가, 바로 외부에서 갑자기 밀고 들어온 트로츠키라는 사실 때문에 분위기는 더욱 악화되었다. 그러나 스탈린의 사임 의사는 기각되었다. 트로츠키는 사기가 충천한 모습을 보였다. 트로츠키와 이오페는 누구든지 군사혁명위원회 활동에 가담하고자 한다면 자유롭게 가담할 수 있도록 하자는 제안을 내놓았고, 이 제안은 채택되었다.[32]

훗날 트로츠키는 자신이 의도했던 전술 방향을 이렇게 설명한다. "공격자 측은 언제나 자신이 방어하고 있는 것처럼 보이기를 원한다. 혁명을 지향하는 정당은 합법적인 외양을 갖추기를 원한다."[33] 그것은 바로 1917년 10월 그가 임시정부를 타도한 운동을 이끌면서 행동했던 방식이었다. 전투를 앞두고 각 부대를 방문하는 장군처럼 그는 여기저기를 누비며 수도의 모든 곳에서 연설을 했다.

트로츠키는 (스몰니 학교에 자리 잡은) 혁명 본부에서 일을 보면서 중간 중간 오부호프 공장에서 파이프 제조 공장으로, 푸틸로프 공장에서 발트 조선소로, 기병 훈련소에서 어느새 수비대로 날아갔다. 그는 마치 이 모든 장소에서 동시에 말하는 듯했다. 페테르부르크의 노동자와 병사들은 모두 트로츠키를 만나보았고 그의 연설을 들었다. 당시 트로츠키의 영향력은 군중 사이에서나 본부에서나 최고였다.[34]

트로츠키는 글을 썼고, 연설했고, 토론했고, 조직했다. 그는 혁명 러시아에서 가장 뛰어난 만능 활동가였다. 대다수의 다른 혁명가들과 달리 그는 역도 선수라기보다 육상 선수처럼 보였다. 그의 주변에는 언제나 생기가 넘쳐흘렀다. 사람들과 대화를 나눌 때 그는 예술가의 예민한 감수성을 지닌 사람이라는 인상을 주었다. 그의 손은 가냘팠지만 그와 악수를 나누면 넘치는 힘이 느껴졌다.[35] 트로츠키는 무장봉기 준비 과정에서 압도적인 역할을 수행하였다.

볼셰비키가 품은 의도가 드러나자 임시정부는 인내심이 한계에 다다랐다. 10월 23일 임시정부는 볼셰비키 기관지의 발행 중지를 명했고 명령을 실행에 옮길 군대를 파견했다. 트로츠키가 내놓은 대응 조치는 겉보기에 단지 페트로그라드 소비에트를 수호하려는 것처럼 보였다. 그러나 사실 그의 지시는 완전히 공격적인 것이었다. 10월 24일 준비 태세는 한 걸음 더 나아갔다. 군사혁명위원회 멤버들은 각 수비대를 찾아가 협조를 요청했고 트로츠키는 스몰니 학교에서 이들의 활동을 전체적으로 조정했다. 트로츠키가 일하던 곳에서 가까운 방에 전화 부스가 있었는데, 당국이 전화선을 절단했지만 곧 복구되었고 그날 하루 종일 수도의 각지에서 걸려 오는 전화 소리가 시끄럽게 울렸다. 카메네프는 봉기에 반대하던 입장을 뒤집고 트로츠키를 돕겠다고 말해 그를 놀라게 했다.[36] 트로츠키는 벌써 일 주일 내내 전속력으로 달려왔다. 결정적인 투쟁의 순간이 급속히 다가오고 있다는 것은 명백했다. 수도는 무장 병력의 움직임으로 시끌시끌했다. 케렌스키는 전략 요충지에 군대를 배치했다. 이에 대응하여 트로츠키와 군사혁명위원회는 병력을 급파해 우편국, 전신국, 중앙은행, 전화 교환국, 기차역들을 장악했다. 타브리다 궁전 역시 반란군의 손에 들어왔다.

10월 24~25일 밤에 레닌은 드디어 이제까지의 조심스러운 태도를 완전히 버리고 포파노바의 집을 나와 스몰니 학교로 달려왔다. 레닌은 스몰니 학교에서 긴박함이 부족한 상황을 보게 될까 봐 걱정했다. 그런 걱정은 할 필요가 없었다. 봉기는 이미 멈출 수 없는 지경까지 나아갔으며 임시정부의 대응책은 전혀 효과가 없었다. 게다가 곧 막이 오를 소비에트 대회에서 볼셰비키당이 가장 많은 의석을 차지하게 될 것도 명백했다. 다음 날인 10월 25일 레닌과 트로츠키는 수도 곳곳에서 최종 계획을 준비하는 데 하루를 보냈다. 드디어 임시정부가 자리 잡은 겨울궁전을 향해 공격이 감행되었다. 케렌스키는 도주했다.

트로츠키는 소비에트 대회에 참가하도록 지명된 볼셰비키 대표단에게 선언했다. "만일 그대들이 흔들리지만 않는다면 내전은 일어나지 않을 것이며 적들은 당장 항복할 것이다. 그렇게 되면 그대들은 원래 당연히 차지해야 할 자리를 차지할 수 있을 것이다!"[37] 이오페의 딸에 따르면, 트로츠키는 그때 "너무나도 지쳐서 서 있는 것조차 힘들어했다."[38] 트로츠키는 또한 신경이 극도로 날카로워졌다. 그는 소파에 누워 카메네프를 바라보면서 말했다. "담배 한 개비만 주시오." 그는 두어 번 담배를 빨고 뭐라고 혼자 중얼거리고는 갑자기 의식을 잃었다. 의식불명 상태가 또 온 것이다. 그가 정신을 차렸을 때 카메네프는 야단법석을 떨고 있었다. "약을 좀 가져다 줄까요?" 트로츠키는 거절했다. "음식을 좀 갖다 주는 게 훨씬 좋겠군요." 24시간 이상 음식을 전혀 먹지 않았다는 것을 트로츠키는 갑작스레 깨달았다.[39] 음식을 부리나케 집어삼킨 후 그는 다시 일을 시작했다.

볼셰비키당은 소비에트 대회의 의장단에서 과반수 의석을 차지했다. 트로츠키는 멘셰비키와 사회혁명당에게 이런 조롱의 말을 던졌다.

인민 대중의 봉기에는 정당화가 필요 없습니다. 지금 발생한 것은 음모가 아닙니다. 봉기입니다. 우리는 페테르부르크 노동자와 병사들의 힘을 강철같이 단련했습니다. 우리는 대중의 의지를 음모가 아니라 봉기의 방향으로 망치질하여 단련하였습니다. …… 인민 대중은 우리의 깃발 아래 움직였으며 우리의 봉기는 승리를 거두었습니다. 그런데 이런 상황에서 우리에게 이런 제안이 들어오고 있습니다. 승리를 포기하고 양보하여 합의를 도출하자는 제안입니다. …… 안 됩니다. 지금은 합의가 필요 없습니다. 여기를 빠져나간 사람들, 그리고 (타협하자는) 제안을 내놓는 사람들에게 우리는 이렇게 말해야겠습니다. 당신들은 한심한 인간이며 파산자입니다. 당신들의 역할은 이미 끝났습니다. 이제 당신이 있어야 할 곳으로 돌아가십시오. 역사의 쓰레기통으로![40]

트로츠키의 이런 비난은 마르토프를 극도로 불쾌하게 하였다. 분노를 더는 참지 못하고 그는 소리쳤다. "그렇다면 우리는 떠나겠소!" 멘셰비키와 사회혁명당원들은 마르토프의 이 발언을 신호로 모두 함께 자리를 떴다. 트로츠키는 기쁨을 굳이 감추려 하지 않았다.[41]

레닌을 의장으로 하여 정부 내각이 구성되었다. 트로츠키의 제안에 따라 이 조직체는 '인민위원회의' 또는 러시아어 약칭인 '인민위원회의'이라고 불리게 되었다. 전체 권력 구조는 현재의 소비에트 체제를 기반으로 하여 구성했다. 평화와 토지와 언론에 관련된 포고령이 신속하게 발표되었다. 인민위원회의의 권한은 아직 페트로그라드 바깥까지 미치지 못했다. 포고령은 볼셰비키당에게 인민의 지지를 끌어모으고 '대중'이 옛 사회 체제를 전복하도록 고무하는 목적을 띠었다. 드디어 러시아 땅에 사회주의 혁명이 시작되었다. 레닌과 트로츠키는 유럽의 다른 지역도 러시아의 뒤를 따를 것이라고 기대했다. 그들은 이제 일생일대의 정치적 도박을 시작했고 자신들이 승리자가 될 것이라고 굳게 믿었다.

20장
혁명의 주역, 레닌과 트로츠키
"트로츠키보다 더 훌륭한 볼셰비키는 없습니다."

　러시아와 전 세계 사람들은 대부분 볼셰비키 지도부를 무능력한 불량배 집단으로 보았고 따라서 이들이 권력을 지킬 수 없을 것이라 예상했다. 이런 생각에 볼셰비키는 전혀 신경 쓰지 않았지만, 하루빨리 자신들의 통치 능력을 증명해 보여야 한다는 것은 알고 있었다. 초기에 고위직에 임명된 사람들 가운데에는 이런 측면에서 좀 더 성공적인 사람도 있었고 그렇지 못한 사람도 있었다. 트로츠키는 뛰어난 능력을 발휘하여 사람들에게 깊은 인상을 주었다. 그는 1917년 이전에 마르크스주의 신문들을 편집하면서 익힌 솜씨를 활용하였다. 그는 사안을 매우 쉽게 파악했으며 다른 사람들에게도 쉽게 설명했다. 하지만 바로 그랬기 때문에 그는 다른 사람의 조언을 요청하지도 않고 받아들이지도 않았으며 이런 자신의 태도를 굳이 감추려고도 하지 않았다. 그는 혼자서 결정하였고 동료들이 그저 자신의 생각을 따를 것이라고 기대했다. 레닌과 의견이 같기만 하면 특별히 문제될 것은 없었다. 레닌은 트로츠키의 결단력을 높이 평가했다. 레닌은 스탈린, 스베르들로프, 지노비예프를 평가할 때도 그들의 결단력을 높이 산 사람이다. 레닌은 다른 사람의 일에 자꾸 간섭하는 버릇이 있었지만 자신이 모든 일을 혼자 처리할 수 없다는 것도 알고 있었다. 어려운 상황에서도 고집스럽게 일을 처리해내는 지도자들이 레닌의 주변에 있어야 했다. 트로츠키는 분명히 폭발적인 에너지를 지니고 있었으며 레닌의 요구를 완벽하게 만족시킬 수 있었다.

권력을 장악한 후 레닌과 트로츠키는 자신들이 어떤 종류의 정부를 원하는지 한 치의 의심도 없도록 분명하게 밝혔다. 그들이 동료로 여긴 대상은 임시정부 타도를 지지했던 사회주의자들뿐이었다. 따라서 멘셰비키는 상대할 생각이 없었다. 멘셰비키 좌파의 지도자인 마르토프는 이미 제2차 소비에트 대회에서 자리를 박차고 나갔다. 레닌과 트로츠키에 따르면, 마르토프는 현 정부에 참여할 가능성을 스스로 없애버린 것이다. 사회혁명당원들 역시 거의 같은 방식으로 행동했다. 다만 사회혁명당 좌파로 알려진 급진파는 소비에트 대회에 남아 있었다. 레닌과 트로츠키는 사회혁명당 좌파들과는 연합할 용의가 있었다. 사회혁명당 좌파의 인민위원회의 참가를 위한 협상이 시작되었다.

레닌은 11월 1일 페트로그라드 당위원회를 방문한 자리에서 트로츠키가 멘셰비키나 사회혁명당과 화해를 반대하는 입장을 취하는 것에 찬사를 보냈다. "트로츠키는 이 점을 이해했습니다. 이제 트로츠키보다 더 훌륭한 볼셰비키는 없습니다."[1] 레닌에게 화답하듯, 트로츠키는 레닌이 독재자가 되려 한다는 루나차르스키의 비판에 맞서 레닌을 변호했다.

중도적인 정책은 있을 수 없습니다. 다시 과거로 돌아갈 수는 없습니다. 우리는 프롤레타리아 독재를 시행하고 있습니다. 우리는 인민이 노동하도록 강제할 것입니다. 어째서 과거에는 테러를 썼는데도 태업 행위가 존재할 수 있었을까요? 그렇습니다. 우리가 시행하고자 하는 것은 단순히 테러가 아닙니다. 우리는 부르주아를 대상으로 하여 노동자들의 조직화된 폭력을 시행하는 것입니다. …… 노동자들에

소련 지도자로서 레닌의 공식 초상(1918
년 1월). 10월혁명으로 볼셰비키당이
권력을 장악한 뒤 레닌은 소비에트공
화국 정부인 '인민위원회의' 의장이 되
었다. 트로츠키는 새 정부에서 외무인
민위원을 맡았다.

게 분명히 그리고 진심을 다해 말해야 합니다. 우리는 멘셰비키 같은
사람들과 연합할 생각이 없다고 말입니다. 그런 것은 문제의 핵심이
아닙니다. 지금 중요한 것은 프로그램입니다. 우리와 연합을 이룬 사
람들은, 지금 현재 투쟁에 참여하고 있는 농민과 노동자와 병사들입
니다. …… 만일 우리가 (정부 내각에) 그저 몇 사람의 볼셰비키를 들
여보내는 데 만족한다면 (우리는) 어떤 것도 성취할 수 없습니다. 우
리는 권력을 장악했습니다. 그러므로 이제 우리는 책무를 수행해야만
합니다.[2]

그 누구도, 레닌조차도 공산당의 향후 계획을 이렇게 명확하게 표
현한 사람은 없었다.

레닌과 트로츠키는 러시아 정치의 샴쌍둥이가 되었다. 적대 세력
에게 국가 테러를 포함한 모든 무자비한 조치를 취하겠다는 결심에
있어서 두 사람은 엉덩이가 붙어 있었다. 두 사람은 페트로그라드

당위원회를 완전히 장악했다. 멘셰비키를 끌어들여 협상하려 했던 트로츠키의 모습은 어디에서도 찾아볼 수 없었다. 레닌과 트로츠키에게 남은 문제는 아직 볼셰비키 중앙위원회 내에서 충분한 지지 세력을 모으지 못했다는 것이었다. 중앙위원회에서는 사회주의 진영을 모두 망라하는 연립정부를 구성해야 한다는 의견이 압도적이었다. 카메네프와 지노비예프가 중앙위원회에 복귀함에 따라 이런 의견은 더 강력해졌다. 멘셰비키, 사회혁명당과 협상이 개시되었다. 레닌과 트로츠키는 자기 꾀에 빠지고 말았던 것이다. 두 사람은 케렌스키 정부를 타도하기 전에 자기들의 의도를 일부러 불확실한 방식으로 표명해 왔다. 그러므로 인민들의 희망대로 러시아의 모든 사회주의 세력을 규합하여 내각을 형성하겠다는 중앙위원회의 방침에 반대할 수 없었다. 권력은 이미 장악했지만, 과연 그 권력을 행사하는 데 어떤 정당들을 불러들일지에 대한 진지한 전략적 논의는 미리 하지 못한 상태였다.

하지만 한 가지 사안에는 중앙위원회의 모든 사람이 동의했다. 케렌스키가 다시 권력을 잡는 것만은 막아야 한다는 것이었다. 총리직에서 쫓겨난 케렌스키는 코사크 기병 부대를 이끌고 페트로그라드 외곽의 풀코보 언덕에 나타났다. 볼셰비키당을 무력으로 타도하겠다는 것이었다. 적위대(赤衛隊) 자원 병사들이 출동하여 케렌스키에 맞섰다. 수비대 병사들도 동원되었다. 잠시 무력 충돌이 있었지만 곧 케렌스키의 패배로 끝났다. 한편 멘셰비키가 주도하던 철도 노조 '빅젤'*이 선포한 철도 파업은 제대로 시작도 못 해보고 흐지부지 끝나버렸다. 노조 지도부는 철도원들이 소비에트 정부에 반감이 크다고 보았지만 그 판단은 잘못된 것이었다. 코사크 부대는 급히 퇴각했다. 멘셰비키와 사회혁명당의 입지는 더 약화되었다. 두 당은 앞으로

빅젤(Vikzhel) '전러시아 철도원 조합 집행위원회'의 러시아어 머리글자를 딴 약어.

구성될 연립정부에서 레닌과 트로츠키를 배제할 것을 요구했지만 볼셰비키 중앙위원회는 이 요구를 간단하게 거절해버렸다.

레닌을 당황하게 한 사건이 하나 있었다. 그가 트로츠키에게 맡기려 한 직책을 트로츠키가 거절한 일이었다. 트로츠키는 언론 정책 업무를 맡고 싶어 했다. 오랫동안 언론인으로 살다 보니 인민위원회의에서도 관련 분야의 일을 맡고 싶었던 것이리라. 언론 분야가 중요한 역할을 한다는 것은 누구도 부인할 수 없었다. 레닌은 권력 장악 직후인 10월 26일에 이미 언론 검열 제도를 도입하는 칙령을 발표했다. 하지만 레닌은 가장 소중한 동지인 트로츠키를 그런 정도의 일에 헛되이 쓰고 싶지 않았다.[3] 볼셰비키 중앙위원회에서 레닌은 트로츠키가 인민위원회의 의장직을 맡아야 한다고 제안했다. 트로츠키는 단호하게 거절했다.

나는 바로 벌떡 일어나서 항의했다. 레닌의 그런 제안은 전혀 예상하지 못한 것이었고 또 부적절한 것이었다. 레닌은 고집했다. "어째서 안 된다는 것입니까? 권력을 장악한 페트로그라드 소비에트의 맨 앞에 서 있던 사람이 바로 당신 아닙니까?" 나는 토론할 필요 없이 곧바로 레닌의 제안을 기각해야 한다는 의견을 정식으로 제기했다. 나의 의견이 채택되었다.[4]

트로츠키는 그런 반응을 보인 이유를 평생 설명하지 않았다. 회고록을 보면 당시에도 레닌의 제안을 거절하는 까닭을 말하지 않았던 것으로 보인다. 어쩌면 그는 지도적인 역할을 하고 싶기는 했지만 단독으로 지도자가 되고 싶지는 않았을지도 모른다. 이는 그가 지녔던 심리적 성향인데, 훗날 이 성향이 더욱 뚜렷하게 드러난다. 어쩌면 곧이어 그가 내무인민위원 자리를 거절할 때처럼 어떤 정치적 계산을 하고 있었는지도 모른다. 곧이어 레닌은 트로츠키에게 내무인민위원을 맡아 달라고 요청했지만 트로츠키는 이 제안 역시 거절했다. 트로츠키는 러시아같이 반유대 감정이 강한 나라에서 유대인이 경찰 업무를 책임지는 직책을 맡는 것은 적절하지 않다고 설명했다. 만일 유대인이 러시아인을 억압하는 것처럼 보이면 반유대 감정이 폭발해 포그롬이 일어날 수 있다는 것이었다. 트로츠키는 자신이 개인적 차원이 아니라 어디까지나 정치적 차원에서 발언하는 것이라고 강조했다.[5]

대신 트로츠키는 외무인민위원을 맡기로 했다. 레닌은 트로츠키의 재능을 이런 식으로 낭비하는 것은 좋지 않다는 의견을 제시했지만, 이번에는 스베르들로프가 레닌의 의견에 반대했다.

"레프 다비도비치가 유럽을 상대하는 역할을 맡는 게 좋겠습니다. 그에게 외교 업무를 맡깁시다." "도대체 우리가 앞으로 무슨 외교 업무를 할 거란 말이오?" 레닌이 탄식하며 말했다. 그러나 한참 주저한 끝에 결국 동의했다. 나 역시 마지못해 동의했다. 이리하여 스베르들로프의 제안에 따라 나는 소비에트 외교의 책임자가 되었다. 그 직책을 나는 3개월간 맡았다.

외무인민위원부를 맡게 된 것은 사실 부서 업무로부터의 해방을 의미했다. 동료들이 나를 돕겠다고 할 때면 나의 대답은 거의 언제나 그들 자신의 역량을 좀 더 보람 있게 쓸 수 있는 분야를 찾아보라는 말이었다. 그 동료들 가운데 한 사람은 훗날 회고록을 쓰면서 소비에트 정부가 수립된 직후 나와 다음과 같은 재미있는 대화를 나누었다고 기록했다. 그에 따르면 내가 이렇게 말했다고 한다. "도대체 우리에게 무슨 외교 업무가 필요하단 말입니까? 나는 (외국의) 인민을 향하여 몇 편의 혁명적 선언문을 발표할 것입니다. 그다음 문을 닫아버릴 것입니다."[6]

트로츠키는 자신이 한 말대로 행동했다. 그는 1915년 연합국 사이에 체결된 비밀 조약들의 내용을 공개했고, 전 세계 노동자들에게 자국 정부에 대항하여 일어서라고 촉구했다.

러시아의 반유대주의자들은 유대인들에게 러시아에 대한 애국심이 없다고 지적해 왔다. 러시아의 국가 이익을 수호하기보다는 세계 혁명을 확산하는 데 더 관심이 큰 외무장관이 됨으로써 트로츠키는 '유대인 문제'의 전형적인 사례가 되고 말았다. 하지만 트로츠키가 어떤 부문이든 혁명 정부에서 중요한 직책을 맡는 한, 러시아는 물론 전 세계에 걸쳐 존재하는 극단적 민족주의자들에게 극도로 증오의 대상이 되는 것은 어쩔 수 없었을 것이다. 트로츠키는 이미 전 세계에서 가장 유명한 유대인이었다. 당시 러시아에서 활동하던 미국 적십자 지도자인 레이먼드 로빈스(Raymond Robins) 대령은 특유의 신랄함을 드러내며 트로츠키에 대해 말했다. 당시 영국 외교부 대표로 모스크바에 파견되어 있던 로버트 브루스 록하트(Robert Bruce Lockhart)와 대화를 나눌 때 한 말이었다. 로빈스 대령은 트로츠키를 "어딜 보나 개자식이지만, 예수 그리스도 이후 가장 특출난 유대인"이라고 묘사했다.[7] 인민위원회의에는 특이할 정도로 많은 수의 유대인이 있었으며 트로츠키는 이들 중 가장 유명한 사람일 뿐이었다. 볼셰비키 중앙 당 지도부 역시 마찬가지였다. 만일 레닌이 재능 있는 유대인들의 도움 없이 혁명을 추진하려 했다면 그는 아마 내각을 제대로 구성하지도 못했을 것이다.

외무인민위원부의 세계관은 다른 나라의 외무부와 매우 달랐다. 트로츠키와 볼셰비키는 외교 정책보다 국제 관계에 더 집중하였다. 그들에게 러시아는 여러 국가 중 하나일 뿐이었고, 따라서 유럽의 사회주의 혁명이라는 과제보다 더 큰 중요성을 러시아에 부여할 생각은 없었다. 새로운 시대가 우연히 페트로그라드에서 시작됐을 뿐이었다. 민족주의니 제국주의니 군국주의니 하는 낡은 사상은 이제 종말에 다다랐다고 볼셰비키는 선언했다. 외무인민위원부 자체를 대수롭지 않게 생각하는 자신의 사고방식을 상징적으로 표현하듯, 트로츠키는 자신의 부서가 자리 잡은 건물에 가서 업무를 보는 일이 별로 없었다. 레닌의 집무실이 위치한 스몰니 학교를 활동 근거지로 삼는 것이 트로츠키에게는 중요했다. 외무인민위원부의 통상적인 업무는 트로츠키를 대리하는 이반 잘킨트(Ivan Zalkind, 1885~1928) 박사가 처리했다. 그렇다고 해서 아무 일 없는 평온한 환경은 아니었다. 새로운 시도도 많이 했다. 외무인민위원부 내에 세계혁명선전국이 신설되었다. 볼셰비키는 언론국과 전쟁포로국도 설치했다. 이 3개 부서는 독일어, 헝가리어, 루마니아어로 신문을 제작해 발행했으며 각국 군대의 병사들을 혁명의 대의로 끌어들이는 것을 목적으로 삼아 활동했다.[8]

동부 전선에서는 휴전이 성립했다. 러시아와 동맹국의 전투 행위가 중단되었고 인민위원회의는 군대의 병사들을 소집 해제하기 시작했다. 페트로그라드와 바깥 세계의 접촉은 줄어들었지만 트로츠키는 볼셰비키가 권력을 장악했다는 소식을 유럽의 언론 매체에서 반드시 보도할 것이라고 추정했다. 그는 러시아의 선례를—그는 사례라는 말을 쓰지 않았다.—유럽이 뒤따를 것이라고 희망했다. 중부 유럽에서 자국 정부를 타도하는 일이 곧 벌어질 것이며 독일의 프롤레타리아가 패기를 보일 것이라고 트로츠키는 기대했다. 그러한 혁명으로 새로운 시대가 열리면 항구적인 평화가 자리 잡을 것이다. 그는 독일이나 오스트리아의 신문에 직접 글을 쓰지 못함을 안타까워했다. 외무인민위원이 하는 일 없이 있었던 것은 아니다. 트로츠키는 부서 직원들에게 전선 지역에서 진행하기에 적당한 선전 사업을 준비하도록 지시했다. 러시아 병사들에게는 동맹국 병사들과 우호 관계를 만들어 가라고 촉구하였다. 동부 유럽의 언어로 인쇄된 출판물을 활용하여 러시아 병사들이 공산주의 메시지를 전파할 수 있으리라 기대했던 것이다. 트로츠키는 독일의 호엔촐레른 왕가와 오스트리아의 합스부르크 왕가에 대항하는 군사 폭동이 일어나도록 분위기를 조성하려고 했다. 군대 내에서 소요 사태가 발생하면 곧 시민사회로 확산되리라고 희망했던 것이다. 이런 볼셰비키의 시도를 독일의 최고 사령부는 몇 주일간 별다른 대응 없이 지켜보고만 있었다. 인민위원회의가 전투 행위를 중단함에 따라, 독일은 서부 전선 쪽으로 전투 자원을 집중할 수 있게 되었다.

트로츠키는 점점 더 활발하게 움직였는데, 레닌과의 협조 관계에 치우친 나머지 당 지도부 내에 자신이 불러일으킨 증오와 불만에 귀를 기울이지도 않고 눈길도 주지 않았다. 카메네프, 스탈린, 스베르들로프, 지노비예프는 레닌에게 높은 평가를 받던 인물들이었다. 특히 지노비예프는 1917년 이전까지 망명자 집단에서 볼셰비키 분파의 비공식적인 2인자 역할을 하는 데 익숙했다.[9] 이제 레닌은 모든 시급한 통치 문제를 트로츠키와 의논했다. 포고령과 발표문을 매우 신속하게 준비해야 했기 때문에 레닌은 자신이 발표하려는 문건을 트로츠키에게 검토해 달라고 요청하곤 했다. 레닌은 인민위원회의 업무가 늘어남에 따라 좀 더 넓은 사무실로 옮겼고 원래 쓰던 작은 사무실은 트로츠키에게 물려주었다. 이 작은 방은 레닌의 사무실에서 볼 때 건물의 완전히 반대 쪽에 위치하고 있어서, 트로츠키가 레닌과 상의하기 위해 복도를 성큼성큼 걸어가는 모습을 자주 볼 수 있었다. 볼셰비키 지도부 사람들은 작업 환경을 편리하게 만드는 데 별로 관심이 없었다. 초기에 그들은 전문 타자수를 두어야 한다는 상식조차 없었다.

새로운 정부에서 높은 직책을 맡았는데도 트로츠키는 가족과 더 많이 시간을 보냈다. 이 특이한 현상은 부분적으로는 주거 환경의 변화라는 요인으로 설명할 수 있다. 스몰니 학교 건물에 들어와 있던 멘셰비키와 사회혁명당이 사무실을 비우자 건물 위층이 비었고 소비

20장 혁명의 주역, 레닌과 트로츠키

에트 정부의 지도부는 가까운 가족들을 이곳으로 이사시켰다. 볼셰비키 지도자들이 건물 밖으로 나가지 않는 것이 경호에 도움이 되었고, 또한 이 새로운 지도부 멤버들은 장악한 권력을 견고히 하는 과정에서 그들끼리 매우 긴밀하고 빈번하게 접촉해야 했다. 더구나 트로츠키는 10월 25일에 잠시 의식을 잃기도 했기 때문에, 페트로그라드 여기저기를 뛰어다니면서 또다시 몸의 긴장을 높이지 않을 이유가 충분했다. 평상시에 그는 점심 때 집으로 돌아와 식사를 하고 낮잠을 잤다. 트로츠키의 딸 지나와 니나는 십 대 소녀가 되어 페트로그라드에서 어머니 알렉산드라와 살고 있었는데, 아버지의 이러한 평상시 스케줄을 알고는 아버지의 점심 식사가 차려지기 전에 갑자기 집에 들이닥치곤 했다. 두 딸은 이제까지 항상 아버지의 존재를 그리워했다. 비록 아버지의 낮잠 시간을 빼앗긴 했지만, 이제 드디어 딸들은 그리워하던 아버지 곁에 있을 수 있게 되었다. 트로츠키는 점심을 먹은 뒤 소파에 편안하게 앉아 딸들과 농담을 주고받았다. 어쩌다 트로츠키가 집을 비우는 날이면 지나와 니나는 어린 동생들과 놀았다.[10]

트로츠키가 외무인민위원부에서 수행해야 할 일은 그다지 과중하지 않았지만, 그는 그밖에도 할 일이 많았다. 인민위원회의에서 그는 혁명 재판소 설립에 관련된 조치를 시행했다.[11] 포고령을 편집하는 일도 요청받았다.[12] 러시아 달력을 세계에서 널리 쓰이는 달력에 맞게 조정하는 업무도 맡았다.[13] 또한 그는 옛 국방부 전체를 대상으로 한 '강력한 숙청'을 촉구하였으며 라트비아 소총 연대(공산주의 대의에 봉사하는 데 가장 효율적인 부대라고 이미 증명된 부대였다)를 페트로그라드로 이동 배치하여 수도의 안전을 강화해야 한다고 제안했다. 그는 수도를 비롯한 여러 지역에서 또 다른 종류의 저항이 폭발하고 있음을 확인했다.[14] 러시아 동남쪽 도시인 오렌부르크에서 반혁명 움직임이 있다고 그는 보고했다.[15] 그는 또 '부르주아 언론'에 더 엄격한 태도를 취해야 한다고 주장했다.[16] 대체로 트로츠키는 다른 인민위원부들이 취해야 한다고 여겨지는 조치들에 대해 새로운 제안을 많이 내놓았다.[17] 11월 중순부터 12월 초 사이에 사회혁명당 좌파는 결국 연립정부에 참여해 달라는 볼셰비키의 요청에 응했다. 하지만 트로츠키의 권위나 지위는 영향을 받지 않았다. 10월혁명을 성취하고 또 공고하게 만든 것은 볼셰비키당이었다. 따라서 볼셰비키는 신입에게 인민위원회의에서 동일한 의석 수를 내줄 의향이 없었다. 그렇지만 볼셰비키는 그들을 동료로서 환영했다. 트로츠키는 권력 장악이 단일 정당에 의해 이루어진 것처럼 보이지 않게 하려고 늘 레닌보다 더 많이 노력했고, 따라서 그의 눈에는 이러한 정당 연합이 적절한 것으로 보였다.

트로츠키에게는 대중적 명성이 극히 중요했다. 그는 원래 어떤 특정한 조직에 충성을 바치는 인물이 아니었다. 그의 열정은 항상 모든 사람이 혁명 활동에 참여할 수 있도록 한다는 목표를 향해 있었다. 그에게 임시정부 타도는 당내에서 미세한 의견 차이로 벌어지는 소란과는 비교할 수 없을 정도로 훨씬 중요한 문제였다. 몇 년 뒤 트로츠키는 주요 볼셰비키 지도자들이 자신을 어떻게 생각하는지에 대해 전혀 무관심했던 대가를 톡톡히 치르게 된다. 하지만 이것이 그의 방식이었다. 그는 우선 자신의 정책을 만들어낸 다음 그 정책을 최대한 신속하게 강행하여 밀어붙이는 태도를 고수했다.

도도한 자신감과 깍듯한 예의범절의 소유자인 트로츠키는 사회주의자와 전혀 친구가 될 수 없는 외국인들과도 곧잘 어울려 사람들을 놀라게 하였다. 외무인민위원 책무를 맡은 그가 페트로그라드의 외교관들과 함께하는 자리를 피할 수는 없었다. 볼셰비키당의 입장에서도 비록 유럽 전역에 걸쳐 혁명을 추진하는 것이 장기적인 목표이긴 했지만 단기적인 목적을 달성하기 위한 실용적 차원에서는 연합국들을 불필요하게 자극할 필요가 없었다. 유럽의 지정학적 상황은 앞날을 예측할 수 없는 상태였다. 인민위원회의는 일단 전쟁의 종결을 지향했지만, 영국과 프랑스를 자극하여 이들 나라가 러시아에 군사적으로 간섭할 구실을 주는 것은 원치 않았다. 1917년에서 1918년으로 넘어가는 겨울에 서부 전선에서 과연 어느 편이 승리할지는 아무도 예측할 수 없었다. 이런 위험이 커지자 트로츠키는 외무인민위원부 일에 무관심하던 태도를 바꾸었다. 그는 페트로그라드에 주재한 외국 언론인들과 자주 이야기를 나누었다. 볼셰비키 지도자들 가운데 트로츠키만큼 인터뷰 준비가 되어 있는 사람은 없었다.[18] 10월 혁명 이전에는 대부분의 외국 특파원들이 트로츠키를 알지 못했다. 트로츠키를 만나게 된 이들은 그의 성실함과 정확함과 강한 신념을 보고 깊은 인상을 받았다. 또한 트로츠키는 인민위원회의의 대표역을 자처하여, 과거에 임시정부의 지휘를 받던 러시아의 외국 대사관에 전보를 보내 소비에트의 '평화 정책'을 지지하지 않는다면 공관 건물에서 퇴거하라고 통보했다.[19]

강대국의 외교관과 기자들이 스몰니 학교에 있는 트로츠키의 사무실에서 줄을 지어 인터뷰할 차례를 기다렸다. 종종 이들은 꼭대기 층에 있는 그의 가족 거처에서 인터뷰를 진행하기도 했다. 트로츠키는 아무 거리낌 없이 온갖 종류의 주제에 대해 자신의 견해를 자세히 설명하곤 했다. 방문자들은 그의 검소한 생활에 깊은 인상을 받았다. 그들 가운데 하나가 미국 기자인 루이즈 브라이언트(Louise Bryant, 1885~1936)였다.

볼셰비키 혁명 초기에 나는 스몰니에 가서 최신 소식을 얻곤 하였다. 트로츠키는, 프랑스어 이외에 다른 언어는 거의 쓰지 않는 조그만 체격의 예쁜 아내와 함께 꼭대기 층의 방 한 칸에 살고 있었다. 방은 마치 가난한 화가의 화실처럼 공간이 나뉘어 있었다. 한쪽 구석에는 간이 침대 두 개와 싸구려로 보이는 작은 화장대가 있었다. 방의 다

른 구석에는 책상 하나와 두세 개의 싸구려 의자가 놓여 있었다. 벽에
는 그림 한 장 걸려 있지 않았으며 편리하게 생활하는 데 필요한 시설
은 아무것도 없었다. 트로츠키는 외무장관(원문 그대로 표기)을 지내
는 내내 이곳에 머물렀으며 외국의 많은 고위 인물들이 그를 만나려
면 이 방에 와야 했다.[20]

바닥의 커다란 붉은 카펫이 스몰니 학원의 옛 영광을 보여주는 유
일한 흔적이었다.[21]

페트로그라드에서 트로츠키가 자신의 언변을 과시하면서 활동하
는 동안, 동부 전선 근처의 브레스트-리토프스크에서는 그의 친구인
아돌프 이오페가 독일, 오스트리아와 협상을 벌이고 있었다. 만일 동
맹국이 휴전을 파기하고 러시아를 침공한다면 볼셰비키는 영국, 프
랑스, 미국에 군사적 지원을 요청할 심산이었다. 이는 기묘한 상황이
었다. 트로츠키의 지휘를 받는 사람들이 연합국의 적과 평화협정 협
상을 벌이고 있었으며 만일 이 평화협정이 체결되면 동맹군이 서부
전선에서 승리할 가능성이 높아질 것이었다. 한편 트로츠키는 로버
트 브루스 록하트와 자주 만났으며 두 사람은 친밀한 관계를 유지
했다.[22] 트로츠키는 페트로그라드에 있는 프랑스인이나 미국인들과
도 가깝게 지냈고 프랑스 대사관의 군사 담당관 자크 사둘(Jacques
Sadoul)과도 좋은 관계를 맺었다. 그는 미국 적십자 지도자인 레이먼
드 로빈스 대령에게 미국 정부의 철도 사업 파견단이—이 파견단은
러시아의 철도망 복구 사업을 진행하던 임시정부를 돕기 위해 러시
아에 파견되어 있었다.—인민위원회의에도 도움을 주도록 중간에서
소개자 역할을 해주지 않겠느냐고 묻기도 하였다.[23] 이런 상황에서
트로츠키와 레닌이 러시아의 외교 사업을 접는다는 것은 도저히 불
가능한 일이었다.

뉴욕 〈인디펜던트〉에 기고한 글에서 미국의 사회학자 에드워드 로

스(Edward A. Ross)는 트로츠키가 경제 재건에 대해 어떤 생각을 하고 있는지 보도했다. 트로츠키는 소비에트 정부가 지금 당장 모든 산업을 국가의 손에 넣을 생각을 하는 것은 아니라고 강조했다. 볼셰비키당은 소유보다는 통제에 목표를 두고 있었다. 당은 사적 이윤의 규모를 제한할 것이었다. 공장들은 사회 복지를 고려해서 생산을 조정하도록 하고, 자본주의는 엄격하게 규정된 틀 안에서 작동하게 될 터였다. 당연히 로스는 그렇다면 과연 기업가들이 그런 조건에서 기업 활동을 하려 하겠는가라는 질문을 던졌다. 나라 밖으로 자본이 유출되는 것은 정부가 막을 것이라고 트로츠키는 답했다. 만일 세계 어딘가에 자본주의가 여전히 존재한다면 여러 문제에 봉착하게 될 것이라고 인정하면서도, 그는 10월혁명이 하나의 선례를 제시하고 있는 한 세계의 다른 곳에 자본주의가 존재한다는 것은 사실상 불가능하다고 말했다.[24] 트로츠키의 대답은 로스가 던진 도전적인 질문에 충분한 답변이 되지는 못했다. 당시 볼셰비키 지도자들은 모두 트로츠키 같은 태도를 보였다. 그들은 최선의 상황이 실현되기를 기다리고 있을 뿐이었다. 로스와 한 인터뷰에는 트로츠키가 한편으로는 지극히 현실적인 생각도 한다는 것을 보여주는 대목도 있었다. 볼셰비키당이 앞으로 공업 생산에서 테일러리즘(Taylorism) 기술을 적용할 것이라고 트로츠키가 언급한 것이다. 트로츠키는 미국 공장에서 시간과 동작 연구에 초점을 둔 테일러의 실험에 관한 자료를 이미 읽었고 이런 기술을 러시아에 적용해보려고 했다.[25]

12월이 되자 동맹국은 인민위원회의에 대한 자신들의 인내심이 무한하지 않음을 분명히 했다. 동부 전선에서 휴전 상태를 유지하는 것만으로는 만족할 수 없다는 이야기였다. 동맹국은 완전한 형태의 평화협정을 원했다. 그래야 병력을 프랑스 쪽으로 옮겨 서방 연합국을 물리칠 수 있기 때문이었다. 동맹국은 인민위원회의가 이 요구에 응하지 않는다면 러시아와 전투를 재개할 것이라고 위협했다.

트로츠키가 직접 브레스트-리토프스크 협상에 나설 수밖에 없었다. 동맹국 중 주도권을 쥔 나라는 독일이었다. 독일의 민간인 협상자들은 말 솜씨가 훌륭했지만 그들의 등 뒤에서는 독일의 요구 사항을 강조하는 독일군 인물들이 항상 압력을 행사하고 있었다. 오스트리아 대표단은 듣기만 하는 편이었다. 왜냐하면 오스트리아 군대는 지난 6월 케렌스키의 공세 때 독일군의 지원이 없었다면 버텨내지 못했을 것이었기 때문이었다. 독일 역시 어려움을 겪고 있었다. 독일의 경제 상황은 악화하고 있었다. 또한 군 복무에 적합한 청년들을 충분히 징집하는 것도 점차 난관에 봉착했다. 공장에서는 불평 소리가 점차 커지고 있었다. 연합국은 놀라울 정도로 잘 버티고 있었고 특히 미국의 참전으로 점차 그 힘이 강해지고 있었다. 힌덴부르크와 루덴도르프가 지휘하는 독일군 총참모부는 점점 더 동요했다. 그들은 동부 전선에서 전투의 필요성을 제거하는 것만이 유일한 해결책이라고 믿었다. 러시아군은 인민위원회의의 지휘 아래 계속 병사들의 징집 해제를 실시하고 있었다. 독일이 원하는 다음 단계는 러시아와 평화협정을 체결하는 것이었다. 그러면 힌덴부르크와 루덴도르프는 서부 전선에 집중해서 프랑스와 영국을 상대로 결전을 벌일 수 있을 터였다.

동맹국은 이런 걱정을 잘 숨겼다. 독일과 오스트리아는 협상 테이블에 앉을 때만 해도 상대방이 고분고분한 태도를 보일 것으로 예상했다. 그들은 이미 승리가 자기들의 것인 양 행동했다. 그들은 자신의 출신 계급이 품고 있는 편견을 공유했다. 그들이 볼 때 사회주의자라는 것은 어떤 종류인지 따질 것도 없이 모두 인간 이하의 존재였다. 지도부 내에 매우 많은 유대인이 있는 러시아 공산주의자들은 벌레만도 못한 열등한 존재였다.

그래서 12월에 드디어 트로츠키가 브레스트-리토프스크에 도착하여 러시아 협상단에 합류했을 때 동맹국 측 협상자들은 큰 충격을 받았다. 트로츠키는 통역이 필요 없었다. 그의 독일어 실력은 너무도 훌륭해서 베를린 독일어와 빈 독일어의 미묘한 뉘앙스 차이까지 잡아낼 정도였다. 트로츠키의 발언은 그가 폭넓은 교양의 소유자임을 보여주었다. 그는 유머와 재치를 섞어 말할 줄도 알았다. 그는 낮은 위치에서 높은 분에게 무언가 부탁하는 사람처럼 굴지 않았다. 독일과 오스트리아 측은 트로츠키가 자신들을 우습게 본다는 것을 느낄 수 있었다. 협상에서도 트로츠키는 역시 그답게 재치 있는 방법을 택했다. 그는 우선 협상에 임하는 양측의 기본 입장을 공개하자고 제안하여 동의를 얻어냈다. 독일과 오스트리아의 신문이 트로츠키의 발언을 소개하게 된다는 뜻이었다. 트로츠키는 기회가 있을 때마다 볼셰비키당의 최종 목표를 분명하게 언급하였다. 동맹국 협상자들이 중량급 권투선수같이 센 주먹을 휘두르며 각종 요구사항을 그에게 던지면 그는 가벼운 발걸음으로 살짝 옆으로 비켰다. 그는 궁금한 것이 있으면 상대방에게 거침없이 질문을 날렸다. 그는 세계 정세에 관한 자신의 견해를 상대방에게 논리적으로 차근차근 설명하기도 했다. 그는 실제로는 몹시 약한 나라의 외무장관이었지만 마치 긴급한 걱정거리라고는 전혀 없는 사람처럼 여유만만하였다. 트로츠키는 혁명적 대담성(chutzpah)의 화신이었다. 외모가 단정하고 말쑥한 양복을 입은 그는, 공산주의자는 허름한 옷차림에 머리가 덥수룩하다는 고정관념과는 동떨어져 보였다. 호엔촐레른과 합스부르크 왕가를 대신하여 협상 테이블에 나온 고위급 대표자들은 이런 대단한 인물을 상대하리라고 전혀 예상하지 못했다.

21장

유대인 아닌 유대인

"나에게 선조는 전혀 중요하지 않다."

트로츠키는 사람들이 자신의 유대인 혈통을 강조하는 것을 싫어했다. 그는 평생 혁명 사업을 추진하면서 항상 유대인 출신이라는 혈통의 굴레에서 벗어나려고 노력했다. 그러나 그는 지나치게 순진하지는 않았다. 자신이 유대인이라는 데 사람들이 관심을 갖는 것이 피할 수 없는 현실이라는 것을 트로츠키는 알고 있었으며, 그런 인식 자체를 거부하기보다는 그런 인식이 초래한 상황에 대처하기로 했다.

20세기 초 러시아에서 유대인이라는 것은 어떤 의미였을까? 차르 시대에 어떤 사람을 유대인이라고 칭하는 것은 그의 민족이 아니라 종교를 가리키는 것이었다. 1897년 러시아 제국이 실시한 인구조사에서뿐 아니라 경찰이나 재판정의 문서에도 종교적 의미로 유대인이란 명칭이 쓰였다. 그러나 많은 유대인들이 특히 19세기 말에 이르러 유대교를 버렸다. 일부는 기독교로 개종하였지만 더 많은 유대인들이 불가지론자나 무신론자가 되었다. 만일 이들이 기독교 복음을 받아들이면 러시아 제국 법의 관점에서 이들은 유대인이 아니었다. 실제로 러시아 정교회에 들어온 사람들은 러시아인이 되었다고 인정받았다. 대조적으로 소비에트 시대에는 유대인이라는 말이 유대 민족을 지칭하게 되었고, 따라서 유대인 부모에게서 태어난 사람은 유대교를 믿는지 여부에 상관없이 유대인으로 간주되었다. 1897년 인구조사 당시 러시아 제국에는 모두 520만 명의 유대인이 살고 있었다. 하지만 다른 주요 민족들이 규모가 큰 일정 지역 내에서 다수를 차지하고 있던 것과 달리 유대인은 그런 지역이 없었다. 공식적으로는 종교 혹은 민족 배경을 따져서 유대인을 구분했지만, 설사 유대교를 버렸다 해도 다른 사람들에게 여전히 문화적으로 유대인으로 여겨지는 사람들이 많았다. 어떤 사람들은 여전히 유대 전통 방식인 '코셰르'를 따라 음식을 조리하기도 했다. 유대식으로 음식을 조리해 먹지 않더라도 그 사람의 사회적 태도와 말투, 심지어 그 사람이 하는 우스갯소리에 근거해 분명한 유대인으로 인식되는 사람들도 있었다. 도대체 무엇이 유대인의 본질인가에 대해 일치하는 의견은 없었으며, 심지어 유대인 자신들조차 답이 제각각이었다.

트로츠키는 이 '유대인 문제'에 되도록 관심을 두지 않으려 했다. 공식적인 당의 문서를 작성할 때 그는 자신의 출신 민족을 밝히는 칸에 '유대인'이라고 기록했다.[1] 그리고 1930년에 일생 전체를 다룬 자서전을 낼 때에도 그는 자신이 유대인으로 태어나고 자랐음을 전혀 감추려 하지 않았다. 하지만 트로츠키는 이미 오래전에 자신이 유대인이라는 사실에는 중요한 의미가 전혀 없다고 생각했다. 마르크스주의를 받아들였기에 그는 자신이 어떤 민족 태생이라는 기억을 완전히 불태워버렸던 것이다. 그는 자신을 다른 무엇보다도 혁명적 마르크스주의자라고 생각했다. 트로츠키는 자신에게 선조가 누구인지는 전혀 중요하지 않다고 주장했다.

트로츠키는 자신을 국제주의자라고 칭했다. 이는 자신이 새로운 민족 정체성을 획득할 필요를 느끼지 않는 초(超)민족주의자임을 드러내는 표현 방식이었다. 비록 러시아어를 모국어로 썼고 유럽의 언어로 말할 때도 러시아어 억양을 숨길 수 없었지만 그는 러시아인이 아니었다. 또한 우연히 우크라이나에서 태어났을 뿐 그는 우크라이나 사람도 아니었다. 정치적·문화적 성향을 기준으로 볼 때 트로츠키는 코스모폴리탄이었다. 그가 젊은 시절 배우고 익힌 것은 19세기 말 발전하고 있던 새로운 러시아의 가치였다. 그것은 진보, 계몽, 과학이었다. 우크라이나 남부에서 태어났지만 그는 그곳에서 친구를 찾을 생각을 하지 않았다. 그는 우크라이나 사회를 증오했다. 그가 아는 우크라이나는 지주, 자본가, 러시아 제국의 관리들이 있는 사회였다. 그는 새로운 러시아와 새로운 유럽과 새로운 세계가 등장하기를 염원했으며 새로운 우크라이나를 원했다. 그는 발칸 지역에서 전쟁을 경험하면서 민족주의적 감정에 빠지는 것은 인류에게 엄청나게 위험한 일이라고 확신했다. 트로츠키는 장차 사회주의 사회에 등장할 세계의 모습을 마르크스주의라는 이념적 프리즘으로 예측했다. 낡은 가치와 관습과 충성심은 모두 사라질 터였다. 트로츠키는 부유한 지주의 아들로 살아갈 생각뿐만 아니라 유대인의 한 사람으로 살아갈 생각 역시 완전히 버렸다. 그는 인류 보편의 이익을 위한 정책 덕분에 편견과 특혜의 잔재가 말끔히 제거된 완벽한 세계 공동체의 시민이 되기를 열망했다.

트로츠키가 이 문제에 대한 자신의 입장을 설명한 것은 1934년에 이르러서였다. '미국공산주의자연맹'* 소속 동료들이 집요하게 질문을 던졌기 때문이었다.

나는 내가 어째서 '동화주의자'*로 간주되는지 이해하지 못하겠습니다. 나는 이 단어가 일반적으로 어떤 의미인지조차 모르겠습니다. 잘 알려져 있듯이, 저는 시오니즘에 반대하며 유대인 노동자들이 어

미국공산주의자연맹(Communist League of America) 미국공산당으로부터 1928년에 분리되어 나온 트로츠키파 정당.
동화주의자(同化主義者) 유대인이 각자 살고 있는 국가의 문화와 언어에 동화해야 한다고 주장하는 사람.

떤 형태로든 스스로를 고립시키는 것에 반대합니다. 프랑스에 살고 있는 유대인 노동자들에게 나는 프랑스의 삶과 프랑스의 노동계급 문제를 더 많이 알기 위해 노력하라고 촉구합니다. 이런 노력을 기울이지 않는다면 자신들이 현재 착취당하고 있는 현장인 그 나라의 노동계급 운동에 참여하기가 힘들어집니다. 유대인 프롤레타리아는 현재 여러 나라에 흩어져 있습니다. 따라서 유대인 노동자는 원래 자신이 쓰는 언어 이외에 다른 나라의 언어를 습득하여 그것을 계급 투쟁의 무기로 사용해야 할 필요가 있습니다. 이런 것들이 도대체 '동화주의'와 무슨 관계가 있습니까?[2]

이런 태도는 공적 활동을 하는 내내 트로츠키의 사고방식에 영향을 끼쳤다. 민족주의와 종교의 해악을 폭로하는 것이 마르크스주의자의 책무라고 그는 믿었다. 그는 자신이 사회주의자이고 국제주의자이며 무신론자임을 분명하게 밝혔다.

유대교를 부정했다 해서 트로츠키가 유대인들을 개인적으로 피했던 것은 결코 아니었다. 무의식적이든 아니든 트로츠키는 몇몇 유대인을 가장 가까운 친구로 삼았다. 악셀로트는 트로츠키에게 아버지 같은 친구였으며 속마음을 털어놓을 수 있는 사람이었다. 레프 데이치는 노련한 활동가이자 어떤 유형지에서도 탈출을 감행하는 인물로서 트로츠키가 존경하는 사람이었다. 파르부스는 수년 동안 트로츠키의 멘토였다. 마르토프는 한때 그의 동지였으며 이오페는 오랫동안 우정을 유지한 친구였다. 이들은 모두 자신들이 유대인임을 부정했다. 트로츠키의 유럽 친구들 역시 마찬가지였다. 트로츠키는 독일사회민주당의 카우츠키나 룩셈부르크와 친분이 있었는데, 이는 어디까지나 정치적 고려 때문이었다. 카우츠키와 룩셈부르크가 유대인으로 양육되었다는 사실은 그들 자신에게도 아무 의미가 없었다. 오스트리아사회민주당에는 빅토어 아들러와 프리드리히 아들러가 있었다. 또한 트로츠키는 빈에 머물 때 정신분석가 알프레트 아들러와 러시아에서 망명해 온 세몬 클랴치코와도 친분을 유지했다. 이 모든 사람들이 유대인 가정 출신이었다. 하지만 이 가운데 누구도 자신이 유대인으로 여겨지기를 원하지 않았다. 그들은 세계시민으로서 생각하고 행동했다. 이런 경향은 19세기 말에서 20세기 초에 걸친 시기에 정치 분야뿐만 아니라 문화 분야와 과학 분야에서도 광범위하게 나타났다. 이런 경향의 최선봉에 섰던 사람들이 바로 유대인 출신의 지식인들이었다.

트로츠키에게는 유대인이 아니면서 세계시민주의자인 친구도 많았다. 불가리아인 흐리스티안 라코프스키가 그랬다. 1927년 이오페가 죽은 후 트로츠키는 라코프스키를 가장 가까운 친구로 여겼다. 또 그는 독일사회민주당 내에 유대인이 아닌 많은 사람들과 친분을 유지했다. 트로츠키는 카를 리프크네히트의 친구였다. 또한 아우구스트 베벨과 많은 이야기를 나누었다. 트로츠키의 지적 관심은 유럽에 있었다. 프랑스 미술에 관심이 많았던 나탈리야는 트로츠키의 유럽에 대한 관심을 더욱 북돋웠다. 트로츠키는 스위스와 독일과 오스트리아에서 망명 생활을 하는 동안 유럽의 고전문학에 깊이 빠졌다. 성인이 된 이후에 트로츠키의 생활 방식에서는 유대인의 흔적을 찾아볼 수 없었다. 유대교를 버리고 세속화된 유대인의 많은 수가 여전히 음식에 관한 유대교의 계율을 준수하고 유대인의 전통적인 축일을 기념했지만 트로츠키는 그러지 않았다. 알렉산드라와 결혼식을 올릴 때 랍비가 주재했던 것은 사실이다.[3] 하지만 당시 시베리아 유형지에서 두 사람이 부부로서 함께 살려면 어쩔 수 없는 일이었다. 당시 러시아 제국 법률은 종교 기관이 주관하지 않은 결혼식은 인정하지 않았다. 따라서 트로츠키가 기독교로 개종하지 않는 한 유대교의 전례에 따라 결혼식을 올리는 것 이외에 다른 선택지는 없었다.

이렇게 형식적인 절차를 거친 후, 그는 다시 반(反)종교적인 생활 방식으로 돌아갔다. 이따금 성서 구절을 언급할 때 그는 주로 신약 성서를 인용했다.(예를 들어 "가서 다시는 죄를 범하지 말라."*라고 트로츠키는 썼다.)[4] 또한 그의 두 번째 아내 나탈리야도 유대인이 아니었고, 알렉산드라가 낳은 두 딸과 나탈리야가 낳은 두 아들 모두에게 유대인과 관련이 없는 이름을 지어주었다. 첫째 아들에게는 할아버지의 이름을 따서 이름을 붙이는 것이 유대인의 관습이지만 트로츠키는 그렇게 하지 않았다. 트로츠키와 그 아내는 첫아들에게 레프(료바)라는 이름을 지어주었다.

당시 러시아 제국 내에는 트로츠키와 마찬가지로 유대인 학교에서 받을 수 있는 교육보다 더 폭넓은 인문학과 과학 분야 교육을 받은 유대인이 많았다. 많은 똑똑한 어린이들처럼 트로츠키도 이런 새로운 교육이 제공하는 문화적 해방감을 누렸다. 그는 총명함을 주저 없이 발휘하였고 자신의 의견을 거리낌 없이 발표했다. 그는 누구에게도 주눅 들지 않았다. 유대인 종교 공동체의 여러 전통과 러시아 제국의 제한에서 해방된 많은 유대인들 가운데에서도 트로츠키의 당당함은 유별났다. 그는 분명 특출한 재능을 지니고 있었다. 하지만 공적인 방면에서 자기의 힘만으로 이름을 날린 유대인이 트로츠키 하나만은 아니었다. 그들은 훗날 세계 공산주의 운동에서 유대인 젊은이들이 따르는 본보기가 되었다. 여타 민족의 공산주의자들이 다 그러하듯이 유대인 젊은이들 역시 다른 사람들의 신경을 건드리는 일 따위는 아랑곳하지 않고 큰소리로 말하고 날카로운 비평을 썼다. 이른바 자기 혐오에 빠지는 유대인이 있다고 하지만 트로츠키는 전혀 그런 유형이 아니었다. 그는 혐오감과는 아무 관련이 없었다. 조상 때문에 당혹감을 느끼기에 그는 너무도 자신의 존재와 인생을 즐긴 사람이었다.

---

* 신약성서 요한복음 8장 11절에 나오는 구절. 간음하고 붙잡혀 온 여인에게 예수가 한 말이다.

그들의 부모 세대 유대인들은 비유대인 관리들에게 굽신거려야 하는 시대를 살았다. 그런 처지에서 해방되어 드디어 당당하게 자신을 내세울 수 있었던 수많은 교육받은 유대인 가운데 한 명이 바로 트로츠키였다. 야심 찬 젊은이가 세상에 이름을 날릴 수 있는 방법은 두 가지였다. 하나는 합법적인 길이고, 다른 하나는 비합법적인 길이었다. 유럽의 다른 국가와 마찬가지로 러시아 유대인은 전문직과 예술 분야에서 진로를 찾을 수 있었다. 러시아 제국의 유명한 의사와 법률가들 가운데 많은 이들이 유대인 거주 지역 출신이었다. 예술과 과학 분야에서도 유대인의 기여가 점점 커졌다. 두 번째 길은 혁명 정당에 들어가는 것이었다. 혁명 정당에서는 유대인이 큰 비중을 차지했다. 유대 율법의 엄격한 가르침 속에서 성장한 젊은 유대인들은 마르크스주의의 복잡한 논리가 제공하는 정통 이론에 친근함을 느꼈다. 세세한 부분까지 따지는 논쟁은 마르크스주의와 유대교에 공통된 특징이었다.(기독교도 마찬가지다.) 유대인 공동체 시테틀 내에서는 이런 분파 간 다툼이 일상이었다. 완벽한 미래에 대한 신념은 원래 종교적인 현상이었지만 이제는 급진적인 사회주의 운동에도 침투했다.

트로츠키는 유대인 출신이라는 것을 스스로 강조하는 사람들에게 부정적인 태도를 보였다. 분트 그룹이 가장 적절한 사례였다. 트로츠키는 1903년에 열린 제2차 당대회에서 분트에 비판적인 태도를 취했다. 그는 시오니즘도 비판했다. 당시 포그롬, 즉 유대인 탄압이 증가함에 따라 유대인 격리 거주 지역 내에 시오니즘을 추종하는 유대인이 꾸준히 증가했다. 트로츠키가 볼 때 시오니스트는 분트와 쌍둥이 같은 존재였다. 1904년 그는 〈이스크라〉에 '시오니즘의 해체와 그 뒤를 이을 가능성이 있는 후계자들'이라는 제목으로 글을 썼다. 트로츠키가 쓴 글 가운데 유대인의 정치적 분리주의를 가장 자세하게 비평한 글이었다. 트로츠키는 시오니즘의 지도자 테오도어 헤르츨

(Theodore Herzl, 1860~1904)이 유럽과 그밖의 지역에 살고 있는 유대인들이 정착할 터전을 아프리카에 건설해야 한다고 주장한 것을 조롱했다. 하지만 사실 헤르츨의 계획은 트로츠키가 생각한 것보다 훨씬 더 진지한 것이었다. 실제로 영국 정부는 헤르츨에게 그런 제안을 했으며 한동안은 이 계획이 실현될 가능성도 있는 것 같았다. 하지만 결국 트로츠키가 예측한 대로 이 계획은 실현되지 않았다.[5] 그렇지만 시오니즘이 곧 사라질 것이라고 생각했다는 점에서 그는 틀렸다. 당시 대다수의 관찰자들과 마찬가지로 트로츠키 역시 세계의 강대국들이 중동 지역에 이스라엘 국가의 설립을 승인하리라고는 상상조차 하지 못했던 것이다.

분트의 복잡한 사상 체계에 트로츠키는 전혀 흥미를 느끼지 못했다. 분트에 속한 사람들이—최소한 분트의 지도자들은—당시 러시아 제국이나 외국에 거주하는 유대인 대다수와 달리 확고한 무신론자였다는 사실도 트로츠키는 간과했다. 그가 분트에 대해 우려한 것은 그들이 여전히 스스로를 유대인으로 의식하고 싶어 한다는 점이었다. 트로츠키는 사회주의자들이 자신의 민족적 정체성을 보존하는 경향을 경계했다. 트로츠키는 오스트리아와 세르비아의 사회주의자들이 민족주의적 경향을 보였을 때 그들을 비판했으며, 1914년 독일의 사회민주주의자들이 정부의 전쟁 예산안에 찬성표를 던진 것 역시 비난했다. 유대인 문제에 대해서도 마찬가지였다. 그는 적극적인 방안을 제시하는 대신 타인을 공격하는 비판자의 입장을 선택했다. 러시아 제국 정부가 포그롬에 공모하고 있다는 의혹이 등장하자 트로츠키는 정부를 맹비난했다. 그런가 하면 유대인이 하나의 민족 집단으로 인정받겠다고 주장하는 것을 표트르 스트루베가 부인하자 이번에는 스트루베를 비난했다.[6] 하지만 트로츠키는 비난을 뒷받침하는 근거, 즉 민족이라는 정체성을 구성하는 요소가 무엇인지, 영토와 종교와 전통은 민족 정체성에 어떤 방식으로 기여하는지에 대한 자신의 견해는 밝히지 않았다. 당시 아무도 그에게 그런 질문을 던지지 않았기 때문에 그는 답을 제시할 필요가 없었다. 유대인에게 '민족-문화 자율권'을 부여하자는 8월블록의 제안에도 트로츠키는 매력을 느끼지 못했다. 그는 이런 자율권 개념에 찬성도 반대도 하지 않았고 논의에 관여하지도 않았다. 트로츠키가 유대인 그 자체를 싫어한 것은 아니었다. 그는 단지 민족 혹은 종족 관념을 앞세우는 것이 세계의 근본적인 문제를 해결할 수 없다고 생각했을 뿐이다.

실망한 시오니즘 좌파들이 분트로 돌아설 것이라고 트로츠키는 예상했다. 그런 유대인들은 도주하기보다는 혁명에서 구원을 찾는 사람들이다. 그들이 나중에는 러시아사회민주노동당으로 넘어오기를 트로츠키는 희망했다. 분트가 시오니즘과 싸우고 있기는 했으나, 트로츠키가 볼 때 분트의 사상은 이미 민족주의에 의해 왜곡되었으며 분트의 방식은 군주정을 무너뜨리고 더 나은 사회를 건설하는 데 결코 바람직하지 않았다. 트로츠키는 분트가 유제프 피우수트스키(Józef Piłsudski, 1867~1935)가 이끌었고, 주로 민족 배경으로 사람들을 판단했던 폴란드사회당과 같은 길을 걸을 것이라고 생각했다.[7] 하지만 전술적인 이유 때문에 트로츠키는 분트와 관계를 지속해야 했다. 러시아사회민주노동당을 통합해야 했기 때문이다. 그는 분트에 더는 적대감을 표현하지 않았다. 1906년 제4차 당대회에서 레닌의 볼셰비키를 포함한 모든 당내 분파들은 분트를 당의 필수적인 일원으로 받아들였다.(1903년 제2차 당대회에서 분트는 참여를 거부하고 퇴장하였다.) 분트 그룹을 당의 동료들이 공식적으로 인정하는 상황에서 트로츠키는 분트 그룹의 존재 자체를 무시하는 것으로 대응했다. 하지만 그는 분트에 대한 자신의 견해를 수정하지 않았다. 트로츠키에게 이들은 보편적인 의미의 사회주의가 제시하는 약속을 항상 위협하는 세력이었다.

1917년 2월혁명과 10월혁명 사이에 분트는 정치적 영향력을 과시했다. 볼셰비키가 권력을 잡기 전까지 각 소비에트를 장악하고 있던 사회주의자 연합에 분트의 지도자인 마르크 리베르(Mark Liber, 1880~1937)가 깊이 관여하고 있었다. 유대인은 모든 혁명 정당에서 큰 비중을 차지하고 있었다. 멘셰비키 지도부에는 표도르 단과 율리 마르토프가 있었으며, 사회혁명당의 최고 지도부에는 아브람 고츠(Abram Gots, 1882~1940)가 있었다. 잠시 동안 러시아 정치에서 유대인 문제는 더는 문제가 아닌 듯 보였다.

하지만 여전히 유대교를 신봉하던 유대인들은 혁명 운동 지도부에 유대인이 많이 들어가 있는 것을 우려했다. 그들은 만일 러시아에 오래전부터 존재했던 반유대주의 물결이 다시 일어나면 결국은 유대인 모두가 피해를 입게 될 것이라고 생각했다. 유대인 대표단이 페트로그라드로 트로츠키를 찾아왔다. 그들은 트로츠키에게 볼셰비키와 관계를 맺지 말아 달라고 설득했다. 트로츠키는 이들의 말을 주의 깊게 들었다. 훗날 누군가의 설명에 따르면 그는 대략 다음과 같이 답했다고 한다. "내가 유대인의 몸으로 태어난 것은 나의 잘못이 아닙니다. 저에게는 유대인보다 노동자가 더 소중합니다. 그리고 만일 인류 전체의 이익을 위해 인류의 일부가 소멸해야 한다면 러시아의 유대인이 바로 그 부분이 되는 데 저는 반대하지 않을 겁니다."[8] 하지만 이것은 트로츠키가 실제로 입 밖에 냈을 만한 발언이 아니다. 트로츠키는 각 민족이 공산주의 정치 체제에 순응하는 한, 박해받지 않고 각자의 전통에 따라 생활하는 것을 대체로 용인했다. 또한 그는 소비에트 정부가 각 민족이 자기들 언어로 학교 교육을 하고 신문을 발행하는 데 동의했다. 그는 각 민족의 청년들을 모집하여 이념 훈련을 시키고 공직에 나아가게 하는 정책에도 찬성했다. 이런 맥락에서 트로츠키가 유대인을 특별히 언급한 적은 없다. 하지만 비러시아계 민족들의 동조를 얻기 위해 소비에트 정부가 추진한 공식 정책의 범위 안에는 유대인이 포함되어 있었다.

모스크바의 랍비 마체(Yakov Maze, 1860~1924)는 다음과 같이 재치 있게 말했다. "저당 증서에 서명을 한 사람은 레프 다비도비치 트로츠키였지만 나중에 채무를 갚아야 했던 사람은 레이바 브론시테인이었다."[9]* 신앙을 지키면서 세속의 권력에 충실하게 복종했던 수많은 선량한 유대인들을 염두에 둔 말이다. 사실 마체의 말과 같은 일은 몇백 년 동안 반복돼 왔다. 이번에는 혁명가들이 무대에 등장했고 그들 가운데 유대인들이 많았다. 이들은 새로운 사회를 건설하겠다고 약속했지만 약속을 실현하는 데 필요한 물질적 자원을 내놓을 생각은 없었다.

트로츠키는 대체로 충고를 무시하는 편이었지만 랍비 마체의 걱정은 잘 이해하고 있었다. 트로츠키가 어떤 직위를 제안받았을 때 자신의 유대인 배경을 이유로 들어 사양한 것은 내무인민위원 자리를 제안받았을 때 말고도 또 있었다. 1918년 군사인민위원을 맡으라는 제안을 받았을 때도 트로츠키는 결국 수락하기는 했지만 처음에는 거절하려고 했다. 또 1922년 레닌이 인민위원회의 부의장직을 맡아 달라고 제안했을 때도 거절했다. 이 세 차례 모두 트로츠키는 자신이 유대인 출신이라 직위를 맡는 것이 적절하지 않다고 말했다. 내전 기간에도 트로츠키는 유대인이 특별 대우를 받지 않도록 하라고 여러 번 강조했다. 유대인들은 비교적 교육 수준이 높았기 때문에 소비에트 행정부 내에서 자리를 얻기가 용이했다. 트로츠키는 이런 상황이 소비에트 국가의 평판에 별로 좋지 않다고 판단했기 때문에 가능한 한 많은 유대인이 적군(赤軍)에 입대하기를 원했다. 그러면 러시아인들이 전쟁에서 죽어 가는 동안 유대인들은 높은 직책에 앉아 이래라저래라 하기만 한다는 대중의 불만을 없앨 수 있을 것이라고 생각한 것이다. 당의 지도부도 알고 보면 유대인 패거리라는 인식이 광

---

* 트로츠키는 스스로 러시아인이라 인식하고 정치에 임했지만, 그가 추진한 정책에 대한 보복은 결국 다른 유대인들이 받게 되었다는 뜻이다.

범위하게 퍼져 있었다. 트로츠키는 자신이 정부나 당이나 군대 내에서 높은 지위를 차지하는 것이 혁명 대의에 실제로 해를 끼친다고 줄곧 생각하고 있었다. 내전이 종결되고 나서 그는 공산당 지도부에 이렇게 말했다. "동지들, 이 분야에서 많은 일을 하고 난 지금 나는 완전한 확신을 품고 말할 수 있습니다. 역시 내 생각이 맞았습니다."[10)]

유대인들이 볼셰비키당을 장악하고 있다는 인식은 실제로 널리 퍼져 있었다. 사실 몇몇 소수민족은 그 민족의 인구를 고려할 때 비례적으로 상당히 많은 수의 볼셰비키 당원을 배출했다. 스탈린은 그루지야 사람이었으며 펠릭스 제르진스키는 폴란드인이었고 스테판 샤우만(Stepan Shaumyan, 1878~1918)은 아르메니아인이었다. 발트해 연안의 소수민족들—특히 라트비아인과 리투아니아인들—도 당 지도부에서 중요한 인물들을 배출하였다. 이런 소수민족 출신 당 지도자들은 1917년 이전부터 제국의 질서에 대한 증오에 더하여 민족 차원의 증오심까지 품고 성장한 사람들이었다. 하지만 가장 맹렬한 비판의 화살을 받은 민족이 유대인들이었기 때문에 트로츠키가 민족 문제를 우려한 것은 충분히 이해할 만한 일이었다.

반혁명 단체에서 발행한 포스터는 트로츠키에 대한 유대인 혐오증을 계속 표출했다. 널리 알려진 어느 포스터는 트로츠키를 희생물을 덮치려고 웅크린 채 기다리는 짐승으로 묘사했다. 그림의 배경에는 트로츠키가 시행한 정책들 때문에 고통받는 평범한 러시아인들이 그려져 있었다. 하늘은 음울한 빛으로 가득 찼고 거리에는 피가 넘쳐흘렀다. 또 다른 포스터에는 트로츠키가 마치 중국인처럼 보이는 정치위원(commissar)들을 지휘하는 모습이 그려져 있었다. 이런 그림들은 10월혁명이 러시아와 러시아인들의 이익을 해치는 것이라는 메시지를 전달하려는 의도로 제작된 것이었다. 반소비에트 군대를 이끌던 알렉세이 칼레딘(Alexei Kaledin, 1861~1918)은 부대원들의 투지를 높이기 위해, 볼셰비키당 지도부는 러시아인이 아니라 유대인이며 레

러시아 내전 시기에 백군에서 만든 반혁명 선전 포스터(1919년). 트로츠키를 거대한 몸집의 붉은 악마로 묘사하고 있고, 아래쪽에는 그가 지휘하는 병사들이 백군 포로를 괴롭히거나 해골 더미에서 삽질을 하고 있다.

닌과 트로츠키가 가장 먼저 제거해야 할 표적이라고 선언했다.[11) 레닌과 트로츠키라는 이름은 공산주의 체제와 동의어였다.[12) 소비에트 정부에 도착한 한 익명의 편지는 이런 질문을 던졌다.

당신들은 눈이 멀었습니까? 지금 러시아를 지배하고 있는 자가 누구인지 보이지 않습니까? 트로츠키, 스베르들로프, 지노비예프 무리입니다. 그들은 완전한 유대인입니다. 다만 러시아인들을 속이려고 러시아식 성(姓)을 붙인 것뿐입니다. 트로츠키의 원래 이름은 브론시테인입니다. 지노비예프는 리베르만입니다. 나머지 사람들도 마찬가지입니다. 정통 러시아 황제보다 유대인 놈 브론시테인을 더 좋아하는 사람이 바로 당신들입니다.

이 편지는 '적그리스도'의 시대가 도래하였음을 선포하였다.[13]

반공산주의 집단의 이런 비난을 받으면서도 트로츠키는 분노를 전혀 드러내지 않았다. 그러나 유대인에 대한 모든 형태의 차별에는 강력하게 반대했다. 그는 1919년 10월 〈이즈베스티야〉에 발표한 글에서 자신의 입장을 이렇게 밝혔다. "반유대주의는 유대인에 대한 증오일 뿐 아니라 유대인에 대한 비겁한 태도이기도 하다." 복수심에 불타는 반유대주의자들은 유대인들과 공적인 영역에서 경쟁하기를 두려워하는 사람들이기도 하다는 뜻이었다. 트로츠키는 유대인이 특별히 재능 있는 민족이라는 점은 부인했다. 유대인이 정치에서 두드러지게 활약하는 현상에 대해 그는 좀 더 평범한 설명을 제시했다. 유대인은 대부분 도시인이었으며 도시는 로마노프 왕조에 대한 적대감이 가장 첨예하게 발달한 곳이었다. 따라서 유대인이 러시아 제국 전체에서 차지하는 인구 비율에 비해 많은 혁명가를 배출해낸 것을 논리적으로 설명할 수 있다고 그는 주장했다.[14]

유대인 문제에 대한 트로츠키의 발언은 몇 년 동안 이 정도에 그쳤다. 하지만 1923년 트로츠키와 스탈린이 격돌한 이후, 상황이 바뀌기 시작했다. 공개적으로 격렬한 논쟁이 벌어졌으며 장막 뒤에서 진행되는 상대방에 대한 음해는 더욱 치열했다. 트로츠키가 유대인 출신이라는 데 주목한 열성적 활동가들은 당시 당 지도부 내 경쟁에서 상승세에 있던 스탈린 그룹을 점점 더 많이 지지하기 시작했다. 1926년 3월 트로츠키는 부하린에게 편지를 썼다. 트로츠키는 부하린이 스탈린과 가까운 사람 중에서 가장 품위 있는 사람이라고 생각했다.(그래도 트로츠키는 유대인 문제를 건드리는 데 불편함을 느껴서 비서에게 구술하지 않고 직접 편지를 썼다.) 트로츠키는 당세포 회의에서 반유대적인 언급이 자주 나온다는 것을 알게 되었다. "유대인 놈들이 정치국 내에서 소동을 일으키고 있다."라는 말도 들렸다.(정치국은 중앙위원회 내부의 핵심 소위원회이다.) 이런 분위기 때문에 점잖은 볼셰비키 당원이 반유대주의를 비판하기는 어려웠다. 트로츠키는 자기 분파의 적수인 부하린에게 이런 상황에 개입하여 정치 논쟁에서 정정당당한 방식을 사용하도록 강조해 달라고 부탁했다.[15] 아마도 이 주제에 관하여 스탈린에게 편지를 써봤자 아무 소용 없다고 트로츠키는 생각했을 것이다. 그는 그런 행동은 시간 낭비에 불과하다고 보았던 것 같다. 사실 스탈린도 유대인인 라자르 카가노비치(Lazar Kaganovich, 1893~1991)를 가까운 동료로 두고 있었다. 하지만 카가노비치와 같은 노동자 계급 출신의 유대인은 소비에트 연방에 대한 자신의 계획에 아무런 위협을 가하지 못한다고 스탈린은 생각했다. 고분고분하지 않은 유대인 지식인들은 달랐다. 특히 자신과 권력을 놓고 다투는 트로츠키 같은 인물은 더욱 위험했다. 자신의 적대자를 물리치는 데 도움이 되는 반유대주의의 분출을 스탈린은 못 본 척 눈감았다.

트로츠키는 민족이 아니라 사회주의가 당면한 핵심 문제라고 지속적으로 주장하였다. 그는 러시아인을 칭찬하지 않았을 뿐만 아니라 러시아라는 단어조차 거의 언급하지 않았다. 트로츠키의 이런 태도는 유대인으로 자란 사람들을 포함하여 볼셰비키당의 지도적 인물들에게서 흔히 볼 수 있는 태도였다. 중앙위원회 구성원 가운데 러시아 민족을 긍정적인 의미로 지목하던 유일한 사람은 바로 스탈린이었다.[16] 1920년대에 스탈린은 대단히 조심스럽게 이 문제를 언급했다. 그가 소비에트 연방에서 가장 우선적인 민족의 자리에 러시아 민족을 올려놓는 것은 1930년대의 일이다. 그루지야 사람이었던 스탈린이 러시아인이 아니라는 약점을 정치적으로 만회하기 위해 노력한 것이라고 볼 수 있겠다. 트로츠키는 계속 국제주의자, 즉 민족 간

차별을 인정하지 않는 입장을 고수했다. 그는 유럽과 아시아에서 혁명이 필요하다는 논지의 글을 끊임없이 썼다. 사실 이런 태도 역시 10월혁명 이후 몇 년 동안에는 그리 특이한 관점이 아니었다. 하지만 트로츠키는 특유의 굳건함으로 이런 주장을 계속 펼쳤다. 레닌은 독일이 문화 수준이 높다고 자주 언급했으며, 때로 만일 독일의 형제 혁명정부가 지지해주지 않는다면 러시아의 볼셰비키 혁명은 실패할 것이라고 생각하는 듯한 인상을 주었다.[17] 트로츠키는 그런 인상을 전혀 풍기지 않았다. 그는 특정한 민족을 격찬하거나 비난하는 행동을 피했으며 그것이 마르크스주의자로서 해야 할 올바른 행동이라고 믿었다.

사실 트로츠키는 러시아의 문화적 후진성, 특히 농민의 후진성이 사회주의적 변혁에 장애물이 되고 있다고 지적했다. 그는 러시아 사회 전체를 근대화해야 한다고 끊임없이 주장했다.[18] 하지만 동시에 그는 러시아 고전 문학을 좋아했다. 그는 프랑스 소설도 격찬했고 입센과 니체에 푹 빠지기도 했다. 그는 이 모든 것을 당대 세계 문화의 표본으로 여겼다.

오랜 세월에 걸쳐 트로츠키는 자신의 견해를 좀 더 정교하게 다듬어 갔지만 기본 입장을 바꾸지는 않는다. 그는 유대인을 포함해 소련의 모든 민족이 다 잘되기를 바랐으며 그러려면 이들을 사회주의와 국제주의와 무신론 쪽으로 이끌어야 한다고 생각했다. 트로츠키가 어딘가 특별히 주목해야 할 민족으로 유대인을 꼽은 적은 한 번도 없었다. 1930년대에 히틀러가 권력을 잡은 이후에야 그는 세계의 유대인이 절멸하는 것을 막기 위한 특별한 조치가 필요하다는 결론을 내리게 된다.

22장

브레스트-리토프스크 조약

"'더러운 평화'보다 '혁명 전쟁'"

1917년 12월부터 트로츠키는 브레스트-리토프스크와 페트로그라드 사이를 마치 베틀의 북처럼 부지런히 왕복하였다. 브레스트-리토프스크에서 그는 확신에 차고 침착한 정치인의 역할을 수행했던 반면, 페트로그라드의 볼셰비키 중앙위원회에서는 눈앞에 닥친 동맹국의 위협을 있는 그대로 알렸다. 그는 외교 교섭에서 질서와 규율을 확립했다. 러시아 대표단에서 누가 최종적인 권한을 쥔 사람인지 모든 사람이 분명히 알게 되었다.

회담 초기 양측에는 누구도 의식하지 못하는 사이에 격의 없고 친숙한 분위기가 조성되었지만, 나는 소비에트 대표단의 의장으로서 이런 분위기를 신속히 없애버리기로 했다. 우리 측 군사 대표들을 통해 나는 바이에른 대공*에게 알현을 요청할 생각이 없음을 분명하게 전달하였다. 내 의사는 받아들여졌다. 또한 회담 사이에 우리끼리 의논해야 하기 때문에 점심과 저녁 식사는 따로 하겠다고 말했다. 이 요구

---

* 동맹군의 동부 전선에서 총지휘를 맡고 있던 레오폴트 바이에른 대공을 말한다. 바이에른 왕국의 왕족이자 상급 지휘관이었던 그에게 볼셰비키 대표단이 공식적으로 경의를 표하는 것이 관례였던 것으로 보인다.

사항 역시 아무 말 없이 받아들여졌다.[1]

트로츠키는 동맹국 대표단 내에서 힘이 어떻게 나뉘어 있는지를 신속하게 파악했다. 오스트리아 외무장관 오토카어 폰 체르닌 (Ottokar von Czernin, 1872~1932) 백작은 독일 정부의 외무장관 리하르트 폰 퀼만(Richard von Khulmann, 1873~1948)의 지시를 받았다. 그러나 실제로는 퀼만보다 막스 호프만(Max Hoffmann, 1869~1927) 장군의 힘이 더 컸다. 하지만 호프만 장군도 서부 전선의 독일 최고 사령부에 있는 자신의 상관, 즉 힌덴부르크 장군과 루덴도르프 장군의 의사를 전달하는 데 불과했다. 트로츠키는 1918년 이후 오랫동안 이런 사실을 두고 우스갯소리를 하곤 했다. 그는 이런 형식적인 겉 치레를 폭로하며 즐거움을 느꼈다. 서로 예의범절을 깍듯이 지키고 있지만 장관, 외교관, 심지어 황제들이 내리는 명령의 배후에 군대의 적나라한 권력 관계가 자리 잡고 있음을 발견했던 것이다.[2]

연말 무렵 동맹국은 최후통첩을 내놓았다. 트로츠키는 이제 그의 유창한 연설을 마무리해야 했다. 볼셰비키는 선택의 기로에 서 있었다. 독일과 단독 평화협정을 체결하여 러시아가 세계대전으로부터 빠져나오게 할 것인가, 아니면 독일군이 휴전선을 넘어 러시아로 진격해 오도록 할 것인가? 독일군이 모스크바와 페트로그라드를 점령할 때까지 진격을 멈추지 않으리라는 것을 트로츠키는 매우 잘 이해하고 있었다. 그렇게 되면 10월혁명은 끝장나는 것이다.

이때가 러시아에서 소비에트 정부의 권위가 가장 허약한 때였다. 1917년 11월에 실시된 제헌의회 선거에서는 어떤 정당도 과반수를 차지하지 못했다. 최다 의석은 사회혁명당이 차지했다. 볼셰비키당은 전체 표의 4분의 1밖에 얻지 못했으며 이 결과는 인민위원회의에 대한 거부를 뜻했다. 선거 직전 사회혁명당 좌파는 체르노프와 사회혁명당과 결별하고 인민위원회의에 합류했다. 하지만 결정이 너무 늦게 이루어졌기 때문에 제헌의회 선거에서 사회혁명당 좌파는 따로 후보를 낼 시간이 없었다. 유권자들은 과거의 사회혁명당에서 좌파와 우파를 구별해낼 기회를 얻지 못했다. 하지만 볼셰비키당과 사회혁명당 좌파의 연합 세력은 권력을 계속 장악하기로 결정하고 1918년 1월 6일 제헌의회를 무력으로 제압했다. 소비에트 정부는 경제를 회복시키지 못한다고 비난받고 있었다. 농민들은 도시의 시장에서 철수했고 식품 공급이 끊겼다. 공장 노동자와 광부들은 산업 생산이 붕괴된 데 분노했으며 대량 실직 사태가 벌어질까 봐 공포에 사로잡혔다. 각 지역의 소비에트는 곡물 징발이라는 수단을 사용했다. 농민과 충돌하는 일이 늘어났다. 멘셰비키의 말을 따르는 노동자가 증가했다. 볼셰비키는 10월혁명을 감행하면서 노동계급과 농민들의 지지가 계속 불어나리라고 믿고 있었다. 1917년에서 1918년으로 넘어가는 겨울 동안 볼셰비키들의 실망은 깊어만 갔다.

트로츠키는 브레스트-리토프스크 회담의 진행 상황을 보고하면서, 볼셰비키와 사회혁명당 좌파가 독일에 양보해서는 안 된다는 자신의 의견에 레닌이 동조하리라 기대했다. 하지만 레닌은 자신의 정책을 재고하고 있었다. 그는 러시아 군대가 이미 전투 집단으로서 작동이 중지되었음을 깨달았다. 원래 농민이었던 이들 병사들은 전선의 참호를 떠나, 재분배 작업이 시작된 농지를 수령하기 위해 황급히 고향으로 귀환했다. 볼셰비키는 이 과정을 촉진하기 위해 '징집 해제 위원회'를 만들었다. 전쟁을 다시 시작하기를 희망하는 여론은 전혀 없었다. 러시아인들은 전쟁에 지칠 대로 지친 상태였다. 사람들은 평화를 희망했으며 레닌이 발표한 '평화에 관한 포고령'이 바로 그 평화를 약속한 것이라고 생각했다. 이런 상황을 레닌은 잘 이해하고 있었다. 그는 독일과 다시 전쟁을 하는 것은 사실상 불가능하다고 결론지었다. 동맹국이 제시한 조건을 인민위원회의가 합의해주어야 한다는 생각이 이미 레닌의 마음속에 자리 잡았지만 그는 당분간 그런 생각을 입 밖에 내지는 않았다. 문제가 있었기 때문이다. 현재 연립정부를 구성한 두 정당은 이미, 유럽의 각 국가에 사회주의 정부 수립을 통해 평화를 확보하는 길이 불가능한 경우, 이른바 '혁명 전쟁'을 수행한다는 방침을 결정해놓았던 것이다. '유럽의 사회주의 혁명'이 임박했다는 데 의심을 표명한 사람은 볼셰비키 가운데 불과 몇 명—카메네프, 지노비예프, 스탈린—에 불과했을 뿐이었다.

트로츠키를 포함한 대다수의 볼셰비키 지도자들은, 동맹국과 맺는 단독 강화는 자본주의적 제국주의에 대한 도저히 견딜 수 없는 양보라고 생각했다. 트로츠키는 공개 발언에서 정부가 동맹국과 단독 강화협정을 체결해서는 안 된다는 것을 원칙으로 삼았다고 밝혔다. 이제 외부의 도움 없이는 러시아의 안보를 확보할 수 없음을 트로츠키는 이미 알고 있었지만, 그런 자신의 생각은 감추었다. 브레스트-리토프스크 회담에 참여하기 전에 트로츠키는 서방 연합국과 빈번하게 접촉했다. 독일이 러시아를 침공할 경우 영국과 프랑스의 군사 원조를 받을 가능성을 확보해 두기 위해서였다. 트로츠키는 이런 접근 방식을 1918년 여름까지 고수했다.[3] 몇 년 동안 트로츠키는 영국이나 프랑스의 제국주의도 독일과 오스트리아의 제국주의만큼 나쁘다고 발언해 왔다. 그러나 트로츠키는 영국이나 프랑스와 설사 평화조약은 체결하지 못하더라도 모종의 거래를 할 가능성까지 배제하지는 않았다. 레닌은 이 몇 개월 동안 트로츠키가 겉으로만 급진적인 입장을 취하고 있다는 것을 간파했다.

볼셰비키당 중앙위원회는 전쟁과 평화 문제를 놓고 힘겨운 레슬링이 벌어지는 격투장이 되었다. 사회혁명당 좌파는 이런 종류의 다툼을 겪을 필요가 없었다. 그들은 이미 동맹국이 제시한 강화 조건을 확실하게 거부했기 때문이었다. 무엇인가 토론할 거리가 있다고 보는 쪽은 볼셰비키당이었으며 그렇게 여기는 가장 큰 요인은 레닌의 고집이었다. 제헌의회 해산 이후 중앙위원회를 재구성해야 한다는 합의가 이루어졌다. 중앙위원회 구성원들은 각자 맡은 공적 업무 때문에 중앙위원회 일에 집중할 수 없는 상황이었다. 지리적인 문제도 있었다. 독일의 군사적 위협을 고려하면 수도를 페트로그라드에서 모스크바로 옮기는 것이 합리적이었다. 페트로그라드에는 지노비예프의 지휘 아래 일부 핵심 지도자들이 남기로 했다. 레닌, 스탈린, 스베르들로프, 소콜니코프(Grigori Sokolnikov, 1888~1939), 트로츠키를 구성원으로 '국(局)'이 중앙위원회 내부에 구성되었다. 이 내부 '국'은 모스크바에서 작동하게 되었다. 다른 구성원들은 모두 모스크바를 지켰던 반면, 트로츠키는 끊임없이 브레스트-리토프스크로 여행해야 했다.[4] 이런 상황인데도 트로츠키가 '국'의 구성원이 되었다는 사실은 그만큼 볼셰비키당에서 그의 중요성이 컸다는 것, 또한 볼셰비키당의 당면 과제가 무엇인지를 보여주었다. 전쟁과 평화의 문제가 다른 모든 과제에 우선했다. 하지만 이 내부 '국'은 실제로는 작동하지 않았다. 볼셰비키당의 중앙위원회 구성원 모두가 전쟁과 평화에 관한 토론에 참여하고 싶어 했기 때문이다.

1918년 1월 11일 중앙위원회에서 레닌은 '혁명 전쟁'을 시도하면 10월혁명의 종말을 고하는 조종(弔鐘)을 치게 될 것이라고 주장했다. 유일하게 가능한 결말은 독일의 군사적 점령일 터였다. 대담한 결정을 주저 없이 내리는 성격인 레닌은 동료들에게 이제까지 감히 생각도 할 수 없었던 것을 한번 생각해보라고 촉구했으며 독일이 제시한 강화 조건이 더 나빠지기 전에 조건을 받아들여야 한다고 주장했다. 한편 레닌은 여전히 독일과 오스트리아에서 프롤레타리아 봉기가 곧 발발할 수도 있다고 믿었기 때문에, 만일 중부 유럽의 정세가 갑자기 변화한다면 자신의 견해를 바꿀 용의가 있었다. 만일 독일에 혁명적 봉기가 일어난다면 볼셰비키당으로서는 가능한 군사적 지원을 모두 하는 것이 마땅했다.[5] 트로츠키는 자신의 귀를 믿을 수가 없었다. 권력 장악을 함께 성취한 레닌이 당과 정부가 이미 정해놓은 방침을 일방적으로 갈기갈기 찢어버리려 하고 있었다. 1917년 이전에는 타협에 반대하던 레닌이 이제는 유럽의 제국주의 열강에 항복하자고 주장하고 있었다. 레닌과 트로츠키는 1903년 이후 몇 년 동안 서로 적대자였다. 두 사람은 1917년 중반에 와서 정치적으로 힘을 합쳤다. 두 사람은 인민위원회의에서 석 달간 매우 긴밀한 협조 관계를 유지했다. 그러던 두 사람이 갑자기 서로 떨어져 나가게 되었다. 방법의 문제나 성격의 문제가 아니었다. 레닌과 트로츠키는 이제 정부 정책의 중요한 본질에 관한 논쟁에 휘말린 것이다.

트로츠키는 이미 직접 동부 전선의 참호들이 텅텅 빈 것을 보았기 때문에 현재 소비에트 러시아가 누구와도 전쟁을 치를 수 없는 상태라는 것을 알고 있었다. 하지만 동맹국과 강화조약을 체결한다는 것은 도저히 받아들일 수 없는 일이었다. 트로츠키는 소비에트 정부가 전쟁도 하지 않고 강화조약도 체결하지 않겠다고 선언하는 전략을 제안했다. 이 방안을 통해 독일의 공세를 지연시키려는 의도였다. 그러는 사이 독일 내부에 볼셰비키의 선전을 확산하겠다는 것이었다. 궁극적으로 트로츠키는 독일의 급진적 사회주의자들에게 용기를 불어넣어 베를린에서 사회주의 봉기를 일으키도록 하고 싶었다.[6]

그가 제안한 이 방안은 레닌과 볼셰비키 좌파의 중간쯤에 위치했다. 부하린은 독일 제국과 전면전을 벌여야 한다고 주장하였다. 부하린을 비롯한 이른바 '공산주의 좌파(Left Communists)'는 자신들이 지켜 온 국제주의 원칙을 포기하느니 차라리 싸우다가 몰락하는 길을 택하겠다는 입장이었다. 이들은 레닌이 자기들을 회유해서 권력 장악의 길로 들어서게 해놓고 이제 와서 도저히 용인할 수 없는 타협을 제안하는 것을 몹시 불쾌하게 여겼다. 일단 시간을 벌어보자는 트로츠키의 방책이 이들이 선택할 수 있는 차선책이었다. 결국 볼셰비키 좌파의 표는 트로츠키의 방책 쪽으로 기울었다. 레닌을 지지하는 사람은 몇 명 없었다. 그 가운데 한 사람이 스탈린이었는데, 그는 서부 유럽에 혁명이 임박했다는 진짜 증거는 없다고 주장했다. 지노비예프는 독일 외무장관 퀼만이 트로츠키가 제안한 전술의 세세한 부분까지 주의를 기울이지 않을 것이라고 덧붙였다. 지노비예프는 이 문제를 국민투표에 붙이자고 제안했다. 스탈린과 지노비예프의 지지는 레닌에게 위로가 되지 못했다. 레닌은 유럽의 사회주의 혁명에 회의적인 스탈린과 거리를 두었다. 그는 또한 국민투표에 붙이자는 제안도 참을 수 없었다. 트로츠키는 '혁명 전쟁'을 놓고 찬반 투표를 하자고 요구했다. 찬성은 오직 2표였으며 반대는 11표, 그리고 기권이 1표였다. 이번에는 레닌이 나섰다. 그는 협상을 계속 질질 끌어보자는 방책을 놓고 찬반 투표를 하자고 요청하였다. 찬성 12표에 반대 1표였다. 이리하여 트로츠키의 '전쟁도 아니고 평화도 아닌' 정책이 확정되었다. 레닌이 원하던 결과는 아니었지만 그래도 최소한 전쟁을 하자는 결정보다는 나았다.

트로츠키는 브레스트-리토프스크에 나가 있어야 했기 때문에 자신의 정책을 옹호하는 활동을 하기가 힘들었다. 레닌은 토론에서 설득력을 발휘하는 사람이었으며 항상 중앙위원회와 그 서기국 사람들과 접촉할 수 있었다. 독일의 최후통첩은 볼셰비키와 사회혁명당 좌파 지도자들에게 큰 충격을 주었다. 그들은 아주 운이 좋아야만 10월혁명이 살아남을 수 있다는 것을 알고 있었다. 그들과 그 가족은 도피해야 할 경우에 대비해 항상 트렁크에 짐을 싸놓고 살았다. 소비에트의 국제적 안전이 매우 심각한 문제로 부각되었다. 트로츠키와 이오페가 수도를 비웠을 때도 업무가 순조롭게 진행되도록 하기 위해 1918년 1월 29일 트로츠키의 대리인으로 게오르기 치체린(Georgi Chicherin, 1872~1936)이 임명되었다. 드디어 외무인민위원부가 정부 활동의 전면에 나서게 되었다.[7] 레닌은 중앙위원회 서기국의 도움을 받으면서 당의 다른 인물들을 대상으로 독일과 단독 강화조약을 체결할 필요성을 주장하였다. 공산주의 좌파는 지방 당 조직에서 '혁명 전쟁'에 대한 지지를 모아보려고 노력하였지만 공장 노동자들은 '혁명 전쟁'을 거의 지지하지 않는다는 것을 깨달았다. 레닌의 주장이 점차 볼셰비키 당내에서 높은 지지를 받기 시작했다. 사회혁명당 좌파는 달랐다. 이들의 지도자나 적극적 활동가들 중에는 동맹국과의 타협을 용인하는 사람이 전혀 없었다. 하지만 중요한 것은 볼셰비키 당이었다. 전쟁과 평화에 대한 최종 결정을 내릴 조직은 바로 볼셰비키당의 중앙위원회였다.

이제까지 볼셰비키당은 만일 어떤 예기치 못한 이유 때문에 독일의 노동계급이 정부에 대항하여 봉기하지 못하는 사태가 벌어지면 그때는 '혁명 전쟁'을 개시한다는 방침을 지속적으로 밝혀 왔다. 1917년까지는 레닌 역시 이 방침에 대체로 동의한다고 밝히곤 했다. 그는 동맹국과 협정을 체결한다는 데 혐오를 감추지 않았다. 그 협정은 독일 제국주의와 타협해 이루는 '더러운 평화'였기 때문이었다. 레닌은 여전히 유럽의 프롤레타리아가 조만간 자본주의를 타도할 것이라고 확신했고 만일 봉기가 발생한다면 외교 교섭을 내팽개칠 용의가 있다고 밝혔다. 그러나 러시아를 침공하도록 독일을 자극하여 10월혁명이 말살되도록 놔두는 것은 도저히 용인할 수 없었다.

레닌과 마찬가지로 트로츠키도 만일 동맹국과 전쟁이 벌어지면 인민위원회의가 붕괴하고 말리라는 것을 잘 알고 있었다. 페트로그라드와 브레스트-리토프스크를 계속 왕복하면서, 그는 러시아가 방어 불능의 상태에 빠져 있음을 자신의 눈으로 똑똑히 보았다. 볼셰비키당이 동맹국에 대항하는 군대를 모으는 것부터 현실적으로 불가능했으며 전투를 벌이더라도 승리를 기대할 수 없었다. 트로츠키는 브레스트-리토프스크에서 협상을 계속 질질 끄는 것 이외에 다른 방안은 받아들이지 않았다. 그는 국제적 정치인 역할을 수행하는 것이 점차 편해졌다. 업무 시간을 절약하는 것에도 익숙해졌다. 수년간 그는 손으로 직접 편지를 썼다. 그러나 이제는 속기 타자수들에

브레스트-리토프스크 회담에 파견된 러시아 대표단. 10월혁명으로 수립된 러시아의 소비에트 정부는 제 1차 세계대전에서 교전국이었던 독일, 오스트리아 등과 단독 강화조약을 체결하여 전쟁을 끝내려 했다. 트로츠키(윗줄 오른쪽에서 두 번째)는 페트로그라드와 브레스트-리토프스크를 오가며 회담을 이끌었다.

게 구술하는 방식으로 편지를 작성했다.[8] 하지만 브레스트-리토프 스크 회담에서 그를 상대하는 독일과 오스트리아 사람들이 보기에 트로츠키는 자신의 정당이 세계 혁명이라는 대의를 추구하고 있다는 사실을 조금도 거리낌 없이 밝히는 건방진 자였다. 동맹국이 영국과 프랑스를 격파하려면, 미국이 유럽에 병력을 대규모로 파견하기 전에 서부 전선에서 공세를 시작해야만 했다. 트로츠키 자신도 명백하게 알 수 있었지만, 이제 독일 협상가들은 러시아가 싸울 것인지 평화협 정을 맺을 것인지 확실하게 입장을 밝히지 않는 데 인내심을 잃었다. 화려한 언변으로도 독일의 침공 계획을 언제까지나 지연시킬 수는 없 었다.

심지어 부하린조차 혁명 전쟁을 벌일 수 있다고 생각하지 않았다. 그가 중앙위원회에서 개최된 첫 번째 대규모 토론회에서, 독일이 실 제로 공세를 취할 때까지 트로츠키의 외교 방책을 채택할 것을 지지한 것은 바로 그 이유 때문이었다.[9] 이런 부하린의 태도는 트로츠키를 다소 곤란하게 했다.

> 현재 모든 문제의 핵심은 분명히 힘의 상관관계에 달려 있습니다. 우리가 제국주의 전쟁에 적극적으로 참여하든, 활동을 자제하든 달라지는 것은 없습니다. 여전히 우리는 이 전쟁에 참여하고 있는 것입니다. 따라서 우리는 무엇이 우리에게 가장 이로운가를 생각해야 합니다. 우리의 모든 역량을 그저 군사적 방향으로 쏟는 것은 공상적 사고방식입니다. 따라서 혁명 전쟁이라고 하는 논점은 너무도 비현실적인 문제입니다. 군대는 반드시 해체되어야 합니다. 그렇지만 군대를 해체한다는 것이 평화협정을 체결한다는 것과 동일한 의미는 아닙니다.[10]

이 말을 주의 깊게 살펴보면 트로츠키가 레닌의 입장에 대해, 당시 널리 퍼진 인식만큼(그리고 현재까지도 그렇게 인식되고 있는 것만큼), 그렇게 적대적이지 않았다는 것을 알 수 있다. '국제주의적' 관점을 취할 것을 요구하는 그로서는, 전쟁을 할 것인가 말 것인가 중 어느 한쪽이 원칙적으로 틀린 것은 아니라는 입장이었다. 트로츠키가 이렇게 정교한 논리 전개로 말하고자 했던 바는, 볼세비키가 어떤 정책 방향을 택하든 의도와는 상관없이 이 유럽의 전쟁에서 어느 한쪽 편을 결국은 도와주게 되어 있다는 것이었다. 해답을 찾아야 할 것은 도덕적인 게 아니라 실제적인 질문이었다. 즉, 과연 혁명의 대의를 가능하게 하는 데 가장 큰 도움이 되는 방법은 무엇인가?

트로츠키는 유럽에서 사회주의 혁명이 일어날 가능성을 지나치게 과장하고 있다고 생각하는 스탈린의 공격을 받았다. "트로츠키의 입장은 사실 아무런 입장도 아닙니다."라고 스탈린은 선언했다. 만일 당이 트로츠키의 조언을 따르면 동맹국과 그나마 조금이라도 받아들일 만한 타협안을 도출해낼 가능성이 줄어들 뿐이라고 스탈린은 주장했다.[11] 지노비예프는 스탈린의 의견에 동의했다. 레닌은 동의 하지 않았다. 유럽 혁명의 가능성이 여전히 높다는 것이 레닌의 의견 이었다. 하지만 레닌은 독일군의 러시아 침공을 막으려면 볼셰비키 당이 동맹국 측의 조건에 동의해야만 한다고 주장했다. 1917년에 혁 명 전략을 구사하면서 숙련된 솜씨를 보여주었던 트로츠키가 어째서 이런 논점을 이해하지 못하는지 레닌은 도저히 알 수가 없었다.[12] 하 지만 레닌은 '전쟁도 아니고 평화도 아닌' 정책이 그가 기대할 수 있 는 최선의 결과라는 것을 알아차렸고, 그런 방향으로 합의를 이끌어 내는 데 성공했다.[13]

1918년 1월 24일 트로츠키는 빈으로 전보를 보냈다. 빈을 방문하 여 '오스트리아 프롤레타리아 대표들과 협상을 진행'하고자 하니 허 가해 달라는 요청이었다. 외국에 나가 군중 집회에서 연설하는 것을 그가 무척 바랐으리라는 것은 의심의 여지가 없다. 하지만 이 전보 의 어조는 무척 도전적이었고 그가 모르고 그렇게 썼을 리 없었다. 오스트리아 외무장관 체르닌 백작은 트로츠키의 전보와 똑같은 어 조로, 트로츠키에게는 그런 협상에서 누군가를 대표할 공식적 권한 이 없다고 답했다.[14] 트로츠키는 체르닌을 계속 조롱했으며 방문을 거절하는 이유가 형식적인 측면에 있다는 말을 비웃었다. 분명한 것 은 당시 동맹국 정부가 볼셰비키 사상의 '전염'을 두려워했다는 사실 이다. 동맹국 정부는 이미 1917년 러시아에서 혁명 선동이 어떤 결과 를 초래했는지를 보았다. 전해들은 바에 따르면 러시아 노동계급의 생각을 변화시킨 것은 바로 군중 집회였다. 독일과 오스트리아-헝가 리 제국의 도시는 많은 소요 사태를 겪고 있었다. 파업이 증가하고 있었다. 식품 배급이 원활하게 진행되지 않아서 주민들의 불만이 커 졌다. 프랑스 군대에서 반란이 일어난 것을 보면 같은 사건이 베를린 이나 빈에서도 일어날 수 있었다. 트로츠키 같은 열변을 토하는 연설가가 자국의 거리에 나타나 문제를 일으키는 것을 동맹국 정부들은 전혀 바라지 않았다.

동맹국은 또한 트로츠키가 브레스트-리토프스크에서 주도권을 행사하는 것도 원하지 않았다. 교활하게도 이들 정부는 미국 대통령 우드로 윌슨이 제창한 '14개조'에 동의하였다. 14개조는 제1차 세계대전의 종결과 평화 정착을 위한 강화조약의 원칙으로 민족자결주의 원칙이 내용에 포함되어 있었다. 동맹국 정부는 동유럽의 민족들을 비롯한 모든 유럽 민족들의 독립을 기꺼운 마음으로 인정한다고 천명하였다. 독일과 오스트리아는 이간질을 할 좋은 기회가 왔다는 것을 알았던 것이다.

2월 23일 개최된 중앙위원회 회의에서 전쟁 문제에 대한 방침이 최종 결정되자 트로츠키는 분통을 터뜨렸다. 레닌의 여론 조성 작업이 승리를 거두는 순간이었다. 새로운 주장은 없었다. 다만 이제 독일이 더는 질질 끄는 상태를 용납하지 않겠다고 분명하게 밝힘에 따라, 이제까지 전쟁 수행을 주장해 오던 중앙위원회의 다수 세력이 붕괴하고 말았다. 표결 결과는 7대 4로 레닌의 승리였다. 트로츠키는 의견을 바꾸지 않고 기권표를 던졌다.[15] 그는 다시 한 번 단독 강화조약이 혁명 원칙을 배신하는 것이라고 고집스럽게 주장했다. 브레스트-리토프스크 협상에서도 물러나겠다고 했다. 다음 날인 2월 24일 그는 투쟁을 그만두고 새로운 외교 팀 구성 작업에 협조했다. 이미 당정책이 결정되었으므로 당 질서를 교란하지 않기로 한 것이다. 스탈린은 트로츠키의 이러한 수용적 태도를 환영했고 그에게 외무인민위원 직책에 며칠 더 머물러줄 것을 요청했다. 트로츠키는 이에 동의했다. 트로츠키는 좀 더 투쟁하고 싶은 유혹을 뿌리쳤다.[16] 무엇이 그를 멈춰 세웠을까? 그는 단합된 당이 존재할 때만 혁명 전쟁을 수행할 수 있다고 주장해 왔다. 이제 그런 방향의 정책은 명백하게 좌절되었다. 그래서 그는 중앙위원회의 권위에 복종하기로 한 것이다.[17]

트로츠키는 마지막 연설에서 자신이 여전히 도덕적으로 정당함을 강조했다. 강화조약에 반대하는 측이 이 논쟁에서 초기에 승리했다 하더라도 당내의 단합이 유지될 가능성은 결코 크지 않았다. 트로츠키는 미래에 역사적 판단이 내려질 때는 자신이 정정당당하고 순수해 보이기를 바랐다. 그는 자신이 믿는 바를 위해 싸웠고 그 싸움에서 패배했던 것이다.

강화조약은 1918년 3월 제7차 당대회에서 비준되었다. 볼셰비키 당이 당 명칭을 '러시아공산당(볼셰비키)'이라고 변경한 것도 바로 이 당대회에서였다. 레닌의 프롤레타리아 혁명 원칙에 반대하는 러시아와 다른 나라의 사회주의 정당들과 자기들을 분명하게 구별하기 위해서였다. 당대회에서 공산당 지도자들은 혁명을 결국에는 서쪽까지 확산시키겠다는 굳은 결의를 표명하기도 했다. 이 목표는 현재로서는 독일의 군사력이라는 장애물에 막혀 실현이 불가능했다. 소비에트 국가는 아직 위험에서 벗어나지 못하고 있었다. 강화조약 덕분에 동맹국 군대는 러시아를 침공하지 않았다. 하지만 1918년 3월에는 아무도 독일이 강화조약을 준수할 것이라고 확신하지 못했다. 실제로 독일군은 4월 들어 크림 반도 지역을 침공하였다.[18] 이는 브레스트-리토프스크 조약 위반이었다. 단독 강화조약을 강력하게 지지했던 스탈린조차 혁명 전쟁에 반대해 오던 것을 재고하는 지경에 이르렀다.[19] 어쩌면 볼셰비키가 페트로그라드와 모스크바를 적의 공격으로부터 방어하는 일이 벌어질지도 모르는 상황이었다. 만일 그런 일이 벌어진다면 트로츠키가 어느 편에 설지는 분명했다. 그는 기꺼이 동맹군에 맞서 싸울 것이다. 이때 상황을 레닌은 '숨을 돌릴 시간'이라고 불렀다.

트로츠키는 완전한 패배를 맛보았다. 1917년 10월과 11월에 그는 가장 실질적인 사고방식을 지닌 볼셰비키의 한 사람으로 활약하였지만, 브레스트-리토프스크 논쟁에서는 완전히 비현실적인 태도를 보였다. 결단을 내려야 할 순간이 온다면 결국 '전쟁도 아니고 평화도 아닌' 정책만으로는 충분하지 않으리라는 것을 트로츠키는 처음부터 잘 알고 있었다. 따라서 레닌이 보기에 트로츠키는 모든 사람의 시간을 낭비해버리고 만 셈이었다. 이보다 더 나쁜 것은, 러시아가 제대로 된 군사력을 보유하지 못한 상황이었는데도 트로츠키가 '혁명 전쟁'이 가능하다고 다른 사람들이 믿도록 만들었다는 것이었다. 독일 제국과 전쟁을 하게 되면 10월혁명에 파국이 닥칠 것이라는 사실을 인정했던 공산주의 좌파 인물들처럼, 트로츠키 역시 무책임했다. 트로츠키는 남의 말을 듣지 않는 사람이었다. 그는 다른 사람의 주장에는 귀를 기울이지 않았다. 사적인 대화에서도 혼자만 말하려 했다. 정치 집회 자리가 아니면 다른 당원들과 잘 어울리지도 않았다. 그는 급작스럽게 자신의 견해를 변경하곤 했으며 동료들에게 생각이 바뀌었음을 미리 알리는 따위의 행동에는 관심이 없었다. 게다가 그는 맹렬하게 자신의 견해를 방어했다. 그는 자신의 반대자에게 양보하는 것보다는 당을 완전히 뒤집어놓는 편을 거듭해서 택했다. 그의 견해가 혁명 체제를 강화하는 데 도움이 될 경우 트로츠키의 이런 특징은 강점으로 작용하였다. 하지만 그의 이런 열정은 자신이 추구하는 목적에 도움이 되기보다는 해가 될 때가 더 많았다.

1918년 9월까지 영국 외교부 대표단의 수장으로서 모스크바에 머물고 있던 로버트 브루스 록하트는, 브레스트-리토프스크 논쟁에서 어떻게 레닌이 트로츠키에 비해 심리적으로 우위를 차지할 수 있었는지 목격했다.[20] 두 사람 모두 당의 최고 지도자였지만 동등한 권위를 갖고 있었던 것은 아니었다. 트로츠키는 논쟁의 흐름을 끌어낼 줄 알았다. 그는 레닌을 상대로 투쟁을 이끌 수 있었고 1920년과 1921년 사이에는 투쟁을 아주 멋들어지게 해냈다.[21] 하지만 트로츠키에게는 깊은 자기 확신에 기반을 둔 목적의 확고함이 부족했다. 그는 고함을 칠 뿐이었다. 또한 집요하게 논쟁의 불을 지필 뿐이었다.

트로츠키는 마치 소비에트 정부뿐 아니라 자신의 정치 인생조차 자신의 제안이 성공하는가 아닌가에 달린 것처럼 행동했다. 그러나 그는 자신이 레닌을 대신할 수 없다는 것을 알게 되었다. 지난 일 년 동안 그의 동료였던 레닌이 이제 거의 모든 볼셰비키의 확고한 지지를 받고 있다는 것을 깨달았기 때문만은 아니었다. 트로츠키는 1902년과 1903년 이래 처음으로 레닌을 아주 가까운 거리에서 관찰할 수 있었다. 그는 레닌의 지적 능력과 실천 능력을 높이 평가했다. 레닌의 의지력도 실감했다. 레닌에게 사적인 허영심이 없다는 사실에도 매력을 느꼈다. 마치 트로츠키가 레닌과 팔씨름을 하다 결국 힘의 대결에서 패배하고 만 것 같았다. 레닌은 승리하는 데 익숙했기 때문에 승리를 뽐내고 싶은 유혹을 이겨냈다.

하지만 트로츠키는 외무인민위원 자리에 머물러 있기를 거절했다. 만일 그 자리에 계속 있으면 브레스트-리토프스크에 가서 강화조약에 서명해야 될 터였다. 트로츠키는 무대 위에 서는 것을 무척 좋아하는 사람이었다. 그는 정치 무대 위에 올라가 성큼성큼 걸어다니는 것을 무척 좋아했지만, 레닌조차 '더러운 평화'라고 부르는 것에 자신의 이름을 올리는 것을 영상이나 사진으로 찍히고 싶지는 않았다. 그는 또한 외무인민위원부라는 조직을 책임지고 싶지 않았다. 자발적으로 이 직무를 수행할 사람은 찾기 어려웠다. 외무인민위원 자리는 결국 그리고리 소콜니코프에게 돌아갔다. 강화조약 체결의 결정을 추진한 장본인인 레닌조차 브레스트-리토프스크에 가야 하는 이 직무를 떠맡지 않고 옆으로 비켜섰던 것이다.

23장

러시아 내전

러닌과 트로츠키는 왜 내전을 원했나?

레닌은 다시 함께 일할 수 있도록 신속하게 트로츠키를 끌어당겼다. 그는 트로츠키에게 군사인민위원을 맡아 달라고 요청했다. 이 아이디어를 처음 낸 사람은 트로츠키의 오랜 동료인 아돌프 이오페였다. 이오페는 당시 페트로그라드에 남아 있던 중앙위원회 구성원들의 동의를 얻어냈다. 또 레닌에게 편지를 써서 10월혁명 기간에 트로츠키가 군대를 맡아 일할 수 있는 능력을 증명해 보였다고 주장했다.[1] 레닌도 동의했다. 하지만 트로츠키는 망설였다. 인민위원회의에 남아서 일할 의사는 있었지만 유대인인 자신이 적군(赤軍)을 지휘하는 것은 정치적으로 현명하지 못한 처신이라고 생각했다. 내무인민위원을 맡지 못하겠다고 할 때와 같은 이유였다. 그는 이번 제안을 강하게 마다했다. 하지만 레닌이 끈질기게 권유하여 결국 트로츠키는 며칠간 특별한 직책이 없는 시기를 보낸 뒤 다시 인민위원회의에 들어갔다. 임명은 1918년 3월 14일에 이루어졌다.[2]

레닌만큼이나 트로츠키도 마음을 놓았다. 트로츠키는 이미 10월혁명에서 지도적인 역할을 수행한 경험이 있었다. 혁명 국가는 이미 건립되었다. 만일 그가 소비에트 정부를 떠난다면 영향력을 발휘하고 싶어도 더는 갈 곳이 없는 상황이었다. 트로츠키는 볼셰비키 곁에 남을 방도를 찾아야 했다. 나중에는 그러기가 매우 어려워지게 되지만, 그때는 비교적 쉬웠다. 동맹국과 강화조약이 체결되었지만 독일이 조약을 폐기하고 갑자기 소비에트 영토로 밀고 들어오지 않으리라고는 누구도 확신할 수 없었다. 독일이 침공하면 레닌은 좋든 싫든 '혁명 전쟁'을 수행할 수밖에 없을 것이었다. 한편 독일군이 북부 프랑스 지역에서 패퇴한다면, 러시아는 강화조약을 폐기하고 다시 일어설 수 있을 것이었다. 레닌과 스탈린조차 이 평화협정을 임시 조치로 여겼다. 트로츠키에게는 아직 외교 정책과 군사 정책에서 자신이 완전히 패배한 것은 아니라고 생각할 이유가 있었다. 가까운 미래에 어떤 일이 일어날지는 아무도 몰랐다. 군사인민위원부를 맡음으로써 트로츠키는 군사 조직을 새로 구성할 기회를 얻었으며, 그럼으로써 장차 '유럽의 사회주의 혁명'을 촉진할 기회가 생긴다면 그 기회를 활용할 수 있게 되었다.

군사 업무를 맡기에 트로츠키의 자격 조건이 아주 훌륭한 편은 아니었다. 그는 1914년 이전에 발칸 지역에 가서 전쟁 상황을 보도한 경험이 있으며 제1차 세계대전 중인 1915~1916년에는 파리에 살면서 전쟁의 파급 효과를 관찰하기도 했다. 또한 10월혁명의 권력 장악 준비를 위해 군사혁명위원회를 통해 페트로그라드에서 수비대의 활동을 조직하기도 했다. 그는 사냥하러 나가서 총을 쏠 줄은 알았다.

하지만 트로츠키는 개의치 않았다. 그는 적군이 현재 완전히 엉망이라는 것을 알고 있었으며 그 사실을 누구에게든 거리낌 없이 솔직하게 말하곤 했다. 소비에트 군대의 창설이 발표된 것은 1918년 2월 23일이었다. 이 군대를 처음 지휘한 사람들은 볼셰비키로서는 훌륭했지만 군대를 조직하는 능력은 전혀 없었다. 소비에트 정부를 위해 기꺼이 복무하려는 군사 지휘관들이 있었지만 이들과 연결하는 작업은 허술하게 진행되었다. 종이 위에서는 계획이 끝없이 세워졌지만 과거의 러시아 군대는 탈영과 인민위원회의가 추진한 징집 해제로 자취를 감춘 것이 현실이었다. 트로츠키는 군대를 준비하는 과정에 새로운 긴박감을 주었다. 그가 늘 발휘하는 특기였다. 그는 언제나 자신이 맡은 기관이 소비에트 국가의 생존과 번영에 결정적인 역할을 수행하는 것처럼 행동했다. 적군(赤軍)의 상황을 신속하게 파악한 그는 경험 있는 군 장교를 적군으로 유인하는 방향으로 정책을 바꿨다. 트로츠키는 케렌스키가 군대 내의 각 지휘 단계마다 정치위원을 파견했던 정책을 그대로 시행하기로 했다. 군 장교와 정치위원이 나란히 한 쌍이 되어 일하게 되었다. 군 장교는 군사적 전문 기술을 공급하고, 정치위원은 군 장교의 충성심을 감독하면서 동시에 병사를 상대로 하여 선전 작업을 했다. 트로츠키는 새로운 군대의 병사를 모집해 훈련하고, 이들에게 필요한 물자를 공급하고, 이들을 각지에 배치하는 일을 배워 나갔다.

트로츠키는 서방 연합국 대표들과 계속 대화를 했다. 독일과 단독 강화조약을 맺은 지 불과 이틀 뒤인 3월 5일에 트로츠키는 미국인들에게 만일 인민위원회의가 독일과 전쟁을 하기로 결정할 경우 도와줄 것인지 물었다.[3] 볼셰비키는 러시아가 다른 국가의 도움 없이 전쟁을 벌일 수 없다는 것을 잘 알고 있었다. 트로츠키는 브레스트-리토프스크 조약이 잘못된 것이라고 믿고 있었기 때문에 연합국과 접촉을 유지하는 데 많은 신경을 썼다. 그는 독일에 대한 군사 작전을 재고할 용의가 있었다. 모스크바에 주재한 연합국 외교관과 군 장교들은 트로츠키의 이런 생각을 잘 알고 있었기 때문에 기꺼이 그와 대화를 나누었다. 트로츠키와 인민위원회의 동료들에게는 서방 연합국의 러시아 침공을 미연에 방지한다는 계산도 있었다. 러시아에 대한 연합국의 무력 간섭이 발생할 가능성이 1918년 3월 이후 뚜렷이 드러났다. 영국이 러시아 북부의 아르한겔스크로 군대를 파견한 것이다. 공식적으로는 러시아 내에 있는 영국 군수 물자를 보호하겠다는 이유를 내세웠다. 프랑스는 작은 함대를 보내 오데사에 병력을 상륙시켰다. 인민위원회의는 공포에 휩싸였다. 군사인민위원부를 맡은 트로츠키와 외무인민위원부를 맡은 치체린은 러시아가 독일의 요구에 순응한 것은 결코 영속적인 정책이 아니라는 점을 연합국에게 확실히 밝혔다. 하지만 인민위원회의가 연합국과 한편이 된다 하더라도 볼셰비키가 국제 사회주의 혁명이라는 목표를 포기하는 것은 결코 아니라는 점은 말하지 않았다.

트로츠키는 영국의 로버트 브루스 록하트, 프랑스의 자크 사둘, 미국의 레이먼드 로빈스와 맺은 친분을 활용하여 러시아 군대를 재조직하는 데 연합국의 도움을 받을 방안을 모색했다.(트로츠키는 독일의 외교관과 정보원들이 불안해하는 것을 분명 즐겼을 것이다.) 그는 록하트를 자신의 관용차에 태우고 모스크바 이곳저곳으로 데리고 다니면서 독일의 침공에 대비하여 적군을 배치할 준비가 되어 있음을 설명했다.[4] 트로츠키는 또한 영국의 특별정보부(Special Intelligence Service, 얼마 후 비밀정보부Secret Intelligence Service로 불리게 된다) 소속인 G. A. 힐(G. A. Hill) 대위의 전문 지식을 활용하여 적군의 공군을 어떻게 조직해야 하는가에 대한 조언을 들었다.[5] 트로츠키는 회고록에 이런 사실을 전혀 언급하지 않았다. 회고록을 쓸 무렵 그는 1918년에 자신이 연합국과 관계가 있었다는 사실을 밝힐 수 있었다. 과거에 소비에트를 배신한 적이 있다고 비난받을 우려가 있었기 때문이었다.

트로츠키가 신변에 위험이 닥칠 수 있는 상황에서도 극히 용감하게 행동했다는 것은 의심의 여지가 없다. 록하트의 회고에 따르면, 한번은 군사인민위원부 건물 밖 광장에 크론시타트 수병들이 몰려온 일이 있었다. 수병들이 급료와 복무 조건에 불만을 터뜨리며 소리치자 분위기가 험악해졌다. 군사인민위원부에서 일하던 관리들은 공포에 사로잡혔다. 크론시타트 수병은 바로 임시정부를 무너뜨리는 데 큰 공을 세운 집단이었다. 트로츠키는 이들과 직접 담판을 짓는 단호한 결의를 보여주었다. "그의 눈은 분노로 불탔다. 그는 혼자 밖으로 뛰어나가서 수병들을 꾸짖었다. 15분 뒤 그는 수병들을 마치 매맞은 똥개 같은 모습으로 쫓아버렸다."[6] 자신에게 치명적인 위해를 가할 수도 있었던 성난 수병들에게 열변을 토할 수 있었던 트로츠키는 진정한 지도자였다. 그는 부하들의 불복종을 전혀 용납하지 않았다. 어린 시절부터 그는 아버지가 농장 일꾼을 부리는 것을 보고 자랐다. 트로츠키는 아버지와 같은 종류의 사람이었다. 이에 더하여 그는 인민을 위해, 그리고 인민의 이름을 걸고 권력을 장악했으므로 인민으로부터 최대한 협조를 받아 마땅하다고 믿는 혁명가였다. 그들이 자신을 실망시킬 때마다 트로츠키는 그 사실을 그들이 알게끔 했다. 그는 '대중'에게 엄격한 지도력을 발휘해야 한다는 것을 행동의 전제로 삼았다.

적군을 새로 모집하고 훈련시키는 일은 매우 힘들었다. 그해 여름이 될 때까지도 그 일은 완료되지 않았다. 그때 일련의 비상 상황이 인민위원회의를 뒤흔들었다. 트로츠키는 첫 번째 비상 상황에서 확실한 역할을 수행했다. 연합국과 한 합의에 따라 그는 러시아 땅에 붙잡혀 있던 체코 출신 전쟁 포로들이 러시아를 떠나는 것을 허용했다. 그들은 프랑스로 이동하여 독일군과 싸울 예정이었다. 시베리아 횡단 열차를 타고 태평양 연안까지 이동하는 것이 여정의 첫 단계였다. 열차를 타고 가던 도중, 소지한 무기를 내놓으라는 트로츠키의 명령이 이들에게 전해졌다. 체코 병사들은 트로츠키가 약속을 저버리고 자기들을 배신하려 한다고 오해했다. 사실 트로츠키는 체코 병사들이 자신을 비방할지 모른다는 생각에 예방 조치를 취한 것이었다. 이리하여 1918년 5월 말에 첼랴빈스크에서 체코 병사들의 반란이 시작되었다. 무기를 잘 갖춘 데다 전투 경험도 많은 그들은 러시아 쪽으로 열차를 되돌렸다. 러시아 동남부 볼가 강변에 위치한 사마라에 도착한 이들은 '코무치(Komuch)'라는 조직으로 들어갔다. 코무치

는 1918년 6월 사회혁명당이 세운 반(反)볼셰비키 정부였으며, 제헌
의회 선거에서 사회혁명당이 다수표를 얻었다는 사실에 정통성의 기
반을 두고 있었다. 코무치와 인민위원회의의 군사적 충돌이 시작되
었다. 체코 병사들과 맞붙은 적군은 힘없이 무너져버렸으며 볼가 강
유역 전체를 사회혁명당이 장악했다. 여기저기서 조금씩 기미를 보
이던 내전(內戰)이 본격적으로 시작되었다.

　외교 정책과 군사 정책을 놓고 논쟁을 벌일 여유가 없었다. 레닌
과 트로츠키는 다시 힘을 합쳤다. 레닌의 정책이 더욱 급진적인 성
향을 띠게 됨에 따라 공산주의 좌파는 당의 이념적 핵심이 다시 살
아났다고 확신하게 되었다. 모든 볼셰비키가 서로를 위해 함께 싸우
고 있었다. 볼가 강 지역에 비상 상황이 발생함에 따라 볼가 강 지
역에서 생산되는 곡물이 러시아의 중앙부와 북부 지역으로 공급되
지 못하게 되었다. 이런 상황을 타개하기 위해 인민위원회의는 '식
량 독재'를 도입하였다. 식품을 사적으로 거래하는 것은 모두 형
법상 범죄 행위로 취급되었다. 농촌 지역으로 무장 부대가 파견되
어 곡물을 징발했다. 농민과 충돌하는 일이 잦아졌다. 인민위원회
의가 독일과 강화조약을 맺은 이후 사회혁명당 좌파는 인민위원부
의 여러 고위직에서 물러났지만, 그때까지도 업무 수행에 임하고 있
었다. 러시아와 동맹국의 전쟁을 촉발하려는 목적에서, 야코프 블륨
킨(Yakov Blyumkin, 1898~1929)이 지도하는 사회혁명당 좌파 그룹
이 7월 9일에 독일 대사인 빌헬름 폰 미르바흐(Wilhelm von Mirbach,
1871~1918)를 암살하려고 준비했다. 같은 주에 모스크바에서 제5차
소비에트 대회가 열리는 동안 사회혁명당 좌파 전체는 인민위원회의
에 대항하는 반란을 일으켰다. 볼셰비키는 모든 힘을 다 모아 이들
과 전투를 벌였다. 라트비아 소총 연대 역시 볼셰비키 측에 가담했
다. 사회혁명당 좌파의 반란은 진압되었다.

　6월 6일 트로츠키는 모스크바 시내 동쪽의 소콜니키에서 열린 공

개 집회에 참석하여 곡물의 자유 거래를 다시 허용해야 한다고 촉구하는 사람들을 격렬하게 비판했다. 그는 모스크바와 페트로그라드의 식량 공급 사정이 나쁘다는 것을 인정했다. 그리고 다른 지방의 식량 사정은 더 나쁘다는 것도 인정했다. 하지만 유럽의 사정은 더 심각하다고 역설했다. 청중들에게 최근의 정부 통계 자료를 수없이 인용해 보이면서 트로츠키는 러시아에 충분한 양의 곡물이 있다고 선언했다. 문제는 이 곡물을 도시로 가져오는 일이었다. 국가의 곡물 독점 체제를 처음 도입한 것은 볼셰비키가 아니라고 그는 강조했다.(하지만 어째서 그런 독점이 여전히 필요한지는 설명하지 않았다.) 또한 곡물을 사들일 때 더 높은 가격을 책정하는 데 반대했다. 그런 조치를 취하면 이득을 보는 사람은 '투기꾼'과 '쿨라크'*뿐이라고 그는 분명히 말했다. 트로츠키는 이런 용어가 구체적으로 누구를 가리키는지 규정하지 않았다. 동료 공산당원들이 모두 그러했듯이 트로츠키 역시 상인과 투기꾼을 동일한 존재라고 생각했다. 그리고 볼셰비키가 말하는 쿨라크 역시 해당 지역의 보통 농민들과 비교하여 부유한 농민이면 누구나 해당됐다. 트로츠키는 국가의 곡물 독점 체제를 폐기하여 도시 지역으로 더 많은 곡물이 공급될 경우 왜 경제적인 문제가 발생하는지는 설명하지 않았다. 정부가 비축하고 있는 직물은 오직 농촌의 빈농에게만 배급되어야 한다고 그는 주장했다. 곡물을 몰래 쌓아 두고 있는 부유한 농민들에 맞선 강력한 투쟁이 필요하다고 선언하면서, 트로츠키는 그들을 10년의 강제 노동형에 처해야 한다고 주장했다.[7]

트로츠키는 공산주의의 궁극적인 목표에 대한 자신의 전망을 언급했다. "우리는 이 지구상에 인민을 위한 진짜 낙원을 건설하기를 원한다고 말씀드리고 싶습니다."[8] 레닌이라면 아마도 이런 말투를

쿨라크(Kulak) 러시아 제국 말기부터 소비에트 정권 초기까지 농촌의 비교적 부유한 농민, 즉 부농을 이렇게 불렀다.

지나치게 부드러운 태도라고 생각했을 것이다. 하지만 레닌이 트로츠키를 약간 우려했더라도 그 우려는 코무치에 대한 군사 작전에서 보여준 트로츠키의 행동에 의해 말끔히 가셨을 것이다. 볼가 지역에 도착한 트로츠키는 군 지휘관과 정치위원을 집합시켰다. 적군이 현재 매우 어려운 상황에 빠져 있지만 규율과 결의를 확실히 보여준다면 승리가 가능하다고 트로츠키는 말했다. 승리하고자 한다면 적군은 온몸을 내던져 싸워야 할 것이었다. 그때까지 적군은 사기도 약했고 군대 내의 상호 협조 관계도 허술했다. 현장에 모습을 나타낸 트로츠키는 상황을 호전시켰고 스비야즈스크에서 더 후퇴하지 않고 전선을 지키며 카잔을 탈취할 계획을 세웠다.

트로츠키는 조급해진 레닌의 전보를 받았다. 레닌은 적군의 작전에 불만을 표하면서 카잔이 완전히 파괴되더라도 즉각 포격을 시작하라고 요구했다. 적들은 '무자비한 파괴'로 고통을 당해야 했다.[9] 트로츠키는 코무치 군대의 포병대 화력은 적군보다 약간 약한 정도라고 답했다. 사실은 적군의 포병 수준이 더 열악했다. "내가 카잔에 피해를 주지 않으려고 한다는 비난은 정당하지 않다."고 트로츠키는 레닌에게 확언했다.[10] 트로츠키가 처음으로 군사 행동을 취한 것은 볼가 강 건너편에 위치한 스비야즈스크에서였다. 그는 병사들을 소집하여 군중 집회를 열어 10월혁명이 위협받고 있다고 말했다. 노동자와 농민의 권력을 반드시 수호해야만 했다. 적군 내에는 여전히 혼란이 만연해 있었다. 적군의 최고 지휘관 중 미하일 무라뵤프(Mikhail Muravëv, 1880~1918)는 사회혁명당 좌파 출신이었는데 한 무리의 병사들을 데리고 탈영해버렸다. 하지만 트로츠키는 사기가 떨어지는 것을 결코 그냥 보고 있지 않았다. 권총을 손에 들고 전선을 순회하면서 그는 코무치 군대에 대한 공세가 더 강력해지도록 독려했다. 적군은 8월 28일 스비야즈스크를 확보했다. 카잔을 함락한 것은 9월 10일이었다. 적군이 거둔 첫 승리였다. 트로츠키는 모스크바에서 칭송의 대상이 되었다.

하지만 이 즈음 발생한 사건 때문에 트로츠키는 오랫동안 정치적 타격을 입게 된다. 사건은 제2누메르니 페트로그라드 연대의 정치위원이었던 판텔레예프(Panteleev)라는 자에 얽힌 일이었다. 스비야즈스크 전투가 적군 측에 불리하게 돌아가고 있다고 판단한 판텔레예프는 부하들과 함께 기선을 한 척 징발하여 강을 거슬러 올라가 니즈니노브고로드로 탈출하려 했다. 하지만 다른 적군 병사들이 배에 올라 탈주자 일행을 체포했다. 트로츠키는 즉결 처형을 명령했다.[11] 처형이 집행되자마자 적군에 복무하던 볼셰비키들 사이에서 트로츠키에 대한 비판의 목소리가 커지기 시작했다. 판텔레예프는 볼셰비키였다. 많은 당원들의 눈에는, 볼셰비키당에 들어온 지 겨우 일 년밖에 되지 않은 트로츠키가 넘지 말아야 할 무서운 선을 넘은 것으로 보였다. 이들은 볼셰비키라면 굳게 단결해야 하지 않느냐고 주장했다. 적군 내에서 진짜로 해로운 존재는 볼셰비키 정치위원들이 아니라 제국 군대에 복무했다가 지금은 적군에서 복무하는 군 장교들이었다. 트로츠키가 당보다 이 장교들을 더 좋아한다는 의혹이 불길처럼 일었다. 하지만 레닌은 개의치 않았다. 레닌은 군사인민위원 트로츠키가 모습을 보이기만 해도 병사들의 사기가 올라간다고 믿었다. 레닌은 트로츠키에게 전선을 다시 한 번 방문하여 적군 병사들과 직접 접촉하고 그들에게 연설을 하라고 지시했다.[12] 레닌은 인민위원회의 의장으로서 모스크바에 있었지만 자신이 아는 범위를 넘어선 구체적 사안에 대해 조언하는 데 아무런 거리낌도 느끼지 않았다. 트로츠키도 그것을 상관하지 않았다. 수도에서 날아오는 전보에는 긴박하고 무자비한 분위기가 깃들어 있었는데, 그것은 이미 트로츠키가 품고 있는 느낌이었다. 레닌의 전보는 또한 트로츠키 자신이 존중받고 있다는 것을 보여주는 증거이기도 하였다.

레닌과 트로츠키의 이러한 협조 관계는 8월 30일에 발생한 사건으로 끝날 뻔했다. 모스크바에 있는 미헬슨 공장 밖에서 한 암살자가 레닌에게 총을 쏘았다. 큰 부상을 입은 레닌은 크렘린 궁으로 실려 와서 치료를 받았다. 스베르들로프가 소비에트 정부와 볼셰비키 당 사이의 업무 조정 역할을 떠맡았다. 스베르들로프가 트로츠키에게 편지를 썼다. "즉시 돌아올 것. 일리치(레닌)가 부상당했으며 상태가 얼마나 위험한지 확실히 알 수 없음. 절대 안정이 필요함."[13] '적색 테러'가 선포되었다. 이 작업은 레닌이 1917년 12월에 설립한 정치경찰이 수행할 예정이었다. 이 경찰 조직은 '전러시아 비상위원회'라는 이름이었는데 보통 러시아어 약칭인 '체카(Cheka)'로 불렸다. 체카의 수장 펠릭스 제르진스키는 반소비에트 음모를 분쇄하는 데 정확하면서도 무자비한 솜씨를 발휘하여 이름을 날렸다. 레닌 암살 시도가 있은 뒤 체카는 중간계급과 상류계급에서 수천 명을 붙잡아 감옥에 집어넣었다. 그 가운데 일부는 즉시 총살형에 처해졌으며 일부는 볼셰비키의 적대 세력이 요인 암살을 기도할 경우를 대비해 인질로 억류되었다. 트로츠키는 '적색 테러'를 전적으로 지지했으며 긴요한 업무를 완수하자마자 레닌을 보러 모스크바로 돌아왔다. 모스크바 남동쪽 고리키 시(市)에 있는 요양원에서 레닌은 트로츠키와 만났다. 트로츠키가 들려주는 이야기에 레닌은 즐거워했다. "왜 그런지 그가 조금 다른 눈으로 나를 쳐다보는 것 같았다. 다른 사람이 자신의 어떤 면을 드러내 보일 때면 레닌은 '사랑에 빠지는' 버릇이 있다. 무언가에 열중하면 그는 이렇게 '사랑에 빠진' 듯한 모습을 보인다."[14] 레닌이 실제 그런 버릇이 있었는지 어떤지는 정확하게 알 수 없으나 이런 문장은 레닌보다는 트로츠키에 대해 더 많은 것을 말해준다. 동료 혁명가들에게 좀처럼 감정을 드러내지 않았던 그가 레닌에 대해서는 이런 말을 하고 있기 때문이다.

한편, 트로츠키가 정확하게 서술했을 것이라고 우리가 믿을 만한 것은 레닌이 내린 결론이었다. "게임은 우리가 이겼습니다. 군대에서

1919년 모스크바의 붉은광장을 걷는 군사인민위원 트로츠키. 군사 지휘자로서 트로츠키의 모습을 잘 보여주는 사진이다.

질서를 확립할 수 있다면 우리는 그 어느 곳에서도 그렇게 할 수 있을 것입니다. 질서가 잡힌 혁명은 누구도 침해할 수 없을 것입니다."[15) 레닌과 트로츠키는 10월혁명의 적대 세력에게 다시는 재기할 수 없을 정도의 타격을 가하고 싶었고, 따라서 내전을 원했다. 두 사람 모두 그런 말을 공개적으로 한 적은 없었다. 하지만 1918년 8월 17일 트로츠키가 레닌에게 보낸 비밀 전보는 두 사람의 태도를 이렇게 요약했다.

기선들이 적십자 깃발을 게양하고 (볼가 강을) 항해하는 것은 허용할 수 없다고 생각합니다. 사기꾼과 바보들이 곡물을 받게 되면, 그들은 양측 사이에 합의가 이루어질 수 있으며 내전이 불필요해질 가능성이 있다고 오해할 것이기 때문입니다. 그런 조치가 군사적으로 무슨 의미가 있는지 저로서는 도저히 알 수가 없습니다. 공군 조종사와 포병들에게 카잔의 부르주아 구역을 포격하여 불을 지르라는 명령을 내렸습니다. 카잔 다음에는 심비르스크가 될 것이며 그다음은 사마라

트로츠키
·
396

입니다. 이런 상황에서 적십자의 기선 행렬은 적절하지 않습니다.[16]

트로츠키는 주저하는 태도로 전투에 임한 것이 아니었다. 그는 인도주의적 고려 사항은 신경 쓰지 않았으며 폭력적인 수단을 동원하여 정치 혁명을 더욱 심화했다. 레닌 역시 마찬가지였다. 부상에서 회복 중이던 레닌은 '프롤레타리아 혁명과 배신자 카우츠키'라는 제목의 글을 썼는데, 그 글에서 그는 마르크스의 교리가 무장봉기와 계급독재의 필요성을 규정하고 있다고 주장했다.[17]

적군 내의 정치 통제 시스템을 확고히 한다는 목적으로 '공화국혁명군사평의회(RVSR)'가 9월 2일 창설되었다. 의장에 트로츠키, 부의장에 에프라임 스클랸스키(Ephraim Sklyansky, 1892~1925)가 임명되었다. 적군의 각 위계에 배치된 군 지휘관과 정치위원의 관계를 조정하고, 각 전선에 설치된 '혁명군사평의회'의 업무를 통괄하는 권한을 보유한 기관이었다. 당 최고 지도자들이 공화국혁명군사평의회와 군사인민위원부 사이에 제도적 충돌이 일어나지 않기를 바랐으므로, 평의회 의장으로 다른 사람이 아닌 트로츠키를 지명한 것은 당연한 선택이었다.[18] 공화국혁명군사평의회의 권한이 세밀하게 규정되어 있지는 않았다. 그러나 레닌은 많이 걱정하지 않았다. 레닌은 트로츠키의 업적을 높이 평가했기에 구체적인 내용은 트로츠키가 차차 만들어낼 것이라고 믿었다.

레닌의 이런 생각을 당 지도부 전체가 공유하지는 않았다. 스탈린은 트로츠키가 10월혁명을 파멸로 이끌기 전에 그의 행동을 통제할 수 있는 '고삐'를 마련해야 한다고 촉구했다. 스탈린에게 차리친으로 가서 남부 전선의 정치적 지휘권을 장악하라는 명령을 내린 사람은 원래 트로츠키였다.[19] 차리친은 카잔에서 볼가 강을 따라 약 950킬로미터 내려간 곳에 있는 도시다. 트로츠키는 이 명령을 내린 것을 곧 후회했다. 스탈린이 마치 자신이 법인 양 마음대로 행동했기 때문이었다. 트로츠키는 또한 자신이 카잔에서 훈련시킨 군대에 비하여 남부 전선의 군대가 강하지 못하다고 주장했다.[20] 스탈린은 순수하게 군사적인 문제에까지 결정권을 행사함으로써 문제를 더욱 악화시켰다. 그는 혁명군사평의회를 조직하여 볼가 강 유역 차리친에서 모든 군사 작전을 지휘하였다. 스탈린의 활동이 트로츠키와 총사령관 바치에티스(Jukums Vācietis, 1873~1938)가 세워놓은 중앙 지휘부의 계획과 충돌을 일으키기까지는 오랜 시간이 걸리지 않았다. 트로츠키는 스탈린의 이러한 불복종 행위에 반대했다. 스탈린은 현장에 있는 것은 자신이기 때문에 전선 부근 지역에서 일어나는 복잡한 난제들을 해결해 나갈 권한을 자신이 갖는 것이 마땅하다고 반박했다. 1918년 10월 4일 더는 참을 수 없었던 트로츠키는 레닌에게 전보를 보냈다. "나는 스탈린의 해임을 절대적으로 요구합니다."[21]

당시의 전쟁 상황에서 과연 어느 편이 옳은지 쉽게 결정 내릴 수는 없었다. 스탈린과 트로츠키는 서로를 격하게 비난하는 서신을 수없이 주고받았고 서신을 복사하여 중앙위원회에도 한 부씩 보냈다. 레닌과 스베르들로프의 희망은 두 사람이 마음을 진정하고 사이좋게 협력해 나가는 것이었다. 하지만 곧 조직 문제 때문에 야기된 혼란의 악영향에 대한 보고가 모스크바까지 흘러들어오기 시작했다. 상부의 명령을 따르지 않는 스탈린의 행동은 전쟁 수행 전체에 해를 끼치고 있었다. 스베르들로프는 타협안을 모색하려고 스탈린을 찾아갔지만 그 이전부터 스탈린의 말투에는 신경질적인 기질이 명백했다. 더 심각한 문제는, 스탈린이 채택한 위험한 전략 때문에 막대한 군사적 손실이 발생하고 있다는 사실이었다. 레닌은 점차 트로츠키 쪽으로 기울었다. 스탈린은, 당의 공식 정책을 비판하는 당내 세력에게 조용하게 지지를 보내는 것으로 대응했다. 심지어 레닌조차 얼마나 많은 제국 군대 출신의 군 장교들이 적군 안으로 들어왔는지 제대로 알지 못하고 있었다. 스탈린이 군사 작전을 마치 개인 사업처럼 진행하는 동안, 트로츠키는 니콜라이 2세의 군대에 복무했던 경험 많은 군 장교들을 받아들여 지휘 계통을 지속적으로 강화하고 있었다. 트로츠키가 정부 정책에 어긋나는 행동을 하고 있던 것은 아니었다. 하지만 그는 이런 작업을 매우 큰 규모로 진행하였으며 그 규모에 대해서는 중앙위원회에 보고하지 않았다.

트로츠키는 레닌에게 과거 제국 군대의 장교들이 지닌 전문성을 활용하지 않으면 적군이 무너지고 말 것이라고 설명했다. 레닌은 트로츠키를 지지하기로 결정했다. 하지만 트로츠키는 당에서 점점 더 큰 문제에 직면하게 되었다. 판텔레예프 처형 사건이 끈질기게 트로츠키를 괴롭혔다. 트로츠키가 군대를 지휘하는 방식이 지나치게 처형에 의존한다는 비판 여론이 일었다. 군대 내 규율을 확고하게 다잡기 위해 폭압적인 수단을 사용하는 데에는 스탈린 역시 트로츠키 못지않게 무자비했다. 하지만 스탈린은 정치위원들을 위협하는 행동은 삼가 왔다. 정치위원 대다수는 볼셰비키당의 투사들이었다. 트로츠키가 적군에서 정치위원을 질책하거나 이들에게 엄중한 경고를 할 때마다 볼셰비즘에 대한 트로츠키의 태도를 우려하는 분위기가 강해졌다. 스탈린이 나서서 트로츠키에 대한 반대 여론을 부추기고 조정할 필요도 없었다. 이미 6월에 트로츠키의 지휘 방식을 격렬하게 비난하는 움직임이 있었다.[22] '군사반대파'라고 불린 이들은 누군가 일부러 자극해서 나타난 세력이 아니었으며 다양한 견해를 지닌 볼셰비키 당원들로 이루어진 무리였다. 군 장교가 아니라 당 지도자가 적군을 이끌어야 한다고 주장하는 사람들도 있었다. 어떤 사람들은 군 지휘관을 선거로 뽑아야 한다는 주장을 내세웠다. 또 어떤 사람들은 중앙집중적인 군사 조직을 탈피하는 것이 바람직하다고 주장했다. 여하튼 이 모든 사람들이 동의하는 한 가지는, 볼셰비즘과 10월혁명의 가치에 트로츠키가 심각한 위협이 된다는 것이었다.

이 문제가 폭발하는 지경까지 가지 않았던 이유는 1918년의 마지막 2개월 사이에 볼셰비키가 지난 여름의 코무치보다 더 강력한 군사적 위협에 직면했기 때문이었다. 서부 시베리아의 옴스크에서 콜차크(Aleksandr Kolchak, 1874~1920) 제독이 반볼셰비키 군 장교들을 결집했다. 볼가 지역에서 패퇴한 후 이곳으로 도망을 와 있던 사회혁명당 당원들에게 콜차크는 자기 부대가 그들과 협력하여 싸워주겠다고 제안했다. 하지만 모든 종류의 정치인을 경멸했던 콜차크와 동료 군 장교들은 1918년 11월에 자기들만의 '지휘부'를 세웠다. 콜차크는 스스로 '전러시아 최고 통치자'라 칭하고 영국의 물자 지원을 받으며 우랄 산맥을 향해 서쪽으로 진격하기 시작했다. 이리하여 러시아 내전에 새로운 전선이 형성되었다. 콜차크는 처음으로 등장한 '백군(白軍)'을 이끌었다. 적군의 국제주의에 맞서, 이들은 순수함과 애국심을 표방하는 흰색을 자신들의 상징으로 삼았다.

트로츠키는 이런 적의 공격을 격퇴해야 할 볼셰비키들이 과연 제대로 된 역량을 갖추고 있는가를 수개월 동안 우려해 왔다. 트로츠키의 비판을 듣고 당의 고위급 지도자들인 이바르 스밀가(Ivar Smilga, 1892~1938)와 미하일 라셰비치(Mikhail Lashevich, 1884~1928)가 레닌에게 불만을 표시했다. 두 사람은 스탈린과 친한 사람들도 아니었다. 트로츠키는 이 사람들의 문제 제기를 '아양 떠는 것(coquettishness)'이라고 조롱했다. 이 말은 세계대전 이전에 트로츠키의 반대자들이 트로츠키가 자신의 혁명적 신념을 양보하지 못하겠다고 과시하고 다닌다면서 그에게 종종 쓰던 표현이었다. 이제 트로츠키가 자신을 비판하는 사람들에게 실질적이고 진지한 태도가 결여되어 있다고 지적하고 있었다. 브레스트-리토프스크 논쟁 당시 공산주의 좌파에 속했던 인물로서 레닌의 입장에 반대했던 스미르노프(Ivan N. Smirnov, 1881~1936)는 적군 내에 위계 질서를 수립하는 것이 당의 동지적 분위기를 해친다고 주장했다. 레닌에게 반대하리라고 더 확실하게 예상할 수 있었던 사람들은 '차리친 그룹'이었다. 차리친 그룹은 트로츠키를 전형적인 권위주의자라고 비난했다. 나중에 트로츠키는 이들이 맹아 단계의 스탈린주의자들이었다고 비난하지만, 사실이 그룹의 한 사람인 세르게이 미닌(Sergei Minin)은 공산주의 좌파였으며 또한 스탈린의 당내 동료였던 클리멘트 보로실로프(Kliment Voroshilov)조차 스탈린을 모든 면에서 지지했던 것은 아니었다. 트로츠키는 볼가 지역의 전투를 이끌며 얻은 호감을 급속히 잃어버렸다. 당내의 우려를 누그러뜨리는 대신 트로츠키는 오히려 자신이 가는 길에 걸림돌이 되는 사람들의 마음속에 자신에 대한 적대감을 키웠다. 트로츠키는 자신이 용감한 혁명가이며 적응력 있는 군사 지도자라는 사실을 증명해 보였다. 하지만 정치인으로서 그가 거둔 성과는 한심하기 짝이 없었다. 다른 사람을 포용해야 할 때에 그는 상대방에게 주먹을 날렸다.

이때 트로츠키를 구해준 것은 인민위원회의 앞에 닥친 심각한 위기 상황이었다. 1918년 12월 끔찍한 소식이 전해졌다. 우랄 산맥 지역의 대도시 페름이 콜차크에게 점령된 것이다. 적군은 순식간에 사기가 뚝 떨어진 패잔병 무리가 되었다. 군대는 전속력으로 퇴각하였으며 정부와 당 조직은 완전히 붕괴했다. 드디어 백군이 러시아 중심부를 향한 공세를 시작할 길이 열린 것이다. 모스크바로 오는 길목을 방어할 새로운 힘을 규합할 수 있는 사람이 바로 트로츠키라는 사실은 이제는 스탈린조차 부인할 수 없었다.

24장

적군 사령관

전선을 누비는 '트로츠키 열차'

 페름 사태 후 몇 주 동안 트로츠키는 스탈린과 벌이던 논쟁을 중단했다. 1919년 1월 중앙 당 지도부는 스탈린과 제르진스키를 파견하여 우랄 지역의 현황을 조사하게 하였다. 트로츠키는 동부 전선에 '유약함'이 만연해 있다는 이유에서 이런 조사 작업에 적극 찬성했다. 그는 스탈린이 잘못이 있는 정치위원들을 숙청해야 한다고 주장했다. 스탈린이 군사 방면의 의사 결정에 관여하지만 않는다면 트로츠키는 그를 활용할 용의가 있었다.[1] 스탈린과 제르진스키가 보낸 보고서는 경각심을 불러일으켰다. 소비에트 행정 체제는 붕괴했고, 적군은 혼란에 빠져 사기가 떨어졌고, 규율 역시 산산조각이 나버렸다. 공산당 역시 이 상황을 개선할 방도가 없었다. 스탈린과 제르진스키는 더 큰 재난을 피하려면 전면적인 재조직이 필요하다고 보고했다. 위계질서를 강화하고 뒤죽박죽이 돼버린 국가 행정 질서를 바로잡아야 하며 당과 정부와 군이 지닌 권한을 분명히 구분해야 한다는 내용이었다.[2] 당 지도부 전체가 이러한 결론을 받아들였다. 트로츠키는 미하일 라셰비치 대신에 스탈린을 우랄 지역에 남도록 하여 그에게 상황을 바로잡을 권한을 부여하는 데 찬성했다. 트로츠키는 그 정도로 스탈린을 신뢰하고 있었다. 트로츠키는 1919년 3월 말 심비르스크에서 유사한 상황이 발생하였을 때도 스탈린을 추천했고, 1920년 5월 우크라이나의 남서부 전선 혁명군사평의회에 스탈린이 참여하는 것을 적극적으로 지지하기도 했다.[3]

그러면서도 트로츠키는 볼셰비키 당원이 전문적인 군 장교보다 더 훌륭한 지휘관이 될 수 있다는 스탈린의 생각은 계속 거부했다. 트로츠키는 1919년 1월 우랄 지역의 동부 전선에서 복무할 새로운 군사 지휘관들을 스탈린이 임명하도록 허용하는 것 역시 강력하게 반대했다.[4] 군사반대파는 트로츠키가 너무 나선다고 비판했다. 트로츠키는 한 치도 물러서지 않았다. 그는 최고 군사 지휘부가 각 전선의 일에 지나치게 간섭한다는 비난을 받아들이지 않았다. 그는 자신을 향한 비난의 허점을 지적했다. 자신을 비난하는 사람들은 결국 자신에게 각 전선을 시찰하며 돌아다니지 말고 모스크바에 가만히 있으라는 요구를 하고 있다고 그는 꼬집었다. 당중앙위원회가 진정으로 자신이 그렇게 하길 원하는지 트로츠키는 의문을 제기했다. 스비야즈스크에서 그가 훌륭하게 직무를 수행한 것을 고려한다면 중앙위원회가 어떤 대답을 내놓을지 트로츠키는 알고 있었다. 그는 또 만일 군사반대파의 뜻이 관철되어 정치위원들의 협의 모임이 빈번하게 개최된다면 앞으로 적군은 누가 지휘할지 질문을 던졌다. 트로츠키에 따르면, 전쟁은 그런 시간 낭비를 허용하지 않는다. 그는 한 가지만 양보했다. 최고 지휘부 내에 몇 명의 당 동료를 들이는 데 동의한 것이다. 스베르들로프는 트로츠키를 설득하여 이바르 스밀가와 미하일 라셰비치가 최고 지휘부에 포함되도록 했다.(이 두 사람은 곧 전선에 나갔지만 성공을 거두지 못했다.)[5]

트로츠키는 내전에서 가장 기본적인 결정을 내리는 권한이 중앙의 당 지도부에 있다는 것을 납득하는 데 상당한 시간이 걸렸다. 군사인민위원이 된 이후 그는 대체로 단독으로 결정하여 행동했고 꼭 필요할 경우에는 레닌과 스베르들로프에게 도움을 청해 자신의 명령이 이행되도록 했다. 적군의 위계질서를 정리하고 공식화하는 작업을 진행하는 동안에도 그는 군사 방면에서 자신의 의견을 어떤 제도적 통제 아래 두는 것을 싫어했다. 자신의 생각과 어긋나는 상부의 명령을 받아들이기 싫어한다는 점에서 그는 스탈린과 조금도 다를 바가 없었다. 하지만 트로츠키는 스탈린만큼 약삭빠르지 못했으며 자신의 능력을 적절하게 관리할 능력도 없었다.

1918년과 1919년 사이의 긴 겨울 동안 소비에트의 정치 구조는 개혁되고 있었다. 그때까지는 여러 제도가 경쟁하고 있었기 때문에 행정상의 무질서가 만연했다. 트로츠키를 비롯한 몇몇 반대자가 있었지만, 볼셰비키 지도부 내에는 단 하나의 기관, 즉 러시아공산당만이 질서를 확고하게 세울 수 있다는 합의가 이루어졌다. 지도부는 입을 모아 당이 중앙집권화돼야 하며 그렇게 함으로써 국가 조직들을 통제하고 전쟁 수행을 지휘할 수 있다고 주장했다. 1918년 7월에 사회혁명당 좌파의 활동이 봉쇄된 이후 소비에트공화국*은 명목상으로만 그렇지 않을 뿐 사실상 단일 정당 국가였다. 이제 볼셰비키는 당을 정부 최고 기관의 자리에 올려놓는 작업을 시작했다. 중앙의 당 지도부 조직 역시 개편되었다. 정치국이 새로 설립되었다. 중앙위원회 전원회의가 열리지 않는 시기에 정책을 관리할 기관이었다. 트로츠키는 거의 대부분 모스크바에 없었는데도 정치국에 들어갈 정도로 중요한 인물이었다. 또한 당내 행정을 담당하는 조직국도 새로 구성되었다. 1919년 3월 스베르들로프가 독감에 걸려 사망하자 이를 계기로 하여 각종 행정 과정을 제도화하는 움직임이 가속화했다.[6]

이런 제도 변화는 1919년 3월에 개최된 제8차 당대회에서 최종 결정되었다. 트로츠키는 이 대회에 참석하여 군사반대파에 맞서 반론을 펼 생각이었지만, 콜차크의 공세가 다시 시작됨에 따라 모스크바

* '러시아소비에트연방사회주의공화국(RSFSR)'을 가리킨다.

에 오지 못하게 되었다. 트로츠키는 자신의 비타협적인 생각을 적은 서신을 크렘린에 계속 보냈으며, 지노비예프가 권유하는 타협도 거부했다. "나는 우리가 '나사못을 단단히 조여야 한다'는 관점을 고수합니다."[7] 트로츠키가 적군 내에 얼마나 많은 과거의 제국 군대 장교들이 편입되어 있으며 그들이 얼마나 중요한 공헌을 하는지를 설명할 때까지 레닌은 마음을 정하지 못하고 흔들렸다. 군사반대파의 분노가 너무나 강렬했던 나머지 이 부분에 관한 논의가 당대회에서 비공개로 진행되기까지 했다. 논의는 매우 격렬하게 진행되었는데, 레닌은 이 자리에서 남부 전선에서 적군 병사들을 너무 쉽게 희생시킨 것을 이유로 들어 차리친 그룹을—암묵적으로 스탈린을—공격함으로써 많은 사람들을 놀라게 하였다. 하지만 트로츠키의 견해가 전부 받아들여진 것은 아니었다. 당대회는 군대 내의 공산당원들을 좀 더 조심스럽게 다루어야 할 필요가 있음을 확인했다. 또한 군 지휘관들을 통제하는 것이 중요하다는 점도 강조했다. 그리고 전쟁 수행의 모든 방면에서 당의 위계가 가장 높다는 점을 부각했다. 이러한 결론에는 트로츠키에 대한 경고가 살짝 숨겨져 있었다.[8]

당대회에서 나온 이 타협안을 처음 보았을 때 트로츠키는 분노했다. 하지만 사실 그는 그 정도 타협안이 도출된 것을 다행으로 여겼어야 했다. 당대회를 통해 트로츠키 비판자들이 어느 정도 잠잠해졌고, 당대회에서 내린 결정으로 만들어진 제도 덕분에 트로츠키가 전선에서 정치위원들의 통제로부터 자율성을 지킬 수 있었기 때문이다. 트로츠키는 점차 진정했다. 전선이 넓어짐에 따라 전략과 물자 공급과 인사 문제에 대한 의사 결정이 점점 더 복잡해지고 있다는 사실을 트로츠키 역시 이해하고 있었다. 과거에 그가 주도했던 스비야즈스크-카잔 작전은 단기간에 이루어진 간단한 것이었다. 이제 모스크바의 정치 지도부와 최고 사령부, 그리고 각지에 배치된 적군은 매우 정교한 방식의 상호 업무 조정을 필요로 하며, 중요한 사안들은 중앙의 당 지도부에서 논의해야 한다는 점을 트로츠키는 납득하기 시작했다. 그는 보통 모스크바에서 열리는 회의에 참석할 수 없었으므로 중앙위원회에 규칙적으로 전보를 보냈다. 위기 상황이 발생하여 신속하게 행동해야 할 필요가 있을 때면 그는 해결 방안을 제시하고 승인을 요청했다. "나는 지시를 요청합니다."라는 문구를 트로츠키도 이제 관습적으로 썼다.[9] 과거처럼 개인적 판단에 따른 일방적인 실행은 점차 줄어들었으며, 적군과 군사인민위원부와 체카 사이에 연락과 명령의 네트워크가 신뢰할 만한 수준으로 형성되었다.

옅은 녹색 상의와 모자, 군인 외투를 비롯한 군복 차림의 트로츠키는 편해 보였고 스스로도 그렇게 느꼈다. 그는 원래 옷을 멋지게 입는 사람이었으며 전쟁이라는 상황 덕분에—전쟁 중 그는 40세가 되었다.—마음껏 멋진 옷차림을 할 수 있었다. 또한 그는 업무에서 예외적일 정도로 꼼꼼했던 것으로 유명했는데 이 꼼꼼함을 군대 내의 업무에서도 마찬가지로 발휘했다. 회의는 반드시 정해진 시각에 시작되어야 했다. 보고서는 완벽하게 준비되어야 했다. 복장과 무기는 깨끗하고 말끔해야 하며 즉시 사용 가능한 수준으로 정비되어 있어야 했다. 군화를 깨끗하게 닦지 않고 나타난 사람에게 트로츠키는 화를 냈다.

트로츠키는 가벼운 농담조차 주고받지 않았다. 1921년도에 중앙위원회의 후보위원이었던 유리 퍄타코프(Yuri Pyatakov)는 트로츠키의 전화를 받을 때면 온몸을 벌벌 떨었다고 한다.[10] 교육인민위원 아나톨리 루나차르스키는 내전 시기 볼셰비키당을 날카로운 눈매로 관찰한 사람이었는데, 당시의 트로츠키에 관해 이렇게 기록했다. 어떤 사람도, 심지어 레닌조차 트로츠키처럼 "자신의 어깨 위에 실린 거대한 사명을 완수하기 위해, 이곳저곳으로 마치 번개 같은 속도로 이동하고, 놀라운 연설 솜씨를 발휘하고, 또한 현장에서 멋진 모습으로 즉각적인 명령을 내리면서, 이곳에 있는가 하면 어느새 저곳으로 날아가면서, 허약해지고 있는 군 부대에 끊임없이 전기를 공급하듯 강력한 추동력을 부여하는 모습을 보이지 못했을 것이다."[11] 루나차르스키는 이런 찬사에 신랄한 비판도 덧붙였다.

그는 엄청나게 고압적인 태도를 보였으며, 다른 사람에게 친절하게 대하거나 관심을 보이는 일에는 아예 능력이 없거나 무관심했다. 레닌은 주위 사람들에게 항상 매력을 발산하였지만 레닌 같은 매력이 없는 트로츠키는 외로운 존재가 될 수밖에 없었다. 몇몇 개인적인 친구조차(물론 나는 정치 방면에 대해 말하고 있다) 결국은 그에게 철저한 적대 세력이 되고 말았다는 사실만 보아도 트로츠키가 어떤 사람이었는지 곧 알 수 있다.[12]

루나차르스키가 이 글을 쓴 것은 1923년이었으나, 트로츠키에 대한 묘사는 1917년 이전의 트로츠키를 염두에 둔 내용이다. 하지만 루나차르스키는 이런 점이 분명히 트로츠키가 지속적으로 지니고 있던 성격상의 단점이라고 생각했던 것으로 보인다.

군사인민위원 트로츠키는 '트로츠키 열차'라고 불리는 것을 타고 움직였다. 그는 이 열차가 잘 정비되어 있도록 하라고 부하들에게 지시했으며 만일 열차의 상태가 자신이 지시한 대로 되어 있지 않으면 화를 냈다.[13] 사람들은 대부분 이 열차가 한 량의 기관차가 끄는 한 세트의 객차로 이루어져 있다고 생각하지만 사실 그에게는 전용으로 쓸 수 있는 네 량의 기관차와 두 세트의 객차가 있었다.[14] 열차 안에는 전용 침대와 책상과 의자와 소파도 있었다. 따로 마련된 공간에 트로츠키를 보좌하는 인원과 하급 직원들이 머물렀으며 괜찮은 수준의 요리 설비도 설치되어 있었다. 식당차가 따로 있어서 열차에 탄 모든 사람들이 만나서 담소할 수 있는 휴게실 역할도 하였다. 객차 한 량에는 인쇄 시설이 마련되어 있었다. 트로츠키는 지속적으로 글

러시아 내전 기간 중 자신의 전용 열차에서 업무를 보는 트로츠키. 말끔하게 정돈된 책상에 앉아 서류를 검토하고 있다.

을 생산하였으며 그의 지휘를 받는 인쇄 담당 부서가 열차가 정거장에 멈출 때마다 전단이나 소식지를 찍어냈다.[15] 이 부서의 공식 명칭은 '공화국혁명군사평의회 의장 트로츠키 작전인쇄부'였다. 열차가 도시에 정차하거나 혹은 작은 마을에 정차할 때도 트로츠키는 객차 바깥으로 나와서 연설을 했다. 이때쯤이면 소비에트 정부에 대한 소문이 러시아 전체에 널리 퍼져 있었기 때문에 거의 모든 사람이 최소한 레닌과 트로츠키에 대해서 들어본 적이 있었다. 레닌은 모스크바와 페트로그라드에서만 연설했지만 트로츠키는 유럽러시아와 우크라이나에 위치한 수백 군데 지역에서 연설을 통해 볼셰비즘을 사람들에게 알렸다. 노동자와 농민들은 대부분 그의 연설에 감동을 받았으며 이 대단한 인물을 한 번 직접 보려는 사람들이 수없이 많았다.

　　1918년 말에 트로츠키가 이 열차에 싣고 같이 여행했던 사람들은 다음과 같다.

업무 보좌관 : 5명

기술 부문 담당자(사진사, 화가, 인쇄용 동판 제작자, 회계 담당자가 포함되어 있음) : 14명

열차 지휘관 아래의 사무직원 : 4명

통신과 담당자 : 41명

재정부 : 12명

지휘부 보조원 : 5명

제도사 : 2명

인쇄·조판 보조원 : 17명

트로츠키 개인 경호원 : 12명

군악대 : 35명

제1모스크바 식량 공급 분견대 기병 : 6명

라트비아 소총수 제2소비에트 연대 : 30명

라트비아 소총수 제9소비에트 연대 : 15명

제3특수임무 연대 포병 : 39명

제38시모노프스키-로고즈스키 보병연대 : 32명

장갑차 부대 : 11명

식당차 직원 : 14명

보일러 담당자와 화부(火夫) : 23명

열차 승무원 : 16명

윤활유 담당자 : 8명

경호 부대[16] : 38명

이 열차는 군사인민위원을 태우고 다니는 단순한 이동 수단이 아니라, 하나의 완전한 군사·정치 조직체였다.

군사 지휘관으로서 트로츠키의 위상은 계속 높아졌다. 그는 전략적 혹은 전술적 사안을 듣는 순간 바로 완벽하게 파악했다. 그는 휘

하의 지휘관들에게 정기적인 보고서를 요구해서 받았고, 먼 거리에 있으면서도 모든 전선을 감독하였으며 각 전선을 자주 방문하였다. 그는 직관과 관찰을 통해 모든 것을 학습해 나갔다. 군사와 정치적 직무를 수행하고 나면, 그는 국제 관계, 경제, 안보, 정치 관련 당 정책에 대한 글을 쓰는 것을 즐겼다.

그는 군대의 민족 구성 문제를 제기했다. 유대인과 라트비아인은 체카뿐 아니라 각 소비에트들에 높은 비중으로 참여하고 있었다. 하지만 적군에는 그런 현상이 없었다. 이들 민족은 문자 해독률이 높고 산술 능력이 좋았기 때문에 훌륭한 행정 요원으로 활용되었다. 어째서 이 민족이 적군의 현역 업무에는 이렇게 적은 인원밖에 없는가 하는 의문을 품는 사람이 늘어났다. 트로츠키는 이런 현상이 '강력한 쇼비니즘 선전 선동'을 초래한다고 우려했다. 이에 정치국은 이런 상황을 바로잡기 위한 조치를 구상하는 임무를 트로츠키와 이바르 스밀가에게 맡겼다.[17] 적군의 민족적 기반을 확대하는 작업을 유대인 한 사람과 라트비아인 한 사람이 맡게 된 것이다. 이들이 어떤 구체적인 변화를 가져왔는지 보여주는 증거는 전혀 없다. 하지만 적어도 그들은 기꺼이 노력했다. 트로츠키는 민족 문제의 또 다른 측면에서 레닌을 방해했다. 우크라이나 지역에서 볼셰비키당은 보로티바당*이라는 정치적 경쟁 세력을 상대하고 있었다. 이들은 러시아의 사회혁명당 좌파와 대부분의 사안에서 유사한 입장을 취했지만 우크라이나의 민족적 이익을 추구한다는 점만은 달랐다. 보로티바당 당원들은 소비에트에서 합법적으로 활동하고 있었다. 트로츠키는 이들이 '오른쪽으로' 기울고 있으며 '쿨라크 분자들'에게 의존하고 있으므로 이들의 활동을 불법화해야 한다고 주장했다.[18] 하지만 레닌은 보로티바당 전체를 러시아공산당에 편입시키고자 하였다. 우크라이나에

보로티바당 우크라이나의 좌익 민족주의 정당으로서 우크라이나사회혁명당의 한 분파. 보로티바(Borot'ba)는 우크라이나어로 '투쟁'이라는 뜻이다.

파견된 러시아공산당에서 우크라이나 민족 출신 비율을 높이고 싶었던 것이다. 중앙 당 지도부의 토론에서 결국 레닌의 의견이 채택되었다.[19] 우크라이나에서 장차 민족주의적 열망이 통제할 수 없을 정도로 커지리라는 위험성을 레닌보다 트로츠키가 더 민감하게 예측하였던 것이다. 하지만 그렇다고 해서 트로츠키가 우크라이나 사람을 러시아에 동화시키려 했던 것은 아니다. 트로츠키는 우크라이나어를 쓰는 학교와 대학과 신문이 많이 생기는 현상을 환영했다.[20]

트로츠키는 마르크스주의를 전쟁 경험에 적용했다. 그는 1918년 참모 사관학교 생도들에게 '오직 계급 군대만이 강해질 수 있다'라는 주제로 연설했다. 하지만 그는 이 주제의 내용을 자세하게 설명하지 않았다. 그럴 필요성을 느끼지 못했을 수도 있고 명확한 구상이 없었는지도 모른다. 여하튼 그는 노동자와 농민이 재능과 잠재성을 보여준다면 적군의 최고위급까지 승진해야 마땅하다고 말했다. 그렇지만 그가 자동적인 승진을 용인한 것은 아니었다. 군대는 반드시 효율적으로 작동해야 했다. 군대에는 특히 훌륭한 지휘관이 있어야 하며, 그렇기 때문에 군사 지휘관이 지녀야 할 전문성을 대체할 수 있는 것은 아무것도 없었다. '당파적 방식'은 절망적일 정도로 효과가 없었다.[21] '붉은 장교'*는 대체로 거의 쓸모가 없었다고 트로츠키는 말했다. 그는 군대 경험이 있는 하사관을 승진시키는 것이 더 좋다고 생각했다.[22] 1919년 늦가을 무렵 그는 군대 경험이 있는 하사관을 거의 20만 명 가까이 모집했다. 트로츠키에게 이 일은 과거 제국 군대에 복무했던 약 6만 명의 장교들을 적군에서 복무하도록 한 것만큼이나 중요했다. 적군 병력의 5분의 1이 노동자 출신이라는 사실도 트로츠키를 기쁘게 했다.[23] 프롤레타리아에게 호소하여 그들이 실제 행동을 통해 자신의 가치를 증명할 능력을 부여해야 한다는 신념을 그

붉은 장교 볼셰비키 당원은 군대 경험이 없어도 장교 직위로 승진할 수 있었는데, 이들을 '붉은 장교'라 칭했다.

는 결코 망각하지 않았다. 군부를 배경으로 하여 독재자가 되겠다는 사고방식의 맹아 같은 것은 그에게서 결코 찾아볼 수 없었다.

전직 제국 군대 장교들을 대할 때 트로츠키는 그들이 자신의 인정을 받을 때까지는 엄격한 태도를 취했다. 트로츠키는 장교들의 가족을 인질로 잡아 두었다. 미하일 무라뵤프를 비롯한 군 지휘관들이 부대를 이끌고 반볼셰비키 세력 쪽으로 도주한 충격적인 사건이 일어난 뒤, 트로츠키는 배신의 징후에 신경을 곤두세웠다. 임시정부에서 국방 정책을 지도하던 러시아 제국군 지휘관 출신의 알렉산드르 베르호프스키(Aleksandr Verkhovsky, 1886~1938)가 적군에 들어와 복무하는 것을 두고, 트로츠키는 스탈린에게 편지를 써서 의심을 드러낸 적도 있었다. 트로츠키는 1920년까지 계속 군 지휘부의 배신 가능성을 경고했다.[24]

트로츠키가 차르 군대에 복무했던 장교들을 편든다는 소문은 볼셰비키 당원들 사이에 널리 퍼져 있었으며 소문이 퍼지는 데는 스탈린이 한몫했다. 하지만 그 소문은 사실이 아니었다. 군 지휘관들은 트로츠키를 존경하기도 했지만 그만큼 두려워하기도 했다. 트로츠키가 애용하던 지휘 방식의 하나는 즉결 처형이었다. 야전 군사재판을 열지 않고 바로 혐의자를 총살해버린 휘하 지휘관을 트로츠키가 질책한 적이 있기는 했다. 하지만 가벼운 질책이었다. 트로츠키 역시 자기 휘하의 군인들을 공포에 몰아넣어 복종하도록 만드는 방식을 좋아했기 때문이었다.[25] 트로츠키는 항상 구체적인 결과를 중시했고, 가혹한 군율의 효과를 확신하는 사람이었다. 어떤 부대가 집단으로 탈주한다든가 혹은 적의 포화 앞에서 겁쟁이가 됐을 경우에 트로츠키는 '10분의 1 처형'* 방침을 시행했으며 처형되는 사람들 가운데에는 지휘관들도 포함되어 있었다.[26]

10분의 1 처형 고대 로마 군대에서 시행되던 처벌. 반란이나 불복종의 죄가 있는 군 부대의 경우, 무작위 추첨을 통해 병력의 10분의 1을 처형했다.

트로츠키는 이런 상황을 당에 잘 설명하지 못했다. 사실 그는 아예 설명하려고 시도도 하지 않았다. 고참 볼셰비키들의 환심을 살 생각은 없다는 듯 트로츠키는 그들이 10월혁명에 아무런 공헌도 하지 않은 것처럼 글을 썼다. 1919년에 그는 《10월부터 브레스트-리토프스크까지》라는 책을 냈는데 이 책에 볼셰비키당 조직에 관한 내용은 거의 없었다. 어쩔 수 없이 볼셰비키들을 언급하는 경우, 트로츠키는 '극대주의자(Maximalists)'라는 표현을 사용했다. 그는 혁명의 역사에서 볼셰비즘이란 요소를 빼버리려는 것 같았다.[27]

볼셰비키들은 혁명의 역사를 열심히 공부하는 버릇이 있었으며 특히 1789년 프랑스에서 발생한 사건에서 교훈을 찾는 경향이 있었다. 프랑스 절대왕정이 타도된 이후 몇 개의 급진 성향 정부가 수립되었다가 무너졌다. 막시밀리앙 로베스피에르는 자신을 전투적인 무신론을 내세워 사회 변혁을 이끄는 지도자로 내세운 다음, 프랑스혁명에 반대하는 국내의 적대 세력을 억누르고자 공포정치를 강화했다. 그러나 그의 권위는 외국의 간섭과 경제 위기로 무너졌다. 그는 또한 자신을 반대하는 정치 세력들을 모두 제거하는 데에도 성공하지 못했다. 결국 1794년 그는 단두대에서 처형되고 말았다. 뜨겁게 불타는 혁명의 열기 속에 젊고 재능 있는 코르시카 장교 나폴레옹 보나파르트가 등장했다. 그는 전쟁에서 승리를 거둔 덕에 군대 내에서 인기가 높아졌고 마침내 1799년 제1통령으로 지명되었다. 1804년 나폴레옹은 스스로 황제가 되었으며 이전 정부가 시행했던 급진적 개혁의 많은 부분을 원상태로 되돌리려 했다. 바로 이런 상황이야말로 10월혁명 이후 볼셰비키가 두려워했던 것이며, 소비에트 러시아에서 나폴레옹 역할을 할 가능성이 가장 높은 인물로 지목된 인물이 바로 트로츠키였다.

판텔레예프 사건은 계속해서 트로츠키를 괴롭혔다. 하지만 여전히 트로츠키의 일반 명령은—그의 정적들이 지적한 대로—군사 작전에 참여하는 공산당원들을 구체적 상황에 대한 고려 없이 처형할 수 있도록 규정하고 있었다.[28] 격한 표현을 자주 사용하는 것 역시 트로츠키에게 도움이 되지 않았다. 동부 전선에서 복무하던 과거 제국 군대 장교들의 배신 행위가 발각되었을 때, 트로츠키는 전보를 보내 반역자들에 대한 감시를 소홀히 하였다는 이유로 해당 정치위원들을 총살할 수도 있다고 위협하였다. 해당 지역에 복무하던 주요 볼셰비키 당원인 표트르 잘루츠키(Pyotr Zalutski)와 이반 바카예프(Ivan Bakaev)는 전보를 보고 자신들의 목숨이 위협받고 있다고 판단했다. 이바르 스밀가가 개입하지 않았더라면 두 사람의 목이 날아갔을 것이라는 말이 돌았다. 심지어 〈프라우다〉까지 이런 이야기를 기사화했다. 트로츠키는 이 기사에 몹시 분노하여 항의하면서 사안을 자세히 살펴보면 자신이 올바르게 행동했음을 알 수 있다고 주장했다.[29] 그러나 트로츠키가 또 다른 유명한 공산당원 한 명을 거의 처형까지 몰고 간 것은 분명한 사실이었다. 그는 페트로그라드 북부 전선에서 혁명군사평의회를 이끌던 미하일 케드로프(Mikhail Kedrov)였다. 케드로프는 1918년 9월에 이동 배치 명령을 거부했다. 트로츠키는 "감히 자신의 책무를 회피하고 반대자 놀이를 한 자들을 모두" 처리하기 위해서 군사 야전 재판부를 세우라고 명령했다. 트로츠키는 분명한 교훈을 보여주고 싶었다. "소비에트 측에 있는 방해자들 역시 부르주아 방해자들과 마찬가지로 엄격하게 처벌해야 한다."는 것이었다.[30]

1919년 4월 트로츠키는 정치국의 조사가 이루어져야만 비로소 판텔레예프 사건에 연관된 자신의 명예가 회복될 수 있다고 판단했다. 니콜라이 크레스틴스키(Nikolai Krestinski, 1883~1938), 레오니트 세레브랴코프(Leonid Serebryakov, 1887~1937), 스밀가가 조사를 진행했다.[31] 크레스틴스키와 세레브랴코프는 브레스트-리토프스크 논쟁 때부터 트로츠키 편을 들었고 1920년대에 진행된 당내 논쟁에서 역시 트로츠키를 지지했다. 따라서 이들이 조사에 참여했다는 사실은, 당 지도부가 소비에트 국가가 심각한 군사적 위기에 처한 시기에 트로츠키를 건드리지 않겠다고 내심 생각하고 있음을 보여주었다. 정치위원인 판텔레예프를 처형하기로 한 혁명군사재판소의 결정을 자신이 허용한 것은 올바른 행동이었다고 트로츠키는 주장했다. 판텔레예프가 총살당한 이유는 그가 공산당원이었기 때문이 아니라 비겁한 군무 이탈자였기 때문이었다는 것이었다.[32] 1919년 5월 트로츠키는 또 한 명의 볼셰비키 당원을 엄격하게 처단하려고 시도했다. 트로츠키는 파뉴시킨(Panyushkin)이라는 당원이 적군에 전속 배치되는 것을 반대한 적이 있었다. 파뉴시킨은 트로츠키의 주장이 옳았음을 증명하듯, 600명의 탈영병을 즉결 심판하라는 지시를 거부했다.[33] 트로츠키는 파뉴시킨을 공화국 재판에 회부할 것을 요구했다. 판텔레예프 사건에서 교훈을 배운 것인지, 트로츠키는 파뉴시킨의 공산당원 자격을 박탈하는 조치를 우선 시행할 것을 제안했으며 정치국이 이 사안을 판결해줄 것을 요청하는 조심성을 발휘했다. 정치국은 트로츠키의 요구를 각하하고 파뉴시킨의 당원 자격을 유지했으며 그를 체카로 이동 배치했다.[34] 트로츠키는 몹시 분노하였으며 파뉴시킨이 '범죄 행위'를 저질렀다는 증거를 계속 수집하였다.[35]

트로츠키는 보좌진을 뽑을 때 능력을 기준으로 삼았으며 볼셰비즘에 장기간 투신한 경력이 있는가는 따지지 않았다. 그는 공화국혁명군사평의회 부의장으로 에프라임 스클랸스키를 선택했다. 출중한 능력과 엄청난 에너지의 소유자인 스클랸스키는 활발하게 활동한 마르크스주의자였지만 제1차 세계대전 이전에는 볼셰비키가 아니었다. 그가 트로츠키의 눈에 든 것은 1917년 군의관으로 복무하면서 적극적인 정치 활동가로 활동할 때였다. 10월혁명 직후 최고 군사 지휘부에서 정치위원으로서 성공함으로써 그는 자신이 뛰어난 능력의 소유자라는 것을 확실히 보여주었다.[36] 트로츠키는 또한 미하일 글라즈만(Mikhail Glazman), 게오르기 부토프(Georgi Butov), 이고르 포즈난스키(Igor Poznanski) 등을 보좌진으로 뽑았다. 글라즈만은 키가 작고 젊었으며 에너지가 넘쳤다. 그는 원래 트로츠키가 여행할 때 데리고 다니던 속기 타자수였다. 그는 육체적인 전투 능력도 있었지만 곧 뛰어난 행정가로 변신했다.[37] 부토프와 포즈난스키 역시 글라즈만과 유사한 자질의 소유자들이었다. 트로츠키에게는 불행한 일이었지만, 이런 보좌관을 선택한 것 역시 트로츠키에 대한 의심을 더 강화했다.

트로츠키는 계속 용맹을 과시했다. 그가 스비야즈스크에서 어떻게 활동하였는지는 적군에 속한 사람이면 누구나 다 알았다. 심지어 어느 날 그의 열차가 모스크바 남쪽의 고리키 역에 들어오다가 장애물에 부딪히는 사고가 발생하였을 때도 위험은 존재했다. 한밤중에 갑자기 엄청난 충격을 받고 트로츠키는 잠에서 깨어났다.

아직 잠이 덜 깼지만 나는 있는 힘을 다해 침대 옆을 손으로 더듬으면서 길을 찾았다. 익숙한 열차 소리가 갑자기 멈췄다. 객차는 한쪽으로 기울어져 꼼짝도 안 하고 서 있었다. 깜깜한 밤중이라 사방이 쥐 죽은 듯 고요한 가운데 어디선가 애처로운 목소리가 들렸다. 객차의 육중한 철문은 일그러져서 열리지 않았다. 밖으로 나갈 수가 없었다. 아무도 나타나지 않았고 나는 와락 긴장하였다. 적의 소행인가? 권총을 들고 나는 객차의 창문을 통해 밖으로 뛰어내렸다. 전등을 들고 오던 누군가와 마주쳤다. 그는 열차의 지휘관이었다. 그는 나에게 오려 했지만 장애물 때문에 나의 침실까지 도달하지 못했던 것이다. 내가 타고 있던 객차는 경사면에 멈춰 있었으며 열차 바퀴 3개가 철길 둔덕의 흙 속에 깊이 박혀 있었고 나머지 바퀴 3개는 허공에 떠 있었다. 객차의 앞뒤 승강구는 완전히 구겨져 있었다. 이 사고로 앞 승강구 쪽에 설치된 철제 난간이 삐죽이 튀어나와 호위병 한 사람을 승

러시아 내전 시기에 트로츠키가 전선에서 직접 병사들에게 지시를 내리고 있다.

강구 바닥에 찍어 누르고 있었다. 어둠 속에서 들렸던 어린아이 울음 같이 희미하게 흐느끼던 목소리는 바로 이 병사의 신음 소리였던 것이다.[38]

레닌에게 보고서를 올릴 때 트로츠키는 이 사건을 언급하지 않았다. 그는 전쟁 중에는 이런 사건이 많이 일어나는 게 당연하다고 생각했다.

트로츠키는 자신을 군사 지휘관으로 생각하기 시작했다. 그가 보기에 무장 충돌은 이를 경험한 사람들 사이에 강력한 유대감을 만들어주었다. '군사주의'는 마르크스주의자들에게 가장 경멸적인 표현 가운데 하나였다. 트로츠키는 그런 인식에 반대하고 나섰다. 군사주의적 방법이 그렇게 나쁜 것만은 아니라고 그는 결론지었다. 군사적 접근 방법은 사고의 엄격성, 언어의 엄밀성, 그리고 실행의 정확성을 이끌어냈다. 군대 생활에는 항상 준비하고 책임지는 태도가 뒤따랐다. 그런 태도는 평화 시기가 되어 적군에서 나가게 되더라도 유용할 것이라고 그는 결론 내렸다.[39]

트로츠키는 결코 마르크스주의의 궁극적 목표를 망각하지 않았으며 전쟁 없는 세상을 만드는 데 헌신하였다. 1919년 7월 그는 이 주제에 관한 감동적인 글을 〈이즈베스티야〉에 실었다. 그는 사람들이 군사 충돌을 인간 사회의 영원한 속성이라고 말하고 있음을 지적했다. 과거에는 식인 관습이 존재하였지만 지금은 모든 사회에서 사라졌다. 중세 기사들 간의 전쟁 역시 망각 속으로 사라졌다. 좀 더 가까운 과거에는 의견 대립을 결투로 해결하는 관습이 있었지만 이 관습 역시 지금은 없다. '국가 간의 전쟁'이 현재 세계 정치 무대의 주요한 사건이지만 결코 절망할 필요는 없다. 역사는 전진하고 있다. 마르크스주의는 "전쟁은 과거에도 현재에도 무력적 착취의 한 형태이며 또한 착취에 대항하는 무장 투쟁이다."라고 가르친다.[40] 트로츠키의 결론은 명백했다. 사회주의가 전 세계적으로 승리를 거두고 프롤레타리아가 부르주아를 타도하면 전쟁을 낳는 객관적인 조건들도 곧 사라지게 될 것이다. 무장 투쟁을 어떻게 종식시킬 수 있는지에 대해 트로츠키가 타당성 있는 방안을 내놓은 것은 아니었다. 하지만 그는 조화로운 세계 사회라는 꿈을 간직하고 있었다. 그는 꿈꾸는 능력을 잃지 않았다.

25장

내전의 승리자

스탈린과 트로츠키, 누가 더 잔혹한가?

　적군과 백군의 전쟁은 1919년 초에 가장 치열한 단계에 이르렀다. 우랄 지역에서 승리하여 기세가 올라간 콜차크는 모스크바로 공세 방향을 잡았다. 백군은 '의용군'의 도움도 받을 수 있었다. '의용군'을 창설한 미하일 알렉세예프(Mikhail Alexeev, 1857~1918) 장군과 라브르 코르닐로프 장군이 죽고 난 뒤, 안톤 데니킨(Anton Denikin, 1872~1947)이 '의용군'의 지휘를 맡고 볼셰비즘을 박살 낼 준비를 하고 있었다. 우크라이나에서는 독일의 군사 점령이 종식되고 난 이후 자리를 잡으려 하던 볼셰비키 조직을 우크라이나의 독립 정부가 축출하였다. 영국과 프랑스는 콜차크와 데니킨을 정치적, 물질적으로 지원했다. 소비에트 정부가 장악한 지역은 중세 시대 모스크바 공국이 장악했던 지역보다도 넓지 않았다.

　트로츠키는 소비에트 군대의 직무 조정 업무에 깊이 관여하고 있었기 때문에 3월에 개최된 러시아공산당 제8차 당대회에 참석하지 못했다. 그는 자신의 군사 정책에 대한 비판에 맞서 스스로를 변호할 기회를 얻지 못했다. 또한 당시 소비에트 국가를 건설하던 방식에 반대하는 세력이 성장하는 상황도 직접 목격하지 못했다. 티모페이 사프로노프(Timofei Sapronov, 1887~1939)가 이끌던 '민주집중파'라는 작은 그룹은 조직의 중앙집권화에는 찬성하면서도 당과 소비에트를 아래로부터 민주적으로 통제해야 한다고 주장했다. 또한 그들은 각 직책에서 제대로 된 과정을 거쳐 선출된 관료의 수가 점차 줄어들고 있다는 사실을 우려했다. 현재 독재 경향이 나타나고 있으며 그러한 경향은 꼭 제거해야 한다고도 주장했다. 당내의 또 다른 반대 그룹은 한 걸음 더 나아갔다. 일 년도 지나지 않아 이들은 '노동자반대파'를 결성했다. 알렉산드르 실랴프니코프(Aleksandr Shlyapnikov, 1885~1937)와 알렉산드라 콜론타이가 이끄는 이 그룹은 경제 정책을 결정할 때 노동자와 농민에게 더 많은 권한을 주어야 한다고 주장했다. 이들은 1917년의 의제로 돌아가야 한다고 촉구했다. 민주집중파와 노동자반대파가 비판했던 것은 중앙의 지도부 전체였다. 이들이 다른 지도자들에 비해 트로츠키를 유독 비난한 것은 아니었다. 하지만 트로츠키는 이들이 분노를 발산하기에 아주 적합한 대상이었기 때문에, 만일 트로츠키가 당대회에 출석하였더라면 상당한 곤욕을 치렀을 것이다.

내전 때문에 트로츠키는 멀리 떠나 있어야 했다. 콜차크 부대는 곧장 러시아 중앙 지역으로 진격했다. 모스크바에 비상 시국이라는 긴장감이 감도는 가운데, 레닌은 혁명 수호를 촉구했다. 콜차크는 1919년 5월까지 지속적으로 공세를 취했지만 적군은 백군을 격퇴하여 우랄 산맥 너머로 쫓아버렸다. 그리고 시베리아 횡단 철도를 따라 백군을 추격하기 시작했다. 백군은 적군의 압박만큼이나 심하게 농민 반란에 시달렸다. 콜차크는 서방 연합국이 파견한 고문관들에게 비난을 받았다. 그들은 볼셰비즘에 승리를 거둔 후 선거를 치르겠다고 약속하지 않으면 원조를 중지하겠다고 콜차크를 위협했다. 콜차크의 지휘력과 조정력은 완전히 무너졌다. 콜차크에게는 공업 생산품을 획득할 방도가 없었다. 그의 부대가 제조업 종사자가 전혀 없는 지역으로 이동하고 있었기 때문이었다. 적군은 병력과 장비에서 점차 양적 우세를 확보해 갔다. 운송과 통신에서도 마찬가지였다. 그러나 백군이 완전히 희망을 잃은 것은 아니었다. 시베리아 횡단 철도를 따라 퇴각하면서도 콜차크는 사이사이 퇴각을 멈추고 부대를 재편성하여 적군이 전진하는 것을 막곤 하였다.[1]

적군 총사령관 바치에티스는 적군이 휴식을 취하고 훈련을 받기 위한 시간이 필요하다고 주장했다. 하지만 동부 전선에서 적군을 지휘하던 세르게이 카메네프는―이 사람은 정치국의 카메네프와는 아무런 인척 관계가 없다.―바치에티스의 주장에 동의하지 않았다. 세르게이 카메네프는 레닌과 트로츠키에게 전보를 보내 계속 전진할 것을 촉구했다. 그의 이러한 열성은 레닌에게 좋은 평가를 받았고 정치국은 공화국혁명군사평의회의 스밀가, 라셰비치와 함께 논의한 끝에 바치에티스를 해임하고 카메네프를 총사령관 직책에 임명하기로 결정했다. 이 결정에 트로츠키는 화가 났다. 그는 병사들이 피로가 누적되었음을 인정하는 바치에티스의 의견에 동의했을 뿐 아니라 남쪽에서 데니킨의 백군 부대가 도네츠 분지와 우크라이나의 두 방향에서 매우 위협적으로 접근해 오는 중이라는 것도 인식하고 있었다. 하지만 트로츠키도 나중에 인정했듯이, 몇 주일간 여유를 허용하면 콜차크 부대가 다시 세력을 회복할 위험성도 있었다. 양측의 주장이 팽팽히 맞섰다. 스탈린은 레닌에게 전보를 보내 트로츠키가 또 주제넘게 너무 나서고 있다고 암시했다. 사실 트로츠키는 이때 깊은 고민에 빠져 있었다. 바치에티스를 지키는 데 실패한 그는 자신이 과소평가되고 있다고 느꼈다. 격분한 트로츠키는 군사인민위원직에서 물러나겠다고 사직서를 제출했다. 그러면서 데니킨이 위협하고 있는 남부 전선을 소홀히 하면 큰 위험에 빠질 것이라고 당 지도부 동료들에게 경고했다.

트로츠키를 이런 분노로 몰고 간 결정적인 이유는 그가 적군을 운영하는 방식 전체를 반대하는 세력이 다시 결집하고 있었다는 사실이었다. 트로츠키는 몸도 아팠고 완전히 지친 상태였다. 그는 공감과 지지를 받기를 원했다. 중앙위원회의 다른 지도자들은 여전히 트로츠키를 받아들이지 못했지만 트로츠키를 대신할 군사인민위원을 찾기가 어렵다는 것은 잘 알고 있었다. 7월 5일 당 지도부는 다음과 같은 결정을 내렸다.

중앙위원회 조직국과 정치국은 트로츠키 동지의 의견을 모든 측면에 걸쳐 검토하였고 토론하였다. 그 결과 두 기관은 트로츠키 동지의 요구대로 그의 사임을 받아들일 입장이 전혀 아니라는 결론에 만장일치로 도달했다.

남부 전선에서의 사업이—이 사업은 가장 어렵고 가장 위험하며 가장 중요하고 또한 트로츠키 동지 스스로 선택한 사업이다.—트로츠키 동지의 요구에 가장 잘 부합하고 공화국 차원에서 가장 생산적인 사업이 되도록 중앙위원회의 조직국과 정치국은 최선을 다할 것이다. 군사인민위원이자 혁명군사평의회 의장으로서 트로츠키 동지는 그 자신이 천거했고 중앙위원회가 승인한 남부 전선 지휘관(예고로프)과 협조하여 남부 전선의 혁명군사평의회 의원으로서 충분히 활동할 수 있다.

중앙위원회 조직국과 정치국은 트로츠키 동지가 군사 문제에서 방향을 바로잡는 데 필요하다고 판단하는 모든 수단을 활용할 기회를 부여하며, 만일 그가 원한다면 당대회를 예정보다 앞당겨 개최하도록 노력할 것이다.[2]

심지어 스탈린도 이 결정에 서명했다.[3]
레닌은 스클랸스키에게 이런 서신을 썼다. "트로츠키의 병은 현재 상황에서 진정으로 불운한 일입니다."[4] 레닌은 또한 트로츠키 본인에게 일종의 백지 위임장으로 볼 수 있는 서한을 보냈다.

레닌과 군복을 입은 트로츠키가 나란히 서서 10월혁명 기념 행진을 보고 있다(모스크바 붉은광장, 1919년). 트로츠키는 내전에서 군사 지도자로서 뛰어난 능력을 발휘했으나, 볼셰비키 지도부에서는 그가 군대 내에서 당원들을 가혹하게 다룬다는 이유로 그를 비난하는 목소리가 컸다. 하지만 레닌은 트로츠키를 신뢰했고 그에게 계속 힘을 실어주었다.

동지들에게!

나는 트로츠키 동지가 내리는 명령의 엄격함을 알고 있습니다. 하지만 나는 트로츠키 동지가 내린 이 특정한 명령이 올바르며, 합리적이고, 대의에 결정적으로 중요하다고 확신—절대적일 정도로 확신—하므로, 이 명령을 일말의 주저함도 없이 지지하는 바입니다.

V. 울리야노프 (레닌)[5]

레닌의 생각은 볼셰비키 주요 당원들이 트로츠키를 힘들게 하면 이 서신을 그들에게 내밀어 보여주라는 것이었다. 트로츠키는 이 서신을 그런 방식으로 사용할 필요가 없었다. 그의 자존심은 곧 회복되었고 그는 다시 직무 수행을 계속하기로 동의했다.

그 무렵 데니킨의 공세가 성공할 가능성을 의심하는 사람은 아무도 없었다. 백군은 남쪽으로부터 신속하게 진격해 왔으며 6월 후반에 들어섰을 때 이미 차리친과 하리코프를 점령했다. 데니킨이 '모스크바 지령서'를 발표한 것은 바로 차리친에서였다. 휘하의 군 부대를 부채꼴로 넓게 배치하고서 그는 모스크바로 향하는 모든 철로를 장악하라고 명령했다. 키예프가 백군에게 점령된 것은 8월 말경이었다. 트로츠키는 자신의 열차를 타고 전선으로 향했다. 최근의 당내 논쟁 때문에 여전히 마음 한구석이 불편하였지만, 정치위원들과 함께한 회의에서 자신의 의견이 환영받는 것을 보고 그는 흡족한 기분이 들었다.[6] 소비에트 체제의 생명은 벼랑 끝에 놓여 있었다. 트로츠키는 적군의 힘을 다시 결집했다. 데니킨이 병력을 너무 넓게 펼쳐놓은 것으로 판명되었다. 차리친을 출발하여 북쪽으로 진격하는 동안 데니킨은 자신을 막아서는 적군의 분견대들을 격퇴하는 데 필요한 병력과 물자가 부족했던 것이다. 데니킨은 결국 사라토프 북쪽 320킬로미터 지점에서 적군의 강력한 방어에 막혀 진격을 멈췄다.[7] 따라서 백군의 주력 부대는 우크라이나 중앙부를 통과할 수밖에 없는 상황이었다. 트로츠키는 볼가 지역의 작전에 관해서는 이미 확신이 있었으므로 이때 키예프 근처에 와 있었다.[8] 우크라이나는 볼가 지역과 사정이 전혀 달랐다. 지방마다 농민 반란이 들끓고 있었다. 볼셰비키 당원들 가운데는 우크라이나 현지 주민이 거의 없었다. 과거 우크라이나 지역에 있던 소비에트 행정부는 농민들을 강제로 집단농장에 편입시키려 했기 때문에 농민들의 반감을 샀다. 트로츠키는 우크라이나 지역을 10월혁명의 편에 서게 하는 데 주안점을 두고 군사적 · 정치적 사업을 전개했다.

적군과 백군 모두 파르티잔(빨치산)으로 조직된 농민들과 충돌했다. '녹색군대'라는 이름으로 불린 농민 군대는 농촌의 권리를 옹호하며 싸웠다. 이들은 군대 징집과 곡물 징발을 거부했다. 대부분 지역에 이런 녹색군대가 있었다. 가끔 이들 부대는 아나키스트들이나 사회혁명당의 지휘를 받았다. 우크라이나를 비롯한 몇몇 지역에서 녹색군대는 수만 명에 이르는 전투원을 동원할 수 있었다. 데니킨은 농민에 적대적인 것으로 유명했다. 따라서 그가 북쪽으로 전진하는 동안 그의 부대는 막대한 피해를 입었다.

일련의 치열한 전투가 벌어진 결과 1919년 여름에는 최후의 승자가 누가 될지 명백해졌다. 시간을 끄는 지구전은 벌어지지 않았고 백군은 전투마다 패배를 거듭했다. 공산당 측은 병력과 장비와 통신에서 확보한 우위를 최대한 활용했다. 우랄 지역과 서부 시베리아 지역을 적군이 탈환하자 러시아 대도시의 식량 공급도 어느 정도 원활해졌다. 데니킨은 속전속결 전투를 전략의 전제로 삼았지만 실패한 후 크림 반도를 향해 남쪽으로 병력을 후퇴시켰다. 트로츠키와 적군은 맹렬하게 데니킨을 추격했다. 이때 트로츠키는 자신이 유년 시절을 보낸 지역으로 들어가고 있었다. 그가 모스크바에 다음과 같은 전보를 보낸 것으로 보아 그의 귀향은 조용한 방문이 되지 못할 터였다. "첫 번째로 취해야 할 조치는 후방 지역에서의 강력한 숙청임. 특히 키예프, 오데사, 니콜라에프, 헤르손 등 대규모 도시가 대상이 될 것임." 그는 수도로부터 열성적 활동가를 최대 2천 명까지 급파해줄 것을 요청했다. 그는 또한 "절대적으로 신뢰할 수 있는 체카 부대들"이 특별히 필요하다고 주장했다. 우크라이나에 다시 한 번 소비에트 체제를 수립하고 나면, 트로츠키는 우크라이나를 영속적으로 볼셰비즘 편에 서도록 만들 계획이었다.[9] 정치국은 500명의 열성 활동가 파견을 허락하였으며 트로츠키가 제시한 전반적인 계획안을 승인했다.[10]

키예프에서는 남부 우크라이나 지역에서 전략적 배치를 어떻게 할 것인가를 계속 계획하고 있었다. 한 가지 가능성은 흑해 연안에서 적군 병력을 철수하는 것이었다. 트로츠키는 자신의 결론을 모스크바에 있는 스클랸스키에게 전보로 보냈는데 어찌 된 셈인지 공화국혁명군사평의회와 정치국 사이에 오해가 생기고 말았다. 트로츠키는 스클랸스키를 심하게 꾸짖었다. "당신이 전보를 주의 깊게 읽지 않아서 또다시 혼란이 생겼습니다." 트로츠키는 스클랸스키가 태만하다고 비난하기까지 했다.[11] 그러나 긴장의 순간은 곧 지나갔다. 트로츠키는 자신이 요구했던 대로 남쪽에 있는 백군 진지에 총공세를 퍼붓는 데 필요한 군수물자를 획득했다. 최신 자료와 정확한 보고를 받은 정치국은 트로츠키에게 우선 오데사를 수비하는 데 신경 쓰는 것이 좋겠다고 '제안'했다. 정치국 멤버들은 트로츠키에게 "우리의 도움이 멀리 있지 않다."고 장담했다.[12] 트로츠키는 오데사 주변 지역의 소비에트 행정부를 위협하는 가장 주요한 세력은 '농업 개척자들'의 폭동이라고 지적했다.[13] (아마도 유대인이 아니라 독일인 농업 개척자들을 지칭한 말일 것이다.) 그러나 이 지역에서 자란 어린 시절의 기억을 더 활용하기 전에, 트로츠키는 데니킨 병력의 절반이 동쪽에서 다시 살아나서 돈 강 근처의 보로네시를 위협하기 시작했다는 것을 알게 되었다. 데니킨은 트로츠키와 적군을 우크라이나에 고립시키려는 의도인 듯했다. 트로츠키는 스클랸스키에게 따져 물었다. "이게 도대체 무슨 일이오? 어떻게 이런 것을 우리가 못 보고 넘어갈 수가 있소? 일을 이런 식으로 해서는 안 된다고 총사령관에게 말하시오."[14]

우크라이나에 적군을 집결시키기로 결정한 사람은 바로 트로츠키였기 때문에 그는 누구 못지않게 비난받아야 했다. 신속하게 병력을 이동 배치해야 했다. 콜차크 부대에 맞선 싸움에서는 꾸준하게 진전이 있었으며 최종 승리가 점점 더 확실해졌다. 트로츠키와 공화국 혁명군사평의회, 적군 최고 지휘부는 침착한 투지를 다시 회복했다. 적군은 남아 있는 백군 세력을 하나씩 처리해 갔다. 또한 적군은 농민들의 녹색군대 역시 공격하기 시작했다. 녹색군대의 지도자는 네스토르 마흐노(Nestor Makhno, 1888~1934)와 니키포르 그리고레프(Nikifor Grigorev, 1885~1919)였다. 이들이 이끄는 농민 부대는 데니킨 부대를 공격하는 동안에는 적군과 협조 관계를 유지하고 있었다. 하지만 이제 우크라이나소비에트공화국을 재수립해야 할 상황을 맞아, 트로츠키는 볼셰비키에 대한 무력 대항 세력의 잔재를 모조리 소탕할 것을 명령했다. 데니킨과의 마지막 전투는 모스크바와 하리코

러시아 내전 시기에 남부 러시아에서 백군을 이끈 안톤 데니킨(왼쪽). 데니킨의 군대는 1919년 10월경 모스크바를 위협할 정도로 북상하였으나 반격을 당해 남러시아로 후퇴하였다.

프의 중간 지점에 있는 도시 오룔에서 벌어졌다. 적군은 대승을 거두었다. 이후 데니킨은 가끔 적군의 전진을 막고 공격해 오긴 하였지만 퇴각하는 군대를 흐트러지지 않게 하는 데 에너지를 집중했다. 백군의 낮은 사기는 계속 떨어지고 있었다. 하지만 데니킨은 여전히 장교와 병사를 다시 크림 지역에 집결해 우크라이나와 러시아를 향한 두 번째 대규모 공세를 펼치고 싶어 했다.

독립한 에스토니아로부터 제3의 백군 세력이 등장한 것이 바로 이때였다. 제국 군대 출신의 니콜라이 유데니치(Nikolai Yudenich, 1862~1933) 장군이 이끄는 부대였다. 유데니치는 군사를 일으키기까지 콜차크와 데니킨보다 오랜 시간이 걸렸지만 그 시간을 현명하게 사용했다. 유데니치는 독일에 있는 전쟁 포로 수용소를 샅샅이 조사하여 적군과 싸울 자원자를 찾아냈다. 서방 연합국들은 그에게 전차를 포함해 전쟁 물자를 풍부하게 공급해주었다. 유데니치는 또한 에스토니아 땅에 러시아가 다시 들어와서 소비에트 정권을 세우는 일이 없기를 바라는 에스토니아 주민들까지 백군에 끌어들였다. 에스토니아는 1918년 2월 주권국가의 지위를 획득했으며 현지 주민들은 독립 상태를 유지하고 싶어 했다. 유데니치가 지휘하는 백군은 1919년 10월 초에 동쪽으로 진격했고 이를 예상치 못한 볼셰비키는 깜짝 놀랐다. 트로츠키와 적군 최고 지휘부는 이때 모스크바 남쪽에서 작전을 수행하고 있었다.

유데니치의 진격은 페트로그라드를 향했으며 당시 그곳에 있던 지노비예프는 페트로그라드에 큰 위험이 닥쳐오고 있음을 느낄 수 있었다. 그는 비관적인 보고서를 레닌에게 보냈고 중앙 당 지도부는 페트로그라드를 포기해야 할지 진지하게 고려했다. 이런 논의 과정을 멀리서 지켜보던 트로츠키는 크게 놀랐다.

> 페트로그라드의 지도자들, 특히 지노비예프는 레닌에게 적의 장비가 얼마나 우수한지를 강조했다. 자동소총, 전차, 비행기 등을 갖추었고 영국이 파견한 지도 요원들이 동행하고 있었다. 레닌은 우리가 다른 전선들에서, 특히 남부 전선에서 병력을 빼내 그 전선들이 취약해지는 것을 감수해야만 비로소 최신 무기로 무장한 유데니치의 장교 부대에 맞서 제대로 싸울 수 있겠다는 결론에 도달했다. 하지만 이런 병력 이동은 상상도 할 수 없는 일이었다. 레닌이 생각하기에 유일하게 남은 방법은 페트로그라드를 포기하고 전선을 축소하는 것뿐이었다. 소비에트 영토 일부를 잘라내는 것을 피할 수 없겠다고 마음을 정한 레닌은 다른 지도자들을 설득하는 작업에 착수했다.
>
> 남부 지역을 출발하여 모스크바에 도착한 나는 그 계획에 결단코 반대했다.[15]

레닌과 트로츠키는 치열한 논쟁을 시작했다. 정치국의 의견도 둘로 갈렸다. 24시간이 지나서야 트로츠키는 정치적 우군인 크레스틴스키와 경쟁자인 스탈린의 도움을 얻어 레닌과의 토론에서 승리할 수 있었다. 레닌은 이렇게 말했다. "잘 알았소. 그럼 한번 해봅시다!"[16]

정치국은 트로츠키가 초안을 잡은 포고령 '소비에트 러시아를 군사 캠프로 변모시키자'를 채택했다. 징집되지 않은 남성들은 다른 군사 업무에 소집될 수 있도록 당국에 등록해야 했다. 페트로그라드 포기를 언급하는 것은 반역 행위로 간주한다는 경고가 나갔다. 트로츠키는 "마지막 한 방울의 피까지 흘리며 단 한 걸음도 물러서지 않고, 시내 도로까지 전장으로 만들어, 페트로그라드를 반드시 방어하겠다."고 공언했다.[17] 백군은 계속 진격했고 위험이 점점 커졌다. 10월 16일에 트로츠키가 페트로그라드를 향해 출발했을 때 이미 유데니치는 페트로그라드에서 불과 12킬로미터 떨어진 차르스코예셀로까지 진격해 와 있었다. 러시아의 두 개 수도 가운데 하나에 이렇게 가까이 진격하는 데 성공한 백군 지휘관은 이제까지 아무도 없었다.

페트로그라드에 도착한 트로츠키는 시 당국이 해 온 준비 작업에 만족하지 못했다. 그는 지노비예프에게 거친 언동을 서슴지 않았다. 스탈린 역시 당 지도부의 지시에 따라 페트로그라드에 파견되었다. 스탈린은 페트로그라드의 중간계급 시민 한 무리를 적군 대열의 전면에 세우는 방법을 고안하여 능력을 과시했다. 그렇게 하면 유데니치 측이 페트로그라드 수비대를 향해 총을 쏘기가 곤란해질 것이라는 계산이었다. 스탈린이 취한 또 하나의 조치는 '본보기'로 집단 처형을 실시하는 것이었다.[18] 스탈린의 이런 행동에 트로츠키는 아무런 반대도 하지 않았다. 때때로 트로츠키와 스탈린은 누가 더 잔인한 인민위원인가를 놓고 경쟁하는 것처럼 보였다. 하지만 트로츠키는 동시에 자기 부대의 사기를 올리는 방법도 찾아냈다. 그는 시인인 데먄 베드니(Demyan Bedny, 1883~1945)에게 군사작전을 위하여 감동적인 시를 지어 달라고 주문했다.(베드니의 아내는 남편이 군대와 동행하는 것을 크게 걱정했고, 트로츠키는 남편이 다치지 않고 무사히 집에 돌아오도록 하겠다는 약속을 해야만 했다.)[19] 트로츠키의 시도는 성공을 거두었다. 베드니는 유데니치의 전차를 저지하는 적군 포병 반카(Vanka)의 용맹을 노래하는 시를 지었고 병사들은 이 시에 무척 좋은 반응을 보였다.[20] 반면 트로츠키는 페트로그라드의 스몰니 학교에 있던 당과 소비에트 관리들의 가슴에는 공포를 심어주었다. 그는 완벽히 자기를 희생하겠다는 결심을 보이지 못하는 관리들을 용납하지 않았다. 소심하거나 무능한 관료는 숙청하라고 명령했다. 숙청으로 자리가 비면, 트로츠키는 자신의 열차로 항상 같이 여행하는 군 장교로 그 자리를 채웠다.

트로츠키가 내건 구호는 "우리는 페트로그라드를 포기하지 않는다!"였다. 한번은 이런 일이 있었다. 백군의 공격으로 어느 적군 연대의 대열이 흐트러지자 트로츠키는 조금도 주저하지 않고 직접 그 연대를 지휘하고 나섰다. 가장 가까이 있는 말에 뛰어오른 그는 퇴각하는 병사들의 뒤를 쫓아갔다. 트로츠키의 당번병인 코즐로프도 황급히 뒤따랐다. 두 사람은 병사들을 독려하여 다시 집결시키고 부대 지휘관에게 결의를 굳히도록 독려한 다음 전선을 다시 구축하여 유데니치 군대에 맞서도록 했다.[21] 이때 발휘한 용맹함과 지도력을 인정받아 트로츠키는 '적기(赤旗) 훈장'을 받았다.[22] 그가 내전 기간 중에 위험을 무릅쓴 것은 그때가 처음도 아니었고 마지막도 아니었다. 하지만 그 사건으로 트로츠키는 군사 지휘관들 사이에서 큰 명성을 얻었다. 군사 지도자로서 그가 점점 더 큰 찬사를 받은 것은 당연한 일이었다.

하지만 유데니치가 완전히 패배한 것은 아니었다. 트로츠키는 핀란드의 만네르헤임(Carl Gustaf Emil Mannerheim, 1867~1951) 장군이 핀란드인들을 이끌고 백군에 가담하여 전투에 참가할 것을 고려하고 있다는 소식을 들었다. 핀란드는 페테르부르크로부터 불과 50킬로미터 떨어진 곳에서 러시아와 국경을 맞대고 있었다. 러시아의 공산당이 핀란드에 악영향을 끼칠 것을 사전에 예방하겠다는 것이 만네르헤임의 생각이었다. 트로츠키는 만일 핀란드 군대가 유데니치와 연합하면 적군은 핀란드 군대를 패퇴시키며 헬싱키까지 밀고 올라갈 것이라고 경고했다. 결국 핀란드의 위협은 무위로 끝났다. 유데니치는 자신의 군대만으로 전쟁을 수행해야 했다. 그의 부대에 파견되어 있던 영국군 장교들은 유데니치에게 즉각 전면적인 공세를 펼칠 것을 권고했다. 유데니치는 망설였다. 이는 실수였다. 적군의 변변찮았던 방어막이 하루가 다르게 강화되고 있었던 것이다. 얼마 뒤 페트로그라드 외곽에서 전투가 시작되었을 때 트로츠키의 병력은 이미 5대 1의 우세를 확보한 상태였다. 또한 유데니치는 에스토니아 부대를 잃어버렸다. 에스토니아 땅에서 러시아인을 쫓아내는 데 성공한 에스토니아인들은 '하나이며 나누어질 수 없는 러시아'*라는 구호를 내세우는 백군의 편에서 전투에 임하기를 꺼렸다. 적군의 총사령관 카메네프가 10월 21일 공세를 시작했다. 유데니치 군대는 꾸준히 서쪽으로 밀리고 있었다. 적군이 에스토니아 국경에 이르자 백군에서 탈영병이 속출하였다. 세 번째로, 그리고 마지막으로 출현한 대규모 백군이었던 유데니치 부대는 일련의 전투를 통해 결국 패하고 말았다. 이로써 적군은 러시아 본토와 우크라이나의 대부분 지역에서 백군에 승리를 거둔 셈이 되었다.[23]

승리를 축하할 시간이 없었다. 러시아와 우크라이나 전역에서 농민들과 무력 충돌이 계속되었다. 농민들은 소비에트 정권이 시행하는 징발과 징집에 반발했다. 적군은 유데니치 군대를 격파하고 난 후 얼마 지나지 않아 다시 폭동을 진압하러 출동했다. 녹색군대는 이 주에서 저 주로 활동 범위를 넓혀 나갔다. 각 지역에 주둔한 적군 수비대에서 병사들이 폭동을 일으키는 일도 있었다. 공장과 광산의 파업 사태도 증가했다. 러시아의 변방 지역에서는 소수민족 간, 그리고

---

* 러시아 제국의 옛 형태를 그대로 유지하자는 보수 세력의 구호로서, 에스토니아와 같은 제국의 옛 영토도 다시 흡수하겠다는 뜻을 내포하고 있다.

종교 세력 간 무력 충돌 사태가 끊임없이 일어났다. 우랄 남부 지역에서는 바시키르족과 타타르족이 싸웠고, 볼가 강 주변 지역에서는 무슬림계 소수민족이 러시아인과 싸웠다.

백군의 잔여 세력 역시 아직 패배를 인정하지 않았다. 콜차크 제독은 시베리아를 통과하여 동쪽으로 이동하고 있었지만, 그 휘하의 몇몇 장교들은 어떻게 다시 부대를 집결해 적군에게 도전장을 낼지 여전히 궁리하고 있었다. 그러나 이들의 희망은 영국과 프랑스가 더는 러시아 내전에 간섭하지 않기로 결정함에 따라 무산되고 말았다. 1919년 12월 영국은 아르한겔스크에서 철수했으며 프랑스는 오데사에서 철수했다. 트로츠키를 비롯한 당 지도부는 이런 상황 변화를 언급하지 않았다. 반볼셰비키 십자군 전쟁의 위협이 완전히 끝났다고 결론짓는 것을 꺼렸기 때문이다. 게다가 그들은 런던과 파리에 있는 외국 정부의 고위 정치인들이 무슨 생각을 하고 있는지 아는 바가 별로 없었다. 모든 강대국에는 전쟁에 대한 피로감이 널리 퍼져 있었다. 각국의 사회주의 정당들은 비록 볼셰비즘의 독재적인 측면은 싫어했지만 레닌과 트로츠키를 타도하려는 시도에는 반대했다. 소비에트 러시아에 대한 무력 간섭을 반대하는 정치적 움직임이 점점 강력해졌다. 영국의 자유당 지도자인 데이비드 로이드 조지(David Lloyd George, 1863~1945)는 보수당과 연합한 가운데 제1차 세계대전 이후 처음으로 실시된 1918년 말 총선거에서 승리를 거두었다. 그는 혁명이라는 세균을 박멸하는 현명한 방법은 러시아와 상업 관계를 회복하여 시장경제가 산업 국유제보다 국민들에게 훨씬 더 이롭다는 것을 보여주는 것이라고 주장하여 지지를 받았다. 이처럼 국제 정치 상황은 볼셰비키당 정치국에 이로운 방향으로 움직이고 있었다.

1918년 중반만 하더라도 운이 다해서 패배한 것처럼 보였던 볼셰비키당은 결의와 조직과 지도력의 힘 덕분에 결국 승리를 거두었다. 트로츠키는 적군의 활동 덕에 이런 자질이 드러날 수 있었음을 자주 강조했다. 또한 그는 러시아 내전의 승리가 유럽과 북아메리카 지역에서 사회주의가 필연적으로 승리하리라는 것을 확실히 보여주었다고 생각했으며, 적군의 지휘관들과 정치위원들의 용감함에 대해 그들이 마땅히 받아야 할 높은 평가를 내렸다. 하지만 그는 다른 요인들은 거의 언급하지 않았다. 적군이 모스크바와 페트로그라드를 장악하고 있었던 것은 큰 이점이었다. 그 덕에 러시아 철도망의 병참선을 확보할 수 있었던 것이다. 또한 두 도시는 인구가 집중된 곳이라 병사 징집도 수월했다. 행운도 따랐다. 만일 독일이나 서방 연합국이 자국 병력을 러시아 중앙 지역에 배치했다면 그들이 인민위원회의를 전복시키지 못할 이유가 없었다. 적군은 내전 기간 중 몇 번이나 거의 패배할 뻔했다. 하지만 트로츠키는 나중에 백군이 적군보다 우위를 차지한 적이 있었다는 사실을 인정하지 않았다. 내전 당시에는 좀 더 솔직했다. 그가 작성한 호소문이나 선언문은 10월혁명의 운명이 전적으로 노동자와 병사들 손에 달려 있다고 말했다. 사실 러시아 내전은 적군과 백군이 막상막하인 접전이었다.

이제 단 하나의 백군 부대만이 전투력을 유지하는 상태였다. 데니킨은 여름 작전이 완전히 실패로 끝난 뒤 우크라이나 남부 지역으로 후퇴했다. 연이은 실패에 낙담한 그는 지휘관 직책에서 물러났고 그 자리에는 1920년 4월 표트르 브란겔(Pyotr Wrangel, 1878~1928) 장군이 올랐다. 이 최후의 백군 부대는 크림 반도 지역에서 부대를 재정비했다. 콜차크, 데니킨, 유데니치의 전략은 농민들을 적대 세력으로 만들고 말았지만 브란겔은 전략을 수정하라는 주위의 권고를 받아들였다. 주요 자유주의자들의 정치적 조언을 받아들인 브란겔은 농민들에게 그들이 10월혁명 이후 받은 토지를 그대로 보유할 수 있도록 하겠다고 약속했다. 브란겔은 군대의 규율을 다시 세웠고 무기와 탄약을 손 닿는 대로 모았다. 트로츠키는 브란겔의 활동을 신경 쓰지 않았다. 트로츠키가 보기에 이미 백군은 완전히 패배했으며, 이제 당의 과제는 소비에트 체제를 공고하게 만들고 경제 회복을 도모하며—만약 가능하다면—유럽의 다른 나라로 혁명을 확산하는 일이었다.

26장

코민테른, 세계 혁명의 꿈
헝가리와 독일의 실패한 혁명

소비에트 지도부는 자신들의 고립 상태를 깨뜨릴 기회가 있는지 계속 주의 깊게 살폈다. 이들은 세계 혁명이라는 야심을 품고 있었다. 이념은 이들이 국제 관계에서 취하는 모든 행동에 기반을 제공했다. 이들이 세계 혁명의 열정을 품는 데는 현실적인 이유도 있었다. 유럽에서 유일하게 극좌 성향의 국가를 통치하는 한, 자본주의 강대국 연합 세력의 공격 대상이 될 가능성이 있었기 때문이다. 독일의 군사력이 붕괴하자마자—심지어 그 이전부터—공산당 지도부는 서쪽으로 혁명을 확산할 준비를 다시 시작했다. 이들은 제2인터내셔널을 대체할 제3인터내셔널을 설립한다는 계획을 세웠다. 제2인터내셔널은 유럽의 사회주의 정당과 노동 정당을 묶어 만든 조직이었는데, 소속 정당의 대부분이 자국의 전쟁 정책을 지지했기 때문에 회복 불가능할 정도로 신뢰가 무너졌다고 볼셰비키는 생각했다. 따라서 자본주의를 타도하고 혁명을 추진하는 데 전념할 새로운 전 세계적 조직이 시급히 필요했다.

브레스트-리토프스크 논쟁이 한 차례 지나간 후 외교 정책에 관한 당내 의견 차이는 점차 사라졌으며, 레닌, 트로츠키, 부하린, 그리고 심지어 지노비예프와 스탈린까지도 대체로 공감대를 형성했다. 이 단합은 보여주기 위한 겉치레가 아니었다. 중앙 당 지도부가 10월혁명을 수호하고 외국에 대한 위험한 군사적 계획은 피하자는 쪽으로 강조점을 옮겼던 것이다. 러시아 내전의 발발은 모두를 경악시켰다. 소비에트 정부의 취약점이 무자비할 정도로 적나라하게 노출되었으며 당의 좌파 지도자들은 혁명을 서쪽으로 수출하기 위해 즉각 무력 행동을 개시하자는 이제까지의 주장을 황급히 거두어들였다. 레닌은 이제 정치적 기회주의자라고 비난당하지 않았다. 현실적인 기회가 나타나기만 한다면 레닌은 중부 유럽 지역에서 즉각 혁명적 봉기를 유도할 의사가 있다고 인정받았다. 콜차크, 데니킨, 유데니치 등이 맹렬한 공세를 펼치는 상황에서는 일단 백군 세력부터 패퇴시켜야 했다. 당 전체가 백군 부대를 완전히 말살하는 데 모든 힘을 모아야 한다는 데 동의하였다. 트로츠키 역시 같은 생각이었다. 그는 각 전선을 순회하면서 전 세계에 펼쳐진 제국주의의 사슬을 깰 수 있는 방법을 구상하곤 했다. 하지만 러시아 내전에서 적군이 승리할 확률을 낮출 수도 있는 행동 방침을 생각해본 적은 단 한 번도 없었다.

트로츠키는 브레스트-리토프스크 조약 이후 2년간 국제 관계를 논할 때 조심스럽게 행동했지만 그런 사실을 회고록에는 언급하지 않았다. 1917년 이후 수십 년 동안 자신의 외교 정책 방향이 일관적이었다는 인상을 주고 싶었기 때문이었다. 근본적 목적에서는 분명 그런 일관성을 지켰다. 하지만 항상 그랬던 것은 아니었다. 그가 소비에트의 군사적 안보를 해칠 위험성이 있다는 것을 알면서도 유럽에서 혁명적 행동을 감행해야 한다고 주장한 것은 1923년 이후였다. 러시아 내전 시기에 그는 좀 더 책임 있는 자세를 보였다.

제3인터내셔널 설립 준비 작업은 11월에 독일이 패배하기 전부터 시작되었으며 트로츠키도 여기에 참여했다. 볼셰비키는 독일의 동지들이 봉기에 성공해서 소비에트식 체제 설립을 선언하는 일이 벌어진다면 러시아공산당이 도와주어야 하리라고 예상했다. 군사인민위원으로서 트로츠키가 맡은 직무 가운데 하나가 적군의 병사 모집을 강화하는 것이었다. 소비에트 병사의 수는 내전에 필요한 인원보다 훨씬 더 많아졌다. 트로츠키를 비롯한 볼셰비키 지도부가 중부 유럽에 언제라도 개입할 수 있도록 추가 병력을 확보해 두려 했기 때문이었다.[1] 식량공급인민위원부는 알렉산드르 추루파(Aleksandr Tsyurupa, 1870~1928)의 지휘 아래 같은 목적을 염두에 두고 정책을 시행했다. 독일에서 극좌파가 권력을 잡게 되면 독일의 노동자들이 식량 문제에서 도움을 필요로 할 것이라 가정하고 러시아의 창고에 식량을 가득 채워놓았다.[2] 스베르들로프는 고참 볼셰비키들을 몇 명 모아 소그룹을 만들고 제3인터내셔널 설립을 위한 자세한 계획을 세우도록 하였다. 만일 레닌과 스베르들로프가 혹시라도 10월혁명을 수출하겠다는 약속을 저버린 것은 아닌가 하고 트로츠키가 의심했다면, 이제 의심이 풀렸을 것이다.[3]

서부 전선의 군사 충돌이 끝난 뒤 모스크바에서 이 국제적인 사업이 준비되는 동안, 트로츠키는 적군의 일 때문에 계획의 세부 내용은 알지 못하였다. 상황은 복잡하고 유동적이었다. 서방 연합국들은 전후 평화 체제를 어떻게 수립할지 최종 결정을 내리지 못하고 있었다. 패배한 동맹국들은 혼란의 소용돌이에 빠졌다. 독일 황제 빌헬름 2세는 권좌에서 물러나 네덜란드로 피신했다. 사회민주당의 프리드리히 에베르트(Friedrich Ebert, 1871~1925)가 정부를 구성하여 정권을 잡았지만 극좌파인 스파르타쿠스단이 에베르트 정부의 정통성에 도전했다. 스파르타쿠스단은 카를 리프크네히트, 레오 요기헤스(Leo Jogiches, 1867~1919), 로자 룩셈부르크가 이끌고 있었다. 그들 모두 제1차 세계대전 이전부터 트로츠키의 친구들이었다. 트로츠키는 레닌의 분파적인 행동에 반대할 때 종종 룩셈부르크와 보조를 맞추곤 하였다. 연합국이 승리한 뒤 감옥에서 나와 스파르타쿠스단의 지도부가 된 이들은 에베르트와 그 정부가 물러나야 한다는 여론을 조성했다. 트로츠키는 몹시 기뻐했다. 만약 이들이 소비에트 독일의 지도자가 되었다면 트로츠키에게는 더없는 기쁨이었을 것이다. 스파르타쿠스단은 러시아에서 개최되는 국제 공산주의자 회의에 대표단을 보내 달라는 초대를 받았다. 레닌과 트로츠키의 계획에 따르면 이 회의에서 제3인터내셔널을 창설할 예정이었다.

스파르타쿠스단은 에베르트 정부 전복 계획을 세우기 시작했다. 이들은 모스크바에 있는 레닌과 트로츠키에게 이런 계획을 미리 귀띔하지 않았다. 1919년 1월 베를린 봉기가 급하게 조직되었다. 로자 룩셈부르크는 봉기에 적극적으로 찬성하는 입장은 아니었지만 봉기에 협조했다. 재앙이 닥쳤다. 스파르타쿠스단은 페트로그라드에서 10월혁명이 거둔 성공을 그대로 반복하려 했지만, 그들에게는 1917년에 볼셰비키당이 보유했던 대중의 지지가 없었다. 그들은 독일 노동계급을 동원할 능력이 취약했으며 정치적·군사적 준비 역시 아마추어 수준을 넘지 못했다. 게다가 에베르트가 이끄는 사회민주당 정부는 스파르타쿠스단을 거리에서 분쇄하겠다는 굳은 결의를 품고 있었으며 군대의 충성심에 의지할 수도 있었다. 1918년 독일이 연합국에 항복한 것에 분노하는 사람들이 조직한 우익 준군사 조직인 '자유군단(Freikorps)'이 기세등등하게 등장했다. 스파르타쿠스단은 처참하게 패배했다. 카를 리프크네히트, 레오 요기헤스, 로자 룩셈부르크는 모두 살해당했다. 이들의 시신은 험하게 손상된 채로 거리에 버려졌다. 스파르타쿠스단은 분쇄되었다. 이 소식이 모스크바에 전해지자 소비에트 공산당 지도부는 경악했고 실망했다. 하지만 이미 정한 회의 일정을 변경하지는 않았다.

제3인터내셔널을 낳은 이 대회는 1919년 3월 2일에 시작되었다. 트로츠키는 군사인민위원부에서 해야 할 책무가 있었지만 역사가 만들어지는 순간에 빠지고 싶지 않아서 크렘린 궁의 옛 법원 자리에서 개최된 회의에 참석했다. 여기서 새로운 인터내셔널 조직을 공식적으로 창설할 것이라는 사실은 참석자들에게 미리 통보되지 않았다. 레닌과 트로츠키는 다소 기만적인 계획을 짜 두었다. 두 사람은 독일 스파르타쿠스단의 대표로 온 후고 에버라인(Hugo Eberlein, 1887~1944) 같은 몇몇 외국인들이 이 대회의 공식적 위상에 대한 의문을 해결하는 데 더 많은 시간을 할애하고 싶어 한다는 것을 알고 있었다. 러시아공산당 지도자들은 절차상의 세부 사항은 무시했다. 이들은 수십 년 동안 작은 규모의 정치 집회를 열면서 집회의 구성이나 명칭을 조작하는 데 능숙한 사람들이었다. 레닌은 제2인터내셔널을 교묘하게 조종하는 것으로 악명을 날린 사람이었다. 과거에 트로츠키는 이런 레닌의 행동을 비난했지만 이번에는 완전히 지지했다. 두 사람은 제3인터내셔널의 쌍둥이 창시자였다. 제2인터내셔널과의 차이를 부각하기 위해 그들은 이 조직을 공산주의인터내셔널, 즉 코민테른(Comintern)이라고 명명했다.

개막식에 레닌과 트로츠키가 모습을 나타내자 폭풍 같은 박수갈채가 그들을 맞이했다. 두 사람 곁에는 볼셰비키의 고위급 지도자들이 거의 모두 자리를 같이했다. 주요 문건들을 준비한 것은 볼셰비키당이었다. 예비 보고는 레닌이 작성했다. 또 그는 부르주아 민주주의와 프롤레타리아 독재에 관한 이 대회의 '의제' 역시 작성했다. 이런 종류의 분석 작업이 없는 대회는 완전한 의미의 대회라고 할 수 없었으며, 또한 이 문건은 새로운 인터내셔널 조직의 창설 의도를 천명한다는 면에서도 바람직했다. '강령'은 부하린이 작성했다. 트로츠키는 적군(赤軍)에 관한 흥미로운 보고서를 발표했다. 그는 자신이 추진한 러시아 국내의 군사 정책에 대해 조금도 변명하는 기색 없이 1918년 이래 소비에트가 장악한 영토가 확대되고 있는 데 만족감을 표했다.

카우츠키는 우리가 군사주의를 도모하고 있다고 비난했지요! 그러나 제가 보기에는, 만일 우리가 노동자들 손에 있는 권력을 지키고

자 한다면 그들에게 자신들이 만든 무기를 사용하는 법을 보여주어야 한다고 생각합니다. 만일 이런 것이 군사주의라는 이름으로 불린다면, 그것은 어쩔 수 없는 일입니다. 우리는 우리 자신의 사회주의적 군사주의를 창출했고, 이를 포기하지 않을 작정입니다.[4]

연설 말미에 트로츠키는 이렇게 선언했다. "우리는 세계 혁명을 위해 투쟁하고 목숨을 바칠 준비가 되어 있습니다!"[5] 큰 규모의 집회에서 모든 사람을 자리에서 벌떡 일어나게 만드는 데 트로츠키보다 더 재주가 뛰어난 사람은 없었다. 내전 기간 동안 그의 용감함이 널리 알려졌기 때문에, 청중들은 그가 말하는 자기 희생에 허위나 과장이 전혀 없다는 것을 잘 알고 있었다.

이 대회 참석자 중 유일하게 공산주의자가 아니었던 영국인 기자 아서 랜섬(Arthur Ransome, 1884~1967)이 트로츠키의 연설을 지켜봤다. "트로츠키는 가죽 코트에 짧은 군복 바지를 입고 각반을 했다. 머리에는 털모자를 썼다. 그는 이런 옷차림이 잘 어울렸다. 하지만 그가 유럽에서 가장 유명한 반(反)군사주의자 가운데 한 사람이었음을 아는 사람에게는 낯설어 보였다."[6] 다른 많은 사람들과 마찬가지로, 랜섬 역시 트로츠키가 1917년 이전에 쓴 러시아 마르크스주의 팸플릿을 주의 깊게 읽지 않았던 것이다. 트로츠키는 평화를 무조건적으로 옹호한 적이 없었다. 민주주의나 법치주의에 대해서도 역시 마찬가지였다. 한편 랜섬은 다른 측면에서 날카로운 관찰력을 과시했다. 4일 후 대회가 막을 내리던 순간을 그는 이렇게 묘사했다.

크렘린 궁에서 열린 회의는 이런 회의가 항상 그렇듯이 노래와 사진 촬영으로 막을 내렸다. 그렇게 완전히 폐막하기 조금 전에 트로츠키가 막 연설을 끝내고 연단을 떠나는데, 어느 사진사가 소리를 꽥 질렀다. 사진 촬영 장비를 지금 막 트로츠키를 향해 설치하였다는 것이다. 누군가 농담을 했다. "이건 사진사의 독재야!" 모든 사람이 웃음을 터뜨리는 가운데 트로츠키는 연단으로 다시 돌아와 잠시 서 있었다. 조금도 자기 행동이 부끄러운 줄 모르던 그 사진사는 사진을 두 판 찍었다.[7]

지난 2년 동안 트로츠키를 그렇게 거친 태도로 대한 사람은 아무도 없었지만, 그는 그 상황을 기분 좋게 넘겼다.

트로츠키는 제3인터내셔널의 선언문을 작성했으며, 3월 6일 대회가 폐막하기 전 대회 석상에서 선언문을 낭독해 달라고 요청받았다. 즉흥적으로 뛰어난 말을 뱉어낼 수 있는 위대한 연설가에게는 어울리지 않는 임무였다. 하지만 트로츠키는 요청을 받아들였다. 역사적의미가 있는 행사에는 위엄과 격식이 필요하다는 것을 그는 잘 이해하고 있었다. 적군을 책임지고 있지 않았다면 그는 제3인터내셔널의 운영에 즐거운 마음으로 헌신하였을 것이다. 그 직무는 지노비예프에게 돌아갔다. 트로츠키는 대회가 끝난 뒤 먼 곳에서 상황 전개를 지켜볼 수밖에 도리가 없었다. 정책의 방향 변화를 면밀하게 관찰하면서 이따금 자신의 생각이나 조언을 표현하는 식으로 간여하는 것이 트로츠키가 할 수 있는 일의 전부였다.

유럽의 정치 상황은 여전히 불안정했다. 1919년 3월 두 가지 사건이 공산당의 낙관론을 확고히 해주는 듯싶었다. 소비에트 러시아의 동조자들이 바이에른의 주도 뮌헨과 헝가리에서 각각 정부 내각에 들어간 것이다. 바이에른의 혁명은 곧 무산되었지만 헝가리 혁명은 끈질긴 생명력을 과시했다. 공산주의 지도자 벨러 쿤(Béla Kun, 1886~1938)은 부다페스트에 정부를 세웠다. 그때 연합국은 1914년 이후 전쟁에서 동맹국 편에 서서 주도적인 역할을 한 대가로 헝가리의 영토를 축소하는 방안을 논의 중이었다. 국민들이 합스부르크 왕가가 무너진

대중 앞에서 연설하는 헝가리 공산주의 지도자 벨러 쿤. 1919년 3월에 그가 부다페스트에 세운 소비에트 정부는 8월 초 루마니아의 침공으로 무너졌다.

이후 들어선 정부를 혐오했기 때문에 벨러 쿤은 권력을 잡을 수 있었다. 세계대전의 승전국들이 기초한 평화조약의 내용에 따라, 중부 유럽에는 행운을 맞이한 민족이 있는가 하면 불운에 빠진 민족도 있었다. 모스크바의 공산당 지도부에게 이런 상황은 하늘에서 만나*가 떨어지는 격이었다. 특히 독일과 헝가리는 민족적 자존심에 크게 상처를 입었기 때문에 사람들의 감정을 국제주의의 목적에 활용할 수 있었다. 벨러 쿤은 급진 공산주의적 조치를 시작하는 동시에 애국심이라는 카드를 활용했다. 은행과 산업이 국가 소유가 되었으며 대규모 영지는 몰수당했고 집단농장이 세워지기 시작했다. 그는 적색 테러를 벌이기 시작했다. 감옥에는 정권에 대한 적대 세력으로 낙인찍힌 사람들이 잔뜩 수감되었다. 벨러 쿤은 헝가리의 레닌을 자처했다. 그의 희망은 중부 유럽의 다른 나라들이 빠른 시일 내에 공산당 정부를 세우는 것이었다.

만나(manna) 유대 민족이 광야에서 헤매고 있던 시기에 야훼가 하늘에서 날마다 내려주었다는 기적의 음식.

크렘린의 지도자들은 어떤 방식으로 소비에트 헝가리를 돕는 것이 최선인지 궁리했다. 1919년 4월 논의가 시작되었다. 한 가지 선택지는 우크라이나 군대를 국경 너머로 보내 벨러 쿤을 돕도록 하는 방안이었다.[8] 헝가리는 국경의 절반쯤이 적대 세력에게 둘러싸여 있었기 때문에, 이 방안은 바로 벨러 쿤이 요구하던 것이었다. 루마니아와 체코가 국경에서 헝가리에 압력을 가하고 있었으며 이들 국가와 무력 충돌이 격렬하게 벌어지고 있었다. 게다가 세르비아마저 군사 행동을 일으킬 가능성이 있었다. 벨러 쿤은 헝가리에 군대를 보내 자신의 정권을 구해 달라고 모스크바에 간곡하게 호소했다.[9] 적군의 최고 사령관 유쿰스 바치에티스는 우크라이나의 최고 정치위원 안토노프-오프세옌코에게 정보를 보내 어떻게 하면 헝가리에 군대를 파견할 수 있을지 문의했다. 벨러 쿤이 제안한 계획의 골자는 간단했다. 적군이 갈리치아와 부코비나 지역*을 통과하여 부다페스트로 오면 된다는 것이었다. 하지만 이 방법은 폴란드와 전면전이 발발할 가능성이 있다는 점에서 위험했다. 그래서 바치에티스는 만약 이 방법을 택한다면 군대가 이동하는 도중에 어떤 지역도 점령해서는 안 된다고 강조했다.(바치에티스는 적군이 폴란드 영토를 지나는 것을 폴란드 정부가 막을 수 없으리라고 추측했던 것이 분명하다.) 하지만 가장 중요한 문제는 아직 러시아 내전이 완전히 끝나지 않았다는 사실이었다. 바치에티스는 즉각 분명하게 우선시해야 할 지역은 돈(Don) 분지라는 점을 지적했다.[10]

레닌과 트로츠키 역시 이런 판단에 동의했기 때문에 헝가리 군사 개입 작전을 실행하지 않기로 결정했다. 러시아 내전에서 백군 세력을 완전히 끝장내는 것이 가장 먼저 해야 할 필수적인 과제였다. 한편 두 사람이 벨러 쿤의 공산당 정부에 대해 더 많은 것을 알게 될

부코비나 지역 중부 유럽의 역사적 지역으로서 폴란드, 오스트리아, 루마니아, 러시아 제국 사이에 영토 분쟁이 오랫동안 지속된 곳. 20세기 초에는 상당 부분이 폴란드 영토였다.

수록 그의 능력을 더욱 불신하게 되었다. 그들의 우려가 정확했다는 것이 곧 밝혀졌다. 벨러 쿤과 그의 동료인 티보르 사무에이(Tibor Szamuely, 1890~1919)는 러시아 볼셰비키보다 더 볼셰비키 같은 행동을 하려고 애쓰는 광신자였다. 이들은 어떤 타협도 거부했다. 이들은 헝가리 농민의 지지를 필요로 했지만 농촌 지역에서 무제한으로 폭력을 썼다. 곡물과 채소를 아무런 보상 없이 몰수했으며, 가톨릭 신부들을 교수형에 처했고 젊은 남자들을 군에 징집했다.

결국 루마니아가 침공해 들어와 8월 4일 벨러 쿤의 정부는 무너졌다. 그는 스스로 큰 불행을 자초했지만, 소비에트 헝가리의 붕괴는 볼셰비키에게도 큰 타격이었다. 하루 뒤 트로츠키는 자신이 내린 결론을 서면으로 적어 당 중앙위원회 앞으로 발송했다. 벨러 쿤의 실각은 '영국과 프랑스의 군사주의'가 아직 살아 있음을 보여주는 사건이라고 그는 주장했다. 그러나 실제로는 미국 정부가 영국과 프랑스 정부에게 헝가리의 공산주의를 제거해 달라고 여러 차례 요청했어도 아무 소용이 없었다. 영국과 프랑스 모두 그런 목적으로 자국 군대를 파견하고 싶어 하지 않았다.[11] 영국의 로이드 조지와 프랑스의 클레망소는 헝가리공산당이 붕괴한 데 기뻐했지만 루마니아의 야만적인 행동을 보고는 루마니아가 헝가리에서 철수하도록 신속하게 조치했다. 트로츠키는 국제적 음모가 있다고 생각했지만 그런 것은 없었다. 하지만 그의 착각도 이해할 만했다. 소비에트 러시아, 소비에트 우크라이나, 소비에트 헝가리는 세계의 강대국과 외롭게 맞서고 있었다. 그들은 세계 자본주의라는 상대에게 결투를 신청한 셈이었으므로 상대방이 자기들 정부를 말살하려고 일종의 십자군 전쟁을 일으키리라고 예상했다. 트로츠키는 눈앞에 펼쳐진 현실을 직시하자고 당 중앙위원회에 요구했다. 서방 연합국에 비교한다면 적군은 '미약한 힘'에 불과했다. 당장은 유럽을 목표로 삼을 수 없다는 것이었다. 적당한 여건이 마련되려면 1년은 족히 기다려야 하며 어쩌면 5년을 기다려야 할지도 모르는 일이었다. 트로츠키는 동료 지도자들에게 아시아로 관심을 돌리자고 촉구했다. 혁명을 확산할 기회는 동쪽에 존재했다. 가까운 미래에 공세적인 전쟁을 시작할 것을 염두에 두고 적군의 근거지 하나를 우랄 지역에 건설해야 한다고 그는 주장했다.[12]

　'아시아 지향'을 촉구하면서 트로츠키는 적군이 '인도에 군사적 타격'을 가할 때 해당 지역 주민의 지지를 끌어내기 위해 선전 사업을 준비하고 언어 전문가를 훈련할 필요가 있다고 주장했다. "파리와 런던으로 가는 길은 아프가니스탄, 펀자브, 벵골에 있는 마을을 통과하여 나 있다."라고 그는 선언했다.[13] 이런 사실을 보면, 트로츠키가 유럽에 전략적으로 지나치게 집착하고 있었다는 주장이 거짓임을 알 수 있다. 물론 기회만 주어진다면 그는 다른 곳이 아닌 독일에서 혁명이 일어나기를 바랐을 것이다. 이것은 당 전체의 입장이었다. 하지만 당의 동료 지도자들처럼 트로츠키도 일단은 동쪽 방향으로 기회를 모색하는 것이 더 바람직할지 모른다고 궁리했던 것이다.

　국제 관계에 대한 트로츠키의 생각은 몇 개의 기본적인 전제 위에 서 있었다. 이 전제들을 그가 구체적으로 서술해놓지 않았으므로 당시 그가 쓴 글에서 추출해 엮어보는 수밖에 없다. 트로츠키는 우선 10월혁명이 전 세계적 사회주의 시대의 새벽을 알리는 첫 번째 위대한 불꽃이었다는 믿음에서 조금도 물러서지 않았다. 마르크스와 엥겔스의 분석과 전망이 옳았다고 판명되었다는 것이다. 트로츠키는 또한 유럽 노동계급의 혁명 잠재력을 굳게 확신했기 때문에, 만일 극좌파 진영의 투쟁가들이 제3인터내셔널의 대의에 가담한다면 유럽의 노동계급은 자신들의 사명을 적극적으로 추구할 것이라고 주장했다. 그 과정은 세계 자본주의가 겪고 있는 충격 덕분에 좀 더 순조롭게 진행될 것이다. 각국 경제는 혼란에 빠져 있었다. 1차 세계대전의 승전국이든 패전국이든 모든 강대국들이 안정을 회복하지 못하고 있었다. 게다가 파리강화회의는 상황을 돌이킬 수 없을 정도로 불안하게 만들어버렸다. 유럽과 북아메리카 이외의 지역에서는 반제국주의 운동이 고조되고 있었다. 공산당에게는 이런 상황에 간여하여 이득을 볼 수 있는 풍성한 기회가 주어진 셈이었다. 봉기를 목표로 삼아야 했다. 특히 독일에서 그랬다. 러시아는 이 길을 개척한 국가로서 중요했으며 곧 다른 나라들이 그 뒤를 이을 것이었다.

따라서 적군은 봉기를 지지하여 '혁명 전쟁'을 수행해야 하기 때문에 이동 배치를 준비하고 있어야 했다. 적군 파병은 볼셰비키당의 국제주의적 책무였다. 현실적으로 합당한 일이기도 했다. 만일 소비에트 러시아가 고립 국가로 남는다면, 꼭 필요한 선진국들과의 경제적 통합을 하지 못하게 될 것이다. 영토적으로도 정치적으로도 안전이 위태로워질 것이다. 가장 강력한 '부르주아' 이익집단이 러시아를 침공하여 소비에트 체제를 와해시키는 쪽으로 여론을 몰고 갈 것이다.

트로츠키를 비롯한 동료 지도자들은 공산주의를 조직화하여 자본주의에 맞선 합동 공세를 펼치려고 노력했다. 그렇기 때문에 트로츠키는 당연히 강대국들이 10월혁명을 공격할 것이라고 생각했다. 그 생각은 타당한 가설이었다. 영국, 프랑스, 일본, 미국은 1918년과 1919년 사이에 옛 러시아 제국 땅에 각각 군대를 파견했으며, 군대가 철수했다고 해서 그들이 실패를 영구적인 것으로 받아들였다고 볼 수는 없었다. 트로츠키는 백군에 대해서 생각할 때면 종종 최악의 상황을 가정했다. 그의 눈에는 백군이 분명히 강대국들의 지시에 따라 행동하고 있는 것으로 보였다. 예를 들면 콜차크는 '미국에서 직접 지시를 받는 첩자'라고 트로츠키는 생각했다.[14] 그것은 우스꽝스런 추측이었다. 하지만 마르크스주의자는 이런 착각을 하기가 쉬웠다. 콜차크, 데니킨, 유데니치는 모두 제국 군대에서 복무했는데, 제국 군대는 프랑스, 영국, 미국과 연합 관계에 있었다. 이들 나라는 군수 물자와 자금을 백군에게 제공해 왔다. 볼셰비키는 이런 선물이 중

대한 조건 없이 주어졌다고 상상할 수가 없었다. 백군의 지휘관들은 외국의 지령에 따라 행동하는 것이며, 만일 적군이 패배하는 날이 오면 서방 연합국은 백군을 도운 대가를 받아낼 것이라는 논리가 성립했다.

소비에트 러시아는 아직 대규모 첩보망을 갖추지 못한 상태였다. 코민테른도 아직 서방 세계에서 첩보 기관 역할을 하지는 못했다. 코민테른의 활동가들은 각국에서 공산당을 조직하는 데 온 힘을 쏟고 있었으며 그들 중 누구도 외국 정부 내에서 이루어지는 논의 상황을 보고할 수 있을 만한 위치를 차지하지 못하고 있었다. 인민위원회의가 각국 정부에 전권대사를 파견했지만 이들은 아직 파리와 런던과 워싱턴의 당국자들과 접촉하지 못하고 있었다. 정치국은 서방의 신문에 의존할 수밖에 없었으며(신문이 소식을 아무 편견 없이 전달한다고는 생각할 수 없었다), 또한 서방의 공산주의자들에 의존할 수밖에 없었다(이들은 볼셰비키와 동일한 이념적 프리즘을 통해 세계를 보고 있었다). 어쨌든 마르크스주의 이론은 '제국주의 시대'에 제1차 세계대전에서 승자가 된 국가들이 전쟁이 끝난 뒤 러시아와 같이 엄청난 천연자원을 보유한 나라로부터 이득을 취하려 한다는 것을 당연하게 여겼다. 프랑스, 영국, 일본, 미국이 러시아에 군대를 파견한 적이 있다는 사실은 바로 이 분석이 정확했다는 것을 보여주는 것처럼 보였다. 소비에트 국가는 필연적으로 그 국가들을 동요하게 했을 것이다. 러시아가 만약 자본주의와 결별하는 데 성공한다면, 다른 모든 자본주의 국가들은 혁명이라는 전염병에 취약해질 것이기 때문이었다.

1920년 7월 17일 열린 제2차 코민테른 대회에서, 볼셰비키는 이미 내전에서 승리를 거둔 후였기에 더 편안해 보였다. 폐회식에서 트로츠키가 연설하기 위해 자리에서 일어서자 각국 대표들은 그에게 박수갈채를 보냈으며 〈인터내셔널〉을 합창했다.[15] 트로츠키는 미국이 세계 패권을 추구하고 있다고 비난한 다음, 미국과 영국 사이에 전

쟁이 일어날 것이라고 예언했다. 그는 러시아, 오스트리아, 독일 제
국이 해체되어 기쁘다고 했고, 폴란드를 "프랑스 자본의 손에 놀아
나는 더럽고 피비린내 나는 도구"라고 조롱했다. 또한 프랑스가 영
국과 미국 정부가 베푸는 너그러운 선물에 의존하고 있다고 놀렸다.
그는 적군이 거둔 승리에 자부심을 느꼈으며 유럽 국가들은 러시아
의 천연자원 없이는 자국의 경제 재건이 불가능함을 곧 발견하게 될
것이라고 주장했다.[16] 마찬가지로 유럽의 재건을 위해서 중요한 것
은 독일 기술력의 회복이라고 말했다. 트로츠키는 이런 말을 했다.

독일을 재건하려면 독일이 생활하고 밥을 먹고 일할 수 있도록 해
주어야 합니다. 그러나 혹독한 처벌과 탄압을 받고 있는 독일이 생활
하고 밥을 먹고 일하는 것을 허용받지 못한다면, 독일은 프랑스 제국
주의에 대항하여 떨쳐 일어날 것입니다. 프랑스 제국주의는 오직 하
나의 계명만을 알고 있습니다. 그 계명은 "지불하라!"입니다. 독일은
반드시 지불해야 한다! 러시아는 반드시 지불해야 한다! 그러므로 폭
리를 취하려는 프랑스 사람들은 이자를 받아내려는 목적만으로도 전
세계 방방곡곡을 불태워버릴 태세가 되어 있는 것입니다.[17]

유럽의 모든 나라가 혁명의 문턱에 서 있었다.
트로츠키는 10월혁명의 성취를 축하했다. 우리는 내전에서 군사적
승리를 확보했으며 사회주의 경제의 단초를 시도하여 시험하고 있
다고 말했다. 국가 산업 계획의 중앙집중 체제가 이제 곧 실행될 것
이었다.(트로츠키는 이 점에 있어서는 헛된 희망을 품은 셈이었다. 1920년
대 내내 그는 매우 실망하게 된다.) 소비에트 러시아는 모든 민족들이
따라갈 수 있는 하나의 모범을 제시했다고 그는 주장했다. 이 강철
의 사나이는 자신의 마음을 그대로 드러냈다. "전 세계에 걸쳐 곧 시
행되어야 할 일정표에 내전이 올라가 있습니다." 심지어 외국의 농민

트
로
츠
키
·
448

들조차 사회주의 쪽으로 기울고 있다고 그는 주장했다. 그는 이렇게 확언했다.

그러므로 동지들, 지난 1년 반 동안의 소비에트 경제 사업을 돌아보면 단점도 많고 고난도 많았지만 우리는 이런 부족한 점을 감출 이유가 하나도 없습니다. 대신 우리는 우리가 시행한 이 사업의 그림을 서방의 형제들과 미국인들과 전 세계 모든 나라의 대표들에게 공개하여 보여줄 겁니다. 만약 누구라도 의심을 품고 이곳에 온다면 그는 우리가 올바른 길을 선택하였음을 납득하게 될 것이라고 나는 생각합니다. 현 세계의 참상으로부터 탈출하는 유일한 길은 바로 계획된 동원과 경제의 사회주의화입니다. 이 길을 택하면 모든 인공적인 장애물과 장막은 다 깨끗이 걷힐 것이며 통합된 경제에 필요한 정책을 추구할 수 있을 것입니다.[18]

트로츠키는 1917년 11월과 12월에 올라섰던 낙관주의의 정상에 1920년 7월 다시 올라섰다. 하지만 불과 몇 주일 뒤 그의 확신에 찬 전망은 무참하게 깨져버린다.

LEON
TROTSKY

제**3**부

반대자

–

1920-1928

27장

인간 트로츠키

대중의 찬사와 당 내부의 반감

소비에트 언론이 트로츠키를 헌신적인 공산주의자이자 국제주의자로 묘사했던 반면, 볼셰비즘의 극단적인 적들은 그를 피에 굶주린 광신자라고 낙인찍었다.[1] 하지만 그가 중요한 인물이라는 점에는 모든 사람이 동의했다. 1919년 1월 트로츠키가 포로로 잡혔다는 소문이 라트비아에 퍼진 일이 있었는데 이때 라트비아의 수도 리가에서는 군중이 몰려나와 이를 축하했다.[2] 1920년 중반에는 브란겔이 장교 두 명을 파견하여 트로츠키를 암살하려 한다는 보고를 받고 체카가 몹시 긴장했던 일도 있었다.[3] 소비에트 정권에 우뚝 솟은 두 인물이 바로 트로츠키와 레닌이라는 사실은 전 세계가 알고 있었다. 만일 둘 중 한 사람이라도 제거되었다면 10월혁명은 붕괴했을지도 모른다.

레닌과 트로츠키는 외국인들이 소비에트 러시아에 오면 가장 먼저 인터뷰를 하고 싶어 하는 대상이었다. 내전 기간에 트로츠키는 이런 언론인들을 비교적 덜 만났지만 그를 만나고 싶어 하는 사람은 많이 있었다. 그의 책은 유럽과 북미 지역에서 각국의 언어로 번역되어 배포되었다. 처음부터 외국의 독자를 염두에 두고 쓴 책들도 있었다.[4] 그는 여유가 있을 때면 항상 특파원들과 대화를 나누었고 그들은 그런 기회를 무척 소중하게 여겼다. 기자들은 보통 트로츠키의 성의에 고마움을 느꼈으므로 그에게 호의적인 기사를 써주었다. 여하튼 대부분의 기자들은 소비에트 혁명 실험에 관해 크든 작든 분명히 호감을 품고 있는 사람들이었다. AP 통신의 윌리엄 레스윅(William Reswick)은 예외였다.[5] 백군이 패배한 뒤에는 더 많은 기자들이 모스크바에 찾아왔다. 이때는 트로츠키가 모스크바에 자주 와 있던 시기였다. 방문객 가운데에는 루이즈 브라이언트, 맥스 이스트먼, 링컨 에어(Lincoln Eyre), 앙드레 모리제(Andre Morizet, 1876~1942) 등이 있었다.[6] 이들은 볼셰비키 러시아의 대의를 지지하는 책을 썼고 트로츠키는 그 책에 서문을 써주어 명성을 높였다.[7]

H. G. 웰스(H. G. Wells, 1866~1946)와 버트런드 러셀(Bertrand Russell, 1872~1970)은 사회주의의 동조자로서 트로츠키를 만나고 싶어 했다. 두 사람은 공산당의 이론과 실제를 이해하고자 모스크바에 왔고, 자신들의 명성 덕분에 레닌을 비롯한 모스크바의 공산당 지도부를 만날 수 있었다. 그러나 트로츠키는 군사인민위원부 업무 때문에 만나기가 쉽지 않았다. 마침내 버트런드 러셀이 오페라 극장에서 〈이고르 공〉* 공연을 보러 온 트로츠키를 잠깐 만날 수 있었다. 러셀은 트로츠키가 관객의 환호에 마치 나폴레옹처럼 답례하면서 '예술가나 배우 같은 자만심'을 보여주었다고 썼다. 두 사람은 그저 '뻔한 내용의 대화'만을 나누었으며 트로츠키는 곧 가던 길을 갔다.[8] 웰스의 경우에는 더 운이 없었다. 그는 러셀만큼 볼셰비키를 잘 알지도 못했고 여전히 트로츠키를 평화주의자라고 믿고 있었다. 웰스는 마르크스가 '극도로 재미 없는 사람'이라고 솔직하게 말했다.[9] 이 두 사람의 영국 저술가는 소비에트 사회에서 발견한 혼란과 압제와 광신적인 열광에 경악한 채 고국으로 돌아왔다. 트로츠키를 제대로 만

*〈**이고르 공**〉 러시아의 작곡가 알렉산드르 보로딘의 오페라.

나지 못했던 까닭에 그들이 쓴 베스트셀러에는 트로츠키보다 레닌 이야기가 더 많이 실렸다.[10)]

레닌과 트로츠키 두 사람을 다 아는 이들은 모두 두 사람을 비교해보려고 했다. 영국 사절단의 대표였던 로버트 브루스 록하트는 레닌이 더 권위가 높다는 것을 확실하게 알고 있었지만 트로츠키의 날카로운 지성과 용기 있는 행동을 높이 평가했다.[11)] 미국의 언론인 루이즈 브라이언트는 똑같은 내용을 달리 표현했다. 레닌이 혁명 사상의 화신이라면 트로츠키는 행동하는 인간이었다.[12)] 프랑스인 막스 호실러(Max Hoschiller)는 이에 동의하지 않았다. 그가 보기에 레닌은 '원시인'이었고 트로츠키는 '세련된 사람'이었다.[13)]

박수갈채는 종종 욕설로 가는 문턱이다. 10월혁명과 내전을 거치며 트로츠키는 대중의 찬사를 받았으나 당내에서는 적개심과 의심의 대상이 되었다. 하지만 이런 상황에 트로츠키는 거의 신경을 쓰지 않았다. 트로츠키는 자신이 모든 문제에서 옳다고 생각했으며 당을 자신의 견해 쪽으로 끌어오는 것이 자신의 책무라고 생각했다. 그는 여러 차례 열린 당대회에서 레닌을 제외하고는 가장 큰 존경의 대상이었다. 그가 공식적인 정책에 동의하지 않을 때에도 중앙위원회와 정치국에는 그의 자리가 보장되어 있었다. 그는 자신의 명성을 당연하게 여겼다. 트로츠키가 하는 감동적인 연설은 볼셰비키당 내에서 그를 비난하는 사람들조차 항상 좋아했다. 연설을 마친 후에 트로츠키는 연설에서 사용한 메모를 고쳐 써서, 신문에 자신의 멋진 문장이 나오도록 하는 일도 게을리하지 않았다. 레닌과 트로츠키는 유명해지는 데는 아무런 관심도 없다고 말했지만 정치적 메시지를 전달하는 데 개인적인 이미지가 유용하다는 것은 잘 알고 있었다. 처음 한두 해 동안 두 사람은 자신들의 가치를 적극적으로 부각하는 것을 회피했다. 대신 그들은 이미 죽은 자신들의 영웅들의 동상을 세우는 일을 좋아했다. 마르크스, 엥겔스와 심지어 로마 시대 노예 반란의 지도자 스파르타쿠스의 동상까지 세웠다. 하지만 1918년 8월 레닌이 암살자의 손에 죽을 고비를 넘긴 후, 공식적으로 레닌을 찬미하는 일이 허용되었다. 동료 지도자인 지노비예프가 짤막한 레닌 전기를 서둘러 썼는데, 이 책에서 레닌은 기독교의 성인들에게 주어지는 것과 유사한 어투로 칭송받았다.[14]

이렇게 레닌이 10월혁명 이후 처음으로 트로츠키보다 높은 무대에 올랐지만, 트로츠키 역시 볼셰비키 간행물에서는 계속 찬사의 대상이 되었다. 1918년 10월, 10월혁명 1주년 기념일에 〈프라우다〉에 트로츠키가 당에 공헌한 내용으로 글을 쓴 사람은 다름 아닌 그의 경쟁자 스탈린이었다.[15] 트로츠키의 전기를 쓰겠다면서 그에게 삶 이야기를 자세히 들려 달라고 요청하는 사람들이 여럿 있었다. 그중에 루레(Y. M. Lure)라는 사람이 있었는데 트로츠키는 루레의 전기 초안이 도저히 가망이 없다고 생각했다. 또 네프스키(V. Nevski)라는 원래 볼셰비즘을 연구하는 역사가도 있었다. 트로츠키는 네프스키와 몇몇 사람들의 요청을 거절하려는 듯한 태도를 살짝 보이다가 결국 이들의 질문에 답신을 보냈다.[16] 또한 트로츠키는 자신의 삶과 활동에 관심을 보이던 베시 비티(Bessie Beatty)와 맥스 이스트먼 같은 외국인들에게도 시간을 내주었다. 레닌은 전기 작가들에게 개인적인 도움을 전혀 주지 않았으며 자신의 50세 생일 연회에서도 중간에 나가버렸다. 트로츠키는 타협적인 태도를 취했다. 그는 전기 작가들에게 필요한 정보를 주고 면담도 허용했지만 그 이후에는 도와주지 않았다. 초고의 실수를 검토해 달라는 작가들의 요청에 트로츠키는 응하지 않았다.[17] 그가 업무로 바빴기 때문만은 아니었다. 당의 다른 동료들과 마찬가지로, 그 역시 자신에게 관심을 끌려는 직접적인 행동을 싫어했던 것이다.

어떤 공산당원들은 레닌과 트로츠키가 자신들에 대한 개인적 차원의 칭송을 막는 데 더 노력해야 한다고 생각했다. 코민테른 집행위

1920년대 초의 트로츠키. 10월혁명과 러시아 내전을 거치며 트로츠키는 레닌과 함께 볼셰비키 지도자로서 국내외에 널리 알려졌다. 그러나 명성이 높아질수록 당내에서는 그를 향한 적개심과 의심도 커졌다.

원회의 서기였던 안겔리카 발라바노바가 그런 사람 중 하나였다. 그녀는 특별히 정치국 위원들을 사진 촬영하는 데 반대했다.[18] 그 생각은 비현실적이었다. 러시아와 다른 소비에트공화국 국민들은 자신들의 지도자가 어떤 사람인지 알 필요가 있었다. 정치국 위원의 모습을 잠깐이나마 본 국민의 수는 매우 적었다. 게다가 국민 대부분이 문

맹인 사회에서 지도자와 그가 펴는 정책의 시각적 이미지는 공산주의 체제를 확립하는 데 결정적으로 중요했다. 포스터가 대량 생산되었다. 아직 러시아의 모든 도시에서 상영할 필름을 만들 만큼 충분한 셀룰로이드가 생산되지는 않았지만, 뉴스 영화도 제작되었다. 인물의 흉상과 동상도 제작되었다. 화가인 유리 안넨코프(Yuri Annenkov, 1889~1974)는 트로츠키의 훌륭한 초상화를 그렸다. 이 그림의 원본은 1931년 화재로 소실되었다.[19] 시펜체르 부부의 딸이자 트로츠키의 조카인 베라 인베르는 트로츠키를 경외하는 시를 지어 발표했다.

램프의 불빛 곁에서 —
녹색의, 녹색의 불빛 —
보통 하루가 끝날 무렵이었죠.
여섯 개의 기둥이 에워싸고 있는 당신의 집무실에서
당신은 저를 맞아주었죠.[20]

레닌과 달리 트로츠키는 유럽러시아에서 공산당이 지배하는 거의 모든 곳을 방문했다. 그래도 두 사람 모두 일반 국민이 자신을 알아보기를 기대할 수 없었다. 1919년 레닌은 길거리에서 강도들의 공격을 받은 적이 있었다. 이때 그는 자신이 소비에트 정부의 수반이라고 말했지만 강도들은 믿지 않았다. 그러나 니콜라이 2세와 알렉산드르 케렌스키 이후 레닌과 트로츠키는 러시아의 통치자로서 가장 유명한 사람이었다.

트로츠키는 가까운 가족을 주위의 시선으로부터 감추었다. 이는 공산당의 관행이었다. 오직 레닌의 부인만이 정치적으로 유명했다.[21] 나탈리야는 소비에트 공산당 엘리트의 아내들이 보통 그랬던 것처럼 공직을 맡았다. 러시아 문화에 흥미가 많다고 알려졌던 그녀가 처음 맡은 일은 역사적으로 중요한 물건들을 보존하는 직무였다. 이 직책에 있으면서 그녀는 모스크바 주위에 있는 영지의 국유화 계획을 수립하는 일도 했다.[22] 그다음 1919년에 나탈리야는 부상을 입거나 질병에 걸린 적군 병사들을 돕는 위원회를 이끌었다.[23] 이때 그녀는 트로츠키란 성을 사용했다. 나탈리야도, 트로츠키도 높은 지위를 과도하게 활용하고 싶은 유혹을 이겨냈다. 하지만 어떤 부부는 그런 자제력이 없었다. 라데크 부부가 그랬다. 그들은 크렘린에서 대공이 사용하던 숙소를 차지하고 사치를 즐겼다. 나탈리야는 그 숙소를 로마노프 황실 박물관으로 바꾸어 활용하는 것이 좋겠다고 생각했다. 라데크 부부와 트로츠키 부부의 관계는 한동안 서먹서먹했다.[24] 나탈리야는 생활 방식에서도 어느 정도 소박함을 지켜야겠다고 결심했다. 한번은 멋진 식탁보가 손에 들어오자 그것을 잘라 아들의 셔츠를 만들었다. 이 이야기를 들은 레닌은 낭비와 사치를 삼가는 나탈리야의 결의를 칭찬했다.[25]

나탈리야는 남편 트로츠키의 열차를 타고 같이 여행한 적이 한 번도 없었다. 그렇지만 그녀 역시 공적인 업무를 수행했으므로 료바와 세르게이는 종종 엄마 없이 지내야 했다. 트로츠키의 아이들은 공산당 엘리트의 또래 아이들과 친구가 되어 놀았다. 트로츠키 가족은 페트로그라드를 떠나 모스크바의 크렘린 궁으로 이사했다. 1918년 8월 레닌 암살 기도 사건 후 모스크바 시내에 흩어져 살던 간부들이 모두 안전을 위해 크렘린으로 들어왔으며, 이에 따라 크렘린은 사회적으로나 정치적으로 완전히 고립된 요새가 되었다. 세르게이 트로츠키는 한 외국 방문객의 마음에 쏙 들었던 모양이다. "그는 …… 훌륭한 소년이었다. 가슴은 넓었고 등은 곧았다. 마치 왕위 계승자가 농민 복장으로 변장하고 있는 듯했다." 세르게이를 칭찬한 외국 여성은 세르게이가 사촌 알렉산드르 카메네프와 축구를 하며 노는 것을 무척 좋아했다고 기록했다.[26] 두 아이의 아버지들은 정치국에서 종종 사이가 틀어지곤 했지만, 아이들이 운동을 하며 노는 것과 아버지들의 관계는 상관이 없었던 모양이다.

료바와 세르게이는 건강하고 자립심이 강한 소년으로 성장했다. 이복 누이들 역시 처음에는 그렇게 잘 성장하는 듯싶었다. 소비에트 정부가 모스크바로 옮겨올 때 딸들은 어머니와 함께 페트로그라드에 남았기 때문에 아버지를 거의 만날 수 없게 되었다. 이제 젊은 여성으로 성장한 두 딸은 트로츠키를 정치적으로 열렬히 지지했다. 얼마 지나지 않아 큰딸 지나는 우랄 지방으로 일을 찾아 떠났으며 작은딸 니나는 고등사범학교에서 공부했다. 이들은 혁명적 환경이 주는 자극을 받고 해방감을 느꼈다. 사회 전통이 해체되고 있었다. 어느 날 니나는 갑자기 만 네벨손(Man Nevelson)과 결혼했다. 일년 뒤에는 지나가 대학에서 철학을 연구하던 자하르 모글린(Zakhar Moglin)과 결혼했다. 트로츠키는 두 딸의 결혼식이 끝난 뒤에야 딸들의 결혼 사실을 알았다. 내전 기간에 트로츠키는 두 딸을 위해 전혀 시간을 낼 수 없었고 따라서 딸들이 인생을 스스로 꾸려 나가는 것은 조금도 놀라운 일이 아니었다. 어머니 손에서 자란 니나는 그런대로 잘 살아갔다. 하지만 지나는 아버지를 몹시 그리워했다. 하지만 지나가 유년기에 받았던 충격의 후유증은 아직 완전히 드러나지 않고 있었다. 특별한 문제 없이 성인이 된 아이는 료바 하나였다. 하지만 료바의 마음에도 감정적인 혼란을 겪은 흔적이 남아 있었다. 알렉산드라 브론시테인과 마찬가지로 트로츠키와 나탈리야 역시 아이들이 심각한 문제를 겪는 것을 눈치챌 수 있었다. 하지만 이런 문제는 가족 내의 비밀이었다.

트로츠키가 가족이나 친구의 일을 바깥에 노출하지 않은 이유는 첫째, 그것이 당원으로서 지켜야 할 몸가짐이라고 생각했으며, 둘째, 사회적으로 품격 있게 행동하기 위해서였다. 세 번째 이유는 내전에서 얻은 경험 때문이었다. 백군은 공산당원을 잡으면 총살해버리는 것이 보통이었다. 적군 역시 반혁명 장교들을 처형했다. 양측 모두 민간인을 인질로 잡는 일이 많았다. 데니킨 부대가 오데사를 점령했을 때 그들은 트로츠키의 가족을 찾아 시내와 시 외곽 지역을 샅샅이 뒤졌다. 브론시테인이란 성을 가진 사람은 누구든 살해당할 상황이었다. 1920년 3월 데니킨 부대는 인질 교환을 요구할 생각으로 트로츠키 아버지의 남동생 게르시 브론시테인과 그의 아내 라힐을 감금했다.[27] 만약 인질 교환이 성사되지 않으면 게르시와 그 아내는 살아남기 힘든 상황이었다. 모셰 시펜체르가 우크라이나의 소비에트 당국에 체포된 적도 있었다. 이때 트로츠키는 모셰와 판니 부부를 돕기 위해 개입했는데, 이들이 자신에게 소중한 숙부와 숙모 같은 존재였다는 이야기는 하지 않았다. 1919년 7월 트로츠키는 친구인 라코프스키에게 서신을 보내 모셰가 '자본가 고용주'인 것은 사실이지만 '교양 있고 매우 품격 있는 사람'이기 때문에 석방되어야 마땅하다는 생각을 전했다.[28] 또 1921년 9월에는 우크라이나 정부에 판니가 '힘든 겨울'을 보내고 있으니 물질적인 도움을 주었으면 좋겠다고 요청했다. 트로츠키는 판니의 정직성과 성실성을 보장한다고 말하면서 판니와 그녀의 남편은 정치에 무관심하고 아무런 해도 끼칠 사람들이 아니라는 점을 확인해주었다.[29]

트로츠키의 늙은 아버지는 1920년 남부에서 모스크바까지 올라왔다. 남부 지역을 점령한 백군이 물러가기 전까지 그는 자칫하면 목숨을 잃을 수 있는 상황에 처해 있었다. 그러나 적군이 들어오자 이번에는 농장을 몰수당해 농민들의 소유가 되었다. 저축해놓은 돈마저 모두 잃은 아버지는 헤르손 주에서 오데사까지 터덜터덜 걸어갔다. 거기서 다시 그는 모스크바까지 와서 제1차 세계대전 이전에 마지막으로 만났던 아들과 오랜만에 재회했다. 아버지는 70세였다. 아버지는 자신이 잘 알았고, 또 성공할 수 있었던 옛 세상을 왜 이렇게 파괴해야 하는지 이해할 수 없었다. "아버지들은 늙어서 편하게 살고자 일하고 또 일한다. 하지만 그 아들들은 혁명을 일으킨다."[30] 하지만 트로츠키의 아버지는 고령이었는데도 삶을 다시 개척할 수 있을 정도로 강인한 사람이었다. 트로츠키는 모스크바 근처의 국영 곡물 정제소의 관리인 자리를 아버지에게 마련해주었다. 그 일에 아버지보다 더 적합한 사람은 없었다. 식량공급인민위원 알렉산드르 추루파는 트로츠키의 아버지가 훌륭한 농업 지식을 갖고 있음을 인정하였으며 그와 대화를 나누길 좋아했다.

트로츠키가 코민테른의 서기 안겔리카 발라바노바에게 말한 바에 따르면, 그는 아버지에게 어떤 특혜도 부여한 적이 없으며 신발 한 켤레도 아버지를 위해 징발한 적이 없다.[31] 그렇지만 그는 아내와 자식들을 부르주아처럼 살도록 하는 데에는 아무런 거리낌도 없었다. 또한 판니 시펜체르를 도와 달라고 요청하는 것도 마다하지 않았다. 발라바노바가 개인적으로 청렴결백하기로 소문난 사람이었기 때문에 트로츠키가 그녀에게 가장해서 말한 것일 수도 있다. 아버지 다비드 브론시테인은 1922년 봄에 장티푸스에 걸려 사망했다. 트로츠키가 코민테른 제4차 대회에서 연설하던 날이었다.[32] 트로츠키는 회고록에서 아버지를 칭찬하기를 꺼렸다. 야노프카 마을에서 브론시테인 가족이 세운 것과 같은 농장을 세운다는 것은 아주 특별한 성취였다. 트로츠키의 아버지는 철저하게 절약하고 꾸준히 저축했다. 아버지는 기술 혁신도 도입했다. 또 능력 있는 일꾼들을 모아 훈련했다. 트로츠키는 자신이 이날 대회에 출석하기 전에 아버지가 위독한 상태라는 것을 알았는지 몰랐는지 한 번도 밝힌 적이 없었다.[33] 만일 알았다면 트로츠키는 놀라울 정도로 자신의 일에만 집중하는 모습을 보인 것이다. 몰랐다면 그의 무관심 역시 대단하다 하겠다.

트로츠키를 비롯한 크렘린 최상층 간부들이 정치만 하면서 살았던 것은 아니었다. 트로츠키의 매제인 레프 카메네프는 자신에게 주어진 안락함과 쾌락을 즐겼다. 1920년 외교 업무로 런던에 간 그는 런던의 명소인 '카페 로열'과 클라리지 호텔에 자주 갔으며 관광지인

햄프턴 궁과 와이트 섬도 여행했다. 또한 상류사회의 여성들과도 즐거운 시간을 보냈다. 그 여성 가운데 한 사람에게 카메네프는 이렇게 말했다. "이 세상에 진실은 없습니다. 오직 하나의 진실이 있다면 자신의 가슴속에 있죠."[34] 이런 소문은 그의 아내 귀에 들어왔고, 카메네프가 모스크바에 돌아왔을 때 아내는 그를 쌀쌀하게 맞이했다. "모스크바에서 우리는 그렇게 멋지게 살지 않아요." 아내는 클레어 셰리든(Clare Sheridan, 1885~1970)에게 그렇게 말했다. 셰리든은 카메네프가 런던부터 같이 동행했던 조각가였다. "레오 카메네프는 러시아를 완전히 망각해버렸죠. 여기 사람들은 그를 부르주아로 여길 거예요." 이 말을 들은 카메네프는 기차역 플랫폼에 '지극히 교양 없는 사람처럼' 침을 탁 뱉었다. 자신이 충분히 자격이 있는 사람이라는 것을 과시하는 듯했다.[35] 만일 카메네프의 동지들이 그가 영국에서 어떻게 시간을 보냈는지 알았더라면 그에게 좀 더 엄격한 태도를 보였을 것이다. 만일 카메네프가 얼마나 자주 셰리든과 함께 고급 식당에 갔는지 그의 아내가 알았더라면 아마도 그의 집안 분위기는 좀 더 쌀쌀했을 것이다.

트로츠키는 카메네프만큼 사치를 부리지는 않았지만 그 역시 아름다운 여성에게 끌린 적이 있었다. 10월혁명 이후에 아름다운 몇몇 여성이 그에게 매력을 느낀 적도 있었다. 누이의 질투를 불러일으킨 장본인인 셰리든과 트로츠키는 한동안 같이 시간을 보냈다. 카메네프가 셰리든에게 볼셰비키 지도자인 레닌, 지노비예프, 트로츠키, 제르진스키의 흉상을 만들어 달라고 의뢰했던 것이다.(사례로 얼마를 받았는지 셰리든은 끝내 밝히지 않았다.)[36] 셰리든은 윈스턴 처칠(Winston Churchill, 1874~1965)의 사촌이었다. 처칠은 당시 소비에트 정부에 맞서 십자군 전쟁을 벌여야 한다고 주장하고 있었다. 셰리든은 처칠에게 자신이 모스크바에 가려 한다는 사실을 숨겼다. 나중에 처칠이 알았을 때는 그녀를 제지하기에는 너무 늦은 상황이었다. 트로츠키는 처음에는 내키지 않아 했지만 결국 셰리든이 며칠간 자신의 집무실에 와서 흉상 제작 작업을 하도록 허락했다. 흉상을 어떤 방식으로 만드는가 하는 문제에 대해서 트로츠키는 셰리든만큼 자신도 발언권이 있다고 생각했기 때문에 두 사람은 가벼운 입씨름을 계속했다. 그녀는 공산주의자도 아니었고 좌파 지식인도 아니었지만 트로츠키의 매력이 발산하는 힘을 느낄 수 있었다. 셰리든이 트로츠키의 얼굴을 금속제 측량 기구로 재고 있을 때 트로츠키는 "당신은 금속제 도구로 나를 애무하고 있군요."라고 말했다.[37] 트로츠키는 또 그녀가 만들고 있던 흉상에 대해 이렇게 말했다. "그 흉상은 자신을 만들고 있는 여성에게 푹 빠져 있는 '착한 프랑스 부르주아' 같군요. 하지만 공산주의하고는 아무 관련도 없어 보이네요."[38]

트로츠키가 던지는 다정한 발언은 의도된 효과를 불러왔다.

트로츠키는 나를 바라보면서 이렇게 말했다. "이를 꽉 다물고 작업에 달라붙어 애를 쓰고 있을 때도, 당신은 여전히 여성이군요(Vous êtes encore femme).*" 그의 코걸이 안경이 작업에 방해가 되어서 나는 그에게 안경을 벗으라고 요청했다. 그는 상당히 불편해했다. 안경을 벗으면 자신이 완전히 '무장 해제(désarmé)'가 된 것 같은 느낌이 들며 완전히 당혹스런 상태가 돼버린다는 것이었다. 안경을 벗는 것은 마치 그에게 신체적으로 고통스러운 행동처럼 보였다. 안경은 이미 그의 일부가 되어 있으며 안경을 벗은 인간 트로츠키는 완전히 다른 사람이다. 이것은 유감스러운 일이다. 안경을 쓰지 않았다면 고전적인 품격이 있었을 얼굴을 안경이 망치고 있기 때문이다.[39]

조각가로서 셰리든이 지닌 날카로운 안목은 트로츠키에 대한 그

---

* 이 부분은 트로츠키가 프랑스어로 말했던 것으로 기록되어 있다. 대화 중에 프랑스어를 사용하는 것은 당시 러시아 지식인층에서 흔한 일이었다.

녀의 감정이 더욱 강렬해지도록 부추겼다.

　　트로츠키는 입을 열어 이빨을 탁탁 몇 번 마주쳤다. 자신의 아래턱
이 비뚤어져 있음을 보여주기 위해서였다. 그런 그를 보고 있노라니
으르렁거리는 늑대가 생각났다. 무슨 말을 할 때면 그는 얼굴이 밝게
빛나고 눈이 반짝거린다. 트로츠키의 눈에 대해서 여기 러시아인들은
많은 이야기를 한다. 그는 '늑대'라고 불린다. 코는 휘어져 있는데 예
전에 코뼈가 부러진 적이 있었던 것 같다. 만일 코가 반듯했다면 그의
이마에서 코끝까지 멋들어진 직선이 이어졌을 것이다. 정면에서 보면
그의 얼굴은 메피스토* 같다. 눈썹 양끝이 올라가 있고 얼굴의 하반
부는 점차 가늘어져서 날카롭고 도전적인 수염에서 끝난다.[40]

　　조각가는 분명히 모델에게 반했다. 그리고 트로츠키 역시 한밤중
에 은은한 조명이 드리운 집무실에서 윗도리와 내의 단추를 풀고 '멋
진 목과 가슴'을 드러내 보일 때 자신의 행동이 어떤 결과를 불러올
지 잘 알고 있었을 것이다.[41] 그는 또한 자신이 앉아 있던 책상에서
일어나 셰리든의 등 뒤로 가서 그녀의 어깨 위에 두 손을 얹기도 했
다. 이런 행동에 아무런 의도가 없었다고 말하기는 힘들 것이다.
　　두 사람이 사귀고 있다는 소문이 돌았다. 셰리든은 자신의 회고록
에서 이런 소문의 진위를 확인하지는 않았지만 생생한 세부 사항을
많이 기록해놓았다. 그런 묘사는 양차 대전 사이의 영국에서 볼 때는
노골적인 표현의 경계선에 아슬아슬하게 다가가는 수준의 묘사였다.
세월이 많이 지난 뒤 멕시코에서 트로츠키 부부의 결혼 생활에 심각
한 문제가 생겼을 때, 셰리든과의 관계 이야기가 나탈리야의 입에서
나왔다. 1930년대 트로츠키의 주변 사람들 역시 셰리든과의 관계를

──────────

메피스토(Mephisto) 독일 전설에 등장하는 악마 메피스토펠레스. 파우스트가 악마와 계약
을 체결하여 부와 권력을 얻었지만 그의 영혼은 악마의 것이 된다.

의심했다. 하지만 확실한 증거는 아무것도 없었다. 설사 두 사람 사이에 무슨 일이 있었다 하더라도 아주 짧은 시간의 일이었을 것이다. 1920년 중반에 트로츠키는 대 폴란드 군사 작전 때문에 다시 적군에 합류해야 했다. 트로츠키가 셰리든에게 자신의 열차에 타고 같이 움직이자고 권유했지만 셰리든은 거절했다.[42] 그녀는 영국으로 떠났다. 거기서 그녀는 자신의 일기를 책으로 엮어 출판했고 책을 홍보하느라 미국을 순회했다. 당시 상황으로 보면 트로츠키는 아무 문제 없이 소비에트의 정치 세계라는 하늘을 가로질러 눈부시게 빛나는 여정을 계속할 수 있을 것처럼 보였다. 하지만 이런 전망은 곧 틀린 것으로 드러났다. 이미 당내 적들에게 분명해 보였던 트로츠키가 공인으로서 지닌 결함들이 곧 모든 사람의 눈에 명명백백하게 노출되고 마는 것이다. 트로츠키는 1917년 혁명과 러시아 내전의 혁명 영웅이었다. 그는 재능이 넘쳤다. 당내의 분파 투쟁 속에서 그는 자신의 넘치는 재능과 건전한 정치적 직관력 사이에서 균형을 찾지 못했다. 혜성은 이제 지상을 향한 긴 낙하를 시작했다.

28장

《테러리즘과 공산주의》

트로츠키는 왜 테러리즘을 옹호했나?

1917년부터 1919년 사이 레닌과 카우츠키가 독재와 민주주의에 관한 논쟁을 벌일 때, 트로츠키는 옆에서 보고만 있었다.[1] 러시아 내전이 끝나기 전까지 트로츠키는 마르크스주의 이론에 자기 나름의 공헌을 해야겠다는 생각은 하지 않았다. 그러나 그는 유데니치가 완전히 패배하기 전부터 묵직한 새 책을 내려고 마음먹고 있었다. 1920년 초에 러시아를 이곳저곳 여행하는 동안 그는 짧은 글들을 비서에게 구술했으며 5월에 이 글들을 정리하여 하나의 저술로 완성했다. 이 책은 신속하게 페트로그라드에서 출판되었다. 제목은 《테러리즘과 공산주의》였다.

다른 볼셰비키 지도자들과 마찬가지로 트로츠키 역시 당의 정책은 경험에 의해 그 타당성이 입증되었다고 생각했다. 그는 레닌처럼 집착하는 태도로 카우츠키와 논쟁하는 것을 거부했다. 트로츠키가 이번에 쓴 책 역시 마르크스와 엥겔스의 저술을 엄격하게 해설하는 종류의 책은 아니었다. 트로츠키는 자기 언어로 자신의 주장을 명백하게 제시하였다.

테러리즘을 원칙적으로 배격하는 사람은 —즉, 의지가 굳은 무장 반혁명 세력에게 압박과 위협 조치를 취하는 것을 배격하는 사람은—노동계급이 지닌 최고의 정치적 지위와 노동계급의 혁명적 독재 개념을 부정하는 사람임에 틀림없다. 또한 프롤레타리아 독재를 배격하는 사람은 사회주의 혁명을 배격하는 것이며 사회주의의 무덤을 파는 자이다.[2]

만일 트로츠키가 의미한 것이, 혁명가라면 전쟁터에서 군대를 상대로 무력을 사용할 수 있어야 한다는 뜻이라면 아무 문제가 없다. 하지만 그와 동료 볼셰비키들은 러시아 내전 기간 동안 이 수준을 훨씬 넘어섰다. 그들은 아무 죄도 없는 인질을 총살형에 처했다. 또한 러시아 사회의 많은 부분을 차지하는 부류의 사람들에게서 통째로 시민권을 박탈했다. 그들은 테러리즘 사상을 칭송했으며 그 사상을 현실에 적용하면서 자랑스러워했다. 노동자와 농민이라 하더라도 적극적인 반대 입장을 취하면 볼셰비키는 그들을 야만적으로 다뤘다. '프롤레타리아의' 자기 해방이라는 트로츠키의 초기 이념은 오래된 동전처럼 주인도 모르는 사이에 주머니에서 빠져나갔다.

1920년 2월 우랄 지역을 여행한 뒤 트로츠키는 실제 정책을 시급히 바꿔야 한다고 생각하게 되었다.[3] 곡물 징발과 군대 징집에 대항하여 농민들이 반란을 일으키고 있었다. 도시에는 식량 부족 현상이 나타나고 있었다. 공장과 광산은 황폐해졌다. 노동자들은 기나긴 전쟁에서 살아남기 위해 농촌으로 떠나고 없었다. 공산당 역시 제대로 된 상태가 아니었다. 각급 소비에트와 노동조합들은 실제 성과를 전혀 내지 못했다. 운송과 통신은 혼란 상태였다. 전시 조치 덕분에 소비에트 정부는 기존의 산업 시설을 확보하고 곡물을 압수할 수 있었다. 하지만 이런 조치들은 경제적으로 지속적인 성과를 내는 데는 실패했다. 트로츠키는 이런 문제를 해결하는 데 상상력이 풍부한 자신의 두뇌를 동원했다.

이제 러시아와 우크라이나에서 내전의 결과가 명백해졌으므로 농업과 산업 부문의 중대한 정책을 고려해야 할 때가 되었다. 코민테른의 뛰어난 이론가인 헝가리의 공산주의자 죄르지 루카치(György Lukács, 1885~1971)는 소비에트의 상황을 칭송하는 팸플릿에서 러시아가 "필연성이 지배하는 영역에서 자유가 지배하는 영역으로 단숨에 도약하였다."라고 하면서, 역사적 유물론은 혁명이 일어난 나라에는 더는 적용되지 않는다고 주장했다. 오랜 세월이 지난 뒤 트로츠키는 이렇게 썼다. "그 구절을 보고 레닌과 내가 웃었던 게 기억난다. 쓴웃음이었다. 이른바 자유가 지배하는 영역이라는 곳을 실제로 통치하고 있던 것은 굶주림과 장티푸스였기 때문이다."[4] 트로츠키는 경제에 관한 명제 몇 개를 만들어서 우랄 지역의 중심 도시인 예카테린부르크의 당조직 집회에서 발표한 보고문에 삽입했다. 그리고 이 명제들을 1920년 3월 10일 완전한 형태로 마무리했다. 그는 식량공급인민위원부가 현재 도시에 충분한 곡물을 공급하지 못한다고 솔직하게 말했다. 문제는 두 가지였다. 첫 번째는 1917년 토지에 관한 포고령으로 농지가 농민들에게 넘어갔지만 정부의 요구에 농민들이 협조하도록 하는 장치가 없다는 점이었다. 두 번째는 1918년 중반에 도입된 식량 독재 체제로 인해 농민들이 넓은 농지를 보유할 동기가 줄어들고 말았다는 점이었다. 정책 변화가 반드시 필요했다.[5]

트로츠키에게나 당 전체에게나 해결책은 농업 집단화였다. 하지만 이 작업은 천천히 시행해야 했으며 미래에나 가능한 정책이었다. 그렇다면 공산당이 취할 수 있는 대안은 하나밖에 없었다. 잉여 생산물을 내는 농가에 보상을 해주는 방법뿐이었다. 이는 내전 시기에 당의 경제 정책으로 알려진 전시 공산주의와 결별함을 뜻했다. 1918년부터 당은 극빈층 농민과 중간층 농민의 지지를 끌어내는 정책을 시행해 왔으나, 트로츠키의 제안은 부유층 농민에게 유리한 정책이었다. 사실상 그는 쿨라크 편을 드는 정책 노선을 옹호한 것이었다.[6] 그런

데 곡물 생산의 대가로 제공할 산업 생산품을 공장과 광산으로부터 어떻게 얻어낼 것인가? 트로츠키는 제조업과 광업 부문 전체에 대대적인 개혁을 도입해야 한다고 주장했다. 그는 다시 기업에 규율을 도입해야 한다고 요구했다.[7] 경쟁 원칙도 다시 도입해야 했다. 각 행정구역, 공장, 개별 노동자들은 각각 다른 생산 주체를 이기려고 노력할 필요가 있었다.[8] '모범' 공장도 지정해야 했다.[9] 이것이 전부가 아니었다. 트로츠키의 상상력 풍부한 두뇌는 이때 최고의 생산성을 발휘하여 '노동 군대'라는 것을 생각해냈다. 징집 해제 조치는 중단해야 했다. 적군 병사들은 군대에 남아 산업 부흥 책무를 수행하도록 재배치되어야 했다. 노동조합의 권리에 대한 과거의 사고방식은 폐기되어야 마땅하고, 노동 현장에 군대식 규율을 도입하는 것이 꼭 필요했다.[10]

트로츠키에 따르면 소비에트 경제는 이제까지 지나치게 중앙에 집중되어 있었다. 경제의 활력을 회복하려면 국가는 권력을 각 지역의 중심 도시로 이양해야 했다. 그런 도시 가운데 하나로 트로츠키는 우랄 지역의 예카테린부르크를 들었다. 그는 첫 번째로 창설할 '노동 군대'가 이 도시에서 운영되기를 바랐다. 또 각 지역은 다른 지역과 경쟁하고, 공장은 다른 공장과, 그리고 개인은 다른 노동자와 서로 경쟁하도록 해야 한다고 주장했다. 경쟁의 승자에게는 물질적인 보상이 주어질 것이다. 트로츠키는 이를 '사회주의적 경쟁'이라고 불렀다.[11]

농업 문제에 관한 트로츠키의 이러한 의견에 중앙위원회 멤버들은 큰 충격을 받았다. 레닌은 트로츠키가 '자유상업주의'를 옹호하고 있으며 아주 과장되고 '유토피아'적인 제안을 내놓았다고 비난했다. 이것은 자유방임 자본주의를 이단시하는 공산주의자들에게는 매우 강한 비난이었다.[12] 트로츠키는 자신의 구상을 중앙위원회에 제출하기 전에 좀 더 조심했어야 했다. 최소한 중앙위원회 회의가 열리기 전

지지를 호소하는 활동을 펴기라도 해야 했다. 전시 공산주의는 이미 공산당원들에게 경제의 기본 원칙으로 받아들여진 상태였다. 모든 난관은 국가 소유와 국가 통제라는 수단으로 해결할 수 있었고, 사적 이윤이라는 관념에 굴복하는 것은 반동적인 태도로 인식되었다. 쿨라크는 볼셰비키가 가장 두려워하고 증오하던 사회 집단 중 하나였다. 그런 상황에서 트로츠키가 쿨라크를 농업과 상업의 재건에 활용하자고 제안한 것이다. 사실 그의 제안은 시장경제로 복귀하는 것과는 전혀 관련이 없었으며 1921년에 채택되는 '신경제 정책'*의 선구적 의미가 있던 것도 아니었다.[13] 하지만 당 지도부 가운데 누구도 트로츠키의 편을 드는 사람이 없었고 결국 그의 제안은 마치 납으로 만든 풍선처럼 완전한 실패로 끝나고 말았다. 게다가 트로츠키 자신도 더는 이 제안을 고집할 의미가 없다고 판단했다.

하지만 트로츠키가 내놓은 다른 제안은 긍정적인 반응을 끌어냈다. 트로츠키는 경제 위기에는 과감한 대응이 필요하다는 주장을 펴서 노동 군대에 대한 레닌의 우려를 극복했다. 레닌은 군사화된 노동력을 장기간 활용하는 방안에는 찬성하지 않았지만, 우랄 지역에서 현지의 민간 행정 당국이 동의한다면 노동 군대를 창설하는 것은 허락했다.[14] 트로츠키는 스탈린의 지지를 받아 다른 곳에도 노동 군대를 창설하는 데 대한 승인을 받아냈다.[15]

또한 트로츠키는 적군 내에서 작동하는 것과 동일한 정치적 통제 시스템이 러시아의 운송 분야에도 필요하다고 주장하여 중앙위원회를 설득하는 데 성공했다. 그는 자신이 이 작업에서 적극적인 역할을 하겠다고 했다. 운송 분야의 개혁은 이미 1919년에 시작되었다. 레닌은 이 분야에서 양보했으며 이에 따라 철도망과 수로망은 군대식 규율 시스템 속으로 들어갔다. 하지만 레닌은 군대식 시스템을 일시적

신경제 정책(NEP) 혁명과 러시아 내전으로 인한 소련 경제의 파탄을 극복하기 위해 볼셰비키 정권이 1921년 자본주의적 요소를 도입해 시행한 새로운 경제 정책.

인 조치라고 생각했으며, 트로츠키와는 달리 이 새로운 기관 '철도 총정치국(Glavpoliput)'이 영속적으로 소비에트 체제의 한 부분이 될 것이라고는 보지 않았다.[16] 레닌과 트로츠키가 서로 힘을 합친 것은 1920년 4월 제9차 당대회에서 받은 공격 때문이었다. 당내 비판자들은 두 사람이 지나치게 권위주의로 기울고 있다고 비난했다. 트로츠키는 이번만은 자신이 정치적으로 고립되어 있다는 사실을 받아들이고, 레닌과 협력 관계를 공고히 하기 위해 자신이 주장하던 것 가운데 중앙집권적 성격이 비교적 강한 제안 몇 개를 포기했다.[17] 두 사람이 함께 제안한 것은, 각 정부 기관에서 단 한 사람이 지휘권을 잡도록 하자는 것과 '종합 국가 경제 계획'을 수립할 필요가 있다는 것이었다. 이 제안을 들은 사람들은 짓궂은 농담을 했다. 만일 레닌이 혼자 인민위원회의 지휘권을 잡는다면 트로츠키 당신은 어떻게 되겠느냐고 누군가 물었다.[18] 트로츠키는 아무런 반응도 보이지 않았다. 그는 스스로 자기를 깎아내리는 농담은 잘 했지만—그는 자신의 제안이 통과되는 것을 막는 중앙위원회 동지들에게 스스로를 조롱하는 발언을 하기도 했다.[19]—다른 사람의 농담의 대상이 되는 것은 싫어했다.

이런 약간의 곤란을 제외하면 이 당대회는 트로츠키가 원하던 대로 진행되었으며. 그는 흡족한 마음으로 군사인민위원 직무로 복귀했다. 소련의 안전 보장을 위협하는 상황은 아직 끝나지 않았으며 1920년 봄이 되자 폴란드와 전면전이 벌어질 가능성이 높아졌다. 제1차 세계대전이 끝난 이후 심각한 군사 충돌이 이어지고 있었다.[20] 베르사유, 생제르맹, 트리아농의 조약들은 중부 유럽과 동중부 유럽만을 대상으로 하였고, 유럽의 가장 동쪽 지역에는 아직 평화 질서에 대한 합의가 없었다. 브레스트-리토프스크 조약 이후 과거 러시아 제국의 영토였던 지역에 몇 개의 국가가 형성되었다. 이들 국가, 즉 폴란드, 리투아니아, 라트비아, 에스토니아는 독일군이 퇴각한 이후 점차 독립국가로서 안정돼 가고 있었다. 1919년 말까지는 소비에트공화국의 형태로 러시아, 우크라이나, 벨로루시야가 자리 잡았다. 이들 소비에트공화국은 형식적으로는 주권국가의 지위를 누렸지만 실제로는 모스크바의 통제를 받았다. 이 지역 전체는 대립하는 영토 주권 주장과 나라 간의 충돌로 몸살을 앓았다. 가장 큰 문제는 '소브데피아'*―러시아공산당이 통치하는 영역을 칭하던 이름이었다.―의 서쪽 경계선을 긋는 문제였다. 특히 폴란드는 적군(赤軍)이 러시아 내전의 부담에서 해방되고 나면 어떻게 나올까 끊임없이 걱정해 왔다.

폴란드 정부는 당시 자신들이 통제하던 영토 이외의 땅에서도 영유권을 주장했다. 1919년 4월 폴란드는 '리투아니아-벨로루시야 소비에트공화국'*의 수도인 빌뉴스에서 적군을 내몰았다. 군사령관 유제프 피우수트스키가 수립한 군사 작전은 우선 키예프의 소비에트 정부를 전복한 다음 폴란드와 우크라이나로 구성된 연방 체제를 수립하는 것이었다.[21] 오래전 폴란드는 우크라이나의 일부 지역을 통치한 적이 있었으며, 당시 폴란드 영토의 남동부 지역에는 우크라이나인이 소수민족으로 거주하고 있었다. 1914년 이전에 농업과 산업이 융성했던 우크라이나 지역을 획득하여 장차 소비에트 러시아가 침공해 오는 것에 대비해 방어적 전초기지로 삼겠다는 것이 피우수트스키의 계산이었다. 게다가 그렇게 되면 러시아는 브레스트-리토프스크 조약 때 그랬던 것처럼 러시아 서부 지역의 영토와 주민과 경제 자원을 잃게 될 것이었다. 피우수트스키에게 우크라이나 국민들의 여론이나 폴란드 정부 내각의 의견 따위는 고려 대상이 아니었다.

소브데피아(Sovdepia) 볼셰비키 정권을 경멸적으로 부르던 명칭. Sovdep는 Sovet deputatov(Soviet of Deputies)의 준말이며, -ia는 '영토'를 뜻하는 접미사로서 '대의원 소비에트가 지배하는 땅'이란 뜻이다.
리투아니아-벨로루시야 소비에트공화국 현재의 벨라루스와 리투아니아를 영토로 하여 1919년 2월부터 7월까지 존재하였다.

그는 먼저 행동한 다음 결과물을 기정사실로 내놓을 작정이었다. 며칠 지나지 않아 피우수트스키는 우크라이나 중심부에 도달했다. 5월 7일에는 키예프를 점령했다. 폴란드 부대의 전진 속도가 너무나 빨라서 소비에트 병사들이 버스 정류장에 서 있다가 잡히는 경우도 있었다.

또다시 적군이 동원되어 우크라이나 내륙 지방에서 전투에 임했다. 트로츠키는 모스크바와 페트로그라드의 당 위원회에 서신을 보내 폴란드와의 전쟁은 '힘들고 오래 걸리는' 싸움이 될 것이기 때문에 신속한 승리를 기대해서는 안 될 것이라고 조심스럽게 말했다.[22] 그는 5월 5일 열린 소비에트 대회의 전러시아 중앙집행위원회에 출석하여 자신의 생각을 말했다. 볼셰비키는 항상 러시아와 폴란드 사이에 평화가 유지되도록 노력하였다고 그는 주장했다.[23] 피우수트스키의 침공은 야만적인 행동이었다. 적군은 이들을 결국 물리칠 것이지만 앞으로 닥칠 어려움을 얕보아서는 안 된다. 트로츠키는 폴란드의 노동자들이 피우수트스키의 침공을 용인하지는 않을 것이라고 확신했다. 하지만 폴란드 농민들은 달랐다. 농민들은 '민족적 편견'을 품고 있기 때문에 피우수트스키에게 분명히 도움이 될 것이었다. 러시아인에 대한 그들의 증오는 뿌리 깊었다. 트로츠키는 폴란드의 전쟁 도발자들이 프랑스와 영국으로부터 실질적인 도움을 받을 수 있을 것이라고도 추정했다.

하지만 소비에트 러시아 역시 추가적인 도움을 받을 수 있다고 트로츠키는 강조했다. 러시아 제국 군대 지휘관 출신으로서 반볼셰비키 입장을 견지하던 노장군 알렉세이 브루실로프(Alexei Brusilov, 1853~1926)가 폴란드 전쟁에 복무하겠노라고 했다. 적군은 그의 전문적 능력을 기꺼이 제공받기로 했다. 하지만 트로츠키는 브루실로프의 도움을 받는다고 해서 볼셰비키당이 러시아의 '시민 평화'* 전

시민 평화 저본의 표현은 'civil peace'로서 이는 내전(civil war)의 반대 개념으로 쓰인 것으로 추측된다.

략을 택한 것은 아니라고 말했다. 차르의 군대에 복무했던 브루실로프 같은 사람은 여전히 신뢰할 수는 없는 인물로 취급해야 하며 '프롤레타리아'에 종속된 상태에서 복무하게 될 것이었다. 피우수트스키의 상황은 겉으로 보이는 것만큼 안정되어 있지 않았다. 폴란드의 상황은 과거 케렌스키가 통치하던 러시아와 비슷했다. 과거 1917년 10월 이전에 페트로그라드의 상황이 그랬듯이 지금 바르샤바의 지도층 내부에는 서로 다른 목적을 추구하는 분열상이 존재한다고 트로츠키는 주장했다.[24] 그는 연설의 마지막을 감동적인 선언으로 장식했다. "이 투쟁은 처절할 것입니다. 하지만 만일 여러분이 이 투쟁에서 누가 이길 것 같냐고 물으신다면 저는 이렇게 답하겠습니다. 결국은 우리가 적을 분쇄하고 승리하리라는 것을 저는 이번 투쟁에서처럼 확고하게 믿어본 적이 없다고."[25] 트로츠키는 이번 전쟁이 극히 힘든 투쟁이 될 수밖에 없다는 점을 숨기지 않았다. 하지만 마치 1940년에 영국 총리 처칠이 그랬던 것처럼, 트로츠키는 낙관적인 메시지를 전달하여 청중에게 큰 용기를 주고 자리를 떠났다. 이렇게 멋진 역할을 할 수 있는 사람은 정치국에 트로츠키 말고는 아무도 없었다.

1920년 5월 10일 그는 계급 전쟁을 선포하는 연설을 했다. "소비에트 러시아는 여러분에게 새로운 종류의 전쟁을 보여드리겠습니다. 우리가 싸우는 모습을 보면 폴란드 지주들의 머리카락이 부들부들 떨리게 될 것입니다. 폴란드 다음엔 유럽 전체, 그리고 전 세계에서 지주들이 공포에 떨 것입니다. (우레와 같은 박수) …… 폴란드의 노동자와 농민에게 고합니다. 우리의 투쟁은 그대들, 즉 우리의 친구이며 형제인 그대들을 상대로 한 것이 아닙니다. 우리의 투쟁은 우리와 그대들의 자유를 위한 것이며, 우리와 그대들의 적과 압제자들, 그리고 대귀족 침략자들에 맞선 투쟁입니다."[26] 본격적인 전투에 앞서 트로츠키는 포고문을 신속하게 인쇄해줄 것을 요구했다. '노동하는 인민'들에게 호소문을 읽히기 위해서였다. 소비에트 러시아의 서쪽 땅에 사는 모든 인민들에게 소비에트의 토지 개혁 내용을 널리 알릴 계획이었다.[27]

　1920년 6월의 첫째 주까지만 하더라도 트로츠키가 옛 러시아제국 서쪽까지 전쟁을 확대할 것을 진지하게 고려한 흔적은 없다. 그는 동쪽 방면에서 군사 행동을 할 생각도 없었다. 트로츠키는 만일 아시아의 어느 국가에서든 소비에트 식의 권력 장악이 발생하면 러시아의 지정학적 상황이 곤란하게 될 것이라고 생각했다. 영국이 가만히 있지 않을 것이라는 뜻이었다. 최근 적군이 점령한 아제르바이잔조차 모스크바 정부에 문제가 되고 있었다. 이제 군대 파견은 오직 군대를 일부러 움직이는 척하여 영국과 협상할 때 압력 수단으로 사용하는 용도로만 국한해야 했다.[28]

　6월 10일 적군이 키예프 탈환에 성공하면서 피우수트스키 군대는 황급히 퇴각하기 시작했다. 이제 볼셰비키가 해야 할 다음 행동은 무엇인가라는 질문이 제기되었다. 트로츠키는 폴란드 침공에 반대하는 것으로 알려져 있었다.[29] 그가 우려를 품은 것은 분명했다. 그것은 군사적인 것이 아니라 정치적 사항이었다. 그는 적군이 얼마나 지쳤는지 알고 있었다. 또한 과연 적군에게 이런 침공 작전에 필요한 에너지와 물적 자원이 있는지 의심스러웠다. 스탈린 역시 크림 반도의 브란겔이 이 상황을 이용할 것을 두려워했기 때문에 트로츠키와 같은 의견이었다. 다른 볼셰비키 지도자들은 폴란드 침공 작전에 좀 더 명백하게 반대했다. 특히 라데크는 폴란드 노동자들이 애국심의 유혹을 뿌리칠 수 있을지 회의적이었다. 하지만 레닌은 폴란드 국경을 넘어 바르샤바까지 점령해야 한다고 계속 강력하게 주장했다. 이렇게 레닌이 입장을 분명하게 정하자, 트로츠키 역시 레닌만큼이나 강하게 이 작전을 끝까지 밀어붙이겠다는 마음을 굳혔다. 하지만 당 지도자들의 글이나 연설은 이 군사작전의 진정한 목적을 거의 언급하지 않았다. 볼셰비키는 바르샤바를 통과한 다음 베를린까지 진격하겠다는 말은 공개적으로 하지 않았다. 볼셰비키당 지도자들 가운데 어느 누구도 중부 유럽의 '소비에트화'라는 목적을 공개적으로 인정한 적이 없었다. 그들은 이런 표현이 수많은 폴란드 사람들 마음에 드는 표현이 아니라는 것을 잘 알고 있었다.

영국 외무부는 러시아와 폴란드의 중재 역할을 자청하고 나섰다. 폴란드의 붕괴가 계속될 것이라고 예상한 영국 외무장관 커즌 경(George Curzon, 1859~1925)은 적군의 진격을 중단시키고 싶어 했다. 7월 17일 볼셰비키 중앙위원회는 강화 교섭 제의를 거부했다. 트로츠키에게는 장기간 이어질 군사작전에 관한 포고문을 작성하라는 지시가 내려졌다.[30] 페트로그라드에서는 7월 19일부터 코민테른 제2차 대회가 열렸다. 지노비예프와 레닌이 세계 정세가 이제 새로운 축을 중심으로 돌고 있다고 말하자 대회 분위기는 한껏 흥분에 찼다. 회의장 한쪽 벽면에 붙은 지도에는 적군의 진로를 따라 작은 깃발들이 꽂혔다. 트로츠키는 작전 지휘로 바쁜 와중에도 대회에 잠깐 얼굴을 비쳤다. 그는 공산당을 모든 곳에 설립해야 한다고 호소했으며 이그나치 파데레프스키(Ignacy Paderewski, 1860~1941)가 이끄는 폴란드 정부가 강화 교섭을 제안해 왔다는 소식을 전했다.[31] 또한 이 대회에서 앞으로 모든 회원국의 공산당은 러시아공산당과 동일한 조직 원칙을 따라야 한다는 규칙이 통과되었다. 그때쯤 트로츠키는 열차를 타고 황급히 전투 현장으로 돌아가 있었다. 7월 23일 서부 전선에 배치된 적군 각 부대는 총사령관인 미하일 투하체프스키(Mikhail Tukhachevsky, 1893~1937)로부터 부크 강을 건너서 폴란드군을 완전히 섬멸한다는 목표로 진격하라는 명령을 받았다. 볼셰비키당 지도부는 '폴란드 혁명 임시위원회'를 설립하였다. 이 위원회는 장차 바르샤바에 자리 잡을 것을 염두에 두고 토지와 산업과 안전보장에 관한 포고령들을 작성했다. 체카의 고위 지도자인 펠릭스 제르진스키와 이오시프 운시리치트(Iosif Unshlicht, 1887~1938)가 위원회에 들어 있었다.

레닌은 군 지휘관들과 정치위원들에게 폴란드, 라트비아, 에스토니아 노동자와 농민의 봉기를 조직하라고 계속 촉구하였다. 레닌이 '혁명 전쟁'을 어떻게 이해하고 있었는지를 보여주는 일화가 있다. 그는 기획 회의에서 다음과 같은 메모를 스클랸스키에게 주었다. "군사적 조치를 취할 것. 즉 라트비아와 에스토니아를 군사적인 방법으로 징벌할 것. 예를 들면 …… 국경선을 (1킬로미터 정도) 지난 다음 각국 관료와 부유층 사람들을 백 명에서 천 명 정도 잡아들여 교수형에 처할 것."[32] 또 레닌은 적군이 진격을 계속하는 사이에, 땅이 없는 농민들에게 영지 전체를 탈취하거나 영지의 일부라도 탈취하도록 부추기라고 폴란드 혁명 임시위원회에 지시했다.[33] '지주와 쿨라크'는 무자비한 탄압을 받아야 했다. 어째서 지주와 쿨라크에 반대하여 농민들이 봉기하도록 이끌지 않느냐고 레닌은 정치위원들을 질책했다.[34] 또 레닌은 적군을 끊임없이 재촉했다. "당의 군사 부문이나 총사령관이 바르샤바 점령을 **일부러 거부**하는 일만 없다면, 바르샤바는 **당연히** 점령할 수 있을 것입니다." 레닌은 휴전에 대한 언급은 허용하지 않았다. 그런 생각은 '얼빠진 소리'라는 것이었다.[35]

레닌에게서 이런 거친 말투로 지령을 받지 않은 사람은 트로츠키와 스탈린뿐이었다. 이 두 사람은 이미 적군을 최대한 쥐어짜고 있다는 것을 레닌도 알고 있었기 때문이다. 바르샤바와 베를린이라는 어마어마한 상품이 눈앞에 번쩍거리고 있었으므로 중앙의 당 지도부는 마치 천년왕국이 곧 도래할 것처럼 낙관적인 분위기에 빠져 있었다. 중부 유럽이 곧 공산화될 것만 같았다. 흥분에 들뜬 코민테른 제2차 대회는 수십 명의 외국 대의원들을 본국으로 급히 돌려보내 각국 정부를 정치적 곤경에 빠뜨리라고 지시했다. 어쩌면 혁명을 경험할 다음 나라가 이탈리아와 체코슬로바키아가 될 수도 있었다.

적군이 진격을 계속하는 동안, 트로츠키는 1918년 브레스트-리토프스크 조약 체결 이전에 자신을 비롯한 볼셰비키당 지도부가 원하던 종류의 '혁명 전쟁'을 이번에야말로 실행에 옮기고 싶다는 뜻을 명백하게 밝혔다. 영토 점령이라는 전통적인 목적은 이 전쟁의 일부에 불과했다. 적군이 도모하는 또 다른 목적은 노동자, 병사, 농민들의 지지를 불러일으키는 것이었다. 우선 폴란드에서, 그다음엔 독일에서 이 목적을 이룰 계획이었다. 과거의 러시아 침공자들과 달리 적군은 진격하는 동안 사람들의 따뜻한 환영을 기대했다. 트로츠키는 글과 연설을 통해 폴란드의 성직자와 지주들을 성토하는 북을 열심히 쳐댔다. 그는 '대중'에게 자신들의 압제자에게 저항하여 봉기하라고 호소했다. 트로츠키는 폴란드 정부와 군사 지휘부가 사실은 세계 자본주의 강대국들이 내세운, 굽신거리는 전위대에 불과하다고 맹렬하게 성토했다. 그는 피우수트스키의 모든 행동 뒤에 파리와 런던의 손이 있다고 생각했다. 트로츠키는 현재 유럽이 혁명의 불씨를 안고 있다고 진심으로 믿었다. 적군이 여기에 성냥불 하나만 던지면 유럽 전체가 활활 타오를 것이었다. 그의 이런 생각은 평생 변하지 않았다. 심지어 1940년에 그는 핀란드 농민들이 스탈린의 군대를 해방자로 환영할 것이라고 믿기까지 했다.[36]

유럽의 각국 정부와 언론들은 만일 폴란드가 적군에 점령당한다면 지난 12개월 동안 파리강화회의에서 체결된 조약들이 모두 휴지 조각이 된다는 점을 인식했다. 이 전쟁은 단순한 점령 군사작전이 아니었다. 레닌은 독일 정계에서 미약한 위치에 있는 독일공산당이 극우파와 연합하기를 원했다. 3월에 볼프강 카프(Wolfgang Kapp, 1858~1922)가 이끄는 '자유군단'이 베를린에서 권력 탈취를 목표로 삼아 쿠데타를 일으켰다. 레닌이 의도했던 것은 베르사유 조약에 반대하는 모든 세력을 한데 모아 막강한 연합 세력을 구축하여 독일을 해방하는 것이었다. 그런 이후에 극좌와 극우 세력이 싸워 누가 승자

28장 《테러리즘과 공산주의》 · 479

인지를 결판내면 될 터였다.[37] 한편 그사이 폴란드 영토 점령을 완수한 적군은 독일공산당 지도부를 도울 수 있는 위치에 가 있을 것이라는 계산이었다. 그다음 '소비에트화'가 체계적으로 시행될 것이었다. 1920년에 벌어진 소비에트 러시아와 폴란드의 전쟁은, 중부와 서부 유럽에서 과연 어떤 종류의 국가 체제와 이념이 우세한 위치를 차지할 것인가를 둘러싼 투쟁이었다.

초기 전황은 적군이 계획한 대로 진행되었다. 비알리스토크가 점령되자마자 폴란드 혁명 임시위원회는 공장 8곳을 국유화하였다. 러시아 루블이 현지 화폐로 지정되었다. 나중에 시행할 재산 압류를 위해 은행을 점검했다. 식량 배급의 우선권은 노동자에게 주었다.[38] 트로츠키는 이런 대민 행정 업무에 관여하기에는 너무 바빴다. 행정 업무는 폴란드 혁명 임시위원회의 제르진스키와 율리안 마르칠레프스키(Julian Marchlewski, 1866~1925)가 맡았다. 트로츠키는 이 군사작전이 '우리에게 강요된 전쟁'이라고 계속 주장했다.[39] 하지만 이런 주장은 설득력이 거의 없었다. 물론 피우수트스키가 우크라이나를 침공한 것은 사실이었다. 하지만 피우수트스키가 퇴각을 시작한 후 적군은 모든 휴전 제안을 무시했다.

적군은 두 그룹으로 나뉘어 폴란드 영토에 동시에 진입했다. 최고 사령관 세르게이 카메네프와 트로츠키는 서로 긴밀하게 연락을 주고받았다. 북쪽 그룹은 미하일 투하체프스키를 사령관으로 하여 곧장 바르샤바를 향해 진격하였다. 남쪽 그룹은 알렉산드르 예고로프를 사령관으로 하여 리보프로 향했다. 두 그룹 모두 신속하게 진격하고 있다는 보고가 들어옴에 따라 전체 전략이 다시 한 번 검토되었다. 진격 속도가 너무 빨라 종합적인 작전 계획을 다듬을 시간이 없었다. 트로츠키는 피우수트스키를 패퇴시키기 위한 작전 계획을 최종적으로 완성하기 위해 모스크바와 끊임없이 의사소통을 해야 했다. 예고로프에게 서쪽 방향 진격을 중지하고 북쪽으로 방향을 틀어

투하체프스키의 군대와 합류하라는 명령이 내려졌다. 하지만 남쪽 그룹의 혁명군사평의회를 책임지고 있던 사람은 바로 정치국과 최고 사령부의 명령을 무시하는 것으로 유명한 스탈린이었다. 예고로프의 군대가 리보프를 향해 진격할 때, 예고로프와 스탈린은 엄청난 군사적 영광을 예상했다. 리보프를 점령하고 나면 어쩌면 체코슬로바키아와 헝가리까지 진격할 수 있을지도 몰랐다. 한편 이때 예고로프가 설사 북쪽으로 진격 방향을 바꾸었다 하더라도, 투하체프스키가 계획하고 있던 공세 작전 시간에 맞추어 도착할 수 있을지 의심스러운 상황이었다.[40]

트로츠키는 최고 사령부의 전략에 충실하게 따를 것을 요구했다. 피우수트스키는 바르샤바에서 나와 비스와 강을 건너 부대를 포진시켰다. 폴란드는 이제 국가의 독립과 종교적 신념을 위해 싸웠다. 거의 모든 폴란드 병사들이 보기에 적군은 겉으로는 혁명이라는 제복을 입고 있지만 실제로는 오랜 세월 싸워 온 숙적일 뿐이었다. 피우수트스키가 부대를 지휘하는 솜씨가 뛰어나지는 않았다. 하지만 적군은 오랜 군사작전으로 지쳐 있었고 기본적인 물자마저 부족한 상태여서 최고의 전투력을 발휘할 수 없었다. 전투가 시작된 것은 8월 13일이었다. 양측이 각자의 역량을 최대한으로 쥐어짜는 치열한 전투가 날마다 계속되었다. 8월 25일 적군의 패배가 명백해졌다. 적군은 강행군으로 퇴각했다. 폴란드 사람들은 크게 기뻐했다. 그들은 레닌, 트로츠키, 그리고 '소비에트화'로부터 자신들을 구했을 뿐 아니라 중부 유럽의 나머지 부분도 구해냈다.

29장
소비에트 정권의 위기
"크론시타트 반란을 진압해야 합니다."

모스크바에서 제9차 당 회의가 열린 것은 폴란드의 재앙 이후 한 달이 채 지나지 않아서였다. 레닌과 트로츠키는 자기 이외의 누군가가 비난의 화살을 맞아야 한다는 점에서 생각이 일치했다. 스탈린의 불복종 행위가 기회를 제공했다. 내전 기간 동안 레닌은 트로츠키의 분노로부터 여러 차례 스탈린을 보호해준 바 있었다. 그리고 이번에는 레닌 자신이 폴란드 침공을 주장하는 큰 실수를 저질렀다. 레닌은 손쉬운 희생양으로 스탈린을 선택했다.

레닌은 정치국이 영국의 강화 제안을 거부한 것과 폴란드와 독일의 '소비에트화'가 쉽게 달성되리라고 생각했던 것은 판단 착오였다고 솔직하게 인정했다. 폴란드 국민의 애국심이 크게 일어난 것 역시 예상치 못한 놀라운 일이었다.[1] 하지만 트로츠키는 약간 다른 견해를 내놓았다. 유럽에서 사회주의 혁명이 과연 이루어질 수 있는지 정치국이 반드시 시험해보아야 할 책무가 있다는 것이었다.

왜 우리가 바르샤바에 들어가지 못했을까요? 동지들, 왜냐하면 그것은 그렇게 간단한 일이 아니기 때문입니다. 우리가 이 방향으로 전진했던 목적은 이미 레닌 동지의 보고서에 언급되어 있습니다. 우리의 목적은 충분히 진지했습니다. 그럼 이제 뒤를 돌아보면서 그것이 실수였는지 물어봅시다. 이 질문에는 질문의 형태로 대답할 수 있습니다. (1917년의) '7월 봉기'나 1905년의 혁명은 실수였습니까, 아니었습니까? 여기서 명심해야 할 것은 그것이 바로 적을 시험해보기 위한 과감한 시도였다는 점입니다. 그런 시도를 중단해야 한다고 누구도 미리 말할 수 없습니다. 그런 경험은 좀 더 좋은 경험을 하기 위한 바탕이 된다는 점도 말씀드릴 수 있겠습니다.[2]

트로츠키는 침공 결정이 옳았다는 입장을 고수했다. 그는 오래 묵은 감정이 다시 끓어오른 나머지 개인적인 공격을 했다. "제가 꼭 말씀드려야 하는 사항은 스탈린 동지가 저와 중앙위원회의 처지를 매우 어렵게 만들었다는 점입니다."[3] 레닌까지 트로츠키 편을 들자 스탈린은 몹시 치욕감을 느끼고는 다음 날 답변할 권한을 달라고 요구했다. 다음 날 스탈린은 폴란드 침공 작전이 시작되기 전에 자신은 이미 의심을 표명했다고 지적했다.[4]

한편, 정치국은 이제 소비에트 군대가 브란겔과 싸우기 위해 남쪽으로 이동하고 있는 상황에서 폴란드의 향후 움직임이 어떨지를 우려했다. 레닌은 크게 우려할 일은 없다고 생각했다. 리가에서 폴란드 외교관들과 강화 회담을 진행하는 아돌프 이오페의 보고에 따르면 폴란드 정부는 전쟁이 다시 시작되는 것을 러시아 정부만큼이나 두려워하고 있었다. 레닌은 크림 반도에 남아 있는 마지막 백군 부대를 격파하는 데 온 힘을 집중하라고 트로츠키에게 편한 마음으로 지시할 수 있었다.[5] 발트해 연안 국가들과 협상이 시작되었다. 에스토니아, 라트비아, 리투아니아는 앞으로 크렘린이 이들 국가의 독립을 위협할 의사가 없다는 확약을 받았다. 하지만 소비에트의 국제 안보에서 핵심적인 요소는 영국과 합의에 이르는 것이었다. 볼셰비키 지도부는 영국과 프랑스가 사주하여 폴란드가 우크라이나를 침공했다고 확신했다. 그렇지만 이들은 소비에트 러시아가 경제를 회복하려면 외국의 도움이 필요하다는 것도 알고 있었다. 레닌과 트로츠키는 서방 국가들이 러시아의 천연자원에 다시 접근할 수 있게 되면 서방 국가들에게 돌아갈 혜택이 무척 크다고 부풀려 이야기했다. 정치국은 그 대가로 산업 생산에 필요한 기계류를 구입하고 러시아의 기술을 현대화할 수 있을 것으로 기대했다. 카메네프가 런던에 파견돼 양국 간 교역에 관한 조약을 체결할 수 있는지 탐색하였다. 비스와 전투의 패배는 너무나 큰 충격이었다. 정치국은 소비에트 국가에 잠시 숨 돌릴 여유를 찾아주어야 했다.

당 회의에서 트로츠키에 대한 비난은 겉으로 드러나지 않았지만 실제로 그에 대한 적대감은 당내에 널리 퍼져 있었다. 철도총정치국 때문에 당과 정부가 운송 관련 논의에서 배제됨에 따라 볼셰비키 고참 당원들은 몹시 불쾌해했다. 철도 운영에 군사 규율을 도입하자는 트로츠키의 주장 때문에 그가 군사 독재자가 되려 한다는 뒷소리가 다시 들려왔다. 트로츠키는 레닌의 지지를 확보하고 있는 한 다른 사람의 험담을 못 들은 척할 수 있었다. 그러나 중앙위원회에서도 자신에 대해 부정적인 말이 흘러나오자 흥분한 그는 1920년 9월 29일 운송 관련 직책에서 물러나겠다는 사직서를 제출했다. 중앙위원회는 향후 이런 비난이 나오지 않도록 하겠다고 약속하며 그의 사직서를 반려했다.[6] 스탈린은 당 회의에서 나온 자신에 대한 비난 때문에 몹시 기분이 상해서 중앙위원회 회의에 불참하였다. 공화국혁명군사위원회에서 물러나겠다는 그의 요청은 이미 그달 초에 정치국에서 승인되었다.[7] 그런 상황에서 이번에는 트로츠키가 물러나겠다고 위협했던 것이다.[8] 정치국 멤버 한 명이 부루퉁해 있는 상태에서 또 다른 정치국 구성원이 칩거에 들어가게 내버려 둘 수는 없었다. 트로츠키가 여러 직책과 직무로 무척 과중한 짐을 지고 있다는 것은 누구나 알고 있었다. 그렇지만 그는 2년 동안 사실상 기차 위에서 생활했기 때문에 러시아의 어느 누구보다 운송 분야에 관해 아는 것이 많았다. 그냥 물러나게 하기에 트로츠키는 너무나 소중한 인재였다.[9]

레닌에게는 불행한 일이었지만, 트로츠키는 모든 노동조합을 국가 조직으로 전환해야 한다는 자신의 구상을 망각하지 않고 있었다. 트로츠키는 다시 그 주제로 관심을 돌렸다. 11월 8일 중앙위원회 회의에서 그는 현재 노동조합이 지닌 권한과 기능을 박탈하지 않는 한 혁명 전체가 위협받는 상태가 지속될 것이라고 주장했다. 그 주장은 우스울 정도로 과장된 것이었다. 노동조합이 있건 없건 노동자들은 정부에 맞서고 있었으며 파업은 이 도시에서 저 도시로 확산되고 있었다. 노동 분야를 군사 조직화하고 노동조합을 국가 기관으로 편입해야 한다는 트로츠키의 주장은 이런 상황에서 불필요하게 자극적인 것이었다.[10]

이 사안에 관한 타협안 도출이 실패로 끝나자 레닌과 트로츠키는 중앙위원회 회의에서 격돌했다. 찬반 투표가 이루어졌고 레닌이 승자가 되었다. 트로츠키는 과거에 레닌이 브레스트-리토프스크 논쟁에서 했던 방식대로 행동했다. 즉 중앙위원회의 결정을 받아들이는 대신 공개적으로 이 결정을 공격한 것이다. 트로츠키가 지적한 대로 이런 행동은 당원의 권리였다. 하지만 레닌과 달리 그는 자신의 입장을 설명하면서 교활하게 꾀를 쓰지 못했다. 트로츠키의 주장은 도식적이었으며 그는 '프롤레타리아의 자율 행동' 같은 목표를 거칠게 폐기해버리는 모습을 보였다. 트로츠키에 따르면 노동자의 의무는 그저 지시받은 대로 행동하는 것이었다. 레닌이 노동조합을 통제하는 데 은밀하고 조용한 방법을 쓰고자 했다면 트로츠키는 종과 호루라기를 쓰고자 했다. 10월혁명으로 노동자 국가가 들어섰다는 점, 인민위원회의의 정책은 프롤레타리아의 이익을 추구한다는 점, 노동조합은 노동계급의 일부만을 보호한다는 점, 결국 계급 전체를 보호하는 것은 노동조합이 아니고 국가라는 점을 트로츠키는 지적했다. 이런 상황이기 때문에 노동운동의 '국가화'가 타당하다는 것이었다. 만약 '국가화'를 시행하지 않으면 경제가 붕괴하고 있는 현재 상황에서 노동조합은 계속해서 불평하는 노동자들을 지지할 것이고 산업 생산은 타격을 받을 터였다. 노동 현장에서는 계속 충돌이 늘어날 것이며 공장과 광산의 재건은 끝없이 미뤄질 것이다.[11]

볼셰비키들의 대규모 집회가 여러 차례 개최되었다. 결과는 당연히 예상대로였다. 트로츠키는 당을 여러 분파로 분열시키고 말았다. 그는 분명 이런 과정을 즐겼을 것이다. 하지만 멋진 연설 솜씨를 과시하고 도식적 사고방식을 고집하는 사이 그의 정치적 전술 감각은 흐려졌다. 1920년 12월 9일 트로츠키는 중앙위원회에 자신이 3월부터 맡고 있던 교통인민위원 직책을 면제해 달라고 요청했다. 그는 군사인민위원 직무만 해도 업무가 과중하다는 이유를 댔다. 그러나 실제로는 좀 더 자유롭게 노동조합 논쟁에 참여하고 싶었던 것이 이유였다.[12] 중앙위원회는 1921년 2월에 당대회를 개최하겠다고 발표했다. 그러나 2주 뒤 중앙위원회가 논란에 휩싸이자 당대회는 3월로 미뤄졌다. 중앙위원회는 노동조합에 대한 공개 토론을 벌이겠다고 발표했다.[13]

트로츠키는 논쟁을 즐긴 나머지 결과는 별로 걱정하지 않았다. 그는 열차를 타고 있지 않을 때면 항상 열렬히 연설을 하고 있었다. 부하린은 분파 간의 지나친 격돌을 방지하려는 목적에서 완충 역할을 하는 그룹을 구성했다. 하지만 이 완충 그룹은 레닌과 트로츠키를 더욱 화나게 했을 뿐이었다. 알렉산드르 실랴프니코프와 노동자반대파는 노동조합 논쟁에 열심히 참여했다. 그들은 자기들이 가장 싫어하는 트로츠키에 대한 비판을 유보하고 레닌과 부하린에게 반대했다. 민주집중파 역시 논쟁에 가담했다. 당 전체가 논쟁의 소용돌이에 휩싸였다. 노동조합 정책이 당의 과제 가운데 가장 중요하다고 생각한 사람은 트로츠키파와 노동자반대파뿐이었다. 그러나 여하튼 트로츠키는 원하던 대로 논쟁을 할 수 있었다. 정치국이 군대 내의 반란과 파업과 농민 반란에 대처해야 했던 시기에, 볼셰비키들은 분파주의의 구덩이에 빠져버렸다. 레닌을 포함해 여러 당원들이 '토론' 때문에 당의 힘이 엉뚱한 데 쓰이고 있다고 호소했지만 이들의 목소리는 너무 작게 들렸다. 폴란드와의 전쟁이 끝난 뒤 레닌은 스탈린을 비난했다. 이제 레닌이 퍼붓는 욕설을 듣는 대상은 트로츠키였다. 한 가지 레닌에게 위안이 되는 사실은 스탈린이 다시 협조적인 태도를 취하기 시작했다는 것이었다. 노동조합 논쟁이 진행되는 동안 레닌의 분파를 조직하는 일을 맡은 것은 스탈린이었다.

트로츠키는 다른 문제에 관한 토론에도 참여하긴 했지만 그리 열심히 하지는 않았다. 당에서는 농업 정책 문제를 다시 논의하고 있었다. 지난 2월 트로츠키가 제기했다가 무산된 제안을 12월에 레닌이 뽑아 들고 나왔다. 농업 생산을 증대하는 부유한 농민들에게 물질적인 보상을 해주자는 제안이었다. 당대회 대의원들은 레닌을 강하게 비판했다.[14] 트로츠키가 레닌의 실패에 환호성을 질렀다 해도 아마 용서받았을 것이다. 하지만 그는 노동조합 논쟁에 매우 깊이 빠져 있었다. 한편 식량 공급의 위기는 더 심각해졌다. 도시에서 기아 사태가 일어나는 것을 방지하려면 과감한 조치를 시행해야 했다. 소비에트 정부에게 더 심각한 사태는 격화하고 있는 농촌 지역의 반란이었다. 우크라이나, 우랄, 볼가 지역의 여러 곳에서 볼셰비키에 반대하는 농민 반란이 일어나고 있었으며, 1921년 초 정치국은 볼가 강 유역 탐보프 주 대부분 지역에서 반란의 불길이 타오르고 있다는 사실을 확인했다.

레닌은 2월 2일 정치국 회의에서 다시 농업 문제를 들고 나왔다. 이 회의가 열리기 4일 전 트로츠키는 우랄 지역 산업 부문의 현황을 파악하는 임무를 띠고 파견 근무를 떠났다. 지노비예프도 동행했는데 두 사람은 파견 기간 동안 노동조합 논쟁에 참여하는 것을 엄중히 금지당했다.[15] 당시 경제 상황은 단결과 과단성 있는 행동을 요구했다. 레닌은 농민과의 관계를 손상시켰다고 식량공급인민위원을 비난했다. 레닌은 부하린을 자기편으로 만들었다. 두 사람의 주장은 설득력이 있었으며 결국 농민을 돕는 것이 정치국의 우선 정책으로 공인되었다. 카메네프와 예브게니 프레오브라젠스키(Yevgeny Preobrazhenski, 1886~1937)에게 새로운 조치의 시행안을 준비하라는 지시가 떨어졌다. 트로츠키를 포함해 회의에 결석한 정치국 멤버에게는 전화를 통해 의견을 타진하기로 하였다.[16] 이후 며칠간 지도부는 어느 장단에 춤을 춰야 할지 모르는 상태가 되었다. 2월 8일 정치국 회의가 다시 개최되었지만 부하린은 다른 시급한 용무가 있어 참석하지 못했으며 트로츠키와 지노비예프 역시 우랄 지역에서 아직 귀환하지 않은 상태였다.[17] 농업인민위원의 보고를 청취한 레닌은 〈농민에 관한 명제들의 예비적 초안〉의 개요를 발표했다.[18] 강제 곡물 징발을 현물세로 대체할 예정이며, 잉여 곡물은 농민이 그대로 보유하고 만일 농민이 원한다면 사적으로 판매할 수 있도록 한다는 내용이었다. 이 내용이 신경제 정책의 기초가 되었다. 정치국은 카메네프를 팀장으로 하는 실무 팀을 구성하여 세부 사항을 마련하도록 지시했다.[19] 이런 개혁이 필요하다는 점에 대해서는 회의에 출석한 멤버나 출석하지 못한 멤버나 모두 의견이 일치했다.

카메네프는 정책의 세부 사항을 준비하여 2월 18일 정치국 회의에서 발표하였다. 이때는 트로츠키와 지노비예프도 모스크바에 돌아와 있었다.[20] 국가 정책의 중대한 변화에 대한 공개 발표문이 작성될 예정이었다. 이 과정이 진행되는 동안 트로츠키가 완전히 소외되어 있었던 것은 아니지만, 그는 글 작성이나 연설을 요청받지 않았다. 이런 상황은 특이한 일이었다. 정치국 전체가 내전 시작 무렵이나 그 이전부터 시행하던 당의 경제 조치와 결별하고 있었다. 이런 정책 변화는 곧 개최될 제10차 당대회에서 승인받아야 했다. 그다음에는 법안을 완결하고 나라 전체에 이 사실을 보도해야 했다.

일 주일 뒤 트로츠키는, 신경제 정책의 입안자인 레닌이 일 년 전인 1920년에 트로츠키 자신을 자유상업론자이자 유토피아주의자라고 비난했던 것이 얼마나 이상한 일이었는지 지적했다.[21] 사적인 자리에서도 트로츠키는 사람들에게 지금 정치국이 하고 있는 일은 자신이 12개월 전에 촉구했던 바로 그 일이라고 말했다. 하지만 트로츠키의 입지는 약했다. 신경제 정책은 트로츠키의 일 년 전 제안보다 훨씬 앞으로 나아간 것이었다. 전시 공산주의를 단순히 다듬거나 개선하는 것이 아니라 종결하는 조치였다. 어쩌면 트로츠키는 자신을 위로하려고 그런 말을 했을지도 모른다. 1921년 2월 말이 되면 이미 노동조합에 관한 트로츠키의 주장이 당대회에서 다수의 찬성을 받지 못하리라는 것이 명백해졌다. 그는 유럽러시아와 우크라이나 지역을 종횡으로 여행했으며, 그의 지지자인 프레오브라젠스키, 세레브랴코프, 크레스틴스키가 서기국의 직책을 맡아 일했다. 트로츠키는 자신의 주장을 멋지고 힘차게 표출하였다. 한편 레닌은 모스크바를 떠나지 않았고, 레닌을 대신하여 지노비예프가 기차를 타고 여기저기 다니며 레닌의 의견을 전달했다. 〈프라우다〉는 각 분파가 주장하는 바를 공정하게 전달하여 당이 의견을 정하는 데 조력했다. 결국 몇 주일에 걸친 열성적인 노력에도 불구하고 트로츠키는 논쟁에서 패배했다. 그는 이 기간 내내 경제 상황이 암울하다는 점을 강조했다. 그러나 그의 행동은 당이 실제 해결 방안을 마련하는 데 집중하는 것을 방해했으며, 그러는 사이 소비에트 정당의 존립에 위협을 가하는 정치적·사회적 위기는 점점 커졌다.

트로츠키가 노동조합 논쟁에서 패배했다고 해서 3월 8일 시작된 제10차 당대회가 조용하게 진행된 것은 아니었다. 신경제 정책에 볼셰비키 대의원들이 어떻게 반응할지는 전혀 예상할 수 없었다. 국제 무역 문제 역시 어려운 주제였다. 레닌이 외국의 사기업에 산업 부문에서 영업권을 부여하자는 제안을 하며 당대회가 동의해주기를 원했기 때문이다. 세계 혁명에 관한 토론도 있을 예정이었다. 코민테른의 기본 과제는 유럽과 북미 지역을 공산화할 기회를 도모하는 것이었다. 그런데 폴란드와의 전쟁 이후 레닌과 트로츠키가 영국을 비롯한 다른 무역 강대국과 상업 교류에 관한 조약 체결을 제안했기 때문에 이 과제를 수행하기가 어려워졌다. 게다가 당은 전쟁 이후 과연 민족 문제에 어떻게 접근할 것인지도 정해야 했다. 러시아 민족을 비롯하여 소비에트공화국들의 다른 민족들을 어떻게 다룰지 논의할 필요가 있었다. 그러나 이렇게 어려운 문제가 많았는데도 당대회는 안정된 분위기에서 진행되었다. 대의원들이 소비에트 체제를 위협하는 위기 상황에 일 주일 내내 시달려 왔기 때문이었다. 몇 번의 작은 충돌이 일어난 뒤, 3월 2일 크론시타트 해군 수비대가 전면적인 폭동에 돌입했다. 수병들은 크론시타트를 관리하고 있던 볼셰비키 정치위원들을 모두 감금해버렸다. 수병들은 당 지도부가 자신들의 불만에 귀를 기울이지 않자 화가 폭발했다. 이들은 곡물 징발을 증오했으며, 농산물을 밀거래하려고 도회지로 들어오는 농민들을 무장한 분견대가 막는 데 반대했다. 이들은 또한 상부에서 임명한 정치위원들이 자기들을 쥐고 흔드는 것에도 반대했다. 또한 러시아와 우크라이나 지역 전반에 만연한 가난과 질병에 큰 불만을 품고 있었다. 단일 정당에 의한 통치를 반대했으며 선거에 기반한 정치 체제를 요구했다. 만일 당의 중앙 지도부가 이런 요구를 받아들인다면 당 독재 체제가 사실상 전복될 것이었다. 그리하여 당은 얼어붙은 핀란드 만 너머로 관리들을 파견하여 수병들을 달래보려 했지만, 수병들은 이 관리들 역시 감금했고 '혁명 위원회'를 설립했다.

트로츠키는 모스크바에서 이 상황을 논의하는 데 깊이 관여하였다. 군사인민위원으로서 그는 발트 함대 지휘부와도 정기적으로 접촉했다. 트로츠키는 과거의 경험에 비춰 이 음모의 중심에 다른 나라가 있다고 확신했다.[22] 이런 식의 추정을 하는 점에서는 그도 다른 볼셰비키 지도자들과 다르지 않았다.

노동조합 논쟁에서 자유로워진 트로츠키는 크론시타트 사태 해결이 늦어지면 대가를 치르게 될 것이라고 3월 5일 당 지도부에 말했다. 아직까지 이 폭동 사태를 처리할 계획도 없었고 요원을 침투시키려는 시도를 진지하게 하지도 않았다. 신속한 조치가 필요했다.[23] 트로츠키는 적군의 최고 사령관 세르게이 카메네프에게 지시를 내려 폭동 진압을 투하체프스키에게 맡기도록 했다.[24] 닷새가 지난 뒤 트로츠키는 여전히 우려를 표명하면서, 중앙위원회가 크론시타트의 위험성을 간과하고 있었다고 지적했다. 하지만 트로츠키는 서서히 조성되고 있던 반란에 당이 주의를 기울이지 못하게 만드는 데 자신이 일정한 역할을 했다는 사실은 무시했다. 봄이 되어 바다의 얼음이 녹으면 반란자들이 외국의 지지자들과 연대할 수도 있었다. '예외적인 조치'가 필요했다.[25] 이 표현은 그가 내전 때 사용하던 것이었다. 세월이 지난 뒤 그는 크론시타트 사태 때 자신이 한 말과 행동을 감추려고 노력했다. 트로츠키만 그랬던 것은 아니다. 당 지도부 전체가 이 사태에 관련된 논의와 결정 내용을 감추려고 했다. 하지만 다른 사람들보다 트로츠키는 더 많은 것을 숨겼다. 그는 반란 진압 계획을 세운 장본인이었고, 이 사실은 나중에 그가 민주주의의 필요성을 언급하기 시작할 때 그를 몹시 난처하게 했다.[26]

외국 기자와 대화하면서 트로츠키는 반란자들에 대해 거짓말을 했다. 반란자들이 1917년 볼셰비키가 권력을 장악할 때 도움을 주었던 해군 병사들과는 다른 사람들이라고 그는 말했다. 또한 1921년 반란을 일으킨 수병들은 이 수비대에 우연히 배치되었고 예고 없이 갑자기 해군에 징집된 사람들로서 이전부터 사회주의에 불만을 품은 사람들이었다고 주장했다. 게다가 이들이 백군 장교들의 지휘를 받고 있었다고 비난했다. 트로츠키는 이런 심한 말로 크론시타트 반란

1917년 10월혁명에서 큰 공을 세웠던 크론시타트 해군기지의 수병들(1921년 사진). 혁명 후 내전을 치르면서 볼셰비키가 '전시 공산주의' 체제를 도입하고 일당 독재를 강화하자, 크론시타트 수병들은 민주적인 선거와 재산권 보장 등을 요구하며 1921년 3월 전면적인 반란에 돌입했다. 트로츠키는 무력 진압 계획을 세웠고, 이 일은 훗날 트로츠키가 민주주의를 주장할 때 걸림돌이 된다.

자들의 평판을 떨어뜨리려고 마음먹고 있었다. 그의 지지자였던 미국인 루이즈 브라이언트는 트로츠키의 이런 주장을 완벽한 진실처럼 외부 세계에 전달했다.[27]

제10차 당대회는 폴란드 전쟁과 전시 경제 정책에서 범한 실수를 레닌이 열거하는 것으로 시작되었다. 레닌은 크론시타트 반란을 백군의 공세보다 더 위험한 '프티부르주아 반혁명'이라고 비난했다. 또한 농촌 지역의 반란을 엄중하게 진압할 것임을 당대회 참석자들에게 확언했다. 그는 노동자반대파가 노동자와 농민의 의견을 존중하라고 주장하는 것은 '생디칼리슴*적 또는 준아나키즘적 일탈'이라고 비난했다. 그는 신경제 정책을 강력하게 주장했다. 그는 또한 경제 회복을 위해서는 석유 산업 전체를 대상으로 하더라도 소비에트 산업에 외국 영업권을 허용하는 조치가 꼭 필요하다고 강조했다. 여기서 레닌이 말한 것은 과거에 트로츠키가 한 말과 거의 동일했다. 노동조합에 대한 논란은 가볍게 넘어갔고 레닌의 보고서를 압도적 다수가 승인했다. 당대회 도중, 모스크바를 떠나 페트로그라드로 가서 크론시타트 공격을 준비하는 무장 부대에 합류할 자원자를 모집한다는 발표가 나왔다. 크론시타트 공격을 준비하고 있는 무장 부대에 합류해 달라는 이야기였다. 트로츠키로서는 어쩌면 오히려 마음 편한 일이었는지 모르지만, 그는 당대회 대부분의 일정에 참석하지 못하였다. 얼어붙은 바다 위로 투하체프스키가 이끄는 제7군이 진격하였다. 반란군 주동자들은 체포되어 노동수용소로 보내졌고 일반 수병들은 다른 해군 기지로 이동 배치되었다. 반항하는 자는 무자비하게 진압되었다. 트로츠키는 투하체프스키의 작전 방식에 만족했다.

3월 14일 노동조합 문제가 당대회에서 논의되었지만 형식적인 토론에 그쳤다. 노동자반대파와 민주집중파는 자신들의 주장을 열렬하게 전개했지만 이들의 대의는 이미 성공할 가망이 없었으며 그들 자신도 그것을 알고 있었다. 트로츠키가 당대회로 복귀하기 전에 이미 레닌의 정책이 승리를 거둘 것이 거의 확실했다. 트로츠키는 자신이 일 년 전에 경제 개혁 도입을 주장하였으며 자신의 선견지명에도 불구하고 그 제안이 매몰차게 거부당했다는 것을 다시 한 번 언급했다. 또한 노동조합 문제에 관련하여 중앙위원회가 제안한 결의문 내

생디칼리슴(Syndicalism) 19세기 말 프랑스에서 시작된 정치 운동으로서 정당이나 정치 제도를 무시하고 노동조합이 직접 행동에 나서 경제·사회 문제를 해결해야 한다는 주장을 폈다.

용이 명확하지 않다고 비난했고 자신이 당 규율을 깨뜨리고 있다는 레닌의 주장에 화를 내며 반박했다. 하지만 입씨름은 곧 사그라지고 말았다. 지난 4개월 동안 오직 자신의 제안을 택해야만 상황을 타개할 수 있다고 주장해 오던 트로츠키는 자신의 제안을 강력하게 옹호하지 못했다. 노동조합에 대한 당대회의 결의가 실제로는 일 년을 채 견디지 못할 것이라고 주장하는 것으로 트로츠키는 자신을 위로하는 수밖에 없었다.

중앙위원회를 새로이 구성하기 위해 투표를 했을 때 트로츠키는 겨우 10위를 차지했다.[28] 전국을 다니며 그의 적수 역할을 했던 지노비예프는 더 낮은 순위로 중앙위원회 위원에 선출되었다. 그러나 대체로 레닌 그룹이 승리를 거두었으며 그리하여 중앙 당 지도부 내의 트로츠키 지지자가 줄어들었다. 트로츠키는 누구도 건드리지 못했다. 하지만 트로츠키의 친구들은 타격을 입었다. 예브게니 프레오브라젠스키, 레오니트 세레브랴코프, 니콜라이 크레스틴스키는 중앙위원회와 조직국과 서기국에서 각각 자리를 잃었다. 크레스틴스키는 정치국에서도 쫓겨났다. 트로츠키에게 이보다 더 심하게 보복할 수도 있었지만 레닌은 자제를 촉구했다. 그래서 흐리스티안 라코프스키와 카를 라데크는 중앙위원회에 다시 선출되었다. 지난 해 트로츠키는 스탈린에게 굴욕을 주는 일에 협력한 적이 있었지만 이번에는 스탈린이 당 중앙에 복귀하는 것을 찬성했다. 트로츠키는 내심 당혹감을 느꼈겠지만 속내를 드러내지는 않았다. 중앙위원회를 새로 선출한 후 당대회는 정치국이 일치된 의견으로 제안한 국제무역에 관한 정책을 신속하게 인준했다. 당대회의 마지막 순서에서 레닌은 노동자반대파를 비난했다. 트로츠키의 동맹자인 카를 라데크는 이런 식의 불관용적 태도가 언젠가는 당내의 다른 사람들에게도 돌아갈 것이라고 우려했다.

이는 통찰력 있는 언급이었지만 트로츠키가 그것을 제대로 이해했는지는 알 수 없다. 그는 다른 생각을 하고 있었다. 권력과 찬양에 너무 익숙해져버린 트로츠키는 노동조합 논쟁에서 스스로를 바보로 만들었다. 크론시타트 사태 덕분에 그는 겨우 구원되었다. 트로츠키는 자신이 당과 10월혁명에 가치 있는 존재라는 것을 다시 한 번 증명해야 하는 입장에 놓이게 되었다.

30장

레닌의 불안과 서기장 스탈린
"더 강력한 경제 통제가 필요하다."

제10차 당대회는 마치 소수의 질병만을 치료할 수 있는 격리 병동 같았다. 레닌은 경제난을 완화하면서 동시에 노동자반대파의 주장이 확산되는 것을 방지하는 조치를 시행했다. 또한 '노동조합 논쟁'에서 생긴 상처를 소독했다. 크론시타트 반란 덕분에 당대회는 하나로 뭉칠 수 있었다. 그러나 레닌의 이런 치료가 완전한 치유에 이르지 못했다는 것이 곧 명백해졌다.

크론시타트 반란이 진압되자마자 신경제 정책 전체가 다시 논란에 휩싸였다. 모스크바와 지방의 볼셰비키 지도자들이 당대회에서 인준된 정책들을 검토하였는데, 많은 이들이 불만을 느꼈다. 신경제 정책은 여러 문제 가운데 하나에 불과했다. 외국 기업을 불러들이는 계획에도 반대 의견이 있었다. 당대회 때 이미 등장한 반대 의견이 점차 확산되었다. 외국과 상업 조약을 체결하기 위한 일련의 조치를 둘러싼 논란은 비교적 적었다. 상업 조약 체결에 관해 카메네프는 당대회가 거의 끝나 가는 순간에 언급하였을 뿐만 아니라, 자본주의 강대국들의 세계에서 혁명을 일으키겠다는 약속을 강조하는 교묘한 논법을 썼다. 카메네프는 또한 당대회가 폐막하는 바로 그날 영국과 소련의 무역 조약 체결이 이루어질 예정이라는 사실도 말하지 않았다. 이것은 정치국이 당의 반응을 우려하고 있다는 뜻이었다. 또 다른 문제는 노동자반대파와 민주집중파가 자신들에 대한 지지 호소 활동을 제한한 조치에 여전히 분노하고 있다는 점이었다. 레닌은 당의 전략의 불일치라는 상처에 고작 반창고 하나를 붙이는 데 성공하였을 뿐임을 잘 알고 있었기에 이런 상황을 몹시 우려했다.

그나마 레닌에게 다행인 것은 트로츠키가 이런 문제들에 대해 레닌과 입장이 같다는 점이었다. 게다가 트로츠키는 노동조합에 대한 집념도 버렸다. 트로츠키가 노동조합 정책에 관한 생각을 바꾼 것은 아니었다. 그러나 이제 그에게 노동조합은 모든 문제의 핵심이 아니었다. 그는 어떻게 하면 러시아를 경제적으로 일으켜 세울 수 있는가 하는 문제에 집중했다. 트로츠키는 노동조합이 '이미 죽은 제도'이며 경제 회복에 방해가 될 뿐이라고 계속 확신하고 있었다. 결국 그는 "대중들이 그런 주장을 도저히 받아들이지 않을 것이다."라는 레닌의 말이 옳다고 인정했다. 그런데도 트로츠키는, 노동조합을 정부 조직에 통합하자는 자신의 제안이 논쟁이 종결된 지 몇 개월 내에 사실상 현실이 되었다고 계속 주장했다.[1] 하지만 그는 사적인 서신 교환에서 상대방이 먼저 이야기를 꺼낸 경우가 아니라면 그 이야기를 하는 것은 시간 낭비라고 생각했다. 공개적으로는 침묵을 지키는 이런 트로츠키의 태도는 새로운 현상이 아니었다. 1918년 3월 브레스트-리토프스크 논쟁에서 패배했을 때, 그는 자신의 '전쟁도 아니고 평화도 아닌' 정책에 대한 지지 호소를 바로 그만둔 적이 있었다. 그리고 시간이 지난 뒤에도 그때 레닌이 틀렸다는 이야기를 전혀 하지 않았다. 분명히 그는 자신이 일으킨 논리와 언쟁의 폭풍을 스스로 잠재울 줄 알았다.

3월 말에 또 다른 문제가 발생하여 레닌과 트로츠키는 다시 의견을 같이했다. 코민테른 지도부는 몇 주 전부터 베를린에서 공산당이 권력을 장악하도록 할 음모를 꾸미고 있었다. 이 음모는 과감하지만 비현실적인 계획이었으며 허술한 준비 작업과 실행 과정을 봐도 제대로 진행될 수 없는 계획이었다. 주동자는 지노비예프와 라데크였다. 정치국 내에서는 아무런 사전 협의도 없었다. 레닌과 트로츠키조차 이 계획을 알지 못했다. 지노비예프와 라데크는 행동에 돌입했다. 코민테른의 이름으로 독일공산당과 연계하기 위해 그들은 벨러 쿤을 파견했다. 벨러 쿤은 자신의 강한 개성과 모스크바의 권위를 활용하여 독일공산당의 파울 레비(Paul Levi, 1883~1930)가 제기하는 합리적인 반대를 누르고, 성공 가능성과 상관없이 쿠데타를 시도해보려는 일부 독일공산당 지도자들과 힘을 합쳤다. 독일 정부는 군대를 동원하여 파업 노동자들을 진압했다. 공산당 반란자들은 수적으로 밀렸다. 3월 31일 독일의 중앙 지도부는 패배를 시인하고 봉기를 철회했다.

　이른바 '3월행동(March Action)'은 이렇게 완전한 실패로 끝났다. 트로츠키와 레닌은 소비에트 선동자들과 독일 가담자들이 이렇게 형편없이 일을 처리한 데 분노했다. 비공개 회의장에서 격렬한 말들이 오갔다. 트로츠키는 이 '3월행동'이 위험한 모험주의와 관련이 있다고 말했다. 또 벨러 쿤이 이 베를린 봉기에 관해 트로츠키가 레닌과 의견을 달리했다고 비난하며 돌아다니는 것에 몹시 화를 냈다.[2] 지노비예프와 라데크는 사건이 끝난 뒤 그 결과를 코민테른에 유리하게 처리하는 과정에서 타협적인 조치를 취함으로써 사태를 더욱 악화시키고 말았다. 트로츠키에 따르면 지노비예프와 라데크의 이런 실수 때문에 벨러 쿤에게 이간질을 할 용기가 생긴 것이었다.[3] 여하튼 지노비예프, 라데크, 벨러 쿤은 대실패를 불러왔다. 트로츠키는 당시 독일의 지배 '블록'이 혼란에 빠져 있지 않았으며 따라서 어떤 문제에도 쉽게 대응할 수 있었다고 주장했다. 독일 경제는 취약하지 않으며 오히려 그 반대로 '비교적 균형을 이룬 상태'에 도달하였다. 독일공산당은 미숙하게 행동했으며 권력 장악을 정당화하기에는 부족하고 불분명한 요구 사항을 내놓았다. 이런 상황은 '반혁명 세력'에게 자기들이 직면한 것이 무엇인지 금방 알게 해주었다. 봉기 계획은 형편없었다. 파울 레비를 비롯한 독일공산당 우파의 지도자들 역시 유사한 비난을 내놓았다. 하지만 그들은 이런 비난을 공개적으로 하는 실수를 저질렀다. 레닌과 마찬가지로 트로츠키 역시 중앙집권주의자였으며 규율을 강조하는 사람이었기 때문에, 트로츠키는 불복종을 이유로 레비를 처벌하는 데 동의했다.

트로츠키는 자신이 '3월행동'에 대해 작성한 메모를 라데크에게 보여주었다. 연설하기 전에 미리 라데크의 의견을 듣고 싶어서였다.[4] 평소에 트로츠키가 잘 하지 않는 행동이었다. 하지만 라데크는 1917년 이후 대부분의 당내 논쟁에서 트로츠키의 동맹자였으므로, 트로츠키는 라데크가 반대하지 않는 언어로 '3월행동'에 대한 평가를 내리고자 했다. 트로츠키는 소비에트 지도부 내에 분열이 있음을 드러내 보이고 싶지 않았다. 트로츠키는 또한 1921년의 이 사태에서 러시아 공산당이 한 역할이 공공연하게 알려지면 소비에트 러시아의 안보가 손상될 수 있다는 것을 알고 있었다. 비난은 독일공산당만 받아야 했다. 레닌과 트로츠키는 힘을 합쳐 지노비예프와 라데크가 정치국의 노선에 순순히 복종하도록 만들었다.

레닌은 또한 러시아, 우크라이나, 시베리아의 공산당 반대 세력을 분쇄하는 일에서 트로츠키를 신뢰할 수 있었다. 크론시타트 봉기의 적극적인 지도자들은 총살형을 당했으며 나머지는 러시아 최북단 우흐타에 있는 '형벌 수용소'로 이송되었다. 이 조치는 레닌과 트로츠키가 참여한 1921년 4월 27일 정치국 회의에서 결정된 명령에 따라 시행되었다.[5] 그다음 트로츠키는 탐보프 주에서 발생한 농민 반란 사건에 개인적으로 관심을 기울였다. 군사 부문에서 그의 피후견인인 투하쳅스키가 1921년 여름 탐보프 주로 배치되었다. 투하쳅스키는 봉기를 일으킨 사람들에게 군사적 테러를 가하는 무자비한 사람이었다.[6] 공산당 중앙 지도부는 이때의 전투를 공개적으로 거의 언급하지 않았으며, 트로츠키는 투하쳅스키의 군사작전을 감독하기 위해 자신의 그 유명한 열차를 타고 볼가 강 쪽으로 가지도 않았다. 그것은 의도적인 행동이었다. 당 지도부는 농민들의 열망을 짓밟는 것을 보이고 싶지 않았다. 물론 정치국은 국민들이 신경제 정책을 묵인해주기를 바랐다. 하지만 그보다 먼저 실행해야 할 과제는 농민들에게 타격을 가해 그들이 순순히 복종하도록 만드는 일이었다. 당은 농민들이 더 넓은 땅에 파종하도록 강제하기 위해 기병대를 각지에 파견했다. 농민들의 자발적 협조 같은 것은 나중에 구해도 된다는 듯한 태도였다.

레닌이 집중하고 있던 문제는 외국 자본의 유입이었다. 트로츠키는 외국 자본이 필요하다는 레닌의 의견에 동의했다. 레닌은 도네츠 분지* 전체를 개방하여 외국 업체들이 영업권을 행사하도록 하고 싶어 했다. 경제 선진국의 기업가들이 러시아에 들어와서 광산과 농장을 완전히 가동하도록 만들어주게끔 하겠다는 것이 레닌의 구상이었다. 트로츠키는 주저 없이 동의했다. 이런 조치를 비판하는 것은 '우스꽝스러운 일'이며 편협한 '애국심'에 불과하다고 트로츠키는 생각했다.[7] 그는 또 적군이 장차 어떤 전쟁이라도 수행할 수 있도록 하기 위해 장비와 훈련 방면에서 독일의 도움을 얻고 싶었다. 베르사유 조약은 독일 군대의 규모와 구성에 여러 제한을 두었다. 독일 정부는 이런 장애물을 피할 방도를 찾고 있었으며 러시아를 확실한 잠재적 파트너로 인식했다. 1921년 4월 양측의 비밀 협상이 중요한 국면에 접어들었다. 당시 베를린에 소비에트 전권대사로 가 있던 빅토르 코프(Viktor Kopp, 1880~1930)는 트로츠키에게 서신을 보내 크루프(Krupp), 알바트로스베르크(Albatrosswerk), 블롬(Blom), 보스(Voss)

도네츠 분지(Donets basin) 우크라이나 동쪽 끝에 위치한 산업과 석탄 생산의 중심 지역.

같은 대규모 기업들이 러시아의 무기 산업 복구에 참여할 의사가 있음을 확인해주었다.[8] 트로츠키가 '유럽 사회주의 혁명'을 통해서만 경제의 회복과 발전이 가능하다고 믿은 것은 아니었던 것이다.

많은 당원들, 특히 모스크바 이외의 지역에 살고 있는 당원들이 반대했다. 돈바스는 석탄과 철광석과 곡물이 항상 풍부하게 생산되던 지역이었다. 독일의 크루프 같은 외국 기업에 경영권을 부여하면 곧 그 회사들이 지역 노동자와 다수의 농민들 위에 군림하는 공동 통치자 역할을 하게 될 것이었다. 또한 농민들은 레닌의 토지 포고령을 통해 받았던 토지를 잃게 만드는 조치를 순순히 받아들이지 않을 것이었다. 게다가 아제르바이잔의 경우 원유 채굴과 정유 산업이 지역의 유일한 산업이었다. 만일 노벨 형제의 석유 회사*가 바쿠로 돌아오면 이 회사는 1917년 이전에 지니고 있던 독점권을 되찾을 것이다. 당원들은 과연 이런 상황을 만들기 위해 볼셰비키가 내전을 치른 것인가 하는 의문을 제기했다.[9]

레닌과 트로츠키는 원래 입장을 고수했다. 신경제 정책이 실효를 거둘 수 있도록 노력하는 과정에서, 두 사람은 외국의 도움이 경제 재건에 필수적이라는 데 의견을 같이했다. 잉여 농산물을 생산하여 판매하는 농민들에게 보상을 주어야 한다는 데에도 두 사람은 동의했다. 시장에 공산품이 나와 있어야 했다. 1921년 3월 21일 트로츠키는 식량공급인민위원인 알렉산드르 추루파에게 문건을 보냈다. 농민들이 농기구를 구매할 수 있어야 하는데, 소비에트의 공장은 농기구를 공급할 능력이 없으므로 외국의 기술을 도입해야 한다는 내용이었다.[10] 추루파는 강제 곡물 징발 제도를 폐지하자는 주장에 선뜻 찬성하지 않고 있었다. 그는 업무 능력이 뛰어난 사람이었지만 정부에 유용한 인재가 되려면 우선 전시 공산주의에 대한 미련을 버려야

노벨 형제의 석유 회사 19세기 후반 세계 굴지의 석유 회사로서 바쿠 유전을 개발했다. 루드비히 노벨이 이 회사의 중심 인물인데, 그는 노벨상의 창설자 알프레드 노벨의 형이다.

만 했다. 모스크바에도, 지방에도 추루파 같은 지도자들이 많았다. 많은 사람들은 트로츠키가 이렇게 시장과 농민을 도와야 한다고 주장한다는 사실을 알지 못했다. 〈프라우다〉에 실리는 그의 글이 이런 주제를 다루지 않았기 때문이다. 트로츠키는 논란의 소지가 있는 일에 겁을 내는 사람이 아니었다. 하지만 그는 이 새로운 농업 정책에 관해 공개적으로 논의하는 일을 레닌과 카메네프에게 맡겼다. 군사 인민위원의 업무만 해도 넘쳤던 것이다.

트로츠키가 소극적이었던 또 하나의 이유는 건강이 나빠서였다. 활발하게 군사 업무를 해야 할 때마다, 트로츠키는 힘든 것을 견디며 글을 쓰고 연설을 하고 여행을 했다. 폴란드 전쟁 후 그가 평화로울 때의 생활 방식을 찾는 데는 몇 개월이 걸렸다. 나빠져 있었던 그의 건강은 시간이 갈수록 더 나빠졌다. 1921년 봄에 그는 완전히 기진맥진한 상태가 되었다. 당시 크렘린 지도층의 몇몇 가족을 돌보고 있던 의사 구에티에 교수는 트로츠키에게 절대 안정을 취하라는 처방을 내렸다.

병으로 인해 휴가를 가야 했던 사람은 트로츠키뿐이 아니었다. 지노비예프는 3월과 5월 사이 두 번이나 심장마비를 일으켰다. 카메네프 역시 심장에 문제가 있었으며 스탈린은 맹장염에 걸렸다. 부하린 역시 최근에야 요양에서 돌아왔다.[11] 이들은 중앙 당 지도부에서도 핵심 인물이었다. 레닌은 전체 전략을 감독하는 일을 맡고 있었는데, 그의 업무는 종종 발생하는 지도부 내 갈등 때문에 더 어려웠다. 중앙위원회 멤버인 미하일 톰스키(Mikhail Tomsky, 1880~1936)는 당과 노동조합 사이를 조정하는 책임을 맡고 있었다. 그는 지난 겨울의 논쟁에서 레닌의 중요한 동료 가운데 한 사람이었다. 톰스키를 곤란하게 했던 문제는 알렉산드르 실랴프니코프와 노동자반대파가 금속노동자조합 내에 상당한 추종자들을 거느리고 있다는 점이었다. 톰스키는 협조 관계를 유지하기 위해 조합 측에 작은 양보를 해주었다. 그 과정에서 그는 정치국과 협의를 하지 않았고 이 사실을 알게 된 레닌은 분노하여 톰스키를 직무 태만 사유로 중앙위원회에서 축출해야 한다고 주장했다. 제르진스키가 레닌의 주장에 동조했다.[12] 레닌이 흥분을 가라앉히고서야 분위기가 정상으로 돌아왔다. 하지만 레닌은 당 지도부가 제대로 작동하고 있지 않다는 불안감을 품게 되었다. 엄정한 규율과 긴밀한 업무 조정이 다시 확고하게 자리 잡아야 하며, 당의 전반적 정책도 확고히 해야 했다.

1921년 5월에 개최된 제10차 당 회의에서 신경제 정책 추진을 위해 투쟁하고 '3월행동'을 평가하는 자리가 마련되었다. 하지만 트로츠키는 몸이 너무 좋지 않아 참석하지 못했다. '3월행동'에 대한 평가는 쉽게 의견이 모아졌다. 하지만 농업 부문 개혁에 대한 합의는 힘들었다. 농민에게 양보한다는 것에 대해 전반적으로 당은 불편함을 느꼈다. 비공개 회의에서 마음껏 속마음을 드러낼 수 있었던 볼셰비키 당원들은 자신들이 느끼는 좌절감을 토로하였다. 이들은 자유 시장, 토지 임대, 농업 협동조합, 쿨라크의 귀환 등을 몹시 혐오했다.[13] 신중하게 비판하는 토론자들도 있었다. 그런 사람들 가운데 하나가 프레오브라젠스키였다. 최근 '노동조합 논쟁'에서 트로츠키의 지지자였던 그는 신경제 정책을 받아들이면서도 중앙 경제 계획 요소의 확대를 주장했다.[14] 트로츠키의 정치적 동맹자 중 한 사람인 유리 라린 역시 소비에트에 대규모 산업 시설이 필요하다는 데 너무 주의를 기울이지 않는 것 아니냐고 불평했다.[15] 이런 상황이 레닌은 무척 불편했다. 그는 연설에서 자신이 혼자 힘으로, 공식 정책에 대한 중앙위원회 멤버들의 신뢰도 없이 모스크바에서 당을 운영하는 것이 얼마나 어려운지 토로했다.[16] 레닌이 이렇게 다른 사람의 동정심에 호소한 적은 한 번도 없었다. 하지만 레닌은 너무나 절박했다. 그의 감정적 호소 덕분에 당 회의 참석자들은 합리적 판단을 할 수 있게 되었다. 이런 어려운 일을 해내는 것은 트로츠키조차 불가능했다.

당 회의는 레닌이 요청한 모든 사안을 추인함으로써 레닌에게, 그리고 그의 본능적 판단에 존중을 표했다.

트로츠키가 당 회의에 출석하지 못한 것은 레닌에게는 잘된 일이었다. 트로츠키는 프레오브라젠스키나 라린과 생각이 같았기 때문이다. 레닌과 트로츠키는 확고한 국가 계획에 따라 경제를 운영하는 것이 좋다는 데 원칙적으로 동의했다. 하지만 레닌은 아직 이를 시행할 여건이 마련되지 않았다고 판단했던 반면, 트로츠키는 중앙 계획 통제를 지금 당장 시행하지 못할 이유가 없다고 판단했다. 레닌이 일단 승리했다. 하지만 만일 트로츠키가 건강이 괜찮아서 당 회의에 출석해 자신의 논지를 설파했다면, 중앙 당 지도부 내에 팽배한 갈등을 봉합할 희망이 완전히 사라져버렸을지도 모른다.

병가를 마치고 업무에 복귀한 트로츠키는 8월 8일 개최된 정치국 회의에 문건을 하나 제출했다. 이 문건에서 트로츠키는 레닌과 입장을 같이하여 경제의 사적 부문을 농업과 무역뿐만 아니라 산업에까지 확대하자고 제안했다.[17] 또한 신경제 정책의 범위를 확대하자고도 주장했다. 소규모 기업가들이 대기업보다 더 신속하게 농민의 요구에 응할 수 있으며, 대부분의 대규모 기업들은 이미 생산을 중단한 상태라는 것이 이유였다. 1921년의 공장과 광산의 생산량은 1913년 생산량의 7분의 1에 불과했다. 도시와 농촌 사이에서 경제 교류의 바퀴를 돌리는 데는 개별 생산자들이 활발하게 움직이는 것이 매우 중요했다. 하지만 트로츠키는 다음 지점에서 레닌과 견해가 갈렸다. 트로츠키가 보기에 레닌은 너무나 쉽게 국가의 '경제 계획' 수립에 대한 믿음을 포기했다. 트로츠키는 '인민경제최고평의회'의 권한을 강화할 것을 제안했다. 또한 '국가계획위원회'*의 전문가들이 먼 미래

국가계획위원회(고스플란Gosplan) 소련의 생산 계획 결정 기관. 계획경제를 실현하기 위하여 경제 동태를 파악하고 수급의 균형을 계산하여 경제 계획을 수립했다. 1921년 창설되어 1991년 폐지되었다.

의 제도를 구상하는 대신 경제 전체를 통제할 수 있는 구체적인 체계를 만들어 인민경제최고평의회에 제시해야 한다고 주장했다.[18] 그는 그것이 전후 회복과 계속적인 발전을 가속화하는 최선의 방법이라고 생각했다.

트로츠키는 당면한 사회적 요구를 우선적으로 고려하지 않았다. 전혀 그러지 않았다. 그는 9월에 오데사에 머물 때 당시 볼가 지역에서 허버트 후버(Herbert Hoover, 1874~1964)와 '미국 구제국'*이 소비에트의 어린이들에게 식량과 약품을 공급하고 있다는 사실에 분노를 표했다. 미국 구제국은 1919년 이후 중부 유럽 지역에 생활필수품을 공급하였으며 당시 볼가 지역에 증대하는 기아 현상에 대처하여 소비에트 러시아에 도움을 주고 있었다. 미국 구제국의 도움을 받아들이기로 한 정치국의 결정을 따르면서도, 트로츠키는 후버를 '우리의 가장 악독한 적'이라고 비난하고는 이렇게 강조했다.

여기서 우리가 기억해야 할 것은 우리는 헝가리가 아니라는 사실입니다. 우리는 신생 소비에트공화국이 아닙니다. 우리는 반혁명과 투쟁하며 단련되었습니다. 우리에게는 우리의 특별 기관들이 있습니다. 우리에게는 체카가 있습니다. 체카가 사람들의 사랑을 받지는 못하지만 반혁명 세력 역시 사랑받는 대상은 아닙니다.[19]

만일 후버 파견단 가운데 어느 한 사람이라도 식량 배급 이외의 일에 간여한다면 러시아의 감옥은 그들을 가둘 준비가 되어 있었다. 서방 사람들의 귀에 자신의 말이 들어가지 않는다는 것을 전제로 하여, 트로츠키는 소비에트의 국제 경제 정책을 다음과 같이 해설하였다.

미국 구제국(American Relief Administration) 제1차 세계대전 직후 유럽과 러시아 지역에서 긴급 구호 사업을 벌인 미국의 공공기관.

(우리가 후버 파견단을 다루는) 바로 그러한 방식으로 우리는 부르주아 정부에게 99년간 지속되는 경영권을 부여하는 합의문을 체결하지만, 우리가 99년 동안 역사가 부르주아를 타도하지 않으리라고 보증하는 것은 아닙니다. 우리는 역사를 책임질 수 없습니다. 우리 자신에 대해서만 책임집니다. 물론 그런 상황이 된다면 우리는 합의문을 찢어버릴 수밖에 없을 것입니다. 왜냐하면 불가항력적인 상황이기 때문입니다.[20]

트로츠키는 미국의 여론을 진정시킬 필요가 있음을 알게 되었다. 인민위원회의는 미국을 포함한 외국 기업들이 러시아와 우크라이나 지역의 산업 경영권 획득을 위해 노력하도록 만들어야 했기 때문이었다. 트로츠키는 외국의 자본과 전문 기술력을 확보하지 않고는 산업 재건이 불가능하다는 것을 인정한 러시아 지도자들 가운데 한 명이었다. 공개적으로는 현실적인 입장을 택하여 입을 다물고 있었지만, 트로츠키의 오데사 연설은 그가 내심 어떤 전략을 원하는지 보여주었다. 트로츠키가 후버의 파견단을 비난한 것은 레닌에게 아무런 문제가 되지 않았지만, 트로츠키가 국가 경제 계획에 관해 계속 발언하는 것은 레닌에게 부담이 되었다. 두 지도자는 신경제 정책을 도입하기 전에 이 정책에 대해 철저하게 서로의 의견을 교환한 적이 없었다. 두 사람 모두 논리가 취약하기는 마찬가지였다. 레닌은 신경제 정책이 결국 '사회주의로 전환'하는 수단이 될 것이라고 주장했지만, 도대체 어떤 제도적 장치가 사회주의로 전환하는 것을 촉진할 수 있는지는 자세히 설명하지 못했다. 트로츠키 역시 포괄적인 합리성을 확보하지 못했다. 그는 소규모 공장 소유자를 지원해야 한다고 주장했지만 이들이 국가계획위원회로부터 어떤 이득을 얻을 수 있는지 설명하지 못했다. 레닌은 트로츠키가 갑자기 또 논란을 일으켜 당을 분열시킬 수도 있다고 생각했다. 과연 트로츠키를 신뢰할 수 있을지 레닌은 아직도 확신이 들지 않았다.

　레닌은 다음 번 당대회 때는 트로츠키의 지지자들이 덜 참석하도록 은밀하게 작업하기 시작했다. 다음 당대회는 1922년 3월 27일에 개최될 예정이었다. 레닌은 스탈린을 불러, 각 지역에서 당대회 참석자를 선출하기 전에 레닌 지지파 인물을 지역 당 조직에 파견하라고 지시했다. 스탈린은 레닌에게 이 지시가 분파적 행동을 금지하는 결정에 위배되는 것은 아닌지 물었다. 레닌은 스탈린의 질문을 농담이라고 생각했다. '철두철미한 분파주의자'가 그런 질문을 했기 때문이었다. 레닌 지지파는 자파의 후보자들이 당 지도부의 주요한 지위를 차지하도록 조치했다. 트로츠키는 자신의 종래 직위들을 그대로 보유했지만 '노동조합 논쟁'에서 그를 지지했던 사람들 가운데 오직 두 사람만이 중앙위원회에 선출되었다. 안드레이 안드레예프와 흐리스티안 라코프스키였다. 트로츠키는 일종의 근신 처분을 받은 셈이었다. 그는 이제까지와는 달리 조심스럽게 행동했다. 농업 문제에 관해 비판적인 명제들을 제시하여 소동을 일으킨 사람은 당의 좌익인 프레오브라젠스키였다. 그는 현 정책이 쿨라크에게 유리한 쪽으로 왜곡되어 있다고 비판했다. 레닌은 프레오브라젠스키가 제시한 논제들을 당대회 공식 토론 일정에서 제외하도록 정치국에 요청했다. 트로츠키는 반대하지 않았다. 당대회는 토론을 거쳐 전년도부터 시행해오던 노선을 재확인했다. 톰스키가 국가 소유 기업의 노동자들이 파업을 벌이는 것을 허용하겠다는 보고서를 제출하자, 트로츠키는 이를 지지하기까지 했다. 하지만 트로츠키는 산업 정책을 결정하는 권한은 노동자가 아니라 경험 있는 전문가들에게 맡겨야 한다고 주장해서 한 차례 논란을 일으켰다. 하지만 그 논쟁은 곧 사그라졌고, 트로츠키가 적군에 관한 보고서를 발표할 때에는 아무런 문제가 발생하지 않았다.

　레닌은 공산당 지도부를 재편함으로써 자신의 압도적 지위를 유지했다. 그는 동맥경화증으로 건강이 악화되었다. 점점 정상적인 생활이 어려워진다고 느낀 그는 중앙 정치 지도부를 재편하기로 결심했다. 자신의 삶이 얼마 남지 않았다는 생각은 아직 하지 않았다. 레닌이 원했던 것은 자신이 일시적으로 몸이 불편할 경우에 일을 처리할 수 있는 조직을 구성하는 것이었다. 이런 목적에서 레닌은 스탈린을 당 서기장으로 승진시키는 안을 지지했다. 전년도에 서기국은 뱌체슬라프 몰로토프가 맡고 있었다. 하지만 몰로토프와 그의 부하들이 제대로 역할을 수행하지 못했다는 것이 중론이었으며, 사실상 이미 스탈린이 그들의 업무를 도와주고 있었다. 향후 수십 년간 지속되는 스탈린과 몰로토프의 협조 관계가 이때 수립된 것이다.[21] 당은 지도부를 이끌 강력한 지도자가 필요했다. 당대회가 끝나고 첫 번째로 열린 중앙위원회에서 카메네프의 제안으로 스탈린이 서기장에 선출되었다.

레닌이 의장으로 있던 인민위원회의 역시 재정비가 필요했다. 레닌은 자신이 오랜 기간 동안 참석할 수 없으리라 예상하고는 알렉세이 리코프와 알렉산드르 추루파에게 상시적인 부의장직을 맡아 달라고 요청했다. 두 사람은 적당히 업무를 분담했고 신경제 정책이 공고화하는 과정에서 정책의 연속성을 지킬 수 있었다. 레닌은 트로츠키, 카메네프, 지노비예프 같은 거물의 이름은 회피했다. 트로츠키는 많은 이유로 적당치 않은 선택이었다. 트로츠키 스스로 인정하듯이 그는 자기 나름의 행동 방식이 있었으며 그 방식을 바꿀 생각이 없었다. 그는 오히려 어떤 직책을 맡으라고 요청받지 않은 것을 다행으로 생각했다.[22] 게다가 그는 자기 나름대로 신경제 정책에 대한 생각이 있었다. '국가계획위원회'의 권한이 약하다는 것이 트로츠키는 계속 불만이었다. 그는 강력한 중앙 기관에서 투자와 생산과 분배를 통제할 필요가 있다는 것을 정치국이 인식해야 한다고 레닌에게 거리낌 없이 말했다. 트로츠키는 또한 '노동자·농민 시찰단'—라브크린(Rabkrin)이라고도 불렸다.—도 비판했다. 이 기관은 여러 인민위원부를 감독하기 위해 1920년 레닌의 승인을 받아 창설되었다. 라브크린의 지도자는 스탈린이었다. 트로츠키는 이 기관이 자원 낭비, 혹은 그보다 더 나쁘다고 생각했다. 전혀 쓸모없는 기관이었다.[23] 이런 트로츠키의 언동은 레닌을 불안하게 만들었다. 트로츠키는 아직 자신의 행동 방식을 진짜로 고친 것이 아니었다. 최근에 그가 보인 순종적 모습은 기만이었다. 당내 분란의 가능성은 확실히 남아 있었다.

레닌의 정치적 유언

"스탈린을 서기국에서 축출해야 합니다."

1922년 초 외교 정책에서 레닌과 트로츠키의 견해에는 차이가 거의 없었다. 전후 정치 체제를 안정시켜 유럽 국가들이 경제를 회복해서 번영을 이룰 수 있기를 바랐던 영국과 프랑스는 이런 목적을 달성하기 위해 이탈리아의 제노바에서 회의를 열었다. 소비에트 지도부는 대표단을 보내기로 했다. 처음에는 레닌이나 트로츠키가 거론되었지만 체카가 그들의 신변 안전 문제를 제기하였다. 실제로 이들에 대한 암살 기도가 발생할 가능성이 있었다. 레닌은 누가 보아도 확실한 지도급 인물, 즉 레닌, 트로츠키, 지노비예프가 외국에 가는 것을 허락해서는 안 된다는 내용의 문건을 정치국에 보냈다.[1] 그리하여 1918년 이후 트로츠키의 후임으로 외무인민위원을 맡고 있던 게오르기 치체린이 참석하기로 결정되었다. 제노바 회의는 4월 10일 시작되었다. 정치국이 치체린에게 내린 지시는, 소비에트 러시아가 전반적인 외교적 승인을 얻고 또 세계 경제 네트워크에 다시 편입하려면 어떤 조건을 충족해야 하는지 알아보라는 것이었다. 프랑스 정부는 소비에트의 이런 희망을 좌절시켰다. 인민위원회의가 과거 러시아의 국가 부채를 일방적으로 폐기한 조치를 취소하지 않는다면 어떤 다른 조건을 충족한다 하더라도 프랑스 투자자들의 감정을 누그러뜨릴 수는 없을 것이라는 이야기였다. 레닌은 제노바 회의에서 좋은 소식이 오리라고 크게 기대하지 않았다. 그는 치체린에게 사전 승인 없이는 아무런 타협도 하지 말라고 지시했다. 고리키 요양소에 머물고 있던 레닌은 전략적 단호함을 유지해야 한다고 정치국에 거듭 당부했다.[2]

유럽에서 따돌림을 받는 국가는 러시아뿐이 아니었다. 민주적으로 선출된 독일 정부 역시 부당하게 대우받고 있다고 느꼈다. 두 나라의 외교관은 이탈리아 리구리아 해안에 있는 도시 산타마르게리타에서 비밀 회담을 열었다. 회담 결과 두 나라는 1922년 4월 16일 라팔로 조약을 맺었으며 이 조약으로 양국 사이의 교역을 활성화하기로 했다. 독일은 러시아의 천연자원이 필요했고 러시아는 독일의 산업 기술이 필요했다. 양측의 협상은 또한 독일 군대가 소비에트 영토에서 군사 훈련을 실시할 수 있도록 하는 공모로 이어졌다. 적군은 이를 통해 중요한 군사 관련 전문 지식을 습득하고자 했다. 라팔로 조약을 통해 러시아는 지난 일 년 동안 레닌과 트로츠키가 추구했던 경제 재건이라는 목표를 향한 큰 성과를 얻을 수 있었다.

트로츠키와 레닌은 또한 러시아 정교회의 잠재적인 저항을 어떻게 다룰까에 대해 의견을 같이했다. 레닌은 교회가 지금 스스로를 방어하기에 허약한 상태이므로 교회를 강력하게 압박해야 한다고 직관적으로 판단했다. 성직자와 교회 신도에게 앞으로 몇 세대 동안 효과가 이어질 강력한 타격을 주기 위해 교회의 재산을 몰수하고 대주교나 성직자들을 '전시재판'에 세워야 한다고 레닌은 주장했다.[3] 트로츠키는 레닌의 논지에 동의하면서도 당이 장기적으로 좀 더 세련된 전략을 택해야 한다고 촉구했다. 당시 러시아 정교회 내에는 '개혁주의자(오브노블렌치)'*라는 분파가 나타난 상태였다. 이 분파의 지도

개혁주의자 러시아 정교회 내부의 개혁 운동이자 분파 운동으로 1922년부터 1946년 사이에 존재했다.

자들은 교회 내부의 권력 구조와 교회 전례를 개혁해야 한다고 주장했다. 그들은 종교의 자유를 인정해주면 소비에트 행정 권력의 정당성을 기꺼이 인정하겠다고 했다. 트로츠키는 '개혁주의자' 그룹에 힘을 실어줌으로써 러시아 정교회를 분열시키면 교회가 약해지리라 생각했다. 성직자들 사이에 불화가 커질수록 소비에트 국가가 강해진다고 믿었다. 마르크스주의 선전이 기독교의 가르침에 대한 대중의 믿음을 무너뜨리는 데는 몇 년 혹은 몇십 년의 긴 세월이 걸릴 터였다.[4] 레닌은 트로츠키가 내놓은 제안의 핵심을 알아차렸고, 트로츠키의 제안은 공식 정책이 되었다.

다른 정당들에 대한 정책도 문제였다. 여기에서 주도권을 잡은 사람은 레닌이었다. 그는 전시재판을 열어 멘셰비키와 사회혁명당의 저명한 인물을 처형해야 한다고 주장했다. 트로츠키는 레닌을 지지했지만 부하린과 라데크는 반대했다. 부하린과 라데크는 암스테르담에서 외국 사회주의 정당들이 연 회의에 참가하여, 그런 재판이 열린다 해도 사형선고를 내리는 일은 없을 것이라고 공개적으로 약속하였다. 레닌과 트로츠키는 이 소식을 듣고 무척 분노하였다. 제2인터내셔널 소속 정당들과 인연을 끊으면 끊었지, 볼셰비키당이 멘셰비키와 사회혁명당을 탄압할 수 있는 자유를 제한받는 것은 용납할 수 없었다. 멘셰비키와 사회혁명당의 죄목은 소비에트 러시아에 대항하여 적극적으로 투쟁했다는 것이었다. 1918년 중반에 사회혁명당이 장악한 코무치와 인민위원회의 사이에 전투가 벌어진 것은 사실이었다. 또한 일부 멘셰비키 당원들이 적군과 맞서 싸운 것도 사실이었다. 하지만 대체로 이 두 정당은 적군을 도와 백군과 싸웠다고 할수 있었다. 1922년 레닌과 트로츠키가 진정으로 원했던 것은, 앞으로 문제가 생길 가능성이 있다면 아무리 작은 것이라도 제거하는 것이었다. 노동계급과 농민의 지지를 획득하는 데 더는 정치적 경쟁자가 없기를 그들은 바랐다.

사회혁명당 당원들에 대한 전시재판이 1922년 6월에 시작되었다. 트로츠키는 특유의 냉소적인 말투로 이 재판이 '완벽한 정치적 작품의 성격'을 띠어야 한다고 말했다.[5] 그는 법적 절차 따위에는 신경 쓰지 않았다. 볼셰비즘에 적대적인 모든 정당들에게 보여줄 본보기로서 사회혁명당이 처벌받아야 한다고 그는 생각했다. 트로츠키는 노동조합 회관 연단에서 피를 요구하는 연설을 했다.[6] 하지만 정치국이 지시를 내린 선고에 총살형은 포함되지 않았다. 정치국은 또한 멘셰비키 당원들도 재판을 해야 한다는 레닌의 요청을 받아들이지 않았다. 하지만 예방적 차원에서는 탄압이 계속되었다. 같은 달 체카는 철학자, 작가, 학자를 수십 명이나 체포하여 '오베르뷔르거마이스터 하켄'과 '프로이센'이란 이름의 기선*에 태워 러시아에서 추방하였다.[7] 트로츠키를 포함한 당 지도부 전체는 그해 여름 '글라블리트(Glavlit, 문학·출판총국의 약칭)'라는 전반적인 사전 검열 기구를 도입하는 데 동의했다. 공산당이 나라를 정치적, 이념적, 문화적 격리 지역으로 만들고자 한다는 메시지가 퍼져 나갔다.

겨울 동안 건강이 나빴던 레닌은 회복하는 듯했으나 5월 25일 뇌졸중을 일으켜 고리키의 요양소로 다시 가야 했다. 그래서 레닌은 스탈린에게 더 의존하게 되었다. 레닌의 의견을 정치국에 전달하는 통로 역할을 한 사람이 스탈린이었다. 레닌은 고리키까지 자주 자신을 찾아오는 스탈린에게 고마움을 느꼈다. 두 사람은 정치 문제에 관한 의견을 나누었고 스탈린은 최근 정치계 소식을 레닌에게 전해주었다. 레닌은 언제 필요할지 모른다면서 포도주 한 병을 주문하여 곁에 준비해 두도록 하였다.[8] 트로츠키는 한 번도 레닌을 만나러 고리키까지 간 적이 없었다. 두 사람은 친구라기보다는 동지였으며 트로츠키는 환자를 방문해야겠다는 생각은 하지 않았다. 트로츠키

---

* 이 두 기선은 당시 발트해 연안 도시들 사이 구간을 운항했다. 러시아의 지식인들이 이 배에 실려 집단 추방되었다 하여 이들 선박에 '철학자의 배'라는 별칭이 붙었다.

는 자신이 아플 때 정치국 멤버가 자신을 방문해주기를 기대하지 않았다. 트로츠키는 병문안이 글 쓰는 시간을 빼앗는다고 생각했을 수도 있다. 그는 레닌도 똑같이 생각하리라고 짐작했을 것이다. 트로츠키는 동료 당 지도자들에게서 신뢰가 넘치는 따뜻한 정을 불러일으켜야 한다는 아주 기초적인 사실도 몰랐다. 스탈린은 인간의 심리를 잘 알았다. 트로츠키와 마찬가지로 스탈린 역시 레닌을 친구로 생각하지는 않았다. 레닌은 개인적으로 스탈린의 성격을 여러모로 싫어했으며, 스탈린이 상스럽고 예의범절도 모르고 지적 능력도 떨어진다고 평가했다. 하지만 레닌은 스탈린을 정치 보좌역으로 활용할 수 있다고 생각했으며 스탈린 역시 레닌과 긴밀한 관계를 맺는 것이 자신에게 가장 이익이 된다고 생각했다.[9]

1922년 늦여름, 이제까지 레닌의 뜻에 따라서만 일을 처리하던 스탈린이 순종적 행동을 그만두자 트로츠키의 운명이 바뀌게 된다. 스탈린이 기획하던 소비에트 헌정 구조에 반대하는 그루지야 공산당원들을 스탈린이 매우 고압적으로 대한다는 소식이 레닌의 귀에 들어갔다. 레닌 역시 스탈린의 구상에 완전히 찬성하지는 않았다. 스탈린은 기존의 여러 소비에트공화국 모두를 '러시아사회주의연방소비에트공화국(RSFSR)'으로 편입시키기를 원했다. 레닌은 이런 구상이 '대(大)러시아 쇼비니즘'의 기미가 보인다고 생각했다.

레닌은 이 문제를 놓고 몇 주간 스탈린과 논쟁을 벌였다. 1918년에서 1920년 사이에 레닌은 스탈린과 이따금 부딪히면서 스탈린의 성격이 까다로워서 충돌하는 것이라고 생각했다. 다시 말해 레닌은 스탈린의 의견을 그렇게 진지하게 고려해본 적이 없었다. 이번에 레닌은 스탈린이 자신이 지향하는 바를 명백하게 이해하고 있다는 것을 깨닫고는 충격을 받았다. 레닌은 당의 관료주의적 경향을 우려했고 정부조직 내에서 불필요한 요식 행위를 척결한다는 취지에서 만들어진 노동자·농민 시찰단(라브크린)의 효율성에도 의문이 일었다. 당

1922년 고리키의 요양소에서 안정을 취하던 레닌을 찾아온 스탈린. 레닌의 지원에 힘입어 서기장에 오른 스탈린은 자주 레닌을 찾아와 정치적으로 긴밀한 관계를 유지했다.

서기국과 라브크린의 수장이 바로 스탈린이었으니 그는 레닌의 우려를 한 몸에 받았다. 또 하나 레닌을 걱정스럽게 만든 것은 소비에트의 무역에 관련하여 나온 새로운 제안 하나를 스탈린이 지지하고 있다는 사실이었다. 10월혁명 이후 수입과 수출은 국가가 독점하고 있었다. 부하린과 카메네프는 이 분야에서 사영 교역업자가 다시 활동할 수 있도록 허용한다면 신경제 정책이 더욱 효율적으로 작동할 것이라고 주장했다. 상업 활동이 증가하고 그에 따라 세금 수입이 늘어날 것이며 현재 만연하고 있는 밀수입, 밀수출 문제도 사라질 거라는 예측이 그들의 논리였다. 레닌은 경악했다. 신경제 정책의 개혁 조치를 심화하는 것을 옹호한 주요 인물이 바로 레닌이었지만, 이제 그는 분명한 한계를 설정해야겠다고 마음먹었다.

몹시 화가 난 레닌은 중앙위원회 멤버 가운데 몰로토프, 리코프, 쿠이비셰프(Valerian Kuibishev, 1888~1935) 3명만 남기고 나머지를 모두 해임하라고 요구했다. 꼭 필요하다면 카메네프, 지노비예프, 톰스키까지는 후보 위원 자격으로 중앙위원회에 남겨 둘 용의가 있다고 그는 말했다.(이중 톰스키는 레닌이 1921년에 중앙위원회에서 축출하려 했던 사람이다.) 레닌은 균형 감각을 잃었다. 그는 어째서 자신이 선택한 세 사람이 기존의 더 큰 조직보다 더 효율적으로 작동한다는 것인지 설명하지 못했다. 트로츠키, 스탈린, 부하린을 비롯한 다른 사람들이 자신들의 축출을 순순히 받아들일 리 만무했다. 트로츠키의 경우에는 도대체 자신이 무엇을 잘못했기에 중앙위원회에서 축출당해야 하는지 레닌에게 물어볼 권리가 있었다. 어쨌든 당규상 레닌의 이런 계획은 실행 불가능하였다. 레닌이 당의 독재자인 것은 아니었다. 동료 지도자들은 레닌의 정신 상태가 정상인지 의문을 제기할 근거가 있었다. 그러나 그들은 레닌이 진정하고 난 뒤에도, 그가 소련의 헌정 질서 문제나 대외무역 문제에서 자신의 뜻을 관철하겠다고 결심했다는 것을 알게 되었다. 카메네프의 권고에 따라, 스탈린은 러시아소비에트연방사회주의공화국이 우크라이나와 동등한 자격으로 소비에트사회주의공화국연방(USSR)의 헌정 질서 내에 자리 잡는 것에 동의했다. 여전히 그루지야의 공산당 지도자들은 스탈린에게 의심을 품고 있었으며 그가 자신들에게 계속 위협적인 태도를 보일 것이라고 예상했지만, 여하튼 스탈린이 양보함에 따라 최고 당 지도부는 약간의 평화를 회복했다.

그러나 레닌은 국가의 대외무역 독점권을 폐기하자는 계획안에 계속 반대했다. 이 문제를 고민하면 할수록 레닌은 트로츠키와 관계 회복을 꾀하는 것이 좋겠다는 생각이 들었다. 트로츠키는 수입과 수출에 관해서 레닌과 생각이 같았기 때문이다. 트로츠키는 8월 8일 자신의 의견을 중앙위원회에 제시했지만 다른 멤버들의 호응을 받지 못했다. 레닌은 화가 나서 정치국에 항의했다. 카메네프, 부하린, 지노비예프, 스탈린은 최종 결정을 2개월 뒤로 미루겠다고 양보했다. 이즈음 레닌은 모스크바로 돌아와 잠깐씩 업무를 볼 수는 있을 정도로 건강을 회복한 상태였지만, 의사들은 고리키에서 좀 더 요양하라고 지시했다. 12월 12일, 고리키에 몸이 묶여 있던 레닌이 트로츠키에게 협조를 구하는 전갈을 보냈다. 그날 바로 트로츠키는 긍정적인 답을 보냈다. 하지만 트로츠키는 단순히 현재 상태를 유지하는 것이 아니라 대외무역 전체를 국가계획위원회의 권한 아래 두어야 한다는 뜻을 확실히 했다. 다음 날 두 사람 사이에 타협이 성사되었다. 트로츠키는 자신의 요구 중 세부사항을 포기하였고 레닌은 아직 구체적으로 규정되지는 않았지만 국가계획위원회에 더 큰 권한을 부여하겠다고 약속했다. 흡족해진 레닌은 12월 15일 트로츠키에게 이런 구절을 써 보냈다. "우리가 완전한 합의에 도달했다고 나는 생각합니다. 나는 귀하가 전원회의에서 우리의 결속을 발표해주었으면 합니다." 레닌과 트로츠키가 구축한 연합 전선 소식이 전해지자 중앙위원회의 다른 멤버들은 회의가 소집되기 전에 이미 물러서기 시작했다. 12월 21일 레닌은 요양소에서 다시 트로츠키에게 편지를 썼다. "우리는 총 한 방 쏘지 않고 그저 기동 작전 한 번으로 성공한 것 같습니다."[10]

그 무렵 레닌은 몸이 많이 허약해져서 자신이 곧 죽을지도 모른다고 생각하게 되었다. 레닌은 자신이 1922년 4월 카메네프를 인민위원회의 부의장에 앉히긴 했지만 리코프와 카메네프 두 사람의 부의장만이 인민위원회의를 운영한다는 사실에 불안함을 느꼈다. 레닌은 트로츠키에게 이런 서신을 썼다. "당신은 그 사람들을 잘 알 겁니다. 카메네프는 물론 영리한 정치인입니다. 하지만 행정가로서 그는

31장 레닌의 정치적 유언

·

517

스탈린이 레닌과 트로츠키를 여러 면에서 힘들게 하던 1922년에 트로츠키가 스탈린에 대해 메모한 것. 1922년 늦여름부터 스탈린은 독자적인 행동을 시작했고, 레닌은 여러 현안에서 스탈린에 맞서기 위해 트로츠키와 연합전선을 구축했다.

어떻습니까? 추루파는 몸이 아픕니다. 그렇습니다. 리코프는 행정가이기는 합니다만 그는 인민경제최고평의회 쪽에서 활동해야 합니다. 당신이 반드시 부의장이 되어주어야 하겠습니다. 지금은 과감한 인적 쇄신이 필요한 때입니다.”[11] 세월이 지난 뒤 트로츠키는 레닌의 이 요청이 사실상 자신에게 인민위원회의 의장직을 승계하라는 요청이었다고 주장했지만, 트로츠키는 이때 이 요청을 받아들이지 않았다.[12] 정말로 레닌이 그런 생각을 하였는지는 확실하게 알 수 없다. 레닌은 정치적 입장을 갑작스럽게 바꾸는 사람으로 유명했다. 어쨌든 레닌은 힘이 닿는 대로 정책과 제도에 관한 자신의 생각을 비서들에게 열심히 구술하고 있었다. 다음 몇 주간 그는 당의 관료주의적 경향을 비난했으며 이에 대한 처방책으로 중앙 지도부에 노동자들을 영입하는 방안을 제안했다. 그는 또한 노동자·농민 시찰단을 자원 낭비라고 비난했고, 그루지야 정치 상황에 관한 자료를 수집했다.

　항상 그래 왔듯이, 레닌은 한쪽에만 힘을 쏟지 않았다. 이즈음 레닌이 구술하여 작성한 문건 가운데 훗날 그의 정치적 유언으로 알려진 것이 있었다. 이 문건에서 그는 자신의 후계자가 될 가능성이 있는 사람을 6명 지목했다. 트로츠키, 스탈린, 카메네프, 지노비예프, 부하린, 퍄타코프였다. 이 가운데 누구도 레닌의 좋은 평가를 받지 못했다. 트로츠키는 중앙위원회에서 '가장 능력 있는 사람'이지만 '순수하게 행정적인 측면'에 지나치게 집중하는 경향이 있다고 평가받았다. 레닌의 이 평가는 사실 레닌 자신에게도 해당됐다. 그와 트로츠키가 설계하여 만들어놓은 국가 체제는 정치 과정 대부분을 단순한 행정 업무로 축소해버렸다. 볼셰비키의 경쟁자가 될 수 있는 정당은 활동을 금지당했다. 체카와 적군은 공산당 지배에 반항하거나 당을 방해하는 모든 시도를 제거했다. 언론 기관은 볼셰비키가 완전히 장악했다. 사법부는 독립성이 없었다. 볼셰비키들이 모든 대규모 공공 기관을 독점했다. 하지만 레닌이 지적하려던 점은, 트로츠키에게는 예상되는 정치적 문제를 고려하지 않은 채 정책을 구상하는 버릇이 있다는 사실이었다. 노동조합 논쟁은 여러 사례 가운데 하나에 불과했다. 레닌 역시 같은 종류의 실수를 범한 적이 있었다. 예를 들면 농민 전체가 반대한다는 증거가 많이 있었는데도 레닌은 1918년 중반에 빈농 위원회를 구성했다. 또한 1920년에 전시 공산주의를 폐기하자는 제안도 거부했다. 그러나 레닌의 경우 스스로 잘못된 정책을 폐기하곤 했던 반면, 트로츠키는 자신의 정책을 포기해야 할 경우 보통 발길질을 하고 소리치며 끌려 나가는 사람처럼 굴었다.

　레닌은 부하린이 마르크스주의자로서 지닌 자격에 의혹을 제기했다. 또 퍄타코프는 '심각한 정치 문제'가 있을 때 신뢰할 만하지 못하다고 평가했다. 10월혁명 당시 카메네프와 지노비예프가 보였던 태도를 레닌은 여전히 못마땅하게 생각하였지만 그런 과거를 이유로 두 사람을 비난하지는 않았는데, 이는 트로츠키가 1917년 이전에 볼셰비키가 아니었다는 이유로 그를 비난하지 않은 것과 같았다. 레닌이 가장 심하게 비난한 사람은 스탈린이었다. 스탈린은 "서기장이 된 이후 무한한 권력을 손에 쥐게 되었는데 나는 그가 이 권한을 언제나 충분히 조심스럽게 사용할 수 있으리라고 믿지 않는다."라고 레닌은 말했다. 만일 다른 공산당원들이 이때 레닌의 속마음을 엿볼 수 있었다면, 레닌이 스탈린을 잠재적인 계승자로까지 고려하고 있었다는 사실에 놀랐을 것이다. 사실 레닌은 1922년 스탈린과 논쟁을 벌이면서 그에 대해 많은 것을 새롭게 알게 되었다. '현재 중앙위원회에 있는 두 명의 특출한 지도자'로서 트로츠키와 스탈린이 강력하게 서로 충돌하여 당 전체를 분열시킬 수도 있다는 놀라운 예언을 제시하면서, 레닌은 자신의 추측에 충분한 근거가 있다고 생각했다. 이런 예언이 현실화하는 것은 무슨 수를 써서라도 막아야 했다. 레닌이 이런 유언을 작성한 목적은 명백했다. 자신이 죽은 뒤 당을 위해 가장 좋은 방책은 집단 지도 체제를 확보하는 것이라고 믿었던 것이다.

1923년 1월 24일 요양소의 침대에 누워 있던 레닌은 보충 문건을 하나 작성했는데, 이 문건은 이전에 그가 작성했던 인물 평의 균형을 뒤흔드는 것이었다. 스탈린의 친구인 그루지야 출신의 세르고 오르조니키제(Sergo Ordzhonikidze, 1886~1937)가 티플리스에서 그루지야 공산당 동지들 중 한 명에게 신체적 폭력을 휘두르는 사건이 있었는데, 이를 제르진스키와 스탈린이 묵인하고 넘어갔다. 이 사실을 알게 된 레닌은 단호한 반응을 보였다. "스탈린은 성격이 너무나 거칩니다. 이런 단점은 우리 사이에서나 혹은 공산당원들 사이에서는 충분히 용인될 수 있습니다. 하지만 서기장의 직위에 있는 자로서는 도저히 용납할 수 없습니다." 레닌은 스탈린을 서기국에서 축출하여야 한다고 주장했다.

레닌의 생각이 변화함에 따라 레닌과 트로츠키의 유대는 더욱 강화되었다. 1922년 12월 27일 레닌은 국가계획위원회의 권한 확대를 제안하였다. 이 위원회에 입법 권한까지 주지는 않았지만, 이 위원회가 인민위원회의에 정기적으로 보고를 할 수 있도록 하자는 데 동의했다. 또한 이 위원회의 지도부를 칭찬했다. 이틀 뒤 레닌은 노동자·농민 시찰단 대신에 국가계획위원회가 '부르주아' 경제 전문가들의 신뢰성을 검토할 수 있게 하자고 제안했다. 또한 1902년 가을 런던에서 처음 만난 이후 트로츠키에 대한 자신의 감정은 조금도 변한 것이 없다는 말을 트로츠키에게 전해 달라고 아내인 크루프스카야에게 부탁했다. 바람이 어느 쪽으로 불고 있는지 감지한 스탈린이 레닌의 여동생인 마리야에게 자신의 말을 레닌에게 전해 달라고 간청했다. "온 마음을 바쳐 나는 그를 사랑합니다." 레닌은 이 말을 조롱했으며, 의례적인 답을 해주는 데 동의했을 뿐이다. 1923년 1월 6일 스탈린은 또 다른 시도를 했다. 레닌의 마음은 달랠 수 없어도 트로츠키와 화해는 할 수 있다고 생각한 스탈린은 트로츠키를 인민위원회의 부의장에 임명할 것을 제안하면서, 이 부의장 자리에 인민경제최고평의회에 대한 특별한 권한을 부여하자고 제안했다. 또한 경제 정책에서 트로츠키의 동맹자인 퍄타코프를 국가계획위원회의 의장으로 올리자는 제안도 했다. 트로츠키는 이 제안들에 반대했다. 1월 17일 스탈린은 트로츠키가 인민위원회의 부의장과 국가계획위원회 의장을 동시에 맡아야 한다고 다시 한 번 제안했다.

트로츠키는 또 거절했다. 그때 트로츠키는 병으로 고생하면서 구에티에 교수에게 치료를 받고 있었다. 트로츠키는 '드러누운 채' 지노비예프에게 편지를 쓰면서, 어째서 자신이 좀 더 활동적으로 움직이지 못하는가를 설명하였다.[13] 하지만 그의 정신은 활력으로 가득 찬 상태였다. 그는 스탈린의 제안이 어떻게 정부의 효율성을 키울 수 있는지 도저히 이해할 수 없다고 말하면서 다른 모든 사람들에게 자신의 논리를 이해해줄 것을 요청했다. 트로츠키는 이미 레닌에게도 똑같은 말을 한 적이 있었는데, 그사이 그가 왜 자신이 인민위원회의 부의장이 되어야 하는지 납득할 수 있도록 바뀐 것은 아무것도 없었다. 트로츠키의 주장은 설득력이 있었지만 전략적으로는 지나치게 경직된 것이었다. 그는 레닌이 자리를 비운 사이에 소비에트 정부를 장악할 수 있는 기회를 거절하고 있었다. 스탈린의 제안이 각 기관의 권한을 명확하게 구분하지 못하고 있다는 트로츠키의 지적은 옳았지만, 그것이 극복 불가능한 문제라는 그의 생각은 분명 잘못된 것이었다. 트로츠키는 당이 어려운 상황에 빠져 있더라도 당을 돕는 수고를 굳이 자신이 떠맡아야 할 필요성을 느끼지 못한다는 태도를 보였다. 이런 그의 태도는 지극히 오만해 보였다. 예상대로 트로츠키의 적수들은 이런 그의 반응을 격하게 비난했다. 트로츠키는 자신이 만들어낸 이런 인상을 불식하려고 노력했지만 성과를 거두지 못했다.[14]

스탈린은 트로츠키보다 더 어려운 궁지에 빠져 있었다. 레닌은 노동자·농민 시찰단에 대한 글을 하나 완성하였고 트로츠키의 도움을 받아 이 글을 발표하려고 했다. 정치국은 레닌만을 위한 가짜 〈프라우다〉를 인쇄하는 방안까지 고려했다. 현재의 정치적 논쟁 상황을 걱정한 나머지 직접 관여해야겠다는 레닌의 생각을 바꾸는 것이 이 가짜 신문의 목적이었다. 트로츠키가 나서서 레닌을 기만하는 이런 방안을 파기한 것으로 보인다. 다음에는 그루지야 사태가 논의의 중심으로 부상하였다. 제르진스키는 오르조니키제가 폭력을 사용한 사건을 덮어주는 성격의 보고서를 올렸으며 정치국은 이 보고서를 접수했다. 그러나 레닌은 관계 자료를 정밀하게 검토하려는 목적으로 몇 명의 비서로 구성된 조사 팀을 꾸렸다. 레닌은 스탈린과 제르진스키를 쉽게 용서해줄 생각이 없었던 것이다. 조사 팀이 레닌에게 조사 결과를 보고한 것은 3월 3일이었다. 이틀 뒤 레닌은 스탈린에게 편지를 써서, 스탈린이 크루프스카야에게 심한 말을 한 데 사과를 요구했고, 만약 그러지 않는다면 스탈린과 개인적인 관계를 끊겠다고 말했다. 레닌은 그루지야공산당 동지들에게, 그들이 추구하는 대의를 자신도 추구한다는 말을 했다. 레닌은 트로츠키에게 자신을 대신하여 그루지야 사건을 맡아줄 것과 스탈린을 저지하는 일을 카메네프와 같이 해줄 것을 요청했다. 레닌의 요청에 트로츠키는 동의했지만 별다른 열의는 보이지 않았다. 트로츠키는 사람에 관한 문제보다는 정책을 논하는 데 열성을 보이는 사람이었다. 게다가 트로츠키는 스탈린 같은 인물에게 그렇게 많은 관심을 두는 것이 자신의 격을 떨어뜨리는 행동이라고 생각했던 것 같다. 트로츠키가 볼 때 스탈린은 정치적으로도 별로 대단치 않은 인물이었고 지적으로 별 볼일 없는 사람이었다.

레닌과 트로츠키의 동맹 관계는 3월 6일과 7일 사이에 레닌의 상태가 급격히 나빠지면서 급작스럽게 중단되고 말았다. 이후 레닌은 정치 활동에 복귀하지 못했다. 3월 10일 그는 다시 뇌졸중을 일으켰다. 오른쪽 몸이 완전히 마비되었으며 거의 말을 할 수 없는 상태가 되었다. 이렇게 되자 상황이 대단히 복잡해졌다. 다가오는 12차 당대회에서 레닌이 직접 자신의 정치적 유언장에 담긴 생각을 발표할 가능성이 사라진 것이다. 스탈린을 축출하라는 그의 제안 역시 발표될 수 없게 되었다.

그러나 그루지야 문제는 여전히 스탈린에게 해를 끼칠 잠재력을 품고 있었다. 트로츠키는 레닌이 이 문제에 대하여 쓴 글을 3월 5일에 받았지만 아무런 행동도 취하지 않고 있었다. 그러던 중 레닌의 비서인 리디아 포티에바(Lidia Fotieva)에 의해, 레닌이 이 글을 〈프라우다〉에 싣기를 원했다는 사실이 밝혀졌다. 그녀는 또한 다가오는 당대회에서 트로츠키가 이 글의 내용을 옹호해주기를 레닌이 바랐다고 언급했다.[15] 그제서야 트로츠키가 움직이기 시작했다. 한편, 스탈린은 제12차 당대회에서 발표할 민족 문제에 관한 강령의 초안을 준비해놓은 상태였다. 이 초안을 받은 트로츠키는 레닌이 원하던 방향으로 초안 내용을 열심히 수정하였다.[16] 스탈린은 매우 영리하게도 트로츠키가 한 수정을 받아들였다. 만약 그러지 않는다면 트로츠키의 입장이 더욱 강화될 형편이었기 때문이다. 그러나 스탈린은 트로츠키가 레닌의 글이 존재한다는 사실을 적절한 시점에 언급하지 않음으로써 당을 기만했다고 비난했다. 트로츠키는 레닌이 이 글을 공개적으로 발표하라는 말을 자신에게 하지 않았다고 반박했다. 트로츠키는 만약 필요하다면 자신이 적절하게 행동했는지 아닌지를 당대회에서 결정하게 하자고 제안했다.[17] 카메네프 역시 레닌의 글이 발표되어야 한다고 동의했다. 이 글에는 스탈린에 대한 직접적인 비판이 들어 있었기 때문에 현재의 서기장이 직책에 적합하지 않다고 생각하는 사람들을 도와주게 될 터였다. 이런 가능성을 알고 있던 스탈린은 트로츠키가 이 글의 존재를 공개하지 않은 데 계속 비난을 퍼부었으며, 트로츠키의 그런 행동이 당의 규율을 깨는 행동인 것처럼 말하였다. 하지만 두 사람이 개별적으로 대화를 나눈 뒤 이 논란은 정리가 되는 모습을 보였으며, 스탈린은 트로츠키가 잘못된 행동을 하지 않았다는 것을 문건으로 작성하여 주겠노라고 말했다. 이런 상황을 보고서야 모든 사람이 마음을 놓을 수 있었다.

이로써 일단 트로츠키는 만족했으나, 스탈린은 문건을 보내주지 않음으로써 약속을 깼다.[18] 트로츠키는 몹시 분노하였다. 트로츠키는 정치국 회의에서 그루지야공산당 지도부의 명예를 회복하는 데 찬성하는 발언을 했다. 스탈린이 그루지야공산당 지도부가 볼셰비즘으로부터 '이탈'했다고 비난했기 때문이었다. 트로츠키는 그루지야, 아르메니아, 아제르바이잔을 통합한 '자카프카지예 연합'의 '지나친 중앙집권주의'를 비난했다. 그는 오르조니키제가 이 지역에서 맡은 직위를 박탈해야 할 것이라고 요구했다.[19] 그때까지 카메네프는 그루지야 볼셰비키 지도부가 받던 부당한 대우를 비판하던 레닌과 같은 생각을 품고 있었다. 하지만 마지막 순간에 그는 트로츠키를 지지하지 않았다. 카메네프는 왜 이때 이런 행동을 했는지 훗날에도 결코 설명하지 않았다. 어쩌면 레닌이 정치적 유언장에서 언급한 바로 그런 지도부 분열이 일어날까 봐 두려웠던 것인지도 모른다. 아니면 트로츠키에게 레닌의 후계자가 되려는 속셈이 있다고 우려했을 수도 있다. 여하튼 트로츠키는 이날 모든 사안의 표결에서 패배했다. 훗날 트로츠키는 민족 문제에 지지 행동을 보이지 않았다고 비난받게 된다. 그것은 잘못된 비난이다. 그는 초창기부터 투쟁하였으며, 맹렬하게 투쟁했다. 그러나 정치국 내의 다수의 힘에 밀려 패배하고 말았던 것이다.

스탈린은 이제 숨을 좀 편히 쉴 수 있게 되었다. 그는 교활하게도 트로츠키가 당대회에서 가장 중요한 정치 보고서를 발표해야 한다고 제안했다. 트로츠키는 이 영예를 거절했고 지노비예프가 이 역할을 수행하기로 결정되었다. 아마도 트로츠키는 개인적 차원에서 결정해야 할 것들이 너무나 많이 눈앞에서 어지럽게 날아다니는 통에 그만 제정신을 잃고 말았던 것 같다. 스탈린에 대한 압박을 어느 정도 유지할 수 있는 기회가 눈앞에 주어졌지만 그는 그 기회를 허무하게 날려버리고 말았다. 스탈린의 민족 문제에 관한 연설은 특별한 논란 없이 당대회에서 통과되었다. 스탈린은 '대러시아' 쇼비니즘을 비난했으며, 동시에 비러시아 소수민족의 민족주의 역시 똑같이 비난했다.[20] 그리하여 그는 공평한 입장을 취한다는 인상을 주었다. 그는 또한 원래 레닌이 제안했던 당내 개혁 방안을 마치 자기 것처럼 주장하고 나섰다. 노동자·농민 시찰단을 재편하자는 개혁안에 그 역시 동의한 것이다. 스탈린을 비롯한 정치국의 다른 멤버들은, 산업 부문에서 국가의 계획을 강조할 필요가 있다는 명제에 동의한다며 양보의 제스처를 보여줌으로써 트로츠키의 반발을 무마했다. 레닌이라면 스탈린을 좀 더 공격적으로 다뤘을 것이다. 레닌의 병은 트로츠키에게는 대재앙이었다. 이리하여 스탈린은 살아남아 계속 싸울 수 있게 되었다.

32장

스탈린과 트로츠키의 대결

위험한 트로츠키 대 독재적 스탈린

지도자가 되고 싶은 강한 욕망이 트로츠키에게 결여되어 있다는 것을 간파한 사람은 1923년 중반의 시점에 그의 친구를 포함해 아무도 없었다. 레닌과 함께 트로츠키는 항상 10월혁명을 이끈 두 명의 지도자 중 한 사람으로 언급되었고 트로츠키는 자신이 그렇게 불리는 것을 즐겼다. 하지만 그것은 혼자 최고 지도자가 되고 싶다는 열망과는 다른 것이었다. 그는 겸손한 사람이었지만 그렇다고 하여 지도자 역할을 하고 싶어 하지 않았던 것은 아니다. 만일 그에게 선택권이 있었다면 아마도 그는 레닌과 같은 방식으로 지도자 역할을 했을 것이다. 특별한 직함은 필요하지 않았다. 레닌 역시 특별한 직함이 없었다. 트로츠키는 이리저리 궁리하여 좋은 방안을 생각해내는 것을 좋아했으며 그 방안을 당에 제안하기를 좋아했다. 그가 추구했던—분명 무의적으로 추구했을—방식은 그때 그때에 맞는 새로운 정책을 고안해서 그 정책에 맞추어 혁명을 끌고 가는 것이었다. 일상적인 정치 일정에서 벗어나 글을 쓰고 싶을 때면 그는 언제든지 그렇게 했다. 회의에 연달아 참석해야 하는 날이면 그는 짜증을 냈다. 군사인민위원부를 이끌 때 그의 업무 스타일은 보고서를 읽은 다음 지시를 내리고는 자신의 관심사로 돌아가는 것이었다. 진지함이나 열성이 부족했던 것은 아니었다. 그는 자기 마음이 가는 대로 일하는 스타일이었다. 그는 일생 동안 그런 방식으로 살았으며 그 방식을 바꿀 생각은 전혀 하지 않았다.

하지만 트로츠키가 이런 사람이라서 당 지도부의 다른 사람들이 그에게 야심이 없다고 단정지었던 것은 아니다. 사실 그의 건강은 7월 들어 다시 악화했으며 설사 그가 최고 권력에 대한 야심이 있었다 하더라도 그 권력을 잡기 위해 활동할 수 있는 상태가 아니었다. 나탈리야의 건강은 더 안 좋았는데, 말라리아에 걸려 체온이 40도를 넘은 적도 있었다. 의사들은 두 사람의 상태를 걱정했다. 따라서 트로츠키는 지난해 레닌의 경우와 마찬가지로 '당 내부 대화'에 참여하는 것이 금지되었다. 그는 옛 친구인 드미트리 스베르치코프가 찾아오면 반갑게 맞이하여 시내를 짧게 산책하고 한담을 나누었다. 두 사람은 의료 처방 조치를 어겨서는 안 된다는 엄격한 조건을 지켜야 했다. 당 지도부는 트로츠키가 '절대적 안정'을 취해야 한다고 결정했던 것이다.[1]

트로츠키에게 정치적 압력이 계속 가해졌다. 트로츠키와 레닌이 국가계획위원회에 대해 의견이 달랐다는 소문이 퍼졌다. 트로츠키는 1922년 12월에 이미 레닌이 국가 경제 계획에 대한 타협을 제안하며 자신에게 편지를 보냈으며, 편지를 보여줄 수도 있다고 응답했다.[2] 그사이 당 지도부 내의 경쟁 관계는 계속 변화하는 중이었다. 지노비예프는 트로츠키의 위험성보다 스탈린의 독재 경향을 더욱 경계하기 시작했다. 몇 번의 불미스런 사건 후 지노비예프는 카메네프에게 대책을 세워야겠다는 서신을 보냈다. 지노비예프는 레닌의 정치적 유언장에 쓰여 있던 내용을 그저 반복한 것이 아니었다. 지노비예프는 스탈린이 다른 동지들과 상의하지 않은 채 결정을 내리는 데 반대했다.[3] 여름이 되어 당 지도자들이 휴가를 떠났을 때, 지노비예프는 러시아 남부의 온천 휴양 도시인 키슬로보츠크에서 부하린, 클리멘트

보로실로프(Kliment Voroshilov, 1881~1969), 라셰비치, 그리고리 예브도키모프(Grigori Yevdokimov)와 만나 스탈린에게 제동을 걸어야겠다는 이야기를 꺼냈다.[4] 라셰비치와 예브도키모프는 지노비예프의 지지자였다. 부하린은 아무와도 연합하지 않고 있었다. 보로실로프는 스탈린과 가까운 사람이었는데도 자리를 함께했다. 지노비예프의 의도는 분명히 스탈린에게 일종의 경고장을 보내려는 것이었다. 이 자리에서 지노비예프는 자신과 트로츠키가—트로츠키가 지노비예프의 정치적 친구인 것은 아니었다.—중앙 지도부의 의사 결정에서 부당하게 소외되고 있다고 불평했다.[5] 이 문제를 바로잡는 방법이 무엇인지는 명백했다. 주요 당 기관에 스탈린 비판자들을 충원하는 방법이었다. 한 가지 계획이 세워졌다. 트로츠키와 지노비예프가 조직국 안으로 들어가는 것이 이 계획의 주요 골자였다. 스탈린은 상황을 눈치채고도 이 제안을 받아들였다. 거절하는 것은 똑똑하지 못한 짓이라는 것을 알았던 것이다. 이렇게 하여 스탈린은 다시 살아남았다.

지도부 내부 논쟁은 1923년 신경제 정책에 첫 번째 위기가 닥침에 따라 갑자기 중단되었다. 농민들이 시장에 갖고 나오는 생산물의 양이 줄어듦에 따라 식량 공급이 감소했다. 수확물을 팔고 농민들이 받는 금액은 공업 생산품 가격과 비교해볼 때 실제로는 더 하락한 셈이었다. 시골의 농가는 농산물을 내다 팔지 않는 전통적인 방식으로 반응했다. 농민은 곡물을 스스로 소비하거나, 가축 사료로 쓰거나, 보드카를 만드는 데 써버렸다. 국가는 농민들이 다시 도시로 나와 농산물을 팔도록 유도하고자 공장에서 생산되는 쟁기, 금속제 연결 고리, 함석판, 삽 따위의 가격을 낮추어야만 했다. 7월에 중앙위원회는 이런 상황을 논의하여 난관을 극복할 방안을 마련하기 위한 회의를 개최하였다. 당 지도자들의 불만은 여전히 팽배해 있었다. 신경제 정책을 유지할 필요가 있다는 데에는 동의하면서도, 농민이 하

32장 스탈린과 트로츠키의 대결 · 529

고 싶은 대로 놔두는 것처럼 보이는 것은 싫었던 것이다. 이들이 특히 싫어한 대상은 부유한 농가였는데 바로 이들이 공업 생산품의 구매자였다. 쿨라크에 대한 증오와 공포는 당 지도부가 당연히 품을 만한 감정이었다. 그렇지만 도시의 곡물 창고가 비어 감에 따라 정치국은 어쩔 수 없이 농기구의 값을 내리고 외국에서 농기구를 더 많이 수입하는 수밖에 없었다.[6] 위급한 상황은 곧 끝났다. 이런 상황에 트로츠키는 '가위 위기'라는 이름을 붙였다.[7] 소비에트 국가가 공업 생산품 가격과 농업 생산물 가격이 '가위의 두 개의 날처럼' 벌어진 상황을 방치했다는 뜻이었다.

여전히 요양 중이던 트로츠키는 위기를 해결하는 데 아무런 기여를 하지 못했지만 멀리서 이 소동을 자세히 관찰하고 있었다. 트로츠키는 만일 중앙의 국가 경제 계획을 좀 더 강화했더라면 이런 종류의 문제는 전혀 일어나지 않았을 것이라는 비평을 신속하게 내놓았다. 하지만 과연 경제 계획을 강화했다고 해서 1923년 여름의 곡물 가격 하락을 방지할 수 있었을지는 의문의 여지가 있었다. 이 위기를 초래한 것은 소비에트 국가였다. 만일 국가가 더 큰 권한을 쥐고 있었다면 경제 회복에 더 큰 타격을 입혔을지도 모를 일이었다.

예브게니 프레오브라젠스키와 트로츠키는 이 '가위 위기'를 해소하려면 가격 조정이 필요했다는 사실은 인정했다. 하지만 두 사람은 경제 발전을 위한 더 견고한 전략이 필요하다고 주장했다. 이들의 주장에 따르면, 정치국이 행한 조치의 기본적인 단점은 농민의 동의를 확보하는 데 정책을 연계했다는 것이다. 중앙의 당 지도부가 계획경제 쪽으로 가지 않는 한 위기 상황은 계속 발생할 것이다. 산업자본 투자를 늘리고, 쿨라크와 도시 상인들을 대상으로 하는 누진세를 강화해야 했다. 국가계획위원회에 투자와 생산과 가격에 관한 전반적인 경제 계획을 수립하도록 지시하고, 집단농장이 농민들에게 더욱 매력적으로 보이도록 보상 체계도 마련해야 했다. 볼셰비키 좌파는

'관료화' 과정이 진행되고 있다고 믿었다. 경제 정책의 변화만으로는 부족하며 정치 개혁이 필요했다. 권력과 특혜가 주는 안락함에 마음을 빼앗겨버린 현재 당 관료들은 10월혁명의 목적을 다시 상기할 필요가 있었다. 트로츠키와 트로츠키 지지자들은 카메네프와 지노비예프와 스탈린을 싸잡아서 비난했다. 실제로 이 세 명의 최고 지도자들 사이에는 관계 회복의 움직임이 있었다. 여름에 키슬로보츠크에서 있었던 모임 때문에 스탈린은 카메네프나 지노비예프와 관계를 개선할 수밖에 없었다. 게다가 트로츠키가 이 세 사람을 이른바 '트로이카'라고 부르면서 비난하는 바람에 스탈린이 다른 두 사람과 분리될 가능성은 사라졌다.

외교 정책에 관한 논란은 중앙의 당 지도부 분위기를 더욱 악화시켰다. 1923년 늦여름에 독일공산당의 또 한 차례의 권력 탈취 시도가 비밀리에 다시 논의되었다. 트로츠키는 적극적으로 찬성했다. 제1차 세계대전 때 자신이 소중하게 여겼던 국제주의 이념을 다시 끄집어낸 트로츠키는 '유럽합중국'이란 구호가 아직 그 유용성을 상실하지 않았다고 주장했다.[8] 1921년 '3월행동' 후 정치국의 누구도 독일공산당을 신뢰하지 못하고 있었다. 그러나 당 지도자들은 '유럽의 사회주의 혁명'에는 큰 가치가 있으며 혁명을 가능하게 하는 모든 기회를 활용해야 한다는 데 동의했다.

회의적 태도를 보인 사람은 스탈린뿐이었다. 1923년 8월 스탈린은 부하린과 지노비예프에게 서신을 보내 현재의 독일과 1917년의 러시아를 비교했다. 독일의 공산당 동지들은 '평화'라든가 '토지'와 같은 구호를 활용할 여건을 확보하지 못했으며, 무엇보다도 독일공산당은 노동계급의 대부분을 자기편으로 만들지 못했다. 10월혁명 이전에는 사회주의 국가가 단 하나도 없었던 반면 지금은 하나의 사회주의 국가, 즉 러시아의 소비에트공화국이 존재하는 것은 사실이지만, 과연 가까운 장래에 볼셰비키가 독일공산당에게 실제로 제공할 수 있는 군사적 지원이 무엇이 있느냐고 스탈린은 물었다. 봉기 이후 발생할 가능성이 가장 높은 일은 독일사회민주당 우파가 부르주아와 연합하여 강력한 반격을 가해 오는 것이라고 스탈린은 주장했다.[9] 독일 제국 이후에 들어선 바이마르 공화국은 독일 동지들이 쓰러뜨리기에는 너무 강한 존재였다. 하지만 스탈린은 키슬로보츠크 모임 이후 어려운 처지에 빠져 있었기 때문에 자신의 의견을 철회하고 이 계획을 지지했다. 정치국은 가을에 독일공산당이 정부 전복을 시도하도록 하자는 데 만장일치로 의견을 모았다. 이런 비밀 정책이 검토되면서 크렘린 내에 혁명적 낙관주의가 팽배해졌다.

트로츠키 역시 이 논의에 참여했다. 그도 다른 사람들과 마찬가지로 경솔했다. 2년 전 독일공산당의 미래에 대해 내놓았던 비관적인 분석을 그는 조용히 폐기했다. 독일공산당 대표들이 모스크바에 와서 논의하는 동안 정치국에서 실제적인 세부 사항에 국한된 토론만 했다. 다음 단계로 코민테른에 위원회를 구성하기로 결정했다. 1921년 3월에 저지른 아마추어 같은 미숙한 행동을 반복하지 않기 위해서였다. 이 위원회의 구성원은 트로츠키와 지노비예프, 부하린, 라데크였다. 지노비예프는 독일의 봉기가 러시아의 사례를 모델로 삼아 권력 탈취에 독일의 소비에트들이 주요한 도구로 활용되기를 바랐다. 트로츠키는 아직 소비에트가 만들어지지 않았으므로 소비에트 대신 공장 위원회가 봉기에 필요한 조치를 취해야 한다고 주장했다. 지노비예프는 트로츠키 의견 쪽으로 돌아섰다.[10]

이 '계획'은 독일의 공산당 봉기 성공이 제1차 세계대전 뒤에 이루어진 유럽의 국제 합의에 불을 지르는 역할을 하리라는 가정에 기초를 두었다. 베르사유, 트리아농, 세브르 등에서 맺은 조약은 잿더미가 될 것이다. 그렇게 되면 유럽의 열강들은 가만히 있지 않을 것이고 전쟁이 발발할 것이다. 독일공산당은 외부의 군사 원조 없이는 버티지 못할 것이기 때문에 적군이 이 전쟁에 참가하는 것은 불가피할 것이었다.[11] 트로츠키를 비롯한 정치국원들은 서방에서 좀 더 적극적으로 혁명을 추진해야 한다고 주장하면서 자신들은 도박에 뛰어들 준비가 되어 있다고 밝혔다. 이들은 유럽에서 또다시 전쟁이 일어나는 것에는 아무 거리낌이 없었다. 혁명은 희생을 요구했다. 트로츠키는 불과 2년 전에 '3월행동'을 평가하며 독일은 설익은 과일이므로 애당초 건드리지 말았어야 했다고 비난했는데, 어째서 1923년의 독일은 딸 수 있는 잘 익은 과일이라고 생각하는지는 전혀 설명하지 않았다. 소비에트 러시아의 정책은 서방에 공산 정권을 창출함으로써 러시아가 고립에서 시급히 벗어나야 한다는 것을 기본 전제로 삼았다. 트로츠키는 '조심'이라는 단어를 머릿속에서 밀어내버렸으며 그렇게 한 사람은 소비에트 지도부 내에서 트로츠키만이 아니었다.

하지만 이때는 트로츠키에게 힘든 시기였다. 레닌이 아무런 활동도 하지 못하는 상황에서 정치국의 나머지 멤버들은 트로츠키가 과연 어떤 의도를 품고 있는가에 신경을 곤두세우고 있었다. 카메네프와 지노비예프는 자신들이 한때 스탈린의 독단적인 성향에 반대했다는 사실을 망각하고, 이번에는 트로츠키가 군사인민위원부와 공화국혁명군사평의회의 직책을 이용하여 위험한 세력이 되었다는 데 뜻을 모았다. 중앙위원회는 9월 25일 전원회의를 열어 공화국혁명군사평의회에 대한 사안을 논의했다. 이날 회의 참석자 가운데 많은 사람의 머릿속에는 트로츠키가 소비에트의 나폴레옹이 될 위험성이 있다는 우려가 들어 있었다. 트로츠키의 활동에 대한 비판이 계속되자 트로츠키는 자리를 박차고 나가버렸다. 현명하지 못한 행동이었다. 트로츠키의 적들이 이 기회를 이용하여 스탈린을 공화국혁명군사평의회에 참여시키는 조치를 취했던 것이다. 이것이 군사인민위원, 즉 트로츠키를 더 가까운 곳에서 통제하려는 조치라는 것은 의심할 여지가 없었다.[12]

트로츠키는 몹시 불쾌했고 또 중앙위원회의 정상적인 정책 결정

32장 스탈린과 트로츠키의 대결

과정에서 밀려났다고 느꼈다. 그는 1923년 10월 8일 정치국에 보내
는 공개서한을 썼다. 트로츠키는 지노비예프, 카메네프, 스탈린이
공식 회의 전에 따로 만나 의제 설정을 논의한 사실을 비난했다. 충
분히 납득이 가는 비난이었다. 그는 또 당 전반에 걸쳐 절차의 민주
화를 촉구했다. 또 각 위원회 서기들이 큰 권력을 쥔 상황을 비난했
다. 트로츠키는 당이 혁명에 관련한 책무를 제대로 수행하려면 조직
차원의 변화가 있어야 한다고 주장했다.[13] 트로츠키의 공개서한 발
표 일 주일 뒤 트로츠키 지지자 46명이 당원들에게 유포할 '선언문'
에 공동 서명을 했다. 서명자 가운데는 예브게니 프레오브라젠스키
와 레오니트 세레브랴코프가 있었다. 그들은 현재의 추세를 비판했
고 당의 관료화를 끝내야 한다고 주장했다. 또 당 지도부가 '가위 위
기'에 대처한 방식을 조롱했으며 산업 부문의 투자와 계획 수립에 좀
더 전념하라고 촉구했다. 또한 의견을 달리하는 동지들에게 표현의
자유를 보장하라고 요구했다. 서명자들 가운데 몇몇은 민주화 사안
에는 다소 주저하는 모습을 보였다. 이는 지나친 우려가 아니었다.
하지만 좀 더 급진적인 경제 조치에 대해서는 서명자 전원이 찬동했
다.[14] 선언문이 발표되자 정치적 대혼란이 일어났다. 지노비예프, 카
메네프, 스탈린은 이렇게 많은 지도적 위치의 동지들이 트로츠키와
행동을 같이하는 것을 보고 위협을 느꼈다.

　트로츠키의 공개 서한은 사실 그의 지지자들과 신중하게 의논한
것이 아니었다. 하지만 지노비예프, 카메네프, 스탈린은 트로츠키가
음모의 주동자라고 생각했으며 트로츠키가 아주 무책임하고 자신의
이익만을 추구한다고 여겼다. 이들은 1923년 여름 경제적 실책을 바
로잡으려고 최선의 노력을 다했다. 그때 트로츠키는 아무런 도움도
주지 않았고 나중에 돌아와 지도부를 비판했다. 그가 그렇게 똑똑하
다면 왜 미리 '가위 위기'가 발생할 것을 예견하지 못했던가? 게다가
트로츠키는 정치국이 현재 독일공산당에 소비에트 방식으로 혁명을

조직하라고 지시하는 이 시점에 전체 상황을 마구 흔들고 있었다. 이런 결정적 순간에 단합이 필요하다는 사실을 그는 모르는가? 또한 트로츠키는 10월혁명 이후 줄곧 '당내 민주주의'에 관심을 보인 적이 없었다. 그는 종종 권위주의적 방법과 중앙집권적 구조를 옹호하였다. 그가 지금 민주화를 주장한다면 과연 누가 그의 주장을 진지하게 받아들일 수 있겠는가? 게다가 그는 지금 적군에서 민감한 직위를 맡고 있다. 레닌은 극도로 몸이 아픈 상태이며 정치국 동지들은 그가 회복할 가능성이 별로 없다는 것을 알고 있었다. 지노비예프, 카메네프, 스탈린은 스스로에게 질문을 던졌다. 지금 트로츠키는 자신들을 밀어내고 개인적 독재 체제를 세우려고 본격적으로 움직이고 있는 것은 아닐까?

10월 26일 중앙위원회와 중앙통제위원회의 특별 합동 회의가 열렸고 이 자리에는 10개 대도시의 당위원회 대표자들도 참석하였다. 여기에서 트로츠키는 자신의 입장을 진술하도록 요청받았다. 1920년 9월 창설된 중앙통제위원회의 목적은 당내 절차의 공정성 확보였다. 하지만 중앙위원회와 마찬가지로 실제로 이 기관의 구성원은 현재 공식 정치 노선에 충실한지를 기준으로 선출되었다. 정치국의 다수파는 자신의 지지자들을 효율적으로 조직하는 데서 그치지 않았다. 그들은 민주집중파와 노동자반대파까지 불러 당의 내적 상태에 대한 의견을 진술하도록 요청했다. 그러나 이 회의의 주인공은 역시 스탈린과 트로츠키였다. 당을 분열시키고 당에 충성하지 않았다는 혐의로 이 자리에 서 있는 사람, 즉 트로츠키를 공격할 선봉으로 선택된 사람이 바로 스탈린이었던 것이다.[15]

트로츠키와 그의 지지자들은 자신들을 '좌익반대파'라고 부르기 시작했다. 이들에게 '좌익'이라는 말은 진실성, 급진성, 그리고 10월혁명의 이상에 대한 헌신성을 의미했다. 하지만 트로츠키가 이 회의에서 승리하기에 좌익반대파의 숫자는 턱없이 부족했다. 트로츠키

는 마지막 연설을 이용하여 개인적 발언을 했다. 그는 자신이 공개적
으로 무엇을 말하든 정치국 내의 의견 불일치를 부각할 수밖에 없음
을 이해하고 있었다. 하지만 원칙에 관한 문제로 지도부가 갈라지는
상황에서 입을 다물고 있을 수는 없었다. 정치국에서 자신이 아무것
도 할 수 없는 상황이 되어서야 트로츠키는 비로소 10월 8일 공개 서
한을 발표하는 위험을 무릅썼다.[16) 트로츠키는 한바탕 싸움을 할 각
오를 하고 있었다. 사실 지노비예프는 당내 평화를 위해 트로츠키의
동지인 세레브랴코프를 통하여 타협의 메시지를 전해 온 적이 있었
다. 현재 지노비예프, 카메네프, 스탈린이라는 트로이카에 트로츠키
와 부하린을 더하는 방식으로 지도부를 개편하는 것이 지노비예프의
구상이었다. 또 부하린은 트로츠키에게 인민경제최고평의회에서 직
책을 맡으라고 제안했지만 트로츠키는 군사 업무와 병행하여 두 가
지 직무를 수행할 수 없다면서 부하린의 제안을 거절했다. 지노비예
프도 부하린도 트로츠키의 각오를 약하게 할 수 없었다. 트로츠키
는 정치국, 중앙위원회, 중앙통제위원회의 어떠한 표결에서도 자신
이 패배하리라는 것을 알고 있었지만, 자신의 주장을 열정적으로 개
진했다. 트로츠키는 자신이 중앙 당 지도부의 토론에만 갇혀 있을
이유가 없다고 판단했으며 따라서 공개 서한을 작성하여 당 전체에
갈등을 야기하는 위험을 무릅쓸 수밖에 없었던 것이다.[17)

　　트로츠키는 자신이 '트로츠키주의자' 그룹을 이끌고 있다든가 차
기 보나파르트가 될 것이라는 이야기를 부정했다. 그것을 증명하기
위해 적군의 직책에서 물러날 용의가 있으며, 그게 아니더라도 어쨌
든 정치국과 조직국은 언제나 자신이 책임진 군사인민위원부를 통제
해 왔다고 트로츠키는 말했다.[18) 그는 또 자신이 군사 독재자가 되
기 위해 기회를 엿보고 있다는 비난이나 심지어 '트로츠키주의자'라
는 것도 부정했다.[19) 트로츠키는 또 1917년 10월 이후 레닌이 자신에
게 주요 직책을 제안했지만 '유대인 출신 배경' 때문에 거절했노라고

여러 번 언급했다. 소비에트 국가가 유대인을 최고 지도자로 올리는 것은 조심성 없는 조치가 될 것이라고 그는 강조했다.[20] 하지만 그가 어떤 직책을 받아들이거나 거절할 때는 사실 특별한 이유가 없었다. 또한 그가 유대인이라는 사실이 항상 그의 결정에서 핵심적인 요소였다고 할 수도 없다. 여하튼 트로츠키가 이 회의에서 한 고통스런 연설을 통해 우리는 그의 자기 인식이 어떠했는지를 엿볼 수 있다. 트로츠키의 적대자들이 그에게 당신은 레닌의 후계자가 될 수 없다고 말할 때, 사실 그들은 트로츠키가 이미 내린 결론을 다시 반복하는 것이었다.

중앙위원회와 중앙통제위원회는 트로츠키와 선언문에 서명한 46명에게 징계 조치를 내렸다. 트로츠키도 표결권이 있었지만 상식에 맞게 기권했다.[21] 하지만 투쟁을 멈추지는 않았다. 그는 당내에 민주주의를 확대할 필요성을 합동 회의도 인정했다고 지적했다. 그것은 곧 '새로운 진로'가 반드시 필요하다는 것을 공식적으로 인정한 것이라고 볼 수 있다고 트로츠키는 주장했다.[22] 그는 여러 편의 글을 써서 〈프라우다〉에 게재하는 열성을 보였다. 그는 '아파라투스*의 역할'이 지나치게 커져서는 안 된다고 선언했다. 당 조직의 모든 단계에서 토론과 제안을 권장해야 했다. 혁명이 '타락'하고 말 위험은 실제로 존재하며 '고참 수호자 집단'이 특히 이런 위험에 노출되어 있었다. 트로츠키는 세계 역사에서 이런 사례는 많다고 지적했다. 그는 민주주의가 결코 완벽한 것은 아니라고 인정했지만 그래도 변화는 반드시 필요했다. 그러지 않으면 '아파라투스 관료주의'라는 현재의 경향은 분파주의의 확대로 이어질 것이다. 명확하게 표현하지는 않았으나 그는 현재의 논쟁에 대한 책임이 정치국 다수파에게 있다고 판단

아파라투스(apparatus) 공산당의 전업 관료 집단을 가리키는 말. 당 조직에서만 성장한 지도자로서 자신의 권력 기반인 당에 종사하는 관리들을 뜻하는 아파라치키(apparatchik)와 동일하게 쓰인다.

했다.[23] 트로츠키의 개인적 권위는 상당한 것이었기 때문에 당 지도부는 감히 이런 글들의 발표를 금지하지는 못했다. 트로츠키는 구세대 볼셰비키 전부가 무식하고 무능하므로 전원 해임해야 한다고 주장하는 것은 아니라고 말했다. 하지만 최근의 상황처럼 일이 진행되어서는 안 되었다. "어떤 서기가, 서기 직책에 있다는 사실만으로 모든 지식을 한 몸에 체현하고 있다고 믿는다면 그것은 정말로 유치한 사고방식이다."라고 트로츠키는 말했다.

독일에서 코민테른이 주도하여 시도한 일이 어떤 결과를 낳았는지가 11월 초에 알려졌다. '3월행동' 못지않은 대재앙이었다. 코민테른의 도움과 지도를 받은 독일공산당은 10월 24일부터 파업과 시위를 조직했다. 트로츠키는 크렘린의 트로이츠키 문*에서 독일공산당의 지도자 하인리히 브란들러(Heinrich Brandler, 1881~1967)를 포옹하고 키스까지 한 바 있었다. 실패 소식이 모스크바에 전해지자 트로츠키는 매우 실망했다. 그는 실패를 예견할 수도 있었고 또 마땅히 그랬어야 했다. 트로츠키는 자신이 호되게 비판했던 '3월행동'과 마찬가지로 예견할 수 있었던 실패라는 점에서 이번 실패에 공동 책임을 져야 했다. 1923년에도 군대와 경찰은 봉기자들에게 대처할 준비가 되어 있었다. 베를린의 노동자들은 충성의 대상이 달라 분열되어 있었고 사회민주당 출신 각료들이 포진하고 있는 독일 정부는 공산당 폭동을 진압하겠다는 결의로 단단히 단합해 있었다. 브란들러는 급속히 사기가 떨어졌다. 시가지의 전투 역시 지지부진하게 끝났다. 독일 다른 도시의 공산당은 더 맥을 못 추었다. 10월 31일 중앙 지도부는 공식적으로 이 계획의 중지를 선언했다. 계획도 엉망이고 실행도 엉망이었다. 트로츠키는 독일공산당의 무능력에 책임을 돌렸다. 공개 석상뿐 아니라 사적인 대화 자리에서도 그는 성공적인 봉기 가능성

트로이츠키 문 크렘린 궁전 성벽에 설치되어 있는 가장 높은 탑인 트로이츠카야 탑에 있는 문.

이 실제로 존재했다는 주장을 되풀이했다.[24]

　트로츠키는 〈프라우다〉에 실렸던 정치 개혁에 관한 자신의 글을 모아 소책자 《새로운 경로》를 출판하였다. 당 지도부 내의 갈등은 더욱 격렬해졌다. 레닌이 자리를 지키고 있지 못한 것이 무척 아쉬운 상황이었다. 신문은 레닌의 상태가 얼마나 나쁜지 감추고 있었으며 정치국 멤버들은 그저 치료 결과가 좋게 나오기를 희망할 뿐이었다. 레닌이 회복하는 것을 우려할 사람은 스탈린뿐이었다. 트로츠키가 마침내 인간적인 동정심을 표했다. 나데즈다 크루프스카야에게 레닌이 미국식으로 치료를 받으면 어떻겠느냐고 이야기한 것이다. 하지만 트로츠키 자신도 그런 치료가 효과가 있을지 모르겠다고 솔직히 말했다.[25] 트로츠키도 다시 아프기 시작했다. 그는 요양을 위해 소련의 남쪽 지방으로 출발하는 것을 연기하고 싶지 않았다. 그는 압하지야(현재 흑해 동쪽, 그루지야 서부에 있는 자치 공화국)의 도시 수후미를 선택했다. 오게페우(OGPU, 1923년 11월부터 1934년 6월까지 존재했던 소련의 정치경찰)가 압하지야의 당 지도자 네스토르 라코바에게 1924년 1월 6일에 보낸 서신에는, 의사들이 트로츠키에게 2개월의 휴식을 명했으며 이 기간 동안 그가 업무를 보지 않도록 하라는 내용이 들어 있었다.[26] 트로츠키에게는 1923년 10월에 그가 일으킨 논란에 대가를 치를 일이 남아 있었다. 지노비예프, 카메네프, 스탈린은 트로츠키가 없는 사이에 그 대가를 받아내기로 마음을 정했다. 그들에게 트로츠키는 반드시 막아야 할 존재였다. 트로츠키의 적들은 만일 자신들이 아무런 행동도 취하지 않는다면 당내에서 소동이 계속 일어나리라고 생각했다.

　1917년 10월 트로츠키는 자신의 방책이 모두 방어적 차원일 뿐인 척하여 임시정부의 움직임보다 한발 앞서 나갈 수 있었다. 그러나 권력의 자리에 앉은 트로츠키는 당내 투쟁에서 꾀가 부족했다. 《새로운 경로》를 발간함으로써 그는 은밀하게 행동할 수 있는 가능성을 날려버렸다. 제대로 준비도 못한 채 공세에 나선 그는 자신의 모든 힘을 다해 싸우지도 못했다.

1924년 1월 14일과 15일에 중앙위원회는 트로츠키에 대한 심판을 내리기 위해 회의를 개최하였고 트로츠키는 이 회의에 참석하지 않았다. 스탈린은 현 지도부가 트로츠키를 회유하려고 백방으로 노력하였음을 강조했다. 10월 중앙위원회 회의 뒤 트로츠키와 국가 경제 계획에 관해 대화한 결과 타협의 가능성이 떠오른 적이 있었다고 스탈린은 말했다. 트로츠키는 '그룹'을 구성할 권리를 달라고 고집을 피움으로써 당내 상황을 다루기 위해 구성된 소위원회를 망가뜨렸다.(여기서 '그룹'이란 트로츠키 반대자들의 말에 따르면 분파의 또 다른 이름이었다. 분파는 1921년에 금지되었으며 이때 트로츠키 역시 찬성했다.) 트로츠키가 당내 조직들 앞으로 독자적으로 서신을 발송함으로써 지도부가 도저히 용납할 수 없는 분위기가 만들어졌다는 것이다.[27] 지노비예프의 공세가 이어졌다. 지노비예프는 자신이 독일공산당 봉기 날짜를 인위적으로 정했다는 소문을 우선 부정한 다음, 봉기의 '날짜별 프로그램'을 요구한 것은 바로 트로츠키였다고 비난했다.[28] 이로써 1월 16일부터 개최될 당 회의에서 진행될 논의 분위기가 정해졌다. 각 주에서 온 당서기들이 참석자의 과반수를 이루고 있었다. 당 지도부의 승리가 확실했다.[29] 트로츠키가 민주화를 말할 자격이 있느냐는 조롱의 말이 쏟아졌으며 반대파인 프레오브라젠스키는 자신의 분파를 향해 쏟아지는 비방을 막아보려 했지만 아무 소용이 없었다. 스탈린은 자신이 당내 민주주의에 제한을 가했다는 비난에 사과할 필요성을 느끼지 못한다고 말했다. 스탈린은 소련이 현재 중대한 장애물에 직면해 있다고 주장했다. 산업 생산을 늘리고 교육을 강화할 필요가 있었다. 외국의 군사 개입에 대비하고, 국가 기관을 혁신하고, 전시의 군사주의적인 태도를 당에서 제거해야 했다. 이 모든 과제에는 시간이 걸린다고 스탈린은 말했다.[30]

스탈린은 트로츠키를 자칭 '슈퍼맨'이라고 비난하면서, 규율을 파괴하는 중앙위원회 멤버는 축출할 수 있다는 비밀 결의가 제10차 당대회에서 채택되었음을 상기하라고 촉구했다.[31] 이제 거대한 경쟁자 두 사람의 운명은 정반대로 바뀌어버렸다. 레닌은 스탈린의 서기장직 해임을 요구하는 유언장을 구술한 바 있었다. 그런데 이제 스탈린이 트로츠키를 중앙위원회에서 축출할 수도 있다고 위협하고 있었다. 나데즈다 크루프스카야는 병든 남편에게 〈프라우다〉 기사를 읽어주었다.[32] 그 기사들은 군데군데 삭제되어 건전한 내용만 실려 있었지만 레닌은 무슨 일이 일어나고 있는지 어느 정도 파악했던 것으로 보인다. 어쩌면 그는 자신이 예견했던 당 분열이 지금 발생했다고 느꼈을 것이다. 레닌의 걱정은 깊어만 갔다. 1월 21일 의사들은 그에게 더는 해줄 수 있는 일이 없었다. 그날 저녁 레닌은 격렬하게 경련을 일으킨 다음 숨을 거두었다.

레닌의 사망 소식이 전해지던 순간, 트로츠키는 그루지야를 지나 압하지야로 가는 중이었다. 일행은 티플리스 기차역에 잠시 정차하고 있었다. 보좌관인 세르묵스(N. Sermuks)가 트로츠키의 객차로 스탈린의 전갈을 가져왔다. 트로츠키는 보좌관의 얼굴 표정을 보고 '재앙'이 닥쳤음을 직감했다. 그는 종이 조각을 받아 읽은 다음 나탈리야에게 건네주었다. 나탈리야도 이미 내용을 짐작하고 있었다.[33] 중앙위원회는 원래 레닌의 장례식을 그 주 토요일에 거행하기로 했다. 그리고 트로츠키에게 그렇게 전갈을 보내도록 체카에 지시했다.[34] 트로츠키는 모스크바에서 수후미로 가는 동안 심한 눈 때문에 여행에 지장을 겪었고, 다시 모스크바로 즉시 출발한다 해도 장례식 시간에 맞추어 도착하기 힘들 터였다. 그러나 실제로 레닌의 장례식은 하루 늦추어져 일요일에 거행되었다. 나중에 트로츠키는 이때 자신에게 잘못된 정보가 전달된 것이 자신이 레닌의 후계자가 될 가능성에 타격을 주기 위함이었다고 주장하곤 했다. 스탈린은 실제로

1924년 1월 24일, 레닌의 관을 운구하는 볼셰비키 지도자들. 1월 21일 레닌이 사망했을 때 트로츠키는 요양을 위해 수후미로 가는 중이었고, 장례식 시간에 맞출 수 없음을 알고 모스크바로 돌아오지 않았다. 그러나 장례식은 예정보다 늦게 치러졌는데, 트로츠키는 이것이 스탈린의 계략이었다고 생각했다.

그런 비열한 행동을 할 수 있는 사람이었다. 하지만 트로츠키는 정확한 사실관계가 어떤 것이었는지 알 수 없었다. 죽기 일 년 전 그는 자신이 그때 기만당했던 것이 사실인지 아닌지 잘 모르겠다고 말했다.[35] 여하튼 티플리스에서 트로츠키는 모스크바로 다시 돌아갈 생각이 들지 않았고 예정대로 수후미를 향해 여행을 계속했다. 스탈린의 동맹자인 오르조니키제는 압하지야의 라코바에게 서신을 써서 트로츠키에게 불미스런 일이 생기지 않도록 해야 한다고 당부했다. 그리고 오게페우의 의장인 펠릭스 제르진스키 역시 트로츠키가 반드시 최고의 대우를 받고 주의 깊게 보호받아야 한다고 강조했다. 트로츠키의 신변 안전이 특히 중요했던 것이다.[36]

레닌의 장례식이 끝나고 이틀 뒤 중앙위원회 전원회의가 열렸다. 레닌을 기념하는 방법을 논의하기 위한 회의였다.[37] 1월 31일 다시 전원회의가 열렸고 여기에서는 최근에 열린 당 회의 결정 사항을 확인했다. 당 회의 진행 내용 기록물이 모든 지방의 당 위원회에 발송되었으므로 현 지도부가 트로츠키와 좌익반대파를 대상으로 쏟아낸 비난의 성격이 널리 알려질 수 있었다.[38] 리코프가 인민위원회의 의장직에 올랐다.[39] 세 번째 전원회의가 2월 3일 열렸으며 이 자리에서는 '군의 붕괴를 초래할 …… 심각한 문제점들'을 토의한다는 구실로 트로츠키가 간접적인 공격을 받았다.[40] 스탈린은 총참모부에서 '붉은' 지휘관들이 제거되고 있음에 우려를 표명했다. '붉은' 지휘관이란 제국 군대에서 장교 생활을 하지 않았으며 적군 내에서 훈련받고 승진하여 장교가 된 사람들이었다. 공화국혁명군사평의회 부의장인 스클랸스키가 트로츠키를 대신해서 이 회의에 참석했다. 스탈린은 공격의 강도를 높여 만일 독일공산당이 정말로 권력을 장악하여 소련의 군사 지원을 필요로 했더라도 적군이 무슨 쓸모가 있었겠느냐고 질문을 던졌다. 트로츠키는 완전히 '헛소리'만 하고 있었다고 스탈린은 주장했다. 레닌은 죽고 없었다. 이제 트로츠키의 기나긴 정치적 장례식이 시작되었다.

33장

비평가 트로츠키

트로츠키주의와 스탈린주의의 거리

트로츠키가 러시아 남카프카스 지방에서 요양을 하면서 관심을 가졌던 것 중 하나는 소비에트 문화였다. 정치에 관한 그의 열의가 식은 것은 아니었다. 그에게 중요한 것은 여전히 세계 혁명이었으며 그는 이 목적을 달성하기 위해서라면 어떠한 인적 손실이라도 치를 준비가 되어 있었다. 그는 1920년대 초 자신의 숭배자인 미국의 맥스 이스트먼에게 볼셰비키당은 "진정한 미국 혁명 운동을 만들어내기 위해서라면 러시아인 수천 명이라도 불에 태워 잿더미로 만들어버릴" 용의도 있다고 말하면서 전혀 도덕적인 거리낌을 보이지 않았다.[1] 만일 러시아의 노동자와 농민이 트로츠키가 이런 대규모 희생을 고려했다는 것을 알았더라면 어땠을까? 목적이 바람직하다면 수단은 어떤 것이라도 택할 용의가 트로츠키에게는 있었다. 트로츠키는 권력의 무력 탈취, 독재, 테러, 내전이 없이는 소비에트 체제를 절대로 창출할 수 없다고 끊임없이 강조했다. 적군은 백군과 싸워 이겨야 했으며 외국의 군사 개입을 격퇴해야 했다. 당은 경제 재건을 위해 산업자본 투자에 최우선권을 주어야 했다. 트로츠키에게는 대중의 요구를 순순히 들어줄 인내심이 없었다.

트로츠키는 또한 사회 여건을 변혁하기 전에는 근본적인 개선이 이루어질 수 없다고 강조했다. 미래에 대한 그의 전망은 황홀한 것이었다.

장차 인간은 더할 나위 없이 강하고, 현명하고, 섬세한 존재가 될 것이다. 인간의 몸은 더 조화로워질 것이고 움직임에는 더 리듬감이 생길 것이며 목소리는 좀 더 음악적으로 될 것이다. 즉 일상생활에 역동적인 연극성이 생겨날 것이다. 평균적인 인간형은 아리스토텔레스, 괴테, 마르크스의 수준으로 올라갈 것이다. 그런 산마루 너머로 다시 새로운 봉우리들이 솟아오를 것이다.[2]

마르크스는 미래의 공산주의 사회에서는 모든 사람이 육체 노동에 종사할 뿐 아니라 정치에도 참여할 것이며, 책을 읽고 낚시를 할 기회 역시 모든 사람에게 충분히 주어질 것이라고 강조하였다. 트로츠키는 이런 마르크스의 예언에 영향을 받았다. 트로츠키는 단지 실용주의자나 기회주의자나 분파주의자가 아니었다. 그는 마르크스주의 신봉자였다. 그는 인간 정신을 완전히 해방하는 보편 질서를 세울 수 있다고 믿었다. 모든 노동하는 사람들이 세계의 예술적·과학적 성취를 누리는 것이 가능해지기 전까지 트로츠키에게 만족스러운 진보란 있을 수 없었다.

이런 수준에 도달하려면 문자 해독과 산술 능력이 필수 요건이라는 레닌의 생각에 트로츠키도 동의했다.[3] 두 사람 모두 대중이 읽고 쓰고 셈하고 스스로를 조직하는 능력을 갖추기 전에는 혁명적 진보에 희망이 없다고 생각했다. 태만과 비효율을 발견하면 트로츠키는 분통을 터뜨렸다. 그는 화를 버럭 내는 것으로 유명했다. 그는 압제자에 대항하여 일어설 수 있는 잠재력이 있기에 노동계급을 존경했지만, 그들이 때때로 질서정연하게 행동하지 않는 것을 보면 질색했다.

러시아인의 생활 방식을 개혁하려는 목적에서 그는 1923년 여름에 소책자 《일상생활의 문제들》을 발행했다.

문화를 개선하려는 우리의 사업이 아무리 중요하고 또 활기가 넘친다 하더라도, 그 사업은 유럽 혁명과 세계 혁명의 깃발 아래 있다. 우리는 군사 작전 중인 군인이다. 우리에게는 휴일이 있다. 휴일이 되면 우리는 옷을 세탁하고 머리를 자르고 빗어야 하며, 무엇보다 각자의 소총을 깨끗이 닦고 기름을 쳐 두어야 한다.[4]

"인간은 '정치'만으로 살아서는 안 되며" 혁명가들은 세부 사항까지 신경을 쓰는 습관을 사람들에게 심어주어야 한다고 트로츠키는 썼다. 또한 소련 전역에서 위생 수준을 높이면 모든 사람에게 이득이 될 것이라고 썼다. 담배 꽁초를 함부로 버리는 자는 처벌을 받아야 하며, 욕설도 쓰지 말아야 하고, 과도한 음주 역시 자제하도록 촉구해야 했다. 그는 전면적인 '금주 제도'의 도입을 제안하기도 했다. 또한 무신론 계몽 운동을 강화하자고 촉구했다. 그는 러시아 정교회가 노동계급에게 나쁜 영향을 끼친다고 믿었으며 사람들을 종교로부터 분리하는 데 영화를 활용하자고 제안했다. 가정생활 역시 바뀌어야 했다. 여성은 남성과 동등하게 대우받아야 하고 당에 가입하도록 장려되어야 했다.[5]

이와 동시에 그는 '고급' 문화의 혜택을 사회의 모든 사람들이 누리도록 확대하는 것을 목표로 삼았다. 트로츠키는 "예술의 발전은 각 시대의 활력과 의미를 보여주는 가장 높은 수준의 검증"이라고 말했다.[6] 트로츠키는 자기 자신이 러시아와 유럽의 예술 세계에 잘 어울리는 인물이었다. 그는 책과 연극과 전시회 비평을 썼다. 그는 뛰어난 작가였다. 그는 자신의 생각을 우아한 문체로 노트에 적어 넣을 시간이 없는 날에는 불완전한 하루를 보냈다고 느꼈다.

레닌과 볼셰비키당은 10월혁명 이후 예술 분야에는 거의 관심을 기울이지 않았다. 트로츠키와 지노비예프가 1922년 이러한 무관심을 지적했다. 두 사람은 당이 작가, 예술가들과 생산적인 관계를 구축해야 한다고 주장했다. 두 사람은 젊고 재능 있는 작가들이 볼셰비키당에 헌신하는 것을 보려면 최소한 한 세대가 지나야 한다고 생각했다. 볼셰비키는 일시적인 동맹자가 필요했다. 과도기에 필요한 '동조자(fellow travelers)'를 만들어야 한다는 것이었다. 트로츠키와 지노비예프는 다음과 같이 주장했다. 비록 당원은 아니지만 많은 지식인들이 사회적·경제적 현대화라는 목표를 공유하고 있으며 사회주의에 긍정적이었다. 이들이 10월혁명을 비난하지만 않는다면 검열관들은 이들을 괴롭히지 말아야 한다.[7] 문화 분야에서 트로츠키는 자유주의자가 아니었다. 그는 설령 소설이나 그림을 통해서라도 소비에트 질서에 도전하는 사람이 있다면 국가가 이를 용납해서는 안 된다는 입장이었다. 하지만 문화 분야를 관리할 때는 이런 엄격한 틀 안에서 유연한 정책을 운용해야 했다. 당의 적대자가 아니며 어쩌면 당의 친구가 될 수도 있는 지식인들의 동조를 얻는 것이 트로츠키의 목표였다. 그는 이런 목적을 이루기 위해 적당한 운동을 조직하는 데 당을 움직이고자 카메네프와 지노비예프에게 접근했다.[8] 이런 행동 자체가 트로츠키로서는 새로운 모습이었다. 보통 그의 행동 방식은 일단 소책자를 하나 발표하고 논쟁을 불러일으킨 다음 그저 일이 잘 진행되기를 희망하는 쪽이었다. 트로츠키는 1920년과 1921년에 벌어졌던 노동조합 논쟁에서 당한 패배를 교훈으로 삼았다.(만약 그랬다 하더라도 그는 곧 이 교훈을 망각해버렸다.)[9]

트로츠키는 1914년 이후 문학작품의 동향을 잘 챙기지 못했음을 인정했다. 그는 문학평론가 알렉산드르 보론스키(Aleksandr Voronsky)를 전문 보좌역으로 불러들여 그로 하여금 작가들과 작품들을 정리하도록 지시했다. 트로츠키는 우선 시인 오시프 만델시탐

(Osip Mandelshtam)과 소설가 보리스 필냐크(Boris Pilnyak)에 대해 듣고 싶어 했다.[10] 또한 이탈리아의 공산당 지도자 안토니오 그람시(Antonio Gramsci)에게 편지를 써서 단눈치오(Gabriele D'Annunzio)와 마리네티(Filippo Tommaso Marinetti)와 이탈리아의 미래파 운동에 관한 정보를 요청했다.[11]

미래파가 현대 문학에 점점 더 큰 공헌을 하고 있다는 이야기를 들은 트로츠키는 직접 블라디미르 마야코프스키(Vladimir Mayakovsky)를 비롯한 러시아 미래파 작가들과 접촉했다. 마야코프스키는 기교가 뛰어난 시인으로서 1917년 이후 볼셰비키와 우호적인 관계를 유지했다. 미래파는 10월혁명 이전부터 존재하던 문학 사조였으며, 트로츠키는 이 사조에 대해 좀 더 알아야겠다고 생각했다.(레닌은 의견이 달랐다. 마야코프스키의 시를 몇 편 읽어본 레닌은 그런 시를 출판하는 것은 돈 낭비라는 결론을 내렸다.)[12] 마야코프스키는 트로츠키에게 미래파 작품 몇 편을 보내주었다. 트로츠키는 이 작품들을 읽은 다음 미래파를 어떻게 정의할 수 있는가를 마야코프스키에게 질문했다. 마야코프스키는 트로츠키의 질문에 답변했으며 두 사람은 한동안 즐거운 마음으로 서신을 주고받았다.[13] 문화 운동가 역할을 자처하고 나선 트로츠키는 거침없는 활동을 전개했다. 어떤 글을 읽더라도 문체의 결함을 예리하게 포착할 수 있었던 트로츠키는 풍자 전문 잡지인 〈크로코딜(Krokodil, 악어)〉에 서신을 보내 글이 너무 우울한 느낌을 준다고 지적했다. 독자들을 계몽할 필요도 있지만 동시에 즐겁게 해줄 필요도 있었다.[14] 트로츠키는 또한 보리스 예피모프(Boris Yefimov)가 낸 만화 모음집에도 머리말을 써주었다.[15] 정치국 멤버 가운데 이런 종류의 활동에 관심을 가진 사람은 트로츠키 외에는 아무도 없었다. 트로츠키는 선전과 선동 사업에서 풍자만화의 중요성을 잘 이해하고 있었다. 예피모프는 매우 특별한 재능을 지닌 예술가였으며 트로츠키는 기꺼운 마음으로 그의 작품집에 자신의 명성으로 영예를 더해주었다.

비평가와 문장가로서 명성이 높던 트로츠키에게 작가들은 종종 도움을 요청하였다. 작가인 표도르 솔로구프(Fyodor Sologub)는 제1차 세계대전 이전부터 트로츠키와 중부 유럽에서 알고 지내던 사이였다. 솔로구프는 외국 여행 허가를 받을 수 있도록 한마디 거들어 달라고 트로츠키에게 부탁했다. 형편이 몹시 궁핍했던 솔로구프는 에스토니아로 가면 새롭게 일어설 수 있으리라 생각했다. 트로츠키는 솔로구프가 정치에 관여하지 않겠다는 약속을 하면 도움을 주겠노라고 답했다.[16] 트로츠키는 어디까지나 공산당원이었으므로 예술적 열망을 정치적 요구 사항보다 아래에 두도록 요구하였던 것이다.

보론스키가 선정해준 문학작품들을 신속하게 섭렵한 트로츠키는 1923년 《문학과 혁명》을 발간했다. 이 책에서 그는 국가 검열 제도가 다시 도입된 사실이나 지난해에 반볼셰비키 지식인들을 추방한 사실은 언급하지 않았다. 조금 겸연쩍었던 것인지도 모른다. 하지만 자신의 생각을 항상 당당하게 밝히는 이 정치 지도자가 그런 감정을 느꼈을 것 같지는 않다. 더 개연성이 있는 설명은 아마도 트로츠키가 이런 사실을 언급할 필요를 못 느꼈으리라는 것이다. 국가의 경제 통제를 확대해야 한다고 주장하던 그가 예술의 완전한 자유를 옹호하기는 어려웠다. 그는 문학작품의 출판 여부를 결정할 권한은 정부가 가져야 마땅하다고 생각했으며 훗날까지도 그 생각에는 변함이 없었다. 《문학과 혁명》은 트로츠키가 당시 소비에트 러시아에서 생산되고 있던 문학작품에서 느꼈던 불안감을 표출할 기회를 주었다. 마야코프스키를 비롯한 미래파 문인들이 소비에트 대의에 봉사하려고 노력하고 있다는 것은 잘 알고 있었지만, 그는 미래파의 이색적인 이미지와 지나친 기교는 여전히 싫어했다. 세르게이 예세닌(Sergei Yesenin)의 시가 보여주는 좀 더 단순한 언어와 운율에 매력을 느꼈지만, '러시아'를 지나치게 미화하고 혁명 정국을 언급하지 않는 점은 비판했다. 트로츠키의 주장에 따르면, 마야코프스키와 예세닌은 자신들의 작품 속에 마르크스주의가 지향하는 목적을 집어넣지 않는 전형적인 '동조자'였다. 이런 평가는 소비에트 체제에 대한 찬가를 지었던 마야코프스키에게는 가혹한 것이었다. 1924년 레닌이 사망하자 이 시인은 레닌을 인류가 낳은 거인이라고 노래하면서 거의 신격화했다. "레닌은 과거에도 살았고, 지금도 살고 있으며 앞으로도 영원히 살 것이다!" 하지만 트로츠키의 직감이 그리 틀린 것은 아니었다. 얼마 지나지 않아 마야코프스키는 국가의 정책 방향에 환멸을 느꼈다. 그는 정치적 열정이 식자 더는 삶과 마주할 수 없었으며 그래서 1930년 자살했다. 소비에트 정권에 잘 보이려는 노력을 전혀 하지 않았던 예세닌은 마야코프스키보다 5년 일찍 스스로 목숨을 끊었다.

트로츠키의 평가에 기분이 좋았을 사람은 시인 발레리 브류소프(Valeri Bryusov)였다. 소비에트 쪽에 적극 가담한 이 시인은 옛날 동료 시인들로부터 공격을 받았다. 그는 트로츠키에게 지지하는 말을 해준 것에 감사한다는 편지를 썼다.[17] 예브게니 트리포노프(Yevgeni Trifonov)라는 잘 알려지지 않은 작가는 트로츠키가 〈프라우다〉에 자신을 공격하는 글을 발표하자 기분이 나빴다. 그는 트로츠키에게 편지를 써서 〈프라우다〉가 자신에게 반박할 지면을 허락하지 않았다고 항의했다. 또한 자신이 공산주의자를 위한 군사 훈련 과정에 등록했는데도 군사인민위원인 트로츠키가 자신을 '동지'라고 호칭하지 않은 데 화를 냈다.[18]

트로츠키는 알렉산드르 블로크(Aleksandr Blok)—트로츠키는 소책자에서 이 시인을 '미스터 A. 블로크'라고 부르기도 했다.—와 그가 1918년에 쓴 시 〈12명〉에도 관심을 기울였다. 짧은 스탠자(stanza, 4행 이상의 각운이 있는 시구) 형식에 맞추고 페트로그라드의 길거리 속어를 활용하여 지어진 이 시는 놀라울 정도로 훌륭한 예술 작품이었다. 이 시의 소재는 1917년 페트로그라드 거리를 마구 휘젓고 다니면서 약탈하던 무법 상태의 적위대 병사들이었다. 트로츠키는 이 작품을 좋게 평가하지 않았다. 블로크가 10월혁명의 어두운 면만을 본다고 생각했던 것이다. 이런 시는 혁명의 공식 목적을 달성하는 데 도움이 안 된다는 것이었다. 트로츠키는 이 시가 '개인주의적 예술의 백조의 노래'*이며 그 이상의 가치는 없다고 비난했다.[19] 그래도 블로크는 최소한 혁명의 몇몇 측면은 긍정적으로 평가했다. 하지만 소설가 안드레이 벨리(Andrei Bely)는 폭력과 권력 남용을 거세게 비난했던 혁명 전 지식인들이 보인 반응의 전형을 보여주었다. 볼셰비키에 대해 벨리는 단 한마디도 좋은 말을 해줄 수가 없었다. 트로츠키는 다음과 같이 평했다. "최근 벨리는 자기 자신에 대해 매우 정확하게 기록했다. 그는 언제나 자신에게 관심을 집중한다. 자기 주위를 뱅뱅 돌면서 자기 냄새를 킁킁 맡고 자기를 혓바닥으로 핥아본다."[20] 다른 사람에게 이런 평을 하는 것은 트로츠키로서는 상당히 대담한 행동이다. 만일 문학적인 자기 몰입이 퇴폐성의 징표라면 트로츠키야말로 그런 모습을 자주 보인 대표적인 사람이었기 때문이다.

《문학과 혁명》은 비록 문장은 활력이 넘쳤지만 그 내용을 보면 당시의 산문과 운문을 잘 정리한 비평문은 아니었다. 안나 아흐마토바(Anna Akhmatova), 오시프 만델시탐, 보리스 파스테르나크(Boris Pasternak)는 20세기가 낳은 위대한 시인들이었지만 트로츠키는 그들의 이름만 언급하고 그냥 지나쳤다. 아마 그는 그들의 작품을 읽어볼 시간도 없었을 것이다. 그는 이 책을 너무 서둘러 출판해서 나중에 새로운 판본을 찍을 때마다 문장과 내용을 계속 수정해야 했다. 그가 이 책에서 다룬 자료는 그의 주장을 뒷받침하기 위해 선택된

---

* '백조의 노래'란 어떤 종류의 백조는 살아 있는 동안에는 울지 않고 있다가 죽음을 앞두고 아름다운 마지막 노래를 부른다는 전설에서 유래한 표현으로서, 예술가의 최후의 작품이라는 뜻이다.

자료였다. 동료 공산당 지도자들과 마찬가지로 트로츠키는 당의 목적에 순응하는 고급 문화가 존재하기를 바랐다. 그는 '프롤레타리아 문화'가 광범위한 성취를 이루기까지 오랜 세월이 걸릴 것으로 보았다.[21] 하지만 그는 독자들에게 비관적인 느낌을 남기고 싶지는 않았다. 그는 데미얀 베드니(Demyan Bedny)를 문화적 성취와 정치적 진보 사이의 연결을 가장 잘 구현한 작가라고 보았다.[22] 엉터리 운문 공급자인 베드니에게 이런 찬사를 보내는 사람은 귀가 들리지 않는 사람이나 마찬가지다. 그가 쓴 가장 훌륭한 시라 해도 특별히 예로 들 만한 작품이 없으며, 가장 열악한 것은 정말로 형편없었다. 베드니가 스탈린의 편에 서고 나서야 비로소 트로츠키는 베드니에게 '이념적이고 시적인' 공허함이 있다고 비난하기 시작했다.[23]

1923년 트로츠키가 베드니 같은 대단치 않은 시인을 알렉산드르 블로크와 그의 훌륭한 시에 대비하여 칭찬한 것을 보면, 트로츠키에게 가장 중요한 목적은 혁명의 대의를 진전시키는 것이었음을 알 수 있다. 소비에트 통치의 정당화라는 목적 때문에 그는 문학적 취향을 희생한 것이다. 그는 베드니가 노동계급과 10월혁명을 칭송했고 자신에게 부과된 어떤 책무라도 실행에 옮겼다는 점을 높이 평가했다. 후대 사람들은 훗날 스탈린의 문화 정책이 훨씬 더 조악했기 때문에 이 책에서 트로츠키가 내린 판단의 조악함을 간과하고 말았으며, 또 공산주의에 대한 트로츠키의 꿈이 너무나 화려했기에 이 책에 담긴 불길한 잠재성을 간과해버렸다. 트로츠키가 찬사를 받았던 또 하나의 이유는 그가 공식적 볼셰비즘의 관심 범위에서 벗어난 내용을 썼기 때문이다. 1923년 이후 《문학과 혁명》이 여러 차례 재쇄를 찍었다는 사실은 그의 논지가 많은 사람의 공감을 샀다는 것을 보여준다. 트로츠키는 항상 사려 깊었으며 자신의 생각을 깔끔하게 정리해서 내놓았다. 다른 어떤 정치국 멤버가 문화와 사회의 미래를 근본적인 차원에서 논의해도 아무 관심이 없던 많은 독자들 역시 트로츠키의 글에는 관심을 기울였다. 하지만 《문학과 혁명》은 기본적으로 문학을 정치의 차원에서만 바라본 정치적 환원주의의 산물이었다. 여러 상황을 모두 다 고려해보면, 결국 문화적 스탈린주의의 철학적 토대를 구축해놓은 사람은 바로 트로츠키였다.[24]

당의 다른 지도자들은 트로츠키가 일상생활이나 문학에 대해 쓴 글에 기본적으로 반대하지 않았다. 다만 스탈린의 측근들은 트로츠키의 청교도적인 엄격함에 놀랐다. 다른 동료들의 비판을 불러온 것은 그가 쓴 글의 내용뿐만이 아니라 그가 그런 글을 쓰는 데 사용한 시간이었다. 정치국 회의에서 트로츠키는 소책자를 발간하는 빈도를 줄이고 당 지도부 내의 실천적인 토론에 좀 더 적극적으로 참여하라는 요청을 받았다. 트로츠키는 이 요청에 긍정적으로 답하지 않았다.[25]

트로츠키는 동료들의 비난을 이해하기 힘들었을 것이다. 그는 러시아 내전 때에도 한편으로는 자신이 맡은 군사 업무를 효율적으로 수행하는 동시에 글쓰기를 계속하였기 때문이다. 나탈리야는 남편에게 글쓰기가 꼭 필요한 부분이라는 것을 이해했기 때문에 힘이 닿는 데까지 남편을 도왔다. 1918년 4월 그녀는 모스크바 중심부에 있는 루만체프 박물관에 가서 〈키예프 사상〉의 1915년부터 1916년까지 발행분에 대한 대출 허가를 신청했다. 트로츠키는 이 신문에 실린 자신의 글 가운데 좋은 것을 선택하여 《전쟁과 혁명》이라는 이름으로 책을 내고자 했는데(이 책은 1922년 출판되었다),[26] 군사 업무에 묶여 있던 탓에 직접 박물관까지 갈 수가 없어 아내에게 부탁했던 것이다. 대부분의 정치 지도자들은 트로츠키와 같은 여건에 처해 있었다면 이런 책을 낼 계획은 꿈도 꾸지 않았을 것이다. 평화가 도래하자 그는 좀 더 많은 시간을 저술 활동에 활용하기 시작했다. 예를 들어 1926년에 트로츠키는 《에스파냐에서 생긴 일》을 냈다.[27] 1916년 자신이 프랑스와 에스파냐에서 추방당했을 때의 정황을 생생하게 기록한 책이었다. 그때 일이 그의 삶에서 중요한 사건이었다는 것은 의심할 바 없었다. 하지만 그가 이 책 출판을 준비하던 시기는 볼셰비키 당 지도자로서 존립에 중대한 도전에 직면한 시기였다. 트로츠키는, 보론스키가 자신에게 이 책을 꼭 내라고 졸랐고 멋진 흑백 그림을 그려주겠다는 로토프(K. Rotov)의 약속은 뿌리칠 수 없는 유혹이었다고 고백했다.[28] 크렘린 최고 지도자의 한 사람인 트로츠키가, 신진 예술가 두 사람의 희망대로 움직였다는 이야기다! 그럴 시간에 스탈린이나 부하린과의 대결에서 승리하는 데 집중하는 것이 훨씬 더 현명한 태도였을 것이다.

또한 트로츠키가 레닌의 활동을 조사하는 데 든 시간도 역시 다른 좀 더 유용한 일에 쓰는 편이 좋았을 것이다. 《레닌에 대하여》는 생생하고 흥미롭긴 했지만 트로츠키는 이 책을 쓰는 데 몇 주일을 써버렸다. 트로츠키는 이런 책을 한 권 쓰는 것이 반(反)레닌주의자라는 비난을 약화시킬 수 있는 방법이라고 생각했다. 트로츠키는 1902년 런던의 블룸즈버리에서 레닌을 처음 만난 이후 레닌과 함께 보낸 시간에 대한 소중한 기억을 책에 가득 채워놓았다.[29] 그는 방대한 양의 기억을 끄집어낸 다음, 그 기억을 다시 정리하여 책의 자료로 활용했다. 하지만 자료를 조사하고 글을 쓰고 원고를 교정하는 데 쓴 그의 창조적 에너지에 비하면 이 책이 트로츠키에게 준 도움은 얼마 되지 않았다. 그는 1917년 3월과 10월에 레닌의 혁명 전략을 방해한 '온건파' 볼셰비키 지도자들의 이름이 카메네프, 지노비예프, 스탈린이라는 것은 구체적으로 밝히지 않았다.[30] 그러나 당의 역사를 조금이라도 아는 사람이라면 트로츠키가 누구를 지목하는지 알 수 있었다. 이런 글을 씀으로써 당을 지배하고 있던 트로이카 세 사람의 사이를 갈라놓을 가능성을 자신이 완전히 차단해버렸다는 것을 트로츠키는 알지 못하는 듯했다.

그에게 글쓰기는 종종 연설이나 조직 활동보다 중요한 일이었다.

심지어 1920년대 중반에 그는 자신의 소책자 2판, 3판을 펴낼 때 긴 서문을 새로이 쓰는 데 시간을 할애했다.[31] 책상에 앉아 만년필을 손에 쥐고 글을 써 내려가면서 또 한 가지 작품을 만들어내는 일을 그는 너무나도 사랑했다. 머릿속에 단어들이 줄줄이 떠오르는 순간에 그를 감히 방해할 수 있는 사람은 아무도 없었다. 그는 가족과 비서들과 보좌관들이 자신의 이런 버릇에 적응하도록 만들었다. 분파를 조직하는 일은 결코 그에게 가장 중요한 일이 될 수가 없었다. 왜냐하면 그는 자신이 신봉하던 마르크스주의 교의에 따라 올바른 일을 하고 있다고 확신했기 때문이다. 이런 확신은 자신의 경력이 이미 증명해주고 있다고 그는 생각했다. 트로츠키는 다른 사람이 예상하지 못한 기회를 포착하여 자신의 뜻대로 상황을 만들어 가는 큰 성공을 거둔 바 있었다. 그는 1905년에, 그리고 다시 1917년 10월에 혁명 영웅이 되었다. 그는 다른 어떤 방식으로도 살려 하지 않았다. 트로츠키는 혁명 사상가와 혁명 지도자라면 당연히 택해야 하는 삶의 방식을 따라 살았다. 따라서 그는 그렇게 당당한 방식으로 행동했으며, 그랬기 때문에 그와 그를 추종하던 사람들은 당 지도부의 술수에 항상 패배할 수밖에 없었다. 트로츠키는 자신의 삶과 행동 양식을 바꾸느니 차라리 영광스런 패배를 택하고 싶어 했다.

트로츠키의 입장도 공정하게 살펴보자면, 《레닌에 대하여》는 그의 다른 저술에 비하여 좀 더 시간을 적절히 사용한 편에 속했다. 그는 《레닌에 대하여》의 대부분을 수후미에서 요양하던 시기에 썼다. 이 책 서문의 날짜는 1924년 4월 21일로 되어 있다. 레닌이 사망한 지 꼭 3개월 되는 날이었다. 그사이 트로츠키의 적들은 지난 신문과 당 기록에서 트로츠키의 반볼셰비키적 활동에 관한 기록을 샅샅이 뒤져 트로츠키를 맹렬하게 공격했다. 이제까지 공개적으로는 크게 환영받으면서도 사적으로는 두려움의 대상이던 트로츠키는 이제 공식적인 비난의 주된 표적이 되었다. 최고위층 정치인 가운데 언론을 통해 트로츠키를 비난한 결연한 공격수는 부하린이었다. 부하린은 1925년에 쓴 책자《트로츠키주의의 문제에 대해》를 통해 트로츠키에 대한 공식적 비난 내용을 정리했다. 1917년 이전부터 볼셰비키 지도자였던 부하린은 레닌과 트로츠키의 모든 다툼을 알고 있었다. 트로츠키는 여러 권의 글 모음집을 내면서 자신을 곤란하게 할 수 있는 글들을 누락했는데, 부하린은 그런 글들을 끄집어냈다. 부하린이 지적한 것처럼 누락은 우연이 아니었다. 트로츠키는 정치적 이익을 위해 역사적 진실을 왜곡했으며, 그것은 쉽게 발각되었다.[32] 볼셰비키의 과거는 현재 공산당 정치의 전투장이었다. 양측의 논쟁은 길고도 지루했으며 논쟁에 쓰인 수법은 야비했다. 이 이념 게임에 걸린 상금은 과거에 비할 수 없을 정도로 컸다. 게임의 승자는 당 지도부에서 최고가 될 것이었다.

트로츠키의 글을 모은《전집》은 1924년부터 모스크바에서 발행되기 시작했는데, 여기서 트로츠키는 몇몇 글을 누락했을 뿐 아니라 심지어 몇 편은 새로 쓰기까지 했다.[33] 1932년 트로츠키는, 스탈린 측이 스탈린을 불리하게 만들 문건이면 무엇이든 은닉하거나 수정했다는 이유로 '날조를 일삼는 스탈린 일당'이라는 문구를 만들어 스탈린을 비난했다.[34] 트로츠키의 이 비난은 서방의 역사 기록에서 그 정당성을 인정받았고, 이후 트로츠키 자신이 그런 종류의 기만 행위를 했을 리 없다는 믿음이 생겼다. 한편 트로츠키가 1920년대 중반에 이런 식으로 행동했던 이유는 충분히 이해할 만했다. 레닌의 계승자가 되려는 사람은 누구나 자신이 평생 레닌을 존경해 온 사람이라고 주장하지 않을 수 없었다. 그러나 트로츠키의 이런 행동이 칭찬받을 만하다거나 용납될 수 있다고는 말할 수 없다. 역사 기록의 방면에서 트로츠키는 도둑 잡는 역할을 수행했지만 본인 역시 중죄인이었다.

한편 트로츠키가《레닌에 대하여》를 철저한 자료 조사에 바탕을 둔 저술로서 내놓은 것은 아니었다. 이 책의 부제인 '전기(傳記) 작가를 위한 자료'가 그의 이런 의도를 보여주었다. 《레닌에 대하여》는 무척 빨리 쓰였으며 공식 문건의 도움을 받지 못했다. 레닌에 대한 트로츠키의 기억은 생생했으며, 트로츠키가 이 글을 쓴 정치적 의도는 더욱 생생했다. 페이지마다 일화(逸話)가 넘쳐흘렀다. 트로츠키는 자신과 레닌이 정치 인생 대부분의 기간 동안 친밀하고 따뜻한 동지적 관계를 유지했다는 인상을 주었다.[35] 그는 레닌이 1902년 런던에서 얼마나 따뜻하게 자신을 환영해주었는지 묘사했다. 트로츠키는 〈이스크라〉 편집진에서 자신이 어떤 일을 했는지도 묘사했다. 그 다음 역사 서술의 재주넘기 묘기를 부려 갑자기 1917년 2월혁명으로 펄쩍 뛰어넘었다. 그는 카메네프와 스탈린이 1917년 3월 레닌이 제시한 정책에 얼마나 느리게 적응해 갔는지를 보여주었다. 1917년 후반 어느 날 레닌이 레닌 자신과 트로츠키가 갑자기 사망하는 일이 발생한다면 소비에트 체제는 과연 어떻게 될 것인가 하고 큰 소리로 걱정하던 장면도 회상했다. 그는 또한 1917년과 1919년 사이에 카메네프와 지노비예프와 스탈린이 레닌의 정책 방향을 거슬렀던 상황들을 묘사했다. 트로츠키는 당내 토론에서 지켜야 할 예의의 한계를 넘지 않으려 레닌의 유언장을 언급하는 것은 조심스럽게 피했다. 그러나 그는 전투하는 심정으로 펜을 휘둘렀다. 트로츠키는 정치적인 전장에 들어와 있었던 것이다.

그는 능숙한 필체로 《레닌에 대하여》를 써 내려갔다. 레닌과 의견이 항상 같았다고 주장하는 대신 트로츠키는 이따금 충돌이 있었음을 인정했다. 그는 자신만이 레닌과 아주 가까운 유일한 정치적 동료로서 미래에 대한 전망과 판단력과 지도력을 갖춘 사람인 것처럼 보이고 싶었다. 하지만 당의 혁명 역사를 가장 잘 기록한 사람이라는 칭송을 받았다고 해서 레닌 사후에 혁명의 지도자가 되는 경쟁에서 유리하지는 않았다.

34장

통합반대파 결성

일국 사회주의론과 연속 혁명론의 대결

　트로츠키가 모스크바로 귀환할 수 있을 정도로 건강을 회복했다고 스스로 판단한 것은 1924년 4월이 되어서였다. 처음 예정은 2개월의 휴양이었지만 더 오래 있었던 것이다. 그는 휴식과 글쓰기를 통해 건강을 되찾았다. 제13차 당대회가 곧 열릴 예정이었다. 레닌의 장례식 이후 처음 열리는 큰 집회였다. 트로츠키는 압하지야의 '아름다운 태양과 멋진 동지들'과 이별하는 것이 아쉽다고 말했다.[1] 하지만 압하지야에서는 지도부의 역할을 다시 수행할 수 없었다. 전화와 전신 체계는 불량했으며 모든 중요한 모임은 소비에트의 수도에서 열렸다. 남카프카스 지방에서 체류하는 시간은 이제 끝내야 했다.

　트로츠키는 그루지야에 며칠 머물고 싶은 유혹을 뿌리치지 못했다. 4월 11일 그는 티플리스 시 소비에트에서 연설을 했다. 항상 그는 청중석에 앉아 있는 것보다 연단에 서서 연설을 하는 편이 더 편한 사람이었다. 그는 최근 독일 혁명의 실패라는 우울한 주제를 선택했지만 연설은 언제나처럼 성공적이었다. 그는 우선 자신이 최근의 상황 전개를 잘 모르고 있다고 고백했다. 짐작컨대 그는 자신과 대담을 하러 왔던 기자들이 자신에게서 얻어낸 것보다 더 많은 정보를 기자들에게서 캐냈을 것이다.[2] 독일의 동지들은 오직 그들 자신에게

트
로
츠
키
·
558

만 실패의 책임을 물을 수 있다고 트로츠키는 말했다. 그들이 권력을 탈취할 수 있는 여건은 갖추어져 있었다. 대부분의 노동자는 바이마르 공화국에 환멸을 느꼈으며 부르주아는 분열해 있었지만, 베를린의 공산주의자들은 1917년 볼셰비키가 보유하고 있었다고 볼 수 있는 단단하게 조직된 당이 없었다. 게다가 그들에게는 레닌만큼 권위 있는 지도자가 없었다.[3] 트로츠키는 자신이 소련 정치에서 현 지도부에 충성스러운 역할을 수행할 용의가 있음을 보이고 싶었다. 그는 자신의 속마음을 드러내지는 않았다. 그는 자신의 소책자 《새로운 경로》가 이미 현 지도부를 정당하게 비판했다고 확신했다. 하지만 그는 과거보다 좀 더 기민하게 행동할 필요가 있음을 깨달았다. 그는 다가오는 당대회에서 효율적으로 활동할 준비를 했다.

5월 23일 당대회가 열리기 며칠 전 트로츠키는 모스크바에 도착했다. 그는 곧 중앙위원회와 정치국에 출석했으며 군사인민위원 직무에 복귀했다. 그는 사람들이 모든 종류의 반대파 행동에 경계심을 품고 있음을 깨달았다. 반대파 방향으로 확연하게 움직이면 큰 반발을 불러일으키게 될 것이라는 사실도 알게 되었다. 특히 그는 지난 1월 당 회의에서 질책을 받은 일이 있었다. 당의 고참 당원들은 반볼셰비키 그룹이 현재의 정치적 불확실성을 악용할 위험이 있다고 여전히 우려하였다. 고참 당원들은 소비에트 정치에 안정이 확보되기를 바랐으며, 혁명의 이익보다 개인적인 야심을 앞세우는 사람은 누구라도 의혹의 눈으로 쳐다보았다. 레닌은 이제 세속의 신처럼 숭배받았다. 페트로그라드 시의 이름이 레닌그라드로 바뀌었으며 레닌의 저술은 성스러운 경전처럼 대우받았다. 트로츠키는 당 지도부를 분열시키려는 의도가 없음을 보여주어야 하는 입장에 놓였다.

스탈린 역시 조심스럽게 행동해야 했다. 나데즈다 크루프스카야가 확인해주었듯이 자신의 유언장을 당대회에 전달해 달라는 레닌의 요청을 당 지도부는 따라야 할 의무가 있었다. 유언장이 공개되면 스탈린에게 곤란한 상황이 벌어질 것이 분명했다. 중앙위원회는 각 지방 대표단의 지도자들만 따로 모여 거기에서 레닌의 유언장을 낭독하기로 결정했다. 곧 특별 집회가 개최되었고 참석자들은 볼셰비키당의 최고 지도자들에 대한 레닌의 비판을 들었다. 유언장에는 행정에 대한 트로츠키의 '과도한' 열정도 언급되어 있었지만 레닌이 가장 우려했던 사람은 스탈린이었다. 레닌의 비판이 참석자들에게 전달되는 동안 스탈린의 표정은 매우 어두웠다. 목격자들의 말에 따르면 이때만큼 스탈린이 순하게 보인 적은 없었다. 유언장 내용을 토론하기 위해 사람들이 발언하기 시작했다. 중앙의 당 사무를 처리하는 방식에 변화가 필요하다는 데 의견이 일치하였다. 어떤 사람들은 자신의 의견을 서면으로 서명해서 제출하기도 하였다.[4] 스탈린은 이 고난에서 결국 살아남았다. 그를 해임해야 한다고 주장하는 대의원의 수가 충분히 많지 않았고, 이런 상황에서도 중앙위원회가 스탈린에게 신임을 표명했기 때문이다. 사실 1923년 봄 이후 스탈린의 행동에서 트집 잡을 일은 거의 없었다. 트로츠키가 분파주의의 깃발을 들었던 반면, 스탈린은 지도부를 위해 굳건하고 충실하게 일했기 때문이다.[5]

좌익반대파가 패배한 이후 트로츠키는 당대회에서 표결권조차 얻지 못했다.[6] 중앙위원회에서 정치 보고서를 발표한 사람은 지노비예프였다. 트로츠키는 스탈린이 발표한 조직 보고서에 관한 토론에 참가했다. 그는 젊은 세대와 분파와 경제 계획에 대한 자신의 생각을 겸손한 태도로 말했다.[7] 또한 자신이 최근에 밝혔던 비판 의견을 다시 언급하면서 중앙위원회 결의문에서 사용한 구절들을 사용하려고 노력했다. 그러고 나서 트로츠키는 일종의 사과를 했다. "동지들, 우리들 가운데 누구도 당을 반대하면서까지 자신이 옳다고 주장하려는 사람은 없으며, 또 당에 반대하면서 옳은 입장이 되는 것은 불가능한 일입니다. 결론적으로 당은 언제나 옳습니다. 왜냐하면 근본적 과제를 해결하는 데 프롤레타리아에게 주어진 유일한 역사적 도구가 바로 당이기 때문입니다.'"[8] 분명 트로츠키는 과거의 죄 때문에 가석방 중이라고 느꼈던 것 같다. 그는 1917년 이후 이제까지 '당성'*을 별로 중시하지 않는 특출난 모습을 보였으나, 이때 태도를 완전히 바꾸어 '당성'에 헌신한다. 그의 이런 태도는 1933년까지 지속된다.[9] 남카프카스에서 몇 개월 동안 심사숙고한 끝에 그는 일종의 레닌주의자가 되기로 결심했던 것이다. 트로츠키는 갑자기 당 앞에 낮은 자세를 취하기로 한 자신의 결정에 대해 전혀 설명하지 않았다. 자신의 이익 때문이기도 했고, 어쩌면 사기가 너무 떨어져서 자신의 전략을 뒷받침할 바위가 필요했을 수도 있다. 또한 레닌에게 대항하면서 자신을 시험할 필요성을 더는 느끼지 못하기도 했을 것이다. 이제 레닌은 죽고 없었기 때문에, 그때서야 트로츠키는 처음으로 레닌을 일종의 권위로 받아들일 수 있었을 것이다.

트로츠키의 공개적인 자기 헌신은 평소 성격에 어울리지 않게 극단적이었다. 그리고 이후로 그는 특이할 정도로 레닌주의를 강조하는 사람이 되었다.[10] 그의 지지자들 가운데 몇몇 지도적 인물들은 이때 그가 사과한 것이 전술적 실책이라고 생각했다. 트로츠키가 당지도부에 있는 적들에게 당당하게 맞서는 모습을 보였어야 했다는 것이다.[11] 하지만 트로츠키는 조심하는 쪽이 낫다고 생각했다. 당 지도부는 참회하는 그의 모습에 만족했고 정치국과 중앙위원회에서 그가 지닌 직위를 그대로 보존하도록 했다.

트로츠키는 다시 당 지도부를 공격하기 전까지 일단 잠자코 자신의 때를 기다렸다. 이 상황은 그의 성질에 맞지 않았기에 그는 열심히 글 쓰는 일에 몰두했다. 여름 휴가 동안 그는 북카프카스의 키슬

당성(黨性) 마르크스-레닌주의 용어. 객관적인 진실과 주장보다 계급 투쟁의 이해 관계를 중시하는 것을 의미한다. 구체적으로는 당의 결정에 무조건적으로 복종하는 태도를 가리킨다.

로보츠크에서 이전에 충분히 준비해 두었던 소책자 《10월의 교훈》을 신속하게 썼다.(이 소책자는 원래 트로츠키의 전집 가운데 한 권에 대한 서론의 형태로 시작되었다.)[12] 그는 1924년 9월 중순에 《10월의 교훈》을 완성하였고 《레닌에 대하여》의 뒤를 이어 좀 더 전투적인 정치적 저술로 활용할 생각이었다. 트로츠키는 몇 가지 근거를 들어 당이 10월혁명에 대한 적절한 연구를 게을리하고 있다고 주장했다. 그는 소련과 독일 같은 나라에서 공산주의 대의를 돕기 위해 자신이 내린 결론들을 제시했다.[13] 그는 레닌의 지도를 몇몇 개인과 집단이 거부했다고 여러 번 강조하면서 그들을 '회유파'라고 불렀다. 스탈린과 카메네프는 1917년 3월에 임시정부와 타협하기를 원했다.[14] 이후 당의 정책이 권력 장악 쪽으로 기울자 카메네프와 지노비예프는 당 정책 실행을 방해하려 했다. 이 두 사람을 비롯한 회유파는 1917년 11월에도 멘셰비키와 사회혁명당과 타협안을 도출하기 위해 노력했다.[15] 과거에 볼셰비키와 정치적 투쟁을 했던 당들의 경향이나 교의와 아직 완전히 결별하지 않은 지도자들이 여전히 당 안에 존재한다는 도발적인 발언으로 트로츠키는 《10월의 교훈》을 끝맺었다.[16]

트로츠키의 이런 행동은 지노비예프와 카메네프를 스탈린의 품속으로 점점 더 깊이 밀어넣었다. 트로츠키가 13차 당대회에서 자신에게 이로운 일을 어느 정도 했다고는 하지만 이런 사실은 곧 잊혀졌다. 〈프라우다〉는 정치국이 내린 명령을 그날그날 크게 외치는 확성기였다. 트로츠키주의를 비난하는 팸플릿이 인쇄되었으며 트로츠키가 볼셰비즘의 적대자로서 활동한 내역이 다시 자세하게 소개되었다. 스탈린은 어떻게 하면 상대방이 큰 압력을 느끼는지 알고 있었다. 그는 트로츠키의 과거 동조자들로 하여금 트로츠키에게 비난을 퍼붓도록 만드는 데 전문가였다. 스탈린은 또한 트로츠키를 엄격하게 감시하였다. 그 사실은 모스크바에 있던 트로츠키가 흑해 연안에 머물고 있던 미국인 친구 맥스 이스트먼에게 보낸 편지가 끝내 배달되지 않았을 때 분명해졌다.[17] 이런 일이 드러나자 트로츠키는 자신의 크렘린 거처에 새로운 전화를 설치하겠다는 공식 제안을 거절했다. 그는 정치국 회의에서 이렇게 소리쳤다. "전화 도청은 분명한 사실입니다."[18] 그의 항의를 반박한 사람은 아무도 없었다.

이제 트로츠키와 스탈린은 치열한 경쟁자였다. 정치국에 두 사람 가운데 한 사람만 출석할 경우, 그 사람이 회의를 장악했다. 보통은 카메네프가 의장직을 수행하며 토론을 순조롭게 진행했다. 하지만 카메네프나 지노비예프는 지도자 승계 경쟁에서 중대한 도전자가 되지 못했다. 그들은 광범위한 공공 정책 전체에 걸친 공산주의 전략을 다룰 열정이 부족했다. 트로츠키와 스탈린은 그들과 전혀 다른 범주의 인간이었다. 이 두 사람은 새로운 조치를 취하는 데 열성적이었으며 문제가 복잡한 사안을 꿰뚫어보는 능력도 있었다. 자기들 앞에 불만족스런 보고서가 올라오면 두 사람은 그것을 참지 못했다. 그들은 지도부 회의에 참석한 전문가들에게 위압적인 태도로 질문 공세를 폈다. 트로츠키가 레닌의 후계자가 될 가능성이 있다는 이야기는 모스크바 주민이면 모두 알았다. 스탈린도 후계자가 될 가능성이 있다는 사실은 그렇게 널리 알려지지 않았다. 왜냐하면 정치국 회의록은 매우 제한된 범위 안에서만 배포되었으며 스탈린에게는 트로츠키 같은 자기 선전의 재능이 없었기 때문이다. 그러나 스탈린 역시 분명 잠재력을 지니고 있었다.[19] 스탈린과 부하린은 트로츠키의 힘을 약화하기 위해 긴밀하게 협조했다. 스탈린은 '단 하나의 나라에서 사회주의의 건설'을 완성하는 것, 즉 일국 사회주의의 가능성을 이야기하기 시작했다. 트로츠키는 다른 나라들에서도 공산주의 혁명이 발생하지 않는 한 사회주의의 완성은 불가능하다고 반박했다. 레닌은 이미 트로츠키와 이 부분에서 의견을 같이했다. 하지만 스탈린은 레닌의 문장을 왜곡하여 자신이 추진하는 정책에 마르크스-레닌주의의 정통성이 있다고 주장했다. 부하린은 트로츠키가 주장하는 '연속 혁명론'이 농민들을 불신한다고 주장하며 트로츠키의 이론이 반레닌주의적이라고 비난했다.

지노비예프는 더 전투적인 입장을 취했다. 지도부 토론 중에 그는 트로츠키를 정치국과 중앙위원회뿐 아니라 당에서도 축출해야 한다고 주장했다. 스탈린은 그것은 너무 극단적인 조치라고 생각했다. 정치적 온건파의 역할을 수행하는 것을 즐겼던 스탈린은 트로츠키의 지지자들에 대한 조치는 논박과 해임에 그쳐야 한다고 주장했다. 트로츠키는 불리한 처지가 되었다. 1924년 말에 그는 보좌관 미하일 글라즈만(Mikhail Glazman)에게 혁명 이전의 볼셰비키당 보도물을 샅샅이 찾아보도록 지시하였다. 자신에 대해 긍정적인 의견을 표명한 글들을 찾기 위해서였다.[20] 트로츠키는 〈프라우다〉가 진행하는 자신에 대한 비방 캠페인에 대항하고자 했다. 적들이 과거의 사건들을 다시 파헤쳐 트로츠키에게 던지고 있던 상황이었다. 다른 업무 없이 오로지 이념 문제만 다루는 공식적 이념 사안 담당자들이 논쟁에 참여하기 시작했다. 당내 반대파의 지도자가 공개 석상에서 연설을 하면, 지도부 측의 지지자들이 미리 조직된 형태로 그 연설에 야유와 비난을 퍼부었다. 다른 당원들에게는 당연히 허용되는 언론 매체를 통한 의견 개진의 기회기 트로츠키와 그의 동료들에게는 주어지지 않았다. 좌익반대파에 동조하는 일반 당원들은 당에서 축출되거나 징벌을 받았다.

이런 상황은 1925년 1월 막바지로 치달았다. 트로츠키의 군사인민위원 직책을 두고 중앙위원회의 토론회가 열렸다. 적들에게 자신을 해임하는 기쁨을 주느니 트로츠키는 스스로 사임하는 길을 택했다.

이 결정은 이전부터 계속된 투쟁 과정에서 세심하게 준비되어 왔다. 이들 못난 후계자들은 (즉 당 지도자들은) 10월혁명의 전통뿐만 아니라 러시아 내전의 전통, 그리고 내가 군과 연결되어 있다는 점을 특히 두려워했다. 나는 그들과 싸우는 것을 포기하고 군사인민위원직에서 물러났다. 내심 약간의 안도감마저 들었다. 적대자들이 공격 무기로 사용하던, 나에게 군사적 의도가 있다는 은근한 비난의 소지를 없애버린 것이다. 이 못난 후계자들은 자신들의 행동을 정당화하기 위해 말도 안 되는 이야기를 꾸며냈는데, 나중에는 그들 스스로 그 이야기를 절반쯤은 믿기 시작했다.[21]

많은 일이 있었던 지난 4년 동안 트로츠키와 적군은 불가분의 관계처럼 보였다. 러시아 내전 동안 트로츠키가 쌓은 업적은 끊임없이 칭송받아 왔다. 아직 그는 중앙위원회와 정치국의 자리를 지키고 있었지만 이제 군대와는 관련이 없어졌다.

트로츠키가 적군을 활용하여 최고 지도자의 위치로 돌아올 가능성이 있었을까? 그런 시도를 할 수 있으려면 그는 아예 다른 종류의 정치인이어야 했을 것이다. 그는 이미 최고 지위에 오를 생각이 없노라고 동료 지도자들에게 이야기한 바 있었다.[22] 물론 다른 사람이나 자신을 속인 것일 수도 있지만, 그가 과연 자신을 위해 일해줄 군인들의 연합체를 꾸릴 재주가 있었는지 의문스럽다. 적군의 최고 지휘부는 야심을 품은 경쟁자들로 가득했으며 트로츠키가 어떤 한 집단의 지휘자들에게 인기가 있었다는 증거는 전혀 없다. 물론 많은 정치위원들이 트로츠키를 존경했던 것은 사실이다. 하지만 그들 가운데 몇몇은, 예를 들어 에프라임 스클랸스키라든가 블라디미르 안토노프-오프세옌코 같은 이들은 이미 군대에서 제거된 상태였다. 게다가 러시아 내전 시기에 트로츠키는 위압적인 태도 때문에 정치위원들 가운데 상당수를 적대 세력으로 만들어놓았다. 나폴레옹 보나파르트는 프랑스혁명이 초래한 혼란을 발판으로 삼아 권력을 잡았다. 하지만 1920년대 중반의 정치국은 소비에트 정치 체제를 확고하게 장악하고 있었다. 만일 쿠데타 시도가 있었다면 당과 경찰이 무자비하게 진압했을 것이다. 어쨌든 트로츠키는 혁명가였으며 또 소련을 사랑하는 사람이었다. 트로츠키를 군사적 모험을 감행하여 10월혁명을 위태롭게 만들 가능성이 있는 사람이라고 상상하기는 극히 어렵다.

당 지도부는 4개월을 기다린 끝에 5월에 트로츠키를 3개의 직위에 임명했다. '외국 기업 영업권 허가 위원회' 위원장과 '전기기술국' 국장과 '공업 과학기술국' 의장 직위였다. 이 직위들은 정치적으로 중요한 의미가 있는 자리는 아니었으며 다만 트로츠키가 정치권에서 일을 벌이는 것을 막기 위한 장치였다. 트로츠키에 따르면 그는 새로운 업무에 전력을 다해 몰입했으며 러시아 남부 지역에 가서 각종 시설을 둘러보았고, 젊은 시절부터 품었던 과학에 대한 관심을 새롭게 이끌어낼 수 있었다. 그는 오데사의 대학에서 수학과 물리를 전공할까 생각했던 적도 있었다.[23]

당의 현 지도부에서는 여전히 긴장이 풀리지 않고 있었다. 지노비예프는 1923년 중반 스탈린의 권한을 축소하려고 시도한 적이 있었지만 곧 트로츠키에 대항하는 동맹 세력으로서 스탈린에게 다시 의존할 수밖에 없었다. 1924년 트로츠키가 완전히 패배함에 따라 이제 지노비예프와 카메네프는 다시 스탈린 문제에 집중했다. 신경제 정책에는 농민에 대한 양보가 포함되어 있었다. 농민의 요구에 대한 양보 조치는 수년간 계속되었으며 점차 지노비예프와 카메네프는 트로츠키가 초기에 한 경고가 타당성이 있다고 믿게 되었다. 두 사람은 스탈린과 부하린이 당이 전통적으로 지향해 온 '유럽 사회주의 혁명'을 포기한 것은 아닌지 의심하기 시작했다. 스탈린과 부하린이 권위주의적인 방식을 사용하는 데 분노한 두 사람은 지지자를 규합한 다음 1925년 4월부터 스탈린과 부하린을 공개적으로 비판하기 시작했다. 이 그룹은 '레닌그라드 반대파'로 알려졌다. 지노비예프의 당 활동 본거지가 레닌그라드였기 때문이다. 당 최고 지도부는 내부에서 분열하고 있었다. 스탈린은 부하린의 동의를 얻어 레닌그라드의 지

왼쪽부터 스탈린, 리코프, 카메네프, 지노비예프. 스탈린과 함께 트로츠키를 맹렬히 공격했던 카메네프와 지노비예프는 1925년 이후 스탈린의 권위주의적 방식에 반발해 트로츠키와 힘을 합친다. 그러나 1926년 4월에 결성된 트로츠키, 지노비예프, 카메네프의 '통합반대파'는 결국 스탈린에게 패배한다.

노비예프와 모스크바의 카메네프를 표적으로 하는 조직 차원의 조치를 취했다. 12월에 제14차 당대회가 개최될 즈음 분열 양상이 매우 뚜렷해졌다. 지노비예프는 독자적인 정치 보고서를 발표했으나 결국 무참한 패배를 맛보았다. 이제 스탈린과 부하린이 정치국과 중앙위원회를 통제하게 되었다. 1925년 말 소련의 최고 통치자는 스탈린과 부하린 두 사람이었다.

분파 투쟁은 1926년 들어 더욱 치열해졌다. 레닌그라드파와 트로츠키파는 과거의 원한이 있었지만 이제 점차 의견을 모았다. 트로츠키, 지노비예프, 카메네프는 힘을 합쳐 1926년 4월 '통합반대파'를 결성했다. 한 달 뒤 발생한 한 사건이 이들에게 유리하게 작용했다. 트로츠키의 반대에도 불구하고 정치국은 영국공산당에게 좌파의 다른 정치 세력과 협조하여 총파업을 결행할 것을 권고했다. 1926년 5월에 발생한 영국의 총파업은 완전한 실패로 끝났다. 트로츠키, 지노비예프, 카메네프는 스탈린과 부하린이 외교 정책 분야에서 무능력하고 타협을 일삼으며 코민테른이 이 두 사람의 손 안에 있는 것은 안전하지 못하다고 비난했다.

스탈린과 부하린의 반격은 무자비했다. 지노비예프의 지지자들 중 미하일 라셰비치를 포함해 마지막으로 남아 있던 몇몇 사람들이 주요 직책에서 모두 해임당했다. 스탈린은 지노비예프를 직접 공격하여 정치국에서 축출했다. 트로츠키는 지속적으로 공식 정책에 반대했는데도 정치국과 중앙위원회에서 자리를 보존했다. 지노비예프도 중앙위원회의 자리는 아직 유지하고 있었다. 하지만 스탈린과 부하린은 총력을 다해 승리를 쟁취하려 했다. 트로츠키, 지노비예프, 카메네프는 이미 제10차 당대회 때 금지한 분파 행동을 자행했다고 비난받았다. 또한 국제 관계에서 소련이 극히 어려운 상황이었던 몇 개월 동안 당에 복종하지 않았다고 질책당했다. 세 사람은 모두 한때 당의 내적 단합을 외쳤으나 실제로는 공산당 지도자 사이의 갈등을 폭로해서 악화시켰고 결국 소련의 적대 세력들에게 이득이 돌아가게 했다는 비난이었다. 트로츠키, 지노비예프, 카메네프에 대한 압력은 점점 더 커졌다. 결국 1926년 10월 트로츠키는 정치국에서 축출당했다. 세 명의 반대파 지도자들은 여전히 중앙위원회에 소속되어 있긴 했지만 이들이 패배했다는 사실은 이제 명백해졌다. 반대파가 해임되어 공석이 된 직위에는 현 최고 지도부의 지지자들이 임명되었으며, 통합반대파의 지지자 몇몇은 공식적 당 노선과 결별하는 대신 자신의 견해를 철회했다. 스탈린과 부하린이 승리한 것이다.

만일 통합반대파가 좀 더 일찍 형성되었더라면 스탈린은 아무런 힘도 쓰지 못했을 것이다. 트로츠키, 카메네프, 지노비예프가 정치국과 중앙위원회와 코민테른을 지배했을 것이며 시도하기만 했다면 인민위원회의까지 지배할 수 있었을 것이다. 하지만 이제 세 사람은 매우 불리한 상황에 처했다. 지노비예프는 이미 그의 행적에 의해 확실하게 트로츠키에 대한 비판자로 여겨지고 있었다. 지노비예프는 트로츠키의 외교 정책은 '모험주의'이고 직무 수행은 지나치게 중앙집권적이며 또 1917년 전후에 트로츠키가 레닌과 여러 번 충돌했다고 비난해 왔다. 트로츠키 역시 같은 방식으로 대응했다. 지노비예프가 10월혁명 이전에 레닌에게 등을 돌린 적이 있으며, 신경제 정책을 시행할 때 스탈린과 부하린과 야합하여 정책에서 급진적 요소를 누락해버렸다고 비난했던 것이다. 트로츠키와 지노비예프의 이 모든 의견 충돌은 〈프라우다〉에 기록되어 있었다. 그런 과거가 있는 트로츠키, 지노비예프, 카메네프가 이제 와서 모든 사람들에게 자신들이 당 정책에 변화가 필요하다는 점에서 의견을 같이했다고 선언하며 믿어달라고 요청하고 있었던 것이다. 트로츠키는 좌익반대파 결성 이후 자신이 어느 정도 일관성을 지켰다고 주장할 수 있었다. 하지만 지노비예프와 카메네프는 트로츠키와 연합하면서 비로소 당의 민주화와 시장경제의 제한을 요구했다. 스탈린과 부하린이 이들의 태도 변화가 결국은 권력욕에서 비롯한 것이라고 비난하기는 어렵지 않았다.

코민테른 역시 숙청의 바람을 피하지 못했다. 정치국이 내세우는 정책에 확실하게 복종하지 않는 외국의 공산당 지도부는 점차 변화를 겪었다. 지노비예프가 제거된 덕분에 이 변화는 훨씬 수월하게 이루어졌다. 소련 최고 지도부의 신경제 정책에 명백한 지지 의사를 표명해야 한다는 지시가 내려왔다. 소련의 외교 정책을 비판하는 것은 금지되었다. 그사이 통합반대파의 지도자들에 대한 제재 조치가 계속 취해졌다. 만일 트로츠키나 지노비예프나 카메네프 가운데 한 사람이 모스크바나 레닌그라드에서 축출된다면 국제적 스캔들이 됐을 것이다. 하지만 세 사람 이외의 지도급 인물들은 좀 더 입장이 취약했으며, 이들은 크렘린의 정책에 이의를 제기할 수 없는 다른 직책과 장소로 이동 배치되었다. 당의 하위 조직에서는 중앙통제위원회가 관장하는 지속적인 숙청이 반대파들을 대상으로 진행되었다. 트로츠키, 지노비예프, 카메네프는 〈프라우다〉를 비롯한 당 언론 매체에 글을 쓸 권한을 박탈당했다. 하지만 현 지도부를 대변하는 인물들은 여전히 글을 기고할 권한이 있었기에 세 사람을 비난하는 글을 지속적으로 발표했다. 그런 인물에 안드레이 부브노프(Andrei Bubnov, 1883~1940)처럼 과거에 반대파에 속했던 사람도 있었다. 1926년과 1927년에 트로츠키의 입지는 그 이전의 어느 때보다 더 나빴다.

지노비예프, 카메네프, 트로츠키도 적극적으로 팸플릿을 내고 연설을 했다. 한번은 부하린이 지노비예프가 지휘하는 레닌그라드의 당 조직이 관료적 성향을 띠고 있다고 비난했다. 그런 비난에 트로츠키는 전혀 동의하지 않았다. 만일 레닌그라드의 볼셰비키가 핵심 당 관료에 의해 통제되는 상태라면 당 전체가 모두 그렇다고 할 수 있을 것이다. 당 전체에 만연한 폐해를 두고 지노비예프가 혼자 비난받을 이유는 없었다. 부하린이 모스크바의 당 조직을 도덕적으로 뛰어난 성채인 것처럼 묘사하자, 트로츠키는 조롱 섞인 웃음을 지었다. 작금의 현실은 당의 모든 조직이 그저 지도자가 시키는 대로 움직일 수밖에 없는 상태였다.[24] 한동안 통합반대파는 레닌의 미망인 나데즈다 크루프스카야의 지지를 받았다. 1917년 이래로 트로츠키는 레닌과는 자주 충돌했지만 크루프스카야와는 사이가 좋았다. 1926년의 어느 날 그녀는 레닌이 스탈린을 '인간의 가장 초보적인 품격조차 갖추지 못한 사람'이라고 평가했다고 트로츠키에게 털어놓았다.[25]

트로츠키의 멋진 문장 덕분에 뒷세대의 사람들은 당시 당 최고 지도부가 추진했던 정책에 대한 그의 묘사를 모두 신뢰하는 경향이 있었다. 현실은 달랐으며 좀 더 복잡했다. 스탈린과 부하린이 쿨라크를 영구히 포용하는 방침을 경제 전략의 기본으로 삼았다는 이야기는 사실과 너무나 거리가 멀다. 부하린은 신경제 정책 체제에서 농업이 발전하려면 농민들이 '스스로를 부유하게 만드는 일'이 가장 중요하다고 발언해서 모든 사람을 혼란스럽게 만든 적이 있었다. 부유한 농민이라야 자신이 수확한 농산물 중 잉여를 시장에 내다 팔 수 있었다. 농민이 잉여 농산물 판매를 성공적으로 수행하는 데 경제 전체의 성패가 달려 있었다. 부하린은 연설이나 글에서 과장된 표현을 쓰는 버릇이 있었다. 정치국이 1925년과 1926년에 걸친 과세 연도의 과세 방침을 새로이 결정할 때, 부하린은 농민들 가운데 부유한 계층에 차별적으로 높은 세율을 적용하는 방침을 지지하는 데 아무런 부담을 느끼지 않았다. 실제로 추진된 정책은 다음과 같았다. 조세 제도가 바뀌어 쿨라크 세대가 높은 과세 부담을 안게 되었으며, 공식적 범주에 의해 빈농으로 규정된 세대는 세금을 거의 내지 않아도 되었다. 프레오브라젠스키는 산업화를 추진할 재원을 확보하려면 중앙의 당 지도부가 농민들에게 '공물(貢物)'을 징수해야 한다고 주장한 적이 있었다. 그냥 놔두면 부유한 농부들이 시장에 내다 팔 곡물을 국가가 나서서 징발해야 마땅하다는 것이었다. 결국 부하린과 스탈린이 시행한 세제 개혁안은 반대파들이 주장하던 정책 쪽으로 한 걸음 크게 다가간 것이었다.

통합반대파는 원래 몇몇 정책에서 의견을 달리하던 지도자들의 힘을 합쳤고, 따라서 트로츠키는 이 분파의 단합을 위해 어느 정도 타협을 할 수밖에 없었다. 그에 따르면 좌익반대파는 중국공산당에게 국민당 속으로 들어가라고 지시하자는 정책에 계속 반대했다. 당시 국민당은 중국을 복속시키려는 일본, 미국, 유럽 열강을 상대로 싸우고 있었으며 국민당 안에는 사회주의적 성향의 인물도 포함한 연립 구조가 구성되어 있었다. 하지만 좌익반대파는 국민당을 언제나 의심스럽게 보았으며 국민당이 코민테른에 가입하는 것을 반대해 왔다고 트로츠키는 말했다. 오직 라데크와 그의 몇몇 친구들만이 다른 노선을 견지했다. 카메네프와 지노비예프가 스탈린과 동맹 관계였던 시절, 정치국은 장제스(蔣介石, 1887~1975)가 이끄는 국민당이 외국의 제국주의에 맞서기에 가장 효율적인 민족 세력이라고 판단했다. 중국공산당은 홀로 활동하기에는 너무도 약한 당이라고 여겨졌으므로 장제스와 일시적으로 합작하라고 지시받았다. 좌익반대파와 레닌그라드 반대파가 합친 뒤에도 지노비예프는 정치국이 채택한 중국 정책 노선을 고집했으며, 라데크가 이끄는 소그룹은 결정적인 투표권을 행사할 수 있는 위치를 차지했다. 프레오브라젠스키와 퍄타코프는 이 사안으로 통합반대파 내부에 분열이 생겨서는 안 된다고 주장했다. 트로츠키가 양보하는 수밖에 없었다. 이때 타협한 것을 트로츠키는 두고두고 후회했다.[26]

트로츠키, 지노비예프, 카메네프가 연합을 유지했던 요인은 이들이 스탈린과 부하린의 양두 체제와 신경제 정책을 싫어했기 때문이었다. 트로츠키는 당에서 최근에 발생한 재정 스캔들 문제를 제기했다. 중앙에서 멀리 떨어진 지방에서, 특히 치타 지역과 헤르손 지역에서 엄청난 재정 관련 사기 사건이 발생했던 것이다. 트로츠키가 개인적인 감정으로 이 사건을 문제 삼은 것은 아니었다. 그가 헤르손 출신인 것은 사실이었지만 그의 현재 관심사는 이런 구체적 증거를 기반으로 삼아 일반적인 명제를 도출하는 데 있었다. 또한 실리흐테르(A. G. Shlikhter)의 보고서 사안도 있었다. 보고서는 현재 당 일꾼들이 자신들의 상관을 고발하기를 두려워하고 있다고 지적했다. 반대파들이 당한 조치가 자신들에게도 닥칠까 봐 우려하기 때문이었다.[27] 트로츠키가 볼 때 이런 사건은 내전 이후 볼세비키당이 타락하고 말았다는 증거였다. 자본주의적 관행과 경찰 방식의 조치가 만연했다. 현 상황이 완전히 통제 불가능한 지경에 이르기 전에 이런 경향에 반대하는 운동을 반드시 시작해야 했다.

트로츠키는 스탈린이 공정하지 못한 수단을 사용하여 권력을 잡았다고 기회가 있을 때마다 비난했고 대다수 사람들은 그런 비난이 정당하다고 믿어 왔다. 트로츠키는 스탈린이 서기장으로서 활용할 수 있었던 관료적 조작을 그 예로 지적했다. 트로츠키는 스탈린이 혁명적 정치인이 아니라 그저 행정가에 불과하다고 단언했다. 스탈린은 밖으로 나가 군중 앞에서 연설하는 사람이 아니었다. 스탈린은 토론할 줄도 몰랐다. 스탈린의 지성은 난쟁이 수준이었다. 그가 잘하는 일이라고는 그저 사무실을 지키고 앉아서 무엇을 시키든지 충성하는 피보호자를 한 무리 모으는 일뿐이었다. 보스에게 개인적으로 충성하는 사람은 당과 정부의 높은 지위로 승진하는 보상을 받았으며 하위 직급 역시 마찬가지로 충성도를 기준으로 삼아 임명되었다. 10월혁명과 러시아 내전의 승리를 가능하게 했던 고참 볼셰비키는 체계적으로 퇴출당했다. 스탈린은 열정이 없고 아무런 이념적 확신도 없는 젊은 행정가들을 확실히 선호했다. 이런 사람들은 스탈린의 명령을 아무런 거리낌 없이 무자비하게 실행에 옮기는 사람들이었다. 스탈린은 소비에트의 정치를 행정 과정으로 축소하고 말았다. 10월혁명의 창조자들과 러시아 내전의 승리자들은 이제 의심스런 집단으로 여겨지고 있다고 트로츠키는 주장했다. 하지만 스탈린이 경험 많은 혁명가들을 승진시키지 않았다고 비난하는 것은 상당히 잘못된 표적을 향한 공격이었다. 현 최고 지도부는 고참 볼셰비키들을 승진시키는 방침을 확고하게 지키고 있었다. 트로츠키의 주변에 볼셰비키가 아닌 사람에게 호의를 보인 사람이 있다면 그것은 스탈린이 아니라 바로 트로츠키 자신이었다.[28]

동지와 추종자

정치가로서 트로츠키에게 부족했던 것

당 집회 때나 군사인민위원부에서 일할 때를 제외하면, 트로츠키가 만나는 사람은 가족과 몇몇 실무 보좌관뿐이었다. 그는 1918년에서 1919년에 걸쳐 수하 보좌관들을 선발했다. 게오르기 부토프, 미하일 글라즈만, 이고르 포즈난스키, 세르묵스, 에프라임 스클랸스키가 그들이었다. 이 작은 그룹의 구성원은 널리 인기가 있는 사람들이 아니었다. 이들은 신참 당원이었으며 먼저 트로츠키와 그의 생각에 매력을 느꼈고 그 다음에야 당에 가입한 사람들이었다. 이들은 붉은 보나파르트의 부관이 될 후보자로서 명성을 얻었다.

러시아 내전 동안에 마치 다윈의 자연선택과 같은 과정을 거쳐 형성된 트로츠키의 측근 그룹에는, 자신에게 주어진 책무를 완벽하게 수행하지 못하는 사람은 단 한 사람도 끼지 못했다. 트로츠키는 집무실에서 엄격한 규율을 실행에 옮기며 까다로운 기준을 요구하는 것으로 당 전체에서 유명했다. 대다수의 볼셰비키는 혼란스런 분위기 속에서도 별다른 어려움을 겪지 않았다. 어떤 볼셰비키는 오히려 그런 혼란 속에서 더 활발하게 움직였다. 격식을 차리지 않고 일하는 것이 오히려 혁명에 대한 헌신성을 표현한다는 생각까지 있었다. 사람들은 어느새 나타났는가 하면 또 어느새 가버리고 없었다. 회의에 늦게 도착하는 사람들이 있는가 하면, 회의가 끝난 다음 그들을 모시고 출발해야 할 운전기사가 늦게 도착하는 경우도 많았다. 레닌이 항상 금지했지만 인민위원회의 회의에 와서 담배를 피우는 사람이 종종 있었다.(사람들의 공포를 자아냈던 정치경찰 수장 제르진스키는 담배를 피우고 싶어 못 참을 지경이 되면 회의실 한쪽 구석의 연기 빠지는 구멍 쪽으로 슬그머니 걸어가곤 했다.)[1] 레닌은 일상적인 행정 업무에 필요한 성실성마저 없느냐며 자주 화를 내곤 하였다. 하지만 레닌도 트로츠키를 능가하지는 못했다. 트로츠키가 책상에 앉아 있는 동안에는 주위에 반드시 평화와 정적이 있어야 했다. 그는 비서들이 미리 허락을 받지 않고 집무실에 들어오는 것을 금지했다. 그는 잡일을 해주는 여성들 가운데 한 사람을 특히 좋아했는데—'머리에 손수건을 묶은 농민 같은 여성'이었다.—그녀가 매우 조용한 발걸음으로 주위를 걸어다녔기 때문이었다.[2]

스탈린은 트로츠키의 보좌진을 해체하려고 열심히 노력했다. 중앙당국은 1924년 8월 글라즈만을 당에서 축출하였는데 사유는 명백히 날조된 것이었다. 그 다음 날 글라즈만은 권총으로 자살했다.[3] 스클랸스키는 스탈린과 논쟁을 벌인 후 공화국혁명군사평의회에서 해임되어 면섬유공업 부문의 직책을 맡게 되었다. 이로써 그는 트로츠키 가까이에 있지 못하게 되었다. 1925년 그는 미국에 업무차 출장을 가서 어느 호수에서 배를 타다가 사고를 당하여 익사했다.[4]

트로츠키의 측근 중 조금 바깥쪽에 있었던 한 사람은 볼셰비키 당원들보다 더 많은 문제를 일으켰다. 원래 작가였으나 공산주의자로 변신한 미국인 맥스 이스트먼이었다. 트로츠키는 1922년 러시아에 온 그를 환영했으며 그가 트로츠키 자신의 전기를 쓰는 데 동의했다. 이스트먼은 트로츠키의 친척들과도 친구가 되었으며 러시아인 애인도 생겼다. 이름은 옐레나 크릴렌코였으며 그에게 러시아어를 가르치던 사람이었다. 이스트먼은 트로츠키에게 수많은 질문을

미국의 공산주의자 맥스 이스트먼(1923년). 1922년에 러시아를 방문한 이스트먼은 트로츠키의 전기를 쓰면서 트로츠키와 가까운 사이가 되었다.

던졌고 트로츠키는 때로는 구두로, 때로는 문건으로 그의 질문에 답했다.[5] 두 사람 모두 트로츠키의 전 생애를 다룰 만한 시간이 없었기 때문에 이스트먼은 트로츠키의 젊은 시절만을 다룬 책을 냈다. 이 책이 《레온 트로츠키 : 어느 젊은이의 초상》이다.[6] 한번은 이스트먼과 최근의 정치 상황에 대해 이야기를 나누면서 트로츠키는 그에게 레닌의 유언장 내용을 말해주었다. 하지만 그 내용이 적힌 문건은 보여주지 않았다. 트로츠키는 이 유언장에 대한 정보를 어떤 방법으로든 기어이 외부 세계에 알리고 싶었기 때문에, 대화 내용을 외국에서 출판하겠다는 이스트먼의 계획에 동의해주었다.[7] 위에서 언급한 트로츠키의 전기가 미국에서 출판되고 몇 달 뒤 이번에는 영국에서 이스트먼의 또 다른 책 《레닌이 죽은 뒤》가 출판될 예정이었다. 이 책은 나오기 전부터 세계 출판계에 큰 반향을 불러일으켰다. 트로츠키는 이 사안과 아무 관계가 없다고 발뺌했지만 당 지도부 전체는 이스트먼이 트로츠키의 뜻에 따라 행동했다는 것을 알고 있었다. 정치국에서 큰 소동이 벌어졌다. 트로츠키는 정치국원 다수의 의견에 따라 이스트먼이 쓴 책의 내용을 부인했고, 이스트먼이 사기꾼이며 레닌이 유언장을 썼다는 것 역시 거짓말이라고 공개적으로 선언할 수밖에 없었다.[8]

프랑스 남부 지방에 머물면서 활동하던 이스트먼은 트로츠키의 이런 행동에 크게 상처를 받았다. 하지만 이스트먼은 충동적으로 행동하지 않았다. 그는 파리에 소련 대사로 와 있던 흐리스티안 라코프스키를 만나서 앞으로 어떻게 하면 좋을지 상의했다. 라코프스키는 책의 원고를 읽어본 후 이스트먼에게 예정대로 책의 출판을 실행에 옮기라고 권고했다.[9] 얼마 뒤 트로츠키는 자신을 따르는 사람들에게 이스트먼이 '성실한 혁명가'라고 은밀하게 언급했으며 이 말은 결국 1928~1929년 겨울에 뉴욕에 있던 이스트먼의 귀에 들어갔다. 그는 다시 트로츠키를 위해 일하기 시작했다.[10] 트로츠키의 측근들은 언제나 그에게 충성을 바쳤다. 그에게 특별한 친화력이 있어서가 아니었다. 그는 인격이 없는 행성처럼 자신의 중력 궤도 안으로 주변의 위성들을 끌어들였을 따름이다. 그는 스클란스키가 죽었을 때 감동적인 추도문을 썼다. 하지만 대체로 그는 측근들이 자신 곁에서 제거될 때까지는 그들을 별로 소중하게 대하지 않았다.

트로츠키의 오만한 태도 때문에 그의 보좌관들이 그에게 품은 존경심이 줄어들지는 않았다. 그들은 젊은 시절에 이미 트로츠키를 평생 존경할 인물로 삼았다. 당내 반대파에서 동료로 활동하던 정치인들은 달랐다. 트로츠키는 사람들과 친구가 되기 위해 특별한 노력을 기울이는 사람이 아니었다. 그가 공직 생활에서 친밀한 관계를 유지한 사람은 한 손으로 셀 수 있을 정도였다. 흐리스티안 라코프스키, 아돌프 이오페, 드미트리 스베르치코프 정도였다.(알렉산드르 겔판트-파르부스는 1924년에 사망하기 오래전부터 트로츠키와 멀어졌다. 파르부스는 독일 정부와 사업상 이해관계와 인맥으로 관련되어 있었기 때문에 소비에트 러시아가 철저하게 불신한 인물이었다.) 이들은 모두 고참 볼셰비

35장 동지와 추종자

·

577

1920년대 라코프스키와 트로츠키가 함께 찍은 사진. 불가리아 출신의 혁명가 라코프스키는 트로츠키의 몇 안 되는 친구 중 한 명이었다. 트로츠키는 1928년 소련에서 추방당한 후 터키의 뷔위카다 섬에 있을 때 책상 위에 라코프스키의 사진을 항상 올려놓고 있었다고 한다.

키 당원이 아니었으며 1917년 이전에는 이런저런 이유로 레닌에게 반대한 이들이었다. 이들은 서로 친밀하게 서신 교환을 했고 누군가 아픈 사람이 있으면 서로 기운을 북돋워주었다. 하지만 트로츠키는 우정에 완전히 몰두한 적이 없었다. 오랜 세월이 지난 뒤 파리에서 맥스 이스트먼은, 트로츠키에게는 '다른 사람에게 느끼는 개인적인 감정'이 기본적으로 결여되어 있다고 앨프리드 로스머(Alfred Rosmer,

1877~1964)에게 말했다. 로스머 역시 맥스 이스트먼의 의견에 동의
했다. "정말 맞는 이야기입니다. 트로츠키에게는 인정이라는 게 없
죠. 그런 것은 그에게 전혀 없습니다.'[11]

트로츠키가 불가리아 농촌의 부유층 출신인 라코프스키를 만난
것은 1903년이었다. 트로츠키는 《문학과 혁명》을 그에게 헌정하면
서 그를 '투쟁가이며 인간이며 친구'라고 불렀다. 라코프스키가 키예
프에서 정부를 이끌었을 때 두 사람은 러시아 내전 동안 우크라이나
정책을 긴밀하게 논의했다. 1920년대에 두 사람은 정책의 대략적인
방향에서 뜻을 같이했다. 라코프스키는 좌익반대파를 지지한 대가
를 크게 치러야 했다. 그는 국외의 직책으로 '추방'당했으며 결국은
1925년부터 1927년까지 프랑스에서 소련의 외교 전권대사로 일하게
되었다. 라코프스키와 마찬가지로 이오페 역시 전직 의사로서 광범
위한 문화적 교양을 갖춘 사람이었다. 이오페는 트로츠키와 함께 빈
에서 〈프라우다〉를 내며 이름을 떨치다가 1912년 오데사에서 당국에
체포되었다. 1917년 말에는 브레스트-리토프스크 협상의 초기 단계
를 담당했으며 이후 러시아 내전 기간에 국제 정책과 관련하여 트로
츠키와 자주 접촉했다. 이오페는 러시아에서 보낸 시간이 많지 않
다. 외교관으로서 베를린, 리가, 제노바, 상하이, 런던, 도쿄에서 보
낸 시간이 많았기 때문이다. 먼 곳에 있으면서도 이오페는 트로츠키
의 반대파 활동을 힘닿는 데까지 도왔다. 스베르치코프 역시 트로츠
키의 오랜 친구로서 그에게 동조했다. 두 사람은 각자의 정치적 책무
를 수행하며 짬을 내 만났다. 상대가 아플 때면 서로 같이 아파했다.
1920년대 말 스베르치코프가 공식적 당 노선에 동의한다고 공개적
으로 선언하며 통합반대파를 거부한다고 말했을 때 트로츠키는 큰
충격을 받았다.

라코프스키, 이오페, 스베르치코프는 트로츠키와 가까운 거리에
있지 못했기 때문에 트로츠키는 자신의 구상을 발표하기 전에 이들

에게 의견을 물어볼 기회가 없었다. 트로츠키가 다른 사람과 미리 의논하는 유형과 워낙 거리가 멀기도 했다. 그는 홀로 있다가 사람들에게 말해야 할 중요한 것이 있을 때만 큰 도회지로 나오는 은둔자 같은 사람이었다.

좌익반대파와 통합반대파를 이끈 또 다른 지도자는 카를 라데크, 예브게니 프레오브라젠스키, 레오니트 세레브랴코프, 유리 퍄타코프, 이바르 스밀가, 니콜라이 크레스틴스키였다. 라데크와 트로츠키는 1917년 전후에 여러 정치적 이슈에서 의견을 같이했다. 두 사람 모두 재치 있고 신랄하게 글을 썼다. 라데크는 크렘린 엘리트 가운데 농담을 잘 하기로 유명한 사람이었으며 트로츠키보다는 사람들과 잘 어울렸다. 당과 정부에서 아무런 직책이 없었던 그는 〈프라우다〉에 자주 글을 썼다. 맥스 이스트먼은 라데크에 관해 이렇게 회고했다.

처음에는 호감이 가지 않던 사람에게 점차 매력을 느끼게 되는 경우가 있는데, 라데크가 그런 사람이었다. 처음 그를 만나면 시력이 무척 나쁘고 입술은 거칠고 두툼하며 귀와 턱 아래 수북하게 삐죽삐죽 나 있는 수염이 무척 부담스러운 사람으로 보인다. 하지만 큰 안경 뒤에 있는 그의 눈이 흐릿하지 않고 기묘할 정도로 날카롭다는 것을 곧 알게 된다. 두터운 두 입술 사이의 선이 무척 섬세하다는 것도 발견하게 된다. 그의 두터운 입술에 익숙해지면 그 입술에 담긴 고요함을 좋아하게 된다. 라데크는 비쩍 마른 몸에 특이한 옷깃과 단추가 달린 이상한 네모꼴 형태의 옷을 걸치고 다녔다. 옷감은 매끈하고 귀족적인 것이었지만, 디자인을 보면 볼셰비키 선동가라기보다는 뉴잉글랜드 지방의 교회 집사 같았다.[12]

프레오브라젠스키, 세레브랴코프, 크레스틴스키는 1920년과 1921년의 노동조합 논쟁 이후 계속하여 트로츠키와 연합했다. 그 때문에 이들은 중앙위원회 서기직을 박탈당했다. 프레오브라젠스키는 좌익 반대파의 주동자였으며 신경제 정책이 시행되는 동안 정치국의 농업 정책을 비판하는 반대파 논리를 구성하는 데 트로츠키보다 더 큰 역할을 했다. 하지만 그가 트로츠키의 친구였던 적은 없었다. 오히려 트로츠키의 고압적인 태도를 불쾌해했다.[13]

퍄타코프와 스밀가 역시 트로츠키에게 개인적으로 호감을 느끼지는 않았다. 특히 스밀가는 1918~1919년에 적군에서 트로츠키와 충돌한 경험이 있었는데도 불구하고 반대파에서 트로츠키의 탁월함을 인정하였다는 점에서 특이했다.[14]

라데크, 프레오브라젠스키, 세레브랴코프, 크레스틴스키, 퍄타코프, 스밀가는 트로츠키를 자신들이 선택할 수 있는 가장 좋은 지도자로 대우했지만 결코 완벽한 선택이라고 생각하지는 않았다. 트로츠키 역시 정치적 피후견인 집단을 만들지 않았다. 그는 추종자 집단을 원하긴 했지만 일부러 그런 집단을 창출하려고 애쓰지 않았다. 그가 쓴 《새로운 경로》를 보면 심지어 고참 볼셰비키들을 경멸하기까지 했다. 트로츠키는 1917년 이전부터 지속적으로 자신의 적대자를 만들어 왔으며 이 적대자들 가운데 많은 사람들이 1917년 이후 그에게 더더욱 적대적인 태도를 품게 되었다. 1928년 스탈린은 러시아에서 급속한 산업화를 추진하기 위해 제1차 5개년 계획을 시작하였는데, 이 제1차 5개년 계획 기간 중에 트로츠키의 주요 정치 협력자들 중 사실상 전부가 이제까지 트로츠키를 지도자로 받아들였던 것을 공개적으로 철회하였다. 하지만 아무도 이 일을 엄청나게 놀라운 사태로 인식하지 않았다. 심지어 라코프스키조차 스탈린과 우호적인 관계를 맺었다. 한편 이들이 이런 행동을 하였다 하여 1930년대 말 스탈린이 징벌의 열정을 불태울 때 처벌을 피할 수는 없었다. 라데크, 프레오브라젠스키, 세레브랴코프, 크레스틴스키, 퍄타코프, 스밀가, 라코프스키는 총살형을 당하거나 노동수용소에서 죽음을 맞이했다. 이때 트로츠키가 느낀 감정은 분노보다는 슬픔에 가까웠다. 그는 망명 생활 중에 항상 자신의 책상 위에 라코프스키의 사진을 올려놓았다. 라코프스키가 1938년 열린 전시재판에 나왔을 때 그가 이미 육체적, 정신적으로 고문당한 상태였으리라는 것을 트로츠키는 알고 있었다.

친구들과 동지들이 정치적으로 자신을 저버릴 때, 트로츠키는 그들을 다시 자기편으로 끌어들이려고 노력하지 않았다. 유감을 표명한 적도 없었다. 트로츠키가 보기에 잘못은 모두 그들의 것이기 때문이었다. 트로츠키는 스스로 반성하는 능력이 별로 없었다. 레닌이 죽음으로써 트로츠키는, 그 사람이 내놓기만 하면 어떤 의견이든 자동적으로 존중하게 되는 그런 사람을 곁에서 잃었다. 그것은 트로츠키의 생애에서 새로운 상황이 아니었다. 레닌에 대한 트로츠키의 존경심은 1903년부터 1917년까지는 중지된 상태였다. 그 기간 동안 트로츠키는 당대의 중요한 사안에 대하여 마치 자기 혼자만 해결책을 아는 것처럼 생각하고 행동했다. 그는 사막의 시메온 성자*처럼 자신이 가장 높은 자리에 홀로 앉아 있는 것이 세상의 자연스러운 이치라고 생각했다. 하지만 시메온 성자와 달리 트로츠키는 덕을 추구하기 위해 정신적 · 육체적 고통을 감내하지는 않았다. 트로츠키는 지극히 독선적인 인간이었다. 따라서 주위 사람이 어느 순간 자신이나 대의에 도움이 안 될 경우 트로츠키는 아무 일도 없었다는 듯 태연하게 그들을 내쳤다. 그를 오래 알아 왔던 사람이 아니면 누구나 트로츠키의 이런 태도에 충격을 받았다. 1917년 이전에 그리고리 지프는 사람들의 보편적인 감정이 트로츠키에게는 없다고 말한 적이 있었다.[15] 1920년대에 트로츠키가 자신의 이름 아래 하나의 분파를 형성하지 못한 것을 이 옛 친구가 보았다면 별로 놀라지 않았을 것이

시메온 성자(Saint Simeon, 390?~459) 기독교 성자로서 기둥 모양 구조물 위에 올라가 그 꼭대기의 좁은 공간에서 37년간 머물면서 수행한 것으로 유명하다.

다. 트로츠키는 연설과 글과 소책자를 통해 사람들에게 영감을 불어넣을 수 있었다. 그는 하나의 주제를 순식간에 부각하는 놀라운 재주를 지니고 있었다. 그는 촌철살인의 비난이나 조롱으로 적대자들의 논리를 깨부술 수 있었다. 하지만 제1차 세계대전 이전부터 그에게 결여되어 있던 것은, 자신이 지도하는 분파를 지탱할 수 있는 직관적 능력이었다.

그는 다른 사람들과의 관계에서 타협할 줄 몰랐다. 1917년 이후 담배를 끊었고, 술도 특별한 경우에만 조금 마셨다.(레닌 역시 담배를 피우지 않았으며 맥주를 조금 마셨을 뿐이지만 트로츠키에 비한다면 자유분방한 편이었다.) 트로츠키는 지저분한 농담을 용납하지 않았으며 누구든 여성과 어린아이 앞에서 욕설을 하는 것을 무척 싫어했다. 그가 '일상생활'에 대해 쓴 저술은 깊은 확신에 기반을 두고 있었다. 거의 모든 동료 볼셰비키들은 담배를 피우고 술을 마시고 욕도 잘하고 남의 이야기도 잘 했다. 스탈린 쪽 인물인 미코얀(Anastas Mikoyan, 1895~1978)은 트로츠키가 '사람들이 러시아 말을 하지 못하도록' 하는 건방진 기사 역할을 한다고 불평했다.* 이는 트로츠키가 저속한 말을 싫어하는 것을 지적한 것이다.[16] 트로츠키는 결코 주위 사람과 어울려 떠들기를 좋아하는 사람이 아니었다. 그는 항상 자신이 주위 사람보다 우월하다고 생각한다는 인상을 주었다. 그가 일부러 그런 것은 아니지만 결과는 마찬가지였다. 결국 그는 잠재적 동맹자들을 멀어지게 만든 것이다. 그는 그저 지루하다고 느낄 때도 그런 자신의 느낌을 분명하게 드러내 보임으로써 사람들을 화나게 만들었다. 만일 정치국 회의가 지루한 안건에서 미적거리고 있으면 그는 주머니에서 프랑스 소설을 한 권 꺼내 들고 읽기 시작했다. 이런 행동을

---

* 미코얀의 생각에 러시아어를 자연스럽게 하려면 어느 정도 거친 표현이 들어가야 하는데, 트로츠키가 거친 표현을 싫어하니 결국 러시아 사람에게 러시아 말을 못하게 하는 격이라고 비꼰 것이다.

35
장
동
지
와
추
종
자
•
583

통해 트로츠키는, 자신보다 덜 지적이고 덜 똑똑하며 능력도 부족한 사람들이 말하는 것을 듣고 있는 것보다는 자신의 소중한 시간을 좀 더 유용하게 쓰고 싶다는 뜻을 전달했다. 1926년부터 인민위원회의의 부의장직을 맡은 얀 루주타크(Jan Rudzutak, 1887~1938)는 트로츠키에게 이렇게 말했다. "트로츠키 동지, 나는 그대가 똑똑한 머리를 갖고 있다는 것을 압니다. 그런데 그 머리의 소유주가 당신 같은 무뢰한이라는 것이 유감이군요."[17]

트로츠키의 다른 면모를 보았던 것은 오직 그의 가족과 친구들뿐이었다. 맥스 이스트먼의 기록이다.

그는 절대로 잘난 척하지 않았다. 그는 자신이나 자신의 업적에 대해서 절대로 이야기하지 않았다. 그는 대화할 때 발언권을 독점하지 않았다. 그는 대화 중 어떤 주제가 나와도 그것에 기꺼이 관심을 기울였으며 전적으로 경청했다. …… (우리가 같이 일을 하는 도중에) 내가 그를 칭찬하면 그는 간단하게 이렇게 말했다. "고맙습니다." 그러고 나서는 곧 다른 주제로 넘어가버렸다.[18]

하지만 트로츠키는 사적으로든 공적으로든 자신이 바보 취급당하는 것을 대수롭지 않게 여기는 능력은 없었다. 그는 절대로 참지 못했다. 그는 자신이 모든 것을 다 아는 척하는 오만한 인간이라는 인상을 고치려고 하지 않았다. 유리 퍄타코프는 1926년에, 즉 너무 뒤늦은 시기에, 트로츠키에게 사람들과 좀 어울려서 그들을 우리 편으로 만들어보자고 설득했다. 그렇게 하지 않던 오랜 세월을 극복하고 트로츠키는 어느 날 저녁 사람들의 모임에 나갔다. 하지만 그는 나탈리야에게 이렇게 말하고는 곧 그 자리를 떠났다. "도저히 참을 수가 없어. 이 많은 술 하며, 여자들은 긴 드레스를 입고 있고, 모두들 남의 소문을 들먹이고. 마치 살롱* 같은 분위기야."[19] 이날 저녁 모

어떤 정치 집회에 참가한 트로츠키가 지루했는지 자기 이름을 가지고 낙서를 해놓았다. 트로츠키는 사람들과 적당히 어울려 농담이나 유흥을 즐길 줄 몰랐고, 지루하다고 느낄 때는 그 느낌을 분명하게 드러내 보였다. 이런 모습이 동지들에게 오만한 인간이라는 인상을 주었다.

임을 주관한 사람은 바로 카메네프 부부였다. 트로츠키의 누이동생 올가는 결코 향락과 사치를 일삼는 여자가 아니었지만 트로츠키는 누이의 접대가 너무 부르주아 같다고 느꼈다.[20]

트로츠키는 자신의 편에 서 있던 볼셰비키 좌파 인물들이 어려움에 빠졌을 때 힘이 되어주지 않았다. 개인적 의견을 자세하게 기록하는 것을 좋아했던 그는 자신의 분파에 속하는 인물이라도 그 견해가 잘못되었다고 생각하는 경우에는 공격을 서슴지 않았다. 레닌은 다른 사람의 말을 주의 깊게 들어주고 자신을 도와주고자 하는 사람의 기분이 상하지 않게 조심하는 것으로 유명했다. 트로츠키의 지지자 가운데 머리가 매우 좋은 사람인 프레오브라젠스키는 그와 트로츠키가 1928년 행정 명령에 의한 유형 처분을 받은 후 트로츠키에게 보

―――――――――――――

살롱(salon) 보통 유명인사의 집에서 개최되는 모임으로 예술가, 작가, 정치인들이 모여 다양한 주제의 대화를 하며 인적 네트워크를 만드는 기회가 되었다. 여기서는 상류계층 사람들의 비생산적인 사교 모임이라는 뜻으로 사용되었다.

낸 편지에서 트로츠키의 단점을 이렇게 표현했다.[21] 트로츠키는 사람과 대면하여 이야기할 때에는 예절 바른 사람이지만, 펜을 손에 쥐면 악마가 된다고.

여하튼 트로츠키는 권력을 향해 맹렬하게 달려가기 위해 필요한 결단력이 없었다. 트로츠키에게 그 자신을 좀 더 중요한 인물로 생각하라고 충고해준 유일한 사람은 아돌프 이오페였다. 이오페는 레닌이 1905년 당시에 올바른 전략을 구상한 사람은 레닌 자신이 아니라 트로츠키였다고 사적인 자리에서 말한 것을 회고했다. 트로츠키의 생각이 당시 최선의 관점이었지만, 레닌이 지니고 있었던 타협을 거부하는 힘이 트로츠키에게는 없었기에 그는 자신의 잠재성을 실현하지 못했다. 오랜 세월 동안 이오페는 이런 생각을 입 밖에 내지 않고 있었다. 그러나 1927년 11월 16일 자살을 결심했을 때 그는 트로츠키에게 처음이자 마지막으로 이런 생각을 말하기로 결심했다. 그 무렵 이오페는 결핵, 심근염, 위궤양, 다발성 신경염으로 건강이 망가진 상태였다. 그는 또 공적인 업무도 금지당했기에 더욱 우울했다. 중앙위원회는 그를 위한 치료 위원회를 구성했지만 이들은 치료에 열성을 보이지 않았다. 의사들은 결국 그에게 외국에 가서 치료해 보았자 희망이 없다고 말했다. 이오페는 평생 감정적으로 안정된 사람이 아니었지만 그가 쓴 마지막 서신은 차분했다. 그는 오랜 친구인 트로츠키에게 만일 다시 지도부에 올라가려고 한다면 이제 정치에 다른 방식으로 접근해야 할 것이라고 말하고 싶었다.[22]

이오페는 마지막으로 트로츠키에게 한 가지 부탁을 했다. 그가 이 세상에 두고 가는 아내와 두 아이를 도울 수 있는 한 도와 달라는 부탁이었다. 현재의 당 지도부가 자신의 가족에게 도움을 주리라고 생각하지 않았던 것이다. 이오페는 트로츠키에게 낙관적으로 생각하라고 촉구하면서, "그대가 다시 당에서 그대에게 어울리는 자리를 차지하게 될 날이 멀지 않았다고 믿는다."고 단언했다.[23] 스스로 목숨을 끊음으로써 이오페는 트로츠키가 구체적으로 어떻게 해야 하는 지는 설명하지 못했다. 트로츠키는 1920년대 후반기에 강공에 강공을 거듭하고 있었다. 이때까지 트로츠키는 모든 타협안을 버렸다. 이 오페의 마지막 서신은 정말 그저 과거에 대한 판단일 뿐이었을까? 아니면 트로츠키에게 적당한 타협책에 다시는 유혹당해서는 안 된 다고 경고한 것일까? 혹시 트로츠키에게 정치인으로서 좀 더 확실하 게 행동하라는 호소를 하고 싶었던 것일까? 이스트먼 역시 나중에는 트로츠키에게 레닌의 후계자로서 필요한 무엇인가가 부족했다고 생 각했다. 이스트먼은 분파 투쟁이 진행되는 동안 자신의 영웅이 전장 에서 퇴각해버렸던 일이 얼마나 자주 있었는지 기록했다. 또한 트로 츠키는 1923년과 1924년 가장 나쁜 시점에 병을 앓았다. 이스트먼은 트로츠키가 인민위원회의 부의장을 맡으라는 레닌의 제안을 받아들 였어야 했다고 평가했다. 또한 레닌이 죽은 직후 곧바로 유언장에 대 한 토론을 개시하지 않은 트로츠키의 잘못을 지적했다.[24]

정치국은 트로츠키가 개인적 목적을 위해 적군을 이용할지도 모 른다고 계속 우려했다. 그가 10월혁명의 나폴레옹이 될 수 있다는 의 심이 끈질기게 존재했다. 이 의심이 1925년 1월 트로츠키가 군사인 민위원 직책을 잃은 이유 가운데 하나였다. 하지만 트로츠키는 자신 과 함께 일했던 군 지휘관들을 지지 세력으로 만들려는 노력을 하지 않았다. 군사인민위원에서 밀려난 이후에도 그는 행동 방식을 바꾸 지 않았다. 그는 자신이 러시아 내전 기간에 이룩한 업적을 자랑스럽 게 생각했다. 실제로 그는 자신이 어떤 면에서 군사적인 인간이라고 생각했다. 1929년 소련에서 추방당하였을 때 그는 터키의 케말 파샤 (Mustafa Kemal Pasha, 1881~1938)가 자신에게 망명지를 제공했던 이 유가 자신이 그와 마찬가지로 군인이었기 때문이라고 생각했다. 그 렇지만 트로츠키는 신경제 정책 기간 동안 군에 대한 당의 통제권을 강화하기 위해 모든 방면에서 노력했다. 그는 군대의 규모를 축소하는 작업을 감독했다. 군의 기술 수준을 높이려고 노력하긴 했지만 예산 토론에서 군을 위해 특별한 호소를 한 적은 없었다. 독일군이 소련 영토에서 합동작전 훈련을 시행하는 것을 승인했지만, 그것은 트로츠키의 개인적 판단이 아니라 모스크바 당 지도부 전원이 채택한 공식 정책이었다.

트로츠키는 더러운 방식으로 싸우는 것을 싫어했다. 맥스 이스트먼이 그런 성향을 힐책했지만 트로츠키는 끄떡도 하지 않았다.

"이것 보세요. 그것은 주장이 아닙니다. 그저 개인적 공격일 뿐입니다." 트로츠키가 말했다. "나는 그런 것에 응답할 수가 없어요." 그러고 나서 그는 자신의 말이 너무도 당연한 것 아니냐는 듯 양손을 활짝 폈다.

나에게는 당연하게 들리지 않았다. 그래서 나는 계속 말했다. "자, 예를 들자면 당신은 스탈린이 그때 (좌익반대파에 대해서) 한 연설을 거론할 수 있지 않았습니까……."

"그 연설이 어떤 것인데요?" 그는 내게 물었다. 내 표정을 보고 그는 미소 지었다. "나는 그런 것은 읽어보지도 않았습니다." 그는 말했다.

나는 깜짝 놀랐다는 말을 우물거렸다. 그는 너무나 당연한 것 아니냐는 식으로 또 한 번 양손을 활짝 펴면서 말했다.

"그들이 쓴 것을 내가 왜 읽어야 하죠?" 그는 말했다. "그들은 내가 한 발언에 대해 토론하는 것이 아니었어요. 오해하고 말고 할 것도 없습니다."[25]

트로츠키가 이스트먼의 주장을 받아들인 것은 2년이나 지나서였고 그때는 이미 늦은 때였다. 좌익반대파의 지도자로서 그는 지적인 만족감을 느끼면서 열정적으로, 그리고 멋진 문장을 구사하면서 자신의 논점을 분명히 발표했다. 그다음 그는 독자들이 각자 알아서 결론을 내리도록 내버려 두었다. 현명하지 못하게도, 그는 그 정도로 충분하다고 생각했다.

트로츠키는 회고록에서 1920년대에 자신이 정치국이나 중앙위원회에서 모든 영향력을 상실했다고 주장했다. 하지만 그것은 사실이 아니었다. 정치국 회의에서, 특히 스탈린이 결석한 경우에는 트로츠키가 회의의 주도권을 잡았다. 그는 강의하듯 길게 이야기했고, 철저하게 질문을 던지는가 하면 무엇인가를 자세히 설명했고 또 냉소적인 특유의 농담을 적절하게 던졌다. 그는 누구도 무시할 수 없는 존재였다.[26]

트로츠키는 당 지도부와 자신의 분파, 그리고 당 전체에서 지지를 구하는 활동을 제대로 하지 않았다. 물론 그는 수많은 소책자를 썼지만 이런 행동은 다른 사람들에게 불편을 끼칠 소지가 있었으며 게다가 다른 사람을 짜증나게 만들 수도 있었다. 그가 소책자를 쓰느라고 멀리 가 있을 때면 지도부의 논의 과정에서 사람들이 그의 의견을 참고하려고 해도 그럴 수가 없는 경우가 발생했다. 트로츠키는 현대 정치의 필수 요건을 이해하지 못했다. 노동자반대파에 있다가 결국 스탈린과 부하린 쪽으로 넘어간 안드레이 안드레예프(Andrei Andreev)는 트로츠키에게 1926년 이렇게 말했다. "그렇습니다. 당신은 이미 소책자를 한 권 썼다고 말씀하고 계시는군요. 하지만 **발행되는 책을 다 읽는 사람이 지금 누가 있습니까?**"[27] 안드레예프는 트로츠키에게 이제 천사처럼 행동하는 것을 그만두고 쓸모 있고 실제적인 제안을 내보라고 말했다. 트로츠키는 이 충고를 무시했다. 그는 누구도 개인적으로 불쾌하게 만들 의도가 없었지만 어떤 토론에서든 그는 계속해서 다른 사람의 감정에 상처를 주었다. 그는 지극히 자기중심적인 사람이었다. 그가 마르크스주의와 10월혁명, 그리고 세계 공산주의에 진정으로 헌신한 것은 사실이었다. 그는 자신에게 던져진 공격의 말을 마치 양복 위에 떨어진 먼지처럼 툭툭 털어버릴 수 있었다. 그는 어째서 다른 볼셰비키 지도자들이 자신처럼 하지 못하는지, 또 자신이 그들의 정책을 조롱하거나 비난할 때 왜 그들이 인간으로서 경멸당한다고 느끼는지 도저히 이해할 수가 없었다. 트로츠키가 이들의 감정을 무시한 것은 정치적으로 어리석은 태도였다.

36장

트로츠키의 사생활

치유로서의 글쓰기

1918년 페트로그라드에서 모스크바로 수도가 옮겨 가면서 트로츠키 가족은 크렘린 궁에 있는 기병대 본부 건물의 방 네 칸짜리 숙소를 차지했다. 사치스런 생활을 하지는 않았지만 트로츠키 가족은 편안하게 살 수 있었다. 트로츠키는 다른 볼셰비키 지도자와 마찬가지로 그리 많지 않은 봉급을 받았다. 나탈리야는 줄곧 러시아 내 박물관 운영을 관리하는 일을 했다. 그녀의 월급은 남편 월급의 대략 절반 정도 수준이었다. 러시아에서 가장 글을 많이 쓰고 또 가장 많이 팔리는 글을 쓰는 저자의 한 사람이었던 트로츠키는 아주 큰 부자가 될 수도 있었다. 하지만 자신의 정치적 목표를 추구할 수만 있다면 그에게 돈은 아무 의미가 없었다. 그는 자신의 수입을 일일이 계산하지도 않았으며, 이스트먼의 진술에 따르면 책 판매 수익금을 비서들에게 넘겨주어 보관하도록 했다.[1)]

공산당 엘리트, 즉 노멘클라투라(Nomenklatura)는 은행 예금 잔고가 많지 않아도 안락한 삶을 누릴 수 있다는 사실을 외국 방문객들은 잘 이해하지 못했다. 정계에서 높은 자리를 차지하고 있는 공산당원은 소련에서 가장 좋은 시설들을 무료로 사용할 수 있었다. 건강에 필요한 의료 서비스가 자동적으로 제공되었다. 집안에는 요리사,

심부름꾼, 운전기사 등이 배정되었으며 식품은 크렘린 당국이 아벨 에누키제(Abel Enukidze, 1877~1937)의 총괄 아래 공급해주었다.[2] 주요 정치인들의 가족은 좋은 옷을 입었다. 가족의 옷차림은 트로츠키에게 언제나 중요한 일이었다. 두 아들의 사진은 이들이 옷을 잘 차려입었음을 보여준다. 지배 그룹의 다른 지도자들과 마찬가지로 트로츠키는 모스크바 교외에 있는 별장을 사용할 수 있었으며 북카프카스나 압하지야의 최고급 휴양지에서 휴가를 보낼 수 있었다. 그는 사냥하러 나가곤 했다. 사냥은 러시아 내전 뒤 그가 휴식을 취할 때 가장 즐기던 활동 가운데 하나였다. 물론 돈은 한 푼도 낼 필요가 없었다. 책이 필요하면 트로츠키는 어느 도서관에서건 책을 주문할 수 있었다. 그의 서가에는 출판사에서 보내온 개인 소장본이 넘쳐났다. 신문과 보고서는 전 세계에서 정기적으로 배달되었다. 특별히 절약해야 하는 생활은 아니었다. 사치를 좋아하지는 않았던 트로츠키는 부족함 없는 삶을 살 수 있었다.

다른 소비에트 지도자들과 마찬가지로 트로츠키는 집을 누구에게나 개방했다. 다른 가정의 아이들이 드나들었다. 1919년 13세가 된 료바가 콤소몰(komsomol, 당의 청년 조직인 공산주의청년동맹)에 가입하겠다는 의사를 밝혔을 때, 반드시 필요한 서류인 추천장에 서명해준 사람은 곧 그의 아버지의 숙적이 되는 부하린이었다.[3]

트로츠키에게 다른 여자가 있는 것 아니냐는 소문이 끊이지 않고 돌았다. 잘생겼고 카리스마가 넘치는 그는 분명 여성의 관심을 끌었다. 클레어 셰리든에 관련된 소문이 사그라들자 곧 라리사 레이스네르(Larisa Reissner)에 관한 소문이 퍼졌다. 레이스네르는 무척 매력적인 볼셰비키 여성 당원 가운데 한 사람이었다. 남편은 트로츠키의 지지자였던 표도르 라스콜니코프(Fyodor Raskolnikov, 1892~1939)였다. 레이스네르는 유난히 아름다웠다. 그녀가 트로츠키와 업무로 얽히게 된 것은 1918년 중반 그녀가 볼가 전투 지역에서 적군의 사기를 높이기 위한 선동가로 일할 때였다. 그러고 나서 그녀는 라스콜니코프가 아프가니스탄의 수도 카불에 소비에트 전권대사로 임명되었을 때 함께 떠났다. 이런 인사 조치는 저명한 트로츠키파 사람들을 모스크바의 정계로부터 제거하는 방법이었다. 레이스네르는 아프가니스탄에서 현지의 왕족과 은밀한 관계를 맺으며 즐거운 시간을 보냈다. 그녀는 알렉산드라 콜론타이 같은 볼셰비키 페미니스트들이 칭송할 만한 해방된 여성이었다. 그녀는 팜 파탈 역할을 즐겼으며 소비에트 고위층으로 침투해 들어가는 것을 좋아했다. 그녀는 '자유 연애'를 이론적으로 주장하는 사람이 아니라 실천에 옮기는 여성이었다.[4] 모스크바로 다시 귀환한 레이스네르는 카를 라데크를 위하여 희곡을 한 편 썼다. 그녀는 분명 좌파 인물들에게 끌렸다. 라데크는 그녀의 매혹에 빠져들었다.

하지만 레이스네르는 더 큰 목표를 노렸다. 라데크를 통해서 그녀는 트로츠키에게 매우 특이하고 심지어 불순하기까지 한 메시지를 전달했다. 그녀는 트로츠키의 아이를 낳고 싶어 했다. 그녀의 계획은 "어머니(레이스네르)의 아름다움과 재능, 그리고 아버지(트로츠키)의 천재적 두뇌를 조화롭게 결합한" 자식을 낳는 것이었다. 여자를 좋아하는 라데크는 이런 식으로 외면당하는 데 익숙하지는 않았지만, 그녀의 심부름을 해주었다. 트로츠키는 이 유혹을 거절했다. "진정하게, 카를. 자네의 그 사랑스런 여자에게 가서 내가 그녀 아이의 아버지가 되는 것을 거절한다고 전해주게." 일 주일 뒤 트로츠키는 공화국혁명군사평의회에서 기자와 작가들을 불러 회의를 개최했는데 거기에 레이스네르가 출석했다. 트로츠키가 그녀에게 다가가자 그녀는 얼굴을 붉혔다. 트로츠키는 그녀에게 문학과 적군에 관련된 이야기만 하는 방식으로 점잖게 거절의 뜻을 전달했다.[5]

이 이야기는 라데크와 가까운 사람들을 포함하여 모스크바의 반대파 그룹 인물들이 실제 일어났다고 믿었던 내용이다. 트로츠키가 일을 제대로 못할 경우, 그 원인이 여성이었던 적은 없었다. 그가 때때로 공적인 책무를 수행하지 못한 원인은 건강 악화 때문이었다. 러시아 내전 이후부터 트로츠키는 건강 문제를 자주 겪었다. 하지만 건강 문제에 심리적 이유가 없다고 할 수는 없었다. 발병 시기와 정치적 위기를 겪는 시기가 일치하는 경우가 눈에 띄게 많았기 때문이다. 1923년 여름부터 1924년 봄까지가 바로 그런 시기였다. 그 기간에 트로츠키는 정치국에서 자신의 뜻을 관철하지 못하였다. 그의 병이 심리적 요인에 의한 것이라는 관측이 많이 떠돌았다. 그런 논평이 다시 한 번 설득력을 발휘한 시기는 레닌이 죽은 후 몇 주 동안이었다. 그때 트로츠키는 현 지도부가 벌이는 공개적인 비난 운동의 대상이 되어 〈프라우다〉와 소책자를 통해서, 그리고 중앙위원회와 13차 당 회의에서 철저하게 비난당하고 있었다. 좀 더 기질이 약한 사람이라면 이런 비난의 압박에 곧 신념이 무너져버릴 정도였다. 트로츠키가 1923년 10월 중앙위원회에 나와서 다소 애처로운 연설을 했다는 사실은 그가 아무리 빨리 정신적 안정을 되찾았다고 해도 자신의 동기와 진실성에 대한 수많은 공격에 상처받았다는 것을 보여주었다.

하지만 트로츠키의 건강 악화가 꼭 정치적 위기 때문만은 아니었다. 그는 수십 년 동안 이런저런 병으로 고생했으며 병의 증세가 단순히 그의 상상의 산물은 아니었다. 그렇다고 해서 그가 자신의 고통을 과장하여 표현한 적이 없었다는 뜻은 아니다. 트로츠키는 자신이 세운 집필 계획을 미룬 적이 없었다. 가장 짧은 소책자를 준비할 때도, 그는 자료를 모으고 관계 서류를 검토하고 도서관에 연락하고 비서진의 작업을 지휘해야 했다. 그다음 초안을 쓰고 또 초안을 다시 손보았다. 그다음에는 출판사와 연락을 주고받으면서 교정지를 꼼꼼하게 살펴보았다. 그는 언제나 여러 가지 글쓰기 계획을 동시에 진행했다. 〈프라우다〉에 그가 글을 게재하지 않는 달은 특이한 달로 여겨졌다. 어쩌면 그는 다른 사람에게 말한 것보다 실제로는 덜 아팠는지도 모른다. 하지만 한편으로 글쓰기는 그에게 일종의 치료 방법이었다. 글쓰기를 통해 트로츠키는 날카로워진 신경을 가라앉히기도 하고 육체의 고통을 덜기도 했다. 24시간 동안 한 번도 펜을 손에 쥐지 못하는 것은 그에게 일종의 고문이었다.

나탈리야는 남편의 병이 이른바 건강염려증이나 혹은 다른 종류의 심리적 자기 기만이라고 생각한 적이 한 번도 없었다. 남편이 아프다고 말하면 그녀는 언제나 믿었다. 트로츠키는 건강 문제로 오랫동안 괴로움을 겪었으며 또 병이 나은 후 요양을 위해 길게 쉬기도 했다. 그가 의료진의 권고를 무시한 것은 러시아 내전 때와 폴란드 전쟁 때뿐이었다. 소비에트 체제의 존립이 위협받는 상황에서 침대에 누워 시간을 보낼 수는 없었다. 1921년부터 그는 자신의 신체 상태에 무척 신경을 썼다. 당시 심각한 병을 앓은 사람이 당 지도부에서 트로츠키뿐이었던 것은 아니다.[6] 하지만 레닌을 제외한 중앙위원회의 다른 동료들과 트로츠키가 다른 점은, 트로츠키가 이후에도 지속적으로 병에 시달렸다는 점이다. 구에티에 교수는 오랫동안 트로츠키를 돌보았다. 구에티에는 트로츠키 부부와 레닌 부부가 아끼는 의사였다. 구에티에는 경험이 풍부했지만 트로츠키의 병은 그 원인을 파악하기 힘들었다. 대개 구에티에가 내리는 처방은 그저 휴식뿐이었다.

1922년 레닌을 돌보았던 독일의 의료 전문가 '자문단'은 러시아에 머무는 동안 트로츠키도 돌보아 달라는 요청을 받았다. 트로츠키에게서 신체적인 문제를 발견하지 못한 이들은 간질을 의심했다. 독일 의사 한 명이 트로츠키에게 고대 로마의 율리우스 카이사르 역시 간질 증세가 있었다고 이야기해주었다. 트로츠키는 곧바로 이렇게 답했다. "네, 하지만 문제는 제가 율리우스 카이사르가 아니라는 거죠."[7] 이런 진단을 내놓은 것이 이 독일 의사들이 처음은 아니었다. 그리고리 지프는 1890년대에 의사가 되기 위한 훈련을 받고 있었는데 트로츠키가 기절하는 것을 목격하고는 바로 간질이라는 진단을 내놓았다. 지프는 또한 제1차 세계대전 이전 십 년 동안 트로츠키의 친구였던 레프 데이치가 "이런 기절 증세가 간질 때문이라는 것은 잘 알려져 있으며 확실하게 인정된 사실"이라고 말한 것도 기억하고 있었다.[8] 지프의 분석 내용은 인용할 가치가 있다.

트로츠키의 성격에서 보이는 많은 특색을 고려하면, 나도 모르는 사이에 그런 진단을 내리게 된다. 그는 자기 중심적 태도를 극명하게 드러냈으며, 자신감이 지나칠 정도로 발달했고, 극단적이며 병적이기까지 한 자만심이 있고, 연설과 글과 행동에서 화려해 보이려는 성향이 있다. 심지어 그의 정확하고 조심스런 글씨체에도 …… 다른 사람을 약올리는 현학적인 태도가 있다.[9]

(의사들은 글씨를 알아보기 힘들게 휘갈겨 쓰는 것으로 악명 높은데, 여기에서 지프가 달필을 문제점으로 간주하는 점이 흥미롭다.) 우리가 감안해야 할 점은 1920년대에는 간질이 어떤 특정한 유형의 기질과 관련이 있다는 가설이 널리 인정받고 있었다는 것이다. 의사인 지프가 내놓은 의견의 핵심은 결국 독일의 의료 전문가들이 내놓은 것과 동일했다.

간질에는 사회적으로 수치스러운 병이라는 이미지가 따라 붙었기 때문에 간질 증세를 경험하는 사람들은 보통 병명을 말하지 않았다. 트로츠키는 간질 진단을 인정하지도 부인하지도 않았으며 자신의 문제를 모호한 방식으로 이야기하는 편을 선호했다. 그는 간질이라는 표현을 쓰지 않고 기절 증세라고 표현했다. 1920년 그는 클레어 셰리든을 당황하게 만든 적이 있었다. 셰리든이 진흙으로 트로츠키의 흉상을 만들고 있었는데 그녀 앞에 등을 보이고 서 있던 트로츠키가 갑자기 몸을 휘청거렸던 것이다. 그녀는 트로츠키가 뒤로 넘어져 흉상 위로 쓰러지지 않을까 걱정했다. 트로츠키는 아무 걱정할 것 없다면서 그녀를 안심시켰다. "나는 쓰러질 때면 항상 앞으로 쓰러집니다!"[10]

의사들이 완전히 단정적인 결론을 내린 것은 아니었다. 간질에는 경련 증세와 입에 거품을 무는 증세가 동반되는데, 트로츠키가 기절할 때 그런 증세는 없었기 때문에 트로츠키는 자신의 병명에 관하여 분명한 입장을 취하지 않을 수 있었다. 그의 건강 상태에 대한 이야기가 외국으로 흘러나갔다. 런던의 풍자 잡지 〈펀치〉에는 다음과 같은 우스갯소리가 실렸다. "어느 모임에서 트로츠키는 두 시간 동안이나 연설한 뒤 기절했다. 다른 사람을 생각하는 인정 있는 사람이었다면 연설하기 전에 미리 기절했을 것이다."[11] 볼셰비키 지도자의 개인적인 문제를 두고 이렇게 공개적으로 농담을 하는 것은 소비에트 러시아에서는 상상조차 할 수 없는 일이었다. 트로츠키는 기절하는 증상을 대수롭지 않다는 식으로 말하곤 했다. 건강 문제를 가볍게 여기는 것은 트로츠키에게 흔치 않은 일이었다. 그것은 아마 그가 사람들이 생각하는 것보다 자신의 병을 더 걱정했다는 표시일 것이다. 그는 군사 작전을 수행할 때는 유난히 용감했지만 자신의 다른 질병들에 대해서는 거의 노이로제에 걸린 사람처럼 자세하고 길게 이야기를 늘어놓는 사람이었다. 트로츠키가 요양소에서 머물면서 건강을 회복할 때면 나탈리야는 그의 간호 책임자였을 뿐 아니라 그의 건강 이야기를 들어주는 친구였다.

만일 트로츠키가 실제로 간질을 앓았다 하더라도 그것은 그가 고질적으로 앓던 질병들 가운데 하나일 뿐이었다. 그는 대장염을 지속적으로 앓았다. 또 소년 시절부터 위장에 문제가 있었고, 제1차 세계대전 이전에는 탈장 증세를 보였다. 통풍은 1920년대부터 앓았다. 그는 또한 온몸에 힘이 전혀 없는 상태가 며칠간 계속되는 증세도 호소하기 시작했다. 그는 자신이 건강하지 못한 원인으로 1900년부터 1902년까지, 1906년부터 1907년까지의 망명 생활을 들었다. 하지만 당시의 증거를 검토해보면 그런 트로츠키의 주장은 근거가 없다. 시베리아와 러시아 북부 지방에 있을 때 트로츠키는 건강했다. 게다가 1898년 헤르손에서 독방에 갇혔을 때를 제외하면 감옥에서 보낸 시기의 생활 여건이 그렇게 고통스러운 것은 아니었다. 그가 종종 활동 불능 상태에 빠진 이유로 개연성이 가장 큰 것은, 그가 너무나 오랜 세월 동안 엄청난 속도로 일을 해서 기력이 쇠했기 때문이라는 설명이다.

이런 상태에 있었기 때문에 트로츠키는 정신적 긴장에 무척 취약해질 수밖에 없었다. 가족 이외의 사람은 이런 문제를 몰랐지만 나탈리야는 문제 상황을 자주 겪었다. 어떤 사람보다 오랜 세월 동안 가까이에서 트로츠키를 관찰한 그녀는 남편이 갑자기 짜증을 내는 것이 그의 건강 문제 때문이라는 결론을 내렸다. 나탈리야는 1958년 일기에 남편의 '신경질'에 대해 기록했다. "대체로 그는 자신의 신체에 일어나는 생리적 부조화에 유난히 민감했다. 증세가 아주 미세하게 나타나도 그는 마음의 평정을 잃었다. 그는 자신의 신체가 완전한 질서와 건강을 유지해야만 한다고 생각했다."[12] 나탈리야는 남편의 특성을 있는 그대로 받아들였으며, 남편이 필요로 하는 것을 제공해주고 남편이 필요한 것을 마음대로 요구할 수 있도록 해주는 것이 자신이 해야 할 일이라고 여겼다. 그녀는 또한 현명하기까지 했다. 남편의 강점과 약점이 어떤 식으로 섞여 있는지 잘 알았던 그녀는 남편이 건강한 모습으로 밖에 나갈 수 있도록 최선을 다했다. 그렇게 남편을 밖으로 내보내고 나면 그 후의 일은 남편에게 맡겼다. 집안의 중심은 언제나 트로츠키였다. 알렉산드라와 나탈리야에게서 난 아이들 모두 아버지가 집에서 생활하는 방식을 존중해야 한다고 배웠다. 가족이 크렘린에 있을 때도, 주말에 별장에 있을 때도, 아이들은 아버지의 작업 습관을 감히 방해하지 못했다. 트로츠키는 집무실에서만큼 집에서도 많은 글을 썼다. 그는 굳이 목소리를 높이지 않아도 모든 것을 자기 식대로 할 수 있었다. 가족 내에서는 거의 말다툼이 일어나지 않았다. 아이들은 자라면서 점차 정치 방면에서 아버지의 견해를 따랐다. 딸 지나와 니나는 좌익반대파의 열렬한 지지자였으며 아버지는 딸들의 영웅이었다. 트로츠키는 딸들의 열정적 태도를 칭찬하고 격려했다.

그래도 약간의 문제는 있었다. 지나와 자카르 모글린의 결혼 생활은 짧게 끝났으며 처참했다. 지나의 남편은 공산주의에 전혀 관심을 보이지 않음으로써 아내를 실망시켰다. 하지만 두 사람은 1923년 딸 알렉산드라를 출산할 때까지 결혼 생활을 유지했다.[13] 지나는 곧 두 번째 결혼을 했다. 남편은 플라톤 볼코프란 사람이었는데, 볼코프와의 결혼 생활은 첫 번째 결혼보다 오래 지속되었으며 1925년 아들 브세볼로드(세바라고도 한다)가 태어났다. 하지만 부부 사이에는 다툼이 많았으며 남편은 이따금 그녀를 떠나곤 했다.[14] 그러나 최소한 정치적 문제로 부부가 다투는 일은 없었다. 볼코프는 1920년대 당내 논란 때 확고하게 트로츠키 편에 섰다.[15] 지나의 어머니인 알렉산드라 브론시테인은 딸을 도와주려고 노력했지만 막상 딸이 원하는 것은 아버지의 도움이었다. 나탈리야가 보기에 지나는 두 남편보다 아버지 트로츠키를 더 많이 사랑했다. 볼코프는 좌익반대파 편에 서서 싸웠기에 지나의 사랑을 두고 트로츠키와 경쟁하지 않을 수 있었다. 아버지에 대한 지나의 사랑은 거의 집착에 가까웠다. 지나 역시 폐에 문제가 있어서 자주 요양을 해야 했다. 동생 니나는 언니보다 좀 더 안정적인 성격이었다. 그녀는 1921년에 아들 레프, 1926년에 딸 볼리나를 출산했다. 그러나 만 네벨손과의 결혼 생활은 성공적이지 못했다.[16] 니나 역시 폐렴을 앓았으며 1920년대 중반에 건강이 급격히 악화되었다.

트로츠키의 자식 가운데 오직 둘째 아들 세르게이만이 아버지에게 자식으로서 공경하는 태도를 보이지 않았다. 맥스 이스트먼에 비해,

세르게이는 크렘린의 엘리트가 물질적으로 얼마나 풍요롭게 사는지 이해하고 있었다. 사회주의적 평등이라는 이상을 배우며 성장한 세르게이는 그 사실을 매우 중요하게 여겼다. 그는 모든 특권을 물리쳤다. 그는 의사에게 진료받을 때 다른 사람의 순서를 뛰어넘는 것을 거부했다. 멋진 옷을 입을 기회도 거부했다. 모스크바 소비에트가 그에게 멋진 새 윗도리를 보내왔을 때 그는 팔꿈치를 헝겊으로 덧댄 낡은 윗도리를 계속 입고 다니겠노라고 선언했다.[17] 세르게이는 아버지와 어머니의 '부르주아' 생활 방식을 비난했으며 그들의 문화적 취향을 경멸했다. 한번은 부모가 라디오를 통해 차이코프스키의 오페라 〈예브게니 오네긴〉을 듣고 있는 것을 보고 이를 힐난하기도 했다.[18] 세르게이는 러시아의 고전음악이 퇴폐적이며 용납할 수 없는 것이라고 생각했다. 나이 열여섯에 그는 집을 떠나버렸다. 더는 참을 수가 없었던 것이다.[19]

부모는 사람들에게 세르게이가 소비에트 노멘클라투라의 삶을 거부하고 정치를 혐오한다고 말했다.[20] 트로츠키, 나탈리야, 큰아들 료바는 혁명 활동가였던 반면, 세르게이는 자신의 삶에서 다른 것을 모색하고 있었다. 얼마 후 세르게이는 일주일에 한 번씩 집을 방문하게 되고 부모는 아들의 방문을 환영했다.(부모는 아들에게 도시를 가로질러 올 때 드는 차비를 주려고 했지만 아들은 독립성을 지키려고 받지 않았다.) 트로츠키는 말했다. "우리는 반대하지 않았습니다. 하지만 너무 이르죠. 그 아이는 아직 너무 어려요."[21] 이후 세르게이는 특별한 선택을 했다. 체조에 매료되더니 서커스단에 들어간 것이다.[22] 그는 이곳저곳을 떠돌아다니다가 올가 그레버라는 도서관 사서를 만나 사랑에 빠졌다. 그녀는 세르게이에게 학업을 계속하라고 강력하게 권유했다.[23] 이후 세르게이는 올가와 모스크바에 정착해서 공학기사가 되고자 공부하기 시작했고 다시 부모와 이따금 만나게 되었다. 세르게이는 온유한 성격 덕분에 모든 사람의 친구가 되었고 인기도 있었

트로츠키와 나탈리야 부부의 둘째 아들 세
르게이. 열여섯 살 때 부모의 '부르주아적'
생활 방식에 반발해 집을 떠난 세르게이는
혁명 활동이 아닌 다른 삶을 찾고자 했다.

다. 그는 자신이 선택한 길이 자신에게 잘 맞는다는 것을 부모가 인
정하도록 만들었다.

트로츠키는 어쩌면 세르게이에게서 자신의 모습을 조금 보았을
것이다. 트로츠키 역시 고압적인 아버지가 아들을 위해 선택한 세속
적인 야망을 거부했다. 다비드 브론시테인이 그랬던 것처럼 트로츠
키 역시 아들이 스스로 인생을 선택하도록 허락하는 판단력이 있었
다. 나탈리야는 세르게이와의 관계를 소중하게 생각했다. 후일 그녀
는 료바보다 세르게이를 조금 더 좋아했다고 고백했다.[24] 그러나 아
들이 혁명 사업을 싫어하는 것은 인정하지 못했다. 나탈리야는 평소
의 그녀답게 이 사실에 대해서도 사회적이고 정치적인 설명을 덧붙
였다. 그녀의 의견에 따르면 세르게이는 혁명의 열정이 사라진 신경
제 정책 체제의 사회 분위기에 부정적인 영향을 받았다.[25] 트로츠키
와 나탈리야 역시 시대의 산물이었다. 1920년대에는 상황이 나쁘게
변화하고 있다는 것이 그녀의 견해였다. 그러나 나탈리야와 트로츠

키가 깨닫지 못했던 것은 볼셰비키당 엘리트들이 돌이킬 수 없을 정도로 타락하고 있다는 사실이었다. 부부는 동지적 헌신이라는 미덕이 여전히 살아 있다고 믿었다. 트로츠키는 아직 자신의 적들을 제대로 파악하지 못하고 있었다. 그는 정적들이 그저 잘못 생각하고 있거나 어리석고 자기보다 열등하다고 생각했다. 그들이 혁명가로서 명예심을 품고 있을 것이라고 트로츠키는 믿고 싶었다. 1928년 멀리 쫓겨나기 전까지 트로츠키는 스탈린을 도덕적으로 타락한 인간이라고 비난하는 것을 자제했다.

가끔 장차 닥쳐올 무시무시한 사태의 전조 같은 일이 일어났다. 1924년 늦여름 트로츠키 가족이 키슬로보츠크에서 휴가를 보내던 중에 위험한 사고가 일어났다. 가족은 하루 일정으로 사냥을 나갔다. 거인과 같은 몸집의 니콜라이 무랄로프(Nikolai Muralov, 1877~1937)와 트로츠키의 개인 경호원이 동행했다. 일행은 지붕이 없는 열차를 탔다. 집으로 돌아오던 중 기차역에 접근하다가 갑자기 열차가 탈선을 해서 사람들이 객차 밖으로 튕겨 나왔다. 다들 찰과상만 입고 무사했다. 일행은 이 사고에 대한 설명을 요구했지만 별로 설득력이 없는 변명만 돌아왔다.[26] 그다음 사건은 1927년 11월 7일 일어났다. 트로츠키가 통합반대파의 시위에 참가했을 때 트로츠키의 자동차를 향해 총이 한 발 발사되었다. 스탈린이 이 사건에 관여했다는 증거는 없었지만 나탈리야는 이 사고가 상부의 허락을 받은 암살 시도였다고 믿게 되었다.[27] 1926년 카메네프가 트로츠키 주변에 위험이 도사리고 있다고 경고한 적이 있었다. 암살은 분명히 가능했다. 함께 통합반대파를 결성한 뒤 트로츠키와 지노비예프는 만약 두 사람이 '사고로' 사망할 경우 스탈린을 비난할 비밀 문건을 미리 준비해놓았다. 지노비예프는 트로츠키에게 직설적으로 이렇게 물었다. "당신은 스탈린이 당신을 물리적으로 제거하는 문제를 논의한 적이 없다고 생각하십니까?"[28] 카메네프의 말에 따르면 스탈린은 이런 말을 한 적이 있었다. "적을 확실하게 설정한 다음, 그에 대한 준비를 하고, 적절한 방식으로 복수를 실행에 옮긴 다음, 잠자리에 드는 것이 최고로 즐거운 일이다."[29]

트로츠키는 현 지도부에 많은 골칫거리를 제공하면서도 여전히 당의 엘리트 그룹의 한 사람으로 대접받았다. 1926년 봄 공식적인 허락을 받고 그는 베를린으로 가서 치료를 받게 되었다. 노동절에 그는 나탈리야와 함께 알렉산더 광장에 가서 공산당 시위 행렬을 구경했다. 두 사람은 신분을 밝히지 않고 시위를 구경했는데, 깃발들이 휘날리는 광경과 독일공산당원들의 열정, 그리고 공산당원들이 무척 많은 데 큰 감동을 받았다.[30] 두 사람이 코민테른 때문에 독일공산당이 진정한 마르크스주의의 길에서 벗어났다고 생각하지만 않았다면, 두 사람은 더 기뻐했을 것이다.

트로츠키가 원한 혁명

트로츠키파가 승리했다면 전체주의는 없었을까?

    세상 어디에서나 정치인들은 자신의 의도에 일관성이 있다고 주장하는 습성을 지니고 있다. 트로츠키는 비록 자신을 정치인이라기보다는 혁명가라고 불렀지만 이 점에서는 마찬가지였다. 1930년에 펴낸 자서전에서 그는 자신이 1920년대에 시행된 당 지도부의 공식적 조치를 끊임없이 비판했다고 묘사하고 있다. 그는 자신이 언제나 시장 경제에 반대하여 투쟁해 왔다는 인상을 주고 싶어 했다.

    트로츠키의 이런 묘사는 오해를 불러일으켰다. 그는 비록 신경제 정책의 어떤 부분을 수정하거나 제거해야 한다고 주장하긴 했지만 신경제 정책 자체를 폐기해야 한다고 주장한 적은 없었다. 사실 그는 소비에트 경제에 앞으로 상당 기간 동안 사적 부문이 필요하다는 것을 인정했다.[1] 그는 자기 나름의 신경제 정책 변형안을 제시했으며 반대파에 참여한 이들의 대다수 역시 트로츠키의 기본적인 발상을 받아들였다. 1920년대의 분파 투쟁은 기존 정책을 폐기할 것인가에 관한 논쟁이 아니라, 기존 정책의 경계선을 어디에 그을 것인가를 놓고 벌인 논쟁이었다. 적어도 당시의 논쟁은 그랬다. 분명 트로츠키는 정치국이 농민 '부유층'을 지원함으로써 쿨라크의 위험성을 키우고 있다고 경고했다. 또한 공식적 통계 자료가 쿨라크의 발흥을 과소평가하고 있다고 주장했다.[2] 하지만 그의 주장은 농업 생산을 당장 전반적으로 집단화하자고 요구하는 것은 아니었다. 대신 그는 국가가 협동농장*의 설립을 지원해야 한다고 주장했다. 트로츠키의 견해에 따르면, 이렇게 함으로써 농민들이 각 지역 쿨라크의 손아귀에서 벗어날 수 있다는 것이다. 동시에 쿨라크 세대가 내는 세금을 늘려야 하며, 만일 쿨라크가 자신보다 가난한 이웃을 착취하지 못하도록 하는 조치가 취해지지 않는다면 쿨라크가 협동농장에 가입할 수 없도록 해야 한다고 주장했다.[3] 그는 또 각 마을에서 쿨라크를 고립시키면 중간계층 농민을 협동농장에 가입하도록 압박하는 데 도움이 될 것이라고 주장했다.[4] 그는 환상을 품고 있지는 않았다. 그런 자극적 조치를 반드시 시행해야 한다는 점, 그리고 소련의 공장 생산이 발전하여 '농업의 점진적인 산업화'가 실현되어야 비로소 협동농장이 성공할 것이라는 점을 그는 분명히 알고 있었다.[5]

하지만 트로츠키의 이런 논평은 정치국이나 중앙위원회의 토론에서만 뚜렷하게 등장한다. 얼굴을 맞대고 격렬하게 토론할 때를 제외하면, 그는 보통 모호한 일반론 속으로 몸을 감추었다. 그가 대중을 위해 개괄적인 경제 계획서를 제시한 것은 한 번뿐이었다. 1925년에 출판하고 그 이듬해에 재발행된 《사회주의를 향할 것인가, 자본주의를 향할 것인가?》에서 트로츠키는, 산업에 자본이 투자되는 속도를 높여야 하고, 중앙집권적인 국가의 경제 계획이 있어야 하며 농촌에 집단농장이 있어야 한다고 주장하였다. 발생할 수 있는 문제에 대한 언급도 없었으며 구체적 과정도 제시하지 않았다. 이 책의 강조점은 당이 미래를 향해서 갈 때 결국 사회주의의 길과 자본주의의 길 가운데 하나를 반드시 선택해야 한다는 것이었다.[6]

협동농장 각 농민이 농기구, 가축 등 생산수단을 공유하고 생산과 출하를 공동으로 운영하는 농장 구조를 뜻한다. 농민이 완전히 집단농장의 일원이 되는 농업 집단화에 비교하면 개별 농민의 자율성이 어느 정도 유지된다.

트로츠키는 집단농장 체제가 자발성의 원칙을 기반으로 삼아 시행되어야 한다고 항상 강조했다. 프레오브라젠스키는 산업 성장에 필요한 비용을 농민 전체가 치러야 한다는 도발적인 발언을 했지만 트로츠키는 그런 발언을 삼갔다.[7] 더 중요한 것은, 이 주제가 바로 신경제 정책에 대한 당내 토론의 핵심이었는데도 불구하고 트로츠키가 이 주제 자체를 피했다는 사실이다. 그렇지만 그는 지도부 토론에서 자신이 농업의 가치를 무시한다는 사실을 굳이 감추려고 하지 않았다. 그는 정치국 회의에서 농업 부문의 이익을 변호하는 칼리닌 (Mikhail Kalinin, 1875~1946)을 날카롭게 비난했다.[8] 트로츠키는 농민들이 개별 농경에 집착하는 것을 불편하게 만드는 세금 체계를 구축해야 한다고 주장했다. 트로츠키의 이런 생각은 지도부 내의 또 다른 토론에서도 나타났다.

> **리코프** : 농민들은 모두 만약 자신이 집단농장에 가입하지 않을 경우에 자신이 원치 않는데도 세금을 비롯해 온갖 모든 종류의 부담을 짊어지게 되는 것은 아닌가 하는 의문을 제기하고 있습니다. 제 생각에 이것은 강제적 시스템이 될 것입니다.
>
> **칼리닌** : 경제적 강제입니다.
>
> **트로츠키** : 강제가 아니라 자극을 주는 것입니다.[9]

트로츠키의 답변은 그 진의를 파악하기 어려웠다. 그는 미래의 상황 전개에 대한 자신의 생각을 구체적으로 밝힐 용의가 없었을 뿐 아니라 그런 이야기를 하는 것 자체에 다소 짜증을 내고 있었다. 그는 분명 정치국의 다수가 예상하는 것보다 더 이른 시기에 집단화가 실행되기를 바랐다. 하지만 그는 자신이 원하는 일정을 구체적으로 언급하지 않은 채로 일반적 성격의 경제적·사회적 목표를 발표하는 데 그쳤다.

트로츠키는 소비에트의 산업화를 가속화해야 한다고 주장할 때도 자제력을 보였다. 그는 단어 선택에 주의를 기울였고 성격이 모호한 명제를 반복해서 말했다. 그는 산업 계획에 더 많은 투자를 촉구했으며 그렇게 하면 경제 전체가 이득을 볼 것이라는 논지를 폈다. "자본이 부족한 사회주의 국가가 농업을 발전시키는 가장 확실한 방법은 산업에 최대한 투자하는 것이다."[10] 트로츠키는 '네프만'*이나 소규모 공장 소유주를 많이 비난하지 않았다. 그가 가장 강한 열의를 보인 것은 총체적 경제 계획을 주장할 때였다. 정부가 소유한 제조업과 광산업 부문에서 이루어지는 투자와 생산과 분배는 고스플란이 집행해야 한다고 트로츠키는 주장했다. 그는 한 번도 사적 부문을 폐지해야 한다고 주장한 적이 없었다. 그는 산업 성장을 촉진하는 데 거의 어려움이 없을 것이라고 추정했다. 일반 국민의 열의는 충분할 것이며, 노동계급은 고임금과 고용 보장의 혜택을 환영할 것이라고 가정했다. 속으로는 이런 가정이 신경제 정책과 충돌한다고 생각했을지 모르지만 그런 생각을 그는 누구에게도 말하지 않았다.

트로츠키의 비평을 보면 그가 정치국과 의견 차이를 보인 문제는 전략적 원칙이 아니라 구체적 사안에 관한 것이었다.(트로츠키는 레닌 사후의 정치 투쟁 과정을 설명하면서 이 점을 감추려고 노력했다.) 1926년의 공식 경제 통계를 검토하던 그는 몇몇 부문에서 거둔 성과가 전년도에 설정하였던 것보다 더 높은 것을 발견했다. 금속공업과 운송 부문이 1931년에나 달성할 것으로 예상한 목표를 이미 달성했던 것이다. 반면에 농민과 교환해야 할 산업 생산품은 '기아' 상태, 즉 몹시 부족한 상태였다. 트로츠키는 이를 공급과 수요 사이의 '근본적인 불균형'이라고 불렀다. 정치국에 관리 실패의 책임이 있다고 그는 주장했다. 국가 소유 공장에서 투자와 생산을 더 신속하게 늘려야 했

네프만(NEPman) 신경제 정책(NEP) 아래에서 새롭게 대두하여 이득을 보던 자본주의적 상인을 경멸적으로 부르던 말.

다. 그렇게 해야 농민들이 도회지에서 생산된 상품을 살 수 있을 것이었다. 내전 이후 회복기는 이제 끝나 가고 있으며 경제 발전 5개년 계획을 입안해야 했다. 그는 어떤 계획을 세우더라도 변화하는 정세를 감안하여 매년 수정 작업을 해야 한다고 했다. 그는 자신의 이런 구상을 하나의 완성된 틀로서가 아니라 당이 정책을 세우는 데 전반적인 기반을 제공한다는 의미로 제안했다.[11]

소비에트 러시아가 산업 부문의 경쟁력을 확보하려면 당연히 세계 경제와 상호작용을 해야 한다는 것이 트로츠키의 생각이었다. 1917년 10월 권력을 잡을 때 볼셰비키는 러시아처럼 공산 혁명을 겪게 될 독일과 교역함으로써 러시아가 경제를 회복할 수 있을 것으로 기대했다. 이런 기대가 현실이 되지 못하자 레닌은 빌헬름 2세가 통치하는 독일과 긴밀한 경제 관계를 수립해야 한다고 인민위원회의를 부추겼다. 트로츠키는 레닌의 의견에 동의했다. 1921~1922년에 두 사람이 노동조합 문제와 국가 경제 계획 문제를 두고 충돌했던 것은 사실이다. 하지만 그렇다고 해서 소비에트의 전후 경제가 외국의 기업가들로부터 투자와 기술을 끌어들여야 한다는 점에서 두 사람이 확고하게 의견이 일치했다는 사실을 간과해서는 안 될 것이다. 외국 기업에 대한 영업권 양도가 절대적으로 필요하다는 데에는 두 사람의 의견이 같았다.[12]

두 사람은 또한 '관료주의'에 대한 적개심을 공유했다. 행정의 비효율, 태만, 행정가들의 상호 협조 부재는 두 사람이 극도로 혐오하는 현상이었으며, 그들은 노동자·농민 시찰단, 즉 라브크린의 활동도 비난하였다. 그것은 적절한 비난이었다. 라브크린은 해결하려는 문제를 오히려 더 악화시키는 결과를 낳던 형편없는 기관이었다. 실제로 당 내부 운영은 모든 면에서 '관료주의적'으로 변하고 있었다. 트로츠키가 레닌이 마지막으로 남긴 글 몇 편에 자신의 '민주화' 주장을 연결시킨 것은 어느 정도 타당성 있는 일이었다. 게다가 당은 조직 업무에서 대단히 권위주의적이 되었다. 레닌과 트로츠키가 진단한 공산주의 체제의 병폐에는 사실 효과적인 치유 방법이 없었다. 소비에트 국가는 관료들의 정치적 충성이나 직업적 양심에 기댈 수 없었다. 소비에트 국가에는 또한 당내 경쟁 구조, 자율적 사법기관, 비판적 언론, 나쁜 자들을 골라 공직에서 내쫓을 수 있는 유권자 집단 같은 통제 메커니즘도 없었다. 소련이라는 국가는 감독 기관 없이는 작동할 수 없었다. 즉 관료주의는 이 국가의 유전자 속에 이미 내장되어 있었던 것이다.

트로츠키는 소비에트 국가의 다른 병폐에 대해서는 아무런 논평 없이 넘어갔다. 그는 당과 정부 내에 정실과 연고로 묶인 패거리 정치 현상을 못 본 척했다. 지역주의도, 부정과 부패도 언급하지 않았다. 또한 독재와 테러와 법적 냉소주의가 초래한 불신과 무관심의 분위기 역시 논하지 않았다. 트로츠키는 또 바람직한 중앙집권주의와 바람직하지 않은 중앙집권적 권위 사이에 있어야 마땅한 경계선을 설정하려고 노력한 적이 없었다. 그는 도덕성을 적절한 토론의 주제로 받아들이기를 거부했다. 그는 볼셰비키 식으로 변형한 마르크스주의를 의심이 불가능한 진리로 받아들였다. 또한 자신의 정책이 정확하다고 믿었다. 그는 자신이 틀렸을 수도 있다거나, 사회를 조직할 다른 방법을 모색해야 한다는 생각은 하지 않았다. 트로츠키는 철두철미한 볼셰비키였다.

트로츠키가 당내 토론에서 좀 더 자유로운 형식을 제안했던 것은 사실이다. 그는 또한 당내 직위를 선거로 뽑는 원칙을 다시 도입할 것을 요구했으며 노동자, 즉 프롤레타리아를 초청해 정책 토론에서 의견을 낼 수 있도록 해야 한다고 주장했다. 그러나 그의 구상은 '인간의 얼굴을 한 공산주의' 같은 안정적인 공산주의 체제를 지향한 것은 전혀 아니었다. 트로츠키는 변함없이 소비에트 독재 체제를 자랑스럽게 생각했으며 이 체제가 이념적으로 불관용적인 태도를 견지하는 것과 법률 외적인 탄압 조치를 가하는 것을 적극적으로 옹호했다. 그가 분파 활동으로 당의 규율을 깬 것은 사실이었지만, 정치라는 것이 단일 정당의 특권적 활동이라는 점을 트로츠키는 한 번도 부인하지 않았다. 그는 1926년 6월 정치국 회의에서 이렇게 주장했다. "제르진스키 동지, 당신이 알다시피 나는 테러를 두려워하지 않습니다. 하지만 우리는 당 차원에서만 테러를 쓸 수 있습니다."[13] 곧이어 격앙된 발언이 오고 갔다.

> 제르진스키 : 트로츠키는 한 당원이 다른 당원에게 진실을 말하기를 두려워한다고 발언했습니다. 그럼 우리에게 말해보십시오. 도대체 누가 누구에게 말을 못한다는 것입니까? 아파라치키(당 관료 집단)는 트로츠키를 두려워합니다. 아파라치키 말고 또 누가 말하기를 두려워하는지 제가 말씀드리지요. 이따금 나는 발언하기가 두렵습니다. 왜 그런지 아십니까? 왜냐하면 나는 당신이 두렵기 때문입니다.
> 트로츠키 : 글쎄요, 나는 당신이 두렵지 않습니다, 제르진스키 동지.
> 제르진스키 : 알겠습니다. 그런 점에서 볼 때 당신은 공포도 없고 흠도 없는 사람입니다. 당신은 과감하고 용기 있는 사람이군요. 제가 당신을 두려워하는 것은 당이 걱정스럽기 때문입니다.[14]

트로츠키가 당의 이런저런 문제점을 꼬치꼬치 캐고 들어 자신의 개인적 목적에 이용한다는 적들의 비난에도 어느 정도 근거는 있었다.[15]

트로츠키는 민주화와 '프롤레타리아 자율 행동'의 필요성을 주장했다. 러시아 내전의 혼란 때문에 한때 노동계급에 대한 트로츠키의 유토피아적 이념이 잠시 사라졌으나, 1920년대 중반에 정치적 곤경

에 처하자 그는 다시 이런 이념들을 끄집어내어 자신의 전략적 낙관
주의 논지를 더욱 매력적으로 보이게 하였다. 그러나 동시에 그는 누
구도 당에 반대하면서 옳을 수는 없다고 선언했다. 그의 생각은 온
갖 것이 뒤섞인 잡동사니의 집합이었으며 그 자체로 혼란스러웠을
뿐 아니라 다른 사람도 혼란스럽게 만들었다.

현질적 고려는 지속적으로 트로츠키에게 압박을 가했다. 기존의
국가 체제에 충성을 선언하지 않고 소련의 최고 지위에 오를 수 있는
사람은 아무도 없었다. 그렇지만 트로츠키의 사적인 문건을 살펴보
면 그가 계산적으로만 행동했다고 볼 수는 없다. 삶이 끝나는 날까
지 트로츠키는 10월혁명 이후 5년 동안 볼셰비키가 행한 일들이 공
산주의적 성취의 모델이라고 확신했다. 그는 이 성취가 보존되고 모
방되고 발전하기를 바랐다. 그가 당시 당 지도부를 비판한 것은 소
비에트 체제를 약화시키려는 의도가 아니었다. 또한 그는 그밖에 다
른 의도가 있었다는 인상도 결코 주지 않았다. 트로츠키는 혁명 초
기를 몹시 그리워했다. 신경제 정책 기간 중 지도부 안의 논쟁은 전
투에 같이 참여했던 전우들 사이의 다툼이었다. 트로츠키는 볼셰비
즘 이외에 어떤 사회주의 형태도 인정하지 않았다. 그는 사회혁명당
과 멘셰비키를 인류 진보의 적대 세력으로 여기고 증오했다. 그는
1922년 사회혁명당 당원들을 상대로 하여 조작된 전시재판에 반대
하지 않았다. 그는 솔로프키 감옥*에서 멘셰비키를 석방해야 한다고
주장한 적도 없었다. 그는 1924년 그루지야에서 일어난 민족주의적
봉기를 잔혹하게 탄압하는 조치에 대해서도 아무런 거리낌을 느끼지
않았다.

트로츠키는 비(非)러시아 민족 문제에 무관심하지 않았다. 그는
학교와 언론과 문화 행사에서 현지 언어를 사용할 것을 주장했으며

솔로프키 감옥 러시아 북부 해안에 위치한 솔로베츠키 섬에 설치된 정치범 수용소.

37장 트로츠키가 원한 혁명 · 611

또 당이 각 민족 중에서 혁명의 대의를 추구할 젊은 남성과 여성을 충원할 것을 계속 촉구하였다. 1922~1923년 그루지야 문제에서 그는 스탈린에 반대하고 레닌과 입장을 같이했다. 기본적으로 트로츠키는 '민족화' 정책을 지지했다. '민족화'는 당이 사용한 공식 명칭은 아니었으나 정책의 핵심을 잘 표현하고 있었다. '민족화' 정책의 한 요소는 모든 사람들을 민족 원칙으로 조직한다는 방침이었다. 1927년 트로츠키는 민족 문제의 15개년 계획을 주창했다. 우크라이나에는 '우크라이나화'가 필요하다고 그는 주장했다. 우크라이나인들이 여러 직책에 올라가야 하며 우크라이나어를 학교 교육과 신문과 서적을 통해 보급해야 했다. 유일한 예외 조건은―이는 1920년대에는 당 전체가 공유하던 예외 조건이었다.―볼셰비키당이 '쿨라크에 맞서서 무자비한 투쟁'을 지속해야 한다는 것이었다.[16]

부유한 사영 농민은 소련의 어느 지역보다 우크라이나에 집중돼 있었다. 트로츠키는 어떤 딜레마도 결국은 해결할 수 있다고 믿었다. 그는 항상 일관성 있는 정책보다 목적 달성에 더 열의를 보였다. 이런 경향은 그가 종교 관련 정책을 제안할 때도 나타났다. 레닌은 1922년 러시아 정교회에 대한 극단적인 탄압 정책을 제안했다. 교회 건물과 재산을 압류하는 조치뿐 아니라 고위 성직자의 전시재판과 처형까지 포함하는 정책이었다. 레닌은 러시아 정교회에 향후 수 세대에 걸쳐 영향을 끼칠 큰 충격을 가할 계획이었다. 트로츠키는 이 정책이 지향하는 목적에는 반대하지 않았지만 장기적으로 정책의 중점을 다른 곳에 두어야 한다고 주장했다. 그는 교회 내에서 개혁 운동을 추진하도록 하자고 제안했다. 이미 '개혁주의자'라는 형태로 존재하고 있던 개혁 운동을 활용하여 러시아에서 가장 규모가 큰 종파인 러시아 정교회 내에 분열을 조장하려는 것이었다. 트로츠키는 소비에트 국가의 무기 창고 안에 경찰 침투 공작이라는 무기가 항상 있어야 한다고 생각했지만, 한편으로 종교는 단순히 탄압만으로는 근절할 수 없다고 보았다. 1920년대 다른 지도자들과 마찬가지로, 그는 종교를 근절하는 데 상당히 오랜 시간이 걸릴 것이라고 예상했다.

외교 정책에서도 트로츠키의 노선은 1920년대 중반이나 그 이후에 그가 주장했던 것만큼 정치국의 다른 동료들의 노선과 크게 다르지 않았다. 그는 동료들이 세계 혁명이라는 전통적 약속을 포기해버렸다고 주장했다. 이런 비난과 함께 그는 다른 동료들이 어처구니없는 실수를 범하는 사람들이라고도 비난했다. 그 근거로 트로츠키는 두 가지 사례를 들었다. 어처구니없게도 정치국은 1926년 영국공산당에게 총파업 지시를 내렸고, 1927년에는 중국공산당에게 상하이 봉기 지시를 내렸다고 그는 지적했다.

하지만 그런 실수를 범했던 것은 스탈린과 부하린만이 아니었다. 1923년 트로츠키는 독일의 봉기를 매우 단호하게 지지했다. 당시 스탈린만이 합리적인 반대 의견을 냈다.[17] 독일 봉기는 결국 실패로 끝났고, 다른 사람 못지않게 트로츠키에게도 실패의 책임이 있었다. 이 때문에 트로츠키는 독일 봉기를 점차 언급하지 않게 되었다. 하지만 그는 성공적인 봉기가 현실적으로 가능하다는 자신의 본래 주장을 고집했다.[18] 또한 유럽에서 혁명이 발발하면 소비에트 군대가 파견될 것이고 그러면 대륙의 전쟁이 뒤따를 것이라는 생각도 계속 고수했다.[19] 트로츠키는 현실 정치에 솔직한 태도를 취하곤 했지만 지정학적인 계산은 전혀 하지 않았다. 그는 대규모 유혈 사태를 예상했으며 그것이 독일의 공산 혁명을 위해 치러야 할 대가라고 생각했다. 하지만 그는 이런 자신의 생각을 다른 볼셰비키 좌파들에게 노출하는 것은 정치적이지 못한 행동임을 잘 알고 있었다. 1923년 독일에서 범한 실책에 대해 거의 침묵으로 일관했기 때문에 그는 1926년과 1927년에 영국과 중국의 사례에 대해서는 목소리를 높일 수 있었다. 게다가 그때쯤 트로츠키는 이미 소비에트의 외교 정책에 직접적인 영향력을 행사할 수 없는 처지였다.

스탈린과 부하린이 중국 정책에서 어처구니없는 실수를 범했다는 것은 의심의 여지가 없었다. 이들은 1927년 4월 중국공산당에 코민테른을 통해 장제스와 국민당에 타격을 줄 봉기를 일으키라는 지령을 내렸다. 봉기가 일어나자마자 장제스는 마치 기다렸다는 듯이 상하이를 비롯한 중국 각지에서 피비린내 나는 탄압을 가했다. 트로츠키는 정치국 지도부를 심하게 빈정댔다. 하지만 비판자가 된 트로츠키 자신에게 약점이 전혀 없는 것은 아니었다. 모스크바가 봉기 명령을 내렸다는 것 자체가 이미 스탈린과 부하린이 세계 혁명을 방기했다는 반대파 측의 주장이 틀렸음을 보여주는 증거였기 때문이다. 게다가 중국의 즉각적인 공산화 가능성을 과대평가한 것은 스탈린과 부하린뿐이 아니었다. 트로츠키 역시 상황을 잘못 판단했다. 그는 유럽과 북미 지역에 혁명 전략을 집중하는 것보다 아시아 지역에서 혁명을 추진하는 것을 대체로 선호했다. 1928년 예브게니 프레오브라젠스키와 사석에서 중국 문제를 논할 때 트로츠키는 중국공산당이 권력 탈취에 성공할 수도 있었다고 자신이 믿음을 강조했다.[20] 1920년대 중반에 그는 자신의 구상을 공개적으로 충분히 설명하는 것을 회피했으며, 그 뒤에 그가 한 논평은 스탈린과 부하린을 맹공격하고 싶은 욕망에서 나온 것이었다. 따라서 트로츠키는 이 논쟁에 대해 서술할 때 자신의 입맛에 맞는 부분만 골라서 평하는 태도를 보였다.

중국 문제는 비록 세부 사항에서는 의견 차이가 있었지만 결국 당내 분파에 관계없이 볼셰비키 지도부의 광범위한 합의에 기반을 두고 결정된 것이었다. 후일 트로츠키가 기록한 것과 달리, 정치국의 외교 정책이 반혁명적이었던 것은 아니다. 당 지도부 내의 의견 차이는 원칙이나 기본 전략이 아니라 당시 상황에 대한 실제적인 판단에 있었다. 게다가 트로츠키는 자신이 '유럽 사회주의 혁명'이라는 지고의 목표를 위해 큰 위험을 감수하려 했다는 사실을 은폐했다. 1923년 영광의 주인공이 되려다 실패한 트로츠키는, 동료 당 지도자의 실패를 두고 마치 그들의 이름에 진흙을 뿌리듯 맹비난을 펼쳤다.

소련 국내 정책에서도 트로츠키는 똑같은 태도를 보였다. 트로츠키는 신경제 정책의 아버지라고는 할 수 없지만 여러 삼촌 가운데 한 사람이긴 했다. 태어난 자식을 보살피는 대신, 그는 마치 의붓아버지처럼 자식과 아무 관련이 없는 것처럼 행동했다. 그는 신경제 정책을 칭찬한 적이 없었다. 그는 마치 완벽하게 옳지 않은 것은 완전히 잘못된 것이라고 생각하는 듯이 행동했다. 그는 또한 자신이 다른 사람보다 더 논쟁적이기 때문에 남보다 진실되며 설득력이 있다고 생각했던 것 같다. 트로츠키는 정치국과 중앙위원회에서 항상 소수파였기 때문에 공식 정책에 대해 책임질 필요가 없었다. 그는 이런저런 제안을 실제로 시험해보지도 않고 끊임없이 내놓을 수 있었다. 그는 자신의 논점을 과장하여 말할 수 있었다. 자신의 경쟁자들이 갈피를 못 잡고 있다고 무시할 수도 있었다. 지도부가 실행하고 있는 정책들과 자신이 지도부 자리에 올라가면 추진할 정책들을 구분하는 선을 트로츠키는 아주 뚜렷하게 그을 수 있었다. 사실 정치국과 반대파 사이의 간격은 트로츠키가 주장하는 것만큼 멀리 떨어져 있지 않았다. 그러나 사람들을 설득하는 데 트로츠키는 매우 훌륭한 성과를 거두었다. 결국 오늘날까지도 그가 묘사한 1920년대 상황을 사람들이 자연스레 신뢰하게 되었다. 회고록 저자로서나 역사 기록자로서 트로츠키의 자격에 의문을 제기하는 사람은 거의 없었다.

트로츠키 자신이 공개적으로 옹호한 정책을 그가 진짜로 믿지 않았다는 뜻은 아니다. 트로츠키에게 가장 적대적인 인물조차도 그를 완전한 위선자라고 비난하지는 않았다. 트로츠키가 많은 사람을 기만하게 된 것은 오로지 그가 스스로를 기만한 이후였다. 그는 투지를 유지해야 할 내적 필요성이 있었다. 그러려면 자신이 옹호하는 이념과 정치국의 정책 사이에 깊은 골짜기가 존재한다고 스스로 자신을 설득해야 했다. 이것은 트로츠키의 오랜 문제였다. 그는 몇 개의 주요 이념에 완전히 집착하고 있었다. 그는 부하린의 진실성을 일단 믿었지만 부하린이 잘못된 생각을 하고 있다고 생각했다. 그래서 부하린의 정책을 따르면 러시아가 다시 자본주의로 되돌아갈 것이라고 비난했다. 스탈린에 대해서는 그렇게 친절하지 않았다. 트로츠키는 스탈린에게 오직 권력을 얻으려는 욕망밖에 없다고 믿었다.

트로츠키는 자신이 주장하는 바를 실행에 옮기면 소비에트 국가 체제의 핵심 문제들을 해결할 수 있다는 것을 명확하게 보여주지 못했다. 그는 논쟁하느라 많은 시간을 보냈지만 정작 깊은 사색에는 많은 시간을 쓰지 않았다. 겉모습이 내용을 압도했다. 그는 논쟁을 사랑했다. 자신을 비판하는 사람과 싸우려고 링에 들어서기만 하면 그의 몸속에서는 아드레날린이 엄청나게 분출했고 그것에 의존하여 그는 제대로 싸울 수 있었다. 이런 과정에서 결국 트로츠키는 지식인의 진지성을 상실하고 말았다. 마치 변호사가 논리적 한계까지 자신의 주장을 밀어붙이듯, 그는 오로지 법정 안에서 나오는 말만을 생각했다. 그는 균형 감각을 유지하려고 하지 않았다. 그는 적대자들을 조롱하고 치욕스럽게 했을 뿐, 그들을 존중하지 않았다. 만일 자신의 지도력과 정책을 당내 적대자들이 거부하지만 않았더라면 10월혁명이 실패로 돌아가지는 않았을 것이라는 게 트로츠키의 주장의 핵심이었다. 트로츠키의 지지자들은 그가 쓴 팸플릿을 매우 적극적으로 수용했다. 하지만 트로츠키 지지자들의 대다수는 트로츠키가 말하는 것이면 무엇이든 신뢰하고 싶어 하는 전투적 지지자들이었다. 더 놀라운 것은, 공산주의에 동조하지 않으면서도, 만약 트로츠키파가 승리를 거두었더라면 소련이 전체주의적 폭정을 겪지 않았을 것이라는 주장을 믿는 사람이 의외로 많았다는 사실이다. 트로츠키가 이렇게 오랫동안 신뢰를 받은 이유는 여러 가지가 있다. 그는 자신의 구상이 현실에서 시험대에 오르기 전에 이미 권력의 정상에서 밀려났다. 그는 저술가와 연설가로서 자신의 주장을 훌륭하게 펼치는 능력이 있었다. 또한 1929년 추방당한 이후 개인적 고초를 겪으면서 사람들의 동정심을 자아냈다. 그리고 그는 순교자로서 죽음을 맞이했다.

그는 항상 자신을 혁명적 이상주의자로 보아 달라고 요구했다. 하지만 그는 자신의 주장에 약점이 있음을 솔직하게 인정한 적이 한 번도 없었다. 정치국은 신경제 정책의 틀을 최대한 확대했으며 이로써 1927년과 1928년의 위기 상황을 초래했다. 만일 트로츠키의 정책이 실행에 옮겨졌더라면 신경제 정책의 틀은 이보다 훨씬 이른 시기에 무너지고 말았을 것이다. 1920년대 중반에 그가 침묵하거나 불확실한 발언을 했던 것은 결코 우연이 아니었다. 최소한 이 사안에서 트로츠키는 그의 지지자들이 알고 있는 것보다, 혹은 알기를 원하는 것보다 훨씬 더 훌륭한 정치적 처세술을 발휘했다.

1928년 이후 스탈린이 추진한 정책들에 대해 트로츠키는 구체적인 대안들을 제시하지만, 이 대안들은 실제로는 스탈린의 생각과 많은 부분에서 같았다. 트로츠키는 국가 경제 계획을 주장했지만 소련이 실제 시행하고 있던 것과 본질적으로 다르지 않았다. 다만 일의 진행 과정에서 폭력성을 줄이고 좀 더 민주적으로 하겠다는 것뿐이었다. 하지만 이런 주장은 실제로 구체적이지 않았다. 트로츠키는 만일 상황이 자신이 예견한 것만큼 신속하게 변화하지 않을 경우 어떻게 할지는 이야기하지 않았다. 그의 구상은 결국 첫 시도가 성공을 거둘 것이라는 것이 기본 전제였으며 그외에 다른 결과가 나오는 상황에 대한 대비책은 필요 없다는 입장이었다. 여하튼, 그는 쿨라크, 성직자, 전 멘셰비키 당원, 그리고 수백만 명의 '과거의 사람들'에게 어떤 조치를 내릴 것인지 아무런 방향 제시도 하지 않았다.('과거의 사람들'이란 1918년 헌법에 의해 시민권이 박탈된 사람들로서 이렇게 공식적으로, 그리고 충격적으로 명명되었다.) 트로츠키가 자신이 소련 지도자였다면 농업 집단화를 스탈린이 시행했던 것보다 좀 더 천천히, 그리고 좀 더 평화적으로 시행하였을 것이라고 주장했던 것은 사실이다. 하지만 만일 농민들이 집단적으로 반항할 경우에는 어떤 대응책을 취할 것인지 트로츠키는 전혀 말하지 않았다. 트로츠키는 또한 당을 민주화하겠다고 약속했다. 그러나 만일 다른 사람들이 1920년대 그가 일으켰던 것과 같은 분파적 분란을 일으킬 경우 어떻게 대응할 것인지에 대해서는 역시 아무 설명도 하지 않았다. 그는 세계 혁명을 추진해 나가겠다고 공언했다. 하지만 그 과정에서 소비에트 국가의 존립을 위협하는 위험을 어디까지 무릅쓸 것인지 이야기하지 않았다. 과연 그가 10월혁명의 생존까지 걸고 도박을 벌일 수 있었을까? 그가 내놓은 혁명 탐험 계획서에는 소련이라는 배를 이 세상 끝까지 몰고 가 파멸시키지 않겠다는 어떤 보장도 없었다.

38장

논쟁을 사랑한 혁명가

당에서 쫓겨나다

1927년은 10월혁명이 10주년 되는 해이자 정치국과 통합반대파의 결정적인 대결이 벌어진 해였다. 이때 트로츠키는 의기양양한 상태였다. 그가 보기에 이제 정치국은 의심의 여지 없이 무능력을 드러냈으며, 영국과 중국에 대한 코민테른의 정책은 완전히 실패로 끝났고 스탈린과 부하린은 변명을 찾기에 급급해하고 있었다. 경제 부문에 대한 크렘린의 통제 역시 이렇다 할 성과를 거두지 못했다. 식량 공급이 큰 우려를 자아낼 만큼 감소했으며 산업 생산품 역시 부족했다. 정치국의 실패는 모든 사람의 눈에 명백했다. 통합반대파는 공개 활동을 금지당한 상태였지만 당내에서 자신들의 주장을 전파하고 있었다. 그들은 자신들을 10월혁명의 이상에 더욱 진실되게 헌신하며 정치 운영의 과업 역시 더욱 적절하게 수행할 수 있는 대안적 지도 세력으로 내세웠다. 트로츠키, 지노비예프, 카메네프가 연합하면 스탈린과 부하린이 일시적으로 장악한 최고 지도권을 쉽게 빼앗을 수 있다고 그들은 주장했다.

1927년 7월과 8월에 걸쳐 중앙위원회와 중앙통제위원회의 합동 전원회의가 개최되었다. 정치국은 이 자리에서 반격을 개시했다. 스탈린의 주요 공격 목표는 트로츠키였다. "트로츠키가 멘셰비키 당원들 사이에서 방황한 세월이 얼마나 길었습니까?" 하고 스탈린은 의문을 제기했다.[1] 제1차 세계대전 당시 트로츠키가 레닌의 정책을 비난했던 사실을 참석자들에게 다시 한 번 상기시킨 사람은 몰로토프였다.[2] 트로츠키는 또한 러시아 내전 때 공산당원들을 처형한 일에 대해 다시 한 번 비판받았다.[3] 트로츠키에 대한 비난을 종합하면 그가 도저히 교정할 수 없는 반레닌주의자이며 당의 정책을 뒤엎는 '동조자'의 무리에 둘러싸여 있다는 것이었다.[4] 트로츠키와 지노비예프는 스탈린의 과거 행적을 공격하는 것으로 대응했다. 그들은 1917년 3월 스탈린이 임시정부에 유약한 태도를 보였다는 것을 다시 한 번 지적했다. 1918년에서 1919년까지 스탈린이 '군 반대파'를 지지했다는 사실과, 외교 정책에서 보인 실망스런 모습도 언급했다.[5] 오간 것은 혹평뿐이었고 스탈린과 트로츠키는 상대방의 발언을 끊고 끼어들기까지 했다. 트로츠키는 제1차 세계대전 때 레닌과 심각한 의견 불일치가 있었다는 것을 부인했다.[6] 그는 레닌이 의장을 맡고 있던 정치국이 자신에게 코민테른의 초기 결의문들을 작성하도록 요청했던 과정을 설명했다.[7] 공산당원의 처형에 관해서 트로츠키는 이들이 당원으로서 처형된 것이 아니라 비겁자들로서 처형된 것이라고 단언했다.[8] 그는 판텔레예프 사건 뒤 레닌이 직접 서명하여 자신에게 보내준 확인 문건을 꺼내 보였다.[9]

트로츠키는 이제 자신의 과거를 지키고 관리하는 데 온 힘을 다하기 시작했다. 그는 중앙위원회와 정치국 회의에서 맘껏 발언할 수 있는 충분한 기회를 부여받았으며 자신의 입지를 강화하기 위해 과거 사실 가운데 과장할 것은 과장하면서 마음대로 취사선택했다. 이 전원회의에서는 세르고 오르조니키제가 의장직을 맡았다. 트로츠키가 상대편이 자신을 도발하는 술책을 쓰고 있다고 항의하자 의장은—그 역시 자제할 줄 아는 성격은 아니었다.—트로츠키 역시 상대편을 '테르미도르파'라고 지칭하며 모욕했다고 지적했다.[10] 오르조니키제의 지적은 일리가 있었다. 테르미도르란 프랑스 혁명이 발발하고 몇 년 뒤인 1794년, 당시 최고 권력기관이던 국민공회가 공회의원 중 급진파 인물들과 그들의 지지자들을 공격한 달을 혁명 달력에 따라 부르는 이름이다. 테르미도르 반동을 계기로 하여 부르주아가 하층계급을 누르고 승리했으며, 막시밀리앙 로베스피에르를 단두대에 올리는 것을 시작으로 한 잔혹한 탄압 작전이 시작되었다고 마르크스주의자들은 믿고 있었다. 트로츠키는 소련에서 테르미도르 반동과 유사한 움직임이 발생하고 있다고 주장한 것이다. 오르조니키제와 부하린은 트로츠키와 거친 말싸움을 벌였다.[11] 당내 논쟁의 치열함은 브레스트-리토프스크 논쟁 때보다 더 심했다. 양측은 서로를 이어주는 마지막 다리를 불태워버렸다. 이들이 다시 단합하는 것은 기적이 일어나야만 가능한 일이었다.

당의 역사에 이렇게 모든 사람이 끈질기게 집중하였던 데는 합리적인 이유가 있었다. 트로츠키를 정치적으로 확실하게 압도하기 위해서 스탈린은 트로츠키가 레닌의 위대한 파트너였다는 과거 기록을 파괴해야만 했다. 이 목적을 달성하려면 스탈린은 자신이 혁명적 지도자가 되기에 합당한 자격이 있음을 사람들에게 보여주어야 했다. 따라서 그는 다른 사람들이 보는 앞에서 트로츠키에게 정면으로 도전장을 내고 그를 패퇴시켜야 했다. 트로츠키는 매우 뛰어난 토론자였기에 스탈린은 트로츠키를 무너뜨릴 수 있는 가장 거친 방법을 택했으며 자신의 조악한 성품을 활용했다. 스탈린은 또한 과거의 아주 사소한 일들을 끄집어내어 왜곡하고 재포장하는 데 천재적인 솜씨를 지니고 있었다. 그의 뻔뻔스러움은 한계를 몰랐다. 사실 이 토론은 이미 승부가 나 있었다. 통합반대파의 지지자가 수적으로 열세였기 때문이다. 전원회의가 끝날 때쯤이면 이제 누가 정치국을 통제하는 사람인지가 모든 사람의 눈에 확실해졌다. 그 이전에는 스탈린과 부하린의 양두 체제가 언급되었다. 하지만 전원회의 석상에서 부하린

왼쪽부터 스탈린, 부하린, 오르조니키제. 사진은 1930년대에 찍은 것이다. 스탈린과 부하린은 1920년대 트로츠키를 비롯한 당내 반대파와의 권력 투쟁 과정에서 굳건한 연합을 유지했다. 그러나 부하린도 결국 1938년 반혁명 활동 혐의로 처형당한다.

의 역할은 미미했으며 스탈린이 압도적으로 주된 공격자 역할을 수행했다. 이미 이 사실을 눈치챈 트로츠키는 '스탈린 분파'라는 표현을 썼다.[12] "반대파는 스탈린이 지도부를 차지하고 있기 때문에 (혁명의) 승리가 더 어려워지고 있다고 생각합니다."라고 트로츠키는 단언하며 덧붙였다. "요약해보겠습니다. (우리는 과연) 사회주의 조국을 지지합니까? 네. 그렇다면 우리는 스탈린의 노선을 지지합니까? 아니오. 어처구니없는 실책으로 인해 엄청난 패배가 발생하였습니다. 당은 이런 실책들을 교정함으로써 스탈린의 노선을 공개적으로 교정할 기회가 필요하다고 우리는 주장합니다."[13] 청중석에서 한 사람의 목소리가 튀어나왔다. "교정이 필요한 것은 바로 당신이오!"[14]

이 회의 중에 트로츠키는 '스탈린 중도주의'란 표현을 만들어냈다.[15] 이 표현은 분석을 위한 도구일 뿐 아니라 계산된 모욕이었다. 어떤 볼셰비키도 자신이 단지 중간 지점에 위치하고 있을 뿐이라고 평가받는 것은 좋아하지 않았다. 트로츠키는 자신의 정치 생명을 보

존하기 위해 싸우고 있었다. 따라서 그는 회의 석상에서 '통제 수치'*
를 국가 경제 계획에 삽입해야 한다는 주제로 토론이 벌어졌을 때,
평소와 달리 적극적으로 간섭하는 행동을 자제했다.[16) 산업 계획은
원래 그가 매우 중시하는 주제였다. 하지만 그는 정치국과 통합반대
파의 의견 불일치의 핵심에 집중했다. 참석자들의 감정이 격랑을 일
으켰다. 중앙통제위원회 의장으로서 오르조니키제는 트로츠키와 지
노비예프가 저지른 당 규율 위반 사항의 목록을 낭독했다. 불공정하
다는 트로츠키의 항의는 받아들여지지 않았다.[17) 통합반대파는 분파
행동을 했다고 질책받았다. 트로츠키, 카메네프, 지노비예프는 당의
공식 노선에 복종할 것을 명령받았으며 그러지 않을 시 제재를 받을
것이라는 경고를 들었다.

　트로츠키는 스탈린이 당 지도부에서 압도적 영향력을 행사하고
있음을 파악했는데도 볼셰비키와 혁명에 더 큰 위협이 되는 것은 부
하린의 가치관이라고 생각했다. 스탈린을 '중도주의자'라고 한다면
부하린은 볼셰비키 우파의 지도자였다. 가장 근본적인 위험은 바로
우파에서 나온다고 트로츠키는 강조했다. 트로츠키의 모순적 행동
은 여기에서 그치지 않았다. 부하린을 개인적으로 알고 지내던 트로
츠키는, 부하린의 점잖은 성격에 기대 통합반대파가 당하던 비열한
조치를 제거하는 데 도움을 달라고 그에게 남몰래 호소했다. 트로츠
키는 각 지역의 당내 정치에서 반유대적인 언사가 오가고 있음을 지
적했다. 또한 반대파 측에 공감을 표명하는 노동자들을 처벌하고 있
다는 것도 지적했다. 트로츠키는 깨끗한 싸움을 원했다. 그는 부하
린이 스탈린의 치사한 술수를 용인하고 있다는 것을 믿지 못했다.
트로츠키는 자신의 편지를 속기 타자수에게 구술하지 않았다. 중앙

통제 수치(kontrlnyi tsyfri) 고스플란이 수립한 예비 계획의 목표 수치로서, 정치국이 통제하
는 200~300개의 주요 품목을 대상으로 전년 대비 증가율 수치를 정하는 것이 보통이었
다. 이것을 기준으로 하여 그 하위 품목의 목표 수치 또한 결정했다.

지도부 외부의 사람은 아무도 모르게 이 문제를 해결하고자 했던 것이다.[18] 하지만 부하린은 트로츠키의 요청을 거절했다. 스탈린의 분노는 9월 8일 정치국 회의에서 터져 나왔다. 스탈린은 트로츠키에게 고함을 쳤다. "당신은 진실을 전혀 감지하지 못하는 한심한 인간이고, 비겁자에다 인격 파탄자요. 그리고 악당이며 무뢰한으로서 전혀 사실이 아닌 것을 말하길 아주 즐기는 사람이오. 이것이 당신에 대한 나의 대답이오."[19]

스탈린은 복수를 하고 있었다. 일 년 전 정치국 회의에서 트로츠키는 스탈린이 "결국 당과 혁명의 무덤을 파는 자의 역할을 자처하고 나섰다."고 말했고 그 말을 들은 스탈린은 회의장에서 뛰쳐나갔다. 알렉세이 리코프와 얀 루주타크가 정치국을 설득해서 트로츠키에게 정식으로 질책 처분을 내리게 했다. 그때 그 회의에 출석했던 퍄타코프는 트로츠키가 분별 있는 한계를 넘었다는 것을 알았다. 몸을 부르르 떨고 땀을 흘리면서 퍄타코프는 외쳤다. "이 일로 인해 그자는 절대로 당신을 용서하지 않을 거요. 당신도, 당신의 아이들도, 그리고 당신의 손자까지도 말이오." 평소 남편의 말을 잘 따르던 나탈리야조차 이번에는 남편이 경각심을 느껴야 한다고 생각했다.[20]

정치국과 중앙위원회에서 표결을 할 때마다 패배를 맛본 트로츠키는 이제 당 전체가 레닌의 유언장 내용을 알아야 한다고 주장하면서 스탈린이 유언장을 감추고 있다고 비난했다.[21] 4년이 걸려서야 비로소 트로츠키에게 이런 요구를 할 판단력이 생긴 것이다. 트로츠키는 레닌이 스탈린을 잠재적인 당 지도자로서 존중하지 않았다는 사실을 증명할 기회가 있다는 것을 알아차렸다. 그러나 트로츠키, 카메네프, 지노비예프가 선호하는 지도 방식을 통합반대파 내의 모든 사람이 좋아한 것은 아니었다. 이오페는 1927년 8월 27일 트로츠키에게 다음과 같은 서신을 보냈다.

중앙위원회 다수파가 당 전체에 구축하고 있으며 우리 반대파가 이렇게 강력하게 투쟁하며 반대하는 바로 그런 체제를 우리도 구축하고 있는 것이 아닙니까? 관료의 최상층 인물들이 결정을 내리면 나머지 사람들은 그저 그 결정을 받아들일 뿐입니다. 중앙위원회와 중앙통제위원회 내에 있는 13명의 반대파 멤버들이, 어떤 선언문의 발표 여부나 그 내용을 한 번도 미리 토론하지 않은 채 전체 반대파의 이름을 걸고 선언문을 발표하는 것이 과연 용인될 수 있는 행동입니까?[22]

이오페는 '당내 민주주의' 원칙을 매우 진지하게 여기고 있었으며 트로츠키, 카메네프, 지노비예프가 입으로 주장하는 것을 몸으로 실천하기를 원했다.

하지만 이오페가 반대파 전체를 대변하는 것은 아니었다. 몇몇 지도자들은 만일 경제 정책이 좌파 쪽으로 돌아서기만 한다면 민주화 문제는 개의치 않겠다고 분명히 밝혔다. 정치국 역시 반대파 내부에 존재하는 이런 태도를 잘 알고 있었으므로 스탈린과 부하린은 트로츠키, 지노비예프, 카메네프가 기회주의자라고 쉽게 비난할 수 있었다.

여하튼 사태는 트로츠키나 이오페가 예상했던 것보다 더 빨리 진행됐다. 소비에트 중앙 지도부에서 벌어지던 논쟁은 1927년 9월 27일에 열린 코민테른 집행위원회 의장단으로 그 무대를 옮겼다. 이때쯤 트로츠키는 자신을 통제하지 못하는 상태가 되어버렸다. 그는 회의 시작부터 의장단에 도전적인 태도를 취했다. 만일 의장단 역시 자신에게 질책 처분을 내리고 싶다면 좋을대로 하라고 선언한 것이다. 트로츠키는 코민테른의 상황을 조롱했다. "이제 조직들은 그저 업무를 집행할 뿐입니다. 모든 조직들은 이제 토론하거나 결정을 내릴 능력을 잃어버리고 말았습니다." 그는 지난 몇 달 동안 모스크바가 중국에 만들어놓은 어처구니없는 상황도 조롱했다. 또한 영국에 대해 적절한 전략이 없는 상황도 비웃었다. 정치국이 국민당으로 하여금 소련에 망명자 근거지를 세우고 국민당 간부를 훈련시킬 수 있도록 허락해준 것에 대해서도 빈정거렸다.[23] 10월혁명은 더는 안전하지 않으며, "스탈린의 개인적 불행은 점차 당의 불행이 되고 있습니다. 스탈린의 지적 능력과, 당과 국가 기구가 자신의 손에 집중해놓은 권력 사이에 엄청난 격차가 벌어지고 있다는 것이 바로 그 불행입니다."라고 트로츠키는 말했다.[24] 교양 수준을 근거로 삼아 이렇게 스탈린에게 오만한 발언을 하는 것은 트로츠키가 늘 하는 행동이었다. 그는 당연히 자기 정도의 지적 수준에 이른 사람만이 당을 이끌 수 있다고 여겼다.

통합반대파에 대한 억압 조치가 강화되었다. 카메네프는 이미 1925년에 정치국 직위를 빼앗겼으며 지노비예프와 트로츠키는 1926년에 같은 조치를 당했다. 1927년 10월에 세 사람은 중앙위원회 직위를 박탈당했다. 트로츠키, 지노비예프, 카메네프는 이제 정치적 권위가 있는 어떤 자리도 차지하지 못했지만 계속하여 최선을 다해 자신들의 정책을 주장하는 운동을 전개했다. 오게페우는 이들의 운동을 체계적으로 방해했다. 하루는 트로츠키가 집회에서 연설을 하고 있는데 지나치게 열성적인 경찰 요원이 전기를 차단해버렸다. 트로츠키는 말했다. "레닌의 말에 따르면 사회주의는 소비에트 체제와 전화(電化) 개념을 합친 것입니다. 소비에트는 이미 스탈린에게 탄압받았습니다. 이제는 전력의 차례인가 봅니다."[25] 트로츠키는 마치 면도날처럼 날카로운 기지의 소유자였다. 하지만 이 발언이 역사적으로 공정한 발언인지는 의문의 여지가 있다. 왜냐하면 각급 소비에트의 자유를 말살하는 데 누구 못지않게 큰 역할을 했던 사람이 바로 트로츠키 자신이었기 때문이다.

정치국은 오게페우에 앞으로 반대파 모임 개최가 예상되는 경우를 대비해 대기하라는 지시를 내렸다. 스탈린과 부하린은 파업이나 가두시위가 일어나지 않도록 하는 데 신경을 썼다. 정보원들은 반대파의 계획을 입수하여 지속적으로 경찰에 통보했으며 모스크바 등지에서 열릴 예정이던 반대파 집회는 원천 봉쇄당하였다. 그렇지만 반대파 운동가들은 활동을 중지할 생각을 하지 않았다. 이들은 당 지도부를 규탄하는 호소문을 붙였다. 또한 비밀 인쇄 시설에서 찍은 팸플릿을 지지자들에게 배포했다. 각 도시에서 이들은 입에서 입으로 연락망을 유지했으며 편지와 전보를 주고받았다. 이들은 공장 출입구에서 노동자들에게 정치국에 반대하라고 선동하였다. 정치적으로 살아남기 위해 할 수 있는 일은 이런 것밖에 없었다. 반대파 운동가들은 자신들이 정치국이나 오게페우의 방해를 받지 않고 입장을 설명할 수만 있다면 노동계급이 자신들 편이 될 것이라고 확신했다. 노동자들이 스탈린보다 트로츠키에게 더 큰 호감을 품고 있다고 보기는 힘들었지만, 여하튼 당시 정부의 산업 정책에 대해 큰 불만이 존재한 것은 틀림없는 사실이었다. 공장이 밀집한 지역에서는 소요 사태가 일어날 가능성이 있었으며 트로츠키를 비롯한 반대파들은 이런 상황을 활용할 수 있을 것이었다. 스탈린과 부하린은 오게페우에 계속 더 큰 압력을 행사하여 반대파의 활동을 저지하도록 하였다.

트로츠키, 카메네프, 지노비예프는 최선을 다해 투쟁했다. 11월 7일은 볼셰비키가 정권을 탈취한 지 정확하게 10년째 되는 날이었다. 레닌그라드에서는 당연히 축하 행사가 벌어졌으며 대규모 가두 행렬도 예정되어 있었다. 트로츠키, 카메네프, 지노비예프를 지지하는 사람들은 이 기회를 활용하여 국가의 통치자들에게 반대하는 공개적인 항의 시위를 벌이려는 희망을 품고 옛 수도로 몰려들었다. 바로 이와 같은 일이 1917년 2월 로마노프 황실을 상대로 하여 일어난 적이 있었다. 정치국은 경찰에게 대규모 출동을 지시했다. 폭력배들도 고용했다. 트로츠키의 서술에 따르면 반대파 측은 확고한 계획이 없었다고 한다.

여러 상황이 우연히 겹치면서 이 시위는 전혀 예상치 못한 방향으로 움직였다. 지노비예프와 나는 몇몇 사람들과 함께 자동차를 타고 도시의 이곳저곳을 돌아다니며 시위의 규모와 분위기를 살폈다. 시내를 거의 다 돌았을 무렵 우리 일행은 타우리드 광장을 지나가게 되었다. 광장에는 중앙집행위원회 멤버들이 연설을 할 무대가 설치되어 있었다. 경찰이 대열을 이루어 지키고 있었기 때문에 우리의 자동차는 앞으로 나아갈 수가 없었다. 그곳에서 우리가 빠져나갈 방법을 찾지 못하고 있는데, 어느 상급 지휘관이 우리 자동차 쪽으로 달려와서는 매우 정중한 태도로 우리를 연설 무대까지 안내해주겠다고 제의했다.[26]

트로츠키와 지노비예프는 지지자들의 열렬한 환호를 받았다. 경찰 요원들이 군중 속에 파고들어 통합반대파를 못마땅해하는 분위기를 만들어보려 했지만 소용이 없었다. 지노비예프는 기분이 무척 좋아졌다. 하지만 트로츠키는 좀 더 침착한 판단을 내렸다. 트로츠키는 이러한 일시적이고 국지적인 승리에 대해 당 지도부가 반대파에게 대가를 치르게 할 것이라고 생각했다.

스탈린과 부하린은 반대파의 강인한 저항에 화가 나서 통합반대파의 지도자들과 지지자들을 당으로부터 축출하는 표결을 준비했다. 1927년 11월 14일 오르조니키제가 진행한 중앙통제위원회에서 이 중요한 결정이 내려졌다. 다음 달 개최된 제15차 당대회에서 이 결정은 정식으로 인준되었다. 출당 조치는 볼셰비키당 역사에서 획기적인 사건이었다. 브레스트-리토프스크 조약을 둘러싼 논쟁 때에는 공산주의 좌파가 등장한 적이 있었다. 러시아 내전 중에는 군사반대파, 민주집중파, 노동자반대파가 있었다. 이 세 그룹 가운데 뒤의 두 그룹은 신경제 정책 기간까지 활동을 계속했다. 이제까지 정치국은 당내 반대자들에게 징계를 내리면서도 이들을 당내에 남겨 두었다. 문제를 일으킨 사람은 좌천당했다. 때때로 그들은 우크라이나로 보내지거나 외국에 외교 직위로 보내졌다. 1920년대 중반의 좌익반대파와 레닌그라드 반대파도 같은 식으로 처리되었다. 반대자와 그들을 공격하는 사람들의 논쟁은 항상 치열했다. 이제 트로츠키, 카메네프, 지노비예프는 당원증을 상실하게 되었다.

당대회 결정 소식은 전화를 통해 트로츠키에게 전달되었다. 전화를 건 사람은 다름 아닌 부하린이었다. 이때 트로츠키는 프랑스에서 온 젊은 동조자들을 만나고 있었다. 방문객 중 트로츠키주의자인 제라르 로장탈(Gérard Rosenthal, 1903~1992)은 당시 부하린이 이 상황 때문에 무척 흥분해 있었다고 기록했다. "레프 다비도비치, 그들이 당신을 쫓아냈소. 크렘린 궁의 그들은 미친 것이오. 그들은 당신 없이는 잘 해낼 수 없소. 상황이 이렇게 되어서는 안 되오. 당신은 반드시 돌아와야만 하오."[27] 부하린의 동정 표시는 일관성이 없는 태도였다. 그때까지 그는 트로츠키를 격렬하게 비난해 왔으며 또한 트로츠키에 대한 징벌을 지지해 왔다. 부하린은 어쩌면 스탈린과 동맹 관계를 맺는 것의 위험성을 예감하기 시작했는지도 모른다.

카메네프와 지노비예프는 투쟁을 지속할 용기를 잃었다. 카메네프는 곧 이렇게 자신의 입장을 밝혔다. "이제는 현재 당의 지배 그룹으로부터 권력을 탈취해 올 가능성이 전혀 없다. 그렇다면 한 가지 방법밖에 남지 않았다. 모두 함께 일하던 자리로 돌아가는 것이다." 카메네프는 이제 과거처럼 자기 팀에서 묵묵히 맡은 바 일을 하는 위치로 돌아가야 한다고 생각했다. 카메네프보다 조금 늦게 지노비예프 역시 같은 결론을 내렸다. 제15차 당대회가 열린 12월 2일 전후의 어느 날, 지노비예프와 카메네프는 트로츠키와 마지막 대화를 나누었다. 세 사람 모두 지금이 향후 오랜 기간 걸어갈 각자의 인생 경로를 결정하는 순간임을 잘 알고 있었다. 카메네프와 지노비예프는 트로츠키와 거친 논쟁을 벌였다. 트로츠키의 서술에 따르면 지노비예프는 이런 한심한 이야기를 했다. "레닌은 유언장에서 트로츠키와 스탈린의 관계로 인해 당이 갈라질 수 있다고 경고했소. 당신이 이제 짊어지게 될 책임을 생각해보시오!" 지노비예프가 통합반대파의 기본적인 입장에서 생각이 바뀐 것은 아니었다. 하지만 그는 이제 "당 간부 집단이 우리에 맞서 이렇게 치열하게 투쟁하는 것을 보면 이 상황은 현 국면에만 존재하는 일시적인 의견 불일치가 아니라 사회적 모순이오."라고 말하고 있었다.[28] 애당초 카메네프와 지노비예프, 그리고 이 두 사람의 지지자들이 반대파의 대의에 가담한 것 자체가 뒤늦은 행동이었으므로, 이들이 먼저 반대파를 떠나는 것은 그렇게 놀라운 일은 아니었다. 당에서 축출되자마자 이들이 곧 항복하리라는 소문이 돌았다.[29]

중앙통제위원회에서 이들을 당에서 축출하기로 결정하자, 이들은 곧 추방된 공산당원으로 낙인찍혔으며 소비에트 정치인의 특권 대부분을 박탈당했다. 지위 상실은 즉각 효력이 발생했다. 트로츠키가 최근에 모욕을 준 아벨 에누키제가 트로츠키에게 크렘린 궁에서 퇴거할 것을 지시하는 서신을 보냈다.[30] 크렘린 궁의 거처는 정치국원에게 주어지는 것이었기 때문에, 여태까지 트로츠키의 거주 권한이 남아 있었다는 사실이 오히려 놀라운 것이었다. 트로츠키는 11월 15일 에누키제에게 답장을 썼다. 이미 자신은 숙소를 비웠으며 지금은 그라노프스키 거리에 있는 정치적 동지 알렉산드르 벨로보로도프(Aleksandr Beloborodov)의 집에 머물고 있다는 내용이었다.[31] 이미 지노비예프 가족이 벨로보로도프의 집에서 방 하나를 차지하고 있었기 때문에 이 집은 매우 붐비는 상태였다.[32] 트로츠키는 자발적으로 크렘린 궁에서 나왔던 것이다. 아들 세르게이가 아파서 나탈리야의 보살핌을 받고 있었다. 이런 사정 때문에 트로츠키는 모스크바에 조금 더 머물다가 떠날 의향임을 알렸다.[33]

트로츠키는 심리적 안정을 유지했다. 그는 역경 속에서 오히려 살아나는 듯했다. 정치국의 다수파에게 축출당한 처지에서도 그는 생기를 잃지 않았다. 그러나 그의 친구 아돌프 이오페는 매우 다르게 반응했다. 그는 고질적으로 심리적 불안 증세를 보였고 신체적 건강 역시 최근 몇 년간 급격하게 악화된 상태였다. 통합반대파가 탄압을 받게 된 상황은 마치 납덩이처럼 그의 마음을 짓눌렀다. 이오페가 스스로 목숨을 끊을 결심을 한 것은 바로 이런 상황이었다. 이오페는 자살을 실제로 행동에 옮기기 전에 트로츠키에게 전하는 글을 써서 자신의 생각을 남겼다.[34] 이오페가 죽은 뒤 한동안 오게페우는 그가 유언장을 남겼다는 것을 부인했다. 하지만 흐리스티안 라코프스키에게 유언장의 복사본이 도착함으로써 이 거짓말이 폭로되었으며 라코프스키는 그것을 트로츠키에 전달했다.[35] 이오페는 트로츠키에게 조언하는 것을 너무나 늦은 시점까지 보류하고 있었다. 정치적 관점으로 볼 때 역시 그랬다. 이오페는 현재의 투쟁에서 트로츠키가 결심을 더욱 단단히 해야 한다고 조언했다. 이오페는 트로츠키가 곧 다시 권좌에 복귀하게 되리라는 것을 확신한다고 말했다.[36] 이 목표를 달성할 가능성을 트로츠키는 반드시 확신해야만 했다. 죽음을 앞둔 이오페는 트로츠키의 사기를 북돋는 데 힘을 더하고 싶었다. 레닌이 종종 그랬던 것처럼 트로츠키도 꼭 필요한 경우가 닥치면 혼자서라도 일어설 결심이었다. 카메네프와 지노비예프가 자신에게서 점점 멀어져 가는 것을 보면서 트로츠키는 결심을 더욱 굳건히 다졌다. 트로츠키는 정치국의 다수파에게 굴복하는 것보다 투쟁하다가 몰락하는 길을 택했다.

노보데비치 묘지에서 공개 장례식을 열기 위해 당국의 허가를 얻어야만 했다는 사실은 시대 상황을 적나라하게 보여주는 하나의 징표였다. 시간은 정오로 결정되었다. 대부분의 사람이 일터에 있는 시간으로 정해진 것이다. 하지만 이오페를 추모하러 많은 군중이 모여들었다. 장례 행렬의 맨 앞에는 트로츠키가 섰으며 이오페의 미망인과 흐리스티안 라코프스키도 곁에 있었다. 말을 탄 경찰 요원이 이들보다 유명하지 않은 사람들을 밀어내려고 했지만 군중은 서로 팔짱을 끼고 경찰의 저지선을 밀어붙여 돌파했다. 라코프스키가 추도사를 낭독했다. 그다음 트로츠키가 나와 연설했다. 모자를 쓰지 않은 그의 머리 위로 흰 눈이 쌓였다. 그는 죽은 동지를 기억하며 당당하게 이렇게 외쳤다. "당신이 그랬던 것과 마찬가지로, 우리도 중도에 약해지는 일 없이 최후까지 마르크스와 레닌의 깃발 아래 계속 전진할 것을 맹세합니다."[37] 트로츠키는 이 연설이 소비에트 영토에서 자신이 하는 마지막 연설이라는 것을 알지 못했다. 정치적 어둠의 시간이 트로츠키와 반대파 위로 덮쳐 오고 있었다.

39장

알마아타 추방

"절대로 스탈린에게 굴복하지 않겠다."

1927~1928년의 겨울은 소련의 정치적 비상 시기였다. 지도부가 반대파 문제로 겪던 어려움보다는 심각한 경제 상황 탓이 더 컸다. 도회지의 창고에 보관된 밀과 호밀의 보유량이 위험할 정도로 낮아졌다. 1923년 '가위 위기' 때와 유사한 상황이었으나 상태는 더 심각했다. 농민은 자신들이 공정하다고 생각하는 가격으로는 산업 생산품을 구매할 수 없었으며, 농촌 시장에 공급될 공장 생산품도 부족했다. 1925~1926년의 과세 년도에 부유한 농가에 부과된 불리한 조치 때문에 농촌 지역에는 비협조적인 분위기가 팽배해졌다.

정치국은 이런 문제들을 해결하는 동안 트로츠키를 멀리 떼어놓고 싶었다. 트로츠키는 카스피해의 북서쪽 해안가 도시인 아스트라한에 가서 경제 부문의 '계획 업무'를 맡으라는 제안을 받았다. 이 조치는 그렇게 가혹한 것은 아니었다. 하지만 트로츠키는 중앙위원회에 서신을 보내 정치적 위선으로 보이는 이런 조치보다는 오히려 확실한 유형을 원한다고 말했다. 그는 건강 문제를 이유로 들어 아스트라한에 가는 것을 거절했다. 만일 선택권이 있었다면 그는 압하지야 해변의 가그라 혹은 북카프카스의 키슬로보츠크를 택했을 것이다.[1] 트로츠키의 호전적인 태도에 정치국 지도부는 불쾌감을 느꼈다. 트로츠키가 아스트라한 파견을 거절했기 때문에 정치국 지도부는 그렇다면 카자흐스탄의 알마아타로 가는 것은 트로츠키가 얼마나 좋아할지 보고 싶었던 것 같다. 당시 오게페우의 부부장이었던 겐리흐 야고다(Genrikh Yagoda, 1891~1938)가 정식 명령을 내렸다. 트로츠키는 이 명령에 항의하기 위해 전화를 걸었지만 야고다 본인도 야고다의 상관인 멘진스키(Vyacheslav Menzhinski, 1874~1934)도 트로츠키의 전화를 받지 않았다.[2] 그를 중앙아시아 지역으로 유형을 보낸 진짜 이유에 관해서는 기록이 없다. 하지만 아마 스탈린은 만일 트로츠키를 시베리아로 보낸다면 러시아의 마지막 황제 니콜라이 2세와 트로츠키가 비교되는, 결코 바람직하지 않은 일이 벌어질 수 있다고 생각했을 것이다. 카자흐스탄은 겨울에는 오랫동안 눈에 뒤덮이는 곳이었고 도로도 제대로 건설되지 않은 오지가 많았지만, 그래도 강제 노동의 이미지는 없는 지역이었다. 트로츠키는 애써 태연한 척했다. "차라리 잘 되었다. …… 나는 크렘린 궁의 침대에서 죽는 것은 별로 마음에 들지 않는다."[3]

가족이 짐을 꾸리는 사이, 나탈리야는 독감에 걸려 고열에 시달렸다. 구에티에 교수는 출발을 연기하라고 권고했다. 구에티에 교수의 이런 배려를 레닌 가족과 트로츠키 가족은 늘 칭찬했지만, 교수는 정치국이 나탈리야의 몸 상태에 아무런 관심도 없을 것이라는 데까지는 생각이 미치지 못했다.[4] 알렉산드르 벨로보로도프의 아내인 파이나 야블론스카야는 반대파 사람들에게 전화를 걸어 트로츠키가 알마아타로 가게 되었다는 소식을 전했다.[5] 트로츠키에게 격려의 말을 하기 위해 사람들이 몰려왔다. 이들은 꽃과 사탕, 책과 따뜻한 옷을 들고 왔으며 트로츠키 가족과 수없이 포옹했다.[6] 트로츠키와 나탈리야는 이들의 친절에 감사했지만 출발 준비를 서둘러야 했다. 트로츠키의 막대한 자료 파일을 트렁크에 집어넣는 것도 큰일이었다.

오게페우는 트로츠키 가족에게 출발이 임박한 것은 아니라고 안심시켰다. 과거 트로츠키의 개인 경호원이었던 바리치킨이란 사람이 공무 수행을 위해 트로츠키 집에 나타났다. 그런데 그는—트로츠키가 보기에—버릇없게도 모자를 벗지 않았다. 트로츠키가 이를 꾸짖자 바리치킨은 마치 '채찍 맞은 개처럼' 나가버렸다.[7] 1928년 1월 16일 아무런 사전 예고도 없이 곧 떠날 준비를 하라는 통보가 트로츠키 가족에게 왔다. 가족은 카잔 역으로 호송된 다음 알마아타를 향해 출발할 예정이었다. 이 사실은 곧 반대파 사람들에게 알려졌으며 수천 명의 인파가 카잔 역으로 몰려들었다. 반대파의 열성적인 젊은이들과 흐리스티안 라코프스키가 트로츠키의 상황을 벨로보로도프에게 전했다.[8] 오게페우는 문제가 생기는 것을 예방하기 위해 트로츠키 일행을 바로 카잔 역으로 호송하지 않기로 했다. 혹시라도 소요 사태가 발생하면 심각한 정치 문제가 될 수 있었다. 오게페우는 트로츠키 일행을 우선 모스크바 북부에 있는 야로슬라블 역으로 호송했다. 거기에서 기차로 일행을 카잔 역 내부까지 데려간 다음, 카잔 역에서 기다리고 있는 열차에 비밀리에 살짝 태울 생각이었다.[9] 카잔 역에 모인 군중은 이런 계략을 전혀 눈치채지 못하고 있었다. 트로츠키의 짐은 이미 도착하여 열차의 맨 뒤쪽 칸 한 켠에 쌓여 있었고 트로츠키의 사냥개는 그 옆에서 침착하게 주인을 기다리고 있었다. 기차 엔진이 증기를 뿜기 시작했지만 트로츠키가 타기로 되어 있던 객차는 창에 흰색 커튼이 쳐진 채 비어 있었다. 열차 기관사가 나타났지만 그 역시 일이 어떻게 돌아가는지 알지 못했다. 그러는 사이 카잔 역 근처의 거리는 성난 항의자들로 가득 찼다. 트로츠키가 그려진 포스터들이 높이 솟아 있었다. 금방이라도 상황이 통제 불능 상태로 빠져들 것 같은 분위기였다.[10]

갑자기 오게페우 일행이 트로츠키를 데리고 카잔 역에 나타났다. 트로츠키가 자발적으로 움직이지 않겠다고 뜻을 분명히 밝히자 이들은 트로츠키의 몸을 번쩍 들어 옮기고 있었다. 군중은 무슨 일이 진행되고 있는지 알지 못했다. 트로츠키의 아들들은 이 상황에 개입하기로 결심했다. 료바는 20세였고 세르게이는 18세였다. 둘 다 건장한 젊은이였다. 료바가 소리를 질러 현재 상황을 군중에게 알리려 하자 바리치킨이 손을 급히 뻗어 료바의 입을 틀어막았다. 원래 정치와는 아무런 관계도 맺지 않고 모스크바에 조용히 남아 있을 예정이었던 세르게이가 바리치킨의 얼굴에 주먹을 한 방 날렸다.[11] 가족에 대한 애정과 개인적 자존심 때문에 순간적으로 흥분했던 것이다. 하지만 오게페우는 훈련된 자제력을 발휘하며 이 인간 화물을 비밀리에 객차에 싣는 데 성공했다. 트로츠키, 나탈리야, 료바, 보좌관 이고르 포즈난스키는 이렇게 하여 커튼이 쳐진 객차 속에 들어가게 되었다. 이들이 객차 안에 있다는 것을 바깥에서는 누구도 몰랐다. 11시에 갑자기 기관차가 움직이기 시작했다. 그제서야 군중은 상황을 눈치챘다. 용기를 북돋워줄 지도자의 연설을 듣지 못하게 되었음을 깨닫고 많은 사람들이 객차 옆으로 뛰어올랐다. 어떤 사람들은 열차를 따라 달렸다. 그러나 결국 크렘린의 술책은 성공했고 열차는 빠르게 사람들의 시야에서 사라졌다. 이미 한밤중이었지만 정치적 시위를 벌여야 한다는 목소리가 들렸다. 크렘린을 향해 행진하자는 것이었다. 하지만 반대파 고참 멤버들은 오게페우가 의도적으로 사람들을 자극해서 행동을 촉발하려 한다고 생각했다. 시위가 벌어지면 질서가 어지러워질 것이다. 그렇게 되면 당 지도부는 그 사실을 반대파를 공격하는 선전 자료로 삼을 것이다. 행동을 조심하자는 의견이 우세해지자 사람들은 조용히 각자의 집으로 돌아갔다.[12]

열차가 랴잔을 거쳐 사마라로 가는 동안 트로츠키 일행은 적당한 옷이 없다고 불만을 제기했고 이 문제가 해결된 이후에 다시 여행이 계속되었다. 러시아를 떠난 일행은 며칠 뒤에 카자흐스탄 땅에 도착했다. 크질오르다에서는 중앙아시아 지역의 오게페우 책임자인 벨스키란 사람이 트로츠키 일행의 인원과 상태를 체크했다. 그는 예의 바르게 행동하기는 했지만 일행과 대화를 나누려 하지는 않았다. 트로츠키 일행은 다른 승객들이 자신들과 어울리기 힘들 것이라고 판단하여 객실에서 나오지 않고 그 안에서 식사를 했다. 어쩌면 트로츠키 일행은 자기들끼리 따로 이야기를 나누고 싶었을지도 모른다. 나탈리야는 독감을 떨쳐냈다. 남편이 농담을 하기도 하면서 현재 상태의 밝은 면을 보고 있는 모습을 보고 그녀는 기운을 얻었다. 트로츠키는 마르크스의 저술을 독일어 원문으로 읽으며 시간을 보냈다. 장래 계획을 세우며 그는 알마아타에서 마르크스의 저술을 번역하면서 그럭저럭 살아갈 수 있지 않을까 하는 희망도 품었다.[13] 열차는 피슈페크까지 꾸준히 달려갔다. 거기서부터 알마아타까지 가는 마지막 여정은 말이 끄는 마차를 타고 알라투 산맥을 넘는 것이었다. 이번에는 트로츠키가 고열에 시달렸다. 하지만 잠시 여정을 멈추고 휴식을 취하는 것도 허락되지 않았다.[14] 트로츠키 일행은 이제 다른 사람의 지시를 받는 데 익숙해졌다. 그들은 이제 통치자도 아니고 심지어 당원도 아니었다. 관료들의 입장에서 보자면 이들은 정치범이었다.

모스크바를 출발한 지 9일째 되는 날 트로츠키 일행은 드디어 알마아타에 도착했다. 일행과 호송 인원은 마지막으로 자동차를 잠깐 탔는데 운전기사가 너무 빠르게 차를 몰아 승객들이 놀랄 정도였다.(운전기사는 예전에 장갑차를 몰던 사람이었는데 민간인 차량을 타고 질주하는 기회를 즐겼던 모양이다.) 땅에는 눈이 쌓여 있었다. 1월 25일이었다.[15]

알마아타에 정착했을 때 트로츠키는 반대파를 어떻게 다룰 것인가 하는 문제가 정치국의 최대 관심사일 것이라고 착각하고 있었다. 하지만 트로츠키는 이때쯤이면 현실에서 격리되어 있어 안타깝게도 감을 잃은 상태였다. 당 지도부에 닥친 긴급한 과제는 식량 공급 문제를 해결하는 것이었다. 한 가지 가능한 방안은, 쿨라크에게 가하던 압력을 줄여 그들로 하여금 보유한 곡물을 내다 팔도록 유인하는 것이었다. 하지만 당 지도부에게는 시간이 없었다. 갑작스럽게 발생한 이 위기 상황을 신속하게 해결해야 했다. 스탈린은 개인적인 차원에서 이 문제를 해결하려 했다. 그는 비밀리에 움직였다. 1928년 1월 스탈린은 우랄과 서부 시베리아 지역으로 시찰을 떠났다. 과거의 사례를 볼 때 이 지역은 통상적으로 곡물 잉여 생산량이 있는 지역이었다. 이 지역의 최근 곡물 수확은 악천후의 피해를 입지 않았기에 스탈린은 이 지역에서 많은 곡물을 발견할 수 있을 것이라고 확신했다. 그는 쿨라크가 곡물을 숨겨놓고 내놓지 않는다고 생각했다. 그는 지역의 당과 정부 관료들에게 무자비하게 행동하기로 마음을 단단히 먹고 시찰을 왔다. 압박하는 능력은 바로 스탈린의 특별한 재능이었다. 정치국 동지들의 눈이 미치지 않는 지역에서 그는 도시 주민들로 분견대를 조직하여 농촌으로 출동시켰다. 그는 또한 곡물을 숨겨두고 있는 부유한 농가를 지목하는 가난한 농촌 주민에게는 보상을 해주었다. 이렇게 압수한 밀과 호밀이 화물칸에 가득 실렸다. 스탈린은 자신의 직분을 수행할 뿐이라고 생각했다. 이리하여 도시에 닥친 기아 현상을 막을 수 있었다.

'곡물 은닉자'에 대한 이러한 공격으로 그나마 얼마 남지 않았던 볼셰비키에 대한 농촌의 신뢰가 완전히 사라졌다. 이제 모든 농민들은 자신들의 곡물을 스스로 지키기로 결심했다. 1928년 봄에 곡물 저장량이 위험한 수준으로 떨어지자 스탈린의 동맹자였던 부하린은 정치국이 개선책을 마련해야 한다고 설득했다. 개선책 가운데는 산업 생산품의 가격 인하와 저렴한 가격의 외국 생산품을 수입하는 조치가 포함되어 있었다. 농민들이 자발적으로 농산물을 시장에 내다 팔도록 유도하려는 것이었다. 그러나 이 조치가 의도한 효과를 내지 못하자 스탈린은 정치 공세를 시작했다. 이미 그와 정치국은 급속한 산업 확대를 위한 5개년 계획을 도입한 상태였다. 스탈린은 공장을 압류해서 정부 소유로 만들었다. 중앙의 국가 계획 기관인 고스플란에 철, 강철, 기계류 생산을 우선하는 계획을 세우라는 지시가 내려졌다. 이제 소련은 총체적인 산업화를 추진하게 되었다. 이 과정과 함께 '문화혁명' 사업도 시행했다. 대중의 문자 해독 능력 증진 운동이 전개되었다. 학교와 기술 훈련 기관이 많이 생겨났다. 재능 있는 노동자와 농민에게는 빠른 승진의 기회가 주어졌다. 잠재적 저항 근거지는 공격받았다. 소련 전역에서 종교 탄압이 강화되었으며 민족주의자들의 체포가 이어졌다.

　신경제 정책은 폐기되었다. 10월혁명의 한 국면이 갑자기 종말을 고한 것이다. 정치국은 정부 정책 전반에 걸쳐 변혁을 강행했다. 스탈린은 아직 부하린을 격파하지 못하고 있었다. 강제적 곡물 징발로 인해 경제적 난관이 발생하였기 때문에 스탈린은 여름 내내 양보를 거듭할 수밖에 없었다. 그러나 그는 최소한 공개 석상에서 트로츠키의 질문에 답변해야 하는 곤란으로부터는 해방되었다. 스탈린과 그의 지지자들은 중앙위원회 전원회의 때면 자신들이 어떻게 반대파의 주장과 예측이 잘못된 것임을 증명했는지를 기회가 있을 때마다 강조하였다. 당 지도부는 급진적인 조치를 취하겠다는 결의를 보여주었다. 1920년대 중반에 트로츠키가 한 비난 발언은 그가 없는 상황에서도 계속 언급되었으며 철저하게 공격받았다.[16]

　이제까지 통상적으로 접해 오던 내부 정보로부터 완전히 단절된 트로츠키는 이러한 상황에 대해서는 글을 쓰지 않았다. 하지만 정보 단절이 그가 침묵하는 유일한 원인은 아니었다. 그의 규칙적인 일상이 혼란에 빠졌던 것이다. 가족은 어느새 크렘린의 생활 방식에 익숙해진 상태였으며 크렘린에서 나와 벨로보로도프 집에 머물 때도 상당히 편안하게 생활했다. 이제 가족은 스스로의 힘으로 삶을 헤쳐 나가야 했다. 나탈리야는 시장 보는 방법을 잊어버렸고, 현지 상인들의 바가지 물가에 직면했다. 그녀는 항상 그래 왔듯이 빠르게 상황에 적응했다. 하지만 집안일을 돌보기에 바빠진 나머지 남편을 정치

39장 알마아타 추방 · 639

적으로 도울 시간이 줄어들었다.[17] 세르묵스와 부토프는 이미 알마아타에 와 있던 포즈난스키와 합류하여 트로츠키의 보좌진으로 일하려고 했다. 하지만 세 사람 모두 알마아타 체류를 거부당했다. 당국은 이런 조치를 통해 트로츠키가 정치적 활동을 하지 못하리라고 기대했지만 아들 료바에 대해서는 미처 생각하지 못했다. 료바는 스스로 1인 행정기관이 되었다.[18] 료바와 아버지 트로츠키가 우선적으로 해야 할 과제는 흐트러진 반대파 조직을 다시 정비하는 일이었다. 료바는 이른 나이에 결혼하여 안나 랴부히나라는 아내가 있었고 아들도 하나 있었다. 아들의 이름은 레프였으며 집안에서는 륄리크라고 불렀다. 하지만 이제 료바의 머릿속에는 정치가 가장 중요한 위치를 차지했다. 트로츠키는 보통의 우편 제도 이용을 허용받았다. 그는 매달 50루블의 수당을 받았으며 은행에 저금도 있었기 때문에 서신을 정기적으로 발송할 수 있었다. 매일 트로츠키에게 배달되는 우편물에는 소련 각지로부터 온 10~15통의 편지가 포함되어 있었다.[19] 그가 보관하던 주소록은 당시 그가 전국의 오지로 쫓겨난 수십 명의 지지자들과 접촉하고 있었다는 것을 보여준다. 지지자들이 이곳저곳으로 이동할 때마다 그는 주소록을 계속 수정했다.[20] 하지만 우편 수발이 신속하게 이루어진 것은 아니었다. 트로츠키는 우편물이 자기 손에 오는 데 몇 주일이나 걸린다고 불평하곤 했다.

트로츠키가 완전히 고립된 것은 아니었다. 그는 마지막으로 남은 친구인 흐리스티안 라코프스키와 정치 문제에 관해 서신을 교환했으며 농담도 주고받았다. 그들 사이에 오간 수십 통의 편지는 두 사람의 사기를 북돋워주었다. 트로츠키와 달리 라코프스키는 아스트라한의 지방 경제 기획 직책을 받아들였다. 이 직책은 일이 별로 많지 않아서 그는 19세기 프랑스의 사회주의자 생시몽의 사상을 연구하는 한편으로 영국 작가 찰스 디킨스와 러시아 작가 이사크 바벨(Isaac Babel, 1894~1941?)의 작품을 읽는 데 많은 시간을 보냈다. 라코프스

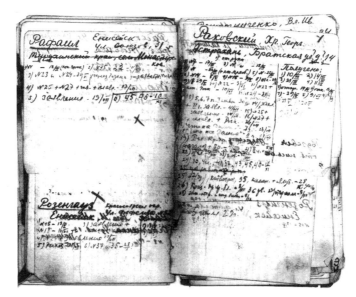

1928년에서 1929년 사이에 트로츠키가 알마아타에 머물 때 사용하던 주소록. 지지자들과 주고받은 편지의 발송 날짜와 접수 날짜를 꼼꼼하게 기록해 두었다. 오른쪽 페이지에 친구 라코프스키에 관련된 기록이 보인다.

키는 자신이 문명사회로부터 멀리 떨어져 있는 것을 두고 아리스토텔레스가 카스피해의 동쪽 해안 중간에 있는 카라보가스골 만을 '지하 세계의 시작점'이라고 지칭했다며 농담을 했다.[21]

나탈리야는 트로츠키를 대신해서 지지자들에게 편지를 쓰곤 했다. 어느 날 반대파가 성명서를 하나 발표했다. 트로츠키 가족이 생필품을 제대로 공급받지 못하고 있다는 소문이 난 것이다. 또 알마아타의 비위생적인 환경 때문에 트로츠키가 겪던 장 문제가 악화되었고 말라리아가 '그의 신체'에 침투했으며 통풍 역시 그에게 끊임없는 고통을 주고 있는 데다 그가 도움을 요청할 만한 유능한 의사가 없다는 소문도 퍼졌다. 이 성명서에서 반대파는 '노동자들'이 트로츠키의 모스크바 귀환을 요구하도록 운동을 조직해줄 것을 지지자들에게 호소했다.[22] 이것은 헛소문 때문에 일어난 우스꽝스러운 사건이었다. 나탈리야의 기록이 보여주듯 트로츠키 가족은 결코 궁핍하다고 할 수 없는 조건에서 생활했다.[23] 심지어 트로츠키는 현지에서 여비서를 한 명 고용할 정도로 여유가 있었다. 트로츠키는 그 여비서가 오게페우의 지휘를 받을 거라고 짐작했지만 그녀는 자신의 타자 직무를 충실히 수행했다. 알마아타 시내에 말라리아가 널리 퍼졌던 것은 사실이다. 트로츠키와 나탈리야 역시 말라리아에 걸렸지만 모스크바에 남아 있던 아들 세르게이의 도움으로 말라리아 치료에 특효약인 키니네를 구한 덕분에 적어도 트로츠키의 경우에는 병의 증세가 완화되었다.[24] 트로츠키 부부는 공공도서관을 이용할 수 있었으며 중앙에서 발행된 지난 날짜 신문과 책을 대출했다. 트로츠키가 즐겼던 일 가운데 하나는 도서관에서 발견한 멕시코의 벽화 작가 디에고 리베라(Diego Rivera, 1886~1957)의 작품집을 찬찬히 살펴보는 일이었다. 트로츠키는 이 화가의 작품이 '용기'와 '부드러움'을 잘 조화시키고 있다고 찬탄했다.[25]

트로츠키와 료바는 사냥을 하러 나가곤 했다. 이들은 엽총을 들고 사냥개와 함께 나가 꿩, 산새, 메추라기, 비둘기를 많이 잡아 왔다. 이들은 몇 주 동안 평원 지역으로 사냥 여행을 떠나기도 했다. 이런 때는 오게페우 요원들이 동행했다. 부자는 별이 빛나는 노천에서 야영하기도 하고 현지에 사는 키르기스 부족의 움막에서 잠을 자기도 했다. 집에 돌아올 때 이들은 낙타 여러 마리의 등에 사냥감을 가득 싣고 돌아왔다.[26] 여름이 되자 트로츠키 가족 세 명은 근처 산지에서 과일을 재배하던 사람에게 갈대로 지붕을 얹은 집을 빌렸다. 이 집에서는 톈산 산맥(카자흐스탄, 키르기스, 중국이 접한 지역에 위치한 산맥)의 끝자락에 있는 만년설이 덮인 산봉우리들이 이루는 멋진 풍경을 바라볼 수 있었다. 트로츠키는 사과와 배를 따서 식탁에 올려놓고 먹었으며 나탈리야는 과일 잼을 만들기도 했다.[27]

1928년 6월 가족의 평온이 깨졌다. 둘째 딸 니나 브론시테인이 결핵으로 사망했다는 소식이 모스크바에서 날아온 것이다. 그때 트로츠키는 코민테른 6차 대회의 강령을 비판하는 글을 작성하고 있었다. 그는 하던 일을 중단하고 정원으로 나가서 나탈리야를 불렀다. 두 사람은 풀밭에 앉아 니나를 추억하며 슬픔에 잠겼다. "그 아이가 정말, 정말 안됐어!"라고 그는 낮은 목소리로 중얼거렸다. 처음으로 자식을 잃은 트로츠키는 큰 충격을 받았다.[28] 니나는 몇 년 동안 결핵을 앓고 있었다. 니나의 유족으로는 남편인 만 네벨손과 레프와 볼리나라는 두 명의 자식이 있었다. 니나 부부는 반대파의 지지자였으며, 홀로 남은 남편은 트로츠키를 비롯한 정치국 비판자들이 오지로 쫓겨난 상황에서 소비에트 엘리트 집단으로부터 아무런 호의적인 조치도 기대할 수 없었다. 최근 몇 년간 트로츠키는 니나와 거의 시간을 같이 보내지 못했다. 딸의 사망 소식을 듣고 그가 속으로 죄의식을 느꼈을지 모르지만 그는 그런 말을 입 밖에 내지는 않았다. 트로츠키 부부가 니나의 장례식에 참석하기 위해 모스크바로 귀환한다는 것은 상상도 할 수 없었다. 이번이 처음도 아니고 마지막도 아니었지만, 알렉산드라 브론시테인은 또다시 혼자서 부모 역할을 다해야 했다. 이런 상황에는 이미 그녀도 익숙했으며 트로츠키 역시 이런 상황을 군이 바꿔야 할 이유를 찾지 못했다.

트로츠키는 점차 증대하는 스탈린의 권력에 대항할 정치 세력을 조직하는 데 신경을 집중했지만 힘에 벅찼다. 그는 또한 지지자들의 변절에 대처해야 했다. 유리 퍄타코프가 스탈린에게 굴복하여 반대파의 견해를 공식적으로 철회했다는 소식이 전해졌다. 트로츠키는 무심한 척했다. 그는 과거에도 종종 퍄타코프의 면전에서 예언했다. 설사 나폴레옹 보나파르트가 나타나 권력을 잡더라도 퍄타코프는 집무실에 출근할 것이라고 말이다. 트로츠키는 퍄타코프가 이제 '정치적으로 끝났다'고 선언했다.[29] 세레브랴코프 역시 퍄타코프의 뒤를 따랐다. 두 사람 모두 '지노비예프파'가 아니라 좌익반대파 시절부터 트로츠키의 동지였다. 두 사람은 반대파가 1920년대 내내 주장했던 대규모 경제 변혁 조치의 상당 부분을 이제 스탈린이 실제로 도입하고 있는 것을 보았다. 반대파는 빠른 산업 성장을 원했으며 농업집단화를 좀 더 강하게 추진하기를 원했다. 또 경제 부문에서 중앙 국가 계획 사업이 강화되기를 열망했다. 스탈린은 여전히 당내 민주주의 문제에 대해 아무런 양보 조치도 내놓지 않았지만, 이제 두 사람은 스탈린과 화해하기로 했다. 트로츠키는 이런 배신자들에게 분노했지만 이들 때문에 낙심하지는 않았다. 트로츠키가 본 바에 따르면 어떤 지도자들은 종종 자신의 원칙을 배신하곤 했다. 역사에서 트로츠키에게 진정으로 의미 있는 존재는 '대중'이었다. 스탈린과 화해할 생각이 전혀 없었던 트로츠키는 더욱 강렬한 투쟁을 촉구했다. 그는 자기 자신이 지도권을 행사해야 한다고 생각했다. 하지만 모든 사람이 트로츠키의 지도를 당연한 것으로 인정하지는 않았다. 트로츠키와 프레오브라젠스키는 전략에 관해 장문의 편지를 주고받다가 신경제 정책 체제에서 소비에트 외교 정책에 관한 논쟁을 시작했다. 트로츠키는 절제하지 못했다. 유형 생활을 하면서도 그는 지도자가 갖추어야 할 세심함을 끝내 갖추지 못했다. 프레오브라젠스키는 트로츠키의 고압적인 논리 전개에 반대했으며 트로츠키가 '우리 유형자 공동체'에서 생산적인 토론의 가능성을 파괴하고 있다고 선언했다.[30]

카메네프와 지노비예프는 1928년 6월 당에 복귀하는 것을 허락받았다. 그러나 카메네프는 아직 패배를 인정하지 않고 있었으며 7월경 부하린과 비밀리에 만나 스탈린에게 어떻게 대응할 것인가를 논의했고 이런 사실을 트로츠키도 알게 되었다. 9월에 카메네프는 모스크바에 남아 있는 트로츠키 지지자들과 회동했다. 현재 정치 상황에 대한 트로츠키의 평가와 견해에 동의를 표하며, 카메네프는 스탈린이 러시아를 파멸 직전의 상황까지 몰고 갔다고 말했다. 그는 트로츠키 또한 완고하고 유연성을 결여하고 있다고 비판했다. 그는 권력의 자리로 돌아가는 방법은 공개적으로 반성하는 대가를 치르더라도 당과 정부 속으로 침투하는 것이라고 말했다. 트로츠키 역시 그렇게 행동하여야 하며 다른 사람들에게 '투항'했다고 비난하는 것을 중지해야 한다는 뜻이었다.[31] 지노비예프 역시 카메네프와 비슷하게 생각했으며, 어떻게 하면 새롭게 구성된 정치국 내에서 부하린, 카메네프, 트로츠키, 그리고 자신이 '대연합'을 결성해 스탈린에게 대항할 것인가를 궁리하고 있었다.[32] 이러한 카메네프의 발언이 알마아타에 전해지자,[33] 트로츠키는 타협과 공작이 혼합된 이런 발상에 코웃음을 쳤다.

이제 트로츠키는 스탈린을 제대로 평가하기 시작했다. 1928년 10월 소련의 다른 여러 곳에 유형 가 있던 사람들이 항의 행동을 좀 더 강력하게 밀어붙이겠다는 의지를 표명하자 트로츠키는 그들을 만류했다. 모스크바에서 수천 킬로미터 떨어진 곳에서 단식 투쟁을 해보았자 아무런 효과도 거둘 수 없음을 알아야 했다.[34] 하지만 이것은 전술적인 측면에서 반대한 것이었다. 트로츠키는 여전히 크렘린에 대항하여 계속 투쟁해야 한다는 점에서는 강경한 태도를 보이고 있었다. 부하린 측과 논쟁을 벌이고 있던 정치국 다수파는 트로츠키의 이런 비타협적 태도가 불쾌하고 불안했다. 지지자들과 접촉하고 이들을 조직함으로써 트로츠키는 멀리 떨어진 알마아타에서도 여전히 위협적인 존재로 남아 있었다. 1928년 12월 16일 오게페우 요원이 트로츠키를 찾아와 구두로 최후통첩을 전했다. 반대파 활동을 중지하고 정치적 패배를 인정하지 않는다면, 유형 조건이 변경되어 좀 더 고립된 곳으로 옮겨질 것이라는 내용이었다. 트로츠키는 지지자들에게 편지를 보냈다. 절대로 스탈린에게 굴복하지 않겠다는 내용이었다. 트로츠키는 지난 32년 동안 자신이 해 온 일을 그만두지 않으려 했다. 트로츠키는 '의식적 삶의 전체'를 정치에 바쳤으며, 그는 경찰의 위협에 굴복할 생각이 전혀 없었다.[35]

정치국은 이 사안에 대한 대책을 세우는 데 한 달 이상 시간이 걸렸으며 두 번 이상 모여서 논의했다. 스탈린은 트로츠키를 소련에서 추방하기를 원했다. 부하린, 리코프, 톰스키는 반대했다. 하지만 스탈린은 강경하게 추방하자는 의견을 고집했으며 결국 1929년 1월 7일 자신의 뜻을 관철했다. 표결에 의해 다수결로 트로츠키를 '반소비에트 활동' 혐의로 추방한다는 결정이 내려졌다.[36] 우경화했다고 비난받던 부하린 측 세력에 반대하는 사람들 거의 모두가 스탈린의 조치를 지지했다. 시베리아 당 조직을 이끌던 세르게이 시르초프(Sergei Syrtsov, 1893~1937)만이 예외였다. 그는 곧 자신의 담대한 행동 때문에 질책을 당하게 된다.[37]

1929년 1월 20일 오게페우 요원 볼린스키가 무장 경호원들과 포인터 종 개 두 마리를 이끌고 트로츠키 집에 나타났다. 추방을 통보하고 집행하기 위해 온 것이다. 트로츠키의 죄목은 불법적인 반소비에트 당파를 결성한 것, 반혁명적인 활동을 전개한 것, 당국에 대항하는 폭력 투쟁을 조직한 것이었다. 그를 소련으로부터 추방한다는 결정문이 이미 채택되었다. 트로츠키는 지시된 사항을 제대로 인지하였음을 확인하는 서명을 하라고 요구받았다. 그는 제시된 문건에 서명하면서 '그 본질에서 범죄적이며 그 형식에서 비합법적인' 이 명령서를 인지하였다고 덧붙였다.[38] 집 안은 갖가지 소리로 시끄러워졌고 사람들이 부산하게 움직였다. 트로츠키는 오게페우 요원들이 자신과 가족에게 예의를 지켰음을 인정했다. 그는 추방을 전혀 예상하지 못했다. 아마도 그는 만일 형벌이 가중된다면 자신이 중앙아시아 지역의 더 먼 오지나 혹은 시베리아로 보내질 것이라고 추측했을 것이다. 가족은 황급하게 짐을 꾸리기 시작했다. 명령서에 쓰인 대로 1월 22일에 출발해야 했기 때문이다. 한겨울에 이런 여행은 쉽지 않은 일이었다. 트로츠키는 자신이 어느 나라로 보내지는가 여러 번 질문했으나 아무런 대답도 듣지 못했다. 볼린스키 자신도 몰랐던 것이다.

출발 날짜가 되어 트로츠키 일행은 버스를 탔다. 버스는 쿠르다이 산맥으로 올라갔다. 정상 부근에 눈이 쌓여 있어서 트랙터까지 불러 길을 뚫으려 했지만 불가능했다. 가족은 썰매로 옮겨 태워졌다. 7시간 걸려 30킬로미터 정도를 이동했다. 자동차로 갈아탄 일행은 피슈페크까지 가서 기차를 탔으나 기차가 제대로 운행되지 못하고 지선(支線)에 틀어박혀 며칠간 기다려야 했다. 트로츠키는 러시아의 자유주의 역사가 바실리 클류체프스키(Vasily Klyuchevsky, 1841~1911)가 쓴 고전 역사서나 프랑스 작가 아나톨 프랑스(Anatole France, 1844~1924)의 소설을 읽었으며 체스도 두었다.[39]

얼마 지나지 않아 일행은 쿠르스크 주라고 여겨지는 곳에 도착했다. 무슨 일이 진행되고 있는지 트로츠키 가족에게 설명해주는 사람은 아직 아무도 없었다.[40] 일행은 자주 멈추었는데 그렇게 잠시 지체하는 사이에 트로츠키는 독일 정부가 자신에게 거주 권한을 부여하지 않기로 했다는 소식을 들었다. 소비에트 정부는 터키 정부에 타진해서 긍정적인 답을 얻었다. 이 소식을 들은 트로츠키는 화를 벌컥 내며 이 계획에 따르지 않겠다고 말했다. 오게페우 장교 불라노프는 모스크바에 전보를 보내 현 상황을 보고하고 지시를 요청했다. 터키로 추방한다는 계획이 다시 한 번 확인되었다. 트로츠키 가족을 실은 기차는 남쪽으로 가서 오데사에 도착했다. 여전히 항의하던 트로츠키는 강제로 배에 태워졌다. '일리치'라는 이름의 기선이었다. 나탈리야와 료바도 같이 배에 올랐다. 기선이 항구를 빠져나가는 동안 트로츠키는 난간에 위엄 있는 태도로 서 있었다. 적군의 군용 외투를 입은 그는 군모를 흔들어 작별을 고했으며 같이 배에 타고 있던 사진사가 이런 모습을 카메라에 담는 것을 허락했다. 배는 흑해를 건너 2월 22일 이스탄불에 도착했다. 오게페우 요원과 트로츠키 가족 이외에는 아무도 이 배에 타지 않았다. '일리치'는 이스탄불의 뷔위크데레 선착장에 다가갔다. 트로츠키는 터키 대통령 무스타파 케말에게 쓴 서신을 제출했다. 그 서신에는 그가 자신의 의지로 터키 영토에 온 것은 아니라는 내용이 적혀 있었다.[41]

　지난 12년 동안 러시아 정치계에서 활발하게 움직이던 트로츠키의 한 시대가 갑작스레 끝났다. 반대파는 완전히 패배하여 무너졌다. 10월혁명과 러시아 내전의 영웅인 트로츠키도 몰락했다. 그는 위엄 있는 태도를 유지하여 혼란스러운 내심을 감추었다. 스탈린이 소련의 최고 지도자가 되었다는 사실을 트로츠키는 도저히 믿을 수가 없었다. 자신이 혁명 러시아로부터 영원히 격리된 상태로 살게 되리라는 것을 그는 상상도 하지 못했다. 터키로 가는 동안 그는 자신의 사기를 스스로 북돋우려 했으며, 가족과 점점 줄어들어 가는 그의 활동적 지지자 집단에게도 용기를 주려 노력했다. 아직 49세밖에 되지 않은 그는 싸움을 계속하리라 결심했다. 그는 끊임없는 타락에서 소비에트 체제를 구제할 수 있는 것은 오직 반대파뿐이라고 생각했다.

LEON
TROTSKY

제4부

세계 혁명가

–

1929-1940

40장

망명의 시작

터키로 모여드는 트로츠키주의자들

터키 정부는 트로츠키에게 망명지를 제공하는 대신 비밀리에 몇 가지 조건을 제시했다. 우선 모스크바는 트로츠키가 터키 영토에 머무는 동안 그를 암살하려는 시도를 하지 않을 것이라고 보장해야 했다. 터키 정부는 트로츠키에게도 요구안을 제시했다. 터키의 정치에 간섭하지 말 것이며 터키 국내에서는 어떤 글도 출판하지 말라는 요구였다. 트로츠키가 두려워하는 것도 있었다. 터키에는 약 4천 명에 달하는 러시아 망명자가 거주하고 있었는데 이들 중 러시아 제국 군대 퇴역 장교가 트로츠키를 살해하려 할지도 모를 일이었다. 무스타파 케말 정부 역시 이런 위험을 우려하여 의심이 가는 인물 50명을 국외로 추방했다. 트로츠키가 소련에서 나온 뒤 갖게 된 이름은 레온 세도프(Leon Sedov)였다. 레온 세도프의 신변 보호를 위해 필요한 모든 조치가 제공되었다.[1]

터키에 도착한 트로츠키 일가는 일단 이스탄불에 있는 소련 영사관에 머물렀다. 장기적인 거처를 찾기 전의 임시 조치였다. 이들은 그다음 토카틀리안 호텔로 옮겼다. 트로츠키는 터키 신문사 기자 한 명과 인터뷰를 했다. 또한 이스탄불의 역사 유적을 탐방했으며, 경찰의 권고를 무시하고 걸어서 호텔까지 되돌아왔다. 조심하기 위한 최소한의 양보로 그는 턱수염과 콧수염을 깎아버렸다.[2] 시슬리 구역의 주택으로 옮겨 잠시 머물던 그는 신변 안전을 위해서 수도 바깥으로 이동할 필요가 있다는 점을 납득했다. 관계 당국의 조언에 따라 그는 뷔위카다 섬에서 살기로 동의했다. 이 섬에 마침 적당한 주택 하나가 비어 있었다. 뷔위카다는 이스탄불 남동쪽 해안가에 있는 섬으로서 마르마라해의 프린키포 군도 가운데 가장 큰 섬이며 이 군도의 행정 중심지였다. 이 섬은 비잔틴 시대의 황제와 오스만 시대의 술탄이 정치적 경쟁자를 유형 보냈던 곳이었다. 터키 정부의 가장 큰 관심사는 트로츠키가 물리적 공격을 받지 않는 것이었다. 뷔위카다 섬과 수도를 잇는 정기적 이동 수단은 연락선뿐이었다. 하지만 이스탄불까지 30분밖에 걸리지 않았으며 우편 제도가 잘 운영되고 있었다. 이는 트로츠키에게 매우 중요한 요소였다. 선택 가능한 장소 가운데 뷔위카다 섬이 최선의 선택이었다.

트로츠키 일가는 이제트파샤라는 이름의 저택을 빌렸다. 넉넉하게 넓은 이 저택은 이스탄불의 부유한 집안이 푸른 경치와 맑은 공기, 그리고 태양을 즐기러 오는 장소였다. 자동차류는 이 섬에서 허락되지 않았다. 섬에는 각종 상점과 편의를 제공하는 업체가 있었으며 거주민이 원한다면 해변에 나가 직접 물고기를 잡아 요리를 해 먹을 수도 있었다. 이제트파샤는 관리 상태가 그리 좋지 않았다. 하지만 높은 절벽 위에 자리 잡은 이 저택에서는 바다를 바라볼 수 있었고, 이런 부지 여건 덕분에 바다 쪽은 경비를 할 필요가 없었다. 어쨌거나 트로츠키는 24시간 현지 경찰의 보호를 받았다.

트로츠키는 건강이 썩 좋지는 않았다. 그는 대장염과 통풍에 시달리고 있었으며 나탈리야와 마찬가지로 알마아타에서 걸린 말라리아 증세를 완전히 털어버리지 못한 상태였다.[3] 그러나 일을 할 만큼은 충분히 건강했다. 트로츠키의 수입은 전적으로 유럽과 북미 지역의 출판사에 의존하고 있었기 때문에 그에게는 선택의 여지가 없었

터키 뷔위카다 섬의 저택 이제트파샤. 트로츠키 가족은 1929년 이스탄불의 소련 영사관에서 나와 이곳에서 살았다.

다. 소비에트 정부는 그에게 외국에서 정착하는 데 쓸 비용으로 미화 1,500달러에 해당하는 자금을 주었다.[4] 이런 보조금은 곧 상상할 수 없는 것이 된다. 하지만 스탈린은 1930년대 중반까지는 자신이 정적을 다루는 방식을 다른 나라에서 어떻게 생각할지 신경을 썼다. 하지만 그 시기에도 스탈린은 정적(政敵)이 국가 반역 행위 범죄를 저질렀다고 조작하여 두는 것이 현명하다고 생각했다. 여하튼 트로츠키는 곧 돈이 다 떨어질 형편에 처해 있었다. 나탈리야에 따르면 집안 살림을 꾸려 나가는 데 대략 한 달에 미화 1천 달러가 들었다. 하지만 어느 비서의 말에 따르면 실제 비용은 거의 1,500달러에 달했다.[5]

트로츠키는 엄격히 짜인 일정에 따라 하루를 보냈다. 보통 4시나 5시에 기상하였고, 푸른색 스웨터와 편한 신발을 신고 복도를 이리저리 걸어다니면서 깊은 생각에 빠지는 것으로 하루 일과를 시작했다. 아래층에 있는 집안의 다른 식구들에게 그의 발걸음 소리가 들렸다.[6] 그는 마치 홀로 감옥에 갇혀 있는 사람처럼 하루를 시작하는 것을 좋아했다. 아침을 먹은 뒤에야 비로소 다른 사람과 상호작용

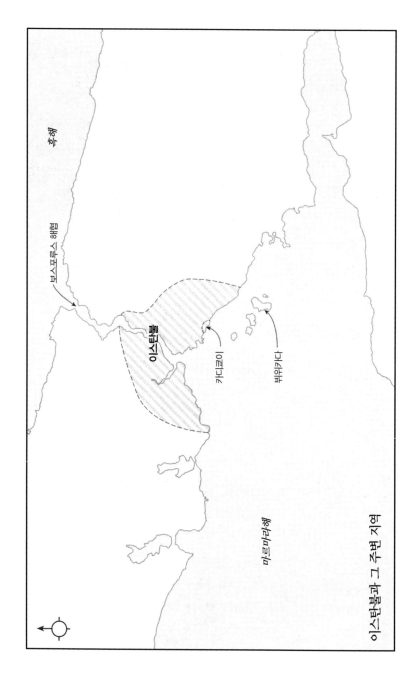

흑해

보스포루스 해협

이스탄불

카디쿄이

뷔위카다

마르마라해

이스탄불과 그 주변 지역

을 시작했지만 편지나 글을 타자수에게 구술하는 정도였다. 점심 식사 뒤 그는 잠시 낮잠을 잤고 늦은 오후에 다시 작업을 시작했다. 식사는 집안 사람 모두가 함께 먹었으며 이때—특히 저녁 식사 시간에—사회적 이슈가 화제에 올랐다. 트로츠키는 온화한 분위기의 대화를 장려했다. 가족과 측근은 검소하게 생활했다. 유일한 사치라면 국제우편을 보내는 데 드는 비용뿐이었다. 실내 장식에는 전혀 돈을 쓰지 않았다.[7] 트로츠키와 나탈리야가 집안 분위기를 밝게 하는 데 좀 더 신경을 쓸 수 있었을 것이라고 적어도 한 사람의 방문객이 훗날 회고했다.[8] 이 발언은 관찰 대상이 된 사람들만큼 관찰자에 관해서도 많은 것을 이야기해준다.* 트로츠키는 여유 시간이 생기면 예술을 즐겼다. 하지만 그는 전업 저술가이자 정치인이자 자금 동원가로서 살아가는 사람이었다. 그의 유일한 관심사는 러시아와 세계에서 일어날 혁명에 대한 전망이었다.

나탈리야와 아들 료바는 트로츠키를 도와 정치 활동 사무실을 운영했다. 트로츠키의 짐작에 따르면, 집안 식구 세 사람의 힘으로는 이런 활동을 도저히 감당하지 못하리라고 스탈린은 생각했을 것이다.[9] 만일 진짜로 스탈린이 그렇게 생각했다면 그는 실망했을 것이다. 트로츠키는 〈반대파 회보〉를 창간했다. 이 신문의 창간호는 1929년 7월 파리에서 2천 부가 발행되었다.[10] 트로츠키가 구체적으로 지시한 대로 〈반대파 회보〉는 8절판 규격으로 인쇄되었다. 작은 크기의 활자를 선택하여 종이에 드는 비용을 절약했다. 그러나 발행량의 절반은 비싸더라도 얇은 종이에 인쇄해서 비밀리에 소련 내부로 운반하기에 용이하도록 했다. 신문의 제호와 조판 디자인은 멘셰비키 망명 정치인들이 발행하는 〈사회주의 소식지〉와 확연하게 구별되도록 만들었다. 여전히 소비에트 관료들을 설득하려는 의지가 있었던 트로츠키

---

* 이때 관찰자는 맥스 이스트먼이었다.

는 〈반대파 회보〉를 소비에트 대사관과 무역 대표부 부근의 가판대에서도 판매하도록 지시했다.[11] 〈반대파 회보〉의 기사는 대부분 트로츠키 자신이 작성했으며 료바는 운영을 맡았고 나탈리야는 집안일을 책임졌다. 트로츠키 일가는 대의를 위해 온몸을 바쳤다.

그들에게는 서방 여론의 지지가 필요했다. 〈반대파 회보〉는 독일 정부의 각료들이 '피난(避難)의 민주적 권리'를 존중하지 않았다고 비난했다. 최소한의 요구로서 트로츠키는 독일의 온천 휴양지에 가서 의사들과 건강에 관해 상담하고 싶다고 요청했다. 이 요청이 거절당하자 트로츠키는 독일의 답변이 그에게 '무덤의 권리'를 제공했다고 묘사했다. 트로츠키는 독일의 법률가이자 좌익 사회민주주의자인 쿠르트 로젠펠트(Kurt Rosenfeld, 1877~1943)에게 자신을 대변해 달라고 요청했다가 거절당하자 몹시 분노했다.[12] 도덕적인 차원에서 이렇게 분노하는 것은 과학적이고 냉철한 마르크스주의를 신봉하는 사람에게는 어울리지 않는 모습이었다. 트로츠키는 비길 데 없이 독선적인 사람이었다. 그는 소비에트 러시아에서 개인과 집단의 권리를 박탈하는 것을 정당화하는 논리를 제공한 사람이었다. 그는 독재 체제의 옹호자이자 실행자로서 살았다. 그는 자주 민주주의자들을 모욕했으며 민주주의를 조롱했다. 또한 법치주의 원칙을 경멸했다. 그는 유럽에 현존하는 자유민주주의 국가들을 타도하는 것이 바람직하다고 설파했으며, 소련에서 추방된 후에도 그의 이런 생각은 전혀 바뀌지 않았다. 트로츠키는 자신의 극단적인 신념이 불러올 결과를 인정하지 못했다. 그는 독일의 민주 체제를 말살하자고 주장하면서도 독일의 민주 체제가 자신을 환영해주기를 기대했다.

젊은 트로츠키주의자들이 뷔위카다로 와서 터키 경찰이 수행하던 트로츠키의 신변 보호에 힘을 보탰다. 트로츠키는 스탈린에 동조하지 않는 극좌파 정치 활동 경력이 있는 유럽 출신 보좌진도 필요했다. 첫 번째 협력자는 체코의 좌익 공산주의자 얀 프란켈(Jan

트
로
츠
키
·
656

Frankel)이었다. 유럽 언어를 여럿 알던 그는 상당한 양의 서신 교환 작업을 도와주었다. 또한 트로츠키의 개인 경호원 역할도 하였다. 프란켈은 터키어도 유창하게 구사했기 때문에 뷔위카다 섬의 경찰이나 이스탄불의 관계 당국을 상대하는 역할도 담당했다. 1929년에 23세였던 그는 너무나 열심히 일한 나머지 기력을 완전히 소진했다.[13] 트로츠키의 측근 인물들이 모두 그랬듯이 프란켈 역시 권총을 가지고 다녔다. 심지어 나탈리야조차 공격자가 나타날 경우 총을 쏠 준비가 되어 있었다.[14] 또다른 젊은 동조자들이 섬에 도착했다. 피에르 나비유(Pierre Naville, 1904~1993), 그의 아내인 드니즈 나비유(Denise Naville), 제라르 로장탈 등이었다. 레몽 몰리니에(Raymond Molinier, 1904~1994)와 그의 아내 잔(Jeanne, 결혼 전 성은 마르탱 데 팔리에르)도 한동안 섬에 체류했다. 이들은 자신들의 영웅인 트로츠키에게 직접 가르침을 받으려고 왔으며 트로츠키가 하는 말을 받아 적었다. 트로츠키는 매우 엄격한 원칙을 제시했다. "만약에 어떤 사람에게 자기 직업이 첫 번째로 중요하고, 그다음에는 자기 가족의 삶이 중요하고, 그리고 나서 시간이 남을 때 혁명을 생각한다면, 그런 사람과 혁명을 도모하는 것은 아무 쓸모 없는 일이다."[15]

트로츠키에게 절대적으로 필요했던 사람은 자신의 구술을 받아서 빠르게 타자를 칠 수 있는 비서였다. 그는 마리아 페브트너라는 여성을 고용했다. 그녀는 훌륭한 속기 타자수였으나 트로츠키의 정치적 지지자는 아니었다.(그녀가 과연 오게페우 요원이었는지는 알 수 없다.) 트로츠키 가족은 돈이 떨어지자 그녀를 해고할 수밖에 없었다. 타자수 문제가 확실하게 해결된 것은 1933년이 되어서였다. 반대파의 확고한 지지자인 사라 웨버(Sarah Weber)가 뷔위카다에 온 것이다. 료바는 그녀의 신상을 검토한 후 그녀가 정치적으로 신뢰할 수 있는 인물임을 보장했다. 트로츠키는 웨버를 포옹했고 웨버와 나탈리야는 ―'다소 주저하면서'― 입맞춤을 주고받았다.[16] 트로츠키가 낯선 사람을 이렇게 두 팔로 끌어안는 것은 좀처럼 없는 일이었다. 그는 주변의 모든 사람이 러시아 중간계급의 예절 바른 몸가짐을 따르기를 바라는 사람이었지만, 이때 그는 사라 웨버와 그녀가 가진 기술을 환영하기 위해 특별히 노력했던 것이다. 한편 모든 사람은 트로츠키를 '레프 다비도비치'라고 불러야 했다.* 트로츠키는 자신의 추종자라도 개인적 차원에서는 친숙한 관계를 만들지 않았다. 이와는 대조적으로 트로츠키의 부인은 누구에게나 나탈리야라는 편한 이름으로 불렸다.[17]

트로츠키 집안 사람 전체가 며칠에 한 번씩은 꼭 낚시나 사냥을 나갔다. 포인터 종 사냥개 피가 섞인 개 토스카도 따라나섰다. 하지만 토스카는 잡종이라 그런지 트로츠키가 조준도 하기 전에 새들에게 달려들어 푸드득 날아가게 만들곤 하였다.[18] 바다 낚시는 가족의 식재료를 조달하는 가장 확실한 방법이었다. 그리스인 어부 카랄람보스는 일행이 바다로 노를 저어 나가 그물을 던지는 것을 도왔다. 다음은 로장탈의 회고다.

우리는 40여 개의 갈고리가 달린 줄을 바다에 드리웠다. 줄을 당겨 올리면 고등어가 많이 걸려 있었다. 가끔 우리는 해변에서 약간 떨어진 곳에 그물을 던져놓고는 해변으로 돌아와 큼직한 돌을 모았다. 그 돌을 들고 바다로 나가서 물속에 던지면 물고기들이 놀라 그물 속으로 들어왔다. 트로츠키는 이런 작업에 굉장히 열성적이었다. 그는 마구 달리고 즐거워하고 흥분하면서 온 힘을 다해 일했다. 그가 보기에 나는 열성이 부족했던 모양이다. "아, 제라르 동지, 만약 당신이 부르

---

* 러시아 이름은 '자기 이름-아버지 이름-성'의 구조로 이루어져 있다. 러시아에서 상대방의 이름에 아버지의 이름을 합쳐 부르는 것은 서로 약간의 거리가 있는 관계임을 의미한다. 트로츠키의 아버지 이름이 '다비드 브론시테인'이었으므로, '다비드'에서 딴 '다비도비치'가 트로츠키의 부칭(父稱)이었다.

일할 때 입는 편한 옷차림을 한 트로츠키. 터키에 머물던 시기에 찍은 사진이다.

주아에게 좀 더 열심히 폭탄을 퍼붓지 않는다면 부르주아는 앞으로
도 유쾌한 나날을 보내게 될 거요!"[19]

집안 사람들은 트로츠키에게 위험한 행동은 하지 말라고 당부했
지만 그는 듣지 않았다. 무슨 일을 하든 그는 유난히 강렬한 에너지
를 발산했다.

료바는 섬의 답답한 생활을 힘들어했다. 1929년 8월에 그는 소련
으로 돌아가도록 허가해 달라고 당국에 요청했지만 거절당했다. 그

40장 망명의 시작

는 자신이 일시적으로만 소련을 떠났던 것이며 아직 아내와 자식이 모스크바에 살고 있음을 강조했다.[20] 그는 아직 공부를 마치지 못했고 더 공부하여 공학 기사가 되는 것이 꿈이었다. 모스크바 당국은 료바의 요청을 거절했다. 료바는 모스크바로 돌아가서 삶을 다시 시작할 수 없다면 독일로 가서 베를린에 있는 기술대학에 들어가 공부하는 것이 합리적이라고 판단했다.

료바가 이런 결론에 이른 데는 또 다른 이유가 있었다. 그는 여성을 좋아하는 젊은이였으며 여성들은 그에게 매력을 느꼈다. 잔 마르탱이 그를 좋아하게 되었다. 두 사람은 곧 사랑을 나누게 되었으며 장래를 함께하기로 하였다. 잔의 남편 레몽 몰리니에는 두 사람의 관계를 억지로 가로막지 않았지만, 료바와 잔은 답답한 섬에서 벗어나고 싶어 했다. 트로츠키가 아들의 계획을 허락한 데에는 그 나름의 이유가 있었다. 외국인 보좌진이 있었기 때문에 이제 그는 아들이 없더라도 일을 처리해 나갈 수 있었다. 또 트로츠키는 독일에서 자신의 영향력을 확대하고자 했으며 베를린을 '인터내셔널 서기국'*뿐 아니라 〈반대파 회보〉의 활동 근거지로 삼고 싶어 했다. 료바는 학교 공부와 정치 활동을 병행하려는 계획을 세웠다. 그는 아버지의 오른팔이었다. 어느 누구보다 아버지의 뜻을 잘 이해하고 있었으며 유능한 조직가이기도 했다. 료바는 유럽의 중심에서 트로츠키와 관련된 일을 처리하고 독일의 지지자들과 직접적인 연결점도 만들 수 있을 것이었다. 또한 러시아에서 오는 사람들과도 접촉할 수 있을 것이었다. 료바는 잔과 함께 1931년 2월 18일 이스탄불을 떠났다.[21]

아들은 모든 것에 트집을 잡는 아버지를—트로츠키는 심지어 우편엽서에 주소를 쓰면서 '터키'의 철자를 잘못 쓴 것을 가지고도 매우 화를 냈다.—잘 참아냈다.[22] 아버지가 주는 부담은 전혀 줄어들

인터내셔널 서기국(International Secretariat) 세계 각국에 있는 스탈린 반대파의 활동을 조정하는 기구이다.

트로츠키와 큰아들 레프('료바') 세도프. 터키 시절에 찍은 사진이다. 료바는 아버지
의 뜻을 가장 잘 이해하는 지지자였으며, 훌륭한 조직가이자 혁명 활동가였다.

지 않았다. 트로츠키는 완벽한 출판물을 내기 위해 료바에게 완전한
헌신을 요구했다. 출판 사업은 순조롭게 진행되었다. 다만 트로츠키
가 아들에게 허락하지 않은 것이 한 가지 있었다. 여전히 료바는 러
시아를 그리워했고 다시 한 번 귀환 허가를 요청하려는 마음을 품고
있었다. 그가 원래 부인인 안나에게 돌아가려 했는지 아니면 현재 파
트너인 잔을 데리고 돌아가려 했는지는 확실하지 않다. 몰리니에가 잔

과의 결혼 관계를 다시 회복하려 시도했기 때문에 료바와 잔의 관계는 어려운 상황에 빠져 있었으며,[23] 료바는 아들 률리크를 1929년 이후 만나지 못한 상태였다. 그는 또 어쩌면 부인 안나를 만나고 싶었는지도 모른다. 1931년 4월 료바는 이런 복잡한 심사를 어머니에게 편지로 털어놓았고 나탈리야는 곧 트로츠키에게 이 사실을 알렸다. 아버지는 편지에 이렇게 썼다. "귀국할 생각이 있다고 어머니에게 편지를 썼더구나. 애야, 내가 보기에 그런 생각은 모든 면을 고려할 때 큰 실수다. 나에게도—일의 관점에서나 장래 계획의 관점에서도—그런 행동은 큰 타격이 될 것이다."[24] 트로츠키는 그 무렵 준비하던 자기 책의 출판을 마무리하는 데 료바의 도움이 필요했다. 아들에게 아버지는 독일에 더 머무를 수 있도록 체류 비자의 연장을 요청하라고 충고, 아니 호소했다.[25] 료바는 순종적인 태도로 자신의 뜻을 포기했다. 만일 그가 자기 뜻대로 행동했다면, 그때 트로츠키가 유럽에서 진행하던 국제적 차원의 미미한 사업은 존속하기 어려웠을지도 모른다.

트로츠키는 소련에 남아 있는 자식들과도 계속 연락을 유지했다. 딸 지나와 아들 세르게이로부터 자주 전보가 왔다. 아버지 역시 전보로 답했다. 터키 우편국에서 전보의 러시아 철자를 터키식으로 바꾸는 과정에 실수가 많아 내용이 정확히 전달되지 않기도 했지만, 트로츠키는 가족 소식을 그때그때 알 수 있었다.[26]

지나는 양쪽 폐의 흉강에 공기나 가스가 차는 증세를 고질적으로 앓고 있었다. 그녀는 훨씬 상태가 좋아졌다고 말하면서 수후미에 1929년 5월까지 머물 생각이라고 아버지에게 전보를 보내 왔다.[27] 사실 그녀의 건강은 좋아지고 있지 않았다. 여러 차례 전보가 오갔고 트로츠키와 나탈리야의 판단으로는 딸을 터키로 데려오는 것 말고는 다른 방법이 없었다. 트로츠키는 1930년 10월 딸에게 이스탄불 방문 허가를 내무인민위원부에 신청하라고 지시했다. 트로츠키도 딸의 이름으로 내무인민위원부에 똑같은 신청서를 냈다.[28] 지나는 아버지의 말을 따라 소련을 떠나 치료를 받기로 했다. 아들 세바는 어머니 알렉산드라에게 맡겼다. 터키에 도착하여 아버지와 다시 같이 살게 된 딸은 행복했다. 계모와도 긴 대화를 나누면서 사이좋게 지냈다.[29] 금발 머리에 볼이 통통한 아들 세바도 곧이어 터키로 와서 근처의 사립학교에 다니기 시작했다. 이곳 학생들은 프랑스어를 사용했다.(세바는 아무런 사전 지식 없이 프랑스어를 배워야 했다.) 세바의 입에는 집의 음식이 맞지 않아서 음식을 먹이려면 세바를 잘 달래야 했다. 그래서 식사 때면 세바는 식구들의 관심의 초점이 되었다. 지나는 터키의 뜨거운 날씨가 참기 힘들다고 말했지만 정서적으로는 상당히 안정을 찾았다.[30]

딸은 아버지를 존경했으며 아버지의 존중과 사랑을 받으면서 아버지 곁에서 살고 싶어 했다.[31] 지나는 아버지의 정치 활동에 참여하고 싶어 했지만 트로츠키가 보기에는 무리였다. 지나가 중요한 일을 맡으려면 계단을 뛰어서 오르내리는 것이 가능해야 했다. 나탈리야에 따르면 아버지는 딸의 건강이 그런 일을 감당할 수 없을 것이라 여겼다.[32] 지나는 자신의 능력을 아버지에게 보여주기 위해 글을 하나 작성했지만, 트로츠키는 글의 논조를 마음에 들어 하지 않았고 출판물에 실어줄 수 없다고 정중하게 거절했다.[33] 나탈리야의 회고는 항상 남편과 남편의 기억을 우선시했다. 그러나 나탈리야는 남편이 직무나 심부름, 지시 사항을 꼼꼼하게 이행하도록 하는 데 집착한 점을 인정했다.[34] 트로츠키의 감성 지능은 언제나 그의 개인적이고 정치적인 이해관계라는 틀 안에 제한되었다. 그렇지 않았더라면 아버지는 딸이 숨찰 만큼 힘들거나 스트레스를 많이 받을 만한 일이 아닌 업무를 찾아서 딸에게 맡겼을 수도 있다. 나탈리야는 딸과 계속해서 참을성 있게 대화를 나누었지만 결국 모든 것을 결정하는 것은 아버지였다.

지나의 문제는 단순히 신체적인 것만이 아니었다. 그 문제는 1931년 3월 1일 이제트파샤 저택에 큰 불이 나기 전까지는 공개적으로 거론되지 않았다. 목조 주택은 순식간에 불타올랐다. 트로츠키 가족은 거의 모든 귀중품을 잃었다. 손목시계, 권총, 신발, 모자까지 불타버렸다. 잠옷 차림에 슬리퍼만 신고 있던 트로츠키는 자신의 장서를 구해낼 시간이 없었다. 이스탄불에서 소방관들이 온 것은 거의 두 시간이 다 지나서였다. 그때는 이미 너무 늦은 상황이었다. 나탈리야는 불길 속에서 뛰어나오다가 다리를 다쳤으며 트로츠키는 소련에서 가지고 나온 장서를 거의 모두 잃었다. 엄청난 손실이었다. 그 책들의 여백에는 트로츠키가 적어 넣은 메모가 수없이 많았으며 그는 앞으로 저술 과정에 그 메모를 활용할 계획이었기 때문이다. 하지만 그가 개인적으로 보관한 서류철은 살아남았다. 이 서류철 역시 매우 중요했는데, 당 지도부와 투쟁하는 데 이 문건들이 중요한 무기가 될 것이기 때문이었다. 소련이 현재 직면한 어려움의 뿌리가 스탈린이 수년에 걸쳐 시행한 정책과 활동에 있다는 트로츠키의 오랜 주장을 뒷받침할 수 있는 증거들이었다. 트로츠키가 집필하고 있던 《러시아 혁명사》 원고도 불길을 피할 수 있었다. 불타는 건물 속에서 프란켈이 이 원고를 구해냈다. 《러시아 혁명사》가 지체 없이 순조롭게 발행되어야만 트로츠키 집안의 재정이 유지될 수 있다는 것을 모든 사람이 잘 알고 있었다.[35]

화재를 일으킨 것이 지나가 아닐까 하는 의혹이 강하게 일었다. 지나가 정신적으로 건강하지 않다는 것은 그때쯤이면 누가 보아도 명백했으며, 그녀가 도착한 이후 원인을 알 수 없는 화재가 두 번이나 일어났다. 집을 잃은 트로츠키 일가는 육지로 가서 집을 빌렸다. 새로운 집은 이스탄불 남서쪽에 있는 카디쿄이에 있었다. 이층집이었으며 전에 살던 집보다 관리가 더 부실한 상태였다. 트로츠키와 나탈리야는 위층에 살기로 했다. 프란켈은 식당과 부엌에서 가까운 아래층 방에 자리를 잡았다. 요리사, 어부, 그리고 두 명의 경찰은 건물 부지의 다른 곳에 거처를 정했다.[36]

딸 지나는 1931년 폐 질환 치료를 받으러 베를린으로 떠났다. 같은 달 트로츠키주의자인 미국인 앨버트 글로처(Albert Glotzer, 1908~1999)가 트로츠키를 찾아와 프란켈의 업무량을 줄여주었다. 글로처는 트로츠키에게 잘 맞는 보좌관은 아닌 것 같았다. 그는 담배를 피웠으며 러시아어와 독일어도 하지 못했고 스스로 인정했듯이 소련 정치도 잘 몰랐다. 또한 그는 트로츠키가 《러시아 혁명사》 작업의 마지막 단계라서 다른 것에 전혀 신경을 쓰고 싶지 않을 때 나타났다.[37] 트로츠키는 원래 자신의 방에서 담배 피우는 것을 금했지만 글로처가 도착한 첫날에는 담배 피우는 것을 허락했으며 심지어 터키인 어부에게서 담배를 한 개비 얻어 글로처에게 주기도 했다. 하지만 이날 이후 글로처는 집안의 규칙을 따라야 했다.[38] 글로처가 한 달 만에 떠난 것은 별로 놀랍지 않았다.[39] 하지만 1932년 10월 트로츠키의 보좌진 가운데 가장 뛰어난 인물이 도착했다. 그의 이름은 장 반 에이에노르트(Jean van Heijenoort, 1912~1986)였다. 파리의 '공산주의자동맹'*은 원래 이브 크레포(Yves Craipeau, 1911~2001)를 파견하려고 했으나 에이에노르트의 외국어 실력이 더 우수하다고 판단했다. 비서와 조직책 역할을 하려면 외국어 실력이 필수적이었다.(이밖에도 크레포가 '군중 속의 활동'을 포기하려 하지 않았다는 이유도 있었다.)[40]

한편 독일에 머물고 있던 딸 지나가 트로츠키에게 애처로운 편지를 보내왔다. 트로츠키는 처음에는 거의 동정심을 보이지 않았다. 그는 오히려 아내 나탈리야를 더 걱정했다. 지나가 베를린에서 아들과 함께 살 집을 구할 때까지 나탈리야가 지나의 아들 세바를 돌봐야 했기 때문이다. 지나가 써 보내는 편지는 점점 더 고통스러워졌으며,

---

공산주의자동맹(Ligue communiste) 프랑스공산당에서 추방된 좌익반대파가 1930년에 결성한 트로츠키주의 조직.

나탈리야는 그런 편지를 쓰는 것 자체가 지나의 상태를 더 악화시킨
다고 생각했다.[41] 결국 트로츠키도 딸의 상태가 무척 심각하다는 것
을 인정했다. 딸은 정신이 무너지기 직전이었다.

트로츠키는 딸이 정신분열증으로 진단받자 크게 놀랐다. 1930년
대 대부분의 사람들처럼 트로츠키 역시 이 질병에 대해 별로 아는 바
가 없었다.[42] 그는 아들 료바에게 지나의 편지에 대해 이야기했다.
지나는 여전히 아버지의 '동맹자'로서 터키에 오고 싶어 했지만 아버
지는 불가능하다고 생각했다. 의사들은 지나에게 러시아로 돌아가
라고 권했으나 그녀는 거절했다. 트로츠키는 의사들의 의견을 지지
하면서, 딸에게는 러시아의 휴양지로 가는 것이 도움이 될 것이며 독
일의 휴양지는 '치명적'일 것이라고 말했다. 그는 알렉산드라에게 현
재 상황을 설명하는 편지를 보냈다. 트로츠키는 지나가 의사의 권고
를 무시하면 딸에게 제대로 도움을 줄 수 없다고 말했다. 그는 또 아
들 료바에게 연락하여, 지나가 계속 거부한다면 결국 친지들의 건강
까지 해치게 된다는 것을 그녀에게 이야기해 달라고 요청했다. 또한
만일 아버지의 뜻을 따르지 않을 경우, 아버지는 딸과 '완전히 최종
적인 결별'을 할 것이라고 덧붙였다.[43] 정신분열증 환자를 이보다 더
부적절하게 다루는 것은 상상하기 힘들다. 아들 료바가 아버지의 지
시대로 지나에게 그런 말을 전했는지는 알 수 없다. 료바는 합리적이
고 정이 많은 사람이었기에 그러지는 않았을 것이다. 지나의 상태는
점점 더 나빠졌다. 1933년 1월 5일 지나는 더 견디지 못하고 결국 스
스로 유독 가스를 마시고 목숨을 끊었다. 지나의 자살 소식은 다음
날 뷔위카다에 전해졌다. 이 비극적 사건에 대해 트로츠키는 모든 것
이 스탈린 때문이며 또 스탈린이 딸을 이렇게 대우했기 때문이라고
비난하는 방식으로 대응했다.[44]

트로츠키는 자신의 글에서 스탈린에 대해 이런 비난을 여러 번 반
복했지만, 사실 이런 비난은 잘못된 것이었다. 지나는 원하는 만큼

트로츠키의 큰딸 지나. 아버지의 애정을 갈구하던 지나는 정신분열증을 앓았는데, 1933년 1월 스스로 목숨을 끊었다.

얼마든지 수후미에 머물 수 있었다. 외국으로 딸을 불러낸 것은 트로츠키 자신이었다. 스탈린이 딸을 추방한 것이 아니라 딸이 아버지와 함께 살고 싶어 스스로 아버지에게 온 것이었다. 딸의 죽음을 정치화하려 했던 트로츠키의 시도는 그다지 훌륭해 보이지 않았다.

그래도 트로츠키는 마음이 무척 괴로웠다. 이틀이 지나서야 그는 알렉산드라에게 편지를 쓸 수 있었다. "지나는 이제 살아 있지 않소." 그는 덧붙였다. "나는 마치 나무토막처럼 꼼짝할 수가 없소." 그러고 나서 지나가 외국에서 겪은 일을 설명했지만 그 설명은 사실과 달랐다. 자신과 나탈리야는 처음에 딸의 주된 문제가 결핵이라고 생각했다고 그는 썼다. 또 딸이 베를린으로 간 뒤 신경 질환 전문의들이 딸에게 가장 필요한 것은 '남편, 가족, 일, 책무'라고 결론 내렸다고도 썼다. 트로츠키는 딸이 아버지와의 관계가 어려워지면서 얼마나 힘들어했는지는 언급하지 않았다. 그는 부드러운 말로 편지를 마무리했다. 자신의 심정을 그는 마치 고대 그리스의 음유시인 호메

40장 망명의 시작

•

667

로스같이 표현했다. "희끗희끗하게 센 당신의 머리를 꽉 끌어안으며, 당신의 눈물 속에 내 눈물을 떨굽니다."[45] 알렉산드라는 8월 31일에 답장을 보내면서 트로츠키의 마음을 상하게 하지 않을까 신경쓰지 않았다. 알렉산드라는 모든 상황을 다 알고 싶었다. 그녀는 트로츠키가 딸의 정신 상태를 걱정하면서도 어째서 자신에게 알리지 않았는지 물었다. 트로츠키는 아무 말도 하지 않았지만 알렉산드라는 벌써 딸이 아버지와의 어떤 충돌 때문에 마음 아파했음을 눈치채고 있었다. 지나는 어머니에게 이런 편지를 보낸 적이 있었다. "제가 이제 아버지에게 다시 돌아갈 수 없다는 것이 슬픕니다. 태어난 바로 그날부터 제가 얼마나 아버지를 '숭배'했는지 어머니는 아시죠? 그러나 이제 우리의 관계는 확실하게 망가졌습니다. 이것이 바로 제가 병들게 된 이유입니다." 알렉산드라는 딸의 마음을 달래주려고 노력했지만 아버지는 그저 딸의 신체적 문제에만 신경을 썼다. "지나는 성인이고 충분히 성장한 개인"이며 아버지와 상호작용을 필요로 했으나, 트로츠키는 그런 사실을 무시했다. 아버지가 지나를 크게 낙담하도록 만들었다고 어머니는 썼다.[46]

이것은 심한 말이었지만 정확한 비난이었다. 알렉산드라는 이런 비난을 다소 완화하려고 그녀 자신도 타인에게 속마음을 열지 못하는 단점을 지니고 있다는 점에서 남편과 똑같다고 고백하면서 그에게 '잔인한 말'을 한 것에 사과했다. 그러나 알렉산드라는 트로츠키에 대한 판결을 철회하지는 않았다.[47] 말을 하지는 않았지만 어쩌면 그녀는 1902년 트로츠키가 시베리아에 자신과 어린 딸 둘을 남겨 두고 떠나버린 일이 다시 생각났을 것이다. 딸 지나가 세상을 떠났다. 혹시라도 아버지가 약간의 관심과 정을 보여주었다면 상황이 크게 달라졌을지도 모를 일이었다. 물론 트로츠키는 매우 바쁜 사람이었다. 그러나 그는 지나가 심한 고통을 겪고 있다는 것을 분명히 알고 있었으면서도 인간으로서 기본적인 책무를 이행하지 않았다.

41장

세계 혁명 구상

"레닌주의 부활이 우리의 사명"

가족에게 위기가 닥쳐도 트로츠키의 머릿속에서 첫 번째 순위는 항상 소련의 정치 상황이 차지했다. 그는 자신이 언제든지 크렘린 지도부의 취약점을 활용할 준비를 갖추고 있기를 원했으며, 따라서 자신의 혁명 전략을 명확하게 밝혀놓는 것이 아주 중요했다. 카자흐스탄에서 터키로 오는 동안 그는 자신과 반대파 동지들에게 닥친 현실적인 어려움에 신경을 집중하였다. 뷔위카다에 도착한 그는 모스크바에서 진행되고 있는 중대한 변화 과정을 신속하게 평가할 필요가 있었다. 신경제 정책은 이제 완전히 폐기되었다. 스탈린은 농민에게 최소한의 양보만 하자고 주장했다가 정치국 내에서 어려운 입장에 빠졌다. 정치국 내 다수는 우랄과 시베리아 지역에서 스탈린이 집행한 정책 때문에 농촌 지역의 반발이 더 거세졌다고 판단했다. 중앙의 당 지도부는 정부의 선의를 표시하려는 목적으로 공산품을 농촌 지역으로 보냈다. 하지만 이 조치로 인해 산업 부문에 투자할 자본을 희생해야 했으며 농민들이 희망하는 물품을 외국에서 구매해야 했기 때문에 외화 보유고도 감소하였다. 정치국이 '우랄-시베리아 방식'으로부터 거리를 두게 된 데에는 부하린의 역할이 컸다. 그러나 결과는 별로 좋지 않았다. 이미 소련의 농촌 지역에는 스탈린이 시행한 폭력적인 곡물 징발에 대한 소문이 퍼진 상태였으며 농민들은 이제 정부의 약속을 믿지 않았다. 도시의 식량 공급 문제는 해결될 기미가 보이지 않았다.

부하린이 정치국의 다수를 장악한 기간은 불과 몇 주일밖에 되지 않았다. 농민들의 저항이 증가하자 당 지도부는 다시 강제 징발 정책으로 복귀했다. 스탈린은 부하린의 강력한 비판에도 불구하고 다시 한 번 지배적인 위치에 올랐다. 정치국은 스탈린과 부하린의 전투장이 되었으며 싸움마다 스탈린이 승리했다. 스탈린은 한심한 '중도주의자'이며 자신의 새로운 정책에 진실하게 헌신하지 않는 '기회주의자'에 불과하다는 것이 트로츠키를 비롯한 반대파들의 믿음이었다. 그러나 트로츠키는 주요 지지자들이 떼를 지어 이탈하는 상황에 처해 있었다. 프레오브라젠스키, 퍄타코프, 라데크, 스밀가 등이 이탈한 대표적 지지자였다. 트로츠키는 부하린과 '우익 추종자들'이 스탈린과 중도주의자들에게 공세를 취하자 이른바 '투항자들'이 이들 우파가 승리하는 것을 막으려 한다는 이상한 논리로 지지자들의 이탈을 해석했다.[1] 이 해석은 소련의 정치 상황을 완전히 잘못 읽은 것이었다. 트로츠키는 스탈린이 부하린을 마음대로 다룰 수 있다는 것, 그리고 산업화와 집단화 운동이 계속해서 급속도로 진행되리라는 것을 도저히 인정할 수 없었다. 투항한 인물들은 사실 스탈린과 정치국이 실행에 옮기는 경제적·사회적 변혁에 깊은 인상을 받았던 것이었다. 이들은 인류의 진보를 의미하는 것처럼 보이는 이 정치 운동에 다시 합류하고 싶었다.

소련이 경제적·문화적으로 근본적인 변혁을 이루고 있음을 보여주는 여러 지표는 투항자들에게 크게 설득력이 있었다. 집단농장을 도입하는 과정에서 농민이 얼마나 고통을 받고 있는지, 도시의 삶의 수준이 얼마나 낮아지고 있는지, 또 이른바 굴라크(Gulag)라는 강제노동수용소가 얼마나 증가하고 있는지에 대해 이들은 관심이 없었다. 이들의 눈에는 자신들이 오래전부터 꾸준하게 요구해 왔던 것 중 많은 것을 드디어 스탈린이 실행에 옮기고 있는 듯이 보였다. 제조업과 광업에서 총생산의 성장률이 엄청나게 증가했다. 제1차 5개년 계획 기간 동안 국가 경제의 총생산도 가파르게 증가했다. 산업 부문이 국유화되었고 투자가 늘어남에 따라 자금이 충분히 공급되었으며, 산업 부문 전체의 생산고는 1932년 말이 되자 2배로 확대되었고, 계획 목표는 원래 예정했던 5년이 아니라 4년 만에 달성되었다. 석탄, 철, 강철 생산 역시 급속히 증가했다. 당 지도부가 고스플란에 자본재 생산을 우선시하라고 촉구한 결과, 금속 제련 공장의 설비가 개선되었다. 최신 기술이 외국, 특히 미국과 독일로부터 도입되어 소련 경제는 이제 최신 장비의 혜택을 받게 되었다. 외국인 전문가들도 고용되었다. 경제 성장에 따라 마그니토고르스크* 같은 새로운 도시들이 건설되었다. 수천 개의 학교가 새로 만들어졌다. 대중의 문자 해독 운동이 전개되었으며 새롭게 훈련받은 노동자들은 이제 관리직으로 승진할 수 있게 되었다. 정부 대변인은 이제 '새로운 소비에트 남성과 여성'을 창조하는 시대가 도래하였다고 선언했다.

자신을 배신한 지지자들의 시야가 편협하다고 비난하며, 트로츠키 자신은 시야가 넓은 지적 탐구자인 듯한 모습을 보였지만 사실은 그렇지 않았다. 그는 혁명적 공산주의라는 전망에 나침반 바늘을 고정해놓은 채 무조건 그 방향으로 치달았다. 그는 유럽 정치를 일정한 전제 위에서 분석했는데, 현실의 증거를 보면 당연히 의심해야 할 상황에서도 그는 그 전제들을 고수했다.

1930년대 초 트로츠키는 스탈린이 시행하던 좌파 정책에 스탈린 자신이 아직 확고하게 전념하지 않고 있다고 주장했다. 서기장 스탈린은 기회주의자이고 원칙 없이 무모한 일을 벌이는 사람이며, 그저

마그니토고르스크(Magnitogorsk) 우랄 산맥 남쪽에 위치한 거대한 철광 생산 도시. 1930년대에 크게 개발되었다.

최고 통치자로서 자신의 권력을 극대화하고 '관료 집단'의 이해관계에 봉사하는 정치인으로 보아야 마땅했다. 아무리 긍정적으로 평가해도 스탈린은 하나의 분파를 다른 분파에 대항시켜 균형을 맞출 줄 아는 정치 공작 전문가 정도밖에 안 되는 인물이었다. 스탈린에게 사상이라는 것은 자신의 개인적 이익을 증진하는 수단 외에 아무런 의미도 없었다. 트로츠키에 따르면 1928년부터 소련이 추진한 급속한 산업 성장은 오래 지속되리라 기대할 수 없었다. 스탈린은 부하린과 우파들을 물리치고 나면 곧 아파라치키, 즉 당 관료 집단이 지지하는 중도주의적 볼셰비즘으로 복귀할 것이다. 혼란스런 경제 여건으로 미루어보아 이러한 상황이 조만간 발생할 수밖에 없었다. 여하튼 스탈린의 입장은 계속 불확실할 것이므로 반대파 사람들은 원칙을 고수하면서 때가 오기를 기다려야 한다. 트로츠키가 보기에 오직 반대파만이 10월혁명과 레닌주의의 가치를 보존하고 있었다. 트로츠키는 자신과 자신의 추종자들이 결국에는 당의 전통에 합당한 정책을 통해 당을 회복시킬 수 있는 방법과 기회를 발견할 것이라고 확신했다.

반대파는 이미 오래전에 코민테른에서 공식적으로 영향력을 상실했다. 지노비예프는 1926년 10월 집행위원회 의장직에서 물러났으며 부하린 역시 1929년 4월 코민테른 지도부에서 제외되었다. 트로츠키의 계획은, 글을 통해 꾸준히 선전 활동을 벌여 기존 지지자들과 잠재적인 지지자들의 지원을 결집하는 것이었다. 외국 땅에 살고 있었으므로 모스크바의 검열관은 이제 문제가 되지 않았다. 정치적으로 트로츠키는 여전히 소비에트 체제에 철저하게 충실한 사람이었다. 코민테른 역시 포기할 대상이 아니라 정복할 목표였다. 목적을 달성할 수 있다면 트로츠키는 어떤 방식이라도 환영했다. 만일 코민테른에 소속된 정당들 안에서 지지자를 찾을 수 있다면 매우 좋은 일이었다. 하지만 그 정당들 바깥에서 새로운 그룹을 형성할 필요가 있다면 그렇게 해도 별로 문제가 없었다. 이 두 가지 방법을 다 활용하여 유럽과 전 세계에 있는 공산주의자들과 공산주의 동조자들에게 반대파의 사상을 전파하겠다는 것이 트로츠키의 구상이었다.

1928년에서 1929년 사이 트로츠키는 설명을 제시해야 할 입장이 되었다. 스탈린이 코민테른의 정책을 좌파 쪽으로 옮기고 모스크바가 각국의 공산당에게 가까운 장래에 있을 혁명적 권력장악에 대비하라는 지시를 내렸기 때문이었다. 정치국의 스탈린 그룹은 각국의 고참 당원들이 이러한 급진적 정책 노선을 기꺼이 실행할 용의가 있다는 것을 알게 되었다. 각국의 고참 당원들은, 공산당을 좌익에 속하는 다른 모든 정당들로부터—즉 노동당, 사회당, 사회민주당으로부터—완전히 분리하고 향후 이들 정당을 반혁명적 집단 혹은 스탈린의 표현을 빌리자면 '사회파시스트'*로 취급하라는 지시를 받았다. 스탈린은 오직 공산주의만이 우익을 막는 방어벽 역할을 할 수 있다고 주장했다. 또한 독일은 지금 혁명이 '임박'했으므로 노동계급의 적극적인 지지를 놓고 공산당과 경쟁할 독일사회민주당은 반드시 제거되어야 한다고 주장했다. 이런 상황 변화에 직면하여 트로츠키는 우선 '유럽의 사회주의 혁명'이 실현 가능하다고 오랫동안 주장해 온 것은 바로 자신이었으며, 스탈린이 이제 와서 국제 정책을 변경하는 유일한 이유는 코민테른에서 부하린파를 숙청하려는 구실이 필요했기 때문이라는 설명을 내놓았다. 트로츠키는 또한 외국 공산당에 있는 스탈린의 피후견인들에게 과연 실질적인 능력이 있는지 의심했다. '일국 사회주의'라는 구호를 조롱하기도 했다. 스탈린은 결국 소련의 국가 안보가 위험에 빠질 가능성이 있으면 어떠한 조치도 취하지 않을 것이라고 트로츠키는 주장했다.

이런 생각으로 트로츠키는 유럽에서 지지자를 모으기 위한 활동을 강력하게 추진했다. 지지자들 가운데 어떤 사람들은 그에게 코민

사회파시스트(social-fascists) 겉으로는 사회주의를 지향하지만 실제로는 파시즘 세력이라는 뜻.

테른을 대체할 새로운 인터내셔널을 만들자고 건의했다. 트로츠키는 이런 건의를 전혀 받아들이지 않았다. 모든 활동은 각국에 있는 기존 공산당을 통해서 진행되어야 하며 그런 활동을 통해 반대파 세력을 확충하고 '국제주의적 통합'을 이룩해야 한다고 트로츠키는 주장했다.[2] 그는 터키를 벗어날 수가 없었으므로 현장에 가서 직접 상황을 점검하기는 불가능했다. 따라서 외국의 열성적 지지자들이 보내오는 보고에 의존할 수밖에 없었다. 오게페우가 침투시킨 요원들이 제공하는 가짜 정보가 아니더라도, 모든 정보를 항상 신뢰할 수 있는 것은 아니었다. 그러나 트로츠키는 자신이 살아남을 것이며 성공을 거둘 것이라고 확신했다. 그는 역사는 자기편이라고 믿었다.

트로츠키가 장차 어떤 어려움에 봉착하게 될지는 그가 '레닌분트(Leninbund)'에 호소문을 보낸 이후 명백해졌다. 레닌분트는 독일공산당 소속 반대파 동지들이었다. 문제는 그들이 트로츠키보다 더 트로츠키주의적이었다는 사실이다. 트로츠키가 제시한 분석을 더 확장한 레닌분트는 소련에서 '테르미도르 반동'이 이미 성숙 단계에 이르렀다고 선언했다. 따라서 소비에트 체제는 완전한 부르주아 체제였다. 트로츠키가 볼 때 이것은 지나친 분석이었다. 트로츠키는 소비에트 정부와 공산당에 대항하는 혁명이 요구되는 상황은 아니라고 반박했다.[3] 그는 독일 동조 세력의 지도적 인물들이 너무 망설이고 있으며 한 극단에서 또 다른 쪽의 극단으로 움직이고 있다고 비난했다. 그는 독일의 반대파 지도부가 일관성 있는 강령을 생산하지 못하고 단지 이런저런 관념을 뒤죽박죽 섞어놓고는 폭넓은 토론 없이 이것을 레닌분트 멤버에게 강요하고 있다고 말했다.

지금 현재 모습을 보면 레닌분트는 독일 프롤레타리아를 지도할 수 없을 것이며 전위 중의 전위조차 지도할 수 없을 것이다. 레닌분트는 이념적 무기고부터 새로 채우고 조직의 일반 멤버를 합당한 방식

으로 인정해야 할 것이다. 이런 과제에 필요한 첫 번째 조건은 노선에 대한 이념적 명확성이다.[4]

이것이 트로츠키가 유럽과 북미 지역에서 지지자를 끌어들이는 방식이었다. 트로츠키 자신이 유일한 지도자가 되어야만 했다. 즉 그가 노선을 결정하여 제시하면 다른 사람들은 아무런 이의 제기 없이 따라야 했다.

트로츠키는 레닌분트가 10월혁명이 일어난 땅에 '조직의 자유'를 요구한 것을 비난했다.

> 그런 구호는 …… 과거에도 그랬고 또 앞으로도 단일한 구호로 존재할 수 없다. 집회의 자유도, 출판의 자유도 없는 상태에서, 게다가 의회 제도도 없고 정당 간에 경쟁도 없는 상황에서 당신들은 조직의 허용 가능성을 이야기하고 있다. 이 점에 대한 당신들의 입장은 무엇인가? 나는 최선을 다해 이해해보려고 했지만 아직도 당신들의 입장을 확실히 모르겠다.[5]

트로츠키의 이런 충고를 보면 그가 자유민주주의 사상과 제도에 얼마나 적대적이었는지 알 수 있다. 그는 많은 외국인들이 추정하는 것보다 훨씬 더 근본적 의미에서 소비에트 정치인이었다. 그는 레닌분트에 자신과 관계를 설정하는 방식을 명백하게 제시하고 있었다. 레닌분트는 트로츠키의 교의를 받아들여야 하고 만약 그러지 않으면 트로츠키는 그들을 경멸적 태도로 대할 것이었다. 그는 '노동자들'이 정치 토론에 참여하게 된다면 트로츠키 자신의 편에 설 것이며, 지금 잘못된 생각을 하고 있는 반대파 지도부에게 압력을 행사할 수 있을 것이라는 허황된 생각을 예전과 다름없이 하고 있었다.

또 다른 요인도 있었다. 소련에서 나온 지 얼마 되지 않은 트로츠키는 스탈린보다 더 레닌주의적 태도를 취하는 모습을 보여야 했다. 레닌의 교의와 정책에 충실한 태도를 보이는 것은 필수적인 요소였다. 1930년대 트로츠키의 노트를 보면 당의 창설자에 대한 그의 사랑과 존경심이 진실이었음을 확인할 수 있다. 하지만 그가 일기에 적어놓은 논평들은 곧 출판될 예정이었다는 점을 잊어서는 안 될 것이다. 그가 남긴 기록이 모두 그의 진지한 생각을 반영한 것이라고 자동적으로 추정할 수는 없다. 하지만 포괄적으로 볼 때 그가 레닌에 대해서 표현한 감정은 신뢰할 수 있는 것으로 보인다. 한 가지 중요한 사안에서 트로츠키는 레닌에 맞서 자신을 내세우는 자세를 보였는데, 자신이 오래전에 '연속 혁명'에 대해 쓴 글들을 다시 출판하는 데 동의한 것이다.[6] 이는 다소 위험한 결정이었다. 모스크바의 당 지도부는 1917년 이전에 레닌이 트로츠키의 그런 구상에 얼마나 적대적이었는지 구구절절 상세하게 밝힐 수 있었기 때문이다. 트로츠키는 이제 더는 조심하지 않기로 했다. 어쩌면 그는 이오페가 유언에 남긴 충고에 영향을 받았는지도 모른다.[7] 또 자신의 추종자들을 끌어모으기 위해 별도로 구획된 장을 마련할 필요가 있다고 생각했는지도 모른다. 여하튼 그는 '연속 혁명'론을 분석을 위한 한 가지 기반으로 제시한 것이지, 신성한 교의를 밝히는 텍스트로 내놓은 것이 아니었다. '연속 혁명'론은 장차 '국제주의적 프롤레타리아'가 수행해야 할 과제를 이해하는 길이라고 트로츠키는 생각했다.[8]

트로츠키는 사적인 편지에서 혁명 사업의 진척이 느리며 불규칙하다는 점을 인정했다. 그를 화나게 한 것은 독일인과 러시아인뿐이 아니었다. 프랑스인들 역시 마찬가지였다. 프랑스에는 트로츠키가 내세운 대의에 공감하는 그룹이 여럿 있었다. 이 그룹들은 끊임없이 서로 다투었으며 각 그룹 내부도 분열돼 있었다. 트로츠키는 보리스 수바린(Boris Souvarine, 1895~1984)의 조직과는 어떤 관련도 맺기를 거부했다.(수바린은 트로츠키에게 너무 비판적이었다.) 트로츠키는 알베르 트랭(Albert Treint, 1889~1971)에게는 좀 더 큰 희망을 걸었으며 어쩌면 트랭이 결국에는 반대파 지지자들의 연합체를 이끄는 지도자가 될 수도 있다고 생각했다. 벨기에의 상황은 좀 더 좋아질 것 같아 보였다.(트로츠키는 벨기에의 상황을 완전히 확신하지는 못했는데 그의 이런 의심은 결국 옳았던 것으로 밝혀졌다.) 체코슬로바키아의 동지들은 혼란에 빠져 있었다.[9] 그러나 소련 내의 지지자들에게 보낸 서신에서 트로츠키는 낙관적인 태도를 보였다. '활발한' 그룹들이 벨기에와 미국에 존재한다고 주장하면서 그는 사실상 모든 외국 그룹들의 대(對)중국 정책이 마음에 들지 않으며, 대서양을 가로지르는 소통 통로가 이제 막 조직되기 시작했다고 밝혔다.[10]

반대파 추종자는 독일과 프랑스에 가장 많았다. 물론 레닌이 살아 있을 때부터 국제 공산주의 운동 진영은 세계 혁명의 미래에서 독일이 중심에 설 것이라 생각했다. 프랑스의 트로츠키 추종자들은 처음에는 상당히 순종적이었다. 하지만 트로츠키의 고압적인 자세가 곧 이들을 짜증 나게 했다. 피에르 나비유, 요제프 프라이(Joseph Frey), 쿠르트 란다우(Kurt Landau)는 트로츠키의 '조직 방법'에 관해 불평했고 란다우는 레닌이 유언장에서 트로츠키를 비평한 것까지 거론했다.[11] 이런 움직임에 트로츠키는 상처를 받았지만 그래도 자신의 행동 방식을 바꾸지는 않았다. 그는 항상 자신이 가장 잘 알고 있다고 믿었다. 독일의 반대파를 대하는 태도에서 그는 큰 실수를 범했다. 그는 소볼레비키우스 형제를 편애했다. 아브라함(Abraham Sobolevicius)과 루빔 소볼레비키우스(Ruvim Sobolevicius)는 리투아니아에서 망명한 사람들이었는데 정치 활동을 할 시간적 여유도 있고 독립적인 재산도 있었으며 매우 열심히 활동했다. 트로츠키의 국제 운동은 재정 상태가 어려웠기에 급료를 받지 않고 활동할 수 있는 사람에게 우선권이 주어졌다.[12] 소볼레비키우스 형제는 어떻게 하면 정치적으로 트로츠키의 마음에 들 수 있는지를 알고 있었다. 루빔은 트로츠키에게 베를린의 동지들이 놀랍도록 형편없는 상태라고 보고했다.[13] 루빔과 아브라함은 독일 반대파의 내부 논쟁에서 종종 트로츠키를 자기들 편에 서도록 하는 데 성공했다. 이 두 형제가 논쟁과 혼란을 야기한다는 보고가 있었지만 트로츠키는 이런 보고를 무시했다. 그는 뷔위카다를 찾아온 두 사람을 환영했다. 나탈리야는 두 사람을 싫어했다. 그들이 항상 안절부절못하는 것처럼 보이고 속물적이라고 느꼈다. 하지만 아무도 이 형제를 어쩌지 못했고, 이런 상황은 아브라함이 소비에트 5개년 계획이 성공적으로 완수되었다고 발언한 것과 루빔이 트로츠키와 사이가 멀어져버린 트로츠키주의자들을 계속 옹호했다는 것을 트로츠키가 결국 알게 될 때까지 계속되었다.[14]

곧 소볼레비키우스 형제가 오게페우 요원이며, 독일의 트로츠키주의 조직에 침투하여 파괴 공작을 수행하는 임무를 띠고 있었음이 밝혀졌다. 이런 사실이 밝혀졌는데도 트로츠키는 이 형제를 보호했던 일에 대해 사과할 필요성을 느끼지 않았다. 그는 그저 형제를 공개적으로 비난했을 뿐이며 그 이후에는 모든 사람들이 예전과 마찬가지로 자신의 지시에 복종할 것이라고 기대했다. 아들 료바는 이런 아버지의 행동이 유럽 동지들의 분노를 불러일으킨다고 판단했다.[15] 아들은 아버지가 화를 잘 내고 현학적인 태도를 보인다고 불평하면서 앞으로는 다른 사람의 감정을 고려하면서 행동해 달라고 청했다. 아버지로부터 돌아온 답은 좀 더 성실하게 일하라는 지시뿐이었다.[16]

트로츠키는 '유럽 혁명'이라는 목표가 즉시 달성되리라고 믿었고, 유럽의 반대파에게 가장 중요한 이 목표 달성에 집중하는 것을 방해하는 그 어떠한 사안도 무시하라고 촉구했다. 그는 1930년 3월 소비에트 공산당에게 자신의 의견을 요약하여 공개 서한을 보냈다. 정치국은 무력에 지나치게 의지해 소련 사회를 지배하는 잘못된 전략 방향을 택하였으며 결과적으로 소련 전역에 행정적 혼란을 일으켰다고 그는 지적했다.[17] 소련의 상황을 더욱 악화하는 요인은 '일국 사회주의'라는 낡은 이론을 여전히 붙들고 있다는 점이었다. 스탈린은 외국의 혁명적 변화를 추진하는 것을 우선시하지 않았다. 정치국은 신경제 정책 기간 동안 한심한 실책을 많이 범했으며 종종 동요하는 경향을 보였고, 이제는 소련의 산업화라는 과제에 스스로 갇혔으며, 코민테른에게 압력을 가해 파시즘 정당보다 오히려 유럽의 여러 사회주의 진영을 주요 적대 세력으로 여기도록 만들었다고 트로츠키는 지적했다.[18] 반대파는 분발해야 했다. 내부의 분란, 조직의 혼란, 수적 열세는 하루 빨리 극복해야 할 문제였다. 트로츠키는 해결 방안을 계급의 관점에서 규정했다. 유럽의 지지자들은 지식인 계급의 테두리를 넘어서지 못하고 있으며, 이런 '귀족적' 태도 때문에 노동자들에게 다가가는 데 실패하는 것이라고 그는 주장했다.[19] 프롤레타리아가 적극적으로 참여하지 않는다면 프롤레타리아 혁명은 이루어질 수 없었다. 노동계급을 대상으로 삼아 선전 사업과 충원 작업을 시급히 수행해야 할 필요가 있었다.

깨어 있는 모든 시간을 트로츠키는 새로운 가능성을 모색하는 데 바쳤다. 1929년 10월 뉴욕 월가의 주가 대폭락 사태 이후 세계 경제가 엄청난 혼란에 빠졌으나 그는 별로 걱정하지 않았다. 그런 사태는 사회주의 질서가 곧 구축되리라는 그의 희망을 더욱 북돋았다. 소련 내부의 정치적·경제적 혼란 역시 그에게는 큰 걱정거리가 아니었다. 스탈린은 잠시 승리를 만끽하고 있는 평범한 인물일 뿐이며 지배 체제를 유지할 능력이 없음이 곧 밝혀질 것이 분명했기 때문이다. 트로츠키의 일기에는 이런 구절이 있다. "그리하여 나는 1917년에서 1921년까지의 나의 작업이 필요 불가결한 것이었다고 말할 수 없다. 하지만 지금 나의 작업은 말 그대로 '필요 불가결'하다."[20] 혼자만의 글쓰기를 하면서 그는 공개적으로 말할 때의 겸손함을 없애버렸다. 그는 정말로 자신의 이런 말을 믿었던 것일까? 어쩌면 이 말은 그저

스스로 확신을 주기 위해 쓴 구절일 수도 있다. 소비에트 권력의 정
상에 있다가 이렇게 추락하고 만 데에는 트로츠키 자신의 책임도 어
느 정도 있었다. 자신이 어처구니없는 실수를 저지른 적이 있다는 사
실이 전혀 떠오르지 않는다면 트로츠키는 인간이 아닐 것이다. 과거
는 바꿀 수 없었다. 하지만 미래의 빛나는 성공을 위해 과거의 일로
부터 교훈을 배울 수는 있었다.

　　각국의 기존 공산당 지도부는 트로츠키의 평가에 따르자면 전혀
희망을 걸 수 없는 존재들이었다. 독일공산당 지도자 에른스트 텔만
(Ernst Thälmann, 1886~1944)과 프랑스공산당 지도자 모리스 토레즈
(Maurice Torez, 1900~1964)는 무능력의 상징이었다.[21] 코민테른은 급
진적 정책 노선을 택하기는 하였지만 세계 어느 곳에서도 권력을 장
악할 실마리를 찾지 못하고 있었다. 트로츠키는 자기 이익만 생각하
는 스탈린이 베를린에 나치 정부가 들어서기를 희망할 것이라고 추
정했다. 히틀러가 공산주의자들을 완전히 말살하면 소련이 형제의
혁명에 개입해야 할 의무가 원천적으로 사라지기 때문이었다.[22] 스
탈린이 속으로 이런 계산을 했는지는 몰라도 그런 말을 다른 사람에
게 한 적은 한 번도 없었다. 평소와 마찬가지로 트로츠키는 스탈린
의 내심을 추정하여 희롱조로 말해본 것이었다. 독일공산당 지도부
의 한 사람이었던 하인츠 노이만(Heinz Neumann, 1902~1937)은 소
련 외교 정책에 관하여 다른 이야기를 들려주었다. 나치당이 권력을
잡을 가능성이 있음을 우려하던 노이만은 기회를 보아 스탈린에게
자신의 우려를 밝혔다. 스탈린의 대답은 노이만을 놀라게 했다. 설
사 히틀러가 독일의 통치자가 된다 해도 비관주의에 빠질 이유는 없
다는 것이 스탈린의 답이었다. 나치 정권은 베르사유 조약을 완전히
폐기해버릴 것이며 유럽은 혼란에 빠져버릴 것이었다. 독일공산당은
혁명적 목적을 달성하기 위해 그런 상황을 활용할 수 있을 것이라는
이야기였다.[23]

트로츠키가 스탈린의 내심을 잘못 이해했을 수도 있지만, 나치가 좌익 정치 진영 전체에 끼칠 위험을 스탈린이 과소평가했다는 점은 정확히 판단한 것이었다. 부하린 역시 트로츠키와 같은 의견이었지만 의견을 밝힐 수 있는 자유를 박탈당한 상태였다. 트로츠키와 부하린 두 사람 모두 나치가 권력을 잡으면 좌익 진영이 큰 타격을 입으리라고 예상하고 있었다. 공산당을 불법 단체로 규정하여 탄압하는 조치는 히틀러가 추진한 최초의 조치 중 하나다. 트로츠키가 발행하는 〈반대파 회보〉는 코민테른이 '사회파시스트'에 맞선 투쟁에 노력을 집중하는 것은 어리석은 행동이라고 계속 경고했다. 독일의 공산당과 사회민주당이 어떤 형태로든 협조 관계를 이루어 나치의 위협에 대항할 것을 시대가 요구하고 있었다. 1932년 트로츠키는 자신이 내린 결론들을 종합하여 소책자 《다음은 무엇인가?》를 냈다. 현재 코민테른에 가장 큰 위협은 파시즘이었다. 현 상황에서 소련공산당은 세계적 지도권을 행사할 능력이 없었다. 그 대신 '소비에트 관료 집단에 대한 국제적인 통제'가 필요했다. 또한 각국의 모든 공산당에 '당내 민주주의'를 도입하는 운동이 벌어져야 했다. 월가의 금융 위기는 전 세계에 심각하고 장기적인 경제 불황을 초래하였다. 중부 유럽에서 정치적 극우 세력이 이제는 권력을 쟁취할 만큼 유력한 존재가 되었다. 트로츠키는 그러므로 히틀러에 반대하는 투쟁을 해야 하며 스탈린은 축출해야 마땅하다고 주장했다.

히틀러가 독일의 '금융 자본'의 손에 놀아나는 허수아비에 불과하다고 평가하는 점에서 사실상 트로츠키와 스탈린은 견해가 같았다. 단 나치가 정치 권력을 장악했을 때 과연 어떤 결과가 나올 것이냐에 대해 견해가 갈렸던 것이다. 트로츠키가 옳았다는 것이 곧 밝혀졌다. 1932년 7월 독일 제국의회 선거에서 나치는 최대 의석을 차지했다. 그해 겨울 나치당은 정국을 혼란에 빠뜨렸다. 경제 불황이 더욱 심각해졌으며 결국 1933년 1월 궁지에 빠진 폰 힌덴부르크 대통령은 히틀러를 총리로 임명할 수밖에 없었다. 법률과 헌법에 근거한 조작극이 시작되었다. 나치의 거리 시위는 아무런 제지도 받지 않았다. 히틀러는 질서를 확립하는 자로 자처하고 나섰다. 그는 모든 혼란의 책임을 좌익 진영에 돌렸고 곧 독일공산당을 탄압하기 시작했다. 독일에서 탈출하지 못한 정치 지도자들은 총살당하거나 수용소로 끌려갔다. 히틀러가 곧 베르사유 조약을 폐기하고 중부 유럽 지역에서 독일의 우위를 주장할 것이라는 스탈린의 예견이 맞아떨어졌다. 그러나 그 과정에서 독일의 공산주의가 이득을 보리라는 스탈린의 예측은 크게 빗나가 재앙으로 귀결된다.

〈반대파 회보〉는 베를린의 사무실을 긴급하게 폐쇄하고 파리로 이전해야 했다. 베를린에 있던 '인터내셔널 서기국'은 소볼레비키우스 형제 사건 이후 파리로 옮겨 간 상태였다. 유럽과 북미 지역의 반대파 인물들은 세력을 결집하기 위해 2월 초 파리에서 '인터내셔널 예비 회의'를 개최했다. 11개국 대표단이 참가했으며 각 대표단은 모두 침울한 소식을 전했다. 영국은 회원이 27명밖에 없었다. 프랑스와 벨기에도 회원을 각각 100명밖에 모집하지 못한 상태였다. 트로츠키주의자 그룹 바깥으로 세력을 확장하려는 시도는 정치적 의견 차이 때문에 실패로 끝났다. 독일의 경우는 계속 이어진 내부 갈등과 소볼레비키우스 형제의 공작 때문에 혼란스러운 상태였지만, 히틀러가 집권하기 전까지는 활발하게 움직였으며 700명의 회원을 모집했다. 이탈리아인들은 러시아의 경우와 마찬가지로 주로 망명자들이었다. 무솔리니의 경찰 때문에 로마에서는 아무런 진전도 이룰 수 없었다. 500명의 회원이 있는 그리스는 가장 강력한 조직으로 인정받았지만 그 가운데 10분의 1이 감옥에 들어가 있었다. 에스파냐공산당에는 1,500명의 회원이 있었지만 지도자인 안드레스 닌(Andrés Nin, 1892~1937)은 트로츠키가 프랑스에서 어떤 그룹을 지지할 것인지 결정한 데 불만을 드러냈다. 카탈루냐 사람인 안드레스 닌은 트로츠키로부

터 이래라 저래라 지시를 받을 사람이 아니었다.[24)]

료바 세도프는(료바는 동생과 함께 아버지의 가명을 따라 성을 이미 바꾼 상태였다) 파리로 이전할 비상 계획을 이미 세워놓았고 아버지에게도 이미 모든 것을 이야기해 두었다. 료바는 나치의 집권에 대항하여 사회민주당을 협조자로 택하는 것이 유용할지에 대해 아버지만큼 확신이 없었다.[25)] 아버지와 아들은 기존의 독일공산당 지도부를 투쟁 의지가 결여되어 있다고 보는 점에서는 의견이 같았다. 1933년 2월 독일 제국의회 화재 사건 후 히틀러가 좌익 진영에 징벌적 보복 조치를 취하는 것을 본 료바는 아버지가 허락하지 않더라도 독일을 떠나 프랑스로 가겠다고 아버지에게 통보했다. 트로츠키의 편지를 기다리는 데 아들은 이제 지쳐버렸다. 자료는 가방에 챙겨 넣었고 중요한 서류는 잔 마르탱 데 팔리에르의 옷 속에 숨겼다. 두 사람은 잡히면 죽는다는 공포 속에 탈출했으며 3월 5일 국경을 넘어 파리에 도착했다.[26)] 트로츠키는 아들에게 화를 냈다. 심지어 아들이 소볼레비키우스 형제 사건을 사전에 막지 못했다고 비난했고 아마추어처럼 행동한다고 꾸짖었다. 이런 편지를 받고 료바는 끓어오르는 분노를 참지 못했다. 하지만 자신이 얼마나 부당하게 대접받고 있는지 호소하는 편지를 료바는 아버지가 아니라 어머니에게 보냈다. 료바는 아버지가 료바 자신과 같이 능력 있고 근면하여 질책할 일이 거의 없는 보좌관을 부당하게 괴롭히는 경향이 있음을 알고 있다고 썼다. 이제 더는 견딜 수 없어 일을 그만두겠다는 뜻을 아들은 이런 식으로 표현했다.

트로츠키는 사과하지 않았다. 하지만 거친 언사는 당분간 자제했다. 료바는 너무나도 헌신적이었기 때문에 그만두겠다는 협박을 실행하지 못하리라는 것을 트로츠키도 알고 있었고, 료바 자신도 잘 알고 있었다. 두 사람은 유럽의 정세가 급격하게 변하고 있으며 어쩌면 그 변화가 자기들에게 유리하게 작용할지도 모른다는 생각이 강하게 들었다. 이제 스탈린의 외교 정책이 파산에 이르고 말았다는 사실이 모든 사람의 눈에 명백하게 드러났다. 트로츠키는 세계 공산주의 운동의 지도자로서 자신을 내세울 때가 되었다고 생각했다. 트로츠키는 레닌의 위대함을 인정했으며 레닌의 기억을 소중히 간직하고 있었다. 그러나 레닌은 죽고 없었다. 러시아와 세계에 레닌주의를 부활시키는 일은 이제 자신의 몫이라고 트로츠키는 생각했다. 그는 실낱 같은 희망의 끈을 끝까지 잡고 있었다. 그의 글에는 도식적인 전망, 견고하지 못한 논리, 신중하지 못한 구호들이 가득했다. 트로츠키는 똑똑한 사람이었다. 그를 가장 미워하는 적조차 그 사실을 부정하지는 않았다. 여기서 희망을 버리면 절망밖에 없다는 것을 트로츠키는 잘 알고 있었다.

42장

'글 쓰는 기계' 트로츠키

《나의 생애》와 《러시아 혁명사》를 쓰다

트로츠키가 당대의 정치인들에 비해 뛰어났던 한 가지는 바로 저술가로서의 활동이었다. 그에 비견할 만한 사람은 오직 윈스턴 처칠뿐이었다. 러시아 정치인 중에 그에 비교할 만한 사람은 없었다. 입헌민주당의 지도자 파벨 밀류코프와 그의 자유주의자 동료들이 인상적인 역사 연구물과 회고록을 써냈던 것은 사실이다. 하지만 아무도 트로츠키가 쓰는 문장의 멋은 따라오지 못했다. 좌파 쪽에서는 그와 비교할 만한 사람이 더욱 없었다. 사회혁명당의 지도자였던 빅토르 체르노프의 자서전이 서방에서 출판되었지만 다른 언어로 번역될 만한 작품이 못 되었다. 멘셰비키의 저작물 역시 대부분 마찬가지 대접을 받았다. 러시아 망명자 중 환호를 받은 사람은 니콜라이 베르댜예프가 유일했다. 그는 한때 마르크스주의자였으며 후일 기독교 실존주의 철학자가 되었다. 베르댜예프의 자서전은 많은 비평가들의 주목을 끌었지만 독자층의 규모나 대중적인 명성에서는 트로츠키를 따라오지 못하였다.

유럽과 북미 지역의 주요한 작가들이 트로츠키와 접촉했다. 뷔위카다까지 온 사람도 몇 있었는데 그중 하나가 벨기에의 조르주 심농(Georges Simenon, 1903~1989)이었다. 그는 탐정소설 '매그레' 시리즈

를 통해 이미 세계적인 명성을 얻은 작가였다. 그는 파리의 한 일간
지의 요청을 받아 1933년 6월 트로츠키와 대담을 진행했다. 심농은
트로츠키가 좋아하는 작가였지만 트로츠키는 자신의 말이 잘못 인
용될까 봐 우려했고, 그래서 오직 세 가지 질문만 받겠으며 답은 서
면으로 하겠다고 처음부터 정해놓았다. 트로츠키는 자신의 답변을
러시아어로 구술하여 타자수가 받아 적게 하였고 그것을 다시 프랑
스어로 번역하게 하였다.[1] 이런 과정을 거쳐 나온 트로츠키의 답변
은 예상대로 그다지 흥미롭지 못한 내용이었다. 독일의 성(性)과학
자 빌헬름 라이히(Wilhelm Reich, 1897~1957) 역시 트로츠키와 대화
를 나누고 싶다는 의사를 표했다.[2] 하지만 두 사람의 만남은 성사되
지 않았다. 같은 해 트로츠키가 프랑스의 생팔레에 머물던 때 앙드레
말로(André Malraux, 1901~1976)가 트로츠키를 찾아왔다. 트로츠키
는 말로의 《인간의 조건》을 영어로 번역해야 한다고 추천한 일이 있
었다. 후일 트로츠키와 말로는 프랑스 정치와 에스파냐 내전 문제로
사이가 멀어지며 결국 서로를 모욕하게 된다. 두 사람 가운데 누가
더 비난을 받을 만한지는 판단하기 힘들지만, 트로츠키는 제1차 세
계대전 이전에 빈에서 예술가나 사상가들과 함께하였을 때는 보여준
적이 없는 까다로운 태도를 이때 분명하게 드러냈다. 1917년 이후 겪
은 경험 때문에 그의 인격은 완고해지고 더 편협해졌던 것이다.

어느 신문기자가 그에게 좋아하는 소비에트 작가를 말해 달라고
요청하자 트로츠키는 이사크 바벨을 꼽았다. 바벨의 《붉은 기병대》
는 단편을 여러 개 이은 훌륭한 연작 작품인데, 트로츠키가 《문학과
혁명》에 담기에는 너무 늦게 발표되었다. 이사크 바벨은 1920년 폴란
드 전쟁 당시 기병과 함께 전투에 참가한 경험을 바탕으로 하여 당
시의 상황을 날카롭게 묘사했다. 20세기 세계 문학에서 《붉은 기병
대》는 이 계통의 작품들 중에서는 최고에 속한다. 트로츠키는 이 작
품이 '가장 큰 주목'을 받을 만하다고 평가함으로써 작품을 보는 안

목을 분명히 보여주었다.[3]

　프랑스의 트로츠키주의자들은 그에게 앙드레 지드(André Gide, 1869~1951)와 접촉해보라고 권했다. 앙드레 지드는 1936년 소련을 여행한 후 무척 비판적인 여행기를 발표했다. 지드는 그루지야의 트빌리시를 여행할 때 스탈린에게 아첨하는 전보를 보낸 적이 있다고 썼다. 지드가 쓴 전보 내용을 검토한 소련 측 안내자들은 찬사를 좀 더 넣어야 한다고 판단하고는 지드에게 소련의 미래를 예고하는 '운명'이라는 단어 앞에 '영광스러운'이란 형용사를 덧붙여 달라고 요청했다. 이런 식으로 알랑거리는 표현을 쓰지 않은 전보는 보낼 수 없다고 지드의 안내자들은 말했다. 집 베란다에 앉아서 앙드레 지드의 여행기를 읽던 트로츠키는 크게 웃음을 터뜨렸다. 집 안에 있던 아내 나탈리야는 도대체 무슨 일인가 하여 급히 달려 나왔다.[4] 하지만 트로츠키는 스스로 움직여서 앙드레 지드와 안면을 트고자 하지는 않았다. 그는 마치 이슬람교의 창시자 무함마드처럼 산이 움직여 자신에게 다가오기를 기대하였다.[5] 그렇다고 해서 트로츠키가 펜이나 팔레트를 가지고 일하는 사람들과 편지를 주고받기를 피했던 것은 아니다. 어느 날 멕시코의 벽화 화가인 디에고 리베라가 트로츠키에게 편지를 보내왔을 때 그는 무척 기뻐했다. 트로츠키는 자신이 알마아타에 있던 시절 보았던 리베라의 작품집을 기억하고 있었다. 그는 이 화가를 터키로 초대했다.[6] 트로츠키는 또한 프랑스의 초현실주의 시인인 앙드레 브르통(André Breton, 1896~1966)과도 친분을 쌓았다. 그러나 대체로 트로츠키는 정치 운동에 집중했다. 그의 저작 가운데 정치 운동의 추진에 기여하려는 목적으로 쓰인 작품이 아닌 것은 단한 편도 없었다.

　책을 내고 받은 인세로 트로츠키는 정치 활동 자금을 댔다. 그가 책 출판 의뢰를 받을 수 있는 가장 큰 상업적 자산은 그의 과거 경력이었다. 10월혁명과 러시아 내전에서 볼셰비키를 이끈 것은 레닌과 트로츠키였다. 이제 생존해 있는 사람은 트로츠키뿐이었으므로 그가 쓰는 이야기는 잘 팔렸다. 그는 자신의 일생에 있었던 일화들은 이미 많이 썼지만 아직 연속된 긴 이야기는 쓰지 않았다. 따라서 트로츠키는 출판사와 협상에서 유리한 위치를 차지할 수 있었다. 그에게는 두 가지 계획이 있었다. 우선 출생부터 현재까지를 아우르는 자서전을 쓰고 그 뒤에 1917년 2월부터 10월까지 일어난 러시아 혁명의 역사를 쓸 계획이었다. 그가 처음 내놓은 책은 '세계 부르주아 언론에 보내는 6편의 글'이라는 부제로 여러 편의 글을 묶은 책이었다.[7] 곧 합리적인 판단을 내릴 수 있게 된 트로츠키는 이런 겸손한 제목으로는 마르크스주의자가 아닌 독자를 매료할 수 없다는 것을 깨달았다. 넓은 독자층을 포섭하지 못한다면 그는 돈 한 푼 없는 신세가 될 터였다. 이 자서전과 역사서는 그가 매일 집중하여 작업하는 과제가 되었다. 저술을 위한 자료 조사의 많은 부분은 바로 자기 자신의 기억을 더듬는 작업이었다. 소련에서 들고 나온 문건으로 가득 찬 트렁크들이 이제 큰 역할을 하게 되었다.(소련 당국은 트로츠키에게 이 트렁크를 들려 보내는 실수를 저지른 뒤 교훈을 얻었다. 이후 소련에서 나오는 소련 시민은 정권에 불리하게 작용할 수 있는 문건은 들고 나오지 못하게 되었다.) 아들 료바가 베를린과 파리에서 자료를 더 보내왔다.[8] 반대파 운동을 추진하기 위해 트로츠키는 마치 글 쓰는 기계처럼 생활했다.

트로츠키는 자신의 인생을 묘사하는 글을 이미 몇 년 동안 많이 써 왔다. 그는 이미 발표한 자신의 글을 재활용하는 능력이 뛰어났다. 과거의 글에서 그는 어떤 이미지를 가져오거나 표현 방식을 빌려오기도 하고 문단 몇 개를 아예 모아 붙이기도 했다.[9] 화가인 브라크(Georges Braque)와 피카소(Pablo Picasso)가 시각 예술에서 콜라주 기법의 대가였다면 트로츠키는 문장에서 모아 붙이기의 대가였다. 그는 또한 자신의 작품이 최종적으로 어떤 모습으로 나와야 하는지에 대해서도 생각이 확고했다. 그에게 원고를 의뢰한 편집자들은 세상을 놀라게 할 만한 폭로를 내용에 집어넣을 것과 여러 권짜리 긴 책을 쓰지 말 것을 요청했다.[10] 트로츠키는 이런 요청에 별로 귀를 기울이지 않았다. 그는 마음대로, 원하는 만큼 길게 썼다. 트로츠키에게 글쓰기는 시간과 노력이 많이 들어가는 과정이었다. 보통 그는 자필로 초안을 작성했지만 가끔은 비서에게 구술하였다. 비서는 그 내용을 펜으로 받아 적거나 곧바로 타자를 쳐서 원고를 작성했다. 트로츠키는 매우 특이한 작업 방식도 사용했다. 《러시아 혁명사》가운데 한 장(章)을 타자로 모두 쳐서 완성된 타자본이 나오자, 타자본 뭉치를 자신의 책상으로 들고 가서는 두루마리 종이에 순서대로 붙였다.[11] 왜 이런 작업을 하는지 그는 설명한 적이 없었다. 각 문단의 균형이 적당한지 검토하기 위해서였다는 설명이 가장 개연성이 있다. 트로츠키의 머릿속에는 미학적으로 잘 정리된 작품을 내놓아야 한다는 생각이 항상 있었다. 마치 장편 서사시를 쓰면서 각 부분의 길이가 적당한지 신경 쓰는 시인처럼, 그는 부드럽게 읽히지 않는 문장을 내놓고 싶지 않았을 것이다.

트로츠키는 초고를 쓸 때부터 자신이 원하는 글의 기조를 정확하게 알고 시작하는 사람이었다. 비서가 자신의 구술을 따라오지 못하는 경우, 그는 몇 줄을 빼먹고 그냥 자신을 따라잡으라고 지시했다. 머릿속에서 글이 홍수처럼 콸콸 쏟아져 나올 때 그 물길을 막고 싶지 않았던 것이다. 사라 웨버는 이렇게 회고했다.

구술할 때 그는 절대로 자리에 앉지 않고 앞뒤로 걸어다녔으며 때로는 나에게 거의 등을 돌린 채로 말했다. …… 그는 구술할 때 어떤 메모도 보지 않았으며 일정한 속도로 한 문장 한 문장 부드럽게 이어가며 구술했다. 도중에 점심이나 저녁을 알리는 종소리가 들리면 그는 구술을 중단했다. 때로는 한 문장을 다 끝내지 못한 상태라도 집안 식구들이 기다리지 않도록 우리는 작업을 중단하고 식당으로 내려

서재에서 국제 공산주의 조직인 '미국공산주의자연맹'이 발간한 신문을 읽고 있는 트로츠키. 사진은 터키에 머물 때 찍은 것이다.

갔다. 점심을 먹고 잠깐 휴식을 취한 뒤 다시 구술을 시작하였다. 그는 우리가 어느 단어에서 작업을 중단했는지 물었고 바로 그 부분부터 다시 순조롭게 아무런 흐트러짐 없이 구술을 해 나갔다.[12]

트로츠키는 러시아어, 독일어, 프랑스어로 구술할 수 있었다.(영어로도 시도해보았지만 좋은 결과를 내지 못했다.) 그는 일을 엄격하게 추진하는 사람이었지만 거친 언사는 잘 쓰지 않았고 정 화가 날 때는 그저 방 밖으로 나가 잠시 동안 마음을 진정시켰다.[13]

트로츠키의 이러한 노력이 낳은 첫 번째 결실이 1930년에 출간된 《나의 생애》였다. 《러시아 혁명사》는 1932년과 1933년에 걸쳐 세 권으로 출간되었다. 그는 자신에 대한 글을 쓸 때 상당히 불편해했다. 개별 지도자가 아니라 사회 계급이 마르크스주의의 초점이었기 때문이다. 트로츠키는 '위대한 인간'은 역사를 만드는 주체가 아니라 다만 역사적 변혁의 도구일 뿐이라는 신념을 품고 있었다. 여하튼 전형적인 공산주의자라면 글을 써서 사람들의 이목을 자신에게 집중시키는 것이 바람직하지 않은 행동이라고 생각했을 것이다. 트로츠키는 이런 불편한 느낌을 자서전에 붙인 겸손한 느낌의 부제로 표시했다. 부제는 '자서전을 위한 시도'였다. 그는 마치 타인을 묘사하듯 상당한 거리를 두고 자신을 묘사했다. 하지만 이러한 기술(記述) 기법 뒤에는, 수년간 자신의 결정과 행동이 옳았다고 진술하려는 줄기찬 노력이 숨어 있었다. 고대 로마의 율리우스 카이사르가 《갈리아 전기》를 쓰면서 그랬듯이 트로츠키는 저자 트로츠키와 역사 속의 트로츠키 사이에 엄격한 거리를 두었다. 자신을 3인칭으로 언급했으며 심지어 어린 시절에 대한 장에서는 그리샤란 가명까지 사용했다.[14] (어머니가 아들에게 한 말을 인용할 때만 그는 이런 가명을 쓰지 않았다. 만일 어머니가 실제로 존재하지 않는 이름으로, 즉 그리샤라고 그를 부르면서 꾸중한 것으로 묘사했다면 어처구니없었을 것이다.)[15]

이런 서술 기법은 '소외(疏外)' 혹은 '소격(疏隔)'* 효과를 거두기 위한 것이었다. 카이사르부터 트로츠키까지, 자신을 극적으로 묘사하고 자신의 정치적 이미지에 겸손함이란 미덕을 보태고자 이 기법을 사용했다. 트로츠키는 최종 원고에서는 자신의 진짜 이름(좀 더 정확하게 말하면 진짜 가명)을 되살렸다. 그러나 그는 '나'라는 1인칭 대명사는 거의 사용하지 않았다. 이런 기법은 특히 야노프카 시절을 묘사할 때 매우 훌륭한 효과를 냈다. 트로츠키는 레프 톨스토이가 《어린 시절》에서 사용했던 기법을 활용하여, 자신의 소년 시절로 돌아가 그 소년의 눈을 통해 어린 시절의 광경을 보는 것처럼 기술했다.

전보라는 것이 전선을 타고 온다는 설명을 들은 적이 있다. 그런데 어느 날 말을 탄 사람이 보브리네츠에서 전보를 갖고 오는 것을 직접

소격(疏隔) 작품 속 인물과 독자 사이에 친숙한 관계를 의도적으로 방해하여 객관적으로 작품을 감상할 수 있도록 하는 기법. 독일의 극작가 브레히트(Bertolt Brecht)에 의해 널리 알려졌다.

내 눈으로 보았다. 아버지는 그 사람에게 2루블 50코페이카를 주었다. 전보는 편지처럼 종이 조각이었고 거기에 연필로 단어들이 쓰여 있었다. 어떻게 저것이 전선을 타고 왔지? 바람에 실려 왔나? 누군가가 전보는 전기로 운송된다고 가르쳐주었다. 이렇게 되면 이야기는 더 어려워진다. 한번은 아브람 삼촌이 나에게 열심히 설명해주었다. "전류가 전선을 통해서 온 다음, 리본 위에 표시를 한단다. 내가 지금 한 말을 따라서 해봐." 나는 따라했다. "전류가 전선을 통해서 온 다음, 리본 위에 표시를 한다." "다시 한 번 해봐!" 나는 다시 한 번 반복했다. "전류가 전선을 통해서 온 다음, 그 전류가 리본 위에 표시를 한다." "이제 이해하겠니?" "네, 이해했어요."[16]

아브람 삼촌이 짜증을 냈기 때문에 소년은 호기심을 억눌렀다. 그러나 오래 억누르지는 못했다. 그다음에 벌어진 상황을 트로츠키는 자신의 기억 속에서 끄집어냈다.

"그러면 어떻게 거기에서 편지가 나오죠?" 내가 물었다. 보브리네츠에서 온 전보 용지를 머릿속에 떠올리면서 말이다. "편지는 따로 오는 거야." 삼촌이 답했다. 나는 혼란스러워졌다. 만일 '편지'가 말 등에 실려 온다면 어째서 전류가 필요한지 알 수 없었기 때문이다. 그러나 이쯤에 이르자 삼촌은 화를 냈다. "어휴, 편지 이야기는 좀 그만 해라." 삼촌은 소리를 질렀다. "나는 너한테 전보에 대한 설명을 하고 있는데 너는 왜 자꾸 편지 이야기만 하는 거니!" 나의 의문에 대한 답은 결국 찾을 수 없었다.[17]

이 글을 보면 트로츠키는 간결하면서도 우아한 문장의 대가였다. 그는 혁명에 뛰어들었을 무렵을 묘사하는 단계로 넘어갈 때까지 단순하면서도 직설적인 서술을 유지했다. 그리고 그의 문장은 점차 지난날 못다 한 셈을 이제 다시 하는 듯한 날카로운 느낌을 주기 시작했다. 레닌과의 대화 장면에서는 톡 쏘는 듯한 느낌이 있었다. 러시아 내전 기간 중 전략과 음모를 묘사하는 그의 서술을 따라가노라면 독자는 어느새 그 시대 속으로 빨려 들어가는 듯한 현란한 착각에 빠진다. 신경제 정책을 도입하기로 결정하는 과정에 이르는 비상 시국의 느낌은 그 어떤 묘사보다 훌륭할 것이다. 1928년 트로츠키가 모스크바에서 마지막으로 싸운 끝에 알마아타로 유형을 당한 뒤 다시 터키로 추방당하는 장면은 독자의 연민을 자아냈다. 하지만 트로츠키와 정치적 입장을 같이하는 독자의 경우를 제외하면, 트로츠키가 너무나 자신에게 유리한 주장만 하기 때문에 독자는 피곤함을 느낀다. 문제는 문체가 아니라 내용에 있었다. 이런 문제는 그가 쓴《러시아 혁명사》에도 있었다. 두 작품 모두 마치 1917년에는 오직 단 하나의 위대한 결과만이 가능했던 것처럼 서술되어 있다. 트로츠키는 1905년 이후 여러 글에서 썼던 생각들을 다시 정리하여《러시아 혁명사》에서는 '결합 발전의 법칙'을 주장했다. '후진' 국가들은 '선진' 경쟁자들이 근대성에 다다른 경로와는 다른 경로를 택할 수 있다고 그는 주장했다. 러시아는 세계 다른 지역에서 이루어진 정치적 · 문화적 · 기술적 성과를 보고 배워 자국의 발전을 더 빠른 속도로 진행할 수 있었다. 그리하여 러시아는 서유럽과 북미가 경험했던 변혁의 단계들을 거치지 않고 뛰어넘었다.[18]

트로츠키는 자신이 내놓은 '결합 발전의 법칙'이 마르크스 사상에 독창적인 기여를 했다고 말하긴 했지만, 이 '결합 발전'이 항상 '근대적' 결과로 이어진다고 주장하지는 않았다. 후진적 여건 때문에 오래된 지배계급이 권력을 그대로 유지하는 경우도 있으며 그것이 바로 1917년 이전 러시아 제국에서 니콜라이 2세와 토지 귀족과 부르주아가 얻어내려 했던 결과라고 그는 말했다. 반동 정치가 효율적으로 시행되는 것을 가능하게 하는 요인은 그 수도 많고 종류도 다양했다. 혁명 세력이 반동 정치를 물리칠 수 있는 방법은, 진정한 급진적 목표를 굳게 지키며 비타협적인 활동을 계속 전개하는 것이었다. 로마노프 황실의 타도 이후 볼셰비키는 자신의 가치를 증명했다고 그는 주장했다. 러시아 제국의 과거 역사를 서술하며 생생한 분석을 보여주었던 트로츠키는 이 부분에서부터는 도식적인 분석을 하면서 레닌과 당과 군중을 불변의 진리로 찬양하는 김빠진 주문을 반복해서 윌 뿐이었다. 그는 볼셰비즘을 반대했던 사회주의 당파들을 비난했다. 또한 민주주의, 시민사회, 혹은 이념적 관용이 러시아인들에게 긍정적인 것을 제공할 수 있다는 모든 주장을 받아들이지 않았다. 가장 핵심적인 부분에서 트로츠키는 1920년대 니콜라이 포포프(Nikolai Popov)와 예멜랸 야로슬라프스키(Yemelyan Yaroslavsky, 1878~1943)가 제시한 소련 당국의 공식적 설명을 금언(金言)처럼 그대로 반복할 뿐이었다.

트로츠키는 자신과 레닌이 이룬 업적을 이야기할 때는 생기가 넘쳤다. 그는 레닌과 나눈 내밀한 대화를 한마디 한마디 그대로 전달한다고 주장하면서 제시했다. 이런 대화 내용, 특히 두 사람을 제외한 다른 사람에게 전혀 알려지지 않은 대화인 경우, 얼마나 신뢰할 수 있을지 말하기 힘들다. 대체로 트로츠키가 부정확함이라는 잘못을 저지른 적은 별로 없었다. 그러나 사람들이 흔히 간과하는 것은 그가 회피와 선택의 기법을 매우 노골적으로 사용했다는 점이다. 그는 가난하고 억압받는 사람들의 친구로서 자신의 자격을 깎아내릴 수 있는 사건들은 아예 기록하지 않았다. 예를 들면 그가 1921년 초 탐보프 봉기와 크론시타트 반란을 취급한 방식은 그저 완전히 생략해버리는 것이었다. 《나의 생애》는 공산주의 대의를 지지해 달라고 호소하는 글이었다. 이 책 역시 문학적 연금술사가 교묘한 솜씨로 감춘 정치적 조작의 걸작이었다.

트로츠키는 원고 편집 작업을 체계적으로 진행했다. 처음 원고를 쓸 때부터 그는 아버지의 부유함과 유대인 혈통에 관한 서술을 축소했으며 이후 교정 작업에서도 이 경향을 더욱 강화하였다.[19] 자신의 유모였던 마샤에 대한 한두 개의 흥미로운 이야기 역시 삭제해버렸다. 아마 그는 애지중지 귀여움을 받으면서 자랐던 것으로 보이고 싶지 않았을 것이다. 아버지와 기계공 책임자였던 이반 그레벤이 나눈 생생한 대화도 삭제했다. 틀림없이 트로츠키는 자신이 지배계급의 자손으로 인식되는 것을 피하고 싶었을 것이다. 몇몇 지인의 이름 역시 삭제되었다. 그는 훗날 지인들을 스탈린 비밀경찰로부터 보호하기 위해서 그렇게 한 것이라고 말했다. 하지만 터키에 있던 시절에는 아직 그런 배려가 필요 없었다. 좀 더 개연성 있는 설명은, 그가 젊은 시절에 유대인과 접촉이 많았다는 사실을 숨기기 위해 지인의 이름을 삭제했으리라는 것이다.[20] 이 고려 사항만큼이나 트로츠키에게 중요했던 것은 과거 레닌과 겪은 의견 불일치를 최소화하는 일이었다. 이 점에서 그는 초고를 쓸 때부터 분명한 의도를 지니고 있었다. 항상 그는 자신이 레닌주의자로서 확실한 자격이 있다는 것을 입증할 필요가 있었다. 트로츠키 자신의 사상을 지나치게 내세울 수는 없었다. 1917년 이전에 레닌과 격렬하게 충돌했던 사실을 그는 장막을 씌워 감추어버렸다. 과거 자신이 러시아 내 〈이스크라〉 조직 담당자들이 실무를 수행할 때 보였던 단점을 비난했던 일까지 삭제해버렸다.[21] 자신의 연속 혁명론이 지닌 정당성을 역사가 완전히 확인해주었다는 주장도 제거했다. 그는 1917년 이전에 연속 혁명론에 관해 발표한 글을 다시 세상에 내놓는 데서 완전히 다른 두 태도를 동시에 품고 있는 듯했다.[22]

열변과 회피가 혼합된 그의 서술 방식은 《러시아 혁명사》에도 똑같이 드러났다. 조롱하는 어투 역시 전면에 배치됐다. 니콜라이 2세는 "어리석고, 차분하며, '얌전한'" 사람이었으며 유일한 장점은 개인적으로 잔인하지 않다는 점뿐이라고 묘사했다. 케렌스키는 '작은 빨간 실크 손수건'을 꽂고 다니는 반동분자로 등장했다. 스탈린은 계속 비난의 대상이었지만 그에 대한 가장 심한 푸대접은 아예 언급하지 않는 것이었다.(스탈린은 《나의 생애》에 더 자주 등장했다. 이 책에서 트로츠키는 직접 나서서 스탈린을 평가하기보다 레닌을 비롯한 스탈린과 동시대 사람들이 스탈린을 비난하도록 만들었다.) 트로츠키는 1917년 2월부터 10월 사이에 멘셰비키와 사회혁명당이 품은 동기에 의문을 제기하기도 했다. 트로츠키는 이들을 무자비하게 조롱했다. 트로츠키에게 이들은 단순히 반혁명을 추진하는 위험 인물들일 뿐 아니라 부정직하며 어리석고 줏대 없는 사람들이었다. 그는 카메네프, 지노비예프, 스탈린도 더 나은 점이 없었다고 평가했으며, 이들을 타협자라고 부르면서 쇠망치가 아니라 꼬챙이로 찌르듯이 공격했다.[23] 이런 방식의 이야기를 통해 영웅으로 등장하는 사람은 레닌과 트로츠키 자신이었다. 반대파 인물 가운데 끝까지 트로츠키에게 충실했던 사람은 칭찬의 대상이 됐지만 그러지 못했던 사람은 비난당했다. 이런 생생한 인물평에 트로츠키는 분석의 틀을 씌웠다. 러시아는 너무도 후진적이어서 유럽 사회주의 혁명의 지지가 없으면 사회주의로 나아가기 힘들다고 그는 계속 주장했다. 여하튼 볼셰비키가 정권을 장악한 것은 올바른 일이었다. 그리고 만일 레닌의 '못난 후계자들(epigonen)'이 반대파를 패퇴시키지만 않았어도 레닌의 유산이 이렇게 사라지고 마는 일은 없었을 것이었다.[24]

트로츠키는 고전 인용의 열정을 통제하지 못했다. 그는 '못난 후계자들'을 지칭하면서 고대 그리스 고전에서 '에피고네(epigone)'란 단어를 가져왔다. 이 단어는 영웅 세대의 뒤를 잇는 젊은 세대를 지칭하는데, 가끔 그 젊은 세대가 열등하다는 뉘앙스를 풍기지만 항상 그런 것은 아니다. 예를 들면 《테베를 공격하는 일곱 장수》*의 아들들은 아버지 세대가 실패한 과업을 성공으로 이끌었다.[25] 트로츠키는 이 단어를 젊은 세대가 재능도, 힘도, 바람직한 목적도 없다는 맥락에서 사용했지만 그것은 잘못된 쓰임이었다. 그러나 트로츠키는 이 단어의 어감이 좋았다. 그의 머릿속에서는 외양이 내용을 압도했다. 10월혁명의 위대함을 옹호할 수 있다면 그는 어떤 수단이라도 쓸 용의가 있었다.

볼셰비키가 계속 비난받았던 이유 가운데 하나는 이들이 음모를 꾸몄다는 점이었다. 특이하게도 트로츠키는 이런 비난을 부정하지 않았다. 그의 말에 따르면, 모든 혁명에는 봉기가 필요하며 봉기에는 비밀과 '의식적인 준비 작업'이 필요했다.[26] (이런 트로츠키의 설명과는 대조적으로 소련의 공식 설명은 지도자들과 당과 군중이 모든 것을 공개한 상태에서 힘을 합쳤음을 강조했다.) 이와 동시에 트로츠키는 10월혁명이 '대중'의 의견을 반영했다는 인상도 주려 했다. 제2차 소비에트 대회에서 투표권이 있는 대의원 650명 가운데 390명이 '볼셰비키 진영으로 움직였다'고 그는 주장했다.[27] 그러나 트로츠키 역시 분명히 밝혔듯이 볼셰비키당에 표를 던졌던 사람들 모두가 볼셰비키는 아니었다.[28] 그는 사실 자신의 논리를 더 밀고 나가 볼셰비키가 당시 러시아 사회 다수의 지지를 얻지 못한 채 정권을 탈취했다는 점을 인정할 수도 있었다. 하지만 그렇게 되면 트로츠키가 본래 전달하고자 했던 취지가 약화될 위험이 있었다. 트로츠키에게 권력 장악은 노동자, 병사, 농민이 행사한, 누구도 막을 수 없는 거센 압력의 산물이었다.

혁명이 일어나는 것은 다른 출구가 없을 때뿐이다. 산맥에 갑자기 봉우리가 하나 솟아오르듯, 혁명이라는 연쇄적 사건들 가운데 갑자기 솟아오르는 것이 봉기다. 이 봉기는 혁명 전체가 그러하듯 어느 누

《테베를 공격하는 일곱 장수》 고대 그리스 신화에 기초하여 아이스킬로스가 쓴 희곡. 7명의 장군이 테베를 공격하였으나 실패하는 이야기. 전설에 의하면 그들의 아들 7명이 10년 뒤 다시 테베를 공격하여 승리하였다고 한다. 여기에서 '자손', '나중에 태어난 자'를 지칭하는 그리스어 단어가 에피고네(epigone)이다.

구의 의지로 불러일으킬 수 있는 것이 아니다. 대중이 여러 번에 걸쳐 전진하는가 싶으면 다시 후퇴하다가 결국 최후의 공격을 결심하는 것이다.[29]

최소한 이 점에 있어서만은 트로츠키와 스탈린이 1917년의 역사에 대해 유사한 해석을 내놓았다.

하지만 트로츠키의 책은 나름의 특이한 논조가 있었으며 아무도 트로츠키를 유머 감각이 부족하다고 비난할 수 없었다. 임시정부가 존속하던 마지막 시기에 임시정부의 지지자들로 구성된 자전거 부대에 대해 트로츠키는 다음과 같이 썼다. "어떤 사람이 어느 날 갑자기 바퀴가 두 개 있고 체인이 붙어 있는 이 기구 위에 올라타고 자신이 남들과 다름을 느끼게 되면—최소한 러시아같이 가난한 나라에서—그의 허영심은 마치 타이어처럼 부풀어 오르기 시작한다. 미국에서 이런 효과를 내려면 자동차 한 대가 필요할 것이다."[30] 트로츠키는 다른 사안에 대해서는 극히 진지했다. 이제는 정치국의 압력이 없었기 때문에 그는 10월혁명을 이끈 게 볼셰비키당이라는 공식적 견해를 비판하는 데 아무런 거리낌을 느끼지 않았다.[31] 트로츠키는 또한 레닌의 판단이 언제나 완벽했던 것은 아니라고 주장하기도 했다. 당시 레닌은 8월과 9월 내내 계속해서 정권 장악을 촉구했다.[32] 만일 이때 중앙위원회가 레닌의 요청을 기각하지 않았더라면 볼셰비키는 섬멸되고 말았으리라는 것이 트로츠키의 판단이었다. 그는 임시정부를 타도하는 데 병사들이 중요한 역할을 했다는 과거의 주장을 다시 내놓았다. 그의 판단은 다음과 같았다. "10월혁명은 프롤레타리아가 부르주아와 권력을 놓고 벌인 투쟁이지만, 최종적으로 분석해보면 이 투쟁 결과의 향방을 결정한 것은 농민이었다." 트로츠키는 권력 탈취에 결정적인 영향력을 행사했던 것은 페트로그라드 수비대의 병사들이며 이들은 사실상 군복을 입은 농민이었음을 강조

했다.[33)]

트로츠키는 《나의 생애》과 《러시아 혁명사》의 러시아어 판본에 대해서는 완전한 통제권을 쥐고 있었다. 하지만 그의 인세 대부분은 러시아 판본에서 나온 것이 아니었으며, 이 책들이 유럽 언어로 번역되는 과정에서 그는 약간의 곤란을 겪었다. 런던의 출판사 손턴 버터워스(Thornton Butterworth)는 원래 부제인 '자서전을 위한 시도'를 '독재자의 등장과 몰락'으로 일방적으로 변경해버렸다.[34)] 파리의 출판사 리데(Rieder) 역시 조금도 나을 것이 없었다. 트로츠키 숭배자였던 모리스 파리자닌(Maurice Parijanine, 1883~1937)이 프랑스어 번역을 맡았는데, 그는 자신이 따로 설명 주석을 달 수 있다는 조건을 붙이고 번역을 했다. 번역서가 출간된 것을 보고 트로츠키는 몹시 분노해서 법률가이자 트로츠키주의자였던 제라르 로장탈에게 편지를 썼다. 편지에서 그는 부정확한 점과 번역자가 잘못 이해한 점을 나열했다. "책장을 넘기기만 해도 체온이 상승합니다.(과장이 아닙니다!) 당신도 이런 사례를 더 찾아 내가 찾은 목록에 덧붙일 수 있겠지요? 이런 모욕은 반드시 없애야 합니다.(그래야 나의 영혼이 안정을 찾을 수 있겠습니다.)"[35)] 트로츠키가 여러 신문에 공개 서한을 보내 항의하겠다고 위협하자 리데 출판사는 한발 뒤로 물러나 파리자닌이 삽입한 주석에 대해 저자인 트로츠키는 책임을 지지 않노라는 문구를 추가하여 출판하면 어떻겠느냐고 제안했다. 하지만 트로츠키는 타협할 생각이 없었으며 리데 출판사에 '공포감을 불어넣는 행동'을 계속해 달라고 로장탈에게 요청했다.[36)] 파리자닌은 트로츠키에 대한 존경심을 재고하게 되었으며, 제대로 된 번역가라면 '원작자의 노예'가 될 수 없다고 말했다.[37)] 이 사건이 재판에 회부될 무렵에는 이미 때가 늦어버렸다. 리데 출판사가 책을 판매하기 시작했던 것이다.

트로츠키는 상당히 괜찮은 소득을 얻었다. 료바는 1930년대 초 베를린에서 아버지의 책이 잘 팔리고 있다고 보고했다.[38)] 훗날 트로츠키는 이렇게 판매에 성공한 것은 소련의 보안 요원들이 자신의 책을 대량으로 구입하여 불태워버렸기 때문이라고 말했다.[39] 원하는 독자를 얻지는 못하고 그저 인세만 받은 셈이었다. 하지만 전체적으로 보자면 그는 사업 면에서는 그렇게 능숙하지 못했다. 그는 《러시아 혁명사》미국 판권의 50퍼센트를 뉴욕의 찰스 앤드 앨버트 보니(Charles and Albert Boni) 출판사에 넘겨버리는 계약을 체결했다. 트로츠키는 이론적으로는 자본주의와 자본가를 무척 경멸했으면서도 후일 이 출판사의 양심에 호소하여 계약서 내용을 변경할 수 있으리라는 순진한 생각을 하고 있었다.[40] 트로츠키의 아버지는 어떤 거래에서도 이런 식으로 기만당한 적이 없었을 것이다.

맥스 이스트먼이 1932년 뷔위카다로 와서 《러시아 혁명사》작업을 트로츠키와 같이 진행하기로 했다.[41] 트로츠키는 이스트먼의 번역을 승인했다.(그는 이 번역본에 속어가 많이 들어가 있다는 사실을 알아차릴 만큼 영어에 능통하지는 않았던 것 같다.) 그러나 트로츠키는 이스트먼과 계속 옥신각신했다.[42] 트로츠키는 이스트먼을 미국 지역을 담당하는 저작권 대리인으로 활용하면서도 그에게 아무런 대가를 주지 않았다. 이스트먼은 처음에는 이렇게 고되기만 한 일을 하는 데 크게 불평하지 않았다. 그러던 어느 날 트로츠키가 언론 매체에 자신의 글을 번역해서 게재하기로 미국 출판사와 계약을 하면서 이스트먼을 완전히 배제해버렸다. 이스트먼은 트로츠키를 위해 무상으로 일하다가 종종 궁핍한 상태에 빠지곤 했기 때문에 몹시 화가 났다. 특히 트로츠키가 미국의 〈새터데이 이브닝 포스트〉에 《러시아 혁명사》를 연재하기로 하고 받은 4만 5천 달러는 순전히 이스트먼의 노력의 결과였다.[43] 하지만 트로츠키는 조금도 양보하지 않았으며 이스트먼은 폭발 직전까지 갔다. 이스트먼은 다음과 같이 회고했다.

내 인생에서 무엇인가 올바른 것을 말했다고 생각하는 몇 번의 순간 가운데 한 번이었다. "레프 다비도비치, 나는 다만 레닌이 했던 말로 당신께 답할 수 있겠습니다." 그리고 나는 그 유명한 유언장에 들어 있는 레닌의 말을 정확한 러시아말로 인용했다. "트로츠키 동지는 일의 행정적인 측면에 지나치게 집중하는 경향이 있다." 이 말을 들은 트로츠키는 힘이 쭉 빠지는지 뒤에 있던 의자에 털썩 주저앉았다. 그러고는 아주 유쾌하고 흡족하게 웃었다. 마치 '한방 먹었네!'라고 말하는 듯했다.[44]

두 사람의 관계는 무너졌다. 며칠 뒤 이스트먼은 터키를 떠났으며 이제 트로츠키는 심부름을 해줄 다른 사람들을 찾아야 했다.

두 권의 책을 출판한 이후 트로츠키는 그만큼 인기 있는 주제를 찾는 데 골몰했다. 그가 소련과 다른 정치적 주제에 관해 분석한 책들도 판매가 나쁘지 않았다. 1937년에 나온 《배반당한 혁명》은 여러 나라의 언어로 번역되어 많이 판매되었다. 너그러운 이스트먼은 트로츠키에게 돌아와 이 책을 영어로 번역했다. 하지만 이런 종류의 소책자들은 출판사들이 큰 금액이 적힌 계약서를 들고 트로츠키 앞에 줄을 서게 하지는 못했다.

트로츠키에게는 상업적 성공을 거둘 저술가로서 쏠 탄환이 아직 남아 있었다. 그에게 상당한 선인세를 가져다줄 두 가지 주제가 곧 드러났다. 트로츠키는 레닌과 스탈린을 잘 아는 사람이었으며 아직 두 사람에 대한 적당한 전기가 나오지 않은 상태였다. 트로츠키는 다시 한 번 금지된 역사라는 유혹을 독자에게 던질 수 있었다. 뉴욕의 하퍼 앤드 브라더스(Harper and Brothers) 출판사는 전기 《스탈린》의 선인세를 트로츠키에게 지불했다. 문제는 이 책을 출판하기에 앞서 엄청난 양의 자료 조사가 필요하다는 점이었다. 물론 그는 신속하게 글을 쓸 수 있었지만 자신이 세워놓은 높은 기준에 다다르지 못한 원고를 출판사에 넘길 생각은 꿈에도 하지 않는 사람이었다.

그는 여전히 반대파의 깃발이 휘날리기를 바랐으며 인류의 미래에 대한 자신의 전망을 전파하고 싶어 했다. 이런 사업에 자금을 대기 위해 트로츠키가 할 수 있는 일은 볼셰비즘의 역사를 파고드는 것밖에 없었다. 이 무렵 트로츠키는 멕시코에 가 있었는데 그는 그곳에서 엄청난 양의 문서를 훑어보아야 했다. 뉴욕에 있는 그의 지지자들이 책과 각종 문건에서 발췌한 자료를 보내주어 그를 도왔다. 서신 교환을 하고 지지자들과 모임을 열고 정책을 연구하고 다른 글도 계속 써야 했던 트로츠키에게는 이런 자료 조사 작업이 참으로 힘든 일이었다. 하지만 보람은 있었다. 자료를 뒤진 끝에 그는 자신이 원하던 것을 발견했다. 스탈린은 태어난 바로 그 순간부터 사람을 증오하는 위험한 인물이었다는 증거가 계속 나왔던 것이다.

레닌에 관한 자료 역시 점차 늘어나 너무 방대해진 나머지 결국 레닌 전기는 몇 권으로 나누어 내기로 했다. 이스트먼과 파리자닌은 첫 번째 권을 먼저 번역하는 데 동의했다. 첫 번째 권의 프랑스어 번역본은 1936년에 나왔는데 《레닌의 생애》라는 제목 때문에 조심성 없는 구매자들이 자칫 착각할 수 있었다.[45] 이스트먼의 영어 번역본은 좀 더 정직하게 《젊은 레닌》이라는 제목이 붙었으며 1972년에 출판되었다.[46] 레닌에 관한 자료 조사를 하다 말고 트로츠키는 갑자기 스탈린 쪽으로 관심을 돌렸다. 스탈린에 관한 대작을 빨리 내고 싶었던 것이다. 《스탈린》의 미국인 번역자는 작가이기도 한 찰스 맬러무스(Charles Malamuth)였다. 번역 작업이 시작되자마자 트로츠키와 맬러무스는 사이가 틀어졌다. 트로츠키가 어느 날 젊은 미국인 지지자인 조지프 핸슨(Joseph Hansen)과 대화하던 도중, 맬러무스가 러시아어와 영어를 제대로 알지도 못할 뿐 아니라 무식하면서도 잘난 척한다고 말했던 것이다.[47] 원작자와 번역자는 서로 불쾌한 감정을 가진 채로 수정과 토론을 계속 진행했다. 참으로 힘든 작업이었다. 트로츠키는 새로운 해석을 전혀 제시하지 않았으며, 스탈린에게 이렇게 많은 주의를 기울여야 한다는 사실 자체를 불쾌하게 생각하고 있음을 종종 노골적으로 드러냈다. 그래도 이 크렘린의 독재자를 증오한다고 단언하는 것은 자제했다. 트로츠키는 감정적 균형은 잘 지키고 있었다. 조리 있게 비평하면서 실컷 조롱해주는 것이 트로츠키가 선호하는 공격 방식이었다. 트로츠키가 사망할 무렵 그는 스탈린 전기를 끝내 가고 있었다. 트로츠키가 《스탈린》에 미처 마침표를 찍기 전에 스탈린이 먼저 트로츠키의 목숨에 마침표를 찍었던 것이다.

43장

10월혁명의 '유다'

소련 시민권을 빼앗기다

소련 언론이 트로츠키를 다룬 방식에는 일관성이 없었다. 때로는 그를 소련의 가장 위험한 적으로 다루었고, 때로는 정치적으로 아예 존재하지 않는 인물로 다루었다. 트로츠키가 벌이는 활동에 대한 소식은 삭제되었으며 역사 교과서에서는 그의 이름이 아예 사라져버렸다. 그가 등장할 때는 오로지 외국의 열강과 공모하여 소비에트 러시아에 적대적 활동을 하는 장면뿐이었다. 트로츠키가 소련에서 추방되었다는 소식은 신문에 극히 짧게 보도되었다. 그를 공적으로 언급하는 경우에는 일종의 외국인 혐오 풍조가 나타났다. 그의 이름은 '레프 다비도비치(Davidovich)'가 아니라 '레프 다브이도비치(Davydovich)'로 표기되기 시작했다. 이런 표기로 트로츠키가 유대인 집안 출신이라는 것을 암묵적으로 강조한 것이다.[1] 1932년에는 더 심한 일이 벌어졌다. 레닌의 미발표 원고인 '유두시카—트로츠키가 저지른 낯 부끄러운 일'이라는 글이 공개된 것이다.[2] 유두시카라는 인물은 19세기 러시아 소설가 미하일 살티코프-셰드린이 쓴 작품 《골로블료프 가의 사람들》에 나오는 인물로서 매력 없는 골로블료프 가족 중에서도 형편없는 사람이었다. 소설에서 친척들 사이에 충돌이 발생할 때마다 이 위선자 유두시카가 나서서 번지르르하면서도 위선적인 헛소리를 떠들어댄다. 1911년 레닌은 트로츠키가 러시아사회민주노동당 내에 화합을 이룬다는 명목으로 헛되이 노력하였던 모습을 이 인물에 빗대었다. 그러나 아마도 레닌이나 혹은 레닌의 편집진이 유두시카라는 이름이 '작은 유다'를 뜻하기 때문에 반유대주의를 암시할 수 있다고 판단하고 당시에는 이 글을 발표하지 않기로 결정하였던 것 같다. 스탈린은 그런 것을 조심할 이유가 없었으므로, 1930년대 중반부터 트로츠키는 10월혁명의 '유다'였다고 노골적으로 언급되기 시작했다.

스탈린에게 문제는 트로츠키가 여전히 소련 내에 정치적 추종자 집단을 거느리고 있다는 점이었다. 오게페우는 일반 산업 노동자들은 건드리지 않은 채 반대파의 적극적 멤버들만을 체포하면서 조심스럽게 일을 진행했다. 스탈린은 계획을 매우 치밀하게 생각해 두었다. 그의 주된 목적은 트로츠키주의자들과 소련의 노동계급 사이에 존재하는 모든 연결선을 끊어버리는 것이었다.[3]

당 대변인들은 트로츠키가 음모 네트워크를 매우 넓게 펼치고 있다고 주장했다. 1929년 3월 8일에는 트로츠키가 윈스턴 처칠과 손을 잡고 그 대가로 '수만 달러'를 받았다고 비난했다.[4] 국제 관계의 변화에 따라 비난의 내용도 변했다. 1931년 중반 폴란드의 피우수트스키가 소련공산당 정치국에 우려의 대상으로 떠오르자 트로츠키는 폴란드와 손잡고 소비에트 체제를 무너뜨리려 한다는 혐의를 받았다.[5] 이런 상황에도 불구하고 이스탄불 주재 소련 총영사는 레프 다비도비치 세도프란 이름으로 트로츠키의 여권을 계속 연장해주었다. 3년 동안 이런 상황이 지속되다가 결국 1932년 2월 20일 모스크바 당국은 갑자기 트로츠키의 소련 시민권을 박탈했다. 이로써 트로츠키는 국적 없는 사람이 되어 무스타파 케말의 처분에 완전히 의존하는 신세가 되었다.[6]

어쩌면 추방당한 소비에트 지도자는 뷔위카다의 흙바닥을 향해 논쟁의 총알을 쏘아대는 편이 나았을 것이다. 반대파에 그때까지 남아 있던 지도자들은 러시아의 외딴 곳으로 유형당해 험한 환경에서 살아가고 있었다. 자신의 '오류'를 고백한 사람들, 즉 지노비에프, 카메네프, 프레오브라젠스키, 퍄타코프, 라데크는 그런 징벌을 면하고 모스크바로 귀환하는 것이 허용되었지만 자신들의 참회를 당국이 신뢰할 수 있도록 해야 했다. 이들은 최소한 반대파를 공개적으로 비난하라는 요구를 받았다. 트로츠키는 반항자로 남았다. 게다가 그는 예상했던 것보다 외국에서 끈질긴 생명력을 발휘하고 있었다. 오게페우는 트로츠키가 소련 내부 사람과 접촉하는 것을 최소화하는 데 성공했지만, 여전히 트로츠키의 사상은 정치국에 위험했다. 볼셰비키 지도자들은 기억력이 좋았다. 트로츠키가 급진적 정책의 초기 옹호자였던 사실과, 스탈린이 자신의 정책에 트로츠키 정책의 특색 몇 가지를 원용했다는 사실을 볼셰비키 지도자들은 잘 알고 있었다. 스탈린은 이 정책들을 실행하는 과정에서 어떤 누구의 예상보다 훨씬 큰 고통을 초래했다. 스탈린에 대한 개인 숭배 정책은 의도하지 않은 결과를 낳았는데, 사람들의 고통의 원천이 바로 스탈린이라는 인식이었다. 스탈린은 문제의 발생을 미연에 방지하기 위해 트로츠키의 사상에 대한 합리적인 토론을 완전히 금지했다. 정부의 경제 정책이 무모하다고 비판하는 당 관료는 뷔위카다 섬으로 추방된 정치국의 전(前) 멤버에게 동조하고 있다고 비난하는 것이 이제 관행이 되어버렸다.[7]

트로츠키는 소련 내에 있는 자신의 추종자들과 편지를 교환하고 또 그들에게 〈반대파 회보〉를 보내려고 노력했다. 그의 눈에 소련 정치는 언제라도 급변할 수 있는 상태였다. 1929년이면 아직 스탈린이 부하린을 쓰러뜨리고 거둔 승리가 확고하게 굳어진 상태가 아니었다. 산업화 정책이 계속 유지될 것이라고 확신하는 사람은 아무도 없었다. 트로츠키는 자신이 크렘린의 지도부에 다시 초청되어 합류할 가능성이 있다고 믿고 있었지만 스탈린과 화해할 생각은 전혀 없었다. 그러나 어쩌면 스탈린의 지지자들 가운데 어떤 그룹이 자신에게 접근할지 모른다고 트로츠키는 생각했던 것 같다. 그가 이런 생각을 했다고 가정하면, 이후 세대의 트로츠키주의자 거의 전원이 간과한 그의 기묘한 전략을 좀 더 쉽게 이해할 수 있다. 하지만 트로츠키는 오직 료바와 주고받은 서신에서만 자신의 의도를 명확하게 표현했기 때문에, 이후 세대의 트로츠키주의자들이 크게 잘못 이해했다고 말할 수는 없다. 1932년 10월 트로츠키는 료바에게 보내는 편지에 이런 구절을 썼다. "소련을 보존하기 위해서 스탈린주의자들과 협조하는 데 '동의한다'는 사실을 우리는 반드시 보여주어야 한다."[8] 스탈린 측 엘리트를 완전히 배제하고 반대파의 옛 엘리트만 기용해서는 도저히 정권을 재탈환할 수 없다는 점을 인정한 것이다. 스탈린주의자들은 이미 모든 기관에 확실하게 자리 잡고 있었다. 그들은 큰 힘을 지니고 있었다. 트로츠키는 그들을 트로츠키주의의 대의 쪽으로 설득하여 끌어와야 한다고 생각했던 것이다.

트로츠키는 당시 시행되던 소련의 정책 가운데 칭찬할 만한 것이 많다고 생각했다. 그는 급속한 산업 성장에 찬성했다. 그가 싫어했던 것은 오직 스탈린이 택하는 구체적 조치들이 너무나 조악하다는 점이었다. 이와 마찬가지로 그는 농업 집단화 정책을 비난할 때도 정책의 원칙이 아니라 정책이 시행되는 엄청나게 무능하고 폭력적인 방식을 비난했다. 트로츠키가 정치국에 반대하던 사안 중 가장 주요한 분야는 스탈린의 외교 정책이었다. 트로츠키는 소련 지도부가 독일의 나치즘이 제기하는 위협을 과소평가하고 있다고 주장했다.

트로츠키는 폭력적인 방법을 사용하여 스탈린을 제거하는 데에는 찬성하지 않았다. 아들에게 보낸 편지에 따르면, 그가 염두에 두고 있던 방법은 레닌이 유언장에서 언급한 정치적 해임이었다.[9] 스탈린에게 어떤 형벌을 가해야 한다고 주장한 적은 한 번도 없었다. 위의 편지를 보낸 달 말에 트로츠키는 아들에게 또 한 통의 편지를 써서 자신의 입장을 설명했다.

만약 트로츠키가 돌아오면 잔인한 복수를 할 것이라는 이야기가 중간 직위의 관료들 사이에 오가고 있다는 사실에 우리는 특별히 주의를 기울여야 할 것이다. 현재 시점에서 이런 이야기는 스탈린주의자들에게 매우 중요한 무기이다. 우리의 정책은 온전히 대중에게 의지하고 있다. 다음 전술을 세울 때는 우리를 대중으로부터 갈라놓고 있는 장벽을 반드시 고려해야 할 것이다.[10]

트로츠키는 자신의 지지자들을 밀어내고 여러 직책에 앉은 관료들이 자신이 지도부로 복귀하는 것을 환영할 수도 있다고, 분명한 근거가 없는데도 자신에게 납득시키려 했다. 자신이 억지를 부리고 있다는 것을 어쩌면 그는 무의식적으로 알고 있었을 것이다. 그래서인지 그는 동시에 '대중'에게도 호소해야 한다고 강조했다. 이 부분에서 역시 그는 지나치게 낙관적이었다. 궁핍한 노동자와 굶주린 농민이 과연 경제적 스탈린주의를 조금 느린 속도로 추진하겠다고 약속할 뿐인 정치인에게 힘을 실어줄 것 같지는 않았다.

트로츠키가 옹호하는 공산주의가 냉혹한 성격을 띠고 있다는 사실은, 그가 추방된 이후 벌어진 소련 내의 폭압적 조치에 대한 그의 반응에서 여실히 드러났다. 전(前) 멘셰비키, 전 사회혁명당원, 그리고 전 입헌민주당 당원들을 대상으로 전시재판이 진행되고 있다는 소식을 접했을 때 트로츠키는 아무런 반대도 표하지 않았다. 쿨라크, 성직자, 민족주의자에게 가해지는 탄압에 대해서도 거의 아무것도 쓰지 않았다. 그는 이들 모두가 볼셰비즘의 적이며 소련의 법정이 주장하는 대로 이들이 엄청난 죄를 저지르려는 진정한 의도가 있었다고 판단했다. 사실 1922년 사회혁명당원들에 대한 전시재판이 진행되었을 때 트로츠키는 이 재판의 정치적 무대를 준비하는 데 조력한 적이 있었다. 그는 경찰과 검찰이 사용하는 수법을 직접 목격했고 그런 수법을 권장했던 사람이다. 하지만 그는 반소비에트 음모에 대한 크렘린의 선전 작업의 진위를 평가하는 데 자신의 예전 경험을 활용하지 않았다.

아들이 아버지보다 나았다. 료바는 아버지에게 '멘셰비키에 대한 재판은 완전한 조작극'이라고 말했지만 아버지는 꿈쩍도 하지 않았다. 소련 당국의 기소 사유는 멘셰비키 지도자들이 외국과 연계하여 체제를 전복하려는 지하조직을 세웠다는 것이었다. 이 설명을 트로츠키는 온전히 받아들였다. 그의 의견에 따르면, 멘셰비키는 "외국 자본가의 최고 지휘부가 내리는 지령을 성실하게 수행했다."[11] 실제로 트로츠키는 신경제 정책 기간 중에 스탈린이 멘셰비키 경제 전문가들을 보호한다고 비난한 적도 있었다. 그는 니콜라이 수하노프나 블라디미르 그로만(Vladimir Groman)과 같은 저명한 인사들이 억울하게 죄를 뒤집어 쓰지는 않을 것이라고 생각했다. 오랜 시일이 지나 1936년 중반이 돼서야 트로츠키는 "〈반대파 회보〉의 편집진이 …… 스탈린주의적 재판의 파렴치함을 과소평가했다."고 공식적으로 인정하였다.[12] 트로츠키가 개인적으로 사과한 기록을 굳이 찾아보자면 이 정도가 사과에 가장 가까운 것이다. 요점을 말하자면, 그런 종류의 사람들은 스탈린에게 그랬던 것처럼 트로츠키에게도 마음에 들지 않았던 것이다. 트로츠키 자신은 이미 1921년과 1922년 크론시타트 반란자들과 사회혁명당 지도부에게 거짓 죄목을 뒤집어씌우는 것을 대수롭지 않게 생각한 적이 있었다. 그는 또한 전혀 실체가 없는 국제적 음모도 쉽게 믿었으며 멘셰비키와 쿨라크는 경멸할 가치조차 없는 대상이라고 여겼다.

트로츠키의 사고방식에 따르면, 그가 답해야 할 더 큰 질문들은 혁명에 관련된 것이었다. 그는 기본적인 인간 감정에 호소하는 것은 감상주의에 불과하다고 여기고 언제나 거부했다. 그래도 볼셰비키 반대파로서 굴복하지 않고 버티던 사람들이 겪는 고난에는 관심을 기울이지 않을 수 없었다. 이들 없이 트로츠키는 결코 권력에 복귀할 수 없기 때문이었다. 그는 자신을 따르던 사람들이 유형당하고 투옥되어 열악한 조건에서 고난을 겪는다는 소식으로 〈반대파 회보〉를 가득 채웠다. 만약 정치 활동을 계속하면 이들이 받는 형벌은 더욱 무거워졌다. '텐조프'라고 서명한 편지를 보낸 정체불명의 사람에 의하면 이런 상황이 벌어지고 있다는 것은 의심의 여지가 없었다.[13] 트로츠키는 자신에게 전달되는 이런 부당한 취급 사례에 관해 글을 썼다. 하지만 같은 시기에 엄청난 고통을 당하고 있었던, 반대파 이외의 수백만 명의 고난에 약간의 관심이라도 보였다면 도덕주의자로서 그의 주장은 좀 더 설득력을 얻을 수 있었을 것이다. 만약 트로츠키가 권력 쟁취의 싸움에서 승리자가 되었더라면 그는 스탈린의 방식을 쓰지 않았을까? 자신의 정책에 저항하는 자에게 그가 잔혹하게 대응하지 않았으리라고 믿기는 힘들다. 트로츠키의 정책이 요구하는 내용에는 폭력이라는 요소가 이미 객관적으로 들어 있었다.

트로츠키는 야코프 블륨킨이란 사람을 활용하려고 했다. 블륨킨은 반대파에 대한 봉쇄 상태를 해소하기 위한 목적으로 당시 반대파가 처한 운명을 적어 1929년 4월에 트로츠키에게 서신을 보냈다.[14] 과거 사회혁명당 좌파였던 블륨킨은 1918년 7월 독일 대사인 미르바흐 공작을 암살함으로써 브레스트-리토프스크 조약을 흔들려 했던 사람이다. 이후 그는 과거를 참회했고, 제르진스키와 트로츠키는 블륨킨의 마음을 돌리려고 노력하면서 그에게 직책을 찾아주었다.[15] 블륨킨은 볼셰비키당에 가입했으며 1920년대에는 트로츠키가 이끄는 반대파 쪽으로 넘어왔다. 1929년 오게페우의 공식 업무 때문에 터키에서 일하고 있던 블륨킨은 4월에 서신을 보낸 후에 이스탄불의 어느 거리에서 료바 세도프를 만났다. 이 만남은 다시 뷔위카다에서 트로츠키와의 만남으로 이어졌다.[16] 트로츠키는 소련 내에 남아 있는 반대파 사람들에게 보내는 편지를 작성했고, 블륨킨은 그 편지를 소련으로 가지고 들어갔다.[17] 트로츠키는 곧 '라데크 일당'을 비난하는 문건을 발표하겠다고 언질을 주었다. 반대파에게 이제 결정적인 시기가 다가오고 있으며, 투항자들은 반대파 대의에 대한 충성 시험에서 실패하고 말았다는 것을 폭로해야 했다. 트로츠키는 계속 사기가 높았다. 반대파의 지도적 인물들이 배신한 덕에 트로츠키는 이제 그들과 우호적인 관계를 유지하고 그들의 입장을 수용해야 한다는 압력에서 자유로워졌다.(트로츠키가 그 압력을 견디는 것이 그렇게 힘들었던 것은 아니다.)

이 서신에 담긴 내용을 보면, 트로츠키는 소련과 연결을 좀 더 강화하는 것을 우선 수행해야 할 과제로 생각했다. 지지자들이 어떻게 해서든 "베를린과 파리에서 조직 사업을 수행할 수 있는 한두 명의 요원"을 트로츠키에게 공급해주어야 했다. 가장 좋은 방법은 시베리아로 유형당한 사람 몇 명을 국외로 탈출시키는 것이지만[18] 트로츠키는 어떻게 그런 일을 수행할 수 있는지는 설명하지 않았다.

블륨킨은 술고래였고 술에 취하면 조심성 없이 말을 했다.[19] 그가 맞은 운명은 트로츠키가 얼마나 순진했는지 보여주었다. 트로츠키는 스탈린이 반대파의 동조자로 알려진 사람 모두를 의심의 대상으로 보았으며 이들이 외국에 나갈 때는 반드시 철저하게 감시한다는 사실을 알았어야 했다. 블륨킨은 모스크바에 귀환한 다음 조사를 받았으며 정치국은 그를 처형하라고 지시했다. 교훈은 분명했다. 즉, 트로츠키와 접촉하는 것은 국가 전복 음모에 가담한 죄에 해당한다는 것이었다. 어쩌면 블륨킨은 스탈린의 지휘를 받으며 이중첩자 역할을 수행했고 그런데도 스탈린이 블륨킨을 처형했을 가능성도 있다. 사건의 진상이야 어찌되었든 탄압의 강도는 이번 사건을 통해 또 하나의 문턱을 넘었다. 볼셰비키 당원증을 가진 사람이 평화 시에 처

43장 10월혁명의 '유다'

형된 것은 이 사건이 처음이었다. 스탈린은 이제 하찮게 볼 사람이 아니었다. 그는 자신의 최고 지위가 위협을 받으면 사법 살인도 저지를 수 있는 사람이었다. 이 사건을 통해 트로츠키는 소련 정치에 간섭을 시도하려면 좀 더 조심해야 할 것이라는 경고를 받은 셈이었다. 그러나 트로츠키는 아직 그런 경고를 완전히 받아들이지 않았다. 그는 여전히 1917년 이전에 자신을 비롯한 다른 망명자들이 생각하던 방식으로 생각하고 있었다. 그뿐이 아니었다. 그의 과거 지지자 중 한 사람인 빅토르 옐친이 시베리아에서 은밀하게 보낸 편지를 받고 트로츠키는 무척 기뻐했다. 정치적 소식으로 가득한 편지였다. 트로츠키는 이 서신이, 수감되어 있거나 숨어 있는 소련 내의 반대파 인물들과 정기적으로 주고받는 첫 번째 편지라고 믿었다.[20]

트로츠키가 접촉을 유지했던 인물로 엘레아자르 솔른체프라는 사람이 있었는데, 그는 뉴욕에 있는 소련의 무역 기관인 '암토르크(Amtorg)'에서 근무하며 1928년 이후 소련 내부의 반대파에 관한 자료를 은밀하게 국외로 반출하고 있었다. 이 자료를 이용하여 맥스 이스트먼이 쓴 책이 《러시아의 실제 상황》이었다. 표면적으로는 트로츠키가 이 책을 쓴 것으로 되어 있지만 이스트먼의 편집 작업이 없었더라면 이 책은 세상에 나올 수 없었다. 솔른체프는 결국 소련으로 돌아간 후 체포되어 시베리아로 보내지고 말았다.[21] 트로츠키와 연결돼 있던 또 다른 소련 시민은 가브릴 먀스니코프란 사람이었다. 그는 뷔위카다로 트로츠키를 찾아왔다. 고참 볼셰비키이자 노동자 출신인 먀스니코프는 트로츠키가 당 지도부였을 당시 중앙 당 지도부의 손에 고초를 겪은 사람이었기에, 트로츠키로서는 그의 방문이 놀라운 일이었다. 먀스니코프는 노동자반대파에 관심이 있었다. 그러나 그가 직접 가담하지 않았던 이유는 노동자반대파가 내세우는 요구 사항이 너무 온건했기 때문이었다. 그는 1923년에 잠깐 감옥에 갇혔지만 곧 당을 위해 일해 달라는 요청에 설득당했다. 하지만 그는 소련의 무역대표부에서 일하면서도 정신적인 독립성을 상실하지 않고 있었으며, 그리하여 결국 이스탄불까지 오게 된 것이었다. 트로츠키는 그에게 소련으로 돌아가지 말라고 충고했다.[22] 먀스니코프는 이 충고를 받아들였다. 만일 그가 충고를 무시했다면 그 역시 틀림없이 솔른체프와 같은 운명에 처했을 것이다.

그래도 보안 문제에서 트로츠키의 감각은 여전히 한심한 상태였다. 러시아인과 직접 접촉하는 일은 트로츠키와 아들 료바만이 담당했다.[23] 하지만 이 방법은 해결책이 될 수 없었다. 트로츠키와 료바는 측근들 사이에 스탈린의 비밀요원이 들어오는 것을 막지 못했으며, 그들 앞에서 현재의 전체적인 사업 계획을 공공연하게 말했다. 트로츠키와 료바는 자기들도 모르게 엄청난 양의 비밀 정보를 유출하고 있었다. 불쾌한 경험을 여러 번 했는데도 불구하고 이들은 행동 방식을 개선하려 하지 않았다.

뷔위카다에 도착하고 얼마 되지 않았을 때, 트로츠키는 하린이라는 사람으로부터 편지를 받았다. 소련의 무역 관료로서 파리에서 근무하고 있던 그는 자신이 숨은 동조자이며 료바 세도프와도 아는 사이라고 자신을 소개했다. 하린은 여름 휴가를 소련에 돌아가서 보내게 될 것 같다고 미끼를 던졌다. 그러면 의사 소통 네트워크를 구축할 수 있으리라는 것이었다.[24] 트로츠키는 미끼를 덥석 물었다. 두 사람은 세부 사항에 관해 몇 달 동안 서신을 주고받았다. 트로츠키는 하린에게 출판 계획도 도와줄 것을 요청했다.[25] 트로츠키는 여러 편지를 통해 자신의 기본 전략 전체와 실제적인 계획을 밝혔다.[26] 하린은 정치에 관해 적당히 올바른 이야기만 편지에 썼는데, 그것만으로도 트로츠키는 하린을 충분히 신뢰했다. 하린이 의도적으로 방해한 것이 아니라면 설명하기 어려운 실제적인 혼란이 몇 개월간 발생했는데도 여전히 트로츠키는 하린을 조금도 의심하지 않았다. 결국 트로츠키조차 하린이 오게페우의 비밀요원이라고 결론을 내리게 되

없을 때, 그는 이 사실을 주위에 알려 경고하면서 너무나 태연했으며 자신이 실수를 범했다는 이야기는 전혀 하지 않았다.[27] 늘 그렇듯이, 그는 일단 어떤 사람을 털어내버리고 나면 마치 그 사람이 처음부터 존재하지 않았던 것처럼 행동했다.

트로츠키와 접촉한 사람들은 그들이 이런 접촉 때문에 감수해야 하는 위험을 트로츠키가 제대로 알고 있는지 의심하곤 했다. 이런 의심은 충분히 이해할 만하였다. 트로츠키에게는 계속 편지가 왔다. 1930년 1월에는 소련의 정치 상황을 담은 익명의 편지가 도착했다.[28] 이는 블륨킨의 처형 이후에도 정보의 흐름이 완전히 막히지 않았음을 보여주는 좋은 증거였다. 서신이 계속 도착했다. 그 가운데 한 편지는 '스보이'란 사람이 보낸 것으로 1932년 3월에 도착했다.[29] 같은 해에 '그로모보이'라는 사람이 보낸 편지도 몇 통 도착했다.[30] 두 사람이 보내준 편지를 읽고 트로츠키는 소련 내에서 스탈린에 대한 지지가 감소하고 있으며 당 관료 집단이 스탈린에게 등을 돌리고 있다는 확신이 강해졌다.[31] 또 1930년 런던에서 료바에게 편지를 보낸 적이 있는 '텐조프'라는 사람은 1933년 2월에 다시 편지를 보내 소련의 산업 생산과 식품 공급이 처한 어려움을 아주 상세하게 알렸다. 텐조프는 또 비러시아 소수민족 사람들이 당국에 반대하는 움직임을 보이기 시작했다고 덧붙였으며, 당 관료 집단은 전반적인 상황에 몹시 실망하고 있다고 주장했다.[32]

하린 사건 이후 물론 트로츠키는 모스크바의 공산당 지도부가 자신의 외국 조직에 혼란을 야기하고 또 침투하려고 노력한다는 사실을 알고 있었다. 그는 측근들과 종종 이 문제를 논의했다. 하지만 트로츠키는 이 논의가 좀 더 진지한 예방 조치에 대한 이야기로 넘어가는 것을 허용하지 않았다. 자신부터 그렇게 조심스럽게 행동하려고 하지 않았다. 게다가 그는 집안 전체에 작업과 휴식을 위한 쾌적한 분위기가 조성되기를 바랐으며 낙관적인 분위기를 유지하는 데 최선을 다했다. 또한 그는 많은 과제를 처리해줄 새로운 인물들을 계속 끌어들여야 할 필요도 있었다. 그는 만일 크렘린이 젊은 비밀요원을 자기 곁에 심어놓는다면 그 비밀요원을 자기편으로 넘어오게 만들 수 있다고 말한 적도 있었다.[33] 트로츠키의 이런 안이한 태도 덕분에 첩자와 방해 공작원이 트로츠키의 사업에 침투하기는 쉬운 일이었으며 오게페우 역시 그 점을 충분히 활용했다. 트로츠키가 할 수 있는 유일한 변명은, 누가 믿을 만하며 누구를 피해야 하는지 사전에 판단할 도리가 없다는 것이었다. 그가 외국에 나오게 된 때는 1917년 이전 상황과 크게 달랐다. 1917년 이전에 트로츠키는 마르크스주의자들의 큰 집단 내에서 그들과 끊임없이 교류하면서 활동했다. 이제 그는 조언을 청할 사람이 없었고 곁에 있는 사람들에게 종종 기만당했다. 소볼레비키우스 형제가 그런 사람들이었다.[34] 야코프 프랑크역시 그런 사람이었다. 프랑크는 알프레트 아들러의 부인인 라이자 아들러가 트로츠키에게 어학 실력이 뛰어나다고 하면서 추천해준 인물이었다.[35] 하지만 프랑크를 받아들인 결과 트로츠키의 터키 체류시기와 그 이후의 계획 전체가 오게페우 손에 들어가게 되었다.[36]

규모가 더 작은 료바의 측근에 침투한 첩자들은 더욱 심각한 결과를 초래했다. 1933년 파리에서 에티엔이라는 사람이 접근해서 료바를 위해 일하겠노라고 자원했다. 이 사람은 사실 소련의 비밀요원 마르크 즈보로우스키(Mark Zborowski, 1908~1990)였다. 그는 자신이 열성적인 트로츠키주의자이며 트로츠키를 돕기 위해 1933년 우크라이나에서 프랑스로 왔다고 말했다. 프랑스의 동지들은 우려를 표명했지만 에티엔은 료바의 완전한 신임을 얻는 데 성공했다. 에티엔의 목표는 료바에게 없어서는 안 될 인물이 되는 것이었으며 그는 이 목표를 달성했다. 침착하면서도 근면한 그는 과중한 업무에 시달리던 료바를 구해주었다. 하지만 모든 사람이 에티엔을 좋아했던 것은 아니었다. 그가 도대체 어디에서 돈을 구하는지, 그리고 어떻게 생활을 꾸려 가는지가 전혀 분명하지 않았다. 료바의 비서 롤라 에스트리나는 그를 측은하게 여겨 일부러 일거리를 만들어주었고 일을 처리할 때마다 그에게 돈을 지급했다. 일정한 작업 패턴이 형성되었다. 오전에는 에티엔이 료바 곁에서 일하고 오후에는 롤라가 그 자리를 채우는 식이었다.[37] 에티엔은 자신의 비밀 조력자로부터 제공받은 카메라로 조직의 문건을 촬영했다.[38] 료바 역시 전혀 풍족하게 지내지 못했다. 아버지가 돈을 보내주긴 했지만 아버지는 아들이 돈을 아껴 쓰기를 기대했다. 모자란 돈은 료바의 동거인인 잔 마르탱이 따로 일을 해서 받는 적은 봉급으로 보충했다.[39] 이런 상황에서 에티엔의 입지가 점차 더 뚜렷해지자 프랑스의 트로츠키주의자들 사이에서 그에 대한 의혹이 제기되었다. 피에르 나비유가 트로츠키에게 에티엔에 대한 걱정을 말했지만 그가 들은 트로츠키의 대답은 전에도 늘 듣던 것이었다. "당신은 나한테서 협조자를 없애고 싶은가 보군요."[40] 트로츠키의 국제 조직에 관련된 비밀 사항 가운데 에티엔이 몰랐던 것은 거의 없었다.

소련에서 오는 편지의 수는 점차 줄어들었다. '스보이'는 1932년 3월 25일 서신에서 라코프스키와 소스노프스키가 아직 사망하지 않았다는 소식, 그리고 무랄로프가 모스크바를 방문했지만 곧 다시 시베리아로 돌려보내진 소식을 알렸다. 경찰의 조사는 계속되고 있다고 했다. 소련의 수도에서 모든 사람의 화젯거리는 스탈린이 '10월의 적(敵)'이라는 이야기뿐이라고도 했다. 크렘린이 앞으로 어떻게 해야 할지에 대해 트로츠키에게 지침을 보내 달라고 요청해야 한다는 우스운 이야기도 돌고 있다고 했다.[41] 이런 내용은 모두 트로츠키의 사기를 북돋워주었다. 하지만 트로츠키에게는 모스크바로 파견할 사람이 거의 없었다.(이와 대조적으로 멘셰비키는 1920년대 초부터 상당히 양질의 정보를 확보하고 있는 〈사회주의 소식〉을 발행하고 있었으며 심부름꾼 역할을 할 수 있는 사람도 수십 명 확보하고 있었다.) 트로츠키의 조직은 느슨한 상태였으며 그 규모가 커진 것은 주로 유럽과 미국의 추종자들을 모집하는 활동을 통해서였다. 트로츠키는 필사적이 되었다. 그는 〈반대파 회보〉에 러시아에 관한 보고 기사와 논평을 공급하는 데 겪는 어려움을 극복할 방법을 모색했다. 가끔씩 그는 정확한 정보를 상시로 얻을 수 있는 〈사회주의 소식〉을 읽으면서 정보 부족을 극복했다. 또한 〈프라우다〉를 비롯한 소련 공식 신문의 기사도 검토했다. 기사의 행간을 읽으면서 그는 당시 소련에서 벌어지고 있는 상황의 많은 부분을 짐작할 수 있었다.[42]

트로츠키는 이제 자신의 부재가 소련의 정치 무대에 도저히 참기 힘든 공백을 남겨놓은 것처럼 굴지 못하게 되었다. 새로운 접근 방법을 개발해야 했다. 1932년 그는 스탈린과 정치국에 '투항'한 사람들과 어떤 종류의 화해도 배제하던 자신의 태도를 수정하기로 마음먹었다. 예전에 거부했던 구상을 이제 수용한 것이었다. 당의 오래된 분파 출신인 반대파 인물들을 모아 하나의 '블록'을 형성한다는 구상이었다. 트로츠키는 부하린의 지지자들과 화해하는 것도 고려했다. 카메네프와 지노비예프에게 접근할 수도 있다고 생각했다. 이런 블록이 형성된다 해도 상호 비판을 그만두지는 않을 것이며, 또한 조직의 통합을 고려하지는 않을 것이었다. 첫 번째 단계는 일단 서로 정보를 교환하는 것이었다. 트로츠키는 이런 방법 외에는 다른 돌파구가 없다고 생각했다. 그는 자신이 발행하는 〈반대파 회보〉에, 자신이 논평을 단다는 조건으로 다른 당파의 문건을 게재하겠다고 발표했다.[43] 그러나 이 계획은 애초부터 실패할 것이 명백했다. 예전 분파의 지도자들은 목숨을 잃을 것이 두려워 트로츠키의 계획에 전혀 참여하지 못했다. 트로츠키가 이런 제안을 하여 얻은 정보는 조금밖에 없었다. 실제 결과물에 비해 '블록'이라는 이름은 너무나 거창한 것이었다.

트로츠키의 활동에 대한 스탈린의 우려는 지나친 것이었다. 트로츠키가 비밀요원 하린에게 보낸 편지들도 외국 트로츠키주의자들이 혼란에 빠져 있다는 증거를 보여주었다. 소련 내의 반대파 활동 역시, 트로츠키는 인정하지 않았지만, 한심한 상태였다.

1933년 5월에는 익명의 레닌그라드 소식통이 이렇게 보고했다. "모든 반대파가 완전히 제거되었습니다." 공장에서 불만의 목소리가 들리고 있으며 남부 지방의 식량 부족 사태가 알려지고 있다고 소식통은 말했다. 하지만 스탈린 그룹이 위험에 처해 있다는 징후는 편지에 전혀 언급되지 않았다.[44] 낙관적으로 전망할 근거가 완전히 사라진 것이다. 1934년 언젠가 료바는 파리에서 만난 한 동조자로부터 스탈린에 맞서 조직된 저항이 있다는 이야기는 과장된 것이라는 말을 들었다. 작은 정치 그룹들이 생겨나더라도 추종자를 전혀 얻지 못하는 상황이며 옛날 반대파 역시 작동할 능력을 상실해버렸다는 것이었다.[45] 트로츠키는 여전히 자신이 스탈린을 불안하게 만들고 있다고 생각하면서 스스로를 위안하려고 노력했다. 그는 일기에 이렇게 썼다.

나에게 복수하려는 그의 갈망은 전혀 채워지지 않았다. 말하자면, 물리적인 타격은 있었지만 정신적인 측면에서는 아무것도 이루어지지 않은 것이다. 일을 거부하지도 않았고 '참회'하지도 않았고 고립되지도 않았다. 오히려 새로운 역사적 추동력을 얻었으며 이를 저지하는 것은 불가능하다. 이것이 스탈린에게는 가장 심각한 우려의 원천이다. 이 야만인은 사상을 두려워한다. 왜냐하면 그는 사상의 폭발적인 힘을 알고 있으며 또 사상 앞에 서면 자신이 얼마나 약한 존재인지 알기 때문이다. 동시에 그는 너무도 영악해서, 오늘 내가 자기와 자리를 맞바꾸려 하지 않으리라는 것을 안다.[46]

이 시기에 스탈린이 트로츠키의 죽음을 바라고 있었다는 점은 의문의 여지가 없다. 트로츠키가 느끼는 우월감에 스탈린이 신경을 썼다는 추측은 가능하며 상당한 개연성도 있다. 그러나 트로츠키와 그의 추종자들이 '새로운 역사적 추동력'을 얻었다는 말은 타당성이 없다.

　트로츠키가 과연 정말로 자신이 크렘린에 있지 않다는 사실을 현실로 완전히 받아들이는 마음이었던 것인지에 관해서는 의문이 있을 수도 있다. 그가 일기에 적은 내용은 자신의 사기를 올리려는 시도였다. 자신이 최종적인 승리를 거둘 기회가 있다고 믿지 않으면 트로츠키는 생활에서나 정치 활동에서 계속 힘을 내어 전진할 수가 없었다. 만일 이런 믿음에 어긋나는 증거가 자신 앞에 나타나면, 그는 그 증거를 때려 부수어 치워버려야만 했다. 싸움은 계속되어야만 했다. 망명 후 자신이 계속하던 정치 활동을 정당화하려면, 트로츠키는 반드시 1917년 이후 모든 문제들의 책임을 스탈린 일당에게 물어야 할 필요가 있었다. 그 길만이 트로츠키가 미치지 않고 제정신인 채 걸어갈 수 있는 유일한 길이었다.

44장

스탈린의 '사형 선고'

프랑스를 거쳐 노르웨이로

1935년 어느 조용한 날, 트로츠키는 아바쿰 대사제(Avvakum Petrovich, 1621?~1682)의 생애를 잠시 생각해보았다. 아바쿰 대사제는 17세기에 니콘 총대주교가 시작한 러시아 정교회 내의 개혁에 반대했던 중요한 인물이다. 아바쿰은 시베리아 유형을 선고받았다. 아바쿰과 아내는 걸어서 유형지까지 가도록 명령받았다. 두 사람이 터벅터벅 걸어가던 중 아내가 눈 더미 속에 빠졌다. 아내가 소리쳤다. "도대체 언제까지 이 고통이 계속되는 거지요?" 아바쿰은 숨을 헐떡이며 우리가 죽을 때까지 계속될 것이라고 대답했다. 그의 아내는 움츠러들지 않았다. "그럼 그러라고 하죠, 뭐. 페트로비치, 이제 다시 길을 갑시다." 이날 트로츠키는 일기를 쓰기 전 나탈리야에게 이 이야기를 했다. "나는 한 가지는 말할 수 있다. 그것은 나탈리야가 나를 '원망'한 적이 한 번도 없었다는 사실이다. 모든 것이 한꺼번에 우리에게 불리하게 움직여서 가장 힘들었던 날에도 그녀는 나를 '원망'하지 않았다."[1] 트로츠키의 자기 연민은 어느 정도 이해가 가지만 그의 독선적인 태도는 별로 이해가 가지 않는다. 아바쿰은 파리한 마리도 해치지 않았지만 탄압을 받았다. 반면 트로츠키는 무고한 사람들을 박해했으며, 그가 다른 사람에게 준 고통에 비하면 그의 고통은 대단한 것이 아니었다. 아바쿰과 마찬가지로 트로츠키 역시 자신의 신념에 충실했다. 그는 어쩌면 자신이 살아 있는 동안 세계 혁명을 향한 진전이 이루어지지 않을 수도 있다는 것을 받아들였다. 하지만 트로츠키는 이런 생각을 하면서 스스로 용기를 북돋웠다. "나는 내 존재가 사라져 가는 그 순간에도 내가 온 생애를 바친 대의가 결국 승리를 거두리라는, 무너지지 않을 신념을 품고 있을 것이다."[2]

마르마라해에 있는 작은 섬의 고립 생활은 끝날 기미가 보이지 않았으나, 1932년 후반에 트로츠키는 덴마크 코펜하겐에서 열리는 학생 집회에서 연설을 해 달라는 예상치 못한 초청을 받았다. 그는 흔쾌히 이 초청을 받아들였다. 당시 덴마크에서는 노동당이 집권하고 있었으며 새 정부의 장관들은 그가 코펜하겐에 올 수 있도록 조치해주었다. 트로츠키가 덴마크의 사회주의와 민주주의를 경멸한다는 사실을 그들은 간과했다. 멘셰비키와 사회혁명당원들이 그들에게 트로츠키가 러시아에 있을 때 행적에 대해 조언을 해줄 수도 있었겠지만, 덴마크의 정치인들은 그런 조언을 구하지 않았다. 10월혁명의 영웅이면서도 결국 희생자가 되고 만 이 사람에게 덴마크의 사회민주주의자들은 존경심만을 품고 있었을 뿐이었다. 그들은 덴마크 왕의 사촌인 오게 공(公)(Prince Aage, 1887~1940)의 반대를 무시했다. 러시아의 니콜라이 2세의 어머니가 원래 덴마크 공주였는데, 트로츠키가 이 공주의 자손들을 살해한 소비에트 정부의 일원이었으므로 오게 공은 트로츠키의 방문을 반대했던 것이다.[3] 트로츠키는 열정적으로 여행과 강연 계획을 짜기 시작했다. 이스탄불에서 스칸디나비아까지 직항하는 배가 없었으므로, 트로츠키는 중간에 프랑스 항구에 상륙할 수 있도록 허가해 달라고 프랑스 당국에 요청했다. 프랑스 내무부는 놀랍게도 그의 요청을 들어주었다. 트로츠키는 프랑스 남부의 지중해 해안에서 기차를 타고 됭케르크까지 가서 덴마크까지

가는 배를 탈 수 있게 되었다.[4)]

　그는 나탈리야와 측근 몇 명과 함께 11월 14일 이스탄불을 출발했다. 트로츠키 일행은 'SS 프라가'란 이름의 배를 타고 아테네를 거쳐 남부 이탈리아의 나폴리까지 평온하게 여행을 했다. 나폴리에서 배가 잠시 머무르는 사이 승객들은 상륙하여 폼페이와 소렌토 관광을 할 수 있었다. 나폴리를 출발한 배는 마르세유를 향해 운항을 계속했다. 기선이 소속된 회사는 이탈리아 국적이었지만 음식은 형편없었다. 트로츠키의 소규모 일행은 다시 프랑스 땅에 발을 디딜 수 있게 된 것을 기뻐했다. 프랑스의 공산주의자동맹의 동지들은 이들을 환영하느라 야단법석이었다. 그들은 트로츠키를 10월혁명이 지향하는 최고 목적의 화신으로 여겼다.

　공산주의자동맹은 트로츠키의 신변 안전 문제를 책임졌다. 공산주의자동맹의 지도자들이 트로츠키와 함께 북쪽으로 가는 기차에 타고 자신들의 우상을 경호했다. 트로츠키는 프랑스인들과 키가 비슷했는데도, 눈부신 모습으로 그들 사이에 우뚝 솟은 탑처럼 보였다.[5)] 레몽 몰리니에와 장 반 에이에노르트, 그리고 프랑스의 젊은 트로츠키주의자들이 트로츠키를 에워싸고 앉았다. 료바 세도프 역시 계속 아버지 곁에 있었지만 주로 어머니와 러시아어로 이야기를 나누었다. 나탈리야는 남편이 몹시 피곤한 기색을 보이자 안절부절못했다. 그녀는 남편이 잠시 누워 휴식을 취해야 할 것 같을 때마다 끼어들었지만 별로 성공을 거두지 못했다. 트로츠키는 끊임없이 말을 했다. 그는 자신의 말을 들어주는 사람들이 있는 것을 무척 좋아했다. 이때 그의 말을 듣고 있던 청중이―몇 명 안 되는 청중이었지만―유일하게 실망한 것은 그가 친근한 동지적 언어를 사용하지 않았다는 점이었다. 다른 사람들은 모두 서로를 '너(tu)'라고 불렀던 반면, 트로츠키는 자신을 '당신(vous)'이라고 불러줄 것을 고집했다.* 청중 가운데 오직 한 사람, 장 라스테라드 드 샤비니(Jean Lasterade

1932년 11월 덴마크 사회민주주의 학생 조직의 초청으로 코펜하겐에서 강연을 하게 된 트로츠키가 부인 나탈리야와 함께 기차를 타고 가고 있다.

de Chavigny)만 트로츠키의 이런 요구를 무시했다. 아마도 드 샤비니가 상류계급 출신이라는 점이 작용했던 것 같다. 다른 사람이 그랬다면 부적절하다고 여겼을 이런 태도를 트로츠키는 상관하지 않기로 했다.[6]

트로츠키 일행은 됭케르크에서 배를 타고 코펜하겐으로 갔다. 1932년 11월 27일 코펜하겐에서 강연을 하기로 일정이 잡혀 있었다. 1917년 이후 외국에서 공개적인 연단에 서는 것은 처음이었다. 트로츠키는 자신의 매력을 한껏 발휘했다. 우선 독일어로 연설할 수밖에 없음을 사과했다. 그는 스칸디나비아의 지혜의 여신인 스노트라 (Snotra)를 언급했고 입센의 희곡 중에서 몇 구절을 인용했다.(시베리아에서 유형 생활을 할 때 그는 입센에 대해 호의적이지 않은 평가를 한 적

---

* 프랑스어에서 2인칭 대명사 'tu'는 친근한 사이에, 'vous'는 격식을 차려야 하는 사이에 사용한다.

1932년 11월 27일, 코펜하겐에서 연단에 선 트로츠키가 열정적으로 연설하고 있다. 트로츠키의 마지막 대중 연설이다.

이 있다.) 자신을 초청해준 사람들을 곤란하게 만들지 않으려고 트로츠키는 유럽의 정치 문제는 언급하지 않았다.[7] 그는 자신이 1917년에 했던 말과 행동이 중상모략을 당하고 있다고 말했다. 10월혁명은 우연하게 일어난 사건이 아니며 사회·경제적 조건 전체가 뒷받침되었기에 볼셰비키의 정권 장악이 가능했던 것이었다. 무장한 소규모 과격 분사 그룹이 일으킨 쿠데타가 아니라는 이야기였다. 트로츠키는 자신의 '연속 혁명론'이 옳은 것으로 판명되었다고 주장했다. 그는 자신이 1905년에 이미 러시아의 프롤레타리아만이 로마노프 왕조에 대항하여 혁명을 일으킬 수 있으며 그런 혁명은 '사회주의 세계혁명의 첫 단계'일 뿐이며 여전히 불안정한 상태의 혁명이라고 주장하였음을 상기시켰다. 또한 1920년대 중반 스탈린이 주장한 '일국 사회주의'는 '프티부르주아의 유토피아'라는 주장을 반복했다.[8]

트로츠키는 '사상과 행동의 거인들'로 아리스토텔레스, 셰익스피어, 다윈, 베토벤, 괴테, 마르크스, 에디슨, 레닌을 들었다. 그는 이 모든 사람들이 중간계급과 상류계급에 속한 사람이었음을 지적했다. 당대의 저술가 중에서는 부르주아 출신인 지크문트 프로이트와 그의 '영감 깃든 손'을 언급했다.

그렇다면 밝혀진 것은 무엇입니까? 우리의 의식적 사고라는 것은, 정체를 알 수 없는 심리적 요인들의 작동 가운데 아주 작은 일부분에 불과하다는 것입니다. 숙련된 잠수부들은 대양(大洋)의 밑바닥까지 내려가서 신비한 물고기 사진을 찍어 옵니다. 인간 정신은 자신의 심리적 원천의 제일 밑바닥까지 내려가서 영혼의 가장 신비로운 원동력에 빛을 비추어 이성과 의지의 지배를 받도록 만들어야 합니다.[9]

만일 자신이 편협한 독단주의자가 아니라는 것을 보여주고 싶었다면 트로츠키는 그 목표를 달성했다. 정치는 오로지 거대한 사회적 요인들에 영향을 받아 움직인다는 당대 마르크스주의자들의 기존 관념을 트로츠키는 단숨에 물리쳤다. 트로츠키는 프로이트가 제창한 무의식 이론을 진지하게 고려해야 한다고 주장했다. 강연의 마지막은 정치적 발언으로 마쳤다. '인민들의 억압받은 심층으로부터 천재의 불꽃'을 해방할 시간이 이미 다가왔다고 그는 선언했다. 또 미래에 지적 위대함을 공급할 사람은 바로 노동계급 출신일 것이라고 말했다.[10]

코펜하겐에서 터키로 돌아온 트로츠키 일행은 한동안 돈을 극히 절약하는 생활을 해야 했다.[11] 트로츠키는 덴마크의 장기 체류 비자를 받지 못한 데 낙담했다. 지리적으로 소련과 가까운 덴마크는 소련의 외교적 압력에 민감했다. 만일 스탈린의 최대 정적이 덴마크에 정치적으로 망명하는 것을 허가받는다면 두 나라의 관계에 금이 갈 수도 있었다.

몇 개월 뒤 코펜하겐이 아니라 파리에서 더 좋은 소식이 날아왔다. 모리스 파리자닌을 비롯한 몇몇 사람들이 그동안 끈질기게 프랑스 당국에 트로츠키의 거주 비자 신청을 다시 한 번 고려해 달라고 요청해 왔다. 그러던 중 1934년 초에 프랑스의 정치 상황이 변했고, 에두아르 달라디에(Édouard Daladier, 1884~1970)와 급진당이 주도한 연합정부가 구성되었다. 내무장관 카미유 쇼탕(Camille Chautemps, 1885~1963)은 흐리스티안 라코프스키가 프랑스 주재 소련 전권대사 시절 그와 친구가 되었다. 이때 맺은 인간관계가 상당한 힘을 발휘했다.[12] 쇼탕은 볼셰비즘을 찬양하는 사람은 아니었지만 트로츠키에게 체류 비자를 내줄 의향이 있었다. 비자에는 몇 가지 조건이 붙었다. 주요 도시에는 거주하지 못한다는 것, 거주지 바깥을 방문할 경우 경찰청에 반드시 통보해야 한다는 것, 어떤 경우에도 프랑스 정치에는 관여하지 말아야 한다는 것이었다. 조건을 받아들인다고 통보한 뒤 트로츠키는 1933년 7월 17일 '불가리아'라는 이름의 기선에 올랐다. 나탈리야와 측근들, 그리고 미국인 추종자 맥스 샤크트먼(Max Shachtman)이 동행했다.(샤크트먼은 뷔위카다에서 함께 머물고 있었다.) 그리스의 항구 도시 피레우스를 거쳐 마르세유까지 가는 여정이었다.[13]

마르세유에 도착하기 직전, 프랑스 당국은 트로츠키 일행에게 마르세유까지 오지 말고 그 전에 시오타*에 상륙할 것을 강력하게 요청했다. 당국은 러시아 백군 출신 망명자들이 트로츠키의 목숨을 노리거나 프랑스공산당이 트로츠키에 반대하는 시위를 벌일까 봐 우려했다.[14] 기선은 마르세유까지 가지 않고 7월 24일 닻을 내렸다. 프랑스 동지들이 그날 밤을 보낼 곳을 마련했다. 상륙한 곳에서 8~9킬로미터 떨어진 장소였다. 다음 날 아침 일행은 카시*의 판체티란 사람으로부터 낡은 모터보트를 빌려 해안을 따라 이동했다. 프랑스의 트로츠키주의자들은 1916년에 트로츠키의 추방을 지시한 장관 명령

시오타(Ciotat) 마르세유 동쪽에 위치한 항구 도시.
카시(Cassis) 시오타 동쪽에 위치한 항구 도시.

을 철회해 달라고 탄원하는 문건을 작성하려고 했다. 그제야 트로츠키는 그 작업에 필요한 서류를 가지고 오지 않은 것이 생각났다. "오, 바보 같으니! …… (터키의) 집에 두고 왔잖아!" 판체티는 트로츠키 일행을 국제 살인자 조직일지도 모른다고 생각하여 조심스럽게 대했지만 이런 저런 일을 해결하는 데 도움을 주었다.[15]

트로츠키는 난관을 해결할 방법을 발견했으며, 생팔레에 거처를 정하기로 한 계획을 실행에 옮겼다. 작은 마을인 생팔레는 지롱드 주의 북쪽 끝에 있었는데, 유명한 휴양 도시인 루아양에서 가까웠다. 생팔레에 자리를 잡은 트로츠키 가족은 지지자들이 방문할 때나 〈반대파 회보〉 편집 작업을 할 때 조심스럽게 행동했다. 이들의 이러한 협조적인 태도는 1933년에 보상받았다. 내무부가 거주 조건을 완화해서 바르비종으로 이사할 수 있도록 허가해준 것이다. 바르비종은 파리에서 동남쪽으로 50킬로미터 정도 떨어진 곳에 위치한, 파리에서 프랑스 남쪽으로 뻗어 있는 간선도로 가까이 있는 지역이었다. 숲 근처에 집을 빌린 트로츠키 일행은 료바, 그리고 그밖에 그들을 만날 수 있었던 적극적 활동가들과 좀 더 자유롭게 접촉했다. 트로츠키가 프랑스에 있다는 사실이 널리 알려지자, 극우파들뿐 아니라 프랑스공산당까지 정부가 트로츠키에게 호의를 베풀고 있다고 비난했다. 그의 거처가 비밀인 한 별다른 문제는 없었다. 하지만 1934년 4월 언론사들이 트로츠키의 거처를 알게 되었고 트로츠키와 나탈리야는 도멘에 임시 거처를 마련했다. 도멘은 프랑스 남부 그르노블 근처에 있는 도시였다. 트로츠키 부부는 가명을 새로 만들었다. 파리에 있는 료바와는 연락하기가 좀 더 어려워졌다.

트로츠키가 프랑스에 도착할 무렵은 경제적·정치적 혼란기였다. 그는 이러한 문제들을 자신이 항상 꿈꿔 온 유럽의 거대한 혁명이 문턱에 와 있다는 징조로 여겼다. 경제 대공황의 여파는 심각했으며 오래 지속되었다. 엄청난 인플레이션이 이어지는 가운데 노동자들은 더 높은 임금을 요구하는 파업을 벌였다. 정치권에서 대립이 심해졌으며 극우파가 발흥할 우려가 커졌다. 코민테른의 기존 정책은 프랑스공산당이, 파시스트 조직이 아니라 사회주의 정당을 주요한 적대 세력으로 간주해야 한다는 것이었으나, 프랑스공산당 내부에서는 코민테른의 이러한 노선에 종지부를 찍어야 한다는 압력이 거세졌다. 모든 사람의 머릿속에는 독일의 선례가 자리 잡고 있었다. 신속한 조치를 취하지 않는다면 프랑스에서도 파시즘 세력이 정권을 잡을 가능성이 있었다. 프랑스는 정치적으로 활활 불타고 있었다. 트로츠키가 보기에는, 그 자신과 볼셰비키가 10월혁명 때 그랬던 것처럼, 자신의 프랑스 동지들 같은 '진정한' 공산주의자들이 정권을 잡아야만 '모순'이 해소될 수 있었다.

하지만 트로츠키와 나탈리야는 마음이 편치 않았다. 이들은 마치 도망자 같은 신세였으며 1935년 전반 트로츠키의 건강도 계속 나빠져서 종종 하루 종일 침대에 누워 있었다. 트로츠키는 계속 일기를 썼는데 그것은 그가 정신적으로나 육체적으로 힘든 시기에 있다는 징조였다.[16] 그는 프랑스의 대중소설을 여러 권 읽었지만 그 책들을 모두 경멸하는 것 같았다. 라디오를 틀어놓고 음악도 많이 들었다.[17] 나탈리야는 대체로 잘 견뎌냈지만 5월 들어 병이 나더니 고열에 시달렸다. 밤낮으로 두 사람은 담요를 덮고 누워 있었다. 트로츠키는 나탈리야의 끈기에 감동했다.

"당신만 건강해진다면 나는 다른 어떤 것도 필요하지 않아요." 침대에 누운 채로 그녀는 나에게 오늘 이렇게 말했다. 나탈리야는 이런 이야기를 거의 하지 않는다. 그녀는 너무나도 단순하고 나직하게, 그러면서도 아주 깊숙한 자신의 내면으로부터 나오는 목소리로 말했으며 나의 영혼은 완전히 그녀의 말에 완전히 뒤흔들리고 말았다.[18]

나탈리야의 말은 사랑과 헌신을 표현했다. 동시에 그녀의 말은, 어떤 괴로움이건 싸워 이기려는 강철 같은 의지가 남편에게서 보이지 않는 것이 그녀를 얼마나 곤혹스럽게 하는지를 보여주는 신호였다. 1920년대 중반 이후 트로츠키가 이렇게 오랫동안 침체 상태에 빠진 적은 없었다. 이제 그는 55세였다.

트로츠키의 판단과는 달리, 스탈린은 프랑스의 극좌 세력이 혁명에 성공할 가능성은 독일공산당의 경우와 마찬가지로 낮다고 판단했다. 1934년 내내 스탈린이 제창한 구호는 집단 안보였다. 이듬해에는 프랑스공산당에게 사회주의자·자유주의자와 긴밀하게 협조하여 파시스트와 그들의 동맹자들에 맞서는 '인민전선'을 구성하라고 지시했다. 이는 코민테른의 기존 정책을 완전히 뒤집는 것이었다. 이제 모스크바의 공산당 지도부는 반파시즘 정치 연합을 구성하는 데 온 신경을 집중했다. 소련은 조만간 독일의 제3제국에게 군사 공격을 받을 위험에 직면해 있었다. 사회당의 레옹 블룸(Leon Blum, 1872~1950)이 1936년 프랑스 선거에서 인민전선을 승리로 이끌었을 때, 프랑스공산당은 연립정부를 지지했다. 트로츠키가 볼 때 이런 현상은 다시 한 번 스탈린이 공산주의의 원칙을 배신하고 있다는 증거였다. 트로츠키는 블룸이 파시즘에 대항할 수 있을 정도로 강하지 않다고 생각했다. 인민전선 정부가 들어서면 노동계급이 공산혁명에 무관심해지는 결과만을 초래할 것이었다. 트로츠키는 다른 사회주의 정당과 접촉하는 것은 원칙상 반대하지 않았다. 과거 그는 독일의 공산주의자들과 사회민주주의자들이 협조하여 나치에 대항하는 데 반대한 스탈린의 판단을 비난한 적도 있었다. 하지만 인민전선은 과거 실수의 정반대 방향에서 다시 큰 실수를 범하는 정책이라고 트로츠키는 평가했다. 결국 이 정책의 핵심은 소련의 산업화 과정이 진행되는 동안 유럽에서 큰 혼란이 발생하는 것을 방지하기 위한 스탈린의 술책이라는 것이었다.

트로츠키의 판단에 따르면, 블룸과 스탈린이 외교적 접촉을 시작한 시점은 바로 프랑스에서 혁명의 전망이 점점 커지던 때였다. 트로츠키는 과거 자신이 러시아에서 임시정부에 대항하여 투쟁했던 것처럼 프랑스에서도 결정적인 공헌을 할 수 있을 것이라고 기대했다. 그는 일기에 자신의 생각을 기록해 두었다.

명확하게 하기 위해 나는 다음과 같이 기록해 둔다. 내가 만약 1917년에 페테르부르크에 없었다면, 10월혁명은 '레닌이 존재하고 그의 지도력이 행사된다는 조건에서만' 발생할 수 있었을 것이다. 만일 레닌도 나도 페테르부르크에 없었다면 10월혁명은 없었을 것이다. 볼세비키당 지도부가 혁명이 실현되는 것을 저지했을 것이기 때문이다. 나는 그 점에 대해 한 점 의심도 없다! 만일 레닌이 페테르부르크에 없었다면 나는 당 지도자들의 저항을 이겨내지 못했을 것이다. '트로츠키주의'(즉 프롤레타리아 혁명)에 반대하는 투쟁이 1917년 5월부터 시작되었을 것이며 혁명의 결과에는 의문부호가 찍혔을 것이다.[19]

이 서술은 솔직하며 정확하다. 하지만 이 글이 트로츠키가 1935년 프랑스에서 어느 위대한 지도자의 보조적인 역할을 할 의향이 있었다는 것을 의미하지는 않았다.

트로츠키는 자신의 프랑스인 추종자들이 언제 그리고 어떻게 정권 장악을 시도해야 할지 판단하지 못하고 있다고 생각했다. 트로츠키는 이들에게 전술적 유연성이 없다는 점에 짜증이 났다. 공산당이 알자스 지방 사람들의 독립 요구를 반대해야 한다고 피에르 나비유가 말하자, 트로츠키는 그런 말을 하는 사람은 총살당해 마땅하다고 말했다.[20] 트로츠키는 부르주아 유럽을 분열시키는 데 도움이 되는 것은 뭐든지 환영했다. 그는 이런 논조의 문건을 써서 1936년 6월 21일에 '국제노동자당(Parti Ouvrier Internationaliste)'의 중앙위원회에 보냈다. 이 문건에서 그는 1917년 러시아의 '7월의 날들'을 다시 논하였으며 프랑스인 추종자들에게 자신이 쓴 《러시아 혁명사》를 다시 읽고 지침을 얻으면 좋을 것이라고 권했다.[21] 당시 페트로그라드의 볼셰비키는 때가 되지도 않았는데 임시정부에 반대하는 무장 시위를 조직해서 큰 좌절을 맛보았는데, 바로 지금 프랑스인들이 그런 위험한 행동을 하고 있다고 트로츠키는 생각했다. 조직과 정책에서 유연성이 반드시 필요했다. 블룸 정부는 극우파를 압박하기 위해 노력을 기울이고 있었으므로 트로츠키주의자들은 어쩌면 인민전선과 같은 편에서 싸우게 될지도 몰랐다. 총파업이라는 전술이 반드시 트로츠키주의자들에게 성공을 가져오는 것은 아니라고 트로츠키는 강조했다.[22] 트로츠키는 1933년 이전에 나치에 맞서 신속하고 정확한 공세를 펴야 한다고 선견지명이 있는 주장을 한 것으로 유명했고 그 덕분에 그의 의견을 경청하는 광범위한 청중을 얻었다. 프랑스에서 트로츠키주의는 인기가 급상승했으며 젊은이를 모집하는 운동은 성과를 거두었다. 그래도 프랑스 트로츠키주의자의 수는 아직 몇백 명 수준이었다.[23]

신중하라고 권유하는 트로츠키의 주장에 불만을 품은 사람들 가운데 아들 료바가 있었다. 1934년 료바는 아버지의 지시를 거부하고 파리에서 벌어진 시위에 참가했다. 그는 헌병에게 붙잡혔지만 곧 도망치는 데 성공했다. 만일 료바가 체포되었더라면 그의 프랑스 체류 권리에 문제가 생겼을 것이다. 료바의 용기 있는 행동은 현명한 것이 아니었다.[24] 트로츠키 역시 젊은 시절에는 료바처럼 행동했지만, 이제 그는 조심스런 정치적 기획을 세울 것을 촉구했다. "우리는 그 방향으로 가서는 안 됩니다. 오히려 우리는 이 장대한 사업에 뒤따르는 크나큰 과제와 난관을 강조해야 합니다. 새로운 총파업이 성공하기 위한 전제 조건은 공장위원회와 소비에트입니다."[25] 트로츠키는 국제노동자당이 아직 프랑스 정부에 결정적인 도전장을 던질 만한 힘

이 없다는 것을 잘 알고 있었다.[26) 따라서 그는 동지들의 낙관주의에
찬물을 끼얹어야 한다고 생각했다. 문제는 수년에 걸쳐 그가 프랑스
는 이미 혁명의 시기가 무르익었다고 단언해 왔다는 데 있었다. 당연
히 동지들은 트로츠키에게 다음과 같은 질문을 던질 수 있었다. 지
금이 아니라면 언제인가?

　프랑스 정부와 소비에트 정부가 긴밀하게 접촉하기 시작했다는
것은 트로츠키에게는 곧 재앙을 의미했다. 프랑스 정부는 트로츠키
에게 그를 더는 환영하지 못한다는 뜻을 전했다. 트로츠키는 혹시
프랑스의 아프리카 식민지 어딘가로 추방당하지 않을까 두려워했다.
만일 그렇게 된다면 국제 정치 조직을 구축해 나갈 모든 가능성을
상실하게 될 판이었다. 따라서 1935년 5월 노르웨이의 노동당 정부
가 트로츠키의 거주 비자 신청을 우호적으로 검토하고 있다는 소식
이 전해지자 그는 적이 안심하였다. 트로츠키는 노르웨이어를 몰랐
으며 노르웨이에 있는 그의 활동적 지지자도 소수에 불과했지만, 프
랑스에서처럼 노르웨이에서도 다른 나라에 우편으로 연락을 취하면
서 어떻게든 상황에 대처할 수 있을 것이라고 그는 생각했다. 노르웨
이에서 민주적 정부가 오랫동안 지속될 수 있을 것이라고 보지는 않
았지만, 그는 일단 그리로 이주하는 것이 임시방편으로는 합리적이
라고 생각했다. 6월 9일 에이에노르트가 트로츠키를 방문해 노르웨
이 정부가 비자 신청을 승인했다는 소식을 전했다.[27) 트로츠키와 나
탈리야는 스칸디나비아로 가면 모든 일이 잘되기만을 희망했다. 시
간제로 가사를 돕던 사람이 마침 당분간 오지 못하게 되어 나탈리야
가 모든 집안일을 하면서 동시에 이삿짐을 꾸려야 했고, 며칠이 지나
서야 에이에노르트가 와서 일을 거들었다. 트로츠키는 자신의 정치
관련 문서를 정리하는 것 말고는 노르웨이에 도착했을 때 자신이 어
떻게 보일지에만 신경을 썼다. 그는 근처 대도시인 그르노블에 가서
머리와 수염을 다듬었다.[28)

트로츠키 부부는 다시 한 번 벗들에게 작별을 고하고 1935년 6월 10일 북쪽으로 이동하여 파리로 갔다. 에이에노르트와 얀 프란켈이 동행했다. 파리에는 지나의 아들인 세바가 됴바 세도프와 함께 살고 있었다. 트로츠키 부부는 3년 만에 난 손자가 이제 러시아말을 제대로 하지 못한다는 것을 알게 되었다.[29] 가족의 재회는 곧 끝났다. 그들은 서로 연락을 주고받을 방법을 의논했다. 트로츠키는 〈반대파 회보〉와 각종 출판 계획이 모두 순조롭게 진행되도록 하는 데 온 신경을 집중했다. 작별 시간이 되어 모두들 눈물을 흘렸고 트로츠키 일행은 기차로 안트베르펜까지 간 다음 배를 타고 노르웨이의 수도 오슬로까지 여행했다. 오슬로 항구에 배가 정박한 것은 6월 18일이었다. 북위 59도 지점이라 계절은 한여름이었다. 오슬로와 상트페테르부르크는 둘 다 북위 59도 지점에 위치하고 있었다. 부부는 1917년 여름 러시아에 머물던 때 이후 처음으로 그런 햇빛과 날씨를 경험했다. 날씨만은 트로츠키와 나탈리야에게 편안하게 다가왔지만, 그들은 그밖에 모든 면에서 불편했고 또 불안했다. 노르웨이 정부는 비자를 내준 것으로 의무를 다했다고 생각했으며, 소련 영사가 나서서 트로츠키 가족에게 임시 거처를 마련해주는 일은 이제 기대할 수 없었다. 노르웨이의 작가이며 사회주의자인 콘라 크누센(Konrad Knudsen, 1890~1959)이 도움의 손길을 내밀었다. 그는 트로츠키 부부에게 오슬로에서 60킬로미터 떨어진 시골에 있는 집을 대가 없이 제공했다.

트로츠키가 노르웨이에 도착한 시기는 모스크바에서 전시재판 준비가 한창일 때였다. 모두 세 차례의 대규모 전시재판이 예정돼 있었는데, 첫 번째 재판의 피고는 모두 16명이었다. 피고 중에는 카메네프와 지노비예프도 들어 있었으며 세르게이 므라치코프스키(Sergei Mrachkovsky, 1883~1936) 같은 트로츠키의 과거 추종자들도 포함되어 있었다. 가장 중요한 재판에 등장한 사람들에게 고문이 가해졌다는 사실을 트로츠키는 알 길이 없었다. 그는 이미 잘 알려진 사실에 비추어볼 때 현재의 기소 이유가 얼마나 어처구니없는지 논평했다. 그는 지노비예프와 카메네프도 한때는 장점이 많은 인물이었음을 인정하면서 예전 동지들이 혁명가로서 정직함을 상실한 것에 슬픔을 표했다. 피고들은 모두 자신의 죄를 인정한 후 기소된 대로 유죄를 선고받았다. 한편 이 사건에는 트로츠키가 국제 테러 조직의 지도자로서 연루되어 있다고 공식적으로 발표되었다. 1936년 8월 24일 궐석재판을 통해 트로츠키에게 사형선고가 내려졌다. 노르웨이 정부는 트로츠키와 거리를 두어야 한다는 압력을 받기 시작했다. 트로츠키가 아무리 무죄를 주장한다 하더라도 장관들은 소련과의 외교 관계를 고려해야만 했다. 결국 더는 버티지 못한 장관들이 9월 2일에 급기야 트로츠키를 어떻게 다룰지 좀 더 확고한 결정이 내려질 때까지 그를 가택 연금 상태에 두기로 결정했다. 그는 스코게르와 오슬로 사이에 위치한 후룸이란 곳에 억류되었다.

나탈리야는 후룸이 1917년에 그들이 캐나다 노바스코샤의 핼리팩스에 억류당했던 일을 떠오르게 한다고 말했다. 크누센은 최선을 다해 트로츠키를 도왔다. 그는 라디오를 갖다 주어 트로츠키 부부가 외국 방송을 듣고 세계 뉴스를 알 수 있도록 해주었다. 또한 거실에 멋진 꽃들을 갖다 놓았다. 그렇지만 이 고립 상태는 부부의 마음을 무겁게 짓눌렀다. 트로츠키는 자료 조사를 위해 여러 시설을 방문해야 했지만 그럴 수가 없었다. 각 출판사의 원고 마감 시한이 그를 몹시 압박했다. 불면증이 다시 도졌다.[30] 나탈리야는 남편이 너무 일을 많이 한다고 생각했다. 하지만 트로츠키는 아내의 말을 듣지 않고 급기야 지병이 다시 악화되어 결국 일을 제대로 할 수 없는 상태가 되었다.[31] 우울해진 나탈리야는 아들 료바에게 많은 과제가 있는데 왜 빨리 일을 처리하지 못하느냐고 불평했지만, 그녀답게 곧 아들에게 사과했다. 나탈리야는 큰아들을 괴롭히고 싶지 않았다.[32] 그녀는 남편이 과거 몇 번의 오랜 투병 기간만큼 상당히 장기간 지속되는 병에 걸린 것은 아닌가 생각했다. 그렇다면 몇 개월은 휴식을 취해야 하는데, 지금은 트로츠키가 크렘린이 그에게 던지는 중상모략에 맞서 자신을 방어해야 할 시점이었다. 트로츠키는 어떤 날엔 밖에 나가서 긴 의자에 기대어 앉아 있을 힘도 없었다.[33] 독서만이 그의 위안이었다. 그는 료바에게 말로, 셀린(Louis-Ferdinand Celine), 심농, 프로이트의 저작을 보내 달라고 요청했다.[34] 이런 책을 읽는 것이 전시 재판에 관한 기사를 읽는 것보다 부담이 없었던 것이다.

트로츠키와 나탈리야는 프랑스보다 노르웨이에 있는 것이 더 안전하다고 믿었다. 그래서 부부는 뜰로 들어오는 문을 밤낮으로 열어놓고 지냈다. 기자 한 사람이 열린 문으로 벽을 따라 기어 들어와서는 사진을 찍어 갔다. 에이에노르트가 그를 발견하고 쫓아내자 그는 읍내로 도망갔다. 또 한번은 술 취한 사람 두 명이 아무 생각 없이 뜰에 들어서기도 했다.[35] 좀 더 환영을 받은 방문객도 있었다. 체코슬로바키아에서 온 의사였는데, 그는 트로츠키를 진찰하고 몇 가지 검사를 해주었다. 의사는 특별한 문제를 발견하지 못했다. 결국 최선의 치료 방법은 휴식인 것 같았다. 침대에 편하게 누워서 생활하며 트로츠키는 점차 상태가 좋아졌다. 상태가 호전되고 있다는 것을 보여주는 가장 확실한 징후는 그가 일기 쓰는 것을 중단했다는 사실이었다.[36]

트로츠키는 소련 정부가 그에게 뒤집어씌운 혐의를 반박하는 글을 여러 편 썼다. 그는 다시 전투 자세로 돌아왔다. 그는 자신과 료바에 대해 꾸며진 괴상한 허위 사실을 폭로하는 글로 〈반대파 회보〉를 가득 채웠다. 그는 자신의 명예를 지키기 위해 열렬하게 싸웠다. 가택 연금의 조건은, 아들 료바와 트로츠키의 프랑스인 변호사 제라르 로장탈과는 서신으로 연락이 가능하다는 것이었지만 그밖의 서신 왕래는 제한되었다. 검열 역시 매우 심해서 신경을 건드렸다. 또다시 국외 추방 사태가 일어나는 것을 방지하려면 평판을 흠 잡히지 않도록 유지하는 것이 필수적인 과제였다. 트로츠키는 국제연맹에 호소하기로 결정했다. 소련은 테러리스트를 재판하기 위한 국제재판소를 설립하는 데 앞장선 바 있었다. 트로츠키는 국제 재판소를 통해 크렘린 측의 비방을 물리치려 했다. 10월 22일 그는 자신의 노르웨이인 변호사 미카엘 푼테르볼(Michael Puntervold, 1879~1937)에게 국제연맹의 사법국에 편지를 보내 달라고 요청했다. 성과는 없었다.[37] 생존을 위해 이런저런 시도를 했지만 모두 소용이 없었으며 트로츠키는 다른 사람들이 베푸는 도움에 의지하는 수밖에 없었다. 그가 모르는 사이에 긍정적인 일이 대서양 건너편에서 일어나고 있었다. 그가 좋아하는 화가인 멕시코의 디에고 리베라가 멕시코 대통령 라사로 카르데나스(Lázaro Cárdenas, 1895~1970)와 '제도혁명당'에 트로츠키의 망명지 제공을 청원하러 다니느라 바삐 움직이고 있었던 것이다.

멕시코 정부는 정책적으로 유럽의 좌파 망명자를 환영했다. 에스파냐 내전은 프랑코와 파시스트의 승리로 기울고 있었으며 이듬해에 완전히 종결되었다. 패배한 공화당 사람들에게 카르데나스는 체류 비자를 제공했다.[38] 멕시코 정부는 토지 개혁을 시행하고 있었으며 미국 자본주의로부터 자립하려고 노력하고 있었다. 멕시코 대통령은 반(反)자본주의 운동 경력이 있는 외국인들을 멕시코에 초청함으로써 정치적·문화적 지지를 모으려고 했다. 제라르 로장탈은 파리에서 멕시코 총영사관 소속의 참사관과 협상을 진행했다. 멕시코 총영사가 프랑스어를 하지 못했기 때문에 교섭 과정은 느리게 진행되었지만 여하튼 합의가 이루어졌다.[39] 트로츠키는 멕시코 정치에 관여하지 않겠다는 약속을 해야 했다. 트로츠키 쪽 인물들이 모두 멕시코 망명에 찬성했던 것은 아니다. 맥스 샤크트먼은 트로츠키의 삶이 "그곳에서는 1페니의 가치도 없게 될 것"이라고 편지에 써 보냈다.[40] 트로츠키가 원래 선호한 곳은 미국이었지만 워싱턴은 전혀 긍정적인 반응을 보이지 않았다. 결국 그는 가능한 선택지 가운데 하나를 골라야 했으며 어찌되었든 일을 꾸려 나갈 수 있을 것이라고 생각했다. 대서양을 통과하는 전신 체계가 있었기 때문에 유럽과 아메리카 대륙 사이에서 신속한 의사 교환이 가능했다. 서신 왕래는 대서양을 항해하는 선박에 의해 이루어졌지만 못 참을 정도로 느린 것은 아니었다. 료바는 프랑스에 남아 〈반대파 회보〉 일을 하면서 유럽 트로츠키주의자의 활동을 지켜보기로 했다. 상황이 더 나빠질 수도 있었지만 일단 이 정도로 상황이 수습되었다. 그러나 이후 몇 년에 걸쳐 상황은 점점 더 나빠진다.

45장

마지막 망명지 멕시코

트로츠키주의자 섬멸 작전

트로츠키 부부를 태운 유조선 '루스'호가 무거운 몸을 이끌고 대
서양을 천천히 건너는 데는 20일이 걸렸다. 트로츠키 부부가 이 유조
선을 탄 이유는 사람들 눈에 잘 띄지 않는다는 점 때문이었다. 노르
웨이 당국이나 트로츠키 측근 모두 평범한 배를 타는 것은 위험하다
고 판단했다. 유조선에 탄 일반 승객은 트로츠키와 나탈리야 두 사
람뿐이었다. 배가 출발한 것은 1936년 12월 20일이었으며, 그가 실질
적인 활동을 하지 못하게 될 때면 항상 그랬듯이 트로츠키는 일기를
쓰기 시작했다. 배의 선장과 선원들은 이 망명자 부부를 친절하게 대
해주었다. 트로츠키는 멕시코에 관한 책을 읽었으며 또 이스탄불 태
생의 그리스 무기 거래상이자 금융가인 배질 자하로프(Basil Zaharoff,
1849~1936)의 일생을 기록한 전기를 대충 훑어보았다. 자하로프 전
기는 국제 자본주의가 그 핵심까지 썩어 있다는 것을 확인해주는 일
종의 역사서였다.[1] 그는 또한 장차 출판할 책《스탈린의 죄악》의 초
안을 잡았다.[2] 트로츠키는 죽음을 맞이하는 바로 그 순간까지 당대
마르크스주의에 관련된 글을 쓰고 있을 사람이었다.

배는 1937년 1월 9일 탐피코 시 앞바다에 닻을 내렸다. 탐피코는
멕시코시티에서 동북쪽으로 250킬로미터 떨어진 멕시코 만에 위치

1937년 1월, 멕시코 탐피코에 도착한 트로츠키 부부를 미국인 트로츠키주의자 맥스 샤크트먼과 멕시코의 화가 프리다 칼로가 함께 마중 나왔다. 1933년 7월 터키를 떠난 뒤 프랑스와 노르웨이에서 불안한 나날을 보내던 트로츠키는 멕시코의 벽화 화가이자 공산주의자였던 디에고 리베라의 노력 덕분에 멕시코로 망명할 수 있었다.

한 거대한 석유 도시였다. 트로츠키 부부는 부둣가에 암살자가 숨어서 기다리고 있을까 봐 걱정했다. 선장은 노르웨이 정부의 지침에 따라 트로츠키 부부가 멕시코의 지인들과 무전 연락을 취하는 것을 금했다. 부부는 카르데나스 정부가 제공하는 비자에 어떤 조건이 달려 있는지 알아보려 했지만 그것조차 불가능했다.[3] 화가 난 트로츠키는 선장에게 이야기하여 육지에 있는 노르웨이 영사에게 전보를 보내도록 하였다. 멕시코의 관리 한 사람이 작은 배를 몰고 나와 유조선에 와서 트로츠키 부부를 태워 가기로 계획이 세워졌다. 관리와 함께 작은 배를 타고 트로츠키 부부의 친구와 기자 몇 명이 왔다. 디에고 리베라는 몸이 아파 오지 못했지만 그의 아내이자 화가인 프리다 칼로(Frieda Kahlo, 1907~1954)가 마중을 왔으며, 미국인 트로츠키주의자인 맥스 샤크트먼과 조지 노박(George Novack, 1905~1992)도 함께 왔다.[4] 트로츠키는 마음이 조금 가라앉았지만 항구의 풍경은 싫었다. 아제르바이잔의 흉물스럽고 오염된 도시 바쿠가 떠올랐기 때문이다. 멕시코의 교통 및 공공 시설물 부서 장관인 프란시스코 무히카(Francisco Mugica, 1884~1954) 장군이 트로츠키 부부가 탈 안락한 열차 객실을 마련해 두었다는 사실을 알고 부부는 기분이 훨씬 좋아졌다. 트로츠키 부부와 환영자 일행은 멕시코시티로 이동한 다음, 멕시코시티 서쪽 외곽에 위치한 코요아칸까지 갔다. 프리다 칼로는 코요아칸에 있는 자신의 집을 자유롭게 사용하라고 말했다. 론드레스 거리에 있는 '푸른 집(Blue House)'이었다.[5]

트로츠키 부부는 1920년대 초 이래로 이렇게 편안하게 생활해본 적이 없었다. 정원에는 화려한 꽃들이 가득 피어 있었다. 앵무새가 나무 이파리 속에 숨어 지저귀었다. 저택의 내부 장식은 멕시코 농촌 분위기와 초현대적 스타일이 섞여 있었다. 방은 모두 큼직했고 공기가 잘 통했다. 심부름꾼들이 필요할 때마다 곁에서 도와주었다. 음식은 풍족했다. 트로츠키는 원래 건강 때문에 음식에 까다로운 편이었지만 멕시코 음식의 매운 맛은 입맛에 잘 맞았다. 프리다와 디에고는 트로츠키주의자들이 얼마나 찾아오든 상관하지 않았으며, 트로츠키는 방문객이 능력과 의향이 있다면 그에게 장기적으로 자신의 측근에 합류해도 좋다고 권유했다.

경비를 충당하려면 트로츠키는 대중적인 호소력이 있는 책을 계속 출판해야 했다. 출판 수입만으로는 충분하지 않아서 그는 멕시코를 여행하는 미국인 학생들을 대상으로 현 정치 상황에 관한 세미나를 열고 보수를 받았다. 미국의 일간지 〈볼티모어 선〉이 사람을 보내 대담을 요청해 오자 트로츠키는 1천 달러를 요구했다. 당시로서는 큰 돈이었다. 〈볼티모어 선〉 기자에 따르면, 트로츠키는 자신이 이제 권력자가 아니라 단지 과거에 '소비에트 정부 인민위원'이었던 사람일 뿐이라는 사실을 깨닫지 못하고 있었다.[6] 트로츠키는 이제 언론사가 마련하는 대담이 지긋지긋했다. 기자는 충실하게 자신의 말을 전달할지 몰라도 편집자들이 결국 자기 말의 핵심을 삭제해버리는 일을 너무 자주 겪었기 때문이었다.[7] 책 집필은 당연히 시간이 오래 걸리는 일이었고, 그는 이미 자서전과 러시아 혁명의 역사를 썼기 때문에 상업적으로 의미가 있는 기획은 거의 다 떨어진 상태였다. 설사 지금 쓰고 있는 레닌과 스탈린의 전기가 완성된다 하더라도 트로츠키의 재정 문제가 완전히 해결되는 것은 아니었다. 게다가 그는 기존의 계약 의무를 다 이행하지 않고는 새로운 상업적 출판 계획에 착수할 수 없는 입장이었다. 그래서 그는 일단 급한 돈을 마련하기 위해 자신이 1918년부터 1922년까지 주고받은 정치적 서신의 사본을 암스테르담에 있는 '국제 사회사 연구소'에 미화 1천 달러를 받고 팔았다.[8]

멕시코 경찰은 24시간 트로츠키를 경호했으며 그에 대한 보고서를 정기적으로 정부에 제출했다. 트로츠키를 감시한 것은 그들뿐이 아니었다. 멕시코공산당 역시 그를 감시하고 모스크바에 보고해야 할 의무를 지고 있었다. 트로츠키의 거주를 거부한 미국 정부도 여전히 트로츠키에 대해 지속적으로 자료를 수집하고 있었다.[9]

트로츠키는 빠르게 '푸른 집' 생활에 적응했다. 그를 초청한 디에고와 프리다 부부는, 스탈린과 '공식적인' 세계 공산주의 운동에 대항하는 트로츠키의 투쟁에 공개적으로 의견을 같이했다. 그들은 트로츠키가 필요한 것이라면 무엇이든 정성스럽게 신경을 써주었다. 심부름꾼들은 디에고와 프리다 부부가 하루 종일 그림을 그리는 데 익숙했기 때문에 트로츠키가 하루 종일 읽고 쓰는 작업을 하는 것에 전혀 신경을 쓰지 않았다. 트로츠키는 작업하기 좋은 완전한 평화를 누리게 되었다.[10] 터키를 떠날 때 줄어든 그의 소장 도서는 다시 늘기 시작했다. 그는 항상 책이든 기사든 뭔가를 쓰는 중이었다. 추종자들과는 편지로 연락을 주고받았다. 오후에 트로츠키는 이따금 방문자를 만났지만 미리 면담 신청을 받은 사람만 만났다. 보통 그는

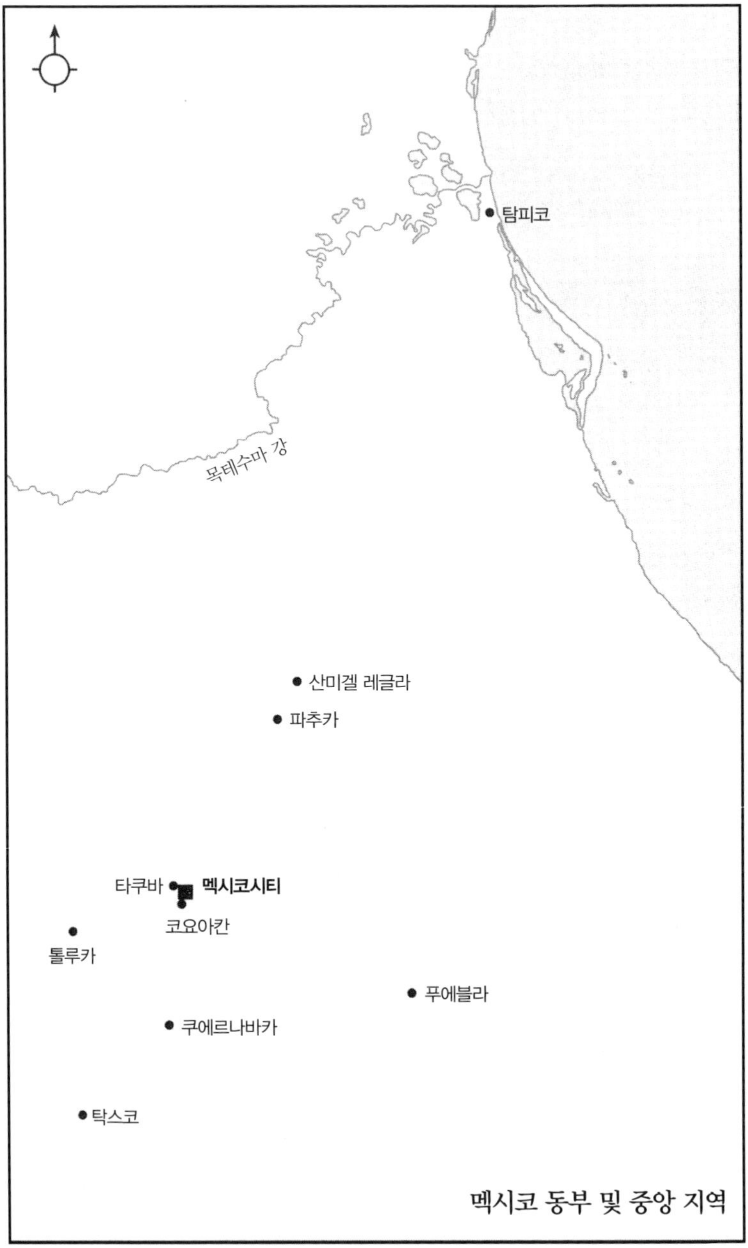

탐피코

목테수마 강

● 산미겔 레글라

● 파추카

타쿠바 ● ■ 멕시코시티

코요아칸

●
톨루카

● 푸에블라

● 쿠에르나바카

● 탁스코

멕시코 동부 및 중앙 지역

미국인들을 환영했다. 그들이 혹시 돈이 많아서 대의를 위해 기부금을 내지 않을까 하는 희망이 있었기 때문이다. '푸른 집'은 항상 도착하고 떠나는 사람들로 부산했다. 하지만 트로츠키 부부는 저택 밖으로 나가는 것을 경계했다. 멕시코시티에는 문화적으로 흥미로운 장소가 많았지만 그곳들을 방문하는 것은 위험한 일이었다. 심지어 자신들을 초청한 리베라가 그린 훌륭한 벽화들을 보러 가지도 못했다. 트로츠키는 멕시코 정치에 간섭하지 않기로 약속했으며 철저하게 그 약속을 지켰다. 그는 에스파냐어를 조금 공부해보았지만 에스파냐어로 쓰인 글을 읽는 것은 거의 불가능했다. 글 쓰는 일과 조직 사업에 바빠 에스파냐어를 제대로 공부할 시간이 없었던 것이다.

여가를 즐길 출구가 필요했던 트로츠키와 나탈리야는 수도에서 몇십 킬로미터 떨어진 시골로 여행을 하곤 했다. 여행을 떠나기 전에는 경찰에 미리 연락을 했다. 자동차 한두 대를 타고 갔는데 그 가운데 미국 닷지 사(社)가 제조한 지프차는 꼭 포함되었다. 갈아입을 옷가지를 챙기고 음식도 바구니에 담았다. 무기까지 챙긴 다음에 일행은 출발했다. 트로츠키는 차를 타고 쿠에르나바카에 가는 것을 좋아했다. 그곳은 소설가 D. H. 로런스(D. H. Lawrence, 1885~1930)도 무척 좋아한 장소였다. 또 자주 갔던 장소는 탁스코 시에 있는 은 광산 지역이었다. 이곳에는 매년 수백 명의 미국인 관광객이 다녀갔다. 두 군데 모두 여러 시간 동안 자동차를 타고 가야 했는데, 그 시간만이라도 트로츠키 부부는 걱정거리를 잊을 수 있었다. 트로츠키는 예전에 새와 사슴과 곰을 사냥했던 것처럼 희귀한 선인장을 찾아 나서는 것을 무척 좋아했다. 또 핫도그에 관해 아무 경험도 지식도 없으면서도 가장 좋은 핫도그 요리법을 놓고 미국인 조지프 핸슨과 옥신각신 다투기도 하였다. 아무 걱정도 없는 것 같은 분위기였다. 다만, 미국인 트로츠키주의자 해럴드 로빈스(Harold Robins)라는 사람이—그는 잠시 동안 트로츠키 집에 머물고 있었다.—고장난 브레이크를 수리하는 작업에 관해 멕시코의 기계공들이 아무것도 모른다고 이야기하자, 트로츠키가 그런 민족주의적 편견을 가져서는 안 된다고 한마디 하여 잠시 어색한 분위기가 흐르기도 했다. 트로츠키는 희귀한 풀이나 나무가 있는지 살펴보러 주변으로 산책을 나서곤 했다. 코요아칸의 정원에 가져가려는 심산이었다. 농부의 아들인 그는 풀이나 나무를 땅에서 파내어 차가 있는 곳까지 끌고 오면서 정신의 긴장을 해소했다. 젊은 사람들이 도와주겠다고 하면 그는 혼자 힘으로 하겠다고 말했다.[11]

이렇게 바깥 나들이를 하면서 트로츠키 가족이 근심을 잊는 것은 잠시뿐이었다. 큰아들 료바는 프랑스에 남아서 〈반대파 회보〉 일을 관리하고 잔의 도움을 받아 어린 세바를 돌보아야 했다. 가까운 장래에 이들과 재회할 희망은 없었다. 트로츠키가 멕시코에 머물던 이때 소련에서는 정치 테러가 강화되고 있었다. 그의 친척과 친지들은 핍박을 당했다. 둘째 아들 세르게이 세도프는 당국에 체포되었다. 그는 모스크바에서 추방당해 1935년 8월 3일 시베리아로 보내졌다. 이 무렵 세르게이와 아내 올가의 관계는 완전히 끝난 상태였으며, 그는 아내와 동거하면서도 사실은 겐리에타 루빈시테인이라는 여자와 관계를 맺고 있었다. 겐리에타는 부모가 간곡하게 만류했지만 세르게이를 따라 시베리아의 크라스노야르스크까지 갔다. 세르게이는 임시 형무소의 감방 창을 통해 그녀에게 모스크바로 돌아가는 것이 그녀 자신을 위한 길이라고 소리쳤다. 얼마 지나지 않아 세르게이는 석방되어 크라스노야르스크에서 합법적으로 일할 수 있게 되었다. 그는 전문 기술이 있었던 덕분에 금광 산업 부문에서 일자리를 얻을 수 있었다.[12] 겐리에타는 1936년 모스크바에서 세르게이와의 사이에서 생긴 딸 율리야를 낳았고 일 년 후 체포되었다. 율리야는 외조부모 손에서 성장했고 자신의 아버지를 한 번도 만나지 못했다.[13]

트로츠키 부부는 세르게이에게 닥친 비극을 몹시 슬퍼했다. 부부는 스탈린이 아무 죄도 없는 가족들을 박해함으로써 트로츠키에게 야만적인 복수를 하는 것이라고 생각했다. 트로츠키의 머릿속에는, 1918년 7월 볼셰비키 정권이 니콜라이 2세를 처형하는 데 그치지 않고 로마노프 황실 일가를 모두 샅샅이 색출하여 학살했던 사건이 다시 떠올랐다. 이런 처형을 결정하는 과정에 트로츠키가 직접 참여하지는 않았다. 실제로 그가 바랐던 것은 물러난 니콜라이 2세를 공개 재판에 회부하여 재판 과정을 통해 제국 체제의 죄악을 폭로하는 것이었다. 그러나 그는 자신이 참여하지 않은 상태에서 레닌과 스베르들로프가 내린 이 결정을 지지했다. 그는 이런 내용을 1935년 4월 9일 일기에 기록했다. 다음 날 일기에는 이런 구절이 적혀 있었다. "세료자(세르게이의 애칭)에게서 아무 소식이 없다. 아마 앞으로도 오랫동안 아무 소식이 없을 것이다."[14] 트로츠키의 내면 깊숙한 곳에서 이 두 사건이 연결되지 않았다고 믿기는 힘들다. 그는 이미 내전 시기에 '인민의 적'의 친척들을 처형하는 선례가 세워졌음을 잘 알고 있었다. 트로츠키의 품격 있는 말투는 여기까지였다. 그는 오만한 말투로, 만약 세르게이가 정치에 적극적인 관심을 키웠더라면 이 상황을 좀 더 잘 이겨낼 수 있었을 것이라고 덧붙였다.[15]

트로츠키의 첫 번째 아내 알렉산드라 역시 과거 때문에 고통을 받았다. 그녀는 1935년 체포되어 시베리아의 옴스크 주에 있는 어느 마을로 보내졌다. 보안 기관은 기관이 보유한 자료를 뒤져 트로츠키와 혈연 또는 결혼으로 맺어진 모든 사람을 잡아들였다. 정치적 성향뿐 아니라 가계도를 근거로 한 탄압이었다. 한동안 알렉산드라는 트로츠키에게 편지를 보냈고 트로츠키 역시 답장을 보내기도 하고 전신환을 통해 돈을 보내기도 했다. 서신 교환은 점차 뜸해졌다. 소련 당국이 서신 배달을 금지했던 것이다. 트로츠키는 무소식을 나쁜 소식이라고 이해했다. 그러나 알렉산드라는 1938년까지는 살아 있었다. 알렉산드라의 고통은 두 사람이 젊은 시절 시베리아에서 함께 생활하려고 결혼한 순간부터 시작되었다. 하지만 그 결혼 생활은 곧 끝났으며, 그녀가 마지막 숨을 거둔 것은 다시 돌아온 시베리아 땅에서였다.

트로츠키 부부의 걱정은 소련 내에서 체포된 친척들에게 집중되었다. 료바에 대해서는 비교적 관심이 적었다. 이는 이해할 만한 상황이었다. 료바는 프랑스에 합법적 거주자로 등록되어 있었으며 경찰이 그를 괴롭히는 것도 아니었기 때문이다. 하지만 유럽의 상황은 트로츠키주의자들에게 점차 불리해지고 있었다. 암살 사건이 줄을 이었다. 체코슬로바키아 출신 유대인 에르빈 볼프는 트로츠키가 노르웨이에 있을 때 개인 경호원이었다. 그는 1937년 에스파냐에서 붙잡힌 다음 영문도 모르게 제거되었다. 루돌프 클레멘트는 트로츠키가 터키와 프랑스에 체류할 때 트로츠키를 도왔던 독일인 추종자였는데, 1938년 7월 파리에서 살해당했다. 클레멘트를 살해한 수법은 무척 잔인해서 경찰은 그의 시신의 조각난 부분을 찾기 위해 며칠에 걸쳐 센 강을 수색해야 했다. 폴란드 출신의 소비에트 경찰 요원 이그나치 레이스(Ignacy Reiss, 1899~1937)가 트로츠키주의자들에게 크렘린이 그들 모두를 제거하기로 결정했다고 경고해준 이후로 트로츠키와 료바는 긴장을 늦출 수 없었다.[16] 트로츠키주의자 섬멸 작전은 엔카베데 내에서 우선적인 주요 사업이었다. 엔카베데는 과거 오게페우가 수행하던 기능을 이어받아 1934년에 새로 만들어진 기관이었다. 만일 이 경고가 사실이라면 트로츠키와 료바는 생명이 위험했다. 레이스 역시 얼마 후 살해당했다. 그 후 익명의 편지가 트로츠키에게 날아왔다. 일명 '마르크'라 불리는 소련 비밀 요원이 트로츠키의 국제 정치 조직에서 높은 직위를 차지하고 있다는 내용이었다. 이때 료바의 비서인 롤라 에스트리나가 멕시코를 방문하고 있었는데, 트로츠키는 이 편지를 그녀에게 보여주었다. 그녀는 프랑스에 돌아가 에티엔에게—즉 엔카베데의 비밀 요원 마르크 즈보로우스키 본인에게—이 편지에 대해 이야기했다. 트로츠키나 에스트리나나 별로 능력 있는 책략가가 못 되었으며 료바도 이들에 비해 나은 것이 없었다.[17]

아버지와 아들 사이의 서신 교환은 전과 마찬가지 형태로 지속되었다. 료바는 프랑스의 정치 상황을 보고했다. 또한 현지의 트로츠키파 인물들에 대해 이야기했다. 〈반대파 회보〉의 근황과 어린 세바가 잘 지내고 있다는 이야기도 했다. 료바는 자신이 얼마나 지쳐 있는지는 거의 언급하지 않았으며 설사 몸이 안 좋을 때에도 아버지와 달리 아프다는 기색을 드러내지 않았다. 료바는 국제 반대파 운동이라는 대의에 몸을 바친, 살아 있는 순교자였다. 잔은 료바에게 아주 편안한 파트너는 아니었으며, 1936년 여름부터 료바는 이따금 프랑스 남부의 휴양 도시 앙티브로 가서 엘렌 사바니에라는 여성을 만나 비밀스런 위안을 얻곤 했다. 과거에 료바와 잔이 독일에서 피난민 신세로 파리에 처음 왔을 때 이 사바니에 가족의 집에 머문 적이 있었다.[18]

료바는 아버지가 화를 터뜨리는 것을 점점 더 참을 수 없게 되었다. 특히 프랑스인 동지들을 제대로 다루지 못한다고 비난받을 때면 더욱 그랬다.[19] 1936년 4월 나탈리야가 트로츠키 편을 든 이후, 료바는 더 견디지 못하고 감정이 폭발했다. "아버지의 모든 단점은 나이가 들면서 점점 더 악화되는 것 같아요. 아버지의 편협함, 급한 성격, 조롱은 더 심해지고, 심지어 거친 태도와 남을 공격하고 모욕하고 완전히 거꾸러뜨리려는 욕구가 더 심해지고 있어요."[20] 아버지는 왜 그렇게 자주 동지들과 관계가 험악해질까? 어째서 아들에게 심한 말을 할까? 아버지는 '조직이라는 것은 살아 있는 인간들로 이루어져 있다'는 사실을 받아들여야만 하며, 사람들이 이제는 민감한 문제에 대해 그에게 편지를 쓰지 않는 방식으로 대응하고 있음을 알아야 한다고 료바는 썼다. "아버지는 절대로 자신이 틀렸다는 것을 인정하지 않아요. 그렇기 때문에 자신에 대한 비평을 참지 못하죠. 자신의 생각과 어긋나는 의견을 누군가가 말하거나 쓰면, 아버지는 완전히 무시해버리거나 아니면 가혹한 답변으로 상대방에게 보복하죠."[21] 료바는 인터내셔널 서기국이 제대로 운영되지 않음을 인정했다. 그러나 그가 조직이 잘 운영되고 있는 것처럼 아버지에게 꾸며댄 적은 한 번도 없었다. 료바가 지적하고자 했던 것은, 조직 구성원을 강하게 비난한다고 해서 개선이 되는 것은 아니라는 점이었다.[22]

료바는 또한 아버지가 자신을 가볍게 보는 것에 분개했으며 공개적인 자리에서 자신을 마치 학생처럼 취급하는 데 반발했다. 아버지 트로츠키가 1905년 페테르부르크 소비에트의 지도자 역할을 할 때보다 지금의 자신이 더 나이가 많다고 아들은 어머니에게 하소연했다. 이런 상황은, 니콜라이 고골이 쓴 소설 《타라스 불바》에서 주인공의 어머니가 이미 어른이 된 자식들 모두를 '어린아이'라고 부르던 장면을 연상시켰다.[23] 료바는 롤라 에스트리나에게 이렇게 말했다. "만일 당신이 있을 때 누가 나를 '트로츠키의 아들'이라고 부르면, 그 사람의 말을 막고 '당신은 레프 리보비치 세도프를 지칭하는 것이지요. 그는 자기 이름이 있는 사람입니다.'라고 말해주세요."[24] 어쩌면 당시 료바는 다른 사람들에게 점점 신중하지 못하게 말했을지도 모른다. 즈보로우스키의 말에 따르면 료바는 술을 너무 많이 마셨으며 룰렛 도박을 좋아했다.[25] 트로츠키는 스탈린 살해 시도를 고려하지 않겠다고 했는데, 료바는 그런 아버지의 판단이 잘못된 것이라고 생각했다.[26] 즈보로우스키는 료바가 자신에게 모스크바로 가라고 요청한 적이 있으며 아마 그 목적은 스탈린 암살이었던 것 같다고 주장했다.[27] 만약 이것이 모두 사실이라면 소련의 보안 당국이 료바를 제거하려 한 데는 충분한 이유가 있었던 것이다. 즈보로우스키가 이런 이야기를 꾸며낸 것이라고 볼 수도 있다. 왜냐하면 그는 트로츠키주의자들을 테러리스트로 모는 소련 당국의 공식적 견해를 뒷받침해줄 증거를 제공해야 했기 때문이다. 즈보로우스키의 이런 발언이 진실이든 거짓이든 크렘린 당국의 의사 결정에 미친 효과는 같았을 것이다.

1936년 11월 파리의 미슐레 거리 7번지에 위치한 '국제 사회사 연구소'에 보관되어 있던 80킬로그램에 달하는 트로츠키의 문헌 자료가 도난당했다. 이 연구소의 소장은 보리스 니콜라예프스키*였다. 그는 멘셰비키였지만 료바와 트로츠키에게 희귀한 책들을 대출해주면서 료바의 신뢰를 얻었다. 니콜라예프스키는 러시아 혁명 역사에 관한 자료라면 어떤 것이라도 열성적으로 수집하는 사람이었으며 료바는 아버지의 자료를 이 사람에게 맡기는 것이 가장 안전하다고 판단했던 것이다. 외부로부터 침입한 흔적은 보이지 않았다. 경찰은 아무 단서도 잡지 못했다. 료바는 경찰에게 이 보관 문서의 존재를 아는 사람은 니콜라예프스키, 에스트리나, 즈보로우스키, 에이에노르트밖에 없으며 이들 모두는 자신이 확실하게 신뢰하는 사람이라고 말했다.[28] 모든 사람이 지목한 범인은 엔카베데였지만, 이런 도난 사건이 어떻게 계획되고 실행되었는지는 누구도 알 수가 없었다.

1937~1938년 겨울에 료바의 과중한 업무 수행이 드디어 한계에 다다랐다. 그는 위장의 통증으로 치료를 받았다. 주변의 몇몇 사람과 의논한 뒤—그중에는 에티엔도 포함되어 있었다.—그는 1938년 2월 9일 미라보 병원에 갔다. 입원하던 날 그는 무척 걱정이 되었는지 자신의 모든 것을 잔 마르탱에게 남긴다는 내용의 유언장을 썼다.[29] 미라보 병원은 불로뉴 숲의 동쪽에 있는 작은 병원이었는데, 기르몬스키 박사라는 사람 소유였고 직원은 러시아인들이었다. 롤라 에스트리나의 친척 가운데 의사가 있었는데, 그 의사는 료바가 맹장염으로 보인다는 잠정적 진단을 내렸고 심코프라는 의사에게 수

보리스 니콜라예프스키(Boris Nicolaevski, 1887~1966) 멘셰비키 출신의 역사가. 러시아혁명 관련 자료 수집가로 유명하며 그가 수집한 자료는 현재 미국의 후버 연구소(Hoover Institution Archive)에 보관되어 있다.

술을 받으라고 추천했다. 료바는 프랑스인 기술자인 척하며 신분을 숨겼지만, 병원에 들어가서는 러시아어를 썼다. 심코프 박사는 료바에게 장 폐색 증세가 있다고 진단했다. 이 진단은 파리의 여러 병원에서 일한 적이 있는 탈하이머 박사와 같이 내린 것이었다. 밤 11시에 수술했다. 예후는 일단 긍정적으로 보였다. 롤라와 에티엔이 문병을 오기도 했다. 그러나 2월 13일 료바의 상태가 나빠졌다. 한밤중에 침대에서 일어난 료바는 고열에 시달리다 의식이 혼미해져서 벌거벗은 채로 병원 복도를 비틀거리면서 걸어 다녔다. 병실로 급히 달려간 잔 마르탱은 료바의 몸에 자줏빛 멍이 크게 나 있는 것을 보고 깜짝 놀랐다. 탈하이머 박사는 환자가 스스로 목숨을 끊으려 하지 않았나 의심했다. 의사들은 료바에게 혈액을 공급하기로 결정하고 2월 15일 수혈했다. 료바의 상태는 조금도 나아지지 않았다. 의사들은 과학적 근거보다는 추측에 의존했다. 료바의 장에 마비가 왔다. 그는 의식을 잃고 혼수상태에 빠졌다.[30]

수혈을 더 했지만 료바는 그날 아침 11시에 사망했다. 그의 동료들은 비록 증거는 없었지만 의학적으로 범죄 행위가 있었을 것이라고 의심했다. 동료들은 부검이 실시될 때까지 료바의 시신을 지켰다. 에티엔은 모스크바에서 전시재판이 시작된 이후 료바의 건강이 계속 나빴으며 고열에 시달렸다고 말했다.[31] 당시 에티엔이 이런 말을 했다는 것은 로장탈이 나중에 기억해낸 것이다. 에티엔은 혹시 이런 말을 함으로써 자신에게 시선이 집중되는 것을 막으려고 했던 것일까?

트로츠키와 나탈리야에게 전보가 보내졌다. 사망 소식을 들은 두 사람은 큰 충격을 받고 며칠 동안 침실에서 나오지 않았으며 누구와도 말을 하지 않았다. 이윽고 두 사람이 다시 밖으로 나왔을 때 트로츠키는 료바의 죽음을 스탈린과 소련 보안기관 탓으로 돌렸다. 증거를 찾는 것은 쉽지 않은 일이었다. 코요아칸에서 수많은 요청이 왔지만 파리의 경찰 당국은 진실을 밝히는 일에 열성을 보이지 않았다.

프랑스에서 〈반대파 회보〉를 발간하며 국제 트로츠키주의 운동을 이끌던 트로츠키의 큰아들 료바. 료바는 1938년 2월 파리의 한 병원에서 사망했는데, 스탈린의 지시에 따른 암살이라는 의혹이 제기되었다.

트로츠키는 프랑스 정부가 트로츠키주의자 한 사람의 죽음을 공정하게 수사하는 것보다는 소련과 좋은 관계를 유지하는 데 더 큰 관심이 있는 것이 아닌가 의심했다. 트로츠키의 의심이 정확했을 것이다. 당시 프랑스와 소련은 독일의 팽창 정책에 대항하여 유럽에서 이른바 '집단 안보' 체제를 세워야 한다는 목적에서 협력하고 있었기 때문이다. 여하튼 트로츠키는 병원과 의사들이 스탈린의 보안기관 손에 놀아난 도구들이었다고 비난했다.[32] 전반적인 상황을 볼 때 살인이 자행되었다고 주장할 만한 충분한 근거가 있었다. 엔카베데는 에스파냐 내전 이후 세계 어느 도시보다 파리에 더 많은 정보원과 비밀요원을 두고 있었다. 어쩌면 에티엔이 살해 공작의 주모자가 아닐 수도 있다. 이런 암살 공작을 조직할 수 있는 다른 비밀요원도 몇몇 있었다. 게다가 스탈린은 트로츠키 주변의 모든 사람들이 제거되었으면 좋겠다는 자신의 희망을 사실상 공공연하게 표명하고 있었다.

하지만 료바의 살해를 지시하는 것이 과연 엔카베데의 입장에서 합리적인 일이었을까 하는 의문이 남는다. 에티엔은 료바의 집으로 오는 서신을 열어볼 권한이 있었기 때문에, 료바가 살아 있다면 그를 통해 트로츠키의 계획에 대한 내밀한 정보를 얻을 수 있을 터였다.[33] 료바가 죽음으로써 이런 편리함이 사라진 것이다. 수십 년이 지난 뒤 엔카베데의 관료들은 과거 자신들의 유럽 지역 공작을 언급할 기회가 왔을 때, 료바를 자신들이 해치웠다고 자랑하지 않았다.[34] 게다가 미라보 병원의 정규직 의사들만이 료바의 치료를 담당한 것이 아니었다. 병원은 료바에게 장 협착 증세가 있다고 진단한 이후, 자신들의 처치에 환자가 아무 반응을 보이지 않자 병원 외부에서 전문가들을 초빙했다. 료바가 의식이 혼미한 상태에서 병원을 돌아다녔다는 사실을 떠올린 몇몇 의료진은, 환자가 스스로 목숨을 끊으려고 무엇인지 알려지지 않은 어떤 물질을 스스로 주입한 것이 아닌가 하고 의심했다. 료바의 상태는 모든 사람을 당황스럽게 했다. 제라르 로장탈 역시 몹시 걱정이 되어 의료 상담이 직업인 자신의 아버지에게 부탁하여 료바의 병상 곁에서 도움을 주도록 했다. 이런 모든 상황을 고려할 때, 누군가 의도적으로 수술 과정에서 사망을 유발하는 어떤 행위를 했다고 상상하기 힘들다. 게다가 료바의 친구들은 그의 시신이 화장되기 전에 독극물 검사가 실시됐다고 증언했다.[35]

제라르 로장탈은 이 사건에 대한 자신의 판단을 공개된 기록으로 남겼다. 그는 에티엔을 의심하긴 했지만 독극물로 인해 료바가 죽었을 가능성도 배제하지 않았다. 세도프의 침대 곁에 있던 잔 마르탱에게서는 어떤 수상한 점도 발견되지 않았다. 그녀는 (그녀 자신이 요구했던) 부검 결과에 만족했다.[36] 오늘날까지도 료바의 죽음에는 의문이 남아 있다.[37] 하지만 분명하게 말할 수 있는 것은, 설사 그가 미라보 병원에서 치료를 받고 살아남았다 하더라도 그 이후 그의 목숨을 노리는 시도가 있었으리라는 것이다. 여하튼 그가 노인이 될 때까지 오래 살아 있었을 가능성은 적다.

트로츠키는 료바를 주제로 하여 감동적인 소책자를 펴냈다. 그가 부자 관계에 대처한 방식에 죄의식을 느낀 흔적이 엿보였다. 트로츠키는 스탈린 체제가 아들을 죽였다고 규탄했다. 트로츠키와 나탈리야는 잔 마르탱에게 편지를 써서 손자인 세바를 자신들 손으로 양육하겠다고 말했다. 트로츠키 부부는 손자를 대서양 건너 멕시코로 데려오고 싶었다. 료바의 죽음에 몹시 괴로워하던 잔은 본능적으로 세바에게 집착했다. 트로츠키는 세바에게 다정한 편지를 써서 그를 곧 코요아칸으로 데려올 수 있도록 준비하고 있다고 말했다. 하지만 잔은 협조하기를 거부했으며 세바를 데리고 파리를 떠나버렸다. 료바의 갑작스런 죽음 때문에 정신적으로 위기를 맞은 그녀의 감정은 예측 불능 상태가 되었다. 그녀는 동료들과 말다툼을 하다가 폭력을 쓰기 시작했다.[38] 트로츠키는 에티엔과 에스트리나에게 편지를 써서 이제 잔에게 완전히 신뢰를 잃었다면서 그녀를 전 남편과 살던 때의 이름인 몰리니에라고 불렀다.[39] 제라르 로장탈은 프랑스에서 트로츠키의 대리인이자 변호사로 활동했다. 제라르 로장탈은 잔에게, 시베리아에 있는 세바의 아버지가 언젠가 나타나 아들을 달라고 요구할 수도 있음을 지적했다. 이 말을 듣고 그녀는 자신에게 세바의 법적 보호자로서 권한이 없다는 사실을 직시하게 되었다. 잔의 저항은 무너졌다. 1917년 이전부터 트로츠키와 친분이 있었으며 열렬한 트로츠키주의자였던 앨프리드 로스머와 마르게리트 로스머 부부가 트로츠키를 대리하여 세바에 대한 보호권을 넘겨받았고, 1939년 소년을 멕시코에 데리고 와서 트로츠키 부부에게 인도하였다. 트로츠키와 나탈리야는 그때부터 정식으로 세바를 책임지게 되었다.[40]

46장

제4인터내셔널 결성

국제적 트로츠키주의 운동과 에스파냐 내전

트로츠키는 헌신적이며 뛰어난 아들을 잃었다. 트로츠키 부부는 방안에 틀어박혀 아들의 죽음을 슬퍼했다. 하지만 트로츠키는 여전히 강인한 정신력을 보였다. 파리에서 아들의 죽음을 알리는 전보가 오고 일 주일 뒤, 트로츠키는 다시 에티엔 즈보로우스키와 롤라 에스트리나에게 '〈반대파 회보〉의 앞날'에 대해 의견을 물었다.[1] 1938년 12월에는 익명의 편지가 에티엔이 소련의 비밀 정보요원이라고 트로츠키에게 경고해주었다.[2] (이 편지를 작성한 사람은 알렉산드르 오를로프Aleksandr Orlov였다. 그는 소련 보안기관 내에 자신의 친척이 있다고 말했지만 실상은 그 자신이 전 오게페우 관료로서 최근에 오게페우에서 이탈한 사람이었다.) 나탈리야는 기운을 차리는 데 더 오랜 시간이 걸렸다. 사실 그녀가 트로츠키 생전에 아들의 죽음을 정말로 극복했는지는 의문이다. 몇 달 동안 그녀는 갑자기 울음을 터뜨리곤 했다. 코요아칸의 저택은 그녀에게 마치 감옥과도 같았다. 젊은 지지자들과 경호원들은 자신들이 일시적으로 그곳에 머물고 있음을 알고 있었지만 트로츠키 부부는 영원히 자신의 의지와 상관없이 이곳에 머물러야 하는 사람들이었기 때문이다.[3] 나탈리야는 프랑스의 동지들이 파리에서 최근 발생한 일의 진상을 밝히는 데 별로 노력을 기울이지 않다고 생각했다. 그녀는 지푸라기라도 잡고 싶은 심정이었다. 트로츠키는 료바의 죽음을 살인이라고 명명하고 스탈린을 살해의 유일한 주모자로 지목하는 방식으로 대응했다. 트로츠키는 곧 다시 일을 하기 시작했지만, 자신이 신속하고 정확하게 일하는 사람이라고 자부하던 과거에 비해 측근들과 나누는 대화가 점점 줄어들었다. 보좌진들이 트로츠키의 책상 위에 그가 답하지 않은 편지가 있는 것을 발견하고 편지의 발신인에게 트로츠키 대신 사과의 말을 전하는 일도 있었다.[4]

트로츠키가 활기를 되찾기까지는 몇 달이나 걸렸다. 그의 목표 가운데 하나는 새로운 인터내셔널, 즉 제4인터내셔널을 구성함으로써 반대파 활동을 조정하는 것이었다. 전 세계 공산주의를 지도하는 데 기존의 코민테른을 대신하겠다는 구상이었다. 트로츠키는 코민테른에 소속된 정당들을 자기편으로 넘어오게 하는 것을 목표로 삼았지만 그런 목표는 처음부터 현실성이 없었다. 모스크바에 있는 코민테른의 중앙 지휘부는 스탈린이 장악하고 있었다. 트로츠키와 공감대가 있다고 의심되는 사람들은 체계적으로 제거되었으며, 1928년과 1929년 사이에 있었던 스탈린과 부하린의 투쟁 끝에 부하린 측이라고 알려진 사람들 역시 모두 제거되었다. 독일에서 나치가 정권을 잡기 전까지 트로츠키는 자신의 환상에 매달려 있었다. 1933년 1월 히틀러가 독일의 총리가 되는 것을 독일공산당이 막지 못했다는 사실에 직면하고서야 비로소 트로츠키는 완전히 새롭게 출발해야 한다는 고통스런 결론에 다다랐다. 트로츠키에게는 불운한 사실이었지만 반대파 지지자는 대부분의 국가에서 얼마 되지 않았다. 트로츠키가 기대와 선전 활동을 집중했던 독일에서는 나치가 공산당 그룹들을 신속하게 제거해버렸다. 제4인터내셔널 구성을 촉구하는 트로츠키의 주장에 반대가 없었던 것도 아니었다. 이 프로젝트의 성격상 트로츠키는 전 세계에 산재한 모든 반(反)스탈린 성향 공산주의 그룹들의 동의를 얻어야 했다. 코민테른에 소속된 정당들과 반드시 결별할 필요가 있다는 것에 모든 그룹들이 곧바로 동의한 것은 아니었다. 트로츠키의 에스파냐인 추종자인 아를렌(Arlen)과 벨라(Vela)는 트로츠키에게 새로운 공산당을 독일에 구성하는 데 반대한다는 내용의 편지를 써 보냈다.[5] 하지만 두 사람은 유럽과 북미 지역의 트로츠키주의자 대부분의 무게를 이길 정도는 되지 못했다. 곧 트로츠키는 제4인터내셔널을 위한 전략과 조직 기반을 준비하는 작업을 시작할 수 있게 되었다.

제4인터내셔널의 창설 준비 작업은 그때부터 5년 동안 진행되었으며, 조직 및 멤버 충원의 틀이 세계 이곳저곳에서 구축되었다. 새롭게 형성되는 정당들에게 외부 지향적인 태도를 갖도록 설득해야 했다. 트로츠키는 내부 분열은 반드시 피해야 한다고 강조했다. 트로츠키와 각국 지도자들 사이의 의사소통은 전신, 우편, 그리고 기선이 허락하는 한 최대한 원활하고 신속하게 이루어져야 했다. 1936년 말 노르웨이 당국의 편지 검열이 너무도 심해서 트로츠키는 료바에게 보내는 편지에 검열관에게 부탁하는 말을 삽입하기도 했다.[6] 트로츠키와 료바는 소련 정보기관이 침투하는 징후를 보았다. 두 사람은 종종 자신들의 계획을 모스크바가 미리 알고 있지 않은지 의심했다. 특히 모스크바가 자신들의 내부 정보를 알고 있는 듯 행동할 때 더욱 그랬다.[7]

트로츠키주의 그룹들은 모두 적이 내부로 침투할 위험성을 우려했다. 그룹들 내부에서 비방과 의심은 흔한 일이었다. 종종 이런 상호 의심에는 정황상 우연의 일치 말고는 증거가 없었다. 레몽 몰리니에가 소련의 요원이라는 의심은 널리 퍼져 있었다. 제라르 로장탈이 료바의 파트너인 잔을 불신하자 료바는 제라르 로장탈과 개인적 관계를 단절해버렸다.[8] 반대파의 인터내셔널 서기국이 프랑스에 있다는 사실 때문에 상황은 더 복잡해졌다. 트로츠키는 후일 이 서기국이라는 것이 허구에 불과하며 이 기구가 관장한 것은 프랑스 내의 활동뿐이었다고 기록했다. 트로츠키는 프랑스의 동지들이 서로 다투면서 분열상을 보이는 것을 탓했다.[9] 몰리니에는 트로츠키의 신임을 오랫동안 받지는 못했다. 1934년 초반에 트로츠키는, 프랑스공산당에서 추방된 좌익반대파가 결성한 공산주의자동맹이 프랑스사회당에 침투하여 사회당을 급진화시켜서 공산주의자동맹의 영향력 증대를 꾀해야 할 것이라고 제안한 바 있었다. 몰리니에가 이 제안에 반대하다 트로츠키와 논쟁이 붙었다.[10] 잔 마르탱이 몰리니에의 정책에 찬성 의사를 밝힘으로써 감정의 온도가 상승했다.[11] 잔 마르탱의 이런 행동은 료바와 잔 사이에 의견이 엇갈리고 있음을 의미했다. 논쟁에는 정치적 성격뿐 아니라 개인적 성격도 결부되었다. 결국 트로츠키의 의견이 대세가 되었으며 대부분의 프랑스 트로츠키주의자들은 그가 권유한 행동 노선을 따랐다.

트로츠키는 미국의 극좌 그룹에도 지속적으로 관심을 기울였다. 트로츠키는 미국의 트로츠키주의자들이 분파 경계선 너머로 움직이려 하지 않는다고 믿었다. 1934년 1월 트로츠키는 자신의 추종자인 맥스 샤크트먼에게 편지를 써서, 샤크트먼이 소속된 '미국공산주의자연맹(Communist League of America)'과 앨버트 웨이스보드(Albert Weisbord, 1900~1977)와 '공산주의자투쟁연맹(Communist League of Struggle)'이 통합하는 것이 어떻겠냐고 제안했다. 웨이스보드는 트로츠키가 전혀 알지 못하는 사람이었으며 극단적인 자기 중심 성향과 분파성으로 악명이 높았다. 트로츠키는 이번만은 상대방의 입장을 어느 정도 고려했다.[12] 미국공산주의자연맹이 트로츠키의 제안을 만장일치로 거부하자 순순히 뒤로 물러섰던 것이다. "연맹이 이 문제를 결정할 수 있음을 나는 알고 있습니다. 따라서 만일 당신들이 모두 반대한다면 나로서는 더 할 말이 없습니다."[13]

제4인터내셔널의 기반 조성을 위한 첫 번째 국제 회의가 1934년 2

월 28일 브뤼셀에서 개최되었다. 원래는 네덜란드에서 개최하려 했지만 네덜란드 당국이 문제를 제기하여 장소를 바꾸었다. 이 회의에는 극좌파 청년 조직들이 모였다. 각국 대표는 불과 14명이었으며 이들이 대표한 나라는 독일, 노르웨이, 네덜란드, 미국이 전부였다. 분파적 분위기가 팽배했다. 참석한 사람들이 모두 트로츠키주의자들은 아니었다. 게다가 제2인터내셔널과 제3인터내셔널이 정치적으로 파산 상태에 빠져버렸다는 것에는 모두 동의했지만, 제4인터내셔널을 구성해야 한다는 생각에 모든 사람이 찬성하는 것도 아니었다. 트로츠키주의자들은 이렇게 상충하는 여러 견해를 묶을 수 있는 공통분모를 힘겹게 모색했다. 이것이 그들이 할 수 있는 최선의 방책이었다.[14] 하지만 그들에게는 최선인 것이 트로츠키에게는 용납되지 않았다. 트로츠키는 그들의 판단이 너무나 모호하다고 생각했다. 그는 자신의 지지자들이 비(非)트로츠키주의자들에게 너무나 큰 양보를 했다고 불평했다. 이번 상황은 트로츠키에게 제1차 세계대전 당시 치머발트 운동 내부에서 발생했던 타협을 떠올리게 했다. 인터내셔널 서기국은 트로츠키보다 상황을 더 현실적으로 파악하고 있었으므로 트로츠키의 불평을 무시하기로 했다. 이렇게 오고 가는 의견 교환에서 엿보이는 모순을 앨버트 글로처는 놓치지 않았다. 앨버트 글로처는 트로츠키가 미국공산주의자연맹에게 바로 그러한 타협적 정책을 요구하지 않았느냐고 정확히 지적했다. 그랬던 트로츠키가 지금은 세계적 차원에서 비(非)트로츠키주의자들과 명확한 경계선을 그으라고 요구하고 있다는 것이다.[15]

트로츠키가 자신의 이런 모순을 인정하지 않았기 때문에 그의 추종자들은 갈피를 잡을 수 없었다. 추종자들 대부분은 아직 트로츠키가 얼마나 권위주의적인지 알지 못했다. 현장에 가지 못하고 멀리 떨어져 있었기에 트로츠키는 더욱 짜증이 났다. 게다가 그는 반대하는 사람들에게 관용을 베풀어봤자 역효과를 낳을 뿐이라는 것을 역사에서 이미 배웠다고 생각했다. 치머발트 회의의 경우 지치지 않고 배타적인 태도를 견지했던 사람은 트로츠키가 아니라 레닌이었다. 그리고 트로츠키는 그때 레닌의 태도가 옳았다고 결론을 내리기에 이르렀던 것이다.

당시 료바 세도프는 유럽의 동지들에 대해 아버지가 이처럼 단정적으로 판단을 내리는 것을 못마땅하게 생각했다. 트로츠키는 이때 레몽 몰리니에를 무척 좋아했으며 따라서 신중할 필요가 있다는 료바의 충고를 모두 거부했다. 몰리니에는 기질적으로 매우 강건했으며 고집이 세고 덩치가 큰 사람이었다.[16] 료바는 자신의 의견을 고수했지만 1936년 1월에 돌아온 아버지의 대답은 아들에게 관료주의적 완고함이 있다는 비난이었다.[17] 어쩌면 트로츠키는 료바가 몰리니에의 전처를 빼앗았기 때문에 공정한 판단력을 상실했다고 생각했을 것이다. 그러나 료바의 견해는 프랑스 트로츠키주의자들 사이에서 널리 공감을 얻고 있었다. 몰리니에는 고압적이었으며 스스로도 그렇다는 것을 솔직하게 인정했다. "우리는 트로츠키에게 원리를 배우고 스탈린에게 방법을 배운다."[18] 몰리니에는 지적으로 그리 날카로운 사람이 아니었으며 돈 문제에서도 완전히 깨끗하지 않았다. 이것은 제라르 로장탈과 고참 트로츠키주의자인 앨프리드 로스머의 의견이었다.[19] 트로츠키는 1935년 중반부터 몰리니에에 대한 지지를 철회하기 시작했으나, '인터내셔널 조직국'*이 그를 축출한 것은 1936년 7월에 이르러서였다. 조직국은 파리에 있었으며 여러 트로츠키 그룹들을 조정하는 기관이었다. 조직국은 몰리니에를 축출하는 조치를 내리기 전에 료바, 트로츠키와 협의했다. 트로츠키는 몰리니에를 무모한 사람이라고 말하기 시작했지만, 과거에 자신이 내린 몰리니에에 대한 확고한 평가에 실책이 있었다는 것은 결코 인정하지

인터내셔널 조직국(International Bureau) 이 기구는 인터내셔널 서기국과 별도의 조직이지만 유사한 역할, 즉 각국의 트로츠키파의 활동을 조정하는 역할을 수행했다.

않았다.[20]

프랑스 동지들 사이를 조정하는 것은 트로츠키에게도 벅찬 일이었다. 그는 피에르 나비유에게 이렇게 말했다. "나는 자네들이 하고 있는 분파 투쟁 같은 것은 본 적이 없네. 우리도 그런 문제가 많이 있었지. 분파 투쟁이 항상 부드러운 것은 아니야. 절대로 그렇지 않지! 하지만 자네들처럼 그렇게 격렬한 논쟁은 아직 보지 못했네. 정말 굉장해. 어떻게 그럴 수가 있나? 그런 격렬함은 반드시 교정해야 하네."[21]

트로츠키는 이론적으로는 그가 전 세계에 흩어져 있는 특정한 트로츠키파 그룹이 직면한 문제에 대해 구체적인 지도를 해줄 수 없다는 사실을 인정했다. 이따금 그는 판정을 내리기를 거부했다. 하지만 평상시에 보이는 행동은 달랐다. 그는 종종 자신의 편지에 크고 작은 온갖 사안에 대한 지침을 가득 적어 넣었다. 심지어 현지 사정에 관한 기초적인 지식이 없는 경우에도 간섭했다. 또한 트로츠키는 개인적으로 자기 마음에 드는 사람들을 편애했다. 특히 독일과 프랑스 지지자들의 경우 그랬다. 트로츠키가 항상 합당한 인물을 선택한 것도 아니었다. 어떤 토론에서든 그가 결정적인 논거로 드는 것은 10월 혁명과 러시아 내전에서 겪은 자신의 경험이었다. 1930년대 중반 어느 에스파냐 동지가 제시하는 정책이 마음에 들지 않자 트로츠키는 물었다. "전투 중에 쓰러져 간 동지가 당신의 그룹 안에 몇 명이나 있습니까?" 상대방은 "글쎄요, 다행히 아직 아무도 없습니다."라고 대답했다.[22] 그렇게 상대방을 심리적 열세에 놓이게 하는 것이 트로츠키의 요령이었다. 그의 자기 확신은 종종 큰 실수로 이어졌다. 거의 모든 유럽의 트로츠키주의자들이 소볼레비키우스 형제가 스탈린의 비밀요원이라고 결론을 내린 이후에도 트로츠키는 형제가 동조자였으나 다만 중간에 잘못된 방향으로 가서 결국 자신을 '배신'한 것이라는 견해를 고수했다. 그는 소볼레비키우스 형제가 자신의 대의를 지지한다고 나선 최초의 순간부터 자신이 속았다는 사실을 도저히 인정할 수 없었던 것이다.[23)] 이렇게 소련 정권의 비밀요원에게 기만당한 경우가 아니더라도, 트로츠키는 유럽 추종자들 가운데 누구를 지지하고 누구를 무시해야 하는지에 대해 자주 잘못된 판단을 내렸다.

새로 출범한 제4인터내셔널은 조직을 운용하기가 매우 힘든 형태를 유지했다. 최고 지도자인 트로츠키는 멕시코에 있었으며, 기관지의 편집 책임자인 료바는 프랑스에 있다가 1938년에 사망했고, 이 조직에서 가장 빠르게 성장하는 부문은 미국에 있었다. 전보 덕분에 백년 전이라면 경험했을 어려움보다는 그래도 어려움이 적었다. 료바가 사망함에 따라 트로츠키와 유럽 그룹들 사이를 중재할 수 있는 인물의 자리가 비게 되었다. 료바는 좀 더 협조적인 분위기를 조성하기 위해 버너드 울프(Bernard Wolfe) 같은 코요아칸 저택의 측근들에게까지 편지를 쓰기도 했다.[24)] 진지한 서신이 점차 덜 오게 되었다. 트로츠키는 인내심을 잃기 시작했다. 그는 항상 자신이 선호하는 방향으로 사태가 더 빨리 진전되기를 원했다. 그는 자신이 '혁명적 상황'이라고 판단하는 때에 트로츠키주의자들, 특히 유럽의 트로츠키주의자들이 과업을 제대로 수행하지 못할까 봐 몹시 우려했기 때문에 더욱 마음이 조급했다. 멕시코에서 트로츠키가 이끌던 작은 그룹은 그도 너무나 잘 알고 있듯이 심각한 한계를 안고 있었다. 트로츠키를 더 우려시킨 것은 프랑스의 트로츠키주의자들이 자신들에게 찾아온 기회를 활용하고 있지 못하다는 징후들이었다. 그의 동지들은 그저 자기들끼리 음모를 꾸미며 다투고 있었다. 그들은 서로에게 화를 내고 서로를 비난하고 더 작은 그룹으로 자꾸 갈라졌다. 그들은 프랑스의 극좌 진영에 위치한 혼란스런 무리에 불과했다. 그들은 트로츠키가 일에 집중할 수 없도록 만들었다.

스탈린은 국제 트로츠키주의 운동을 과대평가했다. 1937년 3월 3일 개최된 당 중앙위원회에서 스탈린은 트로츠키와 그 일당이 소련에 대항하는 세계적 차원의 음모를 꾸미고 있다고 비난했다. 스탈린은 그들이 "노동계급 내의 정치적 경향이 아니라 원칙도 이상(理想)도 없는 파괴자들의 집단일 뿐이며, 정보 요원들이고 스파이들이며, 살인자들이고 노동계급에 대한 불구대천의 적대 세력이며, 외국 정보기관에 고용되어 활동하는 자들이다."라고 말했다. 스탈린은 이런 활동들이 원활하게 진행되고 있다고 믿었다. 그는 트로츠키가 한 말과 제4인터내셔널이 발표한 문건을 인용했으며, 트로츠키 그룹이 프랑스의 수바린 그룹의 지지뿐 아니라 미국의 '유명한 악당 이스트먼'의 지지를 받고 있다고 덧붙였다.[25] 이스트먼이 이미 1930년대 중반에 공산주의와 결별했다는 사실은 스탈린에게 아무 상관이 없었다. 1938년 이스트먼은 심지어 미국공산당 기관지 〈데일리 워커(Daily Worker)〉에서 영국의 비밀요원으로 지목되어 비난당하기도 했다. 이 신문은 이스트먼의 옛 친구인 흐리스티안 라코프스키가 고문을 받고 한 거짓 진술을 근거로 내세웠다.[26]

세계적 차원의 트로츠키주의 운동은 스탈린이 생각하는 것만큼 견실하지 못했다. 이 사실은 1936년 7월 에스파냐 군부의 반란으로 에스파냐 내전이 발발하면서 확실하게 드러났다. 군대 반란의 지도자는 프란시스코 프랑코(Francisco Franco, 1892~1975) 장군이었다. 프랑코는 에스파냐에서 공산주의자와 사회주의자를 제거하고, 가톨릭교회의 권위를 다시 세우고, 정치 질서를 확립하겠다고 결심했다. 당시 공화 정부는 라르고 카바예로(Largo Caballero, 1869~1946)의 지휘 아래 재구성되어 중도 좌파 연립정부를 이루고 있었다. 프랑스의 인민전선 정부는 영국 보수당 정부의 영향을 받아 불간섭 정책을 지켰다. 히틀러와 무솔리니는 거리낌 없이 프랑코 측에 자금, 탄약, 공군 승무원을 지원했다. 공화 정부 측을 약간이라도 지원한 것은 소련과 멕시코뿐이었으며 코민테른은 에스파냐공산당에게 현 정부를 지지하라는 지령을 내렸다. 스탈린은 공화 정부를 지지하는 대가로 안드레스 닌이 이끄는 '마르크스주의통합노동자당'을 반역 조직으로 규정하겠다는 약속을 공화 정부에게 받아냈다. 당시 안드레스 닌은 유럽의 인민전선을 지지했던 까닭에 이미 트로츠키와 완전히 결별한 상태였다. 그러나 에스파냐공산당은 안드레스 닌과 그가 이끄는 정당을 트로츠키파로 몰아버렸다. 안드레스 닌은 1937년 5월 체포되었으며 곧 소련의 비밀요원에게 살해되었다.[27]

에스파냐 내전은 트로츠키를 곤란한 입장으로 내몰았다. 마르크스주의통합노동자당이 코민테른의 확고한 적대 세력임을 잘 알고 있었지만, 트로츠키는 '안드레스 닌을 혁명가로 변화시킬 가망성은 없다'고 생각했다. 그는 '안드레스 닌을 다시 이쪽으로 끌어오려는' 시도는 승인했지만, 안드레스 닌이 "에스파냐에서 공개적으로 제4인터내셔널의 깃발을 들어야 한다."는 조건을 걸었다.[28] 트로츠키의 평가에 따르면 마르크스주의통합노동자당은 '적응, 기대, 망설임'이라는 정책을 따랐으며 이는 '타협이 허용되지 않는 내전 상황에서 가장 위험한 정책'이었다.[29] 스탈린이 에스파냐공산당의 영향력을 강화하는 동안 트로츠키는 계속 안드레스 닌을 비난했다. 스탈린이나 트로츠키나 모두 흡족한 결과는 얻지 못했다. 프랑코의 군대가 1936년 11월 마드리드를 점령했다. 바스크 지역은 그 다음 해 점령되었다. 1938년 7월부터 11월 사이 에브로 강 주변에서 공화파와 프랑코파가 밀고 밀리는 공방전을 벌였다. 이 전투에서 결국 공화파가 패했으며 이로써 에스파냐 내전의 승패의 향방이 결정되었다. 프랑코는 1939년 1월 바르셀로나를 점령했다. 카탈루냐*는 극심한 탄압에 무릎을 꿇었다. 마르크스주의통합노동자당은 완전히 무너졌다.

트로츠키는 이미 개인적으로는 자신의 추종 세력이 세계적으로 수적 열세에 있다는 것을 인정하였다. 자신의 지지자인 제임스 캐넌

카탈루냐 에스파냐 동북부에 위치한 지역. 역사적·문화적으로 상당한 독립성을 유지하였으며 특히 프랑코 집권 직전에는 높은 수준의 자치권을 행사하고 있었다.

(James Cannon, 1890~1974)에게 1937년 10월 10일 미국의 트로츠키파에 대해 편지를 쓰면서, 트로츠키는 당시의 어려움을 이렇게 분석했다.

> 당에 진짜 공장 노동자는 소수밖에 없습니다. 이런 상황은 어느 나라에서건 혁명적 노동 정당의 초기에는 불가피하며 미국에서는 특히 그럴 것입니다. 비(非)프롤레타리아적 요소는 꼭 필요한 효모 역할을 합니다. 이 요소가 매우 양질이라는 점에서 우리는 자부심을 느낄 수 있다고 생각합니다. 그러나 그다음 시기에 우리가 겪을 수 있는 위험은, 당에 필요한 것보다 너무 많은 '효모'가 들어올 수 있다는 것입니다. 공산당의 분열은 노동자들이 아니라 지식인들 사이에서 시작될 가능성이 큽니다. 지식인들은 사상에 더 민감하며 조직에는 덜 충성스럽기 때문입니다.[30]

트로츠키의 예언은 지식인들이 곧 자기들을 떠날 것이라는 이야기였다. 트로츠키는 이 과정을 재촉하려 하지는 않았지만 이런 일이 벌어질까 봐 크게 우려하지도 않았다. 왜냐하면 최후에 거둘 승리의 열쇠는 노동계급이라고 생각했기 때문이다. 그는 교육받은 유대인이 자신의 지지자들 가운데 상당히 높은 비중을 차지하고 있다고 지적하면서, 그가 앞으로 당 활동에서 중점을 둘 대상은 '유대인 대중'이라는 점을 강조했다. "무너질 수 없는 원칙은 이것입니다. 노동자들에게 명령을 내릴 것이 아니라, 그들을 돕고 그들에게 제안하며 그들을 사실과 사상과 공장 신문 등으로 무장시키는 것입니다."[31]

1920년에 노동운동을 소비에트 국가에 완전히 복속시켜야 한다고 주장했던 사람이 내놓은 조언 치고는 이상한 조언이었다. 하지만 트로츠키는 극도로 진지했다. 그는 다음과 같이 어법에 어긋나는 영어를 사용하면서 자신의 견해를 설명했다. "많은 지식인과 반(牛)지식인은 다소 추상적인 일반론으로 노동자들을 겁먹게 해서 행동으로 향하는 의지를 마비시키고 있다. 혁명 정당의 활동가가 첫 번째로 가져야 할 것은 좋은 귀이며, 좋은 혀는 오직 두 번째로 필요한 것이다."[32] 10월혁명의 가장 위대한 연설가였던 트로츠키가 이제 혁명가들이 마땅히 청중의 말을 잘 들어야 한다고 강조하고 있었다. 그는 1917년 이전 러시아사회민주노동당 내에서 서로 다투는 분파들에게 다툼을 중지하고 러시아의 노동자들이 무엇을 원하는지 배우고 그들이 스스로 원하는 바를 달성할 수 있도록 도와야 한다고 촉구했던 때의 생각으로 돌아가고 있었다.[33]

트로츠키파는 회원 수 통계를 밝히기를 좋아하지 않았다. 공개하기에는 그 수가 너무 보잘것없었기 때문이다. 1936년 7월 파리에서 각국의 '지부'가 모였을 때 이들은 회원 모집 현황을 비밀리에 보고했다. 네덜란드는 2,500명의 회원이 있다고 주장했으며 미국은 1,000명, 그리고 독일은 겨우 150명밖에 없다고 보고했다.(독일에는 히틀러가 정권을 잡기 전에도 750명밖에 없었다.) 영국은 세 개의 작은 그룹으로 나뉘어 극단적인 분열상을 보이고 있었다. 프랑스는 한때 가장 큰 지부였으나 여러 차례의 분열과 퇴출 조치 이후 혼란스러운 상태였고, 새롭게 가입하는 사람보다 탈퇴하는 사람이 항상 더 많았다. 네덜란드 대표들은 이런 정도의 회의를 개최하여 새로운 인터내셔널을 창설하는 작업에 착수한다는 것이 과연 합당한 일인가 하는 의문을 제기했다.[34]

드디어 창립 대회가 1938년 9월 파리 근교에 있는 페리니에서 개최되었다. 트로츠키는 멕시코에서 보고를 기다리는 수밖에 없었다. 그는 대회 진행을 위한 지침서와 같은 기본적인 문건들을 작성하여 보냈고 맥스 샤크트먼이 대회를 주재했다. 11개국을 대표하는 21명의 대의원이 참석했다. 대의원 가운데는 '러시아 지부' 대표로 참석한 에티엔도 있었다. 그는 아직 정체가 드러나지 않은 상태였다. 피

제4인터내셔널이 발행한 인쇄물에 실린 트로츠키. 트로츠키주의자들의
국제 연대 기구인 제4인터내셔널은 1938년 9월에 창립되었다. 창립 대회
는 멕시코에 있는 트로츠키를 대신해 맥스 샤크트먼이 주재했다.

에르 나비유는 마지막 순간에 회의 장소를 페리니에 있는 앨프리드
로스머의 집으로 변경했다. 엔카베데의 움직임을 저지하기 위한 조
처였다. 에티엔은 여전히 트로츠키의 신뢰를 받고 있었으며 인터내
셔널 서기국의 한 명으로 선출되었다.[35] 트로츠키에게 완벽한 충성
심을 품은 또 한 사람으로 실비아 아젤로프(Sylvia Ageloff)라는 젊은
여성이 있었다. 그녀는 훗날 트로츠키의 암살에 자기도 모르는 사이
에 결정적인 역할을 했다.[36] 대회가 열리는 단계에서도 새로운 인터
내셔널의 창설을 선포하는 것이 실질적으로 타당하다는 데 모든 사

람이 동의한 것은 아니었다. 폴란드 대표 두 사람은 자국에서 노동 운동을 직접 경험한 바에 따르면 좌익 노동자들이 아직 코민테른에 대한 애착을 버리지 않았다고 주장했다. 그들의 의견에는 별다른 반향이 없었다. 트로츠키의 구상이 승리를 거두었다. 제4인터내셔널의 집행위원회가 선출되었으며 트로츠키는 집행위원회의 비밀 명예위원 자리를 차지했다. 에티엔은 '러시아 지부' 대표로서 자신도 집행위원회에 들어가야 한다고 고집했다. 이로써 스탈린은 앞으로 제4인터내셔널의 계획도 자세하게 알게 되었다.[37] 폴란드 대표가 경고를 하긴 했지만 힘을 발휘하기엔 너무 약했다. 트로츠키는 자신이 원하는 대로 일을 진행시킬 수 있었으나, 이로써 정치적 현실주의가 희생되었으며 소련 비밀경찰의 침투를 대가로 지불하게 되었다.

트로츠키 자신도 제4인터내셔널이 코민테른의 권위에 필적하려면 아직 갈 길이 멀다는 것을 알고 있었지만 그는 긍정적으로 생각하기로 했다. 하지만 다른 사람들의 생각은 달랐다. 1939년에 빅토르 세르주(Victor Serge, 1890~1947)는 유럽의 트로츠키주의자들 사이에 만연한 내분에 신물이 나서 제4인터내셔널을 탈퇴했다. 러시아 이민자 출신 부모를 둔 세르주는 예전에는 아나키스트였다. 그는 1919년 러시아로 가서 볼셰비키당에 가입했으며 코민테른에서 일하다가 트로츠키의 좌익반대파를 지지하게 되었다. 1933년에 당국에 체포되었지만 1936년에 석방되었고 소련 출국을 허락받았다. 세르주는 트로츠키와 서신을 주고받기 시작했지만 독립적인 정신을 지니고 있었다. 여러 사안 중에서도 그는 특히 1921년 크론시타트 사건 때 트로츠키의 행동이 잘못되었다는 의견을 유지하였다.[38] 제4인터내셔널을 탈퇴하면서 그는 자신의 의견을 솔직하게 트로츠키에게 전했다. 우선 트로츠키는 "료바의 죽음에는 음모의 기운이 일정한 역할을 수행했다"는 것을 분명히 알아야 한다고 세르주는 말했다. 세르주는 또한 트로츠키가 두 가지 사실을 정면으로 직시해야 한다고 말했다. 첫

째는 트로츠키가 그렇게 먼 곳에서는 제4인터내셔널을 제대로 운영할 수 없다는 것, 둘째는 제4인터내셔널의 회원 정당 가운데 제대로 작동하는 정당은 아직 하나도 없다는 것이었다.[39] 세르주의 두 가지 지적은 모두 정확했다. 하지만 트로츠키는 세르주를 스탈린에 대항하는 투쟁에 참여하도록 하기에는 신뢰할 수 없는 활동가로 취급했다. 코요아칸에서는 이제 오해와 착각이 냉철한 분석을 대신했다. 트로츠키의 기본적인 희망은, 유럽과 북미 지역의 상황이 현재 자신에게 유리한 방향으로 바뀌고 있으며 이에 따라 노동계급 역시 자기편으로 돌아서려 한다는 것이었다. 1916년에 볼셰비키당이 권력을 장악할 가능성이 있다고 본 사람은 아무도 없었지만, 바로 한 해 뒤 볼셰비키당은 10월혁명을 성공으로 이끌었다. 트로츠키는 똑같은 일이 제4인터내셔널에도 일어나리라고 스스로를 설득했다.

47장

프리다 칼로와 디에고 리베라

'나의 아내 나탈리야에게'

트로츠키의 폭풍우 같은 불확실한 삶에서 그를 지탱해준 닻과 같은 존재는 바로 나탈리야였다. 그녀는 자신이 보기에 트로츠키의 판단이 의심스러울 때조차 그를 옹호하려고 애썼다. 나탈리야는 트로츠키의 비서에게 이렇게 말한 적이 있다. "이것은 그의 일입니다. 이것은 그의 삶입니다. 나의 삶은 그가 일을 하도록 돕는 것입니다. 그를 위해 여건을 만들어주어 그가 일에서 아주 작은 어려움도 겪지 않도록 하는 것, 그리고 일을 신조로 삼아 살아가는 것, 그의 일과 그의 사상 속에서 기뻐하는 것이 나의 삶입니다."[1] 이것은 사실 훗날 페미니즘의 기준에는 맞지 않는 태도였다. 나탈리야는 다르게 생각했다. 그녀는 자신을 근대적 여성이라고 여기면서도 동시에 트로츠키처럼 특별한 사람과 친밀하면서도 종속적인 관계를 맺게 된 것을 행운이라고 생각했다. 그녀는 자신에게 트로츠키 같은 특별한 재능이 없다는 것을 잘 알고 있었다. 자신에게 지지자의 역할을 스스로 부과한 나탈리야는 자기를 내세우는 일은 완전히 포기했다.

이런 나탈리야의 태도는 공산당 내에서 유별난 것이 아니었다. 남자의 그늘 아래서 움직이는 것을 거부하는 볼셰비키 여성은 확고하게 정착된 남녀 관계를 아예 회피하는 경향을 보였다. 알렉산드라 콜론타이는 결혼 제도는 진정한 혁명가라면 피해야 할 부르주아적 덫이라고 주장하는 평론을 여러 편 썼다. 사람들은 콜론타이의 주장을 잠시 경청했지만 곧 무시했다. 만일 그녀가 유난히 많은 남자를 사귀지 않았다면 그녀의 주장은 좀 더 많은 지지를 받았을 것이다. 레닌은 콜론타이가 애인을 자주 바꾸는 것을 보고 불쾌함을 느꼈다. 콜론타이는 남자의 나이를 따지지 않았다. 중년에 접어든 그녀는 자기 나이의 절반에 불과한 젊은 남자를 매혹했는데, 그는 '몸(Body)'이라는 아주 적절한 이름을 가진 남자였다. 볼셰비키의 고참 당원들이 결혼하지 않은 상대와 관계를 갖는 것을 철저히 자제하는 청교도적인 태도를 지녔던 것은 아니었다. 사실 결혼은 그들에게 종종 법적 편리함을 제공하는 수단이었다. 트로츠키가 알렉산드라 소콜로프스카야와 결혼이라는 절차를 밟은 이유도 순전히 두 사람이 시베리아 유형 기간에 함께 생활하기를 원했기 때문이었다. 트로츠키와 나탈리야에게는 그런 종류의 급박한 필요가 없었기 때문에 두 사람은 정식으로 결혼하지 않았다. 나탈리야는 소련공산당 지도자들의 다른 '아내'들과 같은 역할을 떠맡았다. 즉 그녀는 가족을 돌보며 집안일을 관리했고 그녀가 맡은 공적인 직책은 아내의 역할보다 덜 중요했다. 남편이 행성이라면 아내는 그 행성의 주변을 도는 위성이었다. 두 사람 모두에게 혁명의 대의가 태양이었다.

소련 밖으로 나온 뒤 트로츠키는 안정된 환경을 조성하는 일에서 나탈리야에게 더 많이 의존할 수밖에 없었다. 재정, 식사, 그밖의 집안일이 안정적으로 관리되어야 했다. 터키에서 멕시코까지 이동하는 떠돌이 인생을 살며 나탈리야의 인내심과 적응 능력은 극도로 힘겨운 시험을 겪었다. 그녀는 이 시험을 훌륭하게 통과했다. 트로츠키는 또한 자신이 벌이는 정치 계획을 들어줄 사람이 필요했다. 그는 제대로 된 형식의 토론이 필요 없었다. 평생 동안 그는 중대한 결정을 발표하기 전에 다른 누구와 의논하는 사람이 아니었다. 그렇지만 그는 자기 생각을 나탈리야에게 이야기하는 것은 좋아했다. 그녀는 반대 의견이 있을 경우 조심스럽게 표현했으며 자기 의견을 남편이 받아들이지 않더라도 마음의 평화를 지킬 수 있었다. 남편이 올바른 결정을 내리는 것보다 그녀에게 더 중요한 것은 남편이 마음 편히 만족해하는 것이었다. 그녀는 남편을 존경했다. 1917년 이후 그녀가 보고 들은 모든 것이 남편이 올바른 길로 가고 있다고 말해주었다.

외국 땅에 망명한 트로츠키 부부의 삶은 험난했지만 나탈리야는 이전에 비해 좀 더 남편을 독점할 수 있었다. 같이 생활하는 다른 사람들은 젊은 세대였다. 나탈리야는 트로츠키의 정신적 벗이었다. 두 사람은 노화의 기미가 느껴지는 것에 대해 서로 이야기를 나누었다. 트로츠키는 자신의 신체적 건강이 조금씩 쇠퇴하는 것을 걱정했다. 그는 자주 병을 앓았지만 여전히 남자다운 자신의 외모를 자랑스럽게 생각했다. 그는 자기 몸의 쇠퇴를 과장하곤 했다. 그는 허리에 약간 살이 찌고 흰 머리카락이 많아졌지만 멕시코의 시골로 여행을 갈 때면 에너지가 넘쳤다. 나탈리야는 날씬하고 아담한 몸매를 유지했으며 여전히 우아하고 가볍게 움직일 수 있었다. 이런 매력적인 외모는 그녀의 뛰어난 특징 가운데 하나였다. 두 사람은 서로에게 완전히 충실한 부부의 모습을 보였다. 트로츠키가 1920년에 정말로 클레어 셰리든과 잠시 관계를 맺었다 하더라도 지금 코요아칸에서 그 사실을 아는 사람은 아무도 없었다. 트로츠키는 다른 사람의 감정을 잘 살피지 않는 것으로 유명했지만 아내에 대해서만은 예외였다. 코요아칸에서 함께 사는 사람들은 트로츠키가 식사 시간이나 다른 상황에서 아내가 무엇을 원하거나 필요로 하면 즉시 그것을 해주는 모습을 항상 볼 수 있었다.[2)]

1935년에 트로츠키가 쓴 일기를 보면 두 사람의 유대가 얼마나 강했는지 알 수 있다.

사람의 인격, 즉 그 인격의 깊이와 힘은 정신적으로 쌓아 둔 재산에 의해 규정된다. 사람들은 평상시 상황의 외부로 튕겨져 나왔을 때 비로소 자신의 모습을 완전히 드러낸다. 이때가 바로 모아놓은 재산에 의존해야 할 때이다. N(나탈리야)과 나는 33년이라는 세월을 같이 했다.(한 세기의 3분의 1이다!) 비극의 시간이 닥쳤을 때 그녀의 인격이 지닌 재산에 나는 언제나 감동한다. …… 우리의 힘이 이제 쇠퇴해가기 때문에 그런지, 아니면 다른 이유 때문에 그런지 모르겠지만, 부분적으로나마 이런 N의 이미지를 포착하여 기록으로 남겨 두고 싶은 마음이 간절하다.[3]

일기를 쓰면서 트로츠키는 종종 언젠가 일기가 어떤 형태로든 공개되리라는 것에 유의했다. 예를 들면 1916년 에스파냐에서도 그런 적이 있었다.[4] 그가 프랑스와 노르웨이에 있을 때 낙서하듯이 기록해놓은 것 역시 마찬가지였다. 그런 그의 습성을 감안하더라도, 나탈리야에 대해 그가 일기장에 쓴 내용은 읽는 이의 가슴을 뭉클하게 하는 감사와 사랑의 고백이다.

1937년에 이르기까지 나탈리야에게는 트로츠키의 충실성을 의심할 아무런 심각한 이유도 없었다. 집 안에 매력적인 젊은 여성이 몇 년간 같이 있던 경우도 있었지만 트로츠키는 그 여성들에게 부적절하게 행동한 적이 없었다. 또한 그 여성들 가운데 누구도 자신들의 혁명적 우상인 트로츠키에게 감히 장난스런 태도를 취하지 않았다. 프리다 칼로는 달랐다. 그녀의 남편 디에고 리베라가 없을 때면 그녀는 여러 여자들과 관계하는 남편과 마찬가지로 자신도 다른 남자를 가끔 만난다는 사실을 숨기지 않았다. 클레어 셰리든이 흉상을 조각해주었을 때와 라리사 레이스네르가 이상한 제안을 해왔을 때 이후 처음으로 트로츠키는 강한 유혹을 느꼈다. 이번에 그는 저항하지 않았다.[5] 프리다는 30대 초반의 여성이었다. 오래전 사고를 당한 프리다는 한쪽 다리를 절었지만 그녀의 자유분방한 태도와 화려한 색깔의 옷은 그녀가 유혹하고자 하는 남자들을 사로잡았다. 그녀가 그리는 짐짓 순진해 보이는 그림은 사실 내면의 감정적 고통을 충격적으로 표출한 것이었다. 하지만 그녀는 그림으로만 그런 감정을 표현했을 뿐 평소에는 자신의 고통에 다른 사람이 주목하지 않도록 행동했다. 그녀는 충동적이며 과장된 생각을 태풍같이 쏟아내는 여자였다. 프리다는 이제까지 트로츠키가 만났던 어떤 여자와도 달랐으며 그는 그녀의 매력에 굴복하고 말았다. 두 사람이 관계를 맺기 시작한 것은 1937년 4월 중반 이후였다.[6] 트로츠키는 나이 먹은 반항아가 되어버렸고, 이제 모든 위험을 무시하고 이 '푸른 집' 안에서 무모한 밀회를 즐겼다.

트로츠키와 프리다는 밀회 약속을 귓속말로 전하거나 혹은 트로츠키가 그녀에게 책을 건네면서 책 속에 메모지를 끼워 넣는 방식으로 전달했다. 트로츠키로서는 다행스럽게도 프리다의 남편 디에고는 아무것도 눈치채지 못했다. 디에고는 통제하기 어려운 열정의 소유자였으며 사람들에게 권총을 들이대며 위협하는 것으로 악명 높았다. 프리다는 방을 나가면서 트로츠키를 '나의 모든 사랑'이라고 호칭하곤 했다.[7] 프리다는 종종 영어로만 말하기도 했다. 나탈리야가 영어를 전혀 모른다는 사실을 알고 있었던 것이다. 프리다는 트로츠키 앞에서 끝없이 애교를 부렸다. 하지만 그녀나 그녀의 남편 디에고나 둘 다 그렇게 이성 앞에서 추파를 던지는 것으로 유명했기 때문에 얼마 동안은 아무도, 심지어 눈썰미가 날카로운 에이에노르트조차 두 사람 사이를 눈치채지 못했다.[8] 트로츠키는 매우 어리석은 과감함을 발휘하고 있었다. 그의 인생에서 최종적으로 가장 중요한 것은 혁명 사업이었는데, 바로 그것을 지금 트로츠키는 위험에 빠뜨리고 있었다. 트로츠키는 나탈리야가 곁에 없으면 절대로 모든 것을 혼자서 해 나갈 수 없는 사람이었다. 나탈리야는 트로츠키의 집안을 조용하고도 정확하게 관리했으며 대의에 헌신했다. 프리다는 빠르게 회전하는 팽이와 같은 감정 세계를 가진 여성이었으며 급진적 정치 활동에 대한 프리다의 관심은 그림에 대한 헌신에 비하면 한참 뒷전이었다.

얼마 지나지 않아 집안 사람 전체가 현재 상황을 알게 되었다. 가장 용감한 성격의 소유자인 얀 프란켈이 트로츠키에게 이런 상황이 어떤 정치적 결과를 초래할 수 있는지를 단호한 어조로 말했다. 모스크바가 프리다와 트로츠키의 염문을 이용하여 제4인터내셔널 전체의 평판을 떨어뜨릴 수도 있었다. 프란켈은 트로츠키의 멕시코 체류 권리까지 위태로워질 수 있다고 경고했다.[9] 애당초 멕시코 대통령 카르데나스를 설득해서 트로츠키에게 망명처를 제공하자는 운동을 벌인 이가 바로 디에고 리베라였다. 프란켈은 자신의 솔직한 말 때문에 트로츠키로부터 혹독한 대답을 들었다. 프란켈은 도시에 있던 자신의 거처로 돌아가버렸으며 이후 다시는 트로츠키와 호의적인 인간관계를 회복하지 않았다. 트로츠키는 마치 예의라는 것이 자신을 제외한 다른 사람들에게만 적용되는 것처럼 행동했다. 그는 에이에노르트가 전날 저녁 현지에 있는 댄스홀에 갔다는 사실만으로도 다음 날 아침 식사 시간에 매몰차게 빈정대곤 했다. 그는 집안 사람들에게 혁명가는 혁명이라는 대의에 헌신해야 한다는 말을 끝도 없이 했다. 트로츠키는 마치 도덕의 화신인 것 같은 태도로 이야기했다. 측근들은 트로츠키를 계속 신뢰하고 싶었다. 트로츠키는 그들에게 영감을 불어넣는 존재였다. 측근들은 자신들의 청년 시절의 몇 년을 코요아칸에 바쳤으며, 이런 황당한 사건이 벌어지기 전까지 트로츠키를 완벽하게 신뢰했다.

나탈리야가 이 일을 알게 되는 것은 시간 문제였다. 결국 이 사실을 알게 되었을 때 나탈리야는 공개적으로 싸우지는 않았지만 이런 상황을 도저히 받아들일 수 없다는 뜻은 명확하게 밝혔다. 트로츠키는 완전히 참회하는 자세가 되었고, 프리다와의 관계도 급작스럽게 끝나고 말았다. 트로츠키와 나탈리야는 두 사람의 관계를 위한 최선의 행동은 트로츠키가 잠시 집을 떠나 있는 것이라고 결정했다. 그는 멕시코시티에서 북쪽으로 약 145킬로미터 떨어진 산미겔 레글라 근처의 농장으로 떠났다.[10] 나탈리야는 한동안 트로츠키가 곁에 오는 것을 조금도 허락하지 않았다. 관계를 끝낸 것은 프리다 쪽이었던 것 같다. 프리다는 사람들에게 이제 '올드맨'*에게 싫증이 났다는 이야기를 하고 다녔다. 프리다에게 이 호칭은 더는 존경이나 애정의 표현이 아니었으며 트로츠키가 자신과 나이 차가 많음을 강조한 것이었다. 트로츠키는 프리다에게 걱정에 가득 찬 장문의 편지를 써서 자신의 감정을 설명했다. 안타깝게도 이 편지는 현재 남아 있지 않다. 프리다는 이 편지를 친구인 엘라 울프(Ella Wolfe)에게 주면서 편지가 다른 사람의 손에 들어가지 못하도록 태워버리겠다는 약속을 받아냈다. 엘라 울프는 평소 물건을 잘 감추어 두는 버릇이 있었지만 이번만큼은 프리다의 뜻대로 행동했던 것이다.[11]

트로츠키는 프리다에게 여전히 연정을 품고 있었을지 모르지만 여하튼 분위기는 완전히 깨져버린 상태였다. 이제 미래는 나탈리야와의 관계를 회복하는 데 있다고 그는 판단했다. 집을 떠나 시골의 농장에 머물면서 그는 혼자서 사색하고 반성하는 시간을 가졌다. 1937년 7월 19일 점심을 먹기 전에 그는 긴 의자에 앉아 나탈리야에게 보낼 편지를 쓰기 시작했다. 머릿속에 솟아나오는 생각을 그는 그대로 종이 위에 쏟아부었다. 평생 누군가에게 이렇게 깊은 사과의 말을 전하는 것은 처음 있는 일이었다. 그는 생소한 땅에 발을 들여놓은 것이었다. 평소대로 그는 일단 문장을 만들어보면서 이 생소한 땅

올드맨(Old Man) 당시 트로츠키는 주위 사람들에게 '올드맨'이라고 불리곤 했다. 나이가 많은 선배이자 지도적인 입장에 있는 사람을 친근하게 부르는 호칭이었다. 트로츠키 자신도 편지에 'Old Man' 혹은 'O.M.'이라고 서명하기도 했다.

을 살펴보기로 했다. 그는 펜을 손에 쥐고 있을 때 언제나 가장 안심할 수 있었다. 문체는 엄숙하면서 동시에 자기 비하적이었다. 하지만 곧 요리해 먹을 물고기를 스스로 잡았다고 자신을 칭찬하는 구절을 적어 넣을 때는 약간 명랑해지기도 했다. 일상 이야기를 쓰면서 그는 약간의 자기 연민도 표현했다. 뜨겁게 타는 듯한 태양 때문에 눈이 피로하다고 그는 썼다. 그래서 색안경이 필요하지만 이런 궁벽한 시골에 있으니 색안경을 구입할 길이 없었다.[12] 그는 또한 아내에게 듣기 좋은 말을 하려고, 멕시코에 온 이후 알게 된 란데르 가족이 아침 식사에 그들 부부를 초대했다는 이야기를 했다. 만일 나탈리야가 일요일 이전에 올 수 있으면 드레스를 꼭 챙겨서 오는 것이 좋겠다는 말을 쓴 다음, 자신은 다른 사람 앞에 '유명한 산적'처럼 옷을 입고 나설 수 있지만 산적의 아내는 옷을 멋지게 입고 나타나야만 한다고 농담을 했다.[13]

트로츠키는 자신이 신체적으로나 정신적으로 잘 지내고 있다고 말하고 나서, 곧 자신이 처한 상황에 어울리지 않는 말을 하고 있다는 것을 깨달았다. 그는 자신이 융커(Junker)처럼 고압적인 어조로 말하고 있으며 오직 자신에 대해서만 쓰고 있음을 인정했다. 트로츠키의 이런 태도는 나탈리야에게 익숙한 것이었다. 하지만 트로츠키는 이번만은 보통 때보다 좀 더 아내를 배려하는 태도를 보여야겠다고 생각했다. 여기까지 쓴 다음 트로츠키는 점심 식사를 했고 그 이후 다시 몇 마디 덧붙였다. 그는 다음 날 파추카에 여행을 갈 것이며 나탈리야에게 전화하겠다고 썼다. 그는 아내에게 건강한지, 감기에 걸리지는 않았는지 물었다. 그는 아내로부터 자신이 "강건한 요새와 평온함과 약간의 기쁨"을 얻기를 원한다고 선언했다.[14]

그는 또 한 구절을 덧붙이는데, 이 구절은 오랜 세월 동안 문서 보관소 안에서 사람들의 눈에 띄지 않고 있었다.

내가 여기에 도착한 이후 나의 가엾은 '물건'은 단 한 번도 딱딱해진 적이 없소. 마치 이제는 아예 존재하지도 않는 것 같소. 그 '물건' 역시 긴장된 지난 며칠을 보낸 뒤 휴식을 취하고 있는 것이오. 그러나 나 자신은—그 '물건'만이 아니고 나의 전체를 말하는 것이오.—당신의 달콤하고 오래된 '그곳'을 감미로움을 느끼면서 생각하고 있소. 나는 '그곳'을 채우고 싶소. 나의 혀를 '그곳'의 깊은 곳까지 밀어 넣고 싶소. 나탈로치카(나탈리야의 애칭), 사랑하는 그대여, 나는 혀와 '물건'으로 당신을 강하게 밀어붙이겠소.[15]

트로츠키는 도대체 자신과 그녀를 위해 무엇을 하고자 했던 것일까? 이런 말이 과연 어떤 효과를 가져올지 그는 과연 의식하고 있었을까? 그리고 나탈리야는 어떻게 반응했을까? 혼란한 심사에 빠져 있던 트로츠키는 잘못을 그녀에게 참회하는 것만으로는 불충분하다고 생각했던 것 같다. 그는 그녀가 이제 다시 자신의 욕망의 유일한 대상이 되었음을 알려주고 싶었다. 트로츠키는 나탈리야를 단순히 동지나 집안 살림을 해주는 아내가 아니라 매혹적인 여성으로서 원하고 있음을 보여주었다. 그리고 그는 이런 자신의 바람을 직설적인 언어로 표현했다. 여하튼 한 가지 사실만은 분명했다. 두 사람 모두 사랑을 나누는 행위에 대한 열정을 잃지 않고 있었다. 그렇지 않았다면 트로츠키의 이런 말은 아내에게 역겹게 들렸을 것이다.

그러나 트로츠키는 아직도 교훈을 얻지 못했다. 나탈리야와 겨우 화해를 한 지 얼마 안 되어 다시 그의 눈에 다른 여성이 들어왔다. 그는 가까운 이웃에 사는 젊은 멕시코 여성을 방문하기 시작했다. 이 계획된 만남의 구실은 그럴듯했다. 트로츠키와 측근은 혹시 스탈린 측 그룹이 '푸른 집' 이웃에 집을 마련해서 암살 음모를 꾸밀까 봐 우려했다. 만약의 사태를 대비하여 트로츠키는 비상 탈출 계획의 일환으로 정원의 저쪽 담장에 사다리를 갖다 놓았다. 암살자가 집으로 들이닥치면 담장을 넘어 탈출하려는 생각이었다. 그러는 사이 트로츠키는 마음에 든 이웃 여성에게 너댓 번이나 강력하게 무엇인가를 제안했는데 그것은 안전 조치와는 아무 상관이 없는 것이었다. 이여성은 트로츠키의 접근을 못 본 체했다. 트로츠키는 쉽게 포기하지않았다. 그는 에이에노르트에게 이 탈출 작전을 저녁 때 한번 연습해보아야겠다고 말했다. 불쾌해진 에이에노르트는 트로츠키에게 이런종류의 추문이 일어나는 것은 제4인터내셔널에 아주 좋지 않다고 지적했다. 결국 트로츠키는 포기했다. 그가 보좌진 때문에 자신이 원하는 바를 실행하지 못하는 경우는 무척 드물었으나 이번이 그런 경우였다.[16]

에이에노르트 역시 자신의 감정을 잘 통제하지 못하고 있었다. 프랑스의 영화배우 장 마레(Jean Marais)와 닮은 그는 여성들에게 매우매력적인 남성이었다.[17] 이 젊은이도 가끔은 긴장을 풀고 즐거운 시간을 보내야 했다. 하지만 몇 시간 휴식한다는 것에 대한 에이에노르트의 개념은 트로츠키가 에이에노르트 정도로 젊었을 때 생각했던것과는 달랐다. 젊은 시절의 트로츠키는 하루 정도 날을 잡아 미술전람회를 보러 가거나 나탈리야와 함께 오페라 극장에 가는 것을 좋아했다. 에이에노르트는 멕시코시티에 있는 댄스홀에 가서 춤을 추고 오곤 했는데 '올드맨'은 그것이 마음에 들지 않았다. "트로츠키는내가 밤에 집 밖에 나가는 것을 좋아하지 않았습니다. 그는 무척 불쾌해했고 나는 그것을 느낄 수 있었습니다. 내가 해야 할 일이 없는경우에도 그는 내가 집에 있기를 원했습니다. 여하튼 그래도 나는 춤추러 나가곤 했습니다. 그런 식으로라도 긴장감을 해소할 필요가 있었습니다."[18] 젊은 에이에노르트가 이렇게 밖으로 나와서 만난 여성이 다름 아닌 프리다 칼로라는 사실을 알았다면 트로츠키는 더 화를냈을 것이다. '올드맨'에게 열정이 식어버린 이 여성은 이제 트로츠키의 젊은 제자 쪽으로 옮겨 갔다. 에이에노르트는 아내와 아들이 미국으로 떠나버린 후였기 때문에 매인 데 없이 자유로운 사람이었다. 프리다가 초대를 하면 에이에노르트는 기꺼이 받아들여 프리다와 그녀의 여동생 크리스티나와 함께 '엘 살롱'이나 '테남파'에서 하루 저녁 즐기곤 했다.[19]

프리다와 에이에노르트는 곧 둘만의 밀회를 즐기기 시작했다. 청년은 '올드맨'이 이 사실을 알게 될까 봐 두려워했다. 춤을 추러 밖에 나가는 것조차 반대하는 트로츠키가 만일 프리다의 최근 애인의 정체를 알게 되면 어떤 반응을 보일 것인가? 에이에노르트에게는 다행스럽게도 이런 밀회를 트로츠키에게 알린 사람은 아무도 없었으며 두 사람의 관계는 곧 열정이 식어버렸다. 트로츠키가 곧 겪게 되는 곤란은 프리다가 아니라 그 남편 디에고 리베라 때문이었으며 남녀 문제와는 아무 상관이 없었다. 트로츠키와 매일 만나면서 디에고 리베라는 공산주의 활동에 가담하여 트로츠키의 대의를 위해 투쟁하고 싶다는 생각이 들었다. 멕시코의 트로츠키주의자들은 경악했다. 그들은 이 화가의 엄청나게 센 자존심 때문에 그를 싫어했고 그에게 정치적 재능이 별로 없다고 평가했다. 디에고 리베라는 변덕스러웠고 무슨 판단을 내릴지 예측 불가능했다. 멕시코의 트로츠키주의자들이 자신을 공격하자 디에고 리베라는 자신의 집에 세들어 살고 있는 트로츠키에게 이들을 조직에서 내쫓으라고 압력을 가했다. 트로츠키는 자신에게 그럴 권한이 없다고 말했지만 리베라는 듣지 않았다. "당신이 지도자 아니오!" 리베라는 심지어 어떤 속임수가 있지 않은가 의심하면서, 트로츠키가 멕시코의 추종자들에게 지시하여 자신을 공격하도록 했다고 비난했다. 리베라는 쉽게 포기하지 않았다. 그는 오직 자신만이 이 나라에 트로츠키주의를 어떻게 적용해야 하는지를 이해하고 있다고 확신했으므로 자신의 그룹을 따로 만들기 시작했다. 트로츠키는 리베라의 작품을 무척 좋아했지만 그가 정치적 활동을 하는 것은 곤혹스럽게 여겼다. 리베라는 예술에 전념하고 정치는 다른 사람이 신경 쓰도록 하는 것이 더 현명한 처사였을 것이다.

남편으로 인해 발생한 긴장감을 프리다도 확연하게 느꼈다. 프리다는 친구인 엘라 울프에게 편지를 써서 남편 디에고가 제4인터내셔널에 여전히 충실하며 "트로츠키가 여기에 있다는 것에 감격하고 있다."는 것을 강조했다.[20] 이번 일이 통제 불능 상태가 되는 것을 아무도 바라지 않았지만 디에고 때문에 평온을 되찾기는 힘들어졌다. 긴장된 분위기는 리베라가 쓴 한 편의 짧은 글 때문에 더욱 험악해졌다. 리베라는 이 글을 발표하고 싶어 했는데, 리베라가 주장하는 이 글의 장점에 대해 트로츠키가 동의해주지 않았던 것이다. 리베라는 무척 화가 나서 트로츠키가 스탈린 같은 방식으로 자신의 글을 검열한다고 비난하면서 트로츠키를 오만하고 까다로운 사람이라고 불렀다.(트로츠키 역시 자신의 글이 거부당했다면 리베라와 똑같이 행동하였을 것이다.)

트로츠키는 한동안 리베라의 감정을 달래주려고 노력했다. 그는 프리다 칼로에게 편지를 써서 중재 역할을 해 달라고 부탁했다. 디에고는 트로츠키가 자신에게 제4인터내셔널의 관리 직책을 주기를 거부하고 있다고 믿었다. 디에고는 트로츠키에게 이렇게 물었다. "당신에게 묻겠습니다. 어째서 이 디에고가 (겨우) '비서'직에 있어야 하는 것입니까?" 이런 질문을 받은 트로츠키는 정말 짜증이 나고 말았다. 트로츠키는 디에고가 "통상적인 혁명 사업에는 …… 적합하지 않은 것"이 명백하다고 믿었다. 트로츠키는 디에고의 비난은 전부 사실이 아니라고 반격했다. 그는 프리다에게 편지를 써서 자신과 나탈리야가—이렇게 씀으로써 트로츠키는 지금 그가 프리다에게 무슨 수작을 걸려고 하는 것이 결코 아님을 강조했던 것 같다.—이 문제를 상세하게 의논했고, 디에고를 방문하여 즐거운 시간을 보냈다고 말했다. 그러나 그다음에 트로츠키가 혼자 디에고를 방문하였을 때는 큰 말다툼이 일어났고 급기야 디에고는 제4인터내셔널에서 탈퇴해버렸다. 트로츠키는 프리다에게 "우리의 좋은 친구이며 훌륭한 친구"로서 중재에 나서주길 부탁했다.[21] 트로츠키는 또한 여러 명의 추종자에게 어떻게 하면 그들이 이 상황에서 도움을 줄 수 있는지 생각해보라고 부탁했다. 그는 에이에노르트에게 지시를 내려 앙드레 브르통에게 도움을 청하라고 했다.[22] 하지만 어떤 방법도 소용이 없었다. 트로츠키가 프리다에게 중재를 부탁한 것이 오히려 역효과를 불러와 리베라는 더욱 화를 냈다.[23] 몹시 난처해진 트로츠키는 멕시코 전역에 있는 트로츠키 그룹들을 방문하기 위해 당시 멕시코에 와 있던 젊은 미국인 트로츠키주의자 찰스 커티스(Charles Curtiss, 1908~1993)에게 리베라와 조용하게 따로 이야기를 나눠서 그를 진정시켜 달라고 요청했다. 리베라는 커티스에게 자신이 트로츠키의 방식을 진정으로 반대하는 것은 아니며 단지 이제 정치에서 물러나 그림에만 전념하고 싶다고 말했다.[24]

화가로서 디에고 리베라가 뛰어난 인물이었다는 것은 의문의 여지가 없다. 그는 제1차 세계대전 이전에 수년간 파리에서 세계의 가장 유명한 예술가들과 함께 그림 공부를 했다. 아메데오 모딜리아니(Amedeo Modigliani)는 리베라의 친구이자 그의 작품을 높이 평가해준 사람이었다. 리베라는 멕시코 역사에 관한 자신의 메시지를 전달하기 위해 의도적으로 날카로운 선과 강한 색채를 사용했다. 트로츠키는 리베라의 그림이 내포한 지적인 측면에는 관심을 기울이지 않았다. 리베라가 그린 벽화는 멕시코에서 일어나는 모든 재앙의 근원으로 1519~1521년에 에스파냐의 귀족 에르난 코르테스(Hernán Cortés)가 지휘한 아스테카 정복을 지목했다. 토착민은 그림에서 줄곧 희생자로 표현되었다. 심지어 아스테카 왕국은 사회적 조화를 이룬 문명으로 칭송되었다. 에스파냐인은 모두 고문을 가하는 자이며 약탈자로 묘사되었고, 토착 인디언은 품위 있는 화려함을 자랑하며 완전히 독자적인 문화의 계승자로 묘사되었다. 마르크스주의 관점

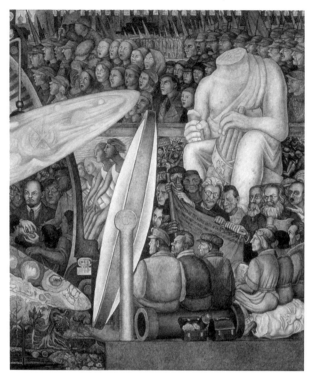

멕시코시티에 있는 디에고 리베라의 벽화 작품 〈타임머신〉의 일부. 오른쪽 아래쪽에 트로츠키가 붉은 깃발을 잡고 있는 모습이 그려져 있고, 왼쪽에는 레닌도 보인다. 디에고 리베라는 트로츠키의 멕시코 망명을 주선했으나, 두 사람은 결국 정치적 견해차로 결별한다.

에서 이것은 위험한 민족주의이며 역사의 왜곡이었다. 과거에 니콜라예프에서 젊은 트로츠키는 러시아의 나로드니키가 품은 농민 선호 감정을 배격한 바 있었다. 멕시코의 트로츠키는 이제 리베라를 천재 화가로 칭송하며 농촌 지역의 여러 전통과 관습이 진보에 해롭다는 자신의 평소 주장을 망각해버렸다. 자신이 일관적이지 못하다는 것을 트로츠키가 의식했는지는 모르지만 여하튼 그는 그런 이야기는 하지 않았다. 코요아칸에 머물던 트로츠키는 정치적 판단과 예술적 판단을 적절하게 결합하는 데 실패했다. 그는 실제적 이유 때문에 리베라를 필요로 했으며 아마도 무의식적으로 비판적인 눈을 감아버

렸던 것 같다.

 트로츠키는 디에고 리베라와 초현실주의 시인 앙드레 브르통과 함께 〈독자적 혁명 예술을 위한 선언문〉을 공동으로 작성하는 작업에서 주도적인 역할을 했다. 프랑스 정부의 자금 지원을 받은 브르통은 1938년 2월 멕시코로 와서 트로츠키와 만났다. 이 자리에서 트로츠키는 에밀 졸라와 같은 사실주의 소설가들의 위대함에 대한 의견을 내놓았는데 이는 조금 눈치 없는 행동이었다. 사실주의와 초현실주의 중 어느 편이 더 나은가에 대한 논쟁이 벌어질 수도 있었기 때문이다. 하지만 브르통은 공산주의 동조자였고 그의 작품은 노동하는 사람들의 고난에 대한 연민을 표현하고 있었으며 게다가 그는 트로츠키의 무조건적인 지지자였다.[25] 선언문은 소련에 '모든 종류의 정신적 가치에 적대적인 짙은 어둠'이 깔려 있음을 개탄했다. 또한 독일의 제3제국에서 진행되고 있는 문화적 파괴 행위에 비판의 목소리를 높였다. 선언문 작성자들은 예술에 '정치적 무관심'이 필요하다는 주장을 배격하였지만, 혁명 국가에서 정치적으로 불편한 사상을 옹호하는 예술을 국가가 어떻게 다루어야 하는지를 구체적으로 논하는 것은 회피했다. 이 점에서 본다면 이 선언은 1923년 트로츠키가 발표한 《문학과 혁명》에서 조금도 진전된 것이 없었다. 선언문은 위대한 예술을 가능하게 하는 필요조건으로서 완전한 창작의 자유를 촉구할 따름이었다. 선언문은 두 개의 모토를 제시했다.

 예술의 독자성―혁명을 위하여!
 혁명―예술의 완전한 해방을 위하여!

 선언문의 작성자로 이름을 올린 것은 리베라와 브르통뿐이었다. 추측건대 선언문이 예술가들을 위하여 예술가들 스스로 작성한 것으로 보이려는 의도였던 것 같다.[26]

하지만 곧이어 알려진 것은 리베라가 정치 활동에서 물러난 것이 아니라 곧 있을 선거에서 무히카(Francisco J. Múgica) 장군을 지지하고 있다는 사실이었다. 트로츠키와 리베라의 공식적인 결별은 이제 피할 수 없었다. 몹시 실망한 트로츠키는 '화가'를 설득하여 돌아오게 하는 일을 에이에노르트에게 맡겨버렸다. 리베라의 반응은 앙드레 브르통에게 편지를 써서 트로츠키를 이상한 방식으로 비난하는 것이었다. 이 편지의 복사본 하나가 나탈리야의 손에 들어왔다. 트로츠키는 뉴욕에 있는 '제4인터내셔널 범(凡)미주 위원회'라는 거창한 이름의 조직에 조직의 이름으로 자신을 지지하는 성명을 발표해 달라는 편지를 썼다. 그러나 잠시 숙고한 끝에 그는 이런 성명을 발표해 봤자 아무런 실제적인 효과가 없을 것임을 깨달았다. 성명서가 나오도록 노력하는 대신 그는 리베라의 행동을 당시 시대의 징후라고 해석하였다. 트로츠키의 표현에 따르면 지금 벌어지고 있는 상황은 '지식인의 퇴각'이었다. 리베라 같은 무리는 "자기들 조국의 부르주아 여론 속에서 피난처를 모색"하려는 유혹에 굴복하고 만 것이다.[27] 트로츠키는 리베라와 교제를 시작하던 무렵에는 이 화가가 진지한 태도를 지닌 정치적 투사라고 생각했다. 디에고 역시 우쭐한 기분에 트로츠키의 평가를 믿었다. 트로츠키는 이제 자신의 사교적 매력이 초래한 불편한 결과를 감당해야 했다. 트로츠키는 자신이 직면한 위험을 깨닫기 시작했다. 디에고는 트로츠키가 멕시코에서 망명을 허락받고 거처를 마련하는 데 결정적인 영향력을 발휘한 인물이었다. 트로츠키는 디에고의 아내와 밀회를 즐긴 적도 있었다. 디에고가 스탈린 편에 서서 제4인터내셔널을 적대시하고 멕시코 내에서 트로츠키에 반대하는 운동을 벌여서 그에게 해를 끼칠 수도 있었다.

당시 뉴욕에서 전시회를 열고 있던 프리다는 정치에는 이미 관심이 없었다. 디에고 리베라와의 관계 역시 혼란에 빠져 있었다. 두 사람은 1939년 1월 이혼했다. 비록 한 해 뒤에 두 사람은 다시 결혼하지만 리베라는 다시는 트로츠키의 대의 쪽으로 돌아오지 않았으며 프리다는 자신의 정치관을 수정해서 멕시코의 스탈린주의자들을 지지했다. 1954년 사망하기 전에 마지막으로 그녀가 남긴 작품은 유화로 그린 스탈린의 초상화였다.[28] 트로츠키는 더는 리베라가 제공하는 저택에서 살 수 없었으며 곧 집을 비우겠다고 정식으로 통보했다. 트로츠키와 리베라 사이에는 복잡한 내용의 서신이 한동안 오갔다. 리베라는 트로츠키가 프리다를 중재인으로 이용하려 했던 것을 불쾌하게 생각한다고 이야기했으며 마음을 가라앉히려고 하지 않았다.[29] 그러나 리베라는 현재의 견해 차이에도 불구하고 트로츠키를 계속 '푸른 집'에서 살게 해주겠다는 뜻을 비쳤다. 트로츠키는 리베라가 월세를 받을 용의가 있다면 월세를 낸다는 조건으로 '푸른 집'에서 그대로 살겠다고 했다. 트로츠키는 한 달에 200페소를 내겠다고 제안했다. 리베라는 거절했다. 처음에는 자신의 이름으로 거절했으나 곧이어 그는 이 '푸른 집'이 사실은 자신의 소유가 아니라 프리다의 소유라고 선언했다. 트로츠키는 이 말이 사실상 '푸른 집'에서 퇴거하라는 도덕적 압력이라고 해석했다.[30] 자존심을 중시하는 트로츠키는 코요아칸의 비에나 거리에 있는 근처 저택을 한 채 빌렸다. 트로츠키 일가는 '푸른 집'을 떠났다.

48장

러시아 혁명의 해석

트로츠키주의 내부의 논쟁

세계 각지의 트로츠키주의자들은 코요아칸에서 벌어지는 가정 문제를 알 길이 없었다. 어디서든 트로츠키주의자들의 머릿속에서 가장 중요한 문제는 소련의 본질은 무엇인가였다. 1930년대 중반에 이르면 소련 내에 트로츠키의 활동적인 추종자는 하나도 남지 않았다. 트로츠키주의에 대한 토론은 오직 소련 바깥에서만 진행될 수 있었으며 토론 참여자 중에는 모스크바에 한 번도 가보지 못한 사람들이 압도적으로 많았다. 10월혁명의 드라마는 먼 데 있는 그들을 열광시켰다. 그들은 자신들의 나라에서 레닌과 트로츠키가 이룩한 혁명의 업적을 본받고 싶어 했다. 이들이 트로츠키주의자가 된 까닭은 이들이 크렘린 식의 공산주의를 신뢰하지 않는 공산주의자들이었기 때문이다. 그들은 독자적으로 사고할 수 있는 자유를 원했다. 그러나 그들은 스탈린을 거부하면서도 트로츠키는 무비판적으로 칭송했고 그가 인도하는 지적인 방향에 순종했다.

소련에서는 거대한 변화가 일어나고 있었다. 1933년에 시작된 제2차 5개년 계획에서는, 새롭게 건설된 공장과 광산에서 규칙적으로 생산 활동이 이루어지도록 만드는 것이 강조되었다. 산업 성장의 속도는 조금 느려졌지만 여전히 매우 인상적이었다. 소련은 전차, 비행기, 화물차, 트랙터의 생산에서 지속적인 성장세를 보였다. 스탈린은 정치국에 계속 압박을 가하여 경제 정책의 기본 방향을 확고하게 고수하도록 만들었다. 그는 지도부를 개편했다. 기존 멤버 가운데 완전한 충성심을 보이지 않는 사람은 누구든 탈락시키고 니콜라이 예조프(Nikolai Yezhov, 1895~1940)나 니키타 흐루쇼프(Nikita Khrushchev, 1894~1971) 같은 새로운 인물을 당 지도부에 영입했다. 1935년에는 알렉세이 스타하노프(Alexei Stakhanov)라는 광부가 한 번의 교대 시간 중에 캐내는 석탄 채굴량에서 신기록을 수립했다. 〈프라우다〉는 스타하노프를 한껏 치켜세웠으며 산업과 수송과 심지어 농업 부문에 이르는 모든 분야의 기업체들은 이 스타하노프를 따라잡을 수 있는 남성과 여성을—이른바 '스타하노바이트(Stakhanovites)'—찾아내라는 지령을 받았다. 정치·경제·문화 부문에서 스탈린의 정책을 추진하는 데 장애물이 되는 것은 철저하게 분쇄되었다. 적군(赤軍)의 훈련과 장비는 현대화되었다. 영화관과 라디오 방송국이 건립되었다. 대중의 휴식과 오락을 위해 '문화 공원'이 마련되었다. 사람들의 눈이 미치지 못하는 곳에서는 '반소비에트 분자들'에 대한 피비린내 나는 집단 숙청이 1937년과 1938년 사이에 진행되었으며 그것은 후일 '대숙청(Great Terror)'으로 알려지게 된다. '굴라크'는 이 경제 변혁 과정의 필수 요소가 되었다. 굶주림에 시달리는 죄수들은 시베리아에서 나무를 베고 금을 캐냈다. 공식적인 표현에 따르자면, 이 죄수들은 갱생을 위한 진보적 정책의 혜택을 받고 있는 것이었다. 스탈린은 역사상 유례가 없는 혁명적 변혁의 설계자로 칭송되었다.

트로츠키가 당대 소련을 다룬 가장 중요한 저술은 1937년에 나온 《배반당한 혁명》이었다. 그는 이제 과거처럼 자신과 동조자들의 경험을 그저 쏟아내기만 하는 글은 쓸 수 없었다. 그는 '날조를 일삼는 스탈린 일당'이 소련의 공식 언론 매체에 발표한 글에서 자신에게 필요한 것을 선택해야 했다. 이 책에 실린 그의 논지는 대략 다음과 같았다. 소련은 비록 결점이 있긴 하지만 여전히 '노동자 국가'다. 즉 스탈린과 그 일당은 완전한 반혁명을 완수하는 데는 실패했다. 자연자원과 주요 경제 부문은 국가 소유가 되었으며 기본적 정치 이념은 마르크스주의이고 과거의 자본가 계급은 말살되었다. '대중'의 문화 수준을 향상시키는 일이 우선시됐으며, 공산당은 노동계급으로부터 상당한 수의 당원을 모집했다. 스탈린 일파가 권력을 어느 정도 공고히 하는 데 성공한 것은 러시아의 '후진성' 덕분이었다. 1917년 소련의 프롤레타리아는 러시아 사회의 아주 작은 부분에 불과했으며 완전한 '사회주의로의 이행'에 필요한 교육과 훈련과 경험이 부족했다. 동시에 자본가들은 '10월의 성과'를 무산시키기에는 너무 힘이 약했으며 농민은 지속적인 저항을 할 능력이 없었다. 이런 여건의 결과로 불안정하나마 일종의 균형 상태가 이루어졌고 그 덕분에 '관료 계층'은 집단적 이익을 추구할 수 있었다. 스탈린은 자신을 관료 집단의 우두머리 자리에 올려놓음으로써 최고 정치 지도자가 되었다. 스탈린 정권은 정권의 존립을 위해서 폭압적 수단에 의존하는 보나파르트식 정부였다.

이런 상황을 긍정적 방향으로 변화시키려면, 반대파가 소련 공산당 엘리트의 '건전한' 요소를 자기편으로 끌어모아야 한다고 1930년대 초에 트로츠키는 주장했다. 〈반대파 회보〉는 스탈린 체제의 관료들을 트로츠키 사상 쪽으로 유인하기 위해 노력했다. 《배반당한 혁명》에서 그는 이런 전략을 완전히 포기했다. 이제는 '관료주의'에 대항하는 정치 혁명이 필요하며 그 이하 수준의 어떤 전략도 소용이 없다고 판단한 것이다.

소련의 언론 매체는 트로츠키가 크렘린 지도부를 암살하려는 음모를 꾸미고 있다고 비난했다. 이 비난은 사실과 너무나 동떨어진 것이었다. 트로츠키는 스탈린을 암살하려는 어떤 움직임도 배제했기 때문이다.

테러 행위 그 자체는 보나파르트적인 과두정을 타도하는 데 가장 무력하다. 관료 한 사람은 권총을 두려워하지만 관료 집단 전체는 그런 테러 행위를 활용하여 자기 집단의 폭력적인 행위를 정당화할 수 있는 능력이 있으며 그 과정에서 관료 집단의 정치적 적대 세력을 살인에 연루시킬 수 있는 능력이 있다. …… 개인적 테러는 인내심 없거나 절망한 개인이 사용하는 무기이며, 그런 인간은 종종 관료 집단의 젊은 세대에 속하는 사람이다.[1]

트로츠키의 이런 태도는 그가 전통적인 마르크스주의 교의에 충실하다는 것을 보여주지만 그것만이 전부는 아니었다. 그는 스탈린과 같은 '평범한 인간' 하나를 살해하는 것이 소련 정치에 큰 변화를 가져오리라는 것을 도저히 믿을 수가 없었다. 무의식적으로 트로츠키는 자신을 패배로 내몬 것이, 자신에 비견할 만한 재능을 소유한 정적 한 명이 아니라 거대한 역사적 힘이었다는 것을 강조하고 싶었던 것으로 보인다. 료바 세도프를 제외한 트로츠키주의 진영 전체가 당시 이러한 트로츠키의 판단을 받아들였다. 몇 년의 세월이 지나서야 비로소 에이에노르트는 그 당시 스탈린 살해를 목표로 삼는 것이 더 좋았을 것이라고 결론을 내린다. 하지만 그런 목표를 어떻게 달성할지는 누구도 생각해낼 수 없는 상황이었다.[2]

트로츠키는 노동계급의 분노가 점차 커져 봉기로 이어지기를 기대했다. 그는 '공개 투쟁의 길에 나서는 데' 그때까지는 노동자보다 농민이 더 많은 일을 했다고 보았다. 트로츠키에 따르면, 도시 노동자들을 주저하게 만든 요인은 한 번 더 혁명이 일어날 경우 10월혁명으로 획득한 것을 빼앗기지 않을까 하는 두려움이었다. 그러나 여전히 혁명은 불가피했다. "이 위기에는 평화적 결과가 있을 수 없다. 어떤 악마도 자기 발톱을 자발적으로 잘라낸 적은 없다. 소련의 관료 집단은 싸움 없이 자신의 위치를 포기하지 않을 것이다. 사태 전개는 반드시 혁명의 길로 이어진다."[3] '압제자와 기생충으로 이루어진 새로운 특권 계층'은 인민의 봉기에 의해 타도될 것이며, 제4인터내셔널에 소속된 새로운 공산당이 나타나 스탈린의 맥 빠진 당이 차지하던 자리를 획득할 것이다.

트로츠키의 주장에 따르면, 소련이 발표하는 공식 선전의 내용을 받아들이지 말아야 했다. 그는 비록 서류상의 증거는 없지만 스타하노프 운동에 나오는 생산량 수치를 믿어서는 안 된다고 주장했다. 트로츠키는 이런 수치는 터무니없는 환상이라고 보았다.[4] 소련의 경제 정책은 그 개념 설정과 실행 과정이 서툴고 조악했다. 거대한 산업 기반이 조성되었고 대중의 문맹 타파 운동이 크게 진전했다는 것은 트로츠키도 인정했다. 하지만 혼란과 낭비는 고질적인 병폐였다. 스탈린파 엘리트들은 원래 보수적이며 따라서 진정한 혁명적 변혁에 필요한 열정이 없었다. 농업은 황폐해졌다. 문학을 비롯한 여타의 예술 활동은, 사회주의 사회에 걸맞는 문화 변혁이라는 명분을 내걸고 있지만 사실은 조악한 모조품의 위치로 전락했다. 이 모든 상황의 대안은 바로 반대파이며 이제야말로 반대파의 구상을 도입해야 할 가장 알맞은 시기였다. 트로츠키는 자신과 자신의 추종자들이 스탈린 지도부를 대체할 수 있다고 제안했다. 그는 민주주의를 약속하지는 않았지만 최소한 '소비에트 정당들의 자유'를 회복할 가능성은 내비쳤다. 직접 지칭하고 싶지는 않았겠지만 아마도 멘셰비키당과 사회혁명당을 염두에 두었을 것이다. 그는 어떠한 경우에도 입헌민주당을 합법화할 생각은 하지 않았다. 생애의 마지막까지도 트로츠키는 사람들이 자유롭게 정당을 구성하고 또 원하는 정당에 투표할 무제한의 권리가 있다는 것을 인정하지 않았다.[5]

이와 동시에 그는 계속 소비에트 애국자의 태도를 견지했다. 만일 제3제국이 공격해 오면 동지들은 소련을 수호하는 데 적극적으로 나서야 했다. 트로츠키는 만일 스탈린 일당을 제거하고 새로운 외교정책을 수립하면 소련 방어가 훨씬 수월해질 것이라고 주장했다. 그 무렵 국제적 군사 충돌은 격화되고 있었다. 소련이 언제까지나 관여하지 않는 상태로 남아 있을 수는 없었다. 트로츠키는 스탈린이 주장하는 '일국 사회주의' 이론이 결국 재앙을 불러올 것이라고 경고했다. 이 이론의 다른 문제들은 차치하고라도, 이 이론 때문에 외국 노동자들이 소련에 느끼는 매력이 감소할 터였다. 소련의 대외정책 방향은 반드시 원래 추구하던 세계 혁명 쪽으로 되돌아가야만 했다.[6]

이렇게 트로츠키는, 한편으로는 소련이 지속적으로 퇴보하고 있다고 주장하면서도 한편으로는 소련이 재건되리라는 희망을 끝까지 놓지 않았다. 우리가 여기서 이해해야 할 사항은 그가 자신이 살아온 시대의 산물이었다는 점이다. 그는 '자본주의 체제의 쇠퇴, 자본주의의 치유할 수 없는 위기, 자본주의의 해체'를 믿었다. 당시 '대공황'은 이러한 마르크스주의 시각의 정확함을 증명하는 최신 증거였다. 트로츠키는 '기술의 끊임없는 발전과 일정한 산업 부문에서 놀라운 성과'가 있음을 인정했다. 그러나 그의 눈에 자본주의는 결국 '생산력 발전'을 저해하는 요소가 될 수밖에 없었다. 그의 주장의 요점은 다음과 같았다.

소련을 제외하면, 자본주의 시대의 특징은 경기 침체와 국민 수입 감소, 그리고 만성적인 농업 위기와 자연 발생적 실업 등이다. 이런 현상은 현 단계의 자본주의 내부에 필연적으로 존재한다. 마치 인간이 일정한 연령에 이르면 통풍과 동맥경화에 시달리게 되는 것과 마찬가지다. (제1차 세계대전은) 자본주의 해체의 징후를 더욱 격화시켰으며, 해체가 첨예화하면 새로운 전쟁이 유발된다.[7]

트로츠키의 견해의 핵심이 여기에 있다. 그는 현재의 세계에 고통을 가하는 경제 혼란을 피할 수 있는 유일한 나라는 바로 소련뿐이라고 확고부동하게 주장했다.

트로츠키는 러시아혁명을 위한 투쟁에 자신의 청년 시절과 장년 초반 시절을 바쳤다. 그와 그의 동지 레닌은 10월혁명을 이끌고 러시아 내전에서 혁명을 수호하는 데 힘썼다. 트로츠키는 코민테른 창설자의 한 사람이었다. 트로츠키는 레닌과 함께 전 세계 공산주의 대의의 상징이었다. 만일 트로츠키가 1917년 볼셰비키의 권력 장악이 시간 낭비에 불과했다고—혹은 그보다 더 가치 없는 일이었다고—주장한다면 그것은 스스로 자기 팔을 자르는 것이나 마찬가지였다. 어떠한 혁명적 변혁도 그 자체로 완벽할 수는 없다고 생각한 트로츠키는 러시아의 새로운 두 번째 혁명이 아무것도 없는 상태에서 새로 출발해야 한다고 생각하지 않았다. 10월혁명은 완전히 폐기해버릴 것이 아니라 구제하고 교정해야만 했다.

그러나 트로츠키는 그런 작업을 어떻게 완수할 수 있을지는 결코 설명하지 않았다. 1917년에도 그는 자신의 전략을 글로 설명하지 않았다. 그의 재능은 당시 상황에 대한 몇 가지 기본적인 전제를 기반 삼아 임기응변으로 대처하는 데 있었다. 이런 능력 덕분에 그는 심지어 레닌에게도 없었던 실용적 유연성을 발휘할 수 있었던 것이다. 1930년대 후반기의 트로츠키에게는 말을 아껴야 할 이유가 더 있었다. 10월혁명 직전에 트로츠키의 침묵은 볼셰비키당의 적대자가 그의 의도가 무엇인지 알 수 없도록 했다. 지금은 정치적으로 힘이 없기에 말을 아꼈다. 소련 내에는 이제 접촉할 사람이 없었지만 그는 여전히 '제4인터내셔널 소련 지부'가 이끄는 대중적 봉기에 대한 신념을 잃지 않고 있었다. 그것은 거대한 자기 기만이었다. 트로츠키 자신도 이른바 소련 지부라는 것이 "여전히 허약하며 지하로 밀려났다"고 인정했을 때 자신의 신념이 자기 기만임을 내비쳤다. 그러나 지부의 상황을 인정하는 것 역시 터무니없는 말이었다. '소련 지부'는 그의 상상 속 허구일 뿐이었다. 반대파는 모두 강제 노동수용소에 있거나 처형당한 상태였기 때문이다. 트로츠키의 수사적 표현은 트로츠키 자신보다 앞서 나가서, 그는 "어떤 정당이 불법적으로 존재한다는 것이 존재하지 않음을 의미하는 것은 아니다."라는 말도 했다.[8]

트로츠키는 논리를 계속 진전시켜 나가면서 이렇게 선언했다.

> 이것은 단순히 하나의 지배 분파를 다른 지배 분파로 교체하는 문제가 아니다. 이것은 경제 운용 방식과 나라의 문화를 인도하는 방식을 변혁하는 문제이다. 관료 독재는 반드시 물러나야 하며 그 자리에 소비에트 민주주의가 들어서야 한다. 비판할 권리의 회복과 진정한 선거의 자유는 나라 발전에 필수적인 조건이다. 그렇게 되려면 반드시 볼셰비키당을 포함한 소비에트 정당들의 자유를 회복해야 하며 노동조합을 재건해야 한다. 산업 부문에 민주주의를 도입하는 것은 임금노동자의 이해관계에 맞추어 각종 계획을 근본적으로 수정함을 의미한다.[9]

이런 말이 무엇을 의미하는지 트로츠키는 자세하게 설명하지 않았다. 선거의 자유, 관료주의에 대한 투쟁, 혹은 소비에트 민주주의라는 목표는 그가 처음 생각해낸 것이 아니었다. 모든 공산주의 이론가들이 트로츠키와 똑같이 이런 목표들을 제시한 바 있다. 심지어 스탈린도 그랬다. 이런 목표들을 어떻게 실현할 수 있는지 설명할 차례가 되면 트로츠키는 항상 입을 다물었다.

트로츠키는 1930년대 말 이후로 소련에 대해 이러한 개괄적 분석을 견지했으며, 다른 사람이 무슨 저술을 내든 그것을 참고하여 분석을 수정할 필요를 느끼지 않았다. 하지만 이런 그의 지적(知的) 집착에 예외가 한 번 있었다. 1939년 4월 그는 소련의 영토적 일체성에 대한 기존의 확신을 포기했다. '통일되고 독립적인 노동자-농민 소비에트 우크라이나'라는 새로운 구호를 제시한 것이다.[10] 당시 히틀러의 제3제국은 체코슬로바키아를 점령하여 병합했는데, 새로운 구호는 이러한 국제 관계의 최근 변화에 따른 반응이었다. 나치가 새롭게 시도한 정책으로 체코슬로바키아 영토 내에 루테니아 행정부를 구성한 일이 있었다. 루테니아인은 우크라이나 민족과 밀접한 관련이 있었다. 우크라이나 영토 확대를 추구하는 정치 운동에 힘을 실어줌으로써 마르크스주의 조직이 독일인들에게 골칫거리를 안겨줄 기회를 얻을 수 있으리라고 본 것이다. 나아가 자신과 공감하는 공산주의자들이 소비에트 우크라이나에서 정치 혁명을 일으키면 좋겠다는 희망을 표현한 것이기도 했다. 그는 우크라이나인들이 스탈린주의 체제를 증오한다는 것을 잘 알고 있었다. 소비에트 우크라이나가 크렘린의 통제로부터 자립해 있음을 보여주어야 비로소 동부 유럽에서 나치즘에 대항하는 방벽 역할을 할 수 있을 것이었다.

만일 우크라이나에서 정치 혁명이 발발한다면 그것이 어떤 종류든 불가피하게 소련의 방위력을 약화시킬 것이다. 게다가 만일 우크라이나가 소련에서 탈퇴한다면 모스크바에는 엄청난 혼란이 야기될 것이다. 트로츠키는 그런 혼란이 일어난다 하더라도 현재 상태를 그대로 두는 것보다는 낫다고 주장했다.

우리는 이렇게 대답하겠다. 소련의 약화는, 보나파르트식 독재정이 가져온 원심적(遠心的) 경향이 점차 증대하고 있기에 발생하는 현상이다. 전쟁이 발발하면 지배 도당에 대한 대중의 증오 때문에 10월 혁명의 사회적 성취가 붕괴할 수도 있다. …… 오늘날의 보나파르트 특권 계급이 약화하고 흔들리고 타도되고 분쇄되는 일이 빠르면 빠를수록 (소련의) 국방은 더 강건해질 것이며 소련 사회주의의 미래 역시

좀 더 견고해질 것이다.[11]

트로츠키는 당시의 적군(赤軍)을 전혀 신뢰하지 않았다. 소련이 적절한 국방 태세를 갖추려면 반드시 혁명이 필요했다.

하지만 트로츠키가 이렇게 자신의 입장을 미세하게 조정했다 해도 트로츠키파의 외부에는 아무런 영향을 끼치지 못했다. 당시는 서방 자유민주주의 국가의 신문과 잡지에 소련에 관한 논평 기사가 넘쳐 나던 때였다. 프랑스, 영국, 미국의 많은 유명한 작가들이 소련에 관한 것이라면 무엇이든 흥미를 보였다. 프랑스공산당 당원이었던 작가 앙리 바르뷔스(Henri Barbusse, 1873~1935)는 스탈린을 찬양하는 전기를 썼고 이 전기의 러시아어 번역본은 모스크바에서 대량으로 출판되었다. 시드니 웨브(Sydney Webb, 1859~1947)와 비어트리스 웨브(Beatrice Webb, 1858~1943) 부부는 영국 페이비언 협회를 이끌던 인물이었는데 이들은 소련 정부에 관해 조금이라도 부정적인 글은 믿지 않았다. 두 사람은 1935년 《소비에트 공산주의 : 새로운 문명?》이라는 책을 펴냈다. 이 책의 두 번째 판을 펴낼 때 이들은 제목 끝에 붙어 있는 의문부호를 삭제해버렸다.[12] 제1차 세계대전 때 러시아에서 영국 외교관으로 활동했던 버나드 파레스(Bernard Pares, 1867~1949)는 스탈린이 정의(正義)에 큰 관심을 품고 있는 인물이라고 모든 사람을 설득하려는 글을 썼다. 미국에도 소련 옹호자는 얼마든지 있었다. 그 가운데는 나중에 루스벨트 대통령의 부통령이 되는 헨리 월리스(Henry Wallace, 1888~1965)도 있었다. 좌파 성향인 사람들은 스탈린과 소련을 일단 믿어보자는 입장이었다. 당시는 대공황으로 세계 경제가 곤란을 겪고 있었으며 자본주의는 침체되었고, 독일, 이탈리아, 일본의 영토 팽창주의로 인해 세계 평화의 전망이 어두워지던 때였다.

앙드레 지드는 소련을 여행한 뒤 1936년에 여행기를 발표했는데,

이 책은 트로츠키의 기분을 좋게 해주었다.[13] 하지만 지드는 트로츠키주의자가 아니었다. 유럽과 미국의 문학, 철학 혹은 사회과학의 어떤 유명한 작가도 트로츠키의 대의를 지지한다는 뜻을 표하지 않았다. 화가들의 세계에서는 이야기가 달랐다. 프리다 칼로와 디에고 리베라는 트로츠키가 스탈린과 벌이는 논쟁의 핵심을 결코 깊이 이해하지는 못했지만, 공개적이고 열렬하게 트로츠키 지지 입장을 표명했다.

당대 소련에 대한 비판자들은 보통 정치적 우익이었고 이들은 트로츠키를 싫어했다. 국가 테러의 무서운 실상에 관한 이야기는 종종 소련의 초기 시절까지 거슬러 올라갔으며 레닌도 트로츠키도 격렬한 비난을 받았다. 영국의 '라이트 북클럽(Right Book Club)'은 정치국의 과거와 현재를 극렬하게 비난했다. 크론시타트에서 발생한 반란이 다시 한 번 토론의 주제가 되었고 이 토론은 국제적 논쟁으로 발전했다. 이 사건에 트로츠키가 직접 어떤 식으로 개입하였는지를 두고 논의가 진행되었다. 이 사건은 트로츠키에게 민감한 주제였다. 그는 당시 크론시타트 반란을 어떻게 진압할 것인가에 관한 공산당 지도부의 논의 과정에 깊이 관여했지만, 그의 역할은 이제까지 공개적으로 주목받지 않았다. 소련에서 추방당한 그가 유럽과 미국의 극좌 진영에 지원을 요청할 때가 되자 크론시타트 반란은 그에게 곤혹스런 약점이 되고 말았다. 에스파냐 내전 역시 그를 곤란하게 만들었다. 트로츠키는 에스파냐 내전 당시 스탈린과 엔카베데가 프랑코 장군과 그의 파시스트 추종자들에 대항하는 광범한 정치적·군사적 연합 세력을 구축하는 것은 뒷전으로 하고 에스파냐의 극좌 진영에 있는 경쟁 조직을 말살하는 것을 우선했다고 비난했다. 〈반대파 회보〉는 스탈린 측의 만행을 여러 차례 기록했는데 그 가운데에서도 안드레스 닌의 체포와 살해 사건을 크게 다루었다. 안드레스 닌은 스스로 트로츠키주의자라고 공개적으로 선언한 적이 없었으며, 그 덕분에 트로츠키는 자신을 반(反)코민테른 입장의 공산주의 저항 세력을 대표하는 양심적 인물로 내세울 수 있었다.

빅토르 세르주는 소련에 구금되어 있다가 석방되어 1936년 프랑스로 이주하는 것을 허용받았다. 그는 소련의 일당 체제와 공포 국가의 발전을 트로츠키가 어떻게 지지했는지 생생하게 기억했다. 세르주는 트로츠키의 많은 업적을 칭송했고 트로츠키와 정치적으로 우호적인 관계를 맺고 싶어 했지만, 동시에 트로츠키가 1921년에 아나키스트와 급진파 사회주의자들, 그리고 크론시타트 수병들에게 한 행동을 잊지 않고 있었다. 세르주의 기억력 때문에 트로츠키는 골치가 아팠다. 세르주가 프랑스에 도착하기 전까지는 자서전에서 꺼림칙한 과거를 적당히 얼버무리고 지나가는 것이 가능했다. 만일 트로츠키가 1921년에 현재의 자신과 똑같이 다원적 사회주의 체제를 요구했던 평범한 수병들을 처형했다면, 이제 그는 자신을 바로 그 수병들이 요구한 체제의 옹호자로 보아 달라고 주장할 수 있는지 대답해야 했다.

트로츠키는 1917년 볼셰비키를 지지한 수병들과 크론시타트 반란자들은 다른 사람들이었다고 대답했다. 이 반란자들은 10월혁명의 적대 세력과 연합한 비겁하고 신뢰할 수 없는 후임자들이었다는 것이다. 이런 논리는 궤변에 불과했다. 이 수병들이 같은 사람들이 아니었다고 해서 무엇이 달라지는가?(실제로 1917년과 1921년의 수병들은 같은 이들이었으며 트로츠키 역시 이 사실을 잘 알고 있었음이 틀림없다.)[14] 트로츠키주의자들 가운데 충성심이 강한 사람들은 그에게 좀 더 상세하게 자신을 변호하라고 졸라댔다. 트로츠키는 코요아칸에는 필요한 자료가 없다는 궁색한 변명을 했다. 그는 아들에게 이 문제에 관한 글을 써서 발표하라고 부탁했다고 말했다.[15] 누구도 맡고 싶어 하지 않을 이런 작업 요청을 료바는 용감하게 승낙했다. 료바는 아버지와 같은 철저한 자세로 작업에 착수했다. 그는 프랑스 공산주의자인 시몬 베유(Simome Weil, 1909~1943)에게 아나키스트 저술가들의 글을 보내 달라고 요청했다. 이들은 크론시타트 반란자를 공격한 소련 정부의 행동을 가장 강하게 비판한 사람들이었다.[16] 료바는 아버지의 해석 방향을 그대로 따랐다. 즉 볼셰비키의 중앙 지도부로서는 자신들에게 반대하는 국제적 음모가 작동하고 있다고 믿을 만한 이유가 충분했다는 논리였다. 당시 외국에 있던 사회혁명당원들은 외국 정부를 도와서 종국에는 공산당 타도로 이어질 모종의 음모를 계획하고 있었다는 것이었다. 료바는 크론시타트 수병들의 진압 과정에 트로츠키는 아무런 관련도 없다고 주장했다.

하지만 료바는 이 글을 완성하기 전에 사망했으며 크론시타트 논쟁은 점차 수그러들었다. 트로츠키는 이 주제를 다시 거론하지 않기로 작정했다. 세르주가 여러 글을 통해 문제를 제기했지만, 트로츠키는 초연한 태도를 견지했다. 트로츠키의 추종자들도 트로츠키의 이런 태도에 반대하지 않았다. 그들은 세르주가 트로츠키의 명성에 흠집을 내려고 시도했지만 결국 실패하고 만 것으로 여겼다.

트로츠키 추종자들 가운데 일부는 트로츠키가 소련을 분석한 기본 관점 전부를 순순히 받아들이지 않았다. 미국에서 트로츠키주의는 일군의 젊은 사상가들을 끌어들였는데, 이들은 지적 차원의 제한이 지속적으로 강요되는 것을 몹시 싫어하여 거부했다. 레닌분트 초기에 그랬던 것처럼 러시아혁명에 관한 트로츠키의 기본 관점이 비난받기 시작했다.[17] 비판자들은 스탈린 치하에서 진행된 소비에트 체제의 변형과 공고화의 정도를 트로츠키가 과소평가했다고 생각했다. 트로츠키는 스탈린주의가 불안정한 상태라고 주장했지만, 이 비판자들은 이미 새로운 계급이 확고하게 권좌에 자리 잡았다고 반박했다. 글쓴이 개개인에 따라 사용한 용어는 달랐지만 논지의 핵심은 같았다. 당과 정부와 경찰 조직 내에 있는 공산당 관료 계층은 이미 러시아 경제의 이권을 확실히 통제하게 되었으며, 이 새로운 질서를 유지하기 위해 억압적 폭력이 가차 없이 사용되고 있었다. 아파라치키라고 불리는 관료 계층은 토지와 주택과 사적인 부속 재산을 등기권리증 같은 것도 없이 소유했다. 그들은 여러 가지 특권을 무제한으로 보유하고 있고 특권들을 자식에게 물려줄 수도 있었다. 트로츠키는 정치 혁명에 의해 10월혁명이 다시 살아날 수 있다고 주장하지만, 사실 10월혁명은 이미 사망한 상태였다. 따라서 사회 · 경제적 기반을 모두 엎어버리고 전체적으로 새로운 체계를 다시 세울 필요가 있다고 비판자들은 주장했다.

트로츠키는 자신의 분석을 가끔 조금씩 수정하기는 했다. 《배반당한 혁명》에서 그는 자신이 회피해 오던 형용사 하나에 유용성이 있다는 것을 인정했다. '전체주의적(totalitarian)'이란 단어였다.[18] 이 단어는 '사회 계급' 같은 개념을 배제하고 현대 사회를 바라보는 관점에서 쓰이는 단어이기에 마르크스주의적 분석의 범주에는 속하지 않았다. 스탈린의 소련과 히틀러의 제3제국은 중앙 국가 권력에 방해가 되는 모든 장애물을 제거하는 것을 목표로 한다는 점에서 동일하다. 이 두 국가는 권력 분립을 위한 민주주의적 장치를 제거했으며, 독립적인 시민 단체를 틈만 나면 최대한으로 말살했다. 또한 경찰에 의한 테러를 제도화하였으며, 집단 수용소를 설립하고 반대자들을 대량으로 체포하거나 처형했으며, 언론 매체를 정치적으로 독점했다. 국가의 이념을 찬양하고 국가의 지도자가 모든 방면에 통달한 천재라고 주장했다. 스탈린과 히틀러 두 사람 모두, 자신들의 품고 있는 이념형에 맞추어 새로운 시민형을 창출하겠다는 야심이 있었으며 국가가 사회에 완전히 침투하는 것을 목표로 삼았다.

이러한 새로운 종류의 국가에 대한 이론이 막 형성되고 있던 참이었다. 트로츠키는 잠시 이 이론을 건드렸지만 어디까지나 수사적 장식으로 사용했을 따름이었다. 그는 마르크스주의가 제시하는 전통적 범주에 충실했다. 물론 그것은 트로츠키 자신이 선호하는 양태의 마르크스주의였다. 그는 장기간 추방과 망명 생활을 한 덕분에 자신의 생각을 그대로 글로 쓸 기회가 있었다. 오직 프롤레타리아만이 세상을 재앙으로부터 구할 수 있다는 것을 확고하게 인식하지 못하는 한, 이 세상을 논리적으로 이해할 수 없다는 자신의 신념을 트로츠키는 변함없이 끝까지 견지했다.

기본적으로 트로츠키는 1920년대 초 반대파에 선 이후 자신이 했던 주장으로부터 결코 벗어나지 않았다. 만일 유럽의 다른 지역에서 혁명이 수행되지 않는다면 러시아에서 공산주의 혁명이 성공할 가능성은 극히 작다는 것이 그의 주장이었다. 그는 이러한 결정론적 견해를 1930년대의 글을 통해서 더욱 강화했다. 많은 사람들은 결국 트로츠키의 이런 주장이 1917년 가을 볼셰비키의 권력 장악이 타당하지 않았음을 인정하는 것과 마찬가지라고 생각했다. 소련에서는 수많은 사람이 기근과 질병과 억압으로 죽거나 고통받았다. 만일 트로츠키가 지금 과거를 돌이켜보면서 10월혁명이 헛된 일이었다고 평가한다면, 자신이 10월혁명에 자부심을 가진다는 것과 논리적으로 모순임을 트로츠키 스스로 인정해야 하지 않을까? 이런 질문을 받게 되면 트로츠키는 제1차 세계대전 이후 내내 세계 자본주의가 무척 취약한 상태에 있다는 준비된 답변을 내놓곤 하였다. 트로츠키는 세계 혁명을 확고하게 믿었다. 러시아에서 가까운 선진 자본주의 국가들에서 혁명정부가 일어서면 러시아의 공산주의가 구원받을 수 있다고 그는 주장했다. 그는 독일이나 프랑스가 소련과 나란히 서는 날을 열렬하게 고대했다. 그렇게 된다면 소비에트 러시아에서 공산주의를 실현하는 과정에는 부딪치는 난관들이 극복될 것이고, 또 10월혁명이 인류를 위한 새로운 시대를 열었던 것으로 확실하게 평가받을 수 있을 터였다.

49장

모의 재판

존 듀이, 트로츠키 무죄 선고

1936년에서 1938년 사이 모스크바에서 진행된 대규모 '전시재판'은 트로츠키의 낙관적 태도에 도전이었다. 이 재판은 사법 과정을 완전히 농락하는 처사였다. 피고들은 증언하러 재판정에 나오기 전에 고문이나 심리적 학대를 당했다. 저항하는 피고는 아예 재판정에 나올 수 없었고 간단한 절차를 통과한 뒤 처형당했다. 이 재판을 통해 스탈린은 자신이 국내와 국외에서 노리던 것을 얻었다. 1936년 8월 카메네프와 지노비예프 재판부터 1938년 3월 부하린의 재판에 이르기까지 모든 피고들이 반역 혐의를 인정하였으며, 서방의 유력한 논평가 중 상당수가 소련의 사법 제도를 신뢰하는 쪽으로 기울었다. 피고들의 죄목 중에는, 외국의 정보기관과 공모했다는 것과 스탈린을 살해하고 러시아에서 자본주의를 회생시키려고 음모를 꾸몄다는 것이 있었다. 재판은 트로츠키에게 적극적인 음모 조직가라는 죄를 씌웠다. 트로츠키에게 가장 악질적인 혐의를 걸어 기소하라는 지침이 엔카베데 요원들에게 내려왔다. 심지어 당시 엔카베데 수장이었던 니콜라이 예조프는 트로츠키가 오흐라나의 비밀요원이었다는 증거가 있다고 주장했는데, 그제서야 스탈린은 예조프의 행동을 제지했다.[1] 이러한 기소 사실에 트로츠키는 강력하게 대응했다. 그는 모스크바의 재판정에 제시된 증거물 뒤에 숨은 터무니없는 거짓을 하나하나 아주 자세하게 반박했다. 그는 〈반대파 회보〉에도 수많은 글을 실었다. 아들 료바 역시 똑같이 했다. 소련의 검찰이 제시하는 기소 내용 중 시간과 장소와 인물들에 관한 기술에 착오가 있음을 지적하기는 쉬웠다. 트로츠키는 지노비예프와 부하린, 또 누이의 남편 카메네프에게 좋은 감정을 품을 이유가 없었지만, 이들이 명예로운 혁명가였다는 것을 밝히려고 온 힘을 다했다.

하지만 '스탈린의 허위 날조' 사업에 저항하는 일에서 트로츠키는 제한된 범위 내에서만 성과를 거두었다. 유럽과 북미 지역의 좌파 진영은 소련을 파시즘에 대항하는 가장 강력한 힘으로 보고 이 나라에 동조했다. 스탈린은 러시아 국민에게 산업 성장과 대중 교육이라는 혜택을 가져다준 지도자로 널리 칭송받았다. 반(反)파시즘 진영의 인물들은 대부분 재판 결과에 의문을 제기하고 싶지 않아 했으며 기소 내용대로 트로츠키가 틀림없이 유죄일 것이라고 믿었다. 트로츠키를 싫어한 것은 '좌파'만이 아니었다. 1938년 윈스턴 처칠은 소련 대사 이반 마이스키(Ivan Maisky, 1884~1975)에게 이렇게 말했다. "나는 트로츠키를 미워합니다. 나는 얼마간 그의 활동을 지켜보았습니다. 그는 러시아의 악마적 천재입니다. 스탈린이 그에게 받은 만큼 똑같이 되갚음한 것은 매우 잘된 일입니다."[2]

그렇지만 트로츠키는 여전히 세계의 많은 독자들에게 매력적이고 이국적인 개성을 지닌 인물이었다. 이런 독자들 가운데는 공산주의에 전혀 호감을 느끼지 않는 유명인사들도 있었다. 꽤 많은 사회주의자, 자유주의자, 그리고 심지어 보수주의자들까지도 트로츠키가 혁명적 전복 활동과 독재와 테러를 옹호하는 사람이라는 사실을 간과했다. 미국의 유머 작가 멘켄(H. L. Mencken, 1880~1956)은 트로츠키가 필요로 하는 서적이라면 무엇이든 구해줄 뿐 아니라 자신이 소장한 책을 전부 주겠다고 제안하는 편지를 썼다. 트로츠키는 멘켄의 제안을 거절했다. 자신이 정치적 반동주의자라고 평가하는 사람의 호의를 받아들여 빚을 지고 싶지 않았기 때문이다. '마크 트웨인 협회'의 부회장 직책을 맡아 달라는 요청 역시 거절했다. 거절을 결정하기는 쉬웠다. 이 협회의 부회장 직책을 맡고 있는 사람들 가운데 베니토 무솔리니와 존 퍼싱(John Pershing, 1860~1948) 장군이 포함되어 있는 것을 발견했기 때문이다.[3] 스코틀랜드 에든버러 대학에서도 트로츠키에게 학장 자리를 제안했지만 그는 거절했다.[4] 트로츠키를 위한 청원서도 작성되었다. H. G. 웰스는 영국 정부에 트로츠키에게 망명을 허용하라고 요청하는 청원서에, 존 메이너드 케인스, 해럴드 래스키, 그리고 심지어 스탈린을 우상처럼 받드는 비어트리스 웨브까지 서명하도록 설득하는 데 성공했다. 요크의 대주교는 웰스의 요청을 거절했지만 버밍엄의 주교는 버나드 쇼(George Bernard Shaw, 1856~1950)가 작성한 청원서에 이름을 올렸다. 버나드 쇼 역시 스탈린을 찬양하면서도 트로츠키를 지원했다.[5]

이렇게 많은 저명인사가 트로츠키를 위한 관대한 행동에 열렬히 동참했다는 사실은, 이들이 사는 나라의 시민적 관용 정신을 잘 보여준다. 하지만 이런 행동은 이들이 또한 얼마나 순진했는지도 말해준다. 이들은 자신들의 가치관을 트로츠키가 경멸한다는 사실을 보지 못했다. 또한 트로츠키가 기회만 있다면 자신들이 사는 종류의 사회에 얼마나 큰 해를 끼치려고 하는지도 간과했다. 동물원을 방문한 구경꾼처럼 이들은 상처 입은 동물을 측은해한 것이다. 많은 사람들의 눈에 트로츠키는 자신과 유사한 영혼의 소유자처럼 보였으므로, 만일 자기들이 같은 처지에 놓였다면 타인에게 기대할 구호의 손길을 그들은 트로츠키에게 베풀고 싶었다. 트로츠키주의자, 사회주의자, 자유주의자들이 모여서 '레온 트로츠키를 옹호하는 미국 위원회'라는 단체를 구성했다. 위원회 회원 가운데에는 미국의 철학자이며 교육학자인 존 듀이(John Dewey, 1859~1952), 소설가인 존 더스패서스(John Dos Passos, 1896~1970)와 메리 매카시(Mary McCarty, 1912~1989), 문학평론가인 라이어넬 트릴링(Lionel Trilling, 1905~1975)과 에드먼드 윌슨(Edmund Wilson, 1895~1972)이 있었다. 1917년 12월 트로츠키를 인터뷰한 적이 있는 에드워드 로스도 회원이었다. 한때는 트로츠키주의자였지만 그의 정치적 견해에 의심을 품게 된 젊은 저술가들도 회원이 되었다. 맥스 이스트먼, 시드니 훅, 제임스 버넘(James Burnham, 1905~1987)이 그들이었다.[6]

트로츠키는 이처럼 그가 얻은 광범위한 공감대를 활용하여 코요아칸에서 모의재판을 열어 검토를 받고 싶다는 뜻을 밝혔다. 조사위원회 의장 후보로 트로츠키가 지목한 사람은 존 듀이였다. 미국의 트로츠키 지지자들 가운데 몇몇 주요한 인물들은 모의재판 계획 전체가 기본적으로 잘못된 것이라고 생각했다. 존 듀이는 당시 70대 중반의 노인이었으며 비록 과거에 맥스 이스트먼과 시드니 훅을 가르친 일이 있긴 했지만 극좌 진영과는 공감대가 전혀 없는 인물이었다.[7] 듀이 같은 거물에게는 예의 바르게 접근해야 마땅하다고 트로츠키는 고집했다. 듀이는 트로츠키의 제안을 수락하여 코요아칸에 가서 몇 주일을 보내기로 동의함으로써 자신의 가족을 비롯해 많은 이들을 놀라게 했다. 듀이가 의장으로서 수행할 과제는 모스크바에서 전해지는 혐의 내용이 과연 사실인지 검토하는 일이었다. 트로츠키는 자신이 보관하고 있는 기록물에 제한 없는 접근을 허용했다. 모의재판에 나선 트로츠키는 질문 내용에 제한을 두지 않고 어떤 심문에도 응하겠다고 했다. 트로츠키는 이 모의재판이 20세기 재판 사상 큰 논란을 불러일으키는 사건이 될 것이라고 예언했다. 가까운 사람들과 대화하며 그는 자신의 모의재판을 1762년 장 칼라스를 옹호한 볼테르의 활동*, 1898년 알프레드 드레퓌스를 옹호한 에밀 졸라의 활동*에 비유했다. 트로츠키는 스탈린의 중상모략으로 더럽혀진 명예를 회복하기를 간절히 원했다.[8]

1937년 4월 멕시코 코요아칸에서 열린 모의재판에서 트로츠키가 미국인 변호사 앨버트 골드먼과 무언가 상의하고 있다. 트로츠키는 스탈린이 자신을 소비에트 체제 전복을 모의했다는 혐의로 기소한 것에 맞서 공개적으로 재판을 받기를 원했고, 이를 위해 미국의 철학자 존 듀이를 위원장으로 하는 조사위원회가 꾸려졌다.

트로츠키는 듀이를 공정한 태도를 갖춘 자유주의자로 여기고 신뢰했으며, 두 사람은 트로츠키의 정치 활동과 도덕적인 측면의 과거 행적에 관한 좀 더 광범위한 문제는 검토하지 않기로 합의했다. 조사위원회의 심의 과정은 '푸른 집'에서 진행되었다. 위원회의 구성은 미리 결정되었다. 위원회 구성 과정에 큰 문제는 없었지만, 다만 구성원으로 지명된 퍼디낸드 런드버그(Ferdinand Lundberg, 1909~1995)가 위원회의 첫 번째 회의가 열리기 전에 사임했다. 트로츠키 자신이 시민권을 억압하는 소비에트 체제의 주요 설계자였는데 이제 와서 희생자로 자처하며 불평하고 있다는 점에 생각이 미친 것이었다.[9] 위

---

* 1762년 프랑스의 신교도였던 장 칼라스라는 사람이 아들을 살해한 혐의로 사형 선고를 받고 처형되었다. 이 소식을 들은 볼테르가 이 사건이 구교, 즉 가톨릭의 신교 탄압이라고 판단하고 칼라스의 무죄를 주장하여 결국 3년 뒤인 1765년 무죄 판결을 받아냈다.
* 1894년 프랑스군 장교 알프레드 드레퓌스가 군사 기밀 유출 혐의를 받아 유죄 판결을 받았으나, 에밀 졸라를 비롯한 많은 지식인들이 그의 무죄를 주장하여 프랑스 사회를 몇 년 동안 크게 격동하도록 만들었다. 드레퓌스는 결국 무죄 판결을 받았다.

원회는 1937년 4월 10일 작업을 시작했다. 피고 트로츠키와 심문관 미국인들이 모두 말쑥한 양복 차림으로 등장했다. 심문 과정은 엄격한 형식에 따라 진행되었다. 구두 증언은 기록으로 남겼다. 일 주일 동안 심문을 진행한 끝에 듀이는 합의에 기반한 최종 판결을 내릴 수 있겠다고 판단했다. 최종 판결에 심각한 의문을 제기한 사람은 없었다. 트로츠키의 무죄가 선고되었다. 위원회는 세계의 언론 매체와 접촉했다. 듀이를 비롯한 위원회 구성원은 멕시코를 떠났고 위원회의 심의 과정은 신속하게 편집되어 책자로 발간되었으며, 트로츠키의 손상된 명성은 일부 복구되었다.

　듀이의 이번 방문으로 인해 트로츠키는 과거부터 이따금 느끼던 철학에 대한 흥미가 다시 불타올랐다. 듀이가 누군가에게 이런 자극을 준 것은 이번이 처음이 아니었다. 맥스 이스트먼은 듀이에게서 배운 학생이었다. 트로츠키와 마찬가지로 이스트먼 역시 다양한 분야에 해박한 사람이었다. 이스트먼은 마르크스와 엥겔스, 레닌의 인식론 이해 능력에서 트로츠키보다 자신이 약간 더 우수하다고 판단했다. 트로츠키는 이런 이스트먼의 판단이 주제넘다고 생각했다. 이스트먼이 뷔위카다에 체류하고 있던 1932년의 어느 날 두 사람은 큰 논쟁을 벌였다. 이스트먼의 기록이다. "트로츠키는 목에 핏대가 오르고 얼굴이 빨개졌다. 그는 화가 나 있었다. 트로츠키의 부인이 걱정하는 모습이 역력했다. 우리 두 사람은 차를 마시던 탁자에서 일어나 서재로 자리를 옮겨서 계속 싸웠다. 부인이 우리를 쫓아와서는 내 곁에 서서 마치 조각상처럼 조용히, 그리고 엄격한 표정으로 우리를 내려다보고 있었다."[10] 트로츠키가 합리적인 논쟁 대신 조롱과 호통을 주로 동원했기 때문에 이 젊은이는 트로츠키를 조금 낮게 평가하게 되었다. 이스트먼은 다음과 같이 일기에 적었다.

　나의 의견과 관심, 개인으로서 나의 존재에 관해 그는 내심으로는 전혀 무관심했으며 그 사실로 인해 나는 '상처받았다.' 우리 두 사람은 정신적으로나 감정적으로나 전혀 서로 진정으로 만날 수가 없었다. 그가 내게 질문을 던지는 일은 한 번도 없었다. 내가 질문하면 그는 답할 뿐이었다. 마치 책이 있어 그 책이 답을 제시하는 것 같았다. 상호작용은 전혀 없었고, 상호 성장의 가능성도 그는 전혀 염두에 두지 않는 듯했다.[11]

이스트먼이 자신의 영웅에게 인격적 결함이 있다는 사실을 받아들이는 데는 오랜 세월이 걸렸다.

트로츠키는 세계적으로 뛰어난 지식인의 한 사람으로 인정받았다. 정치와 역사에 관해 그가 쓴 저서들은 유명해졌다. 그는 국제 관계, 러시아 역사, 국가 폭력, 소련의 발전 등을 주제로 삼은 글을 발표했다. 예술이든 1920년대 일상생활의 문제든 어떤 주제에 집중하면 그는 곧 그 주제에 관한 재기 넘치는 소책자를 발간했다. 이런 재능은 그가 뛰어난 마르크스주의 저술가로 인정받는 데 조금도 부족함이 없었다.

하지만 트로츠키가 모든 주제에 통달한 천재로 인정받을 수는 없었으며 그것이 그의 마음을 불편하게 했다. 만일 수리논리학자인 버트런드 러셀이 정치를 논하고 소설가인 웰스가 이념을 논할 수 있다면, 혁명 정치가가 철학에 대해 한마디 하는 것도 합당한 일인 것 같았다. 트로츠키가 조바심을 느낀 또 하나의 이유는 당시 소련공산당에서 마르크스-레닌주의를 체계화하려는 경향을 보였기 때문이다. 사회과학에서 시작하여 인식론에 이르기까지 모든 것이, 1938년 스탈린이 발표한 《단기 강좌》에 구현된 하나의 통일된 세계관 속에 통합되었다. 트로츠키는 지식계의 최근 유행 사조를 따라잡으려고 했다. 지크문트 프로이트와 그의 동료들이 주장한 무의식 이론은 오랫동안 트로츠키의 흥미를 자극했다.[12] 트로츠키는 당시 소련 정부가 선호하던 극단적인 철학적 유물론이 인간의 삶 전체를 포괄하지는 못한다고 생각했다. 트로츠키가 러시아의 생리학자인 이반 파블로프(Ivan Pavlov, 1849~1936)를 존경했던 것은 사실이다. 그러나 트로츠키는 외부 조건에 대한 반사작용 이상의 어떤 것이 생명에 깃들어 있다고 생각했다. 동시에 그는 당시 유럽에서 확산되고 있던 비이성(非理性) 숭배 현상을 도저히 참고 볼 수가 없었다. 그는 히틀러가 내세운 이념과 그 이념에서 과학적 설명의 주요 결정 요인으로 인종을 강조하는 것을 경멸했다. 나치는 다윈 이론의 일부분을 자의적으로 선택하고 나머지 부분은 완전히 무시해버렸다. 트로츠키의 의견에 따르면, 다윈주의를 가장 훌륭하게 활용한 사람은 그 어떤 독일의 인종주의적 이론가가 아니라 바로 마르크스였다. 마르크스는 세계 경제 발전을 분석하는 데 다윈주의에 담긴 통찰력을 훌륭하게 적용했다고 트로츠키는 평가했다.

철학 연구에 대한 간접적인 자극은 트로츠키주의 조직 내부로부터 왔다. 미국의 지지자들 가운데에는 당대의 뛰어난 젊은 지식인들도 몇몇 포함되어 있었다. 시드니 훅, 제임스 버넘, 맥스 샤크트먼이 그런 인물들이었다. 그들은 정치 지도자이자 저술가인 트로츠키의 업적을 찬탄하면서도 극좌파에 걸맞은 확고한 철학적 관점을 개발하고자 했다. 이는 무(無)에서 출발하는 시도였다. 1920년대 소련의 반대파 인물들은 그런 문제를 전혀 신경 쓰지 않았다. 훅을 비롯한 당대의 인물들은 자유로운 영혼의 소유자였다. 그들은 자신들의 사유가 향하는 방향으로 어디까지든 가보겠다는 담대한 생각을 했으며 자신들의 노력을 트로츠키가 인정해주리라고 기대했다.

그들은 트로츠키를 잘못 판단했다. 트로츠키는 이런 현상을 우려하고 있었던 것이다. 시드니 훅은 1937년 4월 〈마르크시스트 쿼털리(Marxist Quarterly)〉에 '변증법과 자연'이란 제목의 글을 발표했는데, 이 글을 읽은 트로츠키는 미국의 트로츠키파 지식인들에 대해 평소 걱정했던 것이 옳았음을 확인했다. 트로츠키와 달리 시드니 혹은 확실하게 철학 훈련을 받은 사람이었다. 그는 타고난 재능도 있었으며 확신도 있었다. 그는 마르크스주의자들만 아는 난해한 개념이나 이론 따위에 쉽게 순종하는 사람이 아니었다. 마르크스와 엥겔스에게도 쉽게 고개를 숙이지 않았다. 혹은 이 논문에서 변증법적 사고에 대한 엥겔스의 글들에 들어 있는 결점을 드러냈으며, 이런 자신의 행동이 마르크스주의 창시자들을 숭앙하는 데 익숙한 마르크스주의자들을 불쾌하게 만들건 말건 상관하지 않았다. 시드니 혹에게 더 중요했던 작업은, 마르크스주의를 위한 확실한 철학적 기반을 발견하여 마르크스주의를 전문적인 인식론자나 논리학자나 존재론자들의 조롱에도 끄떡없게 만드는 것이었다. 만일 마르크스주의 사상이 진정으로 과학적이라면, 마르크스주의는 이런 학자들이 제기하는 비난을 반박할 수 있어야 한다는 것이 시드니 혹의 주장이었다. 트로츠키는 경악했다. 시드니 혹의 주관적 목적이 무엇인가와는 상관없이, 이런 수정주의적 태도는 마르크스주의에 대한, 옅게 은폐된 공격이라는 것이 트로츠키의 판단이었다. 트로츠키는 이런 견해가 다른 트로츠키주의자들에게 끼칠 영향을 우려했다.[13] 조지프 핸슨이 뉴욕에서 보내온 보고서는 실제로 주요 트로츠키주의자들이 마르크스주의 변증법에 의심을 표하고 또한 레닌과 트로츠키를 철학적으로는 조금 부족한 인물로 여기는 경향이 커지고 있음을 확인해주었다.[14]

버넘도 트로츠키를 화나게 했지만, 특히 시드니 혹 때문에 트로츠키는 속으로 너무 화가 났다.[15] 트로츠키의 해법은 글을 써서 대응하는 것이었고 글을 준비하기 위해 그는 뉴욕에 서신을 보내 철학 관련 서적들을 구입하여 코요아칸으로 보내 달라고 요청했다. 서적 목록에는 버트런드 러셀의 《수학 원리》도 들어 있었다. 트로츠키의 미국 추종자들은 트로츠키의 재능이 이렇게 난해한 분야의 책에까지 뻗어 나간 것에 엄청나게 감동하였다. 하지만 그들은 잘못 안 것이었다. 트로츠키의 이름으로 서신을 작성한 사람은 에이에노르트였다. 그는 자신이 보려고 이 책을 요청한 것이지 트로츠키를 위해 요청한 것이 아니었다.(트로츠키가 철학을 공부할 때 철학의 거장이 쓴 저술을 읽는 경우는 거의 없었다.) 에이에노르트는 당시 20대 청년이었지만 훗날 전문적인 논리학자로서 거둘 성공을 이때부터 조용하게 준비하고 있었던 것이다. 그는 자신이 필요한 서적을 손에 넣는 데 트로츠키의 비서 직책을 활용했다.[16] 에이에노르트는 점차 트로츠키의 지적인 자신감에 의심을 품기 시작했다. 트로츠키는 알베르트 아인슈타인이 물리학자가 아니라 수학자라고 이야기한 적도 있었다.[17] 말도 안 되는 이야기였지만 이 프랑스인은 평화를 지키는 쪽을 택했다. 그러나 1939년 여름이 되면 에이에노르트는 코요아칸에서 자신이 너무나 고립되어 있다고 느꼈고 결국 트로츠키에게 다른 곳에 가서 다른 일을 하고 싶다고 말했다. 에이에노르트는 여전히 트로츠키주의자였고 정치 활동을 완전히 그만두려던 것도 아니었다. 하지만 그는 뉴욕으로 가고 싶은 마음이 간절했다. 트로츠키와 에이에노르트는 그가 미국 비자를 얻는 대로 곧 떠나는 것에 합의했다.[18]

한편 트로츠키는 항상 어떤 큰 계획을 시작할 때면 그랬듯이 메모를 작성하고 있었다. 그의 메모 가운데 이런 구절이 있다.

인간이 다양한 학문 분야에서 실제 관계를 완전히 거꾸로 이해하는 이유는, 인간이 자신의 의식을—자기 개인의 무의식과의 관계에서도, 그리고 외부 환경과의 관계에서도—원초적인 요인이라고 간주하는 경향이 있기 때문이다.[19]

이 구절은 이미 오래전에 마르크스와 엥겔스가 말한 것을 다시 한번 단조롭게 진술한 데 불과했다. 레닌이 《유물론과 경험비판론》에서 주장한 것과 달리, 트로츠키는 인간의 정신이 마치 카메라가 외부 환경에 반응해 작동하는 것처럼 움직여서 현실의 정확한 영상을 자동적으로 받아들인다는 주장을 받아들이지 않았다. 인식 과정은 이보다 조금 더 조악하기도 하지만 동시에 조금 더 복합적이기도 하다는 것이 트로츠키의 견해였다.[20] 트로츠키도 언급하였듯이 영화 필름은 많은 사진 이미지들이 연속하여 움직이는 것에 불과하지만 영화를 보는 인간의 눈은 하나의 이미지와 그다음 이미지 사이에 존재하는 셀룰로이드 필름의 경계선을 보는 것은 생략해버린다. 트로츠키는 이 과정을 멋지게 요약했다. "우리의 지성은 마치 눈과 같이 작동한다. 전개되고 있는 수없이 많은 상황 가운데, 우리의 지성은 한정된 수의 상황만을 포착하여 고정한다. 이것은 지성의 강점이기도 하고 약점이기도 하다."[21] 이것이 트로츠키가 할 수 있는 최상의 설명이었다. 이런 생각은 독창적인 것은 아니었다. 그러나 트로츠키가 쓴 이 문장을 통해 우리는 그가 당시 관습적인 마르크스주의의 틀에서 자유롭게 벗어나려는 노력을 했다는 것을 알 수 있다.

트로츠키가 이런 쪽에 관심을 갖는 일은 사실 매우 드물었다. 그가 쓴 메모를 보면 대체로 그의 관심은 정치 쪽에 집중되었다. 시드니 훅이 쓴 《카를 마르크스를 이해하기 위하여》를 입수한 트로츠키는 책을 읽어 가면서 여백에 비판적인 논평을 적었다. 그는 훅과 그의 동조자들이 마르크스주의에 주관주의 경향을 주입할까 봐 우려했다. 트로츠키가 볼 때에는 아무런 불확실성도 존재하지 않았다. 프롤레타리아가 '자본주의의 혼돈 상태로부터 출구를 모색'하는 데 객관적인 관심을 품고 있다는 것은 명약관화한 진실이라고 그는 생각했다. 한편, 시드니 훅이 볼 때 개념 정의상 '자명한 이치(axiom)'라는 것은 없었다.[22]

트로츠키는 인식론이나 존재론에 관련된 사항에 관하여 트로츠키주의의 수정론자들을 공격하는 데 필요한 능력이 자신에게 없다는 것을 알 만큼은 지각이 있는 사람이었다. 하지만 정치적 도덕성 문제를 토론하는 데에는 자신이 있었다. 1938년 그는 소책자 《그들의 도덕성과 우리의 도덕성 : 마르크스주의에 대항하는 도덕주의자와 아첨꾼들》을 완성했다. 책의 앞머리에서 그는 우선 자신이 이해하는 변증법을 간략하게 설명한 뒤, 자신이 좀 더 다루기 편한 분야로 넘어갔다. 이미 《테러리즘과 공산주의》에 썼듯이 그는 다시 한 번 보편적 도덕 관념이라는 것을 부정했다. 그는 초기 프로테스탄트들을 예로 들었다. "이리하여, 그들이 이미 '정화한' 예수의 가르침은, 도시 부르주아인 루터가 봉기한 농민을 '미친 개들'로 취급하며 처형해버려야 한다고 주장하는 것을 전혀 저지하지 않았다."[23] 트로츠키에 따르면, 경제적 이해관계와 계급 투쟁이 기독교인들의 신약 성서 해석을 다른 색깔로 물들였다. 기독교인들은 자신의 경제적 안전이 위협받을 때마다, 신이 내려주신 비폭력이라는 기독교의 영원한 원칙을 아무런 거리낌 없이 옆으로 치워버리곤 했다. 또한 그들은 자신들의 적대자들을 몰살하는 일에도 거리낌이 없었다. 이와 똑같이 마르크스주의자들도 혁명의 이익을 지키기 위해 가혹한 조치를 취하게 된다는 것이다. 마르크스주의자들은 시민 간에 내전을 일으키고 반혁명 세력을 물리치기 위해 인질을 잡아 처형하기도 했다. 이들은 현재의 실제적 필요성 때문에 도덕적 고려를 부차적인 것으로 여겼다.[24]

트로츠키는 이 책자의 부록에서 자신의 주요 논점 하나를 언급했다. 과거에는 공산주의자로서 스탈린 체제를 지지하던 사람들이 지지를 철회하고 나면 영구적인 도덕적 진리의 신앙으로 옮겨간다는 것이었다. 이런 사람들로는 유진 라이언스(Eugene Lyons, 1898~1985), 발터 크리비츠키(Walter Krivitsky, 1899~1941), 샤를 라포포르(Charles Rappoport, 1865~1941)가 있었다. 그뿐 아니라 스탈린주의를 비판하면서 계속 공산주의자로 남아 있는 사람들 몇몇도 위와 동일한 경향을 보였다. 이런 인물 목록의 제일 앞자리에 오는 사람들은 과거 트로츠키의 동조자였던 빅토르 세르주('면죄부를 파는 행상')

와 보리스 수바린(부르주아 '아첨꾼')이었다. 트로츠키에 따르면, 이들은 기본적으로 "제국주의적 부르주아와 프롤레타리아라는 두 계급이 현대 사회의 운명을 결정한다."는 사실을 망각해버렸다. 마르크스주의적 급진주의를 한껏 칭송하는 기세로 트로츠키는 다음과 같이 선언했다.

> 문명은 오직 사회주의 혁명만이 구제할 수 있다. 혁명을 완수하기 위해 프롤레타리아는 자신의 모든 힘과 결의, 모든 담대함과 열정과 무자비함을 필요로 한다. 특히 가장 먼저 프롤레타리아는 종교, '민주주의', 초월적 도덕관이라는 허구로부터 완전히 자유로워져야 한다. 이런 것들은 적들이 프롤레타리아를 길들이고 노예로 삼기 위해 만들어놓은 정신적 사슬이다. 제국주의적 야수성을 완전하고도 최종적으로 타도하는 데 도움이 되는 것만이 도덕적이다. 그외에는 어떤 것도 도덕적이 아니다. 혁명을 보호하는 것, 이것이 최고의 법이다![25]

트로츠키의 지성에 담긴 힘과 비타협성과 단순함이 이 구절에 전부 표출되어 있다.

제임스 버넘은 1940년 2월 1일 공개서한을 발표하여 트로츠키 지성의 이런 특징을 자세하게 서술하였다. 버넘은 트로츠키가 자신이 철학에 대해 이해가 부족하다는 것을 화려한 언어의 수사로 감추고 있다고 설명했다. 교묘한 비유의 불꽃을 피우는가 하면 촌철살인 같은 조롱의 번개를 번뜩이기도 하면서 트로츠키는 모든 종류의 수사적 장식을 다 사용했다.[26] 트로츠키가 추구하는 목표는 기본적으로 지적인 것이 아니라 논쟁적인 것이라고 버넘은 주장했다. 트로츠키는 자신의 정치적 목적에 반대하는 트로츠키주의자를 진압하고 싶기 때문에 이들이 마르크스주의의 근본 가르침에서 이탈하였다고 공격하는 것이며, '변증법'에 관련한 논쟁은 주의를 딴 데로 돌리기 위한 수법이라고 했다. 버넘은 잘못된 철학이 결국 잘못된 실제 정책과 밀접하게 연결된다는 트로츠키의 주장을 부정했다. 트로츠키는 몇몇 주요한 마르크스주의자를 지지했지만 그들이 트로츠키의 변증법적 분석 개념을 공유하지는 않았다고 버넘은 지적했다. 그런 사람으로 카를 리프크네히트가 있었다. 또 반대로 트로츠키와 동일한 이념을 지지하지만 트로츠키의 정치 활동에는 반대하는 사람도 있었다. 그런 사람의 예로 버넘은 게오르기 플레하노프와 멘셰비키의 몇몇 인물을 들었다.[27]

그러고 나서 버넘은 '계급 진리'에 대한 트로츠키의 주장을 비판했다. 다른 모든 사람과는 다른 철학적 방법과 목표에 따라 움직이는 프롤레타리아 혁명가들에게는 '계급 진리'가 존재한다고 트로츠키는 주장한 바 있었다.

트로츠키 동지, 그대는 지금 매우 위험한 지점에 서 있습니다. '계급 진실'이란 교의는 플라톤의 '철인 왕'으로 통하는 길이며, 예언자, 교황, 스탈린과 같은 사람들에게 통하는 길입니다. 또한 그런 사람들은 모두, 인간이 진리를 알려면 반드시 성유(聖油)를 바르고 성직자 대열에 들어와야만 한다고 생각합니다. 그것은 사회주의가 가는 방향, 즉 진정으로 인간적인 사회가 가는 방향과 정반대 방향입니다. 그대는 우리 운동에 속해 있는 젊은 동지들에게 많은 경고를 던지고 있습니다. 나는 그 경고의 목록에 불길한 경고를 하나 더 추가하겠습니다. 동지들이여, 경계하고 또 경계하라. 당신에게 어느 특정한 사람이나 특정한 집단이 진리나 진리를 획득하는 길을 독점하고 있다고 말하는 사람이나 교의를 경계하고 또 경계하라.[28]

트로츠키는, 마치 버넘의 평가가 정확한 것임을 확인해주듯, 버넘의 평가 자체를 진지하게 살펴보지도 않았다. 트로츠키는 다만 자신이 할 말만 했다. "모든 이론에 회의를 품는 것은 개인적으로 이탈을 준비하는 것에 불과하다."[29] 트로츠키는 자신의 근본적 믿음이라는 동굴 속으로 들어가서는 입구를 봉쇄했다. 그는 근본적 믿음에 대한 질문을 허락하지 않았다. 감히 반대 의사를 표하는 추종자들에게 윽박질렀다. 그는 이런저런 귀찮은 일로 신경을 쓰는 것보다 차라리 이런 사람들이 그저 제4인터내셔널을 떠나주는 쪽을 선호했다.

트로츠키의 이런 대응 방식은 성공을 거두었다. 시드니 훅, 버넘, 샤크트먼이 트로츠키와 제4인터내셔널에 결별을 고한 것이다. 세 사람은 각자 다른 길로 갔다. 트로츠키가 예견한 대로 시드니 훅은 결국에는 비타협적인 반공주의자가 되었다. 훅은 과거와 현재의 마르크스주의가 하는 주장을 비판하는 한편 자유주의적이고 민주주의적인 가치의 우월성을 주장하는 활동으로 유명해졌다. 버넘은 마르크스주의적 분석 범주를 적용하여, 발전된 산업 능력을 갖춘 세계 각지의 현대 사회에서 보이는 경향을 파악하는 데 관심을 기울였다. 이런 방향의 연구는 폴란드의 사회주의자 얀 마하이스키(이 사람은 트로츠키가 시베리아 유형 생활을 할 때 만난 적이 있는 인물이다)가 시작했고 1930년대에 이탈리아의 사회학자 브루노 리치(Bruno Rizzi, 1901~1977)가 심화했는데, 이 접근 방식을 버넘이 다시 채택한 것이었다. 이 세 사람의 주장은, 자본주의적 경제 발전이 계속됨에 따라 경영자 계층의 권위가 증가한다는 것이었다. 이들은 관료주의적 관행이 증가하는 현상을 보고 깊은 인상을 받았다. 이들은 또 경제와 관련된 결정을 내리는 데 국가가 계속 더 깊게 관여하는 현상도 관찰했다. 리치와 버넘은 경영자들이 심지어 소련에서조차 공산당 세력을 물리치고 점차 통제권을 행사하고 있다고 주장했다. 리치와 버넘 모두 사회과학의 도구로써 마르크스주의를 거부하기에 이르렀다. 샤크트먼과는 대조적이었다. 샤크트먼은 자신이 이해한 마르크스주의 교의의 테두리를 평생 벗어나지 않았다. 하지만 샤크트먼은 생존하는 어떤 마르크스주의자도 스승으로 인정하지 않았으며 트로츠키에게 안긴 모욕에 대해서도 결코 사과하지 않았다.

트로츠키가 《그들의 도덕성과 우리의 도덕성》을 쓴 것은 이 젊은 비판자들을 한데 뭉뚱그려 공격하기 위해서였다. 그는 이들의 주장의 본질에 정면으로 맞서는 대신 야유와 조롱이라는 무기를 사용했다. 트로츠키의 자만심이 고개를 들었다. 그는 이 글의 편집을 끝내자마자 자신의 지지자들이 즉시 이 글을 출판해주기를 기대했다. 하지만 지지자들 몇몇은 바로 출판하는 데 반대했다. 세계대전의 큰 불길이 일어나고 있는 현 시점에, 뉴욕에서 자리를 잡아 가는 이들의 잡지에서 이런 철학적 논쟁의 글에 편집 인력과 재정을 우선 투자하는 것은 적절하지 않다고 판단했던 것이다. 트로츠키의 요청에 반대하는 사람들 가운데 주도적 역할을 맡은 사람은 버트럼 울프(Bertram Wolfe)였으며, 결국 그가 대표 자격으로 트로츠키를 방문하여 담판을 짓기로 결정했다. 버트럼 울프의 아내 엘라 울프는 그다음 어떤 일이 벌어졌는지 다음과 같이 술회했다.

"네, 물론이죠."라고 (트로츠키의) 비서가 답하고 돌아가서 남편이 한 이야기를 보고했다. 우리는 수요일 오전 10시에 트로츠키의 집에서 약속을 잡았다. 우리가 그의 집 문에 도착하여 …… 벨을 울리자, 심부름하는 사람이 나오더니 트로츠키가 너무 아파서 우리를 접견할 수 없다고 했다. 이것이 그 사람의 공허한 자존심이다. 뻔했다. 그는 누구도 감히 트로츠키 자신의 글이 최우선권을 가질 수 없다고 말해서는 안 된다고 생각했던 것이다.[30]

보통 트로츠키가 추종자들에게 약간의 불쾌감만 내비쳐도 그들은 그의 요구에 굴복했다. 추종자들의 저항은 그로서는 익숙하지 않은 경험이었다. 그의 대응 방식은 화를 내며 혼자 틀어박혀 버리는 것이었다.

50장

제2차 세계대전

"소련을 지지할 것인가, 반대해야 할 것인가?"

　　제4인터내셔널 내부에서 벌어진 유럽의 지정학적 상황에 관한 논쟁 때문에 트로츠키가 추종자들의 충성심을 장악하던 힘이 약해졌다. 1930년대 내내 트로츠키의 추종자들은 그의 분석력에 압도되어 있었다. 트로츠키는 유럽 극우 세력의 성공이 자본주의가 처한 세계적 위기의 산물이라고 보았다. 그는 스탈린이 소련 관료 집단의 꼭두각시인 것과 마찬가지로 파시스트 지도자들은 각국의 거대 기업체들의 노리개라고 판단했다. 트로츠키는 스탈린의 모든 발언은 검토했지만 히틀러나 무솔리니, 혹은 프랑코에 대해서는 공부하고 싶은 마음이 들지 않았다. 심지어 에스파냐 내전에 관한 글을 쓰면서도 거의 전부 스탈린의 외교 정책과 코민테른의 공작이라는 측면에서만 썼다. 트로츠키를 존경하는 후대의 사람들이 마치 그가 1930년대 유럽 정치의 큰 사건 모두에 대해 종합적인 해석을 내린 사람으로 평가하는 것은 잘못된 일이다.

　　다른 나라들이 인민전선을 수립하여 봉쇄 전략을 추진할 때 트로츠키가 항상 이를 조소하면서 독일 제3제국의 위험성을 경고했던 것은 의심할 바 없는 사실이었다. 1930년대 내내 그는 오직 공산주의 혁명만이 유럽을 파시즘의 야만으로부터 구원할 수 있다고 주장했다. 그는 세계의 어느 나라도 권위주의적 군국주의가 발흥할 위험에 노출되지 않은 곳이 없다고 말했다. 일본뿐 아니라 미국도 염두에 두고 한 말이었다. 게다가 트로츠키는 스탈린이 통치하는 소련이 파시즘을 막는 방벽 역할을 한다는 생각을 버린 지 오래였다. 정치국은 소련 내부의 이해관계에만 신경을 쓸 뿐이라고 그는 단언했다. 스탈린은 외국의 분쟁에 얽히지 않기 위해서라면 무슨 수라도 쓸 것이며 그가 겉으로 말하는 서방으로의 혁명 확산 정책은 속임수였다. 트로츠키에 따르면, 스탈린은 실제로 소련의 안전과 자신의 권력이 보장되기만 한다면 심지어 히틀러와의 거래도 성사시킬 의향이 있었다. 크렘린의 외교 정책은 중부 유럽과 동부 유럽에서 러시아 쪽으로 부는 바람 속에서 이리저리 흔들리고 있었다. 1939년 8월 24일 이른 아침, 몰로토프와 독일의 외무장관 요아힘 폰 리벤트로프(Joachim von Ribbentrop, 1893~1946)가 소련과 제3제국의 불가침 조약에 서명하는 자리에는 스탈린도 같이 있었다. 조약의 공개된 부분에는 서로를 공격하지 않겠다는 양국의 합의 사항이 들어 있었다. 두 나라는 또한 경제 부문에서도 협력하겠다고 약속했다. 조약에 첨부된 비밀 의정서에는 폴란드를 소련 영향권과 독일 영향권으로 각각 분할하는 내용이 들어 있었다. 이로써 유럽의 심장부에서 외교적 폭탄이 터졌다.

소련 지도부는 이 조약을 체결함으로써 가까운 미래에 나치가 소련 침공의 야심을 품는 일을 막을 수 있기를 희망했다. 영국과 프랑스는 히틀러에게 군대를 철수하라고 요구하는 최후통첩을 공동으로 보냈지만 히틀러는 이를 거부하고 1939년 9월 1일 폴란드를 침공했다. 이로써 제2차 세계대전이 시작되었다. 독일은 소련이 개입하지 않는다는 보장을 받은 상태에서 폴란드 영토의 점령 작전을 완수했다. 전 세계가 나치와 소비에트의 조약에 충격을 받아 경악했을 때 트로츠키는 자신이 예언이 들어맞았다고 지적했다.[1]

스탈린이 이때 동부 폴란드를 침공하지 않은 이유는 단지 그가 극동 지역에서 계속 이어지던 군사적 위험을 무시할 수 없었기 때문이다. 소련과 일본은 1938년 7월 이래로 만주 지역에서 국경을 다투고 있었다. 게오르기 주코프(Georgi Zhukov, 1896~1974)가 지휘하는 적군 최고 사령부는 이때 처음으로 전투에서 전차 부대를 대량 운용했다. 당시 상황은 지정학적으로 대단히 위험했다. 만일 주코프의 시도가 실패하면 일본이 시베리아를 넘어 공격해 올 수도 있었다. 스탈린은 며칠 동안 이 불확실한 상황을 놓고 심사숙고했다. 결국 일본이 우랄 산맥 방향인 서쪽이 아니라 중국을 향해 남쪽으로 향후 팽창 방향을 잡기로 결정했고, 스탈린은 그제야 마음을 놓을 수 있었다. 일본 정부는 9월 15일 강화 조건에 합의했다. 이로써 소련 지도부는 마음 놓고 폴란드의 동부 지역으로 군대를 진격시킬 수 있었다. 폴란드 영토 전체가 이제 유럽 지도에서 사라졌다. 적군이 점령 작전을 완수하는 동안 폴란드 지역의 소비에트화도 진행되었다. 폴란드의 정치·군사·경제 지도자들은 체포되어 처형되거나 시베리아로 보내졌다. 모스크바에서 발행되는 신문들은 침략자 스탈린을 유럽 대륙의 평화를 창출하는 사람이며 소련 안보를 보장하는 사람이라고 칭송했다.

세계 각국의 공산당은 독·소 불가침 조약 소식을 듣고 깜짝 놀랐지만 놀라움을 가라앉힐 시간도 없었다. 곧이어 각국 공산당에 폴란드를 나누어 가진 나치와 소련의 협력 작업을 축하하라는 지시가 내려갔다. 코민테른의 중앙 지도부는 즉시 이 지시에 복종했으나 유럽과 북미 지역에 있던 모든 공산당원들이 이 공식 노선을 따랐던 것은 아니다. 10년 동안 제3제국에 반대하는 투쟁에 몸을 바쳤던 많은 공산당원들은 모스크바의 지령을 따르기보다 당을 떠나는 편을 택했다. 이제 소련은 명목상으로는 아닐지 몰라도 실제로는 나치의 적극적인 동맹국이 되었다.

트로츠키는 대서양 건너에서 벌어지는 사건들을 세세하게 파악할 수가 없었다. 독일과 소련은 폴란드에서 일어나는 일을 정확하게 보도하지 않았으며 트로츠키가 주요 정보 출처로 삼고 있던 미국의 언론은 바르샤바 바깥 지역에서 일어나는 일은 거의 보도하지 않았다. 위기가 매우 빠른 속도로 꼬리에 꼬리를 물고 발생했다. 독일이 폴란드를 침공한 뒤 12개월 동안 〈반대파 회보〉는 세 번밖에 발행되지 않았다. 그나마 이 세 번의 발행분도 내용에서 트로츠키의 능력을 보여주지 못했다. 트로츠키는 제1차 세계대전의 초기 몇 주일 동안 보여주었던 열정과 민첩성을 이번에는 보여주지 못했다.[2] 독일이 폴란드를 대상으로 전격전을 감행한 뒤 3주나 경과한 1939년 9월 25일이 되어서야 트로츠키는 8월에 체결된 불가침 조약의 조건들에 관해서 긴 글을 한 편 발표하는 것이 좋겠다고 생각했다. 그는 최근에 벌어지고 있는 군사적·정치적 사건들로 관심을 서둘러 돌릴 필요성을 느끼지 않았던 것이다. 트로츠키는 글에서 다시 한 번 '소련의 성격'에 대한 자신의 기본적인 생각을 지리하게 서술했다. 트로츠키주의자들은 자신의 평가가 정확한 것인지를 계속 스스로에게 물어야 한다고 강조하면서 트로츠키는 이렇게 단언했다. "말끔한 성격의 가정주부가 거미줄이 생기고 쓰레기가 쌓이는 것을 용납하지 않는 것과 마찬가지로, 혁명가는 명확성의 결여와 혼돈과 애매모호한 입장 표명을 용인해서는 안 된다. 우리의 집은 항상 깨끗해야 한다!"[3] 이런 비유는 별로 설득력이 없었으며, 트로츠키주의자들이 소련을 분석하는 데 독·소 불가침 조약과 제2차 세계대전의 발발에 영향을 받아서는 안 된다는 이 글의 요점은 더더욱 설득력이 없었다.[4]

당시 폴란드 국민은 독일과 소련 양국의 군사 점령 아래 가혹한 고난을 겪었지만 트로츠키는 그것을 거의 언급하지 않았다. 당시 있었던 수많은 체포와 총살에 대해서도 단 한마디도 없었다. 오히려 트로츠키는 소련의 군사작전이 초래할 결과를 용인했다.

크렘린과 코민테른에 대하여 우리가 어떤 '일반적인' 평가를 내린 다 하더라도, 점령 지역에서 진행되는 소유 형태의 다층화 조치가 진보적이라는 구체적인 사실이 변하는 것은 아니다. 이것은 솔직히 인정해야 한다. 혹시 내일이라도 히틀러가 군대를 동쪽으로 보내 폴란드 동부 지역에 '질서'를 확립하려고 한다면, 진보적 노동자들은 보나파르트식 소비에트 관료 집단이 도입한 새로운 소유 형태를 히틀러에 맞서 수호하려 노력할 것이다.[5]

이 구절에 쓰인 용어들이 상당히 혼란스러운 것은, 트로츠키가 말하려고 했던 것이 심지어 그에게조차 마음속 어느 차원에서는 불쾌하게 느껴졌기 때문이었다. 하지만 그런 불쾌감 때문에 그가 할 말을 못 하지는 않았다. 전쟁에 대한 자신의 도식적 이해에 집착한 그의 마음속에는 사람들의 희생에 연민을 느낄 여유가 없었다.

트로츠키에게 중요한 점은, 전쟁이 유럽의 정치적 안정을 깨뜨려서 '프롤레타리아 혁명'을 불러오리라는 것이었다. 이제 제2차 세계대전이 일어났으니 제1차 세계대전 때 러시아 땅에서 발생한 일이 다른 장소에서 발생할 것이었다. 다른 점이 있다면 지금은 소련이라는 나라가 존재한다는 사실이었다. 트로츠키는 추종자들에게 각자 가능한 방면에서 소련의 방어를 지지하라고 촉구했다. 이는 제3인터내셔널에 소속된 각국의 공산당과 협조하라는 요청은 아니었다. 트로츠키는 트로츠키파가 소련을 위해 싸우는 것은 세계 혁명을 준비하는 데 도움이 되는 경우에 한한다고 규정했다.[6] 이런 정책이 어떻게 구체적으로 실현될 수 있는지는 전혀 설명하지 않았다. 그저 자신과 레닌이 1918년에서 1920년 사이에 유럽 곳곳에 혁명정부가 들어설 것이라 가정하고 활동하였음을 다시 강조했을 뿐이었다. 당시 독일, 이탈리아, 헝가리, 체코슬로바키아에서 각각 약간의 움직임이 있었다. 하지만 자본주의 세력이 곧 상황을 장악하고 말았다. 트로츠키는 제2차 세계대전 이후에도 역시 공산주의자들의 시도가 좌절할 수도 있음을 인정했다. 만일 노동계급이 이러한 기대에 못 미치면 어떻게 되는가? 그는 과거에는 보여주지 않았던 솔직함을 보이면서 이런 가능성에 정면으로 답했다. 만일 소련이 스탈린의 지휘 아래 이 세계 전쟁을 견뎌내고 그 후까지 존속한다면, 지금의 소련이 실제로는 국제적 차원에서 새로운 착취 체제의 선구자였다는 명제를 뒤늦게나마 소급하여 확인할 수 있을 것이라고 트로츠키는 말했다.

이러한 결론은 대단히 부정적인 의미가 있었다. 소련의 관료 집단이 하나의 사회 계급으로 자리 잡을 정도로 공고해졌다는 뜻이기 때문이었다.[7] 하지만 트로츠키가 이 문제를 다룬 방식은 산만했다. 그는 정치 이론가인 브루노 리치가 나치 독일과 소련을 전체주의라는 한 가지 현상의 여러 사례라고 한꺼번에 묶어 취급했다는 것을 언급했다. 트로츠키는 이런 접근 방식을 완전히 부정하지는 못했지만, 여전히 이 전체주의라는 것이 '안정된 체제가 아니라 극심한 위기 상태'라고 주장했다.[8]

트로츠키는 낙관적인 태도를 가질 근거를 찾으려고 노력하였으며 소비에트 체제를 보존하는 것이 우선 과제라고 계속 주장했다. 그는 단지 하나의 중요한 조건을 붙였다.

소련의 방위는 우리에게 세계 혁명의 준비와 함께 존재한다. 혁명의 이익에 반하지 않는 방법만을 우리는 받아들일 수 있다. 소련 방위와 세계 사회주의 혁명의 관계는, 전술적 과제와 전략적 과제의 관계와 같다. 전술은 전략적 목표에 종속되어 있으며 어떠한 경우라도 전략적 목표와 충돌할 수 없다.[9]

트로츠키는 미래의 수많은 우여곡절에 대해 고찰하기를 거부했다. 그는 권력을 행사하는 자리에 있지 않았기 때문에 얼마든지 모호한 태도를 견지할 수 있었다.

　　이러한 종류의 '소련 방위'는 소련 정부의 공식적 방위와는 하늘과
땅처럼 차이가 난다. 현재의 공식적 방위는 "조국을 위하여! 스탈린
을 위하여!"라는 구호 아래 진행되고 있다. 우리의 소련 방위는 "사회
주의를 위하여! 세계 혁명을 위하여! 스탈린에 반대하라!"라는 구호
아래 진행된다.[10]

　　이런 구절은 제4인터내셔널이 활용할 수 있는 실제적인 지도 사항
이라기보다 불을 피워 보내는 연기 신호와 같은 것이었다.
　　〈반대파 회보〉의 같은 호에서 트로츠키는 평소 습관인 스탈린 조
롱을 다시 시작했다. 그는 히틀러를 침략의 주인공으로 그리고 스탈
린을 순종적인 하인으로 표현했다. 트로츠키는 자신의 삶이 끝나는
마지막 순간까지 크렘린에 자리 잡고 있는 자신의 강적을 과소평가
했다. 그 당시 스탈린이 국제 관계에서 자율적으로 행동하고 있다는
생각을 트로츠키는 전혀 받아들이지 않았다. 사실 1940년 5월 프랑
스가 무너지는 시점까지, 히틀러와 맺은 조약 덕분에 소련은 당시 독
일과 같은 정도의 경제적·군사적 이득을 보고 있었다.[11]
　　이 무렵 트로츠키는 또 다른 논쟁에 뛰어들었다. 스탈린은 폴란
드 동부 지역을 집어삼킨 뒤 에스토니아, 라트비아, 리투아니아로 시
선을 돌렸다. 독·소 불가침 조약은 1939년 9월 28일 수정되었고 수
정 내용에 따라 이 세 국가는 모두 소련의 세력권 안에 들어오게 되
었다. 크렘린은 세 나라의 정부를 위협했다. 이들 발트 국가의 장관
들은 모스크바로 소환되었으며 이들에 대한 위협은 직접적이면서 또
한 야만적이었다. 장관들은 이들 국가가 소련에 합병되기를 바란다
는 서류에 서명을 하지 않는다면 살아서 귀국할 수 없다는 말을 들
었다. 공포에 휩싸인 각국 정부는 굴복하고 말았다. 1940년 6월에 적

군과 엔카베데가 이들 국가에 진주하였으며 전면적인 '소비에트화'에 착수했다. 스탈린은 핀란드 역시 이들 국가와 마찬가지로 순종할 것이라고 기대했으나 의외로 강력한 저항에 직면했다. 1939년 11월 30일 적군(赤軍)은 공격 개시를 명령받았다. 그러나 핀란드 군대는 적군의 공격을 격퇴했다. 스탈린은 예상치 못한 실패에 노발대발하였다. 핀란드 소비에트 정부*의 설립이 선포되었으며, 정부의 수반으로 코민테른 관료인 오토 쿠시넨(Otto Kuusinen, 1881~1964)이 임명되었다. '겨울전쟁'은 군사적 교착 상태에 빠져버렸으며 결국 1940년 3월 핀란드는 강화 회담에 응했다. 회담 결과 조약이 체결되었으며, 과거에 레닌그라드에서 기차를 타고 채 한 시간도 안 되는 곳에 있었던 소련과 핀란드의 국경선은 이제 북쪽으로 수백 킬로미터 위쪽에 새로 자리 잡게 되었다.

크렘린의 능력을 계속 폄하하면서도 트로츠키는 소련의 군사작전을 원칙적으로 완전히 인정하였다. 그는 '소비에트화'가 핀란드에 이루 말할 수 없는 혜택을 가져다 줄 것이라고 주장했다. 뉴욕의 '사회주의노동자당'의―이 정당은 살아남아 있던 트로츠키파 조직 가운데 세계에서 가장 큰 조직이었다.―'소수파'는 이런 트로츠키의 주장에 반대했다. 이들은 이때의 소련 정책을 증오하여 '스탈린-제국주의'라고 명명하는 한편, 적군이 핀란드에 내전을 촉발했다는 트로츠키의 주장에 반대했다.[12] 실제로는 내전이 아니라 침공에 대항하여 국민적 저항이 일어난 것이었다. 심지어 트로츠키 편에 서 있던 '다수파' 역시 트로츠키의 정보와 분석에 의문을 제기했다.[13] 트로츠키는 조금도 물러서지 않았다. 조지프 핸슨에게 보낸 편지에서 트로츠키는 멘셰비키조차 1920년 소련과 폴란드의 전쟁이 폴란드 각지에

핀란드 소비에트 정부 겨울전쟁이 시작된 다음날인 1939년 12월 1일 선포된 정부. 소련은 이 정부를 핀란드 유일의 합법 정부라고 인정했으나, 실제로는 소련의 꼭두각시 정부였으며 이 전쟁의 종식과 동시에 1940년 3월 해체되었다.

내전을 불러일으켰음을 인정한 바 있다고 썼다. 트로츠키는 핀란드에도 역시 같은 일이 벌어진 것이라고 주장했다. 그는 모스크바와 헬싱키 사이에 강화 협정이 체결되는 마지막 순간까지 적군의 승리와 핀란드공산당 봉기에 대한 희망을 버리지 않았다.[14]

트로츠키는 이 유럽의 전쟁에서 어느 한쪽 편을 드는 동료들을 거세게 비난했다. 그의 지적인 경직성은 더 심해졌다. 그의 생각은 제1차 세계대전의 경험에 단단하게 고착되어 있었다. 당시 그는 치머발트 좌파와 마찬가지로 모든 교전국을 비난했다. 당시 독일 제국과 오스트리아 제국은 영국 제국이나 프랑스 제국이나 러시아 제국과 마찬가지로 다 나쁜 존재로 여겨졌다. 그는 공산당의 초기 역사를 다시한 번 되돌아보면서 평소와 마찬가지로 편향된 설명을 제시했다. 트로츠키는 1918년 볼셰비키들 사이에 진행되었던 브레스트-리토프스크 논쟁을 떠올렸다. 당시 소련은 군사적으로 취약했지만 부하린은 혁명 전쟁 수행을 지지했다.(트로츠키는 당시 자신이 레닌보다는 부하린 쪽에 가까운 입장이었다는 것은 언급하지 않았다.)[15] 레닌은 10월혁명을 구하는 수단으로 동맹국과 단독 강화 협정을 체결하자고 주장했다. 그렇지만 레닌은 만일 독일에서 사회주의 혁명이 일어난다면 설사 러시아의 '소비에트 권력'이 희생당하는 일이 있을지라도 적군이 독일의 혁명가들을 돕기 위해 파견될 것이라고 분명히 말했다. 트로츠키는 이러한 레닌의 전략을 제2차 세계대전에 적용하려 했다. 트로츠키는 샤크트먼에게 보내는 편지에, 만일 독일의 노동자가 히틀러에 반대하여 일어선다면 "우리는 '소련 방위의 이익을 세계 혁명의 이익에 종속시켜야 한다'고 말할 것이다."라고 썼다.[16]

트로츠키는 자신이 '크렘린에 대한 지지를 무조건적으로' 촉구하는 것이 아님을 강조했다.[17] 이런 말은 형식적인 차원에서는 타당하다고 말할 수 있다. 하지만 독일에서 프롤레타리아 봉기가 일어날 가능성이 전혀 없었던 1939~1940년의 상황에서 본다면 허울만 그럴 듯한 주장이었다. 독일 사회에 대한 나치의 통제는 과거 어느 때보다 강력했다. 트로츠키는 겉으로는 그렇게 말하지 않았지만 실제로는 소련 방위에 대한 절대적 지지를 은밀하게 표명하고 있었던 것이다. 트로츠키는 이 사안에 대한 솔직한 토론을 허용했으며, 사회주의노동자당의 '소수파'에 조직상 제재를 가하자는 주장에 반대했다. 분파활동에 대한 금지 조치는 취해지지 않았으며 심지어 '소수파'는 당내에서 따로 소식지를 펴낼 수도 있었다. 트로츠키는 핸슨에게 말했다. "우리는 절대로 관료가 아닙니다. 우리에게는 변경 불가능한 규칙이라는 것이 없습니다. 우리는 조직의 영역에서도 역시 변증법에 충실한 사람들입니다."[18] 이리하여 토론이 벌어졌지만 결국 샤크트먼을 트로츠키 쪽으로 끌어들이는 일은 실패로 끝났다. 샤크트먼은 우크라이나, 독·소 불가침 조약, 핀란드 문제에서 자신이 트로츠키에게 제기한 비판을 끝까지 고수했다. 트로츠키는 '나의 소중한 친구에게' 1939년 12월에 편지를 썼다. 자신이 이삼 일만이라도 뉴욕에 가서 샤크트먼을 직접 만나 설득할 수 있으면 좋을 것이라고 그는 썼다. 아니면 샤크트먼이 코요아칸에 오는 것은 어떻겠는가 묻기도 했다. 트로츠키는 샤크트먼에게 칭찬과 간청의 말을 쏟아부었다. 하지만 결국 트로츠키는 도발적인 언사를 쓸 수밖에 없었다. 그는 샤크트먼이 지금 "바리케이드의 반대쪽에 잘못 서" 있으며, "모든 프티부르주아와 반마르크스주의 분자들에게 우리의 교리에 대항하여 싸우라고 격려"하고 있다고 썼다.[19] 트로츠키는 젊을 때인 니콜라예프 시절부터 혹평하고 조롱하는 성향이 있었으며 그 성향은 평생 그를 떠나지 않았다.

그의 추종자들이 트로츠키주의자가 된 까닭은 그가 세계에서 가장 강인하게 파시즘에 반대하는 사람이라고 생각했기 때문이다. 그런데 지금 트로츠키는 제3제국이나 공화국 프랑스나 똑같이 나쁘다고 말하고 있었다. 사회주의노동자당 내에 긴장이 고조되어 갔다. 트로츠키는 제4인터내셔널이 사회주의노동자당을 잃게 될까 봐 우려했다. 그는 뉴욕에 있는 자신의 가장 충실한 동료인 조지프 핸슨에게 조직의 분열을 막는 데 노력해 달라고 부탁했다.[20] 최소한 이런 면에서 트로츠키는 제1차 세계대전 당시의 레닌보다는 당시의 트로츠키 자신처럼 행동했다. 그는 다음과 같이 덧붙였다. "나로서는 이 토론이 양측의 선의에 바탕을 두고 진행된다면 토론이 장기화한다 해도 현 상태에서는 당의 교육에 도움이 될 뿐이라고 믿습니다."[21] 그러나 샤크트먼은 이제 미련을 두지 않았다. 그는 미국 트로츠키주의 운동 진영의 친(親)트로츠키 분파에서 탈퇴하였으며 다시는 돌아오지 않았다. 1914년 이전에 트로츠키는 러시아사회민주노동당의 특출한 통합론자였다. 하지만 지금 그는 불필요하게 적을 만들고 있었다. 제1차 세계대전 때 인터내셔널에서 레닌이 하던 역할을 이제 트로츠키가 하고 있었던 것이다. 그때와 다른 점은, 제1차 세계대전이 레닌과 트로츠키가 적극적으로 활용할 수 있는 1917년의 혁명적 상황을 제공했던 반면 제2차 세계대전은 그렇지 않았다는 점이었다.

1940년 5월 독일의 전격전 앞에 프랑스가 무릎을 꿇었다. 독일의 군사 점령이 뒤따랐으며, 이미 반전 정책 때문에 비밀리에 활동해야 했던 프랑스의 트로츠키주의자들은 이제 목숨을 보전하는 데 전념해야 했다. 세계적 차원의 운동으로서 트로츠키주의는 크게 손상되었다. 독일의 동지들은 이미 1933년부터 탄압을 받아 왔다. 이제는 프랑스의 동료들이 뿔뿔이 흩어져 버렸다. 영국과 네덜란드와 벨기에는 애당초 제4인터내셔널에 큰 의미가 없었다. 이렇게 되면 자유롭게 활동할 수 있는 트로츠키 그룹이라고는 미국인들밖에 남지 않은 셈인데, 미국 그룹마저 복잡한 내부 분열 때문에 제대로 운영되지 못하고 있었다. 언제나 그랬듯이 트로츠키의 가장 주된 관심사는 소련이었다. 그는 프랑스의 항복을 프랑스 정부나 프랑스 군대의 잘못이 아니라 스탈린의 탓으로 돌렸다. 이번의 대실패는 크렘린이 추진한 인민전선 정책의 직접적인 결과라고 트로츠키는 주장했다. 소련은 혁명적 전략을 방기함으로써 유럽의 '대중'이 '방향 감각을 상실하고 사기를 잃도록' 만들었다. 1939년에 스탈린은 '히틀러에게 봉사하는 하수인'으로 변신했다. 트로츠키는 유럽 전쟁의 다음 단계는 소련과 제3제국의 충돌이 될 것이라고 정확하게 예견했다. 핀란드와의 전쟁에서 드러난 적군의 무력함 때문에 히틀러는 용기를 얻었으며 소련 방위는 소련이 스탈린이 지휘하는 한 안전하지 않았다. 트로츠키는 '모스크바의 전체주의적 도당'은 권좌에서 제거되어야 한다는 주장을 반복했다.[22]

한 가지 상당히 큰 이슈에 대해 그는 입장을 바꾸었다. 제2차 세계대전 이전까지 그는 팔레스타인 지역에 유대인 국가가 건설되어야 한다는 주장에 확고히 반대했다. 1939년 2월에 앨버트 글로처에게 보낸 편지에서 그는 이런 주장이 유대인들에게는 '멋진 덫'이라고 묘사했다. 하지만 그는 점차 전 세계의 유대인에게 가해지는 위험이 증가하는 것을 인정하고는 뉴욕에 사는 글로처에게 다음과 같이 썼다. "미국 자본주의가 쇠퇴함에 따라 반유대주의는 미국 내에서 점점 더 무서운 양상을 띨 것입니다. 그리고 이런 현상은 독일의 경우보다 더 중요해질 것입니다."[23] 트로츠키의 예지력이 뛰어나다는 주장이 나올 때면 이런 잘못된 예견 역시 기억해야 마땅할 것이다. 일 년이 채 지나가기 전에 그는 팔레스타인에 대한 입장을 바꾸었다. 여전히 프롤레타리아에 의한 사회주의 혁명만이 유대인 문제를 해결할 수 있음을 재확인하면서, 그는 혁명적 정권이 들어서면 그 정권이 유대인에게 독립국의 지위를 부여하는 것에 동의할 수도 있다고 암시했다.[24] 트로츠키는 평생 유대인이 중동 지역에 따로 국가를 설립하는 데 반대해 왔지만 독일이 유럽의 유대인에게 저지르는 만행을 보고 입장을 바꾸었던 것이다. 하지만 그는 자신이 과거에 잘못 생각했다고 인정하지는 않았으며 구체적으로 어느 장소에 그런 독립국을 세울 수 있는지도 말하지 않았다. 그러나 이것은 그의 생각에서 중요한 변화였다.

트로츠키의 생각의 방향은 점차 종잡을 수 없게 되었다. 트로츠키는 코민테른에 소속된 정당을 항상 철저하게 비판하는 글을 썼으며 사회주의노동자당은 그런 글을 읽는 데 익숙했다. 트로츠키는 1939년 10월 12일 J. B. 매슈스라는 사람에게 편지를 썼다. 그는 미국 하원의 '반미 활동 조사 위원회'에 소속된 최고 조사관이었다.(이 위원회는 미국 헌법을 전복하려는 외국의 음모를 조사하는 일을 맡고 있었다.) 트로츠키는 이 편지에서 미국공산당 지도부를 비난하는 증인으로서 이 위원회에 출석하겠노라고 제안했다. 그가 내세운 유일한 조건은 질문 사항을 미리 서면으로 달라는 것이었다.[25] 동시에 그는 코민테른에 소속한 각 정당들이 스탈린의 지침에 따라 유럽의 교전국들에게 중립을 지키고 있다는 사실에 기쁨을 표현했다. 1940년 6월 트로츠키는 갑자기 코민테른과 화해를 시도할 필요가 있다고 주장했다. 그는 뉴욕에 있는 트로츠키파 지도자들이 미국공산당을 무조건 공격하는 것을 나무랐다. 그러면서 트로츠키는 "스탈린주의자들은 노동운동의 정당한 한 부분이며 …… 대단한 용기를 지녔다."고 강조했다. 그러므로 제4인터내셔널은 공식적인 공산당 지도부로부터 이 '토대 부분'을 분리하는 노력을 기울여야 할 것이라고 말했다.[26] 트로츠키는 자신이 여전히 지적이고 정치적인 나침반을 상실하지 않았다는 것을 강조하면서, 자신의 추종자들이 언젠가는 소련의 침공에 대항하여 무기를 들어야 할지도 모르기 때문에 추종자들은 그들 스스로를 '프롤레타리아 혁명 군대'로 여겨야 할 것이라고 촉구했다.[27] 트로츠키의 이런 발언을 들은 뉴욕의 추종자들이 이제는 트로츠키가 극좌 진영의 신뢰할 수 없는 안내자로 변모해 가고 있다고 생각했더라도 그들을 크게 탓할 수는 없었을 것이다.

트로츠키는 1940년 7월 9일 미국의 트로츠키주의자이자 법률가인 앨버트 골드먼(Albert Goldman, 1897~1960)에게 편지를 썼다. 사회주의노동자당이 '전쟁에 대한 인민투표'를 요구하는 구호를 철회해서는 안 된다는 내용이었다. 이는 독일에 맞서 싸우고 있는 영국을 노동운동이 지지하는 것을 억제하려는 그의 입장과 동일선상에 있었다. 또한 그는 코민테른과 마찬가지로 제4인터내셔널도 미국이 영국 편을 들어 전쟁에 참가하는 것을 계속 반대해야 한다고 주장했다. 트로츠키는 인민투표 운동을 벌여 당이 미국의 노동자들에게 '그들의 민주주의가 공허한 것임'을 설명할 수 있기를 희망했다.[28]

한편 트로츠키는 소련이 제3제국 편에 서서 적극적으로 참전하지는 않을 것이라고 확신하고 있었다.[29] 더 정확히 말하면 트로츠키는 스탈린이 그렇게까지 타락하리라고는 상상할 수 없었던 것이다. 트로츠키는 이유를 대지는 않았다. 단지 자신의 직관적인 느낌을 표현했던 것이다. 소련이라는 국가에 비록 많은 결점이 있었지만 트로츠키의 가슴 깊은 곳에는 그 소련에 대한 사랑이 자리 잡고 있었다. 그가 소련에 관해 마지막으로 쓴 글은 1940년 봄에 매우 얇은 종이에 인쇄되었다. '소련의 노동자들, 집단농장원들, 적군 병사들, 붉은 해군 수병들에게 머나먼 멕시코로부터' 보내는 공개 호소문이었다. 그 글에는 소련 방위에 조력하고 싶은 트로츠키의 소망이 강렬하게 표현되어 있었다. 그는 자신의 서신이 자신이 원하는 독자들에게 절대로 도달할 수 없다는 것을 알았을 것이다. 이런 서신을 보내는 것은 허망한 시도였다. 어쩌면 이때 트로츠키는 현실 감각을 완전히 상실한 상태였는지도 모른다. 여하튼 그는, 스탈린의 언론 매체가 이 서신의 운반자로 제국주의 측의 요원들을 지목할 것이라고 예상했다. 그의 예상은 완전히 빗나갔다.[30] 소련의 언론 매체는 이 서신에 전혀 주의를 기울이지 않았다. 그리고 분명히 이 호소문은 그가 원했던 목적지에 전혀 도달하지 못하였을 것이다.

51장

유언과 암살

"나의 혁명적 정직성에는 단 하나의 오점도 없다."

〈프라우다〉는 트로츠키의 활동을 수년간 보도하지 않았지만 스탈린은 트로츠키를 잊지 않고 있었다. '대숙청'은 1938년 말에 끝났으며 이제 소련 정치권 내에 스탈린의 적수는 단 한 명도 남지 않았다. 활동 중인 적은 트로츠키뿐이었다. 제4인터내셔널은 허약하고 분열되어 있었지만 그래도 스탈린은 트로츠키를 제거하기로 마음을 굳혔다. 사실 스탈린에게 트로츠키는 일종의 강박관념이었다. 소련 언론에서는 트로츠키를 국외에 포진한 가장 악독한 '인민의 적'이라고 불렀다. 트로츠키는 자신이 얼마나 위험한 처지에 놓여 있는지 잘 알고 있었지만 자신의 개인적 안전에 너무 신경을 쓰지 않기로 했다. 측근의 충고를 무시하고 그는 계속 서재에서 낯선 사람들과 혼자서 만나곤 했다.[1] 그는 자신을 위해 구축된 보호 장치를 뚫고 누군가 침투해 들어올 수 있으리라고 믿지 않았다. 그는 자기를 암살하기 위해 자신의 목숨을 내놓는 위험은 누구도 감수하지 않을 것이라고 주장했다.[2]

비에나 거리의 트로츠키 집은 이제 저택과 요새의 중간 형태로 변했다. 입구에는 감시탑이 세워졌고 북쪽 담장 바로 안쪽에는 경호원실이 여러 칸 마련되었다. 트로츠키 일가는 좀 더 안전한 안뜰 깊은 곳에 살았다. 이 안채에는 세바의 침실, 트로츠키 부부의 침실, 그리고 트로츠키의 집무실이 있었다. 동쪽 담장을 따라 트로츠키의 서재, 공동 식당, 부엌, 욕실이 붙어 있었다.[3] 집안 식구들의 음식 재료로 쓰기 위해 안뜰에서는 토끼와 닭을 사육했다. 정원에는 나무 몇 그루가 있었다. 중앙에는 유칼립투스 나무가 한 그루 서 있었으며 꽃도 풍성하게 피어 있었다. 집은 멕시코 전통 방식으로 벽돌을 회반죽으로 쌓아 올린 건물이었는데, 폭탄 공격을 막을 정도는 못 되었지만 기관총 공격은 막을 정도로 견고했다. 전기 경보 시스템이 설치되었다. 저택의 바깥에는 경찰이 파견한 경호원들이 지키고 있는 경비실이 몇 개 있었다. 트로츠키는 이 저택을 난공불락으로 만들 수 없다는 것은 알고 있었지만 이제 더는 걱정을 하지 않았다. 혁명적 의지를 제창하던 철학자는 이제 운명론에 굴복하고 있었다. 그는 이제 자신이 구축해놓은 정치적 토대 위에 무언가를 짓는 작업을 다른 사람에게 넘겨주어도 상관없다고 생각했다.

그러나 트로츠키가 평정을 잃는 순간도 있었다. 1938년 2월 아직 '푸른 집'에 살고 있을 때였는데, 비료 포대 여러 개가 리베라 앞으로 배달된 것을 본 트로츠키는 이 포대가 폭발물을 제조하기 위한 화학 물질이라고 생각했다. 배달원은 이 포대가 통신장관인 무히카 장군이 보낸 것이라고 말했다. 하지만 그 말이 거짓으로 드러나자 트로츠키는 저택을 떠나 며칠 동안 바깥에 머물렀다.[4] 그는 또한 다른 지역에 있는 트로츠키파 지도자들에게 편지를 쓸 때 얼마간 조심성을 보였다. 그는 크렘린의 요원들이 편지에 접근할 수 있으리라는 상당히 일리 있는 추론을 하였다. 그래서 그는 편지를 쓸 때 가명을 사용하였다. 하지만 그는 별로 상상력을 발휘하지 못했다. 종종 그는 '올드맨'이라고 서명했다. 이 가명은 터키 시절부터 이따금 쓰던 이름이었다. 또 그는 '레온 아저씨(Uncle Leon)'라고 서명했다. 이 가명 역시 너무나 빤한 필명이었다.[5] 이밖에 그가 사용한 이름은 크룩스(Crux),

온켄(Onken), 비달(Vidal), 룬트(Lund) 따위였다. 또한 트로츠키는 측근으로 침투하려는 스탈린의 비밀요원들을 경계해야 했다. 트로츠키는 멕시코 경찰과 미국 대사관의 삼엄한 감시를 받고 있었다. 그를 감시하는 사람들 가운데 그가 죽기를 바란 사람은 스탈린이 유일했다. 트로츠키는 엔카베데가 결국에는 스탈린의 소망을 충족시키고 말 것이라는 생각이 들었다. 그의 가슴속에는 암울한 느낌이 쌓이기 시작했다. 과거에 프랑스에 있을 때 트로츠키는 자신의 처지를 '감옥에 갇힌 상황'이라고 말한 적이 있었다. 당시 그는 프랑스 경찰에게 활동을 제한받는 상황을 무척 싫어했다.[6] 이제 멕시코에서 트로츠키의 활동을 제한하는 사람은 그 자신의 추종자들이었으며, 그것을 거부하기에는 잠재적인 위험이 너무나 명백했다.

그렇지만 트로츠키는 자신이 암살자의 총탄에 죽기보다는 건강 문제로 죽을 것이라고 믿었다. 60세 생일에서 약 4개월 가까이 지난 1940년 2월 27일 그는 '유언장'을 작성하기 시작했다. 타자를 치지 않고 직접 손으로 썼다. 트로츠키 가족의 주치의 촐링거 박사가 정기적인 의료 검진을 실시한 직후였다. 나탈리야는 의사가 남편의 마음을 우울하게 만들었다고 탓했다. 하지만 촐링거는 비관적인 평가를 내리지 않았다고 회고했으며 트로츠키의 말을 보면 의사의 기억이 정확했던 것 같다. 나탈리야는 남편의 기분을 나아지게 만들려는 목적에서 다시 한 번 의료 검진을 실시했다.[7] 트로츠키는 기분이 좀 나아졌지만 유언장 작성은 계속했다. 유언장에 세세한 내용은 별로 적어 넣지 않았다. 다만 그의 모든 재산과 미래의 수입은 나탈리야에게 귀속하도록 했다.(그는 혹시라도 아내가 먼저 죽을 경우에는 어떻게 할지에 대해서는 서술하지 않았다.) 그는 다른 메모에 이렇게 덧붙였다. "나의 높은—점점 높아져 가는—혈압 때문에 나와 가까운 사람들은 나의 실제 상태를 오해하고 있다. 하지만 나는 활동적이며 또 일을 할 수 있는 상태이다. 그렇더라도 끝이 가까워지고 있는 것은 분명하다." 그는 자신이 뇌출혈로 사망하게 되리라고 생각했다. 이것은 오직 추측에 불과했다. 트로츠키는 의학 서적을 읽으려 하지 않았고 의사들이 자신에게 솔직하지 않다고 의심했다. 아무것도 못 하는 환자가 되느니 그는 차라리 스스로 목숨을 끊는 편을 원했다. 이 점에 관해서 그는 나탈리야의 동의를 얻어냈다.

유언장에서 트로츠키는 자신이 정치적 과오를 범한 적이 있음을 인정했지만 구체적으로 무엇인지는 쓰지 않았다. 하지만 그는 "나의 혁명적 정직성에는 단 하나의 오점도 없다."라고 썼다. 그는 이렇게 덧붙였다. "나는 프롤레타리아 혁명가로, 마르크스주의자로, 변증법적 유물론자로, 따라서 타협 없는 무신론자로 죽어 갈 것이다. 인류의 공산주의 미래에 대한 나의 신념은 젊은 시절보다 오늘 더 강하다." 그는 이런 신념이 자신에게 어떤 종교가 줄 수 있는 것보다 더 강한 '저항의 힘'을 주었다고 생각했다. 그는 벗들의 충실함에 감사를 표했으며 나탈리야에게 경의를 표했다. "거의 40년 동안 생을 같이하면서 그녀는 사랑과 관용과 부드러움의 무한한 원천이었다. 그녀는 엄청난 고통을 겪었으며 특히 우리 생의 마지막 단계에서 그랬다. 그러나 그녀가 행복한 시절 역시 경험했다는 사실에서 나는 약간의 안도감을 느낀다."[8] 트로츠키는 잠시 다른 마음을 품었던 것을 이제는 완전히 극복했다.

트로츠키의 사기는 다시 올라갔으며 그는 스탈린 전기, 〈반대파 회보〉, 그리고 사회주의노동자당 내의 비판자들과 벌이는 논쟁 관련 작업을 다시 시작했다. 집안 식구들과 함께 식사를 하는 동안 그는 그날의 사건에 관해 이야기했다. 그는 저택 안의 뜰을 걸어다니면서 고용된 일꾼들이 어떻게 일을 하고 있는지 지켜보기도 했다.[9] 트로츠키 자신은 토끼에게 먹이 주는 일을 맡았다. 트로츠키는 왕성하게 서신 교환을 계속했으며 이제 측근들은 그의 정신적 건강 상태를 걱정하지 않게 되었다. 신참들이 계속 멕시코로 왔으며 각자의 특기

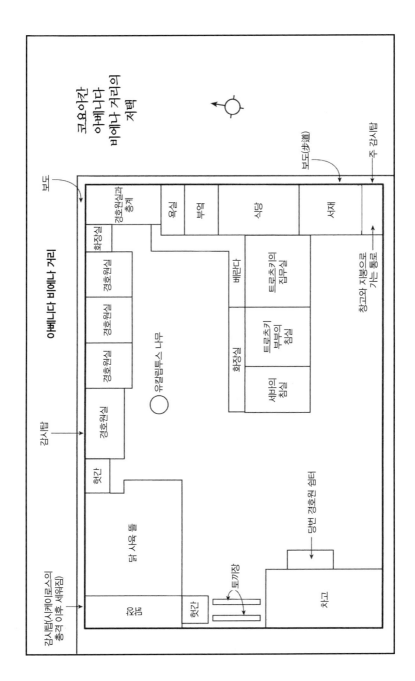

교요아친
아베니다
비에나 거리의
저택

에 따라 적절한 일을 지정받았다. 신참 가운데 두 사람이 1940년에 어느 정도 인정을 받게 되었다. 한 사람은 로버트 셸던 하트(Robert Sheldon Harte, 1915~1940)라는 25세의 미국 젊은이였는데, 그는 트로츠키의 경호원 역할을 하였다. 그는 '밥'이라고 불렸으며 인기 있는 젊은이였다. 그는 지식인라고 할 수는 없지만 자신에게 맡겨진 일을 아무런 불평 없이 잘 수행했고 식사 테이블에서는 상냥한 태도로 대화를 이끌었다. 또 한 명의 신참은 실비아 아젤로프였다. 미국 시민이었고 비서로서 자격을 갖춘 여성이었던 그녀는 트로츠키를 위해 기술적인 업무를 수행했다. 하트는 저택에서 살았지만 아젤로프는 바깥에 거처를 마련했다. 아젤로프는 평범한 용모의 30세 여성이었고 남자들과 교제를 잘하지는 못하는 타입이었다. 그녀는 정치에 대해 무척 진지했으며 트로츠키의 측근이면서도 미국 트로츠키파 내의 논쟁에서는 '소수파'의 입장에 서 있었다.

1939~1940년의 겨울에 미국 트로츠키주의자인 알렉산더 부크먼(Alexander Buchman, 1911~2003)이 멕시코에 와서 도움을 주었다. 사진사인 그는 전기 배선을 새로 설치할 수 있는 전문 기술도 갖추고 있었다. 그가 경보 장치를 새로 설치해주어서 이제 저택은 침입자를 사전에 방지할 수 있었으며 현지 경찰서와 직접 연결되었다. 1940년 4월 중순 부크먼이 하던 일을 그만두자 하트가 그를 대신했다.[10] 이것은 운명적인 인원 교체였다. 하트는 겉모습과는 완전히 다른 사람이었다. 그는 소련의 비밀요원이었으며 미국공산당 소속이었다. 그의 임무는 멕시코의 화가인 다비드 알파로 시케이로스(David Alfaro Siqueiros, 1896~1974)가 조직한 암살단과 연락을 취하는 일이었다. 코민테른의 강력한 지지자였던 시케이로스는 리베라와 마찬가지로 벽화 화가였다. 그는 에스파냐 내전에 전투원으로 참가한 경력이 있었으므로 총을 다룰 줄 알았고 스탈린의 가장 큰 적수인 트로츠키를 공격하려고 열성을 다하고 있었다.

총격이 시작된 것은 5월 24일 새벽이었다. 시케이로스와 약 20명의 무장 인원이 비에나 거리 쪽에 있는 바깥 문을 통과했다.[11] 당시 하트가 저택의 문을 책임지고 있었기 때문에 그가 허용하지 않았다면 이들이 들어오는 것은 불가능했을 것이다. 저택 바깥에 배치되어 있던 경찰은 아무런 행동도 취하지 않았으며 모든 것을 하트에게 맡기고 있었다. 시케이로스 일당은 군복을 입고 있었다. 나중에 경찰 측은 이들이 군복을 입고 있었기 때문에 자신들이 개입할 필요가 없다고 판단했다고 말했다.[12] 안뜰로 들어선 이들은 곧바로 트로츠키가 일을 보고 잠을 자는 구역의 마당으로 향했다. 트로츠키 거처 쪽을 향해 이들은 몇 분 동안 맹렬하게 총을 쏘았다. 트로츠키와 나탈리야는 침대 밑으로 뛰어들었다. 총탄이 두 사람 곁을 스쳐 갔으며 나탈리야는 남편을 보호하기 위해 남편의 몸 위에 자기 몸을 던졌다. 이렇게 습격해 온 무리의 공격 계획은 단순했다. 건물을 향해 집중 사격을 가한 다음, 날이 밝기 전에 되도록 빨리 어둠 속으로 탈주하는 것이었다. 이들은 임무를 성공적으로 완수했는지도 확인하지 않은 채 바깥으로 뛰어나가 두 대의 큰 차에 올라타고 멀리 도주했다. 트로츠키와 나탈리야는 침실에서 나와 옆방에서 자고 있던 세바에게로 달려갔다. 아이는 울고 있었으며 부부는 아이가 다리에 약간의 찰과상을 입었을 뿐임을 보고 안도했다. 수행원들은 모두 안뜰에 모여 과연 어떻게 하여 방어막이 뚫렸는지 의논하였다. 또 하나 이상한 점이 있었다. 어째서 습격한 일당이 로버트 셸던 하트를 납치해 갔는가 하는 점이었다.

멕시코 경찰 당국은 이 사건을 철저하게 수사한다는 방침을 세웠다. 시케이로스는 이미 가장 유력한 용의자로 지목되었지만 여전히 총격을 가한 무리의 정체는 밝혀지지 않았다. 심지어 리베라까지도 용의선상에 올랐다. 그와 트로츠키의 관계가 악화된 상태였기 때문이다. 이 두 사람의 저명한 화가들이 특히 의심스러웠다. 시케이로스

아베니다 비에나 거리의 집에서 함께 살았던 트로츠키와 나탈리야, 손자 세바. 세바는 자살한 큰딸 지나의 아들이다.

　와 공범 몇몇은 멕시코시티의 북서쪽 외곽에 위치한 타쿠바 근처의 산속으로 도주했다. 이들의 암살 시도는 거의 코미디에 가깝게 서툴렀다. 이들은 트로츠키가 죽었는지 아닌지를 라디오 방송을 듣고서야 파악했다.

　경찰 조사를 지휘한 레안드로 산체스 살라자르 대령은 실력 있는 전문가였다. 카르데나스 정부는 바로 이러한 사건이 일어나는 것을 방지하기 위해 많은 노력을 했으며, 트로츠키를 보호할 책임을 맡고 있던 사람이 바로 이 살라자르 대령이었다. 총격이 시작된 지 몇 분

뒤 보고를 받은 그는 침대에서 뛰쳐나와 달려왔다. 아직 날이 밝지 않은 상태였다. 저택의 문에서 살라자르는 저지당했다. 저택의 거주자들은 또 다른 공격이 곧 닥쳐올 수 있다고 생각하고 안뜰에 모여서 총을 들고 사격 태세를 갖추고 있었다. 살라자르는 책임자와 이야기를 나눈 뒤 곧 저택 안으로 들어올 수 있었다. 세바가 발에 붕대를 감은 채 마당에서 놀고 있었다. 하늘은 조금씩 밝아지고 있었으며 주위는 이상할 정도로 고요했다. 트로츠키는 잠옷 위에 가운을 걸친 채로 나탈리야와 함께 살라자르와 인사를 나누었다. 트로츠키 부부가 너무나도 침착한 상태였기에 살라자르 대령은 혹시나 총격 사건이라는 것이 꾸며낸 이야기가 아닌가 하고 의심했다.[13] 만일 대령이 역사책을 좀 읽었더라면 트로츠키가 이미 러시아 내전 시기에 이 사건보다 더 위험한 상황을 여러 차례 경험했음을 알았을 것이다.

살라자르와 그의 동료들은 저택의 거주자들에게 질문하며 두 가지 가설을 세웠다. 습격한 일당들의 지휘자에 대한 묘사를 들어보니 시케이로스에 매우 가까웠다. 게다가 시케이로스는 종적이 묘연한 상태였다. 대체로 그는 멕시코시티의 식당과 술집에서 눈에 잘 띄는 사람이었다. 그의 행방을 찾는 수사가 시작되었다. 트로츠키의 측근들은 이 화가가 주모자일 것이라는 경찰의 추정을 받아들였다. 하지만 하트가 시케이로스 일당과 공범이라는 두 번째 가설은 측근들의 마음에 들지 않았다. 몸싸움을 한 흔적이 없었기 때문에 만일 내부 협조자가 없었다면 시케이로스는 급습에 성공할 수 없었을 것이었다.[14] 하트를 의심하는 것을 보고 트로츠키의 측근들은 경찰이 한심하다고 생각했다. 측근들은 밥 하트와 사이가 좋았고 하트는 트로츠키의 대의에 완전한 충성심을 보여주었기 때문이다. 트로츠키의 구호를 입에 올리는 자가 유다가 되어 트로츠키를 배신할 수 있다는 것을 트로츠키 측근들은 받아들이지 않았다. 밥 하트가 이 저택에서 보여준 동지애는 도저히 억지로 꾸며낸 것이라고 보기 힘들었다. 경찰의 의심이 사실이라면 이 사실이 내포하는 의미는 상상조차 하기 싫을 정도로 무시무시했다. 만일 밥 하트가 배신자라면 측근 가운데 또 그런 의도를 품고 숨어 있는 사람이 없다고 할 수 있겠는가? 트로츠키의 측근들이 이런 식으로 비밀요원의 침투 가능성을 제대로 직시하지 못한 것은 얼마 뒤 돌이킬 수 없는 결과를 초래하고 만다.

모든 트로츠키주의자들이 이런 식으로 순진했던 것은 아니다. 사건이 일어난 날 밤, 밥 하트가 전기 보안 장치를 꺼 둔 것은 모든 사람이 동의하여 행해진 일이었으며, 그의 무죄를 믿었던 나탈리야는 심지어 밥 하트가 평소 보안에 허술한 편이었다고 말했다.[15] 하지만 허버트 솔로(Herbert Solow, 1903~1964)는 6월 14일 트로츠키에게 편지를 보내 자신이 밥 하트를 의심하고 있음을 밝혔다. 그는 또한 멕시코시티 중심가에서 불과 몇 킬로미터밖에 떨어지지 않은 타쿠바에 스탈린파 인물들이 집결해 있는 것이 포착되었다고 언급했다. 타쿠바에 스탈린파 인물들이 머무르고 있다는 것은 심상찮은 일이었다. 솔로는 경찰에 말하여 즉시 수사하도록 하라고 트로츠키에게 당부했다. 그는 또한 비에나 거리 저택의 모든 거주자들은 당분간 하트의 납치 사실을 함구해야 한다고 촉구했다.[16]

하트가 어떤 운명에 빠지고 말았는지가 곧 밝혀졌다. 타쿠바 외곽의 어느 벽돌집에서 시체 하나를 현지 주민이 발견했다. 시케이로스와 하트의 승용차가 근처 산간 지역에서 목격되었다. 하지만 경찰은 여전히 그의 행방을 찾지 못했다. 수사가 시작되자 곧 흥미로운 사실이 확인되었다. 시케이로스와 그의 친구들이 타쿠바 외곽의 이 집을 45페소를 주고 3개월 동안 빌리고 있었던 것이다. 아직 사건의 많은 부분이 밝혀지지 않았지만 여하튼 음모자들이 이 집을 근거지로 삼았던 것은 분명했다. 지난 몇 주일 사이에 뉴욕의 차량 번호판을 단 검은색 패커드 차량이 목격되었다는 정보가 입수되었다. 시케이로스 역시 같은 종류의 차를 타고 다니던 것이 목격된 바 있었다.[17]

폭발 장치가 숨겨져 있을 우려가 있어 경찰은 완전무장을 하고 이 집에 조심스럽게 접근했다. 그러나 경찰이 이 집에 도착했을 때는 이미 모두 도주하고 아무도 없었으며 시케이로스는 자신이 트로츠키 암살 기도와는 아무런 관련이 없음을 선언하는 성명을 발표했다. 벽돌집은 철저하게 수색되었고 주변 지역 역시 조사되었다. 경찰은 주변에 퍼져 샅샅이 조사를 진행했다. 석회 가루로 대충 덮여 있었던 시체의 신원은 곧 로버트 셸던 하트로 밝혀졌다.

살라자르 대령은 이로써 자신의 두 번째 가설을 확인했다고 생각했다. 시케이로스는 하트를 공범자로서 데리고 도주했지만 어떤 이유에서인지 그를 살해하기로 결정한 것이었다. 모스크바의 명령에 따라 살해했을 가능성도 있었다. 경찰이 시케이로스와 하트 두 사람을 모두 추적하자 시케이로스가 앞으로 하트를 어떻게 처리하여야 할지 몰라 당황한 나머지 그를 살해해버렸다는 설명도 가능했다. 시케이로스는 얼마 뒤 멕시코시티에 나타났고 감금된 채로 심문을 받았다. 경찰에게는 그가 하트를 살해했다는 증거가 없었다. 모든 증거가 그를 지목했지만 시케이로스는 트로츠키 저택을 침입하고 공격한 사실을 철저히 부인했다. 저명한 화가라는 사실이 그에게 유리하게 작용했지만, 그래도 완전히 처벌을 면할 수는 없었다. 시케이로스는 트로츠키가 죽은 후인 1941년이 되어서야 재판을 받았다. 멕시코 정부는 멕시코의 위대한 화가 한 사람을 수년간 감금하는 것을 불편하게 생각했다. 결국 시케이로스를 비밀리에 칠레로 보내기로 결정이 내려졌다. 그곳에서 그는 2년을 보내고 1943년 다시 조심스럽게 귀국하여 매우 열정적으로 사회 활동을 계속했다.[18]

트로츠키는 이 사건으로 몹시 충격을 받아 "지쳤어, 지쳤어."라고 말하며 저택 안을 걸어 다녔다.[19] 7월 말 그는 '알 수 없는 오래된 병'에 다시 시달렸다. 등의 통증을 호소했으며 체온이 올라갔다. 8월 11일에 그는 다시 기운을 차리기 시작했으며 침대에 누워 있는 시간이 줄어들었다.[20] 그는 스탈린 전기를 다시 구술했고 정치적 동조자들을 비롯해 많은 사람들과 활발하게 편지를 주고받기 시작했다. 하지만 때때로 그는 분노와 좌절감을 참을 수 없는 지경이 되곤 했다. 그럴 때면 뉴욕에 있는 자신의 번역자인 찰스 맬러무스에게 편지를 보내 화풀이를 했다. 그를 존경하는 사람들이—대부분 미국인들이었다.—방문하면 트로츠키는 기분이 좋아졌다. 제4인터내셔널과 스탈린에 대해 의견을 개진할 일이 있을 때마다 그는 기회를 놓치지 않았다. 그는 또 매일 따로 시간을 내 역사와 당시 정치 상황에 대한 글을 읽었다. 1920년 폴란드와 소련의 전쟁 때 남부 전선에 관한 알렉산드르 예고로프의 책이 트로츠키의 책상 위에 놓여 있었다. 그해 여름 운명적인 군사작전이 있고 나서 정확히 20년의 세월이 흘렀다. 트로츠키를 존경하는 사람이 아무런 예고 없이 갑작스럽게 소포를 보내온 일도 있었다. 영어 속어 사전을 선물로 보낸 것이었다. 트로츠키는 사전에서 배운 상스런 영어 구절 몇 마디를 시험 삼아 써보기도 했다. 8월 20일 그는 자신의 추종자인 행크 슐츠(Hank Schultz)에게 편지를 쓰면서 이 사전을 칭찬했다.[21] 그는 또한 '보나파르티즘, 파시즘, 전쟁'이라는 제목으로 글의 초안 작업을 했다.[22] 트로츠키는 상태가 좋았으며 흡족한 마음으로 생활하고 있었다.

시케이로스의 공격 이후 트로츠키의 측근은 보안을 더욱 철저하게 하려고 애썼다. 조지프 핸슨은 어떤 조치들을 취해야 하는지 목록을 만들어 동료 트로츠키주의자인 패럴 돕스(Farrell Dobbs, 1907~1983)에게 보냈다. 보안 팀은 중고 권총 두 자루를 구입했다. 트로츠키의 침실에는 방탄 문을 달았다. 창문 몇 개에는 창살을 달거나 아예 벽돌을 쌓아 막아버렸다. 비에나 거리 쪽 담장의 북서쪽 구석에 서둘러 새로운 감시탑을 건설했다.[23] 경비실도 몇 개 더 만들었다. 조명 장치를 새로 설치했으며 경찰 초소도 네 채 더 지었다. 보안 팀은 저택 겸 요새로서 트로츠키의 집을 난공불락으로 만드는 것을 목표로 삼았다.

슐츠에게 보낸 편지는 트로츠키가 마지막으로 구술한 편지가 되었다. 보나파르티즘과 파시즘, 전쟁에 관해 쓴 글은 트로츠키 본인이 아니라 다른 사람이 나중에 편집하여 완성했다.[24] 8월 20일 오전에 트로츠키는 바쁜 일정을 보냈고 오후에는 평소대로 낮잠을 즐겼다. 한 가지 일만 처리하면 하루의 일과가 끝날 예정이었다. 그가 잭슨이라고 알고 있었던 어떤 사람과 오후에 사적인 약속이 잡혀 있던 것이다. 잭슨은 이따금 트로츠키의 비서 역할을 해주는 실비아 아젤로프의 남자 친구였다. 잭슨은 실비아와 함께 자주 저택에 왔으며 자신이 사업차 출장을 가고 없을 때면 자신의 자동차를 트로츠키의 측근들이 사용할 수 있도록 내주었다. 한번은 그가 실비아에게 사탕한 상자를 전해주어야 한다면서 트로츠키의 저택에 온 적도 있었다. 어떤 때는 트로츠키가 낮잠을 즐기는 시간에 오기도 했다. 다양한 시간대에 방문한 것은 필시 트로츠키 저택의 하루 일과를 파악하기 위해서였을 것이다.[25] 그는 자신의 정치적 진지함을 보이기 위해, 실비아가 트로츠키와 면담하는 자리에 따라와 미국 트로츠키파 내의 논쟁에서 '소수파'의 입장을 지지하는 논지를 펴는 실비아와 함께했다. 몇 마디 발언을 하기도 했고 웃기도 했다. 15분간 실비아와 대화를 한 트로츠키는 가축에게 먹이를 주어야 한다면서 대화를 끝냈다. 실비아와 함께 자리를 뜨기 전, 잭슨은 자신이 쓰려는 글의 기획안을 한번 검토해주지 않겠느냐고 물었다. 트로츠키는 그러겠노라고 답했다. 글의 주제는 프랑스의 경제 통계였다. 트로츠키는 이 기획안에 별로 높은 평가를 줄 수 없었다. 기획안은 초보적이었으며 그다지 설득력이 없었다. 그러나 트로츠키는 나중에 기획안의 내용에 관해 잭슨과 이야기를 나누겠다고 약속했다.

트로츠키와 가까운 사람들 모두가 잭슨에게 호감을 보인 것은 아니었다.(평상시 트로츠키는 도저히 감당할 수 없을 정도로 순진했으며 의심이라고는 할 줄 몰랐다.) 나탈리야는 잭슨이 어떤 돈 많고 부정직한 사업가 밑에서 일하고 있다고 말하면서도 정작 그 사업가의 이름은 대지 않는 것을 의아하게 생각했다. 앨프리드 로스머와 마르게리트 로스머는 잭슨의 정체를 의심했다. 두 사람은 어째서 잭슨이 어떤 분야에서 일하는지를 말하지 않는지 여러 번 물었다. 두 사람은 잭슨이 무슨 이야기를 할 때면 거의 모든 사항에 관해서 무엇인가 회피하는 듯한 느낌을 받았다고 했다.[26]

드디어 잭슨이 저택에 도착했고 믿을 수 있는 동지라는 확인을 받은 후 곧 집 안에 들어왔다. 나탈리야는 그에게 이렇게 맑은 날에 왜 레인코트를 입었느냐고 물었다. 잭슨은 곧 비가 올 것 같아서 그랬다고 대답했다.[27] 멕시코시티 주변 지역은 8월이면 심한 천둥 번개를 동반한 비가 내리는 경우가 있었으며 특히 오후 서너 시 이후에 날씨가 나빠지는 경우가 많았다. 잭슨이 레인코트 주머니에 등산용 얼음도끼와 단검을 넣고 왔다는 사실은 누구도 알지 못했다.[28] 다른 사람의 눈에 잘 띄지 않게 하기 위해서 그는 미리 얼음도끼의 자루를 짧게 잘라냈다. 잭슨의 계획은 트로츠키의 집무실에서 소리 없이 일을 해치우고는 다른 사람이 눈치채기 전에 도주하는 것이었다. 만일 총기를 사용한다면 총 소리를 사람들이 들을 것이고 그는 사람들에게 붙잡힐 터였다. 경호원이 그에게 총을 쏠 수도 있었다. 트로츠키와 단둘이 있게 되면 잭슨은 첫 번째 기회에 곧바로 얼음도끼나 단검으로 즉시 일을 해치울 생각이었다. 잭슨의 몸은 날렵했고 강인했다.[29] 그는 잘 훈련받았고 냉철했다. 그는 코민테른의 대의에 헌신했다.[30] 그리고 소련 보안기관의 요원들과 긴밀하게 연락을 취하고 있었으며, 이 요원들은 멕시코 지역을 맡고 있는 나움 에이팅곤(Naum Eitingon, 1899~1981)의 지휘를 받았다. 결정적 타격을 가할 시간이 드디어 온 것이다.

잭슨은 집무실에 들어가 트로츠키와 인사를 나누었다. 트로츠키

비에나의 저택에 있는 트로츠키의 집무실. 클레어 셰리든이 만든 트로츠키의 흉상이 책장 위에 놓여 있다.

는 다시 한 번 기획안을 대충 넘겨 보면서 생각을 정리하였다. 이 덕분에 잭슨은 앉았던 의자에서 일어나 책상을 끼고 옆으로 돌아갈 수 있었다. 레인코트는 계속 팔 위에 걸치고 있었다. 레인코트 주머니 속의 무기를 즉시 사용하기 위해서였다. 트로츠키를 등 쪽에서 가격하게 되었기 때문에 두 개의 무기 가운데 얼음도끼 쪽이 더 나을 것 같았다. 잭슨은 재빠른 동작으로 두개골의 맨 꼭대기 부분을 가격했다. 매서운 타격이었지만 즉사시키지는 못했다. 아마도 도끼의 두터운 쪽으로 가격했기 때문일 것이다. 분명 잭슨은 마지막 순간에 너무나 긴장했을 것이다.

그다음에 벌어진 광경에 대해서는 잭슨이 경찰의 심문 과정에서 진술한 것을 인용하겠다.

나는 그를 한 차례 가격했습니다. 그는 고통의 비명을 크게 내지르는 동시에 나에게 몸을 던져 나의 왼손을 깨물었습니다. 여기에 이

빨 자국이 나 있는 것이 보이실 겁니다. 그러고는 그는 내게서 몇 걸음 뒤로 물러났습니다. 비명을 들은 사람들이 도착했습니다. 나는 방금 일어난 상황 때문에 거의 제정신이 아니었으며 도주할 생각도 하지 못했습니다. 맨처음 도착한 것은 해럴드 (로빈스?)였는데 그는 권총을 가지고 나를 마구 때렸습니다. 그다음에는 (조지프) 핸슨과 찰스 (커티스?)가 도착했습니다.[31]

초소에 있던 경찰이 뛰어 들어와서 잭슨을 붙잡아 경찰서로 연행했다. 잭슨은 부상을 입은 상태였다. 구급차가 도착하여 트로츠키를 싣고 같은 경찰서 건물로 갔다.[32] 구스타보 바스(Gustavo Baz)를 선두로 하여 멕시코시티의 가장 유능한 의사 다섯 명이 왔지만 성공적인 결과가 나올 가능성은 거의 없었다. 의사들은 두개골을 일부 절개하여 구멍을 뚫었다. 그러나 상처가 너무 깊었다. 잭슨이 제대로 타격하지 못한 것은 사실이었지만 얼음도끼는 약 7센티미터 깊이까지 파고들었다. 혈액과 뇌수의 일부가 쏟아져 나왔다. 오른쪽 뒤통수를 감싼 두정골(頭頂骨)이 파열되어 있었다. 치료를 받는 동안 트로츠키는 강한 정신력으로 버텼지만 병원의 대변인은 예후가 '매우 심각하다'고 발표했다.[33] 생의 마지막 순간에 다다른 인간을 앞에 두고 있다는 것을 의사들은 이미 알고 있었다.

52장

트로츠키가 남긴 것

트로츠키의 가장 큰 적은 그 자신이었다

〈뉴욕타임스〉는 1940년 8월 21일 수요일 신문 제1면에 '트로츠키가 자택에서 친구에 의해 부상—위독한 것으로 추정됨'이라는 제목의 기사를 냈다. 오후에는 미국의 라디오 방송국들이 트로츠키가 이미 숨을 거두었다는 보도를 내보냈다.[1] 이 사건은 1914년 오스트리아의 프란츠 페르디난트 대공의 암살 이후 가장 극적인 암살 사건이었다. 세계 각국의 언론은 특파원을 멕시코로 보냈다. 코요아칸 저택의 사람들은 멕시코 당국과 협의하여 트로츠키 사망 바로 다음 날 특파원들이 미처 도착하기 전에 장례식을 치렀다. 장례식은 거의 국가 수준의 의례였다. 멕시코 현지의 스탈린 지지자들이 소동을 벌일 것에 대비하여 멕시코 내무부가 직접 개입했다. 시신을 관에 넣어 뚜껑을 덮지 않은 상태로 사람들이 조문하도록 하였으며, 장례 행렬은 멕시코시티의 중앙로를 천천히 행진했다. 죽은 사람은 적극적인 무신론자였지만, 20만 명의 사람들이—이 대부분이 가톨릭교회 신자였다.—존경심 혹은 호기심 때문에 거리에 나와 장례 행렬을 지켜보았다.

8월 23일 런던의 〈타임스〉의 사설 내용에는 좀 덜 긍정적인 분위기도 엿보였다. "멕시코시티에서 발생한 레온 트로츠키의 살해 사건으

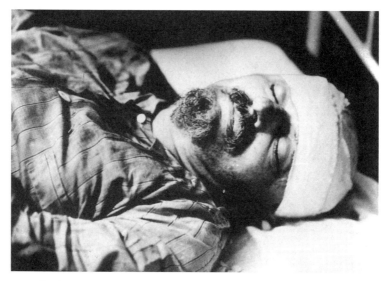

트로츠키는 라몬 메르카데르가 휘두른 얼음도끼에 머리를 맞아 1940년 8월 21일 숨을 거두었다. 사진은 사망 직후에 찍은 것이다.

로 인해 크렘린은 큰 걱정거리가 사라졌으며, 인류의 대다수는 눈물을 별로 흘리지 않을 것이다."[2] 칼럼니스트들은 트로츠키의 특별한 인생 경로를 회고하는 글을 작성했으며 세계 거의 모든 나라의 특파원들은 멕시코시티로 달려와서 이 살인 사건과 그 여파를 보도했다. 여러 견해가 불가피하게 충돌했다. 하지만 코민테른에 소속된 정당사람을 제외한다면, 당대의 매우 큰 별이 떨어지고 말았다는 것을 부정하는 사람은 거의 없었다. 트로츠키의 사망 기사는 그가 10월혁명과 러시아 내전에서 수행한 업적과 그가 연설과 지도력에서 보여준재능을 묘사했다. 레닌과의 협조 관계도 다시 조명했다. 또한 그가어떻게 최고 권력의 자리에서 추락하고 말았는지, 그리고 이번 그의죽음에 소련은 공식적으로 어떤 긍정적인 반응을 보였는지를 분석했다. 그의 오랜 외국 망명 생활도 살펴보았다. 만일 당시 유럽과 극동지역에서 전쟁이 진행되고 있지 않았더라면 트로츠키의 죽음은 더욱주목받았을 것이다. 당시 각국의 군대들은 이곳저곳으로 진격하고 있었다. 독일과 일본은 영토 확장을 위한 전쟁을 수행하고 있었다. 세계의 정치 지도는 거의 하루가 다르게 빠른 속도로 새롭게 그려지고 있었다. 대다수의 사람들은 트로츠키의 암살에 겨우 며칠 정도만 관심을 보였다.

크렘린은 크게 기뻐했다. 〈프라우다〉는 '국제 스파이'가 사라졌다고 발표했으며 미국의 일간지들을 인용하여 살인범은 '트로츠키의 가장 가까운 사람들과 추종자들 가운데 한 사람'이라고 보도하면서 그의 이름을 '자크 모르탄 반덴드레시'라고 했다.(이 부분에서 크렘린의 날조 작업은 허점을 드러냈다. 잭슨이 멕시코에서 사용한 가명 가운데 이 이름에 가장 가까운 것은 '자크 모르나르드 반덴드레시'였다.[3] 하지만 아무도 이런 실수를 눈여겨보지 않았다.) 이 기사는 여러 자본주의 국가의 지배계급은 이제 자신들의 가장 충실한 하수인을 상실했다는 것, 일찍이 레닌이 트로츠키를 '작은 유다'라고 부른 것도 그만한 이유가 있었다는 것, 트로츠키는 멘셰비키 당원이었으며 반혁명분자였다는 것, 그는 차르와 지주와 자본가의 이익을 위해 투쟁했으며 볼셰비키 당에 침투해 들어와 레닌과 스탈린과 스베르들로프를 암살할 음모를 꾸몄다는 것, 적군을 배신하고 방해 공작을 벌였다는 것, 1921년 이후에는 외국 정보기관의 비밀요원으로 활동했다는 것, 영국과 프랑스와 독일과 일본이 트로츠키가 봉사한 덕을 보았으며 결국 그는 자신에게 걸맞은 최후를 맞이했다는 것 등을 언급했다. 기사 내용은 스탈린이 직접 편집했다.[4] 코민테른 소속 공산당들은 일제히 모스크바에서 확정된 노선을 따랐다. 이들 정당은 소련이라는 중앙의 우물에서 나오는 감정과 표현을 퍼 날랐다.

트로츠키주의자들은 죽은 트로츠키가 마치 당대의 가장 위대한 인물이었던 것처럼 말했다. 이들은 레닌 이후 트로츠키만 한 사람은 없었다고 선언했다. 이들은 트로츠키의 유해를 미국으로 옮겨서 트로츠키의 대의를 좀 더 주목받게 하려고 했다. 미국 국무부는 이들의 요청을 거절했다. 미국 정부는 어떤 종류의 공산주의든 간에 트로츠키의 추모객들에 의해 그것이 확산되는 것을 허용할 수 없었다.[5] 나탈리야가 과연 유해를 옮기는 데 동의하였을지는 알 길이 없다. 그녀는 3천 킬로미터가 넘는 먼 길을 관을 따라 여행할 수 있는 상태가 아니었을 것이다.

암살자는 계속 자신의 이름이 잭슨이라고 주장했다. 그의 주머니에서 나온 연필로 쓴 편지에 따르면 그는 멕시코에 온 벨기에 트로츠키주의자였다. 편지에 따르면 트로츠키는 자신의 추종자들 사이에서 체계적으로 혼란을 조장했다. 그뿐이 아니었다. 암살자는 트로츠키가 자신에게 소련으로 가서 암살 공작을 수행하도록 감언이설로 설득했다고 기록해놓았다. 잭슨은 또한 트로츠키가 멕시코 정부를 경멸하였다고 폭로했다. 그것은 사실이었다. 트로츠키가 멕시코에서 공산주의 혁명이 일어나기를 희망했기 때문이다. 또 하나 신뢰가 가는 구절은 트로츠키가 스탈린주의자들에게 살해당할까 봐 두려워했다는 구절이다. 하지만 그다음 구절부터 편지는 완전히 허구의 세계로 들어갔다. 트로츠키가 사회주의노동자당 '소수파'의 총에 맞아 죽을까 봐 두려워했다는 것이다. 트로츠키는 상상할 수 있는 모든 측면에서 정치적 패륜아였으며, 잭슨은 트로츠키가 '어떤 외국 의회 위원회'의 지지에 의존하고 있다는 것을 알게 된 이후에 그를 제거해야겠다고 결심했다는 것이다.[6] 하지만 멕시코 경찰은 그가 자신이 암살을 저질렀다고 스스로 인정한 것을 제외하고는 그의 말을 하나도 믿지 않았다. 그렇다면 잭슨은 정말 누구인가? 그는 어디에서 왔으며 어째서 이런 살인을 저질렀는가? 며칠 동안 심문을 받았지만 잭슨은 자신이 만들어놓은 이야기를 끝까지 고집했으며 경찰은 아무것도 더 알아내지 못했다.

8월 30일 예심판사가 이 사건을 넘겨받았으며 그는 판사로서 권한을 발동하여 비에나 거리의 저택에서 심리를 시작했다. 나탈리야는

트로츠키를 살해한 소련의 비밀요원 라몬
메르카데르. 현장에서 체포된 라몬은 심문
과 재판 과정에서 끝까지 자신의 정체를 발
설하지 않았다.

입회하지 않도록 하였다. 어떤 역할을 맡기에 그녀는 심적으로 너무
나 불안한 상태였다. 트로츠키의 보좌진은 집무실 안의 어떤 물건도
건드리지 않은 상태로 놔두었다. 책상 위에는 잭슨이 트로츠키에게
보여준 기획안이 놓여 있었다. 트로츠키가 시케이로스 공격 사건에
관해 쓴 글도 있었다. 그의 안경은 산산조각이 나 있었다. 한쪽 렌즈
는 빠져버렸다. 예심판사의 심리를 위해 잭슨이 감방에서 끌려나와
이곳에서 범행을 재현하자, 음울하고 무시무시한 분위기가 감돌았
다. 잭슨은 아무런 불평 없이 순순히 지시에 따랐다. 관계 당국은 이
범행의 모든 기술적 측면을 조사하는 데 만전을 기했다. 시케이로스
사건 이후 자신들이 뒤집어쓴 무능력하다는 비판을 또 받고 싶지 않
았던 것이다.

트로츠키의 미국 변호사 앨버트 골드먼도 이 자리에 참석했다. '듀
이 위원회' 때 트로츠키에게 우호적인 질문을 던졌던 그는 이제 트로
츠키의 살해범과 거의 3시간 가까이 직접 대면하여 심문했다. 그때와

지금은 완전히 다른 상황이었다. 잭슨은 제4인터내셔널 지도부의 누군가가 자신을 멕시코로 파견했다고 진술했다. 골드먼은 날카롭게 반문했다. 그런 사명을 띠고 멕시코에 온 것이라면 도대체 무슨 이유로 몇 개월의 시간을 허비한 후에 트로츠키에게 접근했는가? 잭슨은 기억이 잘 나지 않는 척했다. 골드먼은 집요하게 질문했다. 자신을 파견한 사람이 누구였는지 어째서 기억하지 못하는가? 그리고 만약 제4인터내셔널에서 파견되어 온 것이라면 어째서 트로츠키나 그의 측근에게 그 사실을 말하지 않았는가? 판사는 골드먼의 수사 능력을 인정하고 골드먼이 자신의 뜻대로 심문을 계속할 수 있도록 허용해주었다. 골드먼은 잭슨에게 최후의 질문을 던졌다. 당신에게 지시를 내렸다는 기관이 제4인터내셔널이 아니라 소련의 보안기관이라고 말하는 편이 당신의 진술의 신빙성을 훨씬 높여줄 수 있다는 데 당신도 동의하지 않는가?[7]

　　잭슨은 장기간의 징역형이 예상되는데도 불구하고 선처를 탄원하거나 유용한 정보를 발설하지 않았다. 판사가 20년의 징역형을 언도할 때도 잭슨은 아무 감정도 드러내지 않고 묵묵히 서 있었다. 그는 모범수가 되었다. 하지만 그는 자신의 진짜 이름이 라몬 메르카데르(Ramon Mercader, 1913~1978)라는 사실이 알려진 후에도 자신의 정체나 자신이 누구의 지시에 따라 행동했는지 전혀 말하지 않았다. 감옥 환경은 나쁘지 않았다. 그에게는 라디오와 카펫과 전기 콘센트 설치가 허용되었다. 그의 감방 문은 자물쇠로 채워지지 않았다. 정체를 알 수 없는 어떤 사람이 그에게 매달 100달러의 돈을 송금해왔다. 죄수들은 개인적으로 노동하여 돈을 벌 수 있었는데, 잭슨은 작은 라디오 수리점을 열고 동료 죄수 몇 명을 고용하기까지 했다.[8] 1960년이 되어 형기가 끝나고 석방되자 그는 어디론가 사라져버렸다. 오랜 세월이 지나서 밝혀진 바에 의하면, 그는 모스크바로 가서 비밀리에 영웅으로 환영받았으며 KGB(국가보안위원회) 장군의 직위를 받았다. 소련에 실망하게 된 메르카데르는 그곳에 제대로 정착하지 못했다. 결국 당국에 청원하여 쿠바로 이주하는 데 성공했고 1978년 사망할 때까지 쿠바에서 살았다.

트로츠키의 죽음은 제4인터내셔널에 지진과도 같은 사건이었으며 전 세계에 흩어져 있던 제4인터내셔널 소속 정당과 그룹들에게 큰 충격을 주었다. 나탈리야는 이런 광경을 보면서 불안에 시달렸지만 어쩔 도리가 없었다. 카르데나스 정부는 트로츠키가 살던 저택을 매입하여 나탈리야가 그곳에서 무상으로 계속 살 수 있게 해주었다. 저택은 트로츠키 생전과 거의 똑같이 유지되었으며 1946년 5월부터 그를 기념하는 기념관 역할을 하기 시작했다.[9] 항상 충실했던 조지프 핸슨은 1941년 10월 나탈리야에게 편지를 써서, 제4인터내셔널의 미국 지부가 그녀의 글을—별로 많지는 않았지만—앞으로는 강령과 같은 문건으로 대우하려 한다고 말했다. 이것은 트로츠키의 가족이 지휘해주지 않으면 트로츠키주의자들은 앞으로 나아갈 방향을 정할 수 없다는 이야기와 마찬가지였다.[10] 어쩌면 핸슨의 말에 담긴 뜻은, 트로츠키 부인의 상징적인 승인이 있으면 제4인터내셔널이 계속 단결하는 것이 더 용이하리라는 것이었는지도 모르겠다. 조지프 핸슨의 이처럼 과분한 대접에 나탈리야는 아무런 답변도 하지 않았다. 그녀는 이제 남편 없이 집안일을 책임져야 했고 게다가 남편이 남긴 재산을 관리하는 데도 많은 어려움이 있었다. 이런 상황이 어떤 결과를 불러올지는 곧 분명해졌다. 〈반대파 회보〉는 1941년 8월 이후 간행을 중지했다. 이 간행물이 나올 수 있었던 원동력은 트로츠키였고, 남아 있는 트로츠키 측근들에게는 그를 대신할 능력이 없었다.[11] 1941년 7월 엔카베데는 이제 멕시코의 트로츠키주의자들이 더는 위험 요소가 아니라는 결론을 내렸다. 이때부터 비에나 거리의 저택에 관련한 엔카베데의 문건 파일은 정보 수집을 마감했다.[12]

얼마 뒤 나탈리야는 심리적 안정을 회복했으며 자신의 의견을 표출하는 것을 더는 두려워하지 않게 되었다.[13] 남편의 그늘 아래 사는 삶은 이제 끝났다. 그녀는 트로츠키파 사람들이 자신이 보낸 편지에 신속하게 답하지 않는다고 그들을 나무랐다. 그런 태만한 행동은 남편과 큰아들의 정확한 업무 처리 태도와 대조된다고 지적했다. 그녀는 정치 논쟁에도 자기 나름대로 의견을 갖고 개입했다. 이전부터 그녀는 소련이 여전히 '노동자 국가'라는 남편의 주장을 쉽게 받아들일 수 없었다. 하지만 트로츠키의 죽음 이후 상당 기간 동안 이런 문제는 아무런 의미도 없는 것처럼 보였다. 1941년 6월 22일 제3제국이 소련을 침공했다. 그리고 몇 개월 뒤인 12월 7일에는 일본 공군이 진주만을 폭격함으로써 미국과 전쟁을 개시했다. 소련과 영국과 미국은 동맹국이 되었다. 제4인터내셔널은 제2차 세계대전에서 아주 작은 역할을 수행하였다. 1939년 11월 소련의 핀란드 공격을 비난했던 사람들을 포함한 대부분의 트로츠키주의자들은 군국주의와 파시즘에 대항하는 전투에 참여하기를 열망했다. 하지만 전시의 이런 활동은 정치적 심판의 날을 다소 뒤로 미루었을 뿐이었으며, 결국 1951년 나탈리야는 제4인터내셔널의 집행위원회에 소련도, 동부 유럽의 새로운 '공산주의' 국가들도 노동계급에 아무런 이익을 가져다주지 못한다고 단언했다. 그녀가 긍정적으로 생각하는 유일한 국가는 유고슬라비아였으며, 집행위원회에 티토를 비판하지 말라고 요청했다.[14] 피델 카스트로가 이끄는 쿠바의 공산주의 실험에 대한 그녀의 태도는 이보다 덜 부드러웠다.

이때쯤이면 나탈리야의 영향력은 거의 없다고 해도 좋을 정도였다. 게다가 제4인터내셔널이 세계적으로 떨치는 영향력 역시 쇠퇴하고 있었다. 그리스 출신의 전투적 활동가인 미셸 파블로(Michel Pablo, 1911~1996)가 이끄는 분파가 제4인터내셔널 안에서 압도적인 위치를 차지하고 있었으며 이 분파는 자기들에게 반대하면 상대를 가리지 않고 격렬한 논쟁을 벌이곤 했다. 하지만 각 분파에는 트로츠키와 같은 저명한 인물이 없었기에 그 논쟁이 외부에 널리 알려지지는 않았다. 여하튼 분파들의 내부 논쟁은 그들 자신들에게는 엄청나게 중요했으며 그들은 논쟁거리를 얼마든지 찾아낼 수 있었다.

나탈리야는 점차 늙어 가면서 손자 세바를 가능한 한 보통 아이로 키우려고 노력했다. 어린 시절 가족의 품에 안겨 소련에서 나온 세바는 유럽과 멕시코를 돌아다니면서 충격적인 사건을 여러 번 겪었다. 그는 에스파냐어로 자기 이름을 에스테반이라고 지었고 정치 활동에 전혀 흥미를 보이지 않았으며 결국 화가가 되었다.[15] 자신의 삼촌 세르게이가 그랬듯이 세바는 자신을 트로츠키주의자라고 규정하지 않으면서도 트로츠키의 명성을 옹호했다. 세바는 자신을 '실천하지 않는 사회주의자'라고 불렀다.[16] 나탈리야는 죽은 남편과 친했고 그에게 도움을 주었던 사람들과 친분을 유지했다. 그녀는 소련에 살고 있던 친척들의 소식을 전혀 들을 수가 없는 것을 항상 괴로워했다. 1956년 2월 소련공산당 지도자 흐루쇼프가 '비밀 연설'에서 스탈린을 대량학살자라고 비난하자, 나탈리야는 혹시 이제는 친척들의 소식을 들을 수 있을까 희망했다. 그러나 그런 일은 일어나지 않았다. 크렘린은 트로츠키를 반역자라고 했던 첫 번째 전시재판의 판결을 고수했다. 나탈리야가 모스크바에 청원서를 보냈지만 아무 소용이 없었다. 그녀의 가족은 사실상 모두 이미 제거된 상태였지만 당국은 그 사실마저 비밀의 장막 뒤에 감추어버렸다. 그나마 살아 있는 몇 명이 있었지만 이들은 나탈리야가 소련에 있던 시절 만난 적조차 없던 사람들이었다. 나탈리야는 1962년 사망했으며 멕시코와 프랑스와 미국에 있는 많은 친구들이 그녀의 죽음을 애도하였다.

죽기 전 나탈리야는 남편의 추종자였던 폴란드 출신의 영국 역사가 아이작 도이처(Isaac Deutscher, 1907~1967)가 쓴 3부작 트로츠키 전기에 힘입어 남편의 명성이 서방 세계에서 다시 살아나는 것을 목격할 수 있었다. 도이처는 많은 부분에서 트로츠키와 견해를 달리한 사람이었다. 그 가운데 중요한 것으로는, 소련이 좀 더 문명화한 형태의 공산주의로 갈 수 있는 평화적인 방법이 있다고 도이처가 믿었다는 점이다. 그는 소련 정치 지도부의 세대 교체로 과거에 반대파가 이루지 못한 과업을 달성할 수 있을 것이라고 생각했다. 도이처가 그린 트로츠키의 초상은 트로츠키의 단점을 지적하면서도 기본적으로는 여전히 긍정적이었다. 앨버트 글로처는 나탈리야에게 쓴 편지에서, 이 트로츠키 전기에 '스탈린과 유사한' 분석이 들어 있는 것은 사실이지만 지나치게 비난받아서는 안 될 것이라고 말했다.[17)]

　　서방 세계의 좌파 진영에 소련 역사의 비극은 트로츠키가 레닌의 뒤를 계승하지 못한 데 있다는 의견이 다시 한 번 확산되었다. 트로츠키가 쓴 《나의 생애》와 《러시아 혁명사》가 다양한 언어로 번역되어 많은 부수가 판매되었다. 트로츠키에 대한 새로운 관심은 그가 스탈린과 격돌했고 끔찍한 죽음을 맞이했다는 점에서 비롯되었다. 트로츠키는 그의 논리를 믿고자 강렬하게 원하는 사람들에게 확신을 주었다. 1968년 유럽과 북미 지역의 학생들이 베트남전쟁에 반대하여 거리로 뛰쳐나왔을 때 트로츠키는 하나의 유행이 되었다. 특히 트로츠키가 무슨 글을 쓰고 어떤 행동을 했는지에 대해 굳이 읽을 필요를 못 느끼는 사람들 사이에서 트로츠키는 크게 유행했다. 이 새로운 트로츠키주의자들은 그때까지 남아 있던 고참 트로츠키주의 옹호자들로부터 정보를 얻거나, 그저 자기들 멋대로 상상하여 가상의 트로츠키를 만들어냈다. 하지만 트로츠키의 인기는 오래가지 못했다. 트로츠키주의자들은 트로츠키를 완전히 포기하거나, 트로츠키가 죽기 전부터 이들 집단의 특징이었던 분파 투쟁으로 돌아섰다. 이들의 조직은 거창한 명칭을 달고 있었지만 실상은 아주 작은 그룹에 불과했다. 이들이 자신들의 조직 이름에 트로츠키의 이름을 넣는 경우는 극히 드물었지만 여하튼 이들에게 영감을 준 존재는 트로츠키였다. 세계 어느 곳에서도 이들이 권력을 잡을 가능성은 희박했다.

스탈린의 전시재판에서 희생당했던 혁명가들 중에 트로츠키만이 글라스노스트 시기에도 완전히 복권되지 못했다. 1991년 소비에트연방이 해체되는 순간까지도 트로츠키는 여전히 너무나 위험한 이름이었다. (사진은 1937년에 찍은 것이다.)

혁명가로 자처하면서도 실제로는 혁명을 구현하지 못하는 것에 대해 별로 어색함을 느끼지 않는 사람들에게 트로츠키는 잠시 마음을 편안하게 해주는 '따뜻한 담요'와 같은 존재였다.

원래부터 분파 투쟁이 심했던 트로츠키주의자들은 모스크바의 지도에 복종하는 각국의 공산당과 투쟁하는 시간보다 훨씬 더 많은 시간을 내부의 분파 투쟁에 소비했다. 결국 소련에서 트로츠키의 명예를 회복한 것은 제4인터내셔널이 아니라 소련의 정치 지도자 고르바초프였다. 1936년 트로츠키에게 내려졌던 사형선고가 부당하다는 것이 인정되었다. 트로츠키는 악마적인 스탈린의 술수에 희생된 명예로운 볼셰비키로서 무죄임이 밝혀졌다. 몇몇 소련의 역사가들이 트로츠키의 경력에 대해 우호적인 글을 써서 발표했다. 그러나 소련 내의 트로츠키에 대한 관심은 그 시작이 급작스러웠던 것만큼이나 종말 역시 급작스러웠다. 소련의 공산주의 체제가 1991년 완전히 붕괴하고 만 것이다. 트로츠키의 사상이라고 하는 것은 이제 현대 러시아인들에게 마치 피에 젖은 아스테카 종교 의식 정도의 관심만을 불러일으킬 뿐이었다. 트로츠키는 이제 옛것에 관심을 품은 이들의 연구 대상일 뿐이었다. '파베르제의 달걀'*이나 16세기의 이반 뇌제 혹은 농촌의 직물 무늬 등과 같은 주제와 비슷한 연구 대상이 된 것이다.

이렇게 점점 잊혀져 가는 트로츠키를 다시 거론해야 하는 이유 중 하나는, 그가 자신을 스스로 묘사한 것이나 다른 사람들이 그를 묘사한 것이 그의 실제 모습과 매우 달랐다는 사실이다. 트로츠키는 의도나 실천에서 스탈린과 가까웠다. 트로츠키는 인도적인 사회주의 사회를 주장했으며 또 기회가 주어진다면 그런 사회를 만들겠다고 했지만, 스탈린과 마찬가지로 트로츠키 역시 그러지 못했다. 트로츠키는 어떻게 하면 당 독재 체제를 보편적인 자유를 보장하는 체제로 변모시킬 수 있는가 하는 문제를 구체적으로 해결하지 못했다. 그는 거리낌 없이 테러를 실행에 옮겼다. 1920년대와 1930년대에 걸쳐 스탈린을 공격할 때 트로츠키는 너무나 큰 자신감을 보여주었고 그 때문에 그가 제시한 대안 전략이 사실은 실행 가능성이 없다는 데 사람들은 주의를 기울이지 못했다. 트로츠키의 추종자들이 그에 대한 칭송의 말을 기록할 때, 그들은 트로츠키가 언급한 일반적인 목적들을 마치 그가 실제로 실행에 옮긴 행동이었던 것으로 착각했다.

파베르제의 달걀 러시아 황실의 보물. 원래 부활절 때 달걀을 주고받는 것이 기독교인의 풍습인데, 19세기 말 러시아 황실에서는 보석 세공의 명장 카를 파베르제에게 위촉하여 보석으로 달걀 모양을 만들어 선물하는 것이 관행이었다.

트로츠키는 제한 없는 토론과 조직과 선거를 촉구했다. 또한 프롤레타리아의 자기 해방의 미덕을 설교했다. 그러나 그가 위세 넘치는 위치에 있던 1917년에서 1922년 사이에 그의 실제 행동은 무척 달랐다. 그는 당과 노동조합 내에 있던 반대자들을 압살했다. 그는 신속한 행동과 복종을 원할 때면 언제든지 기존 제도에 마련된 견제 장치를 짓밟았다. 그는 토론보다는 명령에 더 큰 매력을 느꼈다. 그는 오만했고 고압적이었다. 트로츠키주의자들이 자기들 상상 속에서 만들어 낸 인간 트로츠키와 지도자 트로츠키는, 정작 실제 레프 다비도비치 트로츠키와 그리 유사성이 없었다.

트로츠키주의자들은 당연히 1920년대 그가 분파 투쟁에서 패배한 것을 유감스럽게 생각했다. 이들 대다수는 승리할 가능성이 아예 없었다는 트로츠키의 변명을 그대로 받아들였다. 트로츠키주의자들은 정작 중요한 요점을 놓쳤다. 트로츠키가 주장한 정책들은 공산당의 권위주의적 지배라는 틀 안에 있었으며 승리할 가능성이 분명히 있었다. 그의 유대인 출신 배경조차 완전히 넘지 못할 장애물은 아니었다. 트로츠키의 불운은 그의 전술적 본능이 별로 뛰어나지 못했다는 점이었다. 그는 지지자를 집결하는 일에 무척 서툴렀다. 그는 하위 당원이나 고위 당원이나 당내의 모든 단계에 있는 너무나 많은 사람들을 불필요하게 불쾌하게 만들었다. 트로츠키의 가장 큰 적은 명백히 트로츠키 자신이었다.

트로츠키주의자들은 자신들이 영웅으로 떠받드는 인물이 성격상 문제가 있다는 것을 간과하고는 그가 공산당 지도자로서 충분한 자격을 갖추고 있다고 강조했다. 물론 그의 내면의 이념적 지향은 한결같았으며 그의 경쟁력과 전투적 태도는 뛰어났다. 그의 지성은 매우 수준이 높았다. 그가 자기 중심적이었다고는 하나 그것이 정치적 우위를 차지하는 데 장애가 되지는 않았다. 트로츠키에게 결여된 것은 자신의 힘을 한곳에 집중하려는 의지였다. 그는 언제까지나 혁명가이고 싶었던 사람이다. 그는 결코 전업(專業) 정치가가 아니었다. 글쓰기에 대한 그의 집착은 스탈린처럼 자신의 모든 시간을 출세와 정책 추진에 바치는 인물과 대결하는 데는 단점으로 작용했다. 트로츠키도 스탈린도 건강이 그렇게 좋은 사람들은 아니었다. 하지만 트로츠키는 종종 휴식을 취해야 한다면서 자청하여 몇 달씩 물러나 요양을 하곤 했다. 그는 레닌처럼 사상을 제시하여 소비에트 국가를 인도하는 지도자가 되고 싶었던 것이다. 하지만 트로츠키가 지닌 지도력 개념은 너무나 완고했다. 그는 연설 능력과 문장력을 우월함의 증표라고 과대평가했다. 그는 그렇게 깨끗한 정치인도 아니었으면서 정작 더러운 방법을 써서라도 투쟁해야 할 때가 되면 그럴 필요까지는 없노라는 식의 태도를 취했다. 레닌의 후계자 경쟁에서 트로츠키가 결코 넘을 수 없었던 장애물은 바로 그에게 최고 지도자가 되려는 강력한 욕망이 없었다는 사실이다. 승리자가 되려는 야망에 완전히 사로잡힌 싸움꾼이 되기보다는 얻어맞는 경쟁자로 남는 편이 트로츠키에게는 더 편하게 느껴졌다. 최고 권력을 절실하게 원하지는 않았던 것이다.

제2차 세계대전 이후 소련은 트로츠키가 예견했던 것과 다른 모습을 보였다. 소련은 전쟁에서 살아남았으며 번영했다. 소련은 제3제국을 상대로 승리했으며 1941년에서 1945년 사이의 전쟁에서 모든 사람을 놀라게 할 만큼 강인한 생명력을 과시했다. 소련의 군대와 중공업은 소련을 초강대국 위치에 올려놓았다.

소련은 쇠퇴하기는커녕 수십 년 동안 세계적 강대국으로 번영했다. 정치 혁명 같은 것은 발생하지 않았다. 스탈린은 1953년에 죽었으며 니키타 흐루쇼프와 레오니트 브레즈네프로 이어지는 스탈린의 후계자들은 아무런 심중한 위협을 받지 않고 지속적으로 지도력을 유지했다. 트로츠키주의자들은 마르크스주의 이론과 분석으로 관심을 돌렸다. 그들은 항상 자본주의가 쇠퇴하고 있으며 스탈린적 특징을 없애버린 새로운 공산주의가 자본주의의 자리에 들어설 것이라고 가정했다. 제2차 세계대전 직후 유럽의 제국주의가 무너지자 마치 그들의 분석이 맞아떨어지는 듯이 보였다. 트로츠키주의자들은 당장은 미국이 세계 시장경제를 장악하고 있지만 미국의 패권이 오래 가지는 않을 것이며, 소련 역시 현 상태로 오래가지는 못할 것이라고 보았다. 소비에트 체제를 규정하는 데에서 트로츠키주의자들은 합의를 보지 못했다. 일부는 여전히 트로츠키가 말했던 타락한 노동자 국가라는 개념 규정에 매달렸다. 이들은 트로츠키의 사상을 수정하고 싶지 않았다. 또 다른 이들은 새로운 현상에는 새로운 사고방식이 필요하다고 주장했다. 이들의 눈에는 소련에 새로운 계급이 등장한 것이 너무나 명백했다. 새롭게 생성된 이 특이한 질서를 이들은 '국가 자본주의'라고 불렀다. 다른 것은 다 차치하더라도 트로츠키의 주요한 추종자들이 세련된 마르크스주의 분석 능력을 보여준 것은 사실이었다. 하지만 그들이 서로 논박하면서 모욕을 주고받는 모습은 별로 세련되지 못했다.

하지만 트로츠키의 사고방식은, 러시아 역사 분석을 포함해서 오랜 세월 동안 그 영향력을 유지했다. 스탈린의 집권 과정에 대한 트로츠키의 설명은 여전히 영향력이 크다. 트로츠키는 마르크스주의 그룹 바깥의 사람들로 하여금 10월혁명이 '타락'하게 된 뿌리가 러시아의 경제적·사회적 '후진성'에 있다는 자신의 논리를 받아들이게 만들었다. 또한 소비에트 체제의 '관료화'를 설명하면서도 트로츠키는 설득력을 과시했다. 트로츠키가 레닌의 후계자가 되지 못한 가장 큰 이유가 트로츠키 자신의 행동 때문이었다는 설명에 모든 사람이 동의하는 것은 아니었다. 트로츠키가 자신의 체면을 세우는 방향으로 서술한 스탈린과 스탈린주의에 대한 설명은 좌나 우를 막론하고 저술가들의 담론에 큰 영향을 끼쳤다.

하지만 트로츠키의 설명에 있는 여러 모순은 몹시 심각했다. 만일 트로츠키가 나중에 인정했듯이 러시아의 당시 상황이 나빴다면, 1917년에 '노동자 정부'가 세워졌다는 그의 주장 역시 무너지고 만다. 10월혁명은 1920년대 중반에 가서야 비로소 타락하기 시작한 것이 아니었다. 볼셰비키가 노동자들의 항의를 무력으로 진압하고 볼셰비키가 다수가 아닌 소비에트들을 억압한 그 순간부터 10월혁명은 잘못된 것이었다. 1917년 이전의 트로츠키는 '프롤레타리아'가 스스로를 해방하고 스스로 혁명을 완수해야 할 것이라고 주장했다. 하지만 권력을 잡자마자 그는 인민의 열망을 폭력으로 진압하는 데 열심이었다. 그는 무자비한 중앙집권 추진자였으며 군대와 경찰의 친구였다. 그의 사상 역시 그를 칭송하는 사람들이 주장하는 것만큼 독창적이지 않았다. 프롤레타리아 정부라는 개념은 알렉산드르 겔판트-파르부스가 처음 만들었다. 1917년 이전 러시아 역사 발전의 특수성에 대한 분석은 자유주의적 저술가인 보리스 치체린(Boris Chicherin, 1828~1904)이 내세웠던 것이다. 심지어 1920년대 소련에 대한 트로츠키의 분석 역시 멘셰비키들의 분석에 많은 신세를 졌다. 생애의 마지막 10년 동안 트로츠키는 '소비에트 권력'이 완전히 불신할 만큼 악화된 것은 아니라고 주장했는데, 그런 주장은 그의 추종자들 가운데 좀 더 현명한 사람들을 크게 불쾌하게 했다.

트로츠키는 특출한 인간이었으며 복잡한 인간이었다. 그의 강점은 10월혁명과 러시아 내전 시기에 뚜렷하게 드러났다. 그는 러시아와 외국에 있는 한 세대의 지지자들에게 영감을 주었다. 그는 조직가로서, 그리고 연설가로서 뛰어난 인물이었다. 그의 지적인 영역은 글로 쓴 것만 해도 매우 넓었고 개인적 차원의 관심에서는 더욱 넓었다. 그는 대단한 문장가였다. 그는 자신이 원할 때면 혁명 전략에 관해서 명백하게 의견을 밝힐 수 있었다. 정부에 들어가자 그는 자신이 무엇을 원하는지, 그리고 그것을 실행하려면 어떻게 해야 하는지를 곧 파악했다. 그는 볼셰비키의 대의를 선전하는 데 다른 어느 누구보다도 우수했다. 적군이 규율을 받아들이도록 하는 데 그보다 더 효율적으로 활약했던 사람은 없었다. 레닌과 마찬가지로 그는 국제 관계를 폭넓게 생각하였으며 혁명의 여러 목적 가운데 제일 앞자리에 항상 유럽의 프롤레타리아 혁명을 두었다. 하지만 동전의 뒷면을 보면, 그가 종종 사고방식에서는 도식적이고 경직돼 있었으며, 실천에서는 극히 폭력적이었다는 사실이 드러난다. 그는 혁명을 수호하기 위해 상식적으로 꼭 필요한 일을 하기보다 급작스럽게 열에 들뜬 행동을 택하곤 했다. 그는 용감하고 충동적이었으며 예측 불가능했다. 트로츠키는 남다른 자질의 소유자였다.

트로츠키는 스탈린과 벌인 정치 투쟁에 최후의 대가를 지불하였다. 하지만 그 자신도 권력을 손에 쥐었을 당시에는 피비린내 나는 탄압을 자행했다. 그의 가까운 가족은 대부분 그 때문에 죽음을 맞이했다. 예외도 있었다. 딸 니나는 결핵으로 죽었으며 지나는 자살했다. 아들 료바가 꼭 살해당한 것은 아니고 신체적 질병 때문에 죽었을 가능성도 분명히 있다. 그러나 1930년대에 죽은 사람들의 남편들과 아내들과 연인들의 대다수는 정치 탄압의 결과로 죽음을 맞이했다. 트로츠키의 첫 번째 아내 알렉산드라 역시 같은 이유로 죽었다. 엔카베데가 소련 시민을 체포하는 데에는 브론시테인이란 성을 가졌다는 이유로 충분했다.

트로츠키의 일생을 서술한 이 책에 언급된 사람들 가운데 살아남은 사람들은 극소수다. 겐리에타 루빈시테인은 1947년 노동수용소에서 석방되었다. 그녀가 처벌을 받은 이유는 세르게이 세도프와 한때 함께한 아내였다는 것 이외에 없었다. 하지만 안심하는 것도 잠깐이었다. 1951년에 다시 체포가 시작되었으며 겐리에타 역시 체포되었다. 과거에 딸이 세도프를 따라 크라스노야르스크에 가는 것을 말렸던 그녀의 부모 모이세이와 레이자 역시 이때 체포되었다. 부모는 손녀딸 율리야와 함께 시베리아로 강제 이주 처분을 받았다.[18] 율리야는 얼마 뒤 어머니 겐리에타와 같이 살기 위해서 마가단*에서도 다시 550킬로미터 북쪽에 있는 곳까지 갔다. 스탈린이 죽은 뒤, 가족은 러시아의 중앙부로 귀환하는 것을 허용받았으나 모스크바에서 65킬로미터 이내에 들어오는 것은 금지되었다.[19] 겐리에타는 결국 탈린에서 사망했다. 율리야는 약제사 교육 과정을 이수했으나 복잡한 삶을 살았다. 세 번의 결혼 끝에 그녀는 일부 유대인의 이민을 허용하는 미국과 소련의 협정을 이용하여 1979년 아들 바딤을 데리고 뉴욕으로 이주했다.[20] 트로츠키의 증손자뻘인 바딤은 유대교 신앙으로 향하여 하시디즘의 헌신적인 신자가 되었다. 자신의 개인적 정체성을 탐색하기 위해 그는 이스라엘로 이주했다. 이스라엘에 가서 그는 이름을 다비드로 바꾸었으며 첫아들이 태어났을 때 어머니(율리야)의 바람을 저버리고 외할아버지의 이름인 세르게이가 아닌 히브리식 이름을 붙였다. 소련 정부는 바딤이 한 번도 만나보지 못한 증조할아버지 트로츠키가 당한 부당한 대우에 대한 보상금을 주겠다고 했으나 바딤은 거부했다.[21]

트로츠키는 역사적 아이러니를 잘 아는 사람이었다. 공산당이 권력을 잡은 후 그는 종교를 박멸할 결심을 했지만, 3세대가 지난 뒤 자신의 후손 가운데 한 명이 야물커*와 메노라*에서 위안을 찾는 사람이 된 것에 대해 트로츠키는 아이러니를 느낄 것이다. 1917년의 트로츠키는 이런 결과가 있을 리 없다고 생각했을 것이다. 볼셰비키는 모든 방면에서 투쟁적인 사람들이었다. 그들은 이 세상을 거꾸로 뒤집는 것을 목표로 삼았으며 혁명적 사회와 문화와 경제와 정치를 건설하려 했다. 그들 나름의 방식으로 그들 역시 열렬한 신앙인들이었으

마가단(Magadan) 시베리아 동북부 태평양 연안에 있는 변경 지역으로 강제노동수용소가 많이 있었다.
야물커(yarmulke) 유대인 남자들이 머리 정수리 부분에 쓰는, 작고 둥글납작한 모자.
메노라(menorah) 유대교 전통 의식에 쓰이는 7개 혹은 9개의 갈래로 나뉜 큰 촛대.

며 그중에서도 트로츠키가 더욱 그랬다. 트로츠키가 말한 대로 볼셰비키는 이 지상에 낙원을 건설하고 싶었다.[22] 트로츠키의 명성은 오랫동안 지속되었지만 사실 그가 누린 승리의 시간은 짧았다. 트로츠키에게 죽음은 일찍 닥쳤다. 왜냐하면 트로츠키가 신념을 바친 이 대의는 그가 상상했던 것보다 훨씬 더 파괴적이었기 때문이다.

들어가는 글

1) M. Eastman, *Great Companions : Critical Memoirs of Some Famous Friends*, p. 121.

1장 우크라이나의 유대인

1) 이 표현은 트로츠키가 쓴 책의 제목에서 따왔다. L. Trotskii, *Stalinskaya sikola fal'skfikatsii*.

2) L. Trotskii, *Moya zhizn'*, vol. 1, p. 7.

3) *Ibid*., p. 55.

4) V. N. Nikitin, *Evrei zemledel'tsy : istoricheskoe, zakonodatel'noe, administrativnoe i bytovoe polozhenie kolonii so vremen ikh vozniknoveniya do nashikh dnei. 1807-1887*, pp. 686-687.

5) *Ibid*., p. 117.

6) *Ibid*., pp. 686-687.

7) *Ibid*., p. 654.

8) L. Trotskii, *Moya zhizn'*, vol. 1, p. 56.

9) V. N. Nikitin, *Evrei zemledel'tsy : istoricheskoe, zakonodatel'noe, administrativnoe i bytovoe polozhenie kolonii so vremen ikh vozniknoveniya do nashikh dnei. 1807-1887*, pp. 280 and 284.

10) *Ibid*., p. 162.

11) *Ibid*., p. 180.

12) *Ibid*., p. 116.

13) *Ibid*., p. 10.

14) *Ibid*., p. 279.

15) *Ibid*., pp. 596-597.

16) *Ibid*., p. 599.

17) *Ibid*., p. 595.

18) *Ibid*., pp. 281 and 290.

19) *Ibid*., p. 454.

20) *Ibid*., p. 421: 유대인의 안식일인 사바트(Sabbath)는 토요일 일몰까지 이어지므로 본격적인 농사는 일요일 해가 뜬 뒤에 시작된다.

21) *Ibid*., p. 289.

22) *Ibid*., p. 627.

23) *Ibid*., pp. 539-540.

24) *Ibid*.

25) *Ibid*., pp. 623-625 and 636.

26) *Ibid*., p. 282.

27) *Ibid*., p. 283.

28) *Ibid*., p. 287.

29) L. Trotskii, *Moya zhizn'*, vol. 1, p. 35.

2장 농촌의 어린 시절

1) *Moya zhizn'*의 초고 : Nicolaevsky Collection (HIA), box 312, folder 45, p. 4.

2) 1910년 2월 16일, 헤르손 주의 경찰이 A. M. Yeremin에게 제출한 보고서 : APO (HIA), file XVIIc, folder 2.

3) M. Eastman, *Great Companions : Critical Memoirs of Some Famous Friends*, p. 111. 다비드 브론시테인에 관해서는 다음 자료를 보라. V. Serge and N. Sedova Trotsky, *The Life and Death of Leon Trotsky* 가운데 N. Sedova가 쓴 회고의 글, p. 84.

4) *Moya zhizn'*의 초고 : Nicolaevsky Collection (HIA), box 312, folder 36, p. 125.

5) *Ibid*.

6) *Ibid*., p. 126.

7) *Ibid*., p. 115.

8) *Ibid*.

9) *Ibid*., p. 20.

10) *Ibid*., folder 38, p. 4.

11) L. Trotskii, *Moya zhizn'*, vol. 1, p. 44.

12) *Ibid*., p. 50.

13) *Moya zhizn'*의 초고 : Nicolaevsky Collection (HIA), box 312, folder 38, p. 5.

14) *Ibid*., p. 7.

15) *Ibid*., p. 6.

16) *Ibid*., p. 8.

17) *Ibid*., p. 9.

18) *Ibid*., p. 12.

19) *Ibid*.

20) L. Trotskii, *Moya zhizn'*, vol. 1, pp. 23-24.

21) V. N. Nikitin, *Evrei zemledel'tsy : istoricheskoe, zakonodatel'noe, administrativnoe i bytovoe polozhenie kolonii so vremen ikh vozniknoveniya do nashikh dnei. 1807-1887*, p. 654.

22) L. Trotskii, *Moya zhizn'*, vol. 1, p. 55.

23) *Ibid*.

24) 이 책의 69쪽을 보라.

25) L. Trotskii, *Moya zhizn'*, vol. 1, p. 57.

26) *Ibid*., p. 35.

27) *Ibid.*, p. 27.

28) *Ibid.*, p. 35.

29) *Ibid.*, p. 104.

30) *Ibid.*

31) *Ibid.*, p. 60.

32) *Ibid.*, p. 104.

33) *Ibid.*, p. 52.

34) *Ibid.*, p. 56.

35) *Ibid.*, pp. 37–38.

36) *Ibid.*, p. 37.

37) *Moya zhizn'*의 초고 : Nicolaevsky Collection (HIA), box 312, folder 37, p. 1.

38) *Ibid.*, p. 54.

39) *Ibid.*, p. 1.

40) *Ibid.*, p. 2.

41) L. Trotskii, *Moya zhizn'*, vol. 1, pp. 38–39.

42) *Ibid.*, p. 39.

43) *Moya zhizn'*의 초고 : Nicolaevsky Collection (HIA), box 312, folder 38, p. 3.

3장 오데사의 실업학교

1) M. Eastman, *Leon Trotsky : The Portrait of a Youth* (London edn), p. 23.

2) *Moya zhizn'*의 초고 : Nicolaevsky Collection (HIA), box 312, folder 40 ('Poezdka v Odessu'), p. 1.

3) *Ibid.*

4) 올가 케르주크(Olga Kerziouk)와 옐레나 카츠(Elena Katz)는 자신들의 전문 지식을 통해, 그리고 우크라이나에 거주하는 자신들의 친구들과 친척들과 의견을 나누어 내가 이런 결론에 도달하는 과정에 도움을 주었다. 결국 내가 말하려는 요점은 우크라이나 식 발음이 남아 있었다 하더라도, 미미했다는 것이다. (여기에 언급된 두 여성은 성을 볼 때 우크라이나 출신으로 추정된다. 우크라이나 출신이면서 러시아어가 모국어였던 사람들에게 자문을 구함으로써 저자는 자신의 언어적 한계를 극복하려 했던 것으로 보인다. 이 두 여성과 저자가 트로츠키의 연설 녹음을 듣고 트로츠키의 말투에 대한 평가를 했다는 이야기가 이 책 9쪽~10쪽에 나와 있다. - 역주)

5) *Moya zhizn'*의 초고 : Nicolaevsky Collection (HIA), box 312, folder 40 ('Poezdka v Odessu'), p. 2. 트로츠키는 초고에서 이 소년의 이름을 Kreitser라고 썼으나, 결국 출판된 최종본에서는 Karlson이라고 수정하였다.

6) L. Trotskii, *Moya zhizn'*, vol. 1, p. 66.

7) *Ibid.*

8) *Ibid.*, p. 62.

9) *Moya zhizn'*의 초고 : Nicolaevsky Collection (HIA), box 312, folder 40, p. 35.

10) *Ibid.*

11) *Ibid.*

12) *Ibid.*, p. 2. 나는 이 자료의 문맥에서 이 할머니가 판니의 어머니가 아니라 모셰의 어머니라고 추론하였다.

13) *Ibid.*

14) *Ibid.*

15) L. Trotskii, *Moya zhizn'*, vol. 1, p. 61.

16) 이 책 546쪽을 보라.

17) M. Eastman, *Leon Trotsky : The Portrait of a Youth* (London edn), p. 24. 이 책을 쓰기 위해 이스트먼은 시펜체르 부부와 그들의 딸 베라를 만나 인터뷰했다.

18) *Ibid.*, p. 25.

19) *Ibid.*, pp. 16-17.

20) L. Trotskii, *Moya zhizn'*, vol. 1, p. 62.

21) *Ibid.*, p. 63.

22) *Moya zhizn'*의 초고에서 트로츠키가 그녀의 장례식을 언급한 것을 보라. Nicolaevsky Collection (HIA), box 312, folder 41, p. 4.

23) *Ibid.*, folder 46, p. 1.

24) L. Trotskii, *Moya zhizn'*, vol. 1, pp. 67-68.

25) *Ibid.*, pp. 68-70.

26) Max Eastman에게 보낸 자서전적 성격의 서신, 25~26 February 1923 : RGASPI, f. 325, op. 1, d. 18, p. 2.

27) *Ibid.*

28) M. Eastman, *Leon Trotsky : The Portrait of a Youth*, p. 36.

29) M. Eastman의 다음 서술을 보라. *Great Companions : Critical Memoirs of Some Famous Friends*, p. 114.

30) *Moya zhizn'*의 초고 : Nicolaevsky Collection (HIA), box 312, folder 41, p. 5.

31) L. Trotskii, *Moya zhizn'*, vol. 1, p. 92.

32) *Moya zhizn'*의 초고 : Nicolaevsky Collection (HIA), box 312, folder 41, p. 4.

4장 청년 혁명가

1) L. Trotskii, *Moya zhizn'*, vol. 1, p. 121.

2) 당 역사가 V. I. Nevski에게 보낸 트로츠키의 자서전적 성격의 서신, 5 August 1921 : RGASPI, f. 325, op. 1, d. 17, p. 1.

3) L. Trotskii, *Moya zhizn'*, vol. 1, p. 126.

4) G. A. Ziv, *Trotskii : Kharakteristika. (Po lichnym vospominaniyam)*, p. 13.

5) L. D. Bronstein to A. L. Sokolovskaya, November 1898 : RGASPI, f. 325, op. 1, d. 1, pp. 1-18.; and G. A. Ziv, *Trotskii : Kharakteistika. (Po Iichnym Vospominaniyam)*, p. 7.

6) Trotsky to V. I. Nevski, 5 August 1921 : RGASPI, f. 325, op. 1, d. 17, p. 2. See also G. A. Ziv, *Trotskii : Kharakteristika. (Po lichnym vospominaniyam)*, p. 9.

7) G. A. Ziv, *Trotskii : Kharakteristika. (Po lichnym vospominaniyam)*, p. 12.

8) Trotsky to V. I. Nevski, 5 August 1921 : RGASPI, f. 325, op. 1, d. 17, p. 2.

9) G. A. Ziv, *Trotskii : Kharakteristika. (Po lichnym vospominaniyam)*, p. 8.

10) Trotsky's autobigraphical letter to Max Eastman, n.d. in 1923 : RGASPI, f. 325, op. 1, d. 18, p. 4.

11) *Ibid.*

12) A. Walicki, *A History of Russian Thought from the Enlightenment to Marxism*, pp. 411~413.

13) L. D. Bronstein이 1898년 11월에 A. L. Sokolovskaya에게 보낸 서신 : RGASPI, f. 325, op. 1, d. 1, p. 17.

14) G. A. Ziv, *Trotskii : Kharakteristika. (Po lichnym vospominaniyam)*, p. 15.

15) *Ibid.*, pp. 10~11.

16) A. Schopenhauer, *The Art of Controversy*, especially chap. 3.

17) G. A. Ziv, *Trotskii : Kharakteristika. (Po lichnym vospominaniyam)*, pp. 14~15.

18) *Ibid.*, pp. 13~14.

19) *Ibid.*, p. 14.

20) Trotsky to V. I. Nevski, 5 August 1921 : RGASPI, f. 325, op. 1, d. 17, p. 2.

21) S. S. Montefiore, *Young Stalin*, pp. 112~127를 보라.

22) L. Trotskii, *Moya zhizn'*, vol. 1, p. 124.

23) *Ibid.*

24) *Ibid.*, p. 123.

25) L. D. Bronstein to A. L. Sokolovskaya, November 1898 : RGASPI, f. 325, op. 1, d. 1, p. 18.

26) G. A. Ziv, *Trotskii : Kharakteristika. (Po lichnym vospominaniyam)*, p. 18.

27) L. Trotskii, *Moya zhizn'*, vol. 1, p. 124.

28) G. A. Ziv, *Trotskii : Kharakteristika. (Po lichnym vospominaniyam)*, p. 19.

29) *Ibid.*

30) *Ibid.*, p. 20.

31) L. Trotskii, *Moya zhizn'*, vol. 1, p. 133.

32) M. Eastman, *Leon Trotsky : The Portrait of a Youth* (London edn), pp. 110~112.

5장 첫 번째 투옥

1) 'Otvet na voprosy t. Istmana.', February 1923 : RGASPI, f. 325, op. 1, d. 18, pp. 16~17.

2) *Ibid.*, p. 17.

3) *Ibid.*

4) Letter to A. L. Sokolovskaya, November 1898, 트로츠키의 어머니가 그를 방문하고 3일 뒤에 쓴 편지. : RGASPI, f. 325, op. 1, d. 1, p. 15.

5) Letter to M. Eastman (날짜 미상; 이 편지는 1917년 1월이라는 날짜가 적혀 있으나 이는 오류임) : RGASPI, f. 325, op. 1, d. 557, p. 101.

6) *Ibid.*

7) Letter to A. L. Sokolovskaya, November 1898 : RGASPI, f. 325, op. 1, d. 1, p. 15.

8) Letter to M. Eastman (날짜 미상) : RGASPI, f. 325, op. 1, d. 557, p. 101.

9) Letter to A. L. Sokolovskaya, November 1898 : *ibid.*, p. 11.

10) *Ibid.*, p. 12.

11) *Ibid.*, p. 13.

12) *Ibid.*

13) *Ibid.*, p. 14.

14) *Ibid.*

15) *Ibid.*, p. 15.

16) *Ibid.*, p. 14.

17) *Ibid.*

18) *Ibid.*, p. 11.

19) *Ibid.*, p. 12.

20) L. Trotskii, *Moya zhizn'*, vol. 1, p. 146.

21) 'Avtobiograficheskie zametki', RGASPI, f. 325, op. 1, d. 14, p. 17. 이 문건은 1919년 4월 시즈란(Syzran)에서 작성한 회고문이다.

22) Letter to A. L. Sokolovskaya, November 1898 : RGASPI, f. 325, op. 1, d. 1, p. 16.

23) *Ibid.*, p. 11.

24) *Ibid.*

25) L. Trotskii, *Dnevniki i pis'ma*, p. 64. 이 글에서 트로츠키는 이런 사회 계층을 가장 가까이에서 관찰할 수 있었던 것은 프랑스에서였다고 덧붙인다. 이는 솔직하지 못한 발언이었다. 조금 더 트로츠키에게 관대하게 해석하자면, 당시 트로츠키의 머릿속에서 자기 어린 시절의 이야기는 너무나 먼 곳의 이야기로 잊혔는지도 모른다.

26) Letter to A. L. Sokolovskaya, November 1898 : RGASPI, f. 325, op. 1, d. 1, p. 13.

27) *Ibid.*, p. 12.

28) G. A. Ziv, *Trotskii : Kharakteristika. (Po lichnym vospominaniyam)*, p. 34.

29) 'Otvet na voprosy t. Istmana', February 1923 : RGASPI, f. 325, op. 1, d. 18, p. 18.

30) G. A. Ziv, *Trotskii : Kharakteristika. (Po lichnym vospominaniyam)*, p. 35.

31) M. Eastman, *Leon Trotsky : The Portrait of a Youth* (London edn), pp. 130-131.

32) 이 점에 관해서는 Eva Broido가 자신의 감옥 내 결혼식을 묘사한 것을 참고하라. Eva Broido, *Memoirs of a Revolutionary*, p. 27. (저명한 유대인 출신 멘셰비키인 Eva Broido는 1914년 시베리아로 추방되어 유형 생활을 하다가 그곳에서 처형되었다. 생몰연대 미상. 그녀의 딸 Vera Broido(1907~2004)는 작가가 되었으며 러시아 혁명에 관한 글로 유명했다. — 역주)

6장 시베리아 유형

1) Letter to Ye. M. Yaroslavski, 25 August 1922 : RGASPI, f. 325, op. 1, d. 448, p. 4.

2) 이 여행의 동부 시베리아 지역의 마지막 여정에 대한 자세한 사항은 다음 자료를 참고하라. K. Baedeker, *Baedeker's Russia with Teheran, Port Arthur and Peking: Handbook*

for Travellers, pp. 531-532.

3) Letter to Ye. M. Yaroslavski, 25 August 1922 : RGASPI, f. 325, op. 1, d. 448, p. 1.

4) J. F. Fraser, *The Real Siberia*, pp. 256-268.

5) *Ibid*.

6) L. Trotskii, *Moya zhizn'*, vol. 1, p. 148.

7) Letter to Ye. M. Yaroslavski, 25 August 1922 : RGASPI, f. 325, op. 1, d. 448, p. 1.

8) L. Trotskii, *Moya zhizn'*, vol. 1, pp. 154-155.

9) G. A. Ziv, *Trotskii : Kharakteristika. (Po lichnym vospominaniyam)*, p. 41.

10) Letter to Ye. M. Yaroslavski, 25 August 1922 : RGASPI, f. 325, op. 1, d. 448, p. 1.

11) E. Broido, *Memoirs of a Revolutionary*, p. 28.

12) *Moya zhizn'*의 초고 chapter : Nicolaevsky Collection (HIA), box 312, folder 50, p. 2.

13) L. Trotskii, *Moya zhizn'*, vol. 1, p. 149.

14) *Moya zhizn'*의 초고 chapter : Nicolaevsky Collection (HIA), box 312, folder 50, p. 2.

15) M. A. Novomeysky, *My Siberian Life*, p. 230. 여기에는 Antid Ota로 잘못 표기되어 있으나 나는 이것을 Antid Oto로 바로잡아서 표기하였다.

16) 예를 들어, the *Vostochnoe obozrenie* articles in RGASPI, f. 355, op. 1, d. 559, pp. 83-86, 87-93, 151 and 157를 보라.

17) 'Penitentsial'nye ideally i gumannoe tyurmovozzrenie', *Vostochnoe obozrenie*, 20 June 1901 : *ibid.*, pp. 112-116.

18) 'Poeziya, mashina i poeziya mashiny', *Vostochnoe obozrenie*, 6 September 1901 : *Ibid.*, p. 173b.

19) 'Ob Ibsene', *Vostochnoe obozrenie*, 22-26 April 1901 : *ibid.*, p. 64; 3 June 1901 : *Ibid.*, p. 96.

20) 'Dve pisatel'skie dushi vo vlasti besa', *Vostochnoe obozrenie*, 25 August 1901 : *ibid.*, p. 159; 'Po zhurnalam', *ibid.*, p. 47.

21) 'Otryvnyi kalendar' kak kul'turtreger', *Vostochnoe obozrenie*, 25 January 1901 : *ibid.*, pp. 19 and 22.

22) 'Obyknovennoe derevenskoe', *Vostochnoe obozrenie*, 30 May 1901 : *ibid.*, pp. 87-93.

23) 'Poslednyaya drama Gauptmana i kommentarii k nei Struve', *Vostochnoe obozrenie*, 5~9 September 1901 : *ibid.*, pp. 66-69.

24) 'pis'ma storonnoego cheloveka o pessimizme, optimimizme, XX stoletii i mnogom drugom', *Vostochnoe obozrenie*, 15 February 1901 : *ibid.*, pp. 24 and 27.

25) 'Po zhurnalam', *Vostochnoe obozrenie*, 22~26 April 1901 : *ibid.*, p. 64.

26) 'Po zhurnalam', *Vostochnoe obozrenie*, 29 March 1901 : *ibid.*, p. 49.

27) Letter to Ye. M. Yaroslavski, 25 August 1922 : RGASPI, f. 325, op. 1, d. 448, pp. 1-2.

28) *Ibid.* p., 5.

29) I. Getzler, *Nikolai Sukhanov : Chronicler of the Russian Revolution*, chap. 3.

30) Letter to Ye. M. Yaroslavski, 25 August 1922 : RGASPI, f. 325, op. 1, d. 448, pp. 3-4.

31) L. Trotskii, *Moya zhizn'*, vol. 1, p. 167.

32) *Ibid.*, p. 156.

33) *Ibid.*, p. 157.

34) *Ibid.*, p. 159.

35) 예를 들어 '사샤'(즉 알렉산드라 브론시테인)가 1908년 11월 11일 트로츠키에게 쓴 편지를 보라. APO(HIA), file XVII, folder 2.

7장 1902년, 레닌을 만나다

1) L. Trotskii, *Moya zhizn'*, vol. 1, p. 158.

2) *Ibid.*

3) G. A. Ziv, *Trotskii : Kharakteristika. (Po lichnym vospominaniyam)*, p. 47.

4) Police report, 22 August 1902 : RGASPI, f. 325, op. 1, d. 2, p. 3.

5) *Moya zhizn'*의 초고 : Nicolaevsky Collection (HIA), box 313, folder 1, pp. 1-2. 트로츠키는 출판된 원고에서는 이런 이야기를 거의 모두 삭제해버렸다.

6) D. Sverchkov, *Na zare revolyutsii*, p. 264. Sverchkov의 주장에 따르면, 악셀로트는 트로츠키의 이런 행동의 '단순성' 때문에 트로츠키를 좋아했다고 한다. 그러나 이 주장은 과장이거나 혹은 과장보다 더 나쁜 어떤 것이다.

7) L. Trotskii, *Moya zhizn'*, vol. 1, p. 166.

8) *Ibid.*

9) 트로츠키는 이런 초고의 문안을 좀 더 부드럽게 바꾸어 출판했다. 나는 이 문단에서 그가 삭제해버린 초고의 내용을 따라 서술했다.: *Moya zhizn'*의 초고 : Nicolaevsky Collection (HIA), box 313, folder 1, p. 1.

10) *Ibid.*

11) *Ibid.*, p. 5.

12) *Ibid.*

13) *Ibid.*, p. 4. 또 E. Goldman, *Living My Life*, vol. 1, pp. 254-255 and 262를 보라.

14) N. Sedova, 1941년 12월 24일에 시작한 자서전적 성격의 타자 원고. Trotsky Collection (HIA), box 27, folder 13, p. 8.

15) *Ibid.*, p. 9.

16) *Ibid.*

17) *Ibid.*, p. 10.

18) *Ibid.*

19) *Ibid.*

20) Trotsky's diary in 1935 in L. Trotskii, *Dnevniki i pis'ma*, p. 86.

21) Yu. V. Got'e, 'Moi zametki', *Voprosy istorii*, no. 11 (1991), p. 151; S. Weber, 'Recollections of Trotsky', *Modern Occasions*, spring 1972, pp. 181-182; A. Glotzer, *Trotsky : Memoir and Critique*, p. 36를 보라.

22) L. Trotskii, *Dnevniki i pis'ma*, pp. 86-87.

23) Yu. O. Martov to the London part of the *Iskra* editorial board, 29 November 1902 : *Leninskii sbornik*, vol. 4, p. 166.

24) N. Sedova, 1941년 12월 24일에 시작한 자서전적 성격의 타자 원고. Trotsky Collection (HIA), box 27, folder 13, p. 11; *Moya zhizn'*의 초고 : Nicolaevsky Collection (HIA), box 313, folder 1, p. 6.

25) M. Shachtman, 'Natalya Ivanovna Sedoff (Sedova)', p. 3 : Albert Glotzer Papers (HIA), box 27. 샤크트먼은 세도바와 함께 그녀의 생애에 관해 대화를 나누고 그 대화 내용을 기록하였다.

26) 1902년 11월 1일에 발행된 Iskra 제27호에 실렸던 글들을 모아놓은 것을 보라. RGASPI, f. 325, op. 1, d. 361.

27) *Moya zhizn'*의 초고 : Nicolaevsky Collection (HIA), box 313, folder 1, p. 8.

28) Trotsky to Aleksandra L. Bronstein, 10 February 1903 (NS), p. 1 : APO (HIA), file XVIIa, folder 1a, p. 1.

29) *Ibid.*, p. 2.

30) *Ibid.*

31) G. V. Plekhanov to V. I. Lenin, beginning of January 1903 : *Leninskii sbornik*, vol. 4, p. 211.

32) V. I. Lenin to G. V. Plekhanov, 2 March 1903 : *ibid.*, pp. 221-222.

33) A. Lunacharskii, *Revolyutsionnye siluety*, p. 19.

34) *Yu. O. Martov i A. N. Potresov, pis'ma, 1898~1913*, pp. 36 and 43.

35) *Leninskii sbornik*, vol. 2, pp. 24, 27, 65, 127 and 152.

36) *Moya zhizn'*의 초고 : Nicolaevsky Collection (HIA), box 313, folder 2, p. 7.

37) *Ibid.*, folder 1, p. 5.

38) N. Sedova, 1941년 12월 24일에 시작한 자서전적 성격의 타자 원고. Trotsky Collection (HIA), box 27, folder 13, p. 11.

39) *Ibid.*, p. 12.

8장 가시 돋친 논쟁가

1) F. I. Dan to P. B. Axel'rod, 16 October 1903: Fëdor Il'ich Dan : pis'ma (1899~1946), p. 60.

2) 'Otvet na pis'mo v redaktsiyu' [*of Iskra*] : RGASPI, f. 325, op. 1, d. 561, p. 135.

3) F. I. Dan to P. B. Axel'rod, 2/15 November 1903 : *Fëdor Il'ich Dan: pis'ma (1899~1946)*, p. 63.

4) F. I. Dan to P. B. Axel'rod, 10/23 November 1903 : *ibid.*, p. 74.

5) Panin [M. S. Makadzyub] to P. B. Axel'rod, 11 January 1904, p. 1 : Nicolaevsky Collection (HIA), box 652, folder 1.

6) Panin [M. S. Makadzyub] to P. B. Axelrod, 2 February 1904 : Nicolaevsky Collection (HIA), box 652, folder 4, p. 11.

7) P. A. Garvi, 'Zapiski sotsial-demokrata' (typescript) : Nicolaevsky Papers (HIA), box 55, folder 1, pp. 19-20.

8) *Ibid.*, p. 16.

9) Panin [M. S. Makadzyub] to P. B. Axelrod, 2 February 1904 : Nicolaevsky Collection (HIA), box 652, folder 4, p. 11.

10) 'Nasha "voennaya" kampaniya', *Iskra*, no. 63, 15 Arpil 1904.

11) *Ibid*.

12) F. I. Dan to P. B. Axel'rod, January 1904(?) : *Fëdor Il'ich Dan : pis'ma (1899~1946)*, pp. 77-78.

13) Yu. O. Martov to P. B. Axel'rod, 1904년 4월 2일: *pis'ma P. B. Aksel'roda i Yu. O. Martova*, 1901~1916, pp. 101-104.

14) F. I. Dan to P. B. Axel'rod, 29 Semtember 1904 : *Fëdor Il'ich Dan : pis'ma (1899~1946)*, p. 110.

15) F. I. Dan to P. B. Axel'rod, 9 October 1904 : *ibid*., p. 122.

16) L. Trotskii, *Moya zhizn'*, vol. 1, p. 191.

17) Z. A. B. Zeman and W. B. Scharlau, *Merchant of Revolution : The Life of Aleksander Israel Helphand (Parvus), 1867~1924*, pp. 63-67.

18) Police report, August~September 1904, pp. 1-2 : APO (HIA), file XVIIc, folder 2, p. 1.

19) *Ibid*.; and M. Shachtman, 'Natalya Ivanovna Sedoff (Sedova)', p. 3 : Albert Glotzer Papers (HIA), box 27.

20) Ye. M. Yaroslavskii (ed.), *L. D. Trotskii o partii v 1904 g. : broshyura N. Trotskogo 'Nashi politicheskie zadachi'*.

21) N. Trotskii, *Nashi politicheskie zadachi. (Takticheskie i organizatsionnye voprosy)*, p. xi.

22) *Ibid*., p. x.

23) *Ibid*., pp. 50 and 55.

24) *Ibid*., p. 75.

25) *Ibid*., p. 33.

26) *Ibid*., p. 95.

27) *Ibid*., p. 96.

28) *Ibid*., p. 102.

29) *Ibid*., p. 107.

30) Panin [M. S. Makadzyub] to P. B. Axelrod, 16 October 1904 : Nicolaevsky Collection (HIA), box 652, folder 4, p. 1.

31) *Ibid*., p. 2.

32) A. A. Bogdanov to N. K. Krupskaya, 10 July 1904 : RGASPI., f. 325, op. 1, d. 212, p. 1.

33) Trotsky to Yu. O. Martov, some time in 1904 : Nicolaevsky Collection (HIA), box 51, folder 19, letter one, pp. 1-3 and 5, and letter two, pp. 1 and 3-4.

34) N. Sedova, 1941년 12월 24일에 시작한 자서전적 성격의 타자 원고. Trotsky Collection (HIA), box 27, folder 13, p. 12.

35) L. Trotskii, *Moya zhizn'*, vol. 1, p. 157.

36) N. Sedova, 'Devochki', p. 2 : Trotsky Collection (HIA), box 27, folder 13,

37) Kherson police report, 16 February 1910, p. 1 : APO (HIA), file XVIIc, folder 2.

38) Yu. V. Got'e, *Moi zametki*, p. 132. 트로츠키에 대해서는 이 책의 69쪽을 보라.

39) M. Shachtman, 'Natalya Ivanovna Sedoff (Sedova)', pp. 1 and 3 : Albert Glotzer Papers (HIA), box 27.

40) N. Sedova, 1941년 12월 24일에 시작한 자서전적 성격의 타자 원고. Trotsky Collection (HIA), box 27, folder 13, p. 1.

41) *Ibid.*, p. 3.

42) *Ibid.*, pp. 1-2.

43) *Ibid.*, p. 3 ; M. Shachtman, 'Natalya Ivanorna Sedoff(Sedova)', p. 1 : Albert Glotzer Papers (HIA), box 27.

44) N. Sedova, 1941년 12월 24일에 시작한 자서전적 성격의 타자 원고. Trotsky Collection (HIA), box 27, folder 13, p. 4.

45) *Ibid.*, pp. 5-7.

46) *Sotsial-demokrat*, no. 3, December 1904.

9장 페테르부르크 소비에트 의장

1) N. Sedova, 1941년 12월 24일에 시작한 자서전적 성격의 타자 원고. Trotsky Collection (HIA), box 27, folder 13, p. 12.

2) A. Ascher, *The Revolution of 1905 : Russia in Disarray*, pp. 102-123.

3) L. Trotskii, *Moya zhizn'*, vol. 1, p. 194. 트로츠키의 부인 나탈리야는 자신들이 빈이 아니라 뮌헨으로 갔다고 기억했다. N. Sedova, 1941년 12월 24일에 시작한 자서전적 성격의 타자 원고. Trotsky Collection (HIA), box 27, folder 13, p. 12. 하지만 아들러에 대해서 트로츠키가 세부 내용까지 언급한 것을 보아 트로츠키의 기록이 정확한 것으로 추정된다.

4) M. Shachtman, 'Natalya Ivanovna Sedoff (Sedova)', p. 2 : Albert Glotzer Papers (HIA), box 27.

5) *Ibid.*

6) Trotsky's 1935 diary in L. Trotskii, *Dnevniki i pis'ma*, p. 130.

7) N. Sedova, 1941년 12월 24일에 시작한 자서전적 성격의 타자 원고. Trotsky Collection (HIA), box 27, folder 13, p. 13.

8) *Iskra*, no. 90, 3 March 1905.

9) Parvus, *Bez tsarya, a pravitel'stvo - rabochee*, pp. 1-4.

10) Parvus, *V chem. my raskhodimsya? Otvet Leninu na ego stat'i v 'Proletarii'*, pp. 8 and 18.

11) *Iskra*, no. 93, 17 March 1905.

12) Trotsky to J. G. Wright, 2 May 1940, p. 3 : Trotsky Collection (HIA), box 13, folder 1.

13) 'Sotsial-demokratiya i revolyutsiya', *Nachalo*, no. 10, 25 October 1905 : RGASPI, f. 325, op. 1, d. 563, pp. 15-18.

14) L. Trotskii, *Moya zhizn'*, vol. 1, p. 206.

15) N. Sedova, 1941년 12월 24일에 시작한 자서전적 성격의 타자 원고. Trotsky Collection

(HIA), box 27, folder 13, p. 13.

16) *Ibid.*

17) L. Trotskii, *1905 God*, p. 200의 맞은편 페이지에 있는 사진.

18) 'Grisha' to Vilenkina [sic] in Geneva, 3 December 1905: APO (HIA), file XVIIc, folder 1.

19) I. D. Thatcher가 'Leon Trotsky and 1905', pp. 248-250에서 증거를 설득력 있게 검토한 것을 보라.

20) A. Lunacharskii, *Revolyutsionnye siluety*, p. 20.

21) R. B. Gul', *Ya unes Rossiyu : apologiya emigratsii*, vol. 2, p. 252.

22) L. Trotskii, *Moya zhizn'*, vol. 1, p. 203.

23) *Ibid.*, pp. 203-204.

24) 'Nashi zadachi', *Nachalo*, no. 1, 13 November 1905 : Nicolaevsky Collection (HIA), box 625, folder 5.

25) I. Getzler, *Martov : A Political Biography of a Russian Social-Democrat*, p. 110.

26) R. Service, *Lenin : A Political Life*, vol. 1, pp. 144-145 and 147.

27) L. Trotskii, *Moya zhizn'*, vol. 1, p. 207.

10장 462번 감방의 수인

1) L. Trotskii, 'Parvus', *Nashe slovo*, no. 23, 24 February 1915 : RGASPI, f. 325, op. 1, d. 576, p. 14.

2) N. Trotskii, *Tuda i obratno*, p. 11.

3) L. Trotskii, *1905 God*의 p. 216 맞은편 페이지에 실려 있는 트로츠키의 친구 D. F. 스베르치코프의 사진을 보라.

4) 이 책의 291쪽을 보라.

5) *Moya zhizn'*의 초고 : Nicolaevsky Collection (HIA), box 313, folder 5, pp. 1-2.

6) 'L. Yanovskii' (Trotsky) to S. N. Saltykov, 9 December 1905 : RGASPI, f. 325, op. 1, d. 377, pp. 1-2.

7) L. Trotskii, *Moya zhizn'*, vol. 1, p. 215.

8) *Ibid.*

9) Letter to Yu. O. Martov, 12 June 1906 : RGASPI, f. 325, op. 1, d. 378.

10) L. Trotskii, *Moya zhizn'*, vol. 1, p. 219.

11) *Ibid.*, pp. 217-218.

12) L. Trotsky, *History of the Russian Revolution*, vol. 3, p. 193.

13) G. A. Ziv, *Trotskii : Kharakteristika. (Po lichnym vospominaniyam)*, p. 33.

14) Trotskii, *Itogi suda nad Sovetom Rabochikh Deputatov*, pp. 1-6. 이 책에는 트로츠키의 이름(first name)도, 또 그 이름의 이니셜 즉 첫 글자도 표시되지 않은 채로 그의 이름이 나와 있다. 이는 이례적인 일이다.

15) *Ibid.*, p. 7.

16) L. Trotskii, *Sochineniya*, vol. 2, book 2, pp. 163-177.

17) D. Sverchkov, *Na zare revolyutsii*, p. 218.

18) L. L. Sedov's 'Freudenpass' : Nicolaevsky Collection (HIA), box 356, folder 25.

19) N. Trotskii, 'Sovet i prokuratura', in *Istoriya Soveta Robochikh Deputatov g. S.-Peterburga*, pp. 319–321 and 323.

20) N. Trotskii, 'Sovet i revolyutsiya. (Pyatdesyat' dnei)' in *ibid.*, p. 21.

21) *Ibid.*

22) *Ibid.*

23) D. Sverchkov, *Na zare revolyutsii*, pp. 220–224.

24) N. Trotskii, *Tuda i obratno*, pp. 13–14.

25) *Ibid.*, pp. 20–21.

26) *Ibid.*, pp. 24–25.

27) *Ibid.*, pp. 25–26.

28) D. Sverchkov, *Na zare revolyutsii*, pp. 225–226.

29) N. Trotskii, *Tuda i obratno*, p. 46.

30) *Ibid.*, p. 51.

31) D. Sverchkov, *Na zare revolyutsii*, pp. 227–228.

32) *Ibid.*, pp. 228–229.

33) Police file on Trotsky : RGASPI, f. 325, op. 1, d. 2, p. 8; N. Trotskii, *Tuda i obratno*, pp. 57–58.

34) L. Trotskii, *Moya zhizn'*, pp. 223–224; D. Sverchkov, *Na zare revolyutsii*, pp. 230–231.

35) D. Sverchkov, *Na zare revolyutsii*, p. 229.

36) N. Trotskii, *Tuda i obratno*, pp. 61–66.

37) *Ibid.*, p. 87.

38) *Ibid.*, p. 118.

39) M. Shachtman, 'Natalya Ivanovna Sedoff (Sedova)' (n.d.; typed notes), p. 4 : Albert Glotzer Papers (HIA), box 26.

40) N. Sedova, 1941년 12월 24일에 시작한 자서전적 성격의 타자 원고. Trotsky Collection (HIA), box 27, folder 13, p. 17; 트로츠키는 이것을 기록하면서 관여된 사람의 이름을 밝히는 경우 무척 조심하였을 것이다. 그들에게 보복이 가해질 수 있기 때문이었다.

41) *Ibid.*

42) *Ibid.*, pp. 17–18.

11장 오스트리아 빈의 망명자

1) M. Shachtman, 'Natalia Ivanovna Sedoff (Sedova)', (n.d.; typed notes), p. 4 : Albert Glotzer Papers (HIA), box 26.

2) L. Trotskii, *Delo bylo v Ispanii*.

3) N. Sedova, 1941년 12월 24일에 시작한 자서전적 성격의 타자 원고. Trotsky Collection (HIA), box 27, folder 13, p. 18.

4) *Ibid.*

5) L. Trostkii, *Politicheskie siluety*, p. 185.

6) N. Ioffe, *Vremya nazad*, p. 13.

7) 'Zatmenie solntsa', *Kievskaya mysl*', no. 295, 24 October 1908 : RGASPI, f. 325, op. 1, d. 568, pp. 21–22.

8) I. D. Thatcher, 'Trotsky and the Duma : A Research Essay', p. 36.

9) N. Trotskii, *V zashchitu partii* (N. Glagolev edn), pp. xiii, 137 and 143.

10) *Ibid.*, pp. xviii–xxi and 2–3.

11) *Ibid.*, pp. 87 and 91.

12) Pyatyi (londonskii) s"ezd RSDRP. Protokoly, pp. 15 and 21.

13) *Ibid.*, p. 166.

14) *Ibid.*, pp. 258–266.

15) *Ibid.*, p. 292.

16) *Ibid.*, pp. 397–404.

17) *Ibid.*, p. 443.

18) *Ibid.*, p. 483.

19) *Ibid.*, p. 538.

20) N. Sedova, 1941년 12월 24일에 시작한 자서전적 성격의 타자 원고. Trotsky Collection (HIA), box 27, folder 13, p. 19.

21) *Ibid.*

22) Director of Kherson Province Gendarme Administration to Director of the Special Department A. M. Yeremin, 16 February 1910 : APO (HIA), file XVIIc, folder 2.

23) N. Sedova, 'Devochki', p. 2 : Trotsky Collection (HIA), box 27, folder 13.

24) N. Trotskii, *Nasha revolyutsiya* (1907 edn), pp. xvi–xvii (preface)

25) L. Trotsky, *Russland in der Revolution*.

26) *Itogi i perspectivy*. 여기서 나는 1909년 판본을 사용하였다. 이는 N. Glagolev가 *Nasha revolyutsiya*. pp. 236–238에 게재한 것이다.

27) *Ibid.*, pp. 250–259.

28) *Ibid.*, pp. 224–230.

29) *Ibid.*, pp. 231–238.

30) *Ibid.*, p. 278.

31) N. Trotskii, *V zashchitu partii*(N. Glagolev edn), pp. 5 and 8–9.

32) *Ibid.*, p. 82.

33) Letter of M. Bystrytskii–Zhenev to Marfa Osipovna Dunina, 2 January 1909 : APO (HIA), file XVIIc, folder 1. Bystrytskii–Zhenev는 Melenevski를 그의 가명인 Basok로 지칭하고 있다.

34) N. Ioffe, *Vremya nazad. Moya zhizn*', *moya sud'ba, moya epokha*, p. 13 ; N. I. Sedova가 1956년 10월 2일과 12월 24일 B. I. Nikolaevskii에게 편지를 보내면서 기록한 회고 : Nicolaevsky Collection (HIA), box 628, folder 11.

35) N. Ioffe, *Vremya nazad. Moya zhizn*', *moya sud'ba, moya epokha*, p. 13.

36) *Ibid.*, p. 20.

37) Trotsky to I. Bisk, 11 June 1908 : Nicolaevsky Collection (HIA), box 90, folder 13.

38) Trotsky to A. M. Gor'kii, 20 June 1909, p. 7 : Nicolaevsky Collection (HIA), box 652, folder 10.

39) L. Trotskii, *Moya zhizn'*, vol. 1, p. 252.

40) 'Natasha' [N. Sedova] to Trotsky, 12 December 1913 : APO (HIA), file XVIIc, folder 1.

41) Trotsky to M. Gor'kii, 9 June 1909 : Nicolaevsky Collection (HIA), box 652, folder 10.

42) Trotsky to the New York support group, 11 March 1912 : Nicolaevsky Collection (HIA), box 654, folder 1.

43) *Pravda* editorial board's appeal, 26 February 1911 : Nicolaevsky Collection (HIA), box 653, folder 2.

44) Trotsky to I. Bisk, 11 June 1908 : Nicolaevsky Collection (HIA), box 90, folder 13.

45) The *Odesskie novosti* articles are gathered in RGASPI, f. 325, op. 1, d. 564.

46) The *Kievskaya mysl'* articles are gathered in *ibid.*, d. 568.

47) 'pis'ma s Zapada', *Odesskie novosti*, 12 April 1908 : RGASPI, f. 325, op. 1, d. 564, p. 1.

48) 'Tvoya Sasha'(Aleksandra Bronstein일 가능성이 있음) to Trotsky, 19 March 1909: I. Boitsov to Trotsky, 14 April 1909 : APO (HIA), file XVIIc, folder 1.

49) 'Nekotorye politicheskie itogi. K delu Azefa', *Pravda*, no. 3, 27 March 1909 [9 April 1909] : RGASPI, f. 325, op. 1, d. 566, pp. 37-45.

50) 'K. S.' [I. V. Stalin] to Mr Vel'tman, 31 December 1910 : APO (HIA), file XVIIc, folder 1.

12장 당 통합을 외치는 단독자

1) A. V. Lunacharskii to Trotsky, 26 November 1909 : Nicolaevsky Collection (HIA), box 627, folder 5.

2) Trotsky to A. M. Gor'kii, 20 June 1909 : Nicolaevsky Collection (HIA), box 652, folder 10.

3) Draft notes for lecture: Nicolaevsky Collection (HIA), box 627, folder 11.

4) A. Lunacharskii, *Revolyutsionnye siluety*, pp. 22-23.

5) *Moya zhizn'*의 초고 : Nicolaevsky Papers (HIA), box 313, folder 6, pp. 14-15.

6) R. Luxemburg, 'Letters on Bolshevism and the Russian Revolution', *Revolutionary History*, no. 6 (1996), p. 241. 이 시기의 당 역사에 관해 논의해준 데 대해 나는 이언 대처(Ian Thatcher)에게 감사한다.

7) L. Trotskii, *Moya zhizn'*, vol. 1, pp. 240-241.

8) *Ibid.*, p. 241.

9) N. Sedova, 1941년 12월 24일에 시작한 자서전적 성격의 타자 원고. Trotsky Collection (HIA), box 27, folder 13, p. 22.

10) *Ibid.*

11) Trotsky to P. B. Axel'rod, 11 June 1912, p. 7 : Nicolaevsky Collection (HIA), box 654, folder 4.

12) N. Sedova, 1941년 12월 24일에 시작한 자서전적 성격의 타자 원고. Trotsky Collection

(HIA), box 27, folder 13, p. 24.

13) *Ibid.*, p. 27.

14) Trotsky's 1935 diary in L. Trotskii, *Dnevniki i pis'ma*, pp. 19–20.

15) N. Ioffe, *Vremya nazad. Moya zhizn', moya sud'ba, moya epokha*, p. 48.

16) 'Gospodin Pëtr Struve', *Kievskaya mysl'*, 21 April 1909 : RGASPI, f. 325, op. 1, d. 568, p. 118.

17) 'Natsional'no-psikhologicheskie tipy burzhuazii', Kievskaya mysl', 25 January 1909 : *ibid.*, pp. 86–87.

18) 1941년 1월 24일 오흐라나 보고서, p. 7 : APO (HIA), file XVIb(2), folder 1.

19) A. Lunacharskii, *Revolyutsionnye siluety*, p. 21.

20) Trotsky to Duma deputy I. P. Pokrovskii, 5 December 1910 : APO (HIA), file XVIIc, folder 2.

21) Letter of *Pravda* editorial board to 'party organizations', 26 November 1911 : Nicolaevsky Collection (HIA), box 653, folder 2.

22) 'Pis'mo "Pravdy" k myslyashchim rabochim. Gde zhe nastoyashchii put'?', *Pravda*, no. 14, 24 June/7 July 1910 : RGASPI, f. 325, op. 1, d. 567, p. 23.

23) 'Voprosy edinstva', *Bor'ba*, no. 3, 12 April 1914 : RGASPI, f. 325, op. 1, d. 574, p. 13.

24) 'Anketa "Pravdy"', *Pravda*, no. 16, 24 September/6 October 1910 : RGASPI, f. 325, op. 1, d. 567, p. 50.

25) 'Voprosy edinstva', *Bor'ba*, no. 3, 12 April 1914 : RGASPI, f. 325, op. 1, d. 574, p. 15.

26) 'Pravda svoim chitatelya', *Pravda* [Vienna], no. 1, 3/16 January 1908; 'Nekotorye politicheskie itogi. K delu Azefa', *Pravda* [Vienna], no. 3, 27 March/9 April 1909 : RGASPI, f. 325, op. 1, d. 566를 보라.

27) 'Anketa "Pravdy"', *Pravda*, no. 16, 24 September/6 October 1910 : RGASPI, f. 325, op. 1, d. 567, p. 52; 'Polozhenie v partii i nashi zadachi', *Pravda*, no. 18/19, 29 January/11 February 1911 : RGASPI, f. 325, op. 1, d. 566, p. 84.

28) 'Pis'ma ob edinstve', *Luch*, no. 27, 2 February 1913 : RGASPI, f. 325, op. 1, d. 573, pp. 10 and 12–14.

29) 'Polozhenie v partii i nash zadachi', *Pravda*, no. 18/19, 29 January/11 February 1911 : RGASPI, f. 325, op. 1, d. 566, p. 95.

30) D. Sverchkov, *Na zare revolyutsii*, pp. 262–263.

31) '당조직들'에 보내는 〈프라우다〉 편집진의 공개 호소문, 1911년 2월 26일 : Nicolaevsky Collection (HIA), box 653, folder 2.

32) Iosif [I. V. Stalin] to V. S. Bobrovskii, 24 January 1911 : APO (HIA), file XVIIu, folder 1.

33) 1911년 1월 24일 오흐라나 보고서, p. 7 : APO (HIA), file XVIb(2), folder 1.

34) 'Neotlozhnye voprosy', *Nasha zarya*, no. 11 (1911).

35) Offprint of *Sotsial-demokrat* (central organ of the Russian Social-democratic Workers' Party), no. 19, 1911, p. 2. (여기에서 offprint란 잡지의 일부를 따로 인쇄한 것을 말한다. – 역주)

36) *Ibid.*, p. 3.

13장 발칸 전쟁 특파원

1) Trotsky to P. B. Axel'rod, 12 February 1912 : Nicolaevsky Collection (HIA), box 653, folder 2, pp. 3 and 7.

2) Trotsky to P. B. Axel'rod, 20(?) February 1912 : Nicolaevsky Collection (HIA), box 42, folder 8.

3) Trotsky to P. B. Axel'rod, 8 March 1912, p. 1 : Nicolaevsky Collection (HIA), box 654, folder 1.

4) Trotsky to P. B. Axel'rod, 20 July 1912, p. 1 : Nicolaevsky Collection (HIA), box 654, folder 7; 또 Trotsky to P. B. Axel'rod, 8 August 1912 : Nicolaevsky Collection (HIA), box 655, folder 1, and N. Sedova, 'Devochki', p. 2 : Trotsky Collection (HIA), box 27, folder 13을 보라.

5) Trotsky to P. B. Axel'rod, 20 July 1912, p. 1 : Nicolaevsky Collection (HIA), box 654, folder 7.

6) Trotsky to editorial board of 'Zvezda', 29 April 1912 : APO (HIA), file XVIIc, folder 1.

7) Trotsky to Duma deputy Voiloshnikov, 29 April 1912 (NS) : *ibid*.

8) Trotsky to the New York assistance group, 11 March 1912, pp. 2–3 : Nicolaevsky Collection (HIA), box 92, folder 16.

9) Trotsky to the New York assistance group, April 1912 : *ibid*.

10) F. I. Dan to P. B. Axel'rod, beginning of September 1911 : *Fëdor Il'ich Dan : pis'ma (1899~1946)*, p. 239.

11) *Ibid*.

12) Trotsky to P. B. Axel'rod, 8 and 16 August 1911 : Nicolaevsky Collection (HIA), box 655, folder 1.

13) Basok [M. Melenevsky]'s correspondence with S. Semkovskii, 1912 : Nicolaevsky Collection (HIA), box 185, folder 28.

14) G. A. Alexinskii's notes : Nicolaevsky Collection (HIA), box 655, folder 2, p. 6.

15) *Ibid.*, p. 16.

16) 'Balkanskie pis'ma', signed off 28 September 1912 : *Kievskaya mysl'*, 3 October 1912 : RGASPI, f. 325, op. 1, d. 569, p. 53.

17) 'Ranenye', *Kievskaya mysl'*, 31 October 1912 : *ibid.*, p. 99.

18) S. Semkovski to P. B. Axel'rod, 15 January 1913, p. 3 : Nicolaevsky Collection (HIA), box 655, folder 3.

19) Trotsky to N. S. Chkheidze, 1 April 1913 : Nicolaevsky Collection (HIA), box 656, folder 5, pp. 1–2.

20) 이 책의 159~160쪽을 보라.

21) Trotsky to N. S. Chkheidze, 1 April 1913 : Nicolaevsky Collection (HIA), box 656, folder 5, pp. 1–2.

22) 이 '8월블록'의 가능성에 대한 좀 더 긍정적인 평가는 다음 자료를 보라. G. Swain, *Russian Social-Democracy and the Legal Labour Movement*.

23) Trotsky to *Luch* editorial board, 2 April 1913, pp. 1 and 3 : APO (HIA), file XVIIc, folder 2.

24) F. I. Dan to P. B. Axel'rod, 11 May 1912, *Fëdor Il'ich Dan : Pis'ma (1899~1946)*, p. 263.

25) Trotsky's quotation in letter to unknown person, probably in 1913 : Nicolaevsky Collection (HIA), box 42, folder 24, pp. 1-2.

26) Unknown writer to Trotsky, 22 January 1913, pp. 1-2 : APO (HIA), file XVIIc, folder 1.

27) "A" to Trotsky, 3 March 1913 : *ibid*.

28) N. I. Sedova to Trotsky, 12 December 1913 : *ibid*.

29) Yu. O. Martov to S. Semkovskii, 31 July 1914 : Nicolaevsky Collection (HIA), box 657, folder 5.

30) G. Swain, *Russian Social-Democracy and the Legal Labour Movement*, p. 191.

31) RGASPI, f. 325, op. 1, d. 574. *Bar'ba*에 대해서는 다음 자료를 보라. I. D. Thatcher, 'Bar'ba : A Workers' Journal in St. Petersburg on the Eve of World War One', *English Historical Review*, no. 450 (1998), p. 101.

32) 'Ot redaktsii', *Bar'ba*, no. 1, 22 January 1914 : RGASPI, f. 325, op. 1, d. 574, p. 2.

33) 'Voprosy edinstva', *Bar'ba*, no. 3, 12 April 1914: *ibid*., p. 15.

14장 1차 대전의 반전 운동가

1) L. Trotzky, *Chapters from My Diary*, p. 10.

2) *Ibid*.

3) L. Trotskii, *Moya zhizn'*, vol. 1, p. 271.

4) *Ibid*., p. 272.

5) Trotsky to P. B. Axel'rod, 10 December 1914 : Nicolaevsky Collection (HIA), box 657, folder 6.

6) *Golos*, no 71, 4 December 1914.

7) Trotsky to P. B. Axel'rod, 11 December 1914 : Nicolaevsky Collection (HIA), box 657, folder 6.

8) Trotsky to P. B. Axel'rod, n.d. : Nicolaevsky Collection (HIA), box 43, folder 2, p. 2.

9) A. Lunacharskii, *Revolyutsionnye siluety*, p. 23.

10) *Ibid*.

11) Trotsky to P. B. Axel'rod, 22 December 1914 : Nicolaevsky Collection (HIA), box 657, folder 6. 트로츠키는 카를 카우츠키에 대한 글에서 플레하노프를 언급했다. 'Kautskii o Plekhanove', part 3, Nashe slovo, no. 117, 19 June 1915 : RGASPI, f. 325, op. 1, d. 576, p. 96.

12) M. MeleNevski and others : 'Po povodu insinuatsii N. Trotskogo v gazete "Golos", 8 February 1915, pp. 1-3 : Nicolaevsky Collection (HIA), box 627, folder 8.

13) RGASPI, f. 325, op. 1, d. 576 : 'Nekriticheskaya otsenka kriticheskoi epokhi', part 1,

Nashe slovo, no. 28, 1 March 1915 : *ibid.*, pp. 18-19; part 2, no. 35, 10 March 1915 : *ibid.*, pp. 22 and 24.

14) *Ibid.*, p. 71.

15) N. Sedova, 1941년 12월 24일에 시작한 자서전적 성격의 타자 원고. Trotsky Collection (HIA), box 27, folder 13, p. 25.

16) A. Rosmer, 'Durant la Guerre Imperialiste', in M. Nadeau (ed.), *Hommage a Natalia Sedova-Trotsky, 1882~1962*, p. 67.

17) N. Sedova, 1941년 12월 24일에 시작한 자서전적 성격의 타자 원고. Trotsky Collection (HIA), box 27, folder 13, pp. 25-26.

18) A. Rosmer, quoted in P. Naville, *Trotsky vivant*, p. 156.

19) *Ibid.*

20) *Ibid.*

21) *Ibid.*

22) N. Sedova,1941년 12월 24일에 시작한 자서전적 성격의 타자 원고. Trotsky Collection (HIA), box 27, folder 13, pp. 25-26.

23) 이 책의 599~601쪽을 보라.

24) N. Sedova, 1941년 12월 24일에 시작한 자서전적 성격의 타자 원고. Trotsky Collection (HIA), box 27, folder 13, p. 26.

25) Trotsky to L. G. Deich, 15 July 1915 : Nicolaevsky Collection (HIA), box 657, folder 8, pp. 1-2.

26) L. G. Deich to Trotsky, 31 July 1915 : Nicolaevsky Collection (HIA), box 658, folder 1.

27) Trotsky to L. G. Deich, 15 July 1915 : Nicolaevsky Collection (HIA), box 83, folder 3, p. 1.

28) I. Thatcher, *Leon Trotsky and World War One : August 1914~February 1917*, pp. 25-37. 나는 제1차 세계대전 기간 중 트로츠키의 저술 활동을 다루는 데 대처의 이 저술에 많이 의존하였다.

29) A. Rosmer, 'Durant la Guerre Imperialiste', in M. Nadeau (ed.), *Hommage a Natalia Sedova-Trotsky, 1882-1962*, pp. 65-66.

15장 유럽 혁명 구상

1) Trotsky to P. B. Axel'rod, 10 December 1914 : Nicolaevsky Collection (HIA), box 43, folder 2.

2) *Die Zimmerwalder Bewegung. Protokole und Korrespondenz*, vol. 1, pp. 45-49, 54; V. I. Lenin, Polnoe sobranie sochinenii, vol. 49, pp. 115-116 and 128-129.

3) V. I. Lenin, *Polnoe sobranie sochinenii*, vol. 49, p. 78.

4) L. Trotskii, *Moya zhizn'*, vol. 1, p. 285.

5) *Die Zimmerwalder Bewegung. Protokole und Korrespondenz*, vol. 1, pp. 55-56.

6) RGASPI, f. 325, op. 1, d. 394.

7) *Die Zimmerwalder Bewegung. Protokole und Korrespondenz*, vol. 1, p. 141.

8) *Ibid.*, pp. 133 and 137.

9) *Ibid.*, p. 169.

10) 경찰이 페트로그라드에 제출한 보고서, 1915년으로 추정됨, pp. 2b, 3 and 4b : APO (HIA), file XVIIc, folder 2.

11) R. Service, *Lenin : A Political Life*, Vol. 2, pp. 79–81.

12) 'Nash politicheskii lozung', *Nashe slovo*, no. 23, 24 February 1915 : RGASPI, f. 325, op. 1, d. 576, pp. 9–10; 'Imperializm I natsional'naya ideya', *Nashe slovo*, no. 32, 6 May 1915 : *ibid.*, pp. 54–56.

13) 'Natsiya i khozyaistvo', Nashe slovo, no. 130, 3 July 1915 : *ibid.*, pp. 109–111.

14) 'Nash politicheskii lozung', Nashe slovo, no. 23, 24 February 1915 : *ibid.*, p. 10.

15) 'pis'ma s Zapada', *Kievskaya mysl'*, no. 22, 22 Jaunuary 1916 : RGASPI, f. 325, op. 1, d. 571, p. 21.

16) 'pis'ma s Zapada : u knyazya monakskogo', *Kievskaya mysl'*, no. 191, 10 July 1916 : *ibid.*, p. 107.

17) 'pis'ma s Zapada : brozhenie umov', *Kievskaya mysl'*, no. 133, 18 May 1916 : *ibid.*, pp. 92–93.

18) 'Otkhodit epokha', *Kievskaya mysl'*, no. 3, 3 January 1916 : *ibid.*, p. 8.

19) L. Trotskii, *Moya zhizn'*, vol. 1, p. 286.

20) *Die Zimmerwalder Bewegung. Protokole und Korrespondenz*, vol. 1, pp. 273–362.

21) R. Service, *Lenin : A Biography*, pp. 127 and 129.

16장 미국에서 보낸 3개월

1) 오흐라나가 1916년 9월 18일 페트로그라드로 보낸 보고서 : APO (HIA), file XVIIc, folder 2.

2) L. D. Trotskii, *Chto i kak proizoshlo? Shest' statei dlya mirovoi burzhuaznoi pechati*, pp. 9–10.

3) Comite pour la reprise des relations, 25 September 1916, pp. 1–3 : APO (HIA), file XVIIc, folder 2.

4) L. Trotsky, *Lettres aux abonnes de la Vie Ouvriere*, part 3 : *L'expulsion de Leon Trotzky*, pp. 13–14 and 20.

5) L. D. Trotskii, *Chto i kak proizoshlo? Shest' statei dlya mirovoi burzhuaznoi pechati*, p. 9

6) L. Trotskii, *Delo bylo v Ispanii*, p. 120.

7) Trotsky's 1935 diary in L. Trotskii, *Dnevniki i pis'ma*, p. 130.

8) L. Trotzky, *Vingt lettres de Leon Trotzky*, p. 33.

9) L. Trotskii, *Delo bylo v Ispanii*, p. 123.

10) *Ibid.*, pp. 124–126.

11) M. Shachtman, 'Natalya Ivanovna Sedoff (Sedova)' (n.d.; typed notes), p. 6 : Albert Glotzer Papers (HIA), box 27.

12) *Novy mir* (New York), 6 December 1916 : Nicolaevsky Collection (HIA), box 83, folders 3 and 4.

13) L. Trotskii, *Delo bylo v Ispanii*, p. 147.

14) G. A. Ziv, *Trotskii : Kharakteristika. (Po lichnym vospominaniyam)*, p. 67.

15) *Ibid.*, pp. 67-69.

16) J. Nedava, *Trotsky and the Jews*, p. 25.

17) *Ibid.*, pp. 25-26.

18) G. A. Ziv, *Trotskii : Kharakteristika. (Po lichnym vospominaniyam)*, p. 76.

19) 트로츠키가 러시아사회민주노동당 뉴욕 그룹에 보낸 서신, 1912년 4월 : Nicolaevsky Collection (HIA), box 654, folder 2.

20) G. A. Ziv, *Trotskii : Kharakteristika. (Po lichnym vospominaniyam)*, p. 57.

21) *Novyi mir* (New York), 16 January 1916, pp. 1 and 4.

22) 'A vsë-taki Klaru Tsetkin naprasno trevozhite!', *Novyi mir* (New York), 16 February 1917.

23) M. Shachtman, 'Natalya Ivanovna Sedoff (Sedova)' (n.d.; typed notes), p. 5 : Albert Glotzer Papers (HIA), box 27. 어떤 기록에 따르면 트로츠키는 헤르손 주에서 이민 나온 친척집에 머물렀다고 한다. Nathan Sturman은 2001년 1월 21일 자신의 증조할머니인 엠마 브론시테인에 대해서 가족들로부터 들은 이야기를 회상했다. 엠마 브론시테인은 트로츠키의 아버지인 다비드의 조카였다. : RootsWeb.com message board.

24) M. Shachtman, 'Natalya Ivanovna Sedoff (Sedova)' (n.d.; typed notes), p. 7 : Albert Glotzer Papers (HIA), box 26.

25) 이 책의 599~601쪽을 보라.

26) L. Trotskii, *Moya zhizn'*, vol. 1, pp. 308-309.

27) E. Goldman, *Living My Life*, vol. 2, p. 596.

28) 뉴욕 연설 (n.d.), RGASPI, f. 325, op. 1, d. 557, pp. 108-121.

29) M. Shachtman, 'Natalya Ivanovna Sedoff (Sedova)' (n.d.; typed notes), p. 6 : Albert Glotzer Papers (HIA), box 27.

30) 'Instruktsiya upolnomochennomu po delam politicheskim emigrantam pri chrezvychainoi rossiiskoi missii v Soedinënnykh Shtatakh' : Nicolaevsky Collection (HIA), box 87, folder 13, p. 1.

31) 'Ot kogo i kak zashchishchat' revolyutsiyu', *Novyi mir* (New York), 21 March 1917. 여기에는 필자의 이름이 Lev N. Trotskii라고 기록되어 있다.

32) *Ibid.*

33) J. Nedava, *Trotsky and the Jews*, p. 27.

34) F. Harris, *Contemporary Portraits : Fourth Series*, p. 199.

35) L. Lore, 'When Trotsky Lived in New York' quoted by R. B. Spence in 'Hidden Agendas : Spies, Lies and Intrigue Surrounding Trotsky's American Visit of January~April 1917', *Revolutionary Russia*, no. 1 (2008), p. 47.

36) R. B. Spence, *ibid.*, p. 48.

37) A. Kalpashnikoff, *A Prisoner of Trotsky's*, p. 223.

38) P. Broué, *Léon Sedov, fils de Trotsky, victime de Staline*, p. 20.

39) A. Kalpashnikoff, *A Prisoner of Trotsky's*, p. 223.

40) 'Norway Heritage: Hands Across the Sea' : http://www.norwayheritage.com/pship. asp?sh=krisf.

17장 혁명을 이끄는 선동가

1) L. Trotskii, *Moya zhizn'*, vol. 2, p. 6.

2) L. Trotsky, *The Real Situation in Russia*, pp. 204-205.

3) L. Trotskii, *O Lenine* : *materialy dlya biografa*, p. 52.

4) N. Sukhanov, *Zapiski o revolyutsii*, vol. 2, book 4, p. 190.

5) *Ibid.*

6) *Sed'maya (aprel'skaya) vserossiiskaya konferentsiya RSDRP (bol'shevikov)*, pp. 67-68.

7) N. Sukhanov, *Zapiski o revolyutsii*, vol. 2, book 4, p. 171.

8) *Ibid.*, p. 172.

9) 트로츠키는 한 번도 이렇게 주장한 적이 없다.

10) A. Ioffe, 'Avtobiografiya', in N. Ioffe, *Moi otets Adol'f Abramovich Ioffe* : *vospominaniya, dokumenty i materialy*, p. 53.

11) L. Trotskii, 'Avtograficheskie zametki', *Syzran*, 5 April 1919, RGASPI, f. 325, op. 1, d. 14, p. 18.

12) *Pravda*, 18 May 1917.

13) *Leninskii sbornik*, vol. 4, p. 303.

14) *Ibid.*, p. 302.

15) N. Sukhanov, *Zapiski o revolyutsii*, vol. 2, book 4, p. 190.

16) *Ibid.*, p. 245.

17) *Ibid.*, pp. 245-246. 트로츠키는 자신이 정확하게 이런 말을 했다는 것에 이의를 제기했다. 또한 트로츠키는 그 당시 이미 그가 레닌과 공동으로 신문을 하나 창립하기로 상호 이해가 성립되었던 상태라고 주장했다.: *ibid.*, 246를 보라.

18) A. Ioffe, 'Avtobiografiya', in N. Ioffe, *Moi otets Adol'f Abramovich Ioffe* : *vospominaniya, dokumenty i materialy*, p. 53.

19) N. Sukhanov, *Zapiski o revolyutsii*, vol. 2, book 4, p. 254.

20) N. Sedova, 'Otets i syn' : typesript, 8 June 1940 : Trotsky Collection (HIA), box 27, folder 11, p. 6.

21) N. Sedova, 'Devochki' : Trotsky Collection (HIA), box 27, folder 13, pp. 1 and 4.

22) *Ibid.*

23) L. Trotskii, *Moya zhizn'*, vol. 2, p. 16.

24) 이 책의 145쪽을 보라.

25) 'Kopengagen - Kongress sotsialistov', *Odesskie novosti*, 20 August 1910 : RGASPI, f. 325, op. 1, d. 564, pp. 27-28.

26) N. Sukhanov, *Zapiski o revolyutsii*, vol. 3, book 6, p. 188. 수하노프는 트로츠키의 연설

기술을 자세히 관찰하는 것을 자신의 책무로 생각하였다. 우리는 트로츠키 자신의 서술보다 수하노프의 서술을 통해 트로츠키에 대해 더 많은 것을 알고 있다.

27) Herman Axelbank Film Collection (HIA), reel 19: 객차 뒤편 승강구로 나와 서서 연설하는 트로츠키의 모습이 찍혀 있다.

28) *Ibid.*

29) V. I. Lenin, *Polnoe sobranie sochinenii*, vol. 10, pp. 359-362, and vol. 12, pp. 154-157.

30) A. Lunacharskii, *Revolyutsionnye siluety*, p. 24.

31) I. Getzler, *Martov: A Political Biography of a Russian Social-Democrat*, p. 142.

32) N. Sukhanov, *Zapiski o revolyutsii*, vol. 2, book 4, p. 262.

33) *Ibid.*, p. 295.

34) 이 책의 676쪽을 보라.

35) 트로츠키는 *From October to Brest-Litovsk*의 제1장에서 자신의 입장 변화에 대해 힌트를 주는 식으로 언급하였다.

36) *Ibid.*

37) J. D. White, 'Early Soviet Interpretations of the Russian Revolution, 1918~1924', *Soviet Studies*, no. 3 (1985), pp. 348-350.

18장 러시아의 자코뱅

1) Z. Galili, *The Menshevik Leaders in the Russian Revolution : Social Realities and Political Strategies*, pp. 269-273.

2) G. Gill, *Peasants and Government in the Russian Revolution*, pp. 102-103.

3) L. Trotskii, *K istorii Oktyabr'skoi Revolyutsii*, p. 25.

4) N. Sukhanov, *Zapiski o revolyutsii*, vol. 3, book 7, p. 288.

5) 이 책의 145쪽을 보라. 그가 '데마고그(demagogues)'에 인용 부호를 달아놓았다고 해서 특별히 의미가 달라지는 것은 아니라고 나는 생각한다.

6) L. Trotskii, *Sochineniya*, vol. 3, part 1, pp. 45-152에 모아놓은 글들을 보라.

7) L. Trotskii, *Moya zhian'*, vol. 2, p. 31.

8) A. Rabinowitch, *Prelude to Revolution : The Petrograd Bolsheviks and the July 1917 Uprising*, pp. 111-134.

9) W. Woytinsky, *Stormy Passage*, p. 286.

10) W. G. Rosenberg, *Liberals in the Russian Revolution : The Constitutional Democratic Party, 1917~1921*, pp. 174-175.

11) N. Sukhanov, *Zapiski o revolyutsii*, vol. 2, book 4, p. 311.

12) *Ibid.*, p. 334.

13) *Ibid.*, vol. 3, book 5, p. 24.

14) RGVA, f. 33987, op. 1, d. 359, pp. 1-2 : A. V. Lunacharskii to N. N. Sukhanov, 30 March 1920.

15) *Devyataya konferentsiya RKP(b)*, pp. 25-26.

16) N. Sukhanov, *Zapiski o revolyutsii*, vol. 3, book 5, p. 20.

17) N. I. Sedova, ʿOtets i synʿ(typesript : 8 June 1940), p. 6 : Trotsky Collection (HIA), box 27, folder 11.

18) N. Sukhanov, *Zapiski o revolyutsii*, vol. 3, book 5, p. 43.

19) L. Trotskii, *Moya zhian*, vol. 2, p. 11.

20) N. A. Ioffe, ʿOb ottseʿ (typescript) in N. A. Ioffe Papers (HIA), part 2, p. 3.

21) N. Sukhanov, *Zapiski o revolyutsii*, vol. 3, book 6, p. 182.

22) *Shestoi s″ezd RSDRP (bolʿshevikov). August 1917 goda. Protokoly*, p. 41.

23) L. Trotskii, *Moya zhizn*, vol. 2, p. 11.

19장 10월혁명과 권력 장악

1) W. Hard, *Raymond Robinsʾ Own Story*, p. 22.

2) B. Beatty, *The Red Heart of Russia*, p. 190.

3) R. Service, *Lenin : A Political Life*, vol. 2, pp. 201–209.

4) N. Sukhanov, *Zapiski o revolyutsii*, vol. 3, book 6, p. 213.

5) *Ibid.*, pp. 216–217.

6) *Protokoly Tsentralʾnogo Komiteta RSDRP(b). Avgust 1917~fevralʾ 1918*, p. 46.

7) *Ibid.*, pp. 47–48.

8) *Ibid.*, pp. 49, 55, 63, 65 and 66. 명백히 9월 24일 이후부터 이런 경향이 사라졌다. *ibid.*, p. 69.

9) *Ibid.*, p. 49.

10) *Ibid.*, p. 48.

11) *Ibid.*, p. 55.

12) *Ibid.*, p. 51.

13) *Ibid.*, p. 65.

14) *Ibid.*, p. 67.

15) *Ibid.*, p. 76.

16) A. Rabinowitch, *The Bolsheviks Come to Power*, pp. 231–232.

17) N. Sukhanov, *Zapiski o revolyutsii*, vol. 3, book 7, p. 270.

18) *Protokoly Tsentralʾnogo Komiteta RSDRP(b)*, pp. 84–85.

19) *Ibid.*, p. 86.

20) *Ibid.*, pp. 87–92.

21) J. D. White, ʿLenin, Trotskii and the Arts of Insurrection : The Congress of Soviets of the Northern Region, 11–13 October 1917ʿ, *Slavonic and East European Studies*, no. 1 (1999), pp. 120–138.

22) A. Rabinowitch, *The Bolsheviks Come to Power*, p. 233.

23) *Ibid.*, pp. 240 and 245; L. D. Trotskii, *Oktyabrʾskaya Revolyutsiya*, p. 69.

24) *Protokoly Tsentralʾnogo Komiteta RSDRP(b)*, p. 93.

25) *Ibid.*, pp. 93–94.

26) *Ibid.*, pp. 97–99.

27) *Ibid.*, p. 104.

28) *Ibid.*, p. 105.

29) *Ibid.*, pp. 108-111.

30) L. Trotskii, *Sochineniya*, vol. 3, book 2, pp. 31-32.

31) *Protokoly Tsentral'nogo Komiteta RSDRP(b)*, p. 114.

32) *Ibid.*, p. 108.

33) L. Trotsky, *History of the Russian Revolution*, vol. 3, p. 259.

34) N. Sukhanov, *Zapiski o revolyutsii*, vol. 3, book 7, p. 287.

35) B. Beatty, *The Red Heart of Russia*, p. 165.

36) L. Trotskii, *Moya zhizn'*, vol. 2, pp. 43-44.

37) *Ibid.*, p. 44.

38) N. A. Ioffe, 'Ob ottse' (typescript) in N. A. Ioffe Papers (HIA), part 2, p. 5.

39) L. Trotskii, *Moya zhizn'*, vol. 2, p. 46.

40) N. Sukhanov, *Zapiski o revolyutsii*, vol. 3, book 7, p. 337. 보통 이 구절을 영어로 번역할 때 'dustbin'이라고 번역하여 왔음을 알고 있다. 하지만 원래 러시아어 표현에 쓰인 'korzina'는 금속제가 아니라는 의미가 있으며 보통 사무실에서 사용하는 집기를 지칭한다. 그리고 이제까지 간과되어 왔지만 이 표현에는 가볍고 우스꽝스럽다는 뉘앙스도 있다. (영어 단어 dustbin이 지칭하는 물건은 상당한 크기의 쓰레기통으로 보통 가벼운 금속으로 만들고 뚜껑이 있으며 건물 바깥에 둔다. 러시아어의 korzina는 이런 대형 금속제 쓰레기통이라기보다는 사무실에서 곁에 놓고 휴지 따위를 버리는 작은 휴지통 정도라는 것이 로버트 서비스의 해석이다. 이런 자신의 해석에 따라 저자는 이 구절을 영어로 waste basket이라 번역했다. 그러나 한국에서는 '역사의 쓰레기통'이란 표현이 쓰여 왔으며, 한국어에서 '쓰레기통'이란 위의 dustbin과 waste basket을 구별 없이 지칭하므로 이 표현을 그대로 사용했다. - 역주)

41) *Ibid.*

20장 혁명의 주역, 레닌과 트로츠키

1) *Peterburgskii komitet RSDRP(b) v 1917 godu*, p. 537.

2) *Ibid.*, pp. 542-543.

3) L. Trotskii, *Moya zhizn'*, vol. 2, p. 62.

4) *Ibid.*, p 61.

5) *Ibid.*, pp. 62-63. 또한 이 책의 364~369쪽을 보라.

6) *Ibid.*, p. 64.

7) R. H. Bruce Lockhart, *Memoirs of a British Agent*, p. 225.

8) L. Bryant, *Six Months in Red Russia*, p. 200.

9) R. B. Gul', *Ya unës Rossiyu : apologiya emigratsii*, vol. 2, p. 256. 이 책의 저자는 1918년에서 1919년 사이에 지노비예프를 자주 보았다고 한다.

10) N. Sedova, 'Devochki' : Trotsky Collection (HIA), box 27, folder 13, p. 4.

11) *Protokoly zasedanii Soveta Narodnykh Komissarov RSFSR : noyabr' 1917~mart 1918*

gg., pp. 43-44.

12) *Ibid.*, p. 20.

13) *Ibid.*, p. 25.

14) *Ibid.*, pp. 32, 37 and 61-62.

15) *Ibid.*, p. 36.

16) *Ibid.*, p. 75.

17) *Ibid.*, p. 28.

18) L. Bryant, *Six Months in Red Russia*, p. 145; L. Bryant, *Mirrors of Moscow*, p. 140.

19) Russia : Posol'stvo (HIA), box 1, folder 7: Russian embassy in Paris to Russian Embassy in Washington, 23 November (6 December) 1917; Russian embassy in Rome to Russian embassy in Washington, 24 November (7 December) 1917.

20) L. Bryant, *Six Months in Red Russia*, p. 145.

21) R. H. Bruce Lockhart, *Memoirs of a British Agent*, p. 230.

22) *Ibid.* pp. 245-246.

23) W. Hard, *Raymond Robins' Own Story*, pp. 97-99.

24) Edward Alsworth Ross, 'A Talk with Trotzky', *The Independent*, December 1917, pp. 407 and 423.

25) *Ibid.*, p. 423.

21장 유대인 아닌 유대인

1) 예를 들어 1924년 열린 제13차 당대회에서 트로츠키는 신상 카드에 자신이 유대인이라고 기록했다. RGASPI, f. 52, op. 1, d. 71, p. 366.

2) L. Trotsky, 'On the "Jewish Problem"', *Class Struggle*, no. 2 (1934).

3) M. Eastman, *Leon Trotsky : The Portrait of a Youth* (London edn), p. 119. 이스트먼은 알렉산드라 브론시테인과 그녀가 트로츠키와 함께한 삶에 관해 인터뷰했다.

4) N. Trotskii, *V zashchitu partii* (N. Glagolev edn), p. 119.

5) 'Razlozhenie sionizma i ego vozmozhnye preemniki', *Iskra*, no. 56, 1 January 1904 : RGASPI, f. 325, op. 1, d. 561, pp. 91 and 94.

6) 'Gospodin Pëtr Struve', *Kievskaya mysl'*, 21 April 1909 : RGASPI, f. 325, op. 1, d. 568, p. 117.

7) 'Razlozhenie sionizma i ego vozmozhnye preemniki', *Iskra*, no. 56, 1 January 1904 : RGASPI, f. 325, op. 1, d. 561, pp. 93-95.

8) J. Leibovits (Santa Barbara, California), 'Otkrytoe pis'mo L'vu Trotskomu', 23 March 1933 : Nicolaevsky Collection (HIA), box 305, folder 59, p. 1.

9) *Ibid.*

10) Concluding speech to joint session of Central Committee and Central Control Commission, 26 October 1923 : RGASPI, f. 17, op. 2, d. 104, p. 44.

11) *pis'ma vo vlast', 1917~1927. Zayavleniya, zhaloby, donosy, pis'ma v gosudarstvennye struktury k bol'shevistskim vozhdyam*, p. 30.

12) *Ibid.*, pp. 45 and 57.

13) *Ibid.*, p. 95.

14) 'Krasnaya armiya v osveshchenii belogvardeitsa', *Izvestiya*, 16 October 1919.

15) Trotsky to N. I. Bukharin, 4 March 1926 : Trotsky Collection (HIA), box 9, folder 48, p. 2.

16) R. C. Tucker, *Stalin as Revolutionary*, pp. 377–390; M. Agursky, *The Third Rome : National Bolshevism in the USSR*, chaps 3–4.

17) R. Service, 'Bolshevism's Europe', in S. Pons and A. Romano (eds), *Russia in the Age of Wars, 1914~1945*, pp. 73–80.

18) 이 책의 203쪽과 693쪽을 함께 보라.

22장 브레스트-리토프스크 조약

1) L. Trotskii, *Moya zhizn'*, vol. 2, p. 90.

2) New York Times 1918년 11월 24일자에 실린 보도를 보라.

3) 이 책의 351쪽을 보라.

4) *Protokoly Tsentral'nogo Komiteta RSDRP(b), Avgust 1917–mart 1918*, p. 166.

5) *Ibid.*, pp. 168–169.

6) *Ibid.*, pp. 170–171.

7) *Protokoly zasedanii Soveta Narodnykh Komissarov RSFSR : noyabr' 1917~mart 1918 gg.*, p. 308.

8) L. Bryant, *Six Months in Red Russia*, pp. 145–146.

9) *Protokoly Tsentral'nogo Komiteta RSDRP(b), Avgust 1917~mart 1918*, p. 170.

10) *Ibid.*

11) *Ibid.*, p. 171.

12) *Ibid.*, p. 172.

13) *Ibid.*, p. 173.

14) Trotsky to O. Czernin, January 1918 : Trotsky Collection (HIA), box 4, folder 23.

15) *Protokoly Tsentral'nogo Komiteta RSDRP(b), Avgust 1917~mart 1918*, p. 215.

16) *Ibid.*, pp. 222–224.

17) *Ibid.*, p. 234.

18) B. Pearce, *How Haig Saved Lenin*, p. 32.

19) *ITsKKPSS*, no. 4 (1989), p. 144.

20) R. H. Bruce Lockhart, *Memoirs of a British Agent*, p. 320.

21) 이 책의 486쪽을 보라.

23장 러시아 내전

1) A. A. Ioffe to Lenin, 11 March 1918, reproduced in V. Krasnov and V. Daines (eds), *Neizvestnyi Trotskii. Krasnyi Bonapart. Dokumenty, mneniya*, razmyshleniya, p. 20.

2) Committee and Central Control Commission joint meeting, 26 October 1923 : RGASPI, f. 17, op. 2, d. 104, p. 43b.

3) W. Hard, *Raymond Robins' Own Story*, pp. 134-135.

4) R. H. Bruce Lockhart, *Memoirs of a British Agent*, pp. 271-272 and 274-275; W. Hard, *Raymond Robins' Own Story*, pp. 202-203.

5) G. Hill, 'Go Spy the Land', part 5, p. 7 : typescript for BBC serial (HIA).

6) R. H. Bruce Lockhart, *Friends, Foes and Foreigners*, p. 120.

7) L. Trotskii, *Na bor'bu s golodom*, pp. 5-29 : speech in Sokolniki, 6 June 1918.

8) *Ibid.*, p. 55.

9) RGASPI, f. 325, op. 1, d. 403, p. 65.

10) *Ibid.*, p. 66.

11) Trotsky's speech to joint plenum of Central Committee and Central Control Commission, 5 August 1927 : RGASPI, f. 17, op. 2, d. 317 (V-iii), p. 69.

12) Lenin to Trotsky, 22 August 1918 : RGVA, f. 33897, op. 2, d. 25.

13) Ya. M. Sverdlov to Trotsky, 31 August 1918: Trotsky Collection (HIA), box 5, folder 92.

14) Trotsky's 1935 diary in L. *Trotskii, Dnevniki i pis'ma*, p. 84.

15) *Ibid.*, p. 120.

16) Trotsky to V. I. Lenin, 17 August 1918 : RGVA, f. 33987, op. 1, d. 23.

17) V. I. Lenin, *Polnoe sobranie sochinenii*, vol. 37.

18) R. R. Reese, *The Soviet Military Experience : A History of the Soviet Army, 1917~1991*, p. 10.

19) Trotsky to unknown person : RGASPI, f. 17, op. 109, d. 4, p. 60.

20) Trotsky to V. I. Lenin and Ya. M. Sverdlov, 23 October 1918 : *ibid.*, pp. 80-81.

21) Trotsky to V. I. Lenin, 4 October 1918 : *ibid.*, p. 64.

22) 1918년 6월 17일 뱌즈마 당 조직의 보고서를 보라. TsGASA (Volkogonov Papers), f. 8, op. 1, d. 310, p. 1.

24장 적군 사령관

1) Trotsky to V. I. Lenin, 1 January 1919 : RGASPI, f. 17, op. 109, d. 42, p. 42.

2) I. V. Stalin, *Sochineniya*, vol. 4, pp. 197-224.

3) RGVA, f. 33897, op. 2, d. 87, p. 172, and d. 100, p. 264.

4) Trotsky to V. I. Lenin, 1 January 1919 : RGASPI, f. 17, op. 109, d. 42, p. 2.

5) Trotsky to the Central Committee, March 1919, pp. 1-2 : Trotsky Collection (HIA), box 4, folder 80.

6) R. Service, 'From Polyarchy to Hegemony : The Party's Role in the Construction of the Central Institutions of the Soviet State, 1917~1919', *Sbornik*, no. 10 (1984), pp. 70-90.

7) Trotsky to the Central Committee, March 1919 : Trotsky Collection (HIA), box 4, folder 80, p. 8.

8) F. Benvenuti, *The Bolsheviks and the Red Army*, 1918~1922.

9) 예를 들어, 그가 E. M. Sklyanskii와 V. I. Lenin에게 1919년 8월 6일에 보낸 전보를 보라. RGVA, f. 33897, op. 2, d. 32, p. 290.

10) S. Liberman, *Building Lenin's Russia*, p. 73.

11) A. Lunacharskii, *Revolyutsionnye siluety*, pp. 27–28.

12) *Ibid.*, pp. 21–22.

13) Trotsky to RVSR Train Commander, 1 September 1918 : RGVA, f. 33897, op. 2, d. 39, p. 182.

14) Trotsky's letter to Charles Malamuth, 21 October 1939 : Trotsky Collection (HIA), box 11, folder 60, p. 1.

15) RGVA, f. 33987, op. 2, d. 3, p. 124 reverse.

16) RGVA, f. 33987, op. 2, d. 47, pp. 63–74.

17) Politburo meeting, 18 April 1919, item 3 : Trotsky Collection (HIA), box 9, folder 12.

18) 'Nashe otnoshenie k borotbistam', unpublished paper, December 1919 : Trotsky Collection (HIA), box, 9, folder 35.

19) R. Service, *Lenin: A Biography*, p. 403.

20) Trotsky's notes for his report on 'Our Military Construction and Our Fronts', October 1919 : RGASPI, f. 325, op. 1, d. 62, p. 100.

21) Stenographic record of Trotsky's report on the position at the fronts : RGASPI, f. 325, op. 1, d. 54, pp. 6, 11 and 14–17.

22) *Ibid.*, pp. 14–17.

23) Data prepared for Trotsky in October 1919. The numbers were evidently rather approximate : RGASPI, f. 325, op. 1, d. 62, pp. 68, 89–93.

24) Trotsky to I. V. Stalin, n. d. : RGVA, f. 33897, op. 1, d. 102, p. 357; Trotsky's secret order, 9 May 1920, RGVA, f. 33897, op. 3, d. 46, p. 192.

25) Trotsky to Revolutionary–Military Council of the Second Army : RGVA, f. 33897, op. 2, d. 32, p. 74.

26) R. R. Reese, *The Soviet Military Experience : A History of the Soviet Army, 1917~1991*, pp. 13–16.

27) L. Trotsky, *From October to Brest-Litovsk*. 또 1918년에 출간된 L. Trotskii, K istorii Oktyabr'skoi Revolyutskii를 보라.

28) Voroshilov's submission to the Central Committee of 29 July~9 August 1927 : RGASPI, f. 17, op. 2, d. 294, pp. 200–201.

29) Trotsky to Central Committee, December 1918 : Trotsky Collection (HIA), box 4, folder 79, pp. 1–2.

30) RGASPI, f. 17, op. 109, d. 14, p. 20.

31) Politburo meeting, 20 April 1919, item 10; Trotsky Collection (HIA), box 9, folder 10.

32) 1927년 7월 29일부터 8월 9일 사이 열린 중앙위원회 회의에 제출한 트로츠키의 문건 : RGASPI, f. 17, op. 2, d. 294, p. 198.

33) Telegram to E. M. Sklyanskii for Lenin, 2 May 1919 : PGASPI, f. 17, op. 109, d. 42, p. 30.

34) Politburo meeting, 7 May 1919, item 2 : Trotsky Collection (HIA), box 9, folder 11 :

Trotsky to E. M. Sklyanskii, 7 May 1919 : Trotsky Collection (HIA), box 4, folder 54.

35) Trotsky to E. M. Sklyanskii, 16 May 1919 : Trotsky Collection (HIA), box 4, folder 56.

36) L. Trotskii, 'Sklyanskii pogib', *Pravda*, 29 August 1925; V. I. Lenin to E. M. Sklyanskii, 28 November 1917 : Trotsky Collection (HIA), box 7, folder 1.

37) L. Trotskii, *Politicheskie siluety*, pp. 225-226.

38) L. Trotskii, *Moya zhizn'*, vol. 2, p. 252.

39) '우리의 군(軍) 건설과 우리의 전선들'이라는 보고서를 위해 트로츠키가 개인적으로 써놓은 기록, 1919년 10월 : RGASPI, f. 325, op. 1, d. 62, p. 14 et seq.

40) 'Glubokomyslie pustoslovie', *Izvestiya*, 24 July 1919.

25장 내전의 승리자

1) E. Mawdsley, *The Russian Civil War*, pp. 148-149.

2) *The Trotsky Papers*, vol. 1, pp. 590 and 592.

3) *Ibid.*, p. 588.

4) *Ibid.*

5) *Ibid.*

6) *Ibid.*, pp. 596 and 598.

7) E. Mawdsley, *The Russian Civil War*, pp. 171-173.

8) Trotsky to V. I. Lenin by telephone, 6 August 1919 : *The Trotsky Papers*, vol. 2, p. 628.

9) *Ibid.*, p. 630.

10) Politburo minute, 6 August 1919 : *ibid.*, p. 636.

11) Trotsky to E. M. Sklyanskii for the Central Committee, 7 August 1919 : *ibid.*, p. 642.

12) V. I. Lenin and L. B. Kamenev (for the Politburo) to Trotsky, 7 August 1919 : *ibid.*, p. 640; L. B. Kamenev, E. D. Stasova and V. I. Lenin (for the Politburo), 9 August 1919 : *ibid.*, p. 644.

13) Trotsky to E. M. Sklyanskii and V. I. Lenin, 6 August 1919 : *ibid.*, p. 638.

14) Trotsky to E. M. Sklyanskii, 10 August 1919 : *ibid.*, p. 648.

15) L. Trotskii, *Moya zhizn'*, vol. 2, pp. 154-155.

16) *Ibid.*, p. 155.

17) *Ibid.*

18) I. V. Stalin to V. I. Stalin, 30 May 1919 : RGASPI, f. 558, op. 1, d. 627, p. 1.

19) Trotsky to Mrs Bedny and Y. M. Sverdlov, 8 September 1918 : f. 17, op. 109, d. 14, p. 19. (여기에는 인용 문건의 명칭이 누락되어 있는데, 추측컨대 바로 직전에 언급된 RGASPI인 것으로 보인다. - 역주)

20) L. D. Trotskii, working notes (1927) : RGASPI, f. 325, op. 1, d. 365, p. 29. D. Bednyi, 'Tan'ka-Van'ka,' in D. Bednyi, *Sobranie sochinenii*, vol. 2, p. 314를 보라.

21) L. Trotskii, *Moya zhizn'*, vol. 2, pp. 160-161.

22) 적기훈장(赤旗勳章) 수여, 1919년 11월 20일 : TsGASA, f. 55, op. 1, d. 9.

23) E. Mawdsley, *The Russian Civil War*, pp. 200-201.

26장 코민테른, 세계 혁명의 꿈

1) V. I. Lenin, *Polnoe sobranie sochinenii*, vol. 50, p. 186.

2) *Ibid.*

3) RGASPI, f. 17, op. 84, d. 1 (회의는 1918년 9월 28일에 열렸다.)

4) *Founding the Communist International: Proceedings and Documents of the First Congress, March 1919*, p. 88.

5) *Ibid.*, p. 89.

6) A. Ransome, *Russia in 1919*, p. 217.

7) *Ibid.*, p. 220.

8) S. I. Aralov to V. I. Lenin, 21 April 1919 : RGASPI, f. 325, op. 1, d. 404, p. 91.

9) B. Kun to V. I. Lenin, 30(?) April 1919 : RGASPI, f. 325, op. 109, d. 46, p. 2.

10) J. Vācietis and S. I. Aralov to V. P. Antonov-Ovseenko, copied to Lenin and Trotsky, 23 April 1918 : RGASPI, f. 325, op. 109, d. 46, pp. 4-5; B. Kun to Moscow, 30(?) April 1919 : RGASPI, f. 325, op. 109, d. 46, p. 2.

11) R. Service, *Comrades : Communism : A World History*, p. 88.

12) Letter to the Central Committee, 5 August 1919 : RGASPI, f. 325, op. 1, d. 59, pp. 1-3.

13) RGASPI, f. 325, op. 1, d. 59, p. 3-4.

14) Trotsky to the Central Committee, 5 August 1919 : Trotsky Collection (HIA), box 4, folder 93, p. 2.

15) *The Communist International in Lenin's Time : Workers of the World and Oppressed Peoples Unite! Proceedings and Documents of the Second Congress, 1920*, p. 784.

16) *Ibid.*, pp. 785-789.

17) *Ibid.*, pp. 789-790.

18) *Ibid.*, pp. 791-792.

27장 인간 트로츠키

1) 이 책의 366~368쪽을 보라.

2) A. A. Ioffe to Trotsky, 30 January 1919 : RGVA, f. 33897, op. 3, d. 2, p. 1.

3) M. Latsis to the VCheka Special Department, 2 June 1920 : RGVA, f. 33897, op. 3, d. 46, p. 319.

4) Oktyabr'skaya Revolyutsiya, p. 7에 있는 트로츠키의 언급을 보라. 그는 이 저술을 주로 '외국 노동자들'을 위해 썼다고 언급했다.

5) W. Reswick, *I Dreamt Revolution*, pp. 78-79.

6) L. Bryant, *Mirrors of Moscow*, especially p. 140; M. Eastman, *Leon Trotsky : The Portrait of a Youth*; L. Eyre, *Russia Analysed*; A. Morizet, *Chez Lenine et Trotzki, Moscou 1921*.

7) A. Morizet, *Chez Lenine et Trotski, Moscou 1921*, pp. viii-xi.

8) R. W. Clark, *The Life of Bertrand Russell*, p. 469.

9) H. G. Wells, *Russia in the Shadows*, p. 78.

10) *Ibid.*; B. Russell, *The Theory and Practice of Bolshevism*. 다음 자료도 참고하라. B. Russell, *The Autobiography of Bertrand Russell, 1914~1944*, pp. 141-151.

11) R. H. Bruce Lockhart, *Memoirs of a British Agent*, p. 238.

12) L. Bryant, *Mirrors of Moscow*, p. 131.

13) M. Hoschiller, *Le Mirage du sovietisme*, p. 55.

14) G. Zinoviev, *Vladimir Il'ich Lenin*. 그리고 N. Tumarkin, *Lenin Lives!*, p. 84도 보라.

15) I. Stalin, 'Oktyabr'skii perevorot', Pravda, 6 November 1918.

16) Trotsky to V. I. Nevski, 5 August 1921 : RGASPI, f. 325, op. 1, d. 17.

17) 예를 들어, 1923년 5월 23일에 트로츠키가 맥스 이스트먼에게 보낸 서신을 보라. RGVA, f. 4, op. 14, d. 13s, p. 21.

18) A. Balabanoff, *Impressions of Lenin*, p. 128.

19) W. O'Rourke to Usick [*sic*], 24 August 1940 : Trotsky Collection (HIA), box 24, folder 14.

20) V. Netrebskii, *Trotskii v Odesse*, p. 9.

21) R. MacNeal, *Bride of the Revolution : Krupskaya and Lenin*, chap. 7.

22) N. Sedova, 1941년 12월 24일에 시작한 자서전적 성격의 타자 원고. Trotsky Collection (HIA), box 27, folder 13, p. 12.

23) Draft order, December 1919 : RGVA, f. 33897, op. 3, d. 120.

24) A. Ransome, *Russia in 1919*, p. 52.

25) N. I. Sedova, 'Otets i syn'(typesript : 8 June 1940), p. 12 : Trotsky Collection (HIA), box 27, folder 11.

26) C. Sheridan, *From Mayfair to Moscow*, p. 78.

27) RGVA, f. 33897, op. 2, d. 113, p. 39.

28) RGVA, f. 33897, op. 2, d. 32, p. 247.

29) RGVA, f. 33897, op. 1, d. 450, p. 223.

30) N. Sedova's memoir in V. Serge and N. Sedova Trotsky, *The Life and Death of Leon Trotsky*, pp. 83-84.

31) A. Balabanoff, *Impressions of Lenin*, p. 133.

32) L. Trotskii, *Moya zhizn'*, vol. 2, p. 37.

33) *Ibid.*

34) *Ibid.*, pp. 27, 30, 34-36 and 47.

35) *Ibid.*, p. 75.

36) *New York Times*, 15 October 1921.

37) C. Sheridan, *From Mayfair to Moscow*, p. 129.

38) *Ibid.*, p. 140.

39) *Ibid.*

40) *Ibid.*

41) *Ibid.*, p. 148.

42) *Ibid.*, p. 138.

28장 《테러리즘과 공산주의》

1) 이 책의 398쪽을 보라

2) Trotsky, *Terrorism and Communism*, p. 23.

3) See his notes in RGASPI, f. 325, op. 1, d. 67, p. 9.

4) Trotsky to L. L. Sedov, 7 March 1931 : Nicolaevsky Collection (HIA), box, 308, folder 87, p. 1.

5) 예카테린부르크 당조직에 제출한 보고서 주제문, 1920년 2월~3월. : RGASPI, f. 325, op. 1, d. 67, pp. 4-6.

6) 'Tezisy doklada L. D. Trotskogo', 10 March 1920 (Yekaterinburg) : *Ibid.*, pp. 4-6.

7) Untitled draft, March 1920, *ibid.*, pp. 9-10.

8) 'Trudovoe sorevnovanie', March 1920(?) : *ibid.*, p. 37.

9) Theses for report to the Yekaterinburg party organization, February~March 1920 : *ibid.*, pp. 6-7.

10) Notes in RGASPI : *ibid.*, p. 10.

11) 'Pochemu nuzhny oblastnye tsentry?' : *ibid.*, pp. 27-28; 'Trudovoe sorevnovanie' : *ibid.*, p. 37.

12) 1921년 2월 25일에 트로츠키가 익명의 인물에게 보낸 편지. RGVA, f. 33987, op. 1, d. 439, p. 176; L. Trotskii, *Desyatyi s"ezd RKP(b)*, pp. 349-350.

13) J. Channon, 'Trotsky, the Peasants and Economic Policy : A Comment', *Economy and Society*, no. 4 (1985), pp. 513-523; F. Benvenuti, 'Il dibattito sui sindicati', in F. Gori (ed.), *Pensiero e azione di Lev Trockij*, pp. 262-263.

14) V. I. Lenin to Trotsky, 12 January 1920 : RGASPI, f. 325, op. 1, d. 405, p. 10.

15) *Leninskii sbornik*, vol. 38, pp. 298 and 300; R. Service, *Lenin : A Political Life*, vol. 3, pp. 106-107.

16) *Leninstkii sbornik*, vol. 38, pp. 298 and 300.

17) *Desyatyi s"ezd RKP(b)*, p. 199.

18) *Ibid.*, p. 157.

19) *Ibid.*, pp. 190 and 195.

20) N. Davies, *White Eagle, Red Star*, pp. 74-95.

21) *Ibid.*, pp. 100-101.

22) 러시아공산당(볼셰비키) 모스크바 위원회와 페트로그라드 위원회에 보낸 서신, 1920년 4월 2일. Trotsky Collection (HIA), box 4, folder 42.

23) L. Trotskii, *Voina s Pol'shei*, pp. 6-9.

24) *Ibid.*, pp. 12-13.

25) *Ibid.*, p. 14.

26) L. Trotskii, *Rech't. Trotskogo na massovom mitinge v gor. Gomele, 10 maya 1920 g.*, p. 15.

27) Trotsky to the RVS of the western front, 19 May 1920 : RGVA, f. 33987, op. 3, , p. 260.

28) Trotsky to G. V. Chicherin (copied to Lenin, Kamenev, Krestinski, and Bukharin), 4

June 1920 : Trotsky Collection (HIA), box 4, folder 22, p. 1.

29) A. Balabanova to B. I. Nikolaevskii, 30 March 1957 : Nicolaevsky Collection (HIA), box 292, folder 2.

30) Central Committee Plenum, item 18, 16 July 1920 : *ITsKKPSS*, no. 1 (1991), p. 122.

31) *The Communist International in Lenin's Time : Workers of the World and Oppressed Peoples, Unite! Proceedings and Documents of the Second Congress, 1920*, pp. 171-175.

32) V. I. Lenin's note to E. M. Sklyanskii, some day in August 1920 before the 26th : Trotsky Collection (HIA), box 7, folder 31.

33) Lenin to I. T. Smilga, copied to Radek, Dzerzhinski and the Polish Central Committee, 20 August 1920 : *ibid.*, folder 58.

34) Lenin to V. P. Zatonskii, 19 August 1920 : *ibid.*, folder 84.

35) V. I. Lenin's note to E. M. Sklyanskii, 17 or 18 August 1920 : *ibid.*, folder 35.

36) 이 책의 824쪽을 보라.

37) V. I. Lenin, *Polnoe sobranie sochinenii*, vol. 41, p. 458; 또한 제9차 당대회 때 레닌의 정치 보고서, RGASPI, f. 17, op. 1, d. 5, p. 346.

38) I. I. Kostyushko, *Pol'skoe byuro TsK RKP(b), 1920-1921 gg.*, pp. 21-22.

39) Trotsky's appeal to Red Army soldiers, 13 August 1920 : RGVA, f. 33987, op. 3, d. 46, p. 724.

40) N. Davies, White Eagle, Red Star, pp. 211-220.

29장 소비에트 정권의 위기

1) *Devyataya konferentsiya RKP(b)*, p. 26.

2) *Ibid.*, pp. 25-26.

3) *Ibid.*, p. 77.

4) *Ibid.*, p. 82.

5) Lenin to Trotsky, 10 October 1920 : RGASPI, f. 325, op. 2, d. 473.

6) 중앙위원회 전원회의, 1920년 9월 29일 : RGASPI, f. 17, op. 2, d. 36, p. 3.

7) Politburo meeting, 1 September 1920 : RGASPI, f. 17, op. 3, d. 106.

8) 중앙위원회 전원회의, 1920년 9월 29일 : RGASPI, f. 17, op. 2, d. 36, p. 3.

9) *Ibid.*

10) V. I. Lenin, *Polnoe sobranie sochinenii*, vol. 42, p. 235.

11) 이 논점은 1926년까지도 트로츠키의 신조로 남아 있게 된다. 이때쯤이면 트로츠키는 자신의 주장 가운데 다른 요소들은 이미 폐기한 상태였다. Trotsky to A. V. Lunacharskii, 14 April 1926 : Trotsky Collection (HIA), box 11, folder 56.

12) RGASPI, f. 17, op. 2, d. 45, item 5.

13) Central Committee plenum, 24 December 1920 : RGASPI, f. 17, op. 2, d. 48, items 2 and 5.

14) Central Committee plenum, 27 December 1920 : RGASPI, f. 17, op. 2, d. 49, item 1; V. I. Lenin, *Polnoe sobranie sochinenii*, vol. 42, pp. 179 and 180-181.

15) RGASPI, f. 17, op. 3, d. 127, p. 1.

16) RGASPI, f. 17, op. 3, d. 128, item 2.

17) RGASPI, f. 17, op. 3, d. 131, p. 1.

18) V. I. Lenin, *Polnoe sobranie sochinenii*, vol. 42, p. 333.

19) RGASPI, f. 17, op. 3, d. 131, item 1.

20) *Ibid.*, p. 1.

21) Letter to unknown person, 25 February 1921 : RGVA, f. 33987, op. 1, d. 439, p. 176.

22) Trotsky to Baltic Fleet command, 1 March 1921 : RGASPI, f. 17, op. 109, d. 89, p. 11.

23) Trotsky's order, 5 March 1921, reproduced in V. Krasnov and V. Daines (eds), *Neizvestnyi Trotskii. Krasnyi Bonapart. Dokumenty, materially, razmyshleniya*, p. 339.

24) 5 March 1921 : *ibid.*, pp. 340–341.

25) Trotsky to Politburo, 10 March 1921 : *ibid.*, p. 346.

26) 훗날 벌어지는 논쟁에 대해서는 이 책의 694쪽을 보라. 자서전에서 트로츠키는 이 주제에 대해서는 언급을 피한다. L. Trotskii, *Moya zhizn'*, vol. 2, chap. 38을 보라.

27) L. Bryant, 'Mutiny of Kronstadt Doomed', *Washington Times*, 16 March 1921.

28) *Desyatyi s''ezd RKP(b), Stenograficheskii otchet*, p. 402.

30장 레닌의 불안과 서기장 스탈린

1) Trotsky to A. V. Lunacharskii, 14 April 1926 : Trotsky Collection (HIA), box 11, folder 56.

2) '3월행동'에 대한 보고서 작성을 위한 자료, 1921년 4월 9일. RGASPI, f. 325, op. 1, d. 86, p. 1; Trotsky's letter to V. I. Lenin, 3 July 1921 : *ibid.*, p. 72.

3) Trotsky to V. I. Lenin: RGASPI, f. 325, op. 1, d. 406, pp. 73–74.

4) 'Martovskoe revolyutsionnoe dvizhenie v Germanii : zametki dlya sebya', 19 April 1921: RGASPI, f. 325, op. 1, d. 292, pp. 1–7.

5) Politburo meeting, 27 April 1921 : RGASPI, f. 17, op. 3, d. 155, item 11.

6) *The Trotsky Papers*, vol. 2, pp. 480–482.

7) 1921년 3월 28일부터 29일까지 두 사람 사이에 오간 메시지 : RGASPI, f. 325, op. 1, d. 408, p. 198.

8) W. Kopp to Trotsky, 7 April 1921 : Trotsky (HIA), box 5, folder 64.

9) RGASPI, f. 17, op. 2, d. 59, p. 1; *Desyatyi s''ezd RKP. Mart 1921 g. Stenograficheskii otchet*, pp. 473 and 491.

10) GARF, f. 3316s, op. 2, d. 83, pp. 2–4.

11) RGASPI, f. 46, op. 1, d. 3, p. 16.

12) *Ibid.*, p. 18.

13) 특히 Vareikis, Chubar, Khramov, Pintsov의 연설들을 보라. RGASPI, f. 46, op. 1, d. 2, pp. 118–119, 146, 158 and 174.

14) Tenth Party Conference : RGASPI, f. 46, op. 1, d. 2, p. 91.

15) RGASPI, f. 46, op. 1, d. 2, p. 124.

16) RGASPI, f. 46, op. 1, d. 3, pp. 16 and 18.

17) Theses on the NEP : RGASPI, f. 325, op. 1, d. 88, p. 4.

18) *Ibid.*, pp. 1-5.

19) Speech of 7 September 1921 to the Odessa City Soviet : *Petlya vmesto khleba*, pp. 9 and 11.

20) *Ibid.*, p. 10.

21) R. Service, *The Bolshevik Party in Revolution : A Study in Organizational Change*, pp. 176-177.

22) L. Trotskii, *Moya zhizn'*, vol. 2, pp. 214-215.

23) Trotsky to V. I. Lenin, 18 April 1922 : RGASPI, f. 325, op. 1, d. 407, pp. 44-45.

31장 레닌의 정치적 유언

1) *ITsKKPSS*, no. 4 (1990), p. 189.

2) R. Service, *Lenin : A Political Life*, vol. 3, pp. 240-241.

3) *ITsKKPSS*, no. 4 (1990), pp. 190-193.

4) *Ibid.*, p. 194.

5) Trotsky to the Politburo : Trotsky Collection (HIA), box 5, folder 32.

6) Ya. Leibovits, 'Otkrytoe pis'mo L'vu Trotskomu', p. 1.

7) L. Chamberlain, *The Philosophy Steamer : Lenin and the Exile of the Intelligentsia*, pp. 137-139.

8) *Izvestiya Tsentral'nogo Komiteta KPSS*, no. 4 (1991), pp. 187-188.

9) M. I. Ul'yanova, *Izvestiya Tsentral'nogo Komiteta KPSS*, no. 12 (1989).

10) *The Trotsky Papers*, vol. 2, p. 788.

11) L. Trotskii, *Moya zhizn'*, vol. 2, p. 216.

12) *Ibid.*, p. 217.

13) Trotsky to G. E. Zinoviev, 22 February 1923 : RGVA, f. 4, op. 14, d. 13s, p. 17.

14) Trotsky to all Central Committee members, 20 January 1923 : Trotsky Collection (HIA), box 5, folder 13, pp. 1-4.

15) L. Fotieva to L. B. Kamenev, 16 April 1923 : Trotsky Collection (HIA), box 8, folder 47.

16) Trotsky to Central Committee, 16 April 1923 : Trotsky Collection (HIA), box 5, folder 17.

17) Trotsky to Central Committee, 17 April 1923 : Trotsky Collection (HIA), box 5, folder 18.

18) Trotsky to I. V. Stalin, 18 April 1923: : Trotsky Collection (HIA), box 4, folder 74.

19) Trotsky to Central Committee, 28 March 1923 : Trotsky Collection (HIA), box 5, folder 16.

20) *Dvenadtatsyi s"ezd RKP(b)*, pp. 479-495.

1) Trotsky to D. F. Sverchkov, 31 July 1923 : RGASPI, f. 325, op. 1, d. 457, pp. 1–2.

2) Trotsky to Central Committee, 15 June 1923 : Trotsky Collection (HIA), box 5, folder 19.

3) *Izvestiya Tsentral'nogo Komiteta KPSS*, no. 4 (1991), pp. 179–191.

4) R. V. Daniels, *The Conscience of the Revolution. Communist Opposition in Soviet Russia*, pp. 196–199.

5) *Izvestiya Tsentral'nogo Komiteta KPSS*, no. 4 (1991), pp. 179–191.

6) 4 July 1923 : RGASPI, f. 17, op. 2, d. 100, pp. 2–3.

7) G. Sokolnikov at Politburo meeting, 26 October and 2 November 1925 : *Stenogrammy zasedanii Politbyuro TsK RKP(b)–VKP(b), 1923~1938 gg.*, vol. 1, p. 359.

8) Trotsky, draft article, 29 June 1923 : RGVA, f. 4, op. 14, d. 13s, pp. 56–61; Trotsky at Central Committee Plenum, 23 September 1923 : RGASPI, f. 17, op. 2, d. 101, p. 11.

9) 지노비예프는 1927년 8월 5일에 이 서신을 중앙위원회와 중앙통제위원회 합동 전원회의 석상에서 낭독했다. RGASPI, f. 17, op. 2, d. 317 (V–iii), p. 22.

10) 1927년 7월 29일부터 8월 9일까지 열린, 중앙위원회와 중앙통제위원회 합동 전원회의 석상에서 스탈린이 행한 연설. RGASPI, f. 17, op. 2, d. 304, pp. 99–101.

11) 1927년 7월 29일부터 8월 9일까지 열린, 중앙위원회와 중앙통제위원회 전원회의 석상에서 지노비예프가 행한 연설(비공개 인쇄본). RGASPI, f. 17, op. 2, d. 317 (V–iii), p. 22.

12) Central Committee plenum, 25 September 1923 : RGASPI, f. 17, op. 2, d. 103, item 2 and 3.

13) *Sotsialisticheskii vestnik* (Berlin), 28 May 1924.

14) R. Service, *The Bolshevik Party in Revolution : A Study in Organizational Change*, pp. 198–199.

15) Central Committee and the Central Control Commission joint meeting, 26 October 1923 : RGASPI, f. 17, op. 2, d. 104, p. 26.

16) *Ibid.*, pp. 39, 39b and 40.

17) *Ibid.*, pp. 40b, 41 and 43b.

18) *Ibid.*, p. 42.

19) *Ibid.*, p. 43.

20) *Ibid.*, p. 43b.

21) *Ibid.*, p. 75.

22) 'Novyi kurs', *Pravda*, 8 December 1923.

23) *Ibid.*

24) G. Rosenthal, *Avocat de Trotsky*, p. 74.

25) Trotsky to N. K. Krupskaya, 16 November 1923 : RGVA, f. 4, op. 14s, d. 17s, p. 290.

26) A. Belenkii to N. Lakoba, 6 January 1924 : Nestor Lakoba Papers (HIA), box 2.

27) I. V. Stalin at the Central Committee plenum, 14~15 January 1924 : RGASPI, f. 17, op. 2, d. 107, pp. 14–17.

28) I. V. Stalin at the same plenum : *ibid.*, pp. 94–96.

29) *Trinadtsataya konferentsiya RKP(b): byulleten'*에 실린 대의원 명단을 보라.

30) RGASPI, f. 17, op. 2, d. 107, pp. 93-101 and 151-156.

31) *Ibid.*, pp. 100-101.

32) R. Service, *The Bolshevik Party in Revolution : A Study in Organizational Change*, p. 193.

33) L. Trotskii, *Moya zhizn'*, vol. 2, pp. 249-250.

34) Central Committee plenum, 22 January 1924, item 1/7 : RGASPI, f. 17, op. 2, d. 110, p. 1; RGVA, f. 33987, op. 3, d. 80, p. 587.

35) Trotsky to C. Malamuth, 21 October 1939 : Trotsky Collection (HIA), box 11, folder 60.

36) S. Ordzhonikidze to N. Lakoba, 18 January 1924, Nestor Lakoba Papers (HIA), box 2; F. Dzerzhinski to N. Lakoba, 18 January 1924 : *ibid.*; E. A. Kvantaliani, Chairman of the Georgia Cheka, to N. Lakoba, 27 January 1924 : *ibid.*

37) RGASPI, f. 17, op. 2, d. 111, p. 1.

38) *Ibid.*

39) *Ibid.*, p. 2.

40) RGASPI, f. 17, op. 2, d. 113, p. 1.

33장 비평가 트로츠키

1) M. Eastman, *Love and Revolution : My Journey through an Epoch*, p. 333.

2) L. Trotskii, *Literatura i revolyutsiya*, p. 190.

3) V. I. Lenin, *Polnoe sobranie sochinenii*, vol. 45, pp. 390-397; L. Trotskii, *Literatura i revolyutsiya*, p. 142.

4) L. Trotskii, *Voprosy byta: epokha, 'kult'turnichestva' i eë zadachi* (3rd edition), p. 3.

5) *Ibid.*, pp. 7, 32-33, 43, 47-48, 51, 54 and 74.

6) L. Trotskii, *Literatura i revolyutsia*, p. 5.

7) *Vserossiiskaya konferentsiya R.K.P.(bol'shevikov). 4-7 avgusta 1922 g. Byulleten*, bulletin no. 3, pp. 80 and 82.

8) Letter to L. B. Kamenev, probably 1922 : RGASPI, f. 325, op. 1, d. 450, pp. 2a/b.

9) 이 책의 533~538쪽을 보라.

10) Letters to A. K. Voronski, 10 and 11 September 1922 : RGASPI, f. 325, op. 1, d. 450, pp. 3 and 4.

11) Trotsky to A. Gramsci, 30 August 1922 : RGVA, f. 4, op. 14, d. 13s, p. 154.

12) V. I. Lenin, *Polnoe sobranie sochinenii*, vol. 45, pp. 363-364.

13) RGASPI, f. 325, op. 1, d. 449, pp. 1 and 2-4.

14) Letter to Krokodil, 7 June 1923 : RGASPI, f. 325, op. 1, d. 456, p. 1.

15) *Ibid.*, d. 338.

16) F. K. Sologub to Trotsky, 28 September 1920; Trotsky to F. k. Sologub, 30 Septembeer 1920 : GARF, f. 3430s, op. 1s, d. 19, pp. 1 and 2. See also Trotsky to F. K. Sologub, 4 October 1911 : RGASPI, f. 325, op. 1, d. 599, p. 1.

17) V. Ya, Bryusov to Trotsky, 6 April 1922 : RGVA, f. 33987, op. 3, d. 2, pp. 70-71.

18) Ye. Trifonov to Trotsky, RGVA, f. 4, op. 14, d. 13s, p. 225.

19) L. Trotskii, *Literatura i revolyutsiya*, pp. 86 and 233.

20) *Ibid.*, p. 36.

21) *Ibid.*, pp. 140–143 and 151–152.

22) *Ibid.*, pp. 157–158.

23) Trotsky to the Politburo, Presidium of the CCC and Executive Committee of Comintern, 6 September 1927 : Trotsky Collection (HIA), box 12, folder 42, p. 9.

24) 베드니가 스탈린 편에 서서 반대파에 적대적인 입장을 취하자 그때야 비로소 트로츠키는 베드니의 문학적 자질에 대해 부정적인 평가를 내렸다. 1927년의 작업 노트 in RGASPI, f. 325, op. 1, d. 365, p. 29.

25) A. Andreev and Trotsky at Politburo meeting, 3 June 1926 : *Stenogrammy zasedanii Politbyuro TsK RKP(b)-VKP(b), 1923~1938 gg.*, vol. 1, p. 778.

26) Yu. V. Got'e, *Moi zametki*, p. 132. 이 책의 저자가 바로 도서관장이었으며 당시 나탈리야 세도바가 찾아왔을 때 그녀를 맞은 사람이다.

27) L. Trotskii, *Delo bylo v Ispanii (po zapisnoi knizhke)*.

28) *Ibid.*, p. 5.

29) L. Trotskii, *O Lenine : materialy dlya biografa*, pp. 10–11.

30) *Ibid.*, p. 66.

31) L. Trostkii, *Voprosy byta : epokha 'kult'turnichestva' i eë zadachi* (3rd edtion), p. 3. The first preface was dated 4 July 1923, the second 9 September 1923.

32) N. Bukharin, *K voprosu o trotskizme*.

33) *Leon Trotsky and World War One : August 1914~February 1917*, pp. 73–75에서 저자 Ian Thatcher는 트로츠키의 이 텍스트 수정 작업에 관해 탁월한 논고를 선보였다.

34) L. Trotskii, *Stalinskaya shkola fal'tsifikatsii*.

35) L. Trotski, *O Lenine : materialy dlya biografa*: 특히 p. vii을 보라.

34장 통합반대파 결성

1) *Zarya Vostoka*, 12 April 1924.

2) L. Trotskii, *Na putyakh k evropeiskoi revolyutsii. (Rech' v Tiflise, 11 aprelya 1924)*, p. 3.

3) *Zarya Vostoka*, 12 April 1924.

4) RGASPI, f. 52, op. 1, d. 57, pp. 112, 122 and 183–184.

5) *Ibid.*, p. 186.

6) *Trinadtsatyi s''ezd RKP(b). Mai 1924 goda. Stenograficheskii otchët*, p. 754.

7) *Ibid.*, pp. 146–156.

8) *Ibid.*, p. 158.

9) 이 책의 755~756쪽을 보라.

10) 이 책의 675~676쪽을 보라.

11) 이 책의 630~631쪽을 보라.

12) L. Trotskii, *Sochineniya*, vol. 3, part 1 : *1917 : Ot fevralya do oktyabrya*, pp. ix–lxviii.

13) L. Trotskii, *Uroki Oktyabrya*, chap. 1.

14) *Ibid.*, chaps 4-5.

15) *Ibid.*, chaps 6-7.

16) *Ibid.*, chap. 8.

17) M. Eastman, *Love and Revolution : My Journey through an Epoch*, p. 414.

18) Politburo and Central Control Commission Presidium, 8 September 1927 : RGASPI, f. 17, op. 163, d. 705.

19) 그런데도 주(州, province) 단위의 당위원회 지도자들은 1920년대에 이 비밀 문건을 받았다. see R. Service, 'The Way They Talked Then : The Discourse of Politics in the Soviet Party Politburo in the Late 1920s', in P. Gregory and N. Naimark (eds), *The Lost Politburo Transcripts*.

20) Trotsky to Mikhail Glazman, 26 December 1924 : Trotsky Collection (HIA), box 4, folder 25.

21) L. Trotskii, *Moya zhizn'*, vol. 2, p. 261.

22) 이 책의 536~537쪽을 보라.

23) L. Trotskii, *Moya zhizn'*, vol. 2, p. 261.

24) Trotsky to N. I. Bukharin, 'K voprosu o 'samokritike', 8 January 1926 : Trotsky Collection (HIA), box 9, folder 47, pp. 1-4.

25) Trotsky's 1935 diary in L. Trotskii, *Dnevniki i pis'ma*, p. 77.

26) Trotsky to the Chinese Left Opposition, 5 August 1931, p. 1 : Trotsky Collection (HIA), box 11, folder 31.

27) Trotsky to N. I. Bukharin, 'K voprosu o 'samokritike', 8 January 1926 : Trotsky Collection (HIA), box 9, folder 47, pp. 1-4.

28) 이 책의 415~416쪽을 보라.

35장 동지와 추종자

1) R. Service, *Lenin : A Biography*, p. 330.

2) C. Sheridan, *From Mayfair to Moscow*, pp. 136-137.

3) L. Trotskii, *Politicheskie siluety*, p. 224.

4) L. Trotskii, 'Sklyanskii pogib', *Pravda*, 29 August 1925.

5) Trotsky to M. Eastman, February 1923 : RGASPI, f. 325, op. 1, d. 18.

6) M. Eastman, *Love and Revolution : My Journey through an Epoch*, p. 402. 이스트먼은 1925년에 출판된 *Leon Trotsky : The Portrait of a Youth*의 미국 판본을 정식으로 인정하지 않았다. 교정이 제대로 되어 있지 않았고, 영국 출판본이 정본으로 여겨지기를 원했기 때문이다.

7) M. Eastman, *Love and Revolution : My Journey through an Epoch*, p. 443.

8) *Ibid.*, pp. 446-447.

9) *Ibid.*, p. 443.

10) Trotsky to N. I. Muralov, 11 September 1928 : Trotsky Collection (HIA), box 11, folder

65; M. Eastman, *Love and Revolution : My Journey through an Epoch*, p. 512.

11) M. Eastman, *Great Companions : Critical Memoirs of Some Famous Friends*, p. 123.

12) M. Eastman, *Love and Revolution : My Journey through an Epoch*, p. 352.

13) 이 책의 644쪽을 보라.

14) 이 책의 400쪽을 보라.

15) 이 책의 95~96쪽을 보라.

16) *Kak lomali NEP*, vol 4 (joint plenum of the Central Committee and Central Control Commission, 16~23 April 1929), p. 246.

17) Politburo meeting, 8 September 1927 : *Stenogrammy zasedanii Politbyuro TsK RKP(b)-VKPC(b), 1923~1938 gg.*, vol. 2, p. 597.

18) M. Eastman, *Great Companions : Critical Memoirs of Some Famous Friends*, p. 113.

19) V. Serge and N. Sedova, *The Life and Death of Leon Trotsky*, p. 121.

20) 올가 카메네바(Olga Kameneva)에 대해서는 이 책의 462~463쪽을 보라.

21) E. A. Preobrazhenski to Trotsky, n. d. : Trotsky Collection (HIA), box 12, folder 4, p. 3.

22) L. Trotskii, *Portrety revolyutsionerov*, pp. 334-343.

23) *Ibid*.

24) M. Eastman, *Love and Revolution : My Journey through an Epoch*, p. 425.

25) M. Eastman, *Since Lenin Died*, pp. 93-94.

26) See *stenogrammy zasedanii Politbyuro TsK RKP(b)-VKP(b), 1923~1938 gg.*

27) Politburo meeting, 3 June 1926 : *Ibid*., vol. 1, p. 778.

36장 트로츠키의 사생활

1) M. Eastman, *Leon Trotsky : The Portrait of a Youth* (London edn), p. 196.

2) R. Service, *Stalin : A Biography*, p. 233.

3) N. Ioffe, *Moi otets Adol'f Abramovich Ioffe : vospominaniya, dokumenty i materialy*, p. 38.

4) A. I. Boyarchikov, *Vospominaniya*, pp. 149-150.

5) *Ibid*., pp. 150-151.

6) 이 책의 502쪽을 보라.

7) M. Eastman, *Love and Revolution : My Journey through an Epoch*, p. 409.

8) G. A. Ziv, *Trotskii : Kharakteristika. (Po lichnym vospominaniyam)*, p. 33.

9) Ibid.

10) C. Sheridan, *From Mayfair to Moscow*, p. 144. 그들은 프랑스어로 대화했다. "Je tombe toujours en avant."

11) *Punch*, 21 January 1920.

12) N. Sedova, 'A Page to the Diary', Coyoacan, July 1958 : Trotsky Collection (HIA), box 27, folder 19, p. 2 (in Russian).

13) N. Sedova, 'Devochki', p. 4 : Trotsky Collection (HIA), box 27, folder 13.

14) *Ibid*.

15) *Ibid.*, p. 5.

16) *Ibid.*

17) M. Shachtman, 'Natalya Ivanovna Sedoff (Sedova)', p. 7 : Albert Glotzer Papers (HIA), box 27.

18) *Ibid.*, p. 8.

19) Trotsky's remark to Max Eastman, *Leon Trotsky : The Portrait of a Youth*, p. 49.

20) Trotsky's 1935 diary in L. Trotskii, *Dnevniki i pis'ma*, p. 91.

21) Trotsky's remark to Max Eastman, *Leon Trotsky : The Portrait of a Youth*, p. 49.

22) Trotsky's 1935 diary in L. Trotskii, *Dnevniki i pis'ma*, p. 91.

23) 세르게이의 딸 Yulia Axelrod의 증언이다. 그녀는 이 사실을 자기 어머니에게서 들었다. Yulia Akselrod, untitled memoir (n.d.), no. 3, p. 21 : Yulia Akselrod Papers (HIA). 또한 세르게이의 일기에 대한 딸의 언급도 보라. in Yulia Akselrod Papers (HIA), p. 40; and P. Broué, *Léon Sedov, fils de Trotsky, victime de Staline*, p. 32.

24) 나탈리야는 이 이야기를 맥스 샤크트먼에게 했다. see his 'Natalia Ivanovna Sedoff (Sedova)', p. 4 : Albert Glotzer Papers (HIA), box 27.

25) *Ibid.*, p. 7.

26) N. Sedova, draft article 'Vinovnost' Stalina', 18 April 1942 : Albert Glotzer Papers (HIA), box 16, p. 2.

27) *Ibid.*

28) Trotsky's 1935 diary in L. Trotskii, Dnevniki i pis'ma, pp. 72-73.

29) *Ibid.*, p. 94.

30) *Ibid.*, p. 110.

37장 트로츠키가 원한 혁명

1) The scholars who first pointed this out were R. B. Day, A. Nove and R. W. Davies.

2) Politburo meeting, 10 December 1925 : *Stenogrammy zasedanii Politbyuro TsK RKP(b)-VKP(b), 1923~1938 gg.*, vol. 1, pp. 458, 463 and 464; Politburo meeting, 5 July 1926, *ibid.* vol. 2, pp. 225-227.

3) Politburo meeting, 28 June 1926 : *ibid.*, vol. 2, pp. 162-163.

4) Politburo meeting, 5 July 1926 : *ibid.*, p. 244.

5) Politburo meeting, 28 June 1926 : *ibid.*, p. 160.

6) L. Trotskii, *K sotsializmu ili kapitalizmu? Planovoe khozyaistvo Gosplan SSSR*, pp. 1-61. Published also in *Pravda* and *Izvestiya*, 1~22 September 1925.

7) *Kak lomali NEP. Stenogrammy plenumov TsK VKP(b), 1928~1929*, vol. 4, p. 607 (Declaration of Bukharin, Rykov, Tomski, 9 February).

8) Politburo meeting, 25 Februray 1926 : Stenogrammy zasedanii Politbyuro TsK RKP(b)-VKP(b), 1923~1938 gg., vol. 1, p. 616.

9) Politburo meeting, 2 August 1926 : *ibid.*, vol. 2, pp. 326-327.

10) Politburo meeting, 25 February 1926 : *ibid.*, vol. 1, p. 640. See also pp. 638-639.

11) 'Popravka tov. Trotskogo k proektu rezolyutsii t. Rykova o khozyaistvennom razvitii SSSR', 12 April 1926 : Trotsky Collection (HIA), box 15, folder 15, pp. 1-5.

12) 이 책의 496~497쪽을 보라.

13) Politburo meeting, 14 June 1926 : *Stenogrammy zasedanii Politbyuro TsK RKP(b)-VKP(b), 1923~1938 gg.*, vol. 2, p. 109.

14) *Ibid.*, pp. 109-110.

15) *Ibid.*, p. 110.

16) 'Zametki na natsional'nom voprose', 5 May 1927 : RGASPI, f. 325, op. 1, d. 157, pp. 4-5.

17) 이 책의 531~533쪽을 보라.

18) G. Rosenthal, *Avocat de Trotsky*, p. 74.

19) 1927년 7월 29일부터 8월 9일까지 열린, 중앙위원회와 중앙통제위원회 합동 전원회의 석상에서 지노비예프가 행한 연설(비공개 인쇄본) : RGASPI, f. 17, op. 2, d. 317 (V-iii), p. 22.

20) Trotsky Collection (HIA), box 12, folder 4, letter 1 (n.d.), p. 1.

38장 논쟁을 사랑한 혁명가

1) RGASPI, f. 17, op. 2, d. 292, p. 108.

2) RGASPI, f. 17, op. 2, d. 290, pp. 279-280.

3) RGASPI, f. 17, op. 2, d. 291, p. 50.

4) *Ibid.*, pp. 51-52.

5) RGASPI, f. 17, op. 2, d. 293, p. 175; RGASPI, f. 17, op. 2, d. 304, pp. 99 and 100-101.

6) RGASPI, f. 17, op. 2, d. 306, pp. 79-85.

7) RGASPI, f. 17, op. 2, d. 293, p. 155.

8) RGASPI, f. 17, op. 2, d. 294, pp. 198-199.

9) RGASPI, f. 17, op. 2, d. 317 (V-iii), p. 69.

10) *Ibid.*, pp. 6 and 8.

11) *Ibid.*, p. 97.

12) Politburo meeting, 8 and 11 October 1926 : *Stenogrammy zasedanii Politbyuro TsK RKP(b)-VKP(b), 1923~1938 gg.*, vol. 2, p. 361 (complaint by A. A. Solts).

13) RGASPI, f. 17, op. 2, d. 293, p. 175.

14) *Ibid.*

15) *Ibid.*, p. 170.

16) RGASPI, f. 17, op. 2, d. 317 (V-ii), p. 47 lists him as present during the session but does not record him as having intervened in the debate.

17) RGASPI, f. 17, op. 2, d. 317 (V-iii), p. 8.

18) Trotsky to N. I. Bukharin, 'K voprosu o 'samokritike', 8 Jaunuary 1926 : Trotsky Collection (HIA), box 9, folder 47, pp. 1-4.

19) Politburo meeting, 8 September 1927 : *Stenogrammy zasedanii Politbyuro TsK RKP(b)-VKP(b), 1923~1938 gg.*, vol. 2, p. 594.

20) Trotsky's 1935 diary in L. Trotskii, *Dnevniki i pis'ma*, p. 97; N. S. Sedova to S. Weber,

14 July 1935 : Trotsky Collection (HIA), box 26, folder 32, p. 2.

21) Politburo meeting, 8 September 1927 : *Stenogrammy zasedanii Politbyuro TsK RKP(b)-VKP(b), 1923~1938 gg.*, vol. 2, p. 596.

22) A. A. Ioffe to Trotsky, 27 August 1927 in N. Ioffe, *Moi otets Adol'f Abramovich Ioffe : vospominaniya, dokumenty i materialy*, p. 100.

23) RGASPI, f. 325, op. 1, d. 170, pp. 1–2, 4 and 7.

24) *Ibid.*, p. 11.

25) G. Rosentahl, *Avocat de Trotsky*, p. 22.

26) L. Trotskii, *Moya zhizn'*, vol. 2, p. 278.

27) G. Rosentahl, *Avocat de Trotsky*, p. 26. 로장탈은 자신이 어떻게 이때 부하린이 한 말을 정확하게 알게 되었는지는 설명하지 않았다. 짐작하건대 트로츠키가 부하린의 말을 전했던 것이 아닌가 싶다. 로장탈이 부하린의 당시 발언 내용을 책에 실은 것은 이 일이 있고 나서 48년이 지난 뒤였다. 당시 전화 통화를 직접 목격한 또다른 증인인 피에르 나비유가 부하린의 발언이라고 기록한 것은 조금 다르다. "당신을 당에서 축출하는 것은 불가능하오!" *Trotsky vivant*, p. 18. 나비유에 따르면, 크렘린 지도자들이 제정신을 잃어버렸다고 말한 것은 트로츠키였다.

28) 'Zhazhda vlasti' (초안의 형태이며 작성 일자가 기록되어 있지 않음. 그러나 *The Revolution Betrayed*가 출판된 이후 작성된 것은 확실함): Nicolaevky Collection (HIA), box 354, folder 37, pp. 2–3.

29) P. Naville, *Trotsky vivant*, p. 56.

30) Politburo meeting, 8 September 1927 : *Stenogrammy zasedanii Politbyuro TsK RKP(b)-VKP(b), 1923~1938 gg.*, vol. 2, pp. 366–367.

31) Letter to A. Enukidze, 15 November 1927 : Trotsky Collection (HIA), box 12, folder 39.

32) P. Naville, *Trotsky vivant*, p. 56.

33) Letter to A. Enukidze, 15 November 1927 : Trotsky Collection (HIA), box 12, folder 39.

34) RGASPI, f. 325, op. 1, d. 479, p. 1.

35) L. Trotskii, *Moya zhizn'*, vol. 2, p. 283.

36) RGASPI, f. 325, op. 1, d. 479, pp. 3–4.

37) G. Rosentahl, *Avocat de Trotsky*, p. 30.

39장 알마아타 추방

1) PA TurFIL, f. 1, op. 3, d. 59, p. 77. 나는 이 서류의 사본을 나에게 보여준 Tanya Okunskaya에게 감사의 마음을 표한다.

2) 레프 리보비치 세도프(료바 세도프)가 알마아타로 가는 여정에 대해 기록한 일기(타자 원고). Nicolaevsky Collection (HIA), box 303, folder 3, p. 1.

3) N. Sedova, 'Tak eto bylo'라는 글에 추가하려고 초안을 잡아놓은 단편적인 기록 (1940년 11월로 추정됨) : Trotsky Collection (HIA), box 27, folder 12.

4) 다음 책에 다시 언급된 나탈리야 세도바의 회고. L. Trotskii, *Moya zhizn'*, vol. 2, pp. 285–286.

5) A. I. Boyarchikov, *Vospominaniya*, pp. 135-136.

6) N. Sedova's memoir as reproduced in L. Trotskii, *Moya zhizn'*, vol. 2, p. 286.

7) Trotsky's 1935 diary in L. Trotskii, *Dnevniki i pis'ma*, p. 93.

8) 다음 책에 다시 언급된 나탈리야 세도바의 회고, L. Trotskii, *Moya zhizn'*, vol. 2, p. 286.

9) Diary notes of L. L. Sedov on the journey to Alma-Ata (typescript) : Nicolaevsky Collection (HIA), box 303, folder 3, p. 2.

10) A. I. Boyarchikov, *Vospominaniya*, pp. 135-136.

11) Trotsky's 1935 diary in L. Trotskii, *Dnevniki i pis'ma*, p. 93.

12) A. I. Boyarchikov, *Vospominaniya*, pp. 137-138.

13) 레프 리보비치 세도프(료바 세도프)가 알마아타로 가는 여정에 대해 기록한 일기(타자 원고). Nicolaevsky Collection (HIA), box 303, folder 3, pp. 4-6.

14) *Ibid.*, pp. 6-7.

15) *Ibid.*, p. 7.

16) *Kak lomali NEP. Stenogrammy plenumov TsK VKP(b), 1928~1929*, vol. 2, pp. 268, 358-359, 395, 439, 620 and 629.

17) 레프 리보비치 세도프(료바 세도프)가 알마아타로 가는 여정에 대해 기록한 일기(타자 원고). Nicolaevsky Collection (HIA), box 303, folder 3, pp. 6-7.

18) N. Sedova to J. Hansen, 11 November 1940 : Joseph Hansen Papers (HIA), box 33, folder 14.

19) L. Trotsky, *Moya zhizn'*, vol 2, pp. 295-297.

20) Nicolaevsky Collection (HIA), box 355, folder 26.

21) K. G. Rakovskii to Trotsky, 17 February 1928 : Nicolaevsky Collection, box 356, folder 7, p. 5; 'Rakovskii, Khr. Georg.', *ibid*.

22) 위의 주석 1번을 보라.

23) RGASPI, f. 325, op. 1, d. 481, p. 8. See also N. I. Sedova in V. Serge and N. Sedova Trotsky, *The Life and Death of Leon Trotsky*, pp. 159-160.

24) S. L. Sedov and A. Sedova to L. L. Sedov, 17 March 1928 : Trotsky Papers (HL), T1222.

25) Trotsky to D. Rivera, 7 June 1933 : Nicolaevsky Collection (HIA), box 308, folder 72.

26) L. D. Trotskii, *Chto i kak proizoshlo? Shest' statei dlya mirovoi burzhuaznoi pechati*, p. 12. *Moya zhizn'*에 이 일이 기록되어 있지 않다.

27) L. Trotsky, *Moya zhizn'*, vol. 2, pp. 295-297.

28) N. Sedova, 'Devochki', memoir written in 1941 or 1942 : Trotsky Collection (HIA), box 27, folder 13, p. 1.

29) Trotsky to A. G. Beloborodov, 17 March 1928 : Albert Glotzer Papers (HIA), box 1.

30) E. A. Preobrazhenski to Trotsky, n.d. : Trotsky Collection (HIA), box 12, folder 4, p. 3.

31) *Kak lomali NEP. Stenogrammy plenumov TsK VKP(b), 1928~1929*, vol. 5, pp. 620-622.

32) *Ibid.*, vol. 4, p. 696 (1928년 7월 카메네프가 자신과 부하린이 주고받은 대화를 기록했고, 이 대화 기록에 대해 지노비예프가 메모해놓은 것.)

33) *Ibid.*, vol. 5, p. 620.

34) 1928년 10월 1일 트로츠키가 유형 중인 반대파 동료들에게 보낸 서신 : RGASPI, f. 325, op. 1, d. 481, p. 96.

35) 이 편지는 투명 잉크로 작성되었으며 당과 코민테른의 중앙지도부 앞으로 보내졌다. 이 서신은 시인 알렉산드르 블로크의 일기집 Dnevnik Al. Bloka에 기록되었다. pp. 121, 125 and 135. 후일 이 서신이 배포되었는지 여부는 알 수가 없다. 이 일기집은 Hoover Institution Archive에 소장되어 있다.

36) *Kak lomali NEP. Stenogrammy plenumov TsK VKP(b), 1928~1929*, vol. 4, (joint plenum of the Central Committee and the Central Control Commission, 16~23 April 1929), pp. 316 (Rykov), 405 (Molotov), 717 (endnote 265).

37) Ordzhonikidze at the Central Control Commission, 23 October 1930 : *Stenogrammy zasedanii Politbyuro TsK RKP(b)-VKP(b), 1923~1938 gg.*, vol. 3, p. 242.

38) L. D. Trotskii, *Chto i kak proizoshlo? Shest' statei dlya mirovoi burzhuanoi pechati*, pp. 17 and 19. 이 소책자에는 트로츠키의 완전한 자서전보다 약간 더 자세하게 추방 상황이 묘사되어 있다.

39) L. Trotskii, *Moya zhizn'*, vol. 2, p. 315.

40) L. D. Trotskii, *Chto i kak proizoshlo? Shest' statei dlya mirovoi burzhuaznoi pechati*, p. 21.

41) *Ibid.*, pp. 8-9.

40장 망명의 시작

1) Ö. S. Coşar, *Troçki Istanbul'da*, pp. 14~33. 이 책의 내용을 내게 전달해준 하룬 일마즈 (Harun Yilmaz)에게 감사를 표한다. 세도프란 가명에 대해서는 다음 자료를 보라. the Soviet consul-general's statement : Nicolaevsky Collection (HIA), box 303, folder 1.

2) Ö. S. Coşar, *Troçki Istanbul'da*, pp. 62~66.

3) L. L. Sedov to 'Tenzov', May/June 1930 : Nicolaevsky Collection (HIA), box 368, folder 29; Trotsky to L. L. Sedov, 7 April 1931 : Nicolaevsky Collection (HIA), box 308, folder 87.

4) N. Sedova in V. Serge and N. Sedova Trotsky, *The Life and Death of Leon Trotsky*, p. 163.

5) M. Eastman, *Great Companions : Critical Memoirs of Some Famous Friends*, p. 116.

6) G. Rosenthal, *Avocat de Trotsky*, p. 95.

7) *Ibid.*, p. 72.

8) M. Eastman, *Great Companions : Critical Memoirs of Some Famous Friends*, p. 117.

9) Trotsky's 1935 diary in L. Trotskii, Dnevniki i pis'ma, p. 74.

10) Trotsky to S. Kharin (Paris), 29 May 1929 : Nicolaevsky Collection (HIA), box 307, folder 56.

11) Trotsky to L. L. Sedov, May 1929 : Nicolaevsky Collection (HIA), box 312, folder 4.

12) *Byulleten' oppozitsii*, no. 1/2 (July 1929), pp. 6-8.

13) A. Glotzer, *Trotsky : Memoir and Critique*, p. 35.

14) *Ibid.*, p. 48.

15) G. Rosenthal, *Avocat de Trotsky*, pp. 72-73.

16) S. Weber, 'Recollections of Trotsky', *Modern Occasions*, spring 1972, p. 181.

17) A. Glotzer, *Trotsky : Memoir and Critique*, p. 84.

18) *Ibid.*, p. 52.

19) G. Rosenthal, *Avocat de Trotsky*, p. 96.

20) L. L. Sedov to the OGPU Collegium, 14 August 1929 : GARF, f. 3316s, op. 2, d. 83.

21) J. van Heijenoort, *With Trotsky in Exile : From Prinkipo to Coyoacán*, p. 7.

22) Trotsky to L. L. Sedov, 11 June 1931 : Nicolaevsky Collection (HIA), box 309, folder 22, p. 2.

23) P. Broué, *Léon Sedov, fils de Trotsky, victime de Staline*, p. 90.

24) Nicolaevsky Collection (HIA), box 309, folder 2.

25) *Ibid.*

26) Nicolaevsky Collection (HIA), box 306, folders 70-75 and 93-94. 세르게이가 보낸 전보 가운데 하나는 다음과 같은 형태였다. 'vse zederowi rabotain poslal pisma krepka zeluiu sergoz'. 러시아어 같기도 하고 아닌 것 같기도 한 이 글귀는 다음과 같은 뜻으로 추측된다. "모든 것이 좋습니다. 나는 일하고 있으며 편지도 보냈습니다. 키스를 보내며, 세르게이." (위에 기록된 세르게이의 전보문은 원래 러시아 철자로 된 것을 터키의 우편국이 부정확하게 영문 알파벳으로 전환한 것이지만 소리 내어 읽으면 원래 러시아어 단어들을 대략 추측할 수 있다. - 역주)

27) *Ibid.*, folder 94.

28) Nicolaevsky Collection (HIA), box 311, folders 41 and 45.

29) N. Sedova, 'Dovochki', memoir written in 1941 or 1942 : Trotsky Collection (HIA), box 27, folder 13, p. 5.

30) *Ibid.*

31) *Ibid.*

32) *Ibid.*

33) *Ibid.*, p. 7.

34) *Ibid.*, p. 6.

35) Trotsky to Yelena Krylenko and Max Eastman, 3 March 1931 : Nicolaevsky Collection (HIA), box 307, folder 61, p. 1.

36) A. Glotzer, *Trotsky : Memoir and Critique*, pp. 34-35.

37) *Ibid.*, pp. 37-39.

38) *Ibid.*, p. 37.

39) *Ibid.*, p. 60.

40) Y. Craipeau, *Memoires d'un dinosaure trotskyste : secretaire de Trotsky en 1933*, pp. 97-98.

41) N. Sedova, 'Dovochki', 1941년 혹은 1942년에 작성한 회고의 글 : Trotsky Collection

(HIA), box 27, folder 13, p. 6.

42) Trotsky to L. L. Sedov, undated[?1932] : Nicolaevsky Collection (HIA), box 309, folder 87.

43) Trotsky to L. L. Sedov, 22 December 1932 : Nicolaevsky Collection (HIA), box 310, folder 54, pp. 1-4.

44) Trotsky to L. L. Sedov, January 1933 : Nicolaevsky Collection (HIA), box 310, folder 58.

45) Trotsky to A. L. Bronstein, 8 January 1933, reproduced in V. Krasnov and V. Daynes (eds), *Neizvestnyi Trotskii. Krasnyi Bonapart : Dokumenty, mneniya, razmyshleniya*, pp. 497-498. 알렉산드라 브론시테인은 1936년 콜리마(Kolyma)에서 나데즈다 이오페(Nadezhda Ioffe)와 대화하던 중 이 편지 내용을 기억에서 끄집어내어 다시 한 번 이야기했다. N. Ioffe, *Vremya nazad. Moya zhizn', moya sud'ba, moya epokha*, pp. 49-50. (콜리마는 시베리아 북동부 지역으로 스탈린 시대 강제노동수용소가 많이 설치되었던 곳으로 유명하다. 위의 두 여인은 그런 수용소 생활 중에 만났던 것으로 추측된다. - 역주)

46) A. L. Bronstein to Trotsky, 31 August 1933, pp. 1-3 : bMS Russ 13.1 T12608, Trotsky Papers (HL). 아이작 도이처(Isaac Deutscher)가 이 신랄한 편지 내용을 인용하는 데서 정확하지 못했음을 기록해 두어야겠다. 그가 저술한 트로츠키 전기 3부작에 많은 사실 관계 오류가 있음을 철저하게 지적해놓은 것으로는 다음 자료를 보라. J. van Heijenoort, *With Trotsky in Exile*, pp. 151-155.

47) *Ibid*., pp. 4-6.

41장 세계 혁명 구상

1) 'Zhalkii dokument', Nicolaevsky Collection (HIA), box 312, folder 4.

2) 첫 번째 회람 서신의 초안 [?1931] : *ibid*., box 313, folder 17.

3) 레닌분트 집행위원회에 트로츠키가 보낸 서신, copied to *La Verite, Lutte des Classes, Le Communiste, the Militant* and the National Committee of the Communist League (USA), 29 August 1929 : Albert Glotzer Papers (HIA), box 1, p. 1.

4) *Ibid*., p. 2. 이 영어 문장은 매끄럽지 못하다. 나는 미국공산주의자연맹(the Communist League in the USA)으로 보내진 영어 번역문을 그대로 옮겼다.

5) *Ibid*., p. 1.

6) 프랑스 판에 대한 소개글은 1931년으로 작성일이 기록되어 있다. Nicolaevsky Collection (HIA), box 344, folder 39, pp. 1-2.

7) 이 책의 631쪽을 보라.

8) Trotsky to A. Treint, 22 September 1931 : Nicolaevsky Collection (HIA), box 311, folder 42, p. 1.

9) Trotsky to S. Kharin, April 1929 : Nicolaevsky Collection (HIA), box 307, folder 50, pp. 1-2.

10) 이것은 그가 야코프 블륨킨에게 맡긴 서신이다. 이 사람과 트로츠키는 뷔위카다에서 만났다. : *ibid*, folder 10, pp. 1-2. 이 책의 710~711쪽을 보라.

11) Trotsky to L. L. Sedov, 5 May 1931 : Nicolaevsky Collection (HIA), box 309, folder 5.

12) Trotsky to L. L. Sedov, 26 May 1932 : Nicolaevsky Collection (HIA), box 310, folder 4.

13) R. Sobolevicius to Trotsky, 25 December 1931 : Nicolaevsky Collection (HIA), box 306, folder 81.

14) L. L. Sedov to A. Sobolevicius, 18 December 1932, and R. Sobolevicius, 16 December 1932 : Nicolaevsky Collection (HIA), box 311, folders 32 and 40.

15) Trotsky to L. L. Sedov, 11 June 1931 : Nicolaevsky Collection (HIA), box 309, folder 22, p. 2.

16) Trotsky to L. L. Sedov, 13 June 1931 : Nicolaevsky Collection (HIA), folder 23. (이 주석 에는 box 번호 표시가 안 되어 있음. - 역주)

17) 'Otkrytoe pis'mo chlenam VKP(b)', 23 March 1930 : Nicolaevsky Collection (HIA), box 313, folder 29, p. 3.

18) *Ibid.*, p. 10.

19) Trotsky to L. L. Sedov, 3 September 1931 : Nicolaevsky Collection (HIA), box 309, folder 53.

20) L. Trotskii, *Dnevniki i pis'ma*, p. 123.

21) Trotsky to L. L. Sedov, 23 June 1931 : Nicolaevsky Collection (HIA), box 309, folder 27.

22) Trotsky to L. L. Sedov, 13 October 1931 : *ibid.*, folder 60.

23) M. Buber-Neumann, *Von Potsdam nach Moskau*, p. 284.

24) A. Swabeck, 'Report of Preliminary International Conference [of the] International Left Opposition (Bolshevik-Leninists), Held February 4 to 8, 1933', pp. 1-6 : Arne Swabeck Papers (HIA), box 6, folder 20.

25) L. L. Sedov to Trotsky, 2 February 1933 : Nicolaevsky Collection (HIA), box 306, folder 24.

26) P. Broué, *Léon Sedov, fils de Trotsky, victim de Staline*, p. 113.

42장 '글 쓰는 기계' 트로츠키

1) *Paris-Soir*, 16-17 June 1933.

2) L. L. Sedov to Trotsky, 13 December 1933 : Nicolaevsky Collection (HIA), box 306, folder 54, p. 1.

3) 스웨덴에서 활동하고 있던 러시아인 기자 S. A. Tsion에게 트로츠키가 1933년 12월 16일에 보낸 서신 : Nicolaevsky Collection (HIA), box 13, folder 8.

4) Trotsky to Lev Sedov, 29 November 1936 : Trotsky Papers (HL), T10183.

5) 오스트리아 출신의 성(性) 과학자 빌헬름 라이히는 트로츠키를 만나고자 했으나 여행 계 획을 실행에 옮기지 못했다. L. L. Sedov to Trotsky, 13 December 1933 : Nicolaevsky Collection (HIA), box 306, folder 54.

6) Trotsky to Diego Rivera, 7 June 1933 : Nicolaevsky Collection (HIA), box 308, folder 72.

7) L. D. Trotskii, *Chto i kak proizoshlo? Shest' statei dlya mirovoi burzhuaznoi pechati*.

8) A. Glotzer, *Trotsky : Memoir and Critique*, p. 38.

9) See for example 'Avtobiograficheskie zametki' (written in Syzran in 1919) : RGASPI, f. 325, op. 1, d. 14; Trotsky's letter-memoir to V. I. Nevski, 5 August 1921 : *ibid.*, d. 17; his letter-memoir to M. Eastman, February 1923, *ibid.*, d. 18.

10) 맥스 이스트먼이 트로츠키에게 보낸 보고서와 조언. Nicolaevsky Collection (HIA), box 305, folder 35 (17 September 1934) and folder 36 (23 December 1934).

11) Draft chapters : Nicolaevsky Collection (HIA), boxes 332-343. See also N. S. Sedova to S. Weber, 12 November 1959 : Trotsky Collection (HIA), box 27, folder 5.

12) S. Weber, 'Recollections of Trotsky', *Modern Occasions*, spring 1972, p. 182.

13) *Ibid.*; L. Trotskii, *Delo bylo v Ispanii*, p. 153 : he read Edgar Allan Poe to improve his English.

14) *Moya zhizn'*의 초고 : Nicolaevsky Collection (HIA) – see, for example, box 312, folders 36-39.

15) *Ibid.*, folder 39. 그러나 그는 어머니가 자기를 레이바(이디시어)가 아니라 료바(러시아어)라고 불렀다고 회고했다.

16) L. Trotskii, *Moya zhizn'*, vol. 1, pp. 34-35.

17) *Ibid.*

18) L. Trotsky, *History of the Russian Revolution*, vol. 1, chap. 1. See B. Knei-Paz, *The Social and Political Thought of Leon Trotsky*, pp. 89-90.

19) *Moya zhizn'*의 초고, Nicolaevsky Collection (HIA) see, for example, box 312, folder 39.

20) *Ibid.*, folders 36-40.

21) *Ibid.*, box 313, folder 1 (chap. 9), p. 1.

22) *Ibid.*, folder 5, p. 1.

23) 1917년 10월 24일 개최된 중앙위원회 회의를 언급하면서 트로츠키는 다음과 같이 간략하게 서술한다. "스탈린은 회의에 출석하지 않았다. 대체로 그는 스몰니에는 나타나지 않았고 중앙 기관지의 편집실에서 시간을 보냈다." L. Trotsky, *History of the Russian Revolution*, vol. 3, p. 159.

24) 이 책의 787~789쪽을 보라.

25) Keith Sidwell이 고대 그리스문화에 관한 자신의 지식을 나에게 전해준 데 감사를 표한다.

26) L. Trotsky, *History of the Russian Revolution*, p. 161. See also pp. 198 and 272-273.

27) *Ibid.*, p. 281.

28) *Ibid.*

29) *Ibid.*, p. 159.

30) *Ibid.*, p. 200.

31) *Ibid.*, p. 264.

32) *Ibid.*, p. 266.

33) *Ibid.*, pp. 269-270.

34) L. Trotsky, *My Life : The Rise and Fall of a Dictator* (Thornton Butterworth : London, 1930). 미국에서 출판된 번역본은 트로츠키의 원래 의도에 충실했다. *My Life :*

An Attempt at an Autobiography (Charles Scribner's Sons : New York, 1930).

35) G. Rosenthal, *Avocat de Trotsky*, p. 112.

36) *Ibid.*, p. 113.

37) *Ibid.*, p. 115.

38) 'Agenturnoe delo po nablyudeniyu trotskistskoi literatury za rubezhom', TsAFSB, f. 17548, d. 0292, t. 1, pp. 185-188.

39) Trotsky Collection (HIA), box 11, folder 49 : Trotsky's letter to Suzanne La Follette, 4 July 1937.

40) M. Eastman, *Love and Revolution : My Journey through an Epoch*, p. 554.

41) M. Eastman, *Great Companions : Critical Memoirs of Some Famous Friends*, p. 114.

42) 이 책의 588쪽을 보라.

43) M. Eastman, *Love and Revolution : My Journey through an Epoch*, p. 554.

44) M. Eastman, *Great Companions : Critical Memoirs of Some Famous Friends*, pp. 119-123.

45) *Vie de Lénine*, trans. M. Parijanine, revised and approved by the author (Rieder: Paris, 1936).

46) *The Young Lenin*, ed. and annotated by M. Friedberg, trans. M. Eastman (Doubleday : New York, 1972).

47) Trotsky to Joe Hansen, 8 March 1939 : Joseph Hansen Papers (HIA), box 34, folder 2.

43장 10월혁명의 '유다'

1) 1929년 1월 18일 오게페우 결정을 보라. L. Trotskii, *Dnevniki i pis'ma*, p. 43.

2) V. I. Lenin, *Polnoe sobranie sochinenii*, vol. 20, p. 96.

3) OGPU circular, 21 February 1929 : 'Chekisms', *A KGB Anthology*, pp. 107-109.

4) *Pravda*, 8 March 1929.

5) *Pravda*, 2 July 1931.

6) Trotsky's passport : Nicolaevsky Collection (HIA), box 303, folder 7; L. Trotskii, *Byulleten' oppozitsii*, no. 27 (March 1932), p. 1.

7) L. M. Kaganovich at Politburo, 4 November 1930 : *Stenogrammy zasedanii Politbyuro TsK RKP(b)-VKP(b), 1923~1938 gg.*, vol. 3, p. 152.

8) Trotsky to L. L. Sedov, 9 October 1932 : Nicolaevsky Collection (HIA), box 310, folder 40.

9) Trotsky to L. L. Sedov, 17 October 1932 : *ibid.*, folder 42.

10) Trotsky to L. L. Sedov, 30 October 1932 : *ibid.*, folder 48.

11) L. Trotskii, 'Deistvitel'noe raspolozhenie figure na politicheskoi doske. (K protsessu men'shevikov)', *Byulleten' oppozitsii*, no. 21/22 (May~June 1931), pp. 35-36.

12) 'Ot redaktsii', *Byulletein' opposzitsii*, no. 51 (July~August 1936), p. 15.

13) 'Tenzov' to L. L. Sedov, February 1933 : Nicolaevsky Collection (HIA), box 375, folder 1.

14) Ya. Blyumkin to Trotsky, 2 April 1929 : Nicolaevsky Collection (HIA), box 374, folder

48.

15) Ya. Blyumkin, 'Avtobiografiya', pp. 1~4, signed 13 June 1928 : FSB central archives의 자료가 다음 자료에 복사되어 있다. Volkogonov Papers (HIA), box 3, reel 2; G. Rosenthal, *Avocat de Trotsky*, p. 103.

16) G. Rosenthal, *Avocat de Trotsky*, p. 103.

17) 이 서신의 요약문으로 보이는 것이 다음 자료에 있다. Nicolaevsky Collection (HIA), box 307, folder 10, pp. 1~2.

18) *Ibid*.

19) Agenturnoe donesenie, 16 September 1929 : FSB central archives의 자료가 다음 자료에 복사되어 있다. Volkogonov Papers (HIA), box 3, reel 2.

20) V. M. Yeltsin to Trotsky, April 1929 : Nicolaevsky Collection (HIA), box 374, folder 47.

21) M. Eastman, *Love and Revolution : My Journey through an Epoch*, pp. 510~512.

22) P. Avrich, 'Bolshevik Opposition to Lenin : G. T. Myasnikov and the Workders' Group', *Russian Review*, vol. 43 (1984), pp. 1~29.

23) 1937년 7월 29일에서 31일까지 열린, 제4인터내셔널을 위한 지부 회의에 관한 보고서 p. 1를 보라. Charles Wesley Ervin Papers (HIA).

24) S. Kharin to Trotsky, 31 March 1929 : Nicolaevsky Collection (HIA), box 305, folder 54.

25) *Ibid*., folders 55~57.

26) Trotsky to S. Kharin, Nicolaevsky Collection (HIA), box 307, folder 50.

27) Blyumkin에게 맡겨진 서신. : 위의 주석 17번을 보라.

28) Unnamed correspondent to Trotsky, 21 January 1930 : Nicolaevsky Collection (HIA), box 567, folder 62.

29) 'Svoi' to Trotsky, 25 March 1932 : Nicolaevsky Collection (HIA), box 306, folder 84.

30) 'Gromovoi' to Trotsky, 15 September 1932 : Nicolaevsky Collection (HIA), box 305, folder 42.

31) *Ibid*.

32) 'Tenzov' to L. L. Sedov, February 1933 : Nicolaevsky Collection (HIA), box 375, folder 1.

33) J. van Heijenoort, *With Trotsky in Exile : From Prinkipo to Coyoacán*, p. 101; A. Glotzer, *Trotsky : Memoir and Critique*, p. 78.

34) 이 책의 760~761쪽을 보라.

35) A. Glotzer, *Trotsky : Memoir and Critique*, p. 78.

36) 이런 인물들이 과연 처음 트로츠키에게 접근할 때부터 비밀요원이었는지 아니면 트로츠키를 만난 이후에 '변절'했는지는 약간의 논란이 있다. 아이작 도이처와 트로츠키는 특별히 신빙성 있는 증거도 없는 상태에서 후자라고 생각했다. 그러나 글로처(Glotzer)와 에이에노르트(Heijenoort)가 주장했던 것처럼 이 인물들은 트로츠키와 접촉했을 때부터 이미 비밀요원이었을 것이라는 주장이 더 개연성이 크다.

37) L. Yakovlev [L. Estrin], 'Leon Sedov', pp. 1~2.

38) TsAFSB, f. 17548, d. 0292, t. 2, pp. 159~165.

39) L. Yakovlev [L. Estrin], 'Leon Sedov', p. 6.

40) J. van Heijenoort, *With Trotsky in Exile : From Prinkipo to Coyoacán*, pp. 101-102.

41) Nicolaevsky Collection (HIA), box 306, folder 84.

42) 그는 〈사회주의 소식(*Sotsialisticheski vestnik*)〉을 언급하는 일이 거의 없었다. 그러나 공개적인 성격의 서신이 아닌 경우에는 언급하였다. 특히 다음 자료를 보라. Trotsky to L. L. Sedov, c. 1932 : Harvard File (Nicolaevsky Collection), no. 10107.

43) *Ibid.*

44) Unnamed correspondent to L. L. Sedov, May 1933, p. 1 : Nicolaevsky Collection (HIA), box 375, folder 3. 무슨 이유에서인지는 알 수 없으나 이 편지는 영어로 작성되어 있다.

45) L. L. Sedov's notes on his conversation with 'X', 1934 : Nicolaevsky Collection (HIA), box 375, folder 6, p. 1.

46) Trotsky's 1935 diary in L. Trotskii, *Dnevniki i pis'ma*, p. 94.

44장 스탈린의 '사형 선고'

1) Trotsky's 1935 diary in L. Trotskii, *Dnevniki i pis'ma*, p. 124.

2) *Ibid.*, p. 119.

3) *Time*, 5 December 1932.

4) Y. Craipeau, *Mémoires d'un dinosaure trotskyste : secrétaire de Trotsky en 1933*, p. 108.

5) *Ibid.*

6) *Ibid.*, p. 109.

7) L. Trotsky, *In Defence of the October Revolution*, pp. 1-4.

8) *Ibid.*, pp. 16-17.

9) *Ibid.*, p. 33.

10) *Ibid.*

11) Trotsky to Lev Sedov, 26 December 1932 : Nicolaevsky Collection (HIA), box 43, folder 36.

12) Y. Craipeau, *Mémoires d'un dinosaure trotskyste : secrétaire de Trotsky en 1933*, p. 109.

13) A. Glotzer, *Trotsky : Memoir and Critique*, p. 180.

14) G. Rosenthal, *Avocat de Trotsky*, p. 149.

15) 레프 리보비치 세도프(료바 세도프)가 알마아타로 가는 여정에 대해 기록한 일기(타자 원고). Nicolaevsky Collection (HIA), box 303, folder 3, pp. 1-7.

16) Trotsky's 1935 diary in L. Trotskii, *Dnevniki i pis'ma*, pp. 60 ff.

17) *Ibid.*, pp. 90-91.

18) *Ibid.*, p. 136.

19) *Ibid.*, p. 84.

20) P. Naville, *Trotsky vivant*, p. 83.

21) Trotsky to the Central Committee of the Part Ouvrier Internationaliste, 21 June 1936, p. 1 : Trotsky Collection (HIA), box 12, folder 1.

22) *Ibid*.

23) G. Rosenthal, *Avocat de Trotsky*, p. 117.

24) A. Glotzer, *Trotsky : Memoir and Critique*, p. 183.

25) Trotsky to the Central Committee of the Parti Ouvrier Internationaliste, 21 June 1936, p. 1 : Trotsky Collection (HIA), box 12, folder 1.

26) *Ibid*.

27) L. Trotskii, *Dnevniki i pis'ma*, pp. 130 and 141.

28) *Ibid*., pp. 141–142.

29) *Ibid*., p. 143; J. van Heijenoort, *With Trotsky in Exile : From Prinkipo to Coyoacán*, p. 77.

30) N. I. Sedova to L. L. Sedov, 17 September 1936, pp. 1–2 and 4 : Nicolaevsky Collection (HIA), box 362.

31) N. I. Sedova to L. L. Sedov, 30 October 1936, pp. 1–2 and 4 : *ibid*.

32) N. I. Sedova to L. L. Sedov, 8 and 24 November 1936 : *ibid*.

33) N. I. Sedova to L. L. Sedov, 24 November 1936 : *ibid*.

34) N. I. Sedova to L. L. Sedov, 30 October and 8 November 1936 : *ibid*.

35) Trotsky's 1935 diary in L. Trotskii, *Dnevniki i pis'ma*, p. 133.

36) *Ibid*., p. 134.

37) 이 설명은 1938년 3월 31일 트로츠키가 사법국(Juridical Section)에 보낸 서신에 기록되어 있는 설명이다. Trotsky Collection (HIA), box 11, folder 53, p. 1.

38) G. Rosenthal, *Avocat de Trotsky*, p. 178.

39) *Ibid*., pp. 178–179.

40) M. Shachtman to L. L. Sedov, 23 November 1936 : Nicolaevsky Collection (HIA), box 362, folder 121.

45장 마지막 망명지 멕시코

1) Trotsky's 1937 diary in L. Trotskii, *Dnevniki i pis'ma*, p. 137.

2) Trotsky to L. L. Sedov, 16 January 1937 : Trotsky Papers (HL), T10195.

3) Trotsky's 1937 diary in L. Trotskii, *Dnevniki i pis'ma*, p. 146.

4) L. Trotskii, 'V Meksike' : Nicolaevsky Collection (HIA), box 354, folder 37, p. 124.

5) *Ibid*., pp. 124–125.

6) Wilbur Burton (journalist) to the *Baltimore Sun*, 5 November 1937: Aleksander Buchman Papers (HIA), box 1.

7) Trotsky to J. Hansen, 11 November 1938: Joseph Hansen Papers (HIA), box 34, folder 2.

8) Trotsky to J. Frankel, 21 December 1937 : Trotsky Collection (HIA), box 10, folder 23.

9) US Government Surveillance file : Joseph Hansen Papers (HIA), box 70, folder 8, pp. 1–15.

10) Interview of Vsevolod Volkov by Norman Melnick, *San Francisco Examiner*, 8 August 1988, p. 2.

11) H. Robins, untitled recollections : Trotsky Collection (HIA), box 31, folder 4, pp. 8-10 and 15; interview of Vsevolod Volkov by Norman Melnick, *San Francisco Examiner*, 8 August 1988, p. 2.

12) S. L. Sedov to G. M. Rubinshtein : Sergei Sedov Papers (HIA), folders 1 (4 August 1935), 2 (12 August 1935) and 21 (23 September 1935); Yulia Akselod, untitled memoir (n.d.), no. 3, pp. 21-22 and her extracts and comments from S. L. Sedov's diary, p. 44 : Yulia Akselrod Papers (HIA).

13) Yulia Axelrod, untitled memoir (n.d.), no. 1, p. 4 : Yulia Akselrod Papers (HIA).

14) Trotsky's 1935 diary in L. Trotskii, *Dnevniki i pis'ma*, p. 102.

15) *Ibid.*, p. 114.

16) G. Rosenthal, *Avocat de Trotsky*, p. 207.

17) *Ibid.*, pp. 263-264.

18) P. Broué, *Léon Sedov, fils de Trotsky, victime de Staline*, pp. 116-117.

19) Trotsky to L. L. Sedov, 14 January 1936 : Trotsky Papers (HL), T10140.

20) L. L. Sedov to N. I. Sedova, 16 April 1936 : Nicolaevsky Collection (HIA), box 367.

21) *Ibid*.

22) *Ibid*.

23) L. L. Sedov to N. I. Sedova, 12 May 1937 : Nicolaevsky Collection (HIA), box 567, folder 78.

24) L. Yakovlev [L. Estrina], 'Leon Sedov', 1975년 5월 4일 이전에 작성된 것으로 추정되는 타자 원고 : Trotsky Collection (HIA), box 29, folder 5, p. 6.

25) 'Agenturnye doneseniya Zborovskogo M. G.', TsAFSB, f. 31660, d. 9067, pp. 122-123 - reproduced in the Volkogonov Papers (HIA), box 3, reel 2.

26) *Ibid.*, p. 98.

27) *Ibid.*, p. 72.

28) 'Affaire Sedov, Cabriolage des Archives Trotsky', Préfecture de Police, Seine (Dept) (HIA) : police reports of 8, 9 and 17 November 1936.

29) Trotsky Collection (HIA), box 28, folder 8.

30) G. Rosenthal, *Avocat de Trotsky*, pp. 230-233.

31) *Ibid.*, pp. 233-234.

32) *Ibid.*, pp. 254-260.

33) *Ibid.*, p. 262; L. Yakovlev [L. Estrina], 'Leon Sedov', 1975년 5월 4일 이전에 작성된 것으로 추정되는 타자 원고 : Trotsky Collection (HIA), box 29, folder 5, p. 2.

34) P. Sudoplatov, *Special Tasks : The Memoirs of an Unwanted Witness - A Soviet Spymaster*, pp. 82-83.

35) L. Estrina to Trotsky, 21 February 1938 : Nicolaevsky Collection (HIA), box 92, folder 3.

36) 'Rappel des faits des J. M. [Jeanne Martin de Palliéres], 18 February 1938, pp. 1-4 : Nicolaevsky Collection (HIA), box 92, folder 4.

37) See P. Broue's summary in *Leon Sedov, fils de Trotsky, victime de Staline*, pp. 254-

259. 브루에는 1980년대에 의학 전문가와 독물학 전문가들에게 증거를 검토하게 하였으며
료바 세도프가 실제로 살해당한 것이라고 확신하였다.

38) S. Weber to L. Estrina, 9 August 1938 : Nicolaevsky Collection (HIA), box 92, folder 3.

39) Trotsky to Étienne and L. Estrina, 17 February 1939 : ibid.

40) G. Rosenthal, *Avocat de Trotsky*, pp. 298–303.

46장 제4인터내셔널 결성

1) Trotsky to Étienne and L. Estrina, 23 February 1938 : Nicolaevsky Collection (HIA), box 92, folder 3.

2) 'Orlov' to Trotsky, 27 December 1938 : Trotsky Collection (HIA), box 13, folder 63.

3) Sara [Weber] to Lola Estrina, 13 August 1938, p. 1 : Nicolaevsky Collection (HIA), box 92, folder 3.

4) *Ibid.*

5) Trotsky to J. Frankel, 12 April 1936 : Trotsky Collection (HIA), box 10, folder 22.

6) Trotsky to L. L. Sedov, 12 November 1936 : Trotsky Papers (HL), T10181.

7) *Ibid.*

8) G. Rosenthal, *Avocat de Trotsky*, pp. 221–223.

9) Trotsky to Mill [*sic*], 2 June 1937 : Nicolaevsky Collection (HIA), box 308, folder 17, pp. 1–2.

10) I. Deutscher, *Trotsky : The Prophet Outcast*, pp. 271–272.

11) P. Broué, *Léon Sedov, fils de Trotsky, victime de Staline*, p. 192.

12) A. Glotzer, *Trotsky : Memoir and Critique*, p. 188 : Trotsky to Shachtman, 20 January 1934.

13) *Ibid.*, p. 190.

14) *Ibid.*, pp. 195–198.

15) *Trotsky's Writings : Supplement II, 1934~1940*, pp. 448–454.

16) Y. Craipeau, *Mémoires d'un dinosaure trotskyste : secrétaire de Trotsky en 1933*, p. 90.

17) Trotsky to L. L. Sedov, 14 January 1936 : Trotsky Papers (HL), T10140.

18) See G. Rosenthal, *Avocat de Trotsky*, pp. 223–225.

19) *Ibid.*

20) *Ibid.*, p. 226.

21) P. Naville, *Trotsky vivant*, pp. 136–137.

22) G. Rosenthal, *Avocat de Trotsky*, p. 73.

23) 'Declaration Regarding the Case of Senin and Weil', 27 February 1937 : Joseph Hansen Papers (HIA), box 69, folder 34, pp. 1–2.

24) L. L. Sedov to 'Braun'(Wolfe), 16 April 1937: Joseph Hansen Papers (HIA), box 28, folder 3, p. 2.

25) M. Eastman, *Love and Revolution : My Journey through an Epoch*, pp. 625-626.

26) *Ibid.*, p. 626.

27) D. Cotterill, 'Serge, Trotsky and the Spanish Revolution', in *The Serge-Trotsky Papers*, pp. 116-119.

28) Trotsky to V. Serge, 5 June 1936 : *ibid.*, p. 67.

29) L. Trotsky, 'A Strategy for Victory', in *The Spanish Revolution*, p. 245.

30) Trotsky to James Cannon, 10 October 1937 : Joseph Hansen Papers (HIA), box 69, folder. 1, p. 1.

31) *Ibid.*, p. 2.

32) *Ibid.*, p. 3.

33) 이 책의 224~225쪽을 보라.

34) Report on the Conference of Sections for the Fourth International, 29~31 July 1937, pp. 1-4 and 6-8 : Charles Wesley Ervin Papers (HIA).

35) P. Broué, *Léon Sedov, fils de Trotsky, victime de Staline*, p. 245.

36) 이 책의 843쪽을 보라.

37) I. Deutscher, *Trotsky : The Prophet Outcast*, pp. 419-422.

38) 크론시타트와 관련하여 트로츠키와 세르주의 논쟁이 시작된 것은 세르주가 제4인터내셔널과 결별하겠다고 선언한 이후의 일이다. D. Cotterill in *The Serge-Trotsky Papers*, p. 22.

39) Viktor Serge to Trotsky, 18 March 1939 : Nicolaevsky Collection (HIA), box 306, folder 76.

47장 프리다 칼로와 디에고 리베라

1) N. I. Sedova to S. Weber, 4 November 1942 : Trotsky Collection (HIA), box 26, folder 32.

2) M. Eastman, *Great Companions : Critical Memoirs of Some Famous Friends*, p. 123.

3) 5 April 1935 : L. Trotskii, Dnevniki i pis'ma, pp. 115-116.

4) 이 책의 553쪽을 보라.

5) 이 책의 463~465쪽과 592~593쪽을 보라.

6) J. van Heijenoort, *With Trotsky in Exile: From Prinkipo to Coyoacán*, p. 110.

7) *Ibid.*, p. 112.

8) *Ibid.*, p. 111.

9) A. Burdman Feferman, *Politics, Logic, and Love : The Life of Jean van Heijenoort*, p. 145.

10) J. van Heijenoort, *With Trotsky in Exile : From Prinkipo to Coyoacán*, p. 112.

11) 나는 Hoover Institution Archives 내의 (엄청난 규모의) Wolfe Collection에서 엘라 울프(Ella Wolfe)의 문건을 조사했으나 이 편지의 흔적은 찾아내지 못했다.

12) Trotsky to N. I. Sedova, 19 July 1937 : Trotsky Papers (HLA), bMS Russ 13.1 (10622), p. 1.

13) *Ibid.*, pp. 1-2.

14) *Ibid.*, p. 3.

15) *Ibid.*, p. 4.

16) J. van Heijenoort, *With Trotsky in Exile : From Prinkipo to Coyoacán*, p. 118.

17) A. Burdman Feferman, *Politics, Logic, and Love : The Life of Jean van Heijenoort*, pp. 175-176.

18) *Ibid.*, p. 170.

19) *Ibid.*, pp. 170-171.

20) F. Kahlo ('Friduchin') to E. Wolfe, 13 [no month given] 1938, p. 2 : Betram D. Wolfe Collection (HIA), box 158.

21) Trotsky to F. Kahlo, 12 January 1939 : Trotsky Collection (HIA), box 11, folder 31, pp. 1-4.

22) 예를 들어, 장 반 에이에노르트가 앙드레 브르통에게 보낸 편지를 참고하라. 11 January 1939 : Charles Curtiss Papers (HIA).

23) Trotsky to Pan-American [*sic*] Committee of the Fourth International, 22 March 1939 : ibid.

24) Carles Churtiss, memorandum of conversation with Diego Rivera, 20 January 1939 : *ibid*.

25) J. van Heijenoort, *With Trotsky in Exile: From Prinkipo to Coyoacán*, pp. 121-122.

26) www.marxists.org/subject/art/lit_crit/works/rivera/manifesto.htm.

27) Trotsky to J. Cannon, 27 March 1939 : Trotsky Collection (HIA), box 9, folder 56, pp. 1-5.

28) 이 그림은 현재 코요아칸의 '푸른 집'에 전시되어 있다.

29) Trotsky to Pan-American Committee of the Fourth International, 22 March 1933, Charles Curtiss Papers (HIA), folder 1, p. 2.

30) Trotsky to C. Curtiss, 14 February 1939 : Charles Curtiss Papers (HIA), folder 1.

48장 러시아 혁명의 해석

1) L. Trotsky, *The Revolution Betrayed*, p. 216.

2) A. Burdman Feferman, *Politics, Logic, and Love : The Life of Jean van Heijenoort*, pp. 140 and 142. See also above, p. 433.

3) L. Trotsky, *The Revolution Betrayed*, pp. 215 and 217.

4) *Ibid.*, pp. 63-65; draft article 'Stakhanovkoe dvizenie' : Trotsky Collection (HIA), box 28, folder 5, p. 1.

5) L. Trotsky, *The Revolution Betrayed*, p. 190.

6) *Ibid.*, pp. 170-176.

7) 그는 *Terrorism and Communism*의 1936년 프랑스어 판을 내면서 그 서문에 이 구절을 썼다.

8) L. Trotsky, *The Revolution Betrayed*, p. 217.

9) *Ibid.*, p. 218.

10) 'Ob ukrainskom voprose', *Byulleten' oppozitsii*, no. 77-78 (May~June~July 1939). p. 6.

11) *Ibid.*, p. 7.

12) S. and B. Webb, *Soviet Communism : A New Civilization?*; S. and B. Webb, Soviet Communism : A New Civilization.

13) 이 책의 687쪽을 보라.

14) I. Getzler, *Kronstadt*, p. 257.

15) Trotsky to Comrade Wasserman, 14 November 1937 : Trotsky Collection (HIA), box 12, fodler 62.

16) Lev Sedov to Simone Weil, 1 November 1937 : Nicolaevsky Collection (HIA), box 368, folder 48.

17) 이 책의 674~675쪽을 보라.

18) L. Trotsky, *The Revolution Betrayed*, p. 210.

49장 모의 재판

1) N. I. Yezhov to K. Ye. Voroshilov, 28 October 1938 : RVGA, f. 33987, op. 3, d. 1103s, pp. 146-147. 예조프(Yezhov)는 바로 며칠 뒤 권력의 자리에서 쫓겨났다. 아마도 이 편지는 당시 그가 얼마나 절박한 심정이었는지를 보여주는 징후였을 것이다.

2) Maiski's diary, 23 March 1938. 내가 이 참고문헌을 접한 것은 가브리엘 고로데츠키(Gabriel Gorodetsky)가 원래 문건을 초안 번역한 것을 볼 수 있었던 덕분이다.

3) A. Glotzer, *Trotsky : Memoir and Critique*, pp. 40-41.

4) Trotsky's 1935 diary in L. Trotskii, *Dnevniki i pis'ma*, p. 123.

5) A. Glotzer, *Trotsky : Memoir and Critique*, pp. 42-43.

6) Joseph Hansen Papers (HIA), box 69, folder 64.

7) M. Eastman, *Love and Revolution : My Journey through an Epoch*, p. 499.

8) Trotsky to Suzanne La Follette, James Cannon and Max Shachtman, 15 March 1937 : Trotsky Collection (HIA), box 11, folder 48.

9) F. Lundberg to S. La Follette, 4 March 1938 : Nicolaevsky Collection (HIA), box 134, folder 18.

10) M. Eastman, *Great Companions : Critical Memoirs of Some Famous Friends*, p. 114.

11) *Ibid.*, pp. 114-115.

12) Trotsky's 1935 diary in L. Trotskii, *Dnevniki i pis'ma*, p. 119.

13) 당시 상황에 대하여 시드니 훅이 회고한 구절을 참고하라. 나중에 반 에이에노르트가 그에게 공개한 내용도 이 회고에 포함되어 있다. *Out of Step: An Unquiet Life in the Twentieth Century*, pp. 242-243.

14) Hansen to Trotsky, 23 June 1939 : Joseph Hansen Papers (HIA), box 34, folder 2, p. 2.

15) S. Hook, *Out of Step: An Unquiet Life in the Twentieth Century*, p. 242.

16) *Ibid.*, pp. 242-243.

17) J. van Heijenoort, *With Trotsky in Exile : From Prinkipo to Coyoacán*, p. 145.

18) J. van Heijenoort to Joe Hansen, 24 July 1939 : Joseph Hansen Papers (HIA), box 34, folder 7.

19) Notes on dialectics, 1939~1940 : Trotsky Collection (HIA), box 21, folder 6, p. 2.

20) *Ibid.*, p. 6.

21) *Ibid.*, p. 8.

22) 트로츠키가 소지했던 책은 1939년 에이에노르트에 의해 뉴욕으로 옮겨졌으며 다시 몇 년 뒤 에이에노르트는 이 책을 Hoover Institution Archives에 맡겼다. S. Hook, *Towards the Understanding of Karl Marx : A Revolutionary Interpretation* (HIA safe), p. 34.

23) L. Trotsky, *Their Morals and Ours : The Moralists and Sycophants against Marxism*, p. 10.

24) *Ibid.*

25) *Ibid.*, pp. 40–51.

26) Appendix in L. Trotsky, *In Defense of Marxism*, p. 233.

27) *Ibid.*, p. 239.

28) *Ibid.*, p. 246.

29) Trotsky to Albert Goldman, 9 August 1940 : Trotsky Collection (HIA), box 9, folder 78, p. 2.

30) Ella Wolfe, Oral History, tape viii, pp. 12–13 : Bertram D. Wolfe Collection, box 185.

50장 제2차 세계대전

1) 'Stalin–intendant Gitlera', *Byulleten' oppozitsii*, no. 79–80 (August~September~October 1939), p. 14.

2) 이 책의 14장을 보라.

3) L. Trotskii, 'SSSR v voine', *Byulleten' oppozitsiya*, no. 79–80 (August~September~October 1939), p. 2.

4) 'The USSR in War' (typescript) : Nicolaevsky Collection (HIA), box 355, folder 16, pp. 1–3.

5) L. Trotskii, 'SSSR v voine, *Byulleten' oppozitsiya*, no. 79–80 (August~September~October 1939), p. 9.

6) 'The USSR in War' (typescript) : Nicolaevsky Collection (HIA), box 355, folder 16, p. 13.

7) *Ibid.*, p. 6.

8) *Ibid.*, p. 9.

9) L. Trotskii, 'SSSR v voine, *Byulleten' oppozitsiya*, no. 79–80 (August~September~October 1939), p. 8.

10) *Ibid.*, p. 9.

11) H. P. von Strandmann, 'Obostryayushchiesya paradoksy : Gitler, Stalin i germano-sovetskie ekonomicheskie svyazi. 1939~1941', in A. O. Chubaryan and G. Gorodetsky (eds), *Voina i politika, 1939~1941*, p. 376.

12) Joseph Hansen to Trotsky, April 1940, p. 1b : Joseph Hansen Papers (HIA), box 34, folder 3.

13) Joseph Hansen to Trotsky, 1 January 1940 : *ibid.*

14) Trotsky to J. Hansen, 5 January 1940 (mistyped as 1939) : Trotsky Collection (HIA),

box 10, folder 88.

15) 이 책의 376쪽을 보라.

16) Trotsky to M. Shachtman, 6 November 1939 : Trotsky Collection (HIA), box 12, folder 13, p. 3.

17) Trotsky to M. Shachtman, 6 November 1939 : ibid., p. 4.

18) Trotsky to J. Hansen, 18 January 1940 : Albert Glotzer papers (HIA), box 13.

19) Trotsky to M. Shachtman, 6 November 1939, p. 1, and 20 December 1939 : Trotsky Collection (HIA), box 12, folder 13 and 14.

20) Trotsky to J. Hansen, 18 January 1940 : Albert Glotzer papers (HIA), box 13.

21) Ibid. 트로츠키의 편지 내용을 이렇게 괴상한 영어로 번역해놓은 사람이 누구인지는 알 수 없다.

22) 'Declaraciön a la Prensa: El Papel del Kremlin en la Catastrofa Europa', 17 July 1940: Joseph Hansen Papers (HIA), box 69, folder 53, pp. 1-2.

23) Trotsky to A. Glotzer, 14 February 1939 : Trotsky Collection (HIA), box 9, folder 59.

24) SWP discussions with 'Lund'(Trotsky) : 15 June 1940 : Trotsky Collection (HIA), box 22, folder 13, p. 22.

25) Trotsky to J. B. Matthews, 12 October 1939 : Trotsky Collection (HIA), box 12, folder 53.

26) SWP discussions with 'Lund'(Trotsky) : 15 June 1940 : Trotsky Collection (HIA), box 22, folder 13, p. 22.

27) SWP discussions with 'Lund'(Trotsky) : 12 June 1940 : ibid., p. 5.

28) 'Lund'(Trotsky) to Albert Goldman, 9 July 1940 : Albert Glotzer papers (HIA), box 13.

29) SWP discussions with 'Lund'(Trotsky) : 12 June 1940 : Trotsky Collection (HIA), box 22, folder 13, p. 5.

30) 'Vas obmanyvayut! Pis'mo v SSSR', 1940년 4월 23일로 추정됨 : Joseph Hansen Papers (HIA), box 69, folder 45.

51장 유언과 암살

1) H. Robins, untitled memoirs, p. 2 : Trotsky Collection (HIA), box 31, folder 4.

2) E. Sedov, 'Mi Abuelo, Mexico y Yo', Contenido, November 1970, p. 64. 트로츠키는 "그런 사람은 많지 않아."라고 말했다. (No abundan esos individuos).

3) Joseph Hansen Papers (HIA), box 69, folder 63 : 1970년에 작성된, 저택의 스케치와 건설 작업에 대한 설명.

4) Trotsky to James Cannon, 15 February 1938 : Trotsky Collection (HIA), box 9, folder 54. 이때 실제로 암살 기도가 존재했다는 것을 보여주는 증거가 소련의 기록보관소에서 나온 적은 없다.

5) 예를 들어, 트로츠키의 다음 편지를 보라. Frank and R. Molinier, 1 July 1940 : ibid., box 10, folder 15.

6) Trotsky's 1935 diary in L. Trotskii, Dnevniki i pis'ma, p. 72.

7) J. Hansen to Usick [*sic*], 21 September 1940 : Trotsky Collection (HIA), box 22, folder 4.

8) 'My Testament', 27 February to March 3 1940: Joseph Hansen Papers (HIA), box 69, folder 44.

9) N. I. Sedova to Sara Weber, 14 April 1940 : Trotsky Collection (HIA), box 26, folder 32.

10) Suzi Weissman, 'A Remembrance' (of her friend Aleksander Buchman) : typescript, 2003 : Aleksander Buchman Papers (HIA), pp. 1-2.

11) 트로츠키의 경호원 현황에 대한 다양한 평가를 보려면 다음 자료를 참고하라. Joe Hansen's memorandum, 30 June 1940 : Joseph Hansen Papers (HIA), box 70, folder 3.

12) L. A. Sánchez Salazar (with Julián Gorkin), *Así asesinaron a Trotski*, pp. 24-25.

13) *Ibid.*, pp. 25-27.

14) Joseph Hansen, memorandum (30 June 1940) : Joseph Hansen Papers (HIA), box 70, folder 3.

15) N. Sedova, 'Otets i syn', Trotsky Collection (HIA), box 27, folder 11, p. 9.

16) Herbert Solow to 'Cornell' (Trotsky), 14 June 1940, pp. 1-2 : Albert Glotzer Papers (HIA), box 13.

17) J. Hansen to Albert Goldman, 30 June 1940 : *ibid*.

18) P. Stein, *Siqueiros : His Life and Works*, pp. 125, 129-130 and 131.

19) N. Sedova, 'Otets i syn' : Trotsky Collection (HIA), box 27, folder 11, p. 9.

20) Ferrell Dobs to 'Dear Comrade', 16 August 1940 : Trotsky Collection (HIA), box 24, folder 13.

21) Trotsky to Hank Schultz, 20 August 1940 : Trotsky Collection (HIA), box 12, folder 10.

22) J. Hansen to Usick, 21 September 1940 : Trotsky Collection (HIA), box 22, folder 24.

23) J. Hansen to Farrell Dobbs, probably July 1940; Trotsky Collection (HIA), box 24, folder 12, pp. 1-2: Joseph Hansen Papers (HIA), box 69, folder 63: 1970년도에 작성된, 저택의 스케치와 건설 작업에 대한 설명.

24) Trotsky to Hank Schultz, 20 August 1940 : Trotsky Collection (HIA), box 12, folder 10.

25) N. Sedova to C. James, 17 October 1940 : Joseph Hansen Papers (HIA), box 70, folder 20, p. 1.

26) *Ibid*.

27) V. Serge and N. Sedova Trotsky, *The Life and Death of Leon Trotsky*, p. 267.

28) 이 '얼음도끼'(ice-axe)라는 명칭이 '얼음 송곳'(ice-pick)이란 명칭보다 더 적절하다. 1930년대에 '얼음 송곳'이라 하면 술집의 종업원이 손님의 잔에 얼음 조각을 넣기 위해 얼음덩어리를 쪼개어 잘게 부술 때 사용하는 작은 도구를 칭했다.

29) J. R. Garmabella, *Operación Trotsky*. 이 책의 p. 84 뒤에 있는 사진들을 참고하라.

30) L. Mercader, 'Mi hermano Ramón no era un vulgar asesino', *El Mundo*, July 1990, p. 17.

31) L. A. Sánchez Salazar with Julián Gorkin, *Así Asesinaron a Trotski*, pp. 149-150.

32) *Ibid.*, p. 119.

33) *Ibid*.

52장 트로츠키가 남긴 것

1) J. van Heijenoort, *With Trotsky in Exile : From Prinkipo to Coyoacán*, p. 192.

2) 'Trotsky', *The Times*, 23 August 1940.

3) L. A. Sanchez Salazar with Julian Gorkin, *As Asesinaron a Trotski*, p. 5. 이 실수는 암살 사건에 소련이 개입되었음을 보여주는 증거다.

4) *Lubyanka : Stalin i NKVD-NKGB-GUKR 'Smersh', 1939~mart 1946*, pp. 182-184. 이 글에는 1940년 8월 16일이라는 날짜가 적혀 있다. 이것은 기술적인 실수로 보인다. 하지만 혹시라도 - 만에 하나 혹시라도 - 이 날짜 지정이 이렇게 되었다는 것은 크렘린이 이미 암살 의 성공을 예견하고 있었다는 것을 의미할 수도 있다.

5) US State Department records : Joseph Hansen Papers (HIA), box 70, folder 8.

6) Trotsky Collection (HIA), box 24, folder 5, pp. 1-4.

7) Albert Goldman to Felix Morrow, 31 August 1940 : Trotsky Collection (HIA), box 24, folder 14, pp. 1-4.

8) 'Recontres avec Trotsky et son Meutrier' (typescript : Paris, n.d.), p. 4 : Augustin Souchy Papers (HIA).

9) N. I. Sedova to S. Weber, 12 November 1959 : Trotsky Collection (HIA), box 27, folder 5.

10) J. Hansen to N. I. Sedova, 24 October 1941 : Joseph Hansen Papers (HIA), box 33, folder 14.

11) *Byulleten' oppozitsii*, no. 87 (August 1941).

12) Decree of 7th Department, NKGB, 1 July 1941 : TsAFSB, f. 17548, op. 0292, t. 2, p. 368 in the Volkogonov Papers.

13) N. I. Sedova to S. Weber, 4 November 1942 : Trotsky Collection (HIA), box 26, folder 32.

14) N. I. Sedova to the Executive Committee of the Fouth International, 9 May 1951 : *ibid.*, folder 13.

15) N. I. Sedova to Sara Weber, October 1955 : Trotsky Papers (HIA), box 27, folder 4.

16) Interview with N. Melnick, *San Francisco Examiner*, 8 August 1988, p. 2.

17) A. Glotzer to N. I. Sedova, 25 May 1954 : Albert Glotzer Papers (HIA), box 26.

18) Yulia Akselrod, untitled memoir (n.d. but after 2000), no. 1, p. 1 : Yulia Akselrod Papers (HIA).

19) *Ibid.*, no. 3, pp. 2-3, 4-5, 7 and 9.

20) *Ibid.*, no. 1, pp 2 and 6; Yu. Aksel' [Aksel'rod], 'Istoriya moego odinochestva', *Iskusstvo kino*, no. 4 (1990), p. 103.

21) Yulia Akselrod, untitled memoir (n.d.), no. 1, p. 6 and no. 2, pp. 6, 9 and 18 : Yulia Akselrod Papers (HIA).

22) L. Trotskii, *Na bor'be s golodom*, p. 55 : speech in Sokolniki, 6 June 1918.

트로츠키의 일생에 관한 문건은 전 세계 수십 군데 문서 보관소에 있는 방들을 가득 채우고 있다. 트로츠키 자신이 작성한 문건은 수천 건에 달하며 다음의 책에 정리되어 있다. L. Sinclair, *Trotsky: A Bibliography* (Scolar: Aldershot, 1989). 트로츠키에 관한 문건은 수만 권에 이른다. 다음 목록에는 이 전기를 쓰는 데 활용된 문서 보관소, 책, 짧은 글만 수록되었다.

문서 보관소

Gosudarstvennyi Arkhiv Rossiiskoi Federatsii (Moscow) [GARF]

Hoover Institution Archives, Stanford University, Stanford [HIA]

      Yulia Akselrod Papers

      Arkhiv Parizhskoi Okhrany [APO]

      Herman Axelbank Film Collection

      Aleksander Buchman Papers

      Charles Curtiss Papers

      Dnevnik Al. Bloka (with Trotsky's coded message)

      Charles Wesley Ervin Papers

      Albert Glotzer Papers

      Joseph Hansen Papers

      George A. Hill Papers

      N. A. Ioffe Papers

      Nestor Lakoba Papers

      Boris Nicolaevsky Collection

      Préfecture de Police, Seine (Dept)

      Russia: Posol'stvo

      Sergei Sedov Papers

      Augustin Souchy Papers

      Arne Swabeck Papers

      Trotsky Collection

      Volkogonov Papers

      Bertram D. Wolfe Collection

Houghton Library (Harvard University, Cambridge, MA) [HL]

트로츠키 관련 문헌

National Archives (London) [NA]

Partininyi arkhiv Turkmenskogo filiala Instituta Marksizma-Leninizma (Ashgabat) [PA TurFIL]

Rossiiskii arkhiv sotsial'no-politicheskoi istorill (Moscow) [RGASPI]

Espencially:

fond 17 (Central Committee and Politburo)

fond 46 (Tenth Party Conference)

fond 52 (Thirteenth Party Congress)

fond 325 (L. D. Trotsky)

Rossiiskii Gosudarstvennyi Voennyi Arkhiv (Moscow) [RGVA]

Examined in the Volkogonov Papers

Tsentral'nyi Arkhiv Federal'noi Sluzhby Bezopansnosti Rossii (Moscow) [TsAFSB]

Examined in the Volkogonov Papers

트로츠키가 작성한 인쇄된 문헌

1905 God, 4th edn (Gosizdat: Moscow, 1922)

'Avtobiograficheskaya zametka', *Proletarskaya revolyutsiya*, no. 3 (1921)

Chapters from My Diary (The Revolutionary Age: Boston, MA, 1918?)

Chto i kak proizoshlo? Shest' statei dlya mirovoi burzhuaznoi pechati (H. Vilain: Paris, 1929)

Delo bylo v Ispanii (po zapisnoi knizhke), with illustrations by K. Rotov (Krug: Moscow, 1926)

Desyatyi s"ezd RKP(b). Mart 1921 g. Stenograficheskii otchët (Gosizdat: Moscow, 1963)

Dnevniki i pis'ma, ed. Yu. Fel'shtinskii (Ermitazh: Tenafly, NJ, 1986)

From Octover to Brest-Litovsk (n.p.: Aegypan Press, n.d.)

History of the Russian Revolution, vols 1-3 (Sphere: London, 1967)

In Defence of Marxism, ed. M. Shachtman (New Park Publications: London, 1971)

In Defence of the October Revolution (Union Books: London, 2002)

In Defense of Marxism (Against the Petty-Bourgeois Opposition) (Pioneer Publishers: New York, 1942)

I Stake My Life! Trotsky's Address to the New York Hippodrome Meeting, introduced by M. Shachtman (Pioneer Publishers: New York, 1937)

Itogi suda nad Sovetom Rabochikh Deputatov (Tip. V. Ivanova: Kazan, 1907)

Iz istorii odnogo goda (Novyi mir: St Petersburg, 1905)

K istorii Oktyabr'skoi Revolyutsii (Izd. Russkoi Sotsialisticheskoi Federatsii: New York, 1918)

K sotsializmu ili kapitalizmu? (Moscow–Leningrad, 1925)

K sotsializmu ili kapitalizmu? (Moscow–Leningrad, 1926)

Lessons of October, trans. J. G. Wright (Pioneer: New York, 1937)

Lettres aux abonnés de la Vie Ouvrière, part 3: *L'expulsion de Léon Trotzky* (Quai de Jemappes 96: Paris, 1916)

Literatura i revolyutsiya (Kransnaya nov´: Moscow, 1923)

Moya zhizn´: opyt avtobiografii, vols 1–2 (Granit: Berlin, 1930)

My Life: An Attempt at an Autobiography (Charles Scribner's Sons: New York, 1930)

My Life: The Rise and Fall of a Dictator (Thornton Butterworth: London, 1930)

Na bor´bu s golodom. Rech´, proiznesënnaya 9 iyunya 1918 g. na narodnom sobranii v Sokolnikakh (Kommunist: Moscow–Petrograd, 1918)

Na putyakh k evropeiskoi revoyutsii. (Rech´ v Tiflise 11 aprelya 1924) (Krasnaya nov´: Moscow, 1924)

Nasha revolyutsiya (N. Glagolev: St Petersburg, 1907)

Nasha revolyutsiya (N. Glagolev: St Petersburg, 1909)

Nasha politicheskie zadachi. (Takticheske i organzatsionnye voprosy) (Partiya: Geneva, 1904)

Nemetskaya revolyutsiya i stalinskaya byurokratiya. (Zhizhennye voprosy nemetskogo proletrariata) (A. Grylewicz: Berlin, 1932)

Novyi Kurs (Kransnaya nov´: Moscow, 1924)

Ocherki gruzinskoi zhirondy (Gosizdat: Moscow, 1925)

Oktyabr´skaya Revolyutsiya (Kommunist: Moscow–Petrograd, 1918)

O Lenine: materialy dlya biografa (Gosizdat: Moscow, 1924)

Permanentnaya revolyutsiya (Granit: Berlin, 1930)

Perspektivy russkoi revolyutsii, 2nd edn (I. P. Ladyzhnikov Co-operative: Berlin, 1917)

Petlya vmesto khleba (Penza Cubkbom of the RKP: Penza, 1921)

Politicheskie siluety, ed. V. I. Miller (Novosti: Moscow, 1990)

Portrety revolyutsionerov, ed. Yu. G. Fel´shtinskii (Moskovskii rabochii: Moscow, 1991)

Prestupleniya Stalina, ed. Yu. G. Fel´shtinskii (Izd. gumanitarnoi literatury: Moscow, 1994)

The Real Situation in Russia (Harcourt, Brace: Now York, 1928)

Rech´t. Trotskogo na massovom mitinge v gor. Gomele, 10 maya 1920 g. (Gomel, 1920)

The Revolution Betrayed: What Is the Soviet Union and Where Is It Going? (Doubleday, Doran: New York, 1937)

The Revolution Betrayed (Dover: New York, 2004)

Russland in der Revolution (Kaden: Dresden, 1910)

Sochineniya, vols 2–21 (Gosizdat: Moscow, 1924–7)

'Sovet i prokuratura. (Pyat´desyat´ dnei)´, in *Istoriya Soveta Rabochikh Deputatov g. S.- Petersburga* (N. Glagolev: St Petersburg, 1906?)

'Sovet i revolyutsiya. (Pyat´desyat´ dnei)´, in *Istoriya Soveta Rabochikh Deputatov g. S.-*

Petersburga (N. Glagolev: St Petersburg, 1906?)

The Spanish Revolution (1931-1939) (Pathfinder: New York, 1973)

Stalinskaya shkola fal'sifikatsii (Granit: Berlin, 1932)

Terrorizm i kommunizm (Gosizdat: Petersburg [sic], 1920)

Their Morals and Ours: The Moralists and Sycophants Against Marxism (New Park: London, 1968)

Towards Socialism or Capitalism? trans. R. S. Townsend and Z. Vengerova, with a preface specially written by the author for the English editon (Methuen: London, 1926)

The Trotsky Papers, 1917-1922, vols 1-2, ed. J. M. Meijer (Mouton: The Hague, 1964-71)

Trotsky's Diary in Exile: 1935, trans. Elena Zarudnaya (Harvard University Press: Cambridge, MA, 1969)

Trotsky's Notebooks, 1933-1935, Writings on Lenin, Dialectics, and Evolutionism, trans., annotated and introduced by P. Pomper, Russian text annotated by Yu. Felshtinsky (Columbia University Press: New York, 1986)

Trotsky's Writings: Supplement II, 1934-1940, ed. G. Breitman (Pathfinder Press: New York, 1979)

Tuda i obrantno (Shipovnik: St Petersburg, 1907)

Urotki Oktyabrya (Berlinskoye Knigoizdatelstvo: Leningrad, 1924)

V zashchitu partii (Glagolev: St Petersburg, 1907)

Vie de Lénine, trans. Maurice Parijanine, revised and approved by the author (Rieder: paris, 1936)

Vingt lettres de Léon Trotzky, introduced by A. Rosmer (La Vie Ouvrière: Paris, 1919)

Voina i revolyutsiya, vols 1-2 (Gosizdat: Moscow-Leningrad, 1924)

Voina s Pol'shei (Lteraturno-izdatel'skii otdel PU RVSR: Moscow, 1920)

Voprosy byta: epokha 'kul'turnichestva' i eë zadachi, 3rd den (Gosizdat: Moscow, 1923)

V zashchitu partii (Delo: St Petersbur, 1907)

V zashchitu partii (N. Glagolev: St Petersburg, 1907)

The Young Lenin, ed. and anootated by M. Friedberg, trans. M. Eastman (Doubleday: New York, 1972)

트로츠키가 다른 책을 위해 쓴 글, 공저한 책

L. Trotskii and G. Zinov'ev, *Boi za Peterburg. Dve rechi* (Gosizdat: Petersburg [sic], 1920)

Ya. Shafir, *Ocherki gruzinskoi zhirondy*, introduced by L. Trotskii (Gosizdat: Moscow, 1925)

L. Trotskii and Kh. Kabakchiev, *Ocherki politicheskoi Bolgarii* (Gosizdat: Moscow-Petrograd, 1923)

K. Marks, *Parizhskaya Kommuna* (Levenshtein: St Petersburg, 1906)

[with Domov] *Yubilei pozora nashego (1613-1913)* (Pravda: Vienna, 1912)

정기 간행물

Bor'ba (Vienna)

Byulleten' oppozitsii (Berlin, then Paris)

Iskra (Munich and elsewhere)

Izvestiya (Petrograd, then Moscow)

El Mundo (Madrid)

Novyi mir (New York)

Pravda (Petrograd, then Moscow)

Pravda (St Petersburg)

Pravda (Vienna)

Proletarskaya revolyutsiya (Moscow)

Punch (London)

San Francisco Examiner (San Francisco)

Sotsial-demokrat (Paris and elsewhere)

Vorwärts (New York)

Vostochnoe obozrenie (Irkutsk)

Vperëd (Paris)

기타 출판물

M. Agursky, *The Third Rome: National Bolshevism in the USSR* (Westview Press: Boulder, CO, 1987)

M. A. Aldanov, *Soveremenniki* (Slovo: Berlin, 1928)

A. Allfrey, *Man of Arms: The Life and Legend of Sir Basil Zaharoff* (Weidenfeld & Nicolson: London 1989)

Yu. Aksel' [Aksel'rod], 'Istoriya moego dinochestva', *Iskusstvo kino*, no. 4 (1990)

A. Ascher, *Pavel Axelrod and the Development of Menshevism* (Harvard University Press: Cambridge, MA, 1972)

A. Ascher, *The Revolution of 1905: Russia in Disarray* (Stanford Univrsity Press: Stanford, CA, 1988)

K. Baedeker, *Russia with Teheran, Port Arthur, and Peking: Handbook for Travellers* (T. Fisher Unwin: London, 1914)

A. Balabanoff, *Impressions of Lenin*, trans. Isotta Cesari (University of Michigan Press: Ann Arbor, 1964)

A. Balabanoff, *My Life as a Rebel* (Hamish Hamilton: London, 1938)

B. Beatty, *The Red Heart of Russia* (The Century Co.: New York, 1918)

D. Bennyi, *Sobranie sochinenii*, vols 1-8 (Khudozhestvennaya literatura: Moscow, 1963-5)

F. Benvenuti, *The Bosheviks and the Red Army, 1918-1922*, trans. Christopher Woodall

(Cambridge University Press: Cambridge, 1988)

F. Benvenuti, 'Il dibattito sui sindicati', in F. Gori (ed.), *Pensiero e azione di Lev Trockij. Atti del convegno internazionale per il quarantesimo anniversario della morte di Lev Trockij*, vol. 1 (Olsckki: Florence, 1983)

A. di Biagio, *Le orignini dell' isolazionismo sovietica: l'Unione Sovietica e l'Europadal 1918 al 1928* (FrancoAngeli: Milan, 1990)

A. I. boyarchikov, *Vospominaniya*, interoduced by V. V. Solovëv (AST: Moscow, 2003)

E. Broido, *Memoirs of a Revolutionary*, trans. V. Broido (Oxford University Press: London, 1967)

T. Brotherstone and P. Dukes (eds), *The Trotsky Reappraisal* (Edinburgh University Press: Edinburgh, 1992)

P. Broué, *Léon Sedov, fils de Trotsky, victime de Staline* (Éditons Ouvrières: Paris, 1993)

P. Broué, *La Révolution en Allemagne* (Minuit: Paris, 1971)

P. Broué, *La Révolution Espagnole (1931–1939)* (Flammarion: Paris, 1973)

P. Broué, *Trotsky* (Fayard: Paris, 1988)

L. Bryant, *Mirrors of Moscow* (Th. Setzer: New York, 1923)

L. Bryant, *Six Months in Red Russia: An Observer's Account of Russia Before and After the Proletarian Dictatorship* (George H. Doran: New York, 1918)

M. Buber-Neumann, *Von Potsdam nach Moskau. Stationem eines Irrweges* (Stuttgart, 1957)

N. Bukharin, *K voprosu o trotskizme* (Gosizdat: Moscow, 1925)

A. Burdaman Feferman, *Politics, Logic, and Love: The Life of Jean van Heijenoort* (A. K. Peters: Wellesley, MA, 1993)

J. Carmichael, *Trotsky: An Appreciation of His Life* (Hodder & Stoughton: London, 1975)

E. H. Carr, *Foundations of a Planned Economy, 1926–1929*, vol. 2 (Macmillan: London, 1971)

The Case of Leon Trotsky: Report of Hearing on the Charges Made against Him in the Moscow Trials (Harper: New York, 1937)

L. Chamberlain, *The Philosophy Steamer: Lenin and the Exile of the Intelligentsia* (Atlantic Books: London, 2006)

J. Channon, 'Trotsky, the Peasants and Economic Policy: A Comment, *Economy and Society*, no. 4 (1985)

'*Chekisms*': *Tales of the Cheka. A KGB Anthology*, ed. V. Mitrokhin (Yurasov: London, 2008)

A. O. Chubaryan and G. Gorodetsky (eds), *Voina i politika, 1939–1941* (Nauka: Moscow, 1999)

F. Chuev (ed.), *Molotov: Poluvlastitel'nyi Vlastitelin* (Olma-Press: Moscow, 1999)

R. W,. Clark, *The Life of Bertrand Russell* (Knopf: New York: 1976)

The Communist International in Lenin's Time: Workers of the World and Oppressed

Peoples Unite! Proceedings and Documents of the Second Congress, 1920, ed. J. Riddell (Pathfinder: London, 1991)

Ö. S. Cosar, *Trocki Istanbul'da* (Kitas: Istanbul, 1969)

Y. Craipeau, *Mémoires d'un dinosaure trotskyste: secrétaire de Trotsky en 1933* (L' Harmattan: Paris, 1999)

R. V. Daniels, *The Conscience of the Revolution: Communist Opposition in Soviet Russia* (Harvard University Press: Cambridge, MA, 1960)

N. Davies, *White Eagle, Red Star: The Polish–Soviet War, 1919–20* (MacDonald: London, 1972)

R. W. Davies, *Soviet Economic Development from Lenin to Khrushchev* (Cambridge University Press: Cambridge, 1998)

R. W. Davies, 'Trockij and the debate on industrialisation in the USSR', in F. Gori (ed.), *Pensiero e azione di Lev Trockij. Atti del convegno internazionale per il quarantesimo anniversario della morte di Lev Trockij*, vol. 1 (Olschki: Florence, 1983)

R. B. Day, *Leon Trotsky and the Politics of Economic Isolation* (Cambridge University Press: Cambridge, 1973)

Desyatyi s"ezd RKP(b). Mart 1921 g. Stenograficheskii otchët (Moscow, 1963)

I. Deutscher, *Trotsky: The Prophet Armed, 1879–1921* (Oxford University Press: London, 1954)

I. Deutscher, *Trotsky: The Prophet Outcast, 1929–1940* (Oxford University Press: London, 1963)

I. Deutscher, *Trotsky: The Prophet Unarmed, 1921–1929* (Oxford University Press: London, 1959)

Devyataya konferentsiya RKP(b) Sentyabr' 1920 goda. Protokoly (Gosizdat: Moscow, 1972)

Devyatyi s"ezd RKP(b). Mart–aprel' 1920 goda: protokoly (Gosizdat: Moscow, 1960)

Dvenadtsatyi s"ezd RKP(b). 17–25 aprelya 1923g. Stenograficheskii otchët (Gosizdat: Moscow, 1968)

M. Eastman, *Great Companions: Critical Memoirs of Some Famous Friends* (Museum Press: London, 1959)

M. Eastman, *Leon Trotsky: The Portrait of a Youth* (Greenberg: New York, 1925)

M. Eastman, *Leon Trotsky: The Portrait of a Youth* (Faber & Gwyer: London, 1926)

M. Eastman, *Love and Revolution: My Journey through an Epoch* (Random House: New York, 1964)

M. Eastman, *Marxism, Is It a Science* (W. W. Norton: New York, 1940)

M. Eastman, *Since Lenin Died* (Boni & Liveright: New York, 1925)

M. Etkind, *Tolkovanie puteshestvii* (Novoe literaturnoe obozrenie: Moscow, 2001)

Evrei Odessy i Yuga Ukrainy: istoriya v dokumentakh, vol. 1 (Mosty kul'tury: Odessa,

2002)

L. Eyre, *Russia Analysed* (New York World: New York, 1920)

Fëdor Il'ich Dan: Pis'ma (*1899–1946*), ed. B. Sapir (Stichting International Instituut voor Sociale Geschiedenis: Amsterdam, 1985)

Founding the communist International: Proceedings and Documents of the First Congress, March 1919, ed. J. Riddell (Pathfinder: London, 1987)

P. Frank, *La Quatrième Internationale: contribution à l'histoire* 의 *movement trotskyste* (Maspero: Paris, 1969)

J. F. Fraser, *The Real Siberia. With an Account of a Dash through Manchuria* (Cassell: London, 1902)

Z. Gailili, *The Menshevik Leaders in the Russian Revolution: Social Realities and Political Strategies* (Princeton University Press: Princeton, NJ, 1989)

J. R. Garmabella, *Operación Trotsky* (Editorial Diana: Mexico City, 1972)

I. Getzler, 'The Communist Leaders' Role in the Kronstadt Tragedy of 1921 in the Light of Recently Published Archival Documents', *Revolutionary Russia*, no. 1 (June 2002)

I. Getzler, *Kronstadt, 1917–192: The Fate of a Soviet Democracy* (Cambridge University Press: Cambridge, 1983)

I. Getzler, *Martov: A Political Biography of a Russian Social–Democrat* (Oxford UNiversity Press: Oxford, 1967)

I. Getzler, *Nikolai Sukhanov: Chronicler of the Russian Revolution* (Palgrave: London, 2002)

G. Gill, *Peasants and Government in the Russian Revolution* (Macmillan: London, 1979)

A. Glotzer, *Trotsky: Memoir and Critique* (Prometheus Books: Now York, 1989)

E. Goldman, *Living My Life*, vols 1 and 2 (Pluto: London, 1987)

F. Gori (ed.), *Pensiero e azione* di *Lev Trockij. Atti del convegno internazionale per il quarantesimo anniversario della morte* di *Lev Trockij*, vols 1–2 (Olschki: Florence, 1983)

J. Gorkin, *El asesinato de Trotski* (Círculo de Lectores: Barcelona, 1970)

Yu. V. Got'e, *Moi zametki*, ed. T. Emmons and S. Utekhin (Terra: Moscow, 1997)

R. B. Gul', *Ya unës Rossiyu: apologiya emigratsii*, vols 1–3 (Most: New York, 1984-9)

W. Hard, *Raymond Robin's Own Story* (Harper & Brothers: New York, 1920)

F. Harris, *Contemporary Portraits: Fourth Series* (Brentano's: New York, n.d. [c. 1923])

J. van Heijenoort, *With Trotsky in Exile: From Prinkipo to Coyoacán* (Harvard University Press: Cambridge, MA, 1978)

S. Hook, *Out of Step: An Unquiet Life in the Twentieth Century* (HarperCollins: New York, 1987)

M. Hoschiller, *Le Mirage du soviétisme* (Payot: Paris, 1921)

I. Howe, *Trotsky* (Fontana Books: London, 1978)

A. A. Ioffe, *1883–1927: diplomat revolyutsii: sbornik rabot* (Iskra Research: Cambridge,

MA, 1998)

N. Ioffe, *Moi otets Adol'f Abramovich Ioffe: vospominaniya, dokumenty i materialy* (Vozvrashchenie: Moscow, 1997)

N. Ioffe, *Vremya nazad. Moya zhizn', moya sud'ba, moya epokha* (Biologicheskie nauki: Moscow, 1992)

Istoriya Soveta Rabochikh Deputatov g. S.-Peterburga (N. Glagolev: St Petersburg, n.d. [1906?])

Kak lomali NEP. Stenogrammy plenumov Tsk VKP(b), 1928-1929, vols 1-5, ed. V. P. Danilov, O. V. Khlevnyuk and A. Yu. Vatlin (Mezhdunarodnyi fond 'Demokratiya': Moscow, 2000)

A. Kalpaschikoff, *A Prisoner of Trotsky's*, Foreword by D. R. Francis (Doubleday, Page: New York, 1920)

B. Knei-Paz, *The Social and Political Thought of Leon Trotsky* (Oxford University Press: Oxford, 1978)

L. Kolakowski, *Main Currents of Marxism*, vol. 2: *The Golden Age* (Oxford University Press: Oxford, 1978)

I. I. Kostyushko, *Pol'skoe byuro Tsk RKP(b), 1920-1921 gg.* (Institut slavyanovedeniya RAN: Moscow, 2005)

V. Krasnov and V. Daynes (eds), *Neizvestnyi Trotskii. Krasnyi Bonapart: Dokumenty, mneniya, razmyshleniya* (Olma-Press: Moscow, 2000)

Kronshtadtskaya tragediya 1921 goda: dokumenty v dvukh knigakh, ed. V. P. Kozlov and I. I. Kudryavtsev, vols 1-2 (ROSSPEN: Moscow, 1999)

V. I. Lenin, *Polnoe sobranie sochinenii*, vols 1-55 (Gosizdat: Moscow, 1958-65)

Leninskii sbornik, vols 1-50 (Gosizdat: Moscow, 1922-85)

R. Lévy, *Trotsky* (Librairie du Parti Socialiste et de l'Humanité: Paris, 1920)

S. Liberman, *Building Lenin's Russia* (Hyperion: Westport, CT, 1978)

R. H. Bruce Lockhart, 'Bolshevik Aims and Bolshevik Purposes, 1918-1919' (n.publ.: n.p., n.d.)

R. H. Bruce Lockhart, *Friends, Foes, and Foreigners* (Putnam: London, 1957)

R. H. Bruce Lockhart, *Memoirs of a British Agent* (London, 1932)

D. W. Lovell, *Trotsky's Analysis of Soviet Bureaucrativzation* (Croom Helm: London, 1985)

Lubyanka: Stalin i NKVD-NKGB-GUKR 'Smersh', 1939-mart 1946, ed. V. N. Khaustov, V. P. Naumov and N. S. Plotnikova (Materik: Moscow, 2006)

A. Lunacharskii, *Lunacharskii, Revolyutsionnye siluety* (Tip. '9-e Yanvarya': Moscow, 1923)

R. Luxemburg, 'Letters on Bolshevism and the Russian Revolution', *Revolutionary History*, no. 2/3 (1996)

K. McDermott and J. Agnew, *The Comintern: A History of International Communism*,

1919–1943 (Macmillan: London, 1993)

R. H. McNeal, *Bride of the Revolution: Krupskaya and Lenin* (University of Michigan Press: Ann Arbor, 1972)

Yu. O. Martov i A. N. Potresov, Pis'ma. 1898–1913, ed. I. Kh. Urilov (Sobranie: Moscow, 2007)

E. Mawdsley, *The Russian Civil War* (Allen & Unwin: London, 1987)

L. Mercader, 'Mi hermano Ramón no era un vulgar asesino, sino una persona que creía en la causa del comunismo', *El Mundo*, July 1990.

'*Milaya moya Resinichka!. '. Sergei Sedov. Pis'ma iz ssylki*, ed. Ye. V. Rusakova, S. A. Lar'kov and I. A. Flige (Nauchno–Informatsionnyi tsentr 'Memorial': St Petersburg; Hoover Institution Archives [Stanford University], 2006)

A. Morizet, *Chez Lénine et Trotski. Moscou 1921* (La Renaissance du Livre: Paris, 1922)

M. Nadeau (ed.), *Hommage à Natalia Sedova-Trotsky, 1882–1962* (Les Lettres Nouvelles: Paris, 1962)

N. Naimark and P. Gregory (eds), *The Lost Politburo Transcripts: From Collective Rule to Stalin's Dictatorship* (Yale University Press/Hoover Institution: New Haven, CT, 2008)

P. Naville (ed.), *Pierre Naville, Denise Naville and Jean van Heijenoort, Leon Trotsky: Correspondence 1929–1939* (L'Harmattan: Paris, 1989)

P. Naville, *Trotsky vivant* (Julliard: Paris, 1962)

J. Nedava, *Trotsky and the Jews* (Jewish Publication Society of America: Philadelphia, 1971)

V. Netrekii, *Trotskii v Odesse* (Inga: Odessa, 2003)

V. N. Nikitin, *Evrei zemledel'tsy: istoricheskoe, zakonodatel'noe, administrativnoe i bytovoe polozhenie kolonii so vremën ikh vozniknoveniya do nashikh dnei. 1807–1887* (Novosti: St Petersburg, 1887)

A. Nove, *Studies in Economics and Russia* (Macmillan: London, 1990)

M. A. Novomeysky, *My Siberian Life*, trans. A. Brown (Max Parrish: London, 1903)

A. Pantsov, *The Bolsheviks and the Chinese Revolution, 1919–1927* (Curzon: Richmond, Surrey, 2000)

Parvus, *Bez tsarya, a pravitel'stvo – rabochee* (Partiya: Geneva, 1905)

Parvus, *V. chëm. my raskhodimsya? Otvet Leninu na ego stat'i v 'Proletarii'* (Partiya: Geneva, 1905)

B. Pearce, *How Haig Saved Lenin* (Macmillan: London, 1987)

Peterburgskii komitet RSDRP(bz) v 1917 godu. Protokoly i materialy zasedanii, eds. T. A. Abrosimova, T. P. Bondarevskaya and A. Rabinowitch (Bel'veder: St Petersburg, 2003)

Pis'ma P. B. Aksel'roda i Yu. O. Martova, 1901–1916 (Russkii revolyutsionnyi arkhiv: Berlin, 1924)

Pis'ma vo vlast' 1917–1927. zayavleniya, zhaloby, donosy, pis'ma v gosudarstvennye struktury i sovetskim vozhdyam, ed. A. Ya. Livshin and I. B. Orlov (ROSSPEN: Moscow, 1998)

E. Pizzi de Porras, *Cinco Días en México* (Alvarez Pita: Havana, Cuba, 1939)

The Platform of the Left Opposition (1927) (New Park: London, 1963)

M. Polishchuk, *Evrei Odessy i Novorossii: sotsial'no-politicheskaya istoriya evreev Odessy i drugikh gorodov Novorossii, 1881–1904* (Mosty kul'tury: Moscow, 2002)

Protokoly Tsentral'nogo Komiteta RSDRP(b): avgust 1917 g.–mart 1918 g. (Gosizdat: Moscow, 1958)

Protokoly zasedanii Soveta Narodnykh Komissarov RSFSR: noyabr' 1917–mart 1918 gg. (ROSSPEN: Moscow, 2006)

Pyatyi (londonskii) s"ezd RSDRP. Protokoly. Aprel'–mai 1907 goda (Gosizdat: Moscow, 1963)

A. Rabinowitch, *The Bolsheviks Come to Power: The Revolution of 1917 in Petrograd* (W. W. Norton: New York, 1976)

A. Rabinowitch, *The Bolsheviks in Power: The First Year of Soviet Rule in Petrograd* (Indiana University Press: Bloomington, IN, 2007)

A. Rabinowitch, *Prelude to Revolution: The Petrograd Bolsheviks and the July 1917 Uprising* (Indiana University Press: Bloomington, IN, 1968)

K. Radek, *Pampflety i portrety* (Gosizdat: Moscow, 1927)

A. Ransome, *Russia in 1919* (B. W. Huebsch: New York, 1919)

R. R. Reese, *The Soviet Military Experience: A History of the Soviet Army, 1917–1991* (Routledge: London, 2000)

W. Reswick, *I Dreamt Revolution* (Henry Regnery: Chicago, 1952)

W. G. Rosenberg, *Liberals in the Russian Revolution: The Constitutional Democratic Party, 1917–1921* (Princeton University Press: Princeton, NJ, 1974)

G. Rosenthal, *Avocat de Trotsky* (Laffont: Paris, 1975)

A. Rosmer, 'Durant la Guerre Impérialiste', in M. Nadeau (ed.), *Hommage à Natalia Sedova-Trotsky, 1882–1962* (Paris, 1962)

A. Rosmer, *Moscou sous Lénine: les origines du communisme* (P. Horay: Paris, 1953)

B. Russell, *The Autobiography of Bertrand Russell, 1914–1944* (Little, Brown: New York, 1951)

B. Russell, *The Theory and Practice of Boshevism* (Allen & Unwin: London, 1920)

J. Sadoul, *Notes sur la révolution bolchevique (Octobre 1917–Janvier 1919)* (Éditions de la Sirène: Paris, 1919)

L. A. Sánchez Salazar (with Julián Gorkin), *Así asesinaron a Trotski* (Populibro: Mexico, 1955)

A. Schopenhauer, *The Art of Controversy* (University of the Pacific Press: Honolulu, HI, 2004)

S. Schwarz, *The Russian Revolution of 1905* (University of Chicago Press: Chicago, 1967)

Sed'maya (aprel'skaya) vserossiiskaya kon ferentsiya RSDRP (bol'shevikov). Petrogradskaya konferentsiya RSDRP (bol'shevikov) Aprel' 1917 goda. Protokoly (gosizdat: Moscow, 1958)

V. Serge and N. Sedova Trotsky, *The Life and Death of Leon Trotsky*, trans. A. J. Pomerans (Basic Books: New York, 1975)

The Serge–Trotsky Papers, ed. and introduced by D. Cotterill (Pluto Press: London, 1994)

R. Service, *The Bolshevik Party in Revolution: A Study in Organisational Change* (Macmillan: London, 1979)

R. Service, 'Bolshevism's Europe', in S. Pons and A. Romano (eds), *Russia in the Age of Wars, 1914–1945* (Feltrinelli: Milan, 2000)

R. Service, *Comrades: Communism: A World History* (Macmillan: London, 2007)

R. Service, 'From Polyarchy to Hegemony: The Party's Role I the Construction of the Central Institutions of the Soviet State, 1917–1919', *Sbornik*, no. 10 (1984)

R. Service, *Lenin: A Biography* (Macmillan: London, 2000)

R. Service, *Lenin: A Political Life*, 3 vols (Macmillan: London, 1985, 1991, 1995)

R. Service, *Stalin: A Biography* (Macmillan: London, 2004)

R. Service, 'The Way They Talked Then: The Discourse of Politics in the Soviet Party Politburo in the Late 1920s', in P. R. Gregory and N. Naimark (eds), *The Lost Politburo Transcripts: From Collective Rule to Stalins' Dictatorship* (Yale University Press/Hoover Institution: New Haven, CT, 2008)

Ya. Shafir, *Ocherki gruzinskoi zhirondy* (Gosizdat: Moscow, 1925)

C. Sheridan, *From Mayfair to Moscow* (Boni & Liveright: New York, 1921)

Shestoi s"ezd RSDRP (bol'shevikov). Avgust 1917 goda. Protokoly (Gosizdat: Moscow, 1958)

R. M. Slusser, *Stalin in October: The Man Who Missed the Revolution* (Johns Hopkins University Press: London, 1987)

J. D. Smele and A. Heywood, *The Russian Revolution of 1905: Centenary Perspectives* (Routledge: London, 2005)

R. B. Spence, 'Hidden Agendas: Spies, Lies and Intrigue Surrounding Trotsky's American Visit to January–April 1917', *Revolutionary Russia*, no. 1 (2008)

R. B. Spence, "Interrupted Journey: British Intelligence and the Arrest of Leon Trotsky, April 1917', *Revolutionary Russia*, no. 1 (2000)

I. V. Stalin, *Sochineniya*, vols 1–12 (Gosizdat: Moscow, 1946–51)

P. Stein, *Siqueiros: His Life and Works* (International Publishers: New York, 1994)

I. N. Steinberg, *In the Workshop of the Revolution* (Gollancz: London, 1955)

Stenogrammy zasedanii Politbyuro TsK RKP(b)–VKP(b), 1923–1938 gg., ed. K. M. Anderson, A. Yu. Vatlin, P. Gregory, A. K. Sorokin, R. Sousa and O. V. Khlevniuk, 3 vols (ROSSPEN: Moscow, 2007)

H. P. von Strandmann, 'Obostryayushchiesya paradoksy: Gitler, Stalin i germanosovetskie ekonomicheskie svyazi. 1939–1941', in A. O. Chubaryan and G. Gorodetsky (eds), *Voina i politika, 1939–1941* (Nauka: Moscow, 1999)

P. Sudoplatov, *Special Tasks: The Memoirs of an Unwanted Witness – A Soviet Spymaster* (Little, Brown: London, 1994)

N. Sukhanov, *Zapiski o revolyutsii*, 3 vols (Politizdat: Moscow, 1991)

D. F. Sverchkov, *Na zare revolyutsii*, 3rd edn (Komissiya po Istorill Oktyabr'skoi revolyutsii i Rossiiskoi Kommunisticheskoi Partii: Leningrad, 1925)

G. Swain, 'The Disillusioning of the Revolution's Praetorian Guard: The Latvian Rilfemen, Summer–Autumn 1918', *Europe–Asia Studies*, no. 4 (1999)

G. Swain, *The Origins of the Russian Civil War* (Longman: London, 1996)

G. Swain, *Russian Social–Democracy and the Legal Labour Movement, 1906–14* (Macmillan: London, 1983)

G. Swain, *Trotsky* (Longman: London, 2006)

N. S. Tarkhova, 'Trotsky's Train: An Unknown Page in the History of the Civil War', in T. Brotherstone and P. Dukes (eds), *The Trotsky Reappraisal* (Dinburgh University Press: Edinburgh, 1992)

Terrorism and Communism: A Reply to Karl Kautsky, foreword by M. Shachtman (University of Michigan Press: Ann Arbor, MI, 1961)

I. D. Thatcher, 'Bor'ba: A Workers' Journal in St Petersburg on the Eve of World War One', *English Historical Journal*, no. 450 (1998)

I. D. Thatcher, *Late Imperial Russia: Problems and Perspectives* (Manchester University Press: Manchester, 2005)

I. D. Thatcher, 'Leon Trotsky and 1905', in J. D. Smele and A. Heywood, *The Russian Revolution of 1905: Centenary Perspectives* (Routledge: London, 2005)

I. D. Thatcher, *Leon Trotsky and World War One: August 1914 to February 1917* (Macmillan: London, 2000)

I. D. Thatcher, *Reinterpreting Revolutionary Reussia: Essays in Honour of James D. White* (Palgrave: London, 2006)

I. D. Thatcher, 'The St Petersburg/Petrograd Mezhraionka, 1913–1917: The Rise and Fall of a Russian Social–Democratic Workers' Party Unity Faction', *Slavonic and East European Review*, no. 2 (2009)

I. D. Thatcher, *Trotsky* (Routledge: London, 2003)

I. D. Thatcher, 'Trotsky and the Duma: A Research Essay', in I. D. Thatcher (ed.), *Regime and Society in Twentieth Century Russia* (Macmillan: London, 1999)

I. D. Thatcher, 'Uneven and Combined Development', *Revolutionary Russia*, no. 2 (1991)

Trinadstsataya konferentsiya RKP(B): byulleten' (Gosizdat: Moscow, 1924)

Trinadtsatyi s'ezd RKP(b). Mai 1924 goda. Stenograficheskii otchët (Gosizdat: Moscow, 1963)

R. C. Tucker, *Stalin as Revolutionary, 1879–1929* (W. W. Norton: New York, 1973)

N. Tumarkin, *Lenin Lives! The Lenin Cult in Soviet Russia* (Harvard University Press: Cambridge, MA, 1983)

N. Ustryalov, *Hic Rohdus* [sic], *Hic Saltus* (n. pub.: Harbin, 1929)

N. A. Vasetskii, *Trotskii: opyt politicheskoi biografii* (Respublika: Moscow, 1992)

A. Vatlin, 'The Testing-Ground of World Revolution Germany in the 1920's, in T. Rees and A. Thorpe (des), *International Communism and the Communist INternational, 1919–1943* (Manchester University Press: Manchester, 1998)

D. Volkogonov, *Trotskii: politicheskii portret*, vols 1–2 (Novosti: Moscow, 1992)

Vserossiiskaya konferentsiya R. K. P. (bol'shevikov). 4–7 avgusta 1922 g. Byulleten' (Gosizdat: Moscow, 1922), bulletin no. 3.

Vserossiiskaya Konferentsiya Ros. Sots.-Dem. Rab. Partii 1912 goda, ed. R. C. Elwodd (Kraus International: London, 1982)

A. Walicki, *A History of Russian Thought from the Enlightenment to Marxism* (Oxfor University Press: Oxfor, 1980)

S. and B. Webb, *Soviet communism: A New Civilization?* (Longmans, Green: London, 1935)

S. and B. Webb, *Soviet Communism: A New Civilization* (V. Gollancz: London, 1937)

H. G. Wells, *Russia in the Shadows* (Hodder & Stoughton: London, 1920)

J. D. White, 'Early Soviet Historical Interpretations of the Russian Revolutions, 1918-1924', *Soviet Studies*, no. 3 (1985)

J. D. White, 'Lenin, Trotskii and the Arts of Insurrection: The Congress of Soviets of the Northern Region, 11–13 October 1917', *Slavonic and East European Review*, no. 1 (1999)

B. D. Wolfe, *Strange Communists I Have Known* (Stein & Day: New York, 1965)

E. Wolfenstein, *The Revolutionary Personality: Lenin, Trotsky, Gandhi* (Princcton University Press: Princeton, NJ, 1967)

W. Woytinsky, *Stormy Passage: A Personal History through Two Russian Revolutions to Democracy: 1905-1960* (Vanguard Press: New York, 1961)

Ye. M. Yaroslavskii (ed.), *L. D. Trotskii o partii v 1904 g.: broshyura N. Trotskogo 'Nashi politicheskie zadachi'* (Gosizdat: Moscow, 1928)

Z. A. B. Zeman and W. B. Scharlau, *The Merchant of Revolution: The Life of Aleksander Israel Helphand (Parvus) 1867-1924* (Oxford University Press: Oxford, 1965)

Die Zimmerwalder Bewegung. Protokole und Korrespondenz, ed. H. Lademacher, 2 vols (Internationaal Instituut voor Sociale Geschiedenis: The Hague, 1967)

G. Zinoviev, *Vladimir Il'ich Lenin* (Petrograd, 1918)

G. A. Ziv, *Trotskii: kharakteristika. (Po lichnym vospominaniyam)* (Nardodopravstvo: New York, 1921)

G. I. Zlokazov and G. Z. Ioffe (eds), *Iz istorii bor'by za vlast v 1917 godu: sbornik dokumentov* (Institut Rossiiskoi Istorii RAN: Moscow, 2002)

1861년　알렉산드르 2세, 농노 해방령 선포.

1864~1871년　대개혁 시대.

1870년　블라디미르 일리치 레닌, 울리야노프스크의 심비르스크에서 출생.

1878년　이오시프 비사리오노비치 스탈린, 그루지야(현 조지아)의 고리에서 출생.

1879년　10월 26일(신력 11월 7일) 레프 다비도비치 브론시테인(트로츠키), 우크라이
　　　　나 남부 헤르손 주의 야노프카에서 성공한 유대인 농부 다비드 브론시테인의
　　　　다섯째 아이로 출생.

1881년　3월 알렉산드르 2세 암살, 알렉산드르 3세 즉위.

1883년　게오르기 플레하노프, 베라 자술리치, 파벨 악셀로트 일파가 망명지 스위스
　　　　제네바에서 러시아 최초의 마르크스주의 조직 '노동해방단' 결성.

1888년　오데사의 성바울 실업학교에 입학. 아버지는 명민한 아들을 김나지움에 보내
　　　　고 싶었으나 1887년부터 유대인 신입생 수를 제한하는 제도가 실시되었기 때
　　　　문에 그곳에 갈 수 없었다.

1889년　파리에서 열린 제2인터내셔널 창립 대회에 플레하노프가 러시아 대표로 참
　　　　석.

1890년　차별 대우를 하는 교사에게 학생들이 집단으로 야유를 보낸 일에 연루되어
　　　　퇴학 처분을 받았으나 이듬해 3학년에 재입학하여 6학년까지 다님.

1894년　알렉산드르 3세 사망.

1895년　중등교육을 마치기 위해 니콜라예프 실업학교 7학년으로 편입.

1896년　니콜라예프에서 만난 슈비고프스키 형제와 교류하면서 혁명 사상과 사회 문
　　　　제에 관심을 둠. 기술자가 되기를 바라는 아버지의 뜻과 달리 이 시기에 트로
　　　　츠키는 혁명가의 길로 들어서고 있었다.

1897년　'리보프'라는 가명을 쓰기 시작했으며, '남러시아노동자연맹'을 조직하는 데
　　　　참여.

1898년　1월 트로츠키를 비롯해 남러시아노동자연맹 멤버들이 오호라나에 체포됨. 잠
　　　　시 헤르손으로 이송되었다가 5월에 오데사 감옥에 수감되었다. 감옥에 있는
　　　　동안 트로츠키는 여성 혁명가 알렉산드라 소콜로프스카야와 사랑에 빠졌다.
　　　　또한 오데사 감옥에 있던 시기에 트로츠키는 마르크스주의에 대한 확신을
　　　　굳혔다. 이때 《자본》을 읽기 시작했다.

3월 민스크에서 러시아 최초의 마르크스주의 정당인 러시아사회민주노동당 (RSDLP) 창립 대회가 열림.

1899년 말 트로츠키와 동료들이 재판 없이 행정 추방 판결을 받음. 트로츠키는 4년간의 시베리아 유형이 결정되었고, 일행은 '모스크바 임시 수용 형무소'로 이송되었다.

1900년 봄~여름 모스크바 형무소에서 알렉산드라와 결혼. 레닌의 《러시아 자본주의의 발전》을 읽음.

가을 이르쿠츠크 북쪽에 있는 우스티쿠트에서 유형 생활 시작. 트로츠키는 우스티쿠트에 있는 동안 유형 중인 다른 혁명가들과 교류하면서 마르크스주의에 대해 폭넓게 공부했다. 한편, '안티드 오토'라는 필명으로 이르쿠츠크에서 발행되던 잡지 〈동방 평론〉에 글을 쓰기 시작했다.

12월 레닌과 마르토프 일파가 망명지에서 마르크스주의 신문 〈이스크라〉 창간.

1901년 〈동방 평론〉을 통해 다양한 글을 발표했고, 마르크스주의 관련 서적을 폭넓게 공부했다.

3월 큰딸 지나이다(지나)가 태어났다.

1902년 둘째딸 니나 출생.

여름 〈이스크라〉와 레닌의 《무엇을 할 것인가?》를 보고 자극을 받아 시베리아를 탈출. 알렉산드라와 두 딸은 우스티쿠트에 남았다. 경찰은 그가 사라진 날짜를 '1902년 8월 21일'로 기록했다. 유형지를 탈출해 스위스로 넘어 가면서 처음으로 '트로츠키'라는 성(姓)을 사용했다.

10월 런던에 도착해 레닌을 만남. 뒤이어 베라 자술리치와 마르토프 같은 동료들을 만나 교류하게 되었다. 런던의 〈이스크라〉 그룹에게 탁월한 연설 능력을 인정받아 프랑스 파리에서 사회혁명당을 비판하는 연설을 할 기회를 얻었다.

11월 트로츠키가 파리에서 성공적으로 연설을 마치자, 〈이스크라〉 지도부는 그의 능력을 인정해 유럽 각지에 있는 러시아 마르크스주의자 집단을 방문해 〈이스크라〉의 주장을 선전하라는 임무를 맡겼다. 한편, 파리에 머무는 동안 젊은 여성 혁명가 나탈리야 세도바와 사랑에 빠졌다.

1903년 트로츠키를 〈이스크라〉 편집진에 포함시키려는 레닌과 이를 반대하는 플레하노프 사이에 다툼이 벌어짐. 플레하노프는 트로츠키를 싫어했고 그를 레닌의 꼭두각시로 보았다.

7월~8월 브뤼셀에서 러시아사회민주노동당 제2차 당대회가 열림. 1차 대회는 단지 8명이 모인 회의였고 2차 대회가 실질적인 창립 대회였다. 이때 이미 트로츠키는 당에서 중요한 인물로 인정받고 있었다.

당 규약과 〈이스크라〉 편집진 구성을 두고 표결이 벌어졌고, 이 일로 당은 다수파와 소수파로 분열되었다. 레닌은 자신의 그룹을 '볼셰비키' 즉 다수파라고 불렀다. 트로츠키는 분열을 불러온 레닌의 행동에 낙담했고, 소수파로 남았다.

1904년 트로츠키는 차츰 멘셰비키의 온건한 혁명 전략보다 적극적인 전략을 주장하기 시작했다. 트로츠키는 볼셰비즘과 멘셰비즘에 모두 날카로운 비판을 쏟아냈다. '부르주아'는 결코 동맹자로 신뢰할 수 없으며 '프롤레타리아'가 사회 변혁에 앞장서야 한다는 것이 트로츠키의 확고한 생각이었다. 자유주의자들을 끌어들이려고 노력하던 멘셰비키는 트로츠키에게 분노했다.

2월 러일전쟁 발발.

4월 당 조직 문제를 다룬 〈우리의 정치적 과제〉라는 논평 발표.

여름 뮌헨으로 거처를 옮김. 트로츠키는 모든 분파 갈등을 혐오했으며, 뮌헨에 머물던 러시아 마르크스주의자 파르부스와 교류를 하기 시작했다. 파르부스는 '노동자 정부' 수립을 주장했으며 트로츠키는 이런 생각에 동조해 그를 지적 스승으로 삼았다.

10월 나탈리야 세도바와 함께 살기 시작. 이로써 알렉산드라와 트로츠키의 결혼 생활은 끝이 났다.

1905년 1월 상트페테르부르크에서 '피의 일요일 사건'이 일어남.

2월 로마노프 제정에 맞서 싸우는 노동자들과 함께하기 위해 러시아로 비밀리에 귀국해 지하 활동을 펼침.

여름 나탈리야를 비롯해 많은 동료가 체포되고, 트로츠키는 잠시 핀란드로 피신.

9월 러일전쟁 종전. 포츠머스 조약 조인. 패전국이 된 러시아는 조선과 남만주에 대한 일본의 패권을 인정하고, 사할린 섬의 절반을 포기했다.

10월 러시아 전역에서 총파업이 일어나고, 상트페테르부르크의 공장 노동자들과 급진 지식인들이 '노동자대표소비에트(페테르부르크 소비에트)'를 창설함. 트로츠키는 위험을 무릅쓰고 핀란드에서 돌아와 '야노프스키'라는 가명으로 혁명 활동을 재개했다. 10월 말에 초대 소비에트 의장이 체포된 뒤 트로츠키가 페테르부르크 소비에트 의장이 되었다.

같은 달, 니콜라이 2세가 국가 두마(의회) 구성을 위한 선거 실시를 약속하는 조서('10월 선언')를 발표함.

11월 멘셰비키, 파르부스와 함께 〈나찰로〉 창간.

12월 트로츠키를 비롯한 소비에트 지도자들이 체포되면서 페테르부르크 소비에트가 무너짐. 봉기를 시도했던 모스크바 소비에트 역시 진압되었다.

1906년 페테르부르크 소비에트의 활동가들과 함께 체포된 뒤 트로츠키는 예비 형무소로 옮겨졌다. 이때 마르크스와 엥겔스의 혁명 이론을 러시아의 특수한 조건에 맞게 조정하는 작업을 시작해 연속 혁명 이론을 담은 《결과와 전망》을 완성했다.

4월 제1차 두마 선거 실시. 입헌민주당(카데트당)이 다수당을 차지한다.

9월 트로츠키를 비롯해 소비에트 지도부에 대한 재판이 열림. 트로츠키는 재판정에서 제국 정부에 대한 반론을 진술할 기회를 얻었고, 그의 발언은 언론 매체를 통해 보도되었다. 트로츠키는 정치계의 저명인사가 되었다.

11월 시베리아 종신 유형과 시민권 박탈 판결을 받음. 11월 말에 나탈리야가 큰아들 레프(료바)를 낳았다.

1907년 1월 시베리아 유형지로 출발.

2월 유형지로 가는 도중에 탈출해 오스트리아 빈으로 망명.

5월 러시아사회민주노동당 제5차 당대회가 런던에서 개최됨. 이 대회는 볼셰비키와 멘셰비키의 마지막 통합 대회가 되었다. 대회에 참석한 트로츠키는 어떤 당파에도 소속되어 있지 않다고 밝히고, 진정한 당의 단합이 필요하다고 호소했다.

1908년 우크라이나에서 출간되는 〈오데사 소식〉, 〈키예프 사상〉에 글을 기고하면서 저술 활동에 힘을 쏟음.

3월 둘째 아들 세르게이 출생.

10월 아돌프 이오페, 마트베이 스코벨레프와 함께 빈에서 〈프라우다〉 발행.

1910년 1월 레닌을 중심으로 하는 볼셰비키와, 마르토프를 중심으로 하는 멘셰비키가 중앙위원회 전원회의에서 협조적인 태도를 취함.

1912년 1월 볼셰비키가 프라하에서 자신들만의 당 회의를 열어 단독으로 중앙위원회 선출. 이 회의에서 레닌은 볼셰비키 분파가 곧 당이라고 선언했다.

4월 볼셰비키가 페테르부르크에서 당 기관지 〈프라우다〉를 발행. 1908년부터 같은 제호의 신문을 발행해 온 트로츠키는 강력하게 항의하지만 결국 재정난까지 겹쳐서 트로츠키의 〈프라우다〉는 5월에 나온 25호로 종간되었다.

8월 빈에서 당 회의를 소집할 것을 촉구하고 회의를 조직함('8월블록'). 볼셰비키가 참석을 거부한 가운데, 멘셰비키를 비롯해 다양한 당내 분파가 참석해 이른바 '8월블록'이라 불리는 연합을 결성했다. 이 회의에서 트로츠키는 당내 분파들을 비판하면서 다시 한 번 당의 단합을 호소했지만 결과는 성공적이지 못했다.

9월 〈키예프 사상〉 특파원 자격으로 전운이 감돌던 발칸 지역에 가기로 결정.

10월 초에 제1차 발칸전쟁이 일어나자 트로츠키는 발칸 지역의 몇몇 주요 도시를 방문해 기사를 썼고, 1913년 1월에 빈으로 돌아왔다.

11월 4대 두마 소집.

1913년 4월 국가 두마의 멘셰비키 의원인 니콜라이 치헤이제에게 보내는 편지에서 레닌을 강하게 비판함. "현재 레닌주의의 전체 구조는 거짓말과 날조를 바탕으로 건설되었으며 바로 그 구조 속에 해체의 원인이 들어 있습니다." 이때 트로츠키가 쓴 서신을 훗날 스탈린주의자들이 트로츠키를 반(反)레닌주의라고 공격할 때 이용했다.

6월 제2차 발칸전쟁 발발.

1914년 1월 페테르부르크에서 〈투쟁〉 창간.

7월 오스트리아, 세르비아에 선전포고. 제1차 세계대전 발발.

8월 3일 트로츠키 가족이 중립국인 스위스로 거처를 옮김.

8월 4일 독일사회민주당이 전시공채 발행에 찬성 투표를 함.

11월 〈키예프사상〉의 전쟁 특파원으로 프랑스 파리로 옮겨감. 파리에서 마르토프와 아나톨리 루나차르스키 등이 발행하던 〈목소리〉에 글을 기고했다.

1915년 1월 〈목소리〉가 〈우리의 말〉로 제호를 변경했다. 트로츠키가 〈우리의 말〉 편집진에 합류했다.

9월 스위스사회민주당 지도자인 로베르트 그림이 유럽 사회주의자들의 반전 활동을 위해 조직한 치머발트 회의에 참가해 〈치머발트 선언〉을 기초함.

1916년 4월 유럽의 반전 사회주의자들이 다시 한 번 스위스 키엔탈에서 모임을 개최. 트로츠키는 이 회의에 참석하지 못했지만, 대신 〈우리의 말〉을 통해 지지를 표명했다.

9월 프랑스 내무장관 루이 말비가 〈우리의 말〉에 정간 명령을 내리고, 트로츠키를 에스파냐로 추방함.

12월 25일 에스파냐에서 다시 미국으로 추방됨. 트로츠키는 파리에 있던 가족과 바르셀로나에서 합류해 미국으로 가는 기선을 탔다.

1917년 1월 13일 뉴욕 도착. 트로츠키는 미국 좌파 그룹에게 열렬한 환영을 받았다. 부하린, 콜론타이 등이 편집하던 신문 〈새로운 세계〉에 참여하고, 여러 차례 대중 연설을 했다.

2월~3월 페트로그라드에서 '2월혁명' 발발. 두마의 임시위원회가 임시정부 수립을 발표한 후 니콜라이 2세가 퇴위하고 임시정부가 정식으로 발족했다. 자유주의자인 게오르기 리보프가 총리가 되었고, 입헌민주당이 내각을 지배했다. 사회주의자 가운데 장관이 된 사람은 케렌스키(사회혁명당)뿐이었다.

3월 27일 트로츠키가 가족과 함께 러시아로 돌아가기 위해 기선을 타고 미국을 떠남. 배가 4월 3일에 캐나다 핼리팩스에 기항했을 때 트로츠키와 혁명가들이 반전 운동 혐의로 배에서 체포되었다. 트로츠키는 암허스트의 전쟁 포로 수용소에 수감되었다가 러시아 임시정부의 항의로 4월 29일(러시아 구력으로 4월 16일)에 석방되어 다시 귀국길에 올랐다.

4월 레닌이 귀국하여 '4월테제' 발표. 레닌은 임시정부가 물러나고 혁명적 사회주의 정부가 들어서야 한다고 주장했다.

5월 4일 트로츠키, 페트로그라드에 도착.

트로츠키는 '지구연합파(메즈라이온치)' 그룹에 참여하여 볼셰비키와 협력하기로 했다. 이제 레닌과 볼셰비키는 제정이 타도된 다음 자본주의 발전 단계가 오리라고 예상했던 과거의 볼셰비즘을 폐기하고 트로츠키와 마찬가지로 즉각적인 사회주의 혁명을 옹호했다.

6월 제1차 전러시아 노동자·병사 소비에트 대회 개최.

7월 '7월봉기' 발발. 임시정부에 불만을 품은 노동자, 병사들이 페트로그라드에서 무장 시위를 일으켰다. 임시정부의 대대적인 탄압이 시작되어 레닌에게 체포 영장이 발부되었고, 트로츠키, 콜론타이를 비롯한 볼셰비키 주요 지도자들이 체포되었다. 레닌은 핀란드로 탈출했다.

8월 말(신력 9월 초) 코르닐로프 반란. 케렌스키 총리의 요청을 받은 볼셰비키가 코르닐로프 반란군 병사들을 설득해 쿠데타 시도를 무산시켰다.

9월 2일(신력 9월 15일) 트로츠키 석방. 그날부터 트로츠키는 레닌이 은신처에서 돌아올 때까지 볼셰비키당의 대표로서 활동했다.

9월 25일 페트로그라드 소비에트에서 볼셰비키가 처음으로 다수파가 되고, 트로츠키는 페트로그라드 소비에트 의장에 선출됨.

10월 페트로그라드 소비에트의 '군사혁명위원회' 의장으로서 10월 봉기를 이끎. 임시정부를 타도한 뒤 제2차 전러시아 소비에트 대회에서 볼셰비키가 다수 의석을 차지했고, 새로운 정부 내각인 '인민위원회의(소브나르콤)'가 수립되었다. 레닌은 인민위원회의 의장, 트로츠키는 외무인민위원에 임명되었다.

11월 제헌의회 선거 실시. 사회혁명당이 최다 의석을 차지했고, 볼셰비키는 전체 표의 4분의 1밖에 얻지 못했다.

같은 달, 독일과 브레스트-리토프스크에서 단독 강화 협상 시작. 12월부터 트로츠키가 직접 러시아 협상단에 참여했다.

12월 레닌이 정치 경찰 조직인 '전러시아 비상위원회'(체카Cheka) 설립.

1918년 1917년에서 1918년으로 넘어가는 동안 소비에트 정부는 위기를 맞았다. 볼셰비키는 10월혁명 이후 노동계급과 농민의 지지가 계속 확산되리라 기대했지만, 피폐한 경제가 회복될 조짐이 보이지 않자 소비에트 정부의 무능을 비난하는 목소리가 커졌다. 농민들이 식량을 도시의 시장에 내다 팔지 않아서 식량 공급이 끊기자 각 지역의 볼셰비키는 곡물 징발이라는 수단을 사용했다. 농민과 충돌하는 일이 점점 늘어났다.

1월 제헌의회가 개최되었으나 볼셰비키와 사회혁명당 좌파의 연합 세력이 무력으로 진압했다.

같은 달, 트로츠키는 "전쟁도 아니고 강화도 아니다"라는 방침으로 강화 교섭에 임했다.

2월 당중앙위원회 회의에서 전쟁 지속과 강화조약 체결을 두고 표결을 한 결과, 독일이 내건 강화 조건을 받아들이자고 주장한 레닌이 승리했다. 트로츠키는 외무인민위원을 사임했다.

3월 브레스트-리토프스크 조약 체결.

같은 달, 트로츠키가 군사인민위원에 임명되어 적군(赤軍) 창설 작업을 시작.

5월 러시아 내전 발발. 트로츠키는 적군 지도자로서 전쟁 지휘를 맡았다.

7월 영국, 미국 등 제국주의 열강의 간섭 전쟁 시작.

8월 반혁명 세력의 백군(白軍)이 카잔을 점령하고, 남부 러시아에서 세력을 확장함. 8월 30일에 모스크바에서 레닌 암살 기도 사건이 일어나 레닌이 심각한 총상을 입다.

9월 '공화국혁명군사평의회' 창설. 트로츠키가 의장을 맡은 이 기관은 내전의 각 전선에 설치된 '혁명군사평의회'의 업무를 총괄하고, 군 지휘관과 정치위원의 관계를 조정하는 역할을 맡았다. 트로츠키는 전용 열차를 타고 직접 전선을 누비며, 먼 거리에서도 모든 전선을 감독했다. 군사 지휘관으로서 트로츠키의 위상은 계속 높아졌다.

11월 전 해군 제독 콜차크가 시베리아 반혁명 정부의 수반이 됨. 제1차 세계대전 종전.

12월 콜차크가 페름 점령.

1919년 1월 독일에서 '스파르타쿠스단'이 베를린 봉기를 시도했으나 실패. 스파르타쿠스단을 이끌던 로자 룩셈부르크, 카를 리프크네히트가 살해당했다.

3월 제3인터내셔널(코민테른) 창립 대회. 트로츠키는 제3인터내셔널 선언문을 작성했으며, 개막식 연설을 했다. "우리는 세계 혁명을 위해 투쟁하고 목숨을 바칠 준비가 되어 있습니다!"

4월 콜차크가 대공세를 펴 모스크바를 위협함.

6월 적군이 콜차크 저지.

7월 제1차 세계대전의 전후 처리를 위해 연합국과 독일이 베르사유 조약 체결. 러시아는 이 조약에서 제외되었다.

10월 데니킨의 백군이 모스크바 위협.

11월 유데니치의 백군이 페트로그라드 위협. 트로츠키, 페트로그라드 방어 전투를 지도하여 승리로 이끌다.

12월 데니킨과 유데니치의 백군이 패배하면서 실질적으로 내전 종식.

1920년 《테러리즘과 공산주의》 출판.

3월 제9차 당대회. 민주집중파와 노동자반대파 등장.

4월 폴란드군의 러시아 침공으로 소비에트-폴란드 전쟁 발발.

6월 폴란드군을 격퇴한 여세를 몰아 적군이 폴란드 국경을 넘음.

7월 코민테른 제2차 대회 개최. 트로츠키가 폐회식에서 연설을 했다.

8월 적군이 폴란드에서 패퇴.

11월 노동조합 논쟁. 트로츠키는 모든 노동조합을 국가 조직으로 전환해야 한다고 주장했다. 11월 8일 중앙위원회 회의에서 그는 현재 노동조합의 권한과 기능을 박탈하지 않는 한 혁명 전체가 위협받는 상태가 지속될 것이라고 주장했다. 이 사안에 관한 타협안 도출이 실패로 끝나자 레닌과 트로츠키는 중앙위원회 회의에서 격돌했다. 찬반 투표 결과 레닌이 승리했다.

1921년 1921년에서 1922년까지 광범위한 기근이 발생.

1~2월 노동조합 논쟁이 계속되었으나, 결국 몇 주에 걸친 열성적인 노력에도 불구하고 트로츠키가 논쟁에서 패배함.

3월 크론시타트 해군 기지에서 수병들이 반란을 일으킴. 트로츠키는 단호하고 신속하게 무력 진압을 지시했다. 그는 반란 진압 계획을 세운 장본인이었고, 이 사실은 나중에 그가 민주주의의 필요성을 언급하기 시작할 때 그를 몹시 난처하게 했다

같은 달, 제10차 당대회가 개최되어 신경제 정책이 채택되고 당내 분파가 금지됨. 트로츠키는 신경제 정책 도입에 대해 레닌과 뜻을 같이했다. 소비에트의 경제를 두고 레닌과 트로츠키는 확고한 국가 계획에 따라 경제를 운영하는 것이 좋다는 데 원칙적으로 동의했다. 하지만 레닌은 아직 이를 시행할 여건이 마련되지 않았다고 판단했던 반면, 트로츠키는 중앙 계획 통제를 당장 시행하지 못할 이유가 없다고 판단했다.

6월 코민테른 제3차 대회 개최.

1922년 봄 아버지 다비드 브론시테인 사망.

3월 제11차 당대회에서 신경제 정책과 적군에 관해 보고. 당대회를 앞두고 레닌은 트로츠키의 지지자들이 덜 참석하도록 미리 조정해 두었다. 레닌은 트로츠키가 갑자기 논란을 일으켜 당을 분열시킬 수도 있다고 생각했다. 당대회 이후 레닌은 중앙 정치 지도부를 재편하기로 결심했다. 자신이 일시적으

로 몸이 불편할 경우에 일을 처리할 수 있는 팀을 구성하는 것이었다. 이런 목적에서 그는 스탈린을 당 서기장으로 승진시키는 것을 지지했다.

4월 스탈린이 당 서기장이 됨.

5월 레닌이 뇌졸중으로 쓰러져 고리키의 요양원에 들어감.

6월 사회혁명당 재판 시작.

12월 레닌과 트로츠키, 국가의 대외무역 독점을 폐기하자는 주장과 당내 관료주의에 맞서기 위해 연합을 맺음.

12월 레닌, 정치적 유언이라 할 수 있는 〈대회에 보내는 편지〉를 구술로 작성.

1923년 《일상생활의 문제들》, 《문학과 혁명》, 《새로운 경로》 출판.

1월 레닌, 스탈린을 서기장에서 해임해야 한다는 내용으로 문건 작성.

3월 레닌, 다시 심각한 발작을 일으켜 정치 무대에서 완전히 물러남.

4월 트로츠키가 제12차 당대회에서 스탈린 해임에 관한 레닌의 제안을 이용하지 못하고 기회를 놓침.

여름 트로츠키가 병 때문에 잠시 업무에서 손을 뗌.

10월 트로츠키가 당 중앙위원회에 공개서한을 보내 당 관료화를 비판하고 당내 민주주의를 요구. 이 공개서한이 발표되고 일 주일 뒤 예브게니 프레오브라젠스키를 비롯한 트로츠키 지지자 46명('좌익반대파')이 공동 선언문을 발표했다.

12월 제13차 당 회의에서 스탈린이 트로츠키와 좌익반대파 비판. 1923~1924년 겨울에 스탈린은 트로츠키와 좌익반대파를 공개적으로 제압하는 데 성공했다.

1924년 1월 레닌 사망. 요양을 가느라 모스크바를 떠나 있던 트로츠키는 장례식에 참석하지 못했다. 이후 당 지도부에서 권력을 장악하려는 투쟁이 본격화되었다.

5월 제13차 당대회에서 스탈린이 레닌의 유언과 관련된 토론을 이겨냄.

11~12월 스탈린, 지노비예프, 카메네프(일명 '트로이카')가 트로츠키를 비방하는 운동을 전개함. 이 무렵 스탈린은 '단 하나의 나라에서 사회주의의 건설'을 완성하는 것을 주장하는 '일국 사회주의론'을 발전시켰다. 그러나 트로츠키는 '연속 혁명론'을 주장하며 다른 나라에서도 공산주의 혁명이 발생하지 않는 한 사회주의의 완성은 불가능하다고 반박했다.

1925년 1월 스탈린이 트로츠키가 군사인민위원에서 해임되도록 공작을 펼침. 이에 트로츠키는 스스로 사임했다.

5월 트로츠키가 '외국 기업 영업권 허가 위원회' 위원장과 '전기기술국' 국장과 '공업 과학기술국' 의장 직위에 임명됨.

10월 지노비예프와 카메네프(일명 '레닌그라드 반대파')가 스탈린의 권력 확대를 우려하며 스탈린과 결별.

12월 제14차 당대회에서 스탈린과 부하린이 정치국과 중앙위원회 장악. 지노비예프와 카메네프가 패배했다.

1926년 4월 트로츠키, 지노비예프, 카메네프, '통합반대파' 결성.

10월 트로츠키가 정치국에서 축출당함. 트로츠키, 지노비예프, 카메네프 세 명의 반대파 지도자들은 여전히 중앙위원회에 소속되어 있긴 했지만 이들이 패배했다는 사실은 이제 명백해졌다. 세 사람은 〈프라우다〉를 비롯한 당 언론 매체에 글을 쓸 권한까지 박탈당했다.

1927년 4월 중국 상하이에서 국민당의 장제스가 중국공산당원 다수와 노조 활동가를 체포하고 처형하는 일이 벌어졌다.

4~5월 중국혁명을 두고 분파 투쟁 격화. 스탈린은 중국공산당이 국민당과 연합해야 한다고 주장했지만, 트로츠키는 독자적이고 혁명적인 노선을 취해야 한다고 맞서 왔다. 논쟁에서는 스탈린이 승리했으나, 4월에 상하이 사태가 일어나면서 스탈린의 판단이 잘못되었음이 드러났다.

10월 트로츠키, 지노비예프, 카메네프가 중앙위원회 직위를 박탈당함.

11월 10월혁명 10주년을 기념하여 레닌그라드에서 트로츠키, 카메네프, 지노비예프를 지지하는 사람들이 항의 시위를 벌임. 스탈린은 반대파의 저항에 화가 나서 통합반대파의 지도자들과 지지자들을 당에서 축출하는 표결을 준비했다. 11월 14일 중앙통제위원회에서 트로츠키, 지노비예프, 카메네프를 당에서 제명한다는 결정을 내림.

12월 15차 당대회에서 트로츠키, 지노비예프, 카메네프의 제명이 정식으로 인준됨.

1928년 1월 알마아타로 추방당함. 둘째 아들 세르게이는 모스크바에 남았고, 나탈리야와 큰아들 료바가 트로츠키와 함께 떠남.

같은 달, 곡물 조달 위기가 일어나 신경제 정책 이후 처음으로 농민에 대한 강제 징발이 실시됨.

6월 둘째 딸 니나가 결핵으로 사망.

7월 코민테른 7차 대회 개최.

10월 제1차 5개년 계획 시작. 스탈린이 부하린을 중심으로 하는 우익반대파를 공격.

1929년 1월 트로츠키, 소련에서 추방당함.

2월 트로츠키 일가, 터키 이스탄불에 도착. 뷔위카다 섬에 거처를 마련했다.

3월 공산당 정치국의 결정에 따라 '우랄-시베리아 방식'이라고 불리는 강제 곡물 조달 방식이 대대적으로 적용됨.

7월 큰아들 료바와 함께 〈반대파 회보〉 창간. 파리에서 창간호가 2천 부 발행되었다. 〈반대파 회보〉의 기사는 대부분 트로츠키 자신이 작성했으며 료바는 운영을 맡았다.

10월 미국에서 대공황 시작.

11월 부하린이 정치국에서 축출됨. 우익반대파 패배.

1930~1931년 《나의 생애》, 《연속 혁명론》, 《러시아 혁명사》(1권) 출판.

이 무렵, 트로츠키는 독일 정세에 눈을 돌려 반파시즘 공동 전선을 제창했다. 히틀러가 정권을 장악하기 훨씬 전부터 트로츠키는 스탈린주의자들이 파시즘의 승리를 거들고 있다고 경고하는 일련의 논문들을 발표했다.

1931년 2월 아들 료바가 뷔위카다를 떠나 독일로 감. 료바는 학교 공부와 정치 활동을 겸하려는 계획을 세웠다.

1932년 《러시아 혁명사》 2·3권, 《날조를 일삼는 스탈린 일당》, 《다음은 무엇인가?》 출판. 《다음은 무엇인가?》에서 트로츠키는 스탈린이 장악한 코민테른이 파시즘의 위협에 맞서 세계 공산주의 운동을 지도할 능력이 없음을 지적했고, 각국 공산당에 당내 민주주의를 도입하는 운동을 요구했다. 또한 히틀러에 맞서는 투쟁을 강력히 촉구했다.

2월 소련 시민권을 박탈당함.

7월 독일 총선거에서 나치당이 제1당이 됨.

11월 덴마크 사회민주주의 학생 조직의 초청으로 코펜하겐에서 강연을 함.

1933년 트로츠키는 개량주의 노선으로 타락한 코민테른을 대신해 세계 공산주의 운동을 이끌 새로운 인터내셔널의 창립을 준비하기 시작했다. 새로운 인터내셔널은 훗날 '제4인터내셔널'로 불릴 것이었다.

1월 큰딸 지나가 베를린에서 자살.

같은 달, 히틀러가 독일 총리에 취임.

2월 독일에서 국회의사당 화재 사건을 계기로 하여 공산당과 사회민주당에 대한 대대적인 탄압이 시작됨. 당시 베를린에 있었던 료바는 나치의 탄압을 피해 3월 초 〈반대파 회보〉 사무실을 프랑스 파리로 옮겼다.

7월 트로츠키, 터키를 떠나 프랑스로 망명.

1934년 독일의 위협에 맞서기 위해 소련이 집단 안보 정책을 수립해 반파시즘 인민전선을 형성하고 국제연맹에 참여함.

12월 소련에서 스탈린이 세르게이 키로프 암살을 빌미로 삼아 지도부 내에서 반대 세력을 모두 제거하는 대숙청이 벌어짐.

1935년 6월 프랑스에서 쫓겨나 노르웨이로 망명.

7월 코민테른 7차 대회가 개최되어 인민전선 정책을 승인함.

9월 에스파냐에서 마르크스주의통일노동자당(POUM)이 결성됨.

1936년 《배반당한 혁명》 완성. 이 책은 1937년에 출간되어 여러 나라 언어로 번역되었다.

2월 에스파냐에서 인민전선 정부가 수립됨.

7월 에스파냐 내전 발발.

8월 모스크바 전시재판 시작. 지노비예프, 카메네프를 비롯한 피고 16명에게 사형이 선고되었고 곧바로 총살이 집행되었다. 이때 트로츠키와 아들 료바 세도프가 소비에트 체제 전복을 모의한 혐의로 고발당했고, 궐석재판에서 사형을 선고받았다.

12월 트로츠키, 멕시코 망명 결정. 소련의 압력을 받은 노르웨이 정부는 트로츠키 일가를 추방하기로 했다. 멕시코의 화가이자 공산주의자인 디에고 리베라의 도움으로 멕시코 정부로부터 망명을 허가받을 수 있었다.

1937년 1월 트로츠키와 나탈리야, 멕시코에 도착해 코요아칸에 있는 디에고 리베라의 '푸른 집'으로 거처를 정함.

4월 코요아칸에서 미국의 철학자 존 듀이를 위원장으로 하는 모의재판이 열려 트로츠키의 무죄를 판결.

6월 소련에서 적군에 대한 대숙청이 벌어짐. 투하체프스키를 비롯한 적군 주요 지휘부가 일제히 총살당했다.

1938년 2월 큰아들 료바, 파리에서 사망. 트로츠키는 《레온 세도프 ─ 아들, 친구, 투사》를 집필하여 가장 충실한 지지자이자 훌륭한 혁명 동지였던 료바를 추모했다.

3월 3차 모스크바 전시재판. 피고는 부하린, 리코프, 야고다. 라코프스키 등 21명이었다. 반혁명·첩보 활동 혐의로 기소된 부하린은 유죄 판결을 받아 3월 14일에 처형되었다

7월 트로츠키의 추종자였던 독일인 루돌프 클레멘트가 파리에서 소련 비밀경찰에 납치되어 살해당함. 유럽에서 트로츠키주의자들의 암살이 계속되었고, 스탈린의 지령을 받은 비밀요원이 트로츠키주의자로 위장해 트로츠키의 수행원으로 들어오는 일도 있었다.

9월 제4인터내셔널 파리에서 창립. 멕시코에 있는 트로츠키를 대신해 맥스 샤크트먼이 대회를 주재했다. 창립 대회에는 11개국을 대표하는 21명의 대의원이 참석했다.

1939년 초 트로츠키가 디에고 리베라와 결별하고 아베니다 비에나 거리로 거처를 옮김.

8월 트로츠키의 예측대로 독·소 불가침 조약이 수립됨.

9월 독일이 폴란드를 침공하면서 제2차 세계대전 발발.

가을~겨울 미국의 트로츠키주의자들 가운데 제임스 버넘, 맥스 샤크트먼 등이 더는 소련을 노동자 국가로 인정할 수 없다고 주장하면서 트로츠키와 격렬한 논쟁을 벌인 후 트로츠키와 결별했다.

1940년 2월 트로츠키, 유언 작성.

5월 멕시코의 화가이자 스탈린주의자인 시케이로스가 이끄는 무장 집단이 트로츠키의 저택을 습격. 다행히 트로츠키 일가는 무사했다.

8월 20일 스탈린의 지령을 받은 암살자 라몬 메르카데르가 휘두른 얼음도끼에 후두부를 가격당함.

8월 21일 트로츠키 사망.

10월당(Oktyabristy)

1905년 혁명 때 니콜라이 2세가 내놓은 '10월선언'의 이행을 요구하면서 온건 입헌주의를 당의 기본 강령으로 삼았다. 로마노프 제정에 가장 협조적인 우파 정당이었으며, 중도 자유주의에 속하는 지주와 기업가들이 주요 지지 기반이었다. 주요 인물로는 1917년 2월혁명으로 구성된 첫 번째 임시정부 내각에서 국방장관을 맡은 알렉산드르 구치코프가 있었다.

입헌민주당(Constitutional Democratic Party)

러시아어 명칭의 머리글자를 따서 흔히 '카데트(Kadet)'로 불렸다. 1905년 10월 제정 러시아의 지방 자치 기구인 젬스트보를 움직였던 자유주의적 지주, 기업가, 지식인들이 만든 정당이었으며, 영국과 같은 입헌군주제 시행을 요구했다. 1906년에 치러진 첫 의회 선거에서 다수를 차지해 1906년 5월 10일부터 7월 21일까지 제헌의회를 장악했지만, 제1차 세계대전의 영향으로 세력이 약해지면서 자유주의적 개혁에 실패하고 점차 보수화했다. 1917년 8월 코르닐로프 사령관의 반혁명 쿠데타에 연루되어 인기가 크게 떨어졌다. 주요 인물로는 파벨 밀류코프, 표도르 로디체프, 알렉산드르 코노발로프, 세르게이 스미르노프가 있었다.

사회혁명당(Socialist-Revolutionaries)

러시아의 자생적 사회주의자들의 이념인 '인민주의'를 계승한 정치 세력으로서 주로 농민을 지지 기반으로 삼았다. 1917년 이전에는 테러를 주요 투쟁 수단으로 삼아 전제정을 공격했지만, 1917년 2월혁명 때 소비에트에서 다수를 차지해 당 지도자인 케렌스키가 임시정부를 장악했다. 케렌스키는 7월에 총리가 되었는데, 전쟁에 지친 병사들과 민중의 뜻을 거스르며 독일과 강화에 반대해 민심을 잃었다.

1917년에 당의 주류는 온건한 사회주의 노선을 걸었다. 그러나 당 내부에는 사회주의 혁명 노선을 주장하는 급진파(사회혁명당 좌파)가 존재했다. 이런 노선 갈등은 우파는 멘셰비키와 함께 임시정부를 지지하고, 좌파는 볼셰비키와 손을 잡고 임시정부를 공격하는 분열로 이어졌다. 사회혁명당 우파는 10월혁명 이후에 시베리아에서 러시아 제국 장군들과 힘을 합쳐 볼셰비키 정권에 반대하는 투쟁을 벌이다가 장군들에 의해 제거되었다. 10월혁명 뒤 볼셰비키 동맹 세력으로서 공동 정부에 참여했던 사회혁명당 좌파는 1918년에 브레스트-리토프스크 강화조약 체결을 추진하는 볼셰비키 지도부에 반발해 봉기를 일으켰다가 진압당했다. 사회혁명당의 주요 인물로는 빅토르 체르노프, 알렉산드르 케렌스키, 보리스 사빈코프, 파벨 페레베르제프, 막시밀리안 필로넨코, 보리스 캄코프가 있었다.

멘셰비키와 볼셰비키

멘셰비키와 볼셰비키는 원래 러시아사회민주노동당이라는 단일 정당 내부에 존재하는 분파의 형태를 띠었지만, 실질적으로는 별개의 당이었다. 두 당 모두 사회주의 혁명을 추구하는 노동자 정당을 표방했지만, 러시아에서 사회주의 혁명이 일어날 가능성을 놓고 대립했다.

멘셰비키(Mensheviki, '소수파') : 러시아 노동 계급의 힘이 미약하므로 일단은 부르주아와 힘을 합쳐 전제정과 반동 세력을 물리쳐야 하며 노동자 정당은 상당히 오랜 기간이 지날 때까지 자본주의의 발전을 용인하면서 강력한 야당으로 남아야 한다고 생각했다. 따라서 1917년의 상황에서 멘셰비키는 임시정부를 견제하는 동시에 지원하는 노선을 고수했으며, 임시정부의 방침에 따라 러시아의 제1차 세계대전 참전을 지지했다. 주요 인물로는 율리 마르토프, 이라클리 체레텔리, 니콜라이 치헤이제, 보리스 보그다노프, 표도르 단, 블라디미르 보이틴스키, 마르크 리베르, 알렉세이 니키틴이 있었다.

볼셰비키(Bolsheviki, '다수파') : 멘셰비키와 달리 러시아에서도 노동자 혁명을 일으킬 수 있다고 보았다. 또 러시아에서 노동자 혁명이 일어나야 독일의 노동 계급이 자극을 받아 사회주의 혁명이 일으킬 것이므로 러시아의 사회주의 혁명은 마르크스주의자가 당연히 추구해야 할 강령이라고 생각했다. 1917년 10월혁명으로 권력을 잡은 뒤 1918년에 당명을 '러시아공산당'으로 바꿨다. 주요 인물로는 레닌, 트로츠키, 스탈린, 알렉산드라 콜론타이, 표도르 라스콜니코프, 레프 카메네프, 아나톨리 루나차르스키, 야코프 스베르들로프, 니콜라이 부하린, 그리고리 소콜니코프, 안드레이 부브노프, 펠릭스 제르진스키, 빅토르 노긴, 블라디미르 안토노프-오프세옌코, 알렉산드르 실랴프니코프가 있었다.

아나키즘

아나키즘도 사회주의의 한 분파였지만, 기본적으로 모든 억압과 권력을 부정했기 때문에 마르크스주의자들이 주장하는 프롤레타리아 독재도 억압적인 권력이 사라지지 않은 체제라는 이유로 거부했다. 아나키스트 일부는 적극적인 투쟁 수단으로 총이나 폭탄으로 정부 요인과 권력 기관을 공격하는 테러 전술을 구사하기도 했다.

볼셰비키당 내 주요 분파(1920년대)

노동자반대파(Worker's Opposition)

노동자의 권리와 노동조합의 공장 지배를 옹호한 분파. 1919년부터 세력을 결집하기 시작했으며 1920~1921년에는 노동조합을 국가 기구로 개편하려는 트로츠키의 계획에 강력하게 반대했다. 주로 노동조합 지도자들로 구성된 이 세력은 알렉산드라 콜론타이가 이끌었는데, 당의 노동조합 지배에 반대했을 뿐 아니라 프롤레타리아 계급을 가장 직접적으로 대변하는 노동조합이 국가 경제와 기업을 통제해야 한다고 주장했다. 1933년 모든 지도자들이 당에서 축출되었으며 1930년대 공포 정치 시기에 콜론타이를 제외한 전부가 제거되었다.

민주집중파(Democratic Centralist)

공산당과 정부의 권력이 차츰 중앙으로 집중되는 데 반대하여 민주 절차의 회복, 민주적 중앙 집권을 요구했다. 민주집중파는 중앙 정부와 당 조직이 내전 상황에 대응하기 위해 지방 소비에트와 공산당 지부에 대한 통제를 강화하기 시작한 1919~1920년에 등장했다. 스미르노프, 오신스키가 이끌었으며 주로 지식인들로 이루어져 있었다. 1926~1927년에는 스탈린의 공산당 지배를 반대하는 편에 섰다. 스탈린은 1927년 12월 제15차 당대회에서 18명의 민주집중파들을 당에서 축출했다. 1930년대의 공포 정치 시기에 민주집중파는 대부분 체포되어 강제노동수용소로 보내지거나 처형당했다.

좌익반대파(Left Opposition)와 우익반대파(Right Opposition)

1921년부터 시행된 신경제정책(NEP)을 두고 소련 지도부 내에서 이를 지지하는 우파와 반대하는 좌파가 갈등을 빚었다. 트로츠키와 경제학자인 프레오브라젠스키가 주도하는 좌익반대파는 신속한 공업화만이 경제 발전과 사회주의 건설을 앞당길 수 있다고 주장했다. 트로츠키는 당 지도부가 프롤레타리아적 관점에서 벗어난 신경제 정책을 시행하면서 농촌의 쿨라크들이 세력을 키우도록 조장하고 있다고 비난했다. 이에 맞서는 우익반대파는 부하린과 톰스키, 리코프 등이 주도했다. 부하린은 당장 농업 구조를 바꾸는 것은 불가능하므로 농업 생산력을 높여 공산품에 대한 농민의 수요를 끌어올리는 방향을 택해야 한다고 주장했다. 농민이 자신의 이익을 챙기는 행위가 결국에는 사회주의적 국가 경제에 도움이 된다는 것이었다.

1926년 중반에 좌익반대파 지노비예프와 카메네프가 스탈린에 맞서기 위해 트로츠키와 손을 잡으면서 '통합반대파'가 결성되었다. 스탈린은 부하린과 손을 잡고 1927년 말까지 트로츠키를 포함해 좌익반대파를 당에서 축출했는데, 부하린과 우익반대파도 뒤를 이어 스탈린에 의해 제거되었다.

인명

ㄱ

가르비, 표트르 153
가폰, 게오르기 167
게드, 쥘 140, 272
게르첸, 알렉산드르 126
겔판트, 알렉산드르(파르부스) 155, 156, 158, 163,
173~175, 181, 184, 188, 201, 207, 209, 317, 320,
358, 577, 862
고골, 니콜라이 53, 748
고르바초프, 미하일 23
고리키, 막심 141, 211, 215, 308
고츠, 아브람 364
골드만, 엠마 285
골드먼, 앨버트 805, 830, 851, 852
구치코프, 알렉산드르 222, 289, 312
굴, 로만 179
그람시, 안토니오 548
그레벤, 이반 바실리예비치 59, 62~65, 695
그로만, 블라디미르 709
그리고례프, 니키포르 426
그림, 로베르트 263~267, 274
글라즈만, 미하일 416, 575, 574
글로처, 앨버트 665, 758, 828, 856

ㄴ

나비유, 드니즈 657
나비유, 피에르 657, 677, 716, 760, 766
나폴레옹 보나파르트 37, 413, 454, 533, 565, 587,
643
네벨손, 만 460, 599, 643
네크라소프, 니콜라이 89
네프스키, V. 456

노박, 조지 739
노보메이스키, 모셰 124
노사르-호루스탈료프, 게오르기 177
노이만, 하인츠 680
니체, 프리드리히 370
니콜라예프스키, 보리스 749
니콜라이 2세 154, 156, 166~169, 176, 183, 184,
216, 222, 249~252, 256, 268, 275, 286, 399, 458,
634, 693, 695, 721, 745
닌, 안드레스 682, 763, 796

ㄷ

다윈, 찰스 574, 724, 808
단, 표도르 154, 364
단눈치오, 가브리엘레 548
달라디에, 에두아르 726
더스패서스, 존 804
데니킨, 안톤 419, 421, 423~427, 433, 436, 446,
461
데이치, 레프 150, 165, 281, 283, 596
도른, 이반 54
도이처, 아이작 855, 856
돕스, 패럴 842
듀이, 존 801, 803~806
디킨스, 찰스 76, 640

ㄹ

라데크, 카를 217, 265~267, 272, 459, 476, 494,
498, 499, 512, 532, 571, 572, 580, 581, 593, 670,
706, 711
라린, 유리 302, 319, 320, 327, 503, 504
라브리올라, 안토니오 108
라살레, 페르디난트 99, 105
라셰비치, 미하일 400, 402, 403, 421, 529, 568

양현수

서울대 정치학과를 졸업했고 미국 컬럼비아대학에서 정치학 석사와 박사 학위를 받았다.
현재 전문 번역가로 일하고 있다. 옮긴 책으로《장칭 : 정치적 마녀의 초상》이 있다.

pete4g@naver.com

트로츠키

2014년 4월 5일 초판 1쇄 발행

- 지은이 ————— 로버트 서비스
- 옮긴이 ————— 양현수
- 펴낸이 ————— 한예원
- 편집 ————— 이승희, 조은영, 윤슬기
- 본문 조판 ——— 성인기획
- 펴낸곳   **교양인**

　　　　　우 121-888 서울 마포구 포은로29 202호
　　　　　전화 : 02)2266-2776 팩스 : 02)2266-2771
　　　　　e-mail : gyoyangin@naver.com
　　　　　출판등록 : 2003년 10월 13일 제2003-0060

이 도서의 국립중앙도서관 출판시도서목록(CIP)은 서지정보유통지원시
스템 홈페이지(http://seoji.nl.go.kr)와 국가자료공동목록시스템(http://
www.nl.go.kr/kolisnet)에서 이용하실 수 있습니다.(CIP제어번호:
CIP2014008474)